〔北魏〕酈道元 著
〔清〕王先謙 校

合校水經注

中華書局

圖書在版編目(CIP)數據

合校水經注/(北魏)酈道元著;(清)王先謙校.—北京:中華書局,2009.2(2024.10 重印)

ISBN 978-7-101-06448-3

Ⅰ.合… Ⅱ.①酈…②王… Ⅲ.古水道-歷史地理-中國 Ⅳ.K928.4

中國版本圖書館 CIP 數據核字(2008)第 204321 號

責任編輯:王 勖
責任印製:管 斌

合 校 水 經 注
〔北魏〕酈道元 著
〔清〕王先謙 校
*
中 華 書 局 出 版 發 行
(北京市豐臺區太平橋西里 38 號 100073)
http://www.zhbc.com.cn
E-mail:zhbc@zhbc.com.cn
北京虎彩文化傳播有限公司印刷
*
880×1230 毫米 1/16 · 41 印張 · 600 千字
2009 年 2 月第 1 版 2024 年 10 月第 10 次印刷
印數:5801-6000 冊 定價:220.00 元

ISBN 978-7-101-06448-3

出版説明

北魏酈道元撰著的《水經注》，是一部具有廣泛史料價值的基本典籍，但早在宋代，已經闕佚五卷，而且從傳世宋刻殘本中可以看出，當時即出現有嚴重的錯簡、文字奪落以及《水經》經文與酈道元所撰注文相混淆的問題。明朝自《永樂大典》寫本以下直到萬曆末年以前的各種刻本和鈔本，舛訛愈甚，一般閲讀存在很大障礙。萬曆四十三年，朱謀㙔著《水經注箋》刊行於世，開始比較深入地系統勘正酈書的文字訛誤，《水經注》的面目出現較大改觀，但仍然存留很多問題。清代隨着考據學的興盛，先後有許多學者校勘此書，其中尤以全祖望、趙一清和戴震三人成就最爲卓著。全祖望的主要見解，被趙一清吸收，刊入所著《水經注釋》和《水經注箋刊誤》；戴震的校勘成果，則體現爲在《四庫全書》館中所修武英殿聚珍版本《水經注》。在此之後，普通讀者才能够順暢閲讀《水經注》一書。

清代中期以後，還有一些人繼續校勘此書，特别是楊守敬在清末撰著《水經注疏》並編繪《水經注圖》，代表了清代學者研究《水經注》的最高成就。不過，楊守敬最重要的貢獻在於疏釋《水經注》的地理内容，而不是文字校勘；加之所做疏釋内容繁多，對於閲讀利用《水經注》本身的内容來説，未免喧賓奪主，過於累贅，所以，並不適宜用作基本讀本。

爲便利學者，王先謙在清末以戴震校定的殿本爲主，附注朱謀㙔、趙一清校本異文，並將趙氏以别册附刊的《水經注箋刊誤》散入相關正文之下，於酈氏注文復採用趙一清承自全祖望的區分注中注形式，以醒眉目；另外，還吸收孫星衍校本以及董祐誠、盧文弨、丁履恒、謝鍾英諸人對部分内容的校勘成果，匯爲一編，於光緒十八年秋在長沙思賢講舍刊印，世稱《合校水經注》。王氏作《合校水經注》，雖然並没有從頭對校酈氏書所有傳世版本，特别是像殘宋本和《永樂大典》本等早期傳本，也没有能够無所遺缺地匯輯明代以來所有校勘成果，但是却包涵了楊守敬以前最重要的幾種校本，繁簡詳略，恰得其當，對於絶大多數讀者來説，允稱最佳讀本，故刊行後迅即風行於學術界，直到今天，仍没有同類版本能够取代它的地位。

像《水經注》這樣文字校勘具有特别重要意義的史籍，最好直接利用王氏原刻本，翻刻重排，難免會發生魯魚豕亥的訛誤，然而，隨着時代變遷，舊本日稀，早已不能存此奢求，替代的辦法，只能是用原本影印。民國年間，中華書局出版《四部備要》，收録王氏《合校水經注》，用所謂聚珍版鉛字印刷；一九八五年，四川巴蜀書社印行此書，雖然改排印爲影印，却選擇了新化三味書室的翻刻本作爲底本，而没有採用王氏原本。因此，長久以來，學術界在利用王先謙合校本時，一直没有理想的印本。有鑒於此，現在我們將光緒十八年思賢講舍原刻本《合校水經注》影印出版，以饗讀者。

中華書局編輯部

二〇〇八年十一月

合校水經注

光緒壬辰季孟

[illegible]思賢講舍栞

合校水經注總目

水一 總目

水一　總目

水一　總目

御製熱河考

考水源而不親履其地晰其支派脈絡分合之由雖博綜載籍稽諸故老之流傳不能參互而訂其踳駮或以熱河爲濡水之源余固心疑之而未暇深考夫濡水即灤河自多倫諾爾之北而來其源甚遠又折而東南數百里乃歷喀喇河屯又東南流數十里至鳳皇嶺熱河乃南注會之不應其源反出於此蓋濡自有源而熱河又別有源是不容紊今秋駐山莊遣喀喇沁郡王拉特納錫第內大臣努三往尋熱河之源則得之於察汗陀羅海（蒙古語察汗謂白陀羅海謂首蓋以山阜得名）其地距熱河二百里而羸流經固都爾呼達巴漢麓（蒙古語固都爾呼者伏行達巴漢者嶺也）遂名固都爾呼河西南至於中關東茅溝河水自玳瑁溝出西南流注之又合而南流

賽音郭勒河水（蒙古謂好爲賽音河爲郭勒）自霍爾霍克（蒙古語謂熟食）達巴漢之三道溝出南流折而西南與湯泉（泉出山莊東北湯山）合又西注之三源既匯又西南流沿山莊東北歷錘峰下山莊行宮內亦有溫泉流出匯之於是始有熱河之名南流折而東復折而南入於灤是則熱河乃會濡水而非濡源審矣酈道元水經注云濡水又東南流武列水入焉其水三川派合西源曰西藏水西南流東藏水注之東藏水出東谿西南流與中藏水合又南右入西藏水故目其川曰三藏川又東南流逕列谿謂之武列水東南歷石梃下層巒之上孤石雲舉高可百餘仞其水合流入濡按道元所言石梃即今錘峰其曰三藏水即今固都爾呼茅溝賽音郭勒三源則熱河之爲武列水無疑第古今異稱今人但知熱河而不知武列耳然所云三川合流之序則不足据今考固都爾呼爲西源茅溝爲中源賽音郭勒爲東源西源自北而來先合中源又南始與東源合道元所謂西藏水又豈能越中藏而先與東合哉此其敘述錯綜已足滋惑而以中藏爲先合東藏則又其顯然大謬者也又如以濡水爲經白檀北夫白檀乃今密雲實非濡水所經則誤以漢書地理志之洫水（亦名鮑邱水即今潮河）爲濡又從而傅會之矣蓋徒尚耳食而未親履其地晰其支派脈絡分合之由毋怪乎其舛也或以爲熱河既會濡而東入於海則謂之濡源亦無不可何須置辨是大不然夫江淮河濟何一不入於海而皆謂之海可乎昔禹貢載導河自積石或以爲亦若江之岷山淮之桐柏矣及今平定回部乃知河源自蔥嶺

以東之和闐葉爾羌諸水豬爲蒲昌海（即鹽澤蒙古語謂之羅布諾爾）伏流地中復出爲星宿海（蒙古語謂之鄂敦諾爾即元史誤譯爲火敦腦兒者其水在枯爾坤之東昔　皇祖遣使窮河源得之於此　御製文以記其時回部未入版圖故止及星宿海也）至積石始名黃河則大禹所記亦第就目所經見者而言道元又安能以所未經見者而一一詳訂其曲折也耶苟非命使親履其地烏知此之爲是而彼之爲非乎近敕儒臣輯熱河志故考其源俾知所從事若夫濡水之源則更俟他日詳考之

御製灤河濡水源考證

濡水見史傳者凡五（說文出安東入淶涑者涿郡之濡也廣輿記出易州窮獨山一名聖女水者易州之濡也並音儒左傳出高陽者河間之濡也音而三水皆由天津入海此獨石口外之濡讀如難音與灤近其水自由永平府之樂亭縣入海與畿內三濡迥不相涉又水經注蒼梧之濡水出永豐縣濡山字亦音儒名亦適相同耳）而惟灤河

之濡水源遠流長雄於其四酈道元水經注所云出禦夷鎮者也昨歲命方觀承考濡源委亦既繪其梗概條分縷析而爲之說矣然以漢文訓蒙古語未如同文韻統得字音之正而鄂博之類穿鑿更甚蒙古語謂堆砌石以表祭處爲鄂博方觀承乃書作峩軷且引鄭氏及詩大雅之言證爲軷祭行路神之義鑿而謬矣曾爲鄂博說以正其誤他如倗綽克之爲倗催達巴罕之爲大垻類此者不可枚舉難以一一爲之辨訂也因命嚮道大臣努三挈方觀承所遺同知黃立隆者重循其源以至其委於是二千餘里之灤河曲折分合盡得其實因詳注其地名及諸水之匯流而酈道元歐陽修等並元史河渠志所載相舛誤者都爲四條考證如左夫江淮河濟中國之四瀆也其理大物博較之灤河濡水不啻倍蓰而禹貢以數語盡之茲注濡水數千言猶有未盡焉古今相去不可及者如此益得其簡則足以提要而欲其詳反不免致繁抑以塞外中土語言不同人跡罕至斯固難易所由殊然則就同文韻統會中外而傳濡水之實詎不在此時乎哉

灤河源出獨石口外東北一百餘里巴延屯圖古爾山山爲興安正幹自張家口向東至獨石口外爲大山折而西北過上都城入於圍場之海喇堪與興安大嶺相連屬出泉處較興安山梁尤爲特出山陽山陰樹木茂密與他山異信爲名山山陽爲民人居址山陰皆察哈爾蒙古游牧地四泉湧出名都爾本諾爾涓流曲折伏而復見西北經訥克里和洛有小水自東注之又北經哈丹和碩之西噶爾都思台之水自東注之又曲折西北流至茂罕和碩自都爾本諾爾至此計七十餘里三道河自東來匯之其水一出摩霍爾達巴罕一出伊克達巴罕一出楚庫爾蘇達巴罕各相距十餘里匯爲一河河流始暢又西北流復有二小水一自布爾噶蘇台一自克爾哈達先後來

注之八十里經察汗格爾俗名西涼亭烏蘭河屯至上都店入多倫諾爾界又北流十餘里經淖海和碩折而東北二百五十餘里經博洛河屯至庫爾圖巴爾噶遜河屯喀喇烏蘇自東注之又三十餘里至上都河屯上都即元開平府灤水經其城南故名上都河察汗諾爾自北注之又六十餘里經都什巴延珠爾克山至察汗鄂博東克伊綳河自東北來匯之河出興安山梁之陽南流伊克霍爾昆巴罕霍爾昆伊札爾三水自東注之西與海畱台河合而爲一入於上都河河水倍暢折而東南流十八里至磴口額爾德尼布拉克自西注之其水經多倫諾爾之北又十二里至大河口圖爾根伊札爾河自東北來匯之其水亦出興安山梁之陽逶迤西南流錫喇札拜自北入之又西南流摩霍爾伊札爾自東南入之匯注於此又南流七里沙岱布拉克自西注之又折而西南流二里霍洛圖布拉克自東注之又九里海拉蘇台河自西注之又一里蒐集布拉克自東注之又南流一里渾齊布拉克亦自東注之又十里察汗郭勒自西注之又十一里什巴爾台河自東北注之其水出伊克空鄂洛鄂博西爲木蘭圍場西界又折而西復折而南八里克篝布拉克自西注之又十七里經雁北灘入四旗廳界布爾噶蘇台哈丹和碩河自西注之又十七里經半壁山又南經大廟灣折而東復折而西西南五十八里頭道河自西注之又二里羅密塔子亦自西注之轉而東南流三十二里至木廠又折而東流二十四里經韭菜梁又九十五里經小遼東至瓜地摩霍爾阿爾善所出之湯泉自南注之又二十七里經西屯庫爾奇勒河俗名小灤河自北來匯之其水出興安山梁之陽三支分引過托霍隆和洛合爲一西南流會瑪尼圖卡倫哈朗圭達巴罕珠爾噶台海拉蘇台諸水折而東南會霍來郭勒哈爾渾諸水又噶拜卓索阿魯布拉克昂阿諸水復先後會之合爲

(一河注於此)自此遂名灤河又二十七里至郭家屯折而南流四十六里至大對山又折而東復折而南屈曲行八十餘里至興隆莊(入喀喇河屯界)南流五十九里經五道河折而西南流四十九里至張博灣興州河自西北來匯之(其源出沙爾呼山西經土城子東南流曲注於此)折而東流七十餘里經喀喇河屯繞行宮東流伊遜河自北來匯之(其水發源圍場內南流經博洛河屯與伊瑪圖河合西南流屈折注此)東南流三十四里至石門(入熱河廳界)又四十七里經鳳皇嶺固都爾呼河自東北來匯之(其源出固都爾呼達巴罕西南流與茅溝河合又與賽音郭勒河合三源既匯沿避暑山莊東北其水會茅溝後卽與湯泉合至是行宮內亦有溫泉流出匯之遂名熱河)水至此益大折而南流四十三里白河自西注之(此與發源瑪尼圖達巴罕經密雲縣會潮河之白河異)又三十三里老牛河自東北注之又三十三里至滴水崖南二河自東注之又十里柳河

自西注之又六里車河自西注之又三十餘里至門子哨(入遷安縣界)黃花川自西注之又三十二里清河自東注之又九里豹河自東北注之折而西流二十里經灤河灘又南流折而東復折而西經楊枝峪又東南流二十一里入潘家口折而東又折而西十里經走馬哨又二十四里至潵河橋潵河自西注之又曲折東南流七十餘里至白布店恆河自西北注之又折而東流十餘里至煤峪口長河自東北注之又七十三里過平崖子清河自東北注之(此與黃花川南之清河異)折而南流二十餘里至峽口蛤螺河自東注之又二十九里過遷安縣西經黃臺山又二十三里折而東三里河自東注之(其河與二道泉合)又南流二十餘里經孤竹城(入盧龍縣界)又三十五里至合河口清龍河自東北來匯之(其源出特

布克入桃林口復有一水自冷口來會之經永平府城西過虎頭石入於灤)河流至此勢益寬大又三十一里繞雪峰寺又二十一里過武山西橫河自西注之又三里至偏涼汀(入灤州界)又東南流五十六里過定流河(入樂亭縣界)又三十六里至老河口(灤河故道今涸)又西南流二十里至小河崖清河自西北注之(此與黃花川南及平崖子之清河俱異)又七里至石家坨灤自此分支(名高密河常涸大雨時仍分流達海)折而西南流五十餘里至新橋口入於海自河源至此約二千餘里

酈道元水經注云濡水出禦夷鎮東南按禦夷鎮爲北魏六鎮之一其建鎮之所雖不可考而魏太祖紀云築長城於長川之西自赤城西至五原延袤二千里又魏世祖破蠕蠕列置降人於漠南東至濡源西槪五原陰山分六鎮是禦夷居六鎮之東

自獨石口外至開平皆其故地以今所考上都河源方向覈之道元所言非盡無稽惟云二源雙川夾山西北流則未能實辨都爾本諾爾爲濡水正源而以夾山來會之三道河誤爲濡源雙引其云出山合成一川則卽今之茂罕和碩耳至云又西北逕禦夷故城東其遺跡無可据惟以鎮北百四十里計之當在今烏蘭河屯之地其餘諸山水雖與今圖不能悉合然所云又北逕貧安山東屈而東北流似卽今之多倫鄂博圖其云逕沙野西又逕沙野北則似指伊克們綽克至喀喇烏蘇一帶沙磧言之其云三泉雁次合爲一水注呂泉水則似今之克伊綳河合伊克霍爾昆等三源也云逆流水則似今之伊札爾也云木林山水則似今之海留台水也云又東盤泉水自西北東南流

注濡河則似今額爾德尼布拉克也又所云東南水流迴曲謂之曲河鎮以今圖屈折形勢觀之蓋卽今大河口自此以下道元卽闌入白檀要陽按其地距所云會武列水之熱河境尚七百餘里漢時郡縣安得至此其舛尚何待深辨乎至云濡水又東南逕盧龍塞則爲今之潘家口無疑其云塞道自無終東出渡濡水向林蘭陘東至淸陘無終爲今玉田林蘭陘蓋今喜峰口淸陘卽今冷口卽此以證不特塞垣疆界了然卽田疇引曹操迴軍盧龍塞之處亦可得其大概矣其自潘家口以內至入海處酈注所記州邑山水雖名稱今昔不同而以志乘訂之皆約略可數而未至大舛蓋道元於諸水源委詢考綦詳故所言時有相合者惟未嘗親履其地且以漢言誌蒙古山水名目往往傳訛傳會更不免謬以千里則泥古而不知覈實之過也

歐陽修云灤水出炭山東北胡三省通鑑注因之其後陳組綬職方圖考顧祖禹方輿紀要皆從其說今考獨石口外無所謂炭山者惟巴延屯圖古爾山據努三云土人名其山爲黑老山按昔人有謂濡水出黑龍山者龍老音轉承訛黑龍山之言似不爲妄今巴延屯圖古爾山其陽石色黝黑所謂炭山或卽指此而明統志乃以萬全縣南之炭山當之其地距獨石三百餘里則更風馬牛不相及矣

元史河渠志灤水出金蓮川中今獨石口外濡源相近處無所謂金蓮川者按金史地理志云桓州曷里滸東川更名曰金蓮川又元史地理志云世祖命劉秉忠相宅於桓州東灤水北之龍岡中統元年爲開平府五年加號上都卽今之上都河屯正在灤水之北桓州尚在其西考元周伯琦扈從北行記云至失八爾圖地多泥淖驛路至此相合地多異花有名金蓮花者似荷而黃至察罕腦兒猶漢言白海也歷數驛始至桓州又王惲中堂事記云灤野蓋金人駐夏金蓮云云考其地皆與上都河屯相近失八爾圖當爲什巴爾台蒙古語泥濘處也在上都西少北察罕腦兒當爲察汗諾爾蒙古語白湖也在上都南少西金蓮川當在什巴爾台察汗諾爾之間元陳孚金蓮川詩云茫茫金蓮川日映山色赭昔人建離宮今存但古瓦蓋金時於此建景明宮爲避暑之所許安仁疏有金蓮千里之外語以距京師道里計之亦相合又今什巴爾台少西北有和洛和山蓋卽

金史所謂曷里滸者川在其東去獨石口幾五百里其非濡源明甚周伯琦賦得灤河送蘇伯修詩云淸灤悠悠北斗北千折縈環護邦國直疑銀漢天上來金蓮滿川淨如拭蓋灤河先逕金蓮後至上都伯琦詠灤河而兼及金蓮殆指河流所經言之修元史者直以爲灤出金蓮川中誤矣

御製開新河記

熱河之水有二其自東北來者爲固都爾呼河三源匯而爲一卽水經注所謂武列水也繞山莊東北錘峰下（中關東溫泉爲一源又山莊行宮內亦有溫泉流出匯之遂有熱河之名）東南流入於灤其水雖大然向有隄以障之時復培鞏故得循軌而有所歸宿卽盛漲不爲患其自西來者爲廣仁嶺及獅子嶺諸山之水水本無源常時無涓涔迹雨

後則循山東赴至西紅橋轉而北又出東紅橋轉而南始緣南山溝流入熱河而溝道紆狹久復淤墊故宣導不能速向以其無大患亦遂易而忽之己卯夏大雨驟霆西南諸山水一時並集平地漲丈餘經西紅橋趨突北山下石激波轉勢益洶悍自北而南衝擊東紅橋奔湍盪越市廛廬舍當之者多隨波而圮事聞發內帑賑恤且量漂屋楹數給貲繕復之及庚寅災仍如之其賑恤繕復亦如之夫十年之間兩遭其害警於已事曷可不籌度以善其後顧無源之水不能以有形治惟順其勢而疏之使下流暢達則其上自不復壅潰爲害防弭之道無過於此蓋是水之致患徒以兩紅橋溝狹而不能容耳若舍此狹溝使緣南山下新濬河寬而能容東赴熱河宜免搏擊之勢迺命內

大臣三和御前大臣努三等偕直隸提督王進泰熱河道明山保由南山下寬開河道西自同知衙前東至旗營長六百九十餘丈闊皆七丈深隨地形高下自三尺八寸至一丈二尺有差其河身經流有直民居者令移構岸旁高地仍計屋授之值俾各得安處工始於辛卯三月初至六月中告蕆通費內府金一萬三千兩有奇新河旣成是秋雨復大漲復盛而水皆循河安行無遏無溢其效固已立覩矣熱河自
皇祖締構山莊以來迄今六十餘年四方之民環集輻輳駢坒殷闐盛若都會朕敬繩
祖武歲奉
聖母駐此承志頤和因以順時行蒐習武從官衞士之扈行以逮新舊諸藩之執役者內外咸集以故熱河煙火之盛月益歲增則計所以保聚而安全之者誠爲切要而此新河之利尤大且遠也繼此之修濬惟勤毋使陻塞寔莅斯土者之責可不慎諸惟茲廣仁嶺下爲每年躬逥
安輿所必至爰卽疏河起處規隙地樸築數椽以備憩候其前實臨經涂因植碑爲亭記其原始以詔示無斁

御製命館臣編輯河源紀略諭

今年春閒因豫省青龍岡漫口合龍未就遣大學士阿桂之子
乾清門侍衞阿彌達前往青海務窮河源告祭
河神事竣復命並據按定南針繪圖具說呈覽據奏星宿海西

南有一河名阿勒坦郭勒蒙古語阿勒坦卽黃金郭勒卽河也此河實係黃河上源其水色黃迴旋三百餘里穿入星宿海自此合流至貴德堡水色全黃始名黃河又阿勒坦郭勒之西有巨石高數丈名阿勒坦噶達素齊老蒙古語噶達素北極星也齊老石也其崖壁黃赤色壁上爲天池池中流泉噴涌釃爲百道皆作金色入阿勒坦郭勒則眞黃河之上源也其所奏河源頗爲明晰從前康熙四十三年
皇祖命侍衞拉錫等往窮河源其時伊等但窮至星宿海卽指爲河源自彼回程覆奏而未窮至阿勒坦郭勒之黃水尤未窮至阿勒坦噶達素齊老之眞源是以
皇祖所降諭旨並

幾暇格物編星宿海一條亦但就拉錫等所奏以鄂敦他臘爲河源也今既考詢明確較前更加詳晰因賦河源詩一篇敘述原委又因漢書河出昆侖之語考之於今昆侖當在回部中回部諸水皆東注蒲昌海卽鹽澤也鹽澤之水入地伏流至青海始出而大河之水獨黄非昆侖之水伏地至此出而挾星宿海諸水爲河瀆而何濟水三伏三見此亦一證因於河源詩後復加案語爲之決疑傳正嗣檢閲宋史河渠志有云河繞昆侖之南折而東復繞昆侖之北諸語夫昆侖大山也河安能繞其南又繞其北此不待辨而知其誣且昆侖在回部離此萬里誰能移此爲青海之河源既又細閲康熙年間拉錫所具圖於貴德之西有三支河名昆都倫乃悟昆都倫者蒙古語謂横也横卽

支河之謂此元時舊名謂有三横河入於河蓋蒙古以横爲昆都倫卽回部所謂昆侖山者亦係横嶺而修書者不解其故遂牽青海之昆都倫河爲回部之昆侖山耳既解其疑不可不詳誌因復著讀宋史河渠志一篇玆更檢元史地理志有河源附録一卷内稱漢使張騫道西域見二水交流發葱嶺匯鹽澤伏流千里至積石而再出其所言與朕蒲昌海卽鹽澤之水入地伏流意頗合可見古人考證已有先得我心者案史記大宛傳云于闐之西水皆西流注西海其東水東流注鹽澤潛行地下其南則河源出焉河注中國漢書西域傳于闐國條下所引亦同而說未詳盡張騫既至蒲昌海則或越過星宿海直至回部地方或回至星宿海而未尋至阿勒坦郭勒等處當日還奏必有奏牘或繪圖陳獻而司馬遷班固紀載弗爲備詳始末僅以數語了事致後人無從考證此作史者之略也然則武帝紀所云昆侖爲河源本不誤特未詳伏流而出青海之阿勒坦噶達素而經星宿海爲河源耳至元世祖時遣使窮河源亦但言至青海之星宿海見有泉百餘泓便指謂河源而不言其上有阿勒坦噶達素之黄水又上有蒲昌海之伏流則仍屬得半而止朕從前爲熱河考卽言河源自葱嶺以東之和闐葉爾羌諸水瀦爲蒲昌海卽鹽澤蒙古語謂之羅布淖爾伏流地中復出爲星宿海云云今覆閲史記漢書所紀河源爲之究極原委則張騫所窮正與今所考訂相合又豈可沒其探本討源之實乎所有兩漢迄今自正史以及各家河源辨證諸書允宜通行校閲

訂是正訛編輯河源紀略一書著四庫館總裁督同總纂等悉心纂辨將御製河源詩文冠於卷端凡蒙古地名人名譯對漢音者均照改定正史詳晰校正無訛頒布刊刻並録入四庫全書以昭傳信特諭

御製河源按語 河源詩別載詩集

按班固漢書張騫傳天子使窮河源其山多玉石采來天子按古圖書名河所出山曰昆侖云而固贊又謂騫使大夏之後窮河源惡覩所謂昆侖者乎故言九州山川尚書近之於是鄧展遂謂河源出於積石是皆拘墟未見顔色之言蓋千古以上中國以外紀載已舛言語不通而欲定其確實何異北轅適越考元史始有星宿海之名而以爲河源元蒙古也鄂敦卽星宿彼

時訛譯爲火敦則漢人不通蒙古語耳此爲近之今則更溯以上遂得眞源然昆侖之語亦不爲無因葢昆侖在今回部中回部諸水皆東注蒲昌海卽鹽澤也鹽澤之水皆入地伏流至青海始出則星宿海諸水皆是也而大河之源獨黄色爲靈異更在星宿海之上非昆侖之水伏地至此以出而挾星宿海諸水爲河瀆而何濟水三伏三見此亦一證矣獨漢書所云采玉則因昆侖出玉未免牽就詢之阿彌達則稱河源皆土山無石無石安能有玉夫非精通蒙古語及漢書更問之親履其地之人率欲定此事體大而地遠理博之事不亦甚難乎於甚難而得決疑傳正亦一大快也

御製河源簡明語

予既爲河源詩並按語既讀宋史河渠志有文命輯河源紀略有諭兹以體大物博考今證古不無費辭雖彼此細勘事則明恐毫釐稍差義乃案兹爲簡明之語庶因提要而便覽葢河源究以張騫所探蒲昌海鹽澤及漢武所定昆侖爲是雖山海經水經注皆略具其說山海經劉歆稱伯益所著本無所據水經註則桑欽酈道元皆張騫後人實祖其說而廣之以致於煩文且昆侖在回部原出玉也獨未明揭伏流至青海於阿勒坦噶達素之天池而出耳歷唐宋以至元乃有鄂敦淖爾爲河源之語鄂敦爲蒙古語漢語卽星宿海也彼時雖未考至天池而中國之河源實由此頗見梗概矣溯伏流以至蒲昌海鹽澤非河源而何星宿海亦鹽澤之伏流至青海而出爲淸水黄河挾之

以流始爲微淡後爲純黄是二水本一源至中國出地爲二色而終歸於一若夫曲折纖細則見近所爲詩文及紀略之書獨敘其簡明崖略如此

御製天竺五印度考訛

佛經此欲界內以須彌山爲中須彌山四面有四大部洲居南面者爲閻浮提卽華言南贍部洲者是此閻浮提內有三大國各所屬及弗相屬之小國弗與焉而閻浮提又以崑崙爲中居崑崙之東及東南東北者卽我中國爲一大國居崑崙之南及西南者爲天竺一大國（卽今西藏所稱厄訥特珂克地）居崑崙之西北及北者爲洪豁爾一大國而天竺一國分爲東西南北中五印度卽梵經所稱印達爾印達爾者華言自在境界之謂也五印度皆厄訥特珂克之地唐史宋史訛印度爲身毒或稱身篤而所載事蹟及入朝中國大率不實亦不得要領何言之自古中華聲敎所訖莫過於本朝而本朝百餘年中從未有天竺遣使進貢之事雖於乾隆庚辰年閒烏特噶里畢拉奇碩拉汗曾遣婆羅門進表奉貢亦其東印度近我西藏之一小國耳非中天竺也若夫北印度實近我回部之葉爾羌故葉爾羌之西過葱嶺卽拔達克山由拔達克山轉而南爲克什米爾又轉而西爲溫都斯坦又轉而南方爲厄訥特珂克其方向如此其道里亦莫得而詳焉溫都斯坦雖回地也而回人相傳彼地有佛遺蹟益知卽北印度交界或者昔爲天竺屬而後爲回部屬皆不可知溫都斯坦今唐古忒及回語皆稱爲痕都斯坦葢亦譯者訛痕爲溫

而二語皆與印度音聲相近所謂天竺北印度近回部此亦一驗也要知痕與溫與印與身及度與毒與篤與都皆非天竺本語而又何必較是非於一字一句之間哉宋史載天竺僧施護行程有至誐惹曩國之語誐惹曩音聲亦與厄訥特珂克相近而通考所謂度雪山過伽濕彌勒國者雪山卽今葱嶺而伽濕彌勒亦卽克什米爾之誤耳若夫元史稱元太祖見角端於印度疑亦卽今痕都斯坦之北印度與回部交界者耳非中印度也東印度旣近西藏故天竺之事西藏時聞之據西藏僧謂天竺雖佛見身說法之地然今天竺實不與佛法而與異教此亦與梵帙佛受記五百年後佛法漸微而漸流行東至震旦迺復興之語相符合夫以今中國之力若唐宋之假道葱嶺克什米

爾以達天竺中印度亦何難但旣非德致更以計求雖倈遠域何關實政故不爲也近得蒙古源流謂元太祖進兵至厄訥特珂克遇一角獸狀若跪叩者三元太祖曰是殆上天示予自此往斡齊爾圖瑣林道遠難極遂振旅云云（斡齊爾圖瑣林者蒙古語謂金剛牀也卽佛見身說法之中印度）益可爲未至中印度之證而獸爲人言更可信元史之謬爲附會因考天竺五印度故並闢其踳譌如右

御製陽關考

陽關之名自漢唐以來咸所稱引而遺蹤湮廢道里莫徵比因西域並隸版章爰有纂輯圖志之役猷詢所及或据肅州新志載烏魯木齊西境有地名陽巴爾噶遜以爲陽關之舊者殊不知陽乃回語蓋謂新而巴爾噶遜則厄魯特語蓋謂城亦非謂關也況烏魯木齊地在天山之北揆其方位懸隔奚啻謬以千里計耶按漢書地理志敦煌郡龍勒縣有陽關玉門關後晉高居晦使于闐記西渡都鄉河至陽關考都鄉河卽今黨河龍勒縣卽沙州衞今爲敦煌縣地黨河在縣西境而陽關玉門關均在黨河之西陽關西而偏南故以陽名詳覈形勢正應在今黨河西南與紅山口相近又漢書西域傳西域三十六國東則接漢扼以玉門陽關考漢時三十六國卽今回部回部東坑且安西府敦煌縣亦與漢書三十六國東扼陽關之文脗合至王維詩西出陽關云云送元二使安西作也考唐之安西號安西大都護府初治西州在伊州之西卽今闢展也再徙高昌故地卽今土魯番之交河也三徙龜茲卽今庫車也前後三遷總在哈

密之西是安西實在陽關以外而陽關之屬在敦煌縣境尤爲昭晳無疑矣夫古今邊陲故蹟其考信之艱非貫串諸書卽源流未備然徒眩惑於誌乘家之聚訟膠轕而不能確證之我疆我理如目營手畫者然又何以斥傳譌鑿空之誣而炳焉揭以正鵠哉書此宜付館臣俾綴於編且以示一隅之舉云

御製濟水考

濟爲四瀆之一禹貢導沇爲濟以至會汶入海不過八語而窮源至委昭垂千古爲不易之恆流向嘗賦四瀆詩雖加考證祇以漢志及水經注酈道元李濂輩各持己見究之其身並未歷其地尊耳食而相齟齬蓋因濟流伏見原無定是以展轉紛歧無足怪者卽如禹貢所云入于河者非濟之淸流入黃也蓋卽

伏于黃之底所謂入也溢爲滎則又見而出爲滎地志所謂卽
滎波之滎見豫州者三伏三見此其一證然其伏見原亦無定
處而無定數也地志濟水出河東垣曲縣王屋山東南曰沇水旣見而伏東出於今濟源縣東西二源合流至溫縣是爲濟水歷虢公臺西南入河復出河之南溢爲滎卽滎波之滎見豫州云云東出陶邱則今之曹
州又至于菏則今之菏澤縣蔡沈所謂濟陰縣自有菏派也又
東北會于汶汶自有源宋樂史所云清河卽今之大清河唐李
賢所謂濟水東貫滑曹鄆青以入于海者也樂史謂東平濟南淄川北海界中有水流入海謂之清河卽今之大清河又唐李賢謂濟自鄭以東貫滑曹鄆齊青以入于海是卽今濟水會汶爲大清河入海之證人但知大清河而不知濟豈誠無濟哉是則濟之源委實不出禹貢數語以解
之者愈多而考之者愈紊乃致人但知大清河而反不知濟遂
若靈瀆有不可復求者然葢嘗論之禹貢所言乃本然之形勢
今則時代變遷伏見靡定亦理之所必有而以禹貢八語證之
總不出敷土奠川之本來其紛然口舌之論偶藉以資多聞亦
可卽付之不求甚解亦可

臣彭元瑞臣紀昀謹

奏乾隆四十九年二月　日由

行在內閣本報

發下

御製濟水考一篇奉

諭旨此文係在途中就所見率成者其令彭元瑞紀昀閱看嚴
對各說經家以及輿地家所言是否不甚徑庭詳考覆奏欽
此臣等伏讀驚歎心悅誠服竊以自古說經家輿地家言濟

水者其殊趣有三以濟爲截河南溢者妄僂數三伏三見
者泥不知大清河爲濟水者昧紛糾轇轕歧中有歧我

皇上原本禹貢證以

鑾輅所親見發爲

大文於諸家之說無不苞孕卽無不
折衷以至神至奇之識析至平至易之理氣盛辭達地負海涵

與天地經流相稱乃於

行殿從容之際不俟安排不假傅會而成之萬斛泉原隨地可

出皆由

典學高深

精神強固偶一發抒遂爲自有文字來所未有臣等熟讀百徧

服膺懽忭其儒先衆說有可與

聖製相發明者謹摘鈔加按容謹書卷呈

覽伏候

訓示謹

奏

御製卽如禹貢所云入于河者非濟之清流入黃也葢卽伏于黃
之底所謂入也

孔安國書傳濟水入河並流十數里而南截河又並流數
里溢爲滎澤　謹按此言河濟並流之始後儒多斥其說
宋林之奇尚書解濟之流旣與河合行十餘里混而爲一
矣而乃能自別以溢爲滎至于陶邱北諸儒疑焉唐孔氏

則以爲河濁濟清南出還清故可知也蘇氏則以爲以味別也此二說者未爲確論夫濟清而河濁濟少而河多以清之少者會濁之多者不數步間皆已化而爲濁矣既合流十數里安能自別其清者以溢爲滎乎古之人葢有知水味者矣如曰淄澠之合易牙知之惟知其合之味而已淄水之味如此澠水之味如此淄澠合則其味也又如此苟使淄澠既合而爲一器使之就此器之中別其半以爲淄別其半以爲澠則雖易牙亦有所不能以是知此二說其失一也故鄭漁仲曰山過山則分水過水則合天地之間豈有山過山水過水之理此說是也　謹按孔穎達正義蘇軾書傳皆主孔安國並流之說而謂辨其清濁別其味林之奇駁之最爲得理

宋傅寅滎澤辨濟既入河與河相亂而其溢爲滎也禹安知其爲濟哉孔穎達謂以其色辨東坡謂以其味別而許敬宗則以爲入河伏流而出鄭漁仲則以爲簡編脫誤林少穎則以爲禹分殺水勢而程泰之則又以爲水會於河既多而盈而濟繼之故溢而注滎也紛紛之論將孰從而折衷乎余嘗思之程氏之見爲勝河自積石以來所受水爲不一而至於歷華陰而東行又有伊洛等水會之其盈可知矣然河自孟津以東其地稍平其勢稍緩而加以水之滿盈則其流寬徐與底柱而上不同矣沇水自北而來勢銳而流捷衝河衡渡固當時所有之事也然其入河而出不能無河水之混而大槩則濟耳　謹按傅寅葢主程大昌之說未知水勢胡渭云傳言濟與河並流始在北繼截河而南則似兩人同行街北一人忽截街而南別與人同行數里乃獨抵所欲詣處人之行路固有然者水則安能且河大而濟小濟既入河河挾以俱東濟性雖勁疾恐亦不能於大河之中曲折自如若此也見禹貢錐指　渭之言雖非專闢寅而水勢之自然寅說不攻而自破且如寅說會河之水既多則河勢益强河益强則濟益弱而謂濟勢銳流捷能衝河衡渡有是理乎

元王天與尚書纂傳按孔氏截河之說程氏河溢之說皆非是惟蔡氏說當就以經證之溢與出字皆特見之例惟

其自中而滿故不如菏澤被孟豬之被而有溢之名惟其由伏而見故不如他水下流之至而有出之名一也又王屋之下既見而伏濟源之西平地復見在河北既爾何獨溢出于滎而不然二也又濟河兖州至爾雅猶有濟南曰兖州之稱至呂氏春秋猶有濟河閒曰兖州之稱使其下流至兖者非沇濟自來之濟則累代相傳豈其以無源之水名兖疆域三也　謹按天與書出於蔡沈集傳後故兼闢程大昌而獨主蔡說

元吳澄書纂言濟既入河其伏者潛行地下絕河而南溢爲滎澤再出于陶邱北溢者言如井泉自中而滿非有來處　謹按澄說解溢字最確正與漢書地理志所云濟水

自垣縣東南至武德入河軼出滎陽北地中相合蓋溢卽軼自中而滿卽軼出地中也胡渭亦云泰澤之水有上源與鹽澤相似但至此渟而不流人識其爲潛行地下耳滎澤則異于是其水似井泉自中而滿不可指一路爲源故吳幼清云無來處也

胡渭禹貢錐指詩大雅觱沸檻泉維其深矣傳云檻泉正出涌出也李巡注爾雅曰水泉從下上出曰涌泉春秋公羊傳昭公五年叔弓帥師敗莒師于濆泉濆泉者直泉也直泉者涌泉也此皆水之溢出地中而無上流來處者阿井趵突其類也又有一切證爾雅瀵大出尾下注云今河東汾陰縣有水口如車輪許濆沸涌出其深無限名之曰

瀵馮翊郃陽縣復有瀵亦如之相去數里而夾河河中渚上又有一瀵瀵之原皆潛相通在汾陰者人壅其流以爲陂種稻呼其本出處爲瀵魁此是也尾猶底也愚按三瀵地下潛通隨竇涌出正與濟水相似　謹按胡渭確主軼出地中之說其引證汾陰馮翊三瀵潛通涌出理更昭晢脗合

元陳櫟書集傳纂疏盧谷方氏嘗親過枯黃河見濟水出河北溫縣者今經枯黃河以入汶而後趨海以此驗之則濟水性下固能伏地而出爲滎程泰之謂溢爲滎非濟溢辨之者以河濁滎清證其非當矣今大河徙而南流古大河遂爲枯瀆濟之貫河其迹昭然泰之之非不辨而明亦千古一大快哉　謹按自孔傳以後截流伏地其說糾紛者蓋以河水屢遷侵奪壅遏累代不定益滋岐說方回陳櫟在元時河徙而南之後遂得確指其迹今河之與濟相距愈遠截然不混濟不必與河並流而軼更彰明較著矣

御製溢爲滎則又見而出爲滎地志所謂卽滎波之滎見豫州者三伏三見此其一證然其伏見原亦無定處而無定數也

明鄭曉曰濟水發源於冀經流於豫分流於徐入海於青凡三伏而四見一見於王屋而遂伏再見而爲濟再伏而入河三見而爲滎三伏而穴地四見而出陶邱之北自此不復伏矣　謹按此確指濟水伏見之數與其地者

顧祖禹方輿紀要三伏三見之說出於近代自孔鄭諸家

以迄於宋世諸儒未有主此說者蓋發源之處或有伏見之分入河而後未嘗伏而復出也　謹按祖禹不主三伏三見之說然又以爲發源或有則仍未能以爲非也特不泥其定處與定數耳

蔡沈書傳先儒皆以濟水性下勁疾故能入河穴地流注顯伏南豐曾氏齊州二堂記云泰山之北與齊之東南諸谷之水西北匯於黑水之灣又西北匯於柏崖之灣而至於渴馬之崖蓋水之來也衆其北折而西也悍疾尤甚及至於崖下則泊然而止而自崖以北至於歷城之西蓋五十里而有泉涌出高或至數尺其旁之人名之曰趵突之泉今齊人皆謂嘗有棄糠於黑水之灣者而見之於此蓋

泉自濁馬之崖潛流地中而至此復出也其注而北則謂之濼水達於清河以入於海舟之通於濟者皆於是乎達也齊多甘泉其顯名者十數而色味皆同以余驗之蓋皆濼水之旁出者也然則水之伏流地中固多有之奚獨於滎澤疑哉吳興沈氏亦言古說濟水伏流地中今歷下凡發地皆是流水世謂濟水經過其下東阿亦濟所經取其井水煑膠謂之阿膠用攪濁水則清人服之下膈疏痰蓋其水性趨下清而重故也濟水伏流絕河乃其物性之常事理之著者程氏非之顧弗深考耳　謹按沈主伏見之說而不實指三伏三見其所指趵突泉阿井至今不易蓋故時濟水所經之道隨地皆泉即隨地皆濟益足爲無定數無定處之證

胡渭禹貢錐指濟水有三伏三見之說或謂出於近世之俗學殊不可信渭按伏見之說二孔無之然有所自來泰澤一伏東邱一見本水經注武德入河再伏滎陽軼出再見本地理志滎東又伏爲三伏出曹濮閒爲三見本唐書許敬宗傳此豈創自近世但以入河爲伏義有未安耳沈括云歷下凡發地皆是流水世傳濟水經過其下東阿之井乃濟水所爲曾鞏云泰山諸谷之水自濁馬崖潛流地中至歷城西復出爲趵突旁溢十數泉蔡沈引以證濟之伏見重源顯發所在多有元和志云鄭州管城縣京水出縣南平地新鄭縣溱水出縣西北三十里平地二處並在

河南密邇滎澤尤爲明驗蓋濟瀆所經之地其下皆有伏流遇空竇即便涌出故一見於滎澤再見於陶邱不必以入河之濟爲上源亦不必並泰澤東邱數之爲三伏三見也　謹按胡渭所指三伏三見復與鄭曉之說不同差有據然終歸於無定處定數劇爲通論

御製宋樂史所云清河即今之大清河唐李賢所謂濟水東貫滑曹鄆青以入于海者也

杜佑通典濟水之在河北者王莽時此水枯涸水但入河而已不復截河而南而水經敘濟乃一依禹貢舊道此不詳之甚又濟南濟北濟陽濟陰凡郡國附濟爲名者皆命名不審　謹按自佑有此說後世遂謂濟之一瀆不可復考程大昌所以有杜佑說後世不當有濟辨之作也

宋黃度尙書說杜佑通典力詆桑欽以爲濟瀆已斷濟水與禹貢不同爲謬何如曰非也濟水雖絕其瀆猶在雖中閒皆經穿鑿變易或斷或續然水之附入於其瀆者猶可尋求緝之以存禹迹非無理佑言爲過　謹按黃度直闢杜佑之說以上追禹貢之舊洵爲有識

宋程大昌禹貢論按李賢注釋范史曰濟自鄭以東貫滑曹鄆濟齊青以入於海則唐語也樂史寰宇記曰入東平濟南淄川北海界中水流入海謂之清河則本朝語也嘗考之古史兵師糧餉所經及詢之今日曾行其地者二子之言皆信然則滎澤雖流塞其源固未嘗竭佑何以概言

無有也以理推之自滎至海地亙千里水行其閒自成川脈豈以一濟溢而有豈以滎塞而無第其受河而流委闊長可以該他水而達於海故得爲四瀆之一滎雖塞矣數州之水循溢滎下流故道而行者自若也禹嘗名之以濟而後世肯不以濟目之乎

樂史曰菏汾合流故因濟舊名非本濟水其說蓋出於佑而佑不能以其所及槩其所不及也樂史雖能本佑語以爲言而亦不能究詳使後人有考也兗豫之境凡水自南濟北濟以行者皆循濟故不獨菏汶顧菏汶特其大而可數者爾今世所稱南北清河者皆古濟流派而菏汶則其要會也陶邱以東適與菏會而遂分派會泗水以注于淮

者濟之注河而分者也東北兼汶與之同入于海者濟之正派也此二者比濁河皆清故後世以南北清河目之今南北清河皆在而菏汶故流水嘗竭滅又濟率並河行凡對濟而決或枝流入之則河水皆爲濟水雖受河之口不專在滎要之派流古今常通則酈桑所書悉皆實錄佑因後漢一時滎口塞絕併與下流沒之以爲無有雖其所考菏汶最爲精要亦並沒而不言豈其得實哉夫桑氏之失既引他水以亂其源杜氏之失又矯桑氏而絕其流二書者地理家所仗以爲指南也今而若此且並與禹貢無考矣　謹按大昌主河濟並流之說未爲得理然此所指濟之分派正派以實南北清河爲濟之證則確不可易足以鍼杜佑之膏肓發樂史之墨守矣

顧祖禹川瀆異同杜佑曰今自東平以東有水流經濟南淄川北海界中入海者謂之清河蓋汶水菏澤之合流非古時之濟水也夫濟爲四瀆之一自昔推爲九州大川而湮沒無徵莫甚何歟　謹按祖禹確以大清河爲濟故闢杜佑清河非古濟之謬說見下且如佑言汶水菏澤之合流則禹貢明云又東至于菏又東北會于汶矣非濟而何

顧祖禹方輿紀要今大清河自汶上縣北出至東平州西安山牐又西北與運河分流逕東阿縣西伏折而東北逕東阿縣北又東逕平陰縣北又東逕長清縣北齊河縣東又北逕歷城縣北而東北會于濼水又北逕臨邑縣東又

東北逕濟陽縣南又北逕齊東縣北又東北逕武定州南又東逕清成縣北及濱州之南又東北逕蒲臺縣北至高苑縣北又北逕利津縣東而東北入于海繇安山牐而下皆謂之大清河近志元人始于寗陽縣北築堽城壩遏汶水入洸以通運河永樂中又于東平州東築戴村壩盡遏汶水入會通河今之大清河乃自平陰縣南之柳溝諸泉由東平州北門外過西折而東北夏秋運河泛漲則張秋以南東岸有減水閘分流來合而東北出即濟水之故道說者謂大清河南古濟而今汶者也夫濟流雖與古異然今東平歷下諸泉皆入大清河則仍爲濟水溢流不得全謂之汶水矣　謹按祖禹所臚乃今大清河全勢脈絡井

然愈足證大清河之爲濟而杜佑之說誠無足信矣

于欽齊乘入濟之汶即今大清河于慎行筆麈大清河第得汶之首尾實以東平諸泉由濟故瀆入海　謹按二于皆山東人皆實指大清河爲濟

胡渭禹貢錐指以今輿地言之自東平會汶以下東阿平陰長清齊河歷城章邱長山新城高苑博興樂安諸縣界中皆禹貢濟水入海之所經也　謹按此以今輿地印證禹貢濟水故道所謂本然之形勢也

御製淮源記

今歲豫旱於春夏荆歙旱於夏秋因循淮水弱而清口淤既而豫得雨于夏末則更黃水盛而清口有倒灌之患其開晝夜卜度往來噂沓蓋不可屈指數矣今歲春夏以來東南雨澤愆期淮水微弱以致清口淤淺無錫一帶河水乾涸糧船挽運維艱河漕諸臣辦理竭蹶再四馳詢旋命大學士阿桂前往會勘並諭引黃水以送今歲重運及回空之船蓄清水以俟明春開放濟運北上晝夜懸廑申諭不避辭多矣　因思淮之弱必其源之微或有沙石壅塞以致遏其流乎其時撫臣畢沅以辦理賑恤事宜不能分身往則命布政使江蘭往致禱淮瀆祠且相其源之形勢既而江蘭奏淮瀆故有祠更有禹廟並得三大井于禹廟東引歸正河遂成巨川因具圖貼說呈覽江蘭奏查勘淮源至桐柏山下據鄉耆稱禹廟前有井乃淮源所出因履勘至廟東里許沙土壅起微露砌石基址試挖至三尺許有三大泉湧出當即淘濬引歸河身下流旋即加長復沿流下勘至信陽正陽等各州縣抵江南境長五百八十餘里寬二三十丈深三四尺不等與一統志稱淮水伏流數里湧起三泉濬爲井之語相合云云朕批摺云案其圖上疑更有源汝何未至其處並於圖中點出更馳諭畢沅前往詳悉履勘　朕觀其圖溪磵縈繆山林深秀所謂三泉者未必即眞

源也其時賑恤章程已定迺命撫臣畢沅親往以窮其實茲畢沅親至胎簪山山頂遂得眞淮源具圖以來據畢沅奏胎簪山乃桐柏之中峰循山麓南上約十六七里見水一泓土人指爲淮水之源稱曰淮池恐初源尚不在此因延緣細徑而上道路益險十餘里始至山頂有大石盤陀廣十餘畝石旁凹處成潭徑丈許泉從石開出深尺餘遂飭從人汲乾積水旋涸旋盈其爲淮瀆眞源似無疑義等語　于是導淮自桐柏之言始信蓋胎簪即桐柏之中峰桑欽水經非誣也酈道元注以爲淮灃同源西流爲灃東流爲淮則今之分水嶺實在胎簪峰下按圖可求淮灃分流此又一證也夫天下之理豈易窮哉若據江蘭之奏定三井爲淮源則胎簪之眞源湮矣然弗湮也桑欽酈道元之語固在也今偶湮之而後世必有執水經注以笑我君臣之不讀書者茲不惟喜瀆源之得眞更以佳古人之用心勤而千載之下必有相知之人也江蘭向在部中爲能馳馬耐辛苦之能員是以屢陞用之今職而於登峰造極跋涉以求得眞源乃讓身軀孱弱佔畢之儒臣斯則在立心之堅定與不堅定及讀書與不讀書之分耳既記其顚末並以嘉畢沅也沅其勉之

御製廣陵濤疆域辨

枚乘七發觀濤廣陵之曲江註云廣陵國屬吳自是詠潮數典者概舉廣陵而於其封域則姑舍而未詳酈道元水經注於漸江引海水逆流江水上潮似神而非爲江流兩山閒濤來高大之据亦不定云廣陵所屬自元時錢惟善試羅刹江賦始云惟羅刹之巨江實發源於太末人皆知此語始自惟善而不知惟善實祖元稹爲問西州羅刹岸濤頭衝突近何如之句於是以

浙江爲曲江而浙江潮廣陵潮遂溷而爲一矣夫乘漢人也其舉方域不能違漢制攷漢書地理志廣陵國高帝六年屬荆州十一年更屬吳所治廣陵江都高郵安平四縣而錢塘在當時爲餘杭隸會稽郡雖顔師古注有景帝四年屬江都之文劉敞駁其非是敞長於考訂其說必有可信則會稽之不屬廣陵明甚然以今日濤形論之揚子之潮雖亦應朝夕期候若七發所侔揣刻劃目爲似神者固究於浙江之潮爲近然其理又實有不可强爲比附者即以乘所云弭節伍子之山通厲胥母之場而言不特越絶書所云旦食於組山晝遊於胥母其文與姑胥之臺相屬即胥山之見於史記及吳越春秋者注一以爲在吳縣西四十里一以爲在太湖邊皆不出今蘇州境於揚於杭又

皆風馬牛不相及矣揚子固不能遠踰吳松以通潮汐具區雖連亙數郡而去海遠甚浙江之濤又安能指數百里外之湖濱而弭且厲哉是乘之言已不免自相矛盾矣葢七發之作不過文人託事抒藻之爲如子虛亡是騁其贍博非必若山經地志專供考資者之脈絡分明也又唐李紳詩云揚州郭裏見潮生而蔡寛夫詩話亦以爲潤州大江與揚子橋對岸瓜洲乃江中一洲疑曩時大江之潮揚州固嘗見之又何必以文人怪異詭觀之辭本無確據而拘墟享帚定以廣陵古國屬之餘杭抑亦刻舟膠柱之甚矣

臣等伏見

御製廣陵濤疆域辨考据精博思力高健實足以破羣書之疑而乃

聖懷沖挹爰

命臣等看詳臣等學識淺陋何能仰贊

高深憶臣等少時讀書至枚乘七發所稱觀濤廣陵之曲江一語心竊疑之夫廣陵之名始於周顯王三十五年楚并越置廣陵縣秦屬九江漢屬荆楚旣而屬吳景帝四年爲江都國元狩六年爲廣陵國是廣陵歴楚至漢不易也而秦之會稽郡兼有吳越之地漢時雖亦同屬荆楚然景帝四年以後江都易王非廣陵厲王胥皆都廣陵並得鄣郡而不得吳則漢之廣陵國疆域不能至吳明甚旣不能至吳豈能越二郡而兼有會稽之錢唐乘乃漢人以漢地證漢

文其非錢唐之潮而爲廣陵自有其濤審矣乘何以云廣陵之曲江耶按水經注浙江逕錢唐定巳諸山水流兩山之閒江川急濬兼濤水晝夜再來二八月最高峨峨二丈有餘吳越春秋以爲子胥文種之神也此與枚乘所言濤之情狀相似葢本七發爲注故於岷江條下語不及濤或酈道元泥於乘語耳至弭節伍子之山通厲胥母之場地皆在吳然吳錄所云胥山在太湖邊去江不百里是猶未至錢唐而闔閭之旦食組山晝遊胥母與鷗陂石城長洲並稱則實近蘇之地而錢唐之濤亦不能至也再如篇內南山朱汜蕕蕕之口諸地名今亦未能確指其處文人之筆縱其所之無乎不可誠如

聖論況楚太子吳客問答原與子虛亡是相匹不足深泥而廣陵之曲江五字終難强合竊謂江皆有潮非獨浙江潮之壯即不如浙何妨鋪張揚厲以作文瀾乘七發內似此者甚多豈能一一求其指實臣等惟有咏歎

鴻文莫能妄置一喙臣莊有恭臣于敏中臣錢汝誠臣李因培

恭跋

臣謹案是書卷首有臣紀昀等校語云

御製熱河考灤源考證諸篇抉摘舛謬足訂千秋耳食沿訛謹錄弁簡端永昭定論是當時傳本實以

純廟御製文冠首今江蘇福建流傳倣刻

武英殿聚珍板本及它省續行繙本不知卷首何以皆闕臣

謹從

御製文二集中錄熱河考灤源考證二篇敬刊簡端以符元本

高宗皇帝聖學淵深於輿地辨析尤精為前古所未有

御製集中開新河記編輯河源紀略論河源按語河源簡明語

天竺五印度考訛陽關考濟水考淮源記廣陵濤疆域辨諸篇傳正決疑於考訂班酈二書裨益宏遠一倂敬

謹錄刊昭示千古準的云爾光緒十八年七月前國子

監祭酒江蘇學政臣王先謙恭跋

御製題酈道元水經注六韻有序

酈道元水經注自明至今惟朱謀㙔校本行世其文與杜佑通典樂史太平寰宇記所引經注往往不合又多意為改竄殊失本來面目近因裒集永樂大典散見之書其中水經注雖多割裂而按目稽覈全文具存尚可彙輯與今本相校既有異同且載道元自序一篇亦世所未見蓋猶據宋人善本錄入茲經館臣排綴成編凡篇目混淆經注相錯者悉加釐訂其脫簡有自數字至四百餘字者亦並為補正以數百年叢殘缺佚之書一旦復還舊觀若隱有呵護者然亦藝林佳話也因題六韻紀之

檢書斷簡萃全珍自序猶存善長眞卻以殘山將賸水竟如合

浦與延津笑他割裂審無術(永樂大典所載之書類多散入各韻分析破碎殊無體例是書亦其一也)際此完成若有神南北少訛因未到(酈道元仕於北魏雖曾出使關中而足跡未嘗一至塞外故水經注中所載邊地諸水形勢未能盡合卽如濡水之源流分合及所經郡縣多有訛舛至江淮以南地屬齊梁道元亦未親履其地詳為考訂祇據傳聞所及襲謬沿疑無怪其說之多盭也)古今略異究堪循悉心編纂誠宜獎觸目研磨信可親設以春秋素臣例足稱中尉繼功人

臣等謹按韻排大典披沙尙有遺金
敕選殘編入圍無非積玉彙萬種而先雕棃棗允羅散帙之精
建一議而特異泥鉛爰
錫聚珍之號天下文章在此古今祕奧如斯沾膏馥於藝林幸
獲書探四庫廣風聲於寰宇還期家擁百城惟
皇帝化倬雲章
恩頒瓊籍牙籤錯落東南五省之榮緗軸流傳文獻三吳之幸
用敬鐫於匠氏乍發新硎旋恭誦於儒流儼陳古鼎昔分
今合還廬山面目之眞後得先迷想赤水離朱之幻
聖學恢如滄海獨匯源流文光蔵遍南天羣羅星斗從此靈威
舊洞無須求蝌蚪奇書並教文選名樓不得擅琳瑯古藻

臣等校讎竊預涯涘未窺簡末署名曷勝榮幸兩江總督
臣薩載江蘇巡撫臣閔鶚元安徽巡撫臣書麟江蘇學政
臣謝墉安徽學政臣葉觀國江寧布政使臣劉墫蘇州布
政使臣李慶棻安徽布政使臣陳步瀛江蘇按察使臣覺
羅琅玕安徽按察使臣福寧同拜手稽首恭紀

督刊蘇州府知府臣胡世銓
試用知縣臣郭良義
校字吳縣教諭臣陸鴻繡
承刊蘇州府學生員臣張鶴翥
吳縣學生員臣陳鳳喈
上海縣學生員臣黃炳章

寶山縣學生員臣陸惟軾

酈道元水經注原序

序曰盧文弨羣書拾補用武進臧氏所得鋢雲樓宋本校無序曰二字易稱天以一生水故氣微于北方而爲物之先也玄中記曰天下之多者水也浮天載地高下無所不至萬物無所不潤盧本無兩所字及其氣流届石精薄膚寸不崇朝而澤合靈宇者神莫與竝矣是以達者不能測其淵沖而盡其鴻深也昔大禹記盧本作經拾補云大典作記今從臧本著山海周而不備地理誌其所錄簡而不周尚書本紀與職方俱略都賦所述裁不宣意水經雖粗綴津緒又闕旁通所謂各言其志而罕能備其宣導者矣今尋圖訪賾盧本作蹟拾補云大典作賾余疑是蹟字今見臧本果然者極聆州域之說而涉土遊方者寡能達其津照縱髣髴前聞不能不猶深屛營也余少無尋山之趣長違問津之性識絕深經道淪要博進無訪一知二之機退無觀隅三反盧本作反三拾補云大典作三反當由習讀論語者改之今從臧本對上訪一知二較整之慧獨學無聞古人傷其孤陋捐喪辭書達士嗟其面牆默室求深閉舟問遠故亦難矣然毫管闚天歷筩時昭飲河酌海從性斯畢竊以多暇空傾歲月輒述盧本作注拾補云大典作述今從臧本水經布廣前文大傳曰大川相間小川相屬東歸于海脈其枝流之吐納診其沿路之所躔訪瀆搜渠緝而綴之經有謬誤者考以附正文所不載非經水常源者不在記注之限但緜古芒昧華戎代襲郭邑空傾川流戕改殊名異目世乃不同川渠隱顯書圖自負拾補云疑是貿字或亂流而攝詭號或直絕而生通稱枉渚交奇拾補云書中亦每以奇爲岐洄湍決澓拾補云新本多加水旁作澓舊本止作復字故不從新本躔絡枝煩條貫系夥十二經通尚或難

言輕流細漾固難辨究正可自獻逕見之心備陳輿徒之說其所不知蓋闕如也所以撰證本經附其枝要者庶備忘誤之私求其尋省之易盧本有耳字拾補云大典無耳字臧本有

水經注目錄　　武英殿聚珍版原本

臣等謹按水經注四十卷後魏酈道元撰道元字善長范陽人官至御史中尉自晉以來注水經者凡二家郭璞注三卷杜佑作通典時猶見之今惟道元所注存崇文總目稱其中已佚五卷故元和郡縣志太平寰宇記所引滹沱水涇水洛水皆不見于今書然今書仍作四十卷疑後人分析以足原數也是書自明以來絕無善本惟朱謀㙔所校盛行於世而舛謬亦復相仍今以永樂大典所引各按

水名逐條參校非惟字句之訛層出疊見其中脫簡有自
數十字至四百餘字者其道元自序一篇諸本皆佚亦惟
永樂大典僅存蓋當時所據猶屬宋槧善本也謹排比原
文與近本鉤稽校勘凡補其闕漏者二千一百二十八字
刪其妄增者一千四百四十八字正其臆改者三千七百
一十五字神明煥然頓還舊觀三四百年之疑竇一旦曠
若發蒙是皆我
皇上稽古右文經籍道盛瑯嬛宛委之祕嚮然並臻遂使前代
遺編幸逢
昌運發其光于蠹簡之中若有神物撝呵以待
聖朝而出者是亦曠世之一遇矣至于經文注語諸本率多混

淆今考驗舊文得其端緒凡水道所經之地經則云過注
則云逕經則統舉都會注則兼及繁碎地名凡一水之名
經則首句標明後不重舉注則文多旁涉必重舉其名以
更端凡書內郡縣經則但舉當時之名注則兼考故城之
迹皆尋其義例一一釐定各以案語附于下方至塞外羣
流江南諸派道元足蹟皆所未經故于灤河之正源三藏
水之次序白檀要陽之建置俱不免附會乖錯甚至以浙
江妄合姚江尤爲傳聞失實自我
皇上命使履視盡得其脈絡曲折之詳
御製熱河考灤源考證諸篇爲之抉摘舛謬條分縷擘足永訂
千秋耳食沿訛謹錄弁簡端永昭定論又水經作者唐書

題曰桑欽然班固嘗引欽說與此經文異道元注亦引欽
所作地理志不曰水經觀其涪水條中稱廣漢已爲廣魏
則決非漢時鍾水條中稱晉寧仍曰魏寧則未及晉代推
尋文句大抵三國時人今既得道元原序知並無桑欽之
文則據以削去舊題亦庶幾闕疑之義爾乾隆三十九年
十月恭校上

總纂官侍讀臣紀昀
侍讀臣陸錫熊
纂修官舉人臣戴震

予久聞仁和趙誠夫先生有釋水經注一書惜未之見昨春移節大梁適先生子載元官是方以屬吏進謁言次及之載元知隄防宣泄之宜能世其家學予既以其治績奏于朝擢守歸德今年夏謀鋟先生是書請序于予予始得受而讀之見其抉擇之詳明徵引之該覈有升葊之博而無其不可信有中尉之勤而去其不必疑洵謂有是書以來不可少之撰述矣予服官數十年頗留意地理之學以爲有裨于民生實事自癸卯歲校刻山海經畢卽欲疏是書是時幕下之士如邵錢洪孫諸子皆足以襄予編校之役數年以來已十得其三四今觀先生是書條剖縷析遠引博證有先得我心者亦或粗有知解可佐先生之不逮者略列數條于後備讀是書者之采擇焉大遼水下云遼東屬國首曰昌遼故天遼而前志又無天遼之目予以十三州志校之知舊本今本皆誤刊三字志云遼東屬國都尉治昌黎道故交黎交黎前漢志屬遼西爲東海都尉治矣則知水經注昌遼之遼亦沿續志而誤也洛水下引劉昭注云周無司隸當爲司寇予按秋官司寇下有司隸鄭康成注云漢始置司隸亦使將徒治道溝渠之屬後稍尊之使主官府及郡縣則司隸之設實本于周劉昭之說未可據矣潁水下云固始卽固陵漢王追項羽至固陵卽此予考固始之置在後漢建武二年高祖時尚無固始之名知晉灼注誤也惟括地志云固陵在陳州宛邱西北四十二里以今道里計之陳州府城西北三十里有固陵諸地志皆云卽漢高追項羽處知與固始非一地矣洧水下云

鄭伯克段之鄢在潁川不在陳留今考杜預是說趙匡集傳首疑之而改鄢字爲鄔予以爲趙說亦非也惟陳留傿縣爲得矣廪延至傿既爲順道又渡河奔共亦便若南至潁川之鄢陵既無由北渡河若改從河南之鄔聚又嫌無別據仲援之言斯不易矣贛水下云豫章郡有豫章縣蓋復漢之舊今考道元云循水東北逕豫寍縣故西安也晉太康元年更從今名則晉志仍作豫章縣爲誤又沈志豫寍侯相漢獻帝建安中立吳曰要安要字係西字之訛杜佑通典吳置新安縣晉更名豫寍新安亦西安之誤至云漢郡不當有淮陽晉志不聞有長樂今考漢紀高后八年淮陽王武以非子誅至宣帝元康三年始以封子憲中間闊絕百十有餘年其地爲淮陽郡可知晉書太康五年改安平爲長樂國封安平王孚曾孫祐爲王十年割武遂武邑觀津三縣爲武邑國以封南宮王承惠帝時承薨無後省還長樂國是長樂國之置志雖不詳而著于紀傳又朌朌可識矣又有可引伸先生之說者潩水下云潩瀷音同而字近今考道元之說云潩水時人謂之敕水而高誘淮南王書注云瀷讀如燕人強秦言敕同也是瀷潩二字皆讀如敕元和郡縣志云大騩山瀷水源出于此太平寰宇記大騩山潩水源出于此是瀷潩二字古通疑叔重二水爲複載否或徐鉉等增入如葪之誤菽菥之誤菰字皆重出非許氏之舊矣沭水下云改傅陽作偪陽今考漢書地理志楚國傅陽故偪陽國莽曰輔陽師古曰偪音福古今人表有福陽子注云妘姓卽偪陽子是偪福傅輔皆以音

同而轉也沔水下引左傳云及鄖亂次以濟淇水經典釋文淇誤作其予按淇水卽浾水道元云浾水與夷水亂流東出謂之淇水浾淇音同傳寫誤耳凡此數條以迄邵子證南江入海之道錢子爲漢水兩源之釋洪子辨荆州浸之溠水孫子疏京兆尹之漕渠均足爲是書之證佐發前人所未發矣予又嘗疑唐宋諸人所引水經注不盡出于道元葢郭璞三卷之著杜佑以爲疏略則必嘗親見之卽如李唐一朝陸禋既曾續水經李吉甫又嘗刪水經矣以是推之注水經者不止道元一人則諸書所引之水經注亦不必均據酈書以校其同異曾歷詢爲地理之學者頗以爲然惜不及先生在時竝蓳浦謝山諸前輩一決之爲憾也總之道元之注足以證經史之闕遺而先生是書又

足以補道元之訛漏經不可無注注又不可無釋斷斷然也序是書畢適奉

命兼督兩湖于先生所疑之東條大别又將以目驗之庶幾其有一得附先生是書以傳也

乾隆丙午八月既望鎮洋畢沅書于大梁使院

安定君之注水經雖其于禹貢之故道不能一一追溯而漢晉以後原委畢悉尤詳于陂塘隄堰之屬固有用之書也乃以過于嗜奇稱繁引博反失之龐讀者眩焉要其纏絡未嘗不釐然可按也所苦唐以後無完書據崇文總目則館閣所儲本亦祇三十五卷據元祐無名氏跋則蜀本且祇三十卷是以歐陽兖公尚未見四十卷之著錄及何聖從本幸復其舊然已云篇帙不無小失而以太平寰宇記諸書校之則逸文之不見于今本者不下數百條說者以爲原本當有弱黑涇洛虖沱諸篇而今不可得見矣是豈止小失乎哉然卽其所幸存者脫文訛字展轉沿襲蔡正甫所謂蜀板遷就之失令人撫卷茫然難以津造雖有好學如柳大中謝耳伯趙淸常朱鬱儀孫潛夫之徒再四

讎定不過正其十之三如盤洲石柱之疑而于其大者未之能及也百年以來乃有專門之學顧亭林顧宛溪黄子鴻胡東樵閻百詩五君子慨然于正甫補亡之不可得見合羣籍以通之購舊槧以校之竭精思以審之是書始漸見天日同時劉繼莊自燕中來亦地學之雄也欲因麗澤之益薈萃爲是書之疏而惜其不果然而諸家所論證或以洮水爲澆水（東樵）或以滎水爲灉水（宛溪）或以漯水有二（百詩）或以礫谿有南北二渠（東樵）或指九江在洞庭而託之許叔重之說（東樵宛溪）斯其過皆不小甚矣稽古之難也杭有趙君東潛者谷林徵士之子也藏書數十萬卷甲于東南稟其家庭之密授讀書從事于根柢之學一時詞章之士莫能抗手爰有箋釋之作拾遺糾繆旁推交通裒然成編五君

子及繼莊之薪火甞有代興而諸家之毛舉屑屑者俛首下風安定至是始有功臣而正甫之書雖謂其不亡可也予家自先司空公先宗伯公先贈公三世皆于是書有校本故予年二十以後雅有志于是書始也衣食奔走近者衰病侵尋雙韭山房手校之本更是迭非卒未得畢業聡懷世學不禁慚赧而東潛奪纛而登囊括一切猶以予爲卑耳之馬不棄其鞅絆豈知羽毛齒革君之餘也聊舉先世之遺聞以益君則庶幾焉謝山全祖望序

盈天地之閒數物有萬而物莫不始於一說文部敘始一終亥徐楚金曰一天地之始也一气之化也天一生水而地六成之五行之次惟水最先此易數與箕疇互相發也故水浮天而載地元氣之布濩筋脈之流通昔賢譔述尊之曰經酈氏條分詮之曰注審其遠近之端詳其小大之勢于是源流之徑趣歸宿之殊區所謂經水枝水川水者百世悠悠如指諸掌唐六典云天下水泉三億三萬五十九萿若是之夥也觀夫善長之爲人志氣剛毅故起例謹嚴博覽羣書故馳詞絢發以視江左諸公習尚浮華競誇雕組殆羞與絳灌爲伍矣後之職志方輿者如李宏憲樂子正王正仲之流莫不掇其菁英奉爲蓍蔡其閒缺失五卷始記于崇文總目暨宋南渡中原文獻或失其傳學士大夫罕言其義雖嘗補于元刊于明日月寖久訛舛實多南州朱鬱儀中尉起而箋之疑人之所難疑發人之所未發論者以爲三百年來有數之作余愛之重之忘其固陋而爲之釋釋之云者所以存朱氏之是兼弼酈亭之違也錄取片長便成佳證助之張目足爲快心若夫箋有繆盭則剞而投之所遺漏則補之刖爲刊誤不欲羼入卷中惑人視聽閒關歲月始勒成編余因思水之爲道也由人之治與不治耳治之則爲利甚溥不治則爲患甚鉅而是書又在人之能讀與否耳善讀者追惟古帝洚水警予之心用致地平天成之業而況農田水利之興慶流于宗社澤被于生民關中鄭國之渠秦所以卒兼諸侯也塞下宜禾之府漢所以逐威絕域也陳協代龍之堰安平沁口之堨

智通在我雲雨由人干戈擾攘之際曷嘗廢浚遏之勤乎且夫李冰之平洶崖楊渙之開石牛周君光瀧水之勳張景明漳河之績載籍書之于今爲烈彼杜君卿之不揆顛末横肆譏評鹵莽滅裂斯已過矣嗚呼八枝代絕九畫茫茫河身南徙淮不敵黄二渠不釃四瀆或亡豈天數之使然抑人謀之不臧也若乃絺章繪句躡影希聲規索枕中之祕竊倿談柄之助風斯愈下吾無取焉

乾隆十九年仲冬上旬東潛趙一清述

水經注原序

易稱天以一生水故氣微于北方而爲物之先也元中記曰天下之多者水也浮天載地高下無不至萬物無不潤及其氣醞屈石精薄膚寸不崇朝而澤合靈寓者神莫與竝矣是以達者不能測其淵沖而盡其鴻深也昔大禹記著山海周而不備地理誌其所錄簡而不周尚書本紀與職方俱略都賦所述裁不宣意水經雖粗綴津緒又闕旁通所謂各言其志而罕能備其宣導者矣今尋圖訪蹟者極聆州域之說而涉土遊方者寡能達其津照縱髣髴前聞不能不猶（中闕）洄湍決澓（音伏）纏絡枝煩條貫系夥十二經通倘或難言輕流細漾固難辯究正可自獻逕見之心備陳轝徒之說其所不知葢闕如也所以撰證三經附其枝要者庶備忘誤之矜求其尋省之易（下俱闕）

此是酈亭原本孫潛夫從柳大中鈔本錄得惜其失亡已大半矣然吉光片羽要爲天下至寶而自篇首至其鴻深也詹氏小辨能舉之則在明中葉此序未亡可知而楊用修黄勉之二家刻書反遺之何也昔義門何氏最稱博覽深以不見此序爲憾僅從玉海摘取大禹記著數語而云必得宋本乃爲全篇則予今日之獲較之先正不既多乎東潛郇民識

水經注釋參校諸本

楊氏慎刊本升庵自序別刊水經三卷又其孫宗吾刻節錄水經注碑目一帙

黃氏省曾刊本五嶽山人自序嘉靖甲午年刊

歸氏有光本太僕家藏舊鈔何義門曾見之

柳氏僉本字大中吳人正德年舊鈔藏洞庭葉石君家

趙氏琦美三校本清常道人常熟人脈望館藏書最富一校於萬歷丙午年一萬歷己酉年正月二十七日起訖四月七日一萬歷庚辰年二月十三日盡是年十二月五日畢工孫潛夫稱爲趙氏三校本最佳本也

吳氏琯刊本字中行歙人萬歷乙酉年刊

朱氏之臣本字無易蜀人引辛氏三秦記補渭水篇神女唾瘡事義門稱之

周氏嬰本字方叔莆田人著析酈見巵林

陳氏仁錫刊本萬歷中明卿更校刊之

鍾氏惺譚氏元春刊本竟陵鍾伯敬譚友夏合共評點

全氏雙韭山房舊校本鄞全侍郎元立字九山孫天敘字伯典亦官侍郎天敘之從孫吾騏字北翁三世校之今翰林祖望其孫也

錢氏曾本遵王有述古堂藏書蓋宋槧本也

黃氏宗羲刪本梨洲嘗盡刪酈注之無豫于水經者蓋欲復唐李氏刪水經十卷之舊而未成有今水經行于世

孫氏潛再校本字潛夫一字節菴又字知節君又字蔵園吳人用柳趙影宋鈔本校過

顧氏炎武本亭林著肇域志天下郡國利病書日知錄昌平山水記辨正水經注極多義門云丙子九月二十四日得見先生改正者又改定二十餘字

顧氏祖禹本宛溪著讀史方輿紀要引水經注多所補正

閻氏若璩本太原閻百詩著古文尚書疏證潛邱劄記援引水經注精義多前人所未發

黃氏儀本崑山黃子鴻曾依酈注每水各寫一圖兩岸翼帶諸小水精細絕倫參伍錯綜各得其理刊正渭水篇胡朏明禹貢錐指從之辨誤今是書歸于新城王氏池北書庫

劉氏獻廷本廣陽劉繼莊一字伯莊與黃子鴻友善同客崑山徐大司寇家與修一統志稿作楚水圖記又欲作水經注疏而未就存其說於雜記蓋北方之學者全謝山爲之傳

胡氏渭本德清胡朏明一字東樵著禹貢錐指悉本水經注援古證今渭水洒水二篇是其釐定

姜氏宸英本西溟手自校定全謝山家有之

何氏焯再校本義門中吳名士生當文盛之日耆儒宿學風流未泯入官翰林多覯古圖籍世以博洽推之故其勘定諸書頗可依據自記于康熙甲戌八月初十日始校是書夜以繼日至九月十三日卒業戊戌八月再跋其用力亦勤矣

沈氏本不詳何人見義門校本亦中吳之士

沈氏炳巽本字繹旃吳興人謝山引用最多

董氏熜本字訥夫吳興人

項氏絪本歙人郎用朱箋略加刪節

杭氏世駿本里人杭堇浦編修手校朱箋

齊氏召南本天台人字次風與堇浦謝山友善

全氏祖望七校本四明全謝山翰林取諸本手校于篁菴謂道元注中有注本雙行夾寫今混作大字幾不可辨蓋述其先世舊聞斯言也予深然之河洛濟渭沔江諸篇經注混淆卧病中忽悟其義馳書三千里至京師告予予初聞之通夜不寐竟通其說悉加改正今秋下榻春艸園之西樓各出印證宛然符契舉酒大笑因製序焉

以上諸本予悉取之與明南州朱謀瑋中尉箋相參證錄其長而舍其短第見聞有限頗懷生晚之歎觀者幸勿哂其陋

也古老傳言馮祭酒夢禎以經注混淆間用朱墨分句乙其本惜未之見

水經注釋參校諸本

北史本傳

酈範字世則魏書本傳小名記祖**范陽涿鹿人也**魏書地形志范陽郡領涿縣有涿城巨馬水注巨馬水又東酈亭溝水注之水上承督亢溝水于遒縣東東南流歷紫淵東余六世祖樂浪府君自涿之先賢鄉爰宅其陰西帶巨川翼茲水枝流津通纏絡墟圃匪直田漁之可懷信爲遊神之勝處也春明夢餘錄酈亭在涿州南二十里爲酈道元故居一統志酈亭在新安縣西北舊志今有酈村酈亭莊皆在縣西北四十里畿輔通志紫泉在新城縣東北源出縣西北十五里龍堂村至縣西十里合琉璃又南入白溝河**祖紹慕容寶濮陽太守**晉書載記慕容寶垂之第四子紀元彙考晉孝武帝太元二十年丙申垂卒子寶立改永康元年魏拓跋皇始元年地形志濮陽郡晉置天興中屬兗州**以郡迎降**魏書帝紀道武帝皇始元年八月已亥大舉伐慕容寶自常山以東守宰或捐城奔竄或稽顙軍門**道武授兗州監軍**地形志兗州劉義隆治瑕邱魏因之魏書官氏志監軍從第三品中**父嵩天水太守**地形志秦州天水郡治上封按卽前漢隴西郡之上邽縣也後漢屬天水郡師古曰邽音圭魏道武諱珪故改之官氏志上郡太守第四品**範太武帝給事東宮**魏書帝紀世祖太武皇帝諱燾延元元年立皇子晃爲皇太子正平元年薨謚曰景穆高宗卽位尊曰景穆皇帝廟號恭宗**太武踐阼**按此文誤也魏書本傳是高宗踐阼考帝紀高宗文成皇帝諱濬恭宗景穆皇帝之長子乃太武之嫡皇孫太武崩以皇孫卽帝位改元興安**追錄先朝舊勳賜爵永寍男**地形志瀛州高陽郡領永寍縣官氏志開國縣男第五品魏書本傳加寍遠將軍官氏志寍遠將軍第五品**以奉禮郎**魏書本傳作治禮郎官氏志治禮郎從第六品下蓋範先給事東宮至是始仕於朝**奉遷太武景穆神主於太廟進爵爲子**官氏志開國縣子第四品**爲征南大將軍慕容白曜司馬**官氏志諸開府司馬從第四品中魏書列傳慕容白曜慕容元眞之元孫劉彧徐州刺史薛安都兗州刺史畢衆敬竝以城內附詔鎮南大將軍尉元鎮東將軍孔伯恭赴之皇興初加白曜使持節都督諸軍事征南大將軍上黨王屯於碻磝爲諸軍後繼**及定三齊範多進策白曜皆用其謀**魏書本傳慕容白曜南征範爲左司馬師次無鹽劉彧戍主申纂憑城拒守議者僉以攻具未周不宜便進範曰今輕軍遠襲深入敵境無宜淹留久稽機候且纂必以我軍來速不去攻守謂方城可憑弱卒可恃此天亡之時也今若外潛威形內整戎旅密厲將士出其非意可一攻而剋之白曜曰一日縱敵數世之患今若舒遲民心固矣司馬之策是也遂潛軍僞退示以不攻纂果不設備

於是卽夜部分且便騰城崇朝而剋白曜將盡以其人爲軍實範曰齊四履之地世號東秦不遠爲經略恐未可定也今皇威始被民未霑澤連城有懷貳之將比邑有拒守之夫宜先信義示之軌物然後民心可懷二州可定白曜曰此良策也乃免之進次肥城白曜將攻之範曰肥城雖小攻則淹日得之無益軍聲失之有損威勢且見無鹽之卒死者塗炭成敗之機足爲鑒矣若飛書告諭可不攻自伏縱其不降亦當逃散白曜乃以書曉之肥城果潰白曜目範於衆曰此行也得卿三齊不足定矣軍達升城劉彧太原太守房崇吉棄母妻東走彧青州刺史沈文秀遣其寧朔將軍張元孫奉牋歸款請軍接援白曜將遣偏師赴之範曰桑梓之戀有懷同德文秀家在江南青土無墳栢之累擁衆數萬勁甲堅城彊則拒戰勢屈則走師未逼之朝夕無患竟何所畏已求援軍且觀其使詞煩而顏愧視下而志怯幣厚言甘誘我也若不遠圖懼虧軍勢旣進無所取退逼彊敵羝羊觸藩羸角之謂未若先守歷城平盤陽下梁鄒剋樂陵然後方軌連鑣揚旌直進何患不壺漿路左以迎明公者哉白曜曰卿前後納策皆不失衷今日之算吾所不取何者道固孤城自守盤陽諸戍勢不野戰文秀必剋殄意在先誠天與不取後悔何及範曰短見猶謂不虛歷城足食足兵非一朝可拔文秀旣據東陽爲諸城根本多遣軍則歷城之固不立少遣衆則無以懼敵心脫文秀還叛閉門拒守偏師在前爲其所挫梁鄒諸城追擊其後文秀身率大軍必相乘迫腹背受敵進退無途雖

有韓白恐無全理願更思審勿入賊計中白曜乃止慕容白曜傳劉彧東平太守申纂屯無鹽幷州刺史房崇吉屯升城遏絕王使白曜攻纂于無鹽拔其東郭其夜纂遁遣兵追執之獲其男女數千口先是劉彧青州刺史沈文秀冀州刺史崔道固並遣使內附而彧遣招慰復歸彧白曜旣拔無鹽回攻升城肥城戍主聞軍至棄城遁走獲粟三十萬斛旣至升城垣苗麋溝二戍拒守不下白曜以千餘騎襲麋溝麋溝潰自投濟水死者千餘擊垣苗又破之得粟十餘萬斛由是軍糧充足先是淮陽公皮豹子等再征垣苗不剋白曜以一旬之內頻拔四城威震齊土升城不降白曜忿之縱兵陵城殺數百人崇吉夜遁白曜撫慰其民無殺戮百姓懷之獲崇吉母妻待之以禮劉彧遣其將吳憘公率衆數萬欲寇彭城鎭南大將軍尉元表請濟師顯祖詔白曜赴之白曜自瑕邱遣將軍長孫觀率騎入自馬耳關至盤陽諸縣悉降平東將軍長孫陵寧東將軍尉眷東討青州白曜自瑕邱進攻歷城乃爲書以喻之道固固守不降白曜築長圍以攻之長孫陵等旣至青州沈文秀遣使請降軍人入其西郭頗有採掠文秀悔之遂嬰城固守二年崔道固及兗州刺史梁鄒守將劉休賓並面縛而降白曜皆釋而禮之送道固休賓及其僚屬于京師乃徙二城民望于下館朝廷置平齊郡懷寧歸安二縣以居之自餘悉爲奴婢分賜百官白曜進討東陽冬入其西郭三年春剋東陽擒沈文秀凡獲倉粟八十五萬斛米三千斛弓九千張箭十八萬八千刀二萬二千四百甲冑各三

千三百銅五千斤錢十五萬城內戶八千六百口四萬一千吳蠻戶三百餘始末三年築圍攻擊日日交兵雖士卒死傷無多怨叛督上土人租絹以爲軍資不至侵苦三齊欣然安堵樂業剋城之日以沈文秀抗倨不爲之拜忿而箠撻唯以此見譏以功拜使持節都督青齊東徐州諸軍事開府儀同三司青州刺史濟南王又列傳中纂者本魏郡人申鍾曾孫劉彧用爲兗州刺史沈文秀字仲遠吳興武康人伯父慶之劉駿司空稍遷建威將軍青州刺史和平六年劉子業爲其叔彧所殺文秀遂與諸州推立劉子勛及子勛敗皇興初文秀與崔道固俱以州降請師接應會劉彧遣文秀弟文炳來喻之文秀復歸于彧後慕容白曜旣剋升城引軍下歷城乃率大衆幷力攻討長圍數帀自夏至春始剋文秀取所持節衣冠儼然坐於齋內亂兵入曰文秀何在文秀厲聲曰身是執而裸送于白曜左右令拜文秀曰各二國大臣無相拜之禮白曜忿之乃至撾撻後還其衣爲之設饌遂與長史房天樂司馬沈嵩等鎖送京師面縛數罪宥死待爲下客給以麤衣蔬食顯祖重其節義稍亦加禮之又房天樂清河人滑稽多智先爲青州別駕文秀拔爲長史督齊郡州府之事一以委之文秀族子嵩聰敏有筆札文秀以爲司馬甚器任之宋書州郡志兗州刺史東平太守無鹽令漢舊縣青州刺史治臨淄安帝義熙五年平廣固北青州刺史治東陽城而僑立南青州如故後省南青州而北青州直曰青州孝建二年移治歷城大明八年還治東陽太原太守秦立屬幷州文帝

元嘉十年割濟南太山立領縣三山茌太原祝阿又晉成帝立南青州及幷州武帝永初元年省幷州幷南兗今白曜傳云幷州刺史房崇吉則幷州之號尙存也魏書地形志兗州東平郡領無鹽兗州後漢治山陽昌邑魏晉治廩邱劉義隆治瑕邱魏因之青州漢治臨淄司馬德宗治東陽魏因之齊州治歷城劉義隆置冀州皇興三年更名領東魏郡劉駿置治歷城東平原郡劉裕置梁鄒東清河郡劉裕置治盤陽城太原郡劉義隆置魏因之領太原縣治升城有麋溝垣城濟州東濟北郡領肥城前漢屬太山後漢屬濟北晉罷復屬治肥城按沈約志濟北郡領縣三蛇邱盧穀邱無肥城蓋縣廢而城存也水經注濟水右迤爲湄湖又東北逕垣苗城西故洛當城也又東與湄溝合湄溝卽麋溝亦卽魏收志之麋溝垣苗城卽垣城矣又水經注濼水逕陰館縣故城西魏天安三年齊平徙其民於此立平齊郡方輿紀要平齊城在山西大同府西二十里魏獻帝天安元年之明年改元皇興此天安字酈道元誤記也魏收志無此郡縣蓋已廢省矣

遂表爲青州刺史魏書本傳

以撫新民地形志青州領郡七縣三十二齊郡領臨淄昌國益都盤陽平昌廣饒西安安平廣川北海郡領下密劇都昌平壽膠東樂安郡領千乘博昌安德般渤海郡領重合修長樂高陽郡領高陽新城鄴安次安平河間郡領阜城成平武垣樂成章武南皮樂陵郡領陽信樂陵厭次新樂濕沃官氏志上州刺史第三品中州刺史從第三品下州刺史第四品青州當屬上中

進爵爲侯官氏志開國縣侯第三品加冠軍將軍官氏志冠軍將軍從第三品還爲尚書右丞魏書本傳遷尚書右丞官氏志尚書右丞從第四品益京朝官尊于外職也後除平東將軍青州刺史假范陽公官氏志四平將軍第三品散公從第一品舊制諸鎮將刺史假五等爵者皆不得世襲範前解州還京也夜夢陰毛拂踝他日說之時齊人有占夢者史武進云公豪盛于齊下矣使君臨撫東秦道光海岱必當重收全齊再祿營邱矣範笑答曰吾將謂卿必驗此夢後果如言淄水注先公以太和中作鎮海岱余總角之年侍節東州又濁水又東北流逕東陽城北東北流合長沙水水出逢山北阜世謂之陽水也水流亦有時窮通信爲靈昔在宋世是水絕而復流劉晃賦通津焉魏太和中此水復竭輟流積年先公除州郎任未期是水復通澄映盈川所謂幽谷枯而更溢窮泉輟而復流矣海岱之士又頌通津焉平昌尨民孫道相頌曰唯彼繩泉竭踰三齡祈盡珪璧謁窮斯牲道從隆替降由聖明耋民河間趙巖頌曰敷化未期元澤潛施枯源揚瀾涸川滌陂北海郭欽曰先政輟津我后通洋但頌廣文繁難以具載時鎮將官氏志舊制緣邊皆置鎮都大將統兵備禦與刺史同城隍倉

庫皆鎮將主之但不治事故爲重於刺史元伊利表範與外賊交通孝文詔範曰鎮將伊利表卿造船市玉與外賊交通規陷卿罪窺覦州任有司推驗虛實自顯有罪者今伏其辜矣卿其明爲算略勿復懷疑魏書本傳高祖詔範曰卿身非功舊位無重班所以超遷顯爵任居方夏者正以勤能致遠雖外無殊效亦未有負時之愆而鎮將伊利妄生姦撓表卿造船市玉與外賊交通規陷卿罪窺覦州任有司推驗虛實自顯有罪者今伏其辜矣卿其明爲算略勿復懷疑待卿別犯處刑及鞭今恕刑罷鞭止罰五十卿宜克循輯綏邊服稱朕意也還朝卒京師魏書本傳年六十二謚曰穆子道元魏書本傳範五子道元在酷吏傳道元第四弟道慎字善季涉歷史傳有幹略自奉朝請遷尚書二千石郎中加威遠將軍爲漢川行臺迎接降款以功除員外常侍領郎中轉輔國將軍驍騎將軍出爲正平太守治有能名遷長樂相正光五年卒年三十八贈後將軍平州刺史子中字伯偉武定初司徒刑獄參軍道慎弟道約字善禮起家奉朝請再遷冠軍將軍司徒諮議參軍朴質遲鈍頗愛琴書性多造請好以榮利干謁乞丐不已多爲人所笑弄坎壈于世不免飢寒晚歷東萊魯郡二郡太守爲政清靜吏民安之年六十三武定七年卒北史本傳範弟道峻子惲字幼和好學有

文才尤長吏幹舉秀才射策高第歷位尚書外兵郎行臺長孫承業引爲行臺郎惲頗兼武用恆以功名自許每進計于承業多見納用以功賞魏昌縣子惲在軍啟求減身官爵爲父請贈詔授征虜將軍安州刺史惲後與唐州刺史崔元珍固守平陽介朱榮稱兵赴闕惲與元珍不從爲榮行臺郎中樊子鵠陷城被害所作文章頗行于世撰慕容氏書不成子懷則司空長流參軍按道峻爲範子非其弟也道元兄弟五人其名皆以道字爲次道元死于陰盤驛有弟道某從疑即道峻也故惲得爲之請贈道慎道約而外一則無聞範有弟曰神虎官尚書左民郎中神虎弟夔子惲則惲又非道峻之子未知何以外錯乃爾道元字善長初襲爵永寧侯例降爲伯官氏志散侯從第二品散伯從第三品魏書本傳太和中爲尚書主客郎中水經涅水注余爲尚書祠部是也官氏志尚書郎中第六品御史中尉李彪以道元執法清刻魏書本傳執法清勤自太尉掾引爲書侍御史官氏志開府掾屬從第五品治書侍御史第六品此落治字魏書本傳有治字又列傳李煥字仲少與酈道元爲李彪所知彪爲僕射李沖所奏道元以屬官坐免魏書列傳李彪字道固頓邱衛國人家世寒微高閭稱之於朝貴李沖禮之甚厚彪深宗附高祖南征假彪冠軍將軍東道副將車駕還京遷御史中尉彪既爲高祖所寵性又剛直遂多所舉劾

遠近畏之車駕南伐彪兼度支尚書與僕射李沖任城王等參理留臺事彪素性剛豪與李沖等意議乖異遂形于聲色殊無降下之心自謂身爲法官莫能糾劾己者遂多專恣沖積其前後罪過乃于尚書省禁止彪上表曰按臣彪昔于凡品特以才拔等望清華司文東觀綢繆恩眷繩直憲臺左加金璫右珥蟬冕闕東省宜感恩勵節忠以報德而竊名忝職身爲違傲矜勢高亢公行潛逸坐輿禁省冒取官材輒駕乘黃無所憚懾肆志傲然愚聾視聽此而可忍誰不可容臣輒集尚書以下令史以上并治書侍御史臣酈道元等于尚書都座以彪所犯罪狀告彪訊其虛實若或不知須訊部下彪答臣言事見在目實如所劾皆彪所知何須復召部下臣今請以見事免彪所居職付廷尉治獄沖又表曰臣與彪相識以來垂二十載始南使之時見其色厲辭辯才優學博臣之愚識謂是拔萃之一人及彪位宦升達參與言燕聞彪評章古今商略人物興言于侍筵之次啟論于眾英之中賞忠識正發言懇惻惟直是語辭無隱避雖復諸王之尊近侍之要至有是非多面抗折酷疾矯詐毒譽非違厲色正辭如鷹鸇之逐鳥雀懍懍然實似公清之操臣雖不才輒亦尚其梗槩欽其正直微識其褊急之性而不以爲瑕及其初登憲臺始居司直首復騶唱之儀肇正直繩之體當時識者僉以爲難而彪秉志信行不避豪勢其所彈劾應弦而倒赫赫之威振于下國肅肅之稱著于京師天下改目貪夫斂手臣時見其所行信謂言行相符忠清內發然時有私于臣云其威暴

者臣以直繩之官人所忌疾風謗之際易生音諮心不承信往年以河陽事曾與彪在領軍府共太尉司空及領軍諸卿等集閱廷尉所問囚徒時有人訴枉者二公及臣少欲聽採語理未盡彪便振怒東坐攘袂揮赫口稱賊奴叱吒左右高聲大呼云南臺中取我木手去搭奴肋折雖有此言終竟不取卽言南臺所問唯恐枉活終無枉死但可依此時諸人以所枉至重有首實者多又心難彪遂各嘿爾因緣此事臣遂心疑有濫審加情察知其威虐猶未體其採訪之由訊檢之狀商略而言酷急小罪肅禁爲大會而言之猶謂益多損少故懷寢所疑不以申徹實失爲臣知無不聞之義及去年大駕南行以來彪兼尙書日夕共事始知其言與行舛是己非人專恣無忌尊身忽物安以身作之過深刻他人己方事人好人佞己聽其言同振古忠恕之賢校其行是天下佞暴之賊臣與任城卑躬曲己若順弟之奉暴兄其所欲者事雖非理無不曲從依事求實悉有成驗如臣列得實宜殛彪于有北以除姦矯之亂政如臣無證宜投臣于四裔以息青蠅之白黑高祖在懸瓠覽表歎愕曰何意留京如此也有司處彪大辟高祖恕之除名而已又李沖字思順隴西人李彪之入京也孤微寡援而自立不羣以沖好士傾心宗附沖亦重其器學禮而納焉每言之于高祖公私共相援益及彪爲中尉兼尙書爲高祖知待便謂非復藉沖而更相輕背惟公坐斂袂而已無復宗敬之意也沖頗銜之後高祖南征沖與吏部尙書任城王澄竝以彪倨傲無禮遂禁止之奏其罪狀沖

手自作家人不知辭甚激切因以自劾高祖覽其表歎悵者久之旣曰道固可謂溢也僕射亦爲滿矣沖時震怒數數責彪前後愆悖瞋目大呼投折几案盡收御史皆泥首面縛詈辱肆口沖素性溫柔而一旦暴恚遂發病慌悸言語亂錯猶扼腕叫詈稱李彪小人醫藥不能療或謂肝腸傷裂旬有餘日而卒**景明中爲冀州鎭東府長史**官氏志四鎭將軍加大者位亞衞將軍從第二品又第二品將軍長史從第四品**刺史于勁順皇后父也西討關中亦不至州**按魏書外戚傳北史列傳皆不云于勁爲冀州葢失之**道元行事三年爲政嚴酷吏民畏之**洧水注長社縣潁川郡治余以景明中出宰茲郡葢以長史行州事也**後試守魯陽郡**汝水注余以永平中蒙除魯陽太守地形志魯陽郡太和十一年置鎭十八年改爲荊州二十二年罷置領縣二山北太和十一年置有應山應城河山太和二十一年置官氏志中郡太守第五品下郡太守第六品魯陽郡當屬中下也**道元表立黌序崇勸學校詔曰魯陽本以蠻人不立大學今可聽之以成亘守文翁之化道元在郡山蠻伏其威名不敢爲寇**魏書蠻傳永平初東荊州表蠻二太守桓叔興前後招慰大陽蠻歸附者一萬七百戶請置郡十六縣五十詔鎭東府長

史酈道元檢行置之**延昌中爲東荊州刺史**泚水注延昌中除東荊州刺史治泚陽故城按地形志東荊州嘗爲荊州後郡屬廣州永安中置治魯陽武定中陷徙治襄城以其別于荊州與北荊州故此加東也官氏志中州刺史從第三品下州刺史第四品東荊州亦屬中下**威猛爲政如在冀州蠻人詣闕訟其刻峻請前刺史寇祖禮及以遣戍兵七十人送道元還京二人竝坐免官**魏書列傳寇字祖禮上谷人祖讚南雍州刺史父臻宏農太守**後爲河南尹**魏書本傳行河南尹地形志河南郡太和中遷都爲尹天平初改官氏志河南尹第三品周書趙肅傳魏正光五年元爲河南尹辟肅爲主簿**明帝以沃野懷朔薄骨律武川撫冥柔元懷荒禦夷諸鎭竝改爲州其郡縣戍名令準古城邑詔道元持節兼黃門侍郎馳驛與大都督李崇籌宜等立裁減法留會諸鎭叛不果而還**按此文有誤魏書本傳肅宗以諸鎭竝爲州其郡縣戍名令準古城邑詔道元與都督李崇籌宜置立裁減去留儲兵積粟以爲兵備等立郎置立之誤法留亦去留之誤也魏書列傳後北鎭破落汗拔陵反叛所在響應賊衆日甚吏部尙書元修義曰彊寇充斥事須

得討臣謂須得貴重鎭壓總彼師旅備衞金陵詔曰去歲阿那瓌叛逆遣李崇令北鎭崇乃上表求改鎭爲州罷削舊貫朕于時以舊典難革不許其請尋李崇此表開諸鎭非異之心致有今日之事但旣往難追爲復略論此耳崇啟曰臣以六鎭幽垂與賊接對鳴柝聲弦弗離旬朔州名差重於鎭謂實可悅彼心使聲教日揚微塵去塞豈敢導此凶源開生賊意臣之愆負死有餘責屬陛下慈寬賜全腰領今更遣臣北行正是報恩改過所不敢辭但臣年七十自惟老疾不堪敵場更願英賢收功盛世于是詔崇以本官加使持節開府北討大都督撫軍將軍崔暹鎭軍將軍廣陵王淵皆受崇節度太武五王列傳廣陽王建閭子深字智遠沃野鎭人破六韓拔陵反叛詔深爲北道大都督受尙書令李崇節度時東道都督崔暹敗於白道深上書邊豎搆逆以成紛梗其所由來非一朝也昔皇始以移防爲重盛簡親賢擁麾作鎭配以高門子弟以死防遏不但不廢仕宦乃至偏得復除當時人物忻慕爲之及太和在歷僕射李沖當官任事涼州士人悉免厮役豐沛舊門仍防邊戍自非得罪當世莫肯與之爲伍征鎭驅使但爲虞候白直一生推遷不過軍主然其往世房分留居京者得上品通官在鎭者便爲淸途所隔或投彼有北以禦魑魅多復逃胡鄉乃峻邊兵之格鎭人浮游在外皆聽流兵捉之于是少年不得從師長者不得游宦獨爲匪人言者流涕自定鼎伊洛邊任益輕唯底滯凡才出爲鎭將轉相模習專事聚斂或有諸方姦吏犯罪配邊爲之指蹤過弄

官府政以賄立莫肯自改咸言姦吏爲此無不切齒憎怒及阿
那瓌背恩縱掠竊奔命師追之十五萬眾度沙漠不日而還邊
人見此援師便自意輕中國尙書令臣崇時郎申聞求改鎮爲
州將允其願抑亦先覺朝廷未許而高闕戍主率下失和拔陵
殺之爲逆命攻城掠地所見必誅王師屢北賊黨日盛此段之
舉指望銷平其崔暹隻輪不反臣崇與臣遂巡復路今者相與
還次雲中馬首是瞻未便西邁將士之情莫不解體今日所慮
非止西北將恐諸鎮尋亦如此天下之事何易可量時不納其
策東西部勅勒之叛朝廷更思深言遣兼黃門侍郎酈道元爲
大使欲復鎮爲州以順人望會六鎮盡叛不得施行地形志朔
州本漢五原郡延和二年置爲鎮後改爲懷朔孝昌中改爲州
後陷領郡五縣十三大安郡領狄那捍殊廣寧郡領石門中川
神武郡領尖山殊頹太平郡領太平太清永寧附化郡領附化
息澤五原廣收蔚州永安中改懷荒禦夷二鎮領郡三縣七始
昌郡領千門蘭泉忠義郡領葦池楊柳附恩郡領西涼利石化
政靈州太延二年置薄骨律鎮孝昌中改郡縣闕按殊頹又曰
樹頹以水得名息澤當作恩澤廣收當作廣牧字之訛也志又
云蔚州寄治幷州鄔縣則實改懷荒禦夷爲蔚州而二鎮又不
在鄔縣在鄔縣者特寄治之州孝昌以後恆代而北盡爲邱墟
故永安時諸州邑皆僑治非復太武所置之舊矣方輿紀要懷
朔城魏收曰本漢五原郡今楡林鎮故豐州也杜佑曰在朔州
北三百餘里後魏六鎮之一孝文帝太和十八年如懷朔鎮又

如武川鎮如撫冥鎮復如柔元鎮胡氏以爲此六鎮自西徂東
之次第也正始初柔然侵魏之沃野及懷朔鎮詔源懷出行北
邊懷還至恆代按視諸鎮左右要害可以築城置戍之處欲東
西爲九城儲積糧仗爲犬牙相救之勢使游騎之寇終不敢攻
城亦不敢越南寇從之正光四年沃野鎮民破六韓拔陵畔其
黨衛可孤圍武川鎮遂攻懷朔鎮既而武川陷懷朔亦潰孝昌
中改置朔州置大安郡其後一荒廢以朔州寄治幷州界武川
城在大同府北塞外魏六鎮之一也北史魏主燾破蠕蠕列置
降人于漠南東至濡源西暨五原陰山竟三千里分爲六鎮曰
武川曰撫冥曰懷朔曰懷荒曰柔元曰禦夷孝文太和八年高
閭請依秦漢故事于六鎮之北築長城又云計六鎮東西不過
千里一夫一月之功可城三步之地强弱相兼不過用十萬人
一月可就是六鎮皆在代都以北胡氏謂以千里計之六鎮相
距各一百七十許里是也又十八年魏主如武川鎮景明四年
使源懷巡行北邊六鎮恆燕朔三州正光三年沃野鎮民破六
韓拔陵叛其黨衛可孤圍武川鎮又攻懷朔鎮六年阿那瓌爲
魏討破六韓拔陵自武川西向沃野屢破陵兵杜佑曰後魏六
鎮並在馬邑雲中單于府界其武川在白道中漢水上撫冥城
胡氏曰當在武川柔元鎮閒魏六鎮之一也宋元徽元年柔然
侵魏柔元鎮二部勅勒應之魏太和十八年如撫冥鎮遂東至
柔元鎮是也柔元城在大同府東北塞外于延水東水經注柔
元鎮在長川縣城東城南小山于延水所出也孝昌初柔元鎮

人杜洛周反于上谷圍燕州鎮葢與上谷接境胡氏曰柔元鎮
城在漢且如縣西北塞外懷荒城在大同府東北塞外魏六鎮
之一魏收志魏降高車時所置杜佑曰蔚州即後魏時懷荒禦
夷鎮魏正光三年遣元孚諭柔然阿那瓌于柔元懷荒二鎮胡
氏曰懷荒城在柔元之東禦夷之西禦夷鎮城在保安右衛西
北所謂濡源之地也魏初拓跋祿官分其國爲三一居上谷之
北濡源之西自統之魏主燾始置禦夷鎮于濡源西北爲六鎮
之一即此按六鎮莫詳于水經注以道元身歷其境嘗所經營
者具見本書魏世祖始置六鎮東西延亙三千里西起薄骨律
東盡禦夷孝文時改易舊章故高閭以爲計六鎮東西不過千
里也是時六鎮西起武川東抵禦夷其長不過千里且顧宛溪
以太武置新人遂有六鎮之名考之魏書北史本紀並無其事
葢誤證也六鎮之名當起孝文之世然孝文紀太和十八年詔
六鎮及禦夷城人是禦夷又在六鎮之外不可曉也今爲銓次
薄骨律沃野二鎮如左水經注河水又北逕薄骨律鎮城城在
河渚上赫連果城也桑果餘林仍列洲上但語出戎方不究城
名訪諸耆舊咸言故老宿彥言赫連之世有駿馬死此取馬色
以爲邑號故目城爲白口騮韻轉之謬遂仍今稱所未詳也河
水又東逕沃野縣故城南漢武帝元狩三年立漢書地理志北
地郡靈州縣有河奇苑號非苑師古曰苑牧馬之所也水中可
居日州此地在河之州隨水高下未嘗淪沒故號靈州又曰河
奇也二苑皆在北焉禹貢錐指元和志靈州理迴樂縣本漢富

平縣地縣枕黃河後魏刁雍爲薄骨律鎮將上表請開富平西
三十里艾山舊渠通河水溉公私田四萬餘頃人大獲其利又
薄骨渠在縣南六十里溉田千餘頃沃野故城在天德軍城北
六十里即後魏六鎮西頭第一鎮刁雍上表云臣鎮去沃野八
百里道多深沙輕車往來猶以爲難以今輿地言之河水又東
北逕靈州所北折而北逕寧夏衛東南又北逕平羅所北又北
逕楡林衛西出塞逕廢豐州西折而東逕三受降城南觀李吉
甫所云沃野爲六鎮西頭之第一則知自武川以至禦夷六鎮
其中必有興廢之由而今不可考矣據杜君卿胡梅磵所指皆
不數薄骨律沃野二鎮官氏志餘官雜號多同于晉朝晉書職
官志使持節爲上持節次之使持節得殺二千石以下持節殺
官位人若軍事得與使持節同又給事黃門持節第四品一代
制度國勢强弱繫焉故詳列之

孝昌初梁遣將揚州刺史元法僧又于彭城反叛魏書孝明帝紀孝昌元年春正月庚申徐州刺史元法僧據城反害行臺高謨謨一作自稱宋王年號天啟遣其子景仲歸于蕭衍衍遣其將胡龍牙成景雋元略等率衆赴彭城詔祕書監安樂王鑒同師以討之道武七王列傳陽平王熙子臨淮王他他孫法僧爲安東將軍徐州刺史孝昌元年法僧殺行臺尙書高謨反于彭城自稱尊號號天啟地形志徐州魏晉治彭城

詔道元持節兼侍中攝行臺尙書官氏志侍中列曹尙書俱第三品**節度諸軍**

依僕射李平故事魏書列傳蕭衍遣其將左遊擊將軍趙祖悅偸據西硤石以逼壽詔平以本官使持節鎮軍大將軍兼尚書右僕射爲行臺節度諸軍東西州將一以稟之如有乖異以軍法從事軍至渦陽地形志譙州南譙郡領渦陽武定六年置敗退道元追討多所斬獲魏書孝明帝紀鑒于彭城南擊元略大破之盡俘其眾既而不設備爲法僧所敗衍遣其豫章王綜入守彭城法僧擁寮屬守令兵戍及城郭士女萬餘口南入道武七王列傳大軍致討法僧攜諸子擁掠城內及文武南奔蕭衍又明帝紀孝昌二年五原降戶鮮于修禮反于定州詔左光祿大夫長孫稚爲使持節假驃騎將軍大都督北討諸軍事與都督河閒王琛率將討之失利奔還詔免琛稚官爵列傳會鮮于修禮反于中山以稚爲大都督北討尋以本使達鄴城詔稚解行臺罷大使遣河閒王琛爲大都督酈道元爲行臺稚遣子子裕奉表稱與琛同在淮南俱當國難琛敗臣全遂生私隙且臨機奪帥非算所長書奏不納琛與稚前到呼沱稚未欲戰而琛不從行達五鹿爲修禮邀擊琛不赴之賊總至遂大敗與琛竝除名又崔孝芬孝昌初蕭衍遣將裴邃等寇淮南詔行臺酈道元都督河閒王琛討之停師城父累月不進勅孝芬齎庫刀催令赴擣賊退而還按道元自渦陽還兵又與元琛同住裴邃之師後琛別與長孫稚北討鮮于修禮雖有解罷稚之詔又命道元爲行臺而琛與稚已爲修禮所敗道元不與其事故本傳略之後除御史中尉魏書本傳除安南將軍御史中尉官氏志四安將軍第三品御史中尉從第三品道元素有嚴猛之稱權豪始頗憚之而不能有所糾正聲望更損魏書神元平文諸帝子孫列傳高涼王孤六世孫萇子子思字眾念爲御史中尉先是兼尚書僕射元順奏以尚書百揆之本至于公事不應送御史子思奏曰案御史令云中尉督司百寮治書侍御史糾察禁內又云中尉出行車輻前驅除道一里王公百辟避路時經四帝前後中尉二十餘人奉以周旋未曾暫廢府寺臺省竝從此令唯肅宗之世爲臨洮舉哀故兼尚書左僕射臣順不肯與名又不送簿故中尉臣酈道元舉而奏之而順復啟云尚書百揆之本令僕納言之責不宜下隸中尉送名御史尋亦蒙勅聽如其奏從此迄今便無準一按此郎傳所謂不能有所糾正聲望更損者也然道元固有鑒于李彪之禁止矣爲臨洮舉哀孝文子京兆王愉以　反誅追封臨洮王郎其人也司州牧汝南王悅魏書孝文五王傳羅夫人生汝南王悅地形志司州太祖天興四年置相州天平元年遷都改嬖近左右邱念常與臥起魏書孝文五王列傳悅又絕房中而更好男色及選州官多由于念念嘗匿悅第時還其家道元密訪知收念付獄悅啟靈太后請全念身有勅赦之道元

遂盡其命因以劾悅北齊書宋遊道傳中尉酈道元嘉其氣節引爲殿中侍御史臺中語曰疾惡能討宋遊道時雍州刺史蕭寶夤魏書列傳蕭寶夤字智亮蕭鸞第六子寶卷母弟也孝昌三年四月除使持節都督雍涇岐南豳四州諸軍事征西將軍雍州刺史假車騎大將軍開府西討大都督自關以西皆受節度反狀稍露魏書列傳是時山東關西寇賊充斥王師屢北人情沮喪寶夤自以出軍累年糜費尤廣一旦覆敗慮見猜責內不自安朝廷頗亦疑阻侍中城陽王徽魏書景穆十二王列傳城陽王長壽子鸞鸞子徽字顯順世宗時襲封素忌道元因諷朝廷遣爲關右大使魏書本傳悅等諷朝廷遣爲關右大使蓋與徽同陷害之又關右蕭寶夤傳作關中寶夤慮道元圖己魏書列傳寶夤謂密欲圖己彌以憂懼而長安輕薄之徒因相說動又蘇湛字景儁魏侍中則之後也晉亂避地河右世祖平涼州還鄉里蕭寶夤之討關西以湛爲行臺郎中深見委任孝昌中寶夤大敗東還朝廷以爲雍州刺史後自猜懼害中尉酈道元乃稱兵反時湛臥疾于家寶夤令姜儉報湛云元略受蕭衍意旨乃欲見除酈道元來事不可測吾不能坐受死亡今便爲身計不復作魏臣也湛聞之舉聲大哭徐謂儉曰爲我白齊王蘇湛不能以百口居家爲王族滅寶夤復報曰此自救命之計不得不爾湛曰凡爲大事當得天下奇士今但共長安博徒小兒輩計較辦有成理否湛恐荊棘必生庭閭願乞骸骨還鄉里寶夤素重之知不爲己用聽還武功又楊椿出除都督雍南豳二州諸軍事雍州刺史詔以蕭寶夤代椿爲刺史行臺椿還鄉里遇子昱將還京師因謂曰當今雍州刺史亦不賢于蕭寶夤但其上佐朝廷應遣心膂重人何得任其牒用此乃聖朝百慮之一失且寶夤不藉刺史爲榮吾觀其得州喜悅不少至于賞罰云爲不依常憲恐有異心關中可惜汝今赴京稱吾此意以啟二聖幷白宰輔更遣長史司馬防城都督欲安關中正須三人耳如其不遣必成深憂昱還面啟肅宗及靈太后竝不信納及寶夤害御史中尉酈道元猶上表自理稱爲椿父子所謗遣其行臺郎中郭子帙按蕭寶夤傳作郭子恢圍道元于陰盤驛亭地形志雍州京兆郡領陰盤眞君七年倂新豐太和十一年復寰宇記關西道雍州昭應縣卽漢新豐之地陰盤故城漢舊縣屬安定後遇亂徙于此屬京兆是後魏太和九年移此額于冷水西戲水東以城之是也方輿紀要陰盤城在陝西臨潼縣東宋白曰京兆昭應縣東十三里有故城後漢靈帝末移安定郡陰盤縣寄理于此今亦謂之陰盤城後魏太和九年復移而東今昭應縣東三十二里零水西戲水東司馬村有陰盤故城是也又有陰盤驛亭在岡上常食岡下之井既被圍穿井十餘丈不得水水盡力屈賊遂踰牆而入道元與弟

道（按史文闕一字以魏書及本史參驗當是道峻）二子俱被害道元瞋目叱賊厲聲而死寶夤猶遣斂其父子殯於長安城東（按蕭寶夤傳詐收道元尸表言白賊所害）事平喪還贈吏部尚書冀州刺史（官氏志吏部尚書上州刺史竝第三品）安定縣男（地形志涇州安定郡領安定縣晉罷後復按道元先襲父封永寗侯例降爲伯至此別封安定葢始封之君也官氏志開國縣男第五品）道元好學歷覽奇書撰注水經四十卷本志十三篇又爲七聘及諸文皆行于世（魏書列傳高謙之專意經史與袁翻常景酈道元之徒咸稱款舊按道元立身行己自有本末不幸生于亂世而大節無虧卽其持法嚴峻亦由拓跋朝涇汙闒宂救敝扶衰使然何至列之酷吏傳耶恐素與魏收嫌怨才名相軋故耶知人論世必有取于余言也）然兄弟不能篤睦又多嫌忌時論薄之（按此亦仍魏書之舊而未經裁削者觀其有從死之弟則非不能篤睦可知）子孝友襲

水經注釋目錄

涑水 續漢書郡國志聞喜邑有涑水一清按漢志莽改河東郡曰兆隊左邑曰兆亭兆卽洮洮水卽涑水也

文水 一清按元和郡縣志太平寰宇記作文谷水以此水出文谷也隋置文水縣因水受氏焉

原公水 一清按原公水卽原過水出原過祠下者也

洞渦水 魏書地形志太原郡晉陽縣同過水出木瓜嶺一出沾嶺一出大廉山一出原過祠下五水合故曰同過西南入汾

晉水 漢志太原郡晉陽縣龍山晉水所出東入汾

湛水 說文湛水豫章浸一清按章字誤也當作州

卷七

濟水一 漢志河東郡垣縣禹貢王屋山在東北沇水所出東南至武德入河軼出滎陽北地中又東至琅槐入海過郡九行千八百四十里

卷八

濟水二

卷九

清水 漢志魏郡內黃縣清河水出南

沁水 漢志上黨郡穀遠縣羊頭山世靡谷沁水所出東南至滎陽入河過郡三行九百七十里師古曰今沁水至懷州武德入河此云滎陽疑轉寫錯誤一清按水經用山經之文故主涅縣

淇水 漢志河內郡共縣北山淇水所出東至黎陽入河一清按道元以是文載于濁漳水注中淇水入白溝以入清河而歸于海蓋曹公遏之北注故清河口有淇河口之稱也

蕩水 漢志河內郡蕩陰縣蕩水東至內黃澤

洹水 說文洹水在齊魯閒一清按齊字誤當作晉見本篇注引說文竝字林可證

卷十

濁漳水 漢志上黨郡長子縣鹿谷山濁漳水所出東至鄴入清漳闞駰曰濁漳卽潞水爲冀州浸

清漳水 漢志上黨郡沾縣大黽谷清漳水所出東北至邑成入大河過郡五行千六百八十里冀州川一清按漢志所云則濁漳自鄴縣以下皆清漳之流也黽當作𡚁卽要字邑成是阜成之訛

補 溰水 一清按魏都賦曰北臨漳溰是也

補 洺水 一清按說文洺水名初學記引水經注曰洺水一名漳水

卷十一

易水 漢志涿郡故安縣閻鄉易水所出東至范陽入濡并州浸亦至范陽入涞師古曰言易水又至范陽入涞也

滱水 漢志代郡靈邱縣滱河東至文安入大河過郡五行九百四十里幷州川

補 虖沱水 一清按漢志代郡鹵城縣虖池河東至參合入虖池別過郡九行千三百四十里幷州川從河東至文安入海過郡六行千三百七十里參合是參戶之誤別下落河字河閒國弓高縣虖池別河首受虖池河東至平舒入海是也從河見濁漳水注

補 泒水 一清按說文泒水出鴈門葰人戍夫山東北入海初學記引本注泒水南流所播爲澤俗名天井淀明實錄太僕少卿何棟言唐滋沙鴨四水由保定眞定會于河閒天津入海唐卽滱水滋亦爲大川沙卽泒河鴨河本名鴉兒河卽虖沱之漫流四水相敵泒河雖不見漢志當據許氏之書補之

補 滋水 一清按漢志常山郡南行唐縣牛飲山白陸谷滋水所出東至新市入虖池水說文作白陘谷俗本漢書誤也

卷十二

聖水 一清按聖水不見漢志其源惟記于古碑而桃水涿水垣水之見于漢志者皆載入篇中

巨馬水 漢志代郡廣昌縣涞水東南至容城入河過郡三行五百里幷州浸

卷十三

㶟水 漢志雁門郡陰館縣累頭山治水所出東至泉州入海過郡六行千一百里師古曰治音弋之反燕刺王傳作台字一清按今譌本作濕字依說文校正詳本卷㶟餘水同

卷十四

灅餘水 漢志上谷郡軍都縣溫餘水東至路南入沽一清按此卽溫字訛誤之始

沽水 漢志漁陽郡漁陽縣沽水出塞外東南至泉州入海行七百五十里

鮑邱水 一清按鮑邱水出自戎方不見漢志而浭水灅水之見于漢志者皆載入篇中

濡水 漢志漁陽郡白檀縣洫水出北蠻夷師古曰洫音呼鶪反遼西郡肥如縣元水東入濡水濡水南入海陽

一清按洫水道元注引地理志作濡水洫字誤也南入海陽當作南至海陽入海

遼水 漢志遼東郡望平縣大遼水出塞外南至安市入海行千二百五十里

小遼水 漢志元菟郡高句驪縣遼山遼水所出西南至遼隊入大遼水

浿水 漢志樂浪郡浿水縣浿水西至增地入海說文浿水出樂浪鏤方東入海一曰出浿水縣

卷十五

洛水 漢志宏農郡上雒縣禹貢雒水出冢領山東北至鞏入河過郡二行千七十里豫州川

伊水 漢志宏農郡盧氏縣熊耳山在東伊水出東北入雒過郡二行四百五十里

瀍水 漢志河南郡穀成縣禹貢瀍水出替亭北東南入雒

澗水 漢志宏農郡新安縣禹貢澗水在東南入雒一清按禹貢伊洛瀍澗既入于河明四水之相敵也孔穎達正義以爲伊瀍澗三水入洛合流入河然所出之源既異水經漾沔自分淮泗各殊是其例也況澗水下流兼被穀水之稱水經尙不幷穀于澗而乃附三水于洛乎禹貢導水明云導洛自熊耳東會于澗瀍又東會于伊又東北入于河戰國時以河洛伊爲三川張儀曰三川周室天下之市朝也秦以之置郡而周靈王二十二年穀洛鬬說者謂澗水于是始有穀水之稱穀卽澗也觀此則安見三水之弱小于洛而僅僅附見也哉宋林少穎曰據伊瀍澗入于洛而洛入于河禹貢則以四水列言者曾氏曰漢水入江以入海而荆州言江漢朝宗于海與此同意葢其水之大小相敵也可謂先得我心矣三水宜竝列于目故詳著焉善乎胡朏明之言曰古時澗水經河南故城西入洛瀍水經河南故城東入洛故澗水東瀍水西爲王城而瀍水東爲下都洛誥之文甚明也自周靈王壅穀水使東出于王城之北則其勢必入于瀍水而合流歷王城之東以南注于洛時二水猶未經洛陽城也迨東漢建都于此自河南縣東十五里之千金堨引水繞都城南北以通漕而瀍水始與穀水俱東注矣古時瀍不合澗亦不過洛陽縣南而未至偃師也

卷十六

穀水 漢志宏農郡黽池縣穀水出穀陽谷東北至穀城入雒

甘水 續志河南尹河南縣有甘城劉昭補注杜預曰縣西南有甘泉京相璠土地名曰甘水北入洛

漆水 漢志右扶風漆縣漆水在縣西說文漆水出右扶風杜陵岐山東入渭一曰入洛

滻水 說文滻水出京兆藍田入灞地形志京兆郡山北縣苦谷滻水出焉一清按漢志謂之沂水

瀘水 漢志北地郡直路縣沮水出東西入洛一清按沮水當依說文作瀘水側加切又說文是出西東入洛與漢志異

補洛水 漢志北地郡歸德縣洛水出北蠻夷中入河左馮翊襃德縣洛水東南入渭一清按周禮雍州浸曰渭洛孔安國尙書傳雍州曰漆沮之水已從入渭導渭曰漆沮二水名亦曰洛水出馮翊北說文洛水出左馮翊歸德北

夷界中東南入渭歸德屬北地郡許氏誤也然則班志所云入河者葢由渭以達于河也此與出自熊耳會伊入河之洛截然不同

卷十七

渭水上 漢志隴西郡首陽縣禹貢鳥鼠同穴山在西南渭水所出東至船司空入河過郡四行千八百七十里雍州寖

卷十八

渭水中

卷十九

渭水下

補豐水 漢志右扶風鄠縣酆水出東南北過上林入渭一清按禹貢漆沮既從豐水攸同詩大雅豐水東注維禹之績豐亦入渭之大川也

補

涇水漢志安定郡涇陽縣开頭山在西禹貢涇水所出東南至陽陵入渭過郡三行千六十里雍州川一清按說文涇水出安定涇陽开頭山東南入渭雝州之川也

補

汭水漢志右扶風汧縣芮水出西北東入涇雍州川一清按說文汭水相入也師古曰汭在豳

卷二十

漾水漢志隴西郡氐道縣禹貢養水所出至武都入漢師古曰字本作漾或作瀁又西縣禹貢嶓冢山西漢水所出南入廣漢白水東南至江州入江過郡四行二千七百六十里

丹水漢志宏農郡丹水縣丹水出上雒冢領山東至析入鈞

卷二十一

汝水漢志汝南郡定陵縣高陵山汝水出東南至新蔡入淮過郡四行千三百四十里應劭曰汝水出宏農入淮一清按潁川郡亦有定陵縣有東不羹城莽曰定城者也續志潁川有定陵而汝南無之其潁川之定陵云有東不羹劉昭補注引地道記云高陵山汝水所出叅合前書二縣而一之

卷二十二

潁水漢志潁川郡陽城縣陽乾山潁水所出東南至下蔡入淮過郡三行千五百里荊州浸

洧水漢志潁川郡陽城縣陽城山洧水所出東南至長平入潁過郡三行五百里

潩水漢志河南郡密縣大騩山潩水所出南至臨潁入潁一清按說文潩與職切又有瀷水亦出河南密縣東入潁音與職切二水字形相近音聲又同似是一水而重出者

澮水說文澮水出鄭國詩曰澮與洧方渙渙兮

渠水漢志河南郡滎陽縣狼湯渠首受泲東南至陳入潁過郡四行七百八十里一清按水經澮水下有渠水即蒗蕩渠實大川也宜著于篇目善乎禹貢錐指之言曰自滎陽引河後遞加疏導枝津交絡名稱互見使後人目眩心搖今綜其大略以蒗蕩渠爲主水經注云渠水自河與濟亂流東逕滎澤北東南分濟歷中牟縣之圃田澤與陽武分水又東南爲官渡水又東至浚儀縣左則故渠出焉秦始皇二十二年王賁斷故渠引水東南出以灌大梁謂之梁溝世遂目故渠曰陰溝而以梁溝爲蒗蕩渠陰溝東南至大梁城合蒗蕩渠其東導者爲汳水至蒙縣爲獲水又東至彭城縣入泗蒗蕩渠自大梁城南南流爲鴻溝又兼沙水之目沙水東南流至新陽縣爲百尺溝注于潁水此即班固所謂蒗蕩渠首受泲東南至陳入潁者也其一水自百尺溝分出東南流至義城縣西而南注淮謂之沙汭沙水所出又有睢水渦水睢水自陳留縣首受蒗蕩渠東南流至下相縣入泗渦水自扶溝縣首受蒗蕩渠東南流至義城縣南而東注淮以上諸渠同源于出河之濟故言鴻溝者指此爲鴻溝言蒗蕩渠者指此爲蒗蕩渠言汴水者指此爲汴水言浚儀渠者指此爲俊儀渠皆以下流之目追被上源也此外有濟隧上承河水于卷縣北河南流與出河之濟會自于岑造八激隄而其流遂斷其言至爲明晰今陰溝汳睢瓠子諸水皆自爲一篇而渠水無稱焉豈酈氏原書如是乎要爲後來之脫誤無疑也

卷二十三

陰溝水漢志淮陽國扶溝縣渦水首受狼湯渠東至向入淮過郡三行千里

汳水漢志河南郡滎陽縣卞水在西南說文汳水受陳留浚儀陰溝至蒙爲雝水入于泗徐鉉曰今作汴非是

獲水漢志梁國蒙縣獲水首受甾獲渠東北至彭城入泗過郡五行五百五十里一清按汳水雖亦至梁郡蒙

縣爲雝水自與出蒙縣北之獲水源流有別今本篇目不具更列之

卷二十四

睢水漢志陳留郡浚儀縣睢水首受狼湯渠水東至取慮入泗過郡四行千三百六十里又沛郡芒縣應劭曰睢水出焉

瓠子水漢志陳留郡封丘縣濮渠水首受泲東北至都關入羊里水過郡三行六百三十里一清按濮渠即瓠子河

汶水漢志泰山郡汶水出萊毋西入泲又萊蕪縣原山禹貢汶水出西南入泲汶水桑欽所言一清按司馬彪郡國志云萊蕪有原山淄水出劉昭補注杜預曰汶水出然則淄水其異名乎

卷二十五

泗水漢志濟陰郡乘氏縣泗水東南至睢陵入淮過郡六行千一百一十里又魯國卞縣泗水西南至方與入沛過郡三行五百里青州川一清按班固所云若二水者及讀道元注濟水篇云乘氏無泗水乃菏水方知泗字是

荷字之誤然則出卞者是也入沛當作入泲

沂水　漢志泰山郡葢縣沂水南至下邳入泗過郡五行六百里青州寖說文沂水出東海費東西入泗一曰沂水出泰山葢青州浸

洙水　一清按漢志泰山郡葢縣臨樂子山洙水所出西至葢入池道元注以池爲泗之誤說文云出臨樂山無子字世本目缺今補

卷二十六

沭水　漢志琅琊郡東莞縣術水南至下邳入泗過郡三行七百一十里青州浸師古曰術水即沭水

巨洋水　漢志琅琊郡朱虛縣凡山丹水所出東北至壽光入海

淄水　漢志泰山郡萊蕪縣原山淄水所出東至博昌入泲幽州寖又千乘郡博昌縣時水東北至鉅定入馬車瀆幽州寖

汶水　漢志琅琊郡朱虛縣東泰山汶水所出東至安邱入維師古曰前言汶水出萊蕪入濟今此又言出朱虛

入維將桑欽所說有異或者有二汶水乎一清按此即所謂東汶非禹貢之汶也

濰水　漢志琅琊郡箕縣禹貢濰水北至昌都入海過郡三行五百三十里兗州浸一清按北海郡有都昌縣昌都字倒互耳

膠水　漢志琅琊郡邞縣膠水東至平度入海

卷二十七

沔水上　漢志武都郡沮縣沮水出東狼谷南至沙羡入江過郡五行四千里荊州川一清按世本沔水分上中下三篇今移下篇接上篇之末省去中篇之目改爲上下二篇

卷二十八

沔水下

卷二十九

潛水　漢志巴郡宕渠縣符特山在西南潛水西南入江不曹水出東北南入灊徐谷說文漢出爲潛

湍水　漢志宏農郡析縣黃水出黃谷鞠水出析谷俱東至酈入湍水

均水　漢志宏農郡盧氏縣熊耳山在東育水南至順陽入沔過郡二行六百里一清按育即均也宏農郡丹水縣下作鈞師古曰鈞亦水名也音均

粉水　太平寰宇記粉水出房陵縣北永林山一清按粉水不見漢志即上粉縣亦莫能定爲何時所置姑以樂史所云補之

白水　一清按此即漢志所謂蔡陽白水鄉也舂陵之封徙于此

沘水　漢志南陽郡沘陽縣應劭曰沘水東入蔡一清按沘水今誤本漢書俱作沘當以水經汪正之

卷三十

淮水　漢志南陽郡平氏縣禹貢桐柏大復山淮水所出東南至淮陵入海過郡四行三千二百四十里青州川

卷三十一

滍水　漢志南陽郡魯陽縣魯山滍水所出東北至定陵入汝

淯水　漢志南陽郡酈縣育水出西北南入漢說文淯水出宏農盧氏山東南入沔或曰出酈山西

㶏水　漢志汝南郡㶏强縣應劭曰㶏水出潁川陽城說文㶏水出潁川陽城少室山東入潁

灈水　漢志汝南郡灈陽縣應劭曰灈水出吳房東入瀙

瀙水　漢志南陽郡舞陰縣中陰山瀙水所出東至蔡入汝一清按水經是上蔡入汝今本漢書落上字說文瀙水出南陽中陽山入潁

潕水　漢志潁川郡舞陽縣應劭曰舞水出南一清按說文潕水出南陽舞陰東入潁今本漢書出南下落陽字潕陰南陽之屬縣也

溳水　說文溳水出南陽蔡陽東入夏水

卷三十二

漻水　一清按漢志無漻水說文漻清深也亦不云是水名

蘄水　說文江夏有蘄春亭徐鉉曰按說文無蘄字他書亦無此篇下有蘄字注云江夏平春亭名疑相承誤重

出一字渠支切又說文菥从艸斩聲江夏平春有菥亭語斤切一清按江夏有蘄春縣晉改曰蘄陽是因蘄水得名不知鼎臣何以云爾

決水漢志廬江郡雩婁縣決水北至蓼入淮又有灌水亦北至蓼入決過郡二行五百一十里一清按入淮之淮卽灌水非出桐柏之淮水也

沘水漢志廬江郡灊縣沘山沘水所出北至壽春入芍陂

泄水說文泄水受九江博安洵波入氐一清按全氏祖望曰洵波當是芍陂之誤又九江不聞有氐水蓋泄水合沘水以入淮而或誤以爲入沘水經沘水篇云泄水從南來注之善長糾之曰沘陽無泄水蓋誤引壽春之沘泄耳又因沘訛而爲氐

肥水漢志九江郡合肥縣應劭曰夏水出父城至此與淮合故曰合肥一清按所謂夏水卽漢志沛郡城父縣之夏肥水也然夏肥與肥隔淮南北仲瑗合而一之誤矣

施水一清按施水合肥故縣有合肥之稱水經不溯其所出而曰亦從廣陽鄉東南入湖與全書義例多所未合

補

滁水一清按說文滁水名唐六典七曰淮南道其大川有滁肥之水巢湖在焉是也

沮水漢志漢中郡房陵縣東山沮水所出東至郢入江行七百里

漳水漢志南郡臨沮縣禹貢南條荆山在東北漳水所出東至江陵入陽水陽水入沔行六百里

夏水漢志南郡華容縣夏水首受江東入沔行五百里又武都郡武都縣東漢水受氐道水一名沔過江夏謂之夏水入江又江夏郡注引應劭曰沔水自江別至南郡華容縣爲夏水過郡入江故曰江夏一清按本篇注引仲瑗語與孟堅南郡下分注合是文則又主康成之說自相矛盾道元故起而糾正之

羌水漢志隴西郡羌道縣羌水出塞外南至陰平入白水過郡三行六百里又廣漢郡甸氐道縣白水出徼外東至葭萌入漢過郡一行九百五十里

涪水漢志廣漢郡剛氐道縣涪水出徼外南至墊江入漢過郡二行千六十九里

梓潼水漢志廣漢郡梓潼縣五婦山馳水所出南入涪行五百五十里應劭曰潼水所出南入墊江一清按據經文當作梓潼水

潛水一清按漢志漢中郡南鄭縣旱山池水所出東北入漢無潛水其安陽縣鬵谷水出西南北入漢卽潛水也道元載于沔水注中

卷三十三

江水上漢志蜀郡湔氐道縣禹貢崏山在西徼外江水所出東南至江都入海過郡七行二千六百六十里一清按今本漢書誤也宋本是過郡九行七千六百六十里又廬江郡尋陽縣九江在南皆東合大江禹貢錐指曰今江水所過於漢爲蜀郡犍爲巴郡南郡長沙江夏豫章廬江丹陽會稽廣陵凡十郡一國又水經江水東逕宜昌縣之流頭灘注引袁山松曰自蜀至此五千餘里干寶晉紀云紀陟對司馬昭曰西陵至江都五千七百里宜昌今宜都也在西陵之東誠如所言則江自崏山至江都入海行萬餘里易祓曰江源自松州交川縣至夷陵凡四千三百三十里自夷陵至泰州凡三千六百三十里江自松潘至泰州行七千九百六十里自泰州至海門又四百里通計八千三百餘里據此則俗本漢書固非而宋本亦未合也

卷三十四

江水中

卷三十五

江水下

卷三十六

青衣水漢志蜀郡青衣縣禹貢蒙山谿大渡水東南至南安入渽一清按道元引此文在江水篇渽乃涐之誤蒙山谿卽青衣水大渡水卽沫水也

桓水漢志蜀郡桓水出蜀山西南行羌中入南海

若水漢志蜀郡旄牛縣若水出徼外南至大莋入繩過郡二行千六百里

沫水一清按卽漢志蜀郡青衣縣之大渡水也又續志蜀郡屬國漢嘉故青衣劉昭補注引華陽國志曰有沫水從邛來出岷江又從岷山西來合郡下青衣水入大江

延江水一清按延江水不見漢志而牂柯郡鄨縣之鄨水犍爲郡符縣之溫水黚水皆載入卷中又此下俗本有沅酉水篇目卷中只有經文一句而酉水源流附見沅水注且南方之水無沅酉之名蓋是延江水注尾結語而誤以爲經者今注既改正並刪其目

存水一清按漢志犍爲郡郁鄢縣不云有水而鬱林郡定周縣水首受無斂據道元注似在郁鄢爲存水在定周爲周水也

溫水漢志牂柯郡鐔封縣溫水東至廣鬱入鬱過郡二行五日六十里

卷三十七

淹水說文淹水出越巂徼外東入若水

葉榆水漢志益州郡葉榆縣葉榆澤在東

夷水漢志南郡巫縣夷水東至夷道入江過郡二行五百四十里

油水漢志南郡高成縣洈山洈水所出東入繇繇水南至華容入江過郡二行五百里說文油水出武陵孱陵西東南入江

澧水漢志武陵郡充縣歷山澧水所出東至下雋入沅過郡二行一千二百里一清按據道元注特其支流入沅耳

沅水漢志牂柯郡故且蘭縣沅水東南至益陽入江過郡二行二千五百三十里

泿水漢志武陵郡鐔成縣康谷水南入海一清按康谷水豈卽泿水乎

卷三十八

資水漢志零陵郡都梁縣路山資水所出東北至益陽入沅過郡二行千八百里

漣水一清按漣水不見漢志道元所謂資水之別是也

湘水漢志零陵郡零陵縣陽海山湘水所出北至酃入江過郡二行二千五百三十里

灕水漢志零陵郡零陵縣又有離水東南至廣信入鬱林一清按班固但記灕水于零陵縣下耳初不云出陽海山也道元不知以爲湘灕同源此大謬也灕水乃牂柯江下流至秦史祿始通之于湘所謂靈渠者也見范成大桂海虞衡志

溱水漢志桂陽郡臨武縣秦水東南至湞陽入匯行七百里

卷三十九

洭水漢志桂陽郡桂陽縣匯水南至四會入鬱林過郡二行九百里一清按匯當依說文作洭云水出桂陽盧聚山洭浦爲桂水溱水經云過湞陽縣出洭浦關與桂水合南入于海注云溱水又南注于鬱而入海其言與班固合應劭曰含洭洭水所出東北入沅道元起而糾正之說文洭浦下落關字

㴱水說文㴱水出桂陽南平西入營道从水罙聲一清按據水經當云西至營道入湘

鍾水一清按鍾水水經有灌水之稱乃俗傳之誤亦卽桂水也道元故特起而糾正之

耒水漢志桂陽郡郴縣耒山耒水所出西至湘南入湘

洣水漢志長沙國茶陵縣泥水西入湘行七百里

漉水一清按羅含湘中記曰淥水注湘

瀏水一清按羅含湘中記曰瀏水注湘

溳水說文溳水出豫章艾縣西入湘

贛水漢志豫章郡贛縣豫章水出西南入大江又雩都縣湖漢水東至彭澤入江行千九百里一清按此卽道元注所云豫章水右會湖漢水者也

廬江水漢志廬江郡廬江出陵陽東南北入江

卷四十

漸江水漢志丹陽郡黝縣漸江水出南蠻夷中東入海一清按說文云漸水出丹陽黟南蠻中東入海又云江水東至會稽山陰爲浙江續志會稽郡山陰有浙江劉昭補注引郭璞注山海經曰江出歙縣玉山

斤江水漢志鬱林郡領方縣有斤員水

日南水漢志日南郡有小水十六并行三千一百八十里屬交州一清按今卷末有容容諸水注云右三十水從江已南至日南郡數與班志不合實卽是水也當補列于目

補弱水說文溺水自張掖刪丹西至酒泉合黎餘波入于流沙桑欽所說

補黑水漢志益州郡滇池縣有黑水祠一清按禹貢山水澤地所在篇有合黎山則弱水所經也三危山則黑水所經也二水為雍梁之大川水經不應遺之史記索隱尚書正義俱引其書則是二篇亦在失亡之列致使言禹貢者莫能詳二水之源流惜哉

禹貢山水澤地所在一清按卷尾嵩高為中嶽已下至三澨池是釋禹貢山水澤地所在凡六十今本不具于目似亦缺漏

一清按李林甫唐六典註云桑欽水經所引天下之水百三十七江河在焉王應麟玉海云自河水至斤江水河漯汾澮涑文原洞晉湛濟清沁淇蕩洹漳易滱聖巨馬㶟沽鮑邱濡遼貝洛穀甘漆瀍沮渭漾丹汝潁洧濦澮陰汳睢瓠子汶泗沂沭洋淄汶濰膠沔潛湍均粉白泚淮溳滑濃濯瀙潕湞瀴蘄決泚泄肥䋼沮漳夏羌涪潼涔江青衣桓若沫延江沅酉存溫淹葉榆夷油澧沅浪資漣湘灕溱匯深鍾耒洣漉瀏潠贛廬漸江斤江非經水常流不在記注之限末卷載禹貢山水澤地所在凡六十深甯叟所記水經之目與今本不殊以原公為原洞渦為洞陰溝為陰則其所省也以梓潼為潼廬江為廬舊本之脫耳以㶟水為濕水濾水為沮水施水為䋼水滙水為匯水濱水為深水皆誤文也經水凡百十六較唐六典少二十一篇證以本注及雜採他籍得滏洺滹沱泒滋伊瀍澗洛豐涇汭渠獲洙滁日南弱黑十八水而㶟下當有㶟餘清濁漳大小遼原分為二刪去無注無名之沅酉水合一百三十七水與唐六典數合也

水經注箋刊誤卷一元式如此卷二三以下同每葉二十行行二十二格後不復出

水經注自唐李吉甫刪後蜀板遷就頗失其眞宋崇文總目遂缺五卷前明校刊者屢矣惟朱中尉箋較諸家稱最善然於禹貢史漢尚未究心何況他籍余夙躭嗜此書隨讀隨正頻年竭精力以探求之薈萃羣言參之本注遺漏者補其缺紕繆者訂其譌古人慎於傳疑於所不疑又何敢焉然以之編入正文閱古之士不免閒續之憾若不著厥從來又恐蹈誕妄之誚暇日因取朱箋為之言詮句詁鱗次櫛比各具本元作為刊誤掩卷而思固不如披檢之足快矣是錄成非欲顯前修之失聊以釋庸俗之紛爾凡某卷某葉一如朱本原數趙一清識此趙箋刊誤小引舊在刊誤各條前低一格今刊誤散入正文下故錄附首卷

序

少時讀漢書地理志驚歎以為絕作惜其上溯古蹟旁羅水道宏綱已舉細目未賅雖為書之體固然而於探奇耆古之懷猶歉然弗愜也嗣讀酈善長水經注深美其用意足輔班氏所不逮蓋班之志水撮舉終始而所過之地從略酈則於漢世郡縣端委靡包曲折貫串旁引支流以千數百計使後之按渠訪瀆者一展卷而如案古圖書班之志地根據經籍俾三代以來之要典不至放失無稽酈尤因地致詳元魏以上故事舊文皆可攷求而得實其繁簡雖異精思實同洵乎閎覽之山淵方輿之鍵轄也已夫地無古不立水非地不章酈氏為書之恉在因水以證地而即地以存古是故遷貿畢陳故實駢列世或訾其好奇騁博及視為詞章所取資雖謂於地理之學概未有聞焉可也今非無顯疏水道之書以校彼優絀果何如哉余耽此三十年足跡所至必以自隨考按志乘稽合源流依注繪圖參列今地兼思補證各史關涉水地事蹟及經注未備各水為之作疏人事牽率懼不獲卒償斯願曾用官校宋本參合諸家輯為一編入藏篋笥先授梓人以質海內之好讀是書者而推論其要義如此至合校之微意則備具例略中

例略

一校官本（四庫提要稱官校宋本）乾隆中裒集永樂大典就所引水經注排比原文鉤稽近本

武英殿聚珍板印行其後蘇州福建皆有刊本茲取用互校與朱趙同者列為正文而雙行標注異文於下以祛歧惑當時校上此書出戴震東原之手戴氏號稱究心酈亭之學自有刊本行世預修

四庫全書以乾隆三十九年校上此本（見官本案語）而趙氏之書先成於乾隆十九年（見趙本自序）至五十一年丙午始謀鋟板（見趙本畢序）其流布反在官本之後世罕覩大典元文見戴校與趙悉合疑為弋取然

聖明在上忠正盈廷安有此事且書中增補刪改多至七千餘字既著之案語中其訂正各條明注本文之下並非盡出大典是纂修時或旁攷羣書或獨伸己見亦未嘗隱而不言也趙氏覃精極思旁援廣證合契古籍情理宜然特以數十年考訂苦心一旦為中祕書所掩因之俗論滋紛今於官本案語下並列趙氏所釋及刊誤各條俾讀者知

右文盛世祕籍應運而呈奇而鴻生稽古之功亦不至聽其湮沒庶因兩美之合以釋千載之疑諸家聚訟若段玉裁茂堂（見經韻樓集）魏源默深（見周壽昌思益堂日札）張穆石舟（見近刻全校水經注附錄中兼言畢秋帆尚書索趙書於一清子載元載元恐父書不當畢意以巨貲購謝山本合併修飾此則過信無稽不通情理之言殊為無識）各執一詞存而不論可也

一校朱本明中尉朱謀㙔鬱儀所箋趙氏本之以作刊誤者也朱氏之前水經注本著稱者有二一黃省曾刻於嘉靖甲午一吳琯刻於萬歷乙酉朱氏復與其友謝耳伯孫無撓輩商榷校讎以成此書萬歷乙卯齊安李長庚序而刻之崇禎己巳竟陵

譚元春鍾惺等加以評點重刻之所載箋語頗有異同至趙氏稱眞州鏤板竊朱箋爲己有者見趙附錄今未得見有新安歙西黄晟曉峰者於乾隆十八年癸酉刻水經注前列歐陽玄黄省曾王世懋朱謀㙔李長庚五序文皆見趙附錄自跋云爰取舊本重爲校刊而不著其何本書中校語大氐與朱箋合豈即趙所稱邪自來論朱箋者褒貶互見其攷訂誠爲未精然引證故實以輔注文厥勞甚鉅黄梨洲訾其無所發明未爲確論近因戴趙啟爭疑議蠭起至有謂朱箋尚存眞面遠勝二家改訂者此則全未讀書之言也今於趙氏刊誤所引外全錄箋語以資蒐討譚黄二本所載容有宅人羼入者不復加以區別矣

一校趙本趙讀酈書首爲之釋列於卷中存朱氏之是彌酈亭之違其朱箋謬者削之漏者補之別爲刊誤十二卷今併散入正文下俾讀者開卷瞭如易於尋究酈注字分大小發自全氏而趙因之條理分明茲特參用其例家藏本册面題籤水經注釋大字卷某之某小字後十二卷水經注朱箋刊誤大字卷某之某小字刻畫精善極爲我友繆筱珊朱蓉生兩太史所鑒賞眞最初本也別有舊藏一部字句增損竄易往往同符官本蓋出後來刊改頗失趙書面目故茲校一以初本爲主惟八卷濟水篇有漢司隸校尉魯恭冢下釋曰金石錄跋尾云魯峻碑其他云云改曰金石錄魯峻碑跋尾云嘗得石室所刻畫象與延之所記合其他云云增多十四字又文字分明下釋曰一牓鈐下二字三十餘騎删二字兩字後有騑馬二匹牓曰持騑馬删牓曰持騑馬及下又字次橫牓曰薦士一人删牓曰二字又騑史僕射二騎删又字蓋闕里之先賢也字而不名删字而不名四字與史家異同鐵二字不能次以爲兩魯悵史記作申棠家語作申續檀弓以申詳爲額孫子張之鐵二地云云删上缺二字三字移家不能次以爲兩於地字之上客拜侍於前後者六人侍者四人並删人字皆駕以一馬删以字鮮明卒上增有字朱浮墓畫象墓下增壁字十六卷穀水篇世謂之紵麻淵下釋曰此句是善長所增加改曰此句是連引郭璞注三十八卷資水篇縣故昭陵也下釋曰漢表作洛陽今湖南寶慶府東北五里有洛陽山蓋以侯封得名即前漢之昭陵云云改曰漢表作路陵路洛古通借校獵賦虎路三嵏晉灼曰路音洛然疑史漢表誤昭陵云云此四條有禪考訂附記於此刊誤閒有增改無關要義不錄至若猶爲由邪爲耶已爲以克爲剋侵爲寖升爲昇德爲悳懷爲褱隙爲隟累爲纍臘爲臈喜爲憙懸爲縣雝爲雍燕爲鷰蛇爲虵豲爲獂耨爲薅綠爲淥虛爲墟野爲壄淀爲澱嶺爲領嵎爲隅岡爲罡隥爲磴崖爲厓嶂爲障崏爲岷洛爲雒沇爲兗淄爲菑滹沱爲滹池瑯琊爲琅邪險阻爲嶮岨或本同字或由叚借如此之類卷中不能悉出標舉首簡以備參稽

一校孫本孫星衍伯淵所手校桐城蕭穆敬甫聞余校刊水經持以相餉末卷孫氏自記略云水經向無善本予驟讀之便知經注錯亂以意定之嗣以唐人引此書若史記索隱正義文選注藝文類聚初學記元和郡縣志校之得休甯戴東原本多與鄙意相合復是正數十條其與戴不同者不敢附和也顧千里跋云伯淵觀察於此書用功甚深晚年對客猶能稱引爛翻不須持本也手校丹青滿紙中多與戴東原氏異說尤可資考索道光四年閏月觀於桐城汪君均之插架爲識其後今觀所校亦不能盡如其說其引證今地極便考覽世無傳本悉登之以備一家漢志迺人人能讀之書繁稱無當不備載焉

一參校各家善長一序大典僅存餘姚盧文弨紹弓用武進臧氏所得絳雲樓舊藏宋本校之頗有奇異刊見羣書拾補中茲

標注官本原序下陽湖董祐誠方立研精酈書著圖說四卷未竟而歿其兄基誠取其說刊入遺書而圖遂佚茲全錄入注此外如武進丁履恆游水疏證謝鍾英洛涇二水補亦備采之近世爲水經之學者江甯汪士鐸水經注圖精思密致經緯釐然然亦頗有譌誤惜其不及參繪今地未爲盡善全氏七校水經注晚出制中慈谿林頤山晉霞斥其僞造抉摘罅漏至數十事頃歲刊行茲編一字不敢闌入

一是編輯成久未付梓長沙張祖同雨珊謂可公諸同好遂用局錢刊行平江蘇海淵泉長沙王先慎惠英實助讎校蘇君匡正之力尤多時閱一期紙勞十返自慚獨學衰白無成敢居汗簡之名永志他山之美光緒十八年歲次壬辰秋七月王先謙識於長沙之葵園

水經注卷一　　長沙王氏校本

後魏酈道元撰

河水官本曰按二字原本誤連經文今改正近刻河水下有一二等字乃明人臆加今删去　案朱本趙本河水下有一字

崑崙墟在西北趙墟作虛下同

三成爲崑崙邱趙三上增山字刊誤曰趙琦美據爾雅三成上校補山字崑崙說曰崑崙之山三級下曰樊桐一名板桐官本曰案桐近刻譌作松　案朱趙作松朱箋曰廣雅云崑崙墟有三山閬風板桐玄圃淮南子云縣圃涼風樊桐在崑崙閶闔之中山上有層城九重楚詞曰崑崙縣圃其凥安在增城九重其高幾里嵇康遊仙詩云結友家板桐但未聞板松耳疑或字譌孫校曰樊亦扳字故嵇康詩作扳桐二曰玄圃一名閬風上曰層城官本曰案層近刻作增　案朱同趙改一名天庭是爲太帝之居朱趙爲作謂

去嵩高五萬里地之中也孫校曰五萬里之說極謬

禹本紀與此同高誘稱河出崑山伏流地中萬三千里禹導而通之出積后山案山海經自崑崙至積后千七百四十里官本曰案近刻千上有一字　案朱趙有自積后出隴西郡至洛準地志可五千餘里又案穆天子傳天子自崑山官本曰案近刻作崑崙山　案朱趙有崙字入于宗周乃里西土之數自宗周瀍水以西官本曰案近刻作以西北衍北字　案朱衍趙删刊誤曰全祖望校衍北字至于河宗之邦陽紆之山三千有四百里自陽紆西至河首四千里合七千四百里趙釋曰一清案三國志蜀書郤正傳其釋譏曰陽盱請而洪災息裴松之注引淮南子曰禹爲水以身請于陽盱之阿卽陽紆也漢志冀州藪曰陽紆爾雅作陽陓又一陽紆也外國圖又云從大晉國正西七萬里得崑崙之墟諸仙居之數說不同道阻朱趙作岨下並同且長經記緜褫官本曰案近刻訛作逕記緜褫　案朱訛趙改刊誤曰箋曰疑當作經記緜邈案褫字不誤易訟卦疏云三見褫脫蓋褫有脫義言經記歲遠褫脫耳巨洋水注云遺文沿褫其詞例然也水陸路殊徑復不同淺見末聞非所詳究不能不聊述聞見以誌差違也

其高萬一千里

山海經稱方八百里高萬仞郭景純以爲自上二千五百餘里淮南子稱高萬一千里百一十四步三尺六寸官本曰案三尺近刻訛作二尺　案朱訛趙改刊誤曰二當作三淮南子校正

河水

春秋說題辭曰河之爲言荷也荷精分布懷陰引度也釋名曰河下也隨地下處而通流也考異郵曰河者水之氣四瀆之精也所以流化元命苞曰五行始焉萬物之所由生元氣之腠液也管子曰水者地之血氣如筋脈之通流者官本曰案近刻脫如字　案朱趙無故曰水具財也官本曰案具上近刻有其字衍　案朱趙有五害之屬官本曰案近刻脫此四字　案朱趙無水最爲大官本曰案近刻水上有而字衍　案朱趙有水有大小有遠近水出山而流入海者命曰經水引佗水入于大水及海者命曰枝水出于地溝流于大水及于海者又命曰川水也莊子曰秋水時至百川灌河經流之大孝經援神契曰河者水之伯上應天漢新論曰四瀆之源河最高而長從高注下水流激峻故其流急徐幹齊都賦曰川瀆則洪河洋洋發源崑崙九流分逝官本曰案逝近刻訛作遊　案朱作遊箋曰玉海引此作逝趙改逝北朝滄淵驚波沛厲浮沫揚奔官本曰案浮近刻訛作望　案朱訛趙改刊誤曰望全氏校改作浮風俗通曰江河淮濟爲四瀆官本曰案近刻河字在淮字下　案朱趙同瀆通

也所以通中國垢濁白虎通曰其德著大故稱瀆釋名曰瀆獨也各獨出其所而入海

出其東北陬孫校曰說文陬隅也文選注向曰陬陵角也善曰山足也董祐誠曰此河水自蒲昌海伏流重源所出當崑崙東北陬也今中國諸山之脈皆起自西藏阿里部落東北岡底斯山卽梵書之阿耨達山縣亙東北數千里至青海之玉樹土司境爲巴顏哈喇山河源出焉河源左右之山統名枯爾坤卽崑崙之轉音葢自岡底斯東皆崑崙之脊古所稱崑崙墟卽在乎此山海經西山經稱崑崙之邱河水赤水洋水黑水出焉郭注洋或作清海內西經稱海內崑崙之墟赤水出東南隅河水出東北隅黑水出西北隅大荒西經稱西海之南流沙之濱赤水之後黑水之前有大山名曰崑崙之邱穆天子傳稱天子宿於崑崙之阿赤水之陽今金沙江上源三曰那木齊圖烏蘭木倫河托克托乃烏蘭木倫河喀齊烏蘭木倫河蒙古謂赤色爲烏蘭葢卽赤水怒江上源有池曰喀喇池東流曰喀喇烏蘇河蒙古謂黑色爲喀喇葢卽黑水其西流卽今青海亦曰西海蒙古曰庫可諾爾庫可者譯言青葢卽青水流沙卽今戈壁當安西州南青海之西是青海西南北濱戈壁黃河金沙江怒江三源之閒山名崑崙而迤東山脊爲崑崙之證惟經敘四水所出之方隅前後互異則傳寫之誤也海內東經稱西胡白玉山在流沙西崑崙墟東今岡底斯山北支爲蔥嶺戈壁當其東穆天子傳亦先升崑崙之邱復西征至西王母之邦是迆西山脊皆爲崑崙之證崑崙本在域中爾雅以西王母與觚竹北戶日下爲四荒則亦國名周衰德不及遠怪迂之說復興遂謂去中國有五萬里之遠又移崑崙於海外指西王母爲仙人後儒震於怪物竝禹貢之崑崙而疑之山海經乃秦漢人據古圖所爲更經錯亂加以附會故太史公已不敢言然遺文軼句猶資考證酈氏有云自不登兩龍於雲轍騁八駿於龜塗等軒轅之訪百靈方大禹之集會計儒墨之說孰使辨哉 聖朝中外一家西陲萬里並入圖籍文軌之盛遠軼軒媧先聖平成之迹絕而復彰酈氏所稱適應今日惜古籍散亡僅存大略耳

山海經曰崑崙虛在西北河水出其東北隅爾雅曰河出崑崙虛官本曰案近刻脫此五字　案朱趙無趙刊誤曰箋曰爾雅曰下當補河出崑崙墟五字案注上文引山海經曰崑崙墟在西北河水出其東北隅故節去爾雅之文以免重複朱氏欲補之未識古人裁取之妙爾色白所渠并千七百一川色黃物理論曰河色黃者衆川之流葢濁之也官本曰案此十六字當是注內之小注故雜在所引爾雅之閒書內如此類者甚多百里一小曲千里一曲一直矣漢大司馬張仲議曰官本曰案漢書大司馬史長安張戎師古曰新論云字仲功此脫史字功字　案朱同箋曰案張仲事出桓譚新論而漢書溝洫志議河濁不宜溉田者乃大司馬史長安張戎字仲功今稱張仲疑誤趙於仲下補功字釋曰一清案漢書溝洫志大司馬史張戎師古曰新論云字仲功習灌溉事也河水濁清澄一石水六斗泥而民競引河溉田令河不通利官本曰案令近刻訛作今　案朱訛趙改至三月桃花水至則河決以其噎不洩也禁民勿復引河是黃河兼濁河之名矣述征記曰盟津河津恆濁方江爲狹比淮濟爲闊寒則冰厚數丈冰始合車馬不敢過要須狐行云此物善聽冰下無水乃過人見狐行方渡余案風俗通云里語稱狐欲渡河無如尾何且狐性多疑故俗有狐疑之說亦未必一如緣生之言也朱箋曰述征記郭緣生所撰

屈從其東南流入渤海官本曰案入下近刻有于字　案朱趙有山海經曰南卽從極之淵也孫校曰臧君說從極之淵不知卻在何處反駁陽紆秦藪之說謬矣一曰中極之淵深三百仞惟馮夷都焉趙釋曰一清案山海經本作冰夷郭璞注冰夷馮夷也卽河伯也括地圖曰馮夷恆乘雲車駕二龍官本曰案此十三字當亦是注內之小注故雜在所引山海經之閒河水又出于陽紆陵門之山朱趙陵作淩而注于馮逸之山穆天子傳曰天子西征至陽紆之山河伯馮夷之所都居趙釋曰一清案穆天子傳本作無夷注無夷馮夷也是惟河宗氏天子乃沈珪璧禮焉河伯乃與天子披圖視典以觀天子之寶器玉果璇珠燭銀金膏等物朱趙璇作璿皆河圖所載河伯以禮穆王視圖方乃導以西邁矣粵在伏羲受龍馬圖于河八卦是也故命歷序曰河圖帝王之階圖載江河山川州界之分野

後堯壇于河受龍圖作握河記逮虞舜夏商咸亦受焉李尤
盟津銘洋洋河水朝宗于海徑自中州龍圖所在淮南子曰
昔禹治洪水具禱陽紆蓋于此也高誘以爲陽紆秦藪非也
釋氏西域記曰朱趙記作志下同阿耨達太朱同趙作大山其上有大淵
水宮殿樓觀甚大焉山卽崑崙山也穆天子傳曰天子升于
崑崙觀黃帝之宮而封豐隆之葬官本曰案近刻作升崑崙封豐隆之葬案朱趙同
趙釋曰何氏焯曰吳中沈本作葬豐隆雷公也黃帝宮官本曰案此三字近刻訛作雷電龍案
朱趙同趙釋曰箋曰三字誤一淸案三字句截龍卽壟字卽古字通用沔水注龍下地名也有邱郭墳墟卽是此義
阿耨達宮也其山出六大水山西有大水名新頭河郭義恭
廣志曰甘水也在西域之東名曰新陶水山在天竺國西水
甘故曰甘水有石鹽白如水精大段則破而用之官本曰案大段朱謀

瑋云當作火煅非案朱趙作火煅康泰曰安息月氏朱趙作支天竺至伽那調御
皆仰此鹽釋法顯曰度蔥嶺已入北天竺境于此順嶺西南
行十五日其道艱阻朱趙作岨朱箋曰一作阻崖岸險絕其山惟石壁立
千仞臨之目眩欲進則投足無所下有水名新頭河昔人有
鑿石通路施倚梯者凡度七百梯度已官本曰案近刻訛作凡度七百渡梯已
案朱訛又倚作傍趙改刊誤曰黃省曾本傍作倚度梯二字倒互作凡度七百梯句度已句于文義爲順躡懸絙
過河河兩岸相去咸八十步九譯朱作驛趙改刊誤曰箋曰法顯傳作九驛所記謝兆
申云驛當作譯按謝說是溫水注引林邑記曰重九譯而來舊唐書張仲武傳李德裕銘云萬里昆夷九譯而通李商隱
詩還期九譯通九譯所絕道路險遠無人行跡也絕字義長所絕漢之張騫甘英皆不至
也朱箋曰班超遣掾甘英窮臨西海備其土風傳其珍怪余診諸史傳卽所謂罽賓之
境有盤石之隥道狹尺餘行者騎步相持絙橋相引二十許

里方到懸度官本曰案漢書今本作二千餘里千字誤當以此爲正案朱作十作渡趙改千改度刊誤曰
漢書西域傳作二千餘里懸度之度不從水阻險危害不可勝言郭義恭曰烏秅
之西有懸度之國山溪不通引繩而度故國得其名也趙釋曰案
後漢書章懷注引西域傳曰懸度者石山也谿谷不通以繩索相引而度去陽關五千八百五十里又曰其處在皮山國
以西罽賓國之東也其人山居佃于石壁間累石爲室民接手而飲所
謂猨飲也有白草官本曰案近刻訛作白羊原本及漢書作白草案朱譌趙改小步馬趙小
上有出字刊誤曰漢書西域傳作有白草出小步馬今補正有驢無牛是其懸度乎釋法
顯又言度河便到烏長國官本曰案長近刻作萇案朱趙作萇烏長國卽是
北天竺佛所到國也佛遺足迹于此其迹長短在人心念至
今猶爾及曬衣石尚在新頭河又西南流屈而東南流逕中
天竺國兩岸平地有國名毗荼佛法興盛又逕蒲那般河官本

曰案近刻脫般字案朱脫趙增又蒲改捕刊誤曰箋曰蒲法顯傳作捕案那下落般字黃省曾本校增河邊左
右有二十僧伽藍此水逕摩頭羅國官本曰案逕字下近刻衍流逕二字案朱衍
趙存流刪下逕刊誤曰下逕字衍文而下合新頭河自河以西天竺諸國自是
以南皆爲中國人民殷富中國者服食與中國同故名之爲
中國也泥洹已來聖衆所行威儀法則相承不絕自新頭河
至南天竺國迄于南海四萬里也官本曰案近刻四下有五字案朱趙有釋氏
西域記曰新頭河經罽賓犍越摩訶刺諸國而入南海是也
官本曰案訶近刻訛作河案朱訛趙改刊誤曰摩河刺當作摩訶刺董祐誠曰新頭河注引郭義恭廣志曰甘水在西
域之東名曰新陶水釋典亦作辛頭河大唐西域記作信度河梁史諸夷傳謂新陶河總曰恆水非也法顯稱度蔥嶺已
入北天竺境順嶺西南行十五日下有水名新頭河山卽罽賓盤石之隥釋氏西域記又稱新頭河經罽賓犍越摩訶刺
諸國而入南海是今巴達克山部落以南至痕都斯坦部落北境爲罽賓地漢書西域傳罽賓東至烏秅東北至難兜難

兜在蔥嶺上休循南無雷西近今巴達克山部落烏秅在蒲犂南難兜東當今葉爾羌西南境外則罽賓爲痕都斯坦無疑大唐西域記迦溼彌羅國舊曰罽賓北印度境是巴達克山南卽爲北天竺境矣今痕都斯坦有河東西二源俱出北境西南流折而東南流至痕都斯坦所居阿噶拉城北而合南流逕城東又西南流右合二水又東南流逕得懇部落東又逕斯布部落南入南海通爲札馬訥必拉必拉譯言河疑卽新頭河也阿耨達山西南有水名遙奴山西南小東有水名薩罕小東有水名恒伽此三水同出一山俱入恒水康泰扶南傳曰恒水之源乃極西北出崑崙山中有五大源諸水分流皆由此五大源枝扈黎大江出山西北流東南注大海枝扈黎卽恒水也故釋氏西域記有恒曲之目恒北有四國最西頭恒曲中者是也有拘夷那褐國官本曰案褐近刻作竭下同　案朱作竭趙改喝刊誤曰竭全祖望校改喝下同法顯傳曰恒水東南流逕拘夷那褐國南城北雙樹間有希連禪河朱箋曰觀佛三昧經作熙連河佛國記作希連禪河佛本行經作尼連禪河法顯傳無禪字或云河下疑又有一河字河邊世尊于此北首般泥洹朱箋曰佛國記作北首般泥洹遠法師不敬王者論云冥神絕境謂之泥洹舊作泥涅誤分舍利處支僧載外國事曰佛泥洹後天人以新白緤裹佛以香花供養滿七日盛以金棺送出王宮度一小水水名醯蘭那去王宮可三里許在宮北以栴檀木爲薪天人各以火燒薪薪了不然大迦葉從流沙還不勝悲號感動天地從是之後他薪不燒而自然也王斂舍利用金作斗量得八斛四斗諸國王天龍神王各得少許齎還本國以造佛寺阿育王起浮屠于佛泥洹處雙樹及塔今無復有也此樹名娑羅樹官本曰案娑羅近刻訛作婆羅　案朱訛趙改其樹花名娑羅佉也官本曰案佉近刻訛作法　案朱訛趙改朱趙花作華下同刊誤曰婆羅樹當作娑羅樹法當作佉佉是梵音此花色白如霜

雪香無比也竺枝扶南記曰官本曰案枝原本訛作芝案朱作枝箋曰一作芝趙改芝下同林楊國去金陳國步道二千里車馬行無水道舉國事佛有一道人命過燒葬燒之數千束樵故坐火中乃更著后室中從來六十餘年尸如故不朽竺枝目見之官本曰目近刻訛作自　案朱訛趙改刊誤曰自孫潛本作目夫金剛常住是明永存舍利刹見官本曰案刹近刻訛作利　案朱作利箋曰一作刹趙改刹畢天不朽所謂智空罔窮大覺難測者矣其水亂流注于恒官本曰案近刻脫注字　案朱脫趙增刊誤曰亂流下落注字恒水又東逕毗舍利城北官本曰案利近刻訛作離　案朱訛趙改釋氏西域記曰毗舍利維邪離國也支僧載外國事曰維邪離國去王舍城五十由旬官本曰案十近刻訛作千　案朱訛趙改刊誤曰五千當作五十十六里爲一由旬五千由旬得八萬里矣相距不應如是之遠也城周圓三由旬維詰家在大城裏宮之南去宮七里許屋宇壞盡惟見處所爾釋法顯云城北有大林重閣佛住于此本奄婆羅女家施佛起塔也官本曰案奄近刻作菴　案朱趙作菴城之西北三里塔名放弓仗恒水上流有一國國王小夫人官本曰案近刻作有一國王王小夫人　案朱同趙改刊誤曰王字上黃省曾本有國字今校增生肉胎大夫人妒之言汝之生不祥之徵卽盛以木函擲恒水中下流有國王遊觀見水上木函開看見千小兒端正殊好官本曰案好近刻作特　案朱同趙改刊誤曰特黃省曾本作好王取養之遂長大甚勇健所往征伐無不摧服官本曰案服近刻作伏　案朱趙作伏次欲伐父王本國王大愁憂小夫人問何故愁憂王曰彼國王有千子勇健無比欲來伐吾國是以愁爾小夫人言勿愁但于城西作高樓官本曰案西近刻作東　案朱同趙改刊誤曰東黃省曾本作西上云城之西北三里塔名放弓仗西字是也賊來時上我置

樓上官本曰案此五字近刻作置我樓上四字案朱趙同則我能卻之王如是言賊到小夫人于樓上語賊云汝是我子何故反作逆事賊曰汝是何人云是我母小夫人曰汝等若不信者盡張口仰向小夫人卽以兩手搾乳官本曰案搾近刻作將案朱同趙改刊誤曰箋曰佛國記作兩手搆乳案大集月藏經云牛穀乳時出醇淨乳亦讀若搆互相爲用孫潛云將卽搾字之譌詩詁云以指歷取也本作孚音律說文五指搾也从爪从又从一一者物也佛國記之搆乳義本難通朱氏又引大集月藏經穀乳讀若搆解之失之愈遠將搾字形相似搾字是也乳作五百道俱墜千子口中賊知是母卽放弓仗父母作是思惟官本曰案父母近刻作二父王案朱趙同皆得辟支佛今其塔猶在官本曰案其近刻作二案朱趙作二後世尊成道告諸弟子是吾昔時放弓仗處後人得知于此處立塔故以名焉千小兒者卽賢劫千佛也釋氏西域記曰恆曲中次東有僧迦扇柰揭城官本曰案近刻僧訛作申又城下衍也字案朱同箋曰也疑當作卽趙申改僧也改卽刊誤曰注下文引法顯傳曰恆水東南流逕僧迦施國南申迦當作僧迦佛下三道寶階國也官本曰案近刻脫道字案朱脫趙增刊誤曰三下落道字下文校增**法顯傳曰恆水東南流逕僧迦施國南**佛自忉利天東下三道寶階爲母說法處寶階既沒阿育王于寶階處作塔後作后柱柱上作師子像外道少信師子爲吼怖效心誠官本曰案近刻作怖懼心伏案朱作怖懼心伏趙改怖效心誠刊誤曰箋曰舊作怖效心誠案朱氏所引舊本卽黃本也何焯曰外道怖懼乃效誠伏之心何苦改之且朱氏又引佛國記師子乃大鳴吼見證於是外道怖懼心伏而退之文爲證與注相符復載舊文致有異同何也**恆水又東逕罽賓饒夷城**城南接恆水官本曰案近刻作饒夷城南南接恆水案朱同趙饒夷城南下增城字刊誤曰南上脫城字城之西北六七里恆水北岸佛爲諸弟子說法處**恆水又東南逕沙祇**朱箋曰法顯傳祇下有大字**國北**出沙祇城南門道東佛嚼楊枝刺

土中生長七尺不增不減今猶尚在**恆水又東南逕迦維羅衛城北**故淨王宮也官本曰案故下近刻衍曰字案朱趙有城東五十里有王園園有池水夫人入池洗浴出北岸二十步官本曰案出下近刻有池字案朱趙有東向舉手扳樹生太子官本曰案扳近刻作攀下同案朱趙作攀下同太子墮地行七步二龍吐水浴太子遂成井池衆僧所汲養也太子與難陀等撲象角力射箭入地今有泉水行旅所資飲也釋氏西域記曰城北朱無城字箋曰宋本作城北趙增三里恆水上父王迎佛處作浮圖作父抱佛像官本曰案父近刻訛作佛案朱作佛箋曰疑當作父趙改父外國事曰迦維羅越國官本曰案羅衛羅越互相通稱今無復王也城池荒穢惟有空處有優婆塞姓釋可二十餘家是昔淨王之苗裔故爲四姓朱箋曰詳見摩登伽經住在故城中爲優婆塞故尚精進猶有古風彼曰浮圖壞盡條王彌更脩治一浮圖私訶條王送物助成官本曰案送近刻訛作迸案朱訛趙改刊誤曰孫潛云迸柳僉本作送今有十二道人住其中太子始生時妙后所扳樹樹名須訶官本曰案近刻脫訶字案趙作迦釋曰朱氏謀㙔箋曰須字之下原缺一字因果經云樹名無憂卽此樹乎一清案翻譯名義集阿輸迦大論翻無憂樹史記正義曰浮圖經曰阿輸迦樹是夫人所攀生太子樹也全氏祖望曰須迦卽阿輸迦也音同阿育王以青后作后扳生太子像昔樹無復有後諸沙門取昔樹栽種之展轉相承到今樹枝如昔尚蔭后像又太子見行七步足迹今日文理見存阿育王以青后挾足迹兩邊復以一長青后覆上國人今日恆以香花供養尚見足七形文理分明今雖有后覆無異或人復以數重吉貝重覆貼著后上逾更明也官本曰案吉貝近刻訛作古具案朱作古具箋曰具鈔本作貝趙改吉貝太子生時以龍王夾

太子左右吐水浴太子見一龍吐水煖一龍吐水冷遂成二池今尚一冷一煖矣太子未出家前十日出往王田閻浮樹下坐樹神以七寶奉太子太子不受于是思惟欲出家也王田去宮一據據者官本曰案一據下近刻訛作據左一據據右六字 案朱趙同趙改右作者晉言十里也太子以三月十五日夜出家四天王來迎各捧馬足爾時諸神天人側塞空中散天香花此時以至河南摩強水即于此水邊作沙門河南摩強水在迦維羅越北相去十由旬此水在羅閱祇瓶沙國相去三十由旬菩薩于是暫過瓶沙王出見菩薩菩薩于瓶沙隨樓那果園中住一日日暮便去半達鉢愁宿半達晉言白也鉢愁晉言山也白山北去瓶沙國十里明旦便去暮宿曇蘭山去白山六由旬于是徑

詣貝多樹官本曰案徑近刻訛作逕貝多樹在閱祇北官本曰案在下近刻有貝多二字 案朱趙有去曇蘭山二十里太子年二十九出家三十五得道此言與經異故記所不同朱箋曰普曜經云菩薩於樹下坐明星出時豁然大悟年十九出家三十成道竺法維曰迦維衛國官本曰案近刻作迦維國脫衛字 案朱脫趙增刊誤曰維下落衛字佛所生天竺國也三千日月萬二千天地之中央也趙刊誤曰箋曰萬一本作宮案萬字不誤因果經云太子身黃金色三十二相放大光明普照三千大千世界迦維衛國三千日月萬二千天地之中央也釋道世法苑珠林云便有一百萬億日月四百萬億三千者略舉其要故知華戎之判非易而詳海內經云身毒之國是軒轅氏居之郭氏云天竺國也以此而言天地中央未爲甚濫據此則朱氏誤矣康泰扶南傳曰昔范旃時有嘾楊國人家翔梨嘗從其本國到天竺展轉流賈至扶南爲旃說天竺土俗道法流通金寶委積官本曰案委近刻訛作安山川饒沃恣所欲官本曰案恣下近刻衍其字 案朱趙有左右大國世

尊重之旃問云官本曰案云近刻訛作之 案朱趙作之今去何時可到幾年可回黎言天竺去此可三萬餘里往還可三年踰及行四年方返以爲天地之中也官本曰案地近刻訛作竺 案朱作竺趙改地刊誤曰天竺之中梁書天竺國傳作天地之中恆水又東逕藍莫塔塔邊有池池中龍守護之阿育王欲破塔作八萬四千塔悟龍王所供知非世有遂止此中空荒無人官本曰案近刻脫此中二字空荒作荒蕪 案朱趙無二字朱作荒蕪趙改空荒羣象以鼻取水灑地若蒼梧會稽象耕鳥耘矣恆水又東至五河口官本曰案近刻河下有合字 案朱趙有蓋五水所會非所詳矣阿難從摩竭國向毗舍利官本曰案舍利原本訛作舍離 案朱訛趙改欲般泥洹諸天告阿闍世王王追至河上官本曰案此句下近刻有毗舍離諸四字乃衍文 案朱趙有趙離作利黎車聞阿難來亦復來迎俱到河上阿難思惟前則阿闍世王致恨

卻則梨車復怨即于中河入火光三昧燒具兩般泥洹官本曰案具兩近刻訛作身而 案朱趙同身二分分各在一岸二王各持半舍利還起二塔渡河南下一由巡官本曰案由巡即由旬書內通用近刻訛作由延 案朱趙作延趙釋曰朱箋曰毘曇論云四肘爲一弓五百弓爲一拘盧舍今之二里也八拘盧舍爲一由旬今十六里也又云梵天身長半由延梵福樓身長一由延而不言由延之數疑與由旬同義而字殊耳一清案由旬亦作由巡又因巡轉爲延也到摩竭提國巴連弗邑官本曰案弗近刻作佛 案朱同趙改邑即是阿育王所治之城城中宮殿皆起牆闕雕文刻鏤累大石作山山下作石室長三丈廣二丈高丈餘有大乘婆羅門子名羅汰私婆亦名文殊師利住此城裏爽悟多智事無不達以清淨自居國王宗敬師事之賴此一人宏宣佛法外不能陵凡諸國中官本曰案原本及近刻並訛作中國今改正 案朱趙作中國惟此城爲大民人富盛競

行仁義阿育王壞七塔作八萬四千塔最初作大塔在城南二里餘官本曰案二近刻作三案朱趙作三朱箋曰一作二趙釋曰一淸案黃氏愼中本作二此塔前有佛迹起精舍北戶向塔官本曰案北戶近刻作戶北案朱趙同塔南有石柱大四五圍官本曰案此四字近刻訛作圍丈四五案朱趙同高三丈餘上有銘題云阿育王以閻浮提布施四方僧還以錢贖塔塔北三百步官本曰案近刻脫一塔字作北三四百步案朱趙有四字塔字朱脫趙增刊誤曰於文當重一塔字阿育王于此作泥犁城朱箋曰翻苑云梵稱泥犁秦言無有言更無赦處是地獄名也城中有石柱官本曰案近刻脫一城字案朱趙無亦高三丈餘上有師子柱有銘記作泥犁城因緣及年數日月恆水又東南逕小孤石山山頭有石室石室南向佛昔坐其中天帝釋以四十二事問佛佛一一以指畫石官本曰案此句原本脫畫石二字據近刻補案朱趙不重佛字有畫石二字趙釋曰一淸案孫氏潛用趙淸常三校本旁注佛以三指畫石愚意古書凡重文皆作二此句之首應有佛字與上佛字重後人傳鈔遂析爲一一趙本三字疑亦妄增爾畫迹故在恆水又西逕王舍新城是阿闍世王所造出城南四里入谷至五山裏五山周圍狀若城郭卽是蓱沙王舊城也官本曰案甁沙蓱沙互相通用朱箋曰前云甁沙此云蓱沙不知是一是二東西五六里南北七八里阿闍世王始欲害佛處其城空荒又無人徑入谷傅山官本曰案傅近刻訛作摶案朱作摶趙改傅刊誤曰摶當作傅東南上十五里到耆闍崛山未至頂三里有石窟南向佛坐禪處西北四十步官本曰案四近刻作三案朱趙作三朱箋曰一作四趙釋曰一淸案黃本作四復有一石窟阿難坐禪處天魔波旬化作雕鷲恐阿難官本曰案天妖通近刻訛作天案朱趙作天佛以神力隔石舒手摩阿難肩怖卽得止鳥迹手孔悉存故曰雕鷲窟也其山峰秀端嚴是五山之最高也釋氏

西域記云耆闍崛山在阿耨達王舍城東北西望其山朱箋曰舊本此處錯簡今據謝耳伯所藏宋本改正有兩峰雙立相去二三里中道鷲鳥常居其嶺土人號曰耆闍崛山胡語耆闍鷲也官本曰案胡語二字近刻訛在又竺法維云下此處作山名耆闍鷲也案朱趙與近刻同又竺法維云羅閱祇國有靈鷲山胡語云耆闍崛山山是青石石頭似鷲鳥官本曰案近刻脫一石字案朱趙無阿育王使人鑿石假安兩翼兩腳鑿治其身今見存遠望似鷲鳥形故曰靈鷲山也數說不同遠邇亦異今以法顯親宿其山誦首楞嚴香華供養聞見之宗也又西逕迦那城南三十里官本曰案近刻迦作伽三作二案朱同那作耶箋曰一作那趙改迦改那仍二釋曰一淸案黃本作三到佛苦行六年坐朱作其箋曰一作坐趙改樹處有林木朱箋曰佛國記作本苦行六年處處有林木西行三里到佛入水洗浴天王按樹枝得扳出池處又北行二里得彌家女奉佛乳糜處從此北行二里佛于一大樹下石上東向坐食糜處樹石悉在廣長六尺高減二尺國中寒暑均調樹木或數千歲乃至萬歲從此東北行二十里到一石窟菩薩入中西向結跏趺坐心念若我成道當有神驗石壁上卽有佛影見長三尺許今猶明亮時天地大動諸天在空言此非過去當來諸佛成道處去此西南行減半由旬官本曰案旬近刻作延案朱趙作延延朱箋曰古本作減半由旬佛國記作減半由延案毘曇論云四肘爲一弓五百弓爲一拘盧舍今之二里也八拘盧舍爲一由旬今十六里也又云梵衆天身長半由延梵福樓天身長一由延貝多樹下是過去當來諸佛成道處諸天導引菩薩起行離樹三十步天授吉祥草菩薩受之復行十五步五百青雀飛來繞菩薩三帀西去官本曰案西近刻作而案朱作而趙改刊誤曰而黃省曾本作西

菩薩前到貝多樹下敷吉祥草東向而坐朱作而趙改西刊誤曰而黃省曾本
作西時魔王遣三玉女從北來試菩薩官本曰案近刻無此二字案朱趙無魔
王自從南來官本曰案近刻下有試字案朱趙有菩薩以足指按地魔兵卻
散三女變爲老姥不自服官本曰案朱謀㙔云不字上疑脫一莫字案朱箋曰佛國記作魔
兵退散三女變老自上又不字上疑脫一莫字趙增莫字佛于尼拘律樹下方石上東向
坐官本曰案有兩峰雙立兩字起至此句向字止黃省曾刻訛在後即是佛外祖國也祖字下國字上原本不誤梵
天來詣佛處官本曰案詣近刻訛作諸案朱作諸箋曰疑作詣趙改詣四天王捧鉢處
皆立塔外國事曰毗婆梨佛在此一樹下六年長者女以金
鉢盛乳糜上佛佛得乳糜住足尼連禪河浴官本曰案近刻脫禪字案朱
脫禪字趙增又住改作往無足字浴竟于河邊噉糜竟擲鉢水中逆流百步
鉢沒河中官本曰案沒近刻訛作投案朱作投趙改沒刊誤曰投當作沒迦梨郊龍王接

水一　十五

取在宮供養先三佛鉢亦見佛于河傍坐摩訶菩提樹摩訶
菩提樹去貝多樹二里于此樹下七日思惟道成魔兵試佛
釋氏西域記曰尼連水南注恆水朱作南流趙增注字刊誤曰南流下落注字水
西有佛樹佛于此苦行日食糜六年西去城五里許樹東河
上即佛入水浴處東上岸尼拘律樹下坐脩官本曰案拘律近刻作衢立
案朱作衢立趙作拘律刊誤曰尼衢立全氏校改尼拘律舍女上糜于此于是西度水于
六年樹南貝多樹下坐趙刊誤曰箋曰於字疑衍案於字不當衍若去於字文義不可通矣降
魔得佛也佛圖調曰佛樹中枯其來時更生枝葉竺法維曰
六年樹去佛樹五里書其異也法顯從此東南行還巴連弗
邑順恆水西下得一精舍名曠野佛所住處復順恆水西下
到迦尸國波羅㮈城竺法維曰波羅㮈國在迦維羅衛國南

千二百里中間有恆水東南流佛轉法輪處在國北二十里
樹名春浮維摩所處也法顯曰城之東北十里許即鹿野苑
本辟支佛住此常有野鹿栖宿故以名焉法顯從此還居巴
連弗邑又順恆水東行其南岸有瞻婆大國釋氏西域記曰
恆曲次東有瞻婆國城南有卜佉蘭池官本曰案近刻訛作有佉下蘭池案朱
作有佉下蘭池趙改有卜佉蘭池刊誤曰箋曰舊本作有卜佉下蘭池案孫潛本校衍下字恆水在北官本
曰案近刻訛作池水恆在北案朱趙同佛下說戒處也官本曰案下近刻訛作不案朱訛趙改刊誤
曰不孫潛本校改下**恆水又逕波麗國**即是佛外祖朱箋曰元本此下接兩峰雙立今移
於前國也法顯曰恆水又東到多摩梨軒國官本曰案軒近刻訛作帝下同案
朱訛趙改下同刊誤曰案梨帝漢書西域傳作梨軒史記作梨軒即是海口也釋氏西域記
曰大秦一名梨軒康泰扶南傳曰從迦那調洲西南入大灣

水一　十六

可七八百里乃到枝扈黎大江口度江逕西行極大秦也又
云發拘利口入大灣中正西北入可一年餘得天竺江口名
恆水江口有國號擔袟官本曰案袟近刻作袂案朱趙作袂下同屬天竺遣黃
門字興爲擔袟王**釋氏西域記曰恆水東流入東海蓋二水**
所注兩海所納自爲東西也趙釋曰周氏嬰卮林曰崑崙墟河出東北陬恆水出西北隅恆
繞西域達于大秦河入中國注于東海洞流小渚絕不通波
善長敘恆于河之下蓋因崑崙而及之乎若其括地脈川紬
奇甄異六合之外宛在目中三竺之流如濚足下神州地志
斯爲最瓌矣然皆躡法顯之行蹤想恆流之澗洑其間水陸
未辨道里難明計所差池厥類亦衆予爲兩兩較之法顯傳
云渡新頭河至毘荼國東南行八十由延到摩頭羅從此東
南行十八由延到僧迦施國又東南行七由延到罽賓饒夷
城城接恆水渡恆水南行三由延到呵黎林又東南行十由
延到沙祇又南行八由延到舍衛城又東南行十二由延到
那毘迦又東南行減二由延到迦維羅衛又東行五由延到
藍莫又東行十九由延到拘夷那竭又東行五由延到毘舍
利又東行四由延到五河合口渡河南下一由延到巴連弗

邑從此東南行九由延到小孤石山又西行二由延到王舍新城從此西行四由延到迦耶城復南行二十里到六年樹從此還向巴連弗邑此皆顯踰原越隰瞻曦晷以逞徂尋途投罪觸風塵而備歷者也水經注因之乃云新頭河逕中天竺毘荼國又逕摩頭羅渾流恆水恆水東南流逕拘夷那竭國又東逕毘舍利城又東南流逕僧迦施又東逕罽賓饒夷又東南逕沙祇恆水又東南逕迦維羅衞北又東逕藍莫恆水又東至五河合口渡河南下一由延到巴連弗邑恆水又東南逕小孤石山又西逕王舍新城又西逕迦耶城南二十里到六年樹法顯從此東南行還向巴連弗邑皆以原野之遴征爲波流之所屆焉且拘夷毘舍在藍莫左水經注乃居伽施之西舍衞毘伽去伽維北劣一由延恆水若南必逕茲土而善長遺之度雪山過沙河經烏萇佛足迹驪衣石郎得陀衞尸羅國水經注乃置蔥嶺之東黃河之所逕凡此俱與法顯傳大致相違若夫顯東西跋涉所約各幾由延者其中定多瑰異直爲不能具述善長亦失綱羅都無補綴但改云恆水東南流耳恆水又東逕耳佳麗僧城敘多支覆空荒夷野事極寂寥千里而遙一言便畢不令好古之士恨作者之疏乎又法顯從六年樹還巴連弗順恆水西下至曠野波羅柰蕃循西岸行也又還巴連弗順恆水東行得瞻婆梨帝蕃沿東游去也此邑恆水下流左右諸國盡此矣水經注乃先于巴連弗處云恆水又東南逕小孤石山又西逕王舍伽耶

廣袤計之安得有兩恆河乎是知縱翰略記者忘準之地道快意成書者罔研乎舊史予今證其諸長拾其一短俾積壁崑圖一片是衞武之圭濯錦江流數尺乃楚邱之服若曰鴻致自有所指歸細趣不足以擊難立言之旨吾亦烏乎測之哉董祐誠曰恆水之名釋典最著大唐西域記謂之兢伽河記稱兢伽河東岸秣底補羅國中印度境北至婆羅吸摩補羅國北印度境北大雪山中有蘇伐剌拏瞿呾邏國東接土番北接于闐是今後藏西境已爲北天竺中天竺諸國阿耨達山即今後藏西境阿里部落北之岡底斯山爲諸山之大脊東西緜亙康泰扶南傳所稱山出五大水諸水皆由此分流當即指檳榔怒江瀾滄金沙諸水之源今岡底斯山南瑪帕木達賴池西通朗噶池又西曰狼楚河逕阿里城極西拉楚河出僧格巴喀布山西流折南流來會又南折東流逕阿里城南瑪楚河出阿里北山南流逕城東來會通爲岡噶江東南流逕外夷達噶部落西又東南入南海疑即此注之恆水案輿圖南海于岡噶札馬訥二水入處海水皆北溢東西相望與西域記所稱兩海所納自爲東西亦適相合也**釋氏論佛圖調列山海經曰**官本曰案近刻脫調字案朱脫趙增刊誤曰吳琯本佛圖下有調字**西海之南流沙之濱赤水之後黑水之前有大山名崑崙又曰鍾山西六百里有崑崙**

山所出五水祖以佛圖調傳也朱祖作粗趙改祖刊誤曰粗孫潛本校改祖**又近推得康泰扶南傳傳崑崙山正與調合如傳自交州至天竺最近泰傳亦知阿耨達山是崑崙山釋云賴得調傳豁然爲解乃宣爲西域圖以語法汰法汰以常見怪謂漢來諸名人不應河在敦煌南數千里而不知崑崙所在也**官本曰案河近刻訛作何案朱作何趙改河刊誤曰箋曰何疑作向案非也何乃河字之譌**釋云復書曰**官本曰案近刻訛作日案朱作日箋曰當作曰趙改曰**案穆天子傳穆王于崑崙側瑤池上觴西王母云去宗周瀍澗萬有一千一百里何得不如調言子今見泰傳非爲前人不知也而今以後乃知崑崙山爲無熱丘何云乃胡國外乎余考釋氏之言未爲佳證穆天子竹書及山海經皆埋縕歲久編韋稀絕書策落次難以緝綴後人假合**

多差遠意趙刊誤曰箋曰謝兆申云遠當作違違謂當作意多差違案依本文自通紛紛臆說終屬辭費**至欲訪地脈川**官本曰案欲近刻作若案朱趙作若箋曰古本作欲刊誤曰若古本作欲古本即黃省曾本亦非不如仍舊**不與經符驗程準途故自無會釋氏不復根其衆歸之鴻致**官本曰案衆近刻作鄹案朱趙作鄹**陳其細趣以辨其非非所安也今案山海經曰崑崙墟在西北帝之下都崑崙之墟方八百里高萬仞上有木禾面有九井以玉爲檻面有九門門有開明獸守之百神之所在郭璞曰此自別有小崑崙也又案淮南之書崑崙之上有木禾珠樹玉樹璇樹不死樹在其西**官本曰案近刻脫在其西三字案朱脫趙增刊誤曰不死樹下淮南子有在其西三字今補入**沙棠琅玕在其東絳樹在其南碧樹瑤樹在其北旁有四百四十門門閒四里里閒九純純丈五尺旁有九井玉橫維其西北隅北門**

開以納不周之風傾宮旋室趙刊誤曰箋曰舊本作傾宮旋室案淮南子正作旋室不得據誤本以改古書縣圃涼朱箋曰古本作閬風樊桐在崑崙閶闔之中是其疏圃疏圃之池浸之黃水黃水三周復其源朱作原趙改源刊誤曰原黃省曾本作源是謂丹水飲之不死河水出其東北陬赤水出其東南陬洋水出其西北陬趙增弱水出自窮石至于合黎十字刊誤曰據淮南子西北陬下脫弱水出自窮石至於合黎十字今補正凡此四水帝之神泉以和百藥以潤萬物崑崙之邱或上倍之是謂涼風之山登之而不死或上倍之是謂玄圃之山登之乃靈能使風雨或上倍之乃維上天登之乃神是謂太帝之居禹乃以息土填鴻水以爲名山掘崑崙虛以爲下地高誘曰地或作池官本曰案此下近刻有山海經曰不周之山不周之北門以納不周之風十九字考山海經中言不周之山者亦無此語當是衍文　案趙釋曰全氏祖望曰七字注中注本雙行夾寫後人傳鈔連作大字下文多有之又案朱趙有十九字孫校曰今本山海經脫之則以髣髴近佛圖調之說官本曰案佛圖調近刻訛作浮圖調　案朱作浮圖謂趙作浮圖調刊誤曰謂當作調浮圖調卽佛圖調阿耨達六水蔥嶺于闐二水之限與經史諸書全相乖異又案十洲記官本曰案近刻訛作十三洲說　案朱訛趙改崑崙山官本曰案山下近刻衍也字　案朱衍趙刪在西海之戌地北海之亥地官本曰案北近刻訛作東　案朱訛趙改刊誤曰東海黃省曾本作北海以西與北連戌與亥近也去岸十三萬里有弱水周帀繞山官本曰案近刻作周囘繞帀山字屬下句　案朱趙同東南接積后圃西北接北戶之室東北臨大闕之井官本曰案闕近刻作活　案朱趙同西南近承淵之谷官本曰案近近刻作至　案朱訛趙改刊誤曰至黃省曾本作近此四角大山實崑崙之支輔也積后圃南頭昔西王母告周穆王云去咸陽四十六萬里朱趙無云字四作三朱箋曰十洲記作王母告周穆王云咸陽去此四十六萬里山高平地三萬六千

里上有三角面方廣萬里形如偃盆下狹上廣官本曰案近刻脫下狹二字　案朱脫趙增刊誤曰沈炳巽云據本書上廣上落下狹二字今補正故曰崑崙山有三角其一角正北干辰星之輝官本曰案干近刻訛作于　案朱訛趙改名曰閬風巔其一角正西名曰玄圃臺其一角正東名曰崑崙宮其處有積金爲天墉城面方千里城上安金臺五所玉樓十二其北戶山官本曰案山近刻訛作出　案朱趙作出承淵山又有墉城金臺玉樓相似如一淵精之闕趙刊誤曰箋曰十洲記作流精之闕案道元所引猶是曼倩原文朱氏所見則唐人避諱改易之書也光碧之堂瓊華之室紫翠丹房景燭日暉官本曰案近刻作錦雲燭日　案朱同箋曰舊本作景燭日暉趙改景雲燭日朱霞九光西王母之所治眞官仙靈朱作虛箋曰十洲記作靈趙改靈之所宗上通旋機官本曰案近刻作璿璣　案朱趙同元氣流布玉衡常理順九天而調陰陽官本曰案玉衡常理順九天近刻作五常玉衡理九天　案朱趙同品物羣生希奇特出皆在于此天人濟濟不可具記官本曰案下狹上廣至此原本及近刻竝訛在皆往來也下張華敘東方朔神異經曰上今據十洲記訂正　案朱趙同其北海外又有鍾山官本曰案近刻脫此八字　案朱趙無上有金臺玉闕亦元氣之所舍官本曰案近刻作所合　案朱作合趙改舍刊誤曰合當作舍天帝居治處也官本曰案居近刻訛作君下有所字衍　案朱趙同考東方朔之言及經五萬里之文難言佛圖調康泰之傳是矣官本曰案佛近刻訛作浮又脫傳字　案朱趙同六合之內水澤之藏大非爲巨小非爲細存非爲有隱非爲無其所苞者廣矣于中同名異域稱謂相亂亦不爲寡至如東海方丈亦有崑崙之稱西洲銅柱又有九府之治東方朔十洲記曰方丈在東海中央東西南北岸相去正等方丈面趙刊誤曰箋曰十洲記作方丈方面按十洲記無下方字與注所引正同不如朱氏所云各五千里上專是

羣龍所聚有金玉琉璃之宮三天司命所治處羣仙不欲升
天者皆往來也朱趙故曰崑崙山至不可具記一百六十二字在此下今移上張華敘東方
朔神異經曰崑崙有銅柱焉其高入天所謂天柱也圍三千
里圓周如削下有回屋仙人九府治上有大鳥名曰希有南
向張左翼覆東王公右翼覆西王母背上小處無羽案朱趙有一字
萬九千里西王母歲登翼上之東王公也故其柱銘曰崑崙
銅柱其高入天圓周如削膚體美焉其鳥銘曰有鳥希有綠
赤煌煌不鳴不食東覆東王公西覆西王母王母欲東登之
自通陰陽相須惟會益工遁甲開山圖曰五龍見教天皇被
迹望在無外柱州崑崙山上榮氏注云五龍治在五方為五
行神官本曰案近刻脫五字　案朱脫趙增刊誤曰行神上全祖望校增五字五龍降天皇兄弟

十二人分五方為十二部法五龍之迹行無為之化天下仙
聖治在柱州崑崙山上無外之山在崑崙東南案朱趙有一字萬二
千里五龍天皇皆出此中為十二時神也山海經曰崑崙之
邱實惟帝之下都其神陸吾是司天之九部及帝之囿時趙囿
作四然六合之內其苞遠矣幽致沖妙難本以情萬像遐淵官本
曰案此下近刻衍一渾字案朱衍箋曰渾字疑贅趙刪思絕根尋朱箋曰謝云根鈔本作垠自不登
兩龍于雲輣趙刊誤曰箋曰不疑作非案不字義亦通騁八駿于龜途等軒轅之
訪百靈方大禹之集會計儒墨之說孰使辨哉
又出海外南至積石山下有石門官本曰此下原本及近刻有河水冒以西南流七字考山
海經云積石之山下有石門河水冒以西流即今河行積石山
南邊其東折而西流遶山北然後轉東北流形勢適合石門當
在折西之處不得云西南流也作水經者誤以為河自石門潛
行地中而入蔥嶺然後復出故不取冒以西流之語下言入蔥
嶺則上不得言其流當是後人見山海經河水冒以西流句與
下有石門相連遂掇其語于此又附下文言南入蔥嶺更臆改
西流為西南流耳杜佑通典兩引水經南至積石山下有石門
即接以又南入蔥嶺山又從蔥嶺出而東北流絕不及河水冒
以西南流七字其為唐時本所無甚明今據通典訂正刪去七
字　案朱趙有河水冒以西南流七字趙釋曰全氏曰杜君卿
之譏水經誠有過者胡東樵欲為水經護法而以為錯簡以愚
考之則亦非也水經開卷數語純引山海經蓋以為河水緣起蔥
嶺而下則申明乃開卷數語之釋文此其行文之拙非後人所
竄易也但其所引山經亦有甚不同者則可怪也萬斯同曰山
海經河水出崑崙之東北以行其北西南入于渤海水經則謂
東南入于渤海山海經積石之下有石門河水冒以西流水經
則謂冒以西南流道元不能辨正孰謂此書為
不刊之定論者況河自鹽澤以下皆東流也
山海經曰河水入渤海又出海外官本曰案近刻訛作出渤海又海水　案朱趙同
西北入禹所導積石山趙釋曰全氏曰案山海經本文曰河水西南入渤海又出海外即西而北
入禹所導積石山是注所引非完文今山在隴西郡河關縣朱關作閒箋曰孫云閒當作關漢地
理志云金城郡有河關縣趙改西南羌中余考羣書咸言河出崑崙重源潛

水一

發淪于蒲昌出于海水故洛書曰河自崑崙出于重野謂此
矣逕積石而為中國河故成公子安大河賦曰覽百川之宏
壯莫尚美于黃河潛崑崙之峻極出積石之嵯峨釋氏西域
記朱趙作傳刊誤曰箋曰李云傳當作記案玉海引此注作傳字蓋傳記志之文古通稱耳曰河自蒲昌
潛行地下南出積石而經文在此似如不比積石宜在蒲昌
海下矣官本曰案山海經云海內崑崙之墟在西北河水出東北隅以行其北西南入渤海又出海外即西而北
入禹所導積石山水經蓋本其說後記蔥嶺于闐河則又本
之西域傳其書雜襲而成故漫無倫次道元則以蔥嶺于闐
之河入蒲昌海潛行地中復出為積石河蔥嶺在今回部葉
爾羌西于闐即和闐在葉爾羌東南蒲昌海即羅布淖爾在
闢展西南積石山在青海境積石之西五六百里即星宿海
今呼鄂敦塔拉朱思本所謂水從地湧出如井其井百餘者
也道元言河之所潛出于積石宜即指星宿海　趙釋曰杜
佑通典曰案水經云崑崙虛在西北去嵩高五萬里地之中
也其高一千里河水出其東北陬屈從其東南流入于渤海
又出海外南至積石山下有石門又南入蔥嶺山又從蔥嶺

出而東北流其一源出于闐國南山北流與蔥嶺所出河合又東注蒲昌海又東入塞過敦煌酒泉張掖郡南又東過隴西河關縣北云案水經晉郭璞注三卷後魏酈道元注四十卷皆不著所撰者名氏亦不知何代之書佑謂二子博贍解釋固應精當詳水經所作殊爲詭誕全無憑據水經所云河出崑崙山者宜出于禹本紀山海經所云南入蔥嶺及出于闐南山者出于漢書西域傳而酈道元都不詳正所注河之發源亦引禹紀山經釋法明遊天竺記釋氏西域記所注南入蔥嶺一源出于闐南山合流入蒲昌海雖約漢書亦不尋究又水經云出海外南至積石山下有石門然後南流入蔥嶺據此則積石山當在蔥嶺之北又云入塞過敦煌酒泉張掖郡南竝今郡地也夫山水地形固有定體自蔥嶺于闐之東敦煌張掖之閒華人往來非少從後漢至大唐圖籍相承注記不絶大磧亙數千里未聞有桑田碧海之變陵遷谷移之談此處豈有河流纂集者不詳斯甚又案禹導河積石者堯時洪水下民昏墊禹所開決本救人患積石之西砂鹵之地河流小地勢復高不爲人患不惡疏鑿以此施功發迹自積石山而東則今西平郡龍支縣界山是也固無禹理水之功自蔥嶺之北其本紀灼然荒唐撰經者取爲準的班固云言九州山川者尚書近之矣誠爲愜當其後漢書西域傳云河水一源出蔥嶺一源出于闐合流東注蒲昌海皆以潛流地下南出積石爲中國河云比禹紀山經猶較附近終是紕繆案此宜惟憑張騫使大夏見兩道水從蔥嶺于闐合流入蒲昌海其于闐出美玉所以騫傳遂云窮河源也案古圖書名河所出曰崑崙山疑所謂古圖書卽禹本紀以于闐山出玉乃謂之崑崙卽所出便云是河也窮究諸說悉皆繆誤孟堅又云禹貢云導河自積石遂疑潛流從此方出且漢時羣羌種類雖多不相統一未爲强國漢家或未嘗遣使詣西南羌中或未知自有河也盜有吐蕃中河從西南數千里向東北流見與積石山下河相連聘使涉歷無不言之吐蕃自云崑崙山在國中西南則河之所出也又案尚書云織皮崑崙析支渠叟西戎卽敘又范氏後漢書云西羌在漢金城郡之西南濱于賜支續漢書曰河關西千餘里河曲羌謂之賜支蓋析支也然則析支在積石之西是河之上流明矣崑崙在吐蕃中當亦非繆而不謂河之本源乃引蔥嶺于闐之河謂從蒲昌海伏流數千里至積石方出斯又班生之所未詳也佑以水經僻書代人多不知覩或有好事者于諸書中見有引據謂其審正此殊未之精也不揆淺昧考諸家之說辨于古訛舛是故曲折言之胡氏渭禹貢錐指解之曰案水經敘西域兩源較漢書尤爲明備惟是積石一山錯簡在渤海之下蔥嶺之上遂來後人之彈射并其全經而疑之而不知此非本文乃庸妄人之所竄易也彼見山海經云河水出渤海西北入積石山遂以此經海外之海爲渤海殊不知渤澤之亦名蒲昌海也彼見此經云河水東入塞過敦煌酒泉張掖

郡南遂謂積石距敦煌遼遠而渤澤最近故移積石于渤海之下使渤澤與敦煌相接殊不思三郡界中實無河也蓋漢世河關以西皆爲羌中地河水所經人莫能覩故聊假三郡之南以表之非眞謂河自鹽澤入玉門陽關也杜佑不察此意而以爲纂集之不詳固宜矣若夫道元之注惟渤海以上博引釋氏怪誕之說甚覺無謂至蔥嶺山以下發明頗多其所言崑崙虛也曰淺見末聞非所詳究其言積石也曰宜在蒲昌海下其言蔥嶺河也曰河源潛發分爲二水其言蒲昌海也曰洄流雷轉爲隱淪之脈正其繆而補其闕亦可謂精審之至矣杜佑詆水經竝詆道元豈通論哉又曰此渤海當在蔥嶺西塞外凡大澤謂之海渤海卽蒲昌雷翥牢蘭之類非眞海也又出海外二十字酈意以此爲錯簡蓋以下文南入蔥嶺觀之則積石反在蔥嶺之北必無是理也今移在後又東注于渤澤之下則自崑崙而蔥嶺而蒲昌而積石原委秩然方位悉當矣一清案通典爲學人所尊信其譏水經以爲纂集之不詳其摘酈注云都不詳正又云亦不尋究是於本書尚未通覽僅撮割數言以逞其私說而其所指積石乃是隋置河源郡唐置積石軍之地誤以龍支之積石當禹貢之積石曾不悉在塞外西南羌中者大積石也在枹罕西北者小積石也地理志括地志之文可覆案也東樵之言可稱諍友董祐誠曰酈氏此注辨正積石之河爲蔥嶺之河重源所發至爲詳盡知通典所譏皆非其實經自此以上爲河之東源下從蔥嶺出者爲河之西源西源至蒲昌海伏流而重見爲東源經乃敘積石於蔥嶺之前故酈以爲不比也所云渤海當卽指扎凌鄂凌諸海猶青海之稱西海注所稱淪於蒲昌出於海水也積石山爲大積石今爲雪山蒙古爲木素鄂拉在青海土爾扈特南前旗黃河之南阿里克土司之東今黃河自羅布淖爾伏流至噶達素齊老山復出爲阿勒坦河東流穿鄂敦他拉海而東瀦爲扎凌海又東爲鄂凌海折而南逕蒙古爾津土司又東逕積石山南卽經所謂東南流

入渤海又出海外

南至積石山也

水經注卷一

水經注卷二

長沙王氏校本

後魏酈道元撰

河水官本曰按二字原本誤連經文今改正近刻篇題作河水二經文上復衍河水二字今刪去案朱趙作河水二經文上有河水二字趙釋曰一清案凡經文次篇之首有某水二字皆後人所加蓋漢人作經自爲一篇豈能逆料酈氏爲之注而先于每卷交割之處增二字以別之哉或酈注既成用二字爲提掇則可耳然非經之舊也此卷首列河水二字謂重源之再見也其義例如此

又南入蔥嶺山又從蔥嶺出而東北流官本曰案原本及近刻脫此九字杜佑通典引水經有此文蓋唐已後始脫去今據通典補正案朱趙無九字孫校曰此句不合增又曰星衍案山海經北山經邊春之山多蔥杠水出焉而西流注于泑澤疑即蔥嶺也其杠水即後以爲河水者也董祐誠曰經以河水至積石又南入蔥嶺山故通典譏之酈注則兩源分敘本不相淆也南入趙氏本作南出於義較順然通典所引已作南入矣今案趙作南入疑董誤記

河水重源有三非惟二也朱惟作爲趙改刊誤曰爲全祖望校改惟一源西出捐毒之國官本曰案捐毒近刻訛作身毒案朱趙作身趙釋曰禹貢錐指曰身毒當作捐毒漢書捐毒國王治衍敦谷東至都護治所八百六十一里至疏勒南與蔥嶺屬無人民西上蔥嶺則休循也西北至大宛千三百里北與烏孫接先儒以爲即身毒非也張騫曰身毒國在大夏東南可數千里有蜀物去蜀不遠大夏即大月氏所居之地也今捐毒在大月氏之東北西去休循二百餘里豈身毒乎酈蓋承其誤蔥嶺之上西去休循二百餘里皆故塞種也南屬蔥嶺高千里西河舊事曰蔥嶺在敦煌西八千里其山高大上生蔥故曰蔥嶺也河源潛發其嶺分爲二水董祐誠曰蔥嶺即天山西南之正幹漢書西域傳所稱南山北山皆蔥嶺所分今自西布魯特部落西南至喀什噶爾之西葉爾羌之西南博洛爾拔達克山鄂克善諸部落皆在蔥嶺間西域傳捐毒國東至疏勒南與蔥嶺屬西上蔥嶺則休循是捐毒當今西布魯特地注言河水潛發其嶺分爲二水者蓋謂東西源皆出蔥嶺非必謂一水而東西分流也注引涼土異物志曰蔥嶺之水分流東西西入大海東爲河源斯言簡而該矣今蔥嶺西界之水盤曲嶺中匯爲圖斯庫爾及伊西洱庫爾其西北則入達里岡阿鄂謨然道里較近又與下逕安息入西海之文不合則注所稱蔥嶺西流之一水自當指拔達克山以南之水西北流至布哈爾部落入騰吉斯鄂謨者亦出蔥嶺特南北睽隔蓋西流之水自入安息之西海本非河源酈氏特因蔥嶺而類及之與上注述新頭河恆河正同今西布魯特西南直接蔥嶺東山曰伊斯克里克水曰赫色爾西山曰吉布察克水曰哈喇庫爾二水南流瀦爲哈拉庫爾庫爾者回語謂池東出爲喀什噶爾達里雅回語謂大河爲達里雅即蔥嶺之河源也一水西逕休循國南在蔥嶺西郭義恭廣志曰休循國居蔥嶺其山多大蔥又逕難兜國北北接休循西南去罽賓國三百四十里河水又西逕罽賓國北官本曰案此九字原本及近刻並訛作經考注敘蔥嶺之水分東西先載蔥嶺分源西流逕休循難兜罽賓月氏安息入雷翥海之水不得與經文淆紊今改正案朱訛趙改刊誤曰九字是注混作經月氏之破塞王南君罽賓治循鮮城土地平和無所不有金銀珍寶異畜奇物踰于中夏大國也山險有大頭痛小頭痛之山赤土身熱之阪人畜同然河水又西逕月氏國南官本曰案此九字原本及近刻並訛作經案朱訛趙改刊誤曰九字是注混作經治監氏城其俗與安息同匈奴冒頓單于破月氏殺其王以頭爲飲器國遂分遠過大宛西居大夏爲大月氏其餘小衆不能去者共保南山羌中號小月氏故有大月氏小月氏之名也又西逕安息國南官本曰案此七字原本及近刻並訛作經案朱訛又奪國字趙改增刊誤曰六字是注混作經安息下落國字城臨媯水地方數千里最大國也有商賈車船行旁國畫革旁行趙刊誤曰箋曰前漢書云書革旁行案此誤本漢書史記是畫字爲書記也朱箋曰元本此下接空須菩提至子合同乃錯簡今改正於又西逕陀衛國注或云懸鉢虛下河水與蜺羅跂禘水同注雷翥海官本曰案此十三字原本及近刻並訛作經今考注內敘蔥嶺西流之水終於此案朱訛趙改刊誤曰十三字是注混作經董祐誠曰蔥嶺以西水皆西流不爲中國河源注因蔥嶺之源而類及之故亦稱河水也今蔥嶺之水西流者盤曲山中其西北入達里岡阿鄂謨者川流較近與安息入海之文不合今巴達克山部落南有水出雅布塔爾西流東南合厄爾古一源又西流

東南合達里木一源皆出西南葱嶺中三水合而西流逕科克倫同部南又西逕瞻伊斯巴爾同城南又西逕哈扎爾巴什紅帽同部南南合一水西北流又南合一大水又西北逕布哈爾部落西南又北流入騰吉斯鄂謨與北注西流之河較合騰吉斯鄂謨周圍數千里疑卽所謂雷翥海唐書突厥傳西突厥西至雷翥海蓋其時突厥西境至此漢書西域傳捐毒西上葱嶺卽休循難兜西至無雷北與休循西與大月氏接罽賓東北至難兜西北與大月氏接大月氏西至安息南與罽賓接安息北與康居接更以此注證之則今巴達克山休循爲其北境難兜爲其南境痕都斯坦北境爲罽賓科克倫諸部落爲大月氏布哈爾諸部落爲安息也西域傳大月氏都嬀水北安息亦臨嬀水嬀水其卽葱嶺西流之水與

釋氏西域記曰蜺羅跂禘出阿耨達山之北西逕于闐國官本曰案西字近刻訛在之北上　案朱趙同趙西字下旁注一句字釋曰全氏曰之北猶言如北**漢書西域傳曰于闐之西水皆西流注西海**官本曰案之近刻作以注下有于字　案朱趙同**又西逕四大塔北**官本曰案此七字原本及近刻竝訛作經考注內言葱嶺西流之水因連及蜺羅跂禘水逕于闐四大塔陀衞安息同入雷翥海亦不得與經文淆紊今改正　案朱訛趙改刊誤曰七字是注混作經釋法

顯所謂糺尸羅國官本曰案糺近刻作竺剎二字　案朱同趙改刊誤曰竺剎尸羅黃省曾本作糺尸羅今校正漢言截頭也佛爲菩薩時以頭施人故因名國國東有投身飼餓虎處皆起塔官本曰案飼近刻作餧　案朱趙作餧**又西逕揵陀衞國北**官本曰案此八字原本及近刻竝訛作經　案朱訛脫揵趙改增犍下同刊誤曰七字是注混作經陀衞上落犍字以法顯傳校增是阿育王子法益所治邑佛爲菩薩時亦于此國以眼施人其處亦起大塔又有弗樓沙國官本曰案弗近刻訛作佛　案朱訛趙改刊誤曰法顯傳作弗樓沙國今改正天帝釋變爲牧牛小兒聚土爲佛塔法王因而成大塔所謂四大塔也法顯傳曰國有佛鉢月氏王大興兵衆來伐此國欲持鉢去置鉢象上象不能進更作四輪車載鉢八象共牽復不進王知鉢緣未至趙刊誤曰箋曰一本無鉢字案於文應有鉢字于是起塔畱鉢供養鉢容二斗雜色而黑多四際分

明厚可二分甚光澤貧人以少花投中便滿富人以多花供養正復百千萬斛終亦不滿朱趙花竝作華佛圖調曰官本曰案近刻脫調字　案朱脫趙增刊誤曰佛圖下落調字佛鉢青玉也受三斗許彼國寶之供養時願終日香花不滿則如言願一把滿則亦便如言又案道人竺法維所說佛鉢在大月支國起浮圖高三十丈七層鉢處第二層金絡絡鎖縣鉢朱趙鎖作鏁鉢是青石或云懸鉢虛空官本曰案旁行爲書記也爲字起至此句虛字止近刻訛在後俗與子合同下河水又東逕皮山國北之前原本不誤須菩提置鉢在金机上朱作机趙改机刊誤曰瑞應本起經云梵釋下侍四天王接菩薩身置金机上机當作机佛一足迹與鉢共在一處國王臣民悉持梵香七寶璧玉供養塔迹佛牙袈裟頂相舍利朱裟作娑趙改刊誤曰袈娑之娑竝當从衣不从女廣韻袈裟胡衣也下佛袈娑王城亦同此誤悉在弗樓沙國釋氏西域記曰揵陀

越王城西北官本曰案揵近刻作捷下同　案朱同趙改刊誤曰捷何焯本校改犍有鉢吐羅越城佛袈裟王城也東有寺重復尋川水西北十里有河步**羅龍淵**佛到淵上浣衣處官本曰案近刻脫淵字　案朱脫趙增刊誤曰佛到下落淵字全祖望校補浣石尚存**其水至安息注雷翥海**官本曰案注內敘蜺羅跂禘水終於此董祐誠曰葱嶺西流之水南合二水其源出和斯替恆占諸部落皆不逕于闐于闐西南二面葱嶺環帶亦無西流之水蜺羅跂禘無可指證自新頭河以下地處荒遠傳記缺略惟有釋典未可爲據今竝闕疑不復爲圖又曰揵陀越西西海中有安息國竺枝扶南記曰安息國去私訶條國二萬里國土臨海上卽漢書天竺安息國也戶近百萬最大國也**漢書西域傳又云黎靬條支臨西海**官本曰案黎近刻作犂　案朱趙作犂**長老傳聞條支有弱水西王母亦未嘗見自條支乘水西行可百餘日近日所入也**趙刊誤曰箋曰古本作西行可月餘日近可十日日所入也案所謂

古本卽黃省曾本也是注原文校漢書西域傳悉無舛譌無緣更引後人誤本改易古書凡遇此等皆所不取或河水所通西海矣故涼土異物志曰蔥嶺之水分流東西西入大海東爲河源禹記所云崑崙者焉張騫使大宛而窮河源謂極于此而不達于崑崙朱趙有者字也河水自蔥嶺分源東逕迦舍羅國官本曰案迦近刻作伽　案朱趙作伽董祐誠曰當在今喀什噶爾極西蔥嶺中大唐西域記稱朅盤陀國大厓東北至奔攘舍羅蔥嶺東岡四山之中商旅往來從此東下蔥嶺唐書地理志疏勒西南蔥嶺守捉故朅盤陀國朅盤陀國爲今葉爾羌所屬喀爾楚遜西地河源之哈拉庫爾正當其北注引釋氏西域記稱爲萬國要道蓋由此東下蔥嶺奔攘舍羅當卽迦舍羅矣釋氏西域記曰有國名伽舍羅逝此國狹小而總萬國之要道無不由城南有水東北流出羅逝西山山卽蔥嶺也逕岐沙谷出谷分爲二水董祐誠曰案今哈拉庫爾水東流逕喀什噶爾南爲喀什噶爾河卽注所言北河其自葉爾羌西南遶城者爲葉爾羌河卽注所言南河二水異源而注稱一水所

分與今水道不合今喀什噶爾自西迆南至英吉沙爾西迆東南至葉爾羌西南之山同語呼爲塔爾塔什達巴罕卽古蔥嶺岐沙谷當卽在今喀什噶爾之西蔥嶺中自此以東出山卽爲平地英吉沙爾民多引渠以灌田或舊有水傍山東下與葉爾羌河相通後更湮塞與一水東流逕無雷國北董祐誠曰此南河也漢書西域傳無雷南至蒲犂烏秅北與捐毒接蓋在蔥嶺上其難兜國下言西至無雷者誤字也無雷當今西布魯特部落之南博羅爾部落之北喀什噶爾西邊地分流之水當卽傍山東南流逕其北也治盧城其俗與西夜子合同官本曰案其字原本訛在俗與下今據文義改正　案朱訛箋曰當作其俗與西夜趙改又東流逕依耐國北董祐誠曰漢書西域傳依耐國北至疏勒此注在無雷之東蒲犂之西當在今英吉沙爾南界中去無雷五百四十里俗同子合河水又東官本曰案此四字近刻作又東流三字　案朱趙同逕蒲犂國北董祐誠曰漢書西域傳蒲犂東至莎車北至疏勒證以此注在今英吉沙爾葉爾羌之間分流之水當自此東流至葉爾羌合葉爾羌河今葉爾羌河自葉爾羌西南徼外曲流東北逕拉虎爾克什米爾諸部落左合米勒台玉山一水東北歧爲二支環葉爾羌城而東復合同語爲葉爾羌諤斯騰諤斯騰者譯言濬成之河自此以下卽注所言南河矣治蒲犂谷北去疏勒五百五十里俗與子合同

河水又東逕皮山國北官本曰案此九字原本及近刻並訛作經考注文蔥嶺河自岐沙谷分爲二此先敘南河逕無雷依耐蒲犂皮山而東合于闐河不得與經淆紊今改正　案朱訛趙改刊誤曰九字是注混作經董祐誠曰漢書西域傳皮山西南至烏秅南與天篤接北至姑墨千四百五十里唐書地理志于闐西南三百八十里有皮山城當在今葉爾羌之東南和闐之西治皮山城西北去莎車三百八十里朱箋曰案宋本下文其一源接此八十里下趙釋曰禹貢錐指曰案自罽賓至陀衞皆西流注西海之水水經乃拙手所作提挈不淸賴有酈注爲之發明人始知有蔥嶺之河東西分流不然則似河水自蔥嶺西行至陀衞而復東行以入蔥嶺大惑不解矣一淸案水經世傳脫誤兼之經注混淆此篇尤甚一爲改正眼界豁然覺東樵之言猶爲唐突前人也

其一源出于闐國南山北流與蔥嶺所出河合官本曰案原本及近刻並脫所出二字今據通典補正　案朱趙無又東注蒲昌海官本曰案原本及近刻並脫又字今據通典補正　案朱趙無孫校曰山海經注泑澤之水有口泚水出長沙山北流邱時水出槐江山北流灉水出單狐山西流杻水出邊春山受櫟

水櫟水又受邊水西流匠韓水出灌題山西流敦薨水出敦薨山西流凡六水皆注泑澤澤卽蒲昌海也山海經言敦薨水出於崑崙之東北實惟河源是衍案東北隅卽積石也是山海經以敦薨爲河源其餘諸水本各有名後人妄生異說也

河水又東與于闐河合官本曰案此九字近刻訛作經原本仍屬注文　案朱訛趙改刊誤曰箋曰謝兆申云疑其一源以下至與于闐河合三十字是注㙛案玉海引水經其一源以下至蒲昌海皆經文河水又東與于闐河合是注文案玉海所引是也謝說非也朱氏旣迷深盦之書又存耳伯之說請歸畫一無事兩歧自此以下至又東入塞以上惟此條其一源至東注蒲昌海二十一字是經餘皆是注觀下河水又東注于泑澤卽經所謂蒲昌海也經云蒲昌海注以泑澤釋之若如今本不幾複與董祐誠曰此南河也南源導于闐南山俗謂之仇摩置孫校曰卽漢武所名崑崙也董祐誠曰今和闐南大雪山緜亙數千里東達庫爾坤南接岡底斯西迆北爲蔥嶺史記大宛傳天子案古圖書名河所出爲崑崙卽此山也葢山脈緜亙河水所出通爲崑崙梵書則同爲阿耨達山矣今和闐河同語爲和闐達里雅源出和闐所屬皮什雅南五十里南山中北流上源東爲玉隴哈什河西爲哈拉哈什河自置北流逕于闐國西董祐誠曰于闐卽今和闐魏書西域傳于闐國城東二十里有大水

北流號樹枝水卽黃河也一名計式水城西五十五里亦有大水名達利水與樹枝水會俱北流今和闐城東爲玉嚨哈什河城西爲哈拉哈什河並北流至喀提里什合與魏書正同此云逕于闐國西是以哈拉哈什河爲正流也治西城朱趙作城趙刊誤曰箋曰西城舊本作西域杭世駿云西城見漢書西域傳作西域者誤土多玉石官本曰案土近刻訛作上　案朱訛趙改刊誤曰上當作土西域傳云于闐國多玉石師古曰玉石玉之璞也一曰石之似玉也西去皮山三百八十里東去陽關五千餘里釋法顯自烏帝西南行朱亦作烏帝箋曰佛國記作僞夷趙改僞夷路中無人民沙行艱難趙刊誤曰箋曰沙行一本作涉行案沙行言行沙磧中也涉字義非所逕之苦人理莫比在道一月五日得達于闐其國殷庶民篤信多大乘學威儀齊整器鉢無聲城南十五里官本曰城南近刻訛作南城　案朱訛趙改又十上並有一字趙刊誤曰何焯校改南城爲城南有利刹寺中有石鞾石上有足迹彼俗言是辟支佛迹法顯所不傳疑非佛迹也**又西北流注于河**官本曰案此七字原本及近刻並訛作經今考上下文乃注內敘于闐河入蔥嶺南河　案朱訛趙改刊誤曰七字是注混作經董祐誠曰今自喀提里什合爲和闐達里雅又北流五百里會葉爾羌河卽南河也惟今葉爾羌河右合和闐河卽左與北河會通爲塔里木河而注敘南河合北河在合且末水之下與今水道不合蓋塔里木河所經皆戈壁沮洳之地水道或有改易矣**卽經所謂北注蔥嶺河也南河又東逕于闐國北**官本曰案此九字原本及近刻並訛作經考上下文並注內敘蔥嶺南河逕于闐扜彌精絕且末鄯善入牢蘭海不得與經文淆紊今改正　案朱訛趙改又朱脫國字趙增刊誤曰八字是注混作經于闐下落國字董祐誠曰自此至通爲注濱河南北河當相去不遠至今遂合爲一**釋氏西域記曰河水東流三千里至于闐屈東北流者也漢書西域傳曰于闐已東水皆東流南河又東北逕扜彌國北**官本曰案此十字原本及近刻並訛作經　案朱訛趙改刊誤曰十字是注混作經董祐誠曰當在今和闐所屬克爾雅城以東治扜彌城西去于闐三百九十里**南河又東逕精絕國北**董祐誠曰當在今和闐極東大戈壁中西去扜彌四百六十里朱箋

曰前漢西域傳扜彌作杅彌注云杅音烏**南河又東逕且末國北**官本曰案此九字原本及近刻並訛作經　案朱訛趙改刊誤曰九字是注混作經董祐誠曰今亦爲大戈壁唐書地理志播仙鎭西五百里至于闐東蘭城守捉又西三百里至于闐與注所稱西去于闐里數不合注本漢書西域傳蓋荒遠之地史志里數多未得其實也**又東右會阿耨達大水**董祐誠曰水無攷詳見下**釋氏西域記曰阿耨達山西北有大水北流注牢蘭海者也其水北流逕且末南山又北逕且末城西**國治且末城西通精絕二千里東去鄯善七百二十里種五穀其俗官本曰案近刻訛作兵俗　案朱訛趙改刊誤曰孫潛云兵當作其略與漢同**又曰且末河東北流逕且末北又流而左會南河**董祐誠曰隋書地理志且末郡在古且末城有且末水唐書地理志渡且末河至且末城蓋皆指阿耨達大水以此注推之當在蒲昌海西南大戈壁中今自和闐以東塔里木河之南西藏北山之北東至青海西北境數千里中皆大戈壁水皆流入沙中別無大川左會塔里木河者所云阿耨達大水無可指證以理推之流沙之地古今互異漢書西域傳稱從鄯善南水北波河西行至莎車爲南道唐書地理志一路自沙州壽昌縣至陽關故城又西至蒲昌海南岸又西自石城鎭播仙鎭至于闐又唐西域記元奘之歸由瞿薩昌那國卽于闐國東過納縛波故國卽樓蘭地五代史高居誨使于闐記從陽關涉鹻磧渡陷河至于闐皆出大戈壁中今驛道則自嘉峪關外西經哈密土魯番喀喇沙爾庫車阿克蘇至葉爾羌乃折而東南至和闐無由漢之南道者西域傳南道自陽關以西樓蘭且末精絕扜彌小宛皆在今戈壁中城郭相望元奘所記稱于闐東行入大流沙人畜昏迷屢有喪亡行四百餘里至覩貨邏故國國久空曠城皆荒蕪又六百餘里至折摩馱那故國卽涅末地城郭巋然人煙斷絕復東北千餘里至樓蘭是唐時已爲無人之境與漢志所稱迥異今則盡爲荒服唐代諸鎭城並淪沙磧蓋風沙相搏故道或湮戈壁之中水泉之匯爲淖爾者以十數皆潛行入沙在古時或有北行入河之迹與**會流東逝通爲注濱河**董祐誠曰北河下有注濱城蓋南北自此合流矣以下與南河皆一水所逕**注濱河又東逕鄯善國北**濱趙並作賓下同董祐誠曰當在蒲昌海南少西治伊循城故樓蘭之地也樓蘭王不恭于漢元鳳四年霍光遣平樂監傅介子刺殺之更立後王漢又立其前王質

子尉屠耆爲王更名其國爲鄯善百官祖道橫門王自請天子曰（趙刊誤曰箋曰據漢書西域傳脫一其字案西域傳云丞相將軍率百官送至橫門外祖而遣之王自請天子曰不作其王也朱氏乃據黃省曾本託言漢書誤矣）身在漢久恐爲前王子所害國有伊循城土地肥美願遣將屯田積粟令得依威重遂置田以鎮撫之敦煌索勱字彥義有才略刺史毛奕表行貳師將軍（趙釋曰全氏曰貳師之官後漢所無且其時刺史秩卑不得表行將軍也何焯曰其事無可考）將酒泉敦煌兵千人至樓蘭屯田起白屋召鄯善焉耆龜茲三國兵各千橫斷注濱河河斷之日水奮勢激波陵冒隄勱厲聲曰王尊建節（官本曰案尊近刻訛作遵案朱訛趙改刊誤曰漢書作王尊不從辵王遵後漢人見隗囂傳）河隄不溢王霸精誠呼沱不流水德神明古今一也勱躬禱祀水猶未減乃列陣被杖鼓譟讙叫且刺且射大戰三日水乃迴減

灌浸沃衍胡人稱神大田三年積粟百萬威服外國其水東注澤（官本曰案注內敘蔥嶺南河合于闐河終於此）澤在樓蘭國北扜泥城（董祐誠曰城當在蒲昌海南澤卽蒲昌海也注引西域記云南河自于闐東迤北三千里至鄯善入牢蘭海史記正義引括地志云蒲昌海亦名牢蘭海詳見北河下）其俗謂之東故城去陽關千六百里西北去烏壘千七百八十五里至墨山國千八百六十五里（官本曰案八百近刻訛作三百案朱訛趙改刊誤曰三漢書西域傳作八）西北去車師千八百九十里土地沙鹵少田仰穀旁國國出玉多葭葦檉柳胡桐白草國在東垂當白龍堆乏水草常主發導負水擔糧迎送漢使（趙釋曰一清案此處有脫文）故彼俗謂是澤爲牢蘭海也（官本曰案澤原本訛作海據上文其水東注澤改正案朱趙作海）釋氏西域記曰南河（孫校曰卽漢武帝所名也）自于闐東於北三千里（趙東於作於東刊誤曰東於二字當倒互）至鄯善入牢蘭海者也北

河自岐沙東分南河卽釋氏西域記所謂二支北流逕屈茨烏（趙作偽）夷禪善入牢蘭海者也（趙刊誤曰箋曰李克家云禪當作鄯案何焯云禪鄯音同通秦胡語異而譌不必改也）北河又東北流分爲二水枝流出焉北河自疏勒逕流南河之北（官本曰案此二十五字原本及近刻竝訛作經考注文蔥嶺河自岐沙谷分爲二此敘北河逕疏勒溫宿姑墨龜茲墨山注賓樓蘭入蒲昌海不得與經淆紊今改正案朱訛趙改刊誤曰二十五字是注混作經董祐誠曰漢書西域傳疏勒國南至莎車捐毒國東至疏勒莎車國西至疏勒則疏勒在莎車西北捐毒之東蔥嶺河東流所經唐書地理志稱疏勒鎮三面皆山自于闐鎮西北至疏勒鎮千二百三十里又稱疏勒西南入蔥嶺則卽今之喀什噶爾也至耿恭所守疏勒城非疏勒國治通鑑注所辨甚確此注引之葢偶失檢耳今哈喇庫勒東出至喀什噶爾城南爲喀什噶爾河）漢書西域傳曰蔥嶺以東南北有山相距千餘里東西六千里河出其中（官本曰案以上約舉漢書西域傳之文近刻西域上衍釋氏二字朱謀㙔箋謂當作釋氏西域記非也案朱衍二字箋曰漢書西域傳無此文當作釋氏西域記趙依改）暨于溫宿之南左合枝水枝水（朱趙不重枝水二字董祐誠曰漢書西域傳尉頭國南與疏勒接山道不通溫宿國西至尉頭三百里疏勒去長安九千三百五十里溫宿去長安八千三百五十里是溫宿疏勒東西相距約千里與今烏什至喀什噶爾略同其中大山緜亙尉頭在溫宿之西故與疏勒山道不通今固勒扎巴什諸山是也喀什噶爾河東流逕葉爾羌北又東流逕烏什南）上承北河于疏勒之東西北流逕疏

勒國南又東北與疏勒北山水合水出北溪東南流逕疏勒城下（董祐誠曰今喀什噶爾城北山麓有水同源異流北曰赫色勒南曰特爾墨楚克東南流復合入喀什噶爾河又有木什河特們河皆入赫色勒河當卽注所稱疏勒北山水也）南去莎車五百六十里（趙南上有漢書西域傳曰六字刊誤曰全祖望云此下三句是引漢書南去上脫漢書西域傳曰六字今補正）有市列西當大月氏大宛康居道（趙刊誤曰箋曰宋本無西字案漢書西域傳有西字朱氏妄引宋本）釋氏西域記曰國有佛浴牀赤眞檀木作之方四尺王于宮中供養漢永平十八年耿恭以戊己校尉爲匈奴左鹿蠡王

所逼恭以此城側澗傍水自金蒲遷居此城趙刊誤曰箋曰後漢書作澗傍有水可固案道元未徵引范史不得據彼以規此也匈奴又來攻之壅絕澗水恭于城中穿井深一十五丈不得水吏士渴乏笮馬糞汁飲之恭乃仰天歎曰昔貳師拔佩刀刺山飛泉湧出今漢德神明豈有窮哉整衣服向井再拜爲吏士禱之有頃水泉奔出衆稱萬歲乃揚水以示之虜以爲神遂卽引去後車師叛與匈奴攻恭食盡窮困乃煑鎧弩食其筋革恭與士卒同生死咸無二心圍恭不能下關寵上書求救建初元年章帝納司徒鮑昱之言官本曰案章帝近刻訛作明帝　案朱趙作明帝趙釋曰案建初是章帝年號酈氏誤記後漢書耿恭傳初關寵上書求救時肅宗新卽位則明帝字誤無疑遣兵救之至柳中以校尉關寵分兵入高昌壁攻交河城車師降遣恭軍吏范羌將兵二千人迎恭遇大雪丈餘僅能至城中夜聞兵馬大恐羌遙呼曰官本曰案遙近刻訛作遥　案朱作遥箋曰後漢書作遥呼　趙改遙我范羌也城中皆稱萬歲開門相持涕泣尙有二十六人衣履穿決形容枯槁相依而還

枝河又東逕莎車國南官本曰案此九字原本及近刻竝訛作經今考注文北河至溫宿合枝河因敘枝河逕疏勒莎車至溫宿而入北河此枝河所逕不得爲北河益注訛作經於是枝河北河相亂後人妄改耳　案朱訛趙改枝竝作北下同刊誤曰九字是注混作經董祐誠曰西域傳疏勒南至莎車莎車西至疏勒南至蒲犂此言枝河東逕莎車國南則漢莎車城在葉爾羌北境竝在北河之北當今葉爾羌所屬巴爾楚克諸地其境則南有葉爾羌地故疏勒南至莎車也治莎車城西南去蒲犂七百四十里漢武帝開西域屯田于此有鐵山出青玉

枝河又東逕溫宿國南官本曰案此九字近刻訛作北河之東南逕溫宿國又原本及近刻竝訛作經考上下文皆敘枝河所逕此北字亦屬後人妄改今訂正　案朱訛趙改刊誤曰九字是注混作經之當作又南字當移溫宿國下治溫宿城土地物類與鄯善同北至烏孫赤谷六百一十里東通姑墨二百七十里于

此枝河右入北河官本曰案注內敘枝河終於此　董祐誠曰喀什噶爾河自喀什噶爾城南東流逕巴爾楚克城南入烏什南界別無支流河北近大山以此注言之當自喀什噶爾城南分枝水北流又東隨山麓東行逕巴爾楚克城諸地至烏什南界合爲一古今或有變徙也

北河又東逕姑墨國南官本曰案此九字原本及近刻竝訛作經今考以下皆注內敘蔥嶺北河所逕　案朱訛趙改刊誤曰九字是注混作經接下入姑墨川水注之於文爲北河又東逕姑墨國句南入句姑墨川水注之董祐誠曰漢書西域傳溫宿東通姑墨二百七十里姑墨南至于闐馬行十五日今阿克蘇城距烏什城里數略同自阿克蘇城南渡河循和闐河有道通和闐城卽馬行十五日之道唐書地理志撥換城一曰姑墨州西二百里至溫肅州自撥換南至于闐鎭城竝與漢書及今地合今喀什噶爾河東流自烏什南逕阿克蘇南又東南卽與葉爾羌來之南河會通爲塔里木河姑墨川水注之官本曰案姑字上近刻衍入字　案朱趙有水導姑墨西北官本曰案近刻脫水字　案朱脫趙增刊誤曰導上落水字歷赤沙山官本曰案近刻脫歷字　案朱趙無東南流逕姑墨國西治南

城官本曰案近刻脫南城二字　案朱脫趙增刊誤曰治下脫南城二字漢書西域傳校補南至于闐馬行十五日土出銅鐵及雌黃其水又東南流右注北河官本曰案河字近刻訛作波　案朱趙作北波河趙釋曰一淸案北波河謂北循河也章懷後漢書注曰波傍也音詖又西域傳作陂章懷注曰循河曰陂音波義反史記曰陂山通道董祐誠曰唐書地理志撥換城西有撥換水當卽姑墨川水今阿克蘇河出阿克蘇西北山東南流經阿克蘇城西南烏什河出烏什西山逕烏什城北東流來會又東歧爲二支入塔里木河天山正幹今爲漢騰格里山亙阿克蘇城庫車城北而東庫車北山出硇砂赤砂山當以此得名下龜茲水亦逕赤砂山則赤砂緜亙甚遠也

北河又東逕龜茲國南官本曰案近刻脫北字　案朱趙無北河二字董祐誠曰漢書西域傳姑墨國東通龜茲六百七十里太平寰宇記唐顯慶三年移安西都護府于龜茲故國正南與于闐城守捉南北相當正西至撥換五百六十里又從撥換西北經拔達嶺至碎葉城大唐西域記屈支國舊曰龜茲西行六百餘里至拔祿迦國舊謂姑墨唐書地理志于闐東蘭城守捉三百里至于闐今庫車城西至阿克蘇南直和闐之東西北由阿克蘇度冰山通伊犂方位道里皆合魏書西域傳龜茲在白山南一百七十里其南三百里有大河東流號計

式水即黃河白山即城北天山計式水即北河今塔里木河自阿克蘇城南東流逕庫車所屬沙雅爾南亦爲額爾句河也又東左合龜茲川水有二源西源出北大山南釋氏西域記曰屈茨北二百里有山夜則火光晝日但煙人取此山石炭冶此山鐵恆充三十六國用故郭義恭廣志云官本曰案近刻脫云字案朱脫趙增曰字刊誤曰廣志下落曰字龜茲能鑄冶其水南流逕赤沙山釋氏西域記曰國北四十里山上有寺名雀離大清淨又出山東南流枝水左派焉又東南水流三分右二水俱東南流注北河官本曰案北近刻訛作此朱訛趙改刊誤曰此當作北案東川水官本曰案東字上近刻衍又字案朱趙有又字出龜茲東北官本曰案近刻脫出字案朱趙無趙增逕刊誤曰東川水下落逕字何焯校增歷赤沙積梨官本曰案近刻脫歷字案朱脫趙增刊誤曰東北下落歷字何焯校增南流枝水右出西南入龜茲城音屈茨也趙釋曰全氏曰四字注中注故延城

矣西去姑墨六百七十里川水又東南流逕于輪臺之東也董祐誠曰漢書西域傳言輪臺以東接渠犂皆故國地廣饒水草謂今喀喇沙爾所屬布古爾城諸地以此注推之輪臺在庫車河之西近今庫車城也昔漢武帝初通西域置校尉屯田于此搜粟都尉桑弘羊奏言故輪臺以東地廣饒水草可溉田五千頃以上官本曰案可近刻訛作有案朱訛趙改刊誤曰有全祖望校改可其處溫和田美可益通溝渠種五穀收穫與中國同時匈奴弱不敢近西域于是徙莎車相去千餘里即是臺也其水又東南流右會西川枝水水有二源俱受西川董祐誠曰一源即西川水枝水左派者一源即西川水三分中之一水東流逕龜茲城南合爲一水水間有故城蓋屯校所守也其水東南注東川董祐誠曰今拜河二源東曰哈布薩朗河西曰穆薩爾河俱出阿克蘇屬拜城西北山合干城西南東流逕城南合北來察罕水又逕賽里大南而東赫色爾河出其北山三水合南流來會又東逕庫車城南而

東庫車河出城東北山二水合南流逕城東來會又東南注塔里木河拜河當即注之西川庫車河當即注之東川其西川逕入北河及枝流分四二流通東川故道多不可考至龜茲城當今近庫車城固無可疑也注于北大山引西域記屈茨北二百里有山夜則火光晝日但煙案同疆通志火焰山自喀喇和卓歷土魯番喀喇沙爾庫車北一帶山皆赤色如火焰形其中產硇砂常有煙霧湧起至夕光焰若炬蓋即注所稱北大山矣東川水又東南逕烏壘國南董祐誠曰漢書西域傳龜茲東至都護治所烏壘城三百五十里當在今庫車城東西南接庫車河傳又言烏壘南至渠犂南字當東字之誤治烏壘城西去龜茲三百五十里東去玉門陽關二千七百三十八里與渠犂田官相近土地肥饒于西域爲中故都護治焉漢使持節鄭吉並護北道故號都護都護之起自吉置也其水又東南注大河大河又東右會敦薨之水董祐誠曰右當作左注自此以下或言大河或言河水不復言北河蓋二河之合在此今塔里木河自沙雅爾南東流至喀喇沙爾所屬庫勒爾城南合開都河其水出焉耆之北敦薨之山董祐

誠曰今裕勒都斯河爲西源出喀喇沙爾西北楚爾達山哈布齊哈河爲東源出喀喇沙爾北和屯博克塔山皆天山正幹即敦薨山也注稱山在匈奴之西烏孫之東今是山迤東爲鎮西府所屬當漢匈奴蒲類王地迤西爲伊犂所屬當漢烏孫地在匈奴之西烏孫之東山海經曰敦薨之山敦薨之水出焉官本曰案近刻脫敦薨之山四字案朱趙無而西流注于泑澤出于崑崙之東北隅實惟河源者也二源俱道西源東流分爲二水左水西南流出于焉耆之西官本曰案近刻脫左水二字案朱趙無逕流焉耆之野官本曰案逕近刻訛作經案朱趙作經屈而東南流官本曰案而字近刻訛作南案朱作南箋曰疑作而趙改而注于敦薨之渚董祐誠曰左水今無攷以今水道證之則西源應有二一爲裕勒都斯河西南流即此注之左水一爲達賴克河東流即此注之右水注云注于敦薨之渚謂合爲敦薨之水也東流分爲四字疑有誤右水東南流董祐誠曰今裕勒都斯河自楚爾達山西南流至喀爾噶圖北折東達克賴河東流來會之折而東流又分爲二左右焉耆之國董祐誠曰今裕勒都斯河東流分爲二行百餘里復合後

漢書西域傳焉耆四面有大山有海水曲入四山之內周帀其城此注言城居四水之中今喀喇沙爾城東海都河環繞之中天山四面環繞焉耆員渠城蓋在此矣 城居四水之中在河水之洲治員渠城西去烏壘四百里**南會兩水同注敦薨之浦**董祐誠曰今海都河二水合東南流爲海都河左與哈布齊哈河合而同注于博斯騰淖爾 **東源東南流分爲二水澗瀾雙引**官本曰案瀾字上近刻衍但字 案朱趙有 **洪湍濬發俱東南流**董祐誠曰今哈布齊哈河東南流當喀喇沙爾東北分爲二水合海都河 **逕出焉耆之東導于危須國西**官本曰案國近刻訛作城 案朱訛趙改刊誤曰城當作國下云國治危須城是也董祐誠曰漢書西域傳危須國西至焉耆南至尉犂當即今喀喇沙爾 國治危須城西去焉耆百里**又東南流注于敦薨之藪川流所積潭水斯漲**官本曰潭近刻訛作渾 案朱訛趙改刊誤曰渾孫潛校改潭 **溢而爲海**官本曰案而原本訛作流據宋本改正 案朱趙作流趙刊誤曰箋曰古本作溢海爲海吳琯本改作溢流謝兆申據宋鈔本作溢而爲海是也案流字與海字俱從水得其偏旁以意推之流字爲近董祐誠曰

今海都河匯于喀喇沙爾之南爲博斯騰淖爾史記曰焉耆東西廣三百餘里南北半之所謂敦薨之藪也 近海多魚鳥東北隔大山與車師接**敦薨之水自西海逕尉犂國**董祐誠曰漢書西域傳龜茲東通尉犂焉耆南至尉犂更證以此注尉犂蓋在博斯騰淖爾之西庫車之東後漢班超討焉耆自西而東先至尉犂焉耆絕葦橋以拒漢軍今喀喇沙爾所屬布古爾城有葦湖惟一土橋可渡則尉犂正當今布古爾地也 國治尉犂城西去都護治所三百里北去焉耆百里**其水又西出沙山鐵關谷**董祐誠曰今博斯騰淖爾南出西流仍爲海都河又西逕庫勒爾山北山東接額格爾齊山今猶以漢名相傳曰沙山在博斯騰淖爾南一百二十里晉書西戎傳沙州刺史楊宣疆理西域以張植爲前鋒焉耆王熙拒戰于賁崙城爲植所敗植進屯鐵門即所謂鐵關谷矣 **又西南流逕連城別注**官本曰案近刻脫逕字 案朱脫趙增別改引刊誤曰西南流下落逕字別注是引注之譌董祐誠曰城當在今喀喇沙爾西南庫勒爾城之西自連城西至輪臺皆故屯田地 **裂以爲田**桑弘羊曰臣愚以爲連城以西可遣屯田以威西國即此處也**其水又屈**

而南逕渠犂國西董祐誠曰漢書西域傳渠犂城東北與尉犂接西有河今海都河西南流屈南逕喀喇沙爾所屬庫勒爾城當漢渠犂國也 **故史記曰西有大河即斯水也又東南流逕渠犂國**董祐誠曰今海都河折東南逕庫勒爾城南 治渠犂城西北去烏壘三百三十里漢武帝通西域屯渠犂即此處也南與精絕接東北與尉犂接**又南流注于河**董祐誠曰今海都河南入塔里木河注中所稱凡天山南境諸大水入蒲昌海者備舉無遺當元魏時玉門以外久淪異域酈氏博考傳記以成此注今則蔥嶺以東盡登戶版雖川流變遷古今或異而證以輿圖大勢較然若合符節如敦薨之水敘次詳盡與今道曲折不爽酈氏之書可謂俟百世而不惑者矣 **山海經曰敦薨之水西流注于泑澤蓋亂河流自西南注也河水又東逕墨山國南**治墨山城西至尉犂二百四十里趙釋曰一清案漢書西域傳作山國云鄯善國西北去都護治所千七百八十五里至山國千三百六十五里師古曰此國山居故名山國也又云山國去長安七千一百七十里東南與鄯善且末接師古曰常在山下居不爲城治

也漢書脫去墨字師古遽以臆解之更不識所居何山所治何城觀酈注甚是分明可補史傳之闕文正小顏之曲說董祐誠曰趙氏據此注謂漢書山國脫去墨字以正小顏之誤案注稱墨山國治墨山城西至尉犂二百四十里蓋皆西域傳文是今本漢書更脫去治墨山城四字也西域傳言西北至焉耆東南至鄯善西至尉犂危須當在今庫勒爾之東南濱塔里木河 **河水又東逕注賓城南**董祐誠曰蓋以注濱河得名城當在墨山東 **又東逕樓蘭城南而東注**官本曰案此十九字原本及近刻並訛作經 案朱訛趙改刊誤曰十九字是注混作經董祐誠曰注稱墢田士所屯故城禪國名蓋樓蘭田士屯此非樓蘭治也 **蓋墢田士所屯**官本曰案墢田士近刻訛作發田士 案朱訛趙改刊誤曰全氏云發田土當作墢田士即屯田卒也 **故城禪國名耳河水又東注于泑澤**官本曰案此八字原本及近刻並訛作經今考北河自岐沙東分南河至此乃注內敘蔥嶺北河所終 案朱訛趙改刊誤曰八字是注混作經 **即經所謂蒲昌海也水積鄯善之東北龍城之西南**龍城故姜賴之虛官本曰案近刻訛作靈 案朱訛趙改 胡之大國也蒲昌海溢官本曰案近刻脫昌字 案朱脫趙增刊誤曰蒲下

落昌字盪覆其國城基尚存而至大官本曰案近刻訛作元案朱訛趙改刊誤曰元孫潛改作大晨發西門暮達東門澮其崖岸官本曰案近刻訛作澮其岸岸案朱訛趙改刊誤曰全祖望云岸岸當作崖岸餘溜風吹稍成龍形西面向海官本曰案西字上近刻衍皆字案朱衍趙刪刊誤曰皆字衍文因名龍城地廣千里皆爲鹽而剛堅也朱箋曰此注譌錯難以意通據御覽所引涼州異物志云姜賴之虛今稱龍城恆溪無道以感天庭上帝赫怒海溢盪傾剛鹵千里蒺藜之形其下有鹽累碁而生即此事也行人所逕畜產皆布氈臥之掘發其下有大鹽方如巨枕官本曰案近刻訛作桃案朱作桃箋曰宋本作枕趙改枕以次相累類霧起雲浮官本曰案起近刻訛作氣案朱訛趙改刊誤曰氣姜宸英本作起寡見星日少禽多鬼怪西接鄯善東連三沙爲海之北隘矣故蒲昌亦有鹽澤之稱也山海經曰不周之山北望諸毗之山臨彼岳崇之山東望泑澤河水之所潛也其源渾渾泡泡者也

東去玉門陽關千三百里官本曰案漢書西域傳蒲昌海去玉門陽關三百餘里後漢書同惟水經注作千三百里足證二書皆脫千字案朱趙千上有一字又朱作至趙改去趙刊誤曰至黃省曾本作去趙釋曰全氏曰案郭璞注去玉門陽關三百餘里與漢書西域傳合也廣輪四百里官本曰案近刻作廣袤三百里案朱趙同其水澄渟冬夏不減其中洄湍電轉朱箋曰電御覽作雷趙改雷爲隱淪之脈當其澴流之上官本曰案近刻脫其字案朱脫趙增刊誤曰當下落其字太平御覽引此文校增飛禽奮翮于霄中者無不墜于淵波矣即河水之所潛而出于積石也董祐誠曰蒲昌海今曰羅布淖爾蒙古語謂淖爾爲池當土魯番廳之西南周圍數百里停而不流天山以南蔥嶺以東之水皆會于塔里木河而豬于此自此伏流至鄂敦他拉眾泉竝發爲大河重源據注則今羅布淖爾鄯善在其西南龍城在其東北也三沙當即今敦煌西境外之沙磧古稱白龍堆三國志注引魏略玉門關西出發都護井迴三隴沙北頭蓋三隴沙即注所稱三沙矣

又東入塞過敦煌酒泉張掖郡南

河自蒲昌有隱淪之證竝間關入塞之始自此經當求實致也河水重源又發于西塞之外出于積石之山董祐誠曰積石山見上河水自蒲昌伏流至噶達素齊老山而復出注言出于積石之山蓋積石以西古爲荒略故據積石爲限也山海經曰積石之山其下有石門河水冒以西流官本曰案西下近刻衍南字案朱趙有是山也萬物無不有官本曰案近刻下有焉字案朱趙有禹貢所謂導河自積石也山在西羌之中燒當所居也延熹二年西羌燒當犯塞護羌校尉段熲討之追出塞至積石山斬首而還司馬彪曰西羌者自析支以西濱于河首左右居也官本曰左近刻訛作在案朱訛趙改刊誤曰在孫潛校改左河水屈而東北流逕析支之地官本曰案逕下近刻有於字案朱趙有是爲河曲矣董祐誠曰今河水繞阿木奈瑪勒占木遜山東而西逕蒙古和碩特前頭旗土爾扈特南前旗南又西北流逕和碩特南左翼中旗南阿里克土司北又東北流逕土爾扈特南中旗東又北流逕

和碩特南左翼次旗東南又東流逕和碩特南右翼末旗輝特南旗南又東流入貴德廳界河曲之中爲和碩特前頭旗南左翼中旗南右翼中旗土爾扈特南前旗及察漢諾們罕喇嘛遊牧處即析支地也應劭曰禹貢析支屬雍州在河關之西東去河關千餘里羌人所謂之河曲羌也東北歷敦煌酒泉張掖南朱趙北下有逕字趙釋曰一清案漢書地理志敦煌郡下云有蒲昌海冥安縣南籍端水出南羌中西北入其澤溉民田應劭曰冥水出北入其澤龍勒縣氐置水出南羌中東北入澤溉民田效穀縣師古曰本魚澤障也桑欽說孝武元封六年濟南崔不意爲魚澤尉教力田以勤效穀因立爲縣名淵泉縣師古曰闞駰曰地多泉水故以爲名廣至縣宜禾都尉治昆侖障酒泉郡應劭曰其水若酒故曰酒泉師古曰舊俗傳云城下有金泉泉味如酒祿福縣呼蠶水出南羌中東至會水入羌谷會水縣北部都尉治偃泉障東部都尉治東部障闞駰曰眾水所會故曰會水樂涫縣說文曰涫鬻也酒泉有樂涫又曰涾涫溢也今西河朔方言謂沸溢爲涾涫張掖郡觻得縣千金渠西至樂涫入澤中羌谷水出羌中東北至居延入海過郡二行二千一百里刪丹縣桑欽以爲導弱水自此西至酒泉合黎居延縣居延澤在東北古文以爲流沙都尉治此即三郡之水也應劭地理風

俗記曰敦煌官本曰案下酒泉張掖皆釋其義此當有脫文漢書注引應劭曰敦大也煌盛也 趙釋曰一清案漢志敦煌郡注引應劭曰敦大也煌盛也與酒泉張掖俱是仲瑗之說則此不應獨遺之劉昭郡國志補注敦煌郡下引耆舊記曰國當乾位地列艮虛水有懸泉之神山有鳴沙之異川無蛇虺澤無兕虎華戎所交一都會也 酒泉其水甘若酒味故也張掖言張國臂掖以威羌狄說文曰郡制天子地方千里分爲百縣縣有四郡故春秋傳曰上大夫縣下大夫郡至秦始置三十六郡以監縣矣從邑君聲釋名曰郡羣也人所羣聚也黃義仲十三州記曰郡之言君也改公侯之封而言君者至尊也郡守專權君臣之禮彌崇今郡字君在其左邑在其右君爲元首邑以載民故取名于君謂之郡孫校曰郡非會意酈說失之 漢官曰秦用李斯議分天下爲三十六郡凡郡或以列國陳魯齊吳是也或以舊邑長沙丹陽是也

或以山陵太山山陽是也或以川原西河河東是也或以所出金城城下得金酒泉泉味如酒豫章樟樹生庭雁門雁之所育是也孫校曰雁門之山出山海經則此亦以山陵名耳其說非也 或以號令禹合諸侯大計東治之山因名會稽是也官本曰案因字近刻訛作國上衍會計二字 案朱趙同趙釋曰全氏曰元文大計東治之山因名會稽是注所引有舛譌又東治之名更在會稽之後葢自區治死始有之仲瑗反以爲古地名亦誤也 河逕其南而纏絡遠矣董祐誠曰河自蒲昌伏流重源再發並行塞外故舉三郡以表其地敦煌郡今安西州地酒泉郡今肅州地張掖郡今甘州地經合言過郡南注言纏絡遠明河去三郡尚遠通典必求河于三郡中誤矣 河水自河曲又東逕西海郡南官本曰案此十二字原本及近刻並訛作經又訛作河水自東河曲考注義乃承上河曲之文今改正 案朱訛趙改刊誤曰十二字是注混作經自東二字胡渭校改東自董祐誠曰下注引十三州志龍夷城在臨羌新縣西三百一十里王莽西海郡治此當在今青海南 漢平帝時王莽秉政欲耀威德以服遠方諷羌獻西

海之地置西海郡而築五縣焉周海亭燧相望莽篡政紛亂郡亦棄廢趙釋曰全氏曰案五縣謂修遠監羌興武罕虜順礫也據莽傳居攝二年西羌怨莽奪其地攻走西海太守程永 河水又東逕允川而歷大榆小榆谷北官本曰案此十五字原本及近刻並訛作經 案朱訛趙改刊誤曰十五字是注混作經董祐誠曰通鑑注大小榆谷卽唐之九曲在積石軍西二百里宋史地理志積石軍北至西甯州八十里則榆谷當在今貴德廳西 羌迷唐鍾存所居也永元五年貫友代聶尙爲護羌校尉攻迷唐斬獲八百餘級收其熟麥數萬斛于逢畱河上築城以盛麥且作大船官本曰案且近刻訛作其 案朱訛趙改刊誤曰其全氏校改且 于河峽作橋渡兵迷唐遂遠依河曲永元九年官本曰案近刻訛作八年 案朱訛趙改刊誤曰沈炳巽云本傳是九年今改正 迷唐復與鍾存東寇而還十年謁者王信耿譚西擊迷唐降之詔聽還大小榆谷迷唐官本曰案此下近刻衍種人二字 案朱趙有趙釋曰一清案此處似多種人

二字後漢書西羌傳云和帝令迷唐將其種人還大小榆谷迷唐以爲漢作河橋兵來無常故地不可復居辭以飢餓不能遠出遂復背叛云云則背叛者止迷唐耳故下有與羌爲讐種人與官兵擊之之文擊之者擊迷唐也豈有種人背叛種人復擊之之事乎其云與羌爲讐據後漢書云迷唐復還賜支河曲初累姐種附漢迷唐怨之遂擊殺其酋豪由是與諸種爲讐酈注刪落不存故難曉耳 謂漢造河橋官本曰案謂近刻作以 案朱趙作以 兵來無時故地不可居復叛居河曲與羌爲讐種人與官兵擊之允川去迷唐數十里營止遣輕兵挑戰因引還迷唐追之至營因戰迷唐敗走于是西海及大小榆谷官本曰案近刻脫谷字 案朱脫趙增 無復聚落隃麋相曹鳳上言建武以來西戎數犯法常從燒當種起所以然者以其居大小榆谷土地肥美又近塞內與諸種相傍南得鍾存以廣其眾北阻大河因以爲固又有西海魚鹽之利緣山濱河以廣田畜官本曰案河近刻作水 案朱同趙改刊誤曰水黃

省曾本作河故能彊大常雄諸種今黨援沮壞官本曰案近刻訛作壞沮案朱訛趙改刊誤曰壞沮黃省曾本作沮壞親屬離叛其餘勝兵不過數百宜及此時建復西海郡縣規固二榆廣設屯田隔塞羌胡交關之路殖穀富邊省輸轉之役上拜鳳爲金城西部都尉遂開屯田二十七部官本曰案近刻脫屯字案朱趙無列屯夾河官本曰案近刻脫列屯二字案朱脫趙增與建威相首尾後羌反遂罷案段國沙州記吐谷渾于河上作橋謂之河厲長朱趙有一字百五十步兩岸纍趙作壘石作基陛節節相次大木從橫更鎭壓兩邊俱平官本曰案近刻訛作來案朱作俱來趙改往來相去三丈竝大材以板橫次之施鉤欄甚嚴飾橋在清水川東也

又東過隴西河關縣北趙釋曰全氏曰施廷樞曰水經全用後漢地名不然河關故屬金城郡也上曲陽之稱中山亦其證因河關之屬隴西而知水經爲東京之作義最精審予嘗謂山經亦成于後漢故其稱河關亦曰隴西也

洮水從東南來流注之趙釋曰全氏曰道元歷敘河關一帶大河所會之水而以洮水終之舊本錯誤以注爲經于是胡渭疑洮水不應再見反改河關下之經文洮水爲澆水以避之不知河關一帶之水通名洮河非別有所謂澆水也胡氏畢生治水經乃有此繆

河水右逕沙州北官本曰案右近刻訛作又案朱趙作又董祐誠曰晉書地理志前涼以敦煌西域都護等三郡三營爲沙州則在今安西州界中之沙州也西秦錄乞伏熾磐以沙州刺史麴景鎭西平通鑑呼盧古等攻沙州刺史出連虔于湟河是當時西平湟河諸郡皆屬沙州卽此注所稱沙州蓋乞伏氏所移置也熾磐當宋元嘉時隋書經籍志稱宋新亭侯段國此注引國所撰沙州記有吐谷渾河橋有嵹臺山有墊江源則今貴德循化以南諸番界直接松潘廳北境皆當時沙州地記又有臨洮城臨洮與枹罕西秦同屬隴西郡以記言之則是時北河州雖鎭枹罕而臨洮則屬沙州矣河水所逕之沙州諸地志皆不載賴存此注猶可考證其治當在今貴德廳西所治之城已不可攷詳繹注文似卽漢之河關縣也段國曰澆河朱箋曰段國沙州記云洮水與墊江水俱出嵹臺山而此注說澆水知洮字乃傳寫之誤耳西南朱趙有一字百七十里有黃沙沙南北朱趙有一字百二十里東西七十里西極大楊川官本曰案楊近刻作陽案朱同趙改董祐誠曰澆河見下大楊川當在今貴德廳西南望黃沙猶若人委乾糒于地官本曰案乾糒近刻作干糒案朱作干糒趙改干糒刊誤曰箋曰御覽引段國沙州記作若人委乾糒於地案何焯云晉人帖中或以乾爲干蓋乾干古通用初月帖淡悶干嘔是也都不生草木蕩然黃沙周回數百里沙州于是取號焉地理志曰漢宣帝神爵二年置河關縣趙釋曰齊氏召南曰今本漢志是文在破羌縣下豈誤移于河關與抑俱有而一存一脫與全氏曰案道元注于破羌縣亦有此語而所引是應劭說則知此是班固河關之本注而應劭又再注之于破羌今本漢書于河關下失去元注于破羌下復脫應劭曰三字猶幸是文有可考爾董祐誠曰今本漢志無此文蓋脫簡漢志金城郡河關積石山在西南續漢書屬隴西經言隴西河關縣知作者在東京後矣縣當在今貴德廳界中蓋取河之關塞也風俗通曰百里曰同總名爲縣縣玄也首也從系倒首舉首易偏矣官本曰案此句有脫誤未詳案朱趙作與縣易偏矣言當玄靜平徭役也朱無平字箋曰御覽引作玄靜平徭役今本風俗通鈌趙增平字釋名又曰縣懸也朱趙懸作縣下同朱脫縣趙增刊誤曰又曰下脫縣字縣也之縣其音爲懸與懸通用懸于郡矣黃義仲十三州記曰縣弦也弦以貞直言下體之居鄰民之位不輕其誓施繩用法不曲如弦弦聲近縣故以取名今系字在半也官本曰案此句有脫誤未詳案朱趙系作縣趙釋曰一清案此句疑有誤漢高帝六年官本曰案原本及近刻六竝訛作元據漢書改正案朱作漢帝元年箋曰漢書作漢高帝六年趙改正令天下縣邑城張晏曰令各自築其城也河水又東北流入西平郡界左合二川南流入河

又東北濟川水注之官本曰案此二十七字原本及近刻竝訛作經今考上文河關縣至後敘洮水皆依經爲注又平近刻訛作卑案朱訛經平作卑箋曰謝云據後注西卑當作西平趙竝改刊誤曰二十七字是注混作經董祐誠曰晉書地理志西平郡領西都臨羌長甯安夷四縣元和郡縣志後漢獻帝分金城置西平郡後魏以爲鄯

善鎭蓋在河水北界今自貴德以北皆西平郡地又曰今貴德廳西北有公庫勒諸水疑卽二川也水西南出溢瀆東北流入大谷董祐誠曰谷當在今貴德廳南謂之大谷水北逕澆河城西南董祐誠曰元和郡縣志南涼禿髮烏孤以西平河南地爲澆河郡下注云有二城東西角倚東北去西平二百二十里太平寰宇記廓州至鄯州一百八十里達化縣西三十里澆河城在縣西一百二十里則城在今西寧縣西南近今貴德廳治北流注于河董祐誠曰今貴德廳東有野橋下必拉西有和卓蘭台必拉皆出廳南北流入河未審何者爲濟川水也河水又東逕澆河故城北官本曰案此十字原本及近刻竝訛作經又東訛作東又案朱訛趙改董祐誠曰卽濟川水所逕城也有二城東西角倚東北去西平二百二十里宋少帝景平中拜吐谷渾阿豺趙釋曰一清案通鑑宋紀作阿柴爲安西將軍澆河公卽此城也河水又東北逕黃川城董祐誠曰城無攷唐書地理志達化縣東有黃沙戍疑卽此當在今貴德廳東河水又東逕石城南董祐誠曰元和郡縣志廓州化城縣郭下本後魏石城縣黃河在縣南八十步卽此石城也當今西甯縣直南南臨河水魏書地形志無石城縣蓋屬鄯州今本闕也左合北谷水官本曰案此二十二字原本及近刻竝訛作經案朱訛趙改刊誤曰二十二字是注混作經董祐誠曰水當在今西寧縣南昔段熲擊羌于石城投河墜坑而死者八百餘人卽于此也河水又東北逕黃河城南官本曰案此十字原本及近刻竝訛作經案朱訛趙改刊誤曰十字是注混作經董祐誠曰通典廓州前涼以其地爲湟河郡張猛龍頌有涼黃河太守諸書無黃河郡則黃河郡卽湟河郡也太平寰宇記引周地圖記云湟河郡後魏太平眞君十六年置洮河郡屬鄯州今本地形志鄯州下郡縣俱闕此注稱黃河西北去西平二百一十七里當在今西寧縣東南巴燕戎格廳西境西北去西平二百一十七里河水又東北逕廣違城北趙釋曰全祖望曰先司空公曰廣違卽廣威音同字異宇文蓋取此城以名縣董祐誠曰通典廓州廣威縣本後魏石城縣是廣威與石城相近唐之廣威蓋卽以此廣違得名當在今循化貴德二廳間右合烏頭川水官本曰案此十六字原本及近刻竝訛作經右訛作又案朱訛趙改刊誤曰十六字是注混作經又朱趙右作又水發遠川引納支津北逕城東而北流注于河董祐

誠曰今有清水河出貴德廳南東流合南來一水北流東爲循化廳界西爲貴德廳界又北入于河疑卽烏頭川水其南來一水疑卽所謂支津也河水又東逕邯川城南官本曰案此九字原本及近刻竝訛作經案朱訛趙改刊誤曰九字是注混作經董祐誠曰後漢書馬武追擊羌到東西邯注云蓋以此水分流謂之東西邯也在今化隆縣東案化隆卽化城唐爲廓州郭下縣廓州故石城也邯川城當在今巴燕戎格廳所屬土司境元和郡縣志合川郡守捉在鄯州南百八十里邯合聲相近疑爲一地城之左右歷谷有二水官本曰案二近刻訛作三案朱訛趙改刊誤曰全祖望云三當作二杜佑曰東西邯水各分左右是也趙釋曰一清案後漢書馬武傳章懷注曰此水分流謂之東西邯也董祐誠曰今巴燕戎格廳西境東有克欠河西有克羣河疑卽東西邯水也導自北山南逕邯亭注于河河水又東臨津溪水注之官本曰案此十字原本及近刻竝訛作經案朱訛趙改刊誤曰十字是注混作經水自南山北逕臨津城西董祐誠曰晉書地理志永嘉中張軌分西平界置晉興郡所統有臨津縣魏書地形志縣闕當在今循化廳西北土司境而北流注于河董祐誠曰水當在今循化廳西河水又東逕臨津城北白土城南官本曰案此十三字原本及近刻竝訛作經案朱訛趙改刊誤曰十三字是注混作經董祐誠曰二漢志白土皆屬上郡非此城也晉書地理志金城郡有白土三國志正始九年叛羌屯河關白土故城則漢末已有城矣魏書地形志縣闕此注引十三州志左南津西六十里有白土城當近今巴燕戎格廳治十三州志曰左南津西六十里有白土城官本曰案近刻脫有字案朱脫趙增刊誤曰白土城上落有字孫潛校增城在大河之北而爲緣河濟渡之處官本曰案之處原本訛作之北近刻處下復衍北字案朱衍趙刪刊誤曰黃省曾本無處字全氏曰北字是地字之誤今以通鑑注所引校正之案卽作處字義亦通北字衍文趙釋曰全氏曰案胡三省曰漢左南津之白土城晉置白土縣屬金城郡其漢上郡之白土縣乃後魏新平郡之白土縣不可溷也魏涼州刺史郭淮官本曰案淮爲雍州刺史此云涼州誤趙釋曰何氏曰據三國志淮領雍州非涼州刺史蓋史傳之略破羌遮塞于白土卽此處矣官本曰案塞近刻訛作寒案朱作寒箋曰魏志作塞趙改塞河水又東左會白土川水官本曰案此十字原本及近刻竝訛作經案朱訛趙改刊誤曰十字是注混作經水出白土城西北下東南流逕

白土城北又東南注于河董祐誠曰水當近今巴燕戎格廳治河水又東北會
兩川右合二水官本曰案此十二字原本及近刻竝訛作經案朱訛趙改刊誤曰十二字是注混作經
董祐誠曰當在今巴燕戎格廳西參差夾岸連壤朱作壤箋曰舊本作襄趙改襄負險相望
河北有層山山甚靈秀山峰之上立石數百丈亭亭桀豎競
勢爭高遠望嵾嵾若攢圖之託霄上其下層巖峭舉壁岸無
階懸巖之中多石室焉室中若有積卷矣而世士罕有津逮
者官本曰案逵近刻作逮案朱趙作逮趙釋曰何氏曰歸太僕家鈔本作津造因謂之積書巖巖
堂之內每時見神人往還矣蓋鴻衣羽裳之士練精餌食之
夫耳俗人不悟其仙者乃謂之神鬼彼羌目鬼曰唐述復因
名之爲唐述山官本曰案之爲近刻訛作爲之案朱訛趙改刊誤曰爲之二字當互易董祐誠曰元和
郡縣志枹罕縣積石山一名唐述山今名小積石山在縣西北七十里又龍支縣積石山在縣西九十八里南與河州枹

罕縣分界今爲河州西北黃河之北巴燕戎格廳之西指其堂密之居謂之唐述窟其
懷道宗玄之士皮冠淨髮之徒亦往棲託焉故秦川趙改州刊誤曰
秦川黃省曾本作秦州秦州記郭仲產撰劉昭續志補注引之記曰河峽崖傍有二窟一曰
唐述窟高四十丈西二里有時亮窟高百丈廣二十丈深三
十丈藏古書五筒官本曰案近刻訛作字案朱作字箋曰當作筒趙改筒亮南安人也
趙釋曰地理今釋積石山在今河州北一百二十里水經注謂之唐述山其西五十里有積石關唐置積石軍于此山海
經云積石山在金城河關縣西南境中杜佑通典云禹施功自積石而東今西平郡龍支縣界山是也案諸家言積石者
多以此爲小積石別有大積石去此尚千餘里其說蓋本于漢書西域傳謂河源出于闐北流與葱嶺河合東注蒲昌海
潛行地下南出于積石爲中國河之文其實禹施功之始卽此積石更無所謂大積石也歐陽忞輿地廣記云班固所載
張騫窮河源事乃意度之非實見蒲昌海與積石通流其言甚正蓋河源在吐蕃境漢時吐蕃未通中國武帝以于闐山
出玉案古圖書乃名河所出爲崑崙後人遂竝積石亦失其實耳至水經竝云積石在葱嶺之北則又失之遠矣或譏杜

佑主龍支之積石謂因唐置積石軍于澆河故城而誤考後漢書郡國志隴西郡河關縣積石山在西南又桓帝紀燒當
羌叛段熲追擊于積石注卽禹貢導河積石在鄯州龍支縣南是河州積石之名非始于唐矣一清案此言積石主通典
與禹貢錐指異錐指主水經注不以杜佑之言爲然下封有水官本曰案下封未詳疑是地名趙刊誤曰箋
曰下封當作崖下全祖望云非也下封卽下邽也字不誤案元和郡縣志云後魏避道武諱改爲夏封而魏收地形志不
載此縣惟馮翊蓮勺縣下云有下邽城則其後廢省矣然秦州天水郡之上封云避道武諱改則夏封易名李宏憲不爲
無據也董祐誠曰戴氏曰下封未詳疑是地名趙氏引全氏說謂下封卽下邽避道武帝諱然下邽與此相距絕遠當從
戴氏闕疑爲正導自是山溪水南注河謂之唐述水董祐誠曰水當在巴燕戎格廳
西河水又東得野亭南官本曰案此八字原本及近刻竝訛作經今考南字卽屬訛舛此下敘野
亭水所出之文亦脫案朱訛趙改又改得爲逕刊誤曰八字是注混作經全氏曰先贈公云得當作逕野亭是地名於
例不得曰得董祐誠曰戴氏曰南字有訛舛此下敘野亭水所出之文亦脫又東北流歷研川謂
之研川水又東北注于河董祐誠曰水當在今河州西謂之野亭口官本曰案

亭近刻訛作城案朱趙作城河水又東歷鳳林北官本曰案此八字原本及近刻竝訛作經案
朱訛趙改刊誤曰八字是注混作經董祐誠曰元和郡縣志枹罕縣鳳林山在北三十五里今爲河州之北鳳林
山名也五巒俱峙耆彥云官本曰案彥近刻訛作諺案朱訛趙改刊誤曰諺當作彥者彥猶
云者舊耳昔有鳳鳥飛遊五峰故山有斯目矣秦州記曰枹罕原
北名鳳林川川中則黃河東流也河水又東與灕水合官本曰案
此八字原本及近刻竝訛作經案朱訛趙改刊誤曰八字是注混作經孫校曰灕漢志作離水導源塞外
羌中董祐誠曰水今曰大夏河源出循化廳西南邊外山曰菭蘇爾海阿林水曰和爾藏必拉故地理志
曰其水出西塞外東北流歷野虜中逕消銅城西董祐誠曰城當在今
循化廳南又東北逕列城東官本曰案近刻脫北字逕下又衍河字案朱趙同董祐誠曰城當在今
循化廳南通鑑秦王熾磐築列渾城于汁羅方輿紀要列渾城在河州西南百八十里疑卽列城也考地說無
目蓋出自戎方矣左合列水官本曰案合近刻訛作右案朱訛趙改水出西北

溪東北流逕列城北右入灕水官本曰案右近刻訛作又案朱趙同趙下增東字刊誤曰又下落東字董祐誠曰今循化廳西南山曰達那阿林南有水東流合和爾藏必拉疑即列水也城居二水之會也灕水又北逕可后孤城西董祐誠曰城當在今河州西南西戎之名也又東北右合黑城溪水官本曰案右近刻訛作石案朱作后箋曰疑作右趙改右董祐誠曰右當作左水出西北山下官本曰案山近刻訛作溪案朱趙作谿東南流逕黑城南董祐誠曰城當在今循化廳南又東南枝水左出焉又東南入灕水董祐誠曰水當在今循化廳南灕水又東北逕榆城東董祐誠曰城當在今循化廳東南榆城溪水注之水出素和細越西北山下東南流逕細越川官本曰案逕下近刻有于字案朱趙有夷俗鄉名也又東南出狄周峽董祐誠曰當並在今循化廳西南東南右合黑城溪之枝津津水上承溪水東北逕黑城東東北注之榆溪董祐誠曰水當在今循化廳南又東南逕榆城南東北注灕

水灕水又東北逕石門口山高險峻絕官本曰案近刻脫峻字案朱趙無險作峻全書同對岸若門故峽得厥名矣疑即皋蘭山門也董祐誠曰元和郡縣志石門山在鳳林縣東北二十八里即皋蘭山門也鳳林縣元和志謂東南至河州八十里太平寰宇記謂在州西南八十里寰宇記爲是山在今河州西南漢武帝元狩三年驃騎霍去病出隴西至皋蘭謂是山之關塞也官本曰案謂字上近刻衍應字案朱衍趙刪應劭漢書音義曰官本曰案近刻脫應劭二字案朱脫趙增皋蘭在隴西白石縣塞外官本曰案在字上近刻衍應字案朱衍趙刪河名也孟康曰山關名也今是山去河不遠故論者疑目河山之間矣趙刊誤曰兩皋蘭應之應字俱衍文漢書音義上脫應劭二字隋書經籍志應劭漢書集解音義二十四卷孟康漢書音義九卷今注引二家之言各加姓名以別之後來傳寫脫誤衍閒散佚隨筆補綴今漢書武帝紀注文具在可考而知也謂是山之關塞也一語是道元自己解說如此蓋皋蘭本山名而應劭以爲河名孟康以爲山關名故又以論者疑目河山之間釋之灕水又東北皋蘭山水

自山左右翼注灕水董祐誠曰當在今河州西南灕水又東白石川水注之水出縣西北山下官本曰案近刻脫山字案朱脫趙增刊誤曰西北下落山字即白石山也董祐誠曰縣即白石縣也東南流枝津東注焉白石川水又南逕白石城西董祐誠曰即下所云白石故城也漢志白石縣屬金城郡續志屬隴西郡晉廢故下云故城元和郡縣志言鳳林縣本漢白石縣地下注引闞駰謂在狄道西北二百八十五里則當在今河州西南而注灕水董祐誠曰水當在今河州西南灕水又東逕白石縣故城南朱脫灕字趙增刊誤曰水上落灕字王莽更曰順礫闞駰曰白石縣在狄道西北二百八十五里灕水逕其北今灕水逕其南官本曰案其字近刻訛作東案朱作逕東南注之趙刪逕字刊誤曰逕字衍文而不出其北也灕水又東逕白石山北董祐誠曰山當在今河州西南應劭曰白石山在東羅溪水注之官本曰案近刻脫水字案朱脫趙增刊誤曰羅谿下落水字水出西南山下東入灕水董祐誠曰今牛脊河出河州西南牛脊山東北入大夏水

疑即羅谿水也灕水又東左合罕幵南溪水朱無灕字趙增刊誤曰水上落灕字水出罕幵西官本曰案近刻脫一水字案朱趙無東南流逕罕幵南董祐誠曰蓋罕幵羌所居當在今河州西注之官本曰案此二字近刻訛在前灕水逕東南下案朱趙同董祐誠曰水當在今河州西十三州志曰廣大阪在枹罕西北罕幵在焉趙釋曰一清案此句有脫字顧氏祖禹方輿紀要云罕幵谷在河州西水經注白石縣東有罕幵渡又東則枹罕故城也蓋誤以溪爲渡昔慕容吐谷渾自燕歷陰山西馳而創居于此灕水又東逕枹罕縣故城南董祐誠曰漢志縣屬金城郡續漢志屬隴西郡魏書地形志河州治枹罕而無枹罕縣元和郡縣志魏置枹罕鎮太和十六年改爲河州此注云枹罕故城下又別出枹罕城則後魏之枹罕非二漢故城矣諸家地志皆以漢魏迄唐之枹罕皆即今河州治此注引十三州志灕水在城南門前東過今大夏河北至州城尚四五里而洪水河經州南門外東入大夏河似與白石枝津相合疑今河州城爲北魏以後之枹罕而二漢故城尚在今州治之南濱于灕水也應劭曰故枹罕侯邑也官本曰案枹罕近刻作罕羌案朱同趙改枹罕羌刊誤曰故罕當作枹罕今

本漢志注亦誤顧景范校正案太平寰宇記河州枹罕縣十
下引周地圖云枹罕卽故枹罕侯邑也疑故下脫枹字
三州志曰枹罕縣在郡西二百一十里趙釋曰一清案漢志枹罕縣屬金城郡續
志屬隴西郡灕水在城南門前東過也灕水又東北故城川水注
之水有二源南源出西南山下東北流逕金紐大嶺北官本曰案
紐大二字近刻訛作細北案朱作細北趙改紐北刊誤曰全氏云隋五代史志云枹罕郡大夏縣有金紐山細字誤也
案太平寰宇記金紐山在大夏縣西二十里亦有金紐城一號金柳城卽前涼曾爲金紐縣於其中又東北逕
一故城南又東北與北水會北源自西南逕故城北右入南
水亂流東北注灕水董祐誠曰今河州東南有廣通河有二源當和政驛東西北流合爲一入大夏
河疑卽故城川水而方位稍異灕水又東北左合白石川之枝津水上承白
石川東逕白石城北董祐誠曰當卽前白石故城又東絕罕幵溪又東逕
枹罕城南董祐誠曰此後魏之枹罕城也疑卽今河州治又東入灕水董祐誠曰今河州西南洪
水河源出大溝河流逕州治南門外又東入大夏河疑卽白石枝津灕水又東北出峽董祐誠曰峽在
今河州東北北流注于河董祐誠曰今灕水發源循化廳西南邊地東流逕廳南又東北流逕河州南折
北流逕州東及東北入河在漢爲逕白石枹罕二縣境故漢書地理志曰白石縣灕水出西塞外東至枹罕入河地
理志曰灕水出白石縣西塞外東至枹罕入河河水又逕左
南城南官本曰案此八字原本及近刻竝訛作經案朱訛趙改刊誤曰八字是注混作經董祐誠曰晉書地理
志永寧中張軌置左南縣屬晉興郡魏書地形志闕此注引十三州志石城西一百四十里有左南城當在今巴燕戎格
廳之東大夏河口之北十三州志曰石城西一百四十里有左南城者
也津亦取名焉董祐誠曰晉書載記張瑁從左南渡河襲麻秋軍後蓋其地爲河水津渡大河又
東逕赤岸北官本曰案此八字原本及近刻竝訛作經案朱訛趙改刊誤曰八字是注混作經卽河
夾岸也董祐誠曰晉書載記張瑁屯于河夾岸麻秋襲敗之當在今河州東北大夏洮河二口之間秦州
記曰枹罕有河夾岸岸廣四十丈義熙中乞佛于此河上作

飛橋橋高五十丈三年乃就河水又東洮水注之官本曰案此八字原
本及近刻竝訛作經朱謀㙔箋於前經文欲改洮水爲澆水
由不察此屬注文耳案朱訛趙改刊誤曰八字是注混作
經地理志曰水出塞外羌中趙釋曰一清案漢志隴西郡臨洮縣洮水出西羌中沙州
記曰洮水與塾江水俱出嵹臺山孫校曰初學記引此正作強臺山南卽塾
江源山東則洮水源山海經曰白水出蜀郭景純注云從臨
洮之西傾山東南流入漢而至塾江故段國以爲塾江水也
洮水同出一山故知嵹臺西傾之異名也孫校曰元和郡縣志洮州臨潭縣洮
水出縣南三百里嵹臺山卽禹貢西傾山也太平寰宇記西傾山在金城西南大河所經其下一名西強山一名嵹臺山
在積石山東董祐誠曰西傾山在今洮州廳西南接青海所屬蒙古境當和碩特前頭旗之東山脊南北橫亙洮水出其
東曰巴爾巴必拉東南流折而東流爲洮河其西卽黃河當積石東東流折而北流又折而西北流之處迤南山脊東出
有水出其陽爲祥楚必拉卽塾江水源下會西漢水入江山爲江河之大戒故禹貢導山以西傾爲次陰列之首洮
水東北流逕吐谷渾中官本曰案近刻脫逕字案朱脫趙增刊誤曰東北流下落逕字董祐誠
曰今洮州廳西南皆吐谷渾故地吐谷渾者始是自趙作東燕慕容之枝庶因
氏其字以爲首類之種號也故謂之野虜自洮嵹南北三百
里中地草徧是龍鬚而無樵柴洮水又東北流逕洮陽曾城
北官本曰案近刻脫洮字案朱脫趙增刊誤曰逕下落洮字董祐誠曰晉書地理志洮陽屬狄道郡惠帝立後廢元
和郡縣志後周置洮州唐爲洮州治臨潭縣其城東西北三面竝枕洮水嵹臺山在縣西南三百里與此注所引沙州記
嵹城東北三百里有曾城正合今洮州廳西南七十里故城卽洮陽城也沙州記曰嵹城東北三
百里有曾城城臨洮水者也建初二年羌攻南部都尉于臨
洮上遣行車騎將軍馬防與長水校尉耿恭救之諸羌退聚
洮陽卽此城也洮水又東逕洪和山南官本曰案洪近刻訛作共案朱趙作共
城在四山中董祐誠曰魏書地形志洪和郡屬河州元和郡縣志貞觀四年洮州自洮陽城移治故洪和城

八年復舊美相縣西至州七十五里貞觀移州縣亦隨徙是洪和在洮陽東七十餘里也今爲洮州廳治方輿紀要魏鄧艾敗姜維于侯和涼張駿置侯和屯護軍苻秦王猛討叛羌使別將守侯和後魏太和十五年吐谷渾脩泥和城置戍魏攻拔之侯和洪和泥和迷和即一城也音轉耳案下注言又東逕迷和城北則迷和在洮水南與洪和之在水北者不同洪侯音相轉侯和當即洪和泥迷音相近泥和當即迷和也**洮水又東逕迷和城北**董祐誠曰城當在今岷州西**羌名也**趙釋曰一清案魏志鄧艾傳景元三年破姜維于侯和通鑑齊武帝紀魏主召吐谷渾王伏連籌入朝伏連籌辭疾不至輒修臨洮泥和二城置戍兵守焉胡三省曰泥和即水經注所謂迷和城洮水逕其南又逕洮陽城東宋白曰洮州臨洮郡城本名泥陽在洮水之北乃吐谷渾所築南臨洮水極險峻今謂之洪和城其和即洪和也侯和即泥和亦即迷和耳**又東逕甘枳亭歷望曲**孫校曰望曲在今岷州西南董祐誠曰注言在臨洮西南是洮水逕其北也通鑑後漢建初二年馬防擊解臨洮圍布橋等屯望曲谷不下注引此注爲證當在今岷州西南**在臨洮西南**官本曰案近刻脫臨洮二字案朱脫趙增刊誤曰箋曰在疑作右案非也後漢書馬防傳章懷注引酈道元水經注云望曲在臨洮西南去龍桑城二百里今補正望曲谷名也**去龍桑城**

二百里官本曰案近刻脫城字案朱脫趙增**洮水又東逕臨洮縣故城北**董祐誠曰二漢志縣竝屬隴西郡晉志屬狄道郡魏書地形志有臨洮郡無臨洮縣蓋郡治在龍城故此言故城也元和郡縣志岷州城即秦臨洮城案唐州治即今州治**禹治洪水西至洮水之上見長人受黑玉書于斯水上**孫校曰尚書禹錫玄圭是也**洮水又東北流屈而逕索西城西建初二年馬防耿恭從五溪祥檻**趙釋曰朱氏謀㙔箋曰一作榏檻**谷出索西與羌戰破之築索西城徙隴西南部都尉居之俗名赤水城**官本曰案近刻脫俗名二字案朱脫趙增亦曰二字刊誤曰赤水城上全氏校增亦曰二字孫校曰臨洮城亦名赤水城則洮水即赤水出昆侖者也**亦曰臨洮東城也**董祐誠曰魏書地形志赤水縣屬河州臨洮郡在今岷州東北**沙州記曰從東洮至西洮**朱趙有一字**百二十里者也洮水又屈而北逕龍桑城西而西北流馬防以建初二年從安故五溪出龍桑開通舊路者也俗名龍城**趙釋曰一清案龍桑

城六朝史亦作桑城通鑑因之葢省文也不然酈以爲俗名龍城豈又有桑城一名乎董祐誠曰魏書地形志臨洮郡龍城縣太和十年置城當在今岷州東北麻竜里諸土司境**洮水又西北逕步和亭東**董祐誠曰亭當在今洮州廳東北**步和川水注之**孫校曰步和水在岷州北**水出西山下東北流出山逕步和亭北東北注洮水**董祐誠曰水當在今洮州廳北土司境**洮水又北出門峽**董祐誠曰峽當在今狄道州南界**歷求厥川**趙改歷東歷川刊誤曰箋曰求一作東案厥當作歷即下歷水也**蕈川水注之**趙川上增塏字下同刊誤曰蕈下落塏字下文注可證後竝同孫校曰蕈川水在狄道州南**水出桑嵐西溪東流歷桑嵐川又東逕蕈川北東入洮水**董祐誠曰魏書地形志河州洪和郡蕈川縣延興四年置即此注所稱蕈川也隋書地理志水池縣後魏曰蕈川水池故城在今洮州廳東北一百六十里蕈川水當在其北**洮水又北歷峽**董祐誠曰今狄道州南六十里有鎖林峽洮水所經兩崖懸絕疑即此峽也**逕偏橋出夷始梁右合蕈塏川水**孫校曰蕈塏川水疑即抹邦河董祐誠曰今狄道州南有南川水源出州東南渭源縣界露骨山西北流

逕抹邦山曰抹邦河至州南六十里入洮疑即蕈塏川水**水東南出后底横下**朱趙無水字出字趙刊誤曰箋曰宋本作右底横下案全氏云后字不誤**北歷蕈塏川西北注洮水洮水又東北逕桑城東**趙桑上有龍字董祐誠曰晉書載記劉曜陷安定南陽王保遷于桑城通鑑注保欲自桑城奔河西也城當在今狄道州西南土司境**又北會藍川水**孫校曰藍川水在狄道州南**水源出求厥川西北溪**官本曰案近刻作出來歷川西北溪南流歷川案求厥朱作來歷趙改東歷竝有南流歷川四字趙刊誤曰來當作東趙釋曰一清案此處有脫字**東北流逕藍川歷桑城北**官本曰案近刻訛作歷水城城北案朱趙桑作水朱重城趙刪刊誤曰城字重文宜衍趙釋曰一清案魏書地形志洪和郡藍川縣眞君八年置董祐誠曰魏書地形志河州洪和郡藍川縣眞君八年置郡後改即此注所稱藍川也當在今狄道州西南土司境**東入洮水洮水又北逕外羌城西**董祐誠曰城當在今狄道州南**又北逕和博城東**董祐誠曰城當在今狄道州西南土司境**城在山內左合和博川水**官本曰案水字近刻亦作川案朱趙同孫校曰和博川水在狄道州南今名邦金川董祐誠曰水當在今狄

道州西南土司境州西南有水出番界山曰札噶爾阿林東北流逕八角城北入于洮水未知其爲藍川與和博川也**水出城西南山下東北逕和博城南東北注于洮水洮水北逕安故縣故城西**董祐誠曰二漢志縣竝屬隴西郡晉省十六國春秋前涼復置兼置郡西秦亦曰安固郡魏書地形志無之是縣廢也注引十三州志縣在郡南四十七里郡謂隴西郡二漢竝治狄道也故城當在今狄道州南地理志官本曰案志下近刻衍曰字案朱趙有隴西之屬縣也十三州志曰縣在郡南四十七里蓋延轉擊狄道安故五溪反羌官本曰案反近刻訛作及案朱訛趙改刊誤曰及當作反**大破之即此也洮水又北逕狄道故城西**官本曰案狄道原本竝作降狄道據漢書刪下同案朱趙有降字下同董祐誠曰二漢志狄道竝屬隴西郡晉書地理志惠帝置狄道郡前涼置武始郡太平寰宇記晉惠帝時以狄道爲降狄道十三州志云降狄道今曰武始魏書地形志河州武始郡領狄道縣此云故城疑有改治戴氏據漢書刪去降字今案寰宇記所引十三州志即此注所稱闞駰說是原本作降惟下引漢書則本無降字後人因前後文而誤增耳今狄道州南里許有舊土城俗名番城當即狄道故城其城北之武始故城則後魏之武始郡治勇田者也闞駰曰今曰武始也洮水在城西北流官本曰案北流近刻訛作東北下案朱同趙刪東字刊誤曰東字衍文**又北隴水注之**官本曰案隴近刻訛作壟案朱訛趙改**即山海經所謂濫水也**孫校曰隴水原出渭源縣界西北流逕狄道州東入洮山海經濫水入漢此誤引也董祐誠曰今本山海經稱濫水西流注于漢水漢字當誤**水出鳥鼠山西北高城嶺**董祐誠曰今渭源縣北分水嶺即鳥鼠山之幹東則渭水源西則濫水源也俗曰東峪河**西逕隴坻**官本曰案近刻脫隴字坻訛作底案朱作西逕底箋曰宋本作西逕隴坻趙改西逕隴底董祐誠曰當在今狄道州東此與天水之隴坻地異而字亦異注引揚雄解嘲響若坻頹文選注引應劭曰天水有大坂名曰隴坻坻丁禮切韋昭曰坻音若是理之是字書曰巴蜀名山堆落曰坻依應說則當作坻依韋說則當作坻顏師古注從韋說是也若西京賦右有隴坻之隘則當作坻字耳其山岸趙作崖崩落者聲聞**數百里故揚雄稱響若坻頹是也又西北歷白石山下**董祐誠曰當在今狄道州東地理志曰狄道東有白石山趙釋曰一清案狄道亦稱降樂史太平寰宇記云蘭州狄道縣漢書地理志屬隴西郡惠帝時改爲武始郡以狄道爲降狄道則是晉時改稱道元引班志稱降斯其謬耳**濫水又西北逕武街城南**官本曰案街近刻訛作階案朱趙同董祐誠曰晉書惠帝分狄道置武街縣又云咸和五年張駿置武街護軍當在今狄道州東**又西北逕狄道故城東**百官表曰縣有蠻夷謂之道公主所食曰邑官本曰案近刻訛作有公主曰邑案朱趙作有公主謂之邑趙釋曰全氏曰案本表曰列侯所食縣曰國皇太后皇后公主所食曰邑有蠻夷曰道今鈔變割截不可曉應劭曰反舌左衽不與華同須有譯言乃通也漢隴西郡治秦昭王二十八年置應劭曰有隴坻在其東故曰隴西也神仙傳曰封君達隴西人服鍊水銀年百歲視之如年三十許騎青牛故號青牛道士王莽更郡縣之名郡曰厭戎縣曰操虜也**昔馬援爲隴西太守六年爲狄道開渠引水種秔稻而郡中樂業即此水也濫水又西北流注于洮水**官本曰案流下近刻衍逕字案朱衍趙刪刊誤曰逕字衍文董祐誠曰今東峪河自渭源縣北西北流入狄道州境逕州城東又逕城北入洮水**洮水右合二水**董祐誠曰今洮水自會東峪河後右合之水有打壁水又北有好水又北有東結河又北有沙泥河又北有石井泉皆在狄道州迤北境未知二水何指也**左會大夏川水**官本曰案左近刻訛作右案朱訛趙改刊誤曰右會黃省曾本作左會**水出西山二源合舍而亂流逕金紐城南**官本曰案紐近刻訛作柳下同案朱趙作柳下同趙釋曰全氏曰金柳亦金紐之轉音魏書地形志大夏縣有金柳城董祐誠曰魏書地形志大夏有金柳城隋書地理志大夏有金紐山太平寰宇記大夏縣西二十里金劍山亦有金劍故城一號金柳城今案金紐金柳金劍皆一也當在今河州東南十三州志曰大夏縣西有故金紐城去縣四十里本都尉治**又東北逕大夏縣故城南**董祐誠曰二漢志縣竝屬隴西魏書地形志金城郡領大夏此曰故城則縣當徙治元和郡縣志太平寰宇記竝云大夏縣西北至河州七十里金劍山在縣西二十里而此注引十三州志縣西金紐城去縣四十里本都尉治是唐宋之大夏即元魏大夏城而二漢故城尚在其東二十里也城當在今河州東南境

按狄道州界地理志官本曰案志下近刻衍曰字　案朱趙有王莽之順夏晉書地道記曰縣有禹廟禹所出也**又東北出山注于洮水**董祐誠曰今三岔河自河州東南合麻山關大馬家灘火后界內三派合東北流逕狄道州西北又東北入洮水當即大夏川水也**洮水**

又北翼帶三水亂流北入河董祐誠曰洮水今自鞏昌府洮州廳西東南流折東北流逕廳南又逕岷州北折北流又西北流逕洮州廳東又北流逕蘭州府狄道州西又北逕皋蘭縣西河州東入于河在漢則逕隴西郡之臨洮安故狄道至金城郡之枹罕東境故漢志云臨洮洮水出西羌中北至枹罕東入河**地理志曰洮水北至枹罕東入河是也**

又東過金城允吾縣北

金城郡治也漢昭帝始元六年置王莽之西海也莽又更允吾爲修遠縣**河水逕其南不在其北**董祐誠曰二漢志允吾皆金城郡治晉廢元和郡縣志廣武縣前涼置廣武郡開皇罷郡置縣允吾故城在縣西南一百六十里又龍支縣本漢允吾縣後魏于此置金

城縣是允吾在後魏爲廣武金城而地形志竝闕疑皆屬鄯州也唐廣武縣卽今莊浪廳治允吾故城當在廳西南河水之北西接巴燕戎格廳界南接皋蘭縣界**南**趙作西**有湟水**董祐誠曰湟水下云逕允吾縣北與此不合元和郡縣志鄯州湟水縣郭下本漢破羌縣地龍支縣本漢允吾縣北至州一百二十五里是允吾在破羌南以下文湟水逕破羌城南及濁水不言逕允吾縣推之此南字當作北**出塞外東逕西王母石室石釜西海鹽池北**孫校曰西海卽青海亦曰仙海西仙青音相近董祐誠曰漢書地理志臨羌西北至塞外有西王母石室僊海鹽池北則湟水所出卽此注所本僊海卽西海今曰青海蒙古曰庫克諾爾鹽池在其西南蒙古曰達布遜諾爾庫克謂青達布遜謂鹽諾爾則積水之名也今湟水出青海東北實不逕青海鹽池之北漢志北則湟水所出蓋指縣北言之與上西北一例非蒙上僊海鹽池也酈氏偶失檢耳**故闞駰曰其西卽湟水之源也地理志曰湟水所出**官本曰案出下近刻有也字案朱趙有趙釋曰一清案漢志金城郡臨羌縣西北至塞外有西王母石室僊海鹽池北則湟水所出東至允吾入河西有須抵池善長所引似有割截之誤且先引注文而後言臨羌亦未合又僊海疑當作僲海僊僲字形相近致訛孫校曰太平寰宇記湟水縣四望山有水出

其陽一名湟河亦謂樂都水西自吐谷渾界入**湟水又東南流逕龍夷城**董祐誠曰卽河水所逕之西海郡也後漢書永元中曹鳳請收復西海郡將徙士屯龍耆者耆夷蓋聲之轉湟水雖不逕城北然以上鹽池下卑禾羌海及河水自河曲東流逕郡南推之城當在今青海南河水北折轉東蒙古游牧之地故西零之地也十三州志曰城在臨羌新縣西三百一十里孫校曰湟水自塞外來經䃮伯縣南門外王莽納西零之獻以爲西海郡治此城**湟水又東南逕卑禾羌海北**董祐誠曰卑禾羌海卽西海也今湟水出青海東北有二源當和碩東上旗之南南右翼後旗南左翼末旗之間西曰博羅沖克克必拉西曰昆都侖必拉合而東南流下流曰西川河皆青海東境也**有鹽池**闞駰曰縣西有卑禾羌海者也趙釋曰一清案漢志臨羌縣下注引闞駰曰西有卑和羌卽獻王莽地爲西海郡者也孫校曰此鹽池及卑禾羌海地志所謂僊海鹽池矣世謂之青海東去西平二百五十里趙釋曰一清案太平寰宇記甘州張掖縣下云甘峻山一名紺峻山水經注云張水歷紺峻山南與張掖河合卽鮮水也今本無之方輿紀要云西海亦曰僲海酈道元曰古西僲之地也亦曰青海亦

曰卑禾羌海亦曰鮮水海亦曰允吾谷鹽池西海則其總名也在張掖境謂之張掖水**湟水東流逕湟中城北**董祐誠曰亦曰小湟中通鑑注湟水兩岸之地通謂之湟中城本小月支之地因謂之小湟中後漢建安十九年夏侯淵遣別將張郃渡河入小湟中是也城當在今青海東湟水南故小月氏之地也十三州志曰西平張掖之間大月氏之別小月氏之國范曄後漢書曰湟中月氏胡者其王爲匈奴所殺餘種分散西踰葱嶺其弱者南入山從羌居止故受小月氏之名也後漢西羌傳曰羌無弋爰劍者秦厲公時以奴隸亡入三河羌怪爲神官本曰案近刻脫怪字　案朱脫趙增推以爲豪河湟之間多禽獸以射獵爲事遂見敬信依者甚衆趙釋曰沈氏炳巽曰道元引此文不甚了然爰劍以被焚不死故羌神之又以敎民田畜故羌敬信之不應節去其曾孫忍因畱湟中爲湟中羌也**湟水**

又東右控四水導源四溪東北流注于湟董祐誠曰四水當在今青海東南綽

羅斯南右翼頭旗之東湟水又東逕赤城北董祐誠曰隋書大業中宇文述出西平至臨羌城進
拔吐谷渾曼頭赤水二城疑赤水城卽赤城正當臨羌之西也城當在今綽羅斯南右翼頭旗東而東入經
朱同趙作逕戎峽口右合羌水水出西南山下官本曰案近刻脫一水字案朱脫
趙增刊誤曰出上落水字逕護羌城東董祐誠曰通鑑注漢宣帝置護羌校尉治金城令居東漢初治安夷
建初二年徙治臨羌當卽此城也城當在今綽羅斯南右翼頭旗東輝特南旗北故護羌校尉治又
東北逕臨羌城西董祐誠曰此卽下臨羌縣故城也二漢志縣屬金城郡晉志屬西平郡後魏廢注別
見臨羌新縣故城則此爲二漢故縣矣注引十三州志臨羌新縣在郡西百八十里龍夷城在臨羌新縣西三百一十里
故縣新縣中隔湟水相去不遠西平郡卽今西寧府城以道里約之臨羌城東至今西寧縣幾二百里出邊外百里西去
西海郡幾三百里也當在西寧縣西鎭海堡邊外輝特南旗之東北圖爾根察罕必拉入湟水處東北流注
于湟官本曰案近刻脫注字案朱脫趙增刊誤曰東北流下孫潛校增注字董祐誠曰今邊外有水曰圖爾根察
罕必拉出西南山東北流入博羅沖克克河當卽羌水也湟水又東逕臨羌縣故城北孫校
曰臨羌故城在青海之東漢武帝元封元年官本曰案元封近刻訛作元狩案朱訛趙改釋曰沈氏
曰據史漢表乃封臨蔡非臨羌是元封非元狩全氏曰臨蔡漢表云屬河內當是鄉亭之名也以封孫都爲
侯國王莽之監羌也謂之綏戎城非也湟水又東盧溪水注
之水出西南盧川東北流注于湟水董祐誠曰水當在今西寧縣西邊外接青海境
湟水又東逕臨羌新縣故城南董祐誠曰臨羌徙治年代無攷注言故城當魏晉間所徙
也注引十三州志在郡西百八十里郡卽西平郡城當在今西寧縣西邊外接青海境闞駰曰臨羌新
縣在郡西百八十里湟水逕城南也城有東西門西北隅有
子城湟水又東右合溜溪伏溜石杜蠡四川東北流注之董祐
誠曰四川當在今西寧縣西左會臨羌溪水水發新縣西北東南流歷縣
北東南入湟水董祐誠曰今和碩特南左翼末旗東南有水合四水東南流至西寧縣西鎭海堡入湟水
疑卽臨羌谿水也湟水又東龍駒川水注之水右出西南山下官本曰案

右近刻訛作又案朱訛趙改刊誤曰又當作右東北流逕龍駒城董祐誠曰城當在今西寧縣西
注不言逕城之東西明西寧衞志謂城在鎭海堡東則水當逕其東也北流注于湟水董祐誠曰水當
在今西寧縣西湟水又東長寧川水注之水出松山董祐誠曰長寧水今曰北川河
有二源東源卽此水西源則養女川水也東源有二水其西一水東南流當卽長寧水北山曰阿爾坦阿林當大通縣南
土司境卽松山也東南流逕晉昌城官本曰案近刻訛作川案朱訛趙改刊誤曰川當作城董祐
誠曰城當在今西寧縣北土司境注不言逕城之東西以東南流合晉昌川推之則逕城之西矣晉昌川水
注之董祐誠曰此東源二水之東一水也西南流與西一水相合長寧水又東南養女川
水注之水發養女北山有二源皆長湍遠發南總一川逕養
女山謂之養女川趙釋曰一清案太平御覽云彼羌多禱而祈女董祐誠曰今青海和碩特東上旗東
北有水曰布庫克必拉出北山曰沙拉克圖阿林其水東南流右合一水曰沙庫克必拉出和碩特南左翼末旗東北山
曰察罕鄂博圖阿林所謂水有二源皆長湍遠發也自沙拉克圖阿林至阿爾坦阿林皆重山緜亙當大通縣西南諸土
司境北至大通河南抵西寧縣北注引闞駰所謂浩亹山卽西平北山也闞駰曰長寧亭北有養
女嶺卽浩亹山西平之北山也朱趙山作之趙增一西字刊誤曰於文當重一西字孫潛
校增亂流出峽董祐誠曰今北川河東西二水至西寧縣西北相合南逕長寧亭東城有
東西門東北隅有金城董祐誠曰晉書地理志長寧屬西平郡後魏廢或屬鄯州今本地形志闕
也注言在西平西北四十里當在今西寧縣西北北川土司境在西平西北四十里朱無在字趙增
去字刊誤曰西平上落去字十三州志曰六十里遠矣長寧水又東南與
一水合水出西山東南流水南山上官本曰案南上近刻衍出字案朱衍趙刪刊
誤曰出字衍文有風伯祠春秋祭之其水東南逕長寧亭南東入長
寧水董祐誠曰水當在今西寧縣西北長寧水又東南流注于湟水董祐誠曰今北
川河至西寧縣西北入湟水湟水又東牛心川水注之水出西南遠山官本
曰案西近刻訛作其案朱訛趙改刊誤曰其孫潛校改西董祐誠曰牛心川水今曰南川河出西寧縣西南土司境

東北流逕牛心堆東朱箋曰古本作牛心堆御覽引湟水注云牛心堆乃湟水源山名也吳本改作牛心川非矣董祐誠曰亦曰牛心山通鑑貞觀九年敗吐谷渾于曼頭山進敗之于牛心山當在今西寧縣西南又北逕西平亭西董祐誠曰西平郡之亭也東北入湟水董祐誠曰今南川水東北逕西寧縣西又北入湟水湟水又東逕西平城北朱趙無東字董祐誠曰元和郡縣志後漢獻帝立西平郡與注言魏黃初中立者小異後魏于此置鄯州郡當爲州屬今本地形志鄯州下闕隋唐鄯州治湟水縣在西平故郡東唐儀鳳中分湟水置鄯城則與故郡相接元和郡縣志湟水縣本破羌縣地土樓山在縣西百三十里鄯城縣東至州一百二十里北枕湟水西卽土樓山以此注土樓在西平亭東北五里推之則土樓正當故郡之北鄯城在東其地相接太平寰宇記鄯城縣下西平故城在今縣西一百三十二里者蓋由湟水縣言之猶元和志土樓在鄯城之西而湟水縣下猶云在縣西一百三十里皆誤錄舊圖經之文未及改正也輿地廣記鄯城縣唐沒于吐蕃皇朝收復改爲西寧州是宋之西寧州城爲唐鄯善縣非隋唐鄯州治州城之西卽與西平故城相屬今西寧府治卽宋之州城明之衛城攷陝西行都司志謂自衛城西至南遊東約八里餘乃古城信矣東城卽故亭也漢景帝六年封隴西太守北地公孫渾邪爲侯國趙釋曰沈氏曰據史漢表俱作平曲其子賀傳亦作平曲乃東海之屬縣全氏曰索隱曰漢表在高城則是渤海非東海也今本無之蓋脫失也寰宇記曰在霸州永清縣漢志東海有二平曲縣齊召南曰縣邑同名者皆異郡故或加東西字以別之東海一郡而平曲二縣同名殊不可曉以莽所改一曰平端一曰端平推之或者第二平曲是曲平乎道元以爲西平蓋誤以曲爲西耳一清案後漢書萬修傳永初七年鄧太后紹封修曾孫豐爲曲平亭侯則以第二平曲爲曲平非無證也魏黃初中立西平郡憑倚故亭增築南西北三城以爲郡治湟水又東逕土樓南董祐誠曰在今西寧縣北樓北倚山原峰高三百尺有若削成樓下有神祠雕牆故壁存焉闞駰曰西平亭北有土樓神祠者也今在亭東北五里右則五泉注之泉發西平亭北雁次相綴東北流至土樓南北入湟水董祐誠曰泉當在今西寧縣西北湟水又東右合蔥谷水水有四源各出一溪亂流注于湟董祐誠曰水當在今西寧縣東湟水

又東逕東亭北朱趙不重湟字董祐誠曰西平郡之東亭也當在今西寧縣東東出漆峽董祐誠曰當在今西寧縣東山峽也東流右則漆谷常溪注之左則甘夷川水入焉董祐誠曰二水當在今西寧縣東湟水又東安夷川水注之水發遠山西北流控引衆川官本曰案近刻流訛作逕脫引字　案朱趙同北屈逕安夷城西北董祐誠曰此安夷城在湟水南卽下安夷縣故城也二漢志縣屬金城郡晉志屬西平郡禿髮利鹿孤鎮安夷蓋卽此城後廢下注云在西平亭東七十里闞駰曰四十里以下宜春水西南流至安夷城南入湟推之知別是一城在湟水北此水以安夷名則由來已久所逕城自卽故城矣當在今西寧縣東接碾伯縣界明西寧衛志以衛東七十里平戎驛當之東入湟水董祐誠曰水當在今西寧縣東界湟水又東逕安夷縣故城董祐誠曰注不言逕城之南北以安夷川水推之當逕城北也城有東西門在西平亭東七十里官本曰案在近刻訛作去　案朱趙同闞駰曰四十里湟水又東左合宜春水水出東北宜春溪西南流至安夷城南官本曰案近刻脫城字　案朱趙作至于安夷南董祐誠曰此安夷城在湟水北非二漢故縣安夷之廢地志不詳或後魏時尙置縣以屬鄯州故地形志闕之歟城當在今西寧縣東北碾伯縣西入湟水董祐誠曰水當在今碾伯縣西湟水又東勒且溪水注之水出縣東南勒且溪北流逕安夷城東而北入湟水董祐誠曰水當在今碾伯縣西南所逕安夷城當卽故城在湟水南者湟水有勒且之名疑卽此號也朱箋曰勒且後漢書耿恭傳作勒姐注云姐音紫闞駰曰金城河初與浩亹河合又與勒且河合者也湟水又東左則承流谷水南入官本曰案左則近刻作左合　案朱趙作左合右會達扶東西二溪水參差北注亂流東出期頓雞谷二水北流注之官本曰案期字上近刻衍東流二字　案期字上朱有六山名也東流六字趙改六山名爲六谷山刊誤曰六山名當作六谷山下云六谷水自南破羌川自北水出此山故名案官本止言衍東流二字移六山名也四字於下又東官本曰案近刻脫此二字　案朱脫趙增刊誤曰吐郍上落又東二字吐那朱作郍箋曰疑作那趙改那孤長門兩川南流入湟水董祐

誠曰諸水當竝在今碾伯縣西境湟水左右六山名也官本曰案此四字原本訛在上亂流東出句下今考上六水出六山之溪谷皆舉山以名其水故總釋之亦注內之小注湟水又東逕樂都城南趙釋曰一清案後漢書馬武傳又戰于洛都谷章懷注云湟水一名洛都水西自吐谷渾界入在今鄯州湟水縣洛都即樂都也孫校曰穆天子傳温谷樂都即此董祐誠曰漢書趙充國傳夜引兵至落都即樂都也後涼有樂都太守田瑤則郡即呂氏所置南涼禿髮烏孤大城樂都而居之後魏置鄯州領縣竝闕隋唐爲湟水縣地志皆以樂都即今碾伯縣治而後漢書注輿地廣記皆言破羌縣故城在湟水縣西與此注先逕樂都後逕破羌者不合當以此注爲正蓋二城俱相近也東流右合來谷乞斤二水官本曰案近刻右訛作又斤下衍流字 案朱訛趙改刊誤曰又當作右又朱趙有流字左會陽非流溪細谷三水董祐誠曰諸水竝當近今碾伯縣治東逕破羌縣故城南董祐誠曰二漢縣屬金城郡晉廢當在今碾伯縣東明西寧衞志謂即碾伯東四十里老雅驛應劭曰漢宣帝神爵二年置城省南門十三州志曰湟水河在南門前東過六谷水自南破羌川自北左右翼注湟水

又東南逕小晉興城北董祐誠曰晉書地理志張軌分西平界置晉興郡一統志云小晉興蓋即晉興郡治之晉興縣猶沛郡沛縣之爲小沛也後魏廢注引闞駰說城在允吾縣西四十里當在今碾伯縣南故都尉治闞駰曰允吾縣西四十里有小晉興城官本曰案城下近刻衍也字案朱趙有湟水又東與閤門河合即浩亹河也孫校曰後漢書注浩水名也亹者水流山峽間兩岸深若門也出西塞外官本曰案西下近刻衍北字 案朱衍趙刪增水刊誤曰出上落水字北字衍文漢書地理志校董祐誠曰浩亹河今曰大通河出青海西北山曰阿木尼厄庫阿林水曰烏蘭木倫必拉當安西州東境之直南東入塞逕敦煌酒泉張掖南董祐誠曰今當肅州甘州府南境邊外爲青海北境東南逕西平之鮮谷塞尉故城南董祐誠曰城當在今青海北又東南與湛水合水有二源西水出白嶺下東源發于白岸谷合爲一川東南流至霧山注閤門河董祐誠曰水當在今青海東北閤門河又東逕養女北山董祐誠曰養女山見上閤門逕其北在今大通縣西境東南左合南流川

水水出北山官本曰案近刻脫一水字 案朱趙無一南流入于閤門河董祐誠曰水當在今大通縣西境閤門河又東逕浩亹縣故城南朱趙不重閤門二字董祐誠曰二漢晉志俱屬金城郡後廢元和郡縣志浩亹故城在廣武縣西南一百三十里允吾故城在廣武縣西南一百六十里是水流二縣閒也當在今平番縣西南土司境王莽改曰興武矣闞駰曰浩讀閤也故亦曰閤門水兩兼其稱矣朱箋曰孟康漢志注云浩亹音閤門今俗呼此水爲閤門水又東流注于湟水董祐誠曰今大通河自青海西北東流逕和碩特前左翼頭旗北又東逕和碩特右翼前旗南又東逕和碩特東上旗北又東逕大通縣南又東南逕碾伯縣東平番縣西又東南逕莊浪廳西南碾伯縣東南入湟水大通以下爲漢浩亹允吾二縣境故漢志云浩亹水出浩亹西塞外東至允吾入湟水故地理志曰浩亹水東至允吾入湟水趙釋曰一清案師古曰浩音誥水名也亹者水流峽山岸深若門也今俗呼此水爲閤門河蓋疾言之耳湟水又東逕允吾縣北爲鄭伯津朱趙不重湟水二字與澗水合官本曰案澗近刻訛作潤 案朱作潤箋曰漢志作澗趙改澗水出令居縣西

北塞外官本曰案出下近刻衍縣北二字 案朱衍趙刪刊誤曰縣北二字衍文漢書地理志校董祐誠曰令居故城當在今平番縣西北土司境南流逕其縣故城西漢武帝元鼎二年置王莽之罕虜也又南逕永登亭西董祐誠曰當在今平番縣西歷黑石谷董祐誠曰當在今莊浪廳西南流注鄭伯津董祐誠曰今有可可川出古浪縣西南東南流逕平番縣西又南逕莊浪廳東南入湟當即澗水漢志云澗水出令居西北塞外至縣西南入鄭伯津湟水又東逕允街縣故城南董祐誠曰二漢晉志縣屬金城郡後廢太平寰宇記謂在昌松縣南案允街爲湟水所經不得越廣武而入昌松也城當在今莊浪廳西南漢宣帝神爵二年置王莽之修遠亭也趙釋曰一清案漢志無亭字然莽改允吾縣爲脩遠則此宜有亭字以別于郡治今漢書有脫文當以水經注補之縣有龍泉出允街谷泉眼之中水文成交龍官本曰案交近刻訛作蛟 案朱訛趙改刊誤曰蛟全氏校改交或試撓破之尋平成龍畜生將飲者皆畏避而走謂之龍泉下入湟水湟水又東逕枝陽縣董祐誠曰二漢

志屬金城郡晉廢前涼復置後魏廢當在今莊浪廳南逆水注之孫校曰元和志廣武縣烏亭逆水在縣西
二十許里水西有馬蹄谷水出允吾縣之參街谷董祐誠曰允吾當作允街允吾在湟水南不得
越允街令居諸縣而有逆水源太平寰宇記所引亦誤蓋由允吾允街相近王莽又竝改曰脩遠故漢志錯入允吾下後
人遂據以誤改耳漢代未有廣武縣今平番西南迤北至縣西北皆當在漢允街地莊浪廳則枝陽地也參街谷疑亦允
街谷之誤東南流逕街亭城南董祐誠曰十六國春秋禿髮烏孤敗呂光將于街亭即此太平寰宇
記言允街故城在昌松縣東南城臨麗水即逆水輿地廣記亦言在昌松東南疑即此街亭城非允街故城也當在今平
番縣西北又東南逕陽非亭北官本曰案亭北近刻訛作北亭案朱訛趙改刊誤曰北亭當作亭
北董祐誠曰十六國春秋涼將馬健自陽非退屯清塞即此亭也當在今平番縣西又東南逕廣武城
西董祐誠曰元和郡縣志廣武本漢枝陽縣前涼置廣武郡隋書地理志後魏置廣武縣竝郡魏書地形志無之城當
在今平番縣南近莊浪廳治故廣武都尉治郭淮破叛羌趙無叛字治無戴官本
曰案原本訛作故無載據三國志改正案朱作故無載箋曰魏志作治無戴乃羌人名趙改于此處也城

之西南二十許里水西有馬蹄谷漢武帝聞大宛有天馬遣
李廣利伐之始得此馬有角爲奇故漢武帝天馬之歌曰官本
曰案武帝二字近刻訛作賦字案朱訛趙改刊誤曰賦當作武帝天馬來兮歷無草官本曰案近刻
訛作阜案朱訛趙改逕千里兮循東道官本曰案循近刻訛作巡案朱趙同胡馬感
北風之思遂頓羈絕絆驤首而馳晨發京城夕至敦煌北塞
外官本曰案夕字近刻作食時二字案朱趙作食時長鳴而去因名其處曰候馬亭
今晉昌郡南及廣武馬蹄谷盤石上馬跡若踐泥中有自然
之形故其俗號曰天馬徑夷人在邊效刻是朱箋曰疑作足趙改足有
大小之迹體狀不同視之便別逆水又東逕枝陽縣故城南
東南入于湟水董祐誠曰今莊浪河出平番縣北東南流繞莊浪廳西而南當即逆水然入河不入湟或
古今有變遷也地理志曰逆水出允吾朱無出字趙增吾下增參街谷三字東至枝陽

入湟趙釋曰一清案漢志謂之烏亭逆水湟水又東流官本曰案湟水二字近刻訛作河字案朱訛
趙改刊誤曰案河字當作湟水二字漢書地理志所謂湟水東至允吾入河者也注于金城河董祐誠曰
今湟水自青海東北和碩特東上旗南和碩特南右翼後旗北東流逕和碩特南左翼末旗南又東入邊逕西甯縣北又
東逕碾伯縣北又東南逕巴燕戎格廳東南莊浪廳西南入河在漢爲臨羌安夷破羌允吾允街枝陽境故漢志云臨羌
北則湟水所出東至允吾入河即積石之黃河也闞駰曰河至金城縣謂之
金城河隨地爲名也釋氏西域記曰牢蘭海東伏流龍沙堆
在屯皇趙釋曰一清案屯皇即敦煌師古曰敦音屯漢志曰敦煌郡有白龍沙堆東南四百里阿
步干官本曰案阿步干近刻訛作河步于案朱訛趙改刊誤曰全氏云阿步干鮮卑語也慕容廆思其兄吐谷渾
因作阿干之歌蓋胡俗稱其兄曰阿步干阿干者阿步干之省也今蘭州阿干峪阿干河阿干城阿干堡金人置阿干縣
皆以阿干之歌得名阿干水至今利民曰溥惠渠又有沃干嶺亦阿干之轉音胡三省曰阿干嶺在晉興郡大夏縣東南
洮水西北又曰大干元和志文水縣有大干城本劉元海令兄延年鎮之胡語長兄爲大干是也于字誤趙釋曰一清案

通鑑晉紀魏冀州刺史阿薄干胡三省註魏書官氏內入諸姓阿伏干氏後爲阿氏薄伏皆與步音通轉而人又取山之
號爲姓名也鮮卑山趙釋曰一清案三字注中注東流至金城爲大河河出崑
崙官本曰案近刻脫一河字案朱趙不重崑崙即阿耨達山也河水又東逕石
城南官本曰案此八字原本及近刻竝訛作經案朱訛趙改刊誤曰八字是注混作經謂之石城津
董祐誠曰晉書載記苻堅使苟萇等伐涼濟自石城津即此津也當在今莊浪廳南接皋蘭縣界闞駰曰在
金城西北矣河水又東南逕金城縣故城北董祐誠曰二漢晉志縣俱屬金
城郡元和郡縣志後魏於允吾置金城縣則在河北故此言故城也城在今皋蘭縣西四十里曰西古城北臨黃河應
劭曰初築城得金故曰金城也漢書集註辥瓚云金者取其
堅固也故墨子有金城湯池之言矣王莽之金屏也世本曰
鯀作城風俗通曰城盛也從土成聲管子曰內爲之城朱同趙改
之爲刊誤曰爲之二字當倒互城外爲之郭官本曰案近刻脫一城字郭案朱趙作外之爲郭外

爲之土閭上開官本曰案近刻訛作郭外之案朱訛趙上改土地高則溝之官本曰案地近刻訛作池案朱趙作池下則隄之官本曰案近刻脫此四字案朱趙無命之曰金城十

三州志曰大河在金城北門東流有梁泉注之出縣之南山趙出上增泉字刊誤曰出上落泉字名勝志引此文校增按耆舊言梁暉字始娥漢大將軍梁冀後冀誅入羌後其祖父爲羌所推爲渠帥而居此城土荒民亂暉將移居枹罕出頓此山爲羣羌圍迫無水暉以所執榆鞭豎地以青羊祈山神泉湧出榆木成林其水自縣北流注于河也董祐誠曰泉當在今皋蘭縣界明一統志以東南八十里白石山泉當之

又東過榆中縣北孫校曰地理志金城郡縣有榆中章懷曰榆中在金城縣東北案金城故城今蘭州治也董祐誠曰魏書地形志金城郡榆中二漢晉屬通鑑注榆中在蘭州東五十里今皋蘭縣東境接金縣界

昔蒙恬爲秦北逐戎人開榆中之地案地理志官本曰案志下近刻衍曰字案朱趙有金城郡之屬縣也故徐廣史記音義曰榆中在金城郎阮嗣宗勸進文所謂榆中以南者也趙釋曰一清案任氏廣書敘指南曰水經河州地名曰榆城太平寰宇記河州枹罕縣榆城溪烏頭川在郡東方輿紀要蘭州有榆中城漢縣杜佑以爲即故大小榆谷誤也

又東過天水北界孫校曰地理志天水郡武帝元鼎三年置莽曰塡戎董祐誠曰勇士縣漢志屬天水郡蓋榆中之東即勇士縣界

苑川水出勇士縣之子城南山官本曰案苑近刻作菀下同案朱趙同孫校曰案今靖遠縣西有苑川城黃河自蘭州界東北流越亂山中二百餘里入縣界瀉落巨川有如瀑布土人沿山引水灌田甚廣董祐誠曰勇士縣漢志屬天水續漢志屬漢陽晉廢十六國春秋苻秦置勇士護軍漢故城當在今金縣東北此云子城蓋西秦後所置輿地廣記稱苑川城乞伏國仁據此後曰子城縣是也當近今金縣治東北流歷此成川官本曰案成近刻訛作城案朱訛趙改刊誤曰城當作成世謂之子城川又北逕牧師

苑故漢牧苑之地也羌豪迷吾等萬餘人官本曰案迷近刻訛作述案朱同箋曰漢書通典竝作迷吾趙改到襄武首陽平襄勇士抄此苑馬官本曰案抄上近刻衍至字馬訛作焉案朱同趙存至乙抄此焉改馬刊誤曰箋曰焉當作馬案於文是至此抄苑馬朱氏箋之未盡顏師古曰苑古菀字焚燒亭驛即此處也又曰苑川水地爲龍馬之沃土故馬援請與田戶中分以自給也有東西二苑城相去七十里官本曰案近刻作七里案朱趙同西城即乞佛所都也董祐誠曰十六國春秋乞伏國仁置苑川郡乞伏乾歸自金城遷都西城二城當在今金縣界中又北入于河也董祐誠曰今金縣南有水出馬寒山峽中東北逕縣南門外北流逕縣西又北流入河俗亦曰浩亹河當即苑川水也

又東北過武威媼圍縣南官本曰案近刻訛作又北過武威媼圍縣東北案朱訛趙改又南作東刊誤曰又下落東字東北之東衍文河水東注不應遽折而出北或斜趨東北則可矣例以下天水勇士縣經文校改孫校曰今中衛縣西南有媼圍水下流入黃河縣在河西莊浪之東南中衛之西南也地理志武威郡故匈奴休屠王地武帝太初四年開莽曰張掖縣有媼圍董祐誠曰二漢志縣皆屬武威郡晉省在今皋蘭縣西北

河水逕其界東北流縣西南有泉源東逕其縣南又東北入河也趙釋曰全氏曰案胡三省曰禿髮傳檀之拒赫連其臣焦朗勸令從溫圍水北渡疑因媼圍縣得名訛媼爲溫也前此晉馬隆討涼州鮮卑渡溫水則省文也後此拓跋伐沮渠李順謂自溫圍水至姑臧則又訛圍爲圍矣是即道元所謂泉源逕縣南入河者董祐誠曰泉當在今皋蘭縣西北

又東北過天水勇士縣北孫校曰地理志天水郡縣有勇士今靖遠縣西二百里有勇士故城

地理志曰滿福也官本曰案滿近刻訛作蒲案朱訛趙改屬國都尉治趙釋曰一清案漢志勇士縣下云屬國都尉治滿福似別是一城道元顛倒引之有舛誤也王莽更名之曰紀德

有水出縣西官本曰案近刻脫有字西訛作山案朱趙同趙釋曰全氏曰此句有脫文當云有水出縣西後漢書西羌傳趙沖復追羌到建威鸇陰河章懷注曰續漢志建威作武威鸇陰縣名屬安定後漢屬武威宋白曰即水經河水東北過勇士縣處也世謂之二十八渡水東北流溪澗縈曲途出

其中逕二十八渡行者勤于溯涉故因名焉北逕其縣而下注河董祐誠曰水當在今金縣東北又有赤畦川水南出赤蒿谷北流逕赤畦川又北逕牛官川又北逕義城西北北流歷三城川而北流注于河也董祐誠曰水當在今金縣東北接靖遠縣界

又東北過安定北界麥田山

河水東北流逕安定祖厲縣故城西北官本曰案此十五字原本及近刻並訛作經案朱訛趙改刊誤曰十五字是注混作經董祐誠曰漢志祖厲縣屬安定郡續漢志屬武威郡晉省元和郡縣志前涼張軌收其縣人于故武威縣側近別置祖厲縣是前涼祖厲縣在今涼州魏書地形志隴東郡有祖厲縣又在今平涼皆非河水所逕也故城在今靖遠縣西南一百三十里漢武帝元鼎三年官本曰案近刻訛作五年案朱趙同幸雍遂踰隴登空同西臨祖厲河而還即于此也王莽更名之曰鄉禮也李斐曰音賴朱箋曰漢地志安定郡有祖厲縣本紀李斐注云祖厲音嗟賴趙釋曰一清案五字注中注全氏曰漢書注李斐云祖厲音嗟賴祖字从衣不从示从示者作阻聲是也又東北祖厲川水注之水出祖厲南山董祐誠曰今會甯縣故漢祖厲縣地川水出其南也北流逕祖厲縣而西北流注于河官本曰案河下近刻衍水字案朱衍趙刪董祐誠曰祖厲川今曰南玉河出會甯縣東南西北流逕縣南及西又西北流逕靖遠縣西南入河河水又東北逕麥田城西孫校曰麥田故城在靖遠縣北晉咸和四年乞伏述延自苑川遷於麥田即此董祐誠曰十六國春秋西秦乞伏傳大寒自苑川遷於麥田無孤山即此在今靖遠縣東北又北與麥田泉水合官本曰案此十八字原本及近刻並訛作經案朱訛趙改刊誤曰十八字是注混作經水出城西北西南流注于河董祐誠曰水當在今靖遠縣東北河水又東北逕麥田山西谷官本曰案此十一字原本及近刻並訛作經今考以上注文記河之西南來所逕至此即經所謂東北過安定北界麥田山也案朱訛經趙改注又朱山西下無谷字趙增刊誤曰箋曰謝兆申云宋鈔本西下有谷川二字案十字是注混作經謝說谷川之川是山字之誤於文爲河水又東北逕麥田山西谷句山在安定西北六百四十里經注割裂故有

此誤其實皆注文也董祐誠曰在今靖遠縣東北山在安定西北六百四十里官本曰案近刻脫山字案朱脫趙增河水又東北逕于黑城北董祐誠曰當在今中衛縣南又東北高平川水注之官本曰案此十九字原本及近刻並訛作經案朱訛趙改刊誤曰十九字是注混作經即苦水也官本曰案苦近刻訛作若下同案朱訛趙改刊誤曰若水方輿紀要作苦水云水味苦故名下並同董祐誠曰今曰清水河水出高平大隴山苦水谷官本曰案隴近刻訛作壟案朱訛趙改董祐誠曰今清水河出固原州西南六盤山即大隴山也建武八年世祖征隗囂吳漢從高平第一城苦水谷入官本曰案原本及近刻並脫吳字據後漢書補案朱脫吳字趙並刪漢字刊誤曰漢字衍文後漢書光武帝紀云建武八年閏月帝自征囂河西太守竇融率五郡太守與車駕會高平隗囂傳云八年帝率諸將西征之數道上隴王遵持節監大司馬吳漢留屯長安又云使吳漢與征南大將軍岑彭圍西城吳漢傳云八年從車駕上隴遂圍隗囂於西城蓋吳公始屯長安帝自將至高平後乃命與岑征南同圍西城漢字爲羨文無疑又黃省曾本無城字朱氏據續漢志增即然范史俱作高平第一正不必增也若水是苦水之誤是谷也東北流逕高平縣故城東董祐誠曰高平二漢皆安定郡治魏書地形志原州太延二年置鎮正光五年改置并置郡縣治高平城領郡二高平郡領高平元和郡縣志平高縣後魏太延二年於今縣理置平高縣屬平高郡是地形志高平當作平高矣原州之高平爲漢縣地形志不注而高平二漢屬安定之文乃反在新平郡移置之高平下誤矣諸志皆以今固原州城爲漢魏迄唐之城然此注既言故城而元和志又明言於今理置平高縣則魏城非漢城矣下注言長城在高平北十五里而元和志作十里今州志亦同是高平故城當近今固原州治而稍南也方志多以高平在鎮原誤漢武帝元鼎三年置官本曰案近刻脫置字案朱脫趙增刊誤曰安定郡上落置字全氏校增安定郡治也王莽更名其縣曰鋪睦西十里有獨阜阜上有故臺臺側有風伯壇故世俗呼此阜爲風堆其水又北龍泉水注之水出縣東北七里龍泉東北流注高平川董祐誠曰今州北五里有暖泉流入清水河疑即此川水又北出秦長城官本曰案長字近刻訛在城字下案朱無長字箋曰宋本無又字秦城字作長城趙秦下增長字川水下依宋本刪又字董祐誠

曰注稱在縣北十五里今州西北十里有遺址城在縣北一十五里趙刊誤曰在上落城字黃省曾本校增又西北流逕東西二土樓故城門北官本曰案土樓近刻訛作太婁朱趙同刊誤曰蔓曰太字疑誤案寰宇記云原州蕭關縣本隋他樓縣地方輿紀要平涼府鎮原縣有他樓城本漢高平縣地晉太元十六年乞伏乾歸擊鮮卑部帥沒奕干沒奕干奔他樓蓋舊有此城隋因置縣他太聲之轉樓婁形之近也不得云誤字董祐誠曰朱氏本作太婁箋曰太字疑誤戴氏據永樂大典本作土樓趙氏曰晉太元十六年乞伏乾歸擊鮮卑部帥沒奕干沒奕干奔他樓隋有他樓縣他太聲之轉樓婁形之近不得云誤字今太字從趙氏本樓字從戴氏本城當在今固原州北合一水水有五源咸出隴山西東水發源縣西南二十六里湫淵淵在四山中趙釋曰一清案漢志安定郡朝那縣有湫淵祠說文云安定朝那有湫泉劉昭補註續志云朝那有湫淵方四十里停不流冬夏不增減不生草木湫水北流董祐誠曰史記封禪書湫淵祠朝那即此蓋朝那故城在今平涼縣西北與固原州西南接壤也今固原州西南六盤山之陰山麓有泉徑廣一里名曰西海下流爲海子河即此北流之水也西北出長城北與次水會水出

縣西南四十里長城西山中董祐誠曰今硝河出固原州西山北流逕魏行宮故殿東董祐誠曰當在今固原州西北硝河上又北次水注之出縣西南四十里山中趙出上增水字刊誤曰出上落水字董祐誠曰今須滅都河出硝河之西北流逕行宮故殿西又北合次水水出縣西南四十八里董祐誠曰今小黑河出須滅都河之西東北流又與次水合水出縣西南六十里酸朱作酸箋曰宋本作酸趙改酸陽山董祐誠曰今大黑河出小黑河之西東北流左會右水總爲一川董祐誠曰今五水會於固原州西北東逕西樓北官本曰案樓近刻亦訛作婁案朱作西婁趙增太字刊誤曰西下落太字董祐誠曰太樓之西城也二城當夾清水河東注苦水董祐誠曰今五水合清水河於固原州北段熲爲護羌校尉于安定高平苦水討先零斬首八千級于是水之上苦水又北與石門水合水有五源東水導源高平縣西八十里西北流次水注之水出縣西百二十里如州泉

東北流右入東水亂流左會三川參差相得東北同爲一川混濤歷峽峽即隴山之北垂也謂之石門口水曰石門水在縣西北八十餘里石門之水又東北注高平川董祐誠曰按方志輿圖皆無石門水姑從闕疑以俟博訪川水又北自延水注之水西出自延溪官本曰案近刻脫水字案朱趙無東流歷峽謂之自延口在縣西北百里官本曰案近刻脫在字縣下復衍之字　案朱脫衍趙增刪刊誤曰縣上落在字之字衍文又朱趙百上並有一字又東北逕延城南董祐誠曰城當在今固原州北東入高平川董祐誠曰水當在今固原州北舊州志謂即甜水河一統志辨之川水又北逕廉城東董祐誠曰注稱案地理志北地有廉縣云云蓋下文河水所經方爲漢縣故城此廉城當在今固原州東北按地理志官本曰案志下近刻衍曰字　案朱趙有北地有廉縣官本曰案近刻廉下衍城字　案朱趙有趙釋曰一清案漢志北地郡廉縣不云廉城縣亦見下卷闞駰言在富平北自昔匈奴侵漢新秦之土率爲狄場故城

舊壁盡從胡目官本曰案胡近刻訛作故　案朱訛趙改刊誤曰故孫潛校改胡地理淪移不可復識當是世人誤證也川水又北苦水注之水發縣東北百里山官本曰案此處應有訛脫流注高平川川水又北官本曰案近刻訛作流注高平又北　案朱訛趙改刊誤曰下高平二字重文誤也孫潛校改作流注高平川川水又北逕三水縣西逕三水董祐誠曰縣見下縣西肥水注之水出高平縣西北二百里牽條山西趙釋曰一清案方輿紀要平涼縣有牽屯山名見北史爾朱天光及賀拔岳傳亦即地理志之幵頭山師古曰幵音苦見反又音牽土俗語訛謂之汧屯山杜佑曰笄頭山訛爲牽屯山此名牽條蓋異名也董祐誠曰今固原州西北二百十里有海喇都堡西有水牽條山當在此東北流與若勃溪合水有二源官本曰案水字近刻訛在合字上　案朱訛趙改刊誤曰水合二字當倒互總歸一瀆東北流入肥董祐誠曰水當在今固原州西北肥水又東北流逹泉水注焉泉流所發導于若勃溪東東北流入肥董祐誠曰水當在今固原州西北肥水又東北出

峽注于高平川董祐誠曰今海喇都堡西之水東北流右合小水東北流入清水河當卽肥水也水東有山山東有三水縣故城董祐誠曰二漢志縣屬安定後魏移置三水縣于新平故此言故城也城當在今固原州東北清水河東隔山接環縣界通典謂在安定元和郡縣志謂在㫐原或魏晉廢縣時更有遷徙皆非漢縣也本屬國都尉治王莽之廣延亭也西南去安定郡三百四十里議郎張奐官本曰案議近刻訛作侍　案朱訛趙改刊誤曰後漢書張奐傳是議郎侍字誤也爲安定屬國都尉治此羌有獻金馬者奐召主簿張祁入于羌前以酒酹地曰使馬如羊不以入廄使金如粟不以入懷盡還不受威化大行縣東有溫泉溫泉東有鹽池故地理志曰縣有鹽官今于城之東北有故城城北有三泉疑卽縣之鹽官也高平川水又北入于河趙刊誤曰箋曰宋本河下有一汭字案黃省曾本無汭字董祐誠曰今清水河自固原州北流至中衛縣東靈州鳴沙堡西入于河河水又東北逕眴卷縣故城西官本曰案此十二字原本及近刻竝訛作經　案朱訛趙改刊誤曰十二字是注混作經孫校曰眴卷故城在今中衛縣東唐爲靈州鳴沙縣地董祐誠曰漢志縣屬安定郡後漢省故城在今清水河口當靈州西南近鳴沙堡地理志曰河水別出爲河溝東至富平北入河董祐誠曰河溝當卽下枝津河水于此有上河之名也

水經注卷三　長沙王氏校本

後魏酈道元撰

河水官本曰案二字原本訛在經文又北上近刻又增河水三三字表目　案朱趙同

又北過北地富平縣西孫校曰元和郡縣志靈武縣本漢富平縣地黃河自囘祿界流入今甯夏府治故富平地

河側有兩山相對水出其間卽上河峽也官本曰案近刻脫也字　案朱脫趙增世謂之爲青山峽官本曰案近刻脫峽字　案朱脫趙增刊誤曰太平御覽引此文作卽上河峽也寰宇記引此文作世謂之爲青山峽今校補二字董祐誠曰今曰峽口山亦曰青銅峽在靈州西河出其中河水歷峽北注枝分東出趙釋曰一清案太平寰宇記慶州樂蟠縣馬嶺山俗名箭筈嶺與青山相連亙有馬嶺坂左右帶川相傳漢之牧地也有水出縣西北注水經云與青山水合今本無之樂蟠縣漢北地郡富平縣地章懷後漢書注云青山在北地參䜌界青山中水所出也續志北地郡參䜌縣故屬安定有青山馬嶺水亦見補附洛水董祐誠曰卽下枝津河水又北逕富平縣故城西官本曰案此十一字原本及近刻並訛作經今考經舉當時郡縣至道元時或廢或徙注是以目爲秦故城後並同　案朱訛趙改刊誤曰十一字是注混作經置北部都尉官本曰案部原本訛作地據漢書改正　案朱訛趙改刊誤曰北地漢書地理志作北部　地字誤也治縣城趙釋曰一清案漢志北地郡富平縣北部都尉治神泉障云治在障則非縣城矣道元誤也王莽名郡爲威戎縣曰持武官本曰案持近刻作特漢書作特　案朱作特箋曰漢地志作特武趙改持建武中曹鳳字仲理爲北地太守政化尤異黃龍應于九里谷高岡亭角長三尺大十圍梢至十餘丈天子嘉之賜帛百匹加秩中二千石河水又北薄骨律鎭城官本曰案此九字原本及近刻並訛作經　案朱訛趙改又增逕字刊誤曰九字是注混作經又北下落逕字困學紀聞云經云河水又北薄骨律鎭城注云赫連果城也乃後魏所置其酈氏附益與可見經注混淆相沿已久在河渚上官本曰案在字上近刻衍城字　案朱趙有董祐誠曰城卽唐宋靈州城在今靈州西南十餘里赫連果城也桑果餘林仍列洲上趙洲作州但語出戎方官本曰案語近刻訛作諸　案朱訛趙改不究城名訪諸耆舊咸言故老宿彥云官本曰案云近刻作言　案朱同趙改赫連之世有駿馬死此取馬色以爲邑號故目城爲白口騮韻之謬朱箋曰韻字下當有轉字謂白口騮轉讀作薄骨律耳趙增轉字遂仍今稱所未詳也趙釋曰一清案漢志北地郡靈洲縣有河奇苑號非苑師古曰苑謂馬牧也水中有可居者曰洲此地在河之洲隨水高下未嘗淪沒故號靈洲又曰河奇也二苑皆在北焉方輿紀要漢靈洲縣其後赫連夏據其地後魏主燾滅之太延二年置薄骨律鎭在河渚上孝昌中改置靈洲初在河北後于果園所築城爲州治駿馬之稱或因漢舊牧苑而得名也寰宇記薄骨律渠在囘樂縣南六十里溉田一千餘頃囘樂縣卽漢富平縣地河水又逕典農城東官本曰案此八字原本及近刻並訛作經又下應脫北字　案朱訛脫趙改增逕下增朔方郡宏靜鎭六字釋曰一清案太平寰宇記引此注作宏靜縣非也隋圖經云宏靜縣本漢城居河外三里乃舊傳薄骨律鎭倉城也後魏立宏靜鎭徙關東漢人以充屯田則縣是周隋之際所置也趙刊誤曰八字是注混作經又逕下落朔方郡宏靜鎭六字寰宇記校補釋詳本卷董祐誠曰諸本皆作逕典農城東趙氏據太平寰宇記所引作朔方郡宏靜縣典農城東又改縣爲鎭案元和志保靜縣本漢富平縣地後漢立宏靜鎭今爲甯夏縣東南境與此注合然典農城既兩見而甯夏亦非朔方郡地寰宇記所引當非原文今刪朔方郡及典農城六字世謂之胡城又北逕上河城東董祐誠曰在今甯夏縣南世謂之漢城薛瓚曰上河在西河富平縣卽此也馮參爲上河典農都尉所治也官本曰案漢邊郡置農都尉主屯田殖穀馮參乃農都尉典字衍典農之名始於建安中　趙釋曰巵林曰漢書馮參爲上河農都尉百官表曰農都尉武帝置後漢百官志武帝時邊郡置農都尉主屯田殖穀建武六年邊郡往往置都尉注引漢官儀曰農都尉不治民御覽引魏略曰曹公置典農中郎將秩二千石典農都尉秩六百石典農校尉秩比二千石然則漢官無典字至當塗始更耳水經及注作典農皆非梁統傳光武拜梁騰酒泉典農都尉蔚宗亦誤一清案續志注農都尉以下無漢官儀一條而御覽所引魏略之文則見於大司農之下作魏志也然愚竊有疑者裴世期注三國志引先賢行狀云陶謙表陳登爲典農校尉則在曹氏之先已有典農之稱矣此與巵林所引范書可參證也河水又北逕典農城東官本曰案此九字近刻訛作經　案朱訛趙改

刊誤曰九字是注混作經董祐誠曰太平寰宇記保靜縣有典農城當在今甯夏縣東俗名之爲呂城皆參所屯以事農甿官本曰案原本脫甿字宋本有案朱脫趙增刊誤曰箋曰宋本農下有一毗字案毗字絕無意義當是甿字河水又東北逕廉縣故城東官本曰案此十一字原本及近刻並訛作經　案朱訛趙改刊誤曰十一字是注混作經董祐誠曰二漢志縣皆屬北地郡漢末廢注於高平川水下引闞駰曰在富平北當在今甯夏縣北境王莽之西河亭地理志曰卑移山在西北河水又北與枝津合官本曰案此八字原本及近刻並訛作經北訛在與字下　案朱訛趙改又增合字刊誤曰箋曰宋本津下有一合字按七字是注混作經與北二字當倒互胡渭校改水受大河東北逕富平城所在分裂以溉田圃北流入河今無水董祐誠曰今靈州漢伯渠自青銅峽之麓釃河東出相傳爲漢時所鑿當即枝津亦即漢志之河溝也下流數改在酈氏時已無水則今渠亦非盡舊蹟矣爾雅曰灉反入言河決復入者也河之有灉若漢之有潛也河水又東北逕渾懷障西官本曰案此十字原本及近刻並訛作經　案朱訛趙改又朱作鄣趙改障刊誤曰十字是注混作經鄣當作障後並同董祐誠曰注云南去北地三百里元和郡縣志廢靈武城在懷遠縣東北隔河一百里其城本蒙恬所築古謂之渾懷障案懷遠即今甯夏渾懷障當在河東鄂爾多斯右翼中旗界中地理志官本曰案志下近刻衍曰字　案朱趙有渾懷都尉治塞外者也趙釋曰一清案漢志北地郡富平縣渾懷都尉治塞外渾懷障太和初三齊平徙歷下民居此遂有歷城之名矣官本曰案城近刻作地案朱訛趙改刊誤曰歷地當作歷城南去北地三百里官本曰案北地近刻訛作北城　案朱訛趙改刊誤曰箋曰漢志渾懷都尉治在北平此北城誤當作北平案漢書地理志北地郡富平縣下云渾懷都尉治塞外渾懷障北城是北地之訛朱氏以爲治在北平何其繆也下同河水又東北歷石崖山西官本曰案此十字原本及近刻並訛作經　案朱訛趙改刊誤曰十字是注混作經孫校曰石崖山在今甯夏府平羅縣東董祐誠曰當即今阿爾布斯諸山在鄂爾多斯右翼中旗界中去北地五百里官本曰案北地近刻訛作北城案朱訛箋曰城當作平趙見上山石之上自然有文盡若虎馬之狀官本曰案虎太平御覽引作獸近刻訛作戰　案朱訛戰趙改

獸刊誤曰御覽引此文作獸馬獸馬原作虎馬唐避諱改虎爲獸鄴中三臺以金虎爲金獸可證也粲然成著類似圖焉趙刊誤曰箋曰當作頗似圖畫案依文自通無容更易故亦謂之畫石山也又北過朔方臨戎縣西孫校曰臨戎故城即舊朔方郡在今定邊縣北河水東北逕三封縣故城東董祐誠曰二漢志三封俱屬朔方郡漢末廢元和郡縣志漢三封在今豐州西一百里又云夏州長澤縣本漢三封縣地即今縣北二十里三封故城二說互異長澤在今楡林非漢朔方地且志言夏州西北至豐州七百五十里長澤又在夏州西南一百二十里相悖顯然志又言豐州治九原縣本廣牧縣州西一百六十里永豐縣本臨戎縣三封又在臨戎之西則所云豐州西百里亦有誤字此注引十三州志曰三封在臨戎縣西一百四十里當在今鄂爾多斯右翼中旗西北河外漢武帝元狩三年置十三州志曰在臨戎縣西朱趙有一字百四十里官本曰案四近刻作三　案朱趙同河水又北逕臨戎縣故城西官本曰案此十一字近刻訛作經　案朱訛趙改刊誤曰十一字是注混作經董祐誠曰二漢縣屬朔方郡注云舊朔方郡治而元和志謂朔方理三封趙氏據續漢志謂酈注所稱係後漢治所然酈注多詳前漢事蹟而前志所書每郡第一縣不必皆爲郡治且志稱元朔二年開朔方郡而臨戎即城於五年當與郡同置三封之置則漢志及此注俱在元狩三年朔方之治臨戎二漢當無改易也元和志永豐縣豐州西一百六十里本漢臨戎舊地後漢末廢北人謂之賀葛眞城當在今鄂爾多斯右翼後旗西界內與三封城隔河相望元朔五年立趙增漢字刊誤曰元朔上黃省曾本有漢字舊朔方郡治趙釋曰一清案續志云凡縣名先書者即所治也此是東漢郡治王莽之所謂推武也官本曰案河水又北至此共二十九字原本脫近刻有　案朱趙有河水又北有枝渠東出謂之銅口東逕沃野縣故城南官本曰案此二十一字原本及近刻並訛作經　案朱訛又脫縣字趙改增刊誤曰二十字是注混作經　沃野下落縣字孫校曰沃野故城在天德軍北六十里今靖邊縣北董祐誠曰二漢志縣屬朔方郡漢末廢當在廣牧臨戎二縣之間今爲鄂爾多斯右翼後旗西境元和郡縣志所稱天德軍北沃野故城當是後魏鎭城非漢舊縣注敘枝渠於河水逕臨戎縣故城西之下屈爲南河之上則沃野之在臨戎東北及南河之南可知而南河下不言逕沃野縣北疑不能明也漢武帝元狩三年立王莽之綏武也枝渠東注以溉田董祐

誠曰渠當在今鄂爾多斯右翼後旗界中所謂智通在我矣河水又北屈而爲南
河出焉河水又北迤西溢于窳渾縣故城東官本曰案此二十五字原本及
近刻竝訛作經　案朱訛趙改又爲下增屠申澤三字刊誤日二十五字是注混作經而爲下落屠申澤三字孫校曰南
河自靈州北行至此始折而東流窳渾故城在廢夏州西北今靖邊北董祐誠曰漢志縣屬朔方郡後漢省故城當在今
鄂爾多斯右翼後旗西北河外騰格里鄂謨之西南河見下漢武帝元朔二年開朔方郡
縣即西部都尉治官本曰案縣即二字近刻訛作治又有三字　案朱訛趙改以縣爲三字刊誤曰仝
氏云漢之守尉不同城窳渾亦非首縣此必不學人見此處有脫誤而妄塡之今據漢志改正作開朔方郡以縣爲西部
都尉治於事方合有道自縣西北出雞鹿塞王莽更郡曰溝搜縣曰
極武其水積而爲屠申澤澤東西朱趙有一字百二十里故地理
志曰屠申澤在縣東即是澤也闞駰謂之窳渾澤矣官本曰案近刻
脫窳字　案朱脫趙增刊誤曰寰宇記引此文作窳渾澤縣即以窳渾澤得名今陝西楡林鎮有窳渾城漢朔方郡之舊
縣也董祐誠曰今曰騰格里鄂謨在鄂爾多斯右翼後旗西河水西岸
屈從縣北東流官本曰案近刻脫東字此句原本及近刻竝誤入注內接謂之渾澤矣下今考文義乃承上經
臨戎縣非注文體例　案朱訛趙改並無東字刊誤曰五字是經混作注
河水又屈而東流爲北河官本曰案此十字原本及近刻竝訛作經今考其脈絡乃承上注屈
而爲南河又北迤西之文　案朱訛趙改孫校曰杜佑云河經靈武郡西南便北流千餘里過九原郡乃東流漢人謂之
西河自九原以東漢人謂之北河漢武帝元朔二年大將軍衛青絕梓嶺梁
北河是也官本曰按此二十字原本及近刻竝訛在後王莽之監河也下至河目縣西上　案朱趙同東
逕高闕南官本曰案此五字原本及近刻竝訛作經接爲北河下　案朱訛趙改刊誤曰十五字是注混作經
董祐誠曰史記正義引括地志云臨戎縣北有連山俗名曰高闕當即今鄂爾多斯右翼後旗西北河外阿爾坦山也
史記趙武靈王既襲胡服自代並陰山下至高闕爲塞山下
有長城長城之際連山刺天其山中斷兩岸雙闕善能雲舉

望若闕焉即狀表目官本曰案即近刻訛作節　案朱作節箋曰大事記注引此作峩然雲舉節作
即趙改善能爲峩然節爲即故有高闕之名也自闕北出荒中闕口有城
跨山結局謂之高闕戍自古迄今官本曰案自近刻作上案朱趙作上趙刊誤曰箋
日大事記引此作自古及今案依文自通無容改易常置重捍以防塞道漢元朔四年
衛青將十萬人敗右賢王于高闕即此處也河水又東逕臨
河縣故城北董祐誠曰漢志縣屬朔方郡後漢省元和郡縣志西受降城漢臨河縣故理蓋臨河兼有河北
地也故城當在今鄂爾多斯右翼後旗北兩河之間漢武帝元朔三年封代恭王子劉
賢爲侯國趙釋曰全氏曰代恭王子皆封西河此或是西河之臨水縣一清案西河近代宜是也而史漢表俱
作臨河王莽之監河也朱趙有漢武帝元朔二年大將軍衛青絕梓嶺梁北河是也二十字官本移上
至河目縣西官本曰案此五字原本及近刻竝誤入注內接梁北河是也下　案朱訛趙改刊誤曰五字是經混
作注
河水自臨河縣東逕陽山南官本曰案此十一字原本及近刻竝訛作經今考文義乃承上
注文臨河縣　案朱訛趙改刊誤曰十一字是注混作經孫校曰臨河縣在今靖邊縣北董祐誠曰當即今鄂爾多斯右
翼後旗北河外翁金碩隆迤東達爾德爾諸山漢書注曰陽山在河北指此山也東
流逕石跡阜西董祐誠曰當在今烏喇特旗西境大河之東是阜破石之文悉有
鹿馬之跡故納斯稱焉官本曰案近刻作故斯阜納稱馬　案朱趙同南屈逕河目
縣董祐誠曰漢志縣屬五原郡後漢省當在今烏喇特旗西境大河之東在北假中官本曰案近刻在訛
作左脫中字　案朱訛脫趙改增刊誤曰左北假文有脫誤史記匈奴傳張守節正義引括地志云五原河目縣故城在
北假中是也孫校曰河目故城在北假中屬勝州銀城縣在今懷遠縣西北董祐誠曰今自阿爾坦山迤東至烏喇特南
至黃河皆古北假地地名也官本曰案此三字亦注內之小注自高闕以東夾山帶河
陽山以往官本曰案近刻作去朱謀瑋云宋本作西　案朱作去趙改西皆北假也史記曰
秦使蒙恬將十萬人北擊胡度河取高闕據陽山北假中是

也北河又南合南河南河上承西河官本曰案近刻脫南河二字　案朱趙無董祐誠曰今河水自鄂爾多斯右翼後旗西境騰格里鄂謨之南別支東出東逕臨戎縣故城北又東逕臨河縣南董祐誠曰竝見上又東逕廣牧縣故城北孫校曰廣牧屬朔方郡卽豐州也在今懷遠縣北董祐誠曰二漢志縣竝屬朔方郡魏晉移置屬新興郡非此城也元和郡縣志豐州九原縣郭下本漢之廣牧舊地當在今鄂爾多斯右翼後旗界內地東部都尉治官本曰案東上近刻衍有字案朱趙有王莽之鹽官也逕流二百許里東會于河董祐誠曰今南河逕鄂爾多斯後旗之北東會北河也河水又南逕馬陰山西官本曰案此九字原本及近刻竝訛作經南近刻作東　案朱同趙改刊誤曰九字是注混作經董祐誠曰今自烏喇特旗西北噶扎爾諸山迤東歷茂明安旗四子部落旗南接歸化城諸山皆古陰山侯應所謂陰山東西千餘里是也漢書音義曰陽山在河北陰山在河南謂是山也而卽實不在河南史記音義曰五原安陽縣北有馬陰山今山在縣北言陰山在河南又傳疑之非也余案南河北河及安陽縣以南悉沙阜耳無佗異山故廣志曰朔方郡北移沙七所而無山以擬之是義志之僻也官本曰案義志近刻作議誌　案朱同趙改刊誤曰議誌卽上音義廣志旁加言非也陰山在河東南則可矣河水又東南逕朔方縣故城東北官本曰案此十三字原本及近刻竝訛作經　案朱訛趙改刊誤曰十三字是注混作經孫校曰史記正義引括地志云夏州朔方縣北什賁故城是案蘇建築什賁之號蓋出蕃語也漢朔方縣卽什賁故城在今懷遠縣北董祐誠曰二漢志縣俱屬朔方郡漢末廢當在今鄂爾多斯右翼後旗境內注引魏土地記縣有大鹽池當卽今之哈拉莽乃鄂謨漢志謂鹽澤在縣南則故城在鄂謨北矣詩所謂城彼朔方也漢元朔二年大將軍衞青取河南地爲朔方郡使校尉蘇建築朔方城卽此城也王莽以爲武符者也趙釋曰一淸案寰宇記夏州朔方縣下引水經注曰有蒙水合金河而南流初學記引水經注云朔方郡有蒙水紫河今本無之陝西行都司志曰高居誨使于闐記云甘州西五百里至肅州渡金河西百里出天關是也方輿紀要

云紫河在大同府西北塞外杜佑曰勝州榆林縣有金河紫河自馬邑郡善無縣流入境合金河南流入大河魏道武帝擊劉衞辰自五原金津濟卽金河之津案地理志云金連鹽澤官本曰案金近刻訛作今　案朱作今箋曰前漢地志作金趙改金靑鹽澤竝在縣南矣趙刊誤曰箋曰前漢地志朔方縣有金連鹽澤靑鹽澤皆在南案二鹽字今漢書竝作鹽朱氏誤引又案魏土地記曰縣有大鹽池其鹽大而靑白名曰靑鹽又名戎鹽入藥分漢置典鹽官官本曰案近刻訛作典官鹽　案朱趙同池去平城宮千二百里官本曰案城近刻訛作地　案朱作地箋曰疑作平城趙改城在新秦之中服虔曰新秦地名在北方千里如淳曰長安以北朔方以南也薛瓚曰秦逐匈奴收河南地徙民以實之謂之新秦也

屈南過五原西安陽縣南官本曰案此十字原本及近刻竝誤入注內接謂之新秦也下　案朱訛趙改刊誤曰十字是經混作注孫校曰安陽城在廢豐州東北今榆林府西北

河水自朔方東轉逕渠搜縣故城北官本曰案此十四字原本及近刻竝訛作經　案朱訛趙改刊誤曰十四字是注混作經孫校曰渠搜縣在廢夏州北今榆林府西北董祐誠曰漢志縣屬朔方郡後漢省當在今鄂爾多斯右翼後旗之東接左翼後旗界地理志官本曰案志下近刻衍曰字　案朱趙有朔方有渠搜縣中部都尉治王莽之溝搜亭也趙釋曰一淸案今本漢書落亭字禮三朝記曰北發渠搜南撫交阯此舉北對南官本曰案舉近刻訛作與　案朱訛趙改刊誤曰與當作舉禹貢之所云析支渠搜矣趙釋曰禹貢錐指曰傅同叔云陸氏曰漢志朔方郡有渠搜縣武紀云北發渠搜是也以余考之漢朔方之渠搜非此所謂渠搜此亦當是金城以西之戎也後世種落遷徙故漢有居朔方者若禹時渠搜居朔方則不應浮積石陸說非也案水經河水自朔方東轉逕渠搜縣故城北注云禮三朝記曰北發渠搜南撫交阯此舉北對南禹貢之所云析支渠搜矣誤始道元而陸氏因之大戴禮漢武紀竝有三朝記語渠搜與交阯對舉則不在朔方可知涼土異物志曰古渠搜國在大宛北界隋書西域傳曰鏺汗國都葱嶺之西五百餘里古渠搜國也渠搜之在西域明矣河水又東官本曰案近刻脫東字　案朱趙無

逕西安陽縣故城南官本曰案近刻脫縣字南字案朱脫趙增刊誤曰西安陽下落縣字故城下落南字孫校曰安陽縣屬五原郡在廢豐州東北今榆林府西北董祐誠曰二漢志縣屬五原郡漢末廢當在今烏喇特旗南北距陰山南臨河水王莽更之曰漳安矣官本曰案漳近刻訛作障案朱訛趙改刊誤曰鄣漢志注作漳河水又東官本曰案近刻脫又字案朱趙無逕田辟城南孫校曰田辟地名屬五原郡董祐誠曰當亦在烏喇特旗南爲西安陽之東地理志曰故西部都尉治也屈東過九原縣南官本曰案此七字原本及近刻竝誤入注內接西部都尉治也下案朱訛趙改刊誤曰七字是經混作注河水又東逕成宜縣故城南官本曰案此十一字原本及近刻竝訛作經今考成宜宜梁皆在九原之西河水又東乃承上注文田辟城案朱訛趙改刊誤曰十一字是注混作經孫校曰成宜在廢豐州界今榆林府北董祐誠曰二漢志縣屬五原郡漢末廢王莽更曰艾虜也河水又東逕原亭城南官本曰案此九字原本及近刻竝訛作經案朱訛趙改刊誤曰九字是注混作經孫校曰原亭地名屬五原

郡闞駰十三州志曰中部都尉治趙釋曰一清案原亭今本漢書作原高疑彼文爲誤蓋中部治原亭西部治田辟辟與壁同城障之名二語皆孟堅自註道元不應一引班書一引闞志也似十三州志曰下別有闞語今缺失矣而河水又東逕宜梁縣之故城南官本曰案此十二字原本及近刻竝訛作經案朱訛趙改刊誤曰十二字是注混作經孫校曰宜梁縣在五原西南六十里廢豐州今榆林府北董祐誠曰二漢志縣屬五原郡漢末廢闞駰曰五原西南六十里今世謂之石崖城河水又東逕稒陽城南官本曰案此九字原本及近刻竝訛作經稒作副今考漢書地理志于五原郡下云東部都尉治稒陽即此稒陽城也亦謂之稒陽塞別有稒陽縣故城塞在縣西北案朱訛趙改刊誤曰箋曰稒陽舊本作副陽案漢書地理志稒陽五原郡之屬縣也稒字不誤九字是注混作經孫校曰副陽及下河陰俱在今神木縣北董祐誠曰舊本皆作副陽趙氏戴氏據漢志改作稒陽謂與下稒陽縣爲兩地然或酈氏所見漢書本作副陽亦未可定今姑闕疑仍從舊本自西安陽以下諸城當竝在今烏喇特旗之南大河之北東西相列東部都尉治趙釋曰一清案漢志此語在五原郡下而稒陽縣下反無之道元注于臨沃縣下重敘河水又東逕稒陽縣故

城南一地而再見豈別是一城耶殆不可曉也又逕河陰縣故城北官本曰案近刻脫又字案朱脫趙增又東二字刊誤曰逕上落又東二字董祐誠曰二漢志縣屬五原郡漢末廢當在今鄂爾多斯左翼後旗界內又東逕九原縣故城南董祐誠曰二漢志五原郡治九原縣漢末廢元和郡縣志敬本故城在中受降城北四十里賈耽古今述曰以地理求之前代九原郡城也當在今烏喇特旗東南境秦始皇置九原郡治此漢武帝元朔二年更名五原也王莽之獲降郡成平縣矣西北接對一城蓋五原縣之故城也董祐誠曰二漢志縣屬五原郡漢末廢當在今烏喇特旗之東近茂明安旗界王莽之塡河亭也竹書紀年官本曰案年下近刻有云字案朱趙有魏襄王十七年邯鄲命吏大夫奴遷于九原又命將軍大夫適子戍吏皆貉服矣朱戍作伐貉作貂箋曰今竹書紀年作適子代史趙改同官本刊誤曰全氏云伐吏當是戍吏貂服當是貉服之誤貉服卽胡服也北方豸種曰貉其城南面長河北背連山秦始皇逐匈奴竝河以東屬之陰山築亭障爲

河上塞徐廣史記音義曰陰山在五原北卽此山也朱趙陰竝作陶趙釋曰一清案史記始皇紀云西北斥逐匈奴自榆中竝河以東屬之陰山以爲三十四縣城河上爲塞徐廣曰陰山在五原北蒙恬傳曰于是渡河據陽山徐廣曰五原西安陽縣北有陰山陰山在河南陽山在河北此陶山似是陰山之誤始皇紀云又使蒙恬渡河取高闕陶山北假中道元以陰山不在河南既于史記之文無礙陰陶字形相似故耳非別有一陶山也劉向七略古文或誤以見爲典以陶爲陰如此類多始皇三十三年官本曰案近刻訛作二十四年案朱趙同趙釋曰全氏曰史記年表是三十三年起自臨洮東暨遼海西竝陰山築長城及開南越地朱無開字趙增刊誤曰及下落開字晝警夜作民勞怨苦故楊泉物理論曰秦始皇使蒙恬築長城死者相屬民歌曰生男愼勿舉生女哺用餔不見長城下尸骸相支拄其寃痛如此矣蒙恬臨死曰夫起臨洮屬遼東城塹萬餘里不能不絕地脈此固當死也

又東過臨沃縣南孫校曰臨沃縣屬五原郡在今府谷縣北董祐誠曰二漢志縣屬五原郡漢末廢當在今烏喇特旗東南接歸化城土默特界蘇爾哲河之西王莽之振武也河水又東枝津出焉董祐誠曰枝津見下河水又東流石門水南注之官本曰案此十九字原本及近刻竝訛作經　案朱訛趙改刊誤曰十九字是注混作經孫校曰俗以爲皇甫川在今府谷縣北東入河水出石門山地理志曰北出石門障朱作鄣趙改下同刊誤曰鄣當作障漢志注校卽此山也董祐誠曰當在今茂明安旗南烏喇特旗東西北趣光祿城趙釋曰一清案漢志五原郡稒陽縣北出石門障得光祿城又西北得支龍城又西北得頭曼城又西北得虖河城又西北得宿虜城甘露三年呼韓邪單于還詔遣長樂衛尉高昌侯董忠車騎都尉韓昌等將萬六千騎送單于居幕南保光祿徐自爲所築城也官本曰案保近刻訛作堡案朱訛趙改刊誤曰堡黃省曾本作保故城得其名矣城東北卽懷朔鎮城也董祐誠曰元和郡縣志光祿城東北有懷朔古城在今中受降城界向北化柵側近光祿城當在今烏喇特旗界內懷朔城當在今茂明安旗界內其水自障東南流逕臨沃城東東南注于河董祐誠曰今蘇爾哲河自茂明安旗南南流入河當卽石門水也河水又東逕稒陽縣故城南官本曰案此十一字原本及近刻竝訛作經　案朱訛趙改刊誤曰十一字是注混作經孫校曰稒陽縣在廢勝州西南今府谷縣東北董祐誠曰漢志縣屬五原郡後漢省當在今歸化城所屬薩拉齊廳西境蘇爾哲河之東南臨大河王莽之固陰也地理志曰自縣北出石門障河水決其西南隅又東南枝津注焉水上承大河于臨沃縣東流七十里北溉田南北二十里趙北改流刊誤曰北全氏校改流注于河董祐誠曰水當在今鄂爾多斯左翼前旗北境河水又東逕塞泉城南而東注官本曰案此十二字原本及近刻竝訛作經　案朱訛趙改刊誤曰十二字是注混作經董祐誠曰城當在今薩拉齊廳西境

又東過雲中楨陵縣南又東過沙南縣北從縣東屈南過沙陵

縣西孫校曰楨陵卽廢東勝州沙陵漢屬雲中郡竝在河東岸今屬山西沙南在河西今府谷縣東北元和郡縣志楡林縣本漢沙南縣地黃河西南自夏州朔方界流入河濱縣本漢沙陵縣地黃河在縣東一十五步闊一里不通舟楫卽河濱關渡河處名君子津

大河東逕咸陽縣故城南董祐誠曰二漢志縣屬雲中郡漢末廢當在今薩拉齊廳西境王莽之賁武也河水屈而流白渠水注之官本曰案此十字原本及近刻竝訛作經　案朱訛趙改刊誤曰十字是注混作經水出塞外董祐誠曰白渠水當卽今黃水河蒙古曰西拉烏蘇出托克托城東山西逕定襄武進縣故城北董祐誠曰漢志縣屬定襄郡續漢志屬雲中郡漢末廢城當近今托克托城西部都尉治王莽更曰伐蠻官本曰案曰近刻作名　案朱趙同世祖建武中封趙慮爲侯國也白渠水西北逕成樂城北官本曰案近刻脫城字　案朱脫城趙增固刊誤曰成樂下黃省曾本有固字方輿紀要盛樂城在大同府西北三百餘里漢置成樂縣爲定襄郡治後漢改屬雲中郡後廢鮮卑拓跋力微始居其地晉太康五年拓跋祿官分其國爲三一居定襄之盛樂故城建興初猗盧城盛樂以爲北部後爲石虎所敗部族東徙至拓跋翳槐於咸康初復城盛樂而居之弟什翼犍於咸康六年始都雲中之盛樂宮明年築盛樂城於故城南八里卽漢成樂縣之故地也董祐誠曰漢志成樂屬定襄續漢志作盛樂屬雲中後魏初都於此魏書有雲中之盛樂有定襄之盛樂通鑑注定襄之盛樂卽雲中之盛樂魏書什翼犍立三年移都於雲中之盛樂明年築盛樂城於故城南八里則已非後漢之盛樂城疑定襄之盛樂乃前漢之成樂城也雲中定襄地名混亂而盛樂則一今案此注作成樂又引郡國志成樂故屬定襄之文知同在一地又案定襄郡縣在東雲中郡縣在西疑此爲定襄之盛樂下雲中宮爲雲中之盛樂也城當在今歸化城南郡國志曰成樂故屬定襄也魏土地記曰雲中城東八十里有成樂城今雲中郡治一名石盧城也白渠水又西逕魏雲中宮南董祐誠曰注引魏土地記成樂在雲中城東八十里雲中宮在雲中城東四十里則宮在成樂西亦四十里魏土地記曰雲中宮在雲中縣故城東四十里官本曰案近刻脫縣字　案朱脫趙增刊誤曰故城上落縣字下同白渠水又西南逕雲中趙有縣字故城南董祐誠曰二漢志雲中郡

治雲中後魏雲中治盛樂故此言故城當在今歸化城西南今黃水河自托克托城北左合南來一水西北流至歸化城西南會黑水河入湖不西南流亦不逕入湖或古今之異也故趙地虞氏記云趙武侯官本曰案近刻脫武字 案朱脫趙增刊誤曰何焯云當作趙武侯自五原河曲築長城東至陰山又于河西造大城一箱崩不就乃改卜陰山河曲而禱焉晝見羣鵠遊于雲中徘徊經日見大光在其下趙刊誤曰箋曰大一作火 案大光言光之非常作火非黃省曾本是大字武侯曰此為我乎乃卽于其處築城今雲中城是也秦始皇十三年立雲中郡王莽更郡曰受降官本曰案近刻脫此七字 案朱趙無趙釋曰一清案漢志雲中郡秦置莽曰受降雲中縣莽曰遠服今注云云有缺失矣縣曰遠服矣**白渠水又西北逕沙陵縣故城南**董祐誠曰二漢志縣屬雲中郡漢末廢當在今歸化城西南黑水河之南王莽之希恩縣也**其水西注沙陵湖**趙釋曰一清案漢志定襄郡武進縣白渠水出塞外西至沙陵入河董祐誠曰湖見下**又有芒干水**官本曰案干原本訛作于據漢書改正下同 案朱作芒于趙改荒干刊誤曰漢書地理志定襄郡武皋縣下云荒干水出塞外西至沙陵入河芒于是荒干之訛下竝同**出塞外**董祐誠曰今黑水河蒙古曰哈喇烏蘇出綏遠城東北境近四子部落旗界**南逕鍾山**山卽陰山故郎中侯應言于漢曰陰山東西千餘里單于之苑囿也自孝武出師攘之于漠北匈奴失陰山過之未嘗不哭謂此山也**其水西南逕武皋縣**董祐誠曰漢志縣屬定襄郡後漢省當在今綏遠城東北四子部落旗之南王莽之永武也**又南逕原陽縣故城西**董祐誠曰二漢志縣屬雲中郡後漢末省當在今綏遠城東北黑水河西**又西南與武泉水合其水東出武泉縣之故城西南**董祐誠曰二漢志縣屬雲中郡後漢末廢當在今歸化城東武泉水疑卽今之哲爾德必拉也縣卽王莽之所謂順泉者也**水南流又西屈逕北輿縣故城南**董祐誠曰二漢志縣屬雲中郡漢末廢當在今歸化城東哲爾德必拉之北按地理志官本曰案志下近刻衍曰字 案朱趙有五原有南輿縣

王莽之南利也故此加北舊中部都尉治十三州志曰廣陵有朱箋曰當有南字輿官本曰案輿漢書地理志屬臨淮郡後漢屬廣陵故此加北疑太疏遠也**其水又西南入芒干水**董祐誠曰今哲爾德必拉西流至歸化城東境合哈喇烏蘇通爲圖爾根必拉**芒干水又西南逕白道南谷口**朱趙無芒干水又四字有城在右朱有下有長字趙刪刊誤曰黃省曾本無長字縈帶長城官本曰案縈近刻訛作側 案朱趙作側背山面澤謂之白道城官本曰案白道下近刻衍南谷口有四字 案朱衍趙刪刊誤曰太平御覽引此文作謂之白道城南谷口有四字與上重文宜衍董祐誠曰城當與今歸化城相近自城北出有高阪謂之白道嶺沿路惟土穴出泉挹之不窮余每讀琴操見琴慎相和雅歌錄云飲馬長城窟及其跋陟斯途官本曰案跋近刻訛作扳 案朱趙同遠懷古事始知信矣非虛言也趙釋曰一清案李善文選注引酈善長水經注曰余至長城其下往往有泉窟可飲馬古詩飲馬長城窟行信不虛也葢櫽括其辭此引書鈔變之例也顧瞻左右山椒之上官本曰案椒近刻訛作樹 案朱作樹箋曰宋本作椒趙改椒有垣若頹基焉沿溪亘嶺趙刊誤曰亘當作亙音堩說文作搄竟也經史通作亙从二从舟與从二从月之亘有別亘卽恒字若从二从日作亘音宣本字从二从回回卽回字大非東西無極疑趙武靈王之所築也**芒干水又西南**官本曰案近刻訛作又南西 案朱訛趙改刊誤曰芒于水當作荒干水南西二字當倒互**逕雲中城北**董祐誠曰卽上雲中故城也**白道中溪水注之水發源武川北塞中其水南流逕武川鎮城**官本曰案近刻脫一城字 案朱脫趙增刊誤曰武川鎮下落城字董祐誠曰元和郡縣志武川鎮今名黑城在東受降城北三百里當在今歸化城西北今克魯倫必拉出歸化城西北接茂明安界西南流逕城西境會圖爾根河疑卽白道中谿水也城以景明中築以禦北狄矣**其水西南流歷谷逕魏帝行宮東**董祐誠曰當在今歸化城西世謂之阿計頭殿宮城在白道嶺北阜上其城圓角而不方四門列觀城內惟臺殿而已**其水又西南歷中溪出山**

西南流于雲中城北（官本曰：案此下原本及近刻竝重于雲中城北五字，係衍文。案朱衍，趙刪，刊誤曰：杭世駿云下五字重文宜衍。）**南注芒干水，芒干水又西**（官本曰：案近刻脫水字。案朱脫，趙增，又刪又字，刊誤曰：於文是荒干水西出塞外懷朔鎮東北荒中。）**塞水出懷朔鎮東北芒中**（趙塞水出作出塞外，芒作荒。董祐誠曰：懷朔鎮見上。今克魯倫必拉之西有多羅圖必拉、察蘇七必拉，皆南流入圖爾根必拉，未知何水爲塞水也。）**南流逕廣德殿西山下**（董祐誠曰：殿當卽在行宮中，二水夾之。）余以太和十八年從高祖北巡，屆于陰山之講武臺，臺之東有高祖講武碑，碑文是中書郎高聰之辭也。自臺西出南上山，山無樹木，惟童阜耳，卽廣德殿所在也。其殿四注兩夏，（官本曰：案注近刻訛作柱，夏廈同。案朱趙同。）堂宇綺井，（官本曰：案井近刻訛作棋。案朱訛，趙改，刊誤曰：棋，孫潛校改井，綺井出左思魏都賦。）圖畫奇禽異獸之象。殿之西北，便得焜煌堂，雕楹鏤桷，取狀古之溫室也。其時帝幸龍荒，遊鸞朔北，南秦王仇池楊難當捨蕃委誠，重譯拜闕，陛見之所也，故殿以廣德爲名。魏太平眞君三年，刻石樹碑，勒宣時事。碑頌云：肅清帝道，振慴（朱趙作攝）四荒，有蠻有戎，自彼氐羌，無思不服，重譯稽顙，恂恂南秦，斂斂推亡，峩峩廣德，奕奕焜煌。侍中司徒東郡公崔浩之辭也。碑陰題宣城公李孝伯、尚書盧遐等從臣姓名，若新鏤焉。**其水歷谷南出**（朱趙有陰字）**山，西南入芒干水，芒干水又西南注沙陵湖**（趙釋曰：一清案漢志定襄郡武臯縣荒干水出塞外，西至沙陵入河。趙刊誤曰：芒干水當作荒干水。南齊書魏虜傳云：平城南有干水，出定襄界，流入海，去城五十里，世號爲索干都。干水卽荒干水也，而云流入海，與漢志、水經注異，蓋南人不習北地故耳。董祐誠曰：今圖爾根必拉逕薩拉齊廳南境，又西南匯爲澤，西流入河，澤卽沙陵湖也。）**湖水西南入于河**（董祐誠曰：漢志白渠水出武進塞外，西至沙陵入河，荒干水出武臯塞外，西至沙陵入河，是漢時二水各入河也。此注二水俱入沙陵湖，是白渠下流徙而東北與荒干水相合。今黃水河合黑水河，更在沙陵湖之上流，是白渠益徙而東也。）**河水南入楨陵縣西北**（朱訛經，又楨訛作楨，趙改注，楨改楨。刊誤曰：漢書地理志雲中郡有楨陵縣，楨當作楨。九字是注混作經。）**緣胡山**（董祐誠曰：楨陵，漢志屬雲中郡，後漢省。志云緣胡山在西北，當卽今托克托城西北臨河諸山。楨陵城當在托克托城之西南。太平寰宇記謂在榆林縣西北，非。）**歷沙南縣東北**（董祐誠曰：二漢志縣屬雲中郡，漢末廢。當在今鄂爾多斯左翼前旗界中。）**兩山二縣之間而出**（官本曰：案此二十六字爲句，原本及近刻竝截上九字訛作經，下十七字仍屬注文。案朱箋曰：而一作南。趙改南。）余以太和中爲尚書郎，從高祖北巡，親所逕涉，（趙作陟）縣在山南，王莽之楨（朱趙作楨）陸也。北去雲中城一百二十里。縣南六十許里有東西大山，山西枕河，河水南流，脈水尋經，殊乖川去之次，似非關究也。（官本曰：案此駁正經文東過楨陵沙南之誤。董祐誠曰：此駁正經文之誤。）

又南過赤城東（趙釋曰：全氏曰：胡三省云：後魏明元帝泰常八年築長城於長川之南，起自赤城，西至五原，延袤二千餘里，卽此城也。但考登國二年幸赤城，三年又幸東赤城，疑有兩赤城，而今不可考矣。一清案：顧景范曰：赤城堡在萬全指揮司東北二百里，其地相傳蚩尤所居。後魏主珪登國二年幸廣甯，遂如赤城；神瑞二年復如赤城，此東赤城也，司治卽今宣化府。史云幸廣甯遂如赤城，其爲東赤城無疑。東赤城見沽水篇注。河水所逕之赤城在朔州西北。董祐誠曰：城當在今鄂爾多斯左翼前旗界中。）**又南過定襄桐過縣西**（孫校曰：定襄、桐過竝在河東岸，屬山西。董祐誠曰：漢志縣屬定襄郡，續漢志屬雲中郡，漢末廢。當在今托克托城西南烏蘭木倫河之北。）定襄郡，漢高帝六年置，（官本曰：案近刻脫帝字。案朱脫，趙增，刊誤曰：漢高下脫帝字。）王莽之得降也。桐過縣，王莽更名椅桐者也。**河水于二縣之間，濟有君子之名**（官本曰：案此十三字原本及近刻竝訛作經。案朱訛，趙改，刊誤曰：十三字是注混作經，周嬰、何焯皆疑及此。趙釋曰：一清案寰宇記雲州雲中縣下引冀州圖經曰：雲中郡南有君子津，卽大河之津。又勝州河濱縣下云：本漢沙南縣地，有君子津，引水經注云云。今注云河水於二縣之間，似指雲中之沙南、定襄之桐過而言也。董祐誠曰：今曰湖灘河朔。）皇魏桓帝十一年，（官本曰：案皇魏近刻訛作昔漢，一訛作三。案朱趙同，趙釋曰

巵林曰後漢書桓帝再幸函谷一臨雲夢乘輿鹵簿不屈榆
中且京雒宅中代歐不爲東地元號屢易紀年不得十三嘉
君子之名必非蠡吾之主案魏收書以猗㐌爲桓帝幽幷之
閒水草是逐度沙漠而飲馬據參合以張璝故以榆林爲西
桑乾爲左矣尋厥昆嗣屢遊斯津則桓卽猗㐌差無乖爽但
猗㐌統部止十一年此言十三又非佳證且桑氏已著濟名
則事在漢桓之先矣一清案十三十一字畫譌誤君子濟名
經注混淆方叔之言義猶未盡敢附窺虎之末以成析酈之
功
西幸榆中東行代地洛陽大賈齎金貨隨帝後行夜迷失
道往投津長曰子封趙刊誤曰箋曰御覽引此無曰子封三字埤疑當作田子封是津長姓名案通
鑑晉紀胡三省註亦引此文作曰子封古人文義簡質書名不書姓者多矣何必改爲田字以實之乎送之渡
河賈人卒死津長埋之其子尋求父喪發冢舉一本作與尸資囊
一無所損官本曰案囊近刻譌作貨　案朱作費趙改囊刊誤曰資費通鑑注引此文作資貨寰宇記作資囊
從之其子悉以金與之津長不受事聞于帝帝曰君子也官本曰案
近刻脫一帝字　案朱脫箋曰御覽有兩帝字趙增卽名其津爲君子濟濟在雲中城
西南二百餘里河水又東南左合一水官本曰案此九字原本及近刻竝譌作經
注　案朱譌趙改刊誤曰九字是注混作經孫校曰左疑右字水出契吳東山西逕故里南
官本曰案南下近刻衍而字　案朱衍趙刪刊誤曰而字衍文北俗謂之契吳亭其水又西
流注于河董祐誠曰水當在今湖灘河朔南烏蘭木倫河北河水又南樹頽水注之
官本曰案此九字原本及近刻竝譌作經　案朱譌趙改刊誤曰九字是注混作經趙釋曰一清案史記周本紀曰吾聞
犬戎樹敦韋昭曰樹立也言犬戎立性敦篤也方輿紀要云志云周穆王時犬戎樹惇居此有城在盬夏衞西周涼州刺
史史盬曰樹敦賀眞二城吐谷渾之巢穴也魏書地形志朔州神武郡領殊頹縣今注云樹頹蓋語出戎方音之異耳孫
校曰疑今保德州南之岢嵐水水出東山西南流右合中陵川水水出中陵
縣西南山下官本曰案近刻脫西字　案朱脫箋曰縣下黃本缺一字吳本補作東字謝云宋本作西字趙
增西字北俗謂之大浴眞山官本曰案近刻脫眞字山下衍其字　案朱趙同水亦取
名焉東北流逕中陵縣故城東北俗謂之北右突城王莽之

遮害也十三州志曰善無縣南七十五里有中陵縣世祖建
武二十五年置趙釋曰一清案班志已有中陵縣不應置自光武也司馬彪郡國志云定襄郡中陵故屬
雁門以言改隸則可耳其水又西北右合一水水出東山官本曰案出近刻譌作自
案朱譌趙改刊誤曰自當作出北俗謂之貸敢山水又受名焉其水西北
流官本曰案水下近刻衍自字　案朱趙有注于中陵水中陵水又西北流逕善
無縣故城西案朱趙不重中陵水三字王莽之陰館也十三州志曰舊定
襄郡治地理志雁門郡治官本曰案近刻志下衍曰字　案朱趙有其水又西北
流右會一水官本曰案右近刻譌作又　案朱譌趙改刊誤曰又當作右水出東山下北
俗謂之吐文水孫校曰疑今蔚文水在保德州南山又取名焉北流逕鋤趙作
鉏亭南又西流逕土壁亭南官本曰案近刻脫又字逕字　案朱脫二字趙增逕字刊誤曰
西流下落逕字西出峽左入中陵水中陵水朱趙不重中陵二字又北分爲二
水一水東北流謂之沃水官本曰案沃原本譌作流今改正　案朱譌趙改刊誤曰流水當是
沃水之誤以下文校正又東逕沃陽縣故城南官本曰案故近刻譌作坎　案朱作坎箋曰李
云當作故城趙改故北俗謂之可不埿城王莽之敬陽也又東北逕沃
陽城東又東合可不埿水水出東南六十里山下朱不重水字趙增又
出下增縣字刊誤曰通鑑注引此文作水出縣東南出字上下皆有脫文西北流注沃水沃水又
東官本曰案近刻脫沃水二字又下衍會字　案朱趙不重沃水二字朱作又會趙改合流而刊誤曰通鑑注引此文
又會二字作合流而三字逕參合縣南魏因參合陘以卽名也北俗謂之
倉鶴陘道出其中亦謂之參合口陘在縣之西北官本曰案陘在近刻
譌作徑左　案朱譌趙改刊誤曰徑左當作陘在卽燕書所謂太子寶自河西官本曰案
近刻脫西字　案朱脫趙增刊誤曰濕水注引燕書建興十年慕容寶自河西還軍敗於參合河下落西字還師
參合三軍奔潰卽是處也魏立縣以隸涼城郡官本曰案近刻郡下有也

字朱趙有案西去沃陽縣故城二十里縣北十里有都尉城地理志曰沃陽縣西部都尉治者也北俗謂之阿養城其水又東合一水水出縣東南六十里山下北俗謂之炎豆渾水西北流注于沃水沃水朱趙不重沃水二字又東北流注鹽池地理志曰鹽澤在東北者也今鹽池西南去沃陽縣故城六十五里官本曰案近刻脫縣字案朱趙無池水澂渟淵而不流東西三十里南北二十里池北七里官本曰案近刻作十里案朱趙同卽涼城郡治官本曰案近刻訛作注案朱作注箋曰疑作治趙改治池西有舊城俗謂之涼城也郡取名焉地理志曰澤有長丞官本曰案漢官制有令有長令長皆有丞此城卽長丞所治也城西三里有小阜阜下有泉東南流注池北俗謂之大谷北堆官本曰案近刻訛作此佳案朱作此佳趙作堆此分屬下讀刊誤曰箋曰此佳二字疑誤案大谷下落堆字佳字衍文水亦

受目焉中陵川水自枝津西北流右合一水于連嶺北水出沃陽縣東北山下官本曰案近刻脫水字案朱脫趙增刊誤曰出上落水字北俗謂之烏伏員山官本曰案謂近刻作名案朱趙同水曰誥升袁河趙釋曰一清案晉書匈奴右賢王去卑之子曰誥升爰魏書鐵弗劉虎南單于苗裔左賢王去卑之孫虎父誥升爰一名訓兜誥則此河以人得名爰袁音同通用趙刊誤曰箋曰袁河當作緣河案全氏云案晉時匈奴右賢王劉誥升爰劉衛辰之所出也河或以此得名爰與袁通西南流逕沃陽縣左合中陵川亂流西南與一水合北俗謂之樹頹水水出東山下西南流右合誥升袁水亂流西南注分謂朱趙作爲二水左水枝分南出北俗謂之太羅河右水西逕故城南北俗謂之昆新城官本曰案謂近刻作名案朱趙同其水自城西南流注于河河水又南太羅水注之官本曰案此九字原本及近刻並訛作經案朱訛趙改刊誤曰九字是注混作經水源上承樹頹河南流西轉逕武州縣

故城南官本曰案近刻脫州字下同案朱脫趙增釋曰一清案禹貢錐指云河水折而南逕廢東勝州東入塞其東岸則平鹵衛杜佑曰勝州東至黃河四十里北至黃河五里西北至黃河二十里平鹵衛在山西大同府西少南二百四十里本漢雁門郡之武州縣隋唐以後爲朔州地今山西朔州有武州城亦謂之河套魏收地形志恆州代郡領武周縣十三州志曰武州縣在善無城西南百五十里官本曰案近刻脫城字南字案朱脫又無州字趙增州城無南字刊誤曰武縣當是武州縣釋見本卷善無下落城字北俗謂之太羅城水亦藉稱焉其水西南流一水注之官本曰案一近刻作右案朱趙同水導故城西北五十里南流逕城西北俗名之曰故槃迴城官本曰案近刻脫俗字案朱脫趙增又南流注太羅河太羅河又西南流注于河河水又左得滳水口官本曰案此八字原本及近刻並訛作經案朱訛趙改刊誤曰八字是注混作經孫校曰左疑右當在今府谷縣說文滳水出西河董祐誠曰左當作右水出西河郡美稷縣東南流東觀記曰郭伋字細侯官本曰案近刻脫字字案朱趙無字字

趙刊誤曰箋曰郭伋下當作字細侯案細侯爲伋字夫人知之何庸證明爲幷州牧前在州素有恩德老小相攜道路行部到西河美稷數百小兒各騎竹馬迎拜伋問兒曹何自遠來曰聞使君到喜故迎伋謝而發去諸兒復送郭外問使君何日還伋計日告之及還先期一日念小兒卽止野亭須期至乃往其水又東南流羌人因水以氏之漢沖帝時羌滳狐奴歸化蓋其渠帥也其水俗亦謂之爲遄波水東南流入長城東鹹水出長城西鹹谷東入滳水滳水朱趙不重滳水二字又東南渾波水出西北窮谷東南流注于滳水滳水又東逕西河富昌縣故城南孫校曰隋亦曰富昌當在今府谷縣王莽之富成也滳水又東流入于河官本曰案原本訛作滳今改正案朱作滳水水字截屬下趙入於滳水作謂之滳口刊誤曰滳水何以入滳水全祖望云入於滳水當作謂之滳口河水左合一

水官本曰案原本脫河字案朱趙無出善無縣故城西南八十里其水西流
歷于呂梁之山而爲呂梁洪其山巖層岫衍官本曰案近刻脫山字案朱脫趙增刊誤曰箋曰古本作巖層岫行埭疑當作岫複案衍字不誤其下落山字澗曲崖深巨石崇
竦壁立千仞河流激盪濤湧波襄雷渀電洩官本曰案電近刻作雲案朱作雲箋曰一作電趙改電渀改奔震天動地昔呂梁未闢河出孟門之上蓋
大禹所闢以通河也司馬彪曰呂梁在離石縣西今于縣西
歷山尋河竝無過峘官本曰案竝近刻作乃過峘朱謀㙔云當作過阻案朱作乃趙改竝過峘改過峘刊誤曰箋曰過峘字訛當作過岨案乃黃省曾本作竝至是乃爲河之巨險官本曰案近刻脫河之二字案朱脫趙增刊誤曰乃爲下落河之二字黃省曾本校增卽呂梁矣在離石北以
東可二百有餘里也朱無也字趙增刊誤曰里下孫潛校補也字趙釋曰一淸案閻氏若璩古文尚書疏證曰道元言呂梁之水勢與龍門無異而以爲在離石離石明之石州改名永寧州者是必求其地以實之永寧州東北則今靜樂岢嵐州之地西去黃河約二百里無所謂河流也土人欲當以河曲縣西南二十五里天橋峽亦有禹鑿之迹天將陰雨激浪如雷幾相似矣而無所謂千仞巨石又南去離石四百餘里皆與酈注不合當闕疑禹貢錐指曰呂梁卽禹貢之梁山龍門之南山也尸子呂氏春秋淮南子先言龍門次言呂梁其爲夏陽之梁山無疑董祐誠曰今河曲縣西南天橋峽河經其中激浪如雷聲聞數十里卽注所云呂梁也

又南過西河圁陽縣東朱箋曰圁音銀趙釋曰全氏曰漢志西河郡有圜陽圜陰二縣師古曰圜字本作圁音銀縣在圁水之陰因以爲名也王莽改爲方陰則是當時已誤作圜字矣今有銀州銀水之稱卽是舊名猶存但字變耳然觀善長所見之本卻不錯豈後人因王莽有方陰之名而妄改爲圜字以實之乎孫校曰今神木縣董祐誠曰圁陽二漢志皆作圜陽屬西河郡漢末廢顏師古漢書注圜陰圜字本作圁王莽改爲方陰則是當時已誤爲圜字今有銀州銀水卽是舊名猶存但字變耳案少室開母石闕所刻圜陽圜陰字皆從睘此漢時已作圜字之證至銀州之水卽此注之奢延水與此圁水迥異元和郡縣志謂銀州治榆林縣本漢圁陰縣地亦與顏氏同誤榆林在奢延水北當漢龜茲膚施諸縣地今爲米脂縣境圁陰則今葭州也惟麟州有銀城縣則當以圁水得名耳故城見圁水下

西河郡漢武帝元朔四年置王莽改曰歸新圁水孫校曰今葭州禿屈河也出上郡白土縣圁谷東逕其縣南地理志曰圁水出西東入河官本曰案東近刻作南蓋後人所妄改案朱訛趙改王莽更曰黃土也東至長城與神銜水合官本曰案銜近刻訛作御下同案朱作御箋曰古本作銜趙作御下同水出縣南神銜山官本曰案近刻脫神字案朱脫趙增刊誤曰縣南下落神字出峽東至長城官本曰案近刻訛作峽山東出至長城案朱趙同趙峽改夾入于圁圁水又東逕鴻門縣縣故鴻門亭地理風俗記曰圁陰縣西五十里有鴻門亭天封苑官本曰案近刻訛作宛案朱訛趙改火井廟火從地中出圁水又東梁水注之水出趙有縣字西北梁谷東南流注圁水圁水又東朱趙不重圁水字逕圁陰縣北漢惠帝五年立王莽改曰方陰矣又東桑谷水注之水出西北桑溪官本曰案此句之下近刻又有東北桑溪四字係衍文案朱衍趙刪刊誤曰東北桑溪四字衍文東北流入于圁圁水又東逕圁陽縣南官本曰案近刻訛作逕圁陰南案朱趙同趙南上增縣字東流注于河河水又東端水入焉官本曰案此入字原本及近刻竝訛作經案朱訛趙改刊誤曰入字是注混作經孫校曰端水俗以爲寧河在神木縣水西出號山山海經曰其木多漆椶官本曰案其下近刻衍山字案朱趙有其草多芎藭官本曰案卽芎藭案朱芎窮趙芎藭是多泠石官本曰案泠近刻訛作冷案朱作冷箋曰經作泠石郭注音今云未詳趙改泠端水出焉而東流注于河河水又南諸次之水入焉官本曰案此十字原本及近刻竝訛作經案朱訛趙改刊誤曰十字是注混作經水出上郡諸次山孫校曰諸次山當在榆林府北套外山海經曰諸次之山諸次之水出焉官本曰案近刻脫之字焉字案朱脫趙增是山多木無草鳥獸莫居是多象蛇官本曰案象近刻訛作眾案朱訛趙改刊誤曰施廷樞云眾當作象今本山海經亦誤其水東逕榆林塞世又謂之榆林山卽漢書所謂榆溪舊塞者也自

溪西去悉榆柳之藪矣官本曰案柳近刻作林　案朱同趙改刊誤曰林通鑑注引此文作柳黃省曾本原是柳字緣歷沙陵屈龜茲縣西北官本曰案近刻訛作西出　案朱趙同故謂廣長榆也王恢云樹榆爲塞謂此矣蘇林以爲榆中在上郡非也案始皇本紀西北逐匈奴自榆中竝河以東屬之陰山然榆中在金城東五十許里陰山在朔方東以此推之不得在上郡漢書音義蘇林爲失是也官本曰案失是近刻訛作是失　案朱趙同趙釋曰全氏曰案胡三省曰蘇林之說固未爲盡是而道元所謂榆中在金城東五十許里亦非也衞青取河南地案榆谿舊塞正在唐麟勝二州界其西則接古上郡之境況諸次水出上郡逕榆林塞入河則榆林在上郡之東明矣諸次水無西流至金城之理夷攷其故道元特以金城郡有榆中縣遂牽合之不知此誤尤甚於蘇林其水東入長城小榆水合焉官本曰案榆下近刻衍林字　案朱衍趙刪刊誤曰林字衍文歷澗西北官本曰案澗近刻訛作源　案朱作源箋曰源古本作澗趙改澗窮谷其源也又東合首積水

水西出首積溪官本曰案近刻脫水字又重一溪字　案朱脫趙增不刪溪字刊誤曰西出上落水字東注諸次水又東入于河山海經曰諸次之水東流注于河卽此水也河水又南湯水注之官本曰案此八字原本及近刻竝訛作經　案朱訛趙改刊誤曰八字是注混作經山海經曰水出上申之山上無草木而多硌石下多榛楛湯水出焉東流注于河也孫校曰今有水出米脂縣桃花茆東流逕葭州南入河卽湯水也米脂縣北諸山當卽上申山今俗有白雲山馮家山之名也又南離石縣西官本曰案又南下脫過字　案朱脫趙增刊誤曰又南下脫過字孫校曰離石今永甯州今無定河於綏德州清澗縣東入河董祐誠曰縣故城見離石水下奢延水注之官本曰案此五字原本及近刻竝訛作經今考水經必云某水從某來注之不言從某來者乃注文　案朱趙作經董祐誠曰五字舊刻及永樂大典本俱作經戴氏以不言從某來改爲注文又注文奢延水入河本在陵水離石水上案離石今永甯州離石水今州西之北川河奢延水今綏德州之無定河奢延水入河實在離石水入河之下河東西俱在萬山中水口當無改易詳繹經文河水先過離石西而後右會奢延水則以五字仍作經文正與水道相合其不言自某來者或更有脫佚而注中奢延水一條當移在離石水口之下則經注皆符矣水西出奢延縣西南赤沙阜東北流孫校曰奢延故城在廢夏州西南今榆林縣北十里有江山卽赤沙阜也山海經所謂生水出孟山者也官本曰案孟近刻訛作孟　案朱趙作孟下同郭景純曰孟或作明趙釋曰一清案八字注中注又山海經注無此文也西山經曰又北二百二十里曰孟山郭璞曰音于黃本訛孟作孟後之讀者祇聞孟津之爲盟津孟豬之爲盟豬遂謂字得通用因改郭注以就之而不知其元文之不可掩也然則此八字竝非酈注之舊漢破羌將軍段熲破羌于奢延澤虜走洛川洛川在南俗因縣土謂之奢延水又謂之朔方水矣官本曰案近刻脫方字　案朱脫趙增刊誤曰通鑑注引此文作朔方水今校補東北流逕其縣故城南王莽之奢節也赫連龍昇七年于是水之北黑水之南遣將作大匠梁公叱干阿利官本曰案近刻訛作叱于阿梨　案朱訛趙改刊誤曰叱干姓也于字誤梨當作利何焯據晉書載記校正釋曰沈氏曰是年三月赫連改元鳳翔然後以阿利領將作改築大城名曰統萬城蒸土加功雉堞雖久崇墉若新竝造五兵器銳精利乃咸百鍊爲龍雀大鐶號曰大夏龍雀銘其背曰古之利器吳楚湛盧大夏龍雀名冠神都可以懷遠可以柔邇如風靡草威服九區世甚珍之又鑄銅爲大鼓及飛廉翁仲銅駝龍虎皆以黃金飾之列于宮殿之前則今夏州治也奢延水又東北與溫泉合源西北出沙溪而東南流注奢延水奢延水又東黑水入焉水出奢延縣黑澗官本曰案近刻脫水字　案朱脫趙增刊誤曰箋曰㙔云當作奢延水又東與黑水合黑水出奢延縣黑澗謝兆申云案宋本黑水入焉水出奢延縣黑澗案原文只出字上落水字耳何必多其詞說乎東南歷沙陵注奢延水奢延水又東合交蘭水水出龜茲縣交蘭谷官本曰案近刻脫水字縣字　案朱脫趙增刊誤曰

出上落水字龜兹下落縣字漢書地理志上郡有龜兹縣東南流注奢延水奢延水又東北流與鏡波水合水源出南邪山南谷東北流注于奢延水奢延水又東逕膚施縣帝原水西北出龜兹縣東南流縣因處龜兹降胡著稱又東南注奢延水奢延水又東官本曰案近刻脫奢延水三字及東字　案朱趙無逕膚施縣南秦昭王三年置上郡治漢高祖幷三秦復以爲郡王莽以漢馬員爲增山連率歸世祖以爲上郡太守司馬彪曰增山者上郡之別名也官本曰　案馬員字季主　趙釋日全氏曰朱謀㙔曰漢志西河自有增山縣愚謂班固不書王莽所改上郡之名是脫文意者莽即以增山名上郡故司馬彪云然今世本缺失當以水經注補之正不礙西河之別有增山縣也馬員字季主新息侯援之兄也見後漢書本傳及章懷注東入五龍山孫校曰五龍山在綏德州南五里地理志曰縣有五龍山帝原水官本曰案山下近刻衍也字　案朱衍趙刪刊誤曰也字衍文漢志分注校趙釋曰一清案漢志上郡膚施縣有五龍山帝原水黃帝祠四所自下亦爲通稱也歷長城東出于白翟之中官本曰案近刻訛作出於赤翟白翟之中　案朱趙同趙釋曰一清案赤翟在中山不應在此道元注頗滑突又有平水官本曰案平近刻訛作年　案朱作年箋曰宋本作平水趙改平出西北平溪東南入奢延水奢延水又東朱趙不重奢延水三字走馬水注之水出西南長城北陽周縣故城南橋山昔二世賜蒙恬死于此王莽更名上陵畤山上有黃帝冢故也帝崩惟弓劒存焉故世稱黃帝仙矣其水東流昔段熲追羌出橋門至走馬水聞羌在奢延澤即此處也門即橋山之長城門也始皇令太子扶蘇與蒙恬築長城起自臨洮至于碣石即是城也其水東北流入長城又東北注奢延水奢延水又東朱趙不重奢延水三字與白羊水合其水出于西南白羊溪循溪東北注于奢延水官本曰案循近刻訛

作巡　案朱趙同奢延水又東入于河山海經曰生水東流注于河河水又南陵水注之官本曰案此八字原本及近刻竝訛作經　案朱訛趙改刊誤曰八字是注混作經孫校曰臨泉縣本漢離石縣地臨泉水在縣北一百步即此水今俗名南川河水出陵川北溪南逕其川西轉入河河水又南得離石水口官本曰案此九字原本及近刻竝訛作經　案朱訛趙改刊誤曰九字是注混作經水出離石北山官本曰案近刻脫水出二字　案朱脫趙增刊誤曰離石上落水出二字孫校曰離石北山今俗名赤堅嶺南流逕離石縣故城西孫校曰今永寧州寧鄉臨縣二邑皆離石境案此永寧當是古離石治史記云秦昭王伐趙取離石者也漢武帝元朔三年封代共王子劉綰爲侯國後漢西河郡治也其水又南出西轉逕隰城縣故城南孫校曰今當是永寧北境漢武帝元朔三年封代共王子劉忠爲侯國王莽之慈平亭也胡俗語訛尚有千城之稱朱作干趙改千刊誤曰干城當作千城其水西流注于河也孫校曰離石水入河在永寧

又南過中陽縣西孫校曰地理志西河郡有中陽縣其地當在今岢嵐州治

中陽縣故城在東官本曰案陽近刻訛作南　案朱作南箋曰孫云中南疑作中陽趙改陽東㬎汾水隔越重山不濱于河也董祐誠曰中陽二漢志屬西河郡漢末廢一統志云西河郡前漢治富昌後漢治離石所領諸縣皆夾黃河兩岸從無東附汾水者漢末寇亂諸郡荒蕪曹魏時始移郡東出縣亦隨之元和郡縣志云曹魏移中陽縣于兹氏縣界是已酈注反以魏所移之城爲兩漢故縣誤案經所稱河水過中陽縣西者兩漢之中陽在今寧鄉縣西者也文水注所稱文湖逕中陽縣故城東者曹魏移治之中陽在今孝義縣北者也注於文湖所逕之中陽故城下僅引晉代地志初不以爲二漢之中陽於原公水下又明言魏置西河郡分割太原四縣以爲邦邑而此乃誤證以駁經葢偶有不照耳

又南過土軍縣西孫校曰今石樓縣屬汾州府

吐京郡治故城即土軍縣之故城也董祐誠曰漢志土軍屬西河郡後漢省魏書地

形志吐京郡眞君九年置元和郡縣志石樓縣本漢土軍縣今石樓縣治郎唐舊治胡漢譯言音爲訛變矣官本曰案近刻訛作皆訛僞變矣　案朱訛趙攷皆爲訛變矣刊誤曰僞當作爲與訛字倒互其城圓長而不方漢高帝十一年以封武侯宣義爲侯國趙釋曰一清案漢表云謚式此從史表又索隱曰案位次曰信成侯也縣有龍泉孫校曰今在縣南出城東南道左山下牧馬川上多產名駒駿同滇池天馬官本曰案近刻訛作元河　案朱訛趙改又牧馬川作牧龍川下重川字刊誤曰九域志延安府古跡引此文作牧龍川又於文當重一川字箋曰元下脫一馬字案元字亦誤當作天河字是馬字之誤無脫文其水西北流至其城東南土軍水出道左高山孫校曰今名左山在石樓縣東南西南注之龍泉水又北屈逕其城東西北入于河河水又南合契水官本曰案此七字原本及近刻竝訛作經　案朱訛趙改刊誤曰七字是注混作經傍溪東入窮谷其源也又南至祿谷水口水源東窮此溪也孫校曰二水當在石樓南河水又南得大蛇水官本曰案此八字原本及近刻竝訛作經　案朱訛趙改刊誤曰八字是注混作經發源溪首西流入河河水又南右納辱水經官本曰案此八字原本及近刻竝訛作經　案朱訛經右作又趙改注改右刊誤曰箋曰舊本作河水又右納辱水案非也惟又納之又當作右南字不宜衍也八字是注混作經孫校曰今在延安府延川縣境入河山海經曰辱水出鳥山官本曰案出下近刻衍于字　案朱趙有其上多桑其下多楮陰多鐵陽多玉其水東流注于河俗謂之秀延水東流得浣水口傍溪西轉窮溪便即浣水之源也辱水又東官本曰案辱水近刻訛作延水下同　案朱作延趙作秀延下仝同會根水官本曰案會下近刻衍于字　案朱趙有西南溪下根水所發而東北注辱水辱水又東南官本曰案近刻脫辱水又三字　案朱脫三字趙增一又字露跳水出西露溪官本曰案出西近刻訛作西出　案朱訛趙改刊誤曰延水上落秀字上延水又東會於根水同延水下落又字西出二字當倒互此水所出名西露溪也東流又東北入辱水亂流注于河河水又南左合信支水

水發源東露溪官本曰案近刻脫溪字　案朱脫趙增刊誤曰東露下落谿字西流入于河河水又南左會石羊水循溪東入導源窮谷西流注于河朱作注入河趙改注于河刊誤曰入當作于趙釋曰一清案漢志西河郡穀羅縣武澤在西北武澤本曰虎澤唐人避諱改之後漢建武二十八年詔南匈奴居西河美稷之虎澤即此澤也胡三省曰虎澤應在五原曼柏之北在今榆林鎮之東北而是注無聞焉又南過上郡高奴縣東孫校曰當今宜川縣董祐誠曰高奴二漢志屬上郡晉廢元和郡縣志延州理郞漢上郡高奴縣之城案唐延州城在今膚施縣城東北延水之東域谷水東啟荒原官本曰案近刻訛作源　案朱訛趙改刊誤曰源當作原西歷長溪西南入于河河水又南合孔溪口官本曰案近刻脫孔字　案朱脫河字孔字趙增一河字刊誤曰水上落河字水出孔山南孫校曰孔山在今山西大甯縣北歷溪西流注于河孔山之上有穴如車輪三所東西相當相去各二丈許南北直通故謂之孔山也山在蒲城西南三十餘里河水又右會區水孫校曰水在宜川東北入河山海經西次四經之首官本曰案西近刻訛作曰　案朱訛趙改刊誤曰曰次當作西次曰陰山西北百七十里曰申山其上多穀柞其下多杻橿其陽多金玉官本曰案近刻脫其陽二字　案朱脫趙增刊誤曰多金玉上落其陽二字據山海經校補區水出焉而東流注于河世謂之清水東流入上郡長城官本曰案上郡二字近刻訛在東流上　案朱作上郡東流入於長城趙增清水出三字刊誤曰上郡上落清水出三字據寰宇記校補逕老人山下又東北流至老人谷傍水北出極溪便得水源清水又東得龍尾水口水出北地神泉障北山龍尾溪東北流注清水清水朱趙不重清水二字又東會三湖水水出南山三湖谷東北流入清水清水又東逕高奴縣合豐林水地理志謂之洧水也故言高奴縣有洧水肥可爇朱箋

曰古然字趙釋曰一清案俗本漢書落肥字水上有肥可接取用之博物志稱酒泉延壽縣南山出泉水大如筥注地為溝水有肥如肉汁取著器中始黃後黑如凝膏然極明與膏無異膏車及水碓缸甚佳彼方人謂之石漆水肥亦所在有之非止高奴縣洧水也項羽以封董翳為翟王居之三秦此其一也漢高祖破以縣之王莽之利平矣民俗語訛謂之高樓城也豐林川長津瀉注北流會清水官本曰案近刻清訛作洧下同又脫水字　案朱趙作洧下同無水字清水又南官本曰案近刻訛作有　案朱訛趙改奚谷水注之官本曰案奚近刻訛作溪　案朱訛趙改刊誤曰有當作南谿當作奚下云水西出奚川是也水西出奚川東南流入清水清水朱趙不重清水二字又東注于河河水又南蒲川水出石樓山南逕蒲城東官本曰案此十六字原本及近刻竝訛作經今本脫水出二字　案朱同趙又南下增逕字無水出二字刊誤

曰十四字是注混作經又南下落逕字孫校曰石樓山在今興縣東北一統志說疑非也即重耳所奔之處也又南歷蒲子縣故城西今大魏之汾州治徐廣晉紀稱劉淵自離石南移蒲子者也闞駰曰蒲城在西北漢武帝置其水南出得黃盧水口水東出蒲子城南官本曰案近刻脫水字出下復衍歷字　案朱趙同東北入谷趙入下增黃盧二字刊誤曰初學記引水經注云黃櫨水出隰川縣東北黃櫨谷又任廣書敘指南曰水經敘隰川曰紫川黃谷黃谷即黃盧谷也此北宋見行之本宜為可據谷上落黃盧二字極溪便水之源也蒲水又南官本曰案近刻脫蒲水二字　案朱趙無合紫川水水東北出紫川谷官本曰案水字下近刻衍出字　案朱有趙刪北下出字西南合江水江水出江谷西北入紫川水紫川水又西北入蒲水蒲水又西南入于河水朱紫下竝無川字趙增又又上補出石樓山下五字刪河下水字刊誤曰兩紫水俱當作紫川水蒲水下寰宇記引此文有出石樓山下五字今校補河水之水衍文孫校曰在大甯南入河河水又南合黑

水官本曰案近刻訛作河水入南黑水案朱同趙入南改又南刪下出上水字水出定陽縣西山二源奇發同瀉一壑東南流逕其縣北又東南流右合定水俗謂之白水也水西出其縣南山定水谷東逕定陽縣故城南官本曰案東近刻作更　案朱訛趙改應劭曰縣在定水之陽也孫校曰定陽今宜川縣定水今俗以為宜川水也定水又東注于黑水亂流東南入于河

水經注卷三

水經注卷四

長沙王氏校本

後魏酈道元撰

河水官本曰案二字原本訛在經文又南上近刻又增河水四三字表目案朱趙同

又南過河東北屈縣西

河水南逕北屈縣故城西董祐誠曰二漢志縣屬河東郡晉志屬平陽郡魏書地形志平陽郡禽昌二漢屬河東卽漢晉之北屈也神䴥元年世祖禽赫連昌仍置禽昌郡眞君二年改七年並永安屬焉又定陽郡定陽延興四年置元和郡縣志後魏孝文帝於北屈縣南二十一里置定陽郡卽慈州理是也太平寰宇記魏於白馬城置禽昌縣案禽昌治白馬城卽今臨汾不得在北屈考魏平陽郡北屈與狐讘等縣同屬太平寰宇記永和縣西南三十五里漢狐讘縣故城曹魏別置狐讘縣是魏晉之狐讘已非漢舊今吉州北接大寧爲漢北屈其北則永和爲漢狐讘又北則爲漢西河郡地葢漢末地荒西河之中陽諸縣旣移治太原而狐讘北屈亦移治平陽狐讘以寰宇記曹魏別置之文人猶知其移治而移治所在已不可攷則名存而實晦北屈徙治世無知者然地形志旣謂禽昌卽北屈寰宇記又謂禽昌在白馬城與二漢志所稱北屈有壺口山采桑津者明爲二地則實存而名晦參互考之猶可得其大略司馬子政廟碑云西河舊處山林漢末擾攘百姓失所葢狐讘北屈近接西河其移治必在同時晉以後皆因魏舊魏世祖所置禽昌乃魏晉移治之北屈至延興中始於漢北屈縣地置定陽郡縣也唐慈州城卽今吉州則北屈故城亦在今州北

西四十里有風山官本曰案近刻脫西四二字案朱趙無董祐誠曰元和郡縣志慈州吉昌縣郭下風山在縣北三十里卽今吉州治北上有穴如輪風氣蕭瑟習常不止當其衝飄**也略無生草**官本曰案略上近刻衍而字案朱趙有葢常不定官本曰案近刻脫常字案朱脫趙增眾風之門故也**風山西四十里河南孟門山**趙有與龍門山相對六字刊誤曰寰宇記引此文孟門山下有與龍門山相對六字今校補董祐誠曰元和郡縣志文城縣東南至慈州六十五里孟門山俗名石槽在縣西南三十六里案山在河中故曰河南在今吉州之西北宜川之東北河流所經**山海經曰孟門之山其上多金玉其下多黃堊涅石淮南子曰龍門未闢呂梁未鑿河出孟門之上大溢逆流無有邱陵高阜滅之名曰洪水大禹疏通謂之孟門故穆天子傳曰北登孟門九河之隥**朱作蹬趙改隥又改登爲升刊誤曰登當作升蹬當作隥孫潛校改**孟門卽龍門之上口也**董祐誠曰南距龍門幾二百里**實爲河之巨阸**官本曰案近刻訛作實謂黃河之巨阸案朱同謂爲通非訛也趙改爲刪黃字刊誤曰謂當作爲黃字衍**兼孟門津之名矣**官本曰案近刻脫門字案朱脫趙增刊誤曰孟下有門字御覽引此文校正此孟門山在陝西延安府宜川縣東南二十里與山西吉州鄉寧縣孟門山參差相接卽河中之石檀山也與洛陽孟津有別辛氏三秦記亦云孟門津寰宇記云孟門關在定胡縣西一百里後周大象元年於此置孟門關**此石經始禹鑿河中漱廣夾岸崇深傾崖返捍巨石臨危若墜復倚古之人有言水非石鑿而能入石信哉其中水流交衝素氣雲浮往來遙觀者常若霧露沾人窺深悸魄**官本曰案魄近刻作魂案朱同趙改**其水尚崩浪萬尋懸流千丈渾洪贔怒鼓若山騰濬波頹疊迄于下口方知愼子下龍門流浮竹非駟馬之追也又有燕完水注之異源合舍西流注河河水又南得鯉魚**官本曰案此七字原本及近刻並訛作經又有脫文應作鯉魚澗案朱訛脫趙改又增水字刊誤曰七字是注混作經鯉魚下落水字**歷澗東入窮溪首便其源也**爾雅曰鱣鮪也出鞏穴三月則上渡龍門得渡爲龍矣否則點額而還非夫往還之會何能便有茲稱乎**河水又南羊求水入焉**官本曰案此九字原本及近刻並訛作經案朱訛趙改刊誤曰九字是注混作經**水東出羊求川**官本曰案近刻脫水字案朱脫趙增刊誤曰東出上落水字**西逕北屈縣故城南**城卽夷吾所奔邑也王莽之朕北也汲郡古文曰翟章救鄭次于南屈應劭曰有南故加北國語曰二五言于獻公曰蒲與二屈君之疆也**其水西流注于河河又南爲採桑津**官本曰案此七字原本及近刻並訛作經案朱訛趙改河下並有水字刊誤曰八字是注混作經董祐誠曰左氏傳杜注北

屈縣西南有採桑津史記晉世家作齧桑集解引服虔曰翟地索隱曰衞地案齧桑有二晉與翟戰之齧桑即採桑在北屈西南今鄉甯縣西是也秦張儀與齊楚相會之齧桑徐廣謂在梁與彭城之間漢武帝瓠子歌齧桑浮兮淮泗滿後漢王梁擊佼彊蘇茂於楚沛閒拔大梁齧桑皆梁楚閒之齧桑也索隱又謂平陽西南七十里有采桑津亦因徙治而誤春秋僖公八年晉里克敗狄于採桑是也又南過皮氏縣西七字經文朱趙本在此下赤水出西北罷谷川東謂之赤石川東入于河河水又南合蒲水官本曰案此七字原本及近刻竝訛作經 案朱訛趙改刊誤曰七字是注混作經西則兩源竝發俱導一山出西河陰山縣王莽之山寍也陰山東麓南水東北與長松水合水西出丹陽山東官本曰案近刻訛作水出西三陽山東 案朱趙同東北流左入蒲水蒲水又東北與北溪會同爲一川東北注河河水又南丹水西南出丹陽山官本曰案此十二字原本及近刻竝截上九字訛作經下三字仍屬注文 案朱作河水又南逕丹水西南無出字趙改河水又南得丹水刪西南二字增水

〈水四〉 三

出二字刊誤曰九字是注混作經全氏曰水經注之例地曰逕日歷若水則曰注曰合曰得丹水非地不得曰逕當作得西南二字衍文丹陽山上落水出二字東北逕治官東官本曰案近刻脫官字 案朱脫趙增刊誤曰治下落官字俗謂之丹陽城城之左右猶有遺銅矣趙刊誤曰箋曰漢書食貨志注云金有三品丹陽銅爲赤金神異經云丹陽銅似金可煅以作錯塗之器案班固孟康東方朔之言丹陽產銅皆指揚州酈注丹陽山在晉河東境內風馬牛不相及朱氏據彼證此大謬其水東北會白水口水出丹山東而西北注之丹水又東北入河官本曰案近刻重一東字 案朱趙重河水又南黑水西出丹山東官本曰案此十一字原本及近刻竝截上六字訛作經下五字仍屬注文 案朱訛又黑水下有注之二字箋曰宋本鈔本俱無注之二字趙改刪刊誤曰六字是注混作經注之二字本衍文而東北入于河河水又南至崿谷傍朱訛經趙改注刊誤曰八字是注混作經釋曰全氏曰下當有合崿谷水四字谷東北窮澗官本曰案此十三字原本及近刻竝截上九字訛作經下四字仍屬注文 案官本東上有谷字故云九字朱趙竝無此谷字水源所導也西南流

注于河河水又南洛水自獵山枝分東派東南注于河官本曰案此十八字原本及近刻竝訛作經 案朱訛趙改刊誤曰箋曰一作大河案楊愼刊本作大河又南在此行之首黃省曾刊本云一本河上有大字然義無足錄十八字是注混作經孫校曰淮南子洛出獵山即此昔魏文侯築館洛陰指謂是水也

又南過皮氏縣西官本曰案此經原本及近刻竝訛在赤水出西北罷谷川東之前 案朱趙見上

皮氏縣王莽之延平也故城在龍門東南不得延逕皮氏方屈龍門也官本曰案此注原本及近刻竝訛在上注之末接指謂是水也下

又南出龍門口汾水從東來注之孫校曰東當作西

昔者大禹導河積石疏決梁山謂斯處也孫校曰在河津之西即經所謂龍門矣魏土地記曰梁山北有龍門山趙釋曰一清案漢志左馮翊夏陽縣禹貢梁山在西北龍門山在北大禹所鑿通孟津河口廣八十步巖際鐫跡

〈水四〉 四

遺功尚存岸上竝有廟祠朱作并趙改竝刊誤曰并玉海引此文作竝祠前有石碑三所二碑文字紊滅不可復識一碑是太和中立竹書紀年晉昭公元年河赤于龍門三里官本曰案近刻河下有水字 案朱趙有梁惠成王四年河水赤于龍門三日京房易妖占曰河水赤下民恨河水又南右合暢谷水官本曰案此九字原本及近刻竝訛作經 案朱訛趙改刊誤曰九字是注混作經水自溪東南流逕夏陽縣西北東南注于河河水又南逕梁山原東官本曰案此九字原本及近刻竝訛作經 案朱訛趙改刊誤曰九字是注混作經孫校曰河逕今韓城山即韓城縣北大梁山原自山東南出至河官本曰案原自近刻訛作自原 案朱訛趙改刊誤曰自原二字當倒互黃省曾本校晉之望也在馮翊夏陽縣之西北官本曰案近刻脫北字 案朱趙無臨于河上山崩壅河三日不流晉侯以問伯宗官本曰案近刻以下衍此字 案朱趙有即是處也春秋穀梁傳曰成公五

年梁山崩趙無公字過河水三日不流召伯尊遇輦者不避使車右鞭之輦者曰所以鞭我者其取道遠矣伯尊因問之輦者曰君親縞素率羣臣哭之斯流矣如其言而河流朱箋曰伯尊卽伯宗聲相轉也**河水又南崌谷水注之**官本曰案此九字原本及近刻竝譌作經　案朱譌趙改刊誤曰九字是注混作經孫校曰今名濠水**水出縣西北梁山東南流橫溪水注之**官本曰案近刻脫水字　案朱脫趙增刊誤曰橫溪下落水字**水出三累山**朱出下有于字趙刪刊誤曰于字衍文其山層密三成故俗以三累名山案爾雅山三成爲崑崙邱官本曰案近刻脫崙字下同　案朱脫趙增刊誤曰山字衍爾雅作崑崙邱寰宇記引此文有崙字斯山豈亦崑崙邱乎朱作崑邱趙改崑崙無邱字山下水際有二石室蓋隱者之故居矣**細水東流注于崌谷**側溪山南有石室西面有兩石室官本曰案西面近刻譌作面西　案朱譌趙改刊誤曰面西二字當倒互黃省曾本校改北面有二

石室皆因阿結牖連扃接闥所謂石室相距也東廂石上猶傳杵臼之跡庭中亦有舊宇處尚髣髴前基北坎室上有微涓石溜豐周瓢飲似是棲遊隱學之所昔子夏教授西河官本曰案近刻脫授字　案朱脫趙增刊誤曰教下落授字史記孔子弟子傳校補疑卽此也而無以辨之官本曰案近刻脫以字　案朱脫趙增刊誤曰無下落以字趙釋曰一清案寰宇記相州安陽縣西河隋圖經云卜子夏田子方段干木所遊之地以魏趙多儒學齊魯及鄒皆謂此爲西河非龍門之西河也孫校曰今郃陽有翊教洞**溪水又東南逕夏陽縣故城北**故少梁也秦惠文王十一年更從今名矣王莽之冀亭也**其水東南注于河**官本曰案注近刻譌作流　案朱作流箋曰疑脫注字趙增注字昔韓信之襲魏王豹也以木罌自此渡**河水又南右合陶渠水**官本曰案此九字原本及近刻竝譌作經　案朱譌趙改刊誤曰九字是注混作經**水出西北梁山**趙增縣字刊誤曰水出下落縣字**東南流逕漢陽太守**

殷濟精廬南官本曰案南朱謀㙔云舊本作尙宋本作尙在吳本改爲南今考原本已作南非吳本改也趙刊誤曰箋曰舊本作精廬尙謝兆申云宋本作尙在此脫一在字也吳本改爲精廬南似誤案謝說非也此云逕精廬南言陶渠水之所向耳豈可因誤本尙字又妄增在字也俗謂之子夏廟**陶水又南逕高門南**官本曰案陶近刻訛作河　案朱作河趙改渠又增原字刊誤曰寰宇記引此作陶水準下文是渠水河字誤高門下落原字蓋層阜墮缺故流高門之稱矣朱作東門趙改高門又改墮爲隤刊誤曰墮當作隤東門當作高門趙釋曰一清案太平寰宇記同州韓城縣下引水經注云高門原南有層阜秀出雲表俗謂馬門原今本無之曹氏學佺名勝志引注云層阜相承秀出雲表**又東南逕華池南**池方三百六十步在夏陽城西北四里許故司馬遷碑文云高門華池在茲夏陽官本曰案近刻此下有西城北漢陽太守殷濟精舍四里所凡十四字卽係上文衍複在此　案朱趙有西城趙改城西刊誤曰西城二字當倒互今高門東去華池三里**溪水又東南逕夏陽縣故城南**朱作溪趙改渠下同刊誤曰溪水當作渠水卽陶渠水也下同服虔曰夏

陽虢邑也在太陽東三十里官本曰案此下近刻有城南二字亦衍文　案朱趙有趙釋曰朱氏謀㙔箋曰春秋僖公二年虞師晉師滅下陽杜元凱云下陽虢邑在河東大陽縣案漢志宏農陝縣注故虢國在大陽東馮翊夏陽縣注故少梁龍門在北則下陽夏陽兩地也公羊傳下陽作夏陽服氏因之誤矣**又歷高陽宮北又東南逕司馬子長墓北**墓前有廟廟前有碑永嘉四年漢陽太守殷濟瞻仰遺文大其功德遂建石室立碑樹桓官本曰案近刻訛作柏　案朱訛趙改刊誤曰隸釋載此作樹垣何焯曰當作桓謂樹表也說文桓郵亭表也徐鍇繫傳曰表雙立爲桓漢法亭表四角建大木貫以方版名曰桓表縣所治兩邊各樹一立碑樹桓標表之制耳宋人寫本避廟諱缺筆作柘轉訛作柏也太史公自敘曰遷生于龍門是其墳墟所在矣**溪水東南流入河**昔魏文侯與吳起浮河而下美河山之固卽于此也**河水又南徐水注之**官本曰案此八字原本及近刻竝訛作經南訛作西　案朱訛趙改刊誤曰八字是注混作經西準上文當作南**水出西北梁山**趙增縣字刊誤曰水出下落縣

字**東南流逕漢武帝登仙宮東東南流絕彊梁原**官本曰案近刻脫原字　案朱作石趙改原刊誤曰石寰宇記引此作原彊梁原在今朝邑縣漢書地理志左馮翊褱德縣下云禹貢北條荊山在南下有彊梁原方輿紀要云俗謂之朝坂卽荊山北麓矣**右逕劉仲城北**官本曰案右近刻訛作石　案朱趙無右字官本改石作右故上云脫文是漢祖兄劉仲之封邑也故徐廣史記音義曰郃陽官本曰案郃近刻訛作邵　案朱作邵箋曰邵陽當作郃陽案史記高祖紀代王劉仲棄國亡自歸雒陽廢以爲合陽侯索隱曰合陽屬馮翊正義曰在郃水之陽也趙改郃國名也高祖八年侯劉仲趙釋曰一清案史表合陽侯喜徐廣曰一名嘉則仲是其字索隱曰屬馮翊而漢諸侯王表作郃陽王子侯表作合陽寰宇記冀州信都縣合陽城漢縣高帝時以代王喜棄國降爲合陽侯後漢省幷入扶柳舊地理書並失所在蓋在今郡東界地理志平原郡有合陽縣云侯國王莽曰宜鄉者也樂氏之記是爲非矣又案名勝志引注云河水又逕劉仲城北又逕姚武壁南今本僅有劉仲城而無姚武壁蓋有脫失矣案寰宇記同州夏陽縣有姚武壁姚萇僭號於此蓋以武功立因名姚武壁是也趙是也上有元年二字刊誤曰是也黃省曾本作元年元年下有脫文是也蓋

其臏字耳釋見本卷**其水東南逕子夏陵北東入河河水又南逕子夏石室東**官本曰案此十字原本及近刻並截上九字訛作經東字仍爲注　案朱訛趙改又朱作河入趙改河水刊誤曰九字是注混作經入當作水南北有二石室臨側河崖卽子夏廟室也孫校曰史記正義引括地志云竭泉山一名隱泉山在汾州隰城縣北四十里水經注云其山崖壁立崖畔有一石室去地五十丈頂上平地十許頃此爲子夏石室退老西河居此有卜商碑祠今見在

又南過汾陰縣西孫校曰今榮河縣

河水東際汾陰脽官本曰案原本及近刻並訛作睢下同今改正　案朱訛趙改縣故城在脽側漢高帝六年封周昌爲侯國魏土地記曰河東郡北八十里有汾陰城北去汾水三里城西北隅曰脽邱孫校曰今榮河西北上有后土祠封禪書曰元鼎四年始立后土祠于汾陰脽邱是也又有萬歲宮漢宣帝神爵元年幸萬歲宮東濟大河而

神魚舞水矣昔趙簡子沈欒徼朱趙作激趙釋曰朱氏箋曰呂氏春秋作欒徼于此曰吾好聲色而是子致之吾好士六年不進一人是長吾過而黜吾善君子以爲能譴矣官本曰案近刻脫長吾二字黜訛作點　案朱脫訛趙增改絀

河水又逕郃陽城東官本曰案此八字原本及近刻並訛作經　案朱訛趙改刊誤曰八字是注混作經孫校曰今臨晉縣周威烈王之十七年魏文侯伐秦至鄭還築汾陰郃陽官本曰案近刻訛作縣　案朱訛趙改刊誤曰郃縣黃省曾本作郃陽事亦見史記魏世家．卽此城也故有莘邑矣爲太姒之國詩云在郃之陽在渭之涘又曰纘女維莘長子維行謂此也**城北有瀵水**官本曰案近刻訛作城北在北瀵水　案朱訛趙改刊誤曰在當作有下北字衍文孫潛校正**南去二水各數里其水東逕其城內東入于河又于城內側中**官本曰案內近刻訛作南　案朱趙同**有瀵水東南出城注于河城南又有瀵水東流注于河**官本曰案近刻流下

衍東字　案朱衍趙刪刊誤曰下東字衍文寰宇記引此文校正水南猶有文母廟廟前有碑官本曰案近刻脫一廟字　案朱脫趙增刊誤曰於文當重一廟字去城朱趙有一字十五里水卽郃水也縣取名焉故應劭曰在郃水之陽也**河水又南瀵水入焉水出汾陰縣南四十里西去河三里平地開源濆泉上涌**朱濆作濆箋曰當作濆趙改濆**大幾如輪深則不測俗呼之爲瀵魁**朱箋曰郭璞爾雅注云汾陰有水口如車輪許濆沸涌出其深無限名之爲瀵**古人壅其流以爲陂水種稻東西二百步南北**朱趙有一字**百餘步**趙釋曰一清案王氏存元豐九域志河中府古跡瀵水下引水經云瀵水出汾陰南四十里周回一百八十步冬溫夏冷清澈見底今本似缺**與郃陽瀵水夾河河中渚上**朱趙不重河字**又有一瀵水皆潛相通**官本曰案近刻作皆相潛通　案朱同趙改刊誤曰相潛二字當倒互爾雅注校改**故呂忱曰爾雅異出同流爲瀵水**趙釋曰一清案滎河縣本漢汾陰縣地道元何以不取爾雅郭註原文僅錄呂忱字林數語致與經典全相乖

迮殆故以示博爾今疏記於左以正其失爾雅釋水瀵大出尾下註云今河東汾陰縣有水口如車輪許濆沸涌出其深無限名之曰瀵馮翊郃陽縣復有瀵亦如之相去數里而夾河中陼上又有一瀵瀵源皆潛相通在汾陰者人壅其流以爲陂種稻呼其本出處爲瀵魁此是也尾猶底也

其水西南流歷蒲坂西西流注于河

河水又南逕陶城西 官本曰案此八字原本及近刻竝訛作經 案朱訛趙改刊誤曰八字是注混作經

舜陶河濱皇甫士安以爲定陶不在此也然陶城在蒲坂城北城卽舜所都也南去歷山不遠或耕或陶所在則可何必定陶方得爲陶也舜之陶也斯或一焉孟津有陶河之稱蓋從此始之南對蒲津關汲冢竹書紀年魏襄王七年秦王來見于蒲坂關四月越王使公師隅來獻乘舟始罔及舟三百箭五百萬犀角象齒焉

又南過蒲坂縣西

地理志曰縣故蒲也王莽更名蒲城應劭曰秦始皇東巡見有長坂故加坂也孟康曰晉文公以賂秦秦人還蒲于魏魏人喜曰蒲反矣故曰蒲反也薛瓚注漢書曰秦世家以垣爲蒲反 官本曰案漢書作秦世家云以垣爲蒲反此史記秦本紀語索隱曰爲當爲易蓋字訛也 然則本非蒲也 趙釋曰全氏曰孟康解因魏壽餘事而參錯其說 皇甫謐曰舜所都也或言蒲坂或言平陽及潘者也 官本曰案潘原本訛作瀵今考潘縣漢書地理志屬上谷郡灅水章潘泉故瀆上承潘泉於潘城中或云舜所都也 案朱趙作瀵趙釋曰一清案舜都廣甯今直隸之懷來縣漢上谷郡之潘縣也師古曰音普拌反而胡三省通鑑註曰據水經注潘當作瀵然其引皇甫士安之書則又云或言蒲阪或言潘可知宋本水經已誤潘爲瀵梅磵不能決擇所從徒啟後學之疑漢志續志晉志魏志皆作潘亦見灅水篇注蓋瀵是夾河中陼非可以建都也 今城中有舜廟魏秦州刺史治太和遷都罷州置河東郡郡多流雜 官本曰案近刻訛作離 案朱訛趙改刊誤曰流離黃省曾本作流雜後卷注中多有之

蓋魏晉閒人語也 謂之徙民民有姓劉名墮者宿擅工釀採挹河流醖成芳酎懸食同枯枝之年排于桑落之辰 朱箋曰懸食二語字有脫誤案洛陽伽藍記云河東人劉白墮善釀酒六月中以罌貯酒曝日中經旬酒味不動飲之香美朝貴千里相餉命曰鶴觴齊民要術云十月桑落初凍則收水釀者爲上時春酒正月晦日收水爲中時春酒趙釋曰朱氏謀瑋箋曰二語有訛脫一清案宋李厚註東坡詩胡三省註通鑑引水經注語正同則知相沿已久 故酒得其名矣然香醑之色清白若滫漿焉別調氛氳不與佗同蘭薰麝越自成馨逸 趙釋曰一清案通鑑注作馨遠 方土之貢選最佳酌矣自王公庶友牽拂相招者每云索郎有顧思同旅語索郎反語爲桑落也更爲籍徵之雋句中書之英談

郡南有歷山 官本曰案山下近刻衍也字 案朱趙有孫校曰在今蒲州府南

謂之歷觀 舜所耕處也 趙無也字 有舜井

嬀汭二水出焉南曰嬀水北曰汭水西逕歷山下 官本曰案西近刻訛作迺 案朱訛趙改刊誤曰迺沈炳巽校改西

上有舜廟周處風土記曰舊說舜葬上虞又記云耕于歷山而始甯剡二縣界上舜所耕田于山下多柞樹 官本曰案上虞剡竝屬會稽郡順帝永建四年分上虞南鄉立始甯縣 吳越之間名柞爲櫪故曰歷山余案周處此志爲不近情傳疑則可證實非矣安可假木異名附山殊稱彊引大舜卽比甯壤 官本曰案近刻訛作寍懷 案朱趙作寍懷朱箋曰寍字誤當作甯懷括地志云河內郡獲嘉縣有甯城而懷縣亦屬河內又嬀州懷戎縣西有舜井路史國名記云陽處父聘衛過甯一作寍趙釋曰全氏曰寍懷當作甯壤寍與甯通卽指舜都廣甯朱謀瑋箋强引河內之甯城於舜何與又引嬀州懷戎縣之舜井以解懷字六朝何嘗有懷戎之稱乎蓋謂以歷山在東越猶之以廣甯之壤爲歷山也刊誤曰箋曰寍字誤當作甯案寍甯音同通用朱氏引路史國名記固自言之矣又以誤字目之何也 更爲失誌記之本體差實錄之常經矣歷山嬀汭言是則安于彼乖矣

尚書所謂釐降二女于嬀汭也孔安國曰居嬀水之內王

肅曰嬀汭虞地名皇甫謐曰納二女于嬀水之汭馬季長曰水所出曰汭然則汭似非水名而今見有二水異源同歸渾流西注入于河河水南逕雷首山西官本曰案此入字原本及近刻並訛作經南上近刻有又字　案朱訛趙改刊誤曰九字是注混作經又朱趙有又字山臨大河北去蒲坂三十里尚書所謂壺口雷首者也官本曰案近刻脫也字　案朱脫趙增刊誤曰者下落也字俗亦謂之堯山山上有故城世又曰堯城闞駰曰蒲坂堯都按地理志曰縣有堯山首山祠官本曰案首近刻訛作有下脫山字　案朱訛脫趙改增刊誤曰案漢志作首山祠有字誤也雷首山在南事有似而非非而似朱趙作是千載眇邈非所詳耳又南涑水注之官本曰案此六字原本及近刻並訛作經　案朱訛趙改刊誤曰六字是注混作經孫校曰在今蒲州治北注河也水出河北縣雷首山趙釋曰全氏曰此別是河北縣之涑水非聞喜縣之涑水也蓋聞喜之涑水水經以爲出東山黍葭谷注以爲至周陽與洮水合通鑑地理通釋所云在陝州夏縣北四十里者是也河北之涑水則雷水亦即陽安澗水地理通釋所云在河中府臨晉縣東十二里者是也近人合而一之欒史曰涑川自聞喜接河今涑水篇但言涑水入張澤而不言張澤之所入又曰西北去蒲坂一十五里然則聞喜之涑水所入正與河北之涑水所出相接而又皆名涑水道元不細剖之兩處並引左傳伐我涑川之語已自蒙混及讀唐志虞鄉縣北十五里有涑水渠貞觀十七年蒲州刺史薛萬徹所開自聞喜引流入臨晉以溉田乃恍然曰是兩涑水所由合也鹽池圖說曰涑水中尾多窄至臨晉而小谿諸水咸注之不知涑水本至張陽而止所謂中尾多窄者出於人力之通也過此則又一涑水也若左傳之涑川則在聞喜不在蒲坂蓋王官城亦在聞喜故也一清案全氏之說甚辨然涑水實非有二也涑之別曰洮而其截爲二則自金天氏始左氏傳云臺駘能業其官宣汾洮障大澤以處太原帝用嘉之封諸汾川則是張陽澤乃臺駘之遺迹故禹貢曰既修太原至於岳陽蓋治汾洮之水也曰修者修鯀之功至於岳陽而止岳陽霍太山之陽也其不及河可知鯀且不毀臺駘之業至唐乃溝而通之此數千年之水道一變也又徵之杜元凱之言矣左傳成十三年注云涑水出河東聞喜縣西南至蒲坂縣入河是二涑水本有相通之道杜故云然杜又在酈前惟其有道可通唐人乃得溝而合之如二涑水各異則源流判然何以稱名合一乎縣

北與蒲坂分山有夷齊廟闞駰十三州志曰山一名獨頭山夷齊所隱也山南有古冢陵柏蔚然攢茂邱阜俗謂之夷齊墓也官本曰案也字近刻訛在其水下　案朱訛趙改刊誤曰也字當移在墓字之下趙釋曰閻氏若璩四書釋地曰史記正義首陽山凡五所王伯厚考曾子書以爲在蒲坂舜都者得之莫徵信於酈注然已兩說互存蓋莫能定爾其水西南流亦曰雷水穆天子傳曰壬戌天子至于雷首犬戎胡觴天子于雷首之阿乃獻良馬四六天子使孔牙受之于雷水之干是也趙刊誤曰箋曰穆天子傳良馬作食馬受之于雷水之平案良馬見於經典良馬四六所獻二十四匹也雷水之干干是水涯詩魏風寘之河之干兮傳曰干厓也朱氏所引皆誤昔趙盾田首山食祁彌明翳桑之下官本曰案祁左傳作提　趙釋曰朱氏謀墇箋曰左傳作提彌明全氏曰祁提音近致訛然食者別是靈輒非提彌明史記則以翳桑餓人爲祁彌明斯乃善長有意舍左用史義門所謂故以示博者也趙刊誤曰箋曰左傳作提彌明案公羊傳作祁彌明此是道元有意立異非傳寫之誤詳本卷史記作元眯明鄒誕生音元眯爲祁彌即于此也涑水又西南流注于河春秋左傳謂之涑川者也俗謂之陽安澗水

又南至華陰潼關渭水從西來注之

汲郡朱作冢箋曰舊本作汲都乃汲郡之訛吳改汲冢趙改郡竹書紀年曰晉惠公十五年趙釋曰沈氏曰晉惠公以十四年卒無十五年乃周襄王之十五年是年秦納重耳次年至河上則周襄王之十六年也涑水篇誤同秦穆公帥師送公子重耳涉自河曲春秋左氏僖公二十四年秦伯納之及河子犯以璧授公子曰臣負羈紲從君巡于天下臣之罪多矣臣猶知之而況君乎請由此亡公子曰所不與舅氏同心者有如白水投璧于此官本曰案投近刻訛作授　案朱訛趙改子推笑曰官本曰案笑近刻訛作哭　案朱趙作哭天開公子子犯以爲功吾不忍與同位遂逃焉河水歷船司空與渭水會官本曰案

此十字原本及近刻竝訛作經朱訛趙改刊誤曰十字是注混作經　案漢書地理志官本曰案志下近刻衍曰字　案朱趙有舊京兆尹之屬縣也官本曰案尹近刻訛作郡　案朱訛趙改刊誤曰郡當作尹趙釋曰一淸案既引漢志不當云舊也左邱明國語云官本曰案此六字訛舛當作古語云　趙釋曰朱氏謀㙔箋曰案巨靈事在薛綜西京賦注引古語云云非左氏國語也此乃誤記耳華岳本一山當河河水過而曲行河神巨靈手盪脚蹋開而爲兩今掌足之迹仍存華巖開山圖曰有巨靈胡者徧得坤元之道官本曰案近刻徧訛作偏坤訛作神　案朱趙同能造山川出江河官本曰案近刻脫江字　案朱趙無所謂巨靈贔屭首冠靈山者也常有好事之士官本曰案近刻作人　案朱趙作人故升華岳而觀厥迹焉自下廟歷列柏南行十一里東迴三里至中祠又西南出五里至南祠謂之北君祠諸欲升山者至此皆祈請焉從此南入谷七里官本曰案此近刻訛作北　案朱訛趙改刊誤曰北當作此又屆一祠謂之石養父母石龕木主存焉又南出一里至天井官本曰案又近刻訛作入　案朱作入箋曰疑作又趙改又井裁容人穴空迂迴頓曲而上官本曰案頓近刻訛作傾　案朱訛趙改刊誤曰初學記引此文作頓曲而上傾字誤可高六丈餘山上又有微涓細水流入井中亦不甚沾人上者皆所由陟朱趙作涉更無別路欲出井望空視明如在室窺窗也出井東南行二里峻坂斗上斗下降此坂二里許又復東上百丈崖升降皆須扳繩挽葛而行矣南上四里路到石壁緣旁稍進逕朱趙有一字百餘步自此西南出六里又至一祠官本曰案祠近刻作神　案朱趙同趙釋曰全氏曰魏書地形志每縣下皆載有祠但直作神字疑是北人竟以神字當祠字耳名曰胡越寺朱趙越作趲趙刊誤曰箋曰郭緣生述征記云西南出六里又至一祠名曰胡越寺神案北人呼祠曰神神卽祠也魏收多單舉神字可證胡越寺亦無可考神像有童子之容從祠南歷夾

嶺廣裁三尺餘兩箱懸崖數萬仞官本曰案近刻脫懸字　案朱無懸字箋曰宋本有懸字趙增窺不見底祀祠有感則雲與之平朱有也字箋曰宋本無也字趙刪然後敢度猶須騎嶺抽身漸以就進故世謂斯嶺爲搦嶺矣度此二里便屆山頂官本曰案便近刻訛作復　案朱訛趙改刊誤曰復黃省曾本作便上方七里靈泉二所一名蒲池西流注于澗一名太上泉東注澗下上宮神廟近東北隅其中塞實雜物事難詳載自上宮東北出四百五十步有屈嶺東南望巨靈手跡惟見洪崖赤壁而已都無山下上觀之分均矣河在關內南流潼激關山因謂之潼關濩水注之官本曰案濩原本及近刻竝訛作灌今據山海經改正　案朱訛趙改水出松果之山官本曰案近刻訛作上　案朱訛趙改刊誤曰鍾伯敬云水出松果之上奇境奇語卮林云山海經曰太華之山六十里曰松果之山濩水出焉北流注於渭則灌水當作濩水之上當作之山松果山名伯敬豈以爲懸泉樹杪激波木末平觀周方叔所析鍾譚不學之妄可見矣北流逕通谷世亦謂之通谷水東北注于河述征記所謂潼谷水者也或說因水以名地也河水自潼關東北流水側有長坂謂之黃巷坂官本曰案巷近刻訛作卷下同　案朱訛趙改釋曰一作黃卷坂傍絕澗官本曰案近刻脫坂字　案朱脫趙增說見下陟朱趙作涉此坂以升潼關所謂泝黃巷以濟潼矣官本曰案潼下近刻有關字　案朱趙有朱作卷趙改巷趙刊誤曰箋曰潘岳西征賦云溯黃巷以濟潼案今西征賦泝作愬何焯校衍關字愚謂注特撮其文耳通典虢州宏農縣有黃巷陌引西征賦亦作黃巷字寰宇記陝州閿鄉縣下云黃巷坂卽潼關路引述征記西征賦俱作黃巷疑卷字是近代傳寫之誤又黃巷坂下當重一坂字歷北出東崤官本曰案崤近刻訛作峪　案朱訛趙改通謂之函谷關也邃岸天高空谷幽深澗道之峽車不方軌號曰天險故西京賦曰巖險周固衿帶易守所謂秦得百二幷吞諸侯也是以王元說隗囂曰請以一丸泥東封函谷

關圖王不成其弊足霸矣趙釋曰全氏曰案何焯曰函谷關潼關蓋一地而異名也通典漢武
帝徙函谷關于新安至獻帝西幸出關猶在新安建安十六
年曹操破馬超於潼關卽是中間移此所謂國之巨防不爲
細事而史官失之是以杜岐公亦直謂函谷關卽潼關特徙
其地耳然通典於新安縣下云魏明帝景初元年河南尹盧
延請徙函谷關於崤下宏農守杜恕議以東徙潼關著郡下
省函谷關徙蒯關於盧氏正始元年宏農守孟康請移函谷
關更號大崤關又爲金關地理志曰是年廢函谷關然則潼
關置於季漢而函谷關廢於魏之正始岐公前說未經刊正
而善長亦同此誤耳王元泥
封之說豈指華陰之潼關乎郭緣生記曰漢末之亂魏武征
韓遂馬超連兵此地今際河之西有曹公壘道東原上朱東作來
趙改刊誤曰來吳琯本作東云李典營義熙十三年王師曾據此壘西征
記曰沿路逶迤入函道六里有舊城官本曰案近刻脫有字案朱脫趙增刊誤曰
舊城上落有字方輿紀要校增城周百餘步北臨大河南對高山姚氏置關
以守峽宋武帝朱趙作王入長安檀道濟王鎭惡或據山爲營或
平地結壘官本曰案地近刻訛作城案朱訛趙改刊誤曰平城當作平地爲大小七營濱
帶河險姚氏亦保據山原陵阜之上官本曰案近刻脫陵字案朱脫趙增刊誤曰
阜上落陵字十六國春秋校增尙傳故跡矣關之直北隔河有層阜巍然獨
秀孤峙河陽世謂之風陵趙釋曰全氏曰史記作封陵戴延之所謂風堆
者也朱箋曰風堆御覽作風塠又引戴延之西征記云伏羲女媧風姓也此當是女媧之墓九域志云女媧墓在今
潼關口河灘上屹然介河有木數株雖暴漲不漂沒也寰宇記云河東縣三里風陵曻女媧之墓南則河濱
姚氏之營與晉對岸河水又東北玉澗水注之官本曰案此十字原本及
近刻竝訛作經　案朱訛趙改刊誤曰十字是注混作經孫校曰水在閿鄉西南五十里源出秦山經文底鎭入河又文
谷水會玉溪澗北流入河水南出玉溪北流逕皇天原西周固記開山東
首上平博方可里餘三面壁立高千許仞漢世祭天于其上
名之爲皇天原上有漢武帝思子臺孫校曰臺在閿鄉縣西北又北逕閿

鄉城西官本曰案閿原本及近刻竝訛作閿下同　案朱趙作閿下同郡國志曰宏農湖縣
有閿鄉趙釋曰全氏曰案師古曰閿本從旻許密反後誤作受而妄音汝授反今俗讀閿音則以閿與閿近致訛
傳呼失其實也一淸案後漢書鄭興傳云客授閿鄉章懷註云閿音聞建安中改作聞今世但有聞音而許密反之音隱
矣又李宏憲云閿古文聞說文從門受聲則知閿卽聞也世謂之閿鄉水也魏尙書僕射
閿鄉侯河東衞伯儒之故邑其水北流注于河河水又東逕
閿鄉城北東與全鳩澗水合官本曰案城北近刻訛作侯河又此十六字原本及近刻竝訛
作經　案朱訛經趙改注侯河改城南刊誤曰箋曰孫云侯河當作城南案十六字是注混作經孫校曰元和志靈寶縣
全鳩水一名全節水當卽今沙河又玉娘湖在閿鄉縣西南四十五里皇天原旁水出南山朱出作北趙改
刊誤曰北吳琯本作出北逕皇天原東述征記曰全節地名也朱箋曰圖經云
全節卽漢書全鳩里戾太子死處其西名桃原古之桃林孫校曰桃原在靈寶縣東北十里古
之桃林周武王克殷休牛之地矣西征賦曰咸徵名于桃原朱趙
作園者也晉太康地記曰桃林在閿鄉南谷中其水又北流注
于河官本曰案流近刻訛作河　案朱作其水入北河箋曰北河疑作河北蓋謂河北縣也趙改河北
又東過河北縣南孫校曰今芮城縣
縣與湖縣分河蓼水出襄山蓼谷西南注于河官本曰案注近刻訛作流
流　案朱作流趙下增注字河水又東永樂澗水注之官本曰案此十字原本及近刻竝訛
作經　案朱訛趙改刊誤曰十字是注混作經水北出于薄山南流逕河北縣故城
西故魏國也晉獻公滅魏以封畢萬卜偃曰魏大名也萬後
其昌乎後乃縣之在河之北故曰河北縣也今城南西二面
竝去大河可二十餘里北去首山朱趙有一字十許里處河山之
閒土地迫隘故魏風著十畝之詩也城內有龍泉南流出城
又宥斷而不流永樂溪水又南入于河余按中山經官本曰案近刻

脫山字　案朱脫趙增刊誤曰中下落山字卽渠豬之水也太史公封禪書稱華山以西名山七薄山其一焉朱山下有有字趙刪刊誤曰有字衍文薄山卽襄山也徐廣曰蒲坂縣有襄山山海經曰蒲山之首曰甘棗之山朱作甘桑箋曰今山海經作甘棗之山括地志云蒲州河東縣雷首山一名中條山一名歷山亦名首陽山亦名蒲山一名襄山亦名甘棗山亦名豬山趙改甘棗共水出焉而西流注于河東則渠豬之山渠豬之水出焉而南流注于河如準封禪書二水無西南注朱趙作流河之理今診蓼水川流所趣趙作趨與其水相扶永樂溪水導源注于河又與渠豬勢合蒲山統目總稱亦與襄山不殊故揚雄河東賦曰河靈矍踼官本曰案近刻訛作玃踼　案朱作玃踼趙改玃踼掌華蹈襄趙釋曰沈氏曰原賦作兀華蹈衰蘇林曰衰山也師古曰兀古掌字注云襄山在潼關北十餘里以是推之知襄山在蒲坂溪水卽渠豬之水也官本曰案溪近刻訛作蓼　案朱趙同河水自河北城南東逕芮城官本曰案此十一字原本及近刻竝訛作經　案朱訛趙改刊誤曰十一字是注混作經二城之中有段干木冢干木晉之賢人也魏文侯過其門式朱趙作軾其廬所謂德尊萬古芳越來今矣汲冢竹書紀年曰晉武公元年尚一軍芮人乘京荀人董伯皆叛匪直大荔故芮也此亦有焉趙釋曰全氏曰案大荔之戎亦名芮戎在北地而芮伯之國在臨晉其後大荔滅于秦種落荄有居于臨晉者漢人遂合芮戎芮伯之國而一之謂臨晉卽故大荔是大繆也惟善長稍辨之曰匪直大荔故芮也此亦有焉則二芮了然矣而讀其注者鮮知之紀年又云晉武公七年芮伯萬之母芮姜逐萬萬出奔魏八年周師虢師圍魏圍朱作圖箋曰今竹書作圍魏趙改圍取芮伯萬而東朱趙有之字九年戎人逆芮伯萬于郊官本曰案郊近刻訛作郟　案朱訛趙改刊誤曰左傳文公三年秦伯伐晉取王官及郊郟字誤斯城亦或芮伯朱趙芮伯作伯萬之故畫也官本曰案畫朱

謀煒云疑是疆字　趙刊誤曰箋曰畫字誤疑是疆字案畫界限也左傳芒芒禹迹畫爲九州故畫猶故疆也河水右會槃澗水官本曰案此七字原本及近刻竝訛作經右訛作又　案朱訛經脫水趙改增右竝作又刊誤曰六字是注混作經槃澗下落水字孫校曰水在陝州城西三十五里源出泰山北流入河水出湖縣夸父山孫校曰山在閿鄉縣東南三十五里北逕漢武帝思子宮歸來望思臺東官本曰案思近刻訛作子　案朱訛趙改刊誤曰望子全祖望校改望思見漢書又北流入于河河水又東逕湖縣故城北官本曰案此十字原本及近刻竝訛作經　案朱訛趙改刊誤曰十字是注混作經孫校曰元和志湖縣故城在湖城縣西南十里又閿鄉縣本漢湖縣地昔范叔入關遇穰侯于此矣湖水出桃林塞之夸父山孫校曰水在陝州廢湖城西門外源出秦山北流入河廣圓三百仞武王伐紂天下既定王巡嶽瀆官本曰案巡近刻訛作及　案朱趙作及趙刊誤曰箋曰及字誤當作巡周頌時邁所謂及河喬嶽案全祖望云箋既引詩則及字不誤放馬華陽散牛桃林卽此處也其中多野馬造父于此得驊騮綠耳盜驪之乘以獻周穆王使之馭以見西王母湖水又北逕湖縣東而北流入于河魏土地記曰宏農湖縣有軒轅黃帝登仙處黃帝採首山之銅鑄鼎于荊山之下孫校曰荊山在閿鄉縣南三十里有龍垂胡于鼎黃帝登龍從登者七十人遂升于天故名其地爲鼎胡官本曰案近刻訛作湖　案朱訛趙改刊誤曰鼎湖之湖當作胡不從水荊山在馮翊首山在蒲坂與湖朱同趙作胡縣相連晉書地道記太康記竝言胡縣也漢武帝改作湖俗云黃帝自此乘龍上天也地理志曰京兆湖縣有周天子祠二所故曰胡官本曰案近刻訛作湖　案朱訛趙改刊誤曰此是漢志原文湖當作胡不言黃帝升龍也山海經曰西九十里曰夸父之山朱無曰字趙增刊誤曰西九十里下山海經有曰字今校補其木多椶柟多竹箭其陽多玉其陰多鐵其北有林焉名曰桃林其中多馬

湖水出焉北流注于河故三秦記曰桃林塞在長安東四百里若有軍馬經過好行則牧華山休息林下惡行則決河漫延人馬不得過矣河水又東合柏谷水官本曰案此八字原本及近刻竝訛作經 案朱訛趙改刊誤曰八字是注混作經水出宏農縣南石隄山官本曰案南近刻訛作兩 案朱訛趙改刊誤曰兩名勝志引此文作南孫校曰山在靈寶縣西南萬度里山下有石隄祠銘云魏甘露四年散騎常侍征南將軍豫州刺史領宏農太守南平公之所經建也其水北流逕其亭下晉公子重耳出亡官本曰案晉近刻訛作昔 案朱訛趙改刊誤曰昔通鑑地理通釋引此文作晉及柏谷卜適齊楚狐偃曰不如之翟漢武帝嘗微行此亭孫校曰柏谷亭在靈寶縣朱陽谷見饋亭長妻故潘岳西征賦曰長徵客于柏谷朱作徵客箋曰徵客賦作傲賓趙改傲賓妻覩貌而獻餐謂此亭也谷水又北流入于河趙增柏字刊誤曰據上文谷水上有柏字今校補河水又東右合門水官本曰案此八字原本及近刻竝訛作經 案朱訛趙改刊誤曰八字是注混作經門水即洛水之枝流者也洛水自上洛縣東北于拒陽城西北官本曰案近刻脫陽字 案朱作拒城之西北趙改刊誤曰禹貢錐指作拒陽城之字衍文方輿紀要商州洛南縣有拒陽城云在縣東南東晉時置縣於此舊唐書隋改拒陽爲洛南舊治拒陽川即斯城矣分爲二水枝渠東北出爲門水也門水又東北歷陽華之山即山海經所謂陽華之山官本曰案即字下近刻衍華陽二字 案朱趙有門水出焉者也又東北歷峽謂之鴻關水水東有城官本曰案近刻脫一水字 案朱脫趙增刊誤曰東上落水字即關亭也水西有堡謂之鴻關堡官本曰案近刻訛作鳥 案朱訛趙改刊誤曰鳥字誤當作堡世亦謂之劉項裂地處非也余按上洛有鴻臚園池是水津渠沿注故謂斯川爲鴻臚澗孫校曰元和志鴻臚水過宏農縣北十五里入靈寶界溉田四百餘頃水在今靈寶縣西源出朱陽鎭藏牛谷會峪澗諸水西入河

鴻關之名乃起是矣門水又東北歷邑川二水注之官本曰案二近刻訛作燭 案朱訛趙改刊誤曰全祖望曰此燭水是二之誤不然與下文複出今以先贈公本校正案二水即下左水右水也左水出于陽華之陰官本曰案近刻訛作陽 案朱趙作陽孫校曰左水即山海經楊水東北流逕盛牆亭西東北流與右水合右水出陽華之陽官本曰案近刻訛作陰 案朱趙作陰東北流逕盛牆亭東東北與左水合官本曰案近刻脫一東字 案朱盛牆亭下少一東字趙增刊誤曰盛牆亭下落東字即山海經所謂䋷姑之水官本曰案䋷姑近刻作緒茹下同 案朱同趙改刊誤曰沈炳巽曰緒茹當作䋷姑䋷音藉下同史記秦本紀靈公十三年城籍姑正義曰括地志云籍姑故城在同州韓城縣北蓋因水以受氏也出于陽華之陰東北流注于門水者也又東北燭趙作爥水注之水有二源左水南出于衙嶺官本曰案原本及近刻竝訛作衙嶺下同今據漢書改正 案朱訛趙改刊誤曰漢書地理志宏農郡宏農縣衙嶺下谷燭水所出北入河燭當作爥衙當作衙下同郡國志劉昭補注亦作衙山蓋誤字也世謂之石城山其水東北流逕石城西東北合右水右水出石城山東北逕石城東東北入左水地理志曰燭水出衙嶺下谷官本曰案燭漢書作爥 案朱作燭趙改爥開山圖曰衙山在函谷山西南孫校曰衙山在靈寶山西十二里是水亂流東注于䋷姑之水二水悉得通稱矣歷澗東北出謂之開方口水側有阜謂之方伯堆官本曰案謂近刻作名 案朱趙作名孫校曰元和志方伯堆在宏農縣東南五里宋奮武將軍魯方平建武將軍薛安都等官本曰案武近刻訛作威 案朱訛趙改刊誤曰宋書南史薛安都傳俱作建武將軍今改正與建威將軍柳元景北入軍次方伯堆者也堆上有城即方平所築也官本曰案平近刻訛作伯 案朱訛趙改刊誤曰方伯當作方平即魯方平也又東北逕邑川城南官本曰案邑近刻訛作入 案朱作入箋曰宋本作逕邑川城趙改邑即漢封竇門之故邑川受其名亦曰竇門城在函谷關南七里又東北

田渠水注之官本曰案渠下近刻衍川字　案朱衍趙刪刊誤曰川字衍文孫校曰水在靈寶縣源出乾山歷固水川而下西北注於澗水今名霸底河水出衙山之白后谷官本曰案近刻脫水字衙訛作衡　案朱脫訛趙增改刊誤曰出上落水字衡山當作衙山東北流逕故邱亭東是辟安都軍所從城也其水又逕鹿蹏山西孫校曰山在靈寶縣虢州鎮西亦見山海經也山石之上有鹿蹏自然成著官本曰案近刻訛作者　案朱訛趙改刊誤曰者當作著此與沁水篇注正同非人功所刊歷田渠川謂之田渠水西北流注于燭水燭水又北入門水水之左右卽函谷山也門水又北逕宏農縣故城東城卽故函谷關校尉舊治處也孫校曰元和志宏農縣本漢舊縣又函谷故城在靈寶縣南十里秦函谷關城漢宏農縣也終軍棄繻于此燕丹孟嘗亦義動雞鳴于其下可謂深心有感志誠難奪矣昔老子西入關尹喜望氣于此也故趙至與嵇茂齊書曰李叟入秦及關而歎亦言與嵇叔夜書及關尹望氣之所異說紛綸竝未知所定矣漢武帝元鼎四年趙釋曰沈氏曰是三年徙關于新安縣以故關爲弘農縣弘農郡治王莽更名右隊劉桓公爲郡虎相隨渡河光武問朱趙作聞而善之其水側城北流而注于河河水于此有浢津之名官本曰案浢近刻訛作洹　孫校曰浢津在靈寶縣西北三里說者咸云漢武徹行柏谷遇辱竇門又感其妻深識之饋既返玉階厚賞賚焉賜以河津令其鶩渡今竇津是也官本曰案津下近刻衍者字　案朱趙有故潘岳西征賦云官本曰案近刻脫云字　案朱趙無酬匹婦其已泰胡厥夫之謬官袁豹之徒竝以爲然余案河之南畔夾側水濱有津謂之浢津朱有津作有側趙改有澗刊誤曰箋曰測一作澗或作津案澗字與測字形相近澗字爲是河北縣有浢水官本曰案此下近刻衍浢津其水四字　案朱趙有南入于河河水故有浢津之名不從門始蓋事類名同故作者疑之官本曰案疑近刻訛作是　案朱趙作是竹書穆天子傳曰天子自竇軨乃次于浢水之陽丁亥入于南鄭考其沿歷所踵官本曰案近刻訛作鍾　案朱趙作鍾路直斯津以是推之知非因門矣俗或謂之偃鄉澗水也河水又東左合一水官本曰案近刻東訛作有合訛作右　案朱訛趙作又合左右二水刊誤曰有當作合一水當作二水其水二源疏引官本曰案二近刻作三下同　案朱作三趙改二刊誤曰三源當作二源俱導薄山官本曰案近刻訛作水　案朱訛趙改刊誤曰薄水是薄山之誤南流會成一川其二水之內朱二作三趙改刊誤曰三水之內當作二水之內世謂之閑原言虞芮所爭之田所未詳矣又南注于河河之右曹水注之官本曰案近刻之訛作水曹訛作會　案朱訛趙改河水右會谷水刊誤曰水上落谷字下文注云谷水自南山通河是也注之二字衍文孫校曰水在靈寶縣源出峴山今名好陽河水出南山北逕曹陽亭西孫校曰元和志曹陽亭在靈寶縣東南四十里陳涉遣周章入秦少府章邯斬之于此魏氏以爲好陽晉書地道記曰亭在弘農縣東十三里其水西北流入于河

河水又東菑水注之孫校曰水在靈寶縣東二十里經曲沃村西北流入河水出常烝之山孫校曰見山海經西北逕曲沃城南又屈逕其城西西北入河諸注述者咸言曲沃在北此非也魏司徒崔浩以爲曲沃地名也余案春秋文公十三年晉侯使詹嘉守桃林之塞處此以備秦時以曲沃之官守之故曲沃之名遂爲積古之傳矣

河水又東得七里澗孫校曰在陝州城西南七里今名后橋溝北入河澗在陝城西七里官本曰案近刻脫城字　案朱趙無朱箋曰陝縣之西故因名焉其朱趙作谷水自南山通河亦謂之曹陽坑是以潘岳西征賦曰行于漫瀆之口憩于曹陽之墟袁豹崔浩亦不非其地矣余按漢書昔獻帝

東遷逼以寇難李傕郭汜追戰于弘農澗天子遂露次曹陽孫校曰元和志曹陽墟俗名七里澗在陝縣西南七里楊奉董承外與傕和內引白波李樂等破傕乘輿于是得進復來戰奉等大敗兵相連綴四十餘里方得達陝以是推之似非曹陽然以山海經朱有曰字趙刪刊誤曰曰字衍文求之菑曹字相類是或有曹陽之名也趙釋曰王氏世懋讀史訂疑曰靈寶之西函谷之東有澗直下黃河曰弘農澗一統志云宋避英宗諱改爲鴻蘆竊疑宋爲太祖父諱宏殷耳何必並農字改之英宗初名及後更名俱不犯二字以爲英宗者尤誤也後閱王得臣麈史始知其大繆不然得臣曾修陝志云靈寶之西有澗曰洪溜不知其名之因也比見水經注云縣有鴻臚園池是水津渠沿注故謂斯川爲鴻臚澗是知洪溜語之訛也灑然始悟當時俗名是洪溜原非宏農所謂鴻臚者卽得臣援證水經修志時改之耳彼自云鴻臚非鴻蘆也得臣政和時年八十所著書正當英宗前後何嘗有避諱之說乎蓋陝州古名宏農而是澗先名洪溜後名鴻臚其聲近於宏農措大強解事遂以意傅會其說以爲復古而名之事故有習而非眞予故拈出之以雪斯澗之誤名今靈寶人亦順呼爲宏農無有知其非者仍當稱鴻臚爲是不然稱洪溜猶是宋以前之語也一淸案敬美之言非也據酈注鴻臚園池在上洛縣上洛屬商州去陝四百餘里安可便以鴻臚爲宏農也後漢書獻帝紀云十一月庚午李傕郭汜等追乘輿戰於東澗王師敗績壬申幸曹陽露次田中章懷注云曹陽澗名在今陝州西南七里俗謂之七里澗董卓傳云傕汜共追乘輿大戰於宏農東澗天子遂露次曹陽寰宇記陝州陝縣下云曹陽墟俗名七里澗在縣西四十五里魏武帝改曰好陽澗本曰曹陽以在曹水之陽然則傕汜戰處乃是宏農之東澗一名七里澗者是今節去東字直云宏農澗方土之稱酈氏因之未爲失也若以鴻臚園池釋之抑更差遠已且洪溜澗名見漢書注顏師古曰桃林縣南有洪溜澗水卽古之函關是也紛紛辨質實爲辭費又全氏曰善長疑曹陽卽菑陽然師古注陳涉傳云曹水出陝縣西南峴頭山北流入河今謂之好陽澗在陝縣西四十五里則菑水外別有曹水不如善長所云河水又東合譙水官本曰案譙水近刻訛作譙譙案朱作譙譙趙改譙水刊誤曰下譙字是水字之誤又朱趙並無又字水導源常烝之山孫校曰亦見山海經俗謂之爲干山官本曰案干近刻訛作于案朱訛趙改刊誤曰干孫潛本校改干蓋先後之異名也山在陝城南八十里其川官本曰案

此下近刻衍流也二字案朱趙有二源雙導同注一壑而西北流注于河又東過陝縣北孫校曰元和志陝縣本漢縣也歷代不改硤石縣本漢陝縣地槖水出槖山孫校曰見山海經水在陝州城南一名永定澗出槖山南流入河槖山在陝州東五十里西北流又有崖水官本曰案崖近刻作于案朱作于趙改干刊誤曰于當作干出南山北谷官本曰案近刻訛作合案朱訛趙改刊誤曰合孫潛本校改谷逕崖峽北流與干山之水會官本曰案干近刻亦訛作于下同案朱訛趙改水出干山東谷官本曰案近刻脫水字案朱趙無兩川合注于崖水又東北注槖水槖水朱趙不重槖水北流出谷謂之漫澗矣孫校曰元和志陝縣北利人渠隋開皇六年文帝遣邵國公蘇威引槖水西北入城百姓賴其利故以爲名南利人渠東南自硤石界流入與北渠同時疏導與安陽溪水合水出石崤南西逕安陽城南漢昭帝封上官桀爲侯國官本曰案昭帝近刻訛作武帝案朱趙同國下並有也字趙釋曰一淸案史記索隱曰表在蕩陰志屬汝南地理志汝南郡安陽縣下云侯國是也方輿紀要云彰德府安陽縣本紂之朝歌地七國時爲魏寍新中邑秦昭襄王五十年王齕從張唐拔之更名安陽漢省入蕩陰縣昭帝封上官桀爲侯邑然則非陝之安陽城也外戚恩澤侯表桀以昭帝始元二年正月壬寅封武帝字亦誤潘岳所謂我徂安陽也東合漫澗水水北有逆旅亭朱趙不重水字謂之漫口客舍也又西逕陝縣故城南官本曰案此八字原本及近刻並訛作經今考上下文乃注內敘槖水所逕案朱訛趙改刊誤曰八字是注混作經又合一水謂之瀆谷水孫校曰疑卽靑龍澗南出近溪北流注槖槖朱趙作其水又西北逕陝城西西北入于河官本曰案注內敘槖水終于此河北對茅城故茅亭茅戎邑也公羊曰晉敗之大陽者也朱之作入趙改刊誤曰入公羊傳作之津亦取名焉春秋文公三年秦伯伐晉自茅津濟封崤尸而還是也東則咸陽澗水注之水出北虞山南至陝津注河河南卽陝城也昔周召分伯以此城爲東西之別東城卽虢邑之上陽也虢

仲之所都爲南虢三虢此其一焉趙釋曰一清案地理志陜縣下云北虢在大陽東虢在滎陽西虢在雍州竝此是四虢蓋陜與大陽夾河對岸南虢卽北虢故有上陽下陽之分亦有南虢北虢之稱矣陜爲虢都大陽爲虢塞邑穀梁傳及杜註可證下陽失而虢不守故春秋書曰滅也何焯云案杜預云陜縣東南有虢城卽是西虢國此南字或是西字之誤蓋虢仲之封非雍州之虢其說與班志異春秋分記曰僖五年虢仲虢叔王季之穆此二虢西虢也仲之封今陜州陜縣又以別於鳳翔之虢故亦謂之南虢虢叔之封今鳳翔府虢縣以虢在中國之西又謂之西虢隱元年制巖邑也虢叔死焉東虢也今鄭州滎陽縣觀此則北虢卽南虢而非西虢分記所言本于孟堅足證何說之繆分記爲宋程公說撰其疆理書最精覈予嘗見宋鋟于妹婿姚小坡家眞異寶也其大城中有小城故焦國也孫校曰元和志故焦城在陜縣東北百步武王以封神農之後于此王莽更名黃眉矣戴延之云城南倚山原北臨黃河懸水百餘仞臨之者咸悚惕焉西北帶河水湧起方數十丈有物居水中父老云銅翁仲所沒處官本曰案沒近刻訛作投案朱訛趙改刊誤曰投當作沒

又云石虎載經于此沈沒二物竝存水所以湧所未詳也或云翁仲頭髻常出水之漲減恆與水齊晉軍當至髻不復出今惟見水異耳嗟嗟有聲聲聞數里案秦始皇二十六年長狄十二見于臨洮長五丈餘以爲善祥鑄金人十二以象之各重二十四萬斤坐之宮門之前謂之金狄皆銘其胸云皇帝二十六年初兼天下以爲郡縣正法律同度量大人來見臨洮身長五丈足六尺李斯書也故衞恆敘篆曰秦之李斯號爲工篆諸山碑及銅人銘官本曰案近刻脫碑字案朱脫人作山趙增改刊誤曰箋曰銅山山當作人案諸山下落碑字皆斯書也漢自阿房徙之未央宮前朱趙無宮字俗謂之翁仲矣地皇二年王莽夢銅人泣惡之念銅人銘有皇帝初兼天下文使尚方工鐫滅所夢銅人膺文後董卓毁其九爲錢其在者三魏明帝欲徙之洛陽重不可勝至霸水西停之漢晉春秋曰或言金狄泣故留之石虎取置鄴宮苻堅又徙之長安朱苻作符趙改刊誤曰箋曰舊本是符字吳本作付誤案苻堅之苻从草不从竹見晉書載記朱氏亦誤金石文字記曰考漢碑隸書率以竹爲卄少有从竹者如符節字皆然今漢書符瑞多从卄魏晉以降眞書碑亦有書符節爲苻節者葢古者皆通用耳此不可不知案符節之符或从卄而苻堅之姓不可改从竹也毁二爲錢其一未至而苻堅亂百姓推置陜北河中于是金狄滅余朱作除箋曰一作余趙改余以爲鴻河巨瀆故應不爲細梗躓湍長津頭浪無宜以微物屯流趙釋曰一清按史記索隱引謝承後漢書銅人翁仲翁仲其名也三輔舊事銅人十二各重二十四萬斤漢代在長樂宮門前董卓壞其十爲錢餘二猶在石季龍徙之鄴苻堅又徙之長安而銷之也則銅人存者只二枚非三枚亦非百姓推置河中誠如道元所云足以杜悠繆之口也斯水之所以濤波者蓋史記所云魏文侯二十六年虢山崩壅河所致

耳獻帝東遷日夕潛渡官本曰案日近刻訛作自案朱訛趙改刊誤曰自孫潛本校改曰據後漢書董卓傳夜乃潛議過河之文則日夕爲是日夕字本史記項羽本紀壂坑爭舟舟指可掬亦是處矣

又東過大陽縣南孫校曰今平陸縣

交澗水出吳山東南流入河河水又東路澗水亦出吳山東逕大陽城西西南流官本曰案此下近刻衍注水二字案朱衍趙改注中澗水四字刊誤曰箋曰西南流注疑有脫落案方輿紀要解州平陸縣下云交澗水出中條山東西二溝流與中澗合俗名三汊澗流注于河蓋交澗路澗卽東西二溝也合流注于中澗水而入于河是注字下脫中澗二字今補正入于河河水又東逕大陽縣故城南官本曰案此十一字原本及近刻竝訛作經案朱訛趙改刊誤曰十一字是注混作經竹書紀年曰晉獻公十有九年獻公會虞師伐虢滅下陽虢公醜奔衞趙釋曰全氏曰善長書多不引三傳而引竹書如晉滅下陽是一事在僖二年滅虢又一

事在僖五年明見三傳今竹書混而皐之非矣且醜奔京師不奔衞也獻公命瑕父呂甥邑于
號都地理志曰北號也有天子廟王莽更名勤田應劭地理
風俗記曰朱趙無曰字城在大河之陽也官本曰案在近刻訛作南 案朱訛趙改刊誤
曰南孫潛本校改在河水又東沙澗水注之官本曰案此九字原本及近刻竝訛作經 案朱訛
趙改刊誤曰九字是注混作經水北出虞山朱無水字趙改北爲水刊誤曰北孫潛本校改水東南
逕傅巖歷傅說隱室前孫校曰在今平陸界俗名之爲聖人窟孔安國
傳傅說隱于虞虢之間卽此處也傅巖東北十餘里卽巓軨
坂也春秋左傳所謂入自巓軨者也有東西絕澗左右幽空
窮深地壑中則築以成道指南北之路謂之爲軨橋也傳說
傭隱止息于此高宗求夢得之是矣橋之東北有虞原原上
道東官本曰案近刻脫一原字 案朱脫趙增刊誤曰於文當重一原字有虞城堯妻舜以嬪

于虞者也趙釋曰全氏曰鼉降嬀汭在蒲坂道元明載二水于前與虞何豫張冠李帶不亦傎乎周武
王以封太伯後虞仲于此官本曰案後近刻訛作弟 案朱趙作弟趙釋曰一清案漢書地理
志河東郡大陽縣下云周武王封太伯後於此是爲虞公此是孟堅誤記史記吳世家云太伯卒無子弟仲雍立仲雍卒
子季簡立季簡卒子叔達立叔達卒子周章立是時周武王克殷求太伯仲雍之後得周章周章已君吳因而封之乃封
周章弟虞仲於周之北故夏墟是爲虞仲然則虞仲是仲雍之會孫周章之弟明係二人小司馬以爲祖與孫同號也古
今人表有中雍在上中列太伯之次有虞仲在中中云周章弟與史記合今注作太伯弟虞仲酈氏亦誤當作太伯弟後
虞仲也是爲虞公晉太康地記官本曰案近刻脫晉字康訛作原 案朱脫訛趙增改刊誤曰
太原是太康之誤上又落晉字所謂北虞也城東有山世謂之五家冢冢上
有虞公廟春秋穀梁傳曰晉獻公將伐虢荀息曰君何不以
屈產之乘垂棘之璧假道于虞公曰此晉國之寶也曰是取
中府置外府也公從之及取虢滅虞乃牽馬操璧璧則猶故

馬齒長矣卽宮之奇所謂官本曰案所下近刻衍以字 案朱衍趙刪刊誤曰全氏校衍以字
虞虢其猶輔車相依脣亡則齒寒虢亡虞亦亡矣其城北對
長坂二十許里謂之虞坂戴延之曰自上及下七山相重戰
國策曰昔騏驥駕鹽車上于虞坂遷延負轅而不能進此蓋
其困處也橋之東北山溪中官本曰案之近刻訛作水 案朱訛趙改刊誤曰橋水之水當
作之有小水西南注沙澗官本曰案注近刻訛作流 案朱訛趙增注字刊誤曰西南流下落注字
亂流逕大陽城東河北郡治也趙釋曰一清案河北郡見魏書地形志是拓跋氏所置隋
書五代志河東郡河北縣下云舊置河北郡開皇初郡廢則又似治河北縣也且魏志大陽縣亦居河北郡之第四其第
一縣爲北安邑也沙澗水南流注于河官本曰案近刻脫沙字流下衍逕字 案朱脫衍趙增刪
刊誤曰澗水上落沙字逕字衍文河水又東左合積石土柱二溪官本曰案近刻東下
衍右字合亦訛作右 案朱東下有右字箋曰一作南趙改南朱合作右趙改合刊誤曰右黃省曾本作合竝北

發大陽之山南流入于河是山也亦通謂之爲薄山矣故穆
天子傳曰天子自盬趙刊誤曰箋曰盬舊本作臨案盬卽鹽池臨是何地乎己丑南登
于薄山寘軨之隥官本曰案近刻脫山字 案朱脫趙增刊誤曰薄下落山字乃宿于虞
是也
又東過砥柱間孫校曰底柱山在陝州東四十里河中今平陸東南
砥柱山名也昔禹治洪水山陵當水者鑿之故破山以通河
河水分流包山而過山見水中若柱然故曰砥柱也三穿旣
決水流疏分指狀表目亦謂之三門矣趙釋曰全氏曰趙冬曦云砥柱山之六峰
皆生河之中流夏后所鑿其最北有兩柱相對距崖而立卽所謂三門也都穆云砥柱在陝州東五十里黃河中循河至
三門中曰神門南曰鬼門北曰人門水行其間聲激如雷而鬼門尤爲險惡舟筏一入鮮有得脫三門之廣約二十丈其
東百五十步卽砥柱崇約三丈周數丈以三門爲砥柱者誤也孫校曰三門山在底柱上流百餘步有魏徵勒銘山

在虢城東北大陽城東也搜神記稱齊景公渡于江沇之河黿銜左驂沒之衆皆趙有驚字惕古冶子于是拔劍從之邪行五里逆行三里至于砥柱之下乃黿也左手持黿頭右手挾左驂燕躍鵠踴而出仰天大呼水爲逆流三百步觀者皆以爲河伯也亦或作江沅字者也若因地而爲名則宜在蜀及長沙案春秋此二士並景公之臣不至古冶子亦無因而騁其勇矣劉向敘晏子春秋稱古冶子曰吾嘗濟于河黿銜左驂以入砥柱之流當是時也從而殺之視之乃黿也不言江沅矣又考史遷記云景公十二年公見晉平公十八年復見晉昭公旌軒所指路直斯津從黿砥柱事或在茲又云觀者以爲河伯賢于江沅之證河伯本非江神又河可知也朱作又河可知也趙刊誤曰箋曰舊本又何可知也何字亦衍案又河可知所以證其非江沅河字不誤河之右側崤水注之官本曰案側近刻訛作則又此八字原本及近刻並訛作經　案朱訛經趙改注朱趙並作則刊誤曰八字是注混作經孫校曰崤水在永甯縣北六十里出崤山南流入洛水出河南盤崤山朱無水趙增刊誤曰出上落水字孫校曰崤山在陝州東三十里西北流水上有梁俗謂之鴨橋也歷澗東北流朱澗下有水字趙刪刊誤曰水字衍與石崤水合水出石崤山山有二陵南陵夏后皋之墓也北陵文王所避風雨矣言山徑委深峰阜交蔭故可以避風雨也秦將襲鄭蹇叔致諫而公辭焉蹇叔哭子曰吾見其出不見其入晉人禦師必于崤矣余收爾骨焉孟明果覆秦師于此崤水又北左合西水官本曰案左下近刻衍右字　案朱衍趙刪刊誤曰右字衍文亂流注于河河水又東千崤之水注焉官本曰案此十字原本及近刻並訛作經　案朱訛趙改刊誤曰十字是注混作經水南導于千崤

之山其水北流纏絡二道漢建安中曹公西討巴漢惡南路之險故更開北道自後行旅率多從之今山側附路有石銘云晉太康三年宏農太守梁柳修復舊道太崤以東西崤以西明非一崤也西有二石又南五十步官本曰案近刻作五六十步　案朱趙同臨溪有恬漠先生翼神碑蓋隱斯山也其水北流注于河河水翼岸夾山巍峰峻舉官本曰案峻近刻訛作岐　案朱趙作岐羣山疊秀重嶺干霄鄭玄案地說河水東流貫砥柱觸閼流今世所謂砥柱者蓋乃閼流也砥柱當在西河未詳也余案鄭玄所說非是西河當無山以擬之官本曰案擬近刻訛作礙　案朱是作自擬作礙趙改刊誤曰自禹貢錐指作是礙禹貢錐指作擬自砥柱以下五戶已趙作以上其間朱趙有一字百二十里河中竦石桀出官本曰案中近刻訛作水　案朱趙作水勢連襄陸蓋亦禹鑿以通河疑此閼流也其山雖闢尚梗湍流激石雲洄澴波怒溢合有朱趙有一字十九灘水流迅急勢同三峽破害舟船自古所患漢鴻嘉四年楊焉言從河上下患砥柱隘可鐫廣之上乃令焉鐫之裁沒水中不能復去而令水益湍怒害甚平日魏景初二年二月帝遣都督沙邱朱作兵箋曰一作丘趙改部監運諫議大夫寇慈官本曰案近刻訛作茲　案朱趙作茲趙釋曰一清案元和郡縣志引此文作寇慈帥工五千人官本曰案近刻脫工字　案朱帥下無工字箋曰脫一工字趙增五趙作三歲常修治以平河阻官本曰案近刻脫以字　案朱脫趙增刊誤曰元和郡縣志引此文作帥工三千人平河岨上有以字晉泰始三年正月官本曰案近刻訛作秦始皇三年五月　案朱趙同官本正作五武帝遣監運大中大夫趙國趙釋曰一清案下缺人姓名都匠中郎將河東樂世帥衆五千餘人修治河灘事見五戶祠銘雖世代加功水流湍

渀濤波尙屯及其商舟是次鮮不踟蹰難濟故有衆峽諸灘之言五戶灘名也有神祠通謂之五戶將軍亦不知所以也

又東過平陰縣北朱有又東至鄧四字官本移此卷之末趙刪刊誤曰全氏云又東至鄧四字諸本錯簡入清水條清水卽是瀙水竝不至鄧至鄧者湛水也注於清水下竝不志鄧地所在而下卷湛水下則云洛陽西北故鄧鄉合觀湛水篇注則更了然矣清水從西北來注之

清水出清廉山之西嶺世亦謂之清營山朱無之字趙增刊誤曰亦謂下落之字其水東南流出峽峽左有城蓋古關防也清水歷其南東流逕臯落城北服虔曰赤翟之都也世謂之倚亳城蓋讀聲近轉官本曰案近刻訛作傳案朱趙同因失實也春秋左傳所謂晉侯使太子申生伐東山臯落氏者也與倚亳川水合水出北山礦谷東南流注于清清水又東逕清廉城南又東南流右會南溪

水官本曰案近刻右訛作又水訛作溪案朱作又作溪趙改右不改水刊誤曰又當作右水出南山而東注清水清水朱趙不重清水二字又東合乾棗澗水官本曰案近刻脫乾字案朱脫趙增水出石人嶺下官本曰案石近刻訛作左案朱訛趙改刊誤曰初學記引此文作乾棗澗水左人嶺作石人嶺南流俗謂之扶蘇水又南歷妊苗北馬頭山亦朱作赤箋曰疑作亦趙改亦曰朱箋曰宋本無曰字白水原西南逕垣縣故城北史記魏、武侯二年城安邑至垣卽是縣也其水西南流注清水官本曰案流注二字近刻訛在初會清流句下案朱流注作入字趙改刊誤曰入孫潛校改作流注水色白濁官本曰案近刻脫水字案朱脫趙增刊誤曰清水下當重一水字初會清流朱有流注字箋曰宋本無流注字趙移於上乃有玄素之異也清水又東南逕陽壺城東卽垣縣之壺邱亭官本曰案邱亭上原本及近刻竝重城東卽垣縣之壺七字案朱重趙刪刊誤曰城東卽垣縣之壺七字重文寰宇記校衍晉遷宋五大夫所居也清水又東南流注于河

河水又東與教水合官本曰案此八字原本及近刻竝訛作經案朱訛趙改刊誤曰八字是注混作經水出垣縣北教山朱無水字趙增刊誤曰名勝志引此文出字上有水字南逕輔山山高三十許里朱趙不重山字上有泉源官本曰案近刻脫源字案朱脫趙增刊誤曰名勝志引此文泉字下有源字不測其深山頂周圓五六里少草木趙釋曰一淸案太平寰宇記東輔山在沁水縣西南九十二里其山與析城山相連有相輔之勢又澤州沁水縣下云害水出西輔山水經云害水出垣曲縣界今本無害水之目蓋缺失矣山海經曰孟門東南有平山水出于其上潛于其下又是王屋之次疑卽平山也其水南流歷鼓鍾上峽懸洪五丈飛流注壑夾岸深高壁立直上輕崖秀舉官本曰案輕近刻訛作經案朱訛趙改刊誤曰經崖孫潛校改作輕崖百有餘丈峯次青松巖懸赬石于中歷落有翠柏生焉丹青綺分望若圖繡矣水廣朱趙有一字十許步南流歷鼓鍾川分爲二澗一澗西北出

朱趙有一字百六十許里山岫迴岨纔通馬步今聞喜縣東北谷口猶有乾河里故溝存焉今無復有水趙釋曰一淸案續志聞喜邑劉昭補注引史記曰伐韓到乾河郭璞曰縣東有乾河口但有故溝處無復水也而注下文又有冬乾夏流之稱然則未嘗竟枯絕也亦見澮水注一水歷冶官西世人謂之鼓鍾城城之左右猶有遺銅及銅錢也城西阜下有大泉西流注澗與教水合伏入石下南至下峽山海經曰鼓鍾之山帝臺之所以觴百神卽是山也其水重源又發官本曰案又近刻訛作雙案朱訛趙改刊誤曰雙黃省曾本作又南至西馬頭山東截朱作載箋曰疑作截趙改截坡下又伏流南十餘里復出又謂之伏流水南入于河山海經曰教山教水出焉而南流注于河官本曰案而近刻訛作又案朱作又南流箋曰今山海經作西流趙改西南流是水冬乾夏流實惟乾河也今世人猶謂之爲乾澗矣河水又與畛水

合官本曰案此七字原本及近刻並譌作經　案朱譌趙改刊誤曰七字是注混作經水出新安縣青要山孫校曰山在新安縣西北二十五里今謂之疆山官本曰案疆近刻作彊下同又此句之下衍山海經曰河長澗七字　案朱趙作彊下同又朱衍七字趙刪山海經曰河長澗水北流入于河十三字刊誤曰孫潛校衍此十三字其水北流入于河朱無其字山海經曰青要之山畛水出焉即是水也朱箋曰此處錯誤當云山海經曰青要之山畛水出焉北流注于河即是水也趙即上增北流注于河五字河水又東正回之水入焉水出騩山疆山東阜也東流俗謂之疆川水與石瓜疇川合官本曰案近刻譌作與石等瓜川合　案朱譌趙改刊誤曰等字誤當作疇移在瓜字下水出西北石澗中官本曰案近刻脫水字　案朱脫趙增刊誤曰出上落水字東南流注于疆川水朱無川字下同趙增刊誤曰準上文當作疆川水下同疆川水又東逕疆治鐵官東東北流注于河河水又東合庸庸之水官本曰案此九字原本及近刻並譌作經　案朱譌經箋曰山海經作滽滽趙改注刊誤曰九字是注混作經水

出河東垣縣宜蘇山官本曰案東近刻譌作南　案朱譌趙改刊誤曰漢志垣縣屬河東郡南字誤俗謂之長泉水山海經曰水多黃貝伊洛門也其水北流分爲二水一水北入河一水又東北流注于河河水又東逕平陰縣北官本曰案此九字原本及近刻並譌作經　案朱譌趙改刊誤曰九字是注混作經地理風俗記曰河南平陰縣故晉陰地陰戎之所居趙釋曰全氏曰案陰戎是陰地之戎杜預曰在河南山北自上洛以東至陸渾觀左傳蠻子奔晉陰地艮是上洛善長以爲平陰非矣又曰在平城之南故曰平陰也三老董公說高祖處陸機所謂皤皤董叜謨我平陰者也魏文帝改曰河陰矣河水又會濝水官本曰案此六字原本及近刻並譌作經　案朱譌經又會又作西趙改右刊誤曰箋曰西一作右案六字是注混作經水出垣縣王屋山西濝溪官本曰案山西近刻譌作西山　案朱趙作西山夾山東南流逕故城東即濝關也漢光武建武二年遣司空王梁北守濝

關天井關擊赤眉別挍皆降之獻帝自陝北渡安邑東出濝關即是關也濝水西屈逕關城南歷軹關南逕苗亭西亭故周之苗邑也又東流注于河經書清水非也是乃濝水耳官本曰案清水入河處在平陰縣西濝水則在縣東經于大河東過平陰縣北之下乃言清水注河故道元辯其非又東至鄧官本曰案此四字原本及近刻並譌在上句清水從西北來注之上考濝水入河之後河乃至鄧而平縣又在其東今濟源縣西有濝水有苗亭孟縣西南有鄧城道元敘河水又東逕平縣故城北即云河水於斯有盟津之目盟津値今孟縣南上注不言經文之誤然則二語上下倒亂在道元後矣今訂正　案朱譌說見上趙移五卷第一條經文說見後洛陽西北四十二里故鄧鄉矣官本曰案此十二字原本及近刻並譌在後條注內南臨孟津河之下今訂正　案朱趙同

水經注卷四

水經注卷五

後魏酈道元撰　長沙王氏校本

河水官本曰案二字原本訛在經文又東上近刻又增河水五三字表目　案朱趙作河水三下有漯水二字

又東過平縣北官本曰案平下原本及近刻竝衍陰字今考上言過平陰清水來注此不得言過平陰湛水來注明矣後人習見平陰罕見平因而妄加然湛水入河在鄧不在平縣故城之東道元于河水逕平縣故城北下卽云又東溴水入焉于湛水云斯乃溴川之所由非湛水之間關也可證此經本作平縣　案朱作河水又東過平陰縣北趙改又東至鄧四字刊誤曰全氏云九字與上卷清水條複出當是衍文易以又東至鄧四字在此以注中有洛陽西北四十二里故鄧鄉之語及湛水篇注可參證也湛水從北來注之

河水又東逕河陽縣故城南官本曰案此十一字原本及近刻竝訛作經考河陽臨平洛陽皆在平陰之東平縣之西不得與經文淆紊今改正　案朱訛趙改刊誤曰十一字是注混作經春秋經書天王狩于河陽壬申公朝于王所晉侯執衞侯歸于京師朱侯下有而字趙刪刊誤曰而字衍文春秋左傳僖公二十八年冬會于溫執衞侯是會也晉侯召襄王以諸侯見且使王狩仲尼曰以臣召君不可以訓故書曰天王狩于河陽言非其狩地服虔賈逵曰河陽溫也班固漢書地理志司馬彪袁山松郡國志官本曰案山松原本及近刻竝訛作一崧字今改正後同　案朱訛趙改釋曰一清案通鑑晉紀吳國內史袁崧胡三省曰袁崧當作袁山松此本晉書列傳耳案傳袁山松有名無字諸本亦有作崧者豈山松郎崧之字而以字行者耶晉太康地道記十三州志河陽別縣非溫邑也官本曰案河陽故城在今孟縣西三十五里溫故城在今溫縣西南三十里是以道元辯之漢高帝六年封陳涓爲侯國王莽之河亭也十三州志曰治河上河孟津河也郭緣生述征記曰踐土今冶坂城官本曰案冶原本及近刻竝訛作治下同今考冶坂城其下爲冶坂津在今孟縣西南而踐土在今滎澤縣西北王宮城之內故道元辯其非　案朱訛趙改刊誤曰冶坂魏書作冶坂亦作野坂宋書王鎮惡傳云索虜野坂戍主黑矟公遊騎在芒上是也野冶音同是名異春秋焉非也朱趙無也字今河北見者河陽城故縣也在冶坂西北蓋晉之溫地故羣儒有溫之論矣魏土地記曰冶坂城舊名漢祖渡城險固南臨孟津河朱趙有洛陽西北四十二里故鄧鄉矣十二字官本移入上卷末河水右逕臨平亭北官本曰案此八字原本及近刻竝訛作經近刻右訛作又　案朱訛經訛又趙改注不改又刊誤曰八字是注混作經帝王世紀曰光武葬臨平亭南西望平陰者也河水又東逕洛陽縣北官本曰案此九字原本及近刻竝訛作經　案朱訛趙改刊誤曰九字是注混作經河之南岸有一朱作二箋曰宋本作一趙改一碑北面題云洛陽北界津水二渚分屬之也官本曰案近刻脫津字屬訛作爲　案朱脫訛趙增改刊誤曰水上落津字名勝志引此文校增爲全氏校改屬上舊有河平侯祠祠前有碑今不知所在郭頒世語曰晉文王之世大魚見孟津長數百步高五丈頭在南岸尾在中渚河平侯祠卽斯祠也河水又東逕平縣故城北官本曰案此十字原本及近刻竝訛作經今考以上注文記河之西來所逕至此卽上經文所謂又東過平縣北也　案朱訛趙改刊誤曰十字是注混作經孫校曰地理志河南有平縣括地志平縣故城在濟州偃師縣西北二十五里漢武帝元朔三年封濟北貞王子劉遂爲侯國趙釋曰沈氏曰漢表作濟北式王子此從史表又史表貞王子十一人其五人漢表以爲式王子莫可考也王莽之所謂治平矣俗謂之小平也有高祖講武場河北側岸有二城相對置北中郎府徙諸徒隸府戶官本曰案徒近刻訛作從　案朱訛趙改刊誤曰從當作徒并羽林虎賁領隊防之河水南對首陽山春秋所謂首戴也孫校曰公羊穀梁經僖五年秋八月諸侯盟于首戴左傳作首止杜注首止衞地陳留襄邑縣東南有首鄉夷齊之歌所以曰登彼西山矣朱趙作夷齊之歌所矣曰登彼西山趙刊誤曰箋曰謝兆申云宋本作夷齊之歌所以曰登彼西山矣案本文自通無庸假宋本改作上有夷齊之廟前有二碑竝是後

漢河南尹廣陵陳導雒陽令徐循與處士平原蘇騰官本曰案近刻脫原字　案朱脫趙增刊誤曰平下落原字隸釋校補南陽何進等立事見其碑趙釋曰全氏曰案續漢書五行志注引蔡邕作夷齊廟碑熹平五年天下大旱禱請名山處士平陽蘇騰字元成夢陟首陽有神馬之使在道明覺而思之以夢陟上聞詔使者登山升祠天尋雨是卽善長所云事具其碑也然是平陽非平原考洪氏隸釋所引則是平原又有周公廟魏氏起玄武觀于芒垂張景陽玄武觀賦所謂高樓特起竦跱岧嶢直亭亭以孤立延千里之清飈也朝廷又朱作有箋曰當作又古通用趙改又置氷室于斯阜室內有氷井春秋左傳曰日在北陸而藏氷常以十二月採氷于河津之隘峽石之阿北陰之中卽邠詩二之日鑿氷沖沖矣而內于井室所謂納于淩陰者也河南有鈎陳壘世傳武王伐紂八百諸侯所會處尚書所謂不期同時也紫微有鈎陳之宿主鬭訟兵陣故遁甲攻取之法以所攻神與鈎陳幷氣下制所臨之辰則決禽敵官本曰案決近刻訛作秩　案朱作秩趙改秩刊誤曰箋曰秩疑誤案集韻秩祭有次也亦作祓是以壘資其名矣河水于朱趙作至趙刊誤曰箋曰至謝作由一作於案至字義長斯有盟津之目論衡曰武王伐紂升舟陽侯波起疾風逆流官本曰案逆近刻訛作疾朱作疾箋曰當作逆趙改逆　案武王操黃鉞而麾之風波畢除中流白魚入于舟燔以告天官本曰案燔近刻訛作熂　案朱趙作熂與八百諸侯咸同此盟尚書所謂不謀同辭也故曰孟津亦曰盟津尚書所謂東至于孟津者也又曰富平津孫校曰唐志偃師有故富平津晉陽秋曰杜預造河橋于富平津官本曰案近刻脫河字案朱脫趙增刊誤曰橋上落河字何焯校增所謂造舟爲梁也又謂之爲陶河官本曰案爲近刻作曰　案朱趙作曰魏尚書僕射杜畿以帝將幸許朱作將許箋曰魏志云帝將幸許趙增幸字

試樓船覆于陶河謂此也昔禹治洪水觀于河見白面長人魚身出曰吾河精也授禹河圖而還于淵及子朝簒位與敬王戰乃取周之寶玉沈河以祈福後二日津人得之于河上將賣之則變而爲石及敬王位定得玉者獻之復爲玉也河水又東湨水入焉官本曰案此八字原本及近刻竝訛作經湨訛作涀湨水詳見卷七濟水內　案朱訛經作涀趙改注不改涀刊誤曰八字是注混作經孫校曰湨水出濟原縣琮山俗呼白澗水山海經曰和山上無草木而多瑤碧實惟河之九都是山也五曲九水出焉朱作五典箋曰山海經作五曲趙改五曲合而北流注于河其陽多蒼趙作倉玉吉神泰逢司之是于萯山之陽朱同箋曰山海經作是好居於萯山之陽趙增好居二字出入有光呂氏春秋曰夏后氏孔甲田于東陽萯山遇大風雨迷惑入于民室皇甫謐帝王世紀以爲卽東首陽山也蓋是山之殊目矣今于首陽東山無水以應之當是今古世懸川域改狀矣趙釋曰全氏曰案魏書地形志曰武德郡溫縣有貝水予謂善長尚未能詳貝水之顚末則地形志所言亦襲舊文書之耳竊疑是湨梁之湨水而誤爲涀字葢湨水正流入河支流入濟適當溫原之地善長偶有不照遽引山經之言滑突了之而云無水以應川域改狀則不識涀水之爲誤文也趙刊誤曰箋曰一作或山川改狀案依本文無誤昔帝堯修壇河洛擇良議沈率舜等升于首山而遵河渚官本曰案遵近刻訛作導　案朱趙作導有五老遊焉相謂河圖將來告帝以期知我者重瞳也五老乃翻爲流星而升于昴卽于此也朱箋曰論語比考讖曰堯與舜等遊首山觀河渚有五老遊河一老曰河圖將來告帝期河圖將浮龍銜玉苞刻版題命可卷金泥玉檢書成知我者重瞳黃姚歌訖五老飛入於昴又東濟水注焉官本曰案此六字原本及近刻竝訛作經今考此卽後注內所謂今濟水自溫縣入河者也　案朱訛經濟作沛趙改注改沛刊誤曰箋曰孫云沛水當作泲水案六字是注混作經孫校曰今泲水源出濟源縣王屋山既見而伏東出濟源縣有東西二源出流至溫縣南入

汜水境又南十里入河

又東過鞏縣北 孫校曰地理志河南縣有鞏東周所居元和郡縣志鞏縣黃河西自偃師界流入

河水于此有五社渡爲五社津 趙釋曰一清案後漢書章懷註引水經注曰五社津一名土社津蓋異名也 建武元年朱鮪遣持節使者賈彊討難將軍蘇茂將三萬人從五社津渡攻溫馮異遣校尉與寇恂合擊之大敗追至河上生擒萬餘人投河而死者數千人縣北有山臨河 官本曰案近刻訛作城 案朱訛趙改刊誤曰城寰宇記引此文作河郞所謂直穴有渚也 謂之崟原邱其下有穴謂之鞏穴言潛通淮浦 官本曰案近刻脫淮字 案朱脫趙增刊誤曰後漢書光武帝紀章懷注引此文作潛通淮浦張衡東京賦王鮪岫居辪綜注云山有穴曰岫長老言王鮪從南方來出此穴中入河水是也 北達于河直穴有渚謂之鮪渚成公子安大河賦曰鱣鯉王鮪春暮來遊 官本曰案近刻脫春字 案朱脫趙作暮春刊誤曰大河賦作暮春來遊

周禮春薦鮪 禮記月令季春薦鮪於寢廟 然非時及佗處則無故河自鮪穴已上又兼鮪稱呂氏春秋稱武王伐紂至鮪水紂使膠鬲候周師郞是處矣 官本曰案近刻脫此二字 案朱脫趙增處也二字刊誤曰郞是下落處也二字禹貢錐指引此文校增

洛水從縣西北流注之

洛水于鞏縣 官本曰案近刻縣下衍而字 案朱衍趙刪說見下 東逕洛汭 官本曰案近刻脫逕字 案朱脫趙增刊誤曰寰宇記引此文衍而字東下有逕字 北對琅邪渚入于河謂之洛口矣自縣西來而北流注河 官本曰案近刻訛作洛 案朱訛趙改刊誤曰洛水入河洛字誤當作河 清濁異流皦焉殊別應瑒靈河賦曰資靈川之遐源 官本曰案靈近刻訛作虛 案朱訛趙改說見下 出崑崙之神邱涉津洛之阪泉 官本曰案阪近刻訛作峻 案朱作峻箋曰原賦虛作靈峻作阪趙改阪 播九道于中州者也

又東過成皋縣北 孫校曰成皋故城在汜水西北 濟水從北來注之

河水自洛口又東左逕平皋縣南 官本曰案皋近刻訛作高 案朱訛趙改刊誤曰高當作皋 又東逕懷縣南濟水故道之所入與成皋分河 官本曰案河下近刻衍水字 案朱衍趙刪刊誤曰水字衍文 河水右逕黃馬坂北 官本曰案此八字原本及近刻竝訛作經近刻右訛作又 案朱訛經訛又趙改注不改又刊誤曰九字是注混作經 謂之黃馬關孫登之去楊駿作書與洛中故人處也 朱箋曰晉書云武帝崩楊駿輔政百官總己公室怨望天下憤然駿自知素無美望乃徵高士孫登遺以布被登截被於門大呼曰斫斫刺刺旬日託疾詐死後駿果敗死於馬廄 河水又東逕旋門坂北 官本曰案此九字原本及近刻竝訛作經 案朱訛趙改刊誤曰九字是注混作經 今成皋西大坂者也升陟此坂而東趣成皋也曹大家東征賦曰望河洛之交流看成皋之旋門者也河水又東逕成皋大伾山下 官本曰案此十一字原本及近刻竝訛作經 案朱趙無又字朱訛經趙改注

刊誤曰箋曰孫云案史記括地志云大伾山今名黎陽東山在衞州黎陽南張揖云今成皋非也案孫汝澄所稱史記括地志卽是史記夏本紀張守節正義所引之括地志也唐書藝文志括地志五百五十卷又序略五卷魏王泰命著作郞蕭德言祕書郞顧胤記室參軍蔣亞卿功曹參軍謝偃蘇勖譔以大伾爲黎陽東山其言發於臣瓚漢書音義而泰書述之箋說祇據史記註文然不云正義而云史記括地志則繆矣十字是注混作經 爾雅曰山一成謂之伾許愼呂忱等竝以爲邱一成也孔安國以爲再成曰伾亦或以爲地名非也尙書禹貢曰過洛汭至大伾者也鄭康成曰地喉也沇 朱作流箋曰宋本作沇趙改沇 出伾際矣 官本曰案此句之下近刻衍然則大伾四字 案朱趙有 在河內修武武德之界濟沇之水與滎播澤出入自此然則大伾卽是山矣 趙釋曰禹貢錐指曰鄭玄云大伾在修武武德之界張揖云成皋縣山也漢書音義有臣瓚者以爲修武武德無此山也成皋縣山又不一成今黎陽縣山臨河豈不是大岯乎又曰辪士龍曰大岯山許愼說文今黎陽之黎山是其說不始於臣瓚矣今案岯伾二字說文俱無伾字下引詩以車伾伾坯字下云

邱再成者與孔傳同並無髀所稱語愼有五經異義或出其中然宋時此書已亡髀何由見且鄭康成生於愼後張揖三國魏人可見漢魏時未有指黎山爲大伾者實臣瓚倡之酈元猶不從從瓚自穎達始此後人勝前人處髀所稱疑是徐錯說文繫傳語出楚金誤爲叔重耳又云大岯山在汜縣西一里有大澗九曲一名九曲山西去洛口裁四十里非禹貢之大伾山明甚**伾北卽經所謂濟水從北來注之者也今濟水自溫縣入河**官本曰案濟近刻訛作沛案朱作沛趙改沛**不于此也所入者奉溝水耳**官本曰案溝近刻訛作濟朱作濟箋曰舊本作溝趙改溝案**卽濟沇之故瀆矣**官本曰案濟近刻訛作溝 案朱作溝箋曰舊本作濟趙改濟釋曰禹貢雖指曰濟水於武德入河南直成皋今汜水河陰之界是也其後由溫縣入河則南直鞏縣所謂津渠勢改不與昔同者也今其故道盡陷河中濟水唯從枝津之合溴水者至孟縣東南入河南直孟津縣其流益短矣由大禹而來濟入河之道凡再變**成皋縣之故城在伾上**官本曰案近刻脫城在二字 案朱脫趙增刊誤曰之故下落城在二字下文注云遂城虎牢蓋修故耳可證也**縈帶伾阜絕岸峻周高四十許丈城張翕險崎而不平春秋傳曰制**

巖邑也虢叔死焉卽東虢也魯襄公二年七月晉成公與諸侯會于戚朱作戚箋曰左傳作戚趙改戚**遂城虎牢以逼鄭求平也蓋修故耳穆天子傳曰天子射鳥獵獸于鄭圃命虞人掠林有虎在于**朱作乎趙改刊誤曰箋曰乎舊本作于按乎義亦通**葭中天子將至七萃之士高奔戎生捕虎而獻之天子**官本曰案捕近刻作擒 案朱趙同**命之爲柙畜之東虢**官本曰案近刻訛作虞 案朱趙作虞趙釋曰全氏曰案東虞漢志師古注作東虢是也元和志引此文作東虢**是曰虎牢矣然則虎牢之名自此始也秦以爲關漢乃縣之城西北隅有小城周三里北面列觀臨河岧岧孤上**朱趙作苕苕趙刊誤曰箋曰當作岧岧案沈名蓀云詩苕之華卽今凌霄花也附木而上最能高矣苕苕孤上義取象斯無可疑者瀰江水注云苕苕孤危是其詞例也**景明中言之壽春路值茲邑升眺淸遠勢盡川陸羇途遊至有傷深情河水南對玉門**官本曰案此六字原本及近刻並訛作經 案朱訛趙改刊誤曰六字是注混作經**昔漢祖與滕公潛出濟于是處也門東對臨河側岸有土穴魏攻北司州刺史毛德祖于虎牢**官本曰案北司州近刻訛作此同州 案朱訛趙改刊誤曰箋曰此宋本作宋案此同二字當作北司 宋書州郡志云武帝北平關洛河南底定置司州刺史治虎牢少帝景平初司州復沒北虜文帝元嘉末僑立於汝南尋亦省廢云云是當時以治虎牢者爲北司州而僑置汝南者爲南司州魏書地形志以宋明帝於南豫州之義陽郡復設之司州爲南司州故道元以劉武王所置治虎牢者爲北司州也又梁書夏侯夔傳大通二年詔改魏郢州爲北司州以夔爲刺史梁大通二年魏孝昌四年也此道元身後之事所不及知也若朱氏以此爲宋殆未審北字之義耳且又不釋同州之譌何居**戰經二百日不克城惟一井井深四十丈山勢峻峭不容防捍潛作地道取井余頃因公至彼故往尋之其穴處猶存河水又東合汜水**官本曰案此七字原本及近刻並訛作經 案朱訛趙改朱箋曰汜音似汜水在成皋故城東趙刊誤曰七字是注混作經孫校曰汜汜水在汜水縣西一里出鞏縣玉仙山北流逕古崤關東入河**水南出浮**

戲山世謂之曰方山也北流合東關水官本曰案近刻脫合字東訛作車 案朱同趙車改東不增合字刊誤曰車關濟水注作東關寰宇記引濟水注亦是東字下並同**水出嵩渚之山**官本曰案近刻脫水字作出 案朱趙同于嵩渚之山也**泉發于層阜之上一源兩枝分流瀉注世謂之后泉水也東爲索水西爲東關之水**官本曰案近刻作東流爲索水西注爲車關案朱同趙作西注爲東關水**西北流楊蘭水注之水出非山西北流注東關水**官本曰案注下近刻衍爲字 案朱衍又東作車趙爲改於車改東刊誤曰爲當作於篆近致譌車是東字之誤**東關水又西北淸水入焉**官本曰案淸近刻訛作蒲 案朱趙不重東關水三字朱作蒲趙改淸刊誤曰蒲當作淸**水自東浦西流與東關水合而亂流注于汜汜水又北右合后城水水出后城山**其山複澗**重嶺欹疊若城山頂泉流瀑布懸瀉下有濫泉東流泄注邊有數十石畦畦有數野蔬**朱數作聲趙删刊誤曰箋曰聲宋本作數案沈炳巽校衍聲字**巖**

側石窟數口隱迹存焉而不知誰所經始也又東北流注于氾水朱注下有入字趙刪刊誤曰入字衍文氾水又北合鄤水官本曰案又近刻訛作下渠朱趙作下水西出婁山至冬則煖故世謂之溫泉東北流逕田鄤谷謂之田鄤溪水東流注于氾水氾水又北逕虎牢城東漢破司馬欣曹咎于是水之上氾水又北流注于河征艱賦朱箋曰盧諶有征艱賦所謂步氾口之芳草弔周襄之鄙館者也余案昔儒之論官本曰案近刻脫昔字案朱儒上脫箋曰疑脫一先字趙增先字周襄所居在潁川襄城縣是乃城名非爲水目原夫致謬之由俱以氾鄭爲名故也是爲爽矣又案郭緣生述征記劉澄之永初記竝言高祖卽帝位于是水之陽朱陽上脫箋曰當有之字趙增刊誤曰是水下落之字今不復知舊壇所在盧諶崔雲亦言是矣余案高皇帝受天命于定

陶氾水朱趙有又字不在此也于是求壇故無髣髴矣官本曰案無近刻訛作爲案朱訛趙改刊誤曰爲黃省曾本作無又朱箋曰定陶氾水音泛取其氾愛而潤下河水又東逕板城北官本曰案此八字原本及近刻竝訛作經案朱訛趙改刊誤曰八字是注混作經有津謂之板城渚口河水又東逕五龍塢北官本曰案此九字原本及近刻竝訛作經案朱訛趙改刊誤曰九字是注混作經塢臨長河官本曰案塢字近刻訛在河字下案朱趙同有五龍祠應劭云崑崙山廟在河南滎陽縣官本曰案南近刻訛作東案朱訛趙改刊誤曰東當作南疑卽此祠所未詳

又東過滎陽縣北蒗蕩渠出焉官本曰案近刻脫北字蕩訛作蘯案朱趙作蘯朱脫北趙增刊誤曰寰宇記引此文滎陽縣下有北字今校補

大禹塞滎澤開之以通淮泗卽經所謂蒗蕩渠也趙釋曰全氏曰以滎澤爲禹所塞善長之繆極矣一淸案禹貢豫州云滎波旣豬禹陂水爲澤故道元濟水注云大禹塞其淫水則指旣豬而言此言禹塞滎澤辭不達意未爲大非惟云開之以通淮泗則指鴻溝爲禹迹乃其繆耳漢平帝之世河汴決壞未及得修汴渠東侵日月彌廣門閭故處皆在水中官本曰案門閭近刻訛作水門案朱趙作水門趙水中作河中朱箋曰御覽引此作門閭故處後漢書王景傳作皆在河中漢明帝永平十二年議治汳朱趙作汴渠上乃引樂浪人王景問水形便官本曰案近刻問下有理字案朱趙有景陳利害應對敏捷帝甚善之乃賜山海經河渠書禹貢圖及以錢帛後作隄發卒數十萬詔景與將作謁者王吳治渠築隄防脩堨官本曰案近刻吳訛作昊治渠訛作共防又隄下脫防字案朱同箋曰後漢書及玉海皆作王吳御覽引此亦作吳下作治渠築隄防脩堨趙作共築隄防修堨王吳改王吳起自滎陽東至千乘海口千有餘里景乃商度地勢鑿山開澗防遏衝要疏決壅積十里一水門更相迴朱趙作洄注無復滲漏之患官本曰案滲近刻作潰案朱作潰趙改滲刊誤曰潰太平御覽引注文作滲

明年渠成帝親巡行詔濱河郡國置河隄員吏如西京舊制景由是顯名王吳及諸從事者皆增秩一等順帝陽嘉中又自汴口以東緣河積石爲堰通渠官本曰案河字近刻訛在爲堰下渠訛作淮下衍古口二字案朱同緣下箋曰宋本作緣河河下箋曰宋本無河字通淮古下箋曰疑作古淮趙改緣河積石爲堰通古渠口刊誤曰箋曰疑作古淮案當作古渠卽蒗蕩渠也下同咸曰金隄朱箋曰御覽作自汴河口以東緣河積石爲堰通淮曰金隄靈帝建寧中又增修石門以遏渠口官本曰案渠近刻亦訛作淮案朱訛趙改水盛則通注津耗則輟流趙釋曰禹貢錐指曰司馬彪不志河渠東漢後無可考據賴有水經注存其所敘當時見行之河自涼城縣長壽津東逕鐵邱南至東北逕甲下邑北又東北入于海皆東漢以後大河之所行也又曰王景修渠築隄自滎陽東至千乘海口千餘里則其所治者卽東漢以後大河之經流也而史稱汴渠又曰汴渠成始終皆不言河蓋建都洛陽東方之漕全資汴渠故惟此爲急河汴分流則運道無患治河所以治汴也自平帝之後汴流東侵日月益甚建武十年陽武令張汜上言河決積久侵毀濟渠漂數十許縣是其時濟亦

決敗矣莽時河入濟南千乘則侵濟處更多故築隄自滎陽至千乘海口千餘里永平十三年詔曰河汴分流復其舊迹陶邱以北漸就墳壤十五年景從駕東巡至無鹽帝美其功拜河隄使者賜車馬縑錢陶邱今定陶無鹽今東平皆濟水所經之地也二渠既成則東南之漕由汴入河西北之漕由濟入河舳艫千里輓輸不絕京師無匱乏之憂矣又曰武帝疏于討論執北瀆爲禹河及哀平之世人始有知禹河之所經者意欲復禹故道而國事阽危事不可爲矣永平上距平帝時僅六十餘歲故道豈遽堙滅而王景治河惟從事汴濟蓋當時所急在運道就其便者爲之不暇遠圖耳史稱景鑿山阜截溝澗防遏衝要疏決壅滯十里立一水門費以百億計財力之充裕若是向使講求禹迹故道而復之則河流歸北汴濟不勞而治功施到今五代以降潰溢橫流之禍可以免矣惜乎其見不及此也河雖徙自周定王時而東光以下至章武入海猶是徙駭之故道至王莽時始改從千乘入海而景遂因之禹迹蕩然無存君子於此有遺憾焉

河水又東北逕卷之扈亭北 官本曰案此十一字原本及近刻並訛作經 案朱訛趙改刊誤曰十一字是注混作經 春秋左傳曰文公七年晉趙盾與諸侯盟于扈竹書紀年晉出公十二年 官本曰案近刻訛作二十二年 案朱訛趙改刊誤曰何焯云上二字衍文竹書周貞定王六年晉河絕于扈正出公十二年也 河絕于扈卽于是此 趙作也 **河水又東逕八激隄北** 官本曰案此九字原本及近刻並訛作經 案朱訛趙改刊誤曰九字是注混作經 漢安帝永初七年令謁者太山于岑于石門東積石八所皆如小山以捍衝波謂之八激隄 **河水又東逕卷縣北** 官本曰案此八字原本及近刻並訛作經 案朱訛趙改刊誤曰八字是注混作經 晉楚之戰晉軍爭濟舟中之指可掬楚莊祀河告成而還卽是處也 **河水又東北逕赤岸固北而東北注** 官本曰案十四字原本及近刻並訛作經 案朱訛趙改又朱趙注下有之字刊誤曰十五字是注混作經

又東北過武德縣東沁水從西北來注之 官本曰案近刻脫西北來注四字 案朱同趙增西來注三字刊誤曰禹貢錐指引此文作沁水從西來注之今本脫三字

河水自武德縣 漢獻帝延康元年封曹叡爲侯國 朱無侯字趙增刊誤曰三國志魏書明帝紀云年十五封武德侯爲下落侯字 卽魏明帝也 **東至酸棗縣西濮水東出焉** 官本曰案此十一字原本及近刻並訛作經 案朱訛趙改刊誤曰十一字是注混作經戰國時河溢酸棗漢世又決孝文塞之故無濮水而東漢見行之濮水則上承濟水于陳留封邱縣班志所謂濮渠水首受濟東北至都官入羊里水者也應劭則以爲南入鉅野而道元從之濮水水經敘入濟水及瓠子水而以新溝目之此條注所以補經當與彼文參驗 漢興三十有九年孝文時河決酸棗東潰金隄大發卒塞之故班固云文堙棗野武作瓠歌謂斷此口也今無水 **河水又東北通謂之延津** 官本曰案此十字原本及近刻並訛作經 案朱訛趙改刊誤曰十字是注混作經 石勒之襲劉曜途出于此以河冰泮爲神靈之助號是處爲靈昌津昔澹臺子羽齎千金之璧渡河陽侯波起兩蛟挾舟子羽曰吾可以義求不可以威劫 官本曰案近刻訛作卻 案朱趙不訛 操劍斬蛟蛟死波休乃投璧于河三投而輒躍出乃毀璧而去示無吝意趙建武中造浮橋于津上採石爲中濟石無大小下輒流去用工百萬經年不就石虎親閱作工沈璧于河明日璧流渚上波蕩上岸遂斬匠而還 **河水又逕東燕縣故城北** 官本曰案此十字原本及近刻並訛作經近刻脫逕字又此句之下衍則有濟水自北來注之九字 案朱同趙改注增逕不刪九字刊誤曰十八字是注混作經 河水又下落逕字通鑑注引水經注校補胡三省曰考兩漢志東郡有燕縣無東燕縣魏收地形志東燕縣晉屬濮陽國賢曰東燕故城今滑州胙城縣今案班志東郡有南燕縣續志始去南云燕本南燕國有胙城古胙國梅磵所引容有差錯且又引魏收志及晉屬云云似疑不當作東燕字也蓋不悟此條之爲酈注非經也 **河水于是有棘津之名亦謂之石濟津** 官本曰案原本及近刻並脫石字今攷卽胙城縣東北石濟津 案朱脫趙增 故南津也春秋僖公二十八年 朱八作一趙改刊誤曰晉文公伐曹經傳是僖公二十八年今校改 晉將伐曹曹在衞東假道于衞 官本曰案衞近刻訛作縣 案朱訛趙改 衞人不許還自南河濟卽此

也官本曰案濟字近刻訛在卽此下又此句之下衍河水于是亦有棘津之名十字　案朱趙作卽此濟也朱有十字趙作河水於是亦有石濟之名刊誤曰箋曰宋本作濟卽此也案孫云左傳僖公二十八年春晉侯將伐曹假道于衞衞人弗許還自南河濟注云曹在衞東故從衞借道案傳文還自南河濟人所共曉何難據傳校增必欲託名宋本可謂陋矣抑知酈氏原書割去濟字程公說春秋分記引此文作還自南河卽此濟也克齋所見之本何以與朱氏異耶又曰下文云垣護之以水軍守石濟卽此處也又云又東逕棘津南棘津在東郡河內之間田融以爲卽石濟南津也是句不當重上作棘津宜改石濟葢一地而二名也宋書垣護之傳云石濟在滑臺西南百二十里晉伐陸渾亦于此渡宋元嘉中官本曰案近刻訛作年案朱訛趙改刊誤曰年黃省曾本作中遣輔國將軍蕭斌率甯朔將軍王玄謨北入宣威將軍垣護之官本曰案垣近刻訛作桓　案朱訛趙改刊誤曰宋書作垣从土不从木以水軍守石濟卽此處也趙釋曰一清案石濟資治通鑑作文石津懷帝紀永嘉四年石勒爲王贇所敗退屯文石津胡三省曰據帝紀文石津在河北又據永嘉六年勒自葛陂北行至東燕使孔萇自文石津潛渡枋頭取向永船則文石津在東燕之東北枋頭之東南葢濟者津渡之名非四瀆之濟並非常山之石濟也河水又東淇水入焉又東逕遮害亭南官本曰案此十五字原本及近刻並訛作經　案朱訛趙改刊誤曰十五字是注混作經漢書溝洫志曰在淇水口東十八里有金隄隄高一丈自淇口東地稍下隄稍高至遮害亭高四五丈官本曰案近刻脫高字　案朱脫趙增刊誤曰漢書亭字下有高字又有宿胥口舊河水北入處也官本曰案此所謂舊河卽禹貢古河也　案朱脫處字趙增刊誤曰北入下落處字河水又東右逕滑臺城北官本曰案此十字原本及近刻並訛作經　案朱訛脫北字趙改增刊誤曰九字是注混作經寰宇記引此文城下有北字趙釋曰一清案何焯曰自滑臺城北至長壽津皆古漯也胡東樵亦以爲然詳見河水又東至東光縣故城西而北與漳水合下城有三重朱無城字趙增刊誤曰寰宇記引此文作城有三重落城字中小城謂之滑臺城舊傳滑臺人自修築此城因以名爲城卽故鄭廩延邑也下有延津春秋傳曰孔悝爲蒯聵所逐載伯姬于平陽行于延津是也趙釋

曰一清案今本左傳哀十六年載伯姬于平陽而行及西門無于延津字葢酈氏所見之書異矣廩延南故城卽衞之平陽亭也今時人謂此津爲延壽津宋元嘉中右將軍到彥之官本曰案近刻脫將字　案朱脫趙增刊誤曰南史宋文帝紀元嘉七年十一月右將軍到彥之自滑臺奔退落將字留建威將軍朱脩之守此城魏軍南伐脩之執節不下其母悲憂一旦乳汁驚出母乃號踊告家人曰我年老非有乳時今忽如此吾兒必沒矣脩之絕援果以其日陷沒城故東郡治續漢書曰延熹九年濟陰東郡濟北平原河水清襄楷上疏曰朱箋曰襄楷詳後漢書春秋注記未有河清而今有之易乾鑿度曰上天將降嘉應河水先清京房易傳曰河水清天下平天垂異官本曰案近刻訛作翼　案朱訛趙改刊誤曰翼全氏校改異地吐妖民厲疫官本曰案近刻作疾　案朱趙作疾三者並作而有河清春秋麟不當見而見孔子書以爲異河者諸侯之象朱趙作相趙刊誤曰箋曰宋本作諸侯之象案渭水注云非人臣之相葢其詞例如此清者陽明之徵豈獨諸侯有窺京師也明年宮車宴駕徵解瀆侯爲漢嗣是爲靈帝建寧四年二月河水又清也

又東北過黎陽縣南孫校曰元和志臨河縣本漢黎陽縣地黃河南去縣五里

黎侯國也詩式微黎侯寓于衞是也晉灼曰黎山在其南河水逕其東其山上碑云縣取山之名取水之陽以爲名也王莽之黎蒸也官本曰案黎蒸近刻訛作魏丞　案朱訛趙改刊誤曰漢志魏郡黎陽縣莽曰黎蒸魏丞字誤今黎山之東北故城葢黎陽縣之故城也山在城西城憑山爲基東阻于河官本曰案于近刻訛作爲　案朱訛趙改刊誤曰爲當作於故劉楨黎陽山賦曰南蔭黃河左覆金城青壇承祀高碑頌靈昔慕容玄

明自鄴率衆南徙滑臺既無舟楫將保黎陽昬而流澌冰合于夜中濟訖旦而冰泮燕民謂是處爲天橋津東岸有故城險帶長河戴延之謂之遂明壘官本曰案遂近刻訛作周二逮下同　案朱訛趙改十里言遂明石勒十八騎中之一官本曰案近刻脫此二字　案朱脫趙增刊誤曰晉書載記云石勒遂招集王陽夔安支雄冀保吳豫劉膺桃豹逯明八騎爲羣盜後郭敖劉徵劉寶張噎僕呼延莫郭黑略張越孔豚趙鹿支屈六等又赴之號十八騎逯當作遂十八騎中下落之一二字案亦作六明通鑑後周紀河決靈河魚池酸棗陽武常樂驛河陰六明鎮原武凡八口胡三省曰六明鎮卽大通軍大通軍卽胡梁渡六遂音同字變耳城因名焉郭緣生曰城袁紹時築皆非也余案竹書紀年梁惠成王十一年官本曰案近刻訛作十三年　案朱訛趙改刊誤曰竹書紀年是十一年鄭釐侯使許息來致地平邱戶牖首垣諸邑及鄭馳道官本曰案近刻訛作地　案朱訛趙改刊誤曰馳地竹書紀年作馳道通鑑地理通釋校同我取枳道與鄭鹿官本曰案此下近刻重鄭鹿二字　案朱衍趙刪刊誤曰鄭鹿二字重文宜衍卽是城也今城內有故臺尙謂之鹿鳴臺又謂之鹿鳴城王玄謨自滑臺走鹿鳴者也濟取名焉故亦曰鹿鳴津又曰白馬濟津之東南有白馬城衞文公東徙渡河都之故濟取名焉袁紹遣顏良攻東郡太守劉延于白馬關羽爲曹公斬良以報效卽此處也官本曰案也上近刻衍是字　案朱衍趙刪刊誤曰是字衍文白馬有韋鄉韋城故津亦有韋津之稱史記所謂下修武渡韋津者也官本曰案下脩武近刻訛作脩武下武　案朱訛趙改又白馬下增縣字刊誤曰白馬下落縣字史記是下脩武渡韋津此文誤也河水舊于白馬縣南泆通濮濟黃溝趙刊誤曰箋曰泆當作決案泆與溢同說文解字云水所蕩泆也字不誤故蘇代說燕曰決白馬之口魏無黃濟陽竹書紀年梁惠成王十二年楚師出河水官本曰案出近刻訛作泆　案朱出作山趙改刊誤曰箋曰謝兆申云宋本作楚師決河水案趙琦

美云竹書是出字於山字相近以水長垣之外者也金隄既建故渠水斷尙謂之白馬瀆故瀆東逕鹿鳴城南又東北逕白馬縣之涼城北者舊傳云　朱有者舊二字箋曰疑衍趙刪東郡白馬縣之神馬亭實中層峙南北二百步東西五十許步狀邱斬城也官本曰案此句有脫誤未詳自外耕耘墾斫削落平盡正南有䧢陛陟上官本曰案近刻訛作陟䧢陛上　案朱訛趙改刊誤曰陟字當移在䧢陛之下全氏校正方軌是由西南側城有神馬寺樹木脩整西去白馬津可二十許里東南距白馬縣故城可五十里疑卽開山圖之所謂白馬山也山下常有白馬羣行悲鳴則河決馳走則山崩注云山在鄭北官本曰案北近刻訛作此又訛在下句故字下　案朱訛趙改刊誤曰孫潛云當作山在鄭北故鄭也故鄭也所未詳劉澄之云有白馬塞孟達登之長歎可謂于川土疏妄矣亭上舊置涼城縣治此官本曰案舊字下近刻衍曰字涼訛作源　案朱訛衍趙改刪刊誤曰舊曰之曰衍文源城當作涼城白馬瀆又東南逕濮陽縣散入濮水所在決會更相通注以成往復也河水自津東北逕涼城縣官本曰案此十字原本及近刻竝訛作經　案朱訛趙改刊誤曰十字是注混作經河北有般祠孟氏記云祠在河中積石爲基河水漲盛恆與水齊戴氏西征記曰今見祠在東岸臨河累石爲壁其屋宇容身而已殊似無靈不如孟氏所記將恐言之過也河水又東北逕伍子胥廟南官本曰案此十一字原本及近刻竝訛作經　案朱訛趙改刊誤曰十一字是注混作經祠在北岸頓邱郡界臨側長河廟前有碑魏青龍三年立河水又東北爲長壽津官本曰案此九字原本及近刻竝訛作經　案朱訛趙改刊誤曰九字是注混作經述征記曰涼城到長壽津六十里河之故瀆出焉朱六字亦作注趙改經刊誤曰全氏云六字是經混作注趙釋曰禹貢錐指曰案水

經東漢人所撰凡稱故瀆者皆時已無水戚城以下東光以上河水不至又無他水行其中孟康所云王莽時空者唯此耳故謂之大河故瀆其自長壽津以西至宿胥口爲東漢見行之河則敘入河水東光以北至章武爲清河漳水之所行則敘入清河漳水並不列大河故瀆**漢書溝洫志曰河之爲中國害尤甚故導河自積石歷龍門二渠以引河**官本曰案此有脫文漢書作歷龍門南到華陰東下底柱及盟津雒內至于大伾于是禹以爲河所從來者高水湍悍難以行平地數爲敗迺釃二渠以引其河北載之高地　案趙二上增釃字刊誤曰漢書溝洫志云迺釃二渠以引其河孟康曰釃分也是注二渠上落釃字史記河渠書作廝趙釋曰一清案釃史記河渠書作廝索隱曰漢書作灑史記舊本亦作灑字從水韋昭云疏決爲灑字音疏跬反顏師古音山支反然則釃字近本之誤耳漢書溝洫志注孟康曰釃分也分其流泄其怒也二渠其一出貝邱西南折者也其一則漯川也河自王莽時遂空唯用漯耳**一則漯川**官本曰案此下近刻有則字案朱作今則趙刪則刊誤曰箋曰宋本作則今案非也則字衍**今所流也一則北瀆王莽時空**趙刊誤曰箋曰空一作塞案溝洫志注孟康曰河自王莽時遂空唯用漯耳空字不誤**故世俗名是瀆爲王莽河也**

故瀆東北逕戚城西官本曰案此八字原本及近刻並訛作經今考以下乃注內敘河之故瀆所逕案朱訛趙改刊誤曰八字是注混作經　春秋哀公二年晉趙鞅率師納衞太子蒯聵于戚宵迷陽虎曰右河而南必至焉今頓邱衞國縣西戚亭是也爲衞之河上邑漢高帝十二年封將軍李必爲侯國矣趙釋曰一清案史記索隱曰戚漢志闕地道記屬東海又曰案灌嬰傳云重泉人李必此云季必誤也然則酈注所引是漢書列傳而表亦作季必與史表同漢書百官公卿表元狩四年戚侯李信成爲太常郎必曾孫又史記灌嬰傳索隱曰姚氏云案漢紀桓帝延熙二年追錄高祖功臣李必後黃門丞李遂爲晉陽關內侯則作李姓者是也又戚是衞邑東海亦有之地理志東海郡戚縣注引鄭氏曰音憂戚故城在山東滕縣西南五十里本秦縣史記曹參嘗遷爲戚令是也此戚在今開州北七里李必封邑當在東海如小司馬說姚氏察也鄭氏德也**故瀆又逕繁陽縣故城東**官本曰案此十字原本及近刻並訛作經案朱訛趙改刊誤曰十字是注混作經　史記趙將廉頗伐魏取繁陽者也官本曰案近刻脫取字　案朱脫趙增**北逕陰安縣**

故城西官本曰案此八字原本及近刻並訛作經案朱訛趙改刊誤曰八字是注混作經　漢武帝元朔五年封衞不疑爲侯國**故瀆又東北逕樂昌縣故城東**官本曰案此十二字原本及近刻並訛作經　案朱訛經樂昌訛昌樂趙改刊誤曰十二字是注混作經昌樂當作樂昌說詳本卷趙釋曰一清案漢志東郡有樂昌縣後漢省今本作昌樂縣誤舊唐書地理志以爲晉置昌樂而晉志不載魏書地形志昌樂縣太和二十一年分魏置似非漢縣　地理志東郡之屬縣也漢宣帝封王稚君爲侯國趙釋曰一清案褚表樂昌侯王稚君名武平昌侯王長君弟也索隱曰表在汝南案地理志汝南無樂昌徐廣曰細陽之池陽鄉也細陽汝南郡屬縣道元蓋誤證也**故瀆又東北逕平邑郭西**官本曰案此十字原本及近刻並訛作經案朱訛趙改刊誤曰十字是注混作經　竹書紀年晉烈公二年官本曰案近刻訛作四年　案朱趙同趙釋曰沈氏曰當作二年　趙城平邑五年田公子居思伐邯鄲圍平邑九年官本曰案近刻訛作十年　案朱趙作十　齊田肸及邯鄲韓舉戰于平邑官本曰案肸近刻訛作汾　案朱訛趙改　邯鄲之師敗逋官本曰案近刻訛作遂　案朱訛趙改　獲韓舉取平邑新城**又東北逕元城縣故城西北而至沙邱堰**官本曰案此十六字原本及近刻並訛作經　案朱訛故城作故縣趙改刊誤曰十六字是注混作經故縣何焯校改故城　史記曰魏武侯公子元食邑于此故縣氏焉官本曰案漢書地理志魏郡元城應劭曰魏武侯公子元食邑于此因而遂氏焉此引史記當是地理風俗記之誤　趙釋曰朱氏謀㙔箋曰公子元食邑於此出漢書地理志應劭注非史記也一清案漢志常山郡元氏縣下師古又引闞駰云趙公子元之封邑故曰元氏史記趙世家惠成王十一年城元氏洪邁容齋隨筆疑之曰二邑命名不應相似如此竊謂闞駰十三州志之說多本仲瑗或誤以魏爲趙師古兩引之非矣　郭東有五鹿墟墟之左右多陷城官本曰案之字下近刻衍在字案朱衍趙刪刊誤曰在字衍文　公羊曰襲邑也說曰襲陷矣郡國志曰五鹿朱趙有墟字　故沙鹿有沙亭周穆王喪盛姬東征舍于五鹿其女叔㛗居此思哭是曰女㛗之邱爲沙鹿之異名也春秋左傳僖公十四年沙鹿崩晉

史卜之曰陰爲陽雄土火相乘故有沙鹿崩後六百四十五年宜有聖女興其齊田乎後王翁孺自濟南官本曰案濟近刻訛作齊脫南字　案朱訛脫趙改增刊誤曰齊全氏校改濟南二字徙元城正直其地日月當之王氏爲舜後土也漢火也王禁生政君其母夢見月入懷年十八詔入太子宮生成帝爲元后漢祚道汙朱作沿箋曰宋本作道汙趙改汙四世稱制故曰火土相乘而爲雄也及崩大夫揚雄作誄曰太陰之精沙鹿之靈作合于漢配元生成者也獻帝建安中官本曰案獻帝上近刻衍漢字　案朱趙有袁紹與曹操相禦于官渡官本曰案禦近刻作襲　案朱趙作襲紹逼大司農鄭玄載病隨軍居此而卒郡守已下受業者衰經赴者千餘人玄注五經讖緯候歷天文經通于世故范曄贊曰孔書遂明漢章中輟矣趙釋曰一清案後漢書贊云元定義乖褎修禮缺孔書遂明漢章中輟是卷曹褒鄭玄合傳故章懷注云中輟謂曹褒禮不行也則漢章句無與于康成偶牽連引之實爲詞句之累

縣北有沙邱堰朱趙有者字趙釋曰禹貢錐指曰水經以王莽河爲禹河故以沙邱堰爲禹迹推其意似謂古河本東行禹作此堰以障之使北而九河自此播焉不遵其道是爲降水唐人云河自貴鄉縣界分爲九道宗此說也然禹河不經元城此堰必非禹所作黃文叔云今澶州臨河有鯀隄自黎陽入北至恩州清河歷亭皆有之然則降水者自元城以北隄堨之水是也蓋以堰爲鯀所作或曰元城爲戰國魏地北與趙接壤賈讓云隄防之作近起戰國壅防百川各以自利齊與趙魏以河爲境趙魏瀕山齊地卑下作隄遏水使西泛趙魏趙魏亦爲隄以防之沙邱堰疑趙所作以障水使不得北而注于齊魏所謂以鄰國爲壑者也全氏曰此下有脫文當補尚書北過降水之故道也十字觀下文注云不遵其道曰降是言降水而濁漳水注中論降水曰館陶北出屯氏河其故道與是明以沙邱堰一帶爲降水故竊取其義補此一句一清案全說是也寰宇記魏州大名縣下云本漢元城縣地水經注云沙邱堰在貴鄉今本無之則知此處有脫誤通典魏州治貴鄉元城二縣貴鄉有大河故瀆俗曰王莽河魏書地形志司州魏尹貴鄉縣天平二年分館陶置治趙城上去孝昌三年已九年矣道元所不及知元和志云後魏孝文分元城置方輿紀要云五代志前燕慕容暐置屬昌樂郡則是先曾置縣旋廢復立于天平二年地形志略前著後殆爲疏矣且道元恪守班固漢志魏郡鄴縣下分注云故大河在東北故大河即大河故瀆今注無鄴縣是知其缺失多矣東樵不察注文縣北有沙邱堰者與下不遵其道曰降義不連屬以意測識不亦誣乎

堰障水也官本曰案此四字近刻訛在亦曰瀆下

尚書禹貢曰北過降水官本曰案近刻脫此九字　案朱趙無全氏以爲當補說見上不遵其道曰降亦曰瀆堰障水也四字朱趙在此下至于大陸北播爲九河官本曰案此九字原本及近刻竝訛作經今考此即上文所引禹貢以解釋雜其間耳　案朱訛經爲作于趙改刊誤曰播于之于當作爲蓋因于字篆近致譌禹貢經文校正九字是注混作經全祖望曰此節經文不與上下相比屬所以孰于水經之學如閻百詩黃子鴻皆疑之多所辭費而不知大陸九河之非經也水經于河濟江淮渭洛沔漾諸篇從無直鈔禹貢之例善長之注上文已承沙邱堰而言之序及降水故釋之曰不遵其道曰降亦曰瀆堰障水也而因接之以大陸以九河又接之以齊桓塞河自堰以北故迹多亡所云堰者沙邱堰也善長蓋謂沙邱堰以北是禹治水之故道自齊桓閼河之後而堰以起堰起而九河亡矣是屯氏諸河之所由出也其文明白了當胡東樵竟謂水經以王莽河爲禹河亦誤會也趙釋曰古文尚書疏證曰案水經注河水篇凡五敘至長壽津而止下便及大河故瀆故瀆皆周漢以來之新道非禹河故道也然中有至于大陸北播于九河經文及注一段上不與元城縣沙邱堰相次下不與沙邱堰南分屯氏河出焉相次分明經注別有及禹河故道者惜不傳耳偶聞于黃子鴻驚曰某讀水經注三十年從未聞此論參以濁漳水條詳北過洚水是禹河自大伾以下至入海處了了然見于經注或當日有意互見或後人任意錯簡一清案潛邱既不識縣北有沙邱堰者下有脫文又不悟此九字是注混作經蓋水經一書從無直鈔禹貢經文之例其得間猶未精于考核爾

風俗通曰河播也趙有昔禹治洪水五字刊誤曰寰宇記引此文河播也下有昔禹治洪水五字今校補播爲九河自此始也禹貢沇州九河既道官本曰案道下近刻有矣字　案朱衍趙刪刊誤曰矣字羨文謂徒駭太史馬頰覆釜胡蘇簡潔句盤鬲津也同爲逆河鄭玄曰下尾合曰逆河言相迎受矣官本曰案迎近刻訛作承　案朱趙作承蓋疏朱趙作所潤下之勢以通河海及齊桓霸世塞廣田居同爲一河朱箋曰尚書中候云齊桓之霸遏八流以自廣故自堰以北館

陶慶陶貝邱鬲般廣川信都東光河間樂成以東 官本曰案川近刻訛
作光 案朱訛趙改刊誤曰漢書地理志信都國有廣川縣光字誤 城地竝存川瀆多亡漢世
河決金隄南北離其害議者常欲求九河故迹而穿之 官本曰案
穿近刻訛作川 案朱訛趙改刊誤曰川孫潛校改穿 未知其所是以班固云自茲距
漢北亡八枝者也 朱北亡八枝作北三八枝趙改刊誤曰漢書敘傳云北亡八枝今改正趙釋曰禹貢
錐指曰許商云徒駭在成平滹水卽徒駭古之九河竝東北出至章武高城柳縣之東合爲逆河入海及周定王時河徙
自東光南皮浮陽絕八枝而北合徒駭漢人指此爲逆河是九河之所同故王莽改勃海郡曰迎河郡南皮縣曰迎河亭
而其實非也以意度之徒駭大勢北行亦迤東八枝太史最北宜最短向南則漸加長鬲津最南最長首受大河當在南
宮縣界也要之九河所在後人率多附會馮遂云九河既滅難明班固云自茲距漢北亡八枝酈道元云城地竝存川瀆
多亡斯爲實錄無俟深求 河之故瀆自沙邱堰南分屯氏河出焉河水故
瀆東北逕發干縣故城西又屈逕其北 官本曰案此三十三字原本及近刻竝訛
作經 案朱訛經故城作北城趙自河水下十八字改作注河之下十五字仍作經北城改故城其下增城字刊誤曰十
八字是注混作經北城禹貢錐指作故城其下落城字 王莽之所謂戢楯矣漢武帝以
大將軍衛青破右賢王功 朱右作左趙改刊誤曰史漢表傳左作右 封其子登爲
侯國大河故瀆又東逕貝邱縣故城南 官本曰案此十三字原本及近刻竝訛作
經 案朱訛趙改刊誤曰十三字是注混作經 應劭曰左氏傳齊襄公田于貝邱是
也 朱無傳字趙增刊誤曰左氏下落傳字 余案京相璠杜預竝言在博昌卽司
馬彪郡國志所謂貝中聚者也應注于此事近違矣大河故
瀆又東逕甘陵縣故城南 官本曰案此十三字原本及近刻竝訛作經 案朱訛趙改刊誤曰
十三字是注混作經 地理志之所謂厝也王莽改曰厝治者也漢安帝
父孝德皇以太子被廢爲王薨于此乃葬其地 趙作乃其葬地 尊陵
曰甘陵縣亦取名焉桓帝建和二年改淸河曰甘陵 官本曰案縣亦
取名焉五字近刻訛在此曰甘陵下二訛作元脫淸河二字 案朱趙訛又脫二字趙釋曰一淸案是注殊欠分曉續漢
志淸河國劉昭補注云高帝置桓帝建和二年改爲甘陵又云甘陵故厝安帝更名則是安帝更名厝縣爲甘陵縣而桓
帝改淸河國爲甘陵國也後漢書淸河孝王慶傳亦云梁冀惡淸河名乃改爲甘陵於文當云尊陵曰甘陵縣亦取名焉
桓帝建和二年改淸河國曰甘陵方合 是周之甘泉市地也 官本曰案市近刻訛作币 案朱訛
趙改刊誤曰币寰宇記引此文作市 陵在瀆北邱墳高巨雖中經發壞猶若層
陵矣世謂之唐侯冢 官本曰案近刻訛作家 案朱訛趙改 城曰邑城皆非也
昔南陽文叔良以建安中爲甘陵丞夜宿水側趙人蘭襄夢
求改葬叔良明循水求棺果于水側得棺半許落水叔良顧
親舊曰若聞人傳此吾必以爲不然遂爲移殯醊而去之大
河故瀆又東逕艾亭城南又東逕平晉城南 今城中有浮圖
五層上有金露盤題云趙建武八年比釋道龍和上竺浮圖
澄樹德勸化興立神廟 官本曰案輿近刻訛作與 案朱訛趙改刊誤曰與當作輿 浮圖
已壞 朱已作以趙改刊誤曰箋曰以當作已案以已古字通用 露盤尙存煒煒有光明大
河故瀆又東北逕靈縣故城南 王莽之播亭也 河水于縣 官本
曰案水近刻作瀆 案朱同趙改趙刊誤曰瀆漢書地理志作水 別出爲鳴犢河河水故瀆
趙河水改大河刊誤曰河水禹貢錐指作大河 又東逕鄃縣故城東 呂后四年以父
嬰功封子佗襲爲侯國 官本曰案襲近刻訛作龍 案朱訛趙改釋曰一淸按史記惠景閒侯者
年表俞侯嬰子它襲功用太中大夫侯謂它襲父功爲侯耳漢書高惠高后文功臣表俞侯呂佗可知佗只單名酈注連
佗襲爲稱益其誤也 王莽更名之曰善陸 大河故瀆又東逕平原縣故
城西而北絕屯氏三瀆 官本曰案三瀆謂屯氏河及屯氏別河之南北瀆近刻三訛作二 案朱
作三趙改二刊誤曰三當作二卽屯氏南北二瀆也 北逕繹幕縣故城東北西流逕平
原鬲縣故城西 官本曰案此三十九字原本及近刻竝訛作經 案朱訛趙改刊誤曰三十九字是注混

作經地理志曰鬲津也趙釋曰一清案漢志云平當以爲鬲津王莽名之曰河平亭故有窮后羿國也官本曰案近刻脫羿字　案朱脫趙增刊誤曰何焯云后下落羿字應劭曰鬲偃姓咎繇後趙釋曰全氏曰案先贈公曰有鬲氏當是夏之同姓應氏以爲偃姓恐非若以爲有窮之國則竟大謬矣光武建武十三年封建義將軍朱祐爲侯國官本曰案義近刻訛作議祐訛作祜　案朱訛趙改議存祐刊誤曰議後漢書作義大河故瀆又北逕脩縣故城東又北逕安陵縣西官本曰案此十九字原本及近刻竝訛作經　案朱訛趙改刊誤曰十九字是注混作經本脩之安陵鄉也地理風俗記曰朱理下有志字趙刪刊誤曰地理風俗記應劭撰志字衍文脩縣東四十里有安陵鄉官本曰案近刻訛作縣　案朱訛趙改刊誤曰禹貢錐指引此文作有安陵鄉縣字誤故縣也又東北至東光縣故城西而北與漳水合官本曰案注內敘河之故瀆終于此　趙釋曰禹貢錐指曰禹釃二渠自黎陽宿胥口始一北流爲大河一東爲漯川周定王五年河徙自宿胥口東行漯川右逕滑臺城又東北逕黎陽縣南又東北逕涼城縣又東北爲長壽津河至此與漯別行而東北入海水經謂之大河故瀆東北逕戚城西至東光縣故城西而北與漳水合故城在今東光縣東淇水篇云清河自東光縣西南又東北右會大河故瀆濁漳水篇云漳水自阜城縣故城北又東北逕成平縣南又東北入清河故大河也大河自宿胥口徙流至成平合漳水復歸禹河故道又東北歷浮陽參戶平舒至章武入海定王五年歲己未下逮王莽始建國三年辛未而北瀆遂空凡六百七十二歲一水分大河故瀆北出爲屯氏河逕館陶縣東東北出官本曰案此二十一字原本及近刻竝截上三字屬注文下十八字訛作經　案朱訛趙改刊誤曰十八字是注混作經御覽引此文亦作注漢書溝洫志曰自塞宣防河復北決于館陶縣分爲屯氏河廣深與大河等成帝之世河決館陶及東郡金隄上使河隄謁者王延世塞之三十六日朱作二十箋曰前漢志作三十六日趙改三十六日下增河字隄成詔以建始五年爲河平元年以延世爲光祿大夫是水亦斷屯氏故瀆水之又東北屯氏別河出焉屯氏別河故瀆又東

北逕信成縣官本曰案近刻訛作信城縣下同　案朱訛趙改刊誤曰信城漢書地理志作信成張甲河出焉官本曰案近刻脫河字　案朱脫趙增刊誤曰張甲下落河字孫潛校增地理志官本曰案志下近刻有曰字　案朱趙有張甲河官本曰案此下近刻衍及瀆二字　案朱作及瀆趙改故瀆刊誤曰地理志清河郡信成縣下云張甲河首受屯氏別河及瀆當是故瀆之誤趙釋曰一清案漢志分注無故瀆字蓋道元所加首受屯氏別河于信成縣者也張甲河故瀆官本曰案故近刻訛作及　案朱訛趙改北絕清河于廣宗縣官本曰案清字近刻訛在縣字下　案朱訛趙改刊誤曰箋曰一本絕下有清字案及瀆當作故瀆下清字衍文朱氏箋之未盡分爲二瀆左瀆逕廣宗縣故城西又北逕建始縣故城東田融趙釋曰全氏曰案五代志燕太傅長史田融著趙書云趙武帝十二年官本曰案近刻訛作二十二年　案朱訛趙改立建興郡官本曰案近刻脫郡字　案朱脫趙增刊誤曰箋曰趙武帝三字有誤案趙武帝石虎也魏書地形志廣宗郡廣宗縣有建始城資治通鑑晉紀建興人史科胡三省注云水經注云田融言趙立建興郡于廣宗城第石虎前後改元共計十五年不得云二十二年上二字衍文建興下落郡字治廣宗置建始興德五縣隸焉左瀆又北逕經城東繚城西又逕南宮縣西北注絳瀆官本曰案此二十一字原本及近刻竝訛作經今考注內敘張甲河左瀆終于此　案朱訛趙改右瀆朱趙有又字東北逕廣宗縣故城南又東北逕界城亭北又東北逕長樂郡棗彊縣故城東官本曰案棗彊原本及近刻竝訛作武彊今訂正又此三十二字亦訛作經今考以下乃注內敘張甲河右瀆所逕　案朱訛經趙改注又朱趙作武彊刊誤曰五十四字是注混作經程大昌考古編云河水右瀆東北逕長樂郡武彊縣故城東酈注曰長樂故信都也晉太康五年改從今名案杜佑以桑欽所紀有後漢和帝時地名疑其人出和帝以後今此既改信都從長樂則晉太康間事也議者以爲後人誤以酈注加之本文然此所訂正信都改爲長樂乃酈所注則不得以爲酈注而入之經程氏之言非也統上皆是注道元蓋自爲釋文耳程氏所謂議者云云是宋本固有以左瀆右瀆一條爲注者且左瀆右瀆乃張甲河所行之道而以爲河水右瀆是于本文尙未細審何況其他長樂故信都也晉太康五年改從今名趙釋曰一清案長樂郡不見晉志地形志云晉改又東

北逕廣川縣與絳瀆水故道合官本曰案原本及近刻竝脫絳瀆二字今考濁漳水注內言絳瀆東逕于廣川縣之張甲河同歸于海其爲絳瀆合流驗然　案朱脫趙增屯氏河三字刊誤曰與水故道合與下落屯氏河三字全祖望校增又東北逕廣川縣故城西又東逕棘津亭南官本曰案此二十九字原本及近刻竝訛作經　案朱訛趙改刊誤曰二十九字是注混作經徐廣曰棘津在廣川司馬彪曰縣北有棘津城呂尙賣食之困疑在此也劉澄之云譙郡酇縣東北有棘津亭故邑也呂尙所困處也余案春秋左傳伐巢克棘入州來無津字杜預春秋釋地趙釋曰全氏曰杭世駿曰杜預書名釋例所謂釋地特其中一種耳當作釋例予謂非也引班書者但云地理志引續書者或云郡國志莫之非也然則引釋例而但云釋地庸何傷乎又言棘亭在酇縣東北亦不云有津字矣而竟不知澄之于何而得是說然天下以棘爲名者多未可咸謂之棘津也又春秋昭公十七年官本曰案近刻訛作十四年　案朱訛趙改刊誤曰晉滅陸渾傳是十七年晉侯使荀吳帥師涉自棘津用牲于洛遂滅陸渾杜預釋地闕而不書服虔曰棘津猶孟津也徐廣晉紀又言石勒自葛陂寇河北襲汲人向冰于枋頭官本曰案近刻訛作入向水　案朱訛趙改又朱訛方趙改枋刊誤曰晉書載記石勒自葛陂退還壽春行達東燕聞汲郡向冰有衆數千壁於枋頭勒將于棘津北渡又通鑑晉紀勒聞汲郡向冰聚衆數千壁枋頭引兵自棘津濟河擊冰大破之則冰是汲人注文入當作人水當作冰方當作枋濟自棘棘津在東郡河內之間田融以爲郎石濟南津也雖千古茫昧理世玄遠遺文逸句容或可尋沿途隱顯方土可驗司馬遷云呂望東海上人也老而無遇以釣干朱作于箋曰當作干趙改干周文王又云朱無云字箋曰脫一云字趙增呂望行年五十賣食棘津七十則屠牛朝歌行年九十身爲帝師皇甫士安云欲隱東海之濱聞文王善養老故入釣于

水五　三十五

周今汲水城亦言有呂望隱居處起自東海迄于酆雍緣其逕趣趙魏爲密厝之譙宋事爲疏矣趙釋曰一清案名勝志引水經注云清河又東北逕棗強縣故城西又東北逕棘津津上有古臺者舊相傳呂望賣漿臺疑是清水篇注之逸文又司馬彪郡國志云清河國廣川縣故屬信都有棘津城劉昭補注云太公呂尙困於棘津城在琅琊海曲非此城也琅琊國西海縣補注引博物記云太公望所出今有東呂鄉又釣于棘津其浦尙存西海縣即前漢之海曲縣也今莒州日照縣是是眞所謂東海者矣道元以劉澄之之說爲非今觀昭注載酈氏爲尤密也張甲故瀆又東北至脩縣東會清河官本曰案此十四字原本及近刻竝訛作經今考注內敘張甲河右瀆終于此　案朱訛趙改刊誤曰十四字是注混作經十三州志曰張甲河東北至脩縣趙釋曰一清案漢志作修分注作蓨顏師古曰音條入清漳者也屯氏別河又東枝津出焉東逕信成縣故城南又東逕清陽縣故城南清河郡北官本曰案此三十一字原本及近刻竝訛作經今考屯氏別河又東承前逕信成縣張甲河出焉之文以下則又敘屯氏別河之枝津也　案朱訛經東上脫又字信成下脫縣故二字淸作信趙改增刊誤曰二十八字是注混作經別河下落又字信成下落縣故二字信陽吳琯本作清陽漢書地理志清河郡有清陽縣魏自清陽徙置也又東北逕陵鄉南又東北逕東武城縣故城南又東北逕東陽縣故城南官本曰案此二十八字原本及近刻竝訛作經　案朱訛趙改刊誤曰二十八字是注混作經地理志曰王莽更之曰胥陵矣俗人謂之高黎郭非也應劭曰東武城東北三十里趙釋曰一清案淇水篇注引應劭語作西南七十里兩情互異有陽鄉趙陽改陵刊誤曰陽鄉據上文當作陵鄉此文互見淇水又東北過東武城縣注故縣也又東散絕無復津逕官本曰案注內敘屯氏別河枝津終于此屯氏別河又東北逕清河郡南又東北逕清河故城西官本曰案此二十一字原本及近刻竝訛作經今考以下皆注內敘屯氏別河所逕　案朱訛又別河作別瀆趙改刊誤曰二十一字是注混作經別瀆上下文俱作別河漢高帝六年朱無帝字趙補刊誤曰準後文當作高帝今補正封王吸爲侯國朱箋曰漢功臣表高帝六年封王吸爲清河侯吳本作王

水五　三十六

及誤矣趙釋曰一清案史表清陽侯王吸索隱曰漢表作清河地理志清陽清河郡之屬縣也寰宇記云後漢甘陵國除復爲縣晉省于厝城西南十七里置清河縣魏又移清河縣并清河郡于故厝城中又云清陽漢縣後漢并入甘陵西晉省甘陵于此置清河郡理清陽縣復漢名今注云漢封王吸爲清河侯葢用漢表地理風俗記曰甘陵郡東南十七里有清河故城者世謂之鵲城也趙釋曰一清案續漢志云甘陵故厝鵲城卽厝城之轉音師古曰厝音趨亦反**又東北逕繹幕縣南分爲二瀆**

屯氏別河北瀆東逕繹幕縣故城南東絕大河故瀆又東北逕平原縣枝津北出至安陵縣遂絕朱東絕作東邑趙改刊誤曰三十七字是注混作經東邑大河故瀆當作東絕邑字誤**屯氏別河北瀆又東北逕重平縣故城南**官本曰案此五十三字原本及近刻竝訛作經今考以下皆注內敘屯氏別河北瀆承上分爲二瀆之文　案朱訛趙改刊誤曰十六字是注混作經應劭曰重合縣西南八十里有重平鄉故縣也**又東北逕重合縣故城南又東北逕定縣故城南**漢武帝元朔四年封齊孝王子劉越爲侯國官本曰案越近刻訛作成　案朱趙同趙釋曰一清案成史漢表皆作越史表云謚敬漢表云謚敷索隱曰說文云敷讀如躍今說文敷音芳无切無躍音疑誤也嘗考當作敫字中山靖王子有臨樂敫侯光齊太史敫徐廣音躍可證也地理風俗記曰饒安縣東南三十里有定鄉城故縣也**屯氏別河北瀆又東入陽信縣今無水又東爲咸河東北流逕陽信縣故城北**官本曰案此三十字原本及近刻竝訛作經　案朱訛東入下作信陽趙改刊誤曰三十字是注混作經東入信陽縣誤漢書地理志勃海郡有陽信縣地理志渤海之屬縣也**東注于海**官本曰案注內敘屯氏別河北瀆終于此

屯氏別河南瀆自平原東絕大河故瀆又逕平原縣故城北枝津右出東北至安德縣界東會商河朱訛經右作又趙改枝上竝有東北字刊誤曰四十字是注混作經東北二字宜衍枝津又出當作右出**屯氏別河南瀆又東北于平原界又有枝渠右出至安德縣遂絕**朱訛經箋曰孫云案上下文屯氏別河南瀆當相續趙改注刊誤曰二十五字是注混作經又誤分爲二條**屯氏別河南瀆自平原城北首受大河故瀆東出亦通謂之篤馬河**官本曰案此八十九字原本及近刻竝訛作經今考以下皆注內敘屯氏別河南瀆所逕　案朱訛趙改刊誤曰二十六字是注混作經**卽地理志所謂平原縣有篤馬河東北入海行五百六十里者也**朱脫行字趙增刊誤曰入海下當有行字以黃省曾本參校彼落海字此落行字今本漢書地理志注亦缺行字**東北逕安德縣故城西又東北逕臨齊城南**始東齊未賓官本曰案此二十二字原本及近刻竝截上十八字訛作經下四字仍屬注文　案朱訛趙改刊誤曰箋曰始字是注案十八字俱是注混作經大魏築城以臨之故城得其名也**又屈逕其城東故瀆廣四十步又東北逕重邱縣故城西**官本曰案此二十二字原本及近刻竝訛作經　案朱訛趙改刊誤曰二十二字是注混作經春秋襄公二十五年秋同盟于重邱朱無于字趙增刊誤曰左傳同盟下落于字伐齊故也應劭曰安德縣北五十里有重邱鄉故縣也**又東北逕西平昌縣故城北**官本曰案此十一字原本及近刻竝訛作經　案朱訛趙改刊誤曰十一字是注混作經北海有平昌縣故加西趙釋曰漢志兩平昌縣一屬平原郡一屬琅邪郡續志北海國平昌侯國故屬琅邪而平原郡無之平原郡九縣數之適合是省併也晉志平原國西平縣葢今誤本脫去昌字地形志安德郡平昌縣下云二漢晉屬平原後漢晉曰西平昌是西平昌之名沿于典午而遂波及于後漢爾漢宣帝元康元年封王長君爲侯國趙釋曰沈氏曰漢表是地節四年善長葢從褚表王長君名無故**故瀆川派東入般縣爲般河葢亦九河之一道也**後漢書稱公孫瓚破黃巾于般河卽此瀆也朱趙無後字趙釋曰一清案當作後漢書又漢志注如淳曰般如面般之般韋昭曰音逋垣反師古曰爾雅說九河云鉤般郭璞以爲水曲如鉤流般桓也然今土俗用如韋之音**又東爲白鹿淵水南北三百步東西千餘步深三丈餘其水冬清而夏濁渟而不流若夏水洪泛水深五丈方乃通注般瀆**趙增焉字刊誤曰名勝志引此文般瀆下有焉字**又逕**

般縣故城北官本曰案此句九字原本及近刻並截上二字屬注文下七字訛作經今考以下乃注內敘屯氏別河南瀆爲般河者也案朱訛趙改刊誤曰七字是注混作經王莽更之曰分明也東逕樂陵縣故城北官本曰案此八字原本及近刻並訛作經案朱訛趙改刊誤曰八字是注混作經地理志曰故都尉治伏琛晏謨言平原邑今分爲郡又東北逕陽信縣故城南東北入海官本曰案此十四字原本及近刻並訛作經今考注內敘屯氏別河南瀆終于此案朱訛趙改刊誤曰十四字是注混作經屯氏河故瀆自別河東逕甘陵之信鄉縣故城南官本曰案此十九字原本及近刻並訛作經今考以下乃注內承前敘屯氏河之文案朱訛趙改刊誤曰十九字是注混作經地理志曰安帝更名安平官本曰案安帝近刻訛作順帝案朱趙作順趙釋曰一淸案此是應劭注本云信都國明帝更名樂安安帝改曰安平國司馬彪郡國志安平國故信都延光元年改延光爲安帝紀年非順帝也道元誤矣應劭曰甘陵西北十七里有信鄉故縣也屯氏故瀆又東逕甘陵縣故城北又東朱趙無又東二字逕靈縣北又東北逕鄃縣與鳴犢河故瀆合上承大河故瀆于靈縣南官本曰案此四十二字原本及近刻並訛作經案朱訛趙改刊誤曰四十字是注混作經地理志曰河水自靈縣別出爲鳴犢河者也東北逕靈縣東東入鄃縣而北合屯氏瀆屯氏瀆兼鳴犢之稱也又東逕鄃縣故城北東北合大河故瀆謂之鳴犢口官本曰案近刻脫鳴犢二字注內敘屯氏河終于此案朱脫趙增靈鳴犢三字刊誤曰漢書溝洫志元帝永光五年河決淸河靈鳴犢口而屯氏河絕師古曰淸河之靈縣鳴犢河口也謂之下落靈鳴犢三字十三州志曰鳴犢河東北至脩入屯氏考瀆則不至也官本曰案此六十六字原本訛作經近刻截上東北逕靈縣東東入鄃縣而北合屯氏瀆十六字訛作經餘仍屬注文案朱同近刻趙改刊誤曰十六字是注混作經趙釋曰一淸案漢志魏郡館陶縣下云河水別出爲屯氏河東北至章武入海過郡四行千五百里者也溝洫志元帝永光五年河決淸河靈鳴犢口而屯氏河遂絕蓋屯氏河漢世絕後不復流行賴有水經及酈注猶存故道而別河而南北二瀆而張甲河亦得附見

否則遺迹罔知名稱莫辨如師古所云隋室分析州縣誤以爲毛氏河乃置毛州之失也又東北過衞縣南官本曰案近刻作又東北右過衞國縣南案朱訛趙存右刪國刊誤曰全氏云案東漢至晉皆名衞縣不名衞國縣也東漢以衞縣爲衞國耳而國與縣未嘗連稱拓跋氏始稱衞國縣善長注中所云者是也經文及注所引京相璠土地名但當稱曰衞縣此是後人妄加又東北過濮陽縣北瓠子河出焉河水東逕鐵邱南官本曰案此七字原本及近刻並訛作經今考鐵邱戚並值長壽津東濮陽衞國兩縣之西南乃注文不得與經相紊案朱訛趙改刊誤曰七字是注混作經春秋左氏傳哀公二年鄭罕達帥師趙增救衞二字刊誤曰帥師下落救衞二字郵無恤御簡子衞太子爲右登鐵上官本曰案近刻訛作丘案朱訛趙改刊誤曰左傳是鐵上邱字誤望見鄭師衞太子自投車下卽此處也京相璠曰鐵邱名也杜預曰在戚南河之北岸有古城官本曰案近刻訛作目城案朱作目箋曰後漢志作聶城趙改聶戚邑也東城有子路冢官本曰案近刻脫東城二字戚邑上衍城字案朱脫衍趙增仍留戚上城字刊誤曰吳琯本作東城有子路冢增二字河之西岸有竿城朱箋曰舊本在河之有竿城吳作河北非今據宋本改正郡國志曰衞縣有竿城者也河南有龍淵宮武帝元光中河決濮陽氾郡十六發卒十萬人塞決河起龍淵宮蓋武帝起宮于決河之傍龍淵之側故曰龍淵宮也河水東北流而逕濮陽縣北爲濮陽津官本曰案此十五字原本及近刻並訛作經今考經次濮陽在衞縣下于地望疏舛故注正其失案朱訛趙改刊誤曰十五字是注混作經故城在南與衞縣分水城北十里有瓠河口有金隄宣房堰官本曰案近刻訛作塸案朱訛趙改刊誤曰塸當作堰粵在漢世河決金隄涿郡王尊官本曰案近刻訛作遵下同案朱訛趙改下同自徐州刺史遷東郡太守朱趙徐作益趙釋曰一淸案漢書尊自徐州刺史遷東郡太守非益州也河水盛溢泛浸瓠子金隄決壞尊躬率民吏投沈白馬祈水神河伯親執圭璧請身塡隄廬居其上民吏皆走官本

曰案近刻作吏民皆走　案朱趙作吏民**尊立不動而水波齊足而止公私壯其勇節河水又東北逕衛國縣南東爲郭口津**趙釋曰黃氏曰郭口一作國口全氏曰一作谷口方輿紀要晉太元十年秦苻丕與晉將檀元戰于谷口胡三省注谷口在枋頭西卽此處也漢志河內郡隆慮縣國水東至信成入張甲河過郡三行一千八百四十里凡漢志之水大較皆見于水經注獨國水不著蛛絲馬迹益賴此文胡東樵求其詳而不得竟以淇水當之非也漢志淇出共而國出隆慮淇入大河而國入張甲河源流判然水經以淇出隆慮隆慮與共本屬接壤或是水源之互見然未可遂以國水當之也東京以後張甲之瀆已枯而國水無所考見道元亦遂失之使國水卽是淇水則遮害亭上淇已入河矣安得至此又以國口名其津哉**河水又東逕鄄城縣北**官本曰案此二十四字原本及近刻竝譌作經　案朱譌趙改刊誤曰二十四字是注混作經故城在河南朱趙有一字十八里王莽之鄄良也沇州舊治魏武創業始自于此河上之邑最爲峻固晉八王故事曰東海王越治鄄城城無故自壞七十餘丈越惡之移治濮陽城南有魏使持節征西將軍太尉方城侯鄧艾廟廟南有艾碑秦建元十二年廣武將軍沇州刺史關內侯安定彭超立**河之南岸有新城**宋寧朔將軍王玄謨前鋒入河所築也**北岸有新臺**鴻基層廣高數丈衛宣公所築新臺矣詩齊姜所賦也**爲盧關津**官本曰案盧近刻譌作廬　案朱譌趙改刊誤曰廬當作盧方輿紀要引唐志曰盧關津一名高陵津宋祁曰在臨黃縣東南案盧與廬古亦通用臺東有小城崎嶇頹側臺址枕河官本曰案近刻脫址字　案朱脫趙增刊誤曰名勝志引此文作臺址枕河落址字俗謂之郘閣城官本曰案近刻譌作俗爲之底閣城　案朱作爲趙改謂郘竝作底疑故關津都尉治也所未詳矣**河水又東北逕范縣之秦亭西**官本曰案此十二字原本及近刻竝譌作經　案朱譌趙改刊誤曰十二字是注混作經春秋經書築臺于秦者也**河水又東北逕委粟津**官本曰案此九字原本及近刻竝譌作經　案朱譌趙改刊誤曰九字是注混作經**大河之北卽東**

武陽縣也左會浮水故瀆官本曰案此六字原本及近刻竝譌作經　案朱趙作經**故瀆上承大河于頓邱縣而北出東逕繁陽縣故城南**官本曰案此下近刻有故字　案朱脫縣字有故字趙增刪刊誤曰繁陽下落縣字故應劭曰故字衍文**應劭曰縣在繁水之陽張晏曰縣有繁淵**趙釋曰一清案漢志注張晏曰其界爲繁淵**春秋襄公二十年經書公與晉侯齊侯盟于澶淵杜預曰在頓邱縣南今名繁淵**趙釋曰一清案春秋有兩澶淵襄二十年盟于澶淵杜預曰澶淵在頓邱縣南今名繁汙此衛地又近戚田二十六年傳云會于澶淵以討衛疆戚田此衛之澶淵也三十年會于澶淵宋災故許愼說文澶淵水在宋是爲宋地司馬彪郡國志沛國杼秋故屬梁有澶淵聚則非此繁汙也**澶淵卽繁淵也亦謂之浮水焉昔魏徙大梁趙以中牟易魏故志曰趙南至浮水繁陽卽是瀆也**趙釋曰一清案書敘指南曰水經澶州地名曰龍翖今本無之蓋缺失矣**故瀆東絕大河故瀆東逕五鹿之野**官本曰案此十四字原本及近刻竝譌作經今考以下皆注內敘浮水所逕案朱譌趙改刊誤曰十四字是注混作經晉文公受塊于野人卽此處矣京相璠曰今衛縣西北三十里官本曰案衛下近刻衍國字　案朱衍趙刪刊誤曰國字衍文說見上有五鹿城官本曰案近刻譌作地　案朱譌趙改刊誤曰地當作城國語齊桓公築五鹿以衛諸侯是也今屬頓丘縣趙釋曰一清案杜預曰衛地有二五鹿一在元城東一在衛縣西北寰宇記云元城東爲五鹿墟卽重耳乞食處此爲五鹿城道元合而一之**浮水故瀆又東南逕衛國邑城北**官本曰案此十三字原本及近刻竝截上十一字譌作經下二字仍爲注　案朱譌無衛字趙改增刊誤曰十字是注混作經漢書地理志東郡畔觀縣應劭曰夏有觀扈世祖更名衛國以封周後此落衛字故衛公國也漢光武以封周後也**又東逕衛國縣故城南**古斟觀官本曰案此十二字原本及近刻竝譌作經　案朱譌趙改刊誤曰十二字是注混作經應劭曰夏有觀扈卽此城也朱箋曰左傳曰夏有觀扈謂五觀及有扈也趙釋曰一清案所謂觀扈是五觀漢志之畔觀與有扈同或曰卽太康姦子五人王應麟曰五子述大禹之戒以作歌豈朱均管蔡比水經本韋氏之說非也全氏曰夏時有斟灌無斟觀得無以畔字之

形近斟而誤乎竹書紀年梁惠成王二年齊田壽率師伐我官本曰案近刻
訛作趙　案朱訛趙改刊誤曰竹書紀年作伐我趙字誤圍觀觀降浮水故瀆又東逕河
牧城而東北出官本曰案此十四字原本及近刻竝訛作經　案朱訛趙改刊誤曰十四字是注混作經
郡國志曰衞本觀故國姚姓官本曰案近刻訛作衞故觀國姚姓　案朱訛趙改刊誤曰箋
曰衞下脫故觀二字案郡國志云東郡衞公國本觀故國今校正有河牧城又東北入東武
陽縣東入河官本曰案此十一字原本及近刻竝訛作經今考注內敍浮水終于此　案朱訛趙改刊誤曰
十一字是注混作經又有漯水出焉官本曰案此六字亦訛作經　案朱趙作經孫校曰漯當爲濕戴
延之謂之武水也官本曰案水字近刻訛作陽又後注內漯水注之下九十八字原本重見于此　案
朱同趙陽改水刊誤曰武陽當作武水趙釋曰一清案困學紀聞曰太史公班孟堅謂禹灑二渠以引其河一貝邱一漯
川李垂導河書曰東爲漯川者乃今泉源赤河北出貝邱者乃今王莽故瀆而漢塞宣房所行二渠蓋獨漯川其一則漢
決之起觀城入蒲臺所謂武河也武河以漢武帝導河北流而得其名又案朱趙此下有地理志曰漯水出東武陽縣今
漯水上承河水於武陽縣東南而北逕武陽新城東曹操爲東郡所治也引水自東門石竇北注于堂池池南故基尚存
中城內又立一石臺甚大城西門名冰井門內曲中冰井猶存門外有故臺號武陽臺匝臺亦有隅雉遺迹一百字官
本移後河水又東逕武陽縣東范縣西而東北流也官本曰案此十七字
原本及近刻竝訛作經　案朱訛趙改刊誤曰十七字是注混作經趙釋曰一清案禹貢錐指曰河自此與漯別東北逕
東阿茌平等縣至千乘入海此自西漢末以迄後魏漯川之源委宋世河決商胡朝城流絕而舊迹之存者鮮矣

又東北過東阿縣北

河水于范縣東北流爲倉亭津官本曰案此十二字原本及近刻竝訛作經今考倉亭津
及柯澤皆值東阿西南乃注文不得與經紊　案朱訛趙改刊誤曰十二字是注混作經述征記曰倉亭
津在范縣界去東阿六十里魏土地記曰津在武陽縣東北
七十里津河濟名也河水右歷柯澤官本曰案此六字原本及近刻竝訛作經　案
朱訛趙改朱趙右作又趙又下增東字刊誤曰箋曰今左傳作阿澤杜預曰東阿西南有大澤案七字是注混作經春

秋左傳襄公十四年衞孫文子敗公徒于阿澤者也朱趙阿作柯
又東北逕東阿縣故城西而東北出流注官本曰案此十六字原本及近刻竝
訛作經近刻脫又東北三字　案朱訛趙改竝無又東北三字刊誤曰箋曰孫云此下疑有鄧里渠三字案非也十三字
是注混作經河水枝津東出謂之鄧里渠也

又東北過茌平縣西孫校曰茌當爲茬

河自鄧里渠東北逕昌鄉亭北又東北逕碻磝城西官本曰案此二
十字原本及近刻竝訛作經　案朱趙無又東北三字朱訛經趙改注河下增水字刊誤曰十六字是注混作經河下落
水字述征記曰碻朱作嚻趙改嚻刊誤曰箋曰克家云嚻磝當作碻磝案太平御覽碻磝城沈約宋書作敲
嚻字今酈注作嚻磝音聲之轉耳嚻字是嚻字之譌史記殷本紀仲丁遷于隞孔安國曰河南敖倉是也索隱曰隞亦作
嚻竝音敖字又詩車攻薄狩于敖春秋傳晉師救鄭在敖鄗之間杜預以爲二山名皆一地也磝津名也自
黃河泛舟而渡者皆爲津也其城臨水西南崩于河宋元嘉
二十七年趙刊誤曰宋元嘉下全氏據通典校增七年到彥之北入拔之後失至十二字案趙本今增十二字
以王玄謨爲寍朔將軍前鋒入河平碻磝守之都督劉義恭
以沙城不堪守召玄謨令毀城而還後更城之官本曰案更近刻訛作登
案朱訛趙改魏立濟州治此也趙釋曰朱氏謀㙔箋曰玉海引此作魏置鎮守名濟州關津案朱作下有後更城之一句
河水衝其西南隅又崩于河卽故茌平縣也應劭曰茌
山名也縣在山之平地官本曰案近刻訛作陸　案朱趙作陸故曰茌平也王
莽之功崇矣經曰大河在其西鄧里渠歷其東官本曰案水經瓠子河章
云東北過茌平縣東爲鄧里渠卽此所引趙釋曰全氏曰此蓋約舉瓠子河篇經文卽斯邑也昔石
勒之隸師懽屯耕于茌平聞皷角鞞鐸之聲于是縣也朱箋曰十
六國春秋云石勒年二十餘爲幷州刺史司馬騰所執枷送冀州賣充軍賞東至平原賣與茌平人師懽爲奴每屯耕于
野常聞鞞鐸音勒以告諸奴諸奴亦聞之西與聊城分河官本曰案近刻西訛作而聊訛作柳　案朱訛

趙改刊誤曰柳城當作聊城不言西蓋偶漏 河水又東北與鄧里渠合水上承大河于東阿縣西東逕東阿縣故城北 官本曰案此二十八字原本及近刻並訛作經 案朱訛趙改並無東北二字朱脫合字趙增刊誤曰二十五字是注混作經鄧里渠下落合字 故衞邑也應仲瑗曰有西故稱東魏封曹植爲王國 朱趙王作侯趙釋曰朱氏箋曰案魏志曹植自雍邱徙封東阿非侯國也案朱植作雄箋曰案魏志曹植自雍丘王徙封東阿王非侯國也宗室中亦無曹雄趙有刪改 大城北門內西側臯上有大井其巨若輪深六七丈歲嘗煑膠以貢天府本草所謂阿膠也故世俗有阿井之名縣出佳緒縑故史記云秦昭王服太阿之劒阿縞之衣也 又東北逕臨邑縣與將渠合又北逕茌平縣東臨邑縣故城西北流入于河河水又東北流逕四瀆津 官本曰案此三十九字原本及近刻並訛作經 案朱訛趙改刊誤曰三十九字是注混作經 津西側岸臨河有四瀆祠東對四瀆口河水東分濟亦曰濟

水受河也然滎口石門水斷不通 官本曰案原本及近刻並訛作滎口水右斷門不通今據濟水注內有滎口石門訂正 案朱訛趙改滎口水斷石門不通刊誤曰右當作石移在斷字下於文云滎口水斷石門不通詳濟水注 始自是出東北流逕九里與清水合故濟瀆也 官本曰案故近刻訛作放 案朱訛趙改刊誤曰放沛當作故沛 自河入濟自濟入淮自淮達江水徑周通故有四瀆之名也 昔趙 趙釋曰一清案史記孔子世家及家語趙下當有鞅字或簡子二字 殺鳴犢仲尼臨河而歎自是而返曰丘之不濟命也 朱箋曰鳴犢國語作鳴鐸寶犨字 夫琴操以爲孔子臨狄水而歌矣曰 官本曰案近刻脫矣字曰作云 案朱趙同 狄水衍兮風揚波船 趙作舟 楫顛倒更相加余案臨濟故狄也是濟所逕得其通稱也 官本曰案也字近刻在逕字下 案朱同趙刪也字釋曰于氏欽齊乘曰朱子韓文考異曰水經河水至東阿茌平等縣東北流四瀆津灌注之河水東分濟水受河蓋滎口水斷石門不通始自是出與清水合昔趙殺鳴犢孔子臨河而歎作歌曰狄之水兮風揚波舟楫顛倒更相加歸來歸來胡爲期臨濟故狄也是濟所經得其通稱詳此則是濟水自滎澤之下潛流至此四瀆津口而復出河又東分一支與之合流以過臨濟而爲狄水然此皆齊地在今濟鄆之間史記以爲孔子自衞將西見趙簡子則其道不當出此又不可曉者今姑闕之以俟深于地理者考焉案漢陳留郡平邱縣有臨濟亭故狄也蓋濟水出陶邱北南被孟豬北瀆注巨野亭臨此瀆故曰臨濟春秋時狄人據此因以名焉此水夫子所歌至王莽時枯竭水經所謂濟枯渠注巨野者也其自巨野至四瀆津與河合流者乃齊之清河水經所謂得其通稱者是也漢于乘郡別有狄縣安帝更名臨濟唐又別以漢東朝陽縣爲臨濟今章邱之臨濟鎮也文公蓋疑于此云 河水又逕楊墟 趙作虛 縣之故城東 俗猶謂是城曰陽城矣 河水又逕茌平城東疑縣徙也 官本曰案今本脫此四字考上文以碻磝城爲茌平縣至是又有茌平城故道元疑縣當徙此 案朱趙無四字 城內有故臺世謂之時平城非也蓋茌時音相近耳 趙刊誤曰黃省曾本是注下有疑縣徙也四字孫潛云竟陵本無 又東北過高唐縣東 官本曰案原本及近刻並作縣界蓋後人所改今考下注云大河又東北逕高唐縣

故城西經言出東誤耳可證經本作東故注特辯之 案朱同趙改刊誤曰界當作東下文注云大河逕其西而不出其東經言出東誤耳蓋指此也 河水于縣漯水注之地理志曰漯水出東武陽 朱趙有縣字又朱東下有郡字趙刪刊誤曰漢志東郡東武陽禹治漯水東北至千乘入海東武陽三字縣郡字宜衍趙釋曰一清案地理志東郡東武陽縣下云禹治漯水無出字漯始黎陽宿胥口不僅出此也應劭於平原郡漯陰縣注云出東武陽酈蓋誤以應說爲班志也續志亦云東武陽漯水出皆與班志異 今漯水上承河水于武陽縣東南西北逕武陽新城東 趙西改而刊誤曰西何焯校改而 曹操爲東郡所治也引水自東門石竇北注于堂池池南故基尚存城內有一石甚大 朱作中城內又立一石甚大趙石下增臺字刊誤曰初學記引此文作又立一石臺甚大今改正 城西門名冰井門門內曲中冰井猶存門外有故臺號武陽臺市臺亦有隅雉遺迹 官本曰案此九十六字原本又見前戴延之謂之武水也下近刻刪此存彼考下文

水自城東北逕東武陽縣故城南所謂自城者承上武陽新城也若徑接漯水注之則漯注河在高唐縣水自城三字不可通矣然則九十六字本應繫之于此後人妄移前耳今存此刪彼 案九十六字朱趙本見上此無今從官本併趙注移此 水自城東北逕東武陽縣故城南 趙釋曰一清案此句文義難解蓋高唐漯水與東武陽漯水相承而有別禹貢錐指曰漢志東郡東武陽縣下云禹治漯水東北至千乘入海又平原郡高唐縣下云桑欽言漯水所出案禹引河自大伾山西折而北循大陸東畔入海而漯首受河自黎陽宿胥口始不起東武陽也自周定王五年河徙從宿胥口東行漯川至長壽津始與漯別其津以西漯水之故道悉爲河所占而上游較短然河之故瀆不經東武陽亦不經高唐迨漢成帝建始末河決館陶由東武陽絕漯水而東北至高唐又絕漯水東北至千乘入海雖嘗塞治而故道猶存王莽始建國三年復決於此莽爲元城冢墓計不隄塞明帝永平中王景修之遂爲大河之經流自是委粟津以西漯水之故道又爲河所占上游益短矣漯水一出于東武陽再出于高唐據成帝以後言之觀此益知高唐在東武陽之東北漯水既至高唐不得復經東武陽抑或城東北上脫去涼字葢河漯分流自涼城長壽津始也 應劭曰縣在武水之陽王莽之武昌也然則漯水亦或武水矣

朱作也趙改矣刊誤曰也名勝志引此文作矣 臧洪爲東郡太守治此曹操圍張超于雍邱洪以情義請袁紹救之不許洪與紹絕紹圍洪城中無食洪呼吏士曰洪于大義不得不死諸君無事空與此禍 官本曰案與近刻作受 案朱趙作受 衆泣曰何忍捨明府也男女八千餘人相枕而死洪不屈紹殺洪邑人陳容爲丞謂曰寧與臧洪同日死不與將軍同日生紹又殺之士爲傷歎今城四周紹圍郭尚 趙作猶 存水帀隍塹于城東北合爲一瀆東北出郭逕陽平縣之岡成城西 官本曰案原本及近刻竝脫成字據後漢書補 案朱脫趙增 郡國志曰陽平縣有岡成亭 官本曰案成近刻訛作城 案朱訛趙改 又北逕陽平縣故城東 朱趙無北字朱無又字趙增刊誤曰逕上落又字 漢昭帝元平元年封丞相蔡義爲侯國漯水又北絕莘道城之西北有莘亭春秋桓公十六

年 朱無六字趙增刊誤曰左傳是十六年落六字 衛宣公使伋使諸齊令盜待于莘伋壽繼殞于此亭京相璠曰今平原陽平縣北十里 官本曰案平原近刻訛作平陽 案朱訛趙改刊誤曰平陽當作平原漢書地理志陽平縣屬平原郡又朱趙十上有一字 有故莘亭 官本曰案此下近刻衍道字 案朱趙有 阨限蹊要自衛適齊之道也望新臺于河上感二子于夙齡 朱趙作宿齡趙刊誤曰箋曰當作夙齡案說文解字宿从宀佰聲佰古文夙二字通用 詩人乘舟誠可悲矣今縣東有二子廟猶謂之爲孝祠矣 官本曰案近刻脫爲字 案朱趙無 漯水又東北逕樂平縣故城東縣故清也漢高帝八年封室中同于清 官本曰案近刻室訛作室脫同字 案朱趙作封空中於清箋曰史記年表云清簡侯空中漢功臣表作室中徐廣云一作室中索隱云室中姓也趙釋曰沈氏曰漢表作室中同徐廣云一作室中索隱曰室中姓也史表作空中脫同字 宣帝封許廣漢少弟翁孫于樂平 趙釋曰沈氏曰褚表作樂平班表作樂成屬平氏與褚表異然則非平原之清也一清案此是褚表之謬

而道元誤承之者漢表樂成侯許延壽翁孫延壽字也褚少孫以爲樂平樂平是霍山封邑非翁孫也詳具漳水篇吾于此更有一疑地理志東郡清縣師古注引應劭曰章帝更名樂平夫樂平既始自章帝則何以宣帝時封邑卽有此稱且班固于外戚恩澤侯霍山封邑明注云東郡則又非他處可知此皆事之不可以臆測者至清本屬東郡沈氏云平原誤也 竝爲侯國王莽之清治矣漢章帝建初中 官本曰案初近刻訛作始 案朱訛趙改刊誤曰章帝改元建初非建始以後漢書校改 更從今名也漯水又北逕聊城縣故城西城內有金城周帀有水南門有馳道絕水南出自外泛舟而行矣東門側有層臺秀出雲表 官本曰案近刻脫此二字 案朱脫趙增刊誤曰名勝志引此文秀出下有雲表二字今補正 魯仲連所謂還高唐之兵卻聊城之衆者也 趙釋曰一清案寰宇記博州聊城縣下云石柱後魏孝文所立爲鄴東之表水經曰武水東流從石柱北是也今本無之葢缺失矣 漯水又東北逕清河縣故城北 官本曰案此十二字原本及近刻竝訛作經今考以下皆注內敘漯水所逕 案朱訛趙改刊誤曰十二字是注混作經 地理風俗

記曰甘陵故清河清河在南朱趙有一字十七里今于甘陵縣故城東南無城以擬之直東二十里有艾亭城東南四十里有此城擬卽清河城也朱作擬趙改疑刊誤曰擬當作疑後蠻居之故世稱蠻城也朱無也字趙增刊誤曰蠻城下黃省曾本有也字漯水又東北逕文鄉城東南又東北逕博平縣故城南官本曰案此二十一字原本及近刻竝截上十八字譌作經下三字仍爲注　案朱譌趙改刊誤曰十八字是注混作經城內有層臺秀上官本曰案近刻脫城內二字王莽改之曰加睉也案朱趙無右與黃溝同注川澤官本曰案此八字原本及近刻竝譌作經　案朱譌趙改刊誤曰八字是注混作經黃溝承聊城郭水水泛則津注水耗則輟流自城東北出逕清河城南又東北逕攝城北春秋所謂聊攝以東也俗稱郭城非也城東西三里南北二里東西隅有金城城卑下墟郭尚存左右多墳壠京相璠曰聊

城縣東北三十里有故攝城今此城西去聊城二十五六里許卽攝城者也又東逕文鄉城北又東南逕王城北官本曰案此十四字原本及近刻竝譌作經今考上下文乃注內敘黃溝所逕　案朱譌趙改朱脫北字趙增刊誤曰十三字是注混作經文鄉城下脫北字魏太常七年安平王鎮平原所築世謂之王城太和二十三年罷鎮立平原郡治此城也趙釋曰全氏曰案魏書地形志所謂太平鎮者也但據志則以太和十一年分屬濟州非二十三年罷也蓋罷鎮在是年而平原之爲郡固久矣黃溝又東北流左與漯水隱覆勢鎮河陸東出于高唐縣大河右迆東注漯水矣官本曰案此三十一字原本及近刻竝譌作經　案朱譌趙改朱流作逕趙改迆刊誤曰三十一字是注混作經逕當作迆桑欽地理志曰趙作地理志桑欽曰刊誤曰全氏云案桑欽地理志不見簿錄此文今載漢書地理志注引桑欽語蓋傳鈔者倒互耳漯水出高唐余按竹書穆天子傳稱丁卯天子自五鹿東征釣于漯水以祭淑人是曰祭

邱已巳天子東征食馬于漯水之上尋其沿歷逕趣不得近出高唐也桑氏所言蓋津流所出官本曰案近刻脫所字　案朱趙無次于是間也官本曰案近刻是譌作所　案朱趙作所俗以是水上承于河亦謂之源河矣趙釋曰禹貢錐指曰源河乃漯之再出者桑欽惟知出此而不知起東武陽則疏矣河既與漯合復分爲二漯由漯陰縣故城北河由平原縣故城東蓋自高唐以西至武陽河在南而漯在北自高唐以東至海則漯在南而河在北矣今禹城縣南有源陽故城唐縣在源河之北故名一淸案上條經云又有漯水出焉酈以東武陽隸之而漢志則引桑欽之語以爲漯出高唐後人猶指水經爲桑欽作豈其然乎漯水又東北逕援趙釋曰一淸案漢志作瑗縣故城西官本曰案此十一字原本及近刻竝譌作經　案朱譌趙改刊誤曰十一字是注混作經王莽之東順亭也杜預釋地曰濟南祝阿縣西北有援城漯水又東北逕高唐縣故城東官本曰案此十二字原本及近刻竝譌作經　案朱譌趙改刊誤曰十字是注混作經又朱趙無東北二字昔齊威王使肸子守高唐官本曰案肸近刻譌作肹　案朱譌趙改刊誤曰肹子當作肸子史記世家校正趙人不敢漁于河卽魯仲連子謂田巴曰今楚軍南陽趙伐高唐者也春秋左傳哀公十年趙鞅帥師伐齊取犂及轅官本曰案犂近刻譌作黎下同　案朱趙作黎下同毀高唐之郭杜預曰轅卽援也祝阿縣西北有高唐城漯水又東北逕漯陰縣故城北官本曰案此十二字原本及近刻竝譌作經　案朱譌趙改刊誤曰十二字是注混作經縣故犂邑也趙釋曰一淸案春秋傳注作犂邱漢武帝元光三年封匈奴降王趙增昆邪爲侯國五字刊誤曰降王下全祖望據漢表校增昆邪爲侯國五字王莽更名翼成歷北漯陰城南伏琛謂之漯陽城趙釋曰一淸案是注可與下經注相參證南有彝沇州刺史劉岱碑地理風俗記曰平原漯陰縣今巨漯亭是也漯水又東北逕著縣故城南趙釋曰一淸案漢志濟南郡著縣師古曰音竹庶反又音直庶反而韋昭誤以爲蓍龜之著字乃音紀咨反失之遠矣又東北逕崔氏城北官本曰案此十

九字原本及近刻竝譌作經　案朱譌趙改刊誤曰十九字是注混作經春秋左傳襄公二十七年崔成請老于崔者也官本曰案近刻脫于字崔下衍氏字　案朱脫衍趙增刪杜預釋地曰濟南東朝陽縣西北有崔氏城漯水又東北逕東朝陽縣故城南官本曰案此十三字原本及近刻竝譌作經　案朱譌經東北作東南趙改水下竝無又字刊誤曰十二字是注混作經東南禹貢錐指引此文作東北漢高帝七年官本曰案近刻譌作六年　案朱趙作六年趙釋曰沈氏曰本表是七年封都尉宰寄爲侯國官本曰案宰近刻譌作華　案朱趙作華地理風俗記曰南陽有朝陽縣故加東地理志曰王莽之脩治也趙釋曰一清案漢志濟南郡朝陽縣應劭曰在朝水之陽至續志始加東字後漢書耿弇傳云從朝陽橋濟河以渡章懷注曰朝陽縣名屬濟南郡在朝水之陽城在濟水北有漯河在今濟州臨濟縣東亦見濟水篇注漯水又東逕漢徵君伏生墓南官本曰案此十二字原本及近刻竝譌作經　案朱譌趙改刊誤曰十二字是注混作經碑碣尙存以明經爲秦博士秦坑儒士伏生隱焉漢

興教于齊魯之閒撰五經尙書大傳文帝安車徵之官本曰案文帝二字近刻譌在撰字上　案朱譌趙改年老不行乃使掌故歐陽生等受尙書于徵君號曰伏生者也漯水又東逕鄒平縣故城北官本曰案此十一字原本及近刻竝譌作經　案朱譌趙改刊誤曰十一字是注混作經古鄒侯國官本曰案古近刻譌作有　案朱譌趙改刊誤曰有孫潛校改古舜後姚姓也又東北逕東鄒城北官本曰案此八字原本及近刻竝譌作經　案朱譌趙改朱逕下有界字趙刪刊誤曰九字是注混作經楊愼刊本經文無界字名勝志引此文同地理志官本曰案志下近刻衍曰字　案朱趙有千乘郡有東鄒縣漯水又東北逕建信縣故城北官本曰案此十二字原本及近刻竝譌作經　案朱譌趙改刊誤曰十二字是注混作經漢高帝七年封婁敬爲侯國應劭曰臨濟縣西北五十里有建信城官本曰案信下近刻衍侯字　案朱趙有趙釋曰全氏曰婁敬以關內侯號建信耳是虛名非封國也故史漢表中俱不列敬封爵而地志亦不稱建信縣爲侯國然應劭載有建信侯城之名則又何居考

漢家關內侯之制不得稱國而未嘗不有食邑蓋敬所食邑在建信故以名其城焉都尉治故城者也漯水又東北逕千乘縣二城閒官本曰案此十二字原本及近刻竝譌作經　案朱譌趙改刊誤曰十二字是注混作經漢高帝六年以爲千乘郡王莽之建信也章帝建初四年爲王國和帝永元七年改爲樂安郡故齊地官本曰案近刻譌作也　案朱譌趙改刊誤曰也當作地伏琛曰千乘城在齊城西北百五十里官本曰案近刻脫在字　案朱脫趙增刊誤曰千乘城下全氏校增在庌又朱趙百上有一字隔會水卽漯水之別名也又東北爲馬常坑官本曰案此七字原本及近刻竝譌作經　案朱譌趙改朱箋曰玉篇有坑字而勇切云地名也案此注里數則坑是藪澤之名趙釋曰一清案馬常坑卽馬車瀆見淄水注刊誤曰七字是注混作經坑東西八十里南北三十里亂河枝流而入于海官本曰案注內敘漯水終于此河海之饒茲焉爲最地理風俗記曰漯水東北至千乘入海河盛則通津委海水耗則微涓絕流書

浮于濟漯亦是水者也趙釋曰禹貢錐指曰此自西漢末以迄後魏漯川之源委也又東北過楊虛縣東商河出焉官本曰案楊虛今漢書地理志譌作樓虛功臣表同惟王子侯表仍作楊虛又河先逕楊虛乃至高唐經次楊虛于高唐後非也注就高唐下附記漯水至此經之後始敘河流地理志朱趙有曰字楊虛平原之隸縣也趙釋曰一清案漢志平原郡有樓虛無楊虛齊氏曰樓乃楊之譌當以水經注正之然功臣表元帝封樓虛侯訾順而范史馬武亦封楊虛侯續志無樓虛竝無楊虛似是明章以後所省樓虛楊虛二名竝見漢封抑或原是楊虛後改樓虛東京始建旋復故稱迨乎廢并杳爾無聞如以爲誤殆不然矣漢文帝四年官本曰案文近刻譌作景　案朱趙作景趙釋曰一清案景帝史漢表皆作文帝以封齊悼惠王子將閭爲侯國也官本曰案閭近刻譌作盧　案朱趙作盧趙釋曰將盧漢表作將閭注從史表城在高唐城之西南經次于此是不比也商河首受河水官本曰案近刻脫水字　案朱脫趙增刊誤曰受河下落水字亦漯水及澤水所潭也官本曰案潭下近刻衍水字　案朱衍趙刪刊誤曰潭水之水衍文淵而不流世謂之

清水自此雖沙漲填塞厥迹尚存歷澤而北俗謂之落里坑逕張公城西又北重源潛發官本曰案此下近刻有世謂之落里坑六字係衍文　案朱衍趙刪刊誤曰六字重文宜衍亦曰小漳河商漳聲相近故字與讀移耳趙釋曰一清案元和郡縣志云漢鴻嘉四年河水泛溢河隄都尉許商鑿此河通海故以商爲名禹貢錐指曰商河行大河之南漯水之北改次于四瀆津之下高唐漯水之上緣道元有不比之糾也商河又北逕平原縣東又逕安德縣故城南又東北逕平昌縣故城南官本曰案平昌原本及近刻竝訛作昌平據漢書改正　案朱訛趙改又東逕般縣故城南又東逕樂陵縣故城南官本曰案此四十四字原本及近刻竝訛作經今考以下皆注內敘商河所逕　案朱訛趙改刊誤曰四十四字是注混作經昌平縣當作平昌漢書地理志平原郡有平昌縣　漢宣帝地節四年封侍中史子長爲侯國趙釋曰全氏曰案褚表史子長名高商河又東逕枋縣故城南官本曰案此十字原本及近刻竝訛作經近刻枋訛作初下同　案朱訛趙改朱枋作初鄉趙改枋鄉刊誤曰十一字是注混作經初當作枋漢書地理志平原郡有枋縣道元謂之枋鄉縣也孫校曰元和志滴河縣漢枋縣黃河在縣南八十里滴河縣北十五里　高后八年封齊悼惠王子劉辟光爲侯國朱趙有也字趙釋曰沈氏曰案本表是文帝四年封　王莽更之曰張鄉朱趙有也字　應劭曰般縣東南六十里有枋鄉城故縣也沙溝水注之官本曰案此五字原本及近刻竝訛作經　案朱訛趙改刊誤曰五字是注混作經水南出大河之陽泉源之不合河者二百步其水北流注商河商河又東北流逕馬嶺城西北屈而東注南轉逕城東官本曰案此二十一字原本及近刻竝訛作經　案朱訛趙改西北下朱有而流二字趙改南流刊誤曰二十三字是注混作經而流當作南流　城在河曲之中東海王越斬汲桑于是城趙釋曰全氏曰此語出晉書然其實是并州乞活之田甄田蘭所斬非越也商河又東北逕富平縣故城北官本曰案此十二字原本及近刻竝訛作經　案朱訛趙改刊誤曰十二字是注混作經孫校曰元和志厭次縣本漢富平縣黃河在縣南三里滴河在縣南四十里　地理志曰侯國也王莽曰樂安亭官本曰案近刻訛作安樂亭　案朱訛趙改刊誤曰安樂漢書地理志作樂安　應劭曰明帝更名厭次官本曰案近刻脫此二字　案朱脫趙增　闞駰曰厭次縣本富平侯車騎將軍張安世之封邑官本曰案侯近刻訛作矣　案朱訛趙改刊誤曰矣當作侯　非也案漢書昭帝元鳳六年封右將軍張安世爲富平侯薨子延壽嗣國在陳留別邑在魏郡官本曰案近刻脫在字　案朱脫趙增刊誤曰別邑下落在字漢書校補　陳留風俗傳曰陳留尉氏縣安陵鄉故富平縣也是乃安世所食矣歲入租千餘萬延壽自以身無功德何堪久居先人大國上書請減戶官本曰案近刻脫請字　案朱脫趙增刊誤曰上書下落請字　天子以爲有讓徙封平原并食一邑戶口如故而稅減半十三州志曰明帝永平五年改曰厭次矣案史記高祖功臣侯者年表高帝六年封元頃爲侯國徐廣音義曰漢書作爰類官本曰案作下近刻衍侯字　案朱衍趙刪刊誤曰爰類下舊本有一字字案史漢表俱無之侯字衍文趙釋曰全氏曰十字注中注　是知厭次舊名非始明帝蓋復故耳趙釋曰一清案小司馬云漢志闕蓋疏忽之甚耳　縣西有東方朔冢冢側有祠官本曰案近刻脫一冢字　案朱脫趙增刊誤曰於文下當重一冢字　祠有神驗水側有雲城漢武帝元封四年封齊孝王子劉信爲侯國也趙釋曰一清案索隱曰志屬瑯琊又史表是元狩漢表是元朔商河又分爲二水南水謂之長叢溝官本曰案此十四字原本及近刻竝訛作經　案朱訛趙改叢朱作聚趙改藂刊誤曰十四字是注混作經寰宇記引此文作長叢溝韻會云叢或作藂聚字誤東流傾注于海官本曰案于近刻訛作爲　案朱訛趙改刊誤曰爲當作于趙釋曰一清案郡國志平原郡鬲縣劉昭補注引魏都賦曰縣有蓋節淵疑卽長藂溝　溝南海側有蒲臺臺高八丈方二百步三齊略記曰鬲城東南有蒲臺秦始皇東遊海上于臺上蟠蒲繫馬朱作上趙改下刊誤曰劉昭郡國志補注引三齊記作臺下　至

今每歲蒲生官本曰案近刻脫每字　案朱脫趙增縈委若有縈狀似水楊可
以爲箭今東去海三十里北水世又謂之百薄瀆官本曰案此九字原
本及近刻並訛作經百訛作白　案朱訛趙改刊誤曰九字是注混作經初學記引此文作百薄瀆白字誤東北
流注于海水矣官本曰案注內敘商河終于此　趙釋曰一淸案全氏校本於此注下增又東北過高唐
縣東經文一條予謂非也上文注云城在高唐城之西南經次于此是不比也則經文楊虛宜在高唐之前矣而下文大
河又東北逕高唐縣故城西當直接前漯水入海之下緣經之誤文義遂乖隔爾大河又東北逕高
唐縣故城西官本曰案此十二字原本及近刻並訛作經今考經敘河水云又東北過高唐縣東已見前此
係注文正經之失　案朱訛趙改刊誤曰十二字是注混作經春秋左傳襄公十九年齊靈
公廢太子光而立公子牙以夙沙衞爲少傅齊侯卒崔杼逆
光光立殺公子牙于句瀆之邱衞奔高唐以叛京相璠曰本
平原縣也齊之西鄙也大河逕其西而不出其東經言出東

誤耳官本曰案此辯前經文過高唐縣東之失大河又北逕張公城臨側河湄官本
曰案此十二字原本及近刻並訛作經　案朱訛趙改刊誤曰十二字是注混作經衞青州刺史張治
此官本曰案張某脫其名　趙釋曰一淸案張下失其名魏青州後魏之東青州魏書地形志東平原郡治梁鄒領平
原高臨濟茌平廣宗高唐六縣屬齊州不屬青州隋書地理志平原郡平原縣下云後魏置東青州未久而廢史記正義
曰德州平原縣南六十里有張公故城水東有津焉俗名張公津恐此平原郡古津也魏書張彝傳曾祖幸位青州刺史
祖準之又爲東青州刺史東青州暫置旋廢未必更有一張姓者莅其土或卽是彝之祖未可知也以彝貴重故稱張公
云故世謂之張公城水有津焉名之曰張公渡河水又北逕
平原縣故城東官本曰案此十一字原本及近刻並訛作經　案朱訛趙改刊誤曰十一字是注混作經
地理風俗記曰原博平也故曰平原矣縣故平原郡治矣漢
高帝六年置王莽改曰河平也晉灼曰齊西有平原官本曰案此下
近刻衍河字　案朱衍趙刪河水東北過高唐官本曰案近刻作河水北過高唐縣　案朱同趙改

高唐卽平原也官本曰案近刻脫高唐二字　案朱脫趙增刊誤曰平原河之河重文宜衍河水下落東
字高唐縣之縣羨文當重高唐二字以漢書高帝紀注校正故經言河水逕高唐縣東官本
曰案此明河水逕高唐縣西平原縣東而經云過高唐縣東者由誤以平原爲高唐非也按地理志曰
官本曰案原本及近刻此下有高唐平原也五字係複上衍文地理志無是語　案朱衍趙刪刊誤曰高唐平原也五字
重文錯簡宜衍高唐漯水所出平原則篤馬河導爲明平原非高唐
大河不得出其東審矣大河右溢世謂之甘棗溝官本曰案此十字原
本及近刻並訛作經　案朱訛趙改刊誤曰十字是注混作經水側多棗故俗取名爲河盛
則委泛水耗則輟流故溝又東北歷長隄逕漯陰縣北官本曰案
此十三字原本及近刻並訛作經溝訛作瀆漯訛作溫今改正　案朱訛經漯作溫趙改朱趙溝作瀆刊誤曰箋曰溫陰
宋本作漯陰案十三字是注混作經東逕著城北東爲陂淀淵潭相接世謂之
穢野薄河水又東北逕阿陽縣故城西官本曰案此十二字原本及近刻並訛作

經又阿陽近刻訛作陽阿下同　案朱訛趙改朱趙作陽阿下同刊誤曰十二字是注混作經漢高帝六年
封郎中萬訢爲侯國朱作萬訴趙改刊誤曰萬訢沁水注作卞訢訢字誤趙釋曰一淸案漢志上黨
郡有陽阿縣非河水逕流之地平原郡有阿陽縣與漯陰縣相近萬訢史漢表皆無其姓名表有陽河齊侯其后索隱曰
縣名屬上黨是知河字誤也當作陽阿陽阿與阿陽其文互易因致混淆漢書孝成皇后傳云屬陽阿主家師古曰陽阿
平原之縣也今俗書阿字爲河字又或爲河陽皆後人所妄改耳方輿紀要濟南府臨邑下云著城在縣東南五十里秦
縣漢書灌嬰收著漯陰平原鬲盧此卽著也漯陰城在縣西十里本齊之犂邱邑阿陽城在縣南漢縣屬平原郡後漢省
太平寰宇記云阿陽城在禹城縣南七十里漢魏以下卻改爲陽阿然則阿陽之在平原審矣酈氏旣誤記陽阿爲訢封
邑而沁水篇注陽阿縣下又引卞訢爲證一事兩隸書成一手隔越不過數卷猶有斯繆信乎撰述之難也已又案訢封
邑宜爲阿陽非上黨之陽阿陽阿齊侯其后封邑也然訢名不見于史漢表則以世本漢書多脫失是以班固云高祖百
四十七人今實數之得百三十三人耳訢亦在失亡之中矣不然道元旣記于此而又筆之沁水篇豈眞鑿孔造作耶但
此篇作萬訢沁水篇又作卞訢萬古省作万與卞字相似不妨兩存其疑義耳應劭曰漯陰朱作溫陰箋曰

宋本作漯陰趙改漯縣東南五十里有阿陽鄉故縣也朱趙阿陽作陽阿說見上

又東北過漯陽縣北官本曰案陽近刻訛作陰　案朱訛趙改刊誤曰胡渭云此北漯陰也伏琛謂之漯陽城黃省曾本正作漯陽字寰宇記云漯陰縣漢縣今廢城在臨邑縣西十里宋武帝平廣固遂移理于今臨邑縣西北五十里北漯陰城今縣北有故城漢城亦謂之南漯陰城凡水以南爲陰北爲陽意者漢有漯陰漯陽二縣南北對立道元故云漯陰縣故黎邑王莽更名翼成又云漯陰縣王莽之巨武今翼成之文見於漢志而巨武無考豈世本漢書脫失漯陽道元猶見善本故耶不然二城明有分畫新莽又制異名尚賴水經漯陽一語酈以巨武釋之可補漢志之缺

河水自平原左逕安德城東而北爲鹿角津東北逕般縣樂陵枋鄉至厭次縣故城南爲厭次河官本曰案此三十七字原本及近刻竝訛作經　案朱訛經枋作初脫城字爲字趙改增鄉下竝無至字刊誤曰三十四字是注混作經初鄉當作枋鄉故下落城字南下落爲字孫潛校增漢安帝永初二年劇賊畢豪等數百官本曰案豪近刻訛作毫下同　案朱訛趙改乘船寇平原縣令劉雄門下小吏所輔浮舟追至

厭次津與賊合戰竝爲賊擒求代雄趙求上增輔字刊誤曰擒下落輔字孫潛校增豪縱雄于此津所輔趙刪所字刊誤曰孫潛校衍所字此句有脫誤詳本卷趙釋曰一淸案輔下有脫文范史劉茂傳豪縱雄而刺輔貫心洞背卽死道元不應沒其大節也可謂孝盡愛敬義極君臣矣

河水右逕漯陰縣故城北官本曰案此十字原本及近刻竝訛作經　案朱訛經右作又箋曰一作右逕趙改刊誤曰十字是注混作經又黃省曾本作右王莽之巨武縣也朱趙巨作臣趙釋曰一淸案此北漯陰也伏琛之所謂漯陽城者也今本漢書脫去漯陽縣故竝王莽所改臣武之名亦失之又臣武孫潛夫校本作巨武巨字是也前北漯陰注引地理風俗記云今巨漯亭漯水卽武水故新莽有巨武之稱河水

又東北爲漯沃津官本曰案此九字原本及近刻竝訛作經　案朱訛脫爲字趙改增刊誤曰箋曰孫云漯沃誤漢志千乘郡有溼沃縣案非也胡渭云濟漯之漯說文本作濕燥濕之濕說文本作溼隸改曰爲田又省一糸遂作漯而濕轉爲溼濕溼二字混而無別漢千乘郡有濕沃縣漯水之所逕故名而地理志譌爲溼司馬彪魏收皆承其誤惟水經注作漯沃當從之八字是注混作經東北下落爲字在漯沃縣故城南官本曰案近刻脫在字　案朱脫趙增刊誤曰漯沃上落在字王莽之延亭者也地理風俗記曰千乘縣西北五十里有大河河北有漯沃城故縣也魏改爲後部亭今俗遂名之曰右輔城

河水又東逕千乘城北官本曰案此九字原本及近刻竝訛作經　案朱訛趙改乘下增縣故二字刊誤曰九字是注混作經千乘下落縣故二字伏琛之所謂千乘北城者也

又東北過利縣北官本曰案利縣原本及近刻竝訛作黎城縣考濟水章經文云東北過利縣西又東北過甲下邑入于河可證此經訛舛今改正　案朱訛趙改刊誤曰黎城當作利城漢書地理志齊郡有利縣濟水篇經云又東北過利縣西卽是城也趙釋曰一淸案漢志齊郡利縣續志樂安國利故屬齊

又東北過甲下邑濟水從西來注之又東北入于海

河水又東分爲二水枝津東逕甲下城南東南歷馬常坈注濟官本曰案此二十四字原本及近刻竝訛作經　案朱訛經脫馬字坈作沆箋曰孫云案上文有馬常坈此沆字疑

當作坈趙改增刊誤曰二十三字是注混作經胡渭不悟此條是注移在又東北過利城縣之上非是經言濟水注河非也官本曰案此二字原本及近刻竝訛在倉子城下考濟水注云又東北河水枝津注之水經以爲入河非也斯乃河水注濟非濟入河其文與此注互相發明　案朱訛脫趙改增刊誤曰濟水注下落河非也三字濟水篇注可互證　案朱本止一河字既下屬寫本文趙云脫三字是也

河水自枝津東北流逕甲下邑北世謂之倉子城朱有非也二字趙刪刊誤曰非也二字衍文

又東北流入于海官本曰案此郎濟水注所謂河水于濟漯之北別流注海者是也淮南子曰九折注于海朱于作爲趙改刊誤曰爲當作于而流不絕者崑崙之輸也尚書禹貢曰夾右碣石入于河山海經曰碣石之山繩水出焉東流注于河河之入海舊在碣石今川流所導官本曰案所近刻訛作可　案朱訛趙改刊誤曰可當作所非禹瀆也周定王五年河徙故瀆故班固曰商竭周移也官本曰案竭近刻訛作碣　案朱訛趙改刊誤曰碣漢書敘傳是竭字又以漢武帝元光二年河又趙無

又字徙東郡更注渤海是以漢司空掾王璜趙釋曰一清案漢書儒林傳琅邪王橫平仲傳古文尚書溝洫志亦作王橫言曰往者天嘗連雨東北風官本曰案近刻作往昔天嘗連北風案朱同趙改刊誤曰漢書溝洫志作往者天嘗連雨東北風今改正海水溢西南出侵數百里故張折云官本曰案折近刻作君案朱趙作君趙釋曰禹貢錐指曰後漢志注禹貢正義並引張氏地理志張氏不知其名豈即所稱張君耶程大昌以爲張揖案隋書經籍志有魏博士張揖撰廣雅二卷而無張氏地理志未審張君是揖否碣石在海中蓋淪于海水也趙釋曰禹貢錐指曰案道元卒于魏孝昌二年歲在丙午下距齊文宣登碣石之歲天保四年癸酉凡二十八年而文宣所登乃在營州前此未聞營州有碣石疑是時平州之碣石已亡故假營州臨海之一山登之以修故事不然豈有舍此登彼之理自是以後登碣石者無聞焉妄意推測碣石之亡當在魏齊之世丙午至癸酉二十八年閒也昔燕齊遼曠分置營州今城屆海濱海水北侵城垂淪者半朱無者字箋曰宋本作城垂淪者半趙增者王璜之言信而有徵碣石入海非無證矣趙釋曰禹貢錐指曰薛氏曰河

入海處舊在平州石城縣東望碣石其後大風逆河皆漸于海舊道堙矣又曰王橫曰往者天嘗連雨東北風海水溢西南出褒數百里九河之地已爲海所漸矣九河但堙塞耳而橫云爲海所漸世莫不痛詆之百詩獨爲余言曰九河若作逆河則未爲不是余頷之而未有以見其誠然及讀薛氏語始知古人先得我心又曰九河之地爲海所漸王璜之言誠誤若程大昌云酈道元亦謂九河淪苞于海則善長實未之有也按酈氏三言碣石淪于海中而九河不從橫說第五卷河水注云自鬲般東光河閒樂成以東城地並存川瀆多亡第十卷漳水注云九河既播八枝代絕遺迹故稱往往時存此與許商鄭康成所言如出一口而程氏與碣石連舉遂使酈亭負此長冤吁可怪也一清案酈注引王橫之言以證碣石淪海而九河爲海所漸之語竟概從刪削卓見特識得東樵爲之闡明善哉言乎薛氏名季宣字士龍永嘉人宋史儒林傳焦氏經籍志書古文訓十六卷薛季宣撰著

水經注卷五

水經注卷六　長沙王氏校本

後魏酈道元撰

汾水　澮水　涑水　文水　原公水　洞過水朱趙過作渦　晉水　湛水

汾水出太原汾陽縣北管涔山孫校曰元和志靜樂縣本漢汾陽地管涔山在縣北一百卌里

山海經曰北次二經之首在河之東其首枕汾官本曰按近刻其下衍東字汾字下有其名二字案朱趙並有曰管涔之山其上無木而下多玉官本曰按山海經作其上無木而多草其下多玉案朱木上有草字趙依山海經改汾水出焉西流注于河官本曰按西近刻訛作而案朱作而趙而下加西字十三州志曰出武州之燕京山亦管涔之異名也孫校曰御覽引云管涔山汾水所出土人亦爲䈅管山見多管草或以爲名又爲管子山董祐誠曰武州二漢縣屬雁門郡今管涔山縣亘甯武五寨諸縣漢武州城在今清水河廳界中偏關五寨縣地皆其東南境矣其山重阜脩巖趙刊誤曰箋曰舊本作修層按巖字爲是有草無木泉源導于南麓之下蓋稚水濛流耳趙濛改蒙刊誤曰濛當作蒙易蒙卦象山下出泉曰蒙不从水說文濛微雨也義異又西南夾岸連山聯峯接勢劉淵族子曜嘗隱避于管涔之山官本曰按避近刻作居案朱趙同夜中忽有二童子入跪曰管涔王使小臣奉謁趙皇帝獻劍一口置前再拜而去以燭視之劍長二尺光澤非常背有銘曰神劍御官本曰按御上近刻有服字案朱趙有除眾毒曜遂服之劍隨時變爲五色也後曜遂爲胡王矣汾水又南與東西溫溪合水出左右近溪官本曰按近刻脫左字案朱脫趙增刊誤曰出下落左字聲流翼注董祐誠曰二溪當在今甯武縣水上雜樹交蔭雲垂煙接自是水流潭漲波襄轉泛又南逕一城東憑墉積石側枕汾水俗謂之代城官本曰按此下近刻重一城字案朱重趙刪刊誤曰城字衍文董祐誠曰代城闕朱本作代城城疑係伏戎城之誤元和郡縣志伏戎城在靜樂縣北八十里在今甯武縣西南又南出二城閒其城角倚翼枕汾流世謂之侯莫干城董祐誠曰當在今靜樂縣蓋語出戎方傳呼失實也汾水又南逕汾陽縣故城東董祐誠曰續漢志無汾陽蓋省入晉陽故城在陽曲縣西北川土寬平峘山夷水地理志曰官本曰按近刻作故地理志衍故字脫曰字案朱同趙存故增曰刊誤曰地理志下落曰字汾水出汾陽縣北山西南流者也漢高帝十一年封靳彊爲侯國後立屯農積粟在斯謂之羊腸倉山有羊腸坂董祐誠曰羊腸山在交城縣東北一百二十里案漢永平中通呼沱石臼河自都慮至羊腸倉將憑汾水以漕太原苦役連年肅宗知其難而止蓋漢鑿此道以通汾於虖沱太平寰宇記引皇甫謐羊腸塞即龍山晉陽西北九十里交城本分晉陽地故言晉陽西北也海內東經虖沱水出晉陽城南而西至陽曲北東注勃海必因舊圖有永平所通故道故竟以虖沱爲出晉陽下文南而西三字當有錯誤知今本山海經尚有東漢人羼入者並非建平定本漢陽曲爲今定襄縣虖沱經其北永平所鑿當自今交城太原北山絕汾逕陽曲忻州之北至定襄會虖沱正可因誤而得其大略也在晉陽西北石隥縈行官本曰按近刻作縈委案朱趙同若羊腸焉故倉坂取名矣漢永平中治呼沱石臼河按司馬彪後漢郡國志常山南行唐縣有石臼谷官本曰按此十九字亦注內之小注趙釋曰一淸按十九字注中注寰宇記平山縣下云隋圖經房山滱水出焉亦謂之石臼河又謂之行唐水出行唐東入博陵謂之木刀溝一謂之袈裟水南流入虖沱滱水一見於淸水篇曰滱邑是也再見於濁漳水篇曰滱口是也皆是水流逕通者也蓋資承呼沱之水轉山東之漕官本曰按近刻資承訛作杳乘漕訛作費案朱趙作杳乘趙釋曰朱氏謀瑋箋曰御覽作資承又朱作費箋曰李云疑作漕趙改漕自都慮至羊腸倉官本曰按慮近刻訛作盧案朱趙作盧將憑汾水以漕太原趙釋曰一淸按古今注曰永平十年作常山呼沱河蒲吾渠通漕船也此即所謂轉山東漕之道也用實秦晉苦役連年轉運所經凡三百八十九隘官本曰按三近刻訛作二案朱訛趙改死者無算拜鄧訓爲謁者監護水功訓隱括知其難立具

言肅宗肅宗從之全活數千人和熹鄧后之立官本曰按熹近刻譌作憙　案朱訛趙改刊誤曰憙當作熹叔父陔以爲訓積善所致也官本曰按原本及近刻竝脫陔字今據後漢書補　案朱脫趙增刊誤曰叔父下落陔字後漢書后紀校正羊腸卽此倉也又南逕秀容城東官本曰按近刻脫此七字　案朱脫趙增刊誤曰魏土地記上脫又南逕秀容城東七字全氏曰以先司空本校補孫校曰元和志宜芳縣秀容故城在縣南三十里劉元海感神而生姿容秀美因以爲名也董祐誠曰本注引魏土地記東去汾水六十里今爲嵐縣秀容都太平寰宇記以爲卽漢汾陽故城誤魏土地記曰秀容胡人徙居之立秀容護軍治東去汾水六十里官本曰按汾近刻訛作㳂　案朱訛趙改刊誤曰㳂當作汾南與酸水合水源西出少陽之山董祐誠曰元和郡縣志太平寰宇記皆稱少陽山在交城縣西南九十五里自天授移縣後山在縣北云西南者舊圖經之文二家仍而未改方志皆以交城爲漢晉陽地此亦據舊治言自唐以來縣治實漢大陵地也諸志俱不言酸水所在李吉甫言少陽山周回二十里則山之縣亘可知今孔河出交城縣西北龍鬚山東南流又東逕故交村巡檢司入汾疑卽酸水也東南流注于汾水汾水又南出山東南流洛陰水注之孫校曰洛陰水在今太原府北水出新興郡董祐誠曰魏書地形志肆州永安郡後漢末置新興郡永安中改鄺氏時尚爲新興郡也晉志新興郡治九原盎後漢僑縣卽今忻州治今洛陰水自忻州流入陽曲縣又忻州別有洛陰水合牧馬河入滹沱非此水也西流逕洛陰城北董祐誠曰魏書地形志永安郡陽曲有羅陰城洛羅聲相轉在今陽曲縣東北又西逕盂縣故城南董祐誠曰二漢晉志屬太原郡元和郡縣志陽曲縣東北八十里故盂縣城是也後魏省屬石艾縣案唐陽曲城在今治東北盂縣故城又在其東北也今平定州屬盂縣隋代所置元和郡縣志辨之甚明後漢書注謂卽漢縣誤春秋左傳昭公二十八年分祁氏七縣爲大夫之邑以盂丙爲盂大夫朱作孟丙趙改盂釋曰顧炎武左傳杜解補正云盂丙爲盂大夫今本作孟丙者非漢書地理志云盂晉大夫盂丙邑以其爲盂大夫而謂之盂丙猶魏大夫之爲魏壽餘閻大夫之爲閻嘉鄁鄲大夫之爲鄁鄲午也洛陰水又西官本曰按近刻脫洛陰二字　案朱脫趙增刊誤曰水上落洛陰二字逕狼盂縣故城南董祐誠曰二漢晉志屬太原郡元和郡縣志晉

末省在陽曲縣東北三十六里王莽之狼調也左右夾澗幽深南面大壑俗謂之狼馬澗舊斷澗爲城有南北門門闉故壁尚在洛陰水又西南逕陽曲城北魏土地記曰陽曲胡寄居太原界置陽曲護軍治其水西南流注于汾水董祐誠曰今洛陰水自忻州至陽曲縣北入汾汾水又南逕陽曲城西南注也趙釋曰一清按漢志太原郡陽曲縣應劭曰河千里一曲當其陽故曰陽曲也董祐誠曰元和郡縣志陽曲本漢舊縣今定襄縣是也後漢末移于太原縣北四十五里陽曲故城後魏又移于今縣南四里又云縣城故木井城也案陽曲縣志木井城在東北七十里則直南四里卽魏城東南過晉陽縣東晉水從縣南東流注之官本曰按近刻南字譌在東字下　案朱趙同太原郡治晉陽城秦莊襄王三年立官本曰按莊近刻譌尚作昭　案朱趙作昭書所謂既脩太原者也春秋說題辭曰高平曰太原原端也平而有度廣雅曰朱作廣延箋曰延當作足古雅字大鹵太原也釋名曰地不生物曰鹵鹵鑪也官本曰按近刻鑪譌作盧脫一鹵字及也字　案朱趙同朱箋曰釋名曰鹵鑪也如鑪火處也穀梁傳曰中國曰太原夷狄曰大鹵尚書大傳曰東原厎平大而高平者謂之太原郡取稱焉魏土地記曰城東有汾水南流水東有晉使持節都督并州諸軍事鎭北將軍太原成王之碑水上舊有梁青荓殞于梁下官本曰按青荓近刻譌作清洴　案朱趙作清洴豫讓死于津側亦襄子解衣之所在也朱箋曰呂氏春秋云趙襄子遊於囿中至於梁馬卻不進使青荓進視則豫讓佯爲死人叱青荓曰吾且有事青荓退而自殺史記索隱引古本趙策云襄子使持衣與豫讓讓拔劍三躍而擊之衣盡出血汾水西逕晉陽城南董祐誠曰晉陽二漢晉魏志皆屬太原郡卽今太原縣治汾水在城東南流不得屈西過縣南觀晉水注可見此有誤字舊有介子推祠祠前有碑朱不重祠字趙增刊誤曰名勝志引此文重一祠字廟宇傾頹惟單

碑獨存矣今文字剝落無可尋也

又南洞過水從東來注之官本曰按過近刻作渦下同案朱趙作渦下同

汾水又南逕梗陽縣故城東董祐誠曰縣故二字衍城在清源縣南關今縣廢入徐溝故榆次之梗陽鄉也官本曰按鄉近刻訛作縣案朱訛趙改刊誤曰縣漢書地理志分註史記索隱俱作鄉魏獻子以邑大夫魏戊也京相璠曰梗陽晉邑也今太原晉陽縣南六十里榆次界有梗陽城官本曰按近刻訛作地案朱訛趙改刊誤曰地當作城趙釋曰名勝志清源縣下引水經注云汾水又南逕梗陽縣故城東有白石水中隱水俱來注之今本無之

汾水又南卽洞過水會者也

又南過大陵縣東孫校曰地理志太原郡縣有大陵故城在今文水縣北十三里董祐誠曰大陵見文水下昔趙武靈王遊大陵夢處女鼓琴而歌想見其人朱箋曰史記載其歌曰美人熒熒兮顏若苕之榮命乎命乎曾無我嬴吳廣進孟姚焉卽于此縣也王莽改曰大寧矣**汾水于縣左迤爲鄔澤**董祐誠曰今爲鄔城泊在平遙縣西南跨介休縣界注敘鄔澤於大陵之下平陶之上與地形不合案注言迤爲鄔澤下言西北入鄔陂歸於汾流廣雅言水自汾出爲汾陂是汾水別出在大陵平陶之左迤南至平遙介休爲鄔澤也昭餘祁既涸汾水復從而西而故道多湮矣廣雅曰水自汾出爲汾陂其陂東西四里南北朱趙有一字十餘里陂南接鄔地理志曰九澤在北并州藪也呂氏春秋謂之大陸

又名之曰漚洟之澤俗謂之鄔城泊官本曰按近刻脫泊字案朱脫趙增又朱箋曰呂氏春秋九藪吳之具區楚之雲夢秦之陽華晉之大陸梁之圃田孟諸齊之海隅趙之鉅鹿燕之大昭周禮云正北并州其川虖池嘔夷注云嘔夷祁夷也**許愼說文曰漹水出西河中陽縣北沙**官本曰按近刻作之西案朱訛趙改刊誤曰之西當作北沙說文校正**南入河卽此水也**趙釋曰禹貢錐指曰冀州有三大陸一在鉅鹿郡北班固繫諸禹貢又名鉅鹿澤呂氏春秋云趙有鉅鹿又名廣河澤爾雅晉有大鹿孫炎曰今鉅鹿縣廣河澤是也此眞禹貢之大陸也一在河內脩武縣左傳定公元年魏獻子田于大陸還卒于甯杜預云大陸疑卽吳澤陂近甯是也一在太原鄔縣班固云九澤在縣北是爲昭餘祁并州藪鄺道元云呂氏春秋謂之大陸是也斯二者皆非禹貢之大陸也今按呂覽九藪既云晉之大陸又云趙之鉅鹿則一澤不應兩見故道元以鄔澤當之蓋晉爲唐叔始封大陸宜在其境內而鉅鹿當戰國時實爲趙地故分爲二澤也要之廣平曰陸是處有之其大者則謂之大陸猶之高平曰原亦是處有之其大者則謂之太原耳然晉之大陸在漢大陵縣界陸恐陵之誤全氏曰昭餘祁是鄔水譌而爲漹水漹鳥字之變也是爲并州藪若并州之川曰漚夷則滱也呂覽以二者合而爲一善長於滱水明指爲漚夷矣而鄔水又涸引之蓋失檢也董祐誠曰案呂覽又稱燕之昭餘高誘以爲鄔澤鄺氏蓋又以鄔澤不當在燕也

漹水又會嬰侯之水董祐誠曰鄺氏以曹魏徙治之中陽縣爲二漢縣河水下既誤據以駁經此引說文亦爲誤證二漢中陽在甯鄉西漹水無越汾而東會嬰侯以入鄔澤之理戴氏之辨甚明說文所稱當卽離石諸水固言入河不言入汾也全氏說鄔爲漹字之變今案左氏昭二十八年傳有鄔臧釋文云鄔舊烏戸反又音偃案地名在周者烏戸反隱十一年王取鄔畱是也在鄭者音偃成十六年戰于鄢陵是也在楚者音於建反又音偃昭十三年王沿夏將入鄢是也在晉者音於庶反字林乙祛反郭璞三倉解詁音瘀於庶反闞駰音厭飫之飫重言之太原有鄔縣唯周地名從烏餘皆從焉字林亦作隝音同舊音誤據陸氏說則呂忱郭璞諸家皆以太原之鄔从焉不从烏鄺氏既以鄔澤爲漹水則凡篇中鄔字亦當作鄢今仍作鄔或後人所改說文鄔太原縣名从邑烏聲鄢南郡縣从邑焉聲二字之別較然固不當舍說文而從字林說文既不以太原之鄔爲鄢則鄔澤必非漹水矣**山海經稱謁戾之山**

嬰侯之水出于其陰董祐誠曰寰宇記謁戾山一名麓臺山在今平遙縣東南四十七里中都水出焉卽此**北流注于祀水**官本曰按祀近刻訛作汜下同案朱趙作汜**水**朱趙作右**出祀山**

其水殊源共舍官本曰按近刻訛作其合案朱訛趙改**注于嬰侯之水**董祐誠曰今平遙縣東南十五里有源祠水北注中都水疑卽祀水也**亂流逕中都縣南**董祐誠曰此故縣也見下

俗又謂之中都水侯甲水注之水發源祁縣胡甲山官本曰按近刻源訛作原祁訛作平案朱訛趙改刊誤曰箋曰孫按漢地理志太原郡有原平縣按非也原當作源平當作祁侯甲水發源太原之祁縣耳孫校曰元和志胡甲水一名大谷水東南自潞州武鄉界流入祁縣又南入汾州平遙界侯胡一音之轉董祐誠曰魏書地形志太原郡祁二漢晉屬胡甲山在今武鄉縣西北一百里**有長坂謂之胡甲**

嶺朱作領趙改嶺刊誤曰領黃省嘗本作嶺古領嶺通用卽劉歆遂初賦所謂越侯甲
而長驅者也蔡邕曰侯甲亦邑名也在祁縣**侯甲水又西北**
歷宜歲郊董祐誠曰當在今武鄉西北境**逕太谷謂之太谷水**董祐誠曰太平寰宇記太
谷縣太谷山山海經云少山晉地記云少山卽太谷水衍出經祁縣界案當在今太谷縣南**出谷西北流**
逕祁縣故城南董祐誠曰魏書地形志太原郡祁二漢晉屬有祁城元和郡縣志漢祁縣在祁縣東南五
里明一統志後魏徙今治**自縣連延西接鄔澤是爲祁藪也卽爾雅所謂**
昭餘祁矣朱謂作爲祁作祈趙改刊誤曰爲當作謂爾雅祈本作祁古祁祈通用董祐誠曰今無復有水賈
辛邑也辛貌醜妻不爲言與之如皋射雉雙中之則笑也官本
曰按左傳魏子引叔向稱賈大夫事杜預云賈國之大夫是也此誤以爲賈辛　趙釋曰朱謀㙔箋曰據左傳貌醜者自
是賈大夫非賈辛也王莽之示縣也**又西逕京陵縣故城北**董祐誠曰二漢志晉
志縣屬太原郡魏書地形志太原郡平遙有京陵城是魏省京陵改置平遙也在今平遙縣東注以爲春秋九原之地曰
知錄辨其非而以太平西南二十五里九原山當之王莽更名曰致城矣于春秋爲九
原之地也故國語曰趙文子與叔向遊于九原曰死者若可
作也吾誰與歸叔向曰其陽子乎文子曰夫陽子行并植朱趙
作廉直于晉國不免其身智不足稱叔向曰其舅犯乎文子曰
夫舅犯見利不顧其君仁不足稱官本曰按近刻脫此二十三字　案朱趙無吾
其隨會乎納諫不忘其師言身不失其友事君不援而進不
阿而退官本曰按近刻脫此十六字　案朱趙無師下有矣字其故京尚存官本曰按故字近刻
譌在其字上　案朱同趙刪故字漢興增陵于其下故曰京陵焉趙釋曰方輿紀要平
陶城後魏改曰平遙避太武嫌名水經注西胡內侵徙居京陵今本無之**侯甲水又西北逕中都**
縣故城南董祐誠曰魏書地形志太原郡中都二漢晉屬有楡次城鄔有中都是魏以中都入鄔縣別于楡次
置中都縣也在今平遙縣西北**城臨際水湄**官本曰按城臨近刻訛作臨城　案朱訛趙改刊誤曰臨城二

字當倒互春秋昭公二年晉侯執陳無宇于中都者也漢文帝爲
代王都此武帝元封四年上幸中都宮殿上見光赦中都死
罪以下**侯甲水又西合于嬰侯之水**朱無侯字于作爲趙增改刊誤曰甲上落侯字
爲當作於董祐誠曰昭餘祁既涸侯甲水亦獨入汾不復會嬰侯水今水出武鄉西北逕祁平遙南東入于汾**逕鄔**
縣故城南董祐誠曰魏書地形志太原郡鄔二漢晉屬有鄔城介休下亦有鄔城蓋二縣之交亦後魏徙治之
證在今介休縣東北晉大夫司馬彌牟之邑也**謂之鄔水**朱趙有也字**俗亦**
曰慮水慮鄔聲相近故因變焉又西北入鄔陂而歸于汾流
矣董祐誠曰今中都水自平遙縣東南橫嶺下西合源祠水逕平遙城南至介休東北鄔城泊入汾
又南過平陶縣東文水從西來流注之孫校曰平陶故城在今文水縣西南二十五里
汾水又南與石桐水合卽綿水也水出界休縣之綿山董祐誠曰
今亦曰洪山水出介休東南三十里洪山四泉並發石桐水出其下**北流逕石桐寺西卽介于**
推之祠也昔子推逃晉文公之賞而隱于綿上之山也晉文
公求之不得乃封綿爲介子推田曰以志吾過且旌善人因
名斯山爲介山故袁山松郡國志曰界休縣有介山朱趙有有字
綿上聚子推廟王肅喪服要記曰昔魯哀公祖載其父孔子
問曰寧設桂樹乎哀公曰不也桂樹者起于介子推子推晉
之人也文公有內難出國之狄子推隨其行割肉以續軍糧
後文公復國忽忘子推子推奉唱而歌文公始悟當受爵祿
子推奔介山抱木而燒死國人葬之恐其神魂霣于地官本曰按
霣近刻訛作賈　案朱訛趙改刊誤曰箋曰賈字脫誤當作賈賈檀弓蒙袂輯屨賈賈然來注云賈賈目不明貌全氏云
非也蓋是霣字之誤又箋曰異苑載子推逃祿隱迹抱樹燒死文公拊木哀嗟伐而製屐每懷割股之功俯視其屐曰悲
平足下足下之稱將起於此矣故作桂樹焉吾父生于宮殿死于枕席何用

桂樹爲余按夫子尙非璠璵（朱趙作璵璠）送葬安能問桂樹爲禮乎王肅此證近于誣矣石桐水又西流注于汾水（董祐誠曰今水在介休入汾）汾水又西南逕界休縣故城西（朱不重汾水二字界作介趙增改刊誤曰又上落汾水二字介休之介當從漢志作界董祐誠曰二漢志界休屬太原郡晉志屬西河國曰介休魏書地形志晉亂罷太和八年復有介休城是後魏徙治也故城在今介休縣東南）王莽更名之曰界美矣城東有徵士郭林宗宋子浚二碑宋沖以有道司徒徵（官本曰按此句有脫誤未詳）林宗縣人也（官本曰按近刻脫人字案朱趙不脫）辟司徒舉太尉以疾辭其碑文（朱有之字箋曰之字疑衍趙刪）云將蹈洪崖之遐迹紹巢由之逸軌翔區外以舒翼超（朱作起箋曰一作超趙改超）天衢（朱趙作路）以高峙稟命不融享年四十有二（官本曰按近刻作三案朱趙作三）建寧二年（官本曰按近刻訛作四年案朱趙作四）正月丁亥卒（趙釋曰一淸按漢隸字源載此碑作乙亥文選同後漢書靈帝紀建寧四年正月甲子是有乙亥無丁亥注文誤）凡我四方同好之人永懷哀痛乃樹碑表墓昭銘景行云陳留蔡伯喈范陽盧子幹扶風馬日磾等遠來奔喪持朋友服（官本曰按近刻脫持字案朱脫趙增刊誤曰朋友上落持字隸釋校補）心喪朞年者如韓子助宋子浚等二十四人其餘門人著錫衰者千數（官本曰按此下近刻衍其碑文故四字案朱趙有）蔡伯喈謂盧子幹馬日磾曰吾爲天下碑文多矣皆有慙容惟郭有道無愧于色矣汾水之右有左部城（董祐誠曰太平寰宇記左部城在孝義縣南二十五里案今縣治郎宋城）側臨汾水蓋劉淵爲晉都尉所築也

又南過冠爵津（朱作寇爵箋云一作冠御覽引此作冠爵津趙改孫校曰在介休縣西南）

汾津名也在界休縣之西南俗謂之雀鼠谷（董祐誠曰今在介休縣西南接孝義縣界）數十里間道險隘水左右悉結偏（朱箋曰御覽引此偏作編）梁閣道纍石就路縈帶巖側或去水一丈或高五六尺（官本曰按近刻脫水字五字尺訛作丈案朱同趙增水字五字下丈改尺刊誤曰箋曰御覽引此云或去水一尺孫潛云一丈字不誤）上戴山阜下臨絕澗俗謂之爲魯般橋蓋通古之津隘矣亦在今之地險也（朱矣作又箋曰一作矣趙改矣釋曰太平寰宇記靈石縣下引水經云汾水又南過冠爵津與桐水合注云汾水關名也在雀谷一名雀津俗謂之雀鼠谷校勘云按今水經及注與此皆小異大抵今記所引古書但取其意而增損其文務要通俗不與古書合又寰宇記洪洞縣下引水經云霍山北有雀鼠谷谷中道險左右悉結成偏梁累石就路俗謂之魯般橋與今文差近也）

又南入河東界又南過永安縣西（董祐誠曰永安見彘水下）

故彘縣也周厲王流于彘卽此城也王莽更名黃城漢順帝陽嘉三年改曰永安縣霍伯之都也

歷唐城東（官本曰按此四字原本及近刻竝誤入注內按霍伯之都也下以體例考之乃經之書法與注異今改正案朱趙作注董祐誠曰本注引辥瓚注漢書云堯所都也東去彘十里詩正義引作東於彘十里則在彘東汾水不得出其東正義本誤也城在今霍州西臣瓚以爲堯所都諸家皆以爲誤）

辥瓚注漢書云堯所都也東去彘十里（朱趙無辥字）汾水又南（官本曰按近刻訛作又東案朱趙作東）與彘水合水出東北太岳山（董祐誠曰霍山在今霍州東南南接趙城洪洞二縣界周二百餘里有石鼻谷在霍州南五里卽彘水所出）禹貢所謂岳陽也卽霍太山矣上有飛廉墓飛廉以善走事紂惡來（朱箋曰疑脫以字趙增以字）多力見知周武王伐紂（官本曰按近刻脫武字案朱趙無）兼殺惡來飛廉先爲紂使北方還無所報乃壇于霍太山而致命焉得石棺銘曰帝令處父不與殷亂賜汝石棺以葬死遂以葬焉（朱作於箋曰疑作焉趙改焉）霍太山有岳廟廟甚靈鳥雀不棲其林猛虎常守其庭又有靈泉以供祭祀（官本曰按近刻作事案朱同趙改刊誤曰事孫潛校改祀）

鼓動則泉流聲絕則水竭湘東陰山縣有侯曇山上有靈壇壇前有石井深數尺居常無水及臨祈禱則甘泉湧出周用則已亦其比也彘水又西流逕觀阜北董祐誠曰今有觀堆祠在霍州東南故百邑也原過之從襄子也受竹書于王澤以告襄子襄子齋三日朱作月箋曰舊本作日趙改日親自剖竹有朱書曰余霍太山山陽侯天使也朱作天史箋曰宋本作大使史記同趙改天使三月丙戌余將使汝反滅智氏汝亦立我于百邑朱趙有也字襄子拜受三神之命遂滅智氏祠三神于百邑使原過主之世謂其處爲觀阜也彘水又西流逕永安縣故城南董祐誠曰魏書地形志永安郡永安二漢屬河東前漢曰彘順帝改眞君七年併禽昌正始二年復屬治仇池壁是魏時徙治故稱故城太平寰宇記魏末復還治在鄺氏後漢永安城卽今霍州治西南流注于汾水董祐誠曰今彘水出霍州東南西流至州西南入汾水汾水又南逕

霍城東董祐誠曰史記索隱永安縣西南汾水西有霍城在今霍州西南十六里故霍國也昔晉獻公滅霍趙夙爲御霍公求奔齊官本曰按霍公求近刻作霍哀公下同案朱作求公下同趙改公求刊誤曰箋曰求公當作哀公按史記趙世家是霍公求徐廣曰求一作來盇字倒互耳晉國大旱卜之曰霍太山爲祟使趙夙召霍君奉祀晉復穰朱趙有也字盇霍公求之故居也汾水又逕趙城西南董祐誠曰魏書地形志永安縣有趙城太平寰宇記趙城在趙城縣南三十五里案今縣治南至洪洞縣治三十五里洪洞治卽宋治今趙城治又視宋城稍移而北記所云三十五里當有誤字或卽義甯所置縣在宋城之西三里今縣之西南也穆王以封造父趙氏自此始也汾水又南霍水入焉水出霍太山董祐誠曰今爲趙城縣霍山西麓發源成潭漲七十步而不測其深西南逕趙城南西流注于汾水趙釋曰太平寰宇記洪洞縣下引水經云霍水出趙城縣東三十八里廣勝寺大郎神西流至洪洞縣界與今本異董祐誠曰今至洪洞縣北入汾

又南過楊縣東孫校曰楊縣故城在今洪洞縣東南澗水朱作閒水趙改刊誤曰箋曰克家云疑作澗水按嘉靖洪洞縣志澗河其源二出岳陽安吉嶺與金堆里水經注曰澗水東出穀遠縣西山逕楊縣西流入于汾是也東出穀遠縣西山董祐誠曰穀遠二漢志屬上黨郡晉省魏書地形志義甯郡治孤遠城卽穀遠也城在今沁源縣南門外今澗水出岳陽縣東北堆金嶺爲漢穀遠縣西境西南逕霍山南又西逕楊縣故城北官本曰按楊縣二字近刻訛在霍宁上案朱趙同趙故城上又增楊縣二字刊誤曰故城上落楊縣二字董祐誠曰楊縣見上魏書地形志楊治楊城是魏末徙治此云故城未詳晉大夫僚安之邑也官本曰按僚安近刻訛作僚公去安案朱訛趙改刊誤曰箋曰郡國志云河東郡楊縣有高梁亭晉羊舌大夫叔向邑也此云僚公去安誠所未詳按顧炎武云左傳昭公二十八年僚安爲楊氏大夫公去二字衍文應劭曰故楊侯國王莽更名有年亭也其水西流入于汾水董祐誠曰今自洪洞縣南入汾汾水逕楊城西不于東矣董祐誠曰魏書地形志永安郡楊縣二漢屬河東晉罷太和二十一年復治楊城在今洪洞縣東南魏土

地記曰平陽郡治楊縣郡西有汾水南流者是也

西南過高梁邑西

黑水出黑山董祐誠曰山在今浮山縣北四十里接岳陽縣界澇水所出卽黑水也西逕楊城南又西與巢山水會山海經曰牛首之山勞水出焉西流注于潏水疑是水也孫校曰星衍案山海經道里酈君所證是也而世以山海經勞水爲是關中之水非也潏水卽巢山之水也水源東南出巢山東谷董祐誠曰巢山今爲崇山在襄陵縣東南三交水出焉卽巢山水也北逕浮山東董祐誠曰山在今臨汾縣東南又西北流與勞水合亂流西北逕高梁城北西流入于汾水董祐誠曰今澇水會潏至臨汾縣北入汾水汾水朱趙不重二字又南逕高梁故城西董祐誠曰魏書地形志平陽郡平陽有高梁城在今臨汾縣東北故高梁之墟也春秋僖公二十四年秦穆公納公子重耳于晉害懷公于此竹書紀年晉出公十三

年官本曰按近刻訛作三十年　案朱訛趙改刊誤曰箋曰今竹書作二十年沈炳巽云按竹書是十三年**智伯**瑶城高梁漢高帝十二年以爲侯國封恭侯酈疥于斯邑也官本曰按疥近刻訛作介　案朱訛趙改刊誤曰介本表作疥

又南過平陽縣東孫校曰平陽故城在今臨汾縣西南汾水之西

汾水又南逕白馬城西魏刑白馬而築之故世謂之白馬城今平陽郡治董祐誠曰魏書地形志平陽郡太和十八年置一統志云白馬故城卽今平陽府治又卽魏禽昌縣又云神麚時置禽昌郡在北屈眞君時改縣乃東徙太和時又徙白馬城**汾水又南逕平陽縣故城東**董祐誠曰魏書地形志平陽郡平陽二漢屬河東晉屬眞君六年併禽昌太和十一年復自魏以前諸志並不言徙治案太平寰宇記劉元海築平陽城太平御覽引和苞漢趙記石勒攻平陽小城是前趙築城置都時已有改易故此言故城也在今臨汾縣西南晉大夫趙鼂之故邑也應劭曰縣在平河之陽堯舜竝都之也竹書紀年晉烈公元年韓武子都平陽漢昭帝封度遼將軍范明友爲侯國趙補二十五字於漢下昭上刊誤曰名勝志引註云初曹參擊魏王豹走之盡有魏地後封列侯食邑平陽固斯境矣二十五字今補正于此文之上王莽之香平也魏立平陽郡官本曰按魏近刻訛作晉　案朱趙作晉趙釋曰一清按三國志魏書三少帝紀齊王芳正始八年夏五月分河東之汾北十縣爲平陽郡非始于晉也治此矣水側有堯廟廟前有碑朱不重廟字趙增刊誤曰名勝志引此文重一廟字魏土地記曰平陽城東十里汾水東原上有小臺臺上有堯神屋石碑永嘉三年劉淵徙平陽于汾水得白玉印方四寸高二寸二分龍紐其文曰有新寶之印王莽所造也淵以爲天授改永鳳二年爲河瑞元年**汾水南與平水合**官本曰按平水近刻訛作平陽　案朱訛趙改刊誤曰平陽胡渭校改平水**水出平陽縣西壺口山**官本曰按近刻脫縣字　案朱趙無董祐誠曰漢志壺口在北屈爲禹貢之壺口此注以平陽之壺口當之禹貢錐指已辨其誤酈氏篤守班志何以忽生異文葢魏晉之北屈移治平陽本非漢縣故北屈之山亦誤移於此魏收地形志以禽昌爲二漢北屈是北屈徙治當時罕知之者酈氏不察故亦有此誤元和郡縣志平山一名壺口山今平山在臨汾縣西南而臨汾治卽白馬城以地形志禽昌卽北屈寰宇記禽昌在白馬城證之葢誤以魏晉北屈縣西南之山當二漢北屈縣西南之山也漢志壺口山在北屈東南禹貢錐指謂在西南而斥漢志爲非以此注致誤之由推之則知漢志本作西南矣**尚書所謂壺口治梁及岐也**趙釋曰禹貢錐指曰冀州有三壺口一在吉州西南禹貢之壺口也一爲汾陰縣西南之平山平水所出亦名壺口山又名姑射山酈道元謬以爲尚書之壺口一在長治縣東南左傳哀公四年齊國夏伐晉取壺口杜註潞縣東有壺口關潞縣卽今潞城縣關以山名此二山皆非禹貢之壺口也又曰壺口山漢志在北屈縣東南括地志云在吉昌縣西南五十里吉昌今吉州也後魏延興四年於此置定陽郡及縣元和志云北屈故縣在定陽郡北二十里今州直北之地山當在其西南漢志云東南誤也**其水東逕狐谷亭北**董祐誠曰在今襄陵縣西春秋時狄侵晉取狐廚者也**又東逕平陽城南東入汾**董祐誠曰今平水出臨汾縣西南平山東流至縣西爲平湖分流至襄陵縣界入汾**俗以爲晉水非也**董祐誠曰魏書地形志平陽有晉水太平寰宇記引冀州圖平水卽晉水皆俗說也**汾水又南歷襄陵縣故城西**董祐誠曰在今縣東南魏書地形志平陽郡襄陵二漢屬河東晉屬治襄陵城是漢晉及魏未嘗徙治此云故城所未詳矣晉大夫郤犨之邑也故其地有犨氏鄉亭矣西北有晉襄公陵官本曰按近刻脫此七字　案朱脫趙增刊誤曰漢書地理志河東郡襄陵縣注應劭曰襄陵在西北師古曰晉襄公之陵因以名縣全氏校本縣上補西北有晉襄公陵七字縣葢卽陵以命氏也官本曰按命近刻作名　案朱作名世趙改刊誤曰名世字誤當作命氏黃省曾本原是氏字王莽更名曰幹昌矣朱更作改矣作也趙改更改矣刊誤曰改黃省曾本作更

又南過臨汾縣東董祐誠曰臨汾見古水下

天井水出東陘山西南北有長嶺嶺上東西有通道卽鈃隥也董祐誠曰太平寰宇記烏嶺山卽鈃隥山在今翼城縣東北六十五里今天井水出臥龍山葢卽東陘山也穆天子傳曰乙酉天子西絕鈃隥西南至盬是也官本曰按盬近刻訛作鹽

案朱隥作蹬鹽作鹽箋曰穆天子傳蹬作隥鉶音邢郭注云即井鉶之山趙改同官本刊誤曰鹽當作鹽穆天子傳校

其水三泉奇發西北流總成一川董祐誠曰今有溫泉諸水會之西逕堯城南董祐誠曰元和郡縣志故唐城在縣西二十里堯裔子所封此堯城當在曲沃縣北蓋別一堯城也又西流入汾官本曰按流字近刻訛作南案朱作南趙南下加流字刊誤曰西南下落流字董祐誠曰今曰合水出臥龍山逕曲沃縣北入于汾又古水故溝東流入汾亦當在此下

又屈從縣南西流

汾水又逕絳縣故城北董祐誠曰元和郡縣志曲沃漢絳縣後漢加邑字後魏孝文于今縣東南十里置曲沃縣屬正平郡在今曲沃縣西南案此絳爲新田二漢皆治此屬河東郡詩譜晉穆侯遷絳孝侯改絳爲翼後魏置北絳郡今爲翼城史記晉世家城聚都之命曰絳後魏于此置南絳縣今爲絳縣春秋大事表云左氏城聚城絳非一地史記混而一之誤竹書紀年梁武王二十五年官本曰按朱謀㙔云當作梁惠成王案趙改惠成絳中地坼西絕于汾汾水西逕虒祁宮北橫水有故

梁截汾水中凡有三十柱柱徑五尺裁與水平蓋晉平公之故梁也物在水故能持久而不敗也又西逕魏正平郡南董祐誠曰本注云故東雍州治太和中罷州立郡魏書地形志東雍州太和中罷正平郡故南太平神䴥元年改爲征平太和十八年復是正平故有郡特罷州而改郡名也元和郡縣志絳州正平縣郭下因故郡城爲名案今絳州治即唐治故東雍州治官本曰按近刻脫雍字案朱脫趙增刊誤曰魏書地形志正平郡屬東雍州世祖置太和中罷東下落雍字太和中皇都徙洛罷州立郡矣又西逕王澤官本曰按原本訛作王橋近刻訛作正橋考原過受竹書于王澤即此地今改正案朱作正橋箋曰一作王橋趙改王橋董祐誠曰在今絳州西南七里澮水入焉

又西過長脩縣南

汾水又西與古水合水出臨汾縣故城西黃阜下朱無水字趙增刊誤曰出上落水字胡渭校增董祐誠曰魏書地形志平陽郡臨汾二漢屬河東晉屬眞君七年併秦平太和十一年復此云

故城是太和復縣及分臨汾置正平郡時縣更徙治也故城在今絳州東北水在西北古山下亦名鼓堆泉其大若輪西南流故溝橫出焉官本曰按溝橫近刻訛作橫溝案朱訛趙改刊誤曰橫溝二字當倒互東注于汾今無水又西南逕魏正平郡北又西逕荀城東董祐誠曰在今絳州西十五里古荀國也汲郡古文晉武公滅荀以賜大夫原氏也趙氏下補黯是爲荀叔五字刊誤曰原氏下落黯是爲荀叔五字以漢書地理志注應劭引汲郡古文校增古水又西南入于汾董祐誠曰今古水出絳州西北南入汾隋唐後穿渠溉田故道多易汾水又西南逕長脩縣故城南董祐誠曰漢志縣屬河東後漢省在今絳州西北漢高帝十一年以爲侯國封杜恬也官本曰按杜近刻訛作莊案朱訛趙改刊誤曰史漢表俱作杜恬莊字誤趙釋曰一清按史表曰一云杜恪有脩水出縣南董祐誠曰今泉掌泉在絳州西北三十里即脩水而西南流入汾董祐誠曰今泉水分渠溉田汾水又西逕清原城北董祐誠曰在今稷山縣南故清陽亭也城北有清原晉侯蒐清原作三

軍處也汾水又逕冀亭南董祐誠曰元王思誠圖記冀亭在河津縣北十五里案冀亭在華水及稷山東不得在河津北續漢志皮氏有冀亭杜預曰在縣東北諸家俱以稷山爲漢聞喜地故皮氏專屬河津續漢志聞喜有董池陂稷山亭涑水洮水皆不及汾北則今稷山當爲皮氏東境冀亭即在界中昔臼季使過冀野見郤缺耨其妻饁之相敬如賓言之文公文公命之爲卿復與之冀京相璠曰今河東皮氏縣有冀亭古之冀國所都也杜預釋地曰平陽皮氏縣東北有冀亭即此亭也汾水又西與華水合水出北山華谷董祐誠曰水在今稷山縣北亦曰清水亦曰黃華谷澗西南流逕一朱箋曰一作于故城西俗謂之梗陽城非也梗陽在榆次不在此三字朱作在此非箋曰宋本作非在此趙改非在此按故漢上谷長史侯相碑云侯氏出自倉頡之後踰殷歷周官本曰按歷近刻訛作立案朱作立箋曰疑作歷周趙改歷各以氏分或著楚魏或顯齊秦晉卿士蔿斯其胄朱趙竝作

裔朱箋曰一作胄也食采朱作于箋曰宋本作采趙改采華陽今蒲坂北亭朱趙有地字即是城也董祐誠曰城在今稷山縣西北二十里爲華谷鎮**其水西南流注于汾汾水又逕稷山北**在水南四十許里山東西二十里南北三十里高十三里西去介山朱趙有一字十五里董祐誠曰稷山在今稷山縣南介山在今萬泉縣東山上有稷祠山下稷亭春秋宣公十五年秦桓公伐晉晉侯治兵于稷以畧狄土官本曰按近刻脫伐晉晉侯四字案朱趙無趙釋曰朱氏謀㙔箋曰孫汝澄云按左傳秦桓公伐晉晉侯治兵于稷以畧狄土是也

又西過皮氏縣南孫校曰皮氏故城在今河津縣西二里

汾水西逕鄈邱北官本曰按鄈近刻訛作鄧下同案朱訛趙改刊誤曰何焯云鄧當作鄈顏師古曰鄈與葵同漢舊儀作葵上宋史鎮王元偓傳上登鄈邱亭是也董祐誠曰在今萬泉縣東北介山北故漢氏之方澤也賈逵云漢法三年祭地汾陰方澤澤中有方邱故謂之方澤邱即鄈邱也許慎說文稱從邑癸聲官本曰按癸近刻訛作登案朱作發趙改癸刊誤曰箋曰發當作登按非也當作癸說文校正河東臨汾地名矣在介山北山即汾山也其山特立周七十里高三十里文穎言在皮氏縣東南則可三十里官本曰按則近刻訛作側案朱趙作側乃非也今準此山可高十餘里山上有神廟廟側有靈泉祈祭之日周而不耗世亦謂之子推祠揚雄河東賦曰靈輿安步周流容與以覽于介山嗟文公而愍推兮勤大禹于龍門晉太康記及地道記與永初記竝言子推所逃隱于是山即實非也余按介推所隱者綿山也文公環而封之爲介推田號其山爲介山杜預曰在西河界休縣者是也**汾水又西逕耿鄉城北**董祐誠曰在今河津縣南故殷都也帝祖乙自相徙此爲河所毀故書敘曰祖

乙圯于耿杜預曰平陽皮氏縣東南耿鄉是也盤庚以耿在河北迫近山川乃自耿遷亳官本曰按此下近刻衍後字案朱趙有晉獻公滅耿官本曰按近刻作滅之案朱趙作之趙釋曰一清按此註語有病漢志云耿鄉故耿國晉獻公滅之以賜大夫趙夙斯爲無弊也以封趙夙後襄子與韓魏分晉韓康子居平陽魏桓子都安邑號爲三晉此其一也漢武帝行幸河東濟汾河作秋風辭于斯水之上**汾水又西逕皮氏縣南**董祐誠曰見河水下竹書紀年魏襄王十二年秦公孫爰率師伐我圍皮氏翟章率師救皮氏圍疾西風十三年城皮氏者也**漢河東太守潘**朱箋曰舊本作番趙改番**係穿渠引汾水以溉皮氏縣故渠尚存今無水也**朱趙無也字

又西至汾陰縣北西注于河孫校曰汾陰故城在今榮河縣北董祐誠曰汾陰縣見河水下

水南有長阜背汾帶河阜長四五里廣二里餘高十丈汾水歷其陰西入河董祐誠曰見河水下河津縣志汾水舊西南流至榮河入河明隆慶四年徙縣西南入河則榮河入河之流爲水經故道也今汾水自甯武府之甯武縣北逕忻州之靜樂縣西太原之陽曲縣西太原縣東徐溝縣西交城縣東文水縣東汾州之汾陽縣東平遙縣西孝義縣東介休縣西霍州之靈石縣西平陽府之汾西縣東霍州之州治西趙城縣西平陽府之洪洞縣西臨汾縣西襄陵縣東太平縣東曲沃縣西絳州之州治南稷山縣南河津縣南入河在漢則逕太原郡之汾陽晉陽大陵平陶鄔茲氏界休河東郡之彘楊平陽襄陵臨汾絳長脩聞喜皮氏汾陰入河故漢志云過郡二**漢書謂之汾陰脽**應劭曰脽邱類也汾陰男子公孫祥望氣寶物之精上見祥言之于武帝武帝于水獲寶鼎焉遷于甘泉宮改其年曰元鼎即此處趙增也字刊誤曰處下落也字孫潛校增趙釋曰沈氏曰望氣者汾陰男子公孫滂洋上遂立后土祠于汾陰脽見漢書郊祀志得鼎者汾陰巫錦上遂改元見史記封禪書自是二事且公孫滂洋非祥也得鼎于地非水也

澮水出河東絳縣東澮交東高山
澮水東出絳高山官本曰按絳近刻作詳案朱訛趙改刊誤曰詳高是絳高之誤孫校曰御覽作詳
高亦曰河南山又曰澮山董祐誠曰澮山又名翔高山在今翼城縣東南十五里說文澮水出
霍山西南入汾蓋沁汾二水之間皆霍太山之脈也西逕翼城南董祐誠曰在今翼城東南十五里地名故
城村按詩譜言晉穆侯遷都于絳暨朱作翼箋曰舊本作翼宋本作暨趙改暨孫孝
侯改絳爲翼翼爲晉之舊都也後獻公朱趙有又字北廣其城方
二里又命之爲絳故司馬遷史記年表稱獻公九年始城絳
都左傳莊公二十六年晉士蔿城絳以深其宮是也其水又
西南合黑水官本曰按此下近刻衍嶺字案朱衍趙刪刊誤曰嶺字衍文水導源東北黑
水谷董祐誠曰水出今翼城縣北烏嶺山西南流逕翼城北右引北川水水出
平川南流注之朱趙不重水字董祐誠曰當亦在翼城縣北亂流西南入澮水澮
水又西南與諸水合謂之澮交董祐誠曰今大交鎮在絳縣東北四十里卽澮交魏書地
形志南絳郡治會交川卽澮交矣北絳南絳置郡皆在酈氏作注後竹書紀年曰莊伯十二年
翼侯焚曲沃之禾而還作爲文公也官本曰按此句有訛舛未詳趙釋曰一清按
作字疑誤又有賀水東出近川董祐誠曰在今翼城縣東南賀水村西南至澮交入
澮又有高泉水出東南近川董祐誠曰在今翼城縣東南西北趣澮交注
澮又南紫谷水東出白馬山白馬川董祐誠曰太平寰宇記絳縣絳山東距白馬山
蓋在翼城縣南遁甲開山圖曰絳山東距白馬山謂是山也西逕熒
庭城南官本曰按熒近刻訛作滎案朱訛趙改刊誤曰左傳襄公二十三年張武軍于熒庭春秋分記云絳州
翼城縣東南八十五里有古熒庭城滎字誤董祐誠曰在今翼城縣東南七十五里而西出紫谷董祐誠曰
太平寰宇記熒庭城與紫谷相當與乾河合卽教水之枝川也董祐誠曰見河水下史
記白起傳稱涉河趙涉上增起字刊誤曰稱下落起字取韓安邑東至乾河是

也其水西與田川水合水出東溪西北至澮交入澮又有于
家水官本曰案于近刻訛作女案朱趙作女董祐誠曰今亦曰女家水在絳縣東北大交鎮東出于家
谷竹書紀年曰莊伯以曲沃叛伐翼公子萬救翼荀叔軫追
之至于家谷有范壁水出于壁下董祐誠曰今亦曰故郡水在絳縣東北四十里其地
有范壁里亦曰范壁水竝西北流至翼廣城董祐誠曰當近今大交鎮昔晉軍北入
翼廣朱趙有以字築之因卽其姓以名之二水合而朱趙有爲字趙釋曰全氏
曰此處有脫文西北流董祐誠曰今至大交鎮西合流至澮交入澮澮水又西南與
絳水合俗謂之白水非也董祐誠曰史記正義引括地志絳水一名白水卽俗說也水出
絳山東官本曰案此下近刻衍至字案朱有至字趙改南刊誤曰至當作南漢書地理志絳縣應劭曰絳水出
西南董祐誠曰山在今絳縣北寒泉奮涌揚波北注懸流奔壑一十許丈官本
曰案一十近刻訛作十一案朱訛趙改刊誤曰當作一十許丈董祐誠曰水經今曲沃縣景明山縣崖瀑布而下也
青崖若點黛素湍如委練望之極爲奇觀矣其水西北流注
于澮董祐誠曰今至曲沃縣南入澮應劭曰絳水出絳縣西南蓋以故絳爲
言也史記稱智伯率韓魏引水灌晉陽不沒者三版智氏曰
吾始不知水可以亡人國今乃知之汾水可以浸安邑絳水
可以浸平陽官本曰案原本及近刻竝訛作汾水可以浸平陽絳水可以浸安邑今據戰國策史記資治通
鑑訂正案朱趙同時韓居平陽魏都安邑魏桓子肘韓康子韓康子
履魏桓子肘足接于車朱作足箋曰史記作車趙改車上而智氏以亡魯定
公問一言可以喪邦有諸孔子以爲幾乎余覩趙作覩智氏之
談矣汾水灌安邑或亦有之絳水灌平陽未識所由也官本曰案
原本及近刻亦安邑平陽互訛今據括地志及胡三省注通鑑所引此文訂正案朱趙互訛灌安邑作澆安邑趙刊誤
曰箋曰澆當作浸案閻若璩曰壬子冬客太原顧寧人向余稱水經注箋爲三百年一部書余退而讀之殊有未然如通

鑑智伯言今乃知水可亡人國以汾水可以灌安邑絳水可以灌平陽胡身之引酈注曰智伯所謂汾水可以灌安邑或亦有之絳水可以灌平陽未識所由此是宋時所見本如是未經舛譌朱氏何不引梅磵本校正之趙釋曰資治通鑑周威烈王紀云以汾水可以灌安邑絳水可以灌平陽也胡氏三省注曰水經注曰絳水出絳縣西南蓋以故絳爲言其水出絳山東西北流而合于澮猶在絳縣界中智伯所謂汾水可以灌安邑或亦有之絳水可以灌平陽未識所由余謂自春秋之季至于元魏歷年滋多郡縣之離合山川之遷改有不可以一時所睹爲據者史記正義曰韓初都平陽今晉州也括地志曰絳水一名白水今名沸泉源出絳山可接引灌平陽城酈道元父範歷仕三齊少長齊地熟其山川後入關死于道未嘗至河東也此蓋因耳學而致疑括地志成于唐之魏王泰羅致天下一時名儒以作此書其考據宜詳當取以爲據一清案梅磵所引酈注與今本全相乖迕閻百詩潛邱劄記曰汾水可以灌平陽絳水可以澆安邑此亦何須說余嘗往來于平陽夏縣而悟二語具有妙解蓋汾水幷可以灌安邑至絳水則又不待言絳水幷可以灌平陽至汾水則又不待言交錯互舉總見水之爲害溥爾然梁書韋叡傳卻是吾聞汾水可以灌平陽絳水可以灌安邑不如通鑑所云又案顧景范曰括地志亦因舊文强爲附會汾水可以灌平陽絳水可以灌安邑舊史云汾水可以灌安邑絳水可以灌平陽乃文互耳又云涑水在蒲州東十里有孟盟橋其上流卽絳水自絳縣歷聞喜夏縣安邑猗氏至臨晉縣界合姚暹渠而西出又西南注于大河俗名陽安澗水水經注涑水出雷首山縣北與蒲坂分水是也戰國策絳水可以灌安邑以絳水爲涑水蓋合聞喜河北二涑水爲一今觀道元注絳水出絳山下流入澮澮入汾汾入河不與涑水合也董祐誠曰此條戴氏據通鑑注改正蓋梁書韋叡傳所稱爲史記本文酈氏所見史記本上下互易故深以爲疑今史記戰國策本並與酈氏所見同諸家爲渠接引及交互錯舉之說皆爲强解絳水灌安邑中隔涑水故顧景范有涑水上流卽絳水之解然絳涑二水實不相通趙氏注釋辨之當矣

西過其縣南

春秋成公六年晉景公謀去故絳欲居郇瑕韓獻子曰官本曰案原本及近刻六年訛作元年晉景公訛作晉悼公韓獻子訛作魏獻子今據左傳改正　案朱趙同趙又改獻爲莊釋曰何氏曰事在成六年非元年晉景公非悼公韓獻子非魏莊子柳子厚晉問魏絳之言曰近寶則公室乃貧自本水經注非不記左氏傳故以示博也**土薄水淺不如新田有汾澮以流其惡遂居新田又謂之絳卽絳陽也蓋在絳澮之陽**董祐誠曰注據史記以絳縣爲漢絳陽侯國趙氏云漢表作終陵又稱曾孫於陵大夫蓋終陵卽於陵之誤於陵屬濟南**漢高帝六年封越騎將軍華無害爲侯國**趙釋曰戹林曰故絳猶故都故宅耳杜元凱成六年故絳注曰晉復命新田爲絳故謂此爲故絳杜蓋以新田爲新絳也酈氏遂用其說然莊二十六年士蔿城絳杜注曰絳晉所都今平陽絳邑縣而新田注又曰今平陽絳邑縣是夫故絳既絳邑而新田又復同墟杜之釋地殆自相伐且殷人五遷不稱新亳周京屢徙非帶舊豳齊都臨淄便棄薄姑之號楚移湫郢豈仍故郢之思矧絳本非嘉名不過以水氏縣晉人何所取而三以命都哉又史記越將絳陽侯無害司馬貞考地理志無絳陽而漢表作終陵則史記之絳陽未足以證新田也閻氏若璩曰故絳在太平縣南二十五里絳州之北土人至今呼故晉城新絳去故晉城五十里土人呼爲王官城一清案戹林之說甚辨然究不能名終陵爲何地漢表華毋害孫祿失侯其曾孫於陵大夫告元康四年詔復家迺知終陵者於陵之訛地理志於陵濟南郡之屬縣**縣南對絳山面背二水**董祐誠曰今故城基址猶存南對紫金山有中城有外城其南面爲澮水衡沒紫金山蓋卽絳山矣**古文瑣語曰晉平公與齊景公乘至于澮上見乘白驂八駟以來有大**朱趙作犬下同**貍身而狐尾隨平公之車公問師曠對首陽之神**趙增曰字刊誤曰對下落曰字**有大貍身狐尾其名曰**趙釋曰朱氏謀㙔箋曰名曰一作逢君**者飲酒得福則徼之蓋于是水之上也**官本曰案此有脫誤朱謀㙔云太平廣記引汲冢瑣語晉平公至澮上見人乘白驂八駟以來有貍身而狐尾去其車而隨公之車公問師曠師曠曰貍身而狐尾其名曰首陽之神飲酒于霍太山而歸其逢君于澮乎君其有喜

又西南過虒祁朱作祈箋曰左傳作祁趙改祁**宮南**

宮在新田絳縣故城西四十里董祐誠曰元和郡縣志在正平縣南六里案宮當在王澤西史記正義引括地志王澤在正平縣西南宮亦當在西南元和志脫西字今爲絳州西南也**晉平公之所構也時有石言于魏榆晉侯以問師曠曠曰石不能言或憑焉臣聞之作事不時怨讟動于民則有非言之物言也今宮**

室崇侈民力彫盡石言不亦宜乎叔向以爲子野之言君子矣其宮也背汾面澮官本曰案也近刻訛作地　案朱趙作地西則兩川之交會也竹書紀年曰晉出公五年澮絕于梁卽是水也

又西至王澤注于汾水官本曰案澤原本及近刻竝訛作橋下注內不誤　案朱趙同董祐誠曰今澮水出翼城縣東南逕絳縣及曲沃縣南至絳州西南入汾水

晉智伯瑤攻趙襄子襄子奔保晉陽原過後至遇三人于此澤自帶以下不見持竹二節與原過曰爲我遺無卹原過受之于是澤所謂王澤也

涑水出河東聞喜縣東山黍葭谷孫校曰黍葭谷三字疑屬注上董祐誠曰二漢晉志聞喜屬河東郡魏書地形志屬正平郡漢聞喜縣卽下左邑城故曰東山

涑水所出俗謂之華谷趙釋曰太平寰宇記校勘云涑水出黎葭谷俗謂之葦谷水經涑水出黍薛谷俗謂之華谷今黍作黎薛作葭華作葦未知孰是一淸案校勘不知何人所作其云水經以黎葭爲黍薛今本皆作黍葭與校勘所見之本異當作黍葭爲是又汾水篇長脩縣下注云汾水又西與華水合水出北山華谷蓋其地相連接北史載韋孝寬之守玉壁請于華谷及長秋築城及周武帝東伐趙王招率兵出稽胡敕孝寬爲行軍總管圍守華谷以應接之卽是谷也董祐誠曰水在今聞喜縣東南源出絳縣陳村谷伏流至柳莊復出流入縣界陳村谷當卽華谷也趙氏謂與汾水篇下華水所出之華谷其地相連接案二谷相距尙遠且隔汾水趙氏偶失檢耳至周陽與洮水合水源東出淸野山世人以爲淸襄山也其水東逕大嶺下官本曰案近刻脫逕字　案朱脫趙增刊誤曰東下落逕字方輿紀要引此文增董祐誠曰水出今絳縣橫嶺山煙莊谷山在聞喜縣東南九十里跨絳及垣曲界在聞喜者名小橫嶺在絳縣南者名大橫嶺在垣曲西北者名淸廉山淸廉淸營淸野淸襄四名皆橫嶺山也西流出謂之唅口董祐誠曰卽煙莊谷口出谷卽聞喜縣界又西合涑水董祐誠曰今陳村谷水卽涑水鄭使子產問晉平公疾平公曰卜云臺駘爲祟官本曰案駘近刻訛作台下同　案朱趙作台下同朱箋曰左傳作駘史官莫知

敢問子產曰高辛氏有二子長曰閼伯季曰實沈不能相容帝遷閼伯于商邱遷實沈于大夏臺駘實沈之後趙釋曰全氏曰案善長于左學甚疏左氏明云實沈出高辛爲參神臺台出金天爲汾神是二祟也乃曰臺台實沈之後不其舛與能業其官帝用嘉之國于汾川官本曰案近刻脫于字　案朱脫趙增刊誤曰國下落于字名勝志引此文增由是觀之臺駘汾洮之神也賈逵曰汾洮二水名司馬彪曰洮水出聞喜縣故王莽以縣爲洮亭也趙釋曰全氏曰案漢志王莽以左邑爲洮亭不以聞喜下注可驗蓋善長失檢也董祐誠曰今案續漢志別無左邑而聞喜移治左邑則後漢之聞喜正王莽之洮亭注兩見洮亭引前志則曰左邑引續志則曰聞喜精審如此不得云失檢也然則涑水殆亦洮水之兼稱乎

西過周陽邑南朱趙西上有又字

其城南臨涑水北倚山原董祐誠曰魏書地形志聞喜有周陽城史記正義引括地志在聞喜縣東三十九里案唐初聞喜治甘泉谷在今縣東二十里則周陽城當在今縣東六十里竹書紀年晉獻公二十五年正月翟人伐晉周有白兎舞于市卽是邑也漢景帝以封田勝爲侯國官本曰案此下近刻有也字　案朱趙有趙釋曰沈氏曰索隱曰在上郡則是陽周之譌善長誤矣全氏曰案趙兼田勝皆封周陽索隱皆以爲陽周然考周陽由以周陽侯受姓則非陽周矣恐是索隱之誤善長所云足以正史表之失也一淸案外戚世家索隱曰周陽縣名屬魏郡是又一說也尋地理志無之故不足爲據又案趙兼以淮南王舅封而厲王子賜亦封周陽後以侯立爲廬江王則其地當在九江廬江境內而今不可考矣涑水西逕董澤陂南董祐誠曰左氏傳杜注以董爲汾陰之董亭與酈氏異澤在今聞喜縣東北四十里卽古池東西四里南北三里春秋文公六年蒐于董官本曰案此句下近刻衍澤字　案朱趙有趙釋曰何氏曰左傳作蒐于董杜元凱注云汾陰縣有董亭宣十二年傳董澤之蒲注云澤名河東聞喜縣東北有董澤陂則文六年改蒐于董者非董澤也卽斯澤也涑水又與景水合水出景山北谷董祐誠曰山在今聞喜縣東南三十里卽中條最高峰也景水卽在

縣東南山海經曰景山南望鹽販之澤北望少澤其草多藷藇
秦椒其陰多赭其陽多玉郭景純曰鹽販之澤卽解縣鹽池
也案經不言有水今有水焉西北流注于涑水也
又西南過左邑縣南官本曰案左邑縣近刻訛作其縣　案朱趙同董祐誠曰戴氏本作左邑縣案續漢
志有聞喜無左邑太平寰宇記後漢廢左邑移聞喜理之是左邑卽後漢聞喜經云其縣承上聞喜言尤水經作于東京以後
之證今從朱氏趙氏本
涑水又西逕仲郵鄍趙釋曰一清案三字疑有誤趙氏琦美曰小學書無鄍字疑是郭字亦未有據
說文高陵有郵徙歷切則郵本地名北又西逕桐鄉城北董祐誠曰元和郡縣志桐鄉故城漢聞喜
縣也在聞喜縣西南八里案當在今縣東南竹書紀年曰翼侯伐曲沃大捷武公
請成于翼官本曰案成近刻訛作城　案朱訛趙改至桐乃返者也官本曰案近刻桐訛作洞
下衍庭字　案朱作洞庭趙改桐庭刊誤曰箋曰洞一讀作桐庭當作渦又曰今竹書云武公請城于翼至桐而還案朱

氏既以桐釋洞字又欲改庭爲渦洞渦水名與曲沃無涉自
相乖繆何也漢河東聞喜縣故晉之曲沃秦改爲左邑者也
武帝紀云將幸緱氏至左邑桐鄉聞南越破以爲聞喜縣師
古曰左邑河東之縣也桐鄉其鄉名也桐爲左邑之鄉卽是
曲沃之鄉北近都邑翼侯伐曲沃敗曲沃而還自其地桐庭
卽桐鄉矣城當作成但其事有可疑者據竹書紀年周桓王
之元年壬戌十月莊伯以曲沃叛伐翼公子萬救翼荀叔軫
追之至于家谷翼侯焚曲沃之禾而還翼侯伐曲沃大捷武
公請成于翼至桐而還二年王使虢公伐晉之曲沃晉鄂侯
卒曲沃莊伯復攻晉立鄂侯子光是爲哀侯四年曲沃莊伯
卒子稱立是爲武公尙一軍武公者莊伯之子元年搆兵莊
伯未死何以書武公請成乎左傳隱公五年曲沃莊伯以鄭
人邢人伐翼王使尹氏武氏助之翼侯奔隨曲沃叛王秋王
命虢公伐曲沃而立哀侯于翼史記十二諸侯年表同晉世
家云周平王使虢公將兵伐曲沃莊伯平乃桓之誤翼侯者
鄂侯也孝侯之弟與曲沃莊伯相雠殺左傳史記皆無武公
請成之事且太史公取周譜以成年表隸事最密缺而不書汲冢之文未足信也
漢書曰朱趙有武漢字
帝元鼎六年將幸緱氏至左邑桐鄉聞南越破以爲聞喜縣
者也涑水又西與沙渠水合水出東南近川董祐誠曰今日呂莊河在聞喜

縣東南西北流注于涑水涑水又西南逕左邑縣故城南董祐誠曰
經所謂聞喜縣也漢志屬河東郡後漢移聞喜來治卽今聞喜縣治也故曲沃也晉武公自晉
陽徙此趙釋曰全氏曰案晉穆侯自晉陽徙翼武公自翼徙曲沃善長誤矣秦改爲左邑縣詩
所謂從子于鵠者也春秋傳曰下國有宗廟謂之國在絳曰
下國矣卽新城也王莽之洮亭也涑水自城西注水流急濬
輕津無緩故詩人以爲激揚之水言不能流移束薪耳水側
卽狐突遇申生處也春秋傳曰秋狐突適下國遇太子太子
使登僕朱作登僕使箋曰宋本作使登僕趙依改曰夷吾無禮吾請帝以畀秦對
曰神不歆非類君其圖之君曰諾請七日見我于新城西偏
及期而往見于此處故傳曰鬼神所憑有時而信矣涑水又
西逕王官城北董祐誠曰元和郡縣志王官城在虞鄉非注所言王官也在今聞喜縣南城在南

原上官本曰案近刻脫城字　案朱脫趙增刊誤曰在上落城字春秋左傳成公十三年
四月晉侯使呂相絕秦曰康猶不悛入我河曲伐我涑川俘
我王官故有河曲之戰是矣今世人猶謂其城曰王城也
又西南過安邑縣西董祐誠曰二漢晉志縣皆屬河東郡魏書地形志河北郡北安邑太和十一年置爲
郡十八年復屬元和郡縣志後魏孝文太和十一年別置安邑縣十八年改爲夏縣案地形志言太和十一年置郡不言置縣
言十八年復屬不言別置夏縣元和志未知何本下注言故城是分縣時徙治元和郡縣志安邑故城在夏縣西北十五里今
夏縣卽唐縣
安邑禹都也禹娶塗山氏女思戀本國築臺以望之今城南
門臺基猶存余案禮天子諸侯臺門隅阿相降而已未必一
如書傳也故晉邑矣春秋時魏絳自魏徙此昔文侯懸師經
之琴于其門以爲言戒也朱箋曰劉向說苑云師經鼓琴魏文侯起舞曰使我言而無見違師

經援琴而撞文侯中旒潰之文侯將烹經經曰堯舜唯恐言之而人不違桀紂唯恐言而人違之臣撞桀紂非撞吾君也文侯令懸琴于城門以爲寡人戒武侯二年又城安邑益增廣之秦始皇使左更白起取安邑置河東郡王莽更名兆隊官本曰案近刻訛作陽　案朱趙同趙釋曰全氏曰洮陽當作洮隊乃巨君六隊之一今本漢志亦誤以莽傳考之則知善長所見之漢書亦已誤矣縣曰河東也有項盧趙作曼都學道升仙忽復還此河東號曰斥仙朱作升仙箋曰王充論衡作項曼都號曰斥仙趙改斥漢世又有閔仲叔隱遁市邑罕有知者後以識瞻而去涑水西南逕監鹽縣故城官本曰案此縣即下文所云分猗氏安邑置縣以守之者也　案朱趙水下有又字趙刊誤曰箋曰監疑作鹽案非也史記秦本紀昭襄王十一年齊韓魏趙宋中山五國共攻秦至鹽氏而還徐廣曰鹽一作監正義曰括地志云鹽氏故城一名司鹽城在蒲州安邑縣案掌鹽池之官因稱氏寰宇記解州安邑縣下云司鹽城在縣西二十里蓋漢司鹽都尉治此司即監也監鹽官亦見三國志衛覬傳所謂鹽國之大寶宜如舊置使者監賣是也官居此城故曰監鹽城下文注云杜預曰後罷

尉司分猗氏安邑置縣以守之蓋晉初置縣旋廢耳朱氏不審改作鹽鹽大繆趙釋曰一清案後漢書靈帝紀熹平四年遣守宮令之鹽監穿渠爲民興利章懷注曰前漢地理志及續漢郡國志竝無鹽監今蒲州安邑縣西南有鹽池鹽監即監鹽城也董祐誠曰下注云司鹽都尉治杜預曰後罷尉司分猗氏安邑置縣以守之是晉嘗置縣旋省也在今安邑縣西南十五里即運城城南有鹽池董祐誠曰鹽池圖考今池東西長五十五里周一百四十四里安邑南者爲東池安邑西南村者爲中池解州東三里者爲西池上承鹽水官本曰案近刻訛作水承之鹽　案朱訛作水承鹽趙改刊誤曰箋曰承字下脫一之字案通鑑注引此文作上承鹽水水出東南薄山上水字宜移在鹽之下水出東南薄山董祐誠曰今鹽水出夏縣南中條山一名白沙河又名姚暹渠又名巫咸河河水注以中條山在蒲坂者爲薄山此爲安邑之薄山亦中條山河水注所云通謂之薄山也西北流逕巫咸山北董祐誠曰漢志安邑巫咸山在南在今夏縣東亦即中條山也地理志曰山在安邑縣南官本曰案近刻訛作東　案朱訛趙改刊誤曰漢書地理志安邑縣下云巫咸山在南鹽池在西南東當作南海外西經曰巫咸國在女丑北官本曰案近刻脫國字　案朱脫趙增刊誤曰山海經作巫咸國落

國字右手操青蛇左手操赤蛇在登葆山羣巫所從上下也大荒西經云大荒之中有靈山巫咸巫即巫肦巫彭巫姑巫眞巫禮巫抵巫謝巫羅官本曰按近刻肦作盼眞作貞禮作孔　案朱趙貞孔同朱作盼趙作肦朱箋曰今山海經貞作眞又有巫禮趙釋曰一清按山海經巫貞作巫眞巫孔作巫禮禮本書作礼形似孔字然寰宇記引注文亦作孔字是宋初本已如是矣十巫從此升降百藥爰在郭景純曰言羣巫上下靈山採藥往來也蓋神巫所遊故山得其名矣谷口嶺上官本曰按口近刻訛作曰　案朱作曰箋曰疑作口趙改口有巫咸祠其水又逕安邑故城南又西流注于鹽池董祐誠曰今鹽水自夏縣南逕安邑解州之北至虞鄉北入五姓湖水入鹽池則鹽不成故障之不復入池注云注于鹽池蓋今昔懸殊矣地理志曰鹽池在安邑西南許愼謂之鹽官本曰按近刻訛作謂之鹽鹽　案朱趙同長五十一里廣七里周百一十六里從鹽省古聲官本曰按近刻作廣六里周一百一十四里從鹽古

聲　案朱趙同朱箋曰今許愼說文解鹽字云鹽鹽池也在河東袤五十一里廣七里周百十六里从鹽省古聲趙加省字呂忱曰夙沙初作煮海鹽官本曰按近刻訛作呂宿曰沈沙煮海謂之鹽　案朱同趙作呂忱曰宿沙煮海謂之鹽刊誤曰呂忱作字林呂宿字誤當作呂忱曰宿沙煮海謂之鹽河東鹽池謂之鹽官本曰按近刻訛作謂之解鹽蓋後人所改　案朱趙同今池水東西七十里南北十七里紫色澄渟潭而不流官本曰按潭近刻訛作渾　案朱趙同水出石鹽自然印成朝取夕復終無減損惟山水暴至雨澍潢潦奔泆官本曰按近刻訛作惟水暴雨澍甘潦奔泆　案朱趙同則鹽池用耗故公私共堨水徑防其淫濫朱趙有故字謂之鹽水亦謂之爲堨水官本曰按近刻脫謂之二字此句之下有也故二字衍　案朱趙同山海經謂之鹽販之澤也澤南面層山天巖雲秀地谷淵深官本曰按近刻訛作池谷泉深　案朱作池箋曰一作地趙改地淵朱趙作泉左右壁立閒不容軌謂之石門路出其中名之曰徑南通上陽北

暨鹽澤官本曰按暨近刻訛作塈　案朱訛趙改刊誤曰塈當作暨趙釋曰一清按解州有白徑嶺路通陝州大陽津渡志云由檀道山陡徑出白徑嶺趨陝州即石門百梯之險也注所云名之曰徑者也池西又有一池謂之女鹽澤董祐誠曰在今解州西北亦生硝曰硝池東西二十五里南北二十里在猗氏故城南董祐誠曰猗氏縣二漢晉魏志俱屬河東郡太平寰宇記猗氏縣漢舊縣在南二十里此言故城是後魏時已徙治也今縣治即宋治春秋成公六年晉謀去故絳大夫曰郇瑕地沃饒近盬朱作鹽箋曰左傳作沃饒而近盬趙改盬服虔曰土平有溉曰沃盬盬池也官本曰按此四字近刻訛作盬盬也三字　案朱趙同土俗裂水沃麻官本曰按近刻訛作土人鄉俗引水裂沃麻　案朱同趙刪水字刊誤曰箋曰裂字疑衍全氏云當衍水字分灌川野畦水耗竭土自成鹽即所謂鹹鹺也官本曰按鹹近刻訛作鹽　案朱趙同而味苦號曰鹽田鹽盬之名始資是矣本司鹽都尉治領兵朱趙有一字千餘人守之周穆王漢章帝竝幸安邑而觀鹽

池故杜預曰猗氏有鹽池後罷尉司分猗氏安邑置縣以守之

又南過解縣東又西南注于張陽池

涑水又西逕猗氏縣故城北春秋文公七年晉敗秦于令狐至于刳首先蔑奔秦士會從之闞駰曰令狐即猗氏也刳首在西三十里縣南對澤即猗頓之故居也孔叢曰猗頓魯之窮士也耕則常饑桑則常寒聞朱公富往而問術焉朱公告之曰子欲速富當畜五牸朱作牸箋曰牸當作牸牝牛也謂牛馬豬羊驢五畜之牸孫校曰特當爲牸不當作牸于是乃適西河大畜牛羊于猗氏之南十年之間其息不可計貲擬王公馳名天下以興富于猗氏故曰猗頓也涑水又西逕郇城董祐誠曰史記正義引括地志郇城在猗氏西南八里案今治即唐治詩云郇伯勞之蓋其故國也杜元凱春秋釋地云今解縣西北有郇城服虔曰郇國在解縣東郇瑕氏之墟也余按竹書紀年云晉惠公十有四年朱趙四作五趙釋曰沈氏曰是十四年說見河水篇秦穆公率師送公子重耳圍令狐桑泉臼衰皆降于秦師官本曰按于近刻訛作焉　案朱訛趙改刊誤曰焉當作於篆近致譌狐毛與先軫禦秦至于廬柳趙釋曰全氏曰狐毛與子犯兄弟竝從文公其父突以此死如何反爲子圉禦秦師耶竹書之謬甚矣董熜曰其時晉將爲呂郤乃謂秦穆公使公子縶來與師言朱無乃謂二字趙增刊誤曰箋曰宋本無乃謂二字按二字宜存箋說非也退舍次于郇盟于軍京相璠春秋土地名曰官本曰按曰字近刻訛在春字上　案朱訛趙改刊誤曰春秋土地名晉京相璠撰曰字當移在土地名之下桑泉臼衰竝在解東南不言解明不至解可知春秋之文與竹書不殊今解故城東北二十四里有故城在猗氏故城西北鄉俗名

之爲郇城考服虔之說又與俗符賢于杜氏單文孤證矣涑

水又西南逕解縣故城南董祐誠曰二漢晉志屬河東郡魏書地形志分南解北解案一統志云解縣故城在臨晉縣東南又云地形志言南解有桑泉城在今臨晉縣其地在北北解有張場城其地在南又以漢解縣改爲南解縣與寰宇記不合則今本魏志南北二字傳寫互易春秋晉惠公因秦返國許秦以河外五城內及解梁即斯城也涑水朱作川箋曰當作水趙改水又

西南逕瑕城董祐誠曰注引京相璠曰解縣西南五里當在今臨晉縣南此爲郇瑕之瑕非詹嘉所處日知錄辨之審矣城下當脫南字晉大夫詹嘉之故邑也趙釋曰顧氏炎武日知錄曰晉有二瑕其一左傳成公六年諸大夫皆曰必居郇瑕之地杜氏曰郇瑕古國名水經注涑水又西南逕瑕城京相璠曰今河東解縣西南五里有故瑕城是也在今之臨晉縣境其一僖公三十年燭之武見秦伯曰許君焦瑕朝濟而夕設版焉解焦瑕晉河外五城之二邑文公十二年晉人秦人戰于河曲秦師夜遁復侵晉入瑕解以河曲在河東蒲坂縣南則瑕必在河外十三年晉侯使詹嘉處瑕以守桃林之塞按漢書地理志湖故曰胡武帝建元二年更名湖水經河水又東逕湖縣故城

北古瑕胡二字通用禮記引詩心乎愛矣瑕不謂矣鄭氏註云瑕之言胡也瑕胡音同故記用其字是瑕轉爲胡又改爲湖而瑕邑卽桃林之塞也今爲閿鄉縣治成公十三年伐秦成肅公卒于瑕亦此地也道元以郇瑕之瑕爲詹嘉之邑誤矣春秋僖公三十年秦晉圍鄭鄭伯使燭之武謂秦穆公曰官本曰按近刻脫穆字趙增刊誤曰當作秦穆公案朱脫落穆字晉許君焦瑕朝濟而夕設版者也京相璠曰今河東解縣西南五里有故瑕城涑水朱作川箋曰一作水趙改水又西南逕張陽城東董祐誠曰在今虞鄉縣西北竹書紀年齊師逐鄭太子齒奔張城南鄭者也官本曰按張城近刻訛作城張案朱訛又城張下有陽字箋曰今竹書無陽字趙改刪刊誤曰城張當作張城潛夫論河東解縣有東張城西張城漢書之所謂東張矣高祖二年曹參假左丞相別與韓信東攻魏將孫遬軍東張官本曰按孫下近刻衍林字案朱衍箋曰史記無林字趙同釋曰全氏曰史記無林字大破之蘇林曰屬河東卽斯城也涑水又西南屬于陂陂分爲

二城南面兩陂左右澤渚東陂世謂之晉興澤東西二十五里南北八里南對鹽道山董祐誠曰今亦曰壇道山在虞鄉縣西南其西則石壁千尋東則磻溪萬仞方嶺雲回奇峯霞舉孤標秀出罩絡羣山之表翠柏蔭峯清泉灌頂郭景純云世所謂鴦漿也發于上而潛于下矣厥頂方平有良藥神農本草曰地有固活女疎銅芸紫菀之族也孫校曰本草防風一名銅芸是以緇服思元之士鹿裘念一之夫代往遊焉路出北巘勢多懸絕來去者咸援蘿騰崟趙刊誤曰箋曰崟疑作嶔按崟音吟說文山之岑崟也杜甫詩挽葛上崎崟正是援蘿騰崟之意箋說非尋葛降深于東則連木乃陟百梯方降巖側縻鎖之跡仍今存焉故亦曰百梯山也水自山官本曰按自近刻訛作泉案朱訛趙改刊誤曰泉當作自北流五里而伏云潛通澤渚所未詳也董祐誠曰在今虞鄉縣南十二里方山頂

注云潛通澤渚葢卽五姓湖矣西陂卽張澤也西北去蒲坂朱趙有一字十五里東西二十里南北四五里冬夏積水亦時有盈耗也董祐誠曰今曰五姓湖在永濟縣東南三十里分屬臨晉虞鄉界又此下董有涑水又西南流注于河左傳謂之涑川也十六字曰此條見河水下左傳涑川杜注涑水至蒲坂縣入河是晉時涑已入河而經不言故酈注補見于河水下秦渡河伐晉循涑川而至王官正其道也雷水在河北與涑水隔山注有脫文遂上下互易詳見河水下今涑水自絳州之絳縣西逕聞喜縣南解州之夏縣北安邑縣北蒲州府之猗氏縣南臨晉縣南虞鄉縣北至永濟縣東南入五姓湖又西南入河

文水出大陵縣西山文谷董祐誠曰今文水有二源一出孝文山後名渾谷水一出劉王嶂山名西谷水流至榆城合渾谷水孝文山在交城縣西北一百六十里劉王嶂山在交城縣西北一百九十里榆城在交城縣西北一百三十里元和郡縣志交城縣文水出縣西南文谷東南流入文水縣界行八十里葢天授移治後在縣西南者皆爲西北榆城以上通蒙文谷之稱故交城西北九十里文水旁復有文山也東到其縣屈南到平陶縣東北東入于汾

文水逕大陵縣故城西趙釋曰一清按善長不記文水之所出而云逕大陵縣故城西葢率筆也太平寰宇記云出交城縣西南文谷大陵縣故城在文水縣北十三里發源此城流入文水縣界文水縣隋開皇十年置因縣西文水爲名董祐誠曰二漢晉志縣皆屬太原郡魏書地形志太原郡受陽有大陵城文谷水是魏移受陽至汾西而省大陵也在今文水縣東北而南流有泌水注之縣西南山下趙縣上增水出二字刊誤曰縣上落水出二字寰宇記校增武氏穿井給養井至幽深後一朝水溢平地官本曰按近刻訛作流案朱訛趙改刊誤曰流當作地名勝志校改東南注文水董祐誠曰水在今文水縣北寰宇記謂之神福泉文水朱趙不重文水二字又南逕平陶縣之故城東西逕其城內南流出郭董祐誠曰二漢晉志縣皆屬太原魏書地形志太原郡平遙有平遙城葢避陶作遙又改治也元和郡縣志漢平陶縣城在文水縣西南二十五里案今縣治移而西當在今縣南平陶以下經注不合詳原公水下王莽更曰多穰也文水又南逕縣董祐誠曰此後魏平遙縣也元和郡縣志後魏改平遙縣後西胡內侵遷居京陵塞酈氏時尚未徙治京陵故縣在汾水之西漢平陶城之南也注

不言逕縣之東西今無攷右會隱泉口董祐誠曰原公水入文水在此下水出謁泉山之上頂官本曰按近刻脫出字　案朱脫趙增刊誤曰箋曰謝兆申云出謁泉山之頂上按上頂字不誤董祐誠曰山在今汾陽縣北接文水縣界史記正義引括地志云謁泉山一名隱泉山在汾州堰城縣北四十里注水經云崖半有石室隨國集記云此爲子夏石室退老西河史記考異云謁泉當作謁泉堰城當作隰城案隰城即今汾陽在漢爲茲氏屬太原無以爲西河者子夏石室葢魏晉移西河郡於此因而附會與酈氏中陽之誤證正同然酈氏於夏陽石室云子夏教授西河疑即此也無以辨之而此謁泉山石室下不言子夏其於中陽故城下亦惟引晉書地道記太康地記不及漢代亦足見立言之慎而河水及馮水之誤證誠千慮之偶失矣俗云暘雨愆時是謁是禱故山得其名非所詳也其山石崖絕險朱作石岸地險箋曰御覽引此作石崖絕險趙改石絕險崖壁立天固崖半朱作平箋曰當作半趙改半有一石室去地可五十餘丈爰有層松飾巖列柏綺望惟西側一處得歷級升陟頂上平地朱趙有一字十許頃沙門釋僧光表建二刹泉發于兩

寺之閒東流瀝石沿注山下又東津渠隱沒趙刊誤曰箋曰又一作入按又東之文恆見注中而不恆流故有隱泉之名矣雨澤豐澍則通入文水文水朱趙不重文水二字又南逕茲氏縣故城東董祐誠曰二漢志縣屬太原郡魏書地形志西河郡晉亂罷太和八年復治茲氏城原公水注所謂茲氏故秦置魏黃初二年分置西河郡故縣有西河也故城即今汾陽縣治爲文湖東西朱趙有一字十五里南北三十里世謂之西湖官本曰按近刻訛作西河　案朱作河趙河下增泊字刊誤曰寰宇記汾州西河縣下云文湖一名西河泊落泊字在縣直東朱趙有一字十里董祐誠曰當在今汾陽縣東湖之西側臨湖又有一城謂之瀦城朱趙作豬趙刊誤曰箋曰豬當作瀦按尙書禹貢大野既豬又被孟豬之豬俱不加水漢書地理志經典釋文竝同董祐誠曰在今汾陽縣東水澤所聚謂之都亦曰瀦葢即水以名城也文湖又東董祐誠曰　下當脫南字逕中陽縣故城東董祐誠曰此魏晉中陽縣也二漢志中陽屬西河郡元和志孝義本漢茲氏縣地曹魏移西河郡中陽縣于今理永嘉後省入隰城

後魏又分隰城于靈石縣東三十里置永安縣故酈氏謂之故城又引太康地記西河有中陽城也孝義縣志以縣西二十五里故城當魏中陽城　案晉書地道記太康地記西河有以此注推之當在縣北中陽城官本曰按近刻訛作縣　案朱訛趙改刊誤曰縣字當作城舊縣也文水又東南流與勝水合水西出狐岐之山官本曰按西出近刻訛作出西　案朱趙作出西孫校曰山海經狐岐之山勝水出焉董祐誠曰山在今孝義縣西八十里勝水出焉亦曰孝水有南北二川南川即勝水北川即陽泉水也東逕六壁城南董祐誠曰魏書地形志顯州永安中置治汾州六壁城在酈氏後今爲孝義縣西六壁村魏朝舊置六壁于其下防離石諸胡因爲大鎭太和中罷鎭仍置西河郡焉勝水又東合陽泉水水出西山陽溪朱趙不重水字東逕六壁城北又東南流注于勝水董祐誠曰今南川二川合于六壁村曰勝水陂勝水又東逕中陽故城南趙增縣字刊誤曰中陽下落縣字又東合文水文水又東南入于汾水也董祐誠曰今文水在文水縣東入汾與注所稱異詳原公水下

原公水出茲氏縣西羊頭山董祐誠曰白彪山在汾陽縣西北三十里原公水一名壺溪水又名馬跑泉出白彪山麓東過其縣北

縣故秦置也漢高帝更封沂陽侯嬰爲侯國趙釋曰全氏曰沂陽是夏侯嬰初封而食邑茲氏非封國也更封是汝陰王莽之茲同也魏黃初二年趙增置西河郡四字刊誤曰全氏云西河本漢郡尙在太原之西建安之亂空荒黃初復立注所載碑文可證二年下當有置西河郡四字今補正分太原復置西河郡晉徙封陳王斌于西河故縣有西河繆王司馬子政廟官本曰按近刻脫分太原至故縣有凡二十字又繆訛作恭政訛作盛　案朱趙無訛同碑文云西河舊處山林漢末擾攘百姓失所魏興更開疆宇分割太原四縣以爲邦邑趙釋曰全氏曰西河本漢郡建安之亂空荒其土黃初復立而割太原之地以隸之攷晉志太原郡統縣十三皆漢之舊所少者界休茲氏慮虒三縣碑云分割四縣葢破三爲四也晉志西河郡統縣四離石隰城中陽介休其三縣又皆是漢西河郡故縣名葢以此三縣之名加之茲氏慮虒之地耳其

郡帶山側塞矣王以咸寧三年官本曰按近刻作四年案朱趙作四改命爵土明年官本曰按近刻作其年案朱趙作其十二月喪國臣太農閻崇離石令宗羣等二百三十四人刊石立碑以述勳德碑北廟基尚存也趙釋曰一淸按此碑文多與史異晉宗室無司馬子盛其人者晉書云西河繆王斌字子政魏中郎武帝受禪封陳王三年改封西河咸寧四年薨其薨年與碑同而改封之歲碑在四年傳在三年傳云字子政碑云子盛傳云謚繆碑云謚恭善長親見其碑或是史誤

又東入于汾董祐誠曰今原公水分澮溉田下流入汾趙氏謂原公水卽原過水善長失於分疏誤

水注文湖不至汾也趙釋曰一淸按原公水卽洞渦水篇注之原過水魏書地形志所謂出原過祠下者也善長蓋失于分疏董祐誠曰案文水原公水注與經異以今水道證之則又與經合而與注異經言文水止于平陶原公水逕入于汾注言文水至茲氏縣東爲文湖東南注于汾水原公水注文湖不至汾今文水自文水縣之東入汾不入古茲氏境而汾陽亦無復有文湖原公水勝水皆逕入汾並與經合推校其故由汾水有遷徙故諸水皆有變更元和郡縣志文水縣下云城甚寬大約三十里汾水經縣東十五里文水自交城縣界入經縣西又南入隰城縣界西河縣下云隰城縣上元元年改爲西河縣文湖在縣東十里多蒲魚之利是唐時文水與酈注正同也一統志文水故城在今縣東十里宋元符間因水患徙此宋時汾水西徙之證太原府志汾水舊西南流入汾陽縣界明代東徙南流入平遙縣界是明以前汾水益西今乃稍東也汾水既西文水下流皆爲所奪故逕自文水縣東入汾不復南注文湖旣湮而原公水勝水亦獨流注汾經所言者漢魏之文水注所言者後魏至宋初之文水而宋以來之文水又近于經而異于注也又案元和郡縣志言文水城中種水田新唐書地理志文水有柵城渠甘泉渠蕩沙渠靈長渠千畝渠俱引文谷水溉田旣多則水皆入田故道之湮或由此歟

洞過水出沾縣北山官本曰按魏書地形志作同過云五水合道故曰同過近刻過作渦案朱趙作渦下同董祐誠曰二漢志沾屬上黨郡晉志屬樂平郡其故城在今樂平縣西南今洞過水出縣西當時則爲北山也一統志陡泉山在樂平縣西四十里洞過水出其西

其水西流與南溪水合水出南山西北流注洞過水董祐誠曰當亦在樂平縣西接壽陽界

洞過水朱趙三字不重又西北黑水西出山趙作出西山三

源合舍官本曰按近刻訛作三合源舍案朱同箋曰宋本作合三源無舍字趙改刊誤曰箋曰謝云宋本作合三源同歸一川無舍字按名勝志引此文作黑水出西山三源合舍箋說非

同歸一川董祐誠曰水出今壽陽縣西北七十里西山又有龍門河在壽陽縣西北三十里壽水在壽陽縣南二里俱入黑水益龍門河爲西源壽水爲東源也

東流南屈逕受陽縣故城東官本曰按近刻脫逕字案朱脫趙增刊誤曰南屈下落逕字孫潛校增董祐誠曰魏地形志太原郡受陽有大陵城中都有壽陽城是魏移晉受陽于大陵又移中都于楡次以受陽入之也元和郡縣志受陽貞觀十一年更名壽陽今晉志亦作壽陽此注尚係受字元和郡縣志言隋于受陽故城別置受陽縣卽今縣也方志皆以今壽陽城卽唐城然注言黑水逕其東今乃逕其西或唐以後更徙治歟按晉太康地記樂平郡有受陽縣盧諶征艱賦所謂歷受陽而總轡者也

其水又西南入洞過水朱趙無又字董祐誠曰黑水至壽陽縣南五十里入洞過水

洞過水朱趙三字不重又西蒲水南出蒲谷北流注之董祐誠曰一統志云涂水在楡次縣南一曰大涂水出和順縣八縛嶺西北流至縣東南十五里入洞渦水一曰小涂水源出鷹山西流入大涂水水經注涂水入洞過在原過水之下今此水反在上流葢水經所謂涂水卽今金水河而此實蒲水也案今涂水卽注所稱蒲水八縛嶺以上又有木瓜水出遼州木瓜嶺西流至八縛嶺入蒲水魏收所謂同過水出木瓜嶺者也

洞過水又西官本曰按近刻訛作于洞渦又西案朱趙同與原過水合董祐誠曰魏書地形志太原郡晉陽下云同過水出木瓜嶺一出沾嶺一出大廉山一出原過祠下五水合道故曰同過案志所述止四水其出沾嶺者爲洞過水出木瓜嶺者爲蒲水出大廉山者卽涂水出原過祠者卽原過水此注自原過水以上有南溪水黑水蒲水并洞過已有五水

近北便水源也官本曰按近刻訛作逕北便水流也案朱同箋曰逕舊本作近趙改同官本水西皁上有原過祠董祐誠曰一統志在楡次縣東葢懷道協靈受書天使憂結宿情傳芳後日棟宇雖淪攢木猶茂故水取名焉官本曰按故下近刻有層⿱此山二字衍案朱趙有

其水南流注于洞過水也

西過楡次縣南又西到晉陽縣南

楡次縣故涂水鄉官本曰按涂近刻訛作塗下涂陽同　案朱訛趙改刊誤曰塗水漢志分註作涂水晉大夫智徐吾之邑也春秋昭公八年晉侯築虒祁之宮有石言晉之魏楡服虔曰魏晉邑楡州里名也漢書曰楡次十三州志以爲涂陽縣矣王莽之太原亭也**縣南側水有鑿臺**孫校曰卽鹿臺山見山海經元和志麓臺山俗名鑿臺山在縣東南三十五里董祐誠曰楡次二漢晉志皆屬太原郡魏書地形志眞君九年併晉陽景明元年復故注不言故城然後魏移置中都縣于楡次卽元和郡縣志所稱中都故城在楡次東十里者地形志中都下有楡次城似漢楡次城已廢入中都而別於縣東南置楡次縣者不言故城或注偶有脱略歟元和郡縣志楡次縣高齊移中都縣于廢楡次城卽今縣理是也廢城卽漢城今治卽唐治則今城卽漢城矣元和郡縣志鑿臺在縣南四里韓魏殺智伯瑤于其下刳腹絶腸折頸摺頤處也官本曰按近刻頸訛作頭摺訛作揩　案朱訛趙改刊誤曰元和郡縣志引此作折頭摺頤寰宇記引此作折頸摺頤今從樂氏趙釋曰戹林曰史記智伯醉以酒灌擊毋卹又豫讓傳襄子怨智伯漆其頭以爲飲器乃知漆頭之誰實報

灌首之辱諸家解同虎子已屬厖言而水經注曰韓魏殺智伯刳腹絶腸折頸摺頤處也葢所未聞尋史記及新序載黃歇上秦王書曰智氏信韓魏從而伐趙韓魏叛之殺智伯瑤于鑿臺之下又曰韓魏父子兄弟接踵而死於秦者十世社稷壞宗廟隳刳腹絶腸折頸摺頤身首分離暴骨于草澤此春申極言韓魏之怨秦而酈氏誤以爲智伯見屠之酷可謂疏鹵矣**其水又西南流逕武灌城西北**官本曰按灌近刻訛作觀　案朱趙同董祐誠曰在今楡次縣西南二十里陳侃村盧諶征艱賦曰逕武館之故郛問厥塗之遠近官本曰按塗近刻訛作墜　案朱訛趙改**洞過水又西南爲淯湖謂之洞過澤**官本曰按澤近刻訛作津　案朱訛津趙作洞湖津董祐誠曰今分渠日多不復成澤**澤南**官本曰按近刻訛作而　案朱趙同並無澤字**涂水注之水出陽邑東北大嵊山涂谷**孫校曰魏收以此爲同過別原董祐誠曰二漢晉魏志陽邑皆屬太原郡一統志金水河卽涂水出太谷縣東北大塔山案陽邑故城在太谷縣東則大塔山卽大嵊山魏收所謂大廉山地形志又稱陽邑有徐水卽涂水之誤**西南逕蘿蘑亭南**朱蘑作磬趙改刊誤曰箋曰謝云一本作蘿蘑亭按寰宇記云蘿蘑亭俗名落莫城蘑字是也董祐誠曰元和郡縣志蘿蘑亭俗名洛漠城在太谷縣西北十九里今爲太谷縣登豐村**與蔣谷水合**孫校曰地形志楡次有長寍水西北合同過此疑卽魏收所說長寍水也董祐誠曰今金水河至徐溝縣合象谷水**水出縣東南蔣溪**董祐誠曰元和郡縣志蔣谷水今名象谷水今水出楡社縣恤張嶺下流逕太谷縣東北魏土地記曰晉陽城東南朱趙有一字百一十里至山有蔣谷大道度軒車嶺通于武鄉**水自蔣溪西北流西逕箕城北**董祐誠曰城在今太谷縣東春秋僖公三十三年晉人敗狄于箕杜預釋地曰城在陽邑南水北卽陽邑縣故城也董祐誠曰元和郡縣志太谷縣本漢陽邑今縣東故城是也後魏景明復置陽邑縣卽今縣也是後魏徙治之證竹書紀年曰梁惠成王九年與邯鄲楡次陽邑者也孫校曰地形志陽邑有白壁嶺樊陽水八表山徐水又曰沾有夾山豫水出得車嶺西北入汾王莽之繁穰矣**蔣溪又西合涂水亂流西北入洞過澤也**董祐誠曰今象谷水西北流至徐溝縣界入洞渦水

西入于汾出晉水下口者也趙七字改注刊誤曰七字是注混作經董祐誠曰今洞過水亦曰洞渦水俗名小河自樂平縣西逕壽陽楡次至徐溝縣西北入汾劉琨之爲并州也劉曜引兵邀擊之官本曰按劉曜近刻訛作劉淵　案朱趙作淵合戰于洞過卽是水也趙釋曰一淸按晉書劉曜攻晉陽劉琨使張喬拒之戰于武灌喬敗死晉陽太守高龜等皆降琨屯楡次與左右數十騎攜妻子奔趙郡遂如常山酈以爲琨與劉淵戰誤也

晉水出晉陽縣西懸甕山朱趙懸作縣朱甕作壅趙改甕下同刊誤曰箋曰縣舊本作懸孫云壅山海經作雍注云音甕按縣古懸字壅當作甕从缶不从土方輿紀要云懸甕山腹有巨石如甕亦曰汲甕山葢取象斯形壅是壅塞之義爲誤無疑

縣故唐國也春秋左傳稱唐叔未生其母邑姜夢帝謂己曰余名而子曰虞將與之唐屬之參及生名之曰虞呂氏春秋曰叔虞與成王居王援桐葉爲珪以授之曰吾以此封汝虞

以告周公孫校曰史記以爲史佚周公請曰天子封虞乎王曰余戲耳公曰天子無戲言時唐滅乃封之于唐孫校曰地理志太原郡縣有晉陽故詩唐國周成王滅唐封弟叔虞史記正義曰括地志故唐城在并州晉陽縣北二里城記云堯築也縣有晉水後改名爲晉孫校曰國都城記云唐叔虞之子燮父徙居晉水傍今并理故唐城唐者卽燮父初徙之處也毛詩譜云叔虞子燮父以堯虛南有晉水改曰晉侯故子夏敘詩稱此晉也而謂之唐儉而用禮有堯之遺風也晉書地道記及十三州志並言晉水

出龍山一名結絀山官本曰按名近刻訛作水　案朱同趙改一云出結絀山刊誤曰箋曰宋本一下有云字按水字亦誤當作出**在縣西北非也**董祐誠曰魏書地形志晉陽有懸甕山一名龍山晉水所出元和郡縣志因之是又合龍山懸甕山爲一**山海經曰懸甕之山晉水出焉今在縣之西南**董祐誠曰漢志晉陽龍山在西北有鹽官晉水所出東入汾蓋別志龍山所在非蒙下晉水也續志以下因之而誤故酈氏辨之山在今太原縣西南十里晉水所出曰滴瀝泉**昔智伯之遏晉水以**

灌晉陽官本曰按水以近刻訛作以水　案朱訛趙改刪之字刊誤曰箋曰以水當作水以按之字衍文**其川上源後人踵其遺跡蓄以爲沼沼西際山枕水有唐叔虞祠**趙釋曰方輿紀要云臺駘驛在太原縣南十里卽晉澤也舊爲晉水匯流處蒲魚所鍾水經注晉祠南有難老善利二泉大旱不涸隆冬不凍溉田百餘頃又有泉出祠下曰滴瀝泉其泉導流爲晉水瀦爲晉澤今本無之**水側有涼堂**趙刊誤曰箋曰御覽作涼臺按今御覽引此文是堂字**結飛梁于水上左右雜樹交蔭希見曦景至有淫朋密友羈遊宦子莫不尋梁契集用相娛慰于晉川之中最爲勝處**

又東過其縣南又東入于汾水

沼水分爲二派官本曰按近刻訛作汾水分爲二流　案朱訛趙改刊誤曰箋曰汾水舊本作湖水按非也寰宇記引此文云沼水分爲二派沼水卽上文智伯遏晉水以灌晉陽蓄以爲沼之水其水流入汾後漢書安帝紀元初三年春正月甲戌修理太原舊溝渠溉灌官私田章懷注引酈元水經曰昔智伯遏晉水以灌晉陽後人踵其遺跡蓄以爲沼分爲二派北瀆卽智氏故渠也其瀆乘高東北入晉陽城以周溉灌東南出城注於汾水今所修渠卽謂此與寰宇記所引正同箋云舊本作湖水蓋誤耳**北瀆卽智氏故渠也**昔在戰國襄子保晉陽智氏防山以水之城不沒者三版與韓魏望歎于此故智氏用亡**其瀆乘高東北注入晉陽城以周灌溉**官本曰按灌近刻訛作圃　案朱趙同漢末赤眉之難郡掾劉茂朱作椽趙改掾刊誤曰椽當作掾負太守孫福匿于城門西下空穴中其夜奔盂卽是處也**東南出城流注于汾水也其南瀆于石塘之下伏流逕舊溪東南出逕晉陽城南城在晉水之陽故曰晉陽矣**官本曰按近刻脫故字　案朱趙無經書晉荀吳帥師敗狄于大鹵杜預曰大鹵晉陽縣也爲晉之舊都春秋定公十三年趙鞅以晉陽叛後乃爲趙矣**其水又東南流入于汾**董祐誠曰元和郡縣志晉水初泉出處砌石爲塘自塘東分爲三派其北一派名智

伯渠東北流入州城中出城入汾水其次派東流逕晉澤南又東流入汾水此二派卽酈道元所言分爲二派者其南派隋開皇四年開東南流入汾水唐書地理志貞觀中引晉水入城謂之晉渠太原縣志晉渠俗謂之北派餘復分二派中派曰中河又分流爲陸堡河南派曰南河會流曰清水河今入城之流已涸餘引爲渠以溉田

湛水出河內軹縣西北山

湛水出軹縣南原湛溪官本曰按近刻軹訛作枳原訛作源　案朱訛趙改刊誤曰枳縣當作軹縣南源當作南原**俗謂之椹水也**官本曰按椹近刻訛作湛　案朱作湛趙改須釋曰全氏曰先司空曰須讀作須趙刊誤曰全氏云湛水字誤先司空校本作須水旁註云須讀作須通鑑隋漢王諒遣其將屯河陽與史詳戰于須水是也是盩聲形盡鄰朱作聲盡鄰趙改聲畫鄰刊誤曰盡當作畫故字讀俱變同于三豕之誤耳**其水自溪出南流**朱出作之趙改又刊誤曰之當作又**東過其縣北又東過波縣之北**官本曰按波近刻訛作皮　案朱訛趙改刊誤曰漢書地理志河內郡有波縣皮字誤

湛水南逕向城東而南注

又東過毋辟邑南

原經所注官本曰按原近刻訛作源朱訛趙改刊誤曰源當作原　案斯乃湨川之所由官本曰按湨原本及近刻竝訛作泪今改正湨水詳見卷七濟水內　案朱作泪趙改湨刊誤曰箋曰舊本作泪川按泪川是湨川之誤訛而爲泪又缺筆作泪非湛水之閒關也是乃經之誤證耳官本曰按近刻脫乃字　案朱趙無湛水自向城東南逕湛城東時人謂之椹城官本曰按近刻訛作湛城　案朱趙同亦或謂之隰城矣溪曰隰澗隰城在東言此非矣趙此改北刊誤曰此當作北後漢郡國志曰河陽縣有湛城是也

又東南當平縣之東北官本曰按平縣原本及近刻竝訛作平陰縣考河水注云河水又東逕平縣故城北又東湨水入焉此注云原經所注斯乃湨川之所由不得爲平陰明矣今訂正　案朱趙有陰字南入于河

湛水又東南逕鄧南流注于河故河濟有鄧津之名矣官本曰按鄧津在孟津西河水自西而東先得清水次教水次畛水次庸庸之水乃至平陰又得濝水次至鄧得湛水次至平縣得湨水撰水經者敘清水于平陰下敘湛水于平縣下皆于地望不協故道元辨其非

水經注卷六

水經注卷七　長沙王氏校本

後魏酈道元撰

濟水朱趙有一字

濟水出河東垣縣東王屋山爲沇水

山海經曰王屋之山官本曰按近刻脫此四字　案朱脫趙增聯水出焉西北流注于泰澤官本曰按泰近刻訛作泰　案朱作泰箋曰泰澤山海經作泰澤聯作灉音聾史記夏紀兗州作沇州沇當讀如兗故聲相近趙改泰澤郭景純云聯沇聲相近卽沇水也趙改沇卽濟也刊誤曰山海經註云沇則濟也則當作卽今本誤潛行地下至共山南復出于東邱今原城東北有東邱城孔安國曰泉源爲沇流去爲濟春秋說題辭曰濟齊也齊度也貞朱作員箋曰一作貞趙改貞也風俗通曰濟出常山房子縣贊皇山廟在東郡臨邑縣濟者齊也官本曰案近刻脫此三字　案朱趙無齊其度量也余按二濟同名官本曰按名下近刻衍也字　案朱趙有所出不同鄉原亦別官本曰案原近刻訛作源　案朱趙同斯乃應氏之非矣趙釋曰一清案漢書地理志河東郡垣縣禹貢王屋山在東北沇水所出其前載禹貢導沇水文俱作泲字又常山郡房子縣贊皇山石濟水所出說文云泲沇也東入海又云淆水出常山房子贊皇山東入泜漢人學有師承孟堅地志叔重說文尤精覈謹嚴千古取證應仲瑗始誤以出常山之濟爲四瀆之泲善長非之是矣而猶云二濟同名未免騎牆之見也江南徐鍇撰說文繫傳通釋云漢書房子縣贊皇山濟水所出東至廮陶入泜此非四瀆之濟四瀆之濟古皆作泲今人多亂之又云泲水今多作濟故與常山濟水相亂此則四瀆之泲楚金辨泲濟二字可謂了了足以證明孟堅而羽翼叔重然不云常山石濟而單云常山濟水猶有所蔽乃元吳澄書纂言云導水章所敘冀州之濟兗州之濟實一水也濟泲二字通用說文因二字而以北濟南濟爲二水非也今說文具在何嘗有南濟北濟之分且全不考水道之源委果於自信輕毀古義厚誣前哲如此唐徐堅初學記云二濟既南北異岸相去亦踰千里渠雖習尙詞章尙能別白不似草廬解經反致淆亂也今濟水重源出軹縣西北平地官本曰案軹縣近刻訛作溫城案朱趙同水有二源東源出原城東北官本曰案近刻重一城字　案朱衍趙刪刊誤曰城字重文宜衍昔晉文公伐原以信而原降卽此城也俗以濟水重源所發因復謂之濟源城其水南逕其城東故縣之原鄉官本曰案漢書地理志軹縣孟康曰原鄉晉文公所圍是也此故縣卽承上文軹縣言杜預曰沁水縣西北有原城者是也官本曰案沁近刻訛作沇又是字訛在也字下　案朱訛趙改刊誤曰沇水縣是沁水縣之誤以隱十一年傳註校也是當作是也南流與西源合西源出原城西官本曰案西字近刻訛作而　案朱訛趙改刊誤曰而當作西東流水注之官本曰案流近刻訛作沇　案朱訛趙改刊誤曰東沇水當作東流水水出西南東北流注于濟濟水又東逕原城南東合北水亂流東南注分爲二水一水東南流俗謂之爲衍水卽沇水也衍沇聲相近轉呼失實也官本曰案轉近刻作傳　案朱趙作傳濟水又東南逕絺城北而出于温矣官本曰案絺原本及近刻竝訛作郄今考左傳蘇忿生之田絺其一也後漢志波縣有絺城在今懷慶府西南三十二里　案朱作郄趙改郗刊誤曰郄說文作郗亦作絺郡國志河內郡波縣有絺城劉昭補註曰左傳曰王與鄭絺杜預曰在野王縣西南胡渭曰今河內縣西南有絺城其一水枝津南流注于湨朱箋曰音鶪湨水出原城西北原山勳掌谷官本曰案近刻脫一湨字　案朱趙不重湨字俗謂之爲白澗水南逕原城西春秋會于湨梁謂是水之墳梁也爾雅曰梁莫大于湨梁梁水隄也湨水又東南逕陽城東與南源合水出陽城南溪陽亦樊也一曰陽樊國語曰王以陽樊賜晉陽人不服文公圍之倉葛曰陽有夏商之嗣典樊仲之官守焉君而殘之無乃不可乎公乃出陽人春秋樊氏叛惠王使虢公伐樊執仲皮歸于京師卽此城也其水東北流與漫流水合水出軹關南東北流又北注于湨官本曰案湨原本及近刻竝訛作漫今改正　案朱訛趙改謂

之漫流口湨水又東合北水亂流東南左會濟水枝渠湨水又東逕鍾繇塢北世謂之鍾公壘又東南塗溝水注之水出軹縣西南山下北流東轉入軹縣故城中又屈而北流出軹郭漢文帝元年封薄昭爲侯國也又東北流注于湨湨水又東北逕波縣故城北漢高帝封公上不害爲侯國官本曰案湨水所逕乃今濟源縣東南二十里波城不害封汲侯或波訛汲耳趙刊誤曰箋曰孫云波縣當作汲縣案史記年表高帝十一年封公上不害爲汲侯索隱曰汲縣名屬河內案非也波汲竝縣名俱屬河內郡今本史表作汲侯索隱曰漢表作汲此必古本原是波字故小司馬以汲字證之正馬班異同處不然史表既是汲侯矣又證以漢表之汲侯義可通乎道元所見故宜無誤孫汝澄改波從汲殆未之察耳趙釋曰一清案史表作波侯漢表作汲侯索隱曰波與汲竝縣名屬河內蓋莫能定也善長從史表書之湨水又東南流天漿澗水注之朱漿下有水字趙刪刊誤曰上水字衍文水出軹南臯官本曰案近刻訛作睪下同案朱作睪趙改臯向城北城在臯上官本曰案近刻脫城字案朱脫趙增刊誤曰在上落城字睪當作睪與臯同俗謂之韓王城非也京相璠曰或云今河內軹西有城名向官本曰案城近刻訛作地案朱訛趙改刊誤曰地當作城今無杜元凱春秋釋地亦言是矣蓋相襲之向故不得以地名而無城也闞駰十三州志曰軹縣南山西曲有故向城即周向國也傳曰向姜不安于莒而歸者矣趙釋曰全氏曰案左傳盟向之向在周圻內杜所云軹縣者也向姜之向地在莒州善長誤合爲一汲郡竹書紀年曰鄭侯使韓辰歸晉陽及向二月城陽向更名陽爲河雍向爲高平即是城也其水有二源俱導各出一溪東北流合爲一川名曰天漿溪又東北逕一故城俗謂之冶城官本曰案冶近刻訛作治下同案朱訛趙改刊誤曰兩治字俱當作冶水亦曰冶水朱無上水字趙增刊誤曰亦曰上落水字又東流注于湨湨水又東南流右會同水水出南原下官本

曰案原近刻訛作源案朱訛趙改刊誤曰源當作原東北流逕白騎塢南塢在原上爲二溪之會北帶深隍三面阻險惟西版築而已東北流逕安國城西又東北注湨水湨水東南逕安國城東又南逕毋辟邑西世謂之無比城亦曰馬髀城皆非也朝廷以居廢太子謂之河陽庶人朱趙有也字湨水又南注于河朱趙有也字

又東至温縣西北爲濟水又東過其縣北

濟水于温城西北與故瀆分南逕温縣故城西周畿內國司寇蘇忿生之邑也春秋僖公十年狄朱作秋箋曰宋本作狄趙改狄滅温温子奔衛周襄王以賜晉文公濟水南歷虢公臺西皇覽曰温城南有虢公臺基趾尚存濟水南流注于河郭緣生述征記曰濟水官本曰案近刻脫水字案朱脫趙補出字刊誤曰濟下落出字河內温縣注于河蓋沿歷之實證非爲謬說也濟水故瀆于温城西北東南出逕温城北又東逕虢公冢北皇覽曰虢公冢在朱作堆箋曰宋本作在趙改在温縣郭東濟水南大冢是也濟水當王莽之世川瀆枯竭其後水流逕通津渠勢改尋梁脈水不與昔同趙釋曰通典曰詳水經所作殊爲詭誕全無憑據案後漢郡國志濟水王莽末因旱渠塞不復截河南過既順帝時所撰都不詳悉其餘可知景純注解又甚疏略又曰案後漢郡國志曰因王莽末旱此渠枯竭濟但入河而已不復截流而南水經是和帝以後所撰乃云南過滎陽封邱寃句乘氏等縣竝今縣地一依尚書禹貢舊道斯不詳之甚鄙道元又從而注之其所纂序及注解竝大紕繆一清案杜氏兩言濟水水經及注之失一在雍州風俗下一在荆州河南府濟源縣下然以經爲和帝後所撰又云順帝時撰注則云景純又云道元何無定見也禹貢錐指解之曰河北之濟因旱而枯旱止則復出河南之濟爲濁河所侵空竇盡窒河去不復能上涌故遂絕自東漢以迄唐初凡行濟瀆者皆河水也而猶目之曰濟是鵲巢而鳩居瓠名而圖實也故杜氏力詆水經以爲不可信然滎濟故道猶可因是而得其十之七八則此書不爲無補焉黃文叔云濟水

雖絕其瀆猶在雖中間經穿鑿變易或斷或續然水之附入於其瀆者猶可尋求緝之以存禹迹非無理也斯言蓋得其平又曰濟瀆之水自周以來凡數變初爲濟及導滎爲川則滎與濟合鴻溝既開滎瀆爲河所亂及滎澤又塞則所行者惟河水矣汴渠不通則鉅野以北所行惟菏汶戴村已築則東阿以下所行唯山泉溝澤之水其號爲濟者襲舊名而已水經所敘瀆同而水異水異故李宏憲云河南無濟水瀆同故黃文叔云禹迹賴此而猶存言非一端各有所當今與人論濟水苟以爲無則羣指七十二泉大小清河以相難若以爲有則又據杜佑之說詆水經不當襲舊名爲濟明道謂與公言如扶醉人扶得一邊起又倒卻一邊眞可笑又可憎也古文尚書疏證又爲之解曰濟水當王莽時大旱遂枯絕不復截河南過者晉司馬彪之言也雖經枯竭其後水流逕通津渠勢改尋梁脈水不與昔同者後魏酈道元之言也通典據彪之言以折水經謂濟渠既塞都不詳悉其餘可知余讀郭璞山海經注而歎恐未足以服水經之心何則璞固有言矣今濟水自滎陽卷縣東經陳留至濟陰北東北至高平東北經濟南至樂安博昌縣入海與禹時濟瀆所經河南之道無異蓋枯而復通者所謂津渠勢改昔則自號公臺東入河出在敖倉之東南今改流自號公臺西入河出亦非故處與或禹時濟未必分南北此則分而爲二爲不同與又潛邱劄記曰黃子鴻篤信水經注者憶初晤碧山堂問曰後漢志溫縣濟水出王莽時大旱遂枯絕是河南無濟今且千六百七十餘年矣何酈道元言之詳且析也子鴻曰新莽時雖枯後復見酈氏所謂其後水流逕通津渠勢改尋梁脈水不與昔同是也祇緣杜君卿不信水經專憑司馬彪志竊以爲彪不過記一時之災變耳非謂永不截河南過也君卿云云遂眞覺河南無濟疑誤到今尚有宗主其說者余曰枯而復通旣聞命矣敢問除酈注外抑別有徵乎子鴻曰未聞余退而考杜預釋例云濟水自滎陽卷縣東逕陳留至濟陰北經高平東平至濟北東北經濟南至樂安博昌縣入海郭璞山海經注云今濟水自滎陽卷縣東經陳留至濟陰北東北至高平東北經濟南至樂安博昌縣入海張湛列子注云濟水出王屋山爲沇水東經溫縣爲濟水下入黃河十餘里南渡河爲滎澤又經濟陰等九郡而入海萃此三說以覆子鴻喜獲所未聞復難余今不見河南有濟畢竟復枯于何代余復考得後漢書王景傳濟渠下章懷注云濟水出今洛州濟源縣西北東流經溫縣入河渡河東南入鄭州又東入滑曹鄆濟齊青等州入海卽此渠也王莽末旱因枯涸但入河內而已似不知中有復通之事合以許敬宗對高宗濟水潛流屢絕是自唐以前濟已復枯直至今矣又曰有問濟水枯而復通畢竟在何時予曰考王景傳曰初平帝時河汴決壞未及得修建武十年陽武令張汜上言河決積久日月侵毁濟渠所漂數十許縣逮後三十五年汴渠成明帝巡行下詔曰河汴分

流復其舊迹陶邱之北漸就壞墳此汴壞而濟亦壞汴治而濟亦治之徵也又考晉書傅祇傳武帝時爲滎陽太守自魏黃初大水後河濟汎濫鄧艾嘗著濟河論開石門而通之至是復侵壞祇乃造沈萊堰兗豫無水患郗超傳太和中桓溫將伐慕容氏引軍自濟入河超諫曰清水入河無通運理毛穆之傳溫使穆之鑿鉅野百餘里引汶會于濟此豈竟枯絕者哉大抵王莽世天災雖甚然皆不遠而復班注云云蓋以目驗者言也祇緣司馬彪下語太重若改遂枯絕爲會枯絕則妙矣潛邱東樵之言明白如此足以祛君卿之惑其無累于桑酈也明矣又孔穎達左傳正義曰案檢水流之道今古或殊杜既考校元由據當時所見載於釋例今一皆依杜雖與水經乖異亦不復根尋也觀此則亦不以濟水爲竟枯絕也

屈從縣東南流過隤城西官本曰案隤近刻訛作墳下同 案朱訛趙改刊誤曰墳城當作隤城郡國志河內郡修武有隤城劉昭補注曰左傳隱十一年以隤與鄭 **又南當鞏縣北南入于河**

濟水故瀆東南合奉溝水水上承朱溝于野王城西東南逕陽鄉城北官本曰案此下近刻重又東南流逕陽鄉城北九字 案朱衍趙刪存流字刊誤曰下逕陽鄉城北又東南重入字文宜衍 **又東南逕李城西**秦攻趙邯鄲且降傳舍吏子李同說平原君勝分家財饗士得敢死者三千人李同與赴秦軍秦軍退同死官本曰案近刻作李同死 案朱同趙刪封其父爲李侯故徐廣曰河內平皋縣有李城卽此城也**于城西南爲陂水淹地百許頃蒹葭萑葦生焉號曰李陂又逕隤城西屈而東北流逕其城北又東逕平皋城南**應劭曰邢侯自襄國徙此當齊桓公時衞人伐邢邢遷于夷儀其地屬晉號曰邢邱以其在河之皋勢處平夷官本曰案近刻訛作處勢平夷 案朱趙同故曰平皋瓚注漢書云春秋狄人伐邢邢遷夷儀不至此也官本曰案近刻脫也字 案朱脫趙增刊誤曰此下落也字孫潛校增今襄國西有夷儀城去襄國百餘里朱百上有一字趙刪刊誤曰一字衍文孫潛校平皋是邢邱朱趙作邢是丘名朱箋曰舊本作平皋是邢丘非國

也余案春秋宣公十六年赤狄伐晉圍邢邱昔晉侯送女于楚送之邢邱卽是此處也非無城之言趙釋曰一清案師古亦曰應說非也竹書紀年曰梁惠成王三年朱作二年趙改刊誤曰竹書紀年是三年鄭城邢邱司馬彪後漢郡國志云縣有邢邱故邢國周公子所封矣漢高帝七年官本曰案近刻訛作六年案朱趙同趙釋曰沈氏曰是七年封碭郡長項佗爲侯國官本曰案佗近刻訛作伯案朱訛趙改刊誤曰史表是項佗賜姓劉氏武帝以爲縣其水

又南注于河也

與河合流又東過成皋縣北又東過滎陽縣北又東至礫溪南官本曰案原本及近刻竝作又東至北礫磎南北字後人所加漢書溝洫志顏師古引水經沵水東過礫谿無北字可證辯又詳注內　案朱同趙改東北至溪竝作磎刊誤曰至北二字當倒互礫磎只一處不分南北胡渭亦爲此文所誤而强名之宜其獻笑後來也說見後**東出過滎澤北**官本曰案滎澤原本及近刻竝訛作滎陽今考此卽注內所謂滎澤

在滎陽縣東南者也　案朱訛趙改刊誤曰全氏云滎陽是滎澤之誤注云濟水又東逕滎澤北所以釋此條之經也

釋名曰濟濟也源出河北濟河而南也晉地道志曰濟自大伾入河與河水鬭南泆爲滎澤尚書曰滎波旣瀦趙作豬下同孔安國曰滎澤波水已成遏瀦官本曰案近刻脫澤字遏字案朱脫趙增朱趙已作以刊誤曰書傳云滎澤波水以成遏豬今補正下滎波之波衍文闞駰曰滎播官本曰案近刻訛作滎波嶓　案朱衍趙刪朱趙播作嶓下同澤名也故呂忱云播水在滎陽謂是水也趙釋曰一清案滎嶓之嶓當作播禹貢錐指曰滎波旣豬史記作播漢書作波閻百詩云馬鄭王本竝作播播是澤名不從山作嶓可知也又說文潘水名在河南滎陽從水番聲普官切不謂叔重有此大繆此與闞駰以潘水爲潤水正相似也昔大禹塞其淫水而于滎陽下引河東南以通淮泗趙釋曰禹貢錐指曰河與滎瀆相亂其來已久而滎澤在西漢時依然無恙故班固云濟水軼出滎陽北地中謂滎澤也至東漢乃塞爲平地酈道元云夫滎澤何以謂之淫水經曰滎波旣豬禹方陂之以蓄其水何以塞之誕妄不足深辨全氏曰以鴻溝爲禹

迹善長之繆也而張埍等宗之濟水分河東南流漢明帝之世司空伏恭薦樂浪人王景字仲通好學多藝善能治水顯宗詔與謁者王吳官本曰案原本及近刻竝訛作昊下同今改正　案朱訛趙改始作浚儀渠吳用景法水乃不害此卽景吳所脩故瀆也官本曰案吳近刻訛作作　案朱趙同渠流東注浚儀故復謂之浚儀渠官本曰案此下近刻有也字　案朱趙有明帝永平十五年東巡至無鹽帝嘉景功拜河隄謁者官本曰案此下近刻有漢字　案朱趙有靈帝建寧四年于敖城西北壘石爲門以遏渠口謂之石門故世亦謂之石門水門廣十餘丈西去河三里石銘云建寧四年十一月黃場石也而主吏姓名磨滅不可復識官本曰案朱謀㙔云玉海引水經注浚儀縣竹書紀年梁惠成王三十一年三月爲大溝于北郛以行圃田之水陳留風俗傳曰縣北有浚水像而儀之故曰浚儀續述征記曰汴河到浚儀而分汴東注河南流建寧四年于敖城西北壘石爲門以遏渠

口謂之石門故世亦謂之石門水門廣十餘丈西去河三里石銘云建寧四年十一月黃場石　趙刊誤曰玉海所引酈注本是二條自浚儀縣竹書紀年至汴東注河南流係二十二卷渠水注汴河原作汴沙河南流原作沙南流謂沙水也緣彼卷有錯簡故其文不屬朱氏因浚儀渠而載之於此可稱極繆建寧四年以下現載本篇乃更詳錄無遺疏鹵之愆抑又甚矣魏太和中又更脩之撤故增新石字淪落無復在者水北有石門亭戴延之所云新築城城周三百步官本曰案城周近刻訛作周城　案朱訛趙改刊誤曰周城二字當倒互滎陽太守所鎭者也水南帶三皇山官本曰案近刻脫皇字　案朱脫趙增刊誤曰箋曰一作三皇山案三下脫皇字三皇山卽皇室山朱氏不注于三山之下而注于皇室山之下斯爲繆矣卽皇室山亦謂之爲三室山也朱箋曰郡國志注引西征記云滎陽有廣武城在三皇山上或謂之三室山上有二城曰東廣武西廣武各在山一頭相去二百餘步濟

水又東逕西廣武城北官本曰案此十字原本及近刻竝訛作經考廣武二城敖山及滎瀆所入皆値滎陽縣之西不得與經淆紊今改正　案朱訛趙改刊誤曰十字是注混作經郡國志滎陽縣有

廣武城城在山上漢所城也高祖與項羽臨絕澗對語責羽
十罪羽射漢祖中胸處也山下有水北流入濟世謂之柳泉
也濟水又東逕東廣武城北官本曰案此十字原本及近刻並訛作經　案朱訛趙改刊誤
曰十字是注混作經楚項羽城之漢破曹咎羽還廣武爲高壇官本曰案近刻
訛作祖朱謀㙔云宋本作俎　案趙改俎置太公其上曰漢不下吾烹之高祖不
聽將害之項伯曰爲天下者不顧家但益怨耳羽從之今名
其壇曰項羽堆夾城之閒有絕澗斷山謂之廣武澗項羽叱
婁煩于其上婁煩精魄喪歸矣濟水又東逕敖山北官本曰案此八
字原本及近刻並訛作經　案朱訛趙改刊誤曰八字是注混作經詩所謂薄狩于敖者也官本
曰案今詩作搏獸于敖其山上有城卽殷帝仲丁之所遷也皇甫謐帝
王世紀曰仲丁自亳徙嚻于河上者也或曰敖矣秦置倉于
其中故亦曰敖倉城也濟水又東合滎瀆官本曰案此七字原本及近刻並訛
作經又滎瀆近刻訛作滎澤　案朱訛趙改刊誤曰七字是注混作經滎澤玉海引此文作滎瀆下云瀆首受河水有石
門謂之爲滎口石門也瀆首受河水官本曰案首近刻訛作水　案朱訛趙改刊誤曰瀆水之水胡渭校
改首有石門謂之爲滎口石門也而地形殊卑蓋故滎播所導
趙刊誤曰箋曰孫云書作滎波案孫汝澄之言蓋不知馬鄭王本波皆作播亦不記夏本紀滎播既都之文而爲此辭也
自此始也門南際河有故碑云惟陽嘉三年二月丁丑使河
隄謁者王誨疏達河川適荒庶土官本曰案適近刻訛作述　案朱作述箋曰疑作遂
趙改遂往大河衝塞官本曰案往近刻訛作云　案朱趙作云侵齧金隄以竹籠石
葺土而爲堨官本曰案近刻石下衍葦字　案朱趙有壞隤無已功消億萬請以
濱河郡徒疏山采石壘以爲障功業既就繇役用息未詳趙改
辛未刊誤曰箋曰玉海二十一卷內引此文無未詳二字疑衍案隸釋載此文有未詳二字葢誤文也當作辛未詳字之

半似辛其文又互易葢詔書以辛未日下去丁丑才四十五日卽在陽嘉三年二月之明月故不再書年月也下文歲在
甲子被癸丑詔書及瀍水注幽冀二州郡縣分境立石標界亦云戊子詔書事在熹平四年是其切證戊子今本水經注
訛作代子據隸釋校改此未詳二字盤洲既不能發明斯義厚齋竟節去之無惑乎朱氏以爲疑衍也詔書許
誨立功府卿官本曰案近刻訛作鄉　案朱訛趙改刊誤曰府鄉當作府卿謂少府卿也漢都水舊屬少府
規基經始詔策加命官本曰案策近刻訛作滎　案朱同箋曰疑作策趙改策遷在沇州
乃簡朱軒授使司馬登令纘茂前緒稱遂休功登以伊洛合
注大河南則緣山東過大伾回流北岸其勢鬱懞濤怒湍急
激疾一有決溢彌原淹野蟻孔之變害起不測葢自姬氏之
所常蹙昔崇鯀所不能治我二宗之所劬勞于是乃跋涉躬
親經之營之比率百姓議之于臣伐石三谷水匠致治立激
岸側以捍鴻波隨時慶賜說以勸之川無滯越水土通演役
未踰年而功程有畢斯乃元勳之嘉課上德之宏表也昔禹
脩九道書錄其功后稷躬稼詩列于雅夫不憚勞謙之勤夙
興厥職充國惠民安得湮沒而不章焉故遂刊石記功垂示
于後其辭云云使河隄謁者山陽東緡司馬登官本曰案緡近刻訛作昬
案朱訛趙改刊誤曰日知錄曰漢陳留郡有東昬後漢志注云陳留志曰故戶牖鄉有陳平祠山陽郡有東緡後漢志
春秋時曰緡註云左傳僖公二十三年齊侯伐宋圍緡前書師古曰緡音旻左傳緡宋邑高平昌邑縣東南有東緡城史
記絳侯周勃世家攻爰戚東緡以往索隱曰山陽有東緡縣屬陳留者音昬屬山陽者音旻括地志云東緡故城在兗州
金鄉縣界水經注引王誨碑辭曰河隄謁者山陽東昬司馬登是以緡爲昬誤矣酸棗令劉熊碑陰故守東昬長蘇勝則
陳留之東昬也字伯志代東萊曲成王誨官本曰案曲成近刻訛作典城　案朱訛趙改刊誤
曰漢書地理志東萊郡曲成縣典城字誤字孟堅河內太守宋城向豹官本曰案近刻訛作
守城向豺　案朱訛趙改刊誤日隸釋作宋城向豹今校正字伯尹丞汝南鄧方字德山

懷令劉丞字季意河隄掾匠等造陳留浚儀邊韶字孝先頌石銘歲遠字多淪缺其所滅蓋闕如也滎瀆又東南流注于濟官本曰案原本及近刻竝訛作浦今改正案朱訛趙改刊誤曰浦當作泲今無水次東得宿須水口趙須改胥刊誤曰須當作胥下同水受大河渠側有扈亭水官本曰案亭近刻訛作城案朱作扈城趙增亭字以水字下屬刊誤曰扈城下落亭字自亭東南流注于濟今無水宿須在河之北不在此也蓋名同耳自西緣帶山隰秦漢以來亦有通否濟水與河渾濤東注晉太和中桓温北伐將通之不果而還義熙十三年劉公西征又命寍朔將軍劉遵考仍此渠而漕之始有激湍東注而終山崩壅塞劉公于北十里更鑿故渠通之今則南瀆通津官本曰案今近刻訛作合案朱訛趙改刊誤曰合當作今孫潛校改川澗是導耳濟水于此又兼邲目春秋宣公十三年晉楚之戰楚軍于邲即是水也音卞官本曰案音近刻訛作昔案朱訛趙改刊誤曰昔當作音孫潛校改趙釋曰全氏曰二字注中注京相璠曰在敖北濟水又東逕滎陽縣北官本曰案此九字原本及近刻竝訛作經今考自濟水分河東南流至此則經所謂過滎陽縣北也案朱訛趙改刊誤曰九字是注混作經曹太祖與徐榮戰不利曹洪授馬于此處也濟水又東礫石溪水注之官本曰案此十字原本及近刻竝訛作經礫石溪上又加南字胡渭禹貢錐指云上有北礫溪故此爲南礫溪石字衍考下云世謂之礫石澗則石字非衍明矣經言礫溪于滎陽縣下此亦言于滎陽縣下豈有兩滎陽縣乎後人不察前屬經文後屬注文故妄加南北二字耳案朱訛經又作南礫石溪水趙改注作礫磎水南字不刪上屬爲句刊誤曰十一字是注混作經石字衍文溪當作磎胡渭禹貢錐指以上文誤本經文又東至北礫磎爲北礫磎而不知至北二字之倒互也以此條濟水又東爲句南礫磎注之爲南礫磎注之而不知此條之非經也其言曰蔡傳曰周定王五年河徙砱礫不知在何處案溝洫志賈讓治河奏有滎陽漕渠如淳曰今礫磎口是也師古曰礫谿名即水經所云泲水東過礫磎者阿誰讀誤本漢書以今爲令又加石作砱殊足

使人噴飯即以礫磎言之水經濟水東至北礫谿南東出過滎陽縣北又東句南礫谿水注之礫谿口即南礫磎水入濟處也古之決口皆在大伾之東金元時所決漸西至明天順中河自武陟徙入原武而獲嘉之流遂絕變斯極矣滎陽今爲滎澤縣與獲嘉相對周時河徙寍遽在此耶唯漢平帝之世河侵汴濟謂徙從礫磎口則可然亦無砱礫之名也此說當必有所本頃閱王伯厚河渠考引程氏曰周時河徙砱礫至漢又改頓邱東南流程氏疑即大昌及檢禹貢論其第十一篇有云周定王五年河徙故瀆漢元光三年河水徙從頓邱東南流入勃海卻無砱礫字又圖說菑蕩渠口辨引如淳註亦作今礫磎口不作砱礫則二字明係杜撰絕無根據誕妄乖繆莫此爲甚而學者宗之以王伯厚之淹博亦不能正其失而且累及程氏地理之學談何容易東樵之口可謂辯矣然礫磎只一水別無南北之分既强讀又東爲句以是爲南礫磎矣顧何以又云北礫磎未詳蓋在河南濟北其水西注於河者耶苟不知所在亦不當强爲立名以疑誤後學也傳澤洪行水全趙云北礫磎蓋在河南濟北其水西注于河者又云經所謂礫磎可知上有北礫磎故此爲南礫磎是蓋襲用錐指而繆者全氏云蔡九峰雖誤以今爲砱然猶祇是一礫磎東樵乃分爲南北二礫磎其繆又甚於九峰水出滎陽城西南李澤澤中有水即古馮池也地理志曰滎陽縣馮池在西南是也東北流歷敖山南春秋晉楚之戰設伏于敖前謂是也逕虢亭北池水又東北逕滎陽縣北斷山東北注于濟世謂之礫石澗即經所謂礫溪矣經云濟出其南非也官本曰案濟東流而礫溪東北注之則濟至其北經不當云又東至礫溪南故道元辯之濟水又東索水注之官本曰案此八字原本及近刻竝訛作經案朱訛趙改刊誤曰八字是注混作經水出京縣西南嵩渚山與東關水同源分流官本曰案近刻訛作與東關分水案朱訛趙改刊誤曰寰宇記引此文與東關水同源分流即古旃然水也今補正即古旃然水也官本曰案近刻脫然字案朱脫趙增其水東北流器難之水注之山海經曰少陘之山器難之水出焉而北流注于侵水趙釋曰一清案山海經作役水郭璞曰一作侵即此水也其水北流逕金亭又北逕京縣故城西入于旃然之水城故鄭邑也莊公以居弟段號京城太叔祭仲曰京城過百雉國之害也趙釋曰一清案傳文是都城此

句是祭元刪去今泛言先王建侯之制故曰都城道京不度句直改都城爲京城也城北有壇山岡朱趙岡作罡下同趙世家成侯二十年魏獻滎陽因以爲壇臺岡也趙釋曰沈氏曰史記魏獻滎椽趙因以爲檀臺滎椽木材非地也檀臺是屋非岡也善長不知何以有此誤考檀臺在襄國見于續漢志而滎陽乃韓地後之爲滎陽圖經者因造爲檀山以相附會益更繆矣其水亂流北逕小索亭西京相璠曰京有小索亭世語以爲本索氏兄弟居此故號小索者也又爲索水索水又北逕大柵城東晉滎陽民張卓董邁等遭荒鳩聚流雜保固官本曰案近刻訛作流離堡固　案朱作離堡趙改雜堡名爲大柵塢至太平眞君八年豫州刺史崔白官本曰案豫近刻訛作潁　案朱趙同無八字趙釋曰全氏曰太平眞君下脫八字魏地形志太平眞君八年滎陽省併屬縣則移治或在是年但是豫州非潁州也自虎牢移州治此又東開廣舊城創制改築焉太和十七年遷都洛邑省州置郡趙釋曰全氏曰案胡三省曰太和十九年罷北豫州置東中府非郡也郡固先州置亦非十七年索水又屈而西流與梧桐澗水合水出西南梧桐谷東北流注于索斯水亦時有通塞而不常流也索水又北屈東逕大索城南春秋傳曰鄭子皮勞叔向于索氏官本曰案近刻訛作水　案朱訛趙改刊誤曰索水當作索氏左傳校卽此城也晉地道志所謂京有大索小索亭漢書京索之間也索水又東逕虢亭南應劭曰滎陽故虢公之國也朱有之字趙刪今虢亭是矣司馬彪官本曰案近刻訛作故馬淵　案朱訛趙改刊誤曰故字衍文馬淵是司馬彪之誤郡國志曰縣有虢亭俗謂之平桃城官本曰案桃近刻訛作咷　案朱作平咷趙改平咷刊誤曰平黃省曾本作平魏晉孝文帝紀作平桃城趙釋曰全氏曰案乎咷六朝時曰平桃見魏書蓋虢脫其半爲乎乎又變而爲平而咷又轉而爲桃也城內有大冢名管叔冢或亦謂之爲號咷城非也蓋號虢字相類字轉失實也風俗通曰俗說高祖與項羽戰于

京索遁于薄中羽追求之時鳩止鳴其上追之者以爲必無人遂得脫及卽位異此鳩故作鳩杖以扶老案廣志楚鳩一名嘷啁朱作嗥趙改刊誤曰嗥當作嘷嘷音豪若嗥音繹非其義矣號咷之名蓋因鳩以起目焉所未詳也索水又東北流須水右入焉水近出京城東北二里榆子溝亦曰柰榆溝也又或謂之爲小索水東北流木蓼溝水注之水上承京城南淵世謂之車輪淵淵水東北流謂之木蓼溝又東北入于須水須水又東北流于滎陽城西南北注索索水又東逕滎陽縣故城南漢王之困滎陽也紀信曰臣詐降楚王宜閒出信乃乘王車出東門稱漢降楚楚軍稱萬歲震動天地王與數十騎出西門得免楚圍朱無圍字趙增刊誤曰楚下落圍字羽見信大怒遂烹之信冢在城西北三里故蔡伯喈述征賦曰過漢祖之所隘弔紀信于滎陽其城跨倚岡原居山之陽王莽立爲祈隊官本曰案祈近刻訛作新　案朱訛趙改刊誤曰新當作祈漢書王莽傳校備周六隊之制魏正始三年歲在甲子被癸丑詔書割河南郡縣自鞏闕以東官本曰案鞏字近刻訛在縣字上　案朱脫縣字又作鞏自趙增乙刊誤曰郡下落縣字鞏自二字當倒互謂鞏縣及伊闕也創建滎陽郡并戶二萬五千以南鄉筑陽亭侯朱筑作築陽下有城字趙改刪又朱趙亭上有鄉字刊誤曰晉書地理志筑陽縣屬順陽郡故魏武之南鄉郡也太康中改今名築字誤城字衍文李勝字公昭官本曰案近刻訛作照　案朱訛趙改刊誤曰三國志魏書曹爽傳注李勝字公昭照字誤也爲郡守故原武典農校尉官本曰案故近刻訛作顧　案朱訛趙改刊誤曰顧當作故政有遺惠民爲立祠于城北五里號曰李君祠廟前有石蹠蹠上有石的朱箋曰案會稽記縣東有射的山山有石壁方二丈的的如射侯則此石的卽其類也石的銘具存其略曰百族欣戴咸

推厥誠今猶祀禱焉索水又東逕周苛冢北漢祖之出滎陽也令御史大夫周苛守之項羽拔滎陽獲苛曰吾以公爲上將軍封三萬戶侯能盡節乎苛瞋目罵羽羽怒烹之索水又東流北屈西轉北逕滎陽城東而北流注濟水杜預曰旃然水出滎陽成皋縣東入汳春秋襄公十八年楚伐鄭右師涉潁次于旃然卽是水也濟渠水斷汳溝惟承此始故云汳受旃然矣官本曰案汳近刻訛作吸　案朱訛趙改刊誤曰汳水注云陰溝卽蒗蕩渠也亦言汳受旃然水又云河濟水亂汳承旃然吸是汳字之誤亦謂之鴻溝水蓋因漢楚分王指水爲斷故也郡國志曰滎陽有鴻溝水是也蓋因城地而變名爲川流之異目濟水又東逕滎澤北官本曰案此卽經所謂東出過滎澤北也原本及近刻竝作滎陽澤陽字衍　案朱衍陽趙刪刊誤曰通鑑地理通釋校衍陽字故滎水所都也曰箋曰都疑作瀦案古都豬字通用史記夏本紀大野旣豬作旣都孟豬作明都是也京相璠曰滎澤在滎陽縣東南與濟隧合濟隧上承河水于卷縣北河南逕卷縣故城東又南逕衡雍城西朱衡作恆趙改刊誤曰恆當作衡案春秋時衡雍後改垣雍史記秦昭王四十八年韓獻垣雍以和戰國策魏王曰秦許我以垣雍魏公子無忌謂秦有鄭地得垣雍是也恆垣字近致譌春秋左傳襄公十一年諸侯伐鄭西濟于濟隧杜預闕其地而曰水名也官本曰案近刻訛作而名之水也　案朱趙同京相璠曰鄭地也言濟水趙釋曰一清案下有脫文滎澤中北流至衡趙作垣雍西與出河之濟會朱箋曰濟水伏流自河而出故謂之出河之濟南去新鄭百里斯蓋滎播朱箋曰漢志作波河濟往復徑通矣官本曰案徑近刻作逕　案朱趙作逕出河之濟卽陰溝之上源也濟隧絕焉故世亦或謂其故道爲十字溝自于岑造八激隄于河陰水脈徑斷故瀆難尋又南會于滎澤然水旣

斷趙增旃字刊誤曰然上落旃字民謂其處爲滎澤春秋衞侯及翟人戰于滎澤而屠懿公宏演報命納肝處也朱箋曰呂氏春秋云狄人殺衞懿公食之遺其肝宏演使返報命肝下自剖其腹納懿公之肝趙釋曰全氏曰案杜預曰戰處當在河北非此滎澤也又宣十二年楚潘黨逐魏錡及滎澤卽此矣有垂隴城濟瀆出其北春秋文公二朱作三箋曰左傳作二年趙改年晉士縠盟于垂隴者也京相璠曰垂隴鄭地今滎陽東二十里有故垂隴城官本曰案近刻脫垂字　案朱脫趙增刊誤曰當作垂隴城落垂字卽此是也世謂之都尉城蓋滎陽典農都尉治故變垂隴之名矣濟瀆又有沙城官本曰案瀆近刻訛作澤　案朱訛趙改刊誤曰澤當作瀆城左佩濟瀆竹書紀年梁惠成王九年王會鄭釐侯于巫沙者也朱無也字趙增刊誤曰者下落也字濟瀆有故城世謂之水城官本曰案近刻脫之字又此句之下衍非也二字　案朱趙有史記秦昭王三十二年官本曰案近刻訛作四十二年　案朱訛趙改刊誤曰四當作三事在穰侯傳魏冉攻魏走芒卯入北宅趙刊誤曰箋曰竹書宅作宅案係俗本誤字宋氏引之非卽故宅陽城也竹書紀年曰惠成王十三年官本曰案近刻脫成字　案朱脫趙增刊誤曰箋曰今竹書巫沙之盟是顯王十一年事案竹書惠王是梁惠成王周顯王十一年正梁惠成王十三年朱氏因刻本失去成字遂以周顯王證之非矣王及鄭釐侯盟于巫沙以釋宅陽之圍歸釐于鄭者也竹書紀年晉出公六年齊鄭伐衞荀瑤城宅陽俗言水城非矣濟水自澤東出卽是始矣王隱曰河決爲滎濟水受焉故有濟隄矣謂此濟也官本曰案近刻訛作爲北濟也　案朱趙同濟水又東南逕釐城東春秋經書公會鄭伯于時來左傳所謂釐也京相璠曰今滎陽縣東四十里有故釐城也濟水右合黃水官本曰案右近刻訛作又　案朱趙作又水朱趙水上有黃字發源京縣黃堆山官本曰案近刻訛作黃淮止　案朱訛趙改刊誤曰箋曰止一作山宋本作上案寰宇記引此文作

黃堆山方輿紀要云嵩渚山一名小陘山水經注以爲黃堆山也全氏曰亦卽黃雀山淮止二字誤也東南流名祝龍泉泉勢沸涌狀若巨鼎揚湯官本曰案近刻訛作湯湯 案朱訛趙改刊誤曰御覽引此文作巨鼎揚湯上湯字誤西南流謂之龍項口世謂之京水也又屈而北注魚子溝水入焉朱箋曰宋本作北注于濟魚水入焉趙依宋本改水出石暗澗東北流又北與瀝瀝水合水出西溪東流水上有連理樹其樹柞櫟也官本曰案近刻脫樹字 案朱脫箋曰其下脫樹字趙增南北對生凌空交合溪水歷二樹之間東流注于魚水魚水又屈而西北注黃水黃水又北逕高陽亭東又北至故市縣重泉水注之水出京城西南少陘山官本曰案少陘近刻訛作小陸 案朱同箋曰小宋本作少趙改少陘東北流又北流逕高陽亭西東北流注于黃水又東北逕故市縣故城南漢高帝六年官本曰案漢近刻訛作溪 案朱訛趙改封閻澤赤爲侯國河南郡之屬縣也官本曰案近刻脫河南郡之四字 案朱脫四字趙補三字刊誤曰漢書地理志河南郡故市縣此文屬縣也上當補河南之三字黃水又東北至滎澤南分爲二水一水北入滎澤下爲船塘俗謂之郟城陂東西四十里南北二十里竹書穆天子傳曰甲寅官本曰案近刻訛作甲辰 案朱訛趙改刊誤曰穆天子傳是甲寅天子浮于滎水乃奏廣樂是也一水東北流卽黃雀溝矣穆天子傳曰壬寅天子東至于雀梁者也又東北與靖水枝津合二水之會朱趙作合爲黃淵官本曰案近刻訛作泉 案朱趙作泉北流注于濟水

又東過陽武縣南官本曰案原本及近刻竝訛作縣北考南濟在陽武南其在陽武北者乃北濟觀道元于此下敘南濟所逕而北濟則追敘於後封邱下經本作縣南明矣今改正 案朱趙作縣北

濟水又東南流入陽武縣趙增北字刊誤曰陽武縣下名勝志引此文有北字歷長城東南流蒗蕩渠出焉濟水又東北流南濟也逕陽武縣故城南官本曰案此十六字原本及近刻竝訛作經今考上下文乃注內敘南濟所逕而此句則釋經所謂東過陽武縣南也 案朱訛趙改南濟趙改北濟刊誤曰十六字是注混作經南濟當作北濟濟至定陶斯有南稱王莽更名之曰陽桓矣又東爲白馬淵淵東西二里朱無西趙增刊誤曰名勝志引此文作東西二里落西字南北朱趙有一字百五十步淵流名爲白馬溝官本曰案近刻淵作泉脫馬字 案朱趙作泉朱無馬字趙增刊誤曰當作白馬溝落馬字又東逕房城北穆天子傳曰天子里甫田之路朱趙作圃田下同趙刊誤曰箋曰圃一作甫 案甫田卽圃田朱氏釋之實爲辭費東至于房疑卽斯城也郭注朱有云字趙刪刊誤曰云字衍文以爲趙郡房子也余謂穆王里鄭甫而郭以趙之房邑爲疆趙刊誤曰箋曰而當作田案周禮職方豫州藪曰圃田然亦可單稱圃詩曰東有甫草傳曰鄭之有原圃猶秦之有具圃史記魏公子無忌曰秦七攻魏五入圃中邊城盡拔劉伯莊曰圃讀作圃卽圃田澤也朱氏改而爲田非更爲非矣濟水又東逕封邱縣南官本曰案此九字原本及近刻竝訛作經今考此注內敘南濟所逕 案朱訛趙改刊誤曰九字是注混作經又東逕大梁城北又東朱作東左箋曰左宋本作南一作又趙改又東逕倉垣城又東逕小黃縣之故城北縣有黃亭說濟趙作俛濟刊誤曰箋曰孫云疑作臨溝案春秋哀公十三年公會晉侯及吳子于黃池杜預曰陳留封邱縣南有黃亭近濟水說濟當是俛濟之誤又謂之曰黃溝官本曰案此句之上當有脫文未詳縣故陽武之東黃鄉也故水以名縣官本曰案此句亦有脫誤 案朱箋曰故下疑脫因字趙增沛公起兵野戰喪皇妣于黃鄉天下平定乃使使者以梓宮招魂幽野于是丹蛇自水濯洗官本曰案蛇近刻訛作旒 案朱作旒箋曰丹旒當作丹蛇陳留風俗傳云有丹蛇在水自洒濯之入于梓宮趙改丹蛇入于梓宮其浴處有遺髮焉故謚曰昭靈夫人因作寢以寍神也濟水又東逕東昏縣故城北官本曰案此十一字原本及近刻竝訛作經今考亦注內敘南濟所逕 案朱訛趙改刊誤曰十一字是注混作經陽武縣

之戶牖鄉矣朱作武陽趙改陽武刊誤曰武陽當作陽武漢丞相陳平家焉平少
爲社宰以善均肉稱今民祠其社平有功于高祖封戶牖侯
是後置東昬縣也王莽改曰東明矣濟水又東逕濟陽縣故
城南官本曰案此十一字原本及近刻竝訛作經今考亦注內敘南濟所逕　案朱訛趙改刊誤曰十一字是注混
作經故武父城也城在濟水之陽故以爲名王莽改之曰濟前
者也光武生濟陽宮光明照室卽其處也東觀漢記曰光武
以建平元年生于濟陽縣是歲有嘉禾生一莖九穗大于凡
禾縣界大熟因名曰秀
又東過封邱縣北
北濟也官本曰案此三字原本及近刻竝訛作經考濟自滎澤流出有南濟北濟之分南濟行陽武封邱濟陽冤
朐定陶之南而不逕其北北濟則行陽武封邱濟陽冤朐定陶之北而不逕其南作水經者敘濟水東過陽武南封邱北

平邱南濟陽北冤朐定陶南道元不顯言其非因于過陽武南下敘南濟逕陽武封邱濟陽南于過封邱北平邱南濟陽
北下皆以北濟釋之于過冤朐定陶南下又敘南濟所逕其北濟之逕冤朐定陶北則補敘于從乘氏縣東北流入鉅野
澤下經雖舛誤注內分南濟北濟各有條理自注多訛爲經于是愈益淆紊不可讀今詳爲訂正　案朱訛趙改刊誤曰
三字是注混作經自滎澤東逕滎陽卷縣之武修亭南春秋左傳成
公十年朱作十五年箋曰左傳作十年趙刪五字鄭子然盟于脩澤者也鄭地矣
杜預曰卷東有武修亭趙釋曰一清案方輿紀要原武縣有武修亭或以爲修魚也秦紀惠文王
後七年韓魏燕齊率匈奴共攻秦秦使樗里疾與戰於修魚今本左傳成十年註作修武修武在河北漢屬河內郡卷在
河南漢屬河南郡則此宜是武修亭而非修武縣板本爲誤也故卷城在原武縣北七里濟水又東逕原
武縣故城南官本曰案此十一字原本及近刻竝訛作經考原武在陽武封邱之西乃注內敘北濟所逕不
得與經淆紊今改正　案朱訛趙改又水改瀆刊誤曰十一字是注混作經濟水當作濟瀆所謂北則濟瀆是也春
秋之原圃也穆天子傳曰祭父自圃鄭來謁天子夏庚午天

子飲于洧上趙刊誤曰箋曰洧一作涌案洧字不誤乃遣祭父如圃鄭是也王
莽之原桓矣濟瀆又東逕陽武縣故城北又東絕長城官本曰案
此下近刻有築也二字衍　案朱有築也二字趙築上增鄭字刊誤曰長城下落鄭字全氏校增案竹書紀
年梁惠成王十二年龍賈率師築長城于西邊自亥谷以南
鄭所城矣竹書紀年云朱趙無紀年二字是梁惠成王十五年築也
官本曰案近刻脫成字　案朱脫趙增刊誤曰惠下落成字郡國志曰長城自卷逕陽武
到密者是矣濟瀆又東逕酸棗縣之烏巢澤澤北官本曰案近刻脫一
澤字又此十四字原本及近刻竝訛作經考烏巢澤在陽武東封邱西亦注內敘北濟所逕　案朱訛經北澤倒以澤字
下屬趙改注刪北字刊誤曰十三字是注混作經北字衍有故市亭官本曰案近刻脫市字　案朱脫趙增又
澤下增北字刊誤曰澤下落北字故下落市字三國志魏書武帝紀註云袁氏輜重有萬餘乘在故市烏巢屯是也故市
前漢爲縣後漢省晉太康地記曰澤在酸棗之東南朱脫在酸二字箋曰宋本作澤

在酸棗趙據增昔曹太祖納許攸之策破袁紹運處也朱作軍趙改運刊誤曰軍
當作運濟瀆又東逕封邱縣北官本曰案近刻脫北字　案朱趙無趙下文南作大字上屬
南燕縣之延鄉也其在春秋爲長邱焉應劭曰左傳宋敗狄
于長邱獲長狄緣斯是也漢高帝封翟盱朱趙作盱爲侯國官本曰案
近刻脫此三字　案朱趙無趙釋曰一清案此處有闕文史漢表衍簡侯翟盱以十一年七月封衍地闕酈氏以盱封在
延鄉未知所據且其事古傳有明徵矣地理志封邱縣注孟康曰春秋傳敗狄于長邱今翟溝是攷封邱縣志云翟溝者
因翟母得名母墓在縣西南溝當墓前爲津渠所逕陳留風俗傳云漢高祖與項羽戰敗于延鄉有翟母者免其難也又
魯國都記云封邱衞地之延鄉漢高祖與項羽戰敗遇翟母免難之處後以延鄉爲封邱縣以封翟母卽此地也然則封
于延鄉者是翟母非翟盱也又案史漢表侯功狀云盱以漢王二年爲燕令又堅守燕侯豈燕卽衍聲音之轉字從而變
未可知也濮水出焉濟瀆又東逕大梁城之赤亭北而東注
又東過平邱縣南

北濟也官本曰案此三字原本及近刻竝訛作經案朱訛趙改刊誤曰三字是注混作經縣故衛地也春秋魯昭公十三年諸侯盟于平邱是也縣有臨濟亭田儋死處也又有曲濟亭皆臨側濟水者官本曰案此句六字原本及近刻竝截下三字訛作經上三字仍屬注文案朱同趙改注別增濟水二字以濟水者下屬刊誤曰臨側下落濟水二字孫潛校增

又東過濟陽縣北

北濟也官本曰案原本及近刻竝脫北字下二字訛作經今補正案朱上濟水者下濟也竝訛經不重北字趙刪增改注刊誤曰濟水者三字衍文濟陽縣下落北字北濟也三字是注混作經自武父城北官本曰案此下原本及近刻竝有圏稱曰三字因下文即引圏稱陳留風俗傳故訛而致衍案朱有箋曰案隋經籍志闞駰撰十三州志十卷漢議郎圏稱撰陳留風俗傳三卷圏稱曰下應有别文趙刪三字闞駰曰在縣西北鄭邑也東逕濟陽縣故城北圏稱陳留風俗傳曰縣故宋地也竹書紀年梁惠成王三十年城濟陽漢景帝中六年官本曰案中下近刻衍元字案朱衍趙刪刊誤曰元字衍文封梁孝王子明爲濟川王應劭曰濟川今陳留濟陽縣官本曰案近刻脫留字案朱脫趙增刊誤曰陳下落留字是也

又東過冤朐縣南趙釋曰一清案漢志作冤句師古曰音劬孫校曰冤朐今曹州府曹縣又東過定陶縣南

南濟也官本曰案此三字原本及近刻竝訛作經案朱訛趙改刊誤曰三字是注混作經濟瀆自濟陽縣故城南趙瀆改水刊誤曰瀆當作水東逕戎城北春秋隱公二年公會戎于潛杜預曰陳留濟陽縣東南有戎城是也濟水又東北菏水東出焉官本曰案此十字原本及近刻竝訛作經今考濟別出爲菏值冤朐之西乃注內追敘南濟所逕案朱訛趙改刊誤曰十字是注混作經濟水又東北逕冤朐縣故城南呂后元年封楚元王子劉執爲侯國趙釋曰朱氏箋曰案漢表景帝封王莽之濟平亭也濟水又東逕秦相魏冉冢南官本曰案此十一字原本及近刻竝訛作

經今考魏冉冢恭王陵皆值冤朐之東定陶之西亦注內敘南濟所逕案朱訛趙改宋無南字趙增刊誤曰箋曰宋本冢下有一南字案十字是注混作經冉秦宣太后弟也代客卿壽燭爲相封于穰益封于陶號曰穰侯富于王室范雎說秦秦王悟其擅權免相就封出關輜車千乘卒于陶而因葬焉世謂之安平陵墓南崩碑尚存濟水又東北逕定陶恭王陵南官本曰案此十二字原本及近刻竝訛作經案朱訛趙改刊誤曰十二字是注混作經漢哀帝父也帝即位母丁太后建平二年崩上曰宜起陵于恭皇之園送葬定陶貴震山東王莽秉政貶號丁姬開其槨戶火出炎四五丈吏卒以水沃滅乃得入燒燔槨中器物公卿遣子弟及諸生四夷十餘萬人操持作具助將作掘平共趙作恭王母傅太后墳及丁姬冢二旬皆平莽又周棘其處以爲世戒云時有羣燕數千銜

水七　圭

土投于丁姬竁中今其墳冢巍然尚秀隅阿相承列郭數周面開重門南門內夾道有崩碑二所世尚謂之丁昭儀墓又謂之長隧陵蓋所毀者傅太后陵耳丁姬墳墓事與書違不甚過毀未必一如史說也墳南官本曰案墳近刻訛作瀆案朱訛趙改刊誤曰瀆南當作墳南即丁姬墳也魏郡治也世謂之左城亦名之曰葬城蓋恭王之陵寢也濟水又東北逕定陶縣故城南官本曰案此十二字原本及近刻竝訛作經案朱訛趙改刊誤曰十二字是注混作經側城東注官本曰案此下近刻衍也字案朱趙有也字趙刊誤曰箋曰也字似譌疑當作此案也字不誤作此非縣故三鬷國也湯追桀伐三鬷即此周武王封弟叔振鐸之邑故曹國也朱無也字箋曰宋本作叔振鐸之邑故曹國也趙增也字漢宣帝甘露二年更濟陰爲定陶國王莽之濟平也戰國之世范蠡既雪會稽之恥乃變姓名寓朱趙有之字于陶爲

朱公以陶天下之中諸侯四通貨物之所交易也治產致千金富好行德子孫修業遂致巨萬故言富者皆曰陶朱公也

又屈從縣東北流

南濟也官本曰案此三字原本及近刻並訛作經　案朱訛趙改刊誤曰三字是注混作經又東北右合菏水官本曰案菏原本及近刻並訛作河下同　案朱訛並趙改刊誤曰河當作菏御覽寰宇記引此文校正下同水上承濟水朱水下有瀆字趙乙刊誤曰水瀆二字當倒互于濟陽縣東世謂之五丈溝又東逕陶邱北地理志曰禹貢陶邱在定陶西南官本曰案近刻訛作禹貢定陶西南有陶邱　案朱趙同陶邱亭在南趙釋曰一淸案地理志濟陰郡定陶縣禹貢陶邱在西南陶邱亭今注以禹貢二字冠定陶之上非是又陶邱亭下似今本漢書脫在南二字當以此文補之墨子以爲釜邱也竹書紀年魏襄王十九年薛侯來會王于釜邱者也尚書所謂一本作曰導菏水自陶邱北趙釋曰一淸案尚書禹貢導沇水下是東出于陶邱北又東至于菏善長所引顛倒之矣謂此也菏水東北出于定陶縣北屈左合氾水氾水西分濟瀆東北逕濟陰郡南爾雅曰濟別爲濋呂忱曰水決復入爲氾官本曰案爾雅乃氾字音似與此處氾水下云取其氾愛者異道元誤引廣異名也氾水又東合于菏瀆昔漢祖既定天下卽帝位于定陶氾水之陽張晏曰氾水在濟陰界取其氾愛弘大而潤下也氾水之名官本曰案近刻脫之字　案朱脫趙增刊誤曰氾水下落之字于是乎在矣菏水又東北官本曰案菏原本訛作河近刻訛作氾　案朱趙作氾逕定陶縣南又東北右合黃水枝渠渠上承黃溝東北合菏而北注濟瀆也

水經注卷七

水經注卷八　長沙王氏校本

後魏酈道元撰

濟水官本曰按二字原本訛在經文又東上近刻又增濟水二三字表目　案朱趙同

又東至乘氏縣西分爲二

春秋左傳僖公三十一年官本曰按原本訛作二十八年近刻訛作三十四年今據左傳改正　案朱作四箋曰左傳作三十一年趙改一分曹地東傅于濟濟水自是東北流官本曰按近刻訛作北東流　案朱訛趙改刊誤曰北東當作東北胡渭校改出鉅澤朱趙鉅作巨

其一水東南流朱作南流箋曰宋本水下有東字趙據增其一水從縣東北流入鉅野澤官本曰按此十八字原本及近刻竝訛入注內接出鉅澤下今考下云經所謂濟水自乘氏縣兩分東北入于鉅野也可證此屬經文　案朱訛趙改刊誤曰十八字是經混作注下文注云亦經所謂濟水自乘氏縣兩分東北入于鉅野蓋指此也

南爲菏水北爲濟瀆官本曰按此八字原本及近刻竝訛作經　案朱訛趙改刊誤曰八字是注混作經朱作荷趙改菏逕乘氏縣與濟渠濮渠合朱作濮溝趙改經刪濟渠濮溝改濮渠逕改過刊誤曰箋曰克家云濮溝當作濮渠按濟渠二字衍十字是經混作注逕當作過

北濟自濟陽縣北東北逕煮棗城南郡國志曰寃朐縣有煮棗城卽此也漢高祖十二年封革朱爲侯國朱箋曰孫云史記年表煮棗靖侯赤索隱曰漢表作革朱革音棘棘子成之後北濟又東北逕寃朐縣故城北官本曰按此十二字原本及近刻竝訛作經今考前卷注內敘北濟至濟陽止此復補敘濟陽以下北濟所逕　案朱訛趙改刊誤曰十二字是注混作經又東北逕呂都縣故城南王莽更名之曰祁都也又東北逕定陶縣故城北漢景帝中六年官本曰按此三字近刻作中元六年又訛在東注下　案朱趙同趙刪元字以濟水出其北東注朱箋曰宋本作流趙改流分梁于定陶置濟陰國指北濟而定名也官本曰按近刻國訛作郡北訛作爲　案朱趙同趙釋曰一清按濟陰郡當作濟陰國考漢書諸侯王表景帝以中六年封梁孝王子不識爲濟陰王始有濟陰之稱故地理志云濟陰郡故梁景帝六年別爲濟陰國不識立二年而薨無後則是國已除矣其時或仍屬于梁或立爲郡志不之詳也又云宣帝甘露二年更名定陶是又爲王國矣其時以封皇子囂後徙王楚迨元帝永光八年徙皇子山陽王康爲定陶王是爲共王王子欣卽哀帝既入繼大統立楚思王子景爲定陶王奉共王後二年徙景王信都如湻曰不復爲定陶王立後者哀帝自以己爲後故哀帝崩無後徵立中山孝王之子衎爲帝是爲平帝其時王莽擅權與傅丁爲仇之際定陶國之廢必在斯時故續志云濟陰郡治定陶劉昭補註惟以郡故梁景帝分置爲言而其顚末亦不暇詳也獨怪班固既詳建國之始乃遺立郡之由不幾犯張冠李戴方鑿圓柄之誚耶道元亦因仍書之誤矣又曰一清按爲字疑誤

又東北與濮水合官本曰按此七字原本及近刻竝訛作經　案朱訛又水下脫一字趙改增會字刊誤曰箋曰謝兆申云濮水下疑有合字或會字按會字是也六字是注混作經

水朱趙無上承濟水于封邱縣卽地理志所謂濮渠水首受濟者也闞駰曰首受別濟卽北濟也其故瀆自濟東北流左迤爲高梁陂方三里濮水又東逕匡城

北孔子去衞適陳遇難于匡者也又東北左會別濮水受河于酸棗縣故杜預云濮水出酸棗縣首受河竹書紀年曰魏襄王十年十月大霖雨疾風河水溢酸棗郛漢世塞之故班固云文堙棗野官本曰按近刻訛作大堙酸棗也趙大改文下四字未改刊誤曰漢書　案朱同敘傳曰文堙棗野大字誤今無水其故瀆東北逕南北二棣城間左傳襄公五年楚子囊伐陳公會于城棣以救之者也濮渠又東北逕酸棗縣故城南韓國矣圈稱曰昔天子建國名都或以令名官本曰按令近刻訛作合　案朱作姓趙改令刊誤曰箋曰古本作或以合名吴本改作姓名玉海十五卷內引此文亦作合名按當作令名如閻喜獲嘉之類或以山林故豫章以樹氏郡官本曰按近刻訛作都　案朱訛趙改刊誤曰寰宇記開封府酸棗縣下引風俗通云豫章以樹氏郡困學紀聞引此文云豫章以木氏郡何焯曰都字乃傳寫之誤樹爲木則宋人避諱也酸棗以棘名邦故曰酸棗也漢官儀

曰舊河隄謁者居之城西有韓王望氣臺孫子荆故臺賦敘
曰酸棗寺門外夾道左右有兩故臺訪之故老云官本曰按故近刻訛
作國 案朱趙同韓王聽訟觀臺高十五仞雖樓榭朱無 箋曰謝云樓下當有榭字
趙增泯滅然廣基似于山嶽召公大賢猶舍甘棠區區小國而
臺觀隆崇驕盈于世以鑒來今故作賦曰蔑邱陵之邐迤亞
五嶽之嵯峨言壯觀也城北韓之市地也聶政爲濮陽嚴仲
子刺韓相俠累遂皮面而死官本曰按皮近刻訛作披 案朱訛趙改刊誤曰戰國韓策史
記刺客傳竝作皮面索隱曰皮面謂以刀刺其面皮欲令人不識披字誤其姊哭之于此城內有
後漢酸棗令劉孟陽碑趙釋曰一清按孟陽名熊見趙明誠金石錄跋尾濮水北積
成陂官本曰按積近刻訛作稱 案朱趙同趙釋曰一清按此處有脫誤陂方五里號曰同池
陂又東逕胙亭東注故胙國也富辰所謂邢茅胙祭周公之
胙也濮渠又東北逕燕城南官本曰按近刻訛作內 案朱訛趙改刊誤曰內當作南故
南燕姞姓之國也有北燕故以南氏縣東爲陽清湖陂南北
五里東西三十里亦曰燕城湖逕桃城南卽戰國策所謂酸
棗虛桃者也官本曰按虛桃近刻訛作桃虛脫者字 案朱訛脫趙改增刊誤曰箋曰古本作虛桃者按者
也二字宜竝存若截去也字豈足成文乎漢高帝十二年封劉襄爲侯國趙釋曰全氏曰
孫汝澄云劉襄所封之桃在信都道元于濁漳水篇已證之誤複于此而東注于濮俗謂之朝
平溝濮渠又東北又與酸水故瀆會酸瀆首受河于酸棗縣
東逕酸棗城北延津南謂之酸水竹書紀年曰秦蘇胡率師
伐鄭韓襄敗秦蘇胡于酸水者也酸瀆水又東北逕燕城北
又東逕滑臺城南又東南逕瓦亭南春秋定公八年公會晉
師于瓦魯侚執羔自是會始也又東南會于濮世謂之百尺

溝濮渠之側有漆城竹書紀年梁惠成王十六年邯鄲伐衞
取漆富邱城之者也或亦謂之宛濮亭官本曰按宛近刻作苑下同又訛在濮字
下 案朱訛趙改刊誤曰濮苑當作宛濮春秋甯武子與衞人盟于宛濮朱作苑趙改宛
刊誤曰苑左傳作宛下同杜預曰長垣西南官本曰按西近刻訛作而 案朱訛趙改刊誤曰而左傳
註作西近濮水也京相璠曰衞地也似非關究官本曰按近刻訛作苑 案朱
訛趙改刊誤曰苑當作究而不知其所竹書紀年梁惠成王五年公子景
賈率師伐鄭韓明戰于陽朱箋曰一作韓我師敗逋澤北有壇陵亭
官本曰按近刻脫有字 案朱脫趙增刊誤曰澤北下落有字亦或謂之大陵城非所究也
又有桂城竹書紀年梁惠成王十七年齊田期伐我東鄙戰
于桂陽我師敗逋亦曰桂陵案史記齊威王使田忌擊魏敗
之桂陵齊于是彊自稱爲王以令天下濮渠又東逕蒲城北
故衞之蒲邑孔子將之衞子路出趙增迎字刊誤曰出下落迎字于蒲者也韓
子曰魯以仲夏起長溝子路爲蒲宰以私粟饋衆孔子使子
貢毀其器焉余按家語言仲由爲郈宰官本曰按近刻訛作蒲宰 案朱趙同
脩溝瀆與之簞食瓢飲夫子令賜止之無魯字趙釋曰全氏曰韓非子本
言子路爲郈宰故屬之魯道元旣誤引而又贅辨之不然是俗本誤郈爲蒲也又入其境三稱其善
身爲大夫終死衞難濮渠又東逕韋城南卽白馬縣之韋鄉
也史遷記曰夏伯豕韋之故國矣城西出而不方城中有六
大井皆隧道下俗謂之江井也有馳道自城屬于長垣濮渠
東絕馳道東逕長垣縣故城北衞地也故首垣矣秦更從今
名王莽改爲長固縣陳留風俗傳曰縣有防垣故縣氏之孝
安帝以建光元年封元舅宋俊爲侯國朱宋作來趙改刊誤曰箋曰來一作宋按

宋字是也漢安帝祖母爲宋貴人漢書章帝八王傳云清河王慶母宋貴人父揚安帝追謚當陽穆侯四子皆爲列侯食
邑各五千戶俊乃四列侯之一**縣有祭城濮渠逕其北**鄭大夫祭仲之邑也
杜預曰陳留長垣縣東北有祭城者也圈稱又言長垣縣有
羅亭故長羅縣也漢封後將軍常惠爲侯國地理志曰王莽
更長羅爲惠澤後漢省并長垣有長羅澤卽吳季英牧豬處
也朱箋曰㻅按後漢書吳祐字季英年二十喪父居無擔石常牧豕長垣澤中後舉孝廉官河閒相又有長
羅岡朱趙作罡下同蘧伯玉岡陳留風俗傳曰長垣縣有蘧伯鄉一
名新鄉有蘧亭伯玉祠伯玉冢曹大家東征賦曰到長垣之
境界兮察農野之居民覩蒲城之邱墟兮生荆棘之蓁蓁蘧
氏在城之東南兮民亦嚮其邱墳官本曰按嚮近刻訛作饗　案朱趙作饗惟令
德之不朽兮身既沒而名存昔吳季札聘上國至衞觀典府

賓亭父疇以衞多君子也趙釋曰朱氏謀㻅箋曰左傳云延陵季子去鄭適衞說蘧伯玉史狗
史鰌公子荆公子發公子朝此云觀典府賓亭父疇未詳**濮渠又東分爲二瀆北濮出焉**
濮渠又東逕須城北衞詩云思須與曹也毛云須衞邑矣鄭
云自衞而東逕邑故思**濮渠又北逕襄邱亭南**竹書紀年曰
襄王七年韓明率師伐襄邱九年官本曰按近刻訛作十年　案朱作十箋曰一作九
趙改楚庶章率師來會我次于襄邱者也**濮水又東逕濮陽縣**
故城南朱無又字趙增刊誤曰濮水下落又字昔師延爲紂作靡靡之樂武王
伐紂師延東走自投濮水而死矣後衞靈公將之晉而設舍
于濮水之上夜聞新聲召師涓受之于是水也**濮水又東逕**
濟陰離狐縣故城南王莽之所謂瑞狐也朱作狐瑞箋曰吳本作瑞狐趙改瑞
狐郡國志曰故屬東郡**濮水又東逕葭密縣故城北**孫校曰太平寰

宇記乘氏縣有葭密城南華縣本漢離狐縣濮水西自滑州韋城縣界入在縣五里又東入乘氏縣界竹書紀
年元公三年官本曰按近刻訛作幽王十三年　案朱訛趙改魯季孫會晉幽公于
楚邱官本曰按幽公近刻訛作文公　案朱訛箋曰一作幽公趙改取葭密官本曰按取近刻訛作郎　案
朱訛趙改刊誤曰郎寰宇記引此文作取遂城之趙釋曰一清按此文本作幽王十三年魯季孫會晉文公于楚
邱卽葭密遂城之朱氏謀㻅箋云幽王舊本作幽公十三年宋本無十字今本竹書紀年周考王十四年魯季孫會晉幽
公于楚邱無卽葭密遂城之六字寰宇記曹州乘氏縣下云竹書紀年幽公十三年季孫會晉文公于楚取葭密遂城之
則知古本竹書如是然而有大可疑者史記六國年表周考王元年歲辛丑十四年甲寅當魯元公嘉之二年晉幽公柳
之十年而魯世家注徐廣曰皇甫謐云元公元年辛亥終辛未得二十一年與世表參校差二歲此云三年又差一歲
濮水又東北逕鹿城南郡國志曰濟陰乘氏縣有鹿城鄉官本
曰按城近刻訛作乘　案朱訛趙改刊誤曰鹿乘郡國志作鹿城春秋僖公二十一年盟于
鹿上京杜竝謂此亭也**濮水又東與句瀆合**官本曰按近刻脫此二字　案

朱脫二字趙以下瀆字上屬增會字刊誤曰句瀆下落會字**瀆首受濮水枝渠于句陽縣**
東南逕句陽縣故城南春秋之穀邱也左傳以爲句瀆之邱
矣縣處其陽故縣氏焉**又東入乘氏縣左會濮水與濟同入**
鉅野故地理志曰濮水自濮陽南入鉅野趙釋曰一清按此是應劭說非班固
元文**亦經所謂濟水自乘氏縣兩分東北入于鉅野也濟水故**
瀆又北右合洪水官本曰按此十字原本及近刻竝訛作經　案朱訛趙改刊誤曰十字是注混作經
通鑑注校**水上承鉅野薛訓渚歷澤西北**官本曰按此下近刻衍渚字　案朱脫水衍渚
趙增刪刊誤曰上承上落水字下渚字衍文**又北逕闞鄉城西**春秋桓公十有一
年經書公會宋公于闞郡國志曰東平陸有闞亭皇覽曰蚩
尤冢在東郡壽張縣闞鄉城中冢高七尺常十月祠之有赤
氣出如絳民名爲蚩尤旗十三州志曰壽張有蚩尤祠趙釋曰漢

志東郡壽良縣蚩尤祠在西北泲上又北與濟瀆合官本曰按近刻脫與字　案朱脫趙增刊誤曰又北下脫與字孫潛校增自渚迄于北口朱趙有一字百二十里名曰洪水桓溫以太和四年率眾北入掘渠通濟至義熙十三年劉武帝西入長安又廣其功自洪口已上又謂之桓公瀆濟自是北注也春秋莊公十八年經書夏公追戎于濟西京相璠曰濟水自鉅野至濟北是也

又東北過壽張縣西界安民亭南汶水從東北來注之

濟水又北汶水注之戴延之所謂清口也郭緣生述征記曰清河首受洪水北注濟官本曰按注近刻訛作流　案朱訛趙增入刊誤曰北流下落入字孫潛校增或謂清即濟也朱卽作則趙改刊誤曰則當作卽禹貢濟東北會于汶今枯渠注鉅澤鉅澤北則清口官本曰按近刻訛作水　案朱訛趙改刊誤曰清水當作清口胡渭校又鉅朱趙作巨清水與汶會也李欽曰汶水出太山萊蕪縣西南入濟是也濟水又北逕梁山東袁宏北征賦曰背梁山截汶波卽此處也劉澄之引是山以證梁父爲不近情矣山之西南有呂仲悌墓河東岸有石橋橋本當河河移故廁岸也官本曰按廁近刻作側　案朱趙作側古老言此橋東海呂母起兵所造也山北三里有呂母宅朱箋曰東觀漢記海曲呂母之子爲縣令所殺母破產結諸少年得數百人入海自稱將軍遂破海曲執縣宰斬之以其首祭子冢宅東三里卽濟水濟水又北逕須朐城西官本曰按此九字原本及近刻並訛作經　案朱訛趙改刊誤曰九字是注混作經城臨側濟水故須朐國也官本曰按近刻作故須國風姓也　案朱同趙增朐字刊誤曰故須下落朐字春秋僖公二十一年子魚曰趙刊誤曰箋曰三字宜刪按非也三字是道元誤引非衍文趙釋曰朱氏謀㙔箋曰此三字宜刪一清按三字是酈氏誤引傳文任宿須朐顓臾風姓也實司太皡

與有濟之祀官本曰按此非子魚語道元偶誤引耳朱謀㙔云左傳楚執宋公以伐宋冬會于薄以釋之子魚曰禍猶未也未足以懲君則子魚之語已卒于此其任宿須朐等語別自更端爲邾人滅須朐張本杜預曰須朐在須昌縣西北非也地理志曰壽張西北有朐城者是也濟水西有安民亭亭北對安民山東臨濟水水東卽無鹽縣界也山西有冀州刺史王紛碑漢中平四年立趙釋曰趙氏明誠金石錄跋尾曰冀州刺史王純碑延熹四年立桑欽水經云濟水逕須句城西酈道元注濟水西有安民山山西有冀州刺史王紛碑漢中平四年立按地理書須句卽今中都縣此碑在中都又其官與姓氏皆合疑其是也然以純爲紛以延熹爲中平則疑水經之誤葉氏奕苞續金石錄曰漢冀州刺史王純碑云君諱純字伯敦年五十九延熹四年八月二十八日甲寅隕殂五年十一月十八日丙申葬而立此碑也按水經王紛碑立于中平四年去延熹已二十餘年或別有王紛非王純也且隸書純紛二字絕不類而此碑純字完好更無殘泐若趙氏所云乃好奇之過君子于其所不知蓋闕如也濟水又北逕微鄉東官本曰按此八字原本及近刻並訛作經　案朱訛無北字趙改增刊誤曰七字是注混作經又下落北字春秋莊公二十八年經書冬築郿京相璠曰公羊傳謂之微官本曰按此下近刻衍在字　案朱趙同東平壽張縣西北三十里有故微鄉魯邑也杜預曰有微子冢濟水又北分爲二水其枝津西北出官本曰按此下近刻有焉字　案朱趙同謂之馬頰水者也孫校曰馬頰河今名小鹽河

又北過須昌縣西孫校曰今陽穀

京相璠曰須朐一國二城兩名蓋遷都須昌朐是其本秦以爲縣朱箋曰公羊作須朐左傳作須句漢高帝十一年封趙衍爲侯國朱無封字趙增刊誤曰趙衍上落封字濟水于縣趙溝水注之濟水又北逕魚山東左合馬頰水官本曰按此十三字原本及近刻並訛作經　案朱訛魚作漁趙改正刊誤曰箋曰克家云漁山作魚山者是按十三字是注混作經水首受濟西北流歷安民山北又西流

趙溝出馬東北注于濟馬頰水又逕桃城東春秋桓公十年
經書公會衞侯于桃邱衞地也杜預曰濟北東阿縣東南有
桃城官本曰按近刻脫城字　案朱脫趙增刊誤曰左傳註云有桃城落城字卽桃邱矣馬頰水
又東北流逕魚山南官本曰按近刻脫魚字　案朱脫趙增刊誤曰山南上落魚字　胡渭校補山
卽吾山也漢武帝瓠子歌所謂吾山平者也山上有柳舒城
官本曰按柳近刻訛作抑　案朱訛趙改刊誤曰抑舒當作
柳舒路史國名紀以爲卽春秋傳之畱舒也杜預曰畱舒齊
地畱柳聲相近其說非也魏書地形志濟北郡盧縣有柳舒
城按寰宇記陳州西華縣下云柳城本名媯城魏鄧艾營稻
陂時柳舒[illegible]後人因目
爲柳城此城疑亦是其所築魏東阿王曹子建每登之有終
焉之志及其終也葬山西西去東阿城四十里官本曰按城近刻訛作水
案朱訛趙改刊誤曰箋曰宋本無西字按二西字俱不宜衍水當作城其水又東注于濟官本曰按
近刻濟上衍清字　案朱衍趙刪刊誤曰清字衍文謂之馬頰口也濟水自魚山北逕

清亭東官本曰按此十字原本及近刻竝訛作經　案朱訛趙改刊誤曰十字是注混作經春秋隱公
四年公及宋公遇于清官本曰按此下近刻衍者也二字　案朱趙有京相璠曰今
濟北東阿東北四十里有故清亭卽春秋所謂清者也是下
濟水通得清水之目焉官本曰按近刻脫下字　案朱脫趙增刊誤曰是下落下字又朱趙無下
水字亦水色清深用兼厥稱矣是故燕王曰吾聞齊有清濟濁
河以爲固官本曰按濁近刻訛作濟　案朱訛趙改刊誤曰濟河當作濁河戰國策校改卽此水也

又北過穀城縣西

濟水側岸有尹卯壘南去魚山四十餘里是穀城縣界故春
秋之小穀城也齊桓公以魯莊公二十三年城之邑管仲焉
城內有夷吾井魏土地記曰縣有穀城山山出文石陽穀之
地春秋齊侯宋公會于陽穀者也縣有黃山臺官本曰按縣近刻訛作穀

案朱訛趙改刊誤曰穀當作縣黃石公與張子房期處也又有狼水出東
南大檻山狼溪官本曰按此下近刻有西狼溪三字衍　案朱衍趙刪刊誤曰狼溪西三字重文宜衍
西北逕穀城西又北有西流泉出城東近山西北逕穀城北
西注狼水以其流西故卽名焉趙釋曰趙秉文滏水集雙溪記東平黃山之下曰浪溪鄺
道元水經注所謂狼溪者是也狼浪同聲因以名之浪溪東
二十里而近有佛屋溪源于此築堰匯水爲溪溪廣百畝上
納天光下侵山根中植亭館蒔以花竹命之曰
雲溪一清按雲溪似卽注中所謂西流泉也又西北入濟
水官本曰按近刻訛作清水　案朱趙同城西北三里有項王羽之冢半許毀
壞石碣尚存題云項王之墓皇覽云冢去縣十五里謬也今
彭城穀陽城西南又有項羽冢非也余按史遷記魯爲楚守
漢王示羽首魯乃降遂以魯公禮葬羽于穀城寍得言彼也
濟水又北逕周首亭西官本曰按此九字原本及近刻竝訛作經　案朱訛趙改刊誤曰九字是

注混作經春秋文公十有一年官本曰按一近刻訛作二　案朱訛趙改左邱明云襄
公二年王子成父獲長狄僑如弟榮如埋其首于周首之北
門卽是邑也朱箋曰按左傳文公十一年晉之滅潞也獲僑如之弟焚如齊襄之二年鄋瞞伐齊齊王子城
父獲其弟榮如埋其首於周首之北門今世謂之盧子城濟北郡治也京相璠
曰今濟北所治盧子城故齊周首邑也

又北過臨邑縣東

地理志曰縣有濟水祠朱趙有也字王莽之穀城亭也水有石門
以石爲之故濟水之門也春秋隱公五年齊鄭會于石門鄭
車僨濟卽于此也朱作憒濟箋曰左傳作三年憒作僨趙改三改僨京相璠曰石門
齊地今濟北盧縣故城西南六十里有故石門去水三百步
蓋水瀆流移故側岸也濟水又北逕平陰城西官本曰按此九字原本及

近刻竝訛作經　案朱訛趙改刊誤曰九字是注混作經孫校曰今汶上春秋襄公十八年晉侯沈玉濟河會于魯濟尋湨梁之盟同伐齊齊侯禦諸平陰者也杜預曰城在盧縣故城東北非也京相璠曰平陰齊地也在濟北盧縣故城西南十里平陰城南有長城東至海西至濟河道所由名防門去平陰三里齊侯塹防門卽此也其水引濟故瀆尚存今防門北有光里齊人言廣音與光同趙釋曰全氏祖望曰八字注中注卽春秋所謂守之廣里者也趙釋曰何氏曰杜氏以爲防門之塹其廣一里耳善長則以廣爲里名全氏曰杜說是也酈以聲音之變爲證非矣又云巫山在平陰東北昔齊侯登望晉軍畏衆而歸師曠邢伯聞烏烏之聲知齊師潛遁人物咸淪地理昭著賢于杜氏東北之證矣今巫山之上有石室趙增耆老言郭巨葬母處八字刊誤曰石室下名勝志引此文有耆老言郭巨葬母處八字今校補世謂之孝子堂孫校曰孝里鋪今在長清縣西南五十里與肥城接界因郭巨得名濟水右迤遏爲湄湖官本曰按遏近刻訛作過　案朱訛趙刪刊誤曰過字衍文方四十餘里濟水又東北逕垣苗城西官本曰按此十字原本及近刻竝訛作經　案朱訛經又逕作至趙改注改逕字刊誤曰十字是注混作經至胡渭校改逕孫校曰垣苗城在今長清縣西南五十里故洛當城也伏韜北征記曰濟水又與清河合流至洛當者也宋武帝西征長安令垣苗鎭此官本曰按垣苗近刻訛作垣遵　案朱訛趙改垣遵故俗又有垣苗城之稱官本曰按近刻訛作故俗人有桓苗之稱　案朱同趙桓改垣增城字刊誤曰桓遵人姓名當從土作垣宋書垣護之傳云伯父遵父苗高祖圍廣固遵苗踰城歸降竝以爲太尉行參軍二人皆從武帝西征故城鎭遂留其名也趙釋曰一清按垣遵垣苗伯仲竝爲劉武帝參軍從征長安豈可兄鎭此城弟襲其號乎且一城亦未必二人居守而城有垣苗之稱則垣遵爲誤引也又按通鑑宋紀孝武大明三年以義陽太守垣閬爲兗州刺史閬遵之子也胡三省注曰垣遵卽垣苗也武帝西征長安使遵守洛當城城據河濟之會人謂之垣苗城此是全襲酈注之誤忘卻晉安帝

義熙五年劉裕伐慕容超超尙書略陽垣遵及弟京兆太守垣苗踰城來降之文遵乃苗之兄不審梅磵何以失檢乃爾河水自四瀆口東北流而爲濟官本曰按四原本及近刻竝訛作泗今改正四瀆口見卷五河水內又濟近刻訛作蒲　案朱訛泗訛蒲趙改四改清刊誤曰泗瀆口當作四瀆口見河水注蒲是清之誤河水篇云河水東分濟亦曰泲水受河也然滎口水斷石門不通始自是出東北流逕九里與清水合故泲瀆也自河入濟自泲入淮自淮達江水徑周通故有四瀆之名也彼文訛泲作沛此又訛清作蒲也魏土地記曰盟津河別流十里與清水合亂流而東逕洛當城北黑白異流涇渭殊別而東南流注也

又東北過盧縣北孫校曰盧城在今長清縣西南六十里

濟水東北與湄溝合水上承湄湖北流注濟爾雅曰水草交曰湄通谷者微犍爲舍人曰水中有草木交合也朱箋曰按爾雅疏李巡云水中有草木交會曰湄郭景純曰微水邊通谷也釋名曰湄眉也臨水如眉臨目也趙釋曰一清按魏書慕容白曜傳作麋溝卽湄溝音同通用濟水又逕盧縣故城北官本曰按此九字原本及近刻竝訛作經　案朱訛趙改刊誤曰九字是注混作經濟北郡治也漢和帝永元二年分泰山置蓋以濟水在北故也濟水又逕什城北孫校曰什城在今長清縣西南五十里城際水湄故邸閣也祝阿人孫什將家居之以避時難因謂之什城焉濟水又東北與中川水合官本曰按此十字原本及近刻竝訛作經　案朱訛趙改刊誤曰十字是注混作經孫校曰中川水源出今泰山西麓西流至界首村入張夏村小崮山又逕王宿鋪葉家莊入大清河水東南出山茌縣之分水嶺朱作縣箋曰宋本作嶺趙改嶺孫校曰山茌城在今長清縣東南五十里溪一源兩分泉流半解亦謂之分流交半水南出太山入汶半水出山茌縣西北流逕東太原郡南官本曰按東字近刻訛在逕字上考東太原係劉宋僑置　案朱訛趙乙刊誤曰箋曰孫云太原劉宋僑郡按東逕二字當倒互黃省曾本校正方輿紀要云劉宋元嘉十年割濟南泰山郡

立太原郡泰始三年爲後魏慕容白曜所陷魏收地形志云太原郡劉義隆置魏因之是也時又謂之東太原郡郡
治山爐固官本曰按山爐地名改作山荘西者非　案朱趙作山荘西趙以西下屬北與賓溪水
合官本曰按近刻訛作與漢賓谷水合　案朱同趙作賓溪谷水刊誤曰漢賓谷水方輿紀要作賓溪谷水今校改下
同水出南格馬山賓溪谷官本曰按近刻賓上衍漢字脱谷字　案朱衍脱趙删增又北
逕盧縣故城北陳敦戍南西北流與中川水合朱無水字趙增刊誤曰中
川下落水字謂之格馬口其水又北逕盧縣故城東而北流入濟
俗謂之爲沙溝水孫校曰今長清沙河濟水又東北右會玉水官本曰按此九
字原本及近刻竝訛作經　案朱訛趙改刊誤曰案九字是注混作經水導源太山朗公谷官本
曰按近刻重一谷字　案朱無水字下重谷字趙增删刊誤曰導源上落水字下谷字重文宜衍孫校曰朗公山在長清
縣東南九十里舊名琨瑞溪有沙門竺僧朗少事佛圖澄碩學淵通
尤明氣緯隱于此谷因謂之朗公谷故車頻秦書云苻堅時
沙門竺僧朗嘗從隱士張巨和遊巨和常穴居而朗居琨瑞
山大起殿舍連樓累閣官本曰按累近刻訛作疊　案朱訛疊趙改纍刊誤曰疊全祖望校改纍
雖素飾不同竝以靜外致稱卽此谷也水亦謂之琨瑞水也
其水西北流逕玉符山又曰玉水孫校曰玉水卽今長清縣豐亭河在縣東北三十里
又西北逕獵山東孫校曰獵山在長清縣東北四十里又西北枕祝阿縣故城
東野井亭西孫校曰祝阿今長清縣東北三十里野井亭在縣東北四十里春秋昭公二十
五年經書齊侯唁公于野井是也春秋襄公十九年諸侯盟
于祝柯官本曰按近刻訛作阿　案朱同箋曰春秋作柯趙改柯左傳所謂督陽者也漢
興改之曰阿矣漢高帝十一年封高邑爲侯國朱作色趙改邑刊誤曰高色史表作高邑王莽之安成者也故俗謂是水爲祝阿澗水北流注
于濟建武五年耿弇東擊張步從朝陽橋濟渡兵趙釋曰一清按後漢

書耿弇傳東從朝陽橋河以度章懷注云朝城在濟水北有漯河酈氏以濟渡連稱詞義乖舛卽是處也濟
水又東北濼水入焉官本曰按此九字原本及近刻竝訛作經入訛作出　案朱訛趙改刊誤曰九
字是注混作經又入朱趙作出水出歷城縣故城西南官本曰按歷城近刻脱城字　案朱脱趙
增又水上竝有濼字刊誤曰漢書地理志濟南郡有歷城縣落城字泉源上奮朱作舊箋曰謝云舊疑作奮一
本無舊水二字趙改奮水涌若輪孫校曰卽今趵突泉在濟南歷城西門外春秋桓公十八
年公會齊侯于濼是也俗謂之爲娥姜水朱趙竝有也字趙刊誤曰箋曰娥姜
一作娥英按魏書地形志濟南郡歷城縣有娥姜祠路史云祝阿故縣又有濼水俗呼姜水源有娥英之廟姜字不誤
以泉源有舜妃娥英廟故也城南對山山上有舜祠山下有
大穴謂之舜井抑亦茅山禹井之比矣書舜耕歷山亦云在
此孫校曰歷山在歷城縣南五里所未詳也其水北爲大明湖西卽大明寺
寺東北兩面側湖此水便成淨池也池上有客亭左右楸桐
負日俯仰目對魚鳥官本曰按此下近刻衍極字　案朱趙有趙刊誤曰箋曰極下脱一字或是極
望按依文自足無煩增補水木明瑟可謂濠梁之性物我無違矣湖水引
瀆東入西郭東至歷城西而側城北注陂水上承東城歷祀
下泉官本曰按陂近刻作湖　案朱趙同又朱箋曰李云祀疑作祠趙改祠泉源競發官本曰按近刻
脱泉字　案朱趙無其水北流逕歷城東又北引水爲流杯池州僚賓
燕公私多萃其上分爲二水右水北出左水西逕歷城北西
北爲陂謂之歷水與濼水會又北歷水枝津官本曰按此六字近刻訛作自
水枝津合水　案朱同趙删會自水三字作與濼水枝津合以末水字下屬刊誤曰會自水三字衍文首受歷
水于歷城東東北逕東城西而北出郭又北注濼水又北聽
水出焉濼水又北流注于濟謂之濼口也濟水又東北官本曰按
此句之下朱謀㙔云脱一逕字據華不注山乃華水之源非濟水所逕箋說非也又此五字原本及近刻竝訛作經華

不注山官本曰按此四字原本及近刻亦竝譌作經　案朱譌趙改上增逕字刊誤曰箋曰脫一逕字按九字是注混作經孫校曰山在歷城縣東北十五里單椒秀澤不連邱陵以自高虎牙桀立孤峯特拔以刺天青崖翠發望同點黛山下有華泉故京相璠春秋土地名曰官本曰按曰字近刻譌在春字上名下復衍也字　案朱譌衍趙改刪刊誤曰曰字衍文也字誤當作曰華泉華不注山下泉水也春秋左傳成公二年齊頃公與晉郤克戰于鞌齊師敗績逐之三周華不注逢丑父與公易位將及華泉驂絓于木而止丑父使公下如華泉取飲齊侯以免韓厥獻丑父郤子將戮之呼曰自今無有代其君任患者有一于此將爲戮矣郤子曰人不難以死免其君我戮之不祥赦之以勸事君者乃免之卽華水也北絕聽瀆二十里注于濟

又東北過臺縣北

巨合水南出雞山西北北逕巨合故城西耿弇之討張步也守巨里卽此城也三面有城西有深坑朱趙作坑字同坑西卽弇所營也與費邑戰斬邑于此巨合水又北合關盧水官本曰按此下近刻衍關盧二字　案朱趙有水導源馬耳山北逕博亭城西西北流至平陵城官本曰按陵近刻譌作陸　案朱譌趙改刊誤曰漢書地理志濟南郡有東平陵縣續志屬濟南國陸字誤當作陵與武原水合水出譚城南平澤中世謂之武原淵官本曰按近刻譌作泉　案朱趙作泉北逕譚城東俗謂之布城也官本曰按布近刻譌作有　案朱作有趙改古刊誤曰齊乘云東平陵城在濟南東七十五里春秋譚國齊滅之古城在西南龍山相對有當作古又北逕東平陵縣故城西故陵城也後乃加平譚國也齊桓之出過譚譚不禮焉魯莊公九年卽位又不朝十年滅之城東門外有樂安任照先碑趙釋曰一清按名勝志引此注云城東有漢相劉衡碑又有樂安任照先碑今本無劉衡碑之目蓋有脫失矣濟南郡治也官本曰按近刻脫郡字　案朱脫趙增刊誤曰濟南下落郡字漢文帝十六年置爲王國景帝二年爲郡王莽更名樂安官本曰按此下近刻衍郡字　案朱衍趙刪刊誤曰郡字衍文其水又北逕巨合城東漢武帝以封城陽頃王子劉發爲侯國官本曰按發下近刻衍于字　案朱趙有于字趙釋曰沈氏曰史漢表俱無于字又按漢表云平原索隱亦云皆爲誤也後漢書章懷註云巨里聚一名巨合城在齊州全節縣東南全節唐改卽漢東平陵也其水合關盧水西出注巨合水官本曰按西近刻譌作而　案朱譌趙改刊誤曰而當作西巨合水西北逕臺縣故城南朱趙不重巨合水三字漢高帝六年封東郡尉戴野爲侯國王莽之臺治也趙釋曰一清按高祖功臣表臺定侯戴野日知錄漢書濟南郡之縣十四一曰東平陵二曰鄒平三曰臺四曰梁鄒後漢書濟南郡十城其一曰東平陵其四曰臺其七曰梁鄒其八曰鄒平後人讀漢書誤從鄒字絕句因以鄒爲一縣平臺爲一縣齊乘遂謂漢濟

南郡後漢改爲鄒平又以臺平臺爲二縣此不得其句讀而妄爲之說也漢志常山郡有平臺縣是史子叔封邑亭林之說是也其水西北流白野泉水注之水出臺城西南白野泉北逕留山西北流而右注巨合水巨合水朱趙不重此三字又北聽水注之水上承濼水東流北屈又東北流注于巨合水亂流又北入于濟濟水又東北合芹溝水官本曰按此九字原本及近刻竝譌作經　案朱譌趙改刊誤曰九字是注混作經水出臺縣故城東南西北流逕臺城東又西北入于濟水

又東北過菅縣南

濟水東逕縣故城南趙縣上增菅字刊誤曰東逕下落菅字漢文帝四年官本曰按近刻譌作景帝二年　案朱趙同封齊悼惠王子罷軍爲侯國朱箋曰按漢表菅共侯罷軍經文菅字當作管師古注曰罷音皮波反趙刊誤曰史漢表皆作管共侯罷軍誤也管城縣自漢迄隋皆爲中牟縣地

開皇十六年始立管城縣是以班志僅于中牟縣註云筦叔邑續志亦于中牟下云有管城而已罷軍王子必有封邑故非鄉亭可知且屬齊地菅字爲是齊乘云菅城在章邱臨濟鎭北記引晉太康志以管叔之後封于此齊滅管故其子孫仕齊按書稱致辟管叔古史謂管叔鮮罪大無後管夷吾出自周穆王至夷吾始顯豈管叔之後耶鄭州管城乃管叔所封魯有管邑大夫采地惟齊無管城此卽漢之菅縣而傳寫致誤于氏之言切而當矣趙釋曰全氏曰于欽云菅史漢表皆誤爲管故索隱以爲滎陽又表是文帝四年封 右納百脈水 官本曰按此下近刻衍百脈二字 案朱趙有 水出土鼓縣故城西 官本曰按鼓原本及近刻竝訛作穀今據漢書改正 案朱訛趙改刊誤曰土穀漢書地理志作土鼓方輿紀要云土鼓城或譌爲土穀城水經注云云此蓋世本之繆何足據也 水源方百步百泉俱出故謂之百脈水其水西北流逕陽邱縣故城中 官本曰按陽近刻訛作楊下同 案朱訛趙改刊誤曰楊邱漢書地理志作陽邱下同 漢孝文帝四年 官本曰按文帝近刻訛作景帝 案朱趙同 以封齊悼惠王子劉安爲陽邱侯 趙釋曰一清按漢表陽邱侯安以文帝四年封而史表無之史表有瓜邱侯盅國索隱曰縣在魏郡地理志魏郡無瓜邱則斥邱之誤也漢表云氏邱侯盅國氏邱亦斥邱之譌又按氏邱侯封十一年而薨十五年侯偃嗣十年爲景帝三年反誅楊邱侯封十二年而薨十六年侯偃嗣十一年爲景帝四年坐出國界耐爲司寇嗣侯名偃其封薨與嗣總差一年一似氏邱之卽楊邱者未知史表脫一人也抑漢表多一人也 世謂之章邱城非也城南有女郎山山上有神祠俗謂之女郎祠左右民祀焉其水西北出城北逕黃巾固蓋賊所屯故固得名焉百脈水又東北流注于濟濟水又東 官本曰按近刻訛作東又 案朱趙同 有楊渚溝水 趙重一水字 出逢陵故城西南二十里 官本曰按出逢陵近刻訛作逕於陵又脫二十里三字 案朱訛脫趙改增刊誤曰寰宇記引此文作出逢陵故城西南二十里於陵漢縣後魏改曰逢陵魏書地形志濟南郡逢陵縣有於陵城道元蓋從其新制書之後人據班志改曰於陵非矣西北字是二十里之譌 西北 朱有二字趙改二十里三字 逕土鼓城東又西北逕章邱城東又北逕甯戚城西 官本曰按近刻脫戚城二字 案朱脫趙增 而北流注于濟水也 趙無而字

又東過梁鄒縣北

隴水 趙刊誤曰箋曰孫云當作瀧水瀧有籠雙二音按隴水字不誤魏書地形志東清河郡繹幕縣有隴水寰宇記淄州淄川縣有籠水古名孝水引輿地志云齊孝婦顏文姜緝籠蓋泉則知籠水古名後更爲隴耳若作瀧水則是嶺表之昌樂瀧矣孫汝澄之說非也又按方輿紀要孝婦河在鄒平縣東引輿地志云戰國時齊人顏文妻事姑孝常遠汲以供姑嗜一旦甘泉湧于室內常以績籠蓋之籠發而泉湧因名籠水集異記作顏文姜誤寰宇記文亦有訛脫 南出長城中北流至般陽縣故城西南與般水會水出縣東南龍山俗亦謂之爲左阜水西北逕其城南王莽之濟南亭也應劭曰縣在般水之陽故資名焉 官本曰按故近刻訛作縣 案朱趙作縣 其水又南屈西入隴水隴水 朱趙不重隴水二字 北逕其縣西北流至萌水口 官本曰按此下近刻衍萌字 案朱趙有 水出西南甲山 趙刊誤曰箋曰孫云甲山當作萌山按方輿紀要云明水亦曰萌水出淄川縣西南夾谷山又云夾谷山一名祝其山又謂之甲山其陽卽齊魯會盟處萌水出焉濟南府志云甲山在淄川縣西南四十里萌山在縣西北二十五里蓋甲山萌水所出而萌山其經流也孫說非是 東北逕萌山西東北入于隴水隴水又西北至梁鄒東南與魚子溝水合水南出長白山東柳泉口 官本曰按柳近刻訛作栁 案朱訛趙改刊誤曰栁泉當作柳泉淄川縣志云柳泉在縣北十五里旁植高柳可飲可憩漢書地理志北海郡有柳泉縣卽其地也 山卽陳仲子夫妻之所隱也孟子曰仲子齊國之世家兄戴祿萬鍾仲子非而不食避兄離母家于於陵卽此處也其水又逕於陵縣故城西王莽之於陸也世祖建武十五年更封則鄉侯侯霸之子昱爲侯國 官本曰按近刻脫之子昱三字 案朱趙同趙釋曰一清按後漢書侯霸傳建武十三年薨帝親自臨弔下詔追封諡則鄉哀侯何緣有十五年更封之事本傳又云子昱嗣昱後徙封於陵侯是霸之子非霸也善長誤矣 其水北流注于隴水隴水卽古袁水也故京相璠曰濟南梁鄒縣有袁水者也隴水又西北逕梁鄒縣故城

南又北屈逕其城西漢高祖六年封武虎爲侯國朱箋曰史記作武儒漢書作武虎趙釋曰一清按史表作武儒此從漢表其水北注濟朱趙有其字城之東北又

有時水西北注焉

又東北過臨濟縣南

縣故狄邑也王莽更名利居漢記安帝永初二年改從今名以臨濟故地理風俗記云官本曰按此下近刻衍有字案朱衍有趙改古刊誤曰有當作古孫潛校改樂安太守治晏謨齊記曰有南北二城隔濟水南朱作南水箋曰一本作水南趙改水南城即被陽縣之故城也北枕濟水地理志曰侯國也如淳曰一作疲音罷軍之罷也朱趙無一作疲三字朱音下有減字箋曰漢志注如淳曰被一作疲音罷軍之罷減字疑衍又曰孫云按史記劉燕封披陽侯索隱曰披音皮劉氏音皮彼反趙刪減字釋曰一清按漢志注如淳曰一作疲史表作披索隱曰蕭該披音皮劉氏音皮彼反史記建元以來

王子侯者年表曰漢武帝元朔四年封齊孝王子敬侯劉燕之國也今渤海僑郡治濟水又東北迆爲淵渚謂之平州官本曰按此十三字原本及近刻竝訛作經案朱訛趙改州下增坑刊誤曰十三字是注混作經齊乘引此文作平州沉沉是坑之誤今校補濼沃縣側有平安故城官本曰按縣字近刻訛在安字下案朱訛趙改刊誤曰箋曰溼沃縣名屬千乘郡而平安縣在其次按溼沃當作濕沃縣字全氏校移濕沃之下俗謂之會城非也趙釋曰一清按濼水注云伏琛曰千乘城在齊城西北一百五十里隔會水即濼水之別名故濼沃縣側之城俗謂之會城也以此按地理志千乘郡有平安縣侯國也趙釋曰全氏曰地理志有此語而侯表中無以平安封者蓋失之一清按孝成許皇后傳后姊子平安剛侯謁則是平安之封邑可知但侯表中無之耳王莽曰鴻睦也應劭曰博昌縣西南三十里有平安亭朱作安平趙乙刊誤曰安平當作平安故縣也世尚存平州之名矣濟水又東北逕高昌縣故城西案地理志朱趙有曰字千乘郡有高昌縣漢宣

帝地節四年封董忠爲侯國世謂之馬昌城非也官本曰按非近刻訛作此案朱訛趙改刊誤曰箋曰此也舊本作北也按孫潛校改作非也濟水又東北逕樂安縣故城南官本曰按此十二字原本及近刻竝訛作經案朱訛趙改刊誤曰十二字是注混作經伏琛齊記曰博昌城西北五十里有南北二城相去三十里隔時濟二水指此爲博昌北城非也樂安與博昌薄姑分水俱同西北薄姑去齊城六十里樂安越水差遠驗非尤明班固曰千乘郡有樂安縣應劭曰取休令之名矣漢武帝元朔五年封李蔡爲侯國趙釋曰全氏曰按漢表李蔡封安樂是琊邪之昌縣非千乘之樂安也史表作樂安而索隱曰表在昌可證也一清按全說非也李蔡封樂安侯史漢李廣傳功臣表衛青傳及百官公卿表凡七見惟漢書功臣表作安樂耳故師古以表爲誤蓋封在樂安而食邑于昌亦或是博昌與樂安同屬千乘並非琊邪之昌轉寫者脫失耳禹貢錐指曰樂安故城在今博興縣東隋改樂安曰博昌五代唐曰博興元和志博昌縣清水在北去縣百步按此經舊在高

昌下今據薄姑利縣俱南直臨淄而樂安故城在博昌縣東北則此經乃錯簡故移于利縣之後甲下邑之前一清按東樵不知此條是注所謂先經起事乃有錯簡之疑即實非也今仍其舊城西三里有任光等冢光是宛縣人官本曰按近刻脫宛字案朱脫趙增刊誤曰後漢書任光傳云南陽宛人落宛字不得爲博昌明矣濟水又經趙作逕薄姑城北後漢郡國志曰博昌縣有薄姑城地理書趙作志曰呂尚封于齊郡薄姑薄姑故城在臨淄縣西北五十里近濟水史遷曰獻公徙薄姑官本曰按獻公近刻訛作胡公案朱趙同趙釋曰一清按齊世家是獻公城內有高臺春秋昭公二十年朱作二十二年箋曰按左傳昭公二十年趙刪下二字齊景公飲于臺上曰古而不死何樂如之晏平仲對曰昔爽鳩氏始居之季萴因之有逢伯陵又因之朱趙無又字薄姑氏又因之而後太公朱趙有又字因之臣以爲古若不死爽鳩氏之樂非君之樂即于是臺也濟水

又東北逕狠牙固西而東北流也

又東北過利縣西

地理志朱趙有曰字齊郡有利縣王莽之利治也晏謨曰縣在齊城北五十里也官本曰按齊近刻訛作濟又脫也字案朱作濟趙改齊刊誤曰濟城當作齊城又朱趙無也字

又東北過甲下邑入于河孫校曰郭注山海經曰今濟水自滎陽卷縣東經陳留至濟陰北東北至高平東北經濟南至樂安博昌縣入海今碣石也諸水所出又與水經違錯

濟水東北至甲下邑南東歷琅槐縣故城北地理風俗記曰博昌東北八十里有琅槐鄉故縣也山海經曰濟水絕鉅野注渤海入齊琅槐東北者也官本曰按齊原本及近刻竝訛作濟今改正案朱訛趙改刊誤曰入濟山海經作入齊又東北河水枝津注之水經以為入河非也斯乃河水注濟非濟入河又東北入海官本曰按此五字原本及近刻竝訛作經今考經言濟水入河其文已終觀此下仍辯經濟水入河之非可證五字屬注文甚明案朱趙作經郭景純曰濟自滎陽至樂安博昌入海今河竭濟水仍流不絕經言入河二說竝失然河水于濟漯之北別流注海今所輟流者惟漯水耳趙輟改綴刊誤曰輟當作綴師古註漢書曰綴言不絕也綴流微涓瀟注而已輟流則竟絕矣其義非矣郭或以為濟注之即實非也官本曰按即近刻訛作事案朱趙同尋經脈水不如山經之為密矣

其一水東南流者朱趙無南字過乘氏縣南官本曰按近刻脫南字案朱脫趙增刊誤曰乘氏縣下吳琯本有南字孫校曰今定陶

菏水分濟于定陶東北官本曰按菏字近刻訛作河下同案朱訛趙改刊誤曰河水當作菏水胡渭校改趙釋曰一清按漢志濟陰郡下云禹貢菏澤在定陶東傅寅尚書集解云許氏說文菏水出山陽湖陵南正與孔傳同而班固以為在定陶何也蓋在定陶者其澤也在湖陵者其流也其流與泗合正在單州之魚臺魚臺在單州東北百里而近正古湖陵地也而孟豬在睢陽東北則所謂被孟豬者導菏流之在定陶魚臺閒者以被之于南也東南右合黃溝朱作汲箋曰李云疑作黃溝趙改溝枝流俗謂之界溝也北逕已氏縣故城西官本曰按已近刻訛作元案朱作元趙改已刊誤曰箋曰元氏縣孫云與常山別按此是戎州已氏邑前漢置已氏縣屬梁國續志屬濟陰郡春秋分記以為即戎伐凡伯于楚邱之地非衛文公所徙之邑元氏是已氏之誤孫汝澄不察云與常山別蓋不悟元氏之非矣

又北逕景山東衛詩所謂景山與京者也毛公曰景山大山也趙釋曰全氏曰按此非衛詩之景山歐陽忞輿地廣記曰今拱州楚邱非衛之所遷縣有景山京岡皆後人附會

又北逕楚邱城西郡國志曰成武縣有楚邱亭杜預云楚邱在成武縣西南衛懿公為狄所滅衛文公東徙渡河野處曹邑齊桓公城楚邱以遷之故春秋稱邢遷如歸衛國忘亡朱作志云箋曰志云當作忘亡趙改忘亡即詩所謂升彼虛矣以望楚矣望楚與堂景山與京故鄭玄言觀其旁邑及山川也趙釋曰程氏公說春秋分記曰戎州已氏邑在今拱州楚邱縣戎蓋昆吾之後別在夷狄周衰入于此天王使凡伯聘魯由雒邑道楚邱至仙源逮其歸戎乃要而伐之楚邱在河南宜為周魯往來之地以其逼近宋都故在二漢晉屬梁國杜誤以此為即僖二年衛所城之邑于隱七年釋云在濟陰城武縣于僖二年城楚邱則釋云衛邑是以城楚邱為前日戎伐王使之楚邱矣水經亦以戎伐凡伯于楚邱為衛文公徙居于此按濟陰城武縣即今開德之衛南蓋隋大業初改從此名謂梁郡有楚邱縣故以別之衛為狄所滅東徙渡河野處曹邑文公徙居楚邱曹邑在今滑之白馬衛南為近二邑不出邦域之中斯文公所由徙也又衛南之楚邱在河北凡伯安有踰河北道衛南而使于魯耶故衛南之楚邱為衛所城之邑而拱州之楚邱則戎州已氏邑云顧氏炎武日知錄曰春秋隱公七年戎伐凡伯于楚邱以歸杜氏曰楚邱衛地在濟陰城武縣西南夫濟陰之城武此曹地也而言衛非也蓋與僖公二年城楚邱同名而誤按衛國之封本在汲郡朝歌懿公為狄所滅渡河而東立戴公以廬于漕杜氏曰漕衛下邑詩所謂思須與漕廬者無城郭之稱而非曹國之曹也僖公二年城楚邱杜氏曰楚邱衛邑詩所謂作于楚宮而非戎伐凡伯之楚邱也但云衛邑而不詳

其地然必在滑縣開州之閒滑在河東故唐人有魏滑分河之錄矣水經注乃曰楚邱在城武西南卽衞文公所徙誤矣彼曹國之地齊桓安得取之而封衞乎以曹名同楚邱之名又同遂爲一爾一清按亭林之見與克齋合前輩立說大氐必有依仿克齋窻于春秋之學本史記體制撰分記九十卷彊理書尤稱詳覈然謂濟陰城武縣卽開德之衞南誤也濟陰郡宋時爲曹州地方輿紀要云曹州曹縣東南四十里有楚邱城春秋時戎州己氏之邑左傳隱公七年戎伐凡伯于楚邱又襄公十年宋享晉侯于楚邱蓋在曹宋閒漢置己氏縣屬梁國是卽杜氏所云在濟陰城武縣者也楚邱在漢爲己氏縣屬梁國後漢屬濟陰郡隋屬梁郡開皇六年改從今名唐屬宋州宋建州爲應天府號南京楚邱縣隸焉拱州崇寧四年建于開封府襄邑縣領縣二襄邑柘城克齋云今拱州楚邱蓋當日曾以楚邱屬也迨元始屬曹州明初省入曹州縣衞南屬滑州後改隸澶州文獻通考云崇寧四年建州爲北輔五年升爲開德府太平寰宇記澶州衞南縣下云衞文公自曹邑遷楚邱卽此城也漢爲濮陽縣地隋開皇十六年于此置楚邱縣後以曹州有楚邱縣改名衞南此在衞之南垂故以名縣又云楚邱城在縣西北四里詩云定之方中作于楚宮城冢記云齊桓築楚邱之城卽此也是卽亭林所謂不詳其地必在滑縣開州之閒者也兩地縣殊何乃混而爲一乎杜注于隱七年戎伐凡伯之邑釋曰衞地在濟陰城武縣西南于僖二年所城則曰衞邑本自不錯惟于戎伐下多衞地二字爲不合耳然酈氏之說亦本漢志山陽郡成武縣下云有楚邱亭齊桓公所城遷衞文公于此子成公徙濮陽東郡濮陽縣下云衞成公自楚邱徙此故帝邱顓頊墟蓋篤信班固而不暇詳審爾泗水篇注云又東逕山陽郡城武縣之楚邱亭北而不別具一語以釋之于瓠子水篇濮陽西南十五里之鉏邱亭以沮楚同音以爲楚邱非也了之合而觀之眞可謂滑突矣

又東北逕成武城西

又東北逕郈城東疑郈徙也所未詳矣趙釋曰全氏曰郈是魯邑如何徙此蓋部城之誤

又東北逕梁邱城西官本曰按邱近刻訛作山朱訛趙改刊誤曰山當作邱 案地理志曰昌邑縣有梁邱鄉春秋莊公三十二年宋人齊人會于梁邱者也趙釋曰朱氏謀㙔箋曰孫汝澄云按春秋宋公齊侯遇于梁邱杜預曰高平昌邑縣西南有梁邱鄉

又東北于乘氏縣西而北注菏水菏水

又東南逕乘氏縣故城南縣卽春秋之乘邱也故地理風俗記曰理下朱有志字趙刪刊誤曰志字衍文濟陰乘氏縣故宋乘邱邑也趙釋曰全氏曰乘邱非乘氏乘氏非宋地乃魯地一清按地理志濟陰郡乘氏縣師古注引應劭曰春秋敗宋師于乘邱此酈亭之所本漢孝景中五年官本曰按中下近刻衍元字案朱衍趙刪刊誤曰景帝稱元年又稱中元年二年以至六年改後元年凡中後字下不得別加元字也此不學人所妄添故前後有加元字者悉刪去之封梁孝王子買爲侯國也地理志曰乘氏縣泗水東南至睢陵入淮郡國志曰乘氏有泗水此乃菏澤也官本曰按菏澤近刻訛作河濟下同 案朱訛趙改刊誤曰兩河濟俱當作菏澤尙書有導菏澤之說自陶邱北東至于菏無泗水之文又曰導菏澤被孟豬孟豬在睢陽縣之東北闞駰十三州記曰不言入而言被者明不常入也水盛方乃覆被矣澤水淼漫俱鍾淮泗官本曰按淮近刻訛作睢 案朱趙作睢故志有睢陵入淮之言以通苞泗名矣然諸水注泗者多不止此可以終歸泗水便得擅通稱也或更有泗水亦可是水之兼其目所未詳也

又東過昌邑縣北孫校曰在今金鄉

菏水又東逕昌邑縣故城北地理志曰縣故梁也漢景帝中六年官本曰按中下近刻衍元字 案朱衍趙刪分梁爲山陽國官本曰按此下近刻衍漢字案朱趙有武帝天漢四年更爲昌邑國以封昌邑王髆官本曰按近刻訛作賀 案朱趙作賀趙釋曰一清按諸侯王表天漢四年封者是哀王髆亦見武五子傳乃賀之父也道元誤矣賀廢國除以爲山陽郡王莽之鉅野郡也後更爲高平郡趙釋曰一清按晉志高平國晉初分山陽置宋志云晉武帝泰始元年更名後漢沇州治官本曰按近刻脫治字 案朱脫趙增刊誤曰續志兗州山陽郡昌邑刺史治落治字縣令王密懷金謁東萊太守楊震震不受是其愼四知處也大城東北有金城城內有沇州刺史河東薛季像碑官本曰按季近刻訛作棠 案朱訛趙改刊誤曰棠隸釋載此文作季下云表

勒棠政言紀辥甘棠之政棠非辥名何焯亦云如此 以郎中拜剡令甘露降園熹平四年遷州明年甘露復降殿前樹從事馮巡主簿華操等相與褒樹表勒棠政次西有沇州刺史茂陵楊叔恭碑 官本曰按陵近刻訛作陽 案朱訛趙改刊誤曰茂陽是茂陵之誤兩漢志右扶風有茂陵縣 從事孫光等以建寧四年立西北有東太山成人班孟堅碑建和十年尚書右丞拜沇州刺史從事秦閏等 官本曰按閏近刻訛作闓 案朱訛趙改刊誤曰箋曰闓字似誤當作閠按隸釋載此文作閏 刊石頌德政碑咸列焉

又東過金鄉縣南

郡國志曰山陽有金鄉縣**菏水逕其故城南** 朱作河趙改菏刊誤曰河當作菏 世謂之故縣城北有金鄉山也 趙釋曰一清按郡國志山陽郡金鄉縣劉昭註引晉地道記曰縣多山所治名金山鑿而得金故名今注云金鄉山縣蓋以山得名

又東過東緡縣北

菏水又東逕漢平狄將軍扶溝侯淮陽朱鮪冢 官本曰按此十八字原本及近刻竝訛作經菏訛作濟 案朱訛趙改又朱趙菏作濟下同刊誤曰十八字是注混作經孫校曰筆談云今之衣冠非古惟朱鮪石室所刻衣冠眞漢制也末幅有朱長舒之墓五字 墓北有石廟**菏水又東逕東緡縣故城北**故宋地春秋僖公二十三年齊侯伐宋圍緡十三州記曰山陽有東緡縣鄒衍曰余登緡城以望宋都者也後漢世祖建武十一年封馮異長子璋爲侯國 朱趙有也字

又東過方與縣北爲菏水

菏水東逕重鄉城南 官本曰按此八字原本及近刻竝訛作經又菏訛作濟 案朱訛趙改刊誤曰八字是注混作經又朱趙菏作濟孫校曰今魚臺 左傳所謂臧文仲宿于重館者也**菏水又東逕武棠亭北** 孫校曰亭在今魚臺縣北三十五里 公羊以爲濟上邑

也城有臺高二丈許 官本曰按臺字近刻訛在高字下 案朱趙同 其下臨水昔魯侯觀魚于棠謂此也在方與縣故城北十里**經所謂菏水也**

菏水又東逕泥母亭北 朱水上無菏字趙增刊誤曰水上落菏字孫校曰郡國志方與有泥母亭或曰古甯母亭在縣東北三十六里穀亭鎭 春秋左傳僖公七年秋盟于甯母謀伐鄭也**菏水又東與鉅野黃水合菏澤別名也** 官本曰按澤近刻訛作濟 案朱訛趙改刊誤曰濟當作澤 **黃水上承鉅澤諸陂澤有濛淀肓陂** 官本曰按肓近刻訛作育 案朱趙作育淀作澱朱箋曰育一作昔 **黃湖水東流謂之黃水又有辥訓渚水自渚歷辥村前分爲二流一水東注黃水一水西北入澤卽洪水也黃水東南流**水南有漢荊州刺史李剛墓剛字叔毅山陽高平人 官本曰按平近刻訛作車 案朱作車箋曰按郡國志山陽郡有高平縣此作高車誤趙改高平 熹平元年卒見其碑有石闕祠堂石室三間椽架

高丈餘鏤石作椽瓦屋施平天造方井側荷梁柱 官本曰按荷近刻訛作菏 案朱訛趙改刊誤曰菏隸釋載此文作荷 四壁隱起雕刻爲君臣官屬龜龍麟鳳之文 朱脫麟字趙增刊誤曰龜龍下落麟字隸釋校增劉昭郡國志補註曰北征記云彭城北六里有山臨泗有宋桓魋石槨皆青石隱起龜龍麟鳳之象與此相似古人制作多如此也 飛禽走獸之像作制工麗不甚傷毀 趙釋曰洪氏适隸圖曰右荊州刺史李剛石室殘畫象一軸高不及咫長一丈有半所圖車馬之上橫刻數字云君爲荊州刺史時前後導有騶騎有步卒標榜皆湮沒在後一車碑失其半止存東郡二字向前一車車前有牓惟郡太守三字可認前後亦有騶騎步卒及沒字牓又一車僅存馬足泰半無碑少前六騎形狀結東胡人也其上亦刻數字惟烏桓二字可認漢長水校尉主烏桓騎又有護烏桓校尉此以烏桓爲導騎必二校中李君嘗歷其一所圖列女傳三事其一三人車一馬一無鹽醜女齊宣王侍郎凡三牓車前一牓無字其一四人三牓惟梁高行梁使者二牓有字此二列女武梁碑中亦有之其一四人樊姬楚莊王孫叔敖鄭女凡四牓後有一牓而闕其人子聞閻人李丙仲南得此碑于西州馮方圓仲宛轉假借書欲絕筆而得之酈氏所載古碑百餘爲李剛魯峻二墓有圖畫趙

氏雖云曾得魯君畫像而碑錄中無其目此碑自來好古之士未之見也隸釋所有僅七種除武梁之外餘碑他無別本數十年後紙敝墨渝耽古之士撫卷太息亦猶今之閱水經也**黃水又東逕鉅野縣北何承天曰鉅野湖澤廣大南通洙泗北連清濟舊縣故城正在澤中故欲置戍于此城城之所在則鉅野澤也衍東北出爲大野矣**昔西狩獲麟于是處也皇覽曰山陽鉅野縣官本曰按野近刻訛作澤　案朱訛趙改刊誤曰澤當作野漢書地理志校有肩髀冢重聚大小與闞冢等朱闞作闞箋曰史記注引皇覽作闞冢趙改闞傳言蚩尤與黃帝戰克之于涿鹿之野身體異處故別葬焉**黃水又東逕咸亭北**春秋桓公七年經書焚咸邱者也水南有金鄉山官本曰按近刻脫山字案朱脫趙增刊誤曰下云焦氏山東即金鄉山此落山字縣之東界也金鄉數山皆空中穴口謂之隧也戴延之西征記曰焦氏山北數里官本曰按里近刻訛作山下復衍有字　案朱訛趙改刊誤曰下山字當作里又朱趙有有字漢司隸校尉魯峻官本曰按近刻訛作恭　案朱趙同趙又增冢字刊誤曰魯恭下落冢字金石錄校增趙釋曰一清按魯恭當作魯峻其墓碑云君諱峻字仲嚴山陽昌邑人金石錄跋尾云魯峻碑其他地理書如方輿志寰宇記之類皆作峻惟水經誤轉寫爲恭隸釋曰漢故司隸校尉忠惠父魯君碑在濟州任城縣魯君名峻歷郎中謁者河內丞侍御史頓邱令九江守議郎太尉長史御史中丞司隸校尉遭母憂自乞拜議郎服竟還拜屯騎校尉靈帝熹平元年卒明年葬門生丁直等三百二十八人謚之曰忠惠其子叙立石作銘水經亦載此碑但誤以爲名恭爾按酈注止言魯冢及石祠石廟而不言有碑也詳見下穿山得白蛇白兔不葬更葬山南鑿而得金故曰金鄉山趙刪鄉字刊誤曰此鄉字衍文劉昭郡國志補註引晉書地道記曰縣多山所治名金山山北有鑿石爲冢深十餘丈隧長三十丈傍卻入爲室三方云得白兔不葬更葬山南鑿而得金故曰金山故冢今在或云漢昌邑所作或云秦時其言與西征記異而是注下亦云有冢謂之秦王陵即所謂秦時冢也山形峻峭冢前有石祠石廟四壁皆青石隱起自書契以來忠臣孝子貞婦孔子及弟子七十二人形像

像邊皆刻石記之文字分明趙釋曰隸續魯峻石壁殘畫像跋曰右二石並廣三尺崇二尺此石上下三横首行一牓云祠南郊從大駕出時次有大車帳下騎鮮明小史騎凡十六牓大車之上一牓三字上兩字略有左畔偏傍似是校尉騎字車前兩旁鮮明八騎步于中者四人一牓鈴下二字三十餘騎如魚鱗然列兩行横車之後後有駙馬二匹牓曰持駙馬又帳下一騎小史持幢四騎次横牓曰薦士一人有牓奏曹書佐主簿車各一牓有車馬又騎史僕射二騎鈴下二騎各有牓第三横冠劍接武十有五人人一牓蓋闕里之先賢也字而不名次石上横兩牓云君爲九江太守時車前導者八人後騎石損其半少前一牓云功曹史導有車馬車前二騎其牓湮滅中横但刻雲氣下横十有六人形象標牓與前石同後漢志大駕鹵簿五校在前按魯峻碑嘗歷九江太守終于屯騎校尉從駕南郊乃屯騎之職藏此者不知爲何人碑既有九江標牓又有屯騎職掌更有先賢形像定爲魯峻石壁所刻其誰曰不然考孔子家語史記七十子傳郜子歆名巽梁子魚名鱣商子木名瞿左子行名郢縣子期名成樊子遲名須顏子柳名辛冉子產名季顏子路名無繇叔子其者叔仲會也史作子期子魯者姓冉名孺子象者姓縣名亶子景伯者子服何也唐劉懷玉作孔聖眞宗錄以子服景伯在七十子之閒求子斂者疑是漆雕哆地皇侯鉦書七作桼韓勑碑書漆作漆漆雕哆字子斂恐此求字是漆之省文縣子期史作子祺姓騶者恐是壤駟赤子偃恐是言游如顏子思襄子魯襄子思數人姓氏分明與史家異同𢦏二家不能次以爲兩魯棖史記作申棠家語作申續檀弓以申詳爲顓孫子張之𢦏二地音聲如此則傳聞異辭無足疑者又二石長過于前其一之上横畫圖人物如武梁畫象主坐客拜侍于前後者六人又主客三人列坐侍者四人中横三車如雍邱令畫一車導騎二一車兩人在前一車一人在後屋下之人三五賓主三車有標牓皆湮滅下横十有七人如前石所圖聖門高弟人亦一牓一字不可認其一則上横七騎皆右馳中横二車一有一導騎一則倍之末有五人在屋下二稚子在屋上下横兩轓車皆駕以一馬又一車有導騎二末有五人在屋下立車皆有牓惟四導騎者上下各　字粗可認上曰君下曰郎魯君再爲議郎豈謂是乎以其冠劍人物絕類九江石壁所畫疑此二石亦是魯祠四壁者汪聖錫家有此碑後漢志列侯會耕祠導從中鮮明卒米氏畫史朱浮墓石壁人物有鮮明隊或者不能細認先賢姓氏但見有鮮明數牓遂謂是朱浮墓畫象非也又有石牀長八尺磨瑩鮮明叩之聲聞遠近時太尉從事中郎傅珍之諮議參軍周安穆拆敗石牀各取去爲魯氏之後所訟二人並免官焦氏山東

水八

卽金鄉山也有冢謂之秦王陵山上二百步得冢口塹深十丈兩壁峻峭廣二丈入行七十步得埏門門外左右皆有空可容五六十人謂之白馬空埏門內二丈得外堂外堂之後又得內堂觀者皆執燭而行雖無他雕鏤然治石甚精或云是漢昌邑哀王冢所未詳也東南有范巨卿冢名件猶存官本曰按名件近刻作石柱　案朱趙作石柱趙刊誤曰隸釋載此文作名件猶存自記云范巨卿碑至今尚在恐名件二字水經誤也宋時寫本誤以石柱爲名件以盤洲之淹博猶不敢妄下雌黃如此巨卿名式山陽之金鄉人漢荊州刺史與汝南張劭長沙陳平子石交號爲死友矣趙釋曰一清按隸釋云故廬江太守范府君之碑在濟州任城魏明帝青龍三年縣長辟君鄉人翟循等所立也

黃水又東南逕任城郡之亢父縣故城西朱無南字趙增刊誤曰又東下落南字孫潛校增孫校曰今濟甯州夏后氏之任國也漢章帝元和元年別爲任

城在北趙釋曰一清按續志任城國劉昭補註云章帝元和元年分東平爲任城王莽之延就亭也縣有詩亭春秋之詩國也朱箋曰後漢郡國志亢父縣有郙亭王莽更之曰順父矣地理志東平屬縣也世祖建武二年封劉隆爲侯國

其水謂之桓公溝官本曰按水近刻訛作中　案朱趙作中**南至方與縣入于菏水菏水又東逕秦梁夾岸積石一里高二丈言秦始皇東巡所造因以名焉**

菏水又東過湖陸縣南東入于泗水

澤水所鍾也尚書曰浮于淮泗達于菏是也官本曰按說文菏字下亦引禹貢浮于淮泗達于菏　案朱菏作河趙同釋曰一清按達于河之河當依說文改作菏字黃公紹韻會舉要曰菏或作荷余按舊注尚書導菏澤被孟豬集韻亦作菏案淮泗入河必導于汴世謂汴是隋煬帝始通而疑禹貢有浮于淮泗達于河之文說者牽合傅會或指鴻溝引河水入泗安知非禹之迹或謂當時必有可達之理蔡氏書傳亦莫知所折衷今案說文菏是音柯注引禹貢浮于淮泗達于菏與導菏澤同則是達于菏非達于河也許愼所見蓋古文尚書後人傳寫之誤不知從草例以禹貢上下文達于河爲句改菏爲河陸德明又以河音如字遂啟後人淮泗不能達河之疑然陸氏于菏澤下注徐音柯又工可切于浮于淮泗達于河下亦注云說文作菏工可切水出山陽湖陵南則非九河之河明矣如字之音陸氏誤也近世惟新安王氏曰濟入河溢爲滎會于菏注于泗則河爲菏益明矣新安王氏是王炎晦叔尚書全解古文尚書疏證曰按浮于淮泗達于菏今本作河二孔無傳疏止陸德明引說文作菏余考之菏字是也蓋菏者澤名爲濟水所經又東至于菏者是在豫之東北卽徐之西北舟則自淮而泗自泗而菏然後由菏入濟以達于河此徐之貢道也或曰曷不詳言之余曰以上文兗州浮于濟漯達于河次青州便浮于汶達于濟不復言達于河矣又次徐州浮于淮泗達于菏亦不復言達于濟矣至揚州則沿于江海達于淮泗且不復言達于菏矣不復言者蒙上文也一層脫卸一層雖由當日水道之自然而其敘法從變字法從簡眞屬聖經之筆直言達于河不識其何途之從惟言達于菏而水道歷歷然在目一字之長有助不小禹貢錐指曰靑承兗曰達于濟則由濟入漯可知矣徐承靑曰達于菏則由菏入濟可知矣揚承徐曰達于淮泗則由淮入泗由泗入菏可知矣淮通泗泗通菏菏通濟濟通河四州之貢道無不由濟者蓋闔

以順推胡以逆泝可互相發明也錐指又曰漢志山陽郡湖陵縣下云禹貢浮于淮泗達于河水在南漢時湖陵縣安得有黃河此河字明係菏字之誤水在南謂菏水在南也酈道元泗水注引此文云菏水在南水經濟水篇言菏水過湖陸縣南東入泗皆確證　不獨許愼說文作菏也**東觀漢記曰蘇茂殺淮陽太守得其郡營廣樂大司馬吳漢圍茂茂將其精兵突至湖陵**官本曰按近刻訛作陸　案朱趙作陸**與劉永相會濟陰山陽濟兵于此處也**朱箋曰孫云按史記索隱曰胡陵縣屬山陽章帝改曰胡陸

又東南過沛縣東北

濟與泗亂故濟納互稱矣官本曰按近刻濟訛作沛互訛作于　案朱作沛作于趙仍沛字改于爲兩刊誤曰于作兩卽上文所謂濟與泗亂是也**東觀漢記安平侯蓋延傳曰延爲虎牙大將軍與永等戰永軍反走**官本曰按近刻訛作與戰水軍反走　案朱訛趙與下增永等二字水改永刊誤曰箋曰水軍一作永等卽劉永也按當作永軍軍字不誤**溺水者半復與**

戰官本曰按復近刻訛作後案朱訛趙改刊誤曰後當作復連破之遂平沛楚臨淮悉降延令沛脩高祖廟置嗇夫祝宰樂人因齋戒祠高廟也

又東南過畱縣北

畱縣故城翼佩泗濟宋邑也春秋左傳所謂侵宋呂畱也故繁休伯避地賦曰朝余發乎泗洲夕余宿于畱鄉者也張良委身漢祖始自此矣終亦取封焉城內有張良廟也

又東過彭城縣北獲水從西來注之官本曰按獲原本訛作雅近刻遂訛作睢注同今改正獲水見卷之二十三案朱趙作睢下同

濟水又南逕彭城縣朱趙有之字故城東北隅不東過也獲水自西注之城北枕水湄濟水又南逕彭城縣故城東官本曰按此十一字原本及近刻竝訛作經案朱訛趙改刊誤曰十一字是注混作經不逕其北也官本曰按其下近刻衍縣字案朱趙有蓋經誤證

又東南過徐縣北

地理志曰臨淮郡漢武帝元狩五年置治徐縣王莽更之曰淮平縣曰徐調故徐國也官本曰按近刻脫故徐二字案朱脫趙增刊誤曰漢書地理志曰徐故國莽曰徐調寰宇記引班志云故徐國也此文徐調下落故徐二字春秋昭公三十年吳子執鍾吾子遂伐徐防山以水之遂滅徐徐子奔楚楚救徐弗及遂城夷以處之張華博物志錄著作令史茅溫所爲送官本曰按此三字當有脫誤未詳劉成國徐州地理志云朱趙作曰徐偃王之異言徐君宮人娠而生卵以爲不祥棄之于水濱孤獨母有犬名曰鵠倉獵于水側得棄卵銜以來歸孤獨母以爲異官本曰按近刻脫孤字案朱脫趙增刊誤曰當作孤獨母落孤字覆煖之遂成兒生時偃故以爲名徐君宮中聞之乃更錄取長而仁智襲君徐國後鵠倉臨死生角而九尾實黃龍也偃王葬之徐中官本曰按葬近刻訛作昔案朱作昔箋曰昔字誤謝云疑作厝瑋云當作葬按博物志云偃王葬之徐梁界內是也趙改厝今見有狗壟焉偃王治國仁義著聞欲舟行上國乃通溝陳蔡之間官本曰按通近刻訛作導案朱趙作導得朱弓矢以得天瑞遂因名爲號自稱徐偃王江淮諸侯服從者三十六國周王聞之遣使至楚令伐之偃王愛民不鬬遂爲楚敗北走彭城武原縣東山下百姓隨者萬數因名其山爲徐山山上立石室廟有神靈民人請禱焉依文郎事似有符驗但世代緜遠難以詳矣今徐城外有徐君墓昔延陵季子解劍于此所謂不違心許也

又東至下邳睢陵縣南入于淮

濟水與泗水渾濤東南流官本曰按渾濤近刻訛作澤淘案朱訛趙改刊誤曰箋曰澤宋本作渾按淘當作濤朱氏失箋至角城同入淮經書睢陵誤耳

水經注卷八

水經注卷九

長沙王氏校本

後魏酈道元撰

清水　沁水　淇水　蕩水　洹水

清水出河內脩武縣之北黑山

黑山在縣北朱作地箋曰宋本地作北一作境趙改北白鹿山東清水所出也上承諸陂散泉積以成川南流西南屈朱同官本趙作西南流屈曲刊誤曰箋曰御覽引此作南流屈曲按今御覽引此作西南流屈曲朱氏所引偶失西字瀑布乘趙作垂巖懸河注壑二十餘丈雷赴之聲官本曰按赴近刻作扑案朱作扑趙改撲震動山谷左右石壁層深官本曰按近刻脫石字案朱無箋曰疑脫一石字趙增獸跡不交隍中散水霧合視不見底南峯北嶺多結禪棲之士東巖西谷又是剎靈之圖竹柏之懷與神心妙遠官本曰按近刻訛作達案朱訛趙改刊誤曰達吳琯本作遠仁智之性其山水效深更爲勝處也其水歷澗飛流官本曰按飛流近刻訛作流飛案朱訛趙改刊誤曰箋曰御覽引此作清泠洞觀按流飛御覽作飛流朱氏失引清泠洞觀朱無泠字趙增謂之清水矣溪曰瑤溪又曰瑤澗清水又南官本曰按近刻脫清字案朱脫趙增與小瑤水合水近出西北窮溪官本曰按西下近刻衍溪字案朱趙有東南流注清水官本曰按注下近刻衍之字案朱趙有清水又東南流吳澤陂水注之水上承吳陂于脩武縣故城西北脩武故甯也亦曰南陽矣官本曰按南近刻訛作朝案朱訛趙改刊誤曰當作南陽馬季長曰晉地自朝歌以北至中山爲東陽朝歌以南至軹爲南陽故應劭地理風俗記云河內殷國也周名之爲南陽又曰晉始啟南陽今南陽城是也秦始皇改曰脩武徐廣王隱竝言始皇改瓚注漢書云案韓非書秦昭王越趙長平官本曰按近刻脫趙字案朱脫趙增刊誤曰越下落趙字漢書地理志註校補西伐脩武時秦未兼天下脩武之名久矣余案韓詩外傳言武王伐紂勒兵于甯更名甯曰脩武矣魏獻子田大陸還卒于甯是也漢高帝八年封都尉魏遬爲侯國亦曰大脩武有小故稱大小脩武在東漢祖與滕公濟自玉門津而宿小脩武者也大陸卽吳澤矣魏土地記曰脩武城西北二十里有吳澤水官本曰按澤近刻訛作溝案朱訛趙改刊誤曰溝當作澤陂南北二十許里東西三十里官本曰按西近刻訛作則案朱訛趙改刊誤曰東則當作東西名勝志校改西則長明溝入焉官本曰按近刻訛作蔡溝入焉案朱作蔡溝趙改界溝水刊誤曰蔡溝當作界溝溝下落水字水有二源北水上承河內野王縣東北界溝趙界改光刊誤曰界溝當作光溝此文互見沁水篇分枝津爲長明溝官本曰按近刻訛作爲長明溝分枝津案朱趙同東逕雍城南寒泉水注之水出雍城西北泉流南注逕雍城西春秋僖公二十四年王將以狄伐鄭富辰諫曰雍文之昭也京相璠曰今河內山陽西官本曰山上近刻衍出字案朱衍趙刪有故雍城又東南注長明溝溝水又東逕射犬城北漢大司馬張揚爲將楊醜所害眭固殺醜屯此官本曰按眭近刻譌作睢下同案朱作張陽睢固箋曰魏志作張揚眭固趙改欲北合袁紹典略曰眭固字白菟或戒固曰將軍字菟而此邑名犬菟見犬其勢必驚宜急去固不從官本曰按固近刻訛作菟案朱趙作菟漢建安四年官本曰按近刻訛作興平四年案朱趙作興平趙釋曰一淸按魏書武帝紀事在建安四年興平改元僅二年酈氏誤記也魏太祖斬之于此以魏种爲河內太守守之沇州叛太祖曰惟种不棄孤及走太祖怒曰种不南走越北走胡不汝置也朱作不置汝也箋曰一作不汝置也趙依改射犬平禽之公曰惟其才也釋而用之官本曰惟近刻

訛作難　案朱趙作難趙釋曰一清按魏書作唯何氏焯曰此正可與史參畧同耳長明溝水東入石
澗官本曰按長上近刻衍故字案朱衍趙刪刊誤曰故字衍文東流蔡溝水入焉水上承
州縣北朱箋曰漢志河內郡有州縣白馬溝東分謂之蔡溝官本曰按謂近刻訛作爲
案朱同趙改刊誤曰爲當作謂東會長明溝水又東逕脩武縣之吳亭北
朱作具亭箋曰宋本作吳亭趙改吳亭東入吳陂朱有又字趙改水刊誤曰又當作水次北有荀
泉水入焉水出山陽縣故脩武城西南同源分派裂爲二水
南爲荀泉北則吳瀆二瀆雙導俱東入陂山陽縣東北二十
五里有陸眞阜南有皇母馬鳴二泉東南合注于吳陂也次
陸眞阜之東北得覆釜堆堆南有三泉相去四五里參差次
合官本曰按近刻訛作合次　案朱趙同南注于陂泉在濁鹿城西建安二十
五年魏封漢獻帝爲山陽公濁鹿城即是公所居也陂水之

北際澤側有隤城官本曰按近刻訛作陂澤側有隤地也案朱同箋曰地疑作城趙陂改際地改城
不刪也刊誤曰陂當作際孫潛校改春秋隱公十一年王以司寇蘇忿生之田
攢茅隤十二邑與鄭者也官本曰按近刻譌作王以攢茅隤十二邑與司寇蘇忿生者也　案
朱趙同趙釋曰何氏曰按左傳乃是以蘇忿生之田與鄭蘇公武王之司寇注誤記京相璠曰河內脩
武縣北有故隤城實中今世俗謂之皮垣朱作塏箋曰宋本作垣趙改垣方
四百步實中高八丈際陂北隔水朱趙有一字十五里俗所謂蘭
邱也方二百步西朱趙有一字十里又有一邱際山官本曰按山近刻訛作陂
案朱作陂箋曰陂舊本作三宋本作山或疑作之趙改山世謂之勑邱方五百步形狀
相類疑即古攢茅也杜預曰二邑在脩武縣北所未詳也又
東長泉水注之源出白鹿山東南伏流逕朱趙有一字十三里重
源濬發于鄧城西北官本曰按此下近刻又有東南伏流四字係衍文　案朱趙有世亦謂

之重泉水也又逕七賢祠東左右筠篁列植冬夏不變貞萋
魏步兵校尉陳留阮籍中散大夫譙國嵇康晉司徒河內山
濤司徒琅邪王戎黃門郎河內向秀建威參軍沛國劉伶始
平太守阮咸等同居山陽結自得之遊時人號之爲竹林七
賢官本曰按此下近刻有也字　案朱趙有孫校云七賢觀在輝縣西南六十里後廢爲寺向子期所謂
山陽舊居也後人立廟于其處廟南又有一泉東南流注于
長泉水郭緣生述征記所云白鹿山東南二十五里有嵇公
故居以居時有遺竹焉蓋謂此也其水又南逕鄧城東名之
爲鄧瀆又謂之爲白屋水也昔司馬懿征公孫淵還達白屋
即于此也其水又東南流逕隤城北又東南歷澤注于陂陂
水東流官本曰按陂近刻訛作泉　案朱趙作泉謂之八光溝而東流注于清水

謂之長清河而東周永豐塢官本曰按近刻訛作城　案朱訛趙改刊誤曰城黃省曾本作
塢有丁公泉發于焦泉之右次東朱趙有又字得焦泉泉發于天
門之左天井固右官本曰按近刻訛作石　案朱訛趙改刊誤曰石當作右天門山石自
空狀若門焉廣三丈高兩匹深丈餘更無所出世謂之天門
也東五百餘步中有石穴西向裁得容人官本曰按此下近刻有平得二字係
衍文　案朱有箋曰二字疑誤孫云或作平行趙改平行東南入徑至天井趙釋曰一清按太平御覽
河北天門山引水經注曰俗謂之百家巖巖可容百家故以爲名山有石穴狀如門纔得通人自平地東南入便至天井
與此文不同直上三匹有餘扳躡而升至上平東西二百步官本曰按
東字近刻譌在平字上　案朱同箋曰一作平東趙依改南北七百步四面險絕無由升
陟矣上有比邱釋僧訓精舍寺有十餘僧官本曰按有十近刻訛作十有　案
朱訛趙改刊誤曰孫潛校本作寺有十餘僧給養難周多出下平有志者居之寺

左右雜樹疎頒官本曰按近刻作挺　案朱趙作挺有一石泉方丈餘清水湛然常無增減山居者資以給飲北有石室二口朱作間箋曰古本作二口吳改作二閒趙改口舊是隱者念一之所今無人矣泉發于北阜南流成溪世謂之焦泉也官本曰按近刻脫之字　案朱脫趙增刊誤曰世謂下落之字次東得魚鮑泉次東得張波泉次東得三淵泉梗河參連官本曰按河近刻訛作柯　案朱作柯箋曰古本作梗河參連女宿相屬吳改作柯墶案隋天文志梗河三星在大角北李云女宿卽須女四星此蓋謂魚鮑張波三淵之三泉如梗河之參連並焦泉爲四似女宿之相屬也趙改河女宿相屬是四川在重門城西竝單川南注也重門城昔齊王芳爲司馬師廢之宮于此卽魏志所謂送齊王于河內重門者也城在共縣故城西北二十里城南有安陽陂次東又得卓水陂次東官本曰按次近刻訛作穴　案朱訛趙改刊誤曰穴當作次有百門陂官本曰按近刻作北門陂　案朱趙作北門趙釋曰一清按北門陂卽百門陂也魏書地形志林慮郡共有卓水陂柏門山柏門水南流名太清水金史地理志衞州蘇門有百門陂蘇門卽漢志之共縣隋曰共城金改蘇門今河南衞輝府之輝縣也縣西北七里有蘇門山亦曰百門山有百門泉左傳定公十四年晉人敗鄭師及范氏之師于百泉卽百門泉矣百與北音相近致訛陂方五百步在共縣故城西漢高帝八年封盧罷師爲共侯官本曰按近刻訛作封旅罷師爲共嚴侯國　案朱同箋曰墶按史記年表云八年封盧罷師爲共侯謚曰莊此旅字當作玈卽盧字古通用嚴避明帝諱趙改旅爲玈餘不改卽共和之故國也共伯既歸帝政逍遙于共山之上山在國北所謂共北山也朱箋曰莊子云共伯得乎共首司馬彪注云厲王之難共伯卽于王位十四年大旱屋焚召公卜之曰厲王爲祟乃立宣王共伯復歸于宗逍遙得意共山之首仙者孫登之所處袁彥伯竹林七賢傳嵇叔夜嘗採藥山澤遇之于山冬以被髮自覆夏則編草爲裳彈一絃琴而五聲和其水三川南合謂之清川又南逕凡城東司馬彪袁山松

郡國志曰共縣有凡亭官本曰按近刻訛作汎亭　案朱趙作汎周凡伯國春秋隱公七年經書王使凡伯來聘是也杜預曰汲郡共縣東南有凡城今在西南其水又西南與前四水總爲一瀆又謂之陶水南流注于清水清水又東周新豐塢又東注也趙釋曰一清案太平寰宇記修武縣下引水經注云五里泉在脩武鄉今本無之

東北過獲嘉縣北

漢書稱越相呂嘉反武帝元鼎六年巡行于汲郡中鄉得呂嘉首因以爲獲嘉縣後漢封侍中馮石爲侯國縣故城西有漢桂陽太守趙越墓冢北有碑越字彥善縣人也累遷桂陽郡五官將尚書僕射遭憂服闋守河南尹建寧中卒碑東又有一碑碑北有石柱石牛羊虎俱碎淪毀莫記清水又東周新樂城城在獲嘉縣故城東北卽汲之新中鄉也官本曰按之近刻訛作水　案朱訛趙改刊誤曰箋曰孫云汲水當作汲郡按非也水當作之漢書地理志註校改

又東過汲縣北

縣故汲郡治晉太康中立城西北有石夾水飛湍濬急官本曰按此下近刻衍也字　案朱趙有人亦謂之磻溪言太公嘗釣于此也官本曰按嘗近刻訛作常　案朱趙作常城東門北側有太公廟廟前有碑碑云太公望者朱作君箋曰宋本作者趙改者河內汲人也縣民故會稽太守杜宣白令崔瑗曰太公本生于汲官本曰按本近刻作甫　案朱作甫趙改刊誤曰甫隸釋載此文作本舊居猶存君與高國同宗太公載在經傳今臨此國宜正其位以明尊祖之義于是國老王喜廷掾鄭篤功曹邠朱作邵箋曰舊本作邵趙改邠勤等咸曰宜之遂立壇祀爲之位主城北三十里有

太公泉泉上又有太公廟廟側高林秀木翹楚競茂相傳云太公之故居也晉太康中范陽盧無忌爲汲令立碑于其上趙釋曰金石錄跋尾曰晉太公碑略云太公望者此縣人大晉受命四海統一太康二年縣之西偏有盜發冢而得竹策之書藏書之年當秦坑儒之前八十六歲又云其周志曰文王夢天帝服元禳以立于令狐之津帝曰昌賜汝望文王再拜稽首太公于後亦再拜稽首文王夢之夜太公夢之亦然其後文王見太公而詢之曰而名爲望乎答曰唯爲望文王曰吾如有所於汝見太公言其年月與其日且盡道其言臣以此得見也文王曰有之有之遂與之歸以爲卿士又曰其紀年曰康王六年齊太公卒參考年數蓋一百一十餘歲按前世所傳汲冢諸書獨有紀年穆天子傳師春等不載所謂周志者不知爲何書而杜預左氏傳後敘云汲冢書凡七十五卷皆藏祕府預親見之以此知不特十餘萬言其亡逸見于今者絕少也碑汲縣令盧無忌立後題太康十年三月云太公避紂之亂屠隱市朝遯釣魚水何必渭濱然後磻溪苟愜神心曲渚則可磻溪之名斯無嫌矣清水又東逕故石梁下梁跨水上橋石崩褫餘基

尙存清水又東與倉水合水出西北方山官本曰按近刻訛作上　案朱作上趙上上增山字山西有倉谷官本曰按近刻脫有字　案朱作山西倉谷趙作方山在衞縣西有倉谷刊誤曰方上山名勝志引此作方山上寰宇記衞州衞縣下引水經注云方山在衞縣是也元豐九域志衞州汲郡防禦古跡引水經注云方山西有倉谷落有字谷有倉玉珉石故名焉其水東南流潛行地下又東南復出俗謂之雹水東南歷坶野朱箋曰一作牧野自朝歌以南南暨清水土地平衍據皋跨澤悉坶野矣郡國志曰朝歌縣南有牧野竹書紀年曰周武王率西夷諸侯伐殷敗之于坶野詩所謂坶野洋洋檀車煌煌者也有殷大夫比干冢前有石銘題隸云殷大夫比干之墓所記惟此今已中折不知誰所誌也趙釋曰曹氏安太師比干錄曰按衞輝府舊志云殷少師比干墓在汲縣西北一十五里墓前有殷比干墓四字碑年深石斷字畫不全世傳以爲孔子所書今此碑見存竊觀其體勢與周穆王時書吉日癸巳石刻相類其爲古筆無疑謹用摹鋟以暴于世云葉氏奕苞續金石錄曰比干墓碑在汲縣漢隸釋文漢隸字源辨其繆然比干爲三古殺身成仁之第一人而尼父是其族孫爲之標識宜也以疑傳疑存之亦無不可洪氏曰大觀中會稽石國佐有此四字比水經又闕其三字畫清勁乃東漢威靈時人所書收碑如歐趙皆未之見予按今存四字乃隸書決非宣聖之筆洪說當不繆也一清按漢隸釋文洪文惠公撰集郎葉氏所引之文是也亦見隸續漢隸字源乃宋樵李婁機彥發所纂其言曰水經云朝歌縣南牧野比干冢前有石銘隸云殷大夫比干之墓今只四字復不完石公𠛬跋云殷比干墓四字在今衞州比干墓上世傳孔子書然隸始于秦非孔子書必矣字畫勁古當是漢人書又比干錄尙有銅盤銘十六字左林右泉後岡前道萬世之寧茲焉是寶亦是先聖古文篆曹以寧云唐開元中爲耕地者所得至元延祐戊午衞輝府路學正王公悅臨摹汝帖推官張淑記之汲尹王元恕勒石是則善長所不及知也好古之士安得長存天地間哉太和中高祖孝文皇帝南巡親幸其墳而加弔焉刊石樹碑列于墓隧矣趙釋曰金石錄跋尾曰後魏孝文帝弔比干文其首已殘缺惟元載字可識其下云歲御次乎閹茂望舒會于星紀十有四日日惟甲申按爾雅云歲在戌曰閹茂又鄭康成注月令仲冬者日月會于星紀後魏

孝文以太和十八年十一月甲申經比干墓親爲弔文樹碑而刻之是歲甲戌其說皆合其未嘗改元而稱元載者孝文以是歲遷都洛陽蓋以遷都之歲言之也又云碑陰盡紀侍從羣臣官爵姓名一清按是碑文載太師比干錄及衞輝府志文繁不錄德甫所云碑首殘缺惟元載字可識今其碑云惟皇構遷中之元載正以宅洛之歲言之也雹水又東南入于清水清水又東南逕合城南朱趙不重清水二字故三會亭也以淇清合河故受名焉清水又屈而南逕鳳皇臺東北官本曰按鳳近刻訛作屬　案朱趙作屬南注朱趙有之字也

又東入于河

謂之清口官本曰按近刻訛作河　案朱訛趙改刊誤曰河黃省曾本作口卽淇河口也蓋互受其名耳地理志曰清河水出內黃縣南趙釋曰一清按漢志魏郡內黃縣清河水在南無清水可來所有者惟鍾是水耳蓋河徙南注清水瀆移匯流逕絕官本曰按匯近刻訛作惟　案朱訛趙改刊誤曰姜宸英校本唯作匯餘目尙

存官本曰按近刻脫此二字案朱脫趙增刊誤曰餘目下落尚存二字故東川有清河之稱

相嗣不斷官本曰按此下近刻有日尚存故東川六字係衍文重出　案朱衍趙刪刊誤曰六字衍文曹

公開白溝遏水北注方復故瀆矣

沁水出上黨涅縣謁戾山官本曰按涅近刻訛作沮　案朱作沮箋曰沮當作涅宋本作洹後漢郡國志上黨郡涅縣注引山海經云謁戾之山沁水出焉南流注于河郭云在涅趙改涅

沁水即涅水也官本曰按涅近刻訛作泊　案朱作泊趙改涅刊誤曰說文泊灌釜也不云是水名寰宇記云沁水出沁州緜上縣覆甑嶺濁漳水注云有涅水西出覆甑山東流與西湯谿水合水出涅縣西山湯谷又東逕涅氏縣故城南縣氏涅水也然則沁水與涅水同源合注泊當作涅或言出穀遠縣羊頭山世靡谷三源奇注逕瀉一隍又南會三水歷落出左右近溪歷落朱作歷洛趙改沿歷刊誤曰歷洛孫潛校改作沿歷參差翼注之也

南過穀遠縣東又南過陭氏縣東官本曰按陭氏屬上黨猗氏屬河東原本及近刻陭竝訛作猗注內同今改正　案朱趙作猗下同孫校曰元和志冀氏縣本漢陭氏縣地沁水在縣東一里

穀遠縣王莽之穀近也沁水又南逕陭氏縣故城東劉聰以詹事魯繇爲冀州治此也沁水又南歷陭氏關又南與驫驫水合水出東北巨駿山朱趙作峻下同朱箋曰峻御覽作駿乘高瀉浪觸石流響世人因聲以納稱西南流注于沁沁水又南與秦川水合水出巨駿山東帶引眾溪積以成川又西南逕端氏縣故城東昔韓趙魏分晉遷晉君于端氏縣即此是也其水南流入于沁水

又南過陽阿縣東

沁水南逕陽阿縣故城西魏土地記曰建興郡治陽阿縣郡西四十里有沁水南流沁水又南與濩澤水合水出濩澤城西白澗嶺下官本曰按近刻脫濩字　案朱趙出下竝無濩字東逕濩澤墨子曰舜漁濩澤應劭曰澤在縣西北又東逕濩澤縣故城南蓋以澤氏縣也竹書紀年梁惠成王十九年晉取玄武濩澤者也其水際城東注又東合清淵水水出其縣北官本曰按縣近刻訛作城　案朱趙作城東南逕濩澤城東官本曰按近刻作經澤城東　案朱作經澤城東趙經改逕又南入于澤水朱同趙改濩澤水下同刊誤曰當作濩澤水落濩字下同澤水又東得陽泉口水出鹿臺山官本曰按水字近刻訛在口字上　案朱同趙口下又增水字刊誤曰出上落水字山上有水淵而不流其水東逕陽陵城南即陽阿縣之故城也漢高帝七年封卞訢爲侯國朱作下訢趙改卞訢刊誤曰箋曰㙍按謝本作卞訢考史漢表竝無其人惟琴操云卞和獻玉于楚王封爲陵陽侯辭不受退而作歌按史記高祖功臣侯表陽河齊哀侯以中謁者從入漢以郎中騎從定諸侯侯五百戶功比高胡侯索隱陽河縣名屬上黨地理志上黨郡有陽阿縣續志同魏書地形志高都郡領

縣二高都陽阿二漢屬上黨晉罷後復屬方輿紀要云陽阿城在高平縣南六十里河字是阿字之誤齊哀侯漢表作齊侯其石齊又是謚而失其姓與是注下訢均爲不同下訢當作卞訢河水注云河水又東北逕陽阿縣故城西漢高帝六年封郎中萬訢爲侯國雖彼文以上黨之陽阿證平原之阿陽出于舛繆然載筆之于書可知陽阿爲訢封國與馬班可參同異今漢書侯表多脫誤卞萬互差要是傳寫之訛耳朱氏不察紛紛牽引甚無謂也趙釋曰一清按史表作齊哀侯漢表作齊侯其石卞訢封邑當屬平原之阿陽非此陽阿也詳河水篇注水歷嶕嶢山東官本曰按近刻訛作焦嶢山東　案朱同趙改刊誤曰箋曰焦宋本作燋按寰宇記引此文作嶕嶢東都賦注云嶕嶢高也若從火作燋嶢果何義乎下與黑嶺水合水出西北黑嶺下即開隥也朱作蹬趙改隥刊誤曰穆天子傳云西絕鈃隥即禹貢之岍山馬融本作開山隥郭璞註云阪也玉篇云或作蹬當從古文作隥其水東南流逕北鄉亭下官本曰按鄉近刻訛作卿　案朱訛趙改刊誤曰卿當作鄉孫潛校改又東南逕陽陵城東南注陽泉水官本曰按注近刻訛作逕　案朱訛趙改刊誤曰逕黃省曾本作注陽泉水又南注濩澤水澤水又東南官本曰按此下近刻衍又字　案朱趙有

又字並不重澤水二字有上澗水注之水導源西北輔山東逕銅于崖南歷析城山北山在濩澤南禹貢所謂砥柱析城至于王屋也山甚高峻上平坦下有二泉東濁西清左右不生草木數十步外多細竹其水自山陰東入濩澤水濩澤水又東南注于沁水沁水又東南陽阿水左入焉水北出陽阿川南流逕建興郡西官本曰按近刻訛作而案朱訛趙改刊誤曰而當作西孫潛校改又東南流逕午壁亭東而南入山其水沿波漱石官本曰按其水二字近刻訛在又東南流句之上案朱趙同漰澗八丈環濤轂轉西南流入于沁水沁水又南朱趙不重沁水二字五十餘里沿流上下朱沿作汾趙改又增流字刊誤曰箋曰汾宋本作沿按寰宇記引此文作沿流上下落流字步徑裁通官本曰按徑近刻訛作逕案朱趙作逕小竹細筍被于山渚蒙蘢茂密奇爲翳薈也朱蘢作籠茂作拔趙改刊誤曰箋曰拔宋本作茂奇宋本作最

按蒙籠當從艸作蒙蘢奇字義通下云青青彌望奇可翫也是其詞例也

又南出山過沁水縣北

沁水南逕石門官本曰按此下近刻衍也字案朱衍也趙改世刊誤曰也當作世謂之沁口魏土地記曰河內郡野王縣西七十里有沁水左逕沁水城西趙刊誤曰箋曰左逕舊本作逕在按左逕二字不誤附城東南流也官本曰按原本此下有南逕石門四字係衍文案朱趙無石門是晉安平獻王司馬孚之爲魏野王典農中郎將之所造也按其表云臣孚言臣被明詔興河內水利臣既到檢行沁水源出銅鞮山官本曰按鞮近刻訛作堤案朱訛趙改刊誤曰堤當作鞮屈曲周迴水道九百里朱無里字箋曰御覽引此作九百里趙增里字自太行以西王屋以東層巖高峻天時霖雨眾谷走水小石朱作口箋曰宋本作小石趙改石漂迸木門朽敗稻田汎濫歲功不成臣輒按行去

堰五里以外方石可得數萬餘枚臣以爲累方石爲門官本曰按近刻脫累字案朱趙無若天暘旱官本曰按暘近刻作亢案朱趙作亢增堰進水若天霖雨陂澤充溢則閉防斷水朱趙作閉石朱箋曰御覽引此注作閉防斷水空渠衍澇足以成河雲雨由人經國之謀暫勞永逸聖王所許願陛下特出臣表敕大司農府給人工勿使稽延以贊時要臣孚言詔書聽許于是夾岸累石結以爲門用代朱作伐箋曰御覽引此注作用代木門趙改代木門枋故石門舊有枋口之稱矣孫校曰枋口水在今濟源東北三十里溉田頃畮之數間二歲月之功官本曰按間二訛舛朱謀㙮云當作間關案朱作間二箋曰玉海引此亦作間二似疊一字當作間關趙改間關事見門側石銘矣水西有孔山山上石穴洞開穴內石上有車轍牛跡耆舊傳云自然成著官本曰按著近刻訛作者案朱訛趙改刊誤曰者寰宇記引此文作著非人功所就也其水

南分爲二水一水南出爲朱溝水沁水又逕沁水縣故城北官本曰按沁水縣近刻脫水字案朱脫趙增刊誤曰漢書地理志河內郡有沁水縣落水字蓋藉水以名縣矣春秋之少水也京相璠曰晉地矣又云少水今沁水也沁水又東逕沁水亭北世謂之小沁城沁水又東官本曰按近刻脫又字案朱脫趙增右合小沁水水出北山臺渟淵南流爲臺渟水東南入沁水官本曰按東南近刻訛作南東案朱訛趙乙刊誤曰南東二字當倒互沁水又東倍澗水注之水北出五行之山南流注于沁水

又東過野王縣北

沁水又東邘水注之官本曰按邘近刻訛作刊下同案朱趙不誤孫校曰邘水出懷慶府城北三十里逕邘城西水出太行之阜朱無水字趙增刊誤曰出上落水字山卽朱作則箋曰宋本作卽趙改卽五行之異名也淮南子曰武王欲築宮于五行之山周公

曰五行險固德能覆也內貢迴矣使吾暴亂則伐我難矣君子以爲能持滿高誘云今太行山也在河內野王縣西北上黨關也字（朱趙有也字）詩所謂徒殆野王道傾蓋上黨關卽此山矣其水南流逕邘城西故邘國（朱作關箋曰宋本作邘國趙改國）也城南有邘臺春秋僖公二十四年王將伐鄭富辰諫曰邘武之穆也京相璠曰今野王西北三十里有故邘城邘臺是也今故城當太行南路道出其中漢武帝封李壽爲侯國（趙釋曰一清按漢表是征和二年封）邘水又東南逕孔子廟東廟庭有碑魏太和元年孔靈度等以舊宇毀落上求脩復野王令范衆愛河內（朱作中箋曰宋本作河內趙改內）太守元眞刺史咸陽公高允表聞立碑于廟治中劉明別駕（朱無別字箋曰宋本作別駕趙增別字）呂次文（官本曰按近刻作父案朱作父趙改文）主簿向

班虎荀靈龜以宣尼大聖非碑頌所稱宜立記焉云仲尼傷道不行欲北從趙鞅聞殺鳴鐸（官本曰按近刻作犢案朱趙同）遂旋車而反及其後也晉人思之于太行嶺南爲之立廟蓋往時迴轅處也余按諸子書及史籍之文竝言仲尼臨河而歎曰丘之不濟命也夫是非太行迴轅之言也碑云魯國孔氏官于洛陽因居廟下以奉蒸嘗斯言是矣（官本曰按是近刻訛作至案朱趙作至）蓋孔氏遷山下（官本曰按氏近刻訛作因案朱趙作因）追思聖祖故立廟存饗耳其猶劉累遷魯立堯祠于山矣非謂迴轅于此也邘水東南逕邘亭西京相璠曰又有亭在臺（朱作橋箋曰一作臺趙改臺）西南三十里今是亭在邘城東南七八里蓋京氏之謬耳（朱謬上有所字趙刪刊誤曰所字衍文）或更有之余所不詳其水又南流注于沁沁水東逕野

王縣故城北秦昭王四十四年白起攻太行道絕而韓之野王降始皇拔魏東地置東郡衞元君自濮陽徙野王（官本曰按濮近刻訛作漢案朱作漢箋曰當作濮趙改濮）卽此縣也漢高帝元年爲殷國二年爲河內郡（官本曰按近刻脫郡字案朱脫趙增）王莽之後隊縣曰平野矣魏懷州刺史治皇都遷洛（官本曰按近刻訛作治案朱訛趙改刊誤曰治當作洛魏孝文帝自代遷洛陽魏書地形志懷州天安二年置太和十八年罷）省州復郡水北有華嶽廟廟側有攢柏數百根對郭臨川負岡蔭渚青青彌望奇可翫也懷州刺史頓邱李洪之之所經構也廟有碑焉是河內郡功曹山陽荀靈龜以和平四年造天安元年立沁水又東朱溝枝津入焉又東與丹水合（孫校曰丹河在懷慶府城東北十五里源出澤州界內穿太行名曰丹口南流三十里入沁河）水出上黨高都縣故城東北阜下俗謂之源源水

山海經曰沁水之東有林焉名曰丹林丹水出焉卽斯水矣丹水自源東北流又屈而東注左會絕水地理志曰高都縣有莞谷丹水所出東南入絕水是也絕水出泫氏縣西北楊谷（朱作陽趙改楊刊誤曰陽谷當作楊谷）故地理志曰楊谷絕水所出東南流左會長平水（朱箋曰舊本無會字）水出長平縣西北小山東南流逕其縣故城（趙釋曰一清按魏書地形志邵郡皇興四年置領萇平縣卽斯縣也）泫氏之長平亭也史記曰秦使左庶長王齕攻韓取上黨上黨民走趙趙軍長平使廉頗爲將後遣馬服君之（朱無之字箋曰舊本無君字有之字吳本以之字改作君字趙增之字）子趙括代之秦密使武安君白起攻之括四十萬衆降起起坑之于此上黨記曰長平城在郡之南秦壘在城西二軍共食流水澗相去五里秦坑趙衆收頭顱築臺于壘中

因山爲臺崔嵬桀起今仍號之曰白起臺朱無之字趙增刊誤曰號下御覽引此文有之字城之左右沿山亘隰南北五十許里東西二十餘里
悉秦趙故壘遺壁舊存焉趙刊誤曰箋曰克家云舊疑作猶按舊字不誤漢武帝元
朔二年以封將軍衞青爲侯國官本曰按近刻脫國字案朱脫趙增刊誤曰侯下落國
字趙釋曰全氏曰衞將軍所封國索隱曰汝南其子封宜春侯亦在汝南然則非上黨之長平也一清按史記秦始皇本
紀五年將軍驁攻魏定酸棗燕虛長平裴駰曰地理志汝南有長平縣故城在今陳州西六十里其水東南
流注絕水朱無水字趙增刊誤曰其下落水字絕水又東南流逕泫氏縣故城
北竹書紀年曰晉烈公元年趙獻子城泫氏絕水東南與泫
水會水導源縣西北泫谷朱作玄趙改泫刊誤曰章懷後漢書註曰泫氏縣名屬上黨西有泫
谷水故以爲名元當從水作泫後魏改泫氏縣爲元氏然谷名當仍其舊東流逕一故城南俗謂
之都鄉城又東南逕泫氏縣故城南官本曰按近刻脫縣字案朱脫趙增世

祖建武六年封萬普爲侯國而東會絕水亂流東南入高都
縣右入丹水趙釋曰一清按漢志丹水入泫泫卽絕也絕水南至壄王入沁善長分爲二水與班固異上
黨記曰長平城在郡南山中趙釋曰一清按劉昭郡國志補注引上黨記曰白起城在郡南
山中百二十里長平城卽白起城也丹水出長平北山南流秦坑趙衆流血丹
川由是俗名爲丹水斯爲不經矣丹水又東南流注于丹谷
卽劉越石扶風歌所謂丹水者也趙釋曰戹林曰劉琨扶風歌曰朝發廣莫門暮宿丹
水山文選李善注引晉宮閣名曰洛陽城廣莫門北向漢書上黨高都縣莞谷丹水所出也葢卽酈元之說予按上黨去
雒千五百里朝發雒城暮宿高都雖有乘風之翼躡景之足不能如是之疾且其詩曰顧瞻望宮闕盜有天井關頭可睇
德陽殿角乎考地志宏農有丹水縣丹水出上雒冢領山東至析入均者斯爲近之耳晉書地道記曰
縣有太行關丹溪爲關之東谷途自此去不復由關矣丹水
又逕二石人北官本曰按人近刻訛作入案朱訛趙改刊誤曰入當作人古人字與入相似而各

在一山角倚相望南爲河內北曰上黨二郡以之分境丹水
又東南歷西巖下巖下有大泉湧發洪流巨輪朱作洪源巨輪箋曰宋本
作洪流巨輪埠案疑當作洪流巨輪趙從之淵深不測蘋藻芰芹官本曰按芰近刻訛作冬案
朱趙同趙刊誤曰箋曰冬字疑誤按孫潛云冬蘉冬也字不誤竟川含綠雖嚴辰肅月無變
暄萋官本曰按無變近刻訛作燕麥案朱趙同丹水又南白水注之水出高都
縣故城西所謂長平白水也東南流歷天井關地理志曰高
都縣有天井關蔡邕曰太行山上有天井關在井北遂因名
焉故劉歆遂初賦曰馳太行之險峻入天井之高關太元十
五年晉征虜將軍朱序破慕容永于太行遣軍至白水去長
子朱趙有一字百六十里白水又東天井溪水會焉水出天井關
趙釋曰一清按章懷後漢書注曰太行山上天井關南有天井泉水三所北流注白水世謂之北

流泉白水又東南流入丹水謂之白水交丹水又東南出山
逕鄈城西城在山際俗謂之期城非也司馬彪郡國志曰山
陽有鄈城京相璠曰河內山陽西北六十里有鄈城竹書紀
年曰梁惠成王元年趙成侯偃韓懿侯若伐我葵卽此城也
丹水又南屈而西轉光溝水出焉丹水又西逕苑鄉城北南
屈東轉逕其城南東南流注于沁謂之丹口竹書紀年曰晉
出公五年丹水三日絕不流幽公九年丹水出相反擊卽此
水也沁水又東光溝水注之朱趙有也字水首受丹水東南流界
溝水出焉又南入沁水沁水又東南流逕成鄉城北朱趙不重沁水
二字又東逕中都亭南左合界溝水官本曰按左近刻訛作又案朱趙作又水上
承光溝東南流長明溝水出焉又南逕中都亭西而南流注

于沁水也

又東過州縣北 官本曰按州原本及近刻竝訛作周注內故州也同今改正 案朱趙作周

縣故州也 朱趙作周趙釋曰一清按水經多以州為周如武周泉周之類此是漢志河內郡之州縣而水經以為周酈故以縣故州也釋之後人併注之州字亦改從周 春秋左傳隱公十有一年周以賜鄭公孫段 官本曰按此三字上有脫文當云昭公三年晉以州田賜鄭公孫段 六國時 官本曰按此三字誤當作其後二字 趙釋曰何氏曰此注多誤文公孫段事在昭公三年去隱公十一年甚遠韓起又不逮六國時且亦未嘗徙居之全氏曰周以賜鄭下有脫文益州本溫地蘇忿生叛王王以賜鄭而鄭不能有也晉啟南陽州入焉趙氏郤氏欒氏遞有之昭公三年晉以賜鄭公孫段七年復歸之晉而韓宣子以易原縣于宋樂大心然其後仍屬晉公家宋行人樂祁之死晉人止其尸于州以求盟是也史記韓宣子晚居州然則宣子雖不逮六國時而未始不居州也其文不見于左而見于史義門蘐之未盡 韓宣子徙居之有白馬溝水注之水首受白馬湖湖一名朱管陂陂上承長明溝湖水東南流逕金亭西分為二水一水東出為蔡溝一水南注于沁也 官本曰按注近刻訛作流 案朱作流趙下增注字刊誤曰南流下落注字孫潛校增

又東過懷縣之北 官本曰按近刻作過邢邱 案朱作過邢巨箋曰一曰懷縣之北趙改懷縣之北

韓詩外傳曰武王伐紂到邢邱更名邢邱曰懷 朱箋曰據今韓詩作懷甯 春秋時赤翟伐晉圍懷是也王莽以為河內故河內郡治也舊三河之地矣韋昭曰河南河東河內為三河也縣北有沁陽城沁水逕其南而東注也

又東過武德縣南又東南至滎陽縣北東入于河

沁水于縣南水積為陂通結數湖有朱溝水注之其水上承沁水于沁水縣西北自枋口東南流 官本曰按枋近刻訛作方 案朱訛趙改刊誤日方口當作枋口 奉溝水右出焉又東南流右泄為沙溝水也其水又東南于野王城西枝渠左出焉 官本曰按出近刻訛作水 案朱訛趙改刊誤曰水當作出 以周城漑東逕野王城南又屈逕其城東而北注沁水朱溝自枝渠東南逕州城南又東逕懷城南又東逕殷城北郭緣生述征記曰河之北岸河內懷縣有殷城或謂楚漢之際殷王卬治之 官本曰按卬近刻訛作卬下同 案朱訛趙改 非也余按竹書紀年云秦師伐鄭次于懷城殷 官本曰按此下近刻重一殷字 案朱重趙刪刊誤曰殷字重文宜衍 郎是城也然則殷之為名久矣 官本曰按近刻脫則字 案朱脫趙增刊誤曰然下落則字 知非從卬始昔劉曜 官本曰按近刻訛作聰 案朱趙作聰趙釋曰全氏曰郭默當附劉曜非劉聰 以郭默為殷州刺史督緣河諸軍事治此 官本曰按督上近刻衍都字 案朱趙有 朱溝水又東南注于湖湖水右納沙溝水 朱朱溝下無水字湖水下有又字趙增刪刊誤曰朱溝下落水字湖水下又字衍文 水分朱溝南派東南逕安昌

城西漢成帝河平四年封丞相張禹為侯國 趙釋曰全氏曰張禹所封在汝南地理志汝南郡安昌縣下云侯國外戚恩澤侯表亦云是汝南方輿紀要安昌城在信陽州西北七十里漢縣屬汝南郡亦見淮水注 今城之東南有古冢時人謂之張禹墓余按漢書禹河內軹人徙家蓮勺 朱作芍趙改勺 鴻嘉元年禹以老乞骸骨 官本日按近刻脫骨字 案朱趙同 自治冢塋起祠堂于平陵之肥牛亭 官本曰按近刻陵下又有平字衍 案朱衍趙刪刊誤曰下平字衍文 近延陵奏請之詔為徙亭哀帝建平二年薨遂葬于彼此則非也沙溝水又東逕隰城北 朱無水字趙增刊誤曰沙溝下落水字 春秋僖公二十五年取太叔于溫殺之于隰城是也京相璠曰在懷縣西南又逕殷城西東南流入于陂陂水又值武德縣南至滎陽縣北 官本曰按近刻脫此九字 案朱脫趙增刊誤曰值當作直又直下落武德縣南至滎陽縣北九字全祖望校補方輿紀要懷慶府武陟縣下云沁河在縣東一里自河內縣

流入又南達于河其入河之處名南賈口支流復自縣東北引灌田二千餘頃禹貢錐指曰沙溝卽奉溝之下流古濟水由此入河故謂之濟渠沙溝當在今武陟縣界也今懷慶府河內縣東有武德城又有丹河在府東北二十五里名曰丹口南流三十里入沁河沁水入河之處在武德縣界而爲陂水之所直也東南流入于河先儒亦咸謂是溝爲濟渠故班固及闞駰竝言濟水至武德入河蓋濟水枝瀆條分所在布稱亦兼丹水之目矣

淇水出河內隆慮縣西大號山

山海經曰淇水出沮洳山官本曰按洳近刻訛作如　案朱訛趙改水出山側頽波瀾注衝激橫山山上合下開可減六七十步巨石磥砢交積隍澗趙作閒傾瀾漭蕩官本曰按漭近刻訛作漭　案朱趙作漭朱箋曰御覽引此作傾瀾莽盪勢同雷轉激水散氛曖若霧合又東北沾水注之官本曰按沾近刻訛作活下沾臺訛作玷臺　案朱訛趙改刊誤曰活水當作沾水全氏曰漢書地理志上黨郡壺關縣下云沾水東至朝歌入淇此卽沾縣所以得名也有沾縣因有沾城魏書地形志樂平縣有沾城是也有沾城因有沾臺晉書誤以沾城爲玷城而是注亦訛沾臺爲玷臺何超晉書音義從而實之賴有胡梅磵不錯今校正水出壺關縣東沾臺下石壁崇高昻藏隱天泉流發于西北隅與金谷水合金谷卽沾臺之西溪也東北會沾水朱無沾字趙增刊誤曰會下落沾字又東流注淇水趙淇水作于淇淇水又逕南羅川朱本不重淇水二字又歷三羅城北官本曰按三原本及近刻竝訛作之考寰宇記共城縣治西北六十里大山中有羅門卽山峽陘東之所內有南羅中羅北羅三城可證之乃三字之誤　案朱訛趙改刊誤曰之全祖望校改三東北與女臺水合朱合上有會字趙刪刊誤曰會合義複衍會字水發西北三女臺下東北流注于淇趙釋曰一清按漢志上黨郡壺關縣下沾水東至朝歌入淇淇水又東北歷淇陽川官本曰按歷近刻訛作逕　案朱趙作逕逕石城西北城在原上帶澗枕淇淇水又東北西流水注之水出東大嶺下西流逕石樓南在北陵石上練垂

桀立亭亭極峻其水西流水也又東逕馮都壘南世謂之淇陽城在西北三十里淇水又東出山分爲二水水會立石堰官本曰按近刻脫一水字　案朱脫趙增刊誤曰會上落水字遏水以沃白溝左爲菀朱作宛箋曰舊本作菀趙改菀水右則淇水自元甫城東南逕朝歌縣北竹書紀年晉定公十八年官本曰按近刻訛作二十八年　案朱訛趙改刊誤曰二字衍文竹書紀年校淇絕于舊衛卽此也淇水又東右合泉源水官本曰按近刻訛作太和泉源水案淇水又東下朱趙有屈而西轉逕頓邱北故闞駰云頓邱在淇水南又屈逕頓邱西爾雅曰山一成謂之頓邱釋名謂一頓而成邱無高下大小之殺也詩所謂送子涉淇至于頓邱者也魏徙九原西河土軍諸胡置五軍于邱側故其名亦曰五軍也八十七字今依官本移後淇水又北下太和泉源水五字朱趙同朱箋曰此下自水有二源至更相通注河清止九百十五字朱本誤入于十三卷㶟水注中今移接于此趙刊誤曰太和泉源水五字中有脫文太和下是言頓邱郡廢置之由泉源水當連下水有二源趙釋曰一清按太和下有缺文魏書地形志頓邱郡晉武帝置頓邱縣太和中併汲郡此必言頓邱郡縣廢置之由故有太和二字太和爲魏孝文帝年號朱氏僅知正其錯簡惜不知指其缺失也水有二源一水出朝歌城西北東南流官本曰按近刻脫流字　案朱趙無流字趙北下增一出二字刊誤曰東南上落一出二字老人晨將渡水而沈吟難濟紂問其故左右曰老者髓不實故晨朱作暑箋曰謝云宋本作晨寒寒埠案當作畏寒趙改畏也紂乃于此斮脛而視髓也其水南流東屈逕朝歌城南晉書地道記曰本沬邑也詩云爰采唐矣沬之鄉矣殷王武丁始遷居之爲殷都也趙釋曰一清按禹貢錐指曰殷本紀曰武乙復去亳徙河北此卽紂都朝歌也武丁自鄴南復遷于亳至武乙則又自亳遷于朝歌淇水注引晉書地道記謂武丁遷居沬邑蓋誤以武乙爲武丁耳紂都在禹貢冀州大陸之野官本曰按禹貢二字近刻訛在紂都上　案朱趙同趙釋曰一清按此句甚費尋思蓋抄變漢書地理志而誤者班固于鉅鹿郡鉅鹿縣下云禹貢大陸澤在北紂所作沙邱臺在東北七十里酈氏牽筆書之今尚書具在烏有是耶史記殷本紀武乙立殷復去亳徙河北蓋四世至紂不復再遷河北卽朝

歌也杜佑曰衞縣西二十五里有古朝歌城劉昫曰紂所都朝歌城在衞縣西今直隸大名府濬縣河南衞輝府淇縣交
界之地也即此矣有糟邱酒池之事焉有新聲靡樂號邑朝歌孫校
曰山海經有朝歌之山當是以此得名非紂樂也晉灼曰史記樂書紂作朝歌之音
朝歌者歌不時也故墨子聞之惡而迴車不逕其邑論語比
考讖曰官本曰按近刻訛作論撰考讖曰案朱訛趙増語字刊誤曰論語撰考讖是緯書落語字邑名
朝歌顏淵不舍七十弟子揜目宰予獨顧由蹷墮車官本曰按蹷近
刻訛作蹷下同案朱趙作蹷宋均曰子路患宰予顧視凶地故以足蹷之
使墮車也今城內有殷鹿臺紂昔自投于火處也竹書紀年
曰武王親禽帝受辛朱作卒箋曰當作辛舊本無此字㙬按書泰誓稱商王受則呼其名也史記名
辛是爲帝辛天下謂之紂竹書亦名受而沈約注一曰受辛呂氏春秋云紂名受德孟子墨子尸子皆稱紂謚法殘義損
善曰紂蓋死後人謚之也趙改辛于南單之臺遂分天之明南單之臺蓋鹿

臺之異名也武王以殷之遺民封紂子武庚于茲邑分其地
爲三曰邶鄘衞使管叔蔡叔霍叔輔之爲三監叛周討平以
封康叔爲衞箕子佯狂自悲故琴操有箕子操逕其墟父母
之邦也不勝悲作麥秀歌後乃屬晉官本曰按此四字近刻訛在有紂之餘風下
案朱同趙改在地居河淇之間下說見下地居河淇之間戰國時皆屬于趙男女
淫縱有紂之餘風官本曰按餘近刻作遺案朱趙作遺又朱此下有後乃屬晉四字今移上土
險多寇官本曰按土近刻訛作山案朱訛趙改刊誤曰箋曰宋本作晉土嶮舊本作晉王嶮㙬謂晉字屬上句
若言土嶮不成文理或是山字乃通按朱氏此條可謂亂道土嶮謂地土嶮峭耳地理志云土陋而嶮文理未嘗不成也
後魏書崔延伯傳云荊州土險蠻左爲寇正與此文土險多寇相證晉字阿誰曾連下讀耶全祖望曰後乃屬晉四字當
移在戰國時皆屬于趙之上不然三家分晉趙乃在後若云造父之國則又不得云戰國時也漢以虞詡爲
令朋友以難治致弔詡曰不遇盤根錯節何以別利器乎又

東與左水合謂之馬溝水水出朝歌城北東流南屈逕其城
東官本曰按逕近刻訛作至案朱訛趙改刊誤曰至當作逕又東流與美溝合水出朝
歌西北大嶺下官本曰按此即二源之一東流逕駱駝谷官本曰按東流近刻訛作更出
案朱作更出趙改東出刊誤曰更當作東于中逶迤九十曲故俗有美溝之目
矣歷十二嶝嶝流相承泉響不斷返水捍注捲復深隍官本曰按
近刻訛作倦後深隍案朱訛倦後趙改淃浚刊誤曰箋曰倦後二字訛誤未詳按廣韻淃水回旋貌經典釋文春秋左
氏傳音義曰浚深也倦後當作淃浚隍間積石千通水穴萬變朱千作下萬作爲箋曰古本作
積石千通宋本作水穴萬變趙改從古宋本觀者若思不周賞趙刊誤曰箋曰疑作苦思按若字不
誤情乏朱作之箋曰疑作乏趙改乏圖狀矣其水東逕朝歌城北官本曰按東近
刻訛作更案朱訛趙改刊誤曰更當作東又東南流注馬溝水又東南注淇水
爲肥泉也故衞詩曰我思肥泉茲之永歎毛注云同出異歸

爲肥泉爾雅曰歸異出同曰肥釋名曰本同出時所浸潤水
少官本曰案近刻脫水字案朱趙無所歸枝散而多官本曰按歸下近刻有各字案朱趙有似
肥者也犍爲舍人曰水異出流行合同曰肥今是水異出同
歸矣博物志謂之澳水詩云瞻彼淇澳菉竹猗猗毛云菉王
芻也竹編竹也朱箋曰毛傳作篇竹爾雅作萹蓄趙改萹竹漢武帝塞決河斬淇
園之竹木以爲用寇恂爲河內伐竹淇川治矢百餘萬以輸
軍資朱輸作溢箋曰溢當作益御覽引此作輸後漢書寇恂傳作以給軍士趙改益今通望淇川無
復此物惟王芻編草趙編改萹刊誤曰編當作萹郡國志云共縣淇水出劉昭補註云有綠竹草唐
韻萹竹草名不異毛興官本曰按近刻訛作注趙刊誤曰箋曰謝云宋本作不異毛注按詩地攷引此文
是興字又言澳隈也鄭亦不以爲津源而張司空專以爲水流
入于淇非所究也然斯水即詩所謂泉源之水也官本曰按泉源近刻

訛作源泉　案朱訛趙改刊誤曰源泉詩作泉源故衛詩云泉源在左淇水在右衛
女思歸指以爲喻淇水左右蓋舉水所入爲左右也趙釋曰一清按
泉源水入淇卽今衛輝府輝縣之衛河也道元詳其水而逸其名淇水又南歷枋堰舊淇水
口官本曰按近刻訛作南　案朱訛趙改刊誤曰南當作口東流逕黎陽縣界南入河地
理志曰淇水出共東至黎陽入河溝洫志曰官本曰按此下近刻衍在字
案朱趙有遮害亭西朱趙有一字十八里至淇水口是也官本曰按近刻脫也字
案朱脫趙增刊誤曰是下落也字漢建安九年魏武王于水口下大枋木以
成堰遏淇水東入白溝以通漕運故時人號其處爲枋頭是
以盧諶征艱賦曰後背洪枋巨堰深渠高隄者也自後遂廢
魏熙平中復通之故渠歷枋城北官本曰按枋近刻訛作楊　案朱訛趙改刊誤曰楊
城當作枋城東出今瀆破故堨官本曰按近刻作堰　案朱趙作堰其堰悉鐵柱木
石參用其故瀆南逕枋城西又南分爲二水一水南注清水
水流上下更相通注河清水盛官本曰按水有二源至此句清字止舊刻訛在灤水注內
八風谷之緇石也緇字下原本不誤北入故渠自此始矣一水東流逕枋城南
東與菀口合朱作宛趙改菀刊誤曰宛口寰宇記作菀口下菀水菀城竝同全氏曰卽博物志之澳水澳菀
聲相近菀水上承淇水于元甫城西北自石堰東菀城西官本曰按
東下近刻衍注字　案朱衍趙刪屈逕其城南又東南流歷土軍東北官本曰按
土軍原本及近刻竝訛作五軍考土軍漢書地理志屬西河郡北魏立吐京郡吐京卽土軍音聲之轉魏討九原西河吐
京諸叛部出配郡縣置吐京民於此但魏書作吐京道元猶用土軍字耳　案朱趙作五下同得舊石逗官本
曰按近刻訛作沮　案朱訛沮趙改逗刊誤曰沮當作逗與逗同穀水注云又枝流入石逗是也義與石竇通故五
水分流世號五穴口今惟通幷朱作井箋曰宋本作幷趙改幷爲二水官本曰按
近刻脫水字　案朱趙無水字一水西注淇水謂之天井溝一水逕土軍東

分爲蓡溝東入白祀陂朱作祠趙改祀下同刊誤曰箋曰宋本作白杞舊本作白祀未詳孰是按
方輿紀要云同山在濬縣西南四十五里其麓綿亙四十餘里形若游龍高處如龍脊曰龍脊岡龍脊之左有山曰白祀
淇水所逕多溢爲陂祀字是也又南分東入同山陂溉田七十餘頃二陂所
結卽臺陰野矣菀水東南入淇水淇水右合宿胥故瀆瀆受
河于頓丘縣遮害亭東黎山西北會淇水處立石堰遏水令
更東北注官本曰按令近刻訛作今　案朱訛趙改刊誤曰今當作令魏武開白溝因宿
胥故瀆而加其功也故蘇代曰決宿胥之口魏無虛頓丘卽
指是瀆也淇水又東北流謂之白溝逕雍榆城南春秋襄公
二十三年叔孫豹救晉次于雍榆者也官本曰按榆下近刻衍城字　案朱衍趙
刪刊誤曰春秋經無城字衍文淇水又北逕其城東官本曰按近刻脫又北二字　案朱趙無東
北逕同山東又東北逕帝嚳冢西官本曰按又字下近刻有北逕其城東五字係衍文
案朱趙有世謂之頓邱臺非也皇覽曰帝嚳冢在東郡濮陽頓
邱城南臺陰野中者也又北逕白祀山東歷廣陽里逕顓頊
冢西俗謂之殷王陵非也帝王世紀曰顓頊葬東郡頓邱城
南廣陽里大冢者是也淇水又北屈而西轉逕頓邱北故闞
駰云頓邱在淇水南官本曰按此下近刻有又屈逕頓邱西六字係訛舛衍文　案朱趙有爾
雅曰山一成謂之頓邱釋名謂一頓而成邱無高下小大之
殺也詩所謂送子涉淇至于頓邱者也魏徙九原西河土軍
諸胡官本曰按土軍原本及近刻竝訛作出軍係後人所改　案朱作出趙改土刊誤曰出軍當作土軍漢書地理
志西河郡有土軍縣魏書地形志有吐京郡卽土軍也置土軍于邱側官本曰按此土軍原本及近刻
竝訛作五軍下同　案朱趙同故其名亦曰土軍也官本曰按此上八十一字近刻訛在前淇水又
東之下右合泉源水之上　案朱趙八十一字俱在前淇水又東下趙釋曰一清按魏書地形志有南北吐京郡後徙其

民于此故有吐京之名土軍五軍蓋吐京之變音又屈逕頓邱縣故城西官本曰按又屈二字近刻訛在上頓邱在淇水南下　案朱趙同古文尚書以爲觀地矣蓋太康弟五君之號曰五觀者也竹書紀年晉定公三十一年城頓邱皇覽曰頓邱者城門名頓邱道世謂之殷皆非也蓋因邱而爲名故曰頓邱矣淇水東北逕枉人山東牽城西官本曰按枉近刻訛作柱　案朱作柱箋曰當作枉隋圖經曰枉人山谷名山陽三山或云紂殺比干於此山因得名古凡伯國地也隋書地志云汲郡黎陽有大伾山枉人山趙改枉春秋左傳定公十四年朱四作三箋曰春秋作十四年趙改四公會齊侯衞侯于牽者也杜預曰黎陽東北有牽城卽此城矣淇水又東北逕石柱岡東北注矣東過內黃縣南爲白溝朱趙東上並有又字孫校曰元和郡縣志內黃縣本漢舊縣黃澤在縣西北五里永濟渠本名白渠隋煬帝導爲永濟渠一名御河北去縣二百步

淇水又東北逕并陽城西世謂之辟陽城非也卽郡國志所謂內黃縣有并陽聚者也白溝又北左合蕩水官本曰按近刻訛作陽水　案朱訛趙改刊誤曰陽水當作蕩水亦曰湯水方輿紀要大名府內黃縣下云湯水在府西南自河南湯陰縣流入縣境合洹水入於衞河一名黃雀溝互見蕩水注又東北流逕內黃縣故城南縣右對黃澤郡國志曰縣有黃澤者也官本曰按近刻脫也字　案朱脫趙增刊誤曰者下落也字地理風俗記曰陳留有外黃故加內史記曰趙廉頗伐魏取黃卽此縣

屈從縣東北與洹水合

白溝自縣北逕戲陽城東世謂之羛陽聚官本曰按近刻訛作義陽郭　案朱趙同趙刊誤曰後漢書光武帝紀作羛陽章懷註云羛陽聚名羛與義同詳本卷趙釋曰一清按後漢書光武帝紀幸內黃大破五校於羛陽降之章懷註云羛陽聚名屬魏郡左傳云晉荀盈如齊逆女還卒於戲陽杜預註云內黃縣北有戲陽城戲與羛同義陽郭當作羛陽聚說文羛字下云墨翟書義從弗魏郡有羛陽鄉讀若錡則羛與義字可通用也春秋昭公十年趙釋曰沈氏曰是九年晉荀盈如齊逆女還卒戲陽是也白溝又北逕高城亭東洹水從西南來注之朱東下有又字趙改又東刊誤曰東又二字當倒互又北逕問亭東卽魏界也魏縣故城官本曰按近刻脫魏字縣故城三字訛在應劭曰下　案朱脫訛趙增改刊誤曰漢志註引應劭語無縣故城三字當移在應劭曰之上縣故城上又落魏字應劭曰魏武侯之別都也城內有武侯臺王莽之魏城亭也左與新河合洹水枝流也白溝又東北逕銅馬城西蓋光武征銅馬所築也故城得其名矣白溝又東北逕羅勒城東又東北漳水注之謂之利漕口官本曰按魏志建安十八年鑿渠引漳水入白溝以通河是也自下清漳白溝淇河咸得通稱也又東北過館陶縣北又東北過清淵縣西

白溝水又東北逕趙城西又北阿難河出焉蓋魏將阿難所導趙釋曰一清按元和志云魏將李阿難以利衡瀆遂有阿難之稱矣官本曰按遂近刻訛作首　案朱趙作首白溝又東北逕空陵城西又北逕喬亭城西東去館陶縣故城十五里縣卽春秋所謂冠氏也魏陽平郡治也其趙作淇水又屈逕其縣北又東北逕平恩縣故城東地理風俗記曰縣故館陶之別鄉也漢宣帝地節三年置官本曰按近刻訛作元康三年置　案朱趙同趙釋曰沈氏曰是地節三年封一清按宣帝地節四年改明年元爲元康廣漢以神爵元年病死無子絕元帝初元元年紹封弟子嘉伯卽廣漢也以封后父許伯爲侯國地理志王莽之延平縣矣其水又東過清淵縣故城西官本曰按其水近刻訛作淇水下同　案朱趙作淇下同又歷縣之西北爲清淵故縣有清淵之名矣趙釋曰一清按漢志魏郡清淵縣應劭曰清河在西北世謂之魚池城非也其水又東

北逕楡陽城北漢武帝官本曰按近刻訛作昭帝案朱趙作昭封太常江德爲侯國文穎曰邑在魏郡清淵趙釋曰一清按褚表作潦陽小司馬曰表在清河漢表作轑陽侯江喜地理志清河無潦陽或是魏郡清淵縣又褚表江德以捕淮陽反者公孫勇侯是武帝非昭帝世謂之清淵城非也

又東北過廣宗縣東爲清河

清河東北逕廣宗縣故城南和帝永元五年官本曰按和帝近刻訛作順帝案朱趙作順封皇太子萬年爲王國趙釋曰沈氏曰范史章八王少子廣宗殤王萬歲以和帝永元五年封注未覈田融言趙立建興郡于城內置臨清縣于水東自趙石始也清河之右有李雲墓雲字行祖甘陵人好學善陰陽舉孝廉遷白馬令中常侍單超等立掖庭民女亳氏爲后后家封者四人賞賜巨萬雲上書移副三府曰官本曰按副近刻訛作列案朱訛趙改孔子云帝者諦也今尺一拜用不經御省官本曰按近刻訛作者案朱訛趙改是帝欲不諦乎帝怒下獄殺之後冀州刺史賈琮朱作瑤箋曰後漢書作賈琮趙改琮使行部過祠雲墓刻石表之今石柱尚存俗猶謂之李氏石柱清河又東北逕界城亭東水上有大梁謂之界城橋英雄記曰公孫瓚擊青州黃巾賊大破之還屯廣宗袁本初自往征瓚合戰于界橋南二十里紹將麴義官本曰按麴近刻作鞠案朱趙作鞠破瓚于界城橋斬瓚冀州刺史嚴綱又破瓚殿兵于橋上即此梁也世謂之鬲城橋葢傳呼失實矣清河又東北逕信鄉西趙增縣故城三字刊誤曰信鄉下落縣故城三字以河水篇注參校地理風俗記曰甘陵西北十七里有信鄉故縣也清河又趙有東字北逕信成縣故城西應劭曰甘陵西北五十里有信成亭故縣也趙置水東縣于此城故亦曰水東城清河又東北逕清陽縣故城西漢高祖置清河郡治此景帝中三年官本曰按此五字近刻訛作中元二年景帝六字案朱訛趙止刪元字釋曰沈氏曰本表是三年封皇子乘爲王國王莽之平河也官本曰按平河近刻訛作河平案朱訛趙改刊誤曰河平漢書地理志作平河漢光武建武二年西河鮮于冀爲清河太守作公廨未就而亡後守趙高計功用二百萬五官黃秉功曹劉適言四百萬錢于是冀乃鬼見白日道從入府與高及秉等對共計校定爲適秉所割匿冀乃書表自理其略言高貴不尚節趙釋曰一清按太平廣記引水經作貴尚小節晦龍之夫而箕踞遺類研密失機婢妾其性媚世求顯偸竊佷鄙有辱天官官本曰按近刻訛作偸竊銀艾鄙辱天官案朱趙同趙釋曰一清按太平廣記引水經作偸竊佷鄙有辱天官易讒負乘誠高之謂臣不勝鬼言謹因千里驛聞付高上之便西北去三十里車馬皆滅不復見秉等皆伏地物故高以狀聞詔下還冀西河田宅妻子焉兼爲差代以弭幽中之訟官本曰按弭近刻訛作旍案朱趙作旍趙釋曰一清按太平廣記引水經作弭漢桓帝建和三年官本曰按近刻訛作延和元年案朱作延和元年趙改建和仍元年刊誤曰延和當作建和趙釋曰沈氏曰是三年改清河爲甘陵王國以王妖言徙其年立甘陵郡治此焉

又東北過東武城縣西

清河又東北逕陵鄉西應劭曰東武城西南七十里有陵鄉故縣也後漢封太僕梁松爲侯國故世謂之梁侯城遂立侯城縣治也清河又東北逕東武城縣故城西官本曰按故字近刻訛在縣字上案朱訛趙改刊誤曰縣故城卷中恆有故縣二字當倒互史記趙公子勝號平原君以

解邯鄲之功受封于此定襄有武城故加東矣清河又東北逕復陽縣故城西漢高祖七年封右司馬陳胥爲侯國趙釋曰一清按陳胥所封索隱曰是南陽地理志南陽郡復陽縣侯國然清河郡亦有復陽縣一清按方輿紀要復陽城在棗彊縣西南十八里漢縣屬清河郡後漢時省陸澄曰爲枯絳水所逕此卽陳胥之封邑非南陽之復陽也南陽之復陽闞駰曰故湖陽之樂鄉元帝元延二年置安得以爲陳胥封邑小司馬誤矣王莽更名之曰樂歲地理風俗記曰東武城西北三十里有復陽亭故縣也世名之曰檻城非也清河又東北流官本曰按清河下近刻有水字案朱趙有逕棗彊縣故城西史記建元以來王子侯者年表云漢武帝元朔二年封廣川惠王子晏爲侯國也應劭地理風俗記曰東武城縣西北五十里官本曰按近刻脫縣字案朱趙無有棗彊城故縣也

又北過廣川縣東

水九　廿九

清河北逕廣川縣故城南官本曰按河近刻訛作水案朱訛趙改刊誤曰水當作河闞駰曰縣中有長河爲流官本曰按近刻脫中字案朱脫趙增刊誤曰縣下落中字以漢志校補故曰廣川也水側有羌壘姚氏之故居也今廣川縣治清河又東北逕歷縣故城南地理志信都之屬縣也王莽更名曰歷寧也應劭曰廣川縣西北三十里有歷城亭故縣也今亭在縣東如北官本曰按近刻訛作如此案朱訛趙改刊誤曰箋如當作而按如往也之也此當作北如北言自東往北也古傳如而字通用然非所論於此也水濟尚謂之爲歷口渡也

又東過脩縣南又東北過東光縣西

清河又東北左與張甲屯絳故瀆合阻深隄高鄣無復有水矣又逕脩縣故城南屈逕其城東脩音條趙釋曰全氏曰三字注中注王莽更名之曰脩治官本曰按近刻訛作治脩案朱訛趙乙刊誤曰漢書地理志作脩治郡國志曰故屬信都清河又東北左與橫漳枝津故瀆合官本曰按橫近刻訛作黃案朱訛趙改又朱作板津趙改枝津刊誤曰箋曰板津宋本作枝津按黃漳當作橫漳卽衡漳也朱氏失箋又東北逕脩國趙釋曰一清按脩是縣名非國名也道元誤矣故城東漢文帝封周亞夫爲侯國故世謂之北脩城也清河又東北逕邸閣城東城臨側清河晉脩縣治城內有縣長魯國孔明孫校曰他處作孔栩碑清河又東至東光縣西南逕胡蘇亭趙釋曰劉昭郡國志補注曰東光有胡蘇亭胡蘇河之名見爾雅地理志東光有胡蘇亭者也官本曰按近刻脫地理志東光有胡蘇亭九字及也字案朱趙同者下有是字趙釋曰一清案二字上下有脫誤世謂之羌城非也又東北右會大河故瀆又逕東光縣故城西後漢封耿純爲侯國初平二年黃巾三十萬人入渤海官本曰按近刻作北海案朱同趙改又趙脫人字公孫瓚破之于東光界追奔是水斬首三萬流血丹水卽是

水九　卅

水也

又東北過南皮縣西

清河又東北無棣溝出焉東逕南皮縣故城南又東逕樂亭北地理志之臨樂縣故城也趙刊誤曰箋曰之疑作云按之字不誤王莽更名樂亭晉書地道志太康地記樂陵國有新樂縣卽此城矣又東逕新鄉城北卽地理志高樂故城也王莽更之曰爲鄉矣無棣溝又東分爲二瀆無棣溝又東逕樂陵郡北官本曰按逕下近刻有于字案朱有趙刪刊誤曰于字衍文又東屈而北出又東轉逕苑鄉縣故城南官本曰按近刻訛作逕宛鄉故城南案朱訛趙改增刊誤曰方輿紀要順德府任縣苑鄉城云本漢南欒縣地後爲閑廢之所謂之苑鄉志云石勒置縣於此又改爲清苑縣後魏時廢魏書地形志任縣有苑鄉城宛鄉當作苑鄉下落縣字趙釋曰一清按此縣名不見兩漢晉魏史志未詳處所又東南逕高成縣故城南官本

日按高成近刻作高城　案朱訛趙改與枝瀆合枝瀆上承無棣溝官本曰按近刻脫枝
字瀆訛作溝　案朱訛趙改不補枝字刊誤曰上溝字當作瀆卽上枝瀆也南逕樂陵郡西又東
南逕千童縣故城東史記建元以來王子侯者年表曰故重
也一作千鍾漢武帝元朔四年封河間獻王子劉陰爲侯國
趙刊誤曰箋曰舊本作靖王按史表是獻王而漢書景十三王傳河間嗣王亦無謚靖者應劭曰漢靈帝
改曰饒安也趙釋曰一清按史表千鍾侯劉搖一云劉陰索隱曰一作重漢表作重侯擔在平原地理志有
重邱也若渤海之千童別是一縣漢志注應劭曰靈帝改曰饒安者也道元混而一之滄州治枝瀆又
南東屈東北注無棣溝無棣溝又東北逕一故城北世謂之
功城也又東北逕鹽山東北入海春秋僖公四年官本曰按近刻脫此
二字　案朱趙無齊楚之盟于召陵也管仲曰昔召康公賜命先君
太公履官本曰按賜近刻作錫　案朱趙同北至于無棣蓋四履之所也京相
璠曰舊說無棣在遼西孤竹縣二說參差未知所定然管仲
以責楚無棣在此方之爲近既世傳已久官本曰按近刻訛作以文　案朱趙
作以久以已通且以聞見書之清河又東北逕南皮縣故城西十三
州志曰章武有北皮亭故此曰南皮也王莽之迎河亭官本曰按
迎近刻訛作逆　案朱訛趙改刊誤曰逆河漢書地理志作迎河莽多忌諱故以逆爲迎也史記惠景侯
者年表云漢景帝後七年官本曰按近刻訛作文帝後元年中　案朱訛趙改景帝後元中刊
誤曰文帝當作景帝與下竇廣國之封其誤同年字以後文校衍趙釋曰一清按史漢表竇彭祖與竇廣國皆以景帝後
七年封非文帝也又文景改年只稱後元年後二年中元年中二年耳則亦不當云後元年中也後元非紀年之號此襲
史表而誤者也他處引史有年數者皆據史改正而特存其說于此封孝文后兄子彭祖爲侯
國朱趙有漢字建安中魏武擒袁譚于此城也清河又北逕北皮
城東官本曰按近刻脫北字　案朱脫趙北逕二字乙說見下左會滹沱別河故瀆官本曰按
近刻訛作左會譚地別瀆　案朱訛趙改譚地爲滹池刊誤曰箋曰地宋本作池按北逕二字當倒互譚地是滹池之誤
謂之合口官本曰按近刻脫口字　案朱脫趙增刊誤曰謂之合下落口字此文當與濁漳水篇注參校城
謂之合城也官本曰按城謂近刻訛作故謂　案朱趙同地理風俗記曰南皮城
北五十里有北皮城卽是城矣官本曰按近刻脫此四字作有北皮城也　案朱趙同
又東北過浮陽縣西官本曰按過近刻訛作逕　案朱訛趙改刊誤曰逕當作過
清河東北流官本曰按近刻脫淸字流字　案朱脫趙補清字刊誤曰河上落清字浮水故瀆
出焉按史記趙之南界有浮水焉浮水在南而此有浮陽之
稱者蓋浮水出入津流同逆混并清漳二瀆河之舊道浮水
故迹又自斯別是縣有浮陽之名也官本曰按浮陽近刻訛作浮水　案朱訛趙改
首受清河于縣界東北逕高成縣之苑鄉城北官本曰按高成近刻訛作
高城苑訛作宛　案朱訛趙改刊誤曰高城漢書地理志作高成宛鄉當作苑鄉又東逕章武縣之
故城北官本曰按近刻脫北字　案朱脫趙增刊誤曰故城下落北字孫潛校增漢景帝後七年
朱趙作文帝後元中趙釋曰一清按此注誤文說見前封孝文后弟竇廣國爲侯國王
莽更名桓章晉太始中立章武郡治此浮水故瀆又東逕篋
山北魏土地記曰朱魏下有氏字趙刪刊誤曰氏字衍文高成東北五十里有
篋山長七里浮瀆又東北逕柳縣故城南漢武帝元朔四年
封齊孝王子劉陽爲侯國地理風俗記曰高成縣東北五十
里有柳亭故縣也世謂之辟亭非也浮瀆又東北逕漢武帝
望海臺趙釋曰一清按一統志武帝臺在鹽山縣東北七十里水經注浮水所經蓋南臺也下章武縣臺乃是北
臺又東注于海應劭曰浮陽縣官本曰按近刻脫陽字　案朱脫趙改縣爲陽刊誤曰縣
當作陽浮水所出入海朝夕往來日再官本曰按朝夕近刻作潮汐　案朱趙同今
溝無復有水也清河又北分爲二瀆枝分東出又謂之浮瀆

清河又北逕浮陽縣故城西官本曰按近刻脫縣字　案朱脫趙增刊誤曰浮陽下落縣字王莽之浮城也建武十五年更封驍騎將軍平鄉侯劉歆爲侯國官本曰按近刻脫驍字　案朱脫趙增刊誤曰驍騎將軍劉歆見後漢書岑彭傳落驍字浮陽郡治

又東北滹沱別瀆注焉朱作𣶒趙改滹刊誤曰𣶒字誤寫當作滹後竝同謂之合口也官本曰按口近刻訛作河　案朱訛趙改

又東北過濊邑北

濊水出焉官本曰按濊水詳濁漳水注內

又東北過鄉邑南

清河又東分爲二水枝津右出焉東逕漢武帝故臺北魏土地記曰官本曰按魏下近刻衍氏字　案朱衍趙刪章武縣東朱趙有一字百里有武帝臺南北有二臺相去六十里基高六十丈俗云漢武帝東巡海上所築又東注于海清河又東北逕紵姑邑南俗謂之新城非也

又東北過窮河邑南官本曰按過近刻訛作逕　案朱訛趙改刊誤曰逕當作過

清河又東北逕窮河邑南俗謂之三女城非也東北至泉州縣北入滹沱官本曰按州近刻訛作周　案朱趙作周下同水經曰笥溝東南至泉州縣與清河合自下爲派河尾也官本曰按原本訛作水經曰笥溝泉周縣東南與清河合者自下爲清河下邑也近刻曰又訛作白自又訛作目考沽河經文云又東南至雍奴縣西爲笥溝又東南至泉州縣與清河合東入于海清河者派河尾也今據以訂此文之舛誤　案朱訛趙作水經曰笥溝至泉周縣東南與清河合者曰爲清河下邑也刊誤曰箋曰曰當作白溝當作溝按曰字不誤目下之下衍文沽水篇經云又東南至雍奴縣入笥溝又東至泉州縣與清河合此即酈氏所稱經曰者也本文東北至泉州縣北入滹沱水句經曰句笥溝下落至字連下讀若依朱氏所云曰作白不知燕趙之境有白溝亦有笥溝而無白笥溝其誤審矣又東泉州渠出焉官本曰按近刻渠訛作泉泉州渠詳鮑邱水注內　案朱訛泉趙改水刊誤曰箋曰泉當作縣按孫潛校改作水泉周水即泉州渠魏書武帝紀鑿渠自呼沲入泒水名平虜渠又從泃河口鑿入潞河名泉州渠以通海詳見沽水注中朱氏改泉周縣非是

又東北過漂榆邑入于海

清河又東逕漂榆邑故城南俗謂之角飛城趙記云石勒使王述煮鹽于角飛即城異名矣魏土地記曰高城趙作成縣東北朱趙有一字百里北盡漂榆東臨巨海民咸煮海水藉鹽爲業即此城也清河自是入于海

蕩水出河內蕩陰縣西山東趙釋曰何氏曰蕩廣韻作簜從竹

蕩水出縣西石尚山泉趙作東流逕其縣故城南縣因水以取名也晉伐成都王穎敗帝于是水之南盧綝四王起事曰官本曰按綝近刻訛作林　案朱訛趙改刊誤曰隋書經籍志晉四王起事四卷晉廷尉盧綝撰林當作綝惠帝征成都王穎戰敗時舉輦司馬八人輦猶在肩上軍人競就殺舉輦者乘輿頓地帝傷三矢朱作夫箋曰一作矢趙改矢百僚奔散唯侍中嵇紹扶帝士將兵之帝曰吾吏也勿害之衆曰受太弟命惟不犯陛下一人耳遂斬之血汙帝袂將洗之帝曰嵇侍中血勿洗也此則嵇延祖殞命之所

又東北至內黃縣入于黃澤

羑水出蕩陰西北韓大牛泉地理志曰縣之西山羑水所出也羑水又東逕韓附壁北又東流逕羑城北故羑里也史記音義曰牖里在蕩陰縣廣雅牖獄犴也官本曰按近刻訛作廣雅稱獄犴也　案朱訛趙改刊誤曰稱全氏校改牖夏曰夏臺殷曰羑里周曰囹圄皆圜土昔

殷紂納崇侯虎之言囚西伯于此散宜生南宮括見文王乃演易用明否泰始終之義焉美城北水積成淵方朱趙有一字十餘步深一丈餘東至內黃與防水會水出西山馬頭澗東逕防城北盧諶征艱賦所謂朱作爲箋曰當作謂趙改謂越防者也其水東南流注于羑水又東歷黃澤入蕩水地理志曰羑水至內黃入蕩者也蕩水又東與長沙溝水合其水導源黑山北谷官本曰按黑近刻訛作里案朱訛趙改刊誤曰里山當作黑山見清水注東流逕晉鄙故壘北謂之晉鄙城名之爲魏將城昔魏公子無忌矯奪晉鄙軍于是處故班叔皮遊居賦曰過蕩陰而弔晉鄙責公子之不臣者也其水又東官本曰按其近刻訛作淇案朱訛趙改刊誤曰淇水當去水傍作其卽長沙溝水也非出隆慮之淇水謂之宜師溝又東逕蕩陰縣南又東逕枉人山官本曰按枉近刻訛作柱案朱作柱箋曰柱當作枉趙改枉東北至內黃縣官本曰按近刻訛作澤案朱訛趙改刊誤曰郡國志曰內黃縣有黃澤內黃縣名非澤名澤當作縣右入蕩水亦謂之黃雀溝是水秋夏則泛春冬則耗蕩水又逕內黃城南官本曰按近刻脫蕩字案朱脫趙增其又增東刊誤曰水上落其字又下落東字陳留有外黃故稱內也東注白溝

洹水出上黨泫氏縣

水出洹山山在長子縣也

東過隆慮縣北

縣北有隆慮山昔帛仲理之所遊神也縣因山以取名漢高帝六年封周竈爲侯國應劭曰殤帝曰隆故改從林也縣有黃華水官本曰按近刻脫華字下同案朱脫趙增刊誤曰黃水御覽玉海引隋圖經竝作黃華水下同出于神囷之山黃華谷北崖上官本曰按近刻脫上字案朱作地崖無上字趙地改北下山改上刊誤曰箋曰地宋本作北按山隋圖經作上山高十七里水出木門帶帶卽山之第三級也去地七里懸水東南注壑直瀉巖下狀若雞翹故謂之雞翹洪蓋亦天台赤城之流也官本曰按近刻脫之字案朱脫趙增又朱箋曰史游急就章曰春草雞翹鳧翁濯顏師古注云雞翹雞尾之曲垂也又漢輿服志云鸞旗者編羽旄列繫幢旁世謂之雞翹其水東流至谷口潛入地下東北朱趙有一字十里復出名柳渚渚周四五里是黃華水重源再發也東流葦泉水注之水出林慮山北澤中官本曰按山近刻訛作川案朱訛又脫水字趙改增刊誤曰出上落水字川當作山東南流與雙泉合水出魯般門東下流入葦泉水葦泉水又東南流注黃華水謂之陵陽水又東入于洹水也趙釋曰虞氏世南北堂書鈔引水經注曰黃華谷內西洪邊有一洞深數丈去地千餘仞俗謂之聖人穴太平寰宇記引水經注云黃華谷西北有洞穴謂之聖水窟今本無之

又東北出山過鄴縣南官本曰按過近刻訛作逕案朱訛趙改刊誤曰逕當作過

洹水出山東逕殷墟北官本曰按東近刻訛作連案朱訛趙改刊誤曰連當作東竹書紀年曰盤庚卽位自奄遷于北蒙曰殷官本曰按北蒙近刻訛作此遂案朱訛趙改刊誤曰此遂全氏校改北蒙按竹書紀年盤庚十四年自奄遷于北蒙曰殷史記正義曰括地志云相州安陽縣本盤庚所都卽北蒙殷墟南去朝歌城百四十六里是也此遂字誤昔者項羽與章邯盟于此地矣洹水又東枝津出焉東北流逕鄴城南謂之新河又東分爲二水一水北逕東明觀下官本曰按近刻脫一水二字案朱脫趙北下增水字刊誤曰北下落水字下南水字可證昔慕容雋夢石虎齧其臂寤而惡之購求其尸而莫之知官本曰按近刻訛作莫知之案朱趙同後宮嬖妾言虎葬東明觀下于是掘焉下度三泉得其棺剖棺出尸尸僵不腐雋罵之曰死胡安敢夢生天子也使御史中尉陽約官本曰按陽近刻作楊

案朱同趙改數其罪而鞭之此蓋虎始葬處也又北逕建春門石梁不高大治石工密舊橋首夾建兩石柱螭矩趺勒甚佳官本曰按矩近刻訛作短　案朱作短箋曰宋本作矩恐當作距趙改矩乘輿南幸以其作制華妙致之平城東側西闕朱作屈箋曰宋本作闕趙改闕北對射堂綠朱趙作淥水平潭碧林側浦可遊憩矣官本曰按側浦近刻訛作浦側憩訛作意　案朱訛趙改刊誤曰浦側當倒互作側浦意當作憩其水西逕魏武玄武故苑官本曰按近刻其水下有際其二字係衍文　案朱趙有趙其改淇刊誤曰全氏云其水當加水作淇淇水經云屈從縣東北與洹水合是也苑舊有玄武池以肆舟楫有魚梁釣臺竹木灌叢今池林絕滅略無遺跡矣其水西流注于漳南水東北逕女亭城北趙南水下增又字刊誤曰東北上落又字又東北逕高陵城南東合坰溝又東逕鸕鶿陂趙有黃衣水注之五字刊誤曰鸕鶿陂下名勝志引此文有黃衣水注之五字今校增北與台陂水合陂東

西三十里南北官本曰按此下有脫文下云注白溝河溝上承洹水亦訛脫不可考　趙釋曰一淸按下有脫文注白溝河溝上承洹水北絕新河北逕高陵城東又北逕斥邱縣故城西縣南角有斥邱朱箋曰舊本作赤巨趙南上增西字刊誤曰地理志魏郡斥邱縣應劭曰斥邱在西南落西字蓋因邱以氏縣故乾侯矣春秋經書昭公二十八年公如朱作始之箋曰當作公如趙改公如晉次于乾侯也漢高帝六年封唐厲朱作廣箋曰按史記斥巳侯唐厲趙改厲爲侯國王莽之利邱矣又屈逕其城北官本曰按近刻訛作北城　案朱訛趙改刊誤曰北城當作城北東北流注于白溝洹水自鄴東逕安陽縣故城北徐廣晉紀曰石遵自李城北入斬張豺于安陽是也官本曰按近刻李訛作字豺訛作豹　案朱訛趙改刊誤曰字城當作李城張豹當作張豺方輿紀要云晉永和五年石虎沒其下張豺擅命虎子遵時出鎮關右至李城舉兵趨鄴晉書載記作季城誤也魏土地記曰鄴城南四十里有安陽城城北有洹水東流者也洹水又東至長樂縣左則枝溝出焉官本曰按近刻訛作側則溝出焉　案朱訛趙改則爲白刊誤曰則當作白洹水又東逕長樂縣故城南按晉書地理志曰魏郡有長樂縣也

又東過內黃縣北東入于白溝

洹水逕內黃縣北孫校曰堯城縣本漢內黃地洹水在縣北四里東流注于白溝世謂之洹口也官本曰按口近刻訛作水　案朱趙同許慎說文呂忱字林竝云洹水出晉魯之間趙釋曰一淸按俗本說文作齊魯之間當以此注正之昔聲伯夢涉洹水或與己瓊瑰而食之官本曰按已近刻訛作其　案朱趙同又瑰趙作瓌下同泣而又爲瓊瑰盈其懷矣官本曰按爲近刻訛作與　案朱訛趙改從而歌曰濟洹之水贈我以瓊瑰歸乎歸乎瓊瑰盈吾懷乎後言之之暮而卒官本曰按近刻脫之字　案朱脫趙增即是水也

水經注卷九

水經注卷十　長沙王氏校本

後魏酈道元撰

濁漳水　清漳水趙下增補滏水補洺水二目

濁漳水出上黨長子縣西發鳩山官本曰按此下原本及近刻有之漳水焉四字因注文漳水二字訛作經後人又加之焉二字耳　案朱有趙刪刊誤曰之漳水焉四字衍文孫校不衍四字改漳爲涑加入字作發鳩山之涑水入焉云下條注涑水曰出發鳩山故知此漳水是涑水之訛戴校並刪此句未是也

漳水出鹿谷山官本曰按原本及近刻脫漳水二字及山字太平御覽引此注云漳水出鹿谷山據以訂正　案朱脫趙增與發鳩連麓而在南淮南子謂之發苞山故異名互見也孫校曰發苞疑發勼之訛說文云涑水出發鳩山濁漳出上黨長子鹿谷山然則出發鳩者涑水也詳注云云正以淮南子徑說濁漳出發苞而釋明之耳左則陽泉水注之右則繖蓋水入焉官本曰按繖近刻訛作散　案朱趙同三源同出一山但以南北爲別耳

東過其縣南

又東堯水自西山東北流逕堯廟北又東逕長子縣故城南周史辛甲所封邑也朱箋曰劉向別錄云辛甲事紂七十五諫而不聽去之周文王以爲公卿封之長子漢志注云長讀作長短之長春秋襄公十八年晉人執衛行人石買于長子卽是縣也秦置上黨郡治此朱趙有也字其水東北流入漳水漳水東會于梁水梁水出南梁山趙出南作南出刊誤曰出南二字當倒互孫校曰地形志長子有長灣水東流至梁川北入濁漳北流逕長子縣故城南官本曰按逕近刻作至　案朱訛趙改刊誤曰至當作逕竹書紀年曰梁惠成王十二年鄭取屯留尙子涅官本曰按近刻訛作沮　案朱訛趙改刊誤曰箋曰沮一作洹疑作則按非也蓋是涅字之誤尙子卽長子之異名也梁水又北入漳水

屈從縣東北流官本曰按此下近刻衍注字　案朱衍趙刪刊誤曰注字衍文

陶水南出陶鄉官本曰按近刻訛作南出南陶　案朱訛趙改刊誤曰全氏云南陶當作陶鄉魏書地形志長子縣羊頭山下有神農泉北有穀關卽神農得嘉穀處有泉北流至陶鄉名陶水合羊頭山水北流入濁漳是也北流逕長子城東朱作至趙改逕刊誤曰至當作逕西轉逕其城北東注于漳水

又東過壺關縣北又東北過屯留縣南官本曰按此八字近刻移在後潞縣北之上又脫南字　案朱趙八字見後孫校曰星衍詳注有不得先壺關而後屯留之辨則下文漳水東逕屯留縣南至有絳水注之四句經文也故地理志引之戴君以注所辨求其說不得乃欲取注中東逕屯留縣南移作經文何太割裂也

漳水東逕屯留縣南又屈逕其城東東北流有絳水注之官本曰按此下近刻有絳字　案朱趙有水西出穀遠縣東發鳩之谷謂之爲濫水也官本曰按謂之下近刻有絳水西出穀遠縣七字係複上衍文　案發鳩之谷趙改之發鳩谷朱衍七字趙謂之絳改又有一存西下五字刊誤曰之字當移在發鳩之上全氏云謂之絳水四字誤文宋槧本是又有一水今校正胡東樵不識因以濫水爲絳水之源大非又案也朱作屯箋曰宋本作也趙改也東逕屯留縣故城南故留吁國也官本曰按吁近刻訛作子朱訛趙改刊誤曰子當作吁　案潞氏之屬春秋襄公十八年晉人執孫蒯于純朱箋曰左傳注純音屯留是也其水東北流入于漳孫校曰屯留絳水自寄氏界來入濁漳因名交漳故桑欽云絳水出屯留西南官本曰按出近刻訛作逕　案朱缺一字趙作出刊誤曰箋曰孫云水下當有逕字按漢書地理志注是出字東入漳趙釋曰禹貢錐指曰宋張垍云降水卽濁漳也字或作絳地理志上黨郡屯留縣下云桑欽言絳水出西南東入海酈道元引此文作入漳一清按後鉅鹿縣下引地理志信都國信都縣下班固原文云入海則此漳字明是道元所改也觀其自相詰難知之以絳水爲入漳絳瀆爲入海然絳瀆自是漳水一時之徙流非禹貢之絳水蓋班志之誤道元未敢頌言之漳水又東涑水注之官本曰按涑原本及近刻竝訛作陳下同今據說文改正　案朱訛趙改刊誤曰陳當作涑說文校正水西出發鳩山官本曰按西出近刻訛作出西　案朱訛趙改刊誤曰出西二字當倒互東逕余吾縣故城南漢光武建武六年封景

丹于尙爲侯國官本曰按子尙近刻訛作尙子案朱訛趙改刊誤曰尙子二字當倒互後漢書景丹傳校涑水又東逕屯留縣故城北竹書紀年梁惠成王元年韓共侯趙成侯遷晉桓公于屯留史記趙肅侯奪晉君端氏而徙居之此矣其水又東流注于漳故許愼曰水出發鳩山入漳官本曰按原本及近刻竝訛作關案朱作關趙改河說見下從水東聲也官本曰按東原本及近刻竝訛作章案朱訛趙改刊誤曰關當作河章當作東說文校正漳水又東北官本曰按近刻脫此三字案朱脫趙增刊誤曰漳水下落又東北三字孫潛校增逕壺關縣故城西又屈逕其城北故黎國也有黎亭縣有壺口關故曰壺關矣呂后元年立孝惠後宮子武爲侯國漢有壺關三老公乘興趙釋曰扈林曰漢書戾太子傳作壺關三老茂顏師古曰荀悅漢紀作令狐茂今漢紀無而白帖引上黨郡記曰漢史稱壺關三老令狐茂然漢武故事曰壺關三老鄭茂上書未知誰信又漢書王尊傳有湖三老公乘興上書訟王尊治京北功效善長以茂爲興大誤一清按王伯厚曰今漢紀脫令狐茂三字又御覽引上黨郡記令狐徵君隱城東山中疑卽茂也上書訟衞太子卽邑人也縣在屯留東不得先壺關而後屯留也漳水歷鹿臺山孫校曰鹿臺山出山海經又地形志襄垣郡建義分上黨之屯留置有鹿臺山與銅鞮水合官本曰按近刻脫銅字案朱脫趙增刊誤曰當作銅鞮水落銅字水出銅鞮縣西北石隥山趙釋曰一清按太平寰宇記銅鞮縣下引水經注云銅鞮水出覆釜山經襄垣縣道又石梯山下引水經注云銅鞮縣有石梯山高一千九百尺今本無之魏書地形志鄉郡銅鞮縣有銅鞮城石梯水東行入漳然則銅鞮水卽石梯水而石梯山亦疑卽石磴山也東流與專池水合水出八特山朱無水字特作持箋曰當作八特潘尼西道賦云羊羹八特成皋黃馬是也趙增水改特刊誤曰箋曰八持當作八特按出上落水字東北流入銅鞮水銅鞮水又東南合女官本曰按合近刻訛作逕案朱趙作逕趙釋曰一清按下有脫文諫水水西北出好松山官本曰按近刻脫出字案朱脫趙增刊誤曰西北下落出字趙釋曰一清按太平寰宇記上黨縣有八諫水引水經云諫水源出上黨縣西魏書地形志上黨郡寄氏縣有八禮泉上

黨谷卽八諫水也又朱趙不重水字官本增以女諫爲水名孫校曰好松山出山海經東南流北則葦池水與公主水合而右注之南則榆交水與皇后水合而左入焉亂流東南注于銅鞮水朱無水字趙增刊誤曰銅鞮下落水字銅鞮水又東逕李憙墓朱趙無又字不重墓字墓前有碑碑石破碎故李氏以太和元年立之其水又東逕故城北城在山阜之上下臨岫壑東西北三面阻袤二里世謂之斷梁城卽故縣之上虒亭也銅鞮水又東逕銅鞮縣故城北城在水南山中晉大夫羊舌赤銅鞮伯華之邑也漢高祖破韓王信于此縣朱趙有也字銅鞮水又東南流逕頃城西趙刊誤曰箋曰頃一作項按朱氏下文旣引後魏地形志長子有頃城而此又云一作項何無定見也卽縣之下虒聚也地理志曰縣有上虒亭下虒聚者也朱箋曰後魏地形志長子有應城傾城幸城而前漢地志銅鞮縣有上虒亭下虒聚則後魏之傾城卽漢之銅鞮也銅鞮水又南逕胡邑西朱無水字趙增刊誤曰銅鞮下落水字又東屈逕其城南又東逕襄垣縣入于漳漳水又東北流逕襄垣縣故城南王莽之上黨亭

潞縣北朱潞上有又東北過屯留縣七字箋曰宋本無屯留縣三字按屯留與潞縣俱屬上黨郡趙作又東北過屯留縣南刊誤曰箋曰謝兆申云宋本無屯留縣三字全氏曰謝耳伯所見是誤本非眞宋本也上文注云壺關在屯留東不得先壺關而後屯留則經文以屯留置壺關之後明矣道元所以糾之柰何謂經無此文乎但今本屯留縣下脫去南字耳今從官本移前又東過壺關縣北下

縣故赤翟潞子國也其相豐舒有雋才而不以茂德晉伯宗數其五罪使荀林父滅之闞駰曰有潞水爲冀州浸卽漳水也余按燕書王猛與慕容評相遇于潞川也評障錮山泉官本曰按近刻脫評字案朱脫趙增障錮朱趙作鄣固刊誤曰鄣固上落評字全氏校增鬻水與軍入絹

匹水二石趙刊誤曰箋曰入宋本作人按人古字與入相似然此是入字不是人字十六國春秋亦作入無佗大川可以爲浸官本曰按近刻脫無字　案朱脫趙增刊誤曰佗上落無字何焯校增所有巨浪長湍惟漳水耳故世人亦謂濁漳爲潞水矣縣北對故臺壁官本曰按近刻訛作壁臺下同　案朱訛趙乙刊誤曰臺壁地名在今潞城縣北魏書地形志幷州漢晉治晉陽晉末治臺壁是也二字當倒互下竝同漳水逕其南本潞子所立也世名之爲臺壁也朱趙有也字慕容垂伐慕容永于長子軍次潞川永率精兵拒戰阻河自固垂陣臺壁一戰破之卽是處也漳水于是左合黃須水口官本曰按合近刻訛作右　案朱訛趙改刊誤曰左右全氏云當作左合水出臺壁西張諱巖下世傳巖赤則土羅兵害朱趙羅作離刊誤曰箋曰宋本作羅按法言羅謂之離易小過飛鳥離之義自通也故惡其變化無常恆以石粉汙之令白是以俗目之爲張諱巖其水南流逕臺壁西又南入于漳漳水

又東北歷望夫山孫校曰地形志上黨樂陽晉秦中分山之長子寄氏置有望夫嶺絳水所出南有石人竚于山上狀有懷于雲表因以名焉有涅水官本曰按涅近刻訛作洹　案朱訛趙改刊誤曰洹當作涅西出覆甑山而東流與西湯溪水合水出涅縣西山湯谷朱無水字趙增刊誤曰出上落水字五泉俱會謂之五會之泉交東南流謂之西湯水又東南流注涅水涅水又東逕涅縣故城南官本曰按近刻涅下有氏字考地理志上黨郡涅氏後漢爲涅縣　案朱趙有氏字不重涅水二字縣氏涅水也東與白雞水合朱無水合二字趙增刊誤曰白雞下落水合二字孫潛校增水出縣之西山東逕其縣北東南流入涅水涅水又東南官本曰按此下近刻衍與字　案朱衍趙刪刊誤曰與字衍文武鄉水會焉水源出武山朱作武山趙增鄉字刊誤曰武山當作武鄉山晉書載記云石勒居武鄉北原山下是也西南逕武鄉縣故城西而南得淸谷口官本曰按而南下近刻衍出字　案朱衍趙刪水源出東北

長山淸谷西南與鞸轄白壁二水合官本曰按近刻轄訛作軨壁訛作壁　案朱作軨壁趙改轄壁刊誤曰軨當作轄壁當作壁黃省曾本校南入武鄉水又南得黃水口黃水三源同注一壑東南流與隱室水合水源西北出隱室山東南注黃水官本曰按源近刻訛作流黃訛作潢　案朱訛趙改刊誤曰流當作源箋曰克家云潢水疑作涅水按非也卽上文黃水耳又東入武鄉水武鄉水又東南注于涅水涅水又東南流注于漳水漳水又東逕磻陽城北倉谷水入焉官本曰按谷近刻訛作石下同　案朱訛趙改刊誤曰石當作谷下同水出林慮縣之倉谷溪東北逕魯班門西雙闕昂藏官本曰按近刻脫雙字　案朱趙無趙西字下屬石壁霞舉左右結石脩防崇基仍存北逕偏橋東卽林慮之嶠嶺抱犢固也石隥西陛陟踵脩上五里餘崿路中斷四五丈中以木爲偏橋劣得通朱作道箋曰宋本作通趙改通行亦言故有偏橋之名

矣自上猶須攀蘿捫葛方乃自津山頂趙津改臻刊誤曰津當作臻卽庾袞眩墜處也官本曰按原本及近刻竝訛作卽庚眩墜處也考晉書庾袞傳袞適林慮山石勒來攻乃相與登大頭山而田于其下將收穫命子怞與之下山中塗目眩隊崖而死可證此舉庾袞眩隊事庾誤作庚又脫袞字　案朱訛趙改刊誤曰箋曰庚眩未詳或當是爰眩之譌地志所謂猨眩之岸也按閻若璩云晉書庾袞傳袞字叔褒適林慮山石勒來攻乃相與登大頭山而田于其下將收穫命子怞與之下山中塗目眩瞀墜崖而卒殆是卽庾袞眩墜處也朱氏不知妄爲附會亦由未記晉書耳倉谷溪水又北合白木溪溪水出壺關縣東白木川東逕百晦城北蓋同仇池百頃之稱矣朱箋曰後漢書云白馬氏勇戇抵冒貪貨死利居於河池一名仇池方百頃四面斗絕仇池記云仇池百頃周回九千四十步天形四方壁立千仞凡二十一道可攀緣而上又東逕林慮縣之石門谷又注于倉溪水朱作蒼趙改倉刊誤曰蒼當作倉卽倉谷溪水也倉溪水又北逕磻陽城東而北流注于漳水漳水又東逕葛公亭北而東注朱趙作去矣

又東過武安縣趙增南字刊誤曰武安縣下落南字以淸漳水經文參校補
漳水于縣東官本曰漳水下近刻衍逕字 趙刊誤曰箋曰謝云宋本漳水下有逕字按漳水於縣東自足
成文不煩添補**淸漳水自涉縣東南來注之**官本曰按近刻脫漳字又注下衍流字 案朱
脫衍趙增乙刊誤曰淸水當作淸漳水注流當倒互作流注**世謂決入之所爲交漳口也**
官本曰按爲近刻訛作謂 案朱同趙改刊誤曰下謂字當作爲趙釋曰全氏曰按地理志則是濁漳入淸漳淸漳入河
不如酈言杜君卿曰淸漳今爲濁漳所奪李宏憲曰淸不勝濁故也
又東出山過鄴縣西
漳水又東逕三戶峽爲三戶津張晏曰三戶地名也在梁期
西南孟康曰津峽名也在鄴西四十里趙釋曰一淸按裴駰史記集解引張說梁
期作梁淇引孟說四十里作三十里詳見下**又東汙水注之**官本曰按汙近刻訛作汙 案朱訛趙改
刊誤曰箋曰汙宋本作泝按史記項羽本紀羽使蒲將軍日夜引兵渡三戶軍漳南與秦戰羽悉引兵擊秦軍汙水上徐
廣曰在鄴西索隱曰汙音于郡國志鄴縣有汙城劉昭補註引水經注證之泝字非也**水出武安縣山**
東南流逕汙城北官本曰按汙城近刻訛作于城 案朱訛趙改昔項羽與蒲將軍
英布濟自三戶破章邯于是水**汙水東注于漳水漳水又東**
逕武城南世謂之梁期城梁期在鄴北俗亦謂之兩期城皆
爲非也司馬彪郡國志曰鄴縣有武城武城卽期城矣趙釋曰一
淸按梁期城在鄴北而三戶津在鄴西漳水先逕武城而後梁期武城一名期城與梁淇地望相近善長故以俗傳爲非
矣**漳水又東北逕西門豹祠前**祠東側有碑隱起爲字祠堂
東頭石柱勒銘曰趙建武中所脩也官本曰按建近刻訛作達 案朱趙不誤魏
文帝述征賦曰羨西門之嘉迹忽遙睇其靈宇**漳水右與枝**
水合趙釋曰全氏曰漢志魏郡武始縣漳水東至邯鄲入漳指此水也然漳水入漳其說不甚分明當如張晏所云
漳水之別注云枝水蓋本之晏也**其水上承漳水于邯會西而東別與邯水**

合水發源邯山東北逕邯會縣故城西北注枝水官本曰按枝原本及
近刻竝訛作漳今改正 案朱趙作漳**故曰邯會也張晏曰漳水之別自城西**
南與邯山之水會今城旁猶有溝渠存焉漢武帝元朔二年
封趙敬肅王子劉仁爲侯國**其水又東北入于漳昔魏文侯**
以西門豹爲鄴令也引漳以漑鄴民賴其用其後至魏襄王
以史起爲鄴令又堰漳水以灌鄴田咸成沃壤百姓歌之魏
武王又堨漳水迴流東注號天井堰二十里中官本曰按近刻脫二十二
字 案朱脫趙增刊誤曰御覽引此文里中上有二十字今校補**作十二墱墱相去三百步**
令互相灌注一源分爲十二流皆懸水門陸氏鄴中記云水
所漑之處名曰堰陵澤官本曰按近刻作晏陂澤 案朱趙同**故左思之賦魏**
都朱趙有也字**謂墱流十二同源異口者也**魏武之攻鄴也引漳
水以圍之獻帝春秋曰司空鄴城圍周四十里初淺而狹如
或可越審配不出爭利望而笑之司空一夜增脩廣深二丈
引漳水以注之遂拔鄴本齊桓公所置也故管子曰築五鹿
中牟鄴以衞諸夏也後屬晉魏文侯七年始封此地官本曰按此近
刻訛作袟 案朱作袟箋曰宋本作始封此地趙改此**故曰魏也**趙釋曰一淸按左傳閔公元年晉侯賜畢
萬魏以爲大夫卜偃曰魏大名也史記魏世家晉獻公之十六年也文侯乃桓子之孫畢萬之後索隱曰系本桓子生
文侯斯其傳云孺子𤺺是魏駒之子與此系代亦不同也今注云文侯始封此地獨不記詩之魏風乎蓋誤證也漢
高帝十二年置魏郡治鄴縣王莽更名魏城後分魏郡置東
西部都尉故曰三魏**魏武又以郡國之舊引漳流自城西東**
入逕銅雀臺下伏流入城東注謂之長明溝也渠水又南逕
止車門下魏武封于鄴爲北宮宮有文昌殿**溝水南北夾道**

枝流引灌所在通溉東出石竇堰下官本曰按近刻脱堰字案朱脱趙增刊誤曰石竇下落堰字地形志校補注之隍水官本曰按隍近刻訛作湟案朱訛湟趙改洹刊誤曰湟水當作洹水故魏武登臺賦曰引長明灌街里謂此渠也石氏于文昌故殿處造東西太武二殿于濟北穀城之山官本曰按穀近刻訛作殿案朱作殿箋曰當作穀趙改穀採文石爲基一基下五百武直宿衛屈柱趺瓦趙刊誤曰箋曰屈柱似是屋柱之訛按屈柱曲柱也與趺瓦字對趺瓦今所謂筒瓦其形半圓悉鑄銅爲之金漆圖飾焉又徙長安洛陽銅人置諸宮前以華國也城之西北有三臺皆因城爲之基官本曰按近刻訛作之爲基案朱同箋曰當作城爲之基趙依改巍然崇舉其高若山建安十五年魏武所起平坦略盡春秋古地云葵邱地名今鄴西三臺是也官本曰按近刻脱三字案朱脱趙增刊誤曰當作鄴西三臺落三字謂臺已平或更有見意所未詳中曰銅雀臺官本曰按中上近刻有其字案朱有其字無雀字趙刪增刊誤曰箋曰謝云銅下當有雀字按通鑑注引此文無其字宜衍高十丈有屋百一間官本曰按一近刻作餘案朱趙作餘臺成命諸子登之竝使爲賦陳思王下筆成章美捷當時亦魏武望奉常王叔治之處也昔嚴才與其屬攻掖門脩聞變車馬未至便將官屬步至宮門太祖在銅雀臺望見之曰彼來者必王叔治也相國鍾繇曰舊京城有變九卿各居其府卿何來也脩曰食其祿焉避其難居府雖舊非赴難之義時人以爲美談矣石虎更增二丈趙石上有其後二字刊誤曰通鑑註引此文石虎上有其後二字今校補立一屋連棟接㯰朱作檐箋曰宋本作㯰趙改㯰彌覆其上盤迴隔之名曰命子窟又于屋上起五層樓高十五丈去地二十七丈又作銅雀于樓巓舒翼若飛南則金虎臺官本曰按虎近刻訛作雀案朱訛趙改刊誤曰金雀當

作金虎事見魏書武帝紀李善文選魏都賦註云銅雀園西有三臺中央銅雀臺高十丈有屋一百一間亦曰中臺南有金虎臺高八丈有屋一百九間亦曰南臺北則冰井臺亦高八丈亦曰北臺有屋一百四十五間上有冰室室有數井藏冰及石墨又有粟窖及鹽窖其言三臺名義制度詳晰如此溫飛卿有金虎臺詩云碧草連金虎青苔蔽石麟初學記引陸翽鄴中記作金獸臺時避虎諱故作獸而劉逵文選註曰南有金鳳臺則誤也劉獻廷廣陽雜記曰方聲遠云考鄴都三臺碑記銅雀已沒水中冰井尚餘其半金鳳上有眞武閣乃獨存耳按齊文宣本紀天保九年八月改銅雀曰金鳳金武曰聖應冰井曰崇光則金鳳銅雀一也何以碑記之訛若此唐人避諱故以虎爲武高八丈有屋朱趙有一字百九間北曰冰井臺亦高八丈有屋朱趙有一字百四十五間官本曰按近刻脱五字案朱趙無上有冰室室有數井井深十五丈藏冰及石墨焉石墨可書又然之難盡亦謂之石炭又有粟窖及鹽窖官本曰按近刻訛作及監脱窖字案朱訛脱趙改增刊誤曰箋曰監疑作鹽按李善文選註作鹽窖黃省曾本作監窖此落窖字以備不虞今窖上猶有石銘存焉左思魏都賦曰三臺列峙而崢嶸者也城有七門南曰鳳陽門中曰中陽門次曰廣陽門東曰建春門朱作達春箋曰作建春趙改建一北曰廣德門次曰廄門西曰金明門一曰白門鳳陽門三臺洞開高三十五丈石氏作層觀架其上置銅鳳頭高一丈六尺東城上石氏立東明觀觀上加金博山謂之鏘天北城上有齊斗樓官本曰按斗近刻訛作午案朱作午箋曰宋本作斗趙改斗超出羣榭孤高特立其城東西七里南北五里飾表以塼百步一樓凡諸宮殿門臺隅雉皆加觀榭層甍反宇官本曰按近刻訛作及字案朱訛趙改飛檐拂雲圖以丹青色以輕素當其全盛之時去鄴六七十里遠望若亭巍若仙居魏因漢祚復都洛陽以譙爲先人本國許昌爲漢之所居長安爲西京之遺跡鄴爲王業之本基故號五都也今相州刺

史及魏郡治漳水自西門豹祠北逕趙閱馬臺西基高五丈列觀其上石虎每講武于其下升觀以望之虎自朱趙有於字臺上放鳴鏑之矢以爲軍騎出入之節矣漳水又北逕祭陌西戰國之世俗巫爲河伯取婦祭于此陌魏文侯時西門豹爲鄴令約諸三老曰爲河伯娶婦幸來告知官本曰按幸近刻訛作卒　案朱訛趙改吾欲送女皆曰諾至時三老廷掾賦斂百姓取錢百萬巫覡行里中有好女者祝當爲河伯婦官本曰按祝近刻訛作呪　案朱趙作呪刊誤曰箋曰呪字誤史記作云是當爲河伯婦按廣韻呪詛也通作祝書無逸厥口詛祝疏云以言告神謂之祝不當引史記以相難也以錢三萬聘女沐浴脂粉如嫁狀豹往會之三老巫掾與民咸集赴觀巫嫗年七十從十女弟子豹呼婦視之以爲非妙令巫嫗入報河伯投巫于河中有頃曰何久也又令三

弟子及三老入白竝投于河豹磬折曰官本曰按磬近刻訛作聲　案朱作聲箋曰當作磬趙改磬三老不來柰何復欲使廷掾豪長趣之皆叩頭流血乞不爲河伯取婦淫祀雖斷地留祭陌之稱焉又慕容儁投石虎尸處也田融以爲紫陌也趙建武十一年造紫陌浮橋于水上爲佛圖澄先造生墓于紫陌建武十五年卒十二月葬焉郎此處也漳水又趙釋曰一清按鄴中記曰鄴城西三里桑梓苑有宮臨漳水又下疑落南字對趙氏臨漳宮宮在桑梓苑多桑木故苑有其名三月三日及始蠶之月虎帥皇后及夫人採桑于此今地有遺桑墉無尺雉矣漳水又北滏水入焉官本曰按滏近刻訛作溢又太平御覽引水經注曰滏水發源出石鼓山南巖下泉奮湧滾滾如湯其水冬溫夏冷崖上有魏世所立銘水上有祠能興雲雨滏水東流注于漳謂之台河文當在此句之下原本及近刻竝脫落　案朱作溢趙改濫刊誤曰溢當作濫濫水見前壺關縣注漳

水又東逕梁期城南地理風俗記曰鄴北五十里有梁期城故縣也趙釋曰一清按史記項籍本紀注引張晏說作梁淇索隱曰淇當作湛晉八王故事云王浚伐鄴前至梁湛薀梁湛在鄴西四十里闞駰十三州志曰鄴北五十里梁期城故縣也薀本之應劭漢武帝元鼎五年封任破胡爲侯國晉惠帝永興元年驃騎王浚遣烏丸渴末逕至梁期候騎到鄴成都王穎遣將軍石超討末爲末所敗于此也官本曰按近刻脫也字　案朱趙無又逕平陽城北竹書紀年曰梁惠成王元年鄴師敗邯鄲師于平陽者也官本曰按近刻脫敗字　案朱脫趙增刊誤曰鄴師下落敗字寰宇記云臨漳縣有平陽故城孫之騄考定竹書曰今本無之　司馬彪郡國志曰鄴有平陽城卽此地也

又東過列人縣南

漳水又東右逕斥邱縣北卽裴縣故城南王莽更名之曰卽

是也地理風俗記曰列人縣西南六十里有卽裴城故縣也漳水又東北逕列人縣故城南王莽更名之爲列治也竹書紀年曰梁惠成王八年惠成王伐邯鄲取列人者也于縣右合白渠故瀆白渠水出魏郡武安縣欽口山朱水下有水字趙刪刊誤曰水字重文宜衍東南流逕邯鄲縣南又東與拘澗水合官本曰按澗原本及近刻竝訛作潤下同今據漢書改正　案朱訛趙改刊誤曰漢書地理志作拘澗水潤字誤下竝同水導源武始東山白渠趙白上增入字刊誤曰漢書地理志云拘澗水東北至邯鄲入白渠落入字北俗猶謂是水爲拘河也拘澗水又東官本曰按原本及近刻竝訛作白渠水又東今改正　案朱趙同又有牛首水入焉水出邯鄲縣西堵山東流分爲二水洪湍雙逝澄映兩川漢景帝時七國悖逆官本曰按七近刻訛作六　案朱趙同命曲周侯酈寄攻趙圍邯鄲相捍七月官本曰按近刻訛作日　案朱趙同趙釋

曰漢書趙幽王友酈商二傳俱作七月此文誤也引牛首拘水灌城城壞王自殺其
水東入邯鄲城逕溫明殿朱作尉箋曰宋本作殿趙改殿南漢世祖擒王郎
幸邯鄲晝臥處也其水又東逕叢臺南六國時趙王之臺也
郡國志曰邯鄲有叢臺故劉劭趙都賦曰結雲閣于南宇立
叢臺于少陽者也今遺基舊墉尙在其水又東歷邯鄲阜張
晏所謂邯山在東城下者也曰單盡也城郭從邑故加邑邯
鄲之名葢指此以立稱矣故趙郡治也長沙耆舊傳稱桓楷
爲趙郡太守嘗有遺囊粟于路者行人挂囊粟于樹莫敢取
之郎于是處也其水又東流出城又合成一川也又東澄而
爲渚渚水東南流官本曰按近刻訛作沁水東南涓同箋曰涓宋本作流趙改流不改沁案朱釋曰
全氏曰顧景范曰今城南五里有渚河城西半里有沁河合流爲西河葢是二水名注拘澗水趙釋曰漢志魏
郡武始拘澗水東北至邯鄲入白渠又東入白渠趙釋曰漢志趙國邯鄲縣堵山牛首水所出東入白渠
又東故瀆出焉一水東爲澤渚曲梁縣之雞澤也國語所謂
雞邱矣東北通澄朱作登箋曰宋本作澄趙改澄湖白渠故瀆南出所在枝
分右出卽邯溝也歷邯溝縣故城東葢因溝以氏朱作名箋曰宋本作
氏趙改氏縣也地理風俗記曰卽裴城西北二十里有邯溝城故
縣也又東逕肥鄉縣故城北竹書紀年曰梁惠成王朱作惠王箋曰
宋本作梁惠成王趙增成字八年伐邯鄲取肥者也晉書地道記曰太康
中立以隸廣平也渠道交徑互相纏縻朱作靡趙改縻刊誤曰靡黃省曾本作縻
與白渠同歸逕列人右會漳津今無水地理志曰白渠東至
列人入漳是也
又東北過斥漳縣南

應劭曰其國斥鹵故曰斥漳漢獻帝建安十八年魏太祖鑿
渠引漳水東入清洹以通河漕名曰利漕渠漳津故瀆水斷
舊溪東北出官本曰按舊字近刻訛在斷字上案朱趙同涓流瀑注而已朱箋曰玉篇云
瀑莫歷切淺水也尙書所謂覃懷底績至于衡漳者也孔安國曰衡
橫也言漳水橫流也官本曰按言下近刻衍覃字案朱衍趙刪刊誤曰覃字衍文孔安國傳云漳
水橫流入河又東北逕平恩縣故城西應劭曰縣故館陶之別鄉
漢宣帝地節三年置官本曰按近刻訛作元帝元康三年置案朱作元趙改宣元康同趙刊誤曰
元帝當作宣帝別見淇水館陶縣注中趙釋曰一淸按以封許伯封已見淇水篇館陶縣下注此複出是地節三年
后父許伯爲侯國王莽更曰延平也官本曰按平近刻訛作年案朱訛趙改
又東北過曲周縣東又東北過鉅鹿縣東
衡漳故瀆東北逕南曲縣故城西地理志廣平有南曲縣官本
曰按近刻訛作曲周縣案朱訛趙改應劭曰平恩縣北四十里有南曲亭故
縣也又逕曲周縣故城東地理志曰漢武帝建元四年置王
莽更名直周余按史記大將軍酈商以高祖六年封曲周縣
爲侯國又考漢書同官本曰按近刻訛作史記同案朱訛趙改刊誤曰箋曰孫云史記二字疑誤
按史記當作漢書葢曲周置縣與酈商封國班史志傳異文耳趙釋曰全氏曰五字注中注是知曲周舊
縣非始孝武嘯父官本曰按近刻訛作葢商案朱趙同釋曰孫氏潛曰葢商下有缺文下文注云
冀州人在縣市補履數十年云是列仙傳嘯父事非酈商也冀州人在縣市補履數十年
官本曰按近刻脫十字案朱脫趙增刊誤曰列仙傳作數十年落十字人奇其不老求其術而
不能得也衡漳又北逕巨橋邸閣西邸朱作秖趙改秖刊誤曰秖當作柢柢閣卽邸
閣也柢邸字通舊有大梁橫水故有巨橋之稱昔武王伐紂發巨橋
之粟以賑殷之饑民服虔曰巨橋倉名許愼曰官本曰按近刻脫此三字

案朱脫趙增刊誤曰按史記殷本紀裴駰集解引服虔曰巨橋倉名許慎曰鉅鹿水之大橋有漕粟也則鉅鹿水之大橋本叔重說今補此三字鉅鹿水之大橋也今臨側水湄左右方一二里中狀若邱墟蓋遺囷故窖處也**衡水又北逕鉅鹿縣故城東**應劭曰鹿者林之大者也尚書曰堯將禪舜納之大麓之野烈風雷雨不迷致之以昭華之玉而縣取目焉趙釋曰一清按此是緯書路溫舒縣之東里人父爲里監門使溫舒牧羊澤中取蒲牒用寫書卽此澤也鉅鹿郡治秦始皇二十五年滅趙以爲鉅鹿郡漢景帝中元年官本曰按近刻重一元字案朱重趙刪爲廣平郡武帝征和二年官本曰按近刻訛作三年案朱趙作三以封趙敬肅王子爲平于國官本曰按近刻訛作爲廣平侯國案朱趙同趙釋曰一清按漢志鉅鹿郡秦置又廣平國武帝征和二年置爲平于國宣帝五鳳二年復故莽曰富昌蓋郡國竝列不得如酈所言又沈氏曰敬肅王子偃以征和二年立爲平于王卽廣平也然是王國非侯國善長又誤世祖中興更爲鉅鹿也趙釋曰一清按續志鉅鹿郡劉昭補註云建武十三年省廣平國以其縣屬非更廣平爲鉅鹿也或曰爲乃屬字之誤鄭玄注尚書引地說云

大河東北流過絳水千里至大陸爲地腹如志之言大陸在鉅鹿趙釋曰一清按漢志鉅鹿郡鉅鹿縣下云禹貢大鹿澤在北與康成說同**地理志曰水在安平信都**趙釋曰全氏曰此地理志非班志安帝改信都曰安平則是安帝以後之書一清按全說是孔穎達尚書正義曰地理志云降水在信都案班固漢書以襄國爲信都云云則知此地理志非班志明矣然漢志信都國信都縣下云禹貢絳水亦入海而趙國襄國下不及絳水孔氏之云未知所指桑欽亦有地理志上黨郡屯留下引桑欽言或是也**鉅鹿與信都相去不容此數也水土之名變易世失其處見降水則以爲絳水故依而廢讀或作絳字非也今河內共北山**官本曰按近刻訛作北共山案朱訛趙乙刊誤曰漢書地理志河內郡共縣下云北山淇水所出淸水注云共縣故城卽共和故國共山在國北所謂共北山也北共二字當倒互**淇水出焉**官本曰按淇水下近刻有共水

二字係衍文案朱趙有**東至魏郡黎陽入河近所謂降水也降讀當如郕降于齊師之降**官本曰按郕近刻訛作城案朱訛趙改刊誤曰城當作郕此春秋之郕國也**蓋周時國于此地者**官本曰按近刻脫此字案朱脫趙增刊誤曰地上落此字**惡言降故改云共耳**官本曰按云近刻訛作之案朱訛趙改刊誤曰之當作云**又今河所從**趙改從刊誤曰從當作徙**去大陸遠矣館陶北屯氏河其故道與余按鄭玄據尚書有東過洛汭至于大伾北過降水至于大陸推次言之故以淇水爲降水共城爲降城所未詳也稽之羣書共縣本共和之故國**官本曰按本上近刻衍故字案朱衍趙刪刊誤曰上故字衍文**是有共名不因惡降而更稱**官本曰按近刻脫因字案朱脫趙增刊誤曰不下落因字**禹著山經淇出沮洳淇澳衞詩列目又遠當非改絳革爲今號但是水導源共北山**官本曰按近刻訛作共出北案朱訛趙改刊誤曰箋曰出宋本作山按當作共北山**玄欲成降義**官本曰按欲下近刻有因字義訛作議案朱趙有因字朱訛議趙改義刊誤曰議當作義**故以淇水爲降水耳卽如玄引地說黎陽鉅鹿非千里之逕直信都于大陸者也**官本曰按此語有舛誤**惟屯氏北出館陶事近之矣按地理志云絳水發源屯留下亂漳津是乃與漳俱得通稱故水流間關所在著目信都復見絳名而東入于海尋其川脈無他殊瀆而衡漳舊道與屯氏相亂**官本曰按近刻脫氏字案朱趙無**乃書有過降之文**官本曰按近刻脫文字案朱脫趙增刊誤曰之下落文字**與地說千里之誌**官本曰按近刻地說二字在與字上案朱趙同趙釋曰一清按與字誤**卽之途致與書相鄰河之過降當應此矣下至大陸不異經說自甯迄于鉅鹿出于東北皆爲大陸語之纏絡厥勢眇矣九河既播八枝代絕**官本曰按枝近刻訛作枚案朱訛趙改刊誤曰枚當作枝漢書敘傳云北亡八支**遺迹故稱往往時**

存故鬲般列于東北徒駭瀆聯漳絳同逆之狀粗分陂障之會猶在按經考瀆自安故目矣趙釋曰禹貢雖指曰冀州疏曰春秋魏獻子田于大陸焚焉還卒于甯杜氏嫌鉅鹿絕遠以爲汲郡脩武縣吳澤也甯即脩武然此二澤相去甚遠所以得爲大陸者以爾雅廣平曰陸但廣而平者則名大陸故異所而同名焉此說允當脩武今獲嘉縣縣西北有吳澤陂其旁近地即大陸也水經濁漳注曰鄭元注尚書引地說云大河東北流過絳水千里至大陸爲地腹今淇水東至黎陽入河近所謂降水蓋以淇口應北過降水之文也道元疑之曰黎陽鉅鹿非千里之遙是矣而其下又云自甯迄於鉅鹿出於東北皆爲大陸則以南北兩大陸聯爲一地以應千里之數何其無定見也信如鄭言則淇口在黎陽西南距脩武二百餘里河之所經當先大陸而後降水矣鄭說亦豈可通乎又曰正義曰地理志降水在信都縣漢以襄國爲信都在大陸之西或降水發源在此下尾至今之信都故得先過降水乃至大陸鄭以降讀爲下江反聲轉爲共河內共縣淇水出焉東至魏郡黎陽入河此近降水周時國于此地者惡言降故謂之共此鄭胸臆不可從也按襄國今爲邢臺縣界絕無降源孔說非是酈注濁漳引鄭玄尚書注言降水字不當作絳是也而讀降爲郕降于齊師之降以淇水爲降水共城爲降城則繆一清按道元極辨康成降水共城之失未嘗附和雷同東樵規之似未允當惜河水篇注脫去釋禹貢北過降水之文大致不明啟人疑惑耳

漳水又歷經縣故城西水有故津謂之薄落津趙釋曰一清按續志安平國經西有漳水津名薄落津地理志無經縣鉅鹿郡堂陽縣下云嘗分爲涇縣涇即經蓋前漢已置是縣旋廢而後漢復置之又方輿紀要趙州甯晉縣有楊氏廢縣云周禮職方冀州藪曰楊紆水經注楊紆即大陸澤或曰古有楊城澤流紆回城下因曰楊紆漢置楊氏縣治焉又云胡盧河在縣東南二十里即禹貢之大陸澤呂氏春秋九藪趙之大陸其一也酈道元以爲即楊紆藪亦謂之薄落水亦謂之廣阿澤其上流即漳水也自順德府南和任縣達隆平而東北匯大小羣川以注于縣境而趙州西境及滹沱河以南諸水亦悉東南流至縣境匯爲大澤每至夏秋之交霖潦爲患則漳水滹沱南北交注泛濫甚廣東注深冀及阜城獻縣以東至交河縣而合于滹沱丁度曰胡盧河橫漳之別名也冀北之大川胡盧河其最矣宛溪去今未遠所引水經注今本無之蓋從他書採錄耳漢志冀州藪曰楊紆師古曰爾雅曰秦有楊紆而此以爲冀州未詳其義及所在也楊紆爾雅作楊陓郭璞註云今在扶風汧縣西邢昺疏曰周禮雍州澤藪曰弦蒲即此楊陓蓋相承之繆也道元河水注云高誘以爲楊紆秦藪非也楊紆不屬雍州則當屬冀方矣足正羣說之失

也呂氏春秋云秦之陽華或者以陽華爲楊陓乎然禹貢曰九澤既陂爾雅乃有十藪周秦同域周有焦穫秦有楊紆是多一澤矣呂覽淮南仍作九藪或以州言或以國言雖各不同要是九而非十**昔袁本初還自易京上已届此率其賓從**趙釋曰後漢書袁紹傳作賓徒**禊飲于斯津矣**

衡漳又逕沙邱臺東紂所成也**在鉅鹿故城東北七十里趙武靈王與秦始皇竝死于此矣**

又逕銅馬祠東漢光武廟也朱趙無也字**更始三年秋光武追銅馬于館陶大破之遂降之賊不自安世祖令其歸營乃輕騎行其壘賊乃相謂曰蕭王推赤心置人腹中安得不投死乎遂將降人分配諸將眾數十萬人故關西號世祖曰銅馬帝也祠取名焉廟側有碑述河內脩武縣張導字景明以建和三年爲鉅鹿太守**趙釋曰一清按建和漢和帝年號張景明爲袁紹說冀州牧韓馥讓位事在獻帝初平二年相距四十餘年不應如是之久建和字誤當作建安魏書臧洪傳云洪答陳琳書曰昔張景明親登壇喢血奉辭奔走卒使韓牧讓節主人得地然後但以拜章朝主賜爵獲傳之故旋時之閒不蒙觀過之貸而受夷滅之禍則景明作郡宜在建安初年而亦爲紹所殺**漳津汎濫土不稼穡導披按地圖與丞彭參掾馬道嵩等原其逆順揆其表裏脩防排通以正水路功績有成民用嘉賴題云漳河神壇碑而俗老耆儒猶揭斯廟爲銅馬劉神寺**官本曰按揭近刻訛作謁案朱訛趙改刊誤曰箋曰謁當作謂按隸釋載此文作揭**是碑頃因震裂餘半不可復識矣**

又逕南宮縣故城西漢惠帝元年趙釋曰沈氏曰是高后六年**以封張越人子買爲侯國王莽之序中**趙釋曰一清按漢志作序下隋人諱忠故改之**也**趙釋曰按全氏曰此下有脫文當補列葭水出焉五字列葭水即長蘆淫水也愚謂非也此處無脫誤列葭水漢志注于南和南和在經縣之西南乃其上游也長蘆水水經注始見于列人列人今肥鄉由肥鄉而曲周而廣宗廣宗漢經縣而南宮而堂陽以達於信都至下博列葭水注之在今深州之域長蘆水至經縣爲薄落津續志鉅鹿郡癭陶有薄落亭可知其木亦注甯

普泊中矣據道元注薄落津有長蘆淫水之稱至堂陽乃變列葭之名若此云列葭水出焉下又云列葭水注之于義豈可通乎近代復以衡漳爲胡盧河宋史河渠志云胡盧河源于西山西山卽今廣平順德二府以西之山在漢爲鉅鹿郡廣平國地葭水至深州合于胡盧河而長蘆本有薄落之稱故後世變呼爲胡盧漢志有列葭無長蘆固知長蘆之卽絳水也其水與湡醴通爲衡津官本曰按湡說文作湡案趙改湡刊誤曰湡當作湡寰宇記邢州龍岡縣下云湡水一名澧水說文音隅師古音耦趙釋曰一清按太平寰宇記邢州龍岡縣下云湡水一名澧水俗謂之百泉水出縣東平地以其導源總納衆泉合成一川故也亦謂之鴛鴦水魏都賦所云鴛鴦交合當作交谷劉良曰鴛鴦水在南和縣西交谷水在鄴南又南和縣下引水經注云北有和城縣故此云南也鴛鴦水在縣北五里水經注云南和西官治東有便水一名鴛鴦水又沙河縣下云沙河卽湡水也水經云湡水出趙國襄國按胡三省通鑑注引水經此句下有東過沙河縣五字宋白曰沙河卽湡水也漢志趙國襄國渠水所出東北至任入寖又有蓼水馮水皆東至朝平入湡師古曰湡音藕又音牛吼反說文湡水出趙國襄國之西山東北入寖渠水字誤寖卽漳也列子牛缺下之邯鄲遇盜于耦沙之中卽湡水也又龍岡縣下云蓼水一名達活水水經云蓼水出襄國西石井岡岡上有井大如車輪按朱氏弁曲洧舊聞云去鉅鹿郡西北一舍有泉水經名達活源流深長廣輪數百步亨其利又內邱縣下引水經云中邱有蓬鵲之山按全氏曰漢志常山郡中邱縣蓬山長谷諸水所出東至張邑入濁說文亦云水出中邱蓬山長谷卽蓬鵲之山也諸水是渚水之誤入濁是入湡之誤內邱有渚水亦名礪水張縣後省入任縣其地一名曰渚陽城城在渚水之陽也晉書段疾陸眷攻石勒屯渚陽卽此又龍岡縣下引水經云鵲山有穴出雲母其西有龍騰溪鶴渡嶺按太平御覽引水經注曰石勒時大旱沙門佛圖澄于石井岡掘得死龍長尺餘漬之以水良久乃蘇呪而祭之龍騰而上天卽雨降因名龍岡凡此諸所引文今本皆無之又有長蘆淫水之名絳水之稱矣今漳水既斷絳水非復纏絡矣又北絳瀆出焉今無水故瀆東南逕九門城南又東南逕南宮城北又東南逕繚城縣故城北十三州志曰經縣東五十里有繚城故縣也左逕安城南故信都之安城鄉也更始二年和戎卒正邳彤官本曰按近刻訛作和城太守邳彤案朱趙並同趙釋曰全祖望曰按後漢書光武帝紀王莽和戎卒正邳彤亦舉郡降注引東觀記曰王莽分鉅鹿爲和戎郡

卒正職如太守邳彤傳亦作成字注又引東觀記爲證太守之稱善長之率筆耳與上會信都南安城鄉上大悅卽此處也故瀆又東北逕辟陽亭漢高帝六年封審食其爲侯國趙釋曰一清按漢書張陳王周傳云辟陽近淄川疑非趙地審食其封邑當是流水篇之辟陽城城陽頃王子節侯壯亦封辟土侯是也王莽之樂信也地理風俗記曰廣川西南六十里有辟陽亭故縣也絳瀆又北逕信都城東散入澤渚西至于信都城東連于廣川縣之張甲故瀆同歸于海故地理志曰禹貢絳水在信都東入于海也趙釋曰禹貢錐指曰漢志維採古記故漳絳二水並存實一川也漳絳本入河及河徙之後漳絳循河故道而下故酈元云水流間關所在著稱信都復見絳名而東入于海也然漢志信都之絳水則又有別志云故漳河在北東入海禹貢絳水亦入海蓋縣北故漳卽禹河之故道而絳水出其南則漳水之徙流酈元之所謂絳瀆者也蓋漢時信都之漳水徙從其縣南故地志以此爲絳水而目縣北之瀆曰故漳河其後漳又復北道故水經敘漳水仍自信都縣西東北過下博縣而酈元云絳瀆今無水唐人遂謂之枯洚通典云清河郡經城縣界有枯洚渠北入信都郡界是也此渠乃漳水一時之徙流漢志以爲禹貢之絳水大繆而杜佑據以分冀兖之界自後說經者動稱枯洚以證導河之所過皆班固禹貢二字誤之也

又北過堂陽縣西

衡水自縣分爲二水官本曰按縣近刻訛作堰案朱趙同其一水北出逕縣故城西趙逕改經刊誤曰逕縣當作經縣郡國志經屬安平國地理志堂陽縣下云嘗分涇縣卽經縣也世祖自信都以四千人先攻堂陽降水者也水上有梁謂之旅津渡商旅所濟故也其右水東北注出石門門石崩褫餘基殆在謂之長蘆水蓋變引葭之名也趙引改列刊誤曰引葭漢書地理志作列葭趙釋曰太平寰宇記滄州清池縣下引水經云長蘆水出列人縣以其水旁多蘆葦故名今本無之一清按太平寰宇記邢州南和縣下云列家水在縣西南十里下至狼溝河今邢臺沙河南和之界有東西狼河卽百泉之支流下流入澧亦謂之小澧河卽注上云其水與湡澧通爲衡津者也樂史所云與漢志合是沙邱堰以下後人又有長蘆之一稱而道元下

文仍以列葭之名歸之長蘆水東逕堂陽縣故城南應劭曰縣在堂水之陽穀梁傳曰水北爲陽也今于縣故城南官本曰按縣字近刻訛在故字下案朱訛趙乙刊誤曰故縣二字當倒互更無別水惟是水東出可以當之斯水蓋包堂水之兼稱矣長蘆水又東逕九門城北官本曰按城近刻訛作波又脫北字案朱作波趙改陂又朱趙無北字刊誤曰箋曰謝云宋本作坡一作城按通鑑註引此文作九門陂一統志九門故城在藁城縣西北本戰國時趙邑漢置九門縣屬常山郡後漢至晉因之後魏徙常山郡治此北齊縣廢陂在縣境故郎縣以名之趙釋曰一淸按九門陂在漢九門縣陂郎縣以受氏九門本趙邑見史記趙世家漢爲縣屬常山郡後漢晉因之後魏徙常山郡治此北齊廢自漢迄拓跋朝無省併之事道元云故縣中閒必有遷徙而史志不之詳也故縣也又東逕扶柳縣故城南官本曰按扶柳原本及近刻竝訛作扶都今據漢書改正案朱訛趙改刊誤曰漢書地理志信都國有扶柳縣都字誤世祖建武三十年封寇恂子損爲侯國官本曰按損近刻訛作楫案朱訛趙改刊誤曰楫後漢書作損又東屈北逕信都縣故城西信都郡治也漢高帝六年置景帝中二年官本曰按近刻脫中字案朱趙無趙釋曰一淸按劉攽曰景帝前二年初封王子彭祖爲廣川王都信都四年徙趙國除爲信都郡中二年封王子越爲廣川王傳國至王汝陽廢當甘露四年也百官表成帝永始二年有信都太守是廣川國除爲郡矣後漢志劉昭註云安平故信都高帝置又志云景帝增六郡若信都爲高帝置則又不及此數疑當云景帝前二年爲廣川國四年爲信都郡中二年復爲廣川國宣帝甘露四年復故也爲廣川惠王越國王莽更爲新博朱箋曰舊本作傳下同縣曰新博亭光武自薊至信都是也明帝永平十五年更名樂成趙釋曰一淸按漢志作樂安誤也當以續志酈注正之安帝延光中改曰安平城內有漢冀州從事安平趙徵碑又有魏冀州刺史陳留丁紹碑青龍三年立趙釋曰一淸按丁紹見晉書良吏傳在惠帝之末去魏代已遠寰宇記冀州信都縣下引郡國縣道記亦云信都城內有曹魏冀州刺史陳留丁紹頌德碑青龍三年立疑別是一人城南有獻文帝南巡碑官本曰按近刻脫文字案朱脫趙增刊誤曰是後魏獻文帝落文字其水側城北注又北逕安陽城東又北逕武陽城東十三州志曰扶柳縣東北有武陽城故縣也又北爲博廣池池多名蟹佳蝦歲貢王朝以充膳府又北逕下博縣故城東而北流注于衡水也

又東北過扶柳縣北又東北過信都縣西

扶柳縣故城在信都城西衡水逕其西官本曰按絳瀆之左出者北逕信都城東長蘆水自扶柳城南屈北逕信都城西而漳水則逕扶柳城西不得逕信都城西水經之文誤故道元正之縣有扶澤澤中多柳故曰扶柳也趙釋曰一淸按漢志註此是闞駰說衡水又北逕昌城縣故城西地理志朱趙有曰字信都有昌城縣官本曰按今漢書作昌成無土旁案朱上成下城趙並作成漢武帝以封城陽頃王子劉差爲侯國趙釋曰一淸按史表云昌侯劉差索隱曰志屬瑯琊漢表同而地理志信都國昌成縣下云侯國王子侯表廣川繆王子節侯元以宣帝神爵三年封爲昌成侯而瑯琊郡昌縣下無之道元誤矣闞駰曰昌城本名阜城矣應劭曰堂陽縣北三十里有昌城故縣也世祖之下堂陽昌城人劉植率宗親子弟據邑以奉世祖是也朱阜下作城餘作城趙竝作成又逕西梁縣故城東地理風俗記曰扶柳縣西北五十里有西梁城官本曰按近刻脫西字案朱脫趙增故縣也世以爲五梁城蓋字狀致謬耳衡漳又東北逕桃縣故城北漢高祖十二年封劉襄爲侯國趙釋曰一淸按史表云項氏親賜姓王莽改之曰桓分也合斯洨故瀆斯洨水首受大白渠大白渠首受綿蔓水綿蔓水上承桃水水出樂平郡之上艾縣東流世謂之曰桃水東逕靖陽亭南故關城也又北流朱作及趙改又刊誤曰及當作又逕井陘關下注澤發水朱逕作至箋曰宋本作逕趙改逕趙釋曰太平寰宇記平定軍平定縣下云澤發水一名畢發水一名阜漿水一名妒女

泉郡國志云子推妹也水經注云澤發水逕董卓壘東今本無之亂流東北逕常山蒲吾縣西而桃水出焉南逕蒲吾縣故城西又東南流逕桑中縣故城北世謂之石勒城蓋趙氏增城之官本曰按城近刻訛作成案朱訛趙改故擅其目俗又謂之高功城官本曰按近刻脫俗字城下有也字案朱趙同地理志曰侯國也趙釋曰一清按漢書王子侯表宣帝地節二年封趙頃王子廣漢爲桑中戴侯桃水又東南流逕綿蔓縣故城北王莽之綿延也世祖建武二年封郭況爲侯國自下通謂之綿蔓水綿蔓水又東流逕樂陽縣故城西右合井陘山水水出井陘山世謂之鹿泉水官本曰按此下近刻有也字案朱趙有東北流屈逕陳餘壘西官本曰按近刻訛作而案朱訛趙改刊誤曰而當作西俗謂之故壁城昔在楚漢韓信東入餘拒之于此不納左車之計悉衆西戰信遣奇兵自閒道出立幟于其壘師奔失據遂死泜上其水又屈逕其壘南又南逕城西東注綿蔓水趙釋曰全氏曰漢志常山郡元氏縣下云沮水首受中邱窮泉谷東至堂陽入横河而水經無聞及讀郭氏山經注曰泜水今出中邱窮泉谷乃悟泜水之誤爲沮水也一清按太平寰宇記趙州臨城縣下引水經注云泜水東出房子城西出白土細滑如膏可用濯綿色奪霜雪光彩鮮潔異于常綿俗以爲美談言房子之纊也抑亦如蜀錦之得濯江矣按御覽引此注云故歲貢其綿以充御用又縣有百暢亭水經注云泜水東逕百暢亭又漢志常山郡房子縣贊皇山石濟水所出東至廮陶入泜石邑縣井陘山在西洨水所出東南至廮陶入泜寰宇記鎮州石邑縣下云汶水一名童水引注水經云汶水出常山郡石邑縣又獲鹿縣下飛龍山引水經注云汶水東逕飛龍山北是井陘口今又名土門又趙州平棘縣下引水經云汶水又東逕平棘縣南有石橋跨水闊四十步長五十步橋東有兩碑又石柱下引水經云平棘城南門夾道有兩石柱翼路若闕焉汶水卽洨水也汶字近致訛又九域志邢州古蹟干言山引水經云泜水又東南逕干言山邶詩云出宿于干飲餞于言是也趙州沃州城引水經云沃水東至沃州城入于沃湖按魏書地形志鉅鹿郡廮陶縣有沃州城又趙州有平州城引水經云槐水又逕平山南按地形志趙郡房子縣有平州城寰宇記平棘縣下引水經注云槐水出黃石山山海經曰泜水東流注于彭水顧景范曰水經以爲一名槐水者也又寰宇記趙州高邑縣下引水經注云漢章帝北巡至高邑亦光武卽位于此有石壇壇有圭頭碑卽帝所建章懷後漢書注引水經注曰亭有石壇壇有圭頭碑其陰云常山相狄道馮龍所造壇廟之東枕道有兩石翁仲相對焉凡此引文今本皆無之綿蔓水又屈從城南俗名曰臨清城非也地理志曰侯國矣趙釋曰一清按王子侯表宣帝地節二年封趙頃王子說爲樂陽繆侯王莽更之曰暢苗者也官本曰按暢近刻訛作申案朱訛趙改刊誤曰漢書地理志作暢苗申字誤東觀漢記曰官本曰按記近刻訛作書案朱趙作書光武使鄧禹發房子兵二千人以銚期爲偏將軍別攻眞定宋子餘賊拔樂陽稾肥壘者也官本曰按拔近刻訛作援案朱作援箋曰墇按漢書光武自薊至信都使禹發奔命得數千人令自將之別攻拔樂陽則援字亦誤當作拔趙改拔綿蔓水又東逕烏子堰枝津出焉趙釋曰一清按漢志太原郡上艾縣綿蔓水東至蒲吾入虖沱水而注略焉又東謂之大白渠地理志所謂首受綿蔓水者也白渠水趙釋曰全氏曰漳水所入有白渠有大白渠猶斯洨之與洨不可混也今于常山之大白渠芟去大字則何以別于武安之白渠又東南逕關縣故城北官本曰按關原本及近刻竝訛作開今改正案朱訛趙改刊誤曰漢書地理志常山郡有關縣方輿紀要以爲卽春秋之欒也哀公四年齊國夏伐晉取欒蓋欒武子之封邑矣漢以爲關縣建武中以張況爲常山關長卽斯縣也開字誤地理志朱趙有曰字常山之屬縣也又東爲成郎河水上有大梁謂之成郎橋又東逕耿鄉南世祖封前將軍耿純爲侯國世謂之宜安城又東逕宋子縣故城北又謂之宋子河漢高帝八年封許瘛爲侯國官本曰按瘛近刻訛作瘱案朱訛趙改刊誤曰瘱史記侯表作瘛王莽更名宜子昔高漸離擊筑傭工官本曰按近刻脫高字傭訛作傳案朱脫訛趙增改刊誤曰當作高漸離落高字傳工當作傭工史記校正自此入秦朱箋曰史記高漸離擊筑而歌宋子傳客之聞于始皇帝又東逕敬武縣故城北按地理志朱趙有曰字鉅鹿之屬縣也漢元帝封女敬武公主爲湯

沐邑闞駰十三州記曰楊氏縣北四十里有敬武亭官本曰按近刻脫敬字 案朱脫趙增刊誤曰當作敬武亭落敬字故縣也今其城實中小邑耳故俗名之曰敬武壘卽古邑也白渠水又東朱無水字趙增刊誤曰白渠下落水字謂之斯洨水地理志曰大白渠東南至下曲陽入斯洨者也官本曰按近刻訛作東至曲陽入洨河者也 案朱訛趙改酉河字刊誤曰班志原文是東南至下曲陽入斯洨河今補三字東分爲二水枝津右出焉東南流謂之百尺溝又東南逕和城北世謂之初邱城非也漢高帝十一年封郎中公孫昔爲侯國官本曰按昔近刻訛作耳 案朱趙同趙釋曰全氏曰和成乃王莽所分鉅鹿之支郡見于東觀漢記在下曲陽一作戎而常山別有禾成則公孫耳所封王莽更名鄗爲禾成亭是也是注上言敬武下言貰城是鉅鹿之和成非禾成也注引侯表繆矣又東南逕貰城西官本曰按貰近刻訛作育下同 案朱訛趙改漢高帝六年封呂博爲侯國朱箋曰按史記年表有貰侯呂漢表貰侯合傳功封同此云呂博互異未

詳地志鉅鹿有貰縣無育縣趙釋曰一清按史表貰齊侯呂徐廣曰呂一作台漢表貰齊侯合傳胡害是侯不姓呂而注云呂博豈字近合傳故耶百尺溝東南散流逕歷鄉東而南入泜湖東注衡水也斯洨水自枝津東逕貰城北又東積而爲陂謂之陽縻淵淵水左納白渠枝水俗謂之泜水朱趙作祗水趙釋曰朱氏箋曰李克家云疑作泜水水承白渠于藁城縣之烏子堰官本曰按近刻脫城字 案朱脫趙增刊誤曰漢書地理志眞定國有藁城縣落城字又東逕肥纍縣之故城南又東逕陳臺南臺甚寬廣今上趙釋曰全氏曰下有脫文陽臺屯居之又東逕新豐城北按地理志云鉅鹿有新市縣侯國也趙釋曰一清按王子侯表元帝元鳳五年以封廣川繆王子康侯吉功臣表景帝以封趙內史王棄之皆國于此王莽更之曰樂市趙釋曰一清按漢志分註作市樂疑彼文誤而無新豐之目所未詳矣趙釋曰一清按史記趙世家悼襄王四年龐煖將趙楚魏燕之銳師攻秦蕞不拔移攻齊取饒安徐廣曰蕞在新豐饒安在勃海又云饒屬北海安屬平

原此新豐非咸陽之新豐今藁城縣東北有新豐城隋置新豐縣屬鉅鹿郡蓋錄舊名蕞地無考漢表書王子侯有前侯信濟北貞王子表云平原師古曰字或作蔽側流反史記建元以來王子侯表前作叢徐廣曰一作散字誤也蓋卽蔽字索隱曰叢音緅亦以爲蔽字蔽叢皆與蕞字相近未審其的其水又東逕昔陽城南世謂之曰直陽城非也本鼓聚矣春秋左傳昭公十五年晉荀吳帥師伐鮮虞圍鼓三月鼓人請降穆子曰猶有食色不許軍吏曰獲城而弗取勤民而頓兵何以事君穆子曰獲一邑而教民怠將焉用邑也官本曰按近刻無也字有邑以賈怠不如完舊八字係後人以左傳之文增改 案朱趙同賈怠無卒棄舊不祥鼓人能事其君我亦能事吾君率義不爽好惡不愆城可獲也官本曰按近刻無也字有而民知義所五字亦後人以左傳增改 案朱趙同有死義趙作命而無二心不亦可乎鼓人告食竭力盡而後取之克鼓而返不戮一人以鼓子鳶鞮歸既獻而返

之鼓子又叛荀吳略東陽使師僞糴負甲息于門外官本曰按近刻脫外字 案朱脫趙增襲而滅之以鼓子鳶鞮歸使涉佗守之者也十三州志曰今其城昔陽亭是矣京相璠曰白狄之別也下曲陽有鼓聚故鼓子國也趙釋曰一清按顧氏日知錄曰水經注一卷昔陽城兩見一在下曲陽一在沾縣誤也方輿紀要云晉州昔陽亭在州東南應劭曰下曲陽有鼓聚昔陽亭左傳昭公二十二年鼓叛晉荀吳略東陽使師僞糴者負甲以息于昔陽之門外遂襲克之此鼓子所都之昔陽也又有昔陽城爲肥子所都在今山西樂平縣東南五十里左傳昭公十二年晉荀吳入昔陽滅肥以肥子緜皋歸杜預曰樂平沾縣東有昔陽城此肥子所都之昔陽也如紀要之云亦或異地而同名矣白渠枝水又東逕下曲陽城北官本曰按枝原本及近刻竝訛作泜復脫下字 案朱訛脫趙改增刊誤曰泜當作枝曲陽上落下字此是鉅鹿之屬縣又逕安鄉縣故城南地理志曰侯國也趙釋曰一清按王子侯表元帝竟寧元年封趙哀王子喜爲安鄉孝侯是也又東逕貰縣官本曰按近刻訛作育縣 案朱訛趙改入斯洨水斯洨水

又東逕西梁城南又東北逕樂信縣故城南地理志朱趙有曰字鉅鹿屬縣侯國也趙釋曰一清按王子侯表宣帝神爵三年封廣川繆王子彊爲樂信頃侯又東入衡水趙釋曰一清按漢志眞定國緜曼縣斯洨水首受大白渠東至鄡入河蓋卽衡水也衡水又北爲袁譚渡蓋譚自鄴往還所由故濟得厥名

又東北過下博縣之西

衡水又北逕鄡縣故城東竹書紀年梁惠成王三十年秦封衛鞅于鄔改名曰商卽此是也故王莽改曰秦聚也地理風俗記曰縣北有鄔阜蓋縣氏之趙釋曰一清按後漢書光武帝紀注引竹書紀年云衛鞅封鄔續志鉅鹿郡鄡縣漢志作鄡師古曰音苦幺反鄡字是鄔字之誤觀班志緜曼縣下分注作鄡可見若衛鞅封邑在宏農之商縣地理志云秦相衛鞅邑也史記秦本紀孝公二十二年封鞅爲列侯號曰商君正義曰商州商洛縣又本傳正義曰於商在鄧州內鄉縣東七里古於邑也然則何得云在鉅鹿之地乎全氏曰蕭該誤音鄡爲鄔臧矜又誤音爲鄡按鄔是太原之邑鄡是鉅鹿之邑竝屬趙秦何由得取其地以封鞅乎王莽以鄡爲秦聚固非道元謂莽以鄔爲秦聚尤繆蓋析縣之南鄉有鄡亭通武關見王莽傳郞鄧奕招降析宰之處正商於之地豈鉅鹿之謂乎通典舊唐書作鄡寰宇記作鄡亦非又右逕下博縣故城西王莽改曰閏朱箋曰舊博應本作潤劭曰太山有博故此加下趙釋曰章懷後漢注曰在博水之下故曰下博漢光武自滹沱南出至此失道不知所以遇白衣老父曰信都趙有郡字爲長安守去此八十里世祖赴之任光開門納焉漢氏中興始基之矣尋求老父不得官本曰按老父近刻訛作父老案朱訛趙改刊誤曰父老何焯校改老父議者以爲神衡漳又東北歷下博城西逶迤東北注謂之九⿰糹爭官本曰按近刻訛作爭案朱作爭趙改崢刊誤曰九崢之名亦見濡水注此水逶迤屈曲似之故同其稱當從山作崢趙釋曰一清按寰宇記引信都記云謂之九崢曲卽今衡水縣之鹽苦二河西逕樂鄉縣故城南王莽更之曰樂邱也又東引葭水注之官本曰按近刻作列葭水注也

案朱同趙改刊誤曰也當作之方輿紀要校趙釋曰全氏曰漢志廣平國南和縣列葭水東入㴸說文㴸水出趙國襄國東入湡善長略㴸不敘賴說文尚存其迹耳一清按漢書武五子燕刺王傳使人祠葭水台水晉灼曰葭音家寰宇記因作列家水也列葭水見漢志水經注作引葭水竊意引長也葭蘆也故變引葭爲長蘆引之與列字形相似正可與班書參異同耳

又東北過阜城縣北又東北至昌亭與滹沱河會

經敘阜城于下博之下昌亭之上考地非比于事爲同勃海阜城又在東昌之東故知非也官本曰按後漢安平國之阜城卽前漢信都國之昌城故道元明其非勃海之阜城也趙釋曰全氏曰按此是後漢安平國之阜城乃前漢信都國之昌成故注明其非勃海之阜城也而魏書地形志武邑郡阜城下云前漢屬勃海後漢屬安平蓋合二縣而爲一非也漳水又東北逕武邑郡南魏所置也又東逕武强縣北又東北逕武隧縣故城南按史記秦破趙將扈輒于武隧斬首十萬卽于此處也王莽更名桓隧矣白馬河注之水上承滹沱東逕樂鄉縣北饒陽縣南趙釋曰一清按章懷後漢書注曰呼沱河舊在饒陽南至魏太祖曹操因饒河故瀆決令北注新溝水所以今在饒陽縣北又東南逕武邑郡北而東入衡水謂之交津口衡漳又東逕武邑縣故城北王莽之順桓也晉武帝封子于縣以爲王國後分武邑武隧觀津爲武邑郡治此趙釋曰一清按晉志無武邑郡地形志云武邑郡晉武帝置又云魏所置注前後兩仍其說宜以此文爲正也衡漳又東北右合張平口故溝上承武强淵淵之西南官本曰按此下近刻衍之字案朱衍趙刪刊誤曰西南下之字衍文側水有武强縣故治故淵得其名焉東觀漢記曰光武拜王梁爲大司空以爲侯國耆舊云邑人有行于途者見一小蛇疑其有靈持而養之名曰擔生長而吞噬人里中患之遂捕繫獄擔生負而奔邑淪爲湖縣長及吏咸

爲魚矣今縣治東北半里許落水朱無里字箋曰宋本作半里許趙增里字淵水又東南結而爲湖又謂之郎君淵耆宿又言縣淪之日其子東奔又陷于此故淵得郎君之目矣淵水北通謂之石虎口又東北爲張平澤澤水所泛北決堤口謂之張刀溝北注衡漳官本曰按近刻訛作衡河　案朱趙同謂之張平口亦曰張平溝水溢則南注朱箋曰溝水溢三字古本宋本俱無今吳本增之水耗則輟流衡漳又逕東昌縣故城北經所謂昌亭也王莽之田昌也俗名之曰東相官本曰按近刻脫曰字　案朱脫趙增刊誤曰名之下落曰字吳琯本校增蓋相昌聲韻合故致茲誤矣西有昌城故目是城爲東昌矣衡漳又東北左會滹沱故瀆謂之合口趙釋曰一清按史記正義引水經曰漳水一名大漳水兼有濊水之目也漢志魏郡武安縣瀀水東北至東昌入虖沱河過郡五行六百一里師古曰瀀子祚反說文瀀水出魏郡武安東入滹沱水從水憂聲憂籀文

瀀字即衡漳也又謂之橫河衡漳又東北分爲二川當其水泆朱箋曰謝云舊本作決吳本作泆水蕩泆也處名之曰李聽瀆

又東北至樂成陵縣北別出官本曰按近刻訛作別出北　案朱作別出北趙加瀆字刊誤曰注云衡漳於縣無別出之瀆北下落瀆字趙釋曰一清按注云陵字是桓帝所加此亦經文晚出之證

衡漳于縣無別出之瀆出縣北者官本曰按近刻脫出字　案朱脫趙增刊誤曰縣上落出字乃滹沱別水分滹沱故瀆之所纏絡也衡漳又東分爲二水左出爲向氏口瀆水自此決入也官本曰按近刻訛作溝水自始決水也　案朱訛趙改刊誤曰箋曰始宋本作此按溝水當作瀆水即虖沱故瀆也下水字當作入衡漳又東逕弓高縣故城北漢文帝封韓王信之子韓隤當官本曰按近刻訛作高帝封韓信兄子韓隤當　案朱趙同趙釋曰沈氏曰漢表是文帝十六年封信傳是十四年封非高帝黃愼中本作景帝亦非且是信孽子非兄子也爲侯國王莽之樂成亭也趙釋曰一清按漢志河閒國分註莽改樂成爲陸信弓高爲樂成今本落亭字當以水經注補之衡漳又東北右合柏梁溠水上承李聽瀆東北爲柏梁溠東逕蒲領縣故城南官本曰按蒲近刻訛作扶　案朱訛趙改漢武帝元朔三年封廣川惠王子劉嘉官本曰按近刻脫惠字　案朱趙同趙釋曰一清按王子侯表是惠王爲侯國朱箋曰按史記劉嘉封蒲領侯地理風俗記云脩縣西北八十里有蒲領鄉故縣也趙釋曰太平寰宇記阜城縣下云故蒲領城水經云今滄州魯城縣東北六十里漳河西岸又有北蒲領故城蓋因漢末黃巾之亂有蒲領人流寓于彼遂立此城今本無之

又東北會桑社枝津官本曰按社近刻訛作杜下同　案朱作杜箋曰宋本作社趙改社

又東北逕弓高城北又東注衡漳謂之柏梁口衡漳又東北右會桑社溝溝上承從陂世稱盧達從薄亦謂之摩訶河官本曰按近刻訛作訶摩河　案朱趙同趙釋曰一清按此即漢志代郡鹵城縣下之從河也訶摩當作摩訶梵語謂大爲摩訶蓋言大河也東南通清河西北達衡水春秋雨泛官本曰按此下近刻有漳澤津渚今

五字係衍文　案朱趙有觀津城北方二十里盡爲澤藪蓋水所鍾也其瀆逕觀津縣故城北樂毅自燕降趙封之于此邑號望諸君王莽之朔定亭也又南屈東逕竇氏青山南側堤東出青山即漢文帝竇后父少翁冢也少翁是縣人官本曰按近刻脫少翁二字作即是縣人　案朱同趙即上加一翁字釋曰一清按唐書宰相世系表竇建德傳竇后父安成侯充今誤本水經注作少消寰宇記引隋圖經作后父青舊唐書竇建德傳遣使往灌津祠竇青之墓青是其名消乃青之誤文而下云民號青山或山以人名受氏也遭秦之亂漁釣隱身朱作魚趙改漁刊誤曰魚劉昭郡國志補註引決錄注作漁墜淵而死景帝立后遣使者填以葬父起大墳于觀津城東南故民朱作名箋曰舊本作民趙改民號曰青山也又東逕董仲舒廟南仲舒廣川人也世猶謂之董府君祠春秋禱祭不輟舊溝又東逕脩市縣故城北官本曰按脩近刻訛作循下同　案朱趙不誤朱作溝趙改瀆刊誤曰溝當作瀆

漢宣帝本始四年封清河綱王子劉寅爲侯國王莽更之曰居盥也俗謂之溋城非也地理風俗記曰脩縣朱作循趙改脩刊誤曰漢書地理志勃海郡有脩縣應劭曰音條循字誤下竝同西北二十里有脩市城故縣也

又東會從陂陂水南北十里東西六十步子午潭漲淵而不流亦謂之桑社淵從陂南出夾堤東派逕脩縣故城北東合清漳漳泛則北注澤盛則南播津流上下互相逕通官本曰按近刻訛作道案朱訛趙改從陂北出東北分爲二川一川北逕弓高城西而北注柏梁溠朱二川下無一川二字趙分爲二下增一字刊誤曰分爲二句下落一字孫潛校增一川東逕弓高城南又東北楊津溝水出焉官本曰按楊近刻作陽下同又此下原本及近刻有左瀆北入衡漳謂之楊決口凡十一字係後條注文訛舛在此今刪案朱趙作陽又朱溝作清箋曰宋本作溝趙改溝又朱趙有十一字趙刊誤曰決當作津

衡水東逕阜城縣故城北樂成縣故城南趙刊誤曰樂成兩漢爲河間國治至桓帝始加陵字此文尙仍舊稱說見下河間郡治地理志曰故趙也漢文帝二年官本曰按近刻脫此二字案朱脫趙增刊誤曰漢文帝下黄省曾本有二年字考漢志亘是別爲國應劭曰在兩河之間也景帝九年封子德爲河間王是爲獻王王莽更名郡曰朔定縣曰陸信褚先生曰漢宣帝地節三年封大將軍霍光兄子山爲侯國也趙釋曰一清按此是褚表之繆而道元誤承之者褚先生云樂成侯霍山索隱曰表在平氏志屬南陽今按漢表霍山封樂平非樂成也表云東郡後褚先生又云樂平侯許翁孫而小司馬無說漢表許延壽封樂成侯翁孫疑是延壽字故表云平氏平氏樂成均屬南陽郡南陽之樂成其地無考大約與平氏相近地理志南陽樂成下云侯國而河間國之樂成無說則非列侯食邑可知第褚少孫去宣帝世不遠不應參錯乃爾抑或後人傳寫之誤使兩家封邑對換一字道元引之小司馬釋之均未細覈班書耳然班固于霍山樂平封邑下云東郡地理志東郡清縣顏師古註引應劭曰章帝更名樂平則何以宣帝時卽有此封不可曉也互見漯水篇章帝官本曰按近刻訛作漢宣帝三字案朱訛趙改章畱漢字刊誤曰宣帝是章帝之誤封子開于此桓帝官本曰按桓帝上近刻亦衍漢字案朱趙有追尊祖父孝王開爲孝穆王趙作皇以其邑奉山陵故加陵曰樂成陵也官本曰按近刻脫成字案朱脫趙增刊誤曰全氏云此三字縣也是水經特筆以見縣本以樂成陵三字結名與史志可參異同陰溝水篇有樂成陵令許嬰碑**今城中有故池方八十步**舊引衡水北入城注池池北對層臺基隍荒蕪示存古意也

又東北過成平縣南官本曰按近刻此下有合清河三字案朱趙有朱箋曰吳本增下三字

衡漳又東逕建成縣故城南官本曰按漳近刻訛作津案朱訛趙改刊誤曰津當作漳按地理志故屬勃海郡褚先生曰漢昭帝元鳳三年封丞相黄霸爲侯國也趙改宣帝五鳳釋曰全氏曰按本表曰沛而善長以爲勃海**成平縣故城在北**漢武帝元朔三年封河間獻王子劉禮爲侯國趙釋曰一清按索隱曰表在南皮今漢表作平城侯禮又不云在南皮皆爲脫誤也王莽之澤亭也城南北相

直衡漳又東右會楊津溝水趙楊改陽下竝同刊誤曰楊當作陽水自陂官本曰按此三字近刻訛作自澤水案朱同趙澤改溝刊誤曰澤水吳琯本作枝水亦誤當作溝卽陽津溝也東逕阜城南地理志勃海有阜城縣王莽更名吾城者趙增也刊誤曰者下落也字非經所謂阜城也建武十五年世祖更封大司馬王梁爲侯國楊津溝水又東北逕建成縣左入衡水謂之楊津口官本上條刪十一字云是後條注文卽謂此也衡漳又東左會滹沱別河故瀆趙釋曰一清按漢志勃海郡成平縣下云滹沱河民曰徒駭又河間國樂成縣虖沱別水首受虖沱河東至東光入虖沱河又弓高縣下云滹沱別河首受滹沱河東至平舒入海代郡鹵城下云虖沱河東至參合入虖沱別按別下脫水字以漢志註并水經驗之可證也**又東北入清河**趙入改合刊誤曰入胡渭校改合謂之合口又逕南皮縣之北皮亭而東北逕浮陽縣西東北注也官本曰按近刻訛作之案朱趙同趙東上加浮水二字刊誤曰東北上落浮水二字全氏校補

又東北過章武縣西又東北過平舒縣南東入海
清漳逕章武縣故城西官本曰按逕近刻作自案朱趙同故濊邑也枝瀆出
焉謂之濊水東北逕參戶亭官本曰按戶近刻訛作后下同案朱訛趙改刊誤曰漢書地
理志勃海郡有參戶縣后字誤下同分爲二瀆應劭曰平舒縣西南五十里有
參戶亭故縣也世謂之平虜城枝水又東注謂之蔡伏溝又
東積而爲淀一水逕亭北又逕東平舒縣故城南代郡有平
舒城故加東地理志朱趙有曰字勃海之屬縣也魏土地記曰章
武郡治故世以爲章武故城非也又東北分爲二水一右出
爲淀官本曰按一下近刻有水字案朱趙有又淀竝作澱一水北注滹沱謂之濊口
清漳亂流而東注于海趙增與字刊誤曰清漳上落與字趙釋曰一清按漢志則濁漳自鄴以下
皆清漳之流而水經注皆以爲濁漳與漢志戾至此忽敘入清漳蓋欲應漢志濁漳入清漳清漳入河之說然不云入河
而云入海是又與漢志異今清漳注尾又缺而無以辨之

水十　三十三

清漳水出上黨沾縣西北少山大要谷官本曰按要近刻訛作黽案朱作黽趙改𡝩
刊誤曰黽字誤當作𡝩漢書地理志北地郡有大𡝩縣師古曰𡝩即古要字是注亦云大要谷可互證也南過縣西
又從縣南屈
淮南子曰清漳出謁戾山官本曰按謁近刻作揭案朱訛趙改刊誤曰揭當作謁高誘
云山在沾縣今清漳出沾縣故城東北俗謂之沾山官本曰按近刻
訛作漳山案朱趙作漳後漢分沾縣爲樂平郡官本曰按近刻脫後字案朱趙無治沾
縣水出樂平郡沾縣界故晉太康地記曰樂平縣舊名沾縣
官本曰按近刻訛作舊名清漳縣案朱訛趙刪縣字刊誤曰縣字衍文漢之故縣矣官本曰按近刻脫縣
字案朱脫趙增名字其山亦曰鹿谷山水出大要谷南流逕沾縣故
城東不歷其西也又南逕昔陽城左傳昭公十二年晉荀吳

僞會齊師者假道于鮮虞遂入昔陽杜預曰樂平沾縣東有
昔陽城者是也趙釋曰全氏曰既云僞會齊師則不在樂平沾縣明矣杜既誤註而道元因之一清按昔
陽有二此本杜說然其事則大有可疑者據傳是晉荀吳僞會齊師乘其無備也而入其國都是役也實滅肥傳故申之
曰晉伐鮮虞因肥之役也入昔陽是一事滅肥又一事至昭二十二年負甲息于昔陽之門外遂滅鼓此與假途滅虢事
絕相類昔陽非肥國都宜在鉅鹿之下曲陽不應在上黨之沾縣也道元蓋襲杜註而不之察耳顧棟高春秋大事表杜
註正訛曰昭十二年傳晉荀吳僞會齊師者假道于鮮虞遂入昔陽秋八月壬午滅肥杜註鮮虞在中山新市縣昔陽肥
國都樂平沾縣東有昔陽城又云鉅鹿下曲陽縣西有肥累城高氏曰漢沾縣屬上黨郡晉屬樂平郡地在太行之東去
中山絕遠劉炫駁杜曰齊在晉東僞會齊師當自晉而東行假道鮮虞遂入昔陽則昔陽在鮮虞之東明矣樂平沾縣在
中山新市西南五百餘里何當假道于東北之鮮虞而反入西南之昔陽也既入昔陽而別言滅肥則肥與昔陽不得爲
一安得以昔陽爲肥國之都昔陽既是肥都何以復言鉅鹿下曲陽有肥累城謂肥名取于彼乎肥爲小國境必不遠豈
肥名取鉅鹿之城而建都于樂平之縣也二十二年傳云荀吳使師僞糴者負甲以息于昔陽之門外遂襲鼓滅之則昔

水十　三十四

陽之爲鼓都信矣何以復云肥都是說也孔穎達嘗反復辨之意在迴護杜氏輾轉支離至末後之說仍依然折而入于
劉蓋杜見滅肥之役文繫于昔陽之下遂疑昔陽爲肥都而不復記其乖于滅鼓之傳今按前後漢志及水經注所稱皆
同劉說當從之按高氏此論極爲精細肥國都當以杜註鉅鹿下曲陽爲是樂平沾縣之說非也劉炫云鼓都在眞定府
晉州州治即隋鼓城縣開皇十八年以昔陽縣改置是知昔陽爲鼓都非肥都也肥都在眞定府藁城縣西南七里魏收
志藁城有肥累城即杜註鉅鹿下曲陽之肥累城也若沾縣之昔陽乃在今山西平定州樂平縣東五十里俗呼夕陽城
相去絕遠矣其水又南得梁榆水口水出梁榆城西大嵰山水有
二源北水東南流逕其城東南注于南水官本曰按近刻脫于字案朱脫趙
增刊誤曰注下落于字方輿紀要校增南水亦出西山東逕文當城北又東北
逕梁榆城南即閼與故城也秦伐趙閼與官本曰按趙近刻訛作韓案朱趙
同惠文王使趙奢救朱作敵箋曰宋本作救或作攻趙改救之奢納許歷之說
破秦于閼與謂此也司馬彪袁山松郡國志竝言涅縣有閼

與聚盧諶征艱賦曰訪梁榆之墟郭朱趙墟作虛趙刊誤曰箋曰謝云宋本作虛郭按寰宇記是郭字通鑑註引此文同弔闕與之舊都官本曰按近刻訛作闕騆平　案朱訛趙改亦云闕與今梁榆城是也官本曰按闕騆二字近刻訛作桓字　案朱訛趙改袁豹刊誤曰箋曰桓字誤似是松字謂袁松也全氏云非也蓋是袁豹漢高帝八年封馮解散爲侯國官本曰按近刻作爲闕氏侯國當是後人據史記所增　案朱趙同趙釋曰全氏曰闕氏非闕與侯表有誤文索隱曰在安定亦非一清按史漢表之闕氏索隱以爲安定蓋即地理志安定郡之烏氏縣也續志作烏枝古篆文烏與於相似後人又加一門疑馮解散之封宜在彼全氏以小司馬爲非未之審耳其水左合北水官本曰按左近刻訛作右　案朱趙同北水又東南入于清漳清漳又東南與轑水相得

轑水出轑陽縣西北轑山官本曰按轑陽近刻訛作轑河下同　案朱趙同下同南流

逕轑陽縣故城西南東流至粟城注于清漳也趙釋曰初學記儀州下引水經注曰黃嵓水出遼山縣西黃岡下寰宇記遼州遼山縣下引注水經云清谷口水源出東北長山清谷亦云縣西南黃巖山轑水出也今本無之一清按轑山當作轑陽河東圖云漢爲涅縣地後漢于此置陽阿縣俱屬上黨郡晉改爲轑陽縣屬樂平郡後魏太武併入武鄉明帝改轑陽爲遼陽隋初改置遼山縣屬幷州因縣西北轑山爲名注中轑河之名不知何昉遼陽水從平城縣西北八賦嶺下出名八賦水經遼陽城名遼陽水又東合清漳爲漳水也元和志云後漢於此置轑河縣今續志無之

東過涉縣西屈從縣南官本曰按涉近刻作沙漢志亦作沙涉字形相似而三國志有涉長之稱今從原本　案朱趙作沙趙釋曰一清按兩漢志本作沙縣至三國時始有涉名魏書云太祖圍鄴涉長梁岐以縣降是也

按地理志朱趙有云字魏郡之屬縣也漳水于此有涉河之稱蓋名因地變也官本曰按近刻脫河字蓋字　案朱脫趙增刊誤曰寰宇記引此文作有涉河之稱蓋名因地變也增二字

東至武安縣南黍窖邑入于濁漳趙釋曰朱氏謀㙉箋曰謝云此下疑脫注

趙補滏水

山海經北山經曰又北三百里曰神菌之山滏水出焉而東流注于歐水御覽引水經注滏水發源出石鼓山南巖下泉源奮涌若滏之揚湯矣其水冬溫夏冷崖上有魏世所立銘水上有祠能興雲雨又東流注于漳謂之合河又曰水經注云浮圖澄別傳曰石虎時自正月不雨至六月澄日詣滏祠稽首暴露卽日二白龍降于祠下于是雨徧千里劉昭郡國志補註引水經鄴西北滏水熱故名滏口滏亦合漳之大川也

趙補洺水

初學記邢州下引水經注曰洺水一名漳水俗名千步又水經注曰洺水東逕柏暢亭又洺州下引水經注曰狗山頂上有狗迹今在臨洺縣西又水經注曰洺水東北逕廣平縣故城東水積于大澤之中爲澄泉南北四十里東西二十里亦謂之黃塘泉寰宇記磁州武安縣下引水經注云洺水出易陽縣西山洺州永年縣下云風土記云南易水本名漳水源出三門山西自肥鄉縣界流入趙地記云六國時此水名易水埤蒼及水經云洺水之目不知誰改俗謂山之下地名洺水因經之故曰洺水九域志邢州古跡引水經云洺水東流逕曲梁城按曲梁城見漳水篇列人縣注中蓋清濁二漳會流于溽池斯有洺水之目今文絕無此水然蛛絲馬跡猶可尋求也

水經注卷十

後魏酈道元撰

易水　滱水趙下列補濡沱水補泒水補滋水三目

易水出涿郡故安縣閻鄉西山

易水出西山寬中谷官本曰按此道元所謂北易今名中易水東逕五大夫城南昔北平侯王譚不從王莽之政官本曰按從近刻作同　案朱趙作同子興生五子竝避時亂隱居此山故其舊居世以爲五大夫城即此趙釋曰一淸按下有脫字岳讚云五王在中龐葛連續者也朱作龐葛建續箋曰謝云宋本作龐葛連續趙改連續易水又東朱趙無又字左與子莊溪水合水北出子莊關南流逕五公城西孫校曰五公城在滿城縣屈逕其城南五公即王興之五子也官本曰按即近刻作猶　案朱同趙改刊誤曰猶全氏校改即光武即帝位封爲五侯元才北平侯益才安憙侯官本曰按憙近刻訛作喜　案朱趙作喜顯才蒲陰侯仲才新市侯季才爲唐侯所謂中山五王也官本曰按近刻作中山之五王也　案朱趙有之字俗又以五公名居矣趙釋曰厄林曰漢書無北平侯惟元后弟譚字子元河平二年封平阿侯蕘子仁嗣初莽幼孤平阿侯譚多稱莽久之封莽新都侯仁素剛直莽憚之爲安漢公迫仁自殺謚剌侯子述嗣按此則譚亦憐愛莽矣所不同於莽者平阿侯仁也與豈仁之同生乎考兩漢書譚諸子董賢傳有去疾哀帝時侍中有閎亦見張步傳莽東郡太守隗囂傳有向莽安定大尹馬嚴傳有仁子術即譚傳之述也莽九江連率馬援傳有仁子磐馬爵土擁富貲東觀記以爲述子者凡此皆介恃同根盤跨維城彼九族之降心若四體之無骨獨與父子自竄北鄙絕意閭朝淵泉共淸林風愈引若非酈氏幾于無聞矣檢太平御覽兩引河北記曰易縣有五公城王譚不從王莽譚子興生五子避隱于此世祖並封爲侯所謂中山五侯也其西三十里有五大夫城水經注蓋引其說若此言非爽王氏再世有二五侯矣全氏曰善長可謂輕信者矣王譚封平阿不封北平其安一也譚以特進卒歷其弟商根彷政而莽始繼之譚之墓木拱矣安得不同其政乎其安二也莽之凶暴其子稍不順即殺之豈容五才遠引

其安三也且其封爵何以皆在北平等縣其安四也班范荀袁並不一及其安五也方叔蓋疑之而未敢顯言日知錄曰兄弟二名而用其一字者世謂之排行起自晉末漢人所未有也水經注昔北平侯王譚不同王莽之政云云是後人追撰安說東漢人二名者亦少又按寰宇記五公城事出河北記也二城竝廣一里許俱在岡阜之上岡朱趙作罡趙刊誤曰箋曰罡當作岡按罡岡音同通用注例作罡字上斜而下方官本曰按二城以下十八字近刻訛在後館之于此下　案朱斜作邪趙改衺刊誤曰邪孫潛校改衺又朱趙十八字在後此處有二館之城澗曲泉淸山高林茂風煙披薄觸目栖情方外之士尚憑依舊居取暢林木三十三字從官本移後其水東南入于易水易水又東朱趙無東字右會女思谷水水出西南女思澗東北流注于易謂之三會口易水又東屆關門城西南即燕之長城門也與樊石山水合水源西出廣昌縣之樊石山官本曰按縣上近刻衍鄉字　案朱衍趙刪刊誤曰鄉字衍文東流逕覆釜山下東流注于易水易水又東歷燕之長城又東逕漸離城南蓋太子丹館高漸離處也易水又東逕武陽城南官本曰按近刻脫城字　案朱脫趙增刊誤曰武陽下落城字孫潛校增蓋易自寬中歷武夫關東出是兼武水之稱故燕之下都擅武陽之名左得濡水枝津故瀆武陽大城東南小城即故安縣之故城也漢文帝封丞相申屠嘉爲侯國趙釋曰一淸按史表文帝後三年封城東西二里南北一里半高誘云易水逕故安城南城外東流官本曰按近刻脫城字　案朱趙並無下城字趙移南于東下刊誤曰下云今水被城東南隅城南之南當移在東字下即斯水也誘是涿人事經明證官本曰按近刻訛作事明經證　案朱訛趙改刊誤曰明經二字當倒互今水被城東南隅官本曰按被近刻訛作破　案朱訛趙改刊誤曰破當作被世又謂易水爲故安河武陽蓋燕昭王之所城也東西二十里南北十七里故傳逮述游賦曰出北薊歷良鄉登金臺觀武陽兩城遼廓舊迹冥芒蓋謂是處

也易水東流而出于范陽東過范陽縣南又東過容城縣南孫校曰范陽今涿州房山之地容城今屬順天易水逕范陽縣故城南官本曰按逕下近刻衍出字復脫南字　案朱衍脫趙刪增刊誤曰出字衍文故城下落南字秦末張耳陳餘爲陳勝略地燕趙命蒯通說之官本曰按命字近刻訛在燕趙上　案朱訛趙改范陽先下是也漢景帝中二年官本曰按近刻訛作中元三年　案朱同趙刪元字封匈奴降王代爲侯國趙釋曰一清按史表端侯代以景帝中二年封漢表作靖侯范代范字羨文王莽之順陰也官本曰按近刻訛作之通順也　案朱訛趙改刊誤曰漢書地理志作順陰昔慕容垂趙釋曰全氏曰當作慕容德酈氏誤記之爲范陽也戍之即斯官本曰按此十三字近刻訛在後臺北有蘭馬臺之上又即斯下當有脫文　案朱趙在後趙刊誤曰御覽引此文作即斯臺也今補正意欲圖還上京阻于行旅造次不獲遂中官本曰按此十六字近刻訛在後可得而尋下又上下當有脫文未詳　案朱趙在後中作心易水又東

與濡水合水出故安縣西北窮獨山南谷官本曰按此道元所謂北濡今名北易水　案朱脫水字趙增刊誤曰出上落水字東流與源泉水合水發北溪東南流注濡水官本曰按南流近刻訛作西北　案朱訛趙改刊誤曰北黃省曾本作流東西字亦誤當作東南濡水又東南逕樊於期館西是其授首于荆軻處也濡水又東南流逕荆軻館北昔燕丹納田生之言趙刊誤曰箋曰生宋本作光按王楙野客叢書曰先生之語古亦有單稱一字者叔孫通與諸弟子共爲朝儀曰叔孫生眞聖人也梅福曰叔孫先非不忠也又觀張釋之龔遂等傳所謂王生結韈公卿數言鄧先皆此意也田光爲時所尊貴戰國策鞠武曰燕有田光先生者酈故曰田生也朱氏欲改生爲光殆未識斯義耳尊軻上卿館之于此二館之城朱箋曰二館謂樊於期荆軻並有一城趙釋曰一清按此句上下有脫文澗曲泉清山高林茂風烟披薄觸可棲情朱棲作怡趙改刊誤曰怡情黃省曾本作栖情方外之士尙憑依舊居取暢林木官本曰按二館以下三十三字近刻訛在前俗又以五公名居矣之下　案趙刊誤曰箋曰木一作水按木字不誤又此三十三字朱趙在前此處有二城竝廣一里許俱在罡阜之上上袤而下方十八字濡水又東逕武陽城西北官本曰按近刻脫武字　案朱脫箋曰疑脫范字趙增范字舊堨濡水枝流南入城逕柏冢西冢垣城側即水塘也四周塋域深廣有若城馬官本曰按近刻柏訛作相垣訛作亘域訛作城　案朱趙同城趙改域其水側有數陵墳高壯望若青邱詢之古老訪之史籍竝無文證以私情求之當是燕都之前故墳也或言燕之墳塋斯不然矣其水之故瀆南出屈而東轉又分爲二瀆官本曰按此下近刻有一水東注金臺陂七字係重出衍文　案朱趙有一水逕故安城西側城南注易水夾塘崇峻邃岸高深左右百步有二釣臺官本曰按近刻脫有字二訛作一　案朱訛脫趙改增刊誤曰名勝志引此文作有二釣臺今補正參差交峙朱作跱箋曰宋本作峙趙改峙迢遞相望更爲佳觀矣其一水東出注金臺陂朱趙無注字陂朱趙不重陂字東西六七里

南北五里官本曰按近刻訛作東西六七十步南有金北五十步　案朱趙無有金二字餘竝同側陂西北有釣臺高丈餘朱箋曰太平御覽引此云高十丈趙改高十餘丈方可四十步趙十下有餘字陂北十餘步有金臺臺上東西八十許步南北如減官本曰按此下近刻有高十餘丈四字係重出衍文　案朱趙有又趙改如爲加刊誤曰如御覽引此文作加黃省曾本亦是加字又朱此下有昔慕容垂之爲范陽也戍之即此臺十四字趙同此改斯又增也字說見前從官本移北有小金臺官本曰按近刻脫此五字　案朱脫趙增刊誤曰御覽引此文作北有小金臺臺北有蘭馬臺今補正臺北有蘭馬臺竝悉高數丈秀峙相對翼臺左右水流逕通官本曰按逕近刻作逕　案朱作經趙改逕長廡廣宇周旋被浦朱作周施浦渚箋曰墇按御覽作周旋陂浦宋本作周旋被浦趙改同宋本棟堵咸淪柱礎尙存是其基構可得而尋朱趙此下有意欲圖還上京阻於行旅造次不獲遂心十六字官本移前訪諸耆舊咸言昭王禮賓廣延方士至如郭隗樂毅之徒鄒衍劇辛之儔宦遊

歷說之民自遠而屆者多矣不欲令諸侯之客伺隙燕邦故修連趙作建下都館之南垂言燕昭創之于前子丹踵之于後故雕牆敗館尙傳鐫刻之石官本曰按近刻訛作名案朱訛趙改刊誤曰名字誤全氏曰當作石雖無經記可憑官本曰按近刻訛作雖無紀可憑案朱同箋曰御覽作雖無經記可憑察其古跡似符宿傳矣趙增經字記仍作紀察其古跡似符宿傳矣官本曰按近刻脫宿字案朱脫趙增釋曰蔡氏夢弼草堂詩箋曰春秋後語燕昭王曰安得賢士以報齊讎郭隗曰王能築臺于碣石山前尊隗爲師天下賢士必自至如其言作臺以金玉崇之號黃金臺迹異記臺在幽州燕王故城中上谷圖經臺在易水東南十八里其說不同周氏密齊東野語曰燕臺世多以爲昭王而王隱以爲燕丹何也後見水經注云固安縣有黃金臺舊言昭王禮賢廣延方士故修建下都館之南陲燕昭創于前子丹踵于後以此知王隱以爲燕丹者蓋如此也朱氏彝尊日下舊聞曰按隋上谷圖經酈道元注水經金臺在易州明矣京師故迹傳是後人所築然自六朝至今垂之載記形之歌詠當竝存不廢也戹林曰文選注引上谷圖經曰黃金臺在易水東南十八里燕昭王置千金于臺上以延天下之士又王隱晉書曰段匹磾討石勒進屯故安縣故太子丹黃金臺據此金臺蓋有兩也酈氏以長廡被浦間館連都昭創于前丹踵于後然則曲榭鋪金虎臣畢驊高臺蓄寶駿骨先來豈亦昭貽孫謀丹纘祖武者乎一清按一統志今都城及定興安肅皆有黃金臺惟在易州者爲有據餘皆後人所爲也濡水自堰又東逕紫池堡西屆而北流又有渾塘溝水注之水出遒縣西朱箋曰遒舊本作酋漢地志作遒趙改遒下同白馬山南溪中東南流入濡水濡水又東至塞口古累石堰水處也濡水舊枝分南入城東大陂陂方四里今無水陂內有泉淵而不流際池北側俗謂聖女泉濡水又東得白楊水口水出遒縣西山白楊嶺下官本曰按縣下近刻有之字案朱無下水字有之字趙增刪刊誤曰箋曰孫云口疑作水按口字不誤出上落水字之字衍文東南流入濡水時人謂之虎眼泉也濡水東合檀水官本曰按近刻作檀山水案朱趙同水出遒縣西北檀山西南南流與石泉水會趙刪一南字刊誤曰南字重文宜衍水出石

泉固東南隅水廣二十許步深三丈固在眾山之內平川之中四周絕澗阻水八丈有餘石高五丈石上赤土又高一匹官本曰按近刻訛作四上有丈字案朱訛衍趙改刪刊誤曰丈字衍文四當作匹直立當倒互說文匹四丈也小爾雅倍兩謂之匹孫潛云以柳僉鈔本校正壁立直上官本曰按近刻作壁直立上案朱同趙改說見上廣四十五步水之不周者路不容軌僅通人馬謂之石泉固固上宿有白楊寺是白楊山神也寺側林木交蔭叢柯隱景沙門釋法澄建剎于其上更爲思玄之勝處也其水南流注于檀水故俗有并溝之稱焉官本曰按近刻作矣案朱同趙改刊誤曰矣黃省曾本作焉其水又東南流歷故安縣北而南注濡水濡水朱趙不重濡水二字又東南流于容城縣西北大利亭東南合易水而注巨馬水也故地理志曰故安縣閻鄉易水所出至范陽入濡水闞駰亦言是矣又曰濡水合渠許慎曰濡水入淶淶渠朱趙作深深渠趙刊誤曰箋曰許氏說文云濡水出涿郡故安東入漆淶按此條不誤說見下趙釋曰一清按今本說文云濡水東入漆淶誤也巨馬水注云巨馬河卽渠水可知善長所見之書尙未訛舛也二號卽巨馬之異名官本曰按巨馬河注云卽淶水也又云亦曰渠水故此言淶渠二號卽巨馬之異名原本及近刻兩淶字竝訛作深而說文入淶今各本又訛作入漆淶皆輾轉訛誤然二易俱出一鄉同入濡水南濡官本曰按南濡見濾水內南易南濡竝入濾而杜預云濡水入易蓋以下流既合互攝通稱北易可言入北濡南易可言入南濡故曰二易俱出一鄉同入濡水南濡也若以南濡北易連讀則不可通矣北易至涿郡范陽縣會北濡又竝亂流入淶官本曰按此卽上所謂濡水東南合易而注巨馬水也趙刊誤曰箋曰古本作亂流入沫疑此沫字當作淶字說文可據吳本改作入淶按上條本文不誤此條吳琯本改沫爲淶是也說文漆水出右扶風杜陵岐山東入渭一曰入洛不聞別有涿郡之漆也又說文涑澣也从水束聲河東有涑水速侯切又涑小雨零貌从水束聲所責切初不云是水名至廣韻集韻始云水名在北地蓋承誤本說文東入漆涑之語而爲之辭檢說文涑字云

水起北地廣昌東入河从水來聲并州浸漢志代郡廣昌縣下云淶水東南至容城入河過郡三行五百里并州浸方輿紀要云郡三謂代上谷涿也淶淶鄹灑紐谿拒鄹水經巨馬河篇云河出代郡廣昌縣淶山注云卽淶水也又云淶水上承故瀆于遒縣北垂重源再發結爲長潭自成淵渚謂之巨馬河亦曰渠水是篇注云濡水合渠許慎曰濡水入深深渠二號卽巨馬之異名正與彼文相照泲水篇有源源水沁水篇有鸓鸓水泗水篇有涓涓水獲水篇有淨淨溝是其名例矣故知道元所見之說文與世本大異古漆字似淶字隸續云地皇侯鉦書七作來韓勑碑書漆作淶是其明證若淶字又漆字重文傳寫之訛朱氏不察反致疑于酈注之深深渠吳本改正之淶水眞所謂深入酒國以不狂爲狂者也趙釋曰一統志方順河自完縣發源曰祁水卽古濡水也元和志濡水在北平縣西五里舊志源出伊祁山俗名祁水古濡水有二方順河爲南濡其北濡卽北易下流爲定興縣之沙河一清按觀此則知道元此注之繆南濡會蒲蘇諸水合于雹河何曾至范陽與淶水合耶方順河卽曲逆水也後人醜其名故易之**是則易水與諸水互攝通稱東逕容城縣故城北**趙東上有巨馬水又四字刊誤曰東逕上落巨馬水又四字全氏校補**渾濤東注至勃海平舒縣與易水合**官本曰按道元敘北易既會北濡入淶與淶水同逕容城至平舒與南易合以下則敘南易源流然二易混舉幾于不分非尋求端緒竟似訛舛故附釋之

闕駰曰涿郡西界代之易水而是水官本曰按此南易水**出代郡廣昌縣東南郎山東北燕王仙臺東**臺有三峰甚爲崇峻騰雲冠峰高霞翼嶺岫壑沖深含朱作合箋曰一作含趙改含烟罩霧耆舊言燕昭王求仙處**其東謂之石虎岡**朱趙作罡下同范雎漢書云中山簡王焉之窆也官本曰按近刻脫焉字案朱趙無厚其葬採涿郡山石以樹墳塋陵隧碑獸竝出此山官本曰按此下近刻有謂之石虎山山六字係重出衍文案朱趙同有所遺二石虎後人因以名岡**山之東麓**官本曰按近刻脫山字案朱脫趙增罡字**卽泉源所導也經所謂閻鄉西山**官本曰按近刻西訛作曲脫山字案朱同箋曰經文作閻鄉西山趙依經文改**其水東流有㟁**趙作澁**水南會渾波同注俗謂之爲雹河司馬彪郡國志曰雹水出故安縣**世祖令耿況

趙釋曰全氏曰范史是況子弇擊故安西山賊吳耐鑫符雹上十餘營皆破之卽是水者也**易水又東逕孔山北**山下有鍾乳穴穴出佳乳採者篝朱趙作煹火尋沙朱作路箋曰古本作炒一作沙趙改沙入穴里許渡一水潛流通注官本曰按近刻訛作潛通流注案朱趙同其深可涉于中衆穴奇分令出入者疑迷不知所趣每于疑路必有歷記返者乃尋孔以自達矣上又有大孔豁達洞開官本曰按豁近刻訛作壑案朱訛趙改刊誤曰壑當作豁故以孔山爲名也**其水又東逕西故安城南**官本曰按城下近刻衍其字案朱衍趙刪卽閻鄉城也**歷送荆陘北**官本曰按送近刻訛作逕案朱訛趙改刊誤曰逕字誤黃省曾本作送寰宇記引九州記曰送荆陘在易縣西南三十里卽荆軻入秦之路也耆舊云燕丹餞荆軻于此因而名焉世代已遠非所詳也遺名舊傳不容不詮庶廣後人傳聞之聽**易水又東流屈逕長城西又東流南逕武隧縣南新城縣北**官本曰按隧近刻作遂下同案朱同趙改史記曰趙將李牧伐燕取武隧方城是也**俗又謂是水爲武隧津**官本曰按近刻脫是字案朱脫趙增刊誤曰謂下落是字名勝志校增**津北對長城門謂之汾門**官本曰按汾近刻作分下同案朱同趙改史記趙世家云孝成王十九年趙與燕易土以龍兌汾門與燕官本曰按近刻脫王字土字案朱脫趙增刊誤曰孝成下落王字趙與燕易下落土字史記校補**燕以葛城武陽與趙卽此也**趙釋曰一清按史記趙世家云孝成王十九年趙與燕易土以龍兌汾門臨樂與燕正義曰邢子勵趙記云龍山有四麓各有一穴大如車輪春風出東秋風出西夏風出南冬風出北按蓋謂龍兌也汾門括地志云易州永樂縣有徐水出廣昌嶺流至北平縣東南歷石門中俗謂之龍門蓋汾字之誤也按括地志之言非也龍門見滱水博陵縣注**亦曰汾水門**朱作分水門箋曰原作門門誤今據郡國志改正趙改汾水門**又謂之梁門矣易水東分爲梁門陂易水又東梁門陂水注之水上承易水于梁門東入長**

城東北入陂陂水北接范陽陂陂在范陽城西十里方朱趙有一字十五里俗亦謂之爲鹽臺陂陂水南通梁門淀方三里淀水東南流出長城注易官本曰按近刻脫城字　案朱脫趙增刊誤曰長下落城字孫潛校增謂之范水易水自下有范水通目又東逕范陽縣故城南卽應劭所謂范水之陽也易水又東逕樊輿縣故城北朱趙無東字漢武帝元朔五年封中山靖王子劉條趙釋曰一清按漢表作脩脩有條音爲侯國王莽更名握符矣地理風俗記曰北新城縣東二十里有樊輿亭朱重有字趙刪一刊誤曰箋曰克家云有字或作東按何焯云有字衍一故縣也易水又東逕容城縣故城南朱趙無又字漢高帝六年封趙將夜朱作夕箋曰一作夜趙改夜釋曰一清按漢表作將夕此從史表于深澤趙釋曰一清按索隱曰縣名屬中山此卽地理志中山國深澤縣莽曰翼和者也而注文容城是涿郡之屬縣王莽更之曰深澤善長乃合二郡國之縣爲一誤矣涿郡

有南深澤不云是侯國寰宇記深澤縣下云南深澤城郡國縣道記云在東南二十五里以城名言之卽是涿郡之屬縣以去國里數校近卽此是中山之屬縣方輿紀要深澤縣下云南深澤城在縣東南五十七里十道志云漢置深澤縣屬中山國今縣治是也又于滹沱河南置南深澤縣屬涿郡此城是後漢廢深澤縣而南深澤如故二縣川土相鄰趙侯之封邑當在此總非新莽所改名容城之深澤也漢志中山國北新城桑欽言易出西北東入滱一統志北新城故城在安肅縣西南二十里漢置闞駰曰河間有新城故加北後魏去北字北齊仍曰北新城尋省入清苑景帝中三年以封匈奴降王唯徐盧于容城官本曰按唯近刻訛作攜　案朱作攜徐盧箋曰史記作唯徐盧吳依漢書改之趙同官本釋曰一清按史表唯徐盧是胡名漢表作攜侯徐盧攜又是謚攜唯聲相近百官公卿表太初三年容城侯唯塗光爲太常唯塗卽唯徐光乃盧之孫皆爲侯國王莽更名深澤也朱趙無也字易水又東埿水注之官本曰按埿近刻訛作渥下同　案朱訛趙改下同刊誤曰寰宇記引作泥下大泥澱小泥澱並同泥卽埿之省與渥相似水上承二陂于容城縣東南朱趙水上有其字謂之大埿淀小埿淀其水南流注易水朱無其字趙增

刊誤曰水上落其字謂之埿洞口官本曰按洞近刻訛作同　案朱訛趙改刊誤曰寰宇記晏元獻公類要引此文皆作泥洞口水側有渾埿城趙刊誤曰渾渥城當作渾泥城金泰和四年改渾渥城爲渥城縣與隋人之置毛州之誤正同易水逕其南東合滱水故桑欽曰易水出北新城西北官本曰按西近刻訛作城　案朱訛趙改刊誤曰下城字當作西孫潛校改東入滱自下滱易互受通稱矣趙釋曰全氏曰按桑欽之言與漢志大相參錯滱入易易不入滱其入滱者支流耳善長蓋以互受通稱調停之一清按漢志涿郡中水縣應劭曰在易滱二水之間故曰中水酈說本此易水又東逕易京南漢末公孫瓚害劉虞于薊下時童謠云燕南垂趙北際惟有此中可避世瓚以易地當之故自薊徙臨易水謂之易京城在易城西四五里趙建武四年石虎自遼西南達易京以京障朱趙作鄣至固令二萬人廢壞之今者城壁夷平官本曰按城近刻訛作地　案朱訛趙改刊誤曰地當作城卽易京城也其樓基尚存猶高一匹

餘朱箋曰小爾雅云二丈爲兩倍兩爲匹是四丈爲一匹也基上有井世名易京樓卽瓚所保也官本曰按保近刻訛作堡　案朱訛趙改刊誤曰堡當作保故瓚朱趙有所字與子書云袁氏之攻狀若鬼神衝梯舞于樓上鼓角鳴于地中卽此樓也易水又東逕易縣故城南昔燕文公徙易卽此城也闞駰稱太子丹朱作太子丹趙改燕太子丹刊誤曰黃省曾本作燕太子丹今校正遣荊軻刺秦王與賓客知謀者祖道于易水上燕丹子稱荊軻入秦太子與知謀者官本曰按近刻無此十四字係後人妄刪攷渭水注內記太子丹事亦引燕丹子曰當是古書之逸者　案朱作燕太子稱荊入秦太子與知謀者趙改增刊誤曰箋曰謝兆申云宋本無燕太子稱以下十三字當刪之按此亦妄說也燕太子當作燕丹子渭水注引燕丹子曰秦王爲機發之橋蓋襲用其書也風蕭蕭之歌高漸離宋如意之事皆出于燕丹子故知耳伯之非荊下落軻字皆素衣冠送之于易水之上荊軻起爲壽歌曰風蕭蕭兮易水寒壯士一去兮不復還高漸離

擊筑宋如意和之朱作知趙改和刊誤曰知黃省曾本作和又朱箋曰燕策史記俱無宋意事唯陶淵明詠荊軻詩云漸離擊悲筑宋意唱高聲與此有之爲壯聲士髮皆衝冠爲哀聲士皆流涕疑于此也余按遺傳舊跡多在武陽似不餞此也漢景帝中三年封匈奴降王僕黶朱箋曰按漢功臣表黶注音怛吳本改作黡誤今正之趙釋曰師古曰黶音怛爲侯國也

又東過安次縣南朱箋曰漢地理志安次縣屬勃海郡今東安縣

易水逕縣南鄚縣故城北官本曰按鄚近刻訛作鄭朱箋曰鄚在今任邱縣北東至文安縣與滹沱合史記蘇秦曰燕長城以北易水以南正謂此水也是以班固闞駰之徒咸以斯水謂之南易

又東過泉州縣南官本曰按泉近刻訛作東　案朱訛趙改刊誤曰箋曰按漢地理志東州亦屬勃海郡古本作泉州誤也孫云東州縣在今河間縣境內按黃省曾本作泉州字不誤也沽水篇經云又東南至泉州縣與淸河合東入海注云淸淇漳洹滱易淶濡沽滹沱同歸于海則是易水亦至泉州合淸河入海也漢志泉州縣屬漁陽郡今通州武淸縣地正直沽入海之處方輿紀要曰樂史云易水有三源流經易州南三十里者曰中易水出州西北三十里窮獨山者謂之濡水亦曰北易水出州西南六十里石獸岡者謂之雹水亦曰南易水中易水流經定興縣西亦謂之白溝河淶水縣之拒馬河流合焉又東逕安肅縣北及容城縣北濡水流合馬所謂北易水也又經新城縣南亦曰拒馬河歷雄縣及順天府霸州之北又東經東安縣及永淸縣南入武淸縣之三角淀又東南至小直沽與衞河合達于海此易水之東出者也其南易水卽雹水也自安肅容城縣南又東南經安州北東至雄縣亦名瓦濟河又東歷河間府任邱縣霸州之保定縣文安縣南引而東合于滹沱河注于海此易水之別出而東南流者也蓋易水之源竝出于易州而其流自不相亂或曰易水或曰故安水則推其本而言之也或曰拒馬河或曰白溝河則從其流而言之也或曰滋河或曰沙河唐河則因其所匯之川言之也或又曰易水本無正流附合支川以達于海故自漢以來言易水源流多未得其詳云宛溪之言可稱明白了當水經未嘗兼敘南易道元從而釋之與經文有如枘鑿之不相入朱氏改泉州爲東州以爲易水旣流經勃海文安與東州相近不應又改途北出至漁陽郡之泉州也經注不明致有斯蔽妄以疑意改竄舊文有識之士深所不取東入于海

經書水之所歷沿次注海也

滱水出代郡靈邱縣高氏山朱箋曰氏山海經作是趙改是下同卽漚夷之水也官本曰按漚近刻訛作溫周禮作嘔　案朱作溫箋曰墇云溫夷當作嘔夷趙改嘔出縣西北高氏山山海經曰高氏之山滱水出焉東流注朱作經箋曰宋本作注趙改注于河者也其水東南流山上有石銘題言冀州北界故世謂之石銘陘也其水又南逕候塘官本曰按近刻訛作曰候候塘　案朱趙候塘下重候塘二字川名也又東合溫泉水水出西北暄谷其水溫熱若湯能愈百疾故世謂之溫泉焉東南流逕興豆亭北亭在南原上敧傾而不正故世以敧城目之水自原官本曰按近刻脫此三字　案朱趙無東南注于滱官本曰按南近刻訛作流　案朱趙同滱水又東莎泉水注之官本曰按近刻脫莎字　案朱脫趙增刊誤曰泉水上落莎字又朱趙不重滱字以水字上屬水導源莎泉南流水側有莎泉亭東南入于滱水滱水又東逕靈邱縣故城南官本曰按此下近刻有水中自原南注滱水八字係重出衍文　案朱同趙改中自源爲自中原刊誤曰上云亭在南原上此當是中原源字不从水中自二字當倒互又朱趙又東上不重滱水字應劭曰趙武靈王葬其東南二十里故縣氏之縣古屬代漢靈帝光和元年中山相臧旻朱趙作昃朱箋曰舊本作旻上請別屬也瓚注地理志曰官本曰按近刻脫瓚注二字　案朱趙無靈邱之號在武靈王之前矣又按司馬遷史記官本曰按近刻脫此二字　案朱脫趙增趙敬侯九年官本曰按九近刻訛作二　案朱同箋曰史記作九年敗作伐趙改九敗齊于靈邱趙釋曰一淸按顧氏炎武曰此別一靈邱水經注蓋誤以趙靈邱爲齊靈邱不知齊境不得至代也方輿紀要靈邱城在滕縣東三十里明水之南城周八里內有子城戰國時齊南境邑孟子謂蚳鼃曰子之辭靈邱而請士師史記齊威王元年三晉因齊喪來伐我靈邱是也則名不因武靈王事官本曰按近刻脫武字　案朱脫趙增刊誤曰靈王上落武字如瓚注官本曰按

近刻訛作漢注案朱趙同滱水自縣南流入峽謂之隘門設隘于峽以譏禁行旅歷南山高峰隱天深溪埒谷其水沿澗西轉逕御射臺南臺在北阜上臺南有御射石碑趙釋曰一清按北史魏文成帝本紀靈邱有山高四百丈乃詔羣臣仰射山峰無能踰者帝彎弧發矢出三十餘丈過山南二百二十步遂刊石勒銘和平二年事也南則秀嶂分霄層崖刺天積石之峻壁立直上車駕沿泝官本曰按近刻訛作沿革　案朱訛趙改刊誤曰箋曰沿革字未詳按是沿泝之譌每出是所遊藝焉官本曰按近刻脫是字　案朱趙無滱水西流又南轉東屈逕北海王詳之石碣南朱箋曰後魏書北海王名詳獻文皇帝之子也吳本改爲祥今正之御射碑石柱北而南流也官本曰按射碑近刻訛作所屆又流下有者字衍　案朱趙同

東南過廣昌縣南官本曰按近刻脫東字　案朱無箋曰宋本作東南過廣昌縣南一作又南趙增東字

滱水東逕嘉牙川趙釋曰太平寰宇記蔚州飛狐縣下引水經注云廣昌縣南有交牙城未詳所築以地名交牙川爲名一清按飛狐漢廣昌縣隋仁壽元年改今名交牙川卽嘉牙川交嘉聲之轉有一水朱趙有上有川字趙一改二刊誤曰準下匯川三合之文一當作二南來注之水出恆山北麓稚川三合官本曰按稚近刻訛作雖　案朱作雖趙改匯刊誤曰雖字誤全氏曰當作匯蓋與嘉牙川水合流也以是知上文一水當是二水之譌逕嘉牙亭東而北流注于滱水水之北山行卽廣昌縣界滱水又東逕倒馬關關山險隘最爲深峭官本曰按最近刻訛作是　案朱趙同勢均詩人高岡之病良馬傳險之困朱趙無困字趙釋曰一清按下有脫文全氏曰是困字行軒故關受其名焉關水出西南長溪下東北歷關注滱滱水南山上起御坐于松園建祗洹于東圃東北二面岫嶂高深趙刊誤曰箋曰古本云起御座於松園建祗洹東圃北二面岫鄣高深謝兆申云宋本無東字疑當作建祗洹園東北二面云云按本文無誤字朱氏乃引古本誤文以相證何也若如謝說文義豈可通乎霞峰隱日水望澄明淵無潛甲行李所逕鮮不徘徊忘返矣

又東南過中山上曲陽縣北恆水從西來注之

滱水自倒馬關南流與大嶺水合水出山西南大嶺下東北流出峽峽右山側官本曰按近刻訛作則案朱訛趙改刊誤曰則當作側有祗洹精廬飛陸陵山丹盤虹梁官本曰按此二語有舛誤　案趙盤虹乙作虹盤長津泛瀾縈帶其下東北流注于滱滱水又屈而東合兩嶺溪水水出恆山北阜趙釋曰一清按漢志常山郡上曲陽縣恆山北谷在西北有祠幷州山東北流歷兩嶺間北嶺雖層陵雲舉猶不若南巒峭秀自水南步遠峰石隥逶迤沿途九曲歷睇諸山咸爲劣矣抑亦羊腸邛崍之類者也朱趙崍作來朱箋曰㙔按華陽國志曰邛崍山本名邛笮其巖阻峻回曲九折乃至山上凝冰夏結冬則劇寒齊宋通和路出其間其水東北流注于滱水又東左合懸水水出山原岫盤谷輕湍濬下分石飛懸官本曰按此下近刻衍水字　案朱衍趙刪刊誤曰水字衍文一匹有餘直灌山際白波奮流自成潭渚其水東南流揚湍注于滱滱水又東流歷鴻山官本曰按近刻脫鴻字　案朱脫趙增刊誤曰寰宇記引此文作歷鴻山落鴻字世謂是處爲鴻頭疑卽晉書地道記所謂鴻上關者也趙釋曰初學記定州引水經注云定水東流歷山俗謂之戲頭卽晉書所謂鴻上關一清按是注無定水之目而戲頭之稱又與古志全乖存之以廣異說關尉治北平而畫塞于望都東北去北平不遠兼縣土所極也官本曰按極近刻訛作拯　案朱土訛上極訛拯趙改刊誤曰全氏云上當作土拯當作極滱水于是左納鴻上水水出西北近溪東南流注于滱水也

又東過唐縣南

滱水又東逕左人城南應劭曰左人城在唐縣西北四十里

官本曰按近刻左訛作中又脫在唐縣三字　案朱趙同縣有雹水官本曰按近刻脫此四字　案朱趙無
亦或謂之爲唐水也水出中山城之西如北趙刊誤曰箋曰謝云宋本無如
字按如往也言自西往北也城內有小山在城西側而銳上官本曰按而近刻訛作水
案朱訛趙改刊誤曰褱字記引此文作側而銳上今校正若委粟焉疑卽地道記所云
望都縣有委粟關也俗以山在邑中故亦謂之中山城以城
中有唐水官本曰按此二字近刻訛作山之目三字　案朱趙同因復謂之爲廣唐城
也中山記以爲中人城官本曰按中山記上近刻衍故字　案朱趙有又以爲鼓聚
殊爲乖謬矣言城中有山故曰中山也官本曰按近刻訛作中人山也　案朱作
中人山趙改中山城刊誤曰中人山誤當作中山城中山郡治京相璠曰今中山望都
東二十里有故中人城官本曰按東近刻訛作西下云但苦其不東正辯此言東之誤　案朱作
西趙西下增北字望都城東有一城名堯姑城官本曰按姑近刻作始　案朱訛趙改刊
誤曰路史餘論曰望都城東有堯故城俗呼爲堯姑城姑故音同始字誤也後同本無中人之傳官本
曰按近刻訛作中山之傳　案朱趙作中山璠或以爲中人所未詳也中山記所
言中人者城東去望都故城朱趙有一字十餘里二十里則減但
苦其不東觀夫異說官本曰按夫近刻訛作矣　案朱趙同刊誤曰箋曰謝云其不矣三字疑有脫
誤按無脫誤謝說非咸爲爽矣今此城于盧奴城北如西六十里城之
西北泉源所導西逕郞山北官本曰按郞近刻訛作桹　案朱作桹箋曰孫云當作狼趙改
郞　郞唐音讀近實兼唐水之傳官本曰按近刻作稱　案朱趙同西流歷左
人亭注滱水滱水朱趙不重二字又東左會一水水出中山城北郞
阜下官本曰按近刻訛作郞中阜下　案朱同趙改狼山阜下刊誤曰郞中當作郞山趙釋曰一淸按隋書地理志
唐有郞山郞此山蓋郞狼音同通用與古易水所出及徐水所注之郞山有別彼郞山在今易州西南四十里也隋書地
理志永樂縣有郞山郞此山亦謂之唐水也然于城非在西官本曰按在西近刻訛作

西在　案朱訛趙改刊誤曰箋曰在疑作北按西在二字當倒互箋說非俗又名之爲雹水官本曰按
近刻脫俗字　案朱趙無又兼二名焉西南流入滱竝所未詳蓋傳疑耳
滱水又東恆水從西來注之自下滱水兼納恆川之通稱焉
卽禹貢所謂恆衛既從也趙釋曰漢志常山郡上曲陽縣恆山禹貢恆水所出東入滱滱
水又東右苞馬溺水水出上曲陽城東北馬溺山官本曰按山近刻訛
作水　案朱趙同東北流逕伏亭晉書地道記曰望都縣有馬溺關
中山記曰八渡馬溺是山曲要害之地二關勢接官本曰按近刻訛作
一一關勢帶接　案朱趙同疑斯城卽是關尉宿治異目之來非所詳矣
馬溺水又東流注于滱滱水又東逕中人亭南春秋左傳昭
公十三年晉荀吳率師侵鮮虞及中人大獲而歸者也滱水
又東逕京邱北世謂之京陵官本曰按近刻脫陵字　案朱脫趙增刊誤曰京下落陵字陵
亦邱也南對漢中山頊王陵官本曰按近刻脫中山二字　案朱脫趙增刊誤曰頊王上落中山
二字滱水北對君子岸岸上有哀王子憲王陵坎下有泉源積
水亦曰泉上岸滱水又東逕白土北南卽靖王子康王陵三
墳竝列者是朱趙有矣字滱水又東逕樂羊城北史記稱魏文侯
使樂羊滅中山蓋其故城中山所造也故城得其名滱水又
東逕唐縣故城南此二城官本曰按此近刻訛作北二城謂左人城唐城也　案朱趙作北
俱在滱水之陽故曰滱水逕其南官本曰按近刻訛作東　案朱趙同城西又
有一水導源縣之西北平地官本曰按近刻訛作導源盧奴縣之西北是城西平城之地
案朱同趙仍上八字改下七字爲是城之西北平地刊誤曰於文是城之西北平地泉湧而出孫潛用柳僉鈔本校正
泉湧而出俗亦謂之爲唐水也東流至唐城西北隅堨而爲
湖俗謂之唐池蓮荷被水嬉遊多萃其上官本曰按嬉近刻訛作勝　案朱趙

同信爲勝處也官本曰按勝近刻訛作嬉　案朱趙同其水南入小溝下注滱水自上歷下通禪唐川之兼稱焉應劭地理風俗記曰唐縣西四十里得中人亭今于此城取中人鄉則四十也朱箋曰郡國志唐縣有中人亭注引博物記云唐關在中人西北百里中人在縣西四十里唐水在西北入滱與應符合又言堯山者在南則無山以擬之爲非也闞駰十三州志曰中山治盧奴官本曰按近刻脱中字　案朱脱趙增唐縣故城朱作域箋曰當作城趙改城在國北七十五里駰所說北則非也官本曰按北近刻訛作此　案朱訛趙改刊誤曰此全氏校改北史記曰帝嚳氏沒帝堯氏作始封于唐望都縣在南今此城南對盧奴故城自外無城以應之攷古知今朱作今知箋曰疑作知今趙改知今事義全違俗名望都故城則八十許里官本曰按此句之上當有脱文距中山城則七十里驗途推邑宜爲唐城城北去堯山五里官本曰按近刻脱堯字　案朱脱趙增刊誤曰山上落堯字與七十五里之說相符然則俗謂之都山官本曰按近刻訛作都香山　案朱訛趙改刊誤曰都山以堯母慶都得名香字衍文蓋不學人有閒於都梁之爲香而妄加之也卽是堯山在唐東北望都界趙釋曰一清按漢志注此是張晏說皇甫謐曰堯山一名豆山今山于城北如東官本曰按近刻訛作北而如東　案朱趙同嶄絕孤峙虎牙桀立官本曰按虎近刻訛作唐　案朱作唐箋曰唐牙當作虎牙趙改虎山南有堯廟是卽堯所登之山者也地理志曰堯山在南趙釋曰一清按漢志注此是應劭說今攷此城之南又無山以應之是故先後論者咸以地理記之說爲失官本曰按近刻脱記字此謂應劭地理風俗記　案朱脱趙增志字又卽俗說以唐城爲望都城者自北無城以擬之假復有之途程紆遠官本曰按近刻脱遠字　案朱脱箋曰疑脱一遠字趙增山河之狀全乖古證傳爲疎罔是城西北豆山西足有一

泉源東北流逕豆山下合蘇水亂流轉注東入滱是豈唐水乎所未詳也又于是城之南如東朱趙有一字十餘里有一城俗謂之高昌縣城或望都之故城也朱趙此下有故縣目曰望都六字官本移下縣在唐南官本曰按近刻此下有昌字衍　案朱同箋曰當作高昌南趙改高昌南皇甫謐曰相去五十里稽諸城地猶十五里蓋書誤耳此城之東有山孤峙世以山不連陵名之曰孤山孤都聲相近疑卽所謂都山也帝王世紀曰堯母慶都所居故縣目曰望都官本曰按此六字近刻訛在前或望都之故城也下　案朱趙見上張晏曰堯山在北堯母慶都山在南登堯山見都山故望都縣以爲名也唐亦中山城也爲武公之國周同姓趙釋曰全氏曰按中山隗姓司馬彪曰子姓然則非周同姓也周之衰也國有赤狄之難齊桓霸諸侯疆理邑土遣管仲攘戎狄築城以固之官本曰按此三十字原本及近刻竝訛在治水南盧奴縣之故城下地理志曰盧水出北平上文義不連貫今訂正移於此　案此三十字朱在後趙移此刊誤曰周同姓下當接下十三行周之衰也至十四行築城以固之三十字錯簡於此趙釋曰全氏曰按國語及管子齊桓築鄴五鹿中牟未聞築中山也蓋邢衛諸國有赤狄之難道元誤以中山爲中牟故以山戎爲赤狄皆誤也一清按寰宇記引輿地志云盧奴城北其臨滱水南面泒河杜預謂之管仲城蓋古記相傳如是也後桓公不恤國政周王問太史餘曰今之諸侯孰先亡乎對曰天生民而令有別所以異禽獸也今中山淫昏康樂逞欲無度其先亡矣後二年果滅魏文侯以封太子擊也漢高祖立中山郡景帝三年爲王國官本曰按近刻訛作侯國　案朱趙作侯趙釋曰一清按漢書景十三王傳中山靖王勝以景帝前三年封然則是王國也王莽之常山也魏皇始二年破中山立安州天興三年改曰定州治水南盧奴縣之故城昔耿伯昭朱箋曰耿弇字歸世祖于此處也滱水之右盧朱作[雨惠]箋曰謝云宋

本作盧下同趙改盧水注之水上承城内黑水池官本曰按此二十七字原本及近刻竝訛在今府樹猶傳故制下自漢及燕上今訂正移此　案朱故城下有周之衰也云云三十字無昔下二十七字趙移三十字於前二十七字於此刊誤曰三十字是錯簡當移在前六行周同姓下此處當移十六葉七行昔耿伯昭至九行盧水池二十七字錯簡於此又黑朱作雹趙改盧地理志曰盧水出北平疑爲疎闊闞駰應劭之徒咸亦言朱趙作謂是矣趙釋曰一清按漢志中山國北平縣下云又有盧水亦至高陽入河此中山國之北平縣非右北平郡也應仲瑗乃加右字注于盧奴縣之下則繆矣道元并孟堅而非之何耶中山之北平縣在今保定府完縣右北平郡治則今薊州之境也余按盧奴城内西北隅有水淵而不流南北朱趙有一字百步東西百餘步水色正黑俗名曰黑水池或云水黑曰盧官本曰按近刻訛作黑水ロ盧　案朱同箋曰ロ當作曰趙改水黑曰盧不流曰奴朱箋曰後漢書紀注引此注云水黑曰盧不流曰奴故此城藉水以取名矣官本曰按此城近刻訛作城北　案朱作城北趙改城地刊誤曰北當作地池水東北際水有漢

中山王故宫處官本曰按近刻脱中山二字　案朱脱趙增刊誤曰漢下脱中山二字初學記引此文校增臺殿觀榭皆上國之制簡王尊貴壯麗有加始築兩宫開四門穿北城朱趙作城北朱箋曰一作北城累石爲竇官本曰按近刻脱爲字　案朱趙無通池流于城中官本曰按近刻訛作通涿唐水流于城中　案朱趙同趙釋曰一清按涿字疑誤造魚池釣臺戲馬之觀歲久頹毁趙作廢遺基尚存今悉加土朱作上箋曰疑作土趙改土爲利刹靈圖官本曰按利刹近刻訛作刹利　案朱訛趙乙刊誤曰刹利二字當倒互孫潛校正池之四周居民朱趙作民居駢比塡褊穢陋官本曰按褊近刻訛作偏　案朱趙同而泉源不絶暨趙石建武七年遣北中郎將始築小城興起北榭立宫造殿後燕因其故宫建都中山小城之南更築隔城興復宫觀今府樹猶傳故制朱此下有昔耿昭伯云云二十七字趙移前刊誤曰故制下當接九行自漢及燕中間昔耿伯昭至盧水池二十七字錯簡當移在前十五葉十二行治水南盧奴縣之

故城下自漢及燕池水逕石竇官本曰按漢近刻訛作漠池水訛作涿滱水　案朱漢訛漠趙改刊誤曰漠全氏校改漢謂漢中山國及後燕也池朱趙竝作涿滱趙釋曰一清按涿字疑誤石竇既毁池道亦絶水潛流出城潭積微朱作徵箋曰一作微趙改微漲滑朱作滑箋曰滑字誤宋本作涓以其潛流故涓涓然細也趙改涓水東北注于滱滱水又東逕漢哀王陵北冢有二墳故世謂之兩女陵非也哀王是靖王之孫康王之子也趙釋曰一清按漢表靖王之子曰哀王哀王之子曰穅王師古曰穅音與康同穅惡謚也好樂怠荒曰穅今注父子倒易舛繆甚矣滱水又東右會長星溝溝出上曲陽縣西北長星渚官本曰按出近刻訛作在　案朱趙同渚水東流又合洛光水水出洛光溝官本曰按近刻訛作涓　案朱訛趙改刊誤曰涓當作溝名勝志引此文校改東入長星水亂流東逕恒山下廟北漢末喪亂山道不通此舊有下階神殿中世以來歲書法族馬晉魏改有東西二廟廟前有碑闕壇

場列柏馬官本曰按列柏近刻訛作相列　案朱趙同趙釋曰顧炎武北嶽辨云漢書云常山之祠于上曲陽應劭風俗通云廟在中山上曲陽後漢書章帝元和三年春二月戊辰幸中山遣使者祠北嶽于上曲陽郡國志中山國上曲陽故屬常山恒山在西北則其來舊矣水經注乃謂此爲恒山下廟漢末喪亂山道不通而祭之于此則不知班氏已先言之乃孝宣之詔太常非漢末也其水又東逕上曲陽縣故城北朱趙無又字本岳牧朝宿之邑也古者天子巡狩常以歲十一月至于北岳侯伯皆有湯沐邑以自齋潔周昭王南征不還巡狩禮廢邑郭仍存秦罷井田因以立縣城在山曲之陽官本曰按城近刻訛作縣　案朱趙作縣是曰曲陽有下故此爲上矣王莽之常山亭也又東南流胡泉水注之水首受胡泉官本曰按近刻脱水首二字　案朱脱趙增刊誤曰受上落水首二字逕上曲陽縣南又東逕平樂亭北左會長星川東南逕盧奴城南又東北川渠之左有張氏墓冢有漢上谷太守

議郎張平仲碑光和中立川渠又東北合滱水水有窮通不
常津注
又東過安憙縣南官本曰按近刻過訛作逕憙訛作喜　案朱訛趙改刊誤曰逕當作過孫校曰安憙今定州故城在定州東三十里
縣故安險也其地臨險有井塗之難漢武帝元朔五年封中
山靖王子劉應爲侯國王莽更名寍險漢章帝改曰安憙中
山記曰縣在唐水之曲官本曰按曲近刻訛作西　案朱趙作西山高岸險故曰
安險邑豐民安改曰安憙秦氏建元中唐水汎漲朱作長箋曰宋本作漲趙改漲
高岸崩頹城角之下有大積木交橫如梁柱焉後燕之
初此木尚在未知所從余考記稽疑蓋城地當初山水渀盪
漂淪巨栰阜積于斯沙息壤加漸以成地官本曰按近刻脫漸字成地訛作城池　案朱脫訛趙作重以成地刊誤曰箋曰謝云宋本作加以城地按謝改池爲地是也云加以城地則誤矣加字屬上讀以城上落重字當作沙息壤加重以城地板築既興沙息壤加者謂水漂沙去用成沃壤若連下讀則沙息壤三字如何成文
板築既興物固能久耳滱水又東逕鄉城北舊盧奴之
鄉也舊上朱有有字趙改古刊誤曰有當作古中山記曰盧奴有三鄉斯其一焉
後隸安憙城郭南有漢明帝時孝子王立碑官本曰按明帝時近刻訛作朝時　案朱訛趙改

又東過安國縣北

滱水歷縣東分爲二水一水枝分東南流逕解瀆亭南漢順
帝陽嘉元年封河閒孝王子淑于解瀆亭爲侯國孫宏卽靈
帝也又東南逕任邱城南又東南逕安郭一本作國亭南漢武帝
元朔五年封中山靖王子劉傳富爲侯國趙釋曰沈氏曰史表作安郭侯博此

從漢表索隱曰表在涿郡而善長以爲卽中山之安國地理志涿郡無安郭縣疑是鄉亭之名其水又東南
流入于滹沱朱作平池箋曰宋本作滹沱趙改呼池滱水又東北流逕解瀆亭
北而東北注朱趙有之矣二字

又東過博陵縣南趙釋曰一清按博陵爲桓帝更名又在王忠文所指順帝之後孫校曰博陵城在深州

滱水東北逕蠡吾縣故城南地理風俗記曰縣故饒陽之下
鄉者也自河閒分屬博陵漢安帝元初七年官本曰按元初近刻訛作永初　案朱趙同說見下封河閒王開子翼爲都
鄉侯順帝永建五年更爲
侯國也趙釋曰沈氏曰永初當作元初翼由縣侯貶非封也又東北逕博陵縣故城南官本曰按近刻脫東北二字　案朱趙無
卽古陸成官本曰按近刻訛作城　案朱趙同漢武帝元
朔二年封中山靖王子劉貞爲侯國者也趙釋曰全氏曰漢表作陸城在涿郡當從史表作陘城漢書田叔傳亦作陘城一清按地理志涿郡無陸城陸城中山國之屬縣也下云博陵史記蠡吾故縣蠡吾屬涿郡故表云涿也二縣川土相鄰矣
地理風俗記曰博陵縣史記蠡吾故
縣矣漢質帝本初元年繼孝沖爲帝趙釋曰何氏曰是桓帝繼質帝酈氏誤記追
尊父翼陵曰博陵因以爲縣又置郡焉漢末罷還安平晉太
始年復爲郡今謂是城爲野城滱水又東北逕侯世縣故城
南朱作故南城箋曰謝云疑作故城南趙改故城南釋曰全氏曰按侯世不知何時之縣寰宇記定遠軍東光縣有候井城引郡國縣道記云後漢省舊地理書並失其所在以理推之蓋在今弓高縣西北三十五里房將池側置縣謂之候井地理志河閒國之第二縣曰候井其卽侯世歟一清按非也侯世縣故城在蠡縣東北候井廢縣在東光縣西兩地懸殊豈可混而爲一乎又東北逕陵陽亭東又北左會博水水出望都縣
東南流逕其縣故城南王莽更名曰順調矣又東南潛入地
下博水又東南循瀆重源湧發官本曰按循近刻訛作於　案朱趙作於東南逕
三梁亭南疑卽古勺梁也竹書紀年曰燕人伐趙圍濁鹿趙

武靈王官本曰按近刻脫武字案朱脫趙增刊誤曰靈王上落武字及代人救濁鹿敗燕師于勺梁者也朱箋曰古本作敗燕師于勺燕而竹書但云敗燕師于勺吳琯改作勺梁是也今廣昌東嶺之東有山俗名之曰濁鹿邏官本曰按近刻訛作羅案朱趙作羅說見下城地不遠官本曰按城近刻訛作地案朱作地地趙改城地刊誤曰箋曰羅地地字有脫誤未詳按羅與邏通遮邏也濁鹿邏如魏書章武王融傳白牛邏之類又趙郡王幹傳云以騶邏無兵蓋戍守之別名也上地字當作城土勢相鄰以此推之或近是矣所未詳也**博水又東南逕穀梁亭南又東逕陽城縣散爲澤渚**渚水瀦漲朱作澤漲箋曰謝云宋本作渚水瀦張趙改瀦漲方廣數里官本曰按近刻脫廣字案朱脫趙增刊誤曰方下落廣字名勝志引此文校增匪直蒲筍是豐實亦偏饒菱藕至若孌婉丱童及弱年崽子官本曰按近刻作孌童丱角弱年女子角字女字皆後人所改方言江湘之閒凡言是子謂之崽廣韻山皆切呼彼之稱案朱作孌童丱角弱年女子箋曰一作崽子音宰趙角改女女改崽刊誤曰箋曰古本作孌童丱及當是丱少之譌吳改作丱角按孫潛校改丱友不如楊愼引此文作丱女爲善或單舟採菱或疊舸折芰官本曰按近刻訛作艾案朱作艾箋曰當作芰趙改芰長歌陽春愛深綠朱趙作淥水掇拾者不言疲謠詠者自流響官本曰按近刻脫此二字案朱脫箋曰自下疑脫相和二字趙依增于時行旅過矚亦有慰于羈望矣**世謂之爲陽城淀也陽城縣故城近在西北故陂得其名焉**郡國志曰蒲陰縣有陽城者也今城在縣東南三十里**其水又伏流循瀆屆清梁亭西北重源又發博水又東逕白堤亭南**官本曰按白近刻訛作自案朱訛趙改刊誤曰自名勝志引此文作白**又東逕廣望縣故城北**漢武帝元朔二年封中山靖王子劉忠爲侯國**又東合堀溝**朱作崛箋曰古本作堀趙改堀**溝上承清梁陂又北逕清涼城東**官本曰按涼近刻訛作源案朱趙作源趙釋曰一清按清源方輿紀要作清涼故城在今保定府東南五十里卽將梁也漢武帝元朔二年封中

山靖王子劉朝平爲侯國**其水東北入博水博水又東北左則濡水注之**官本曰按此南濡也今名祁水**水出蒲陰縣西昌安郭南**中山記曰郭東有舜氏甘泉有舜及二妃祠稽諸傳記官本曰按諸下近刻衍子字案朱衍趙刪無聞此處世代云遠朱趙云作又趙刊誤曰箋曰謝云宋本又作云疑作久按又字爲是異說之來于是乎在矣**其水自源東逕其縣故城南枉渚迴湍率多曲復亦謂之爲曲逆水也張晏曰濡水于城北**官本曰按濡近刻訛作湍案朱訛趙改刊誤曰湍水漢書地理志註作濡水下竝同**曲而西流是受此名故縣亦因水名而氏曲逆矣**春秋左傳哀公四年齊國夏伐晉取曲逆是也趙釋曰沈氏曰左傳是取逆時豈卽曲逆耶杜預曰晉地漢高帝擊韓王信自代過曲逆上其城望室宇甚多曰壯哉吾行天下惟洛陽與是耳詔以封陳平爲曲逆侯王莽更名順平**濡水又東與蘇水合水出縣西南近山東北流逕堯姑亭南**官本曰按姑近刻訛作始案朱訛趙改**又東逕其縣入濡濡水又東**官本曰按兩濡字近刻竝訛作湍案朱訛趙改**得蒲水口水出西北蒲陽山**趙釋曰漢志中山國曲逆縣蒲陽山蒲水所出**西南流積水成淵東西**朱趙有一字**百步南北百餘步深而不測蒲水又東南流**官本曰按蒲近刻作其案朱趙作其水側有古神祠世謂之爲百祠亦曰蒲上祠所未詳也**又南逕陽安亭東**官本曰按陽安近刻訛作安陽下同案朱訛趙改刊誤曰安陽當作陽安以郡國志校正漢書王子侯表有昜安侯平趙敬肅王子武帝元朔元年封卽此陽安也而世本俱誤作昜安非矣晉書地道記曰蒲陰縣有陽安關蓋陽安關都尉治**世俗名斯川爲陽安壙蒲水又東南歴壙逕陽安關下**名關皐爲唐頭坂官本曰按皐近刻作睪案朱同趙改**出關北流又東流逕夏屋故城**實中險絕竹書紀年曰魏殷臣

趙公孫裒伐燕還取夏屋城曲逆者也其城東側因阿仍墉築一城官本曰按阿近刻訛作河　案朱訛趙改刊誤曰河當作阿世謂之寡婦城賈復從光武追銅馬五幡于北平所作也世俗音轉故有是名矣趙釋曰厄林曰考地理志太原廣武縣有賈屋山注云即史記趙簡子登夏屋者按此則夏屋蓋讀作賈故夏屋轉為賈屋又變為賈復而賈復更譌為寡婦也考古證今此城蓋只夏屋城耳酈謂賈復築之亦穿鑿之甚一清按周說固精審然汝水注云桓水二源奇導于賈復城復南擊酈所築也俗語訛謬謂之寡婦城以寡婦為賈復是一佳證且賈屋山名賈復城名固未可合而為一也漢廣武縣在今山西代州西十五里有廣武故城而賈復城在今直隸保定府完縣西南至唐縣四十里方叔以幷州之山鎮當冀域之城地可謂不思之甚**其水又東南流逕蒲陰縣故城北地理志曰城在蒲水之陰**趙釋曰一清按漢志註此是張晏說漢章帝章和二年行巡北岳以曲逆名不善因山水之名改曰蒲陰焉**水右合魚水水出北平縣西南魚山山石若巨魚**官本曰按近刻訛作山石善巨馬　案朱訛趙改刊誤曰箋曰魚山以下疑有訛誤按寰宇記引此文云山石若巨魚水發其下今校正**水發其下故世俗以物色名川又東流注于蒲水又東入濡故地理志曰蒲水蘇水竝從縣東入濡水又東北逕樂城南又東入博水自下博水亦兼濡水通稱矣**春秋昭公七年齊與燕盟于濡上官本曰按近刻訛作會于濡水　案朱訛趙改上字刊誤曰水左傳作上**杜預曰濡水出高陽縣**朱趙陽作昜趙刊誤曰箋曰昜當作陽按昜古文陽字如此之類其義甚淺實為辭費趙釋曰漢志涿郡高陽縣應劭曰在高河之陽孔穎達春秋左傳正義曰今按高陽無此水也水源皆出于山其出平地者皆是山中平地燕趙之界無無泉出者未知杜言何所案據蓋孔氏不知此濡水之所出觀酈注自有泉源其後名曰祁水又謂之南濡也然杜註以為出高陽則非**東北至河間鄭**朱作鄭箋曰宋本作鄚縣趙改鄚**縣入易水是濡水與滹沱滱易互舉通稱矣**官本曰按此下近刻有地理志曰博水東至高陽入河十二字係重出衍文　案朱趙有**博水又東北徐水注之水西出廣昌**

縣東南大嶺下世謂之廣昌嶺嶺高四十餘里二十里中委折五迴方得趙作能達其上嶺趙作頂故嶺有五迴之名趙釋曰寰宇記滿城縣下引水經注云五迴山南七里有鬬雞臺傳云燕太子丹鬬雞于此今本無之下望層山盛若蟻蛭趙作垤刊誤曰箋曰宋本作咸若蟻蛭按博雅盛多也言層山之多如蟻封也盛字不誤實兼孤山之稱亦峻竦也官本曰按竦近刻訛作崠　案朱趙同趙刊誤曰箋曰謝云峻崠疑作峻嶸按廣韻嶸音盛山名在剡縣集韻音乘亭名在吳均與上峻字義不合類篇崠音凍山脊也峻崠山之最高處也謝說非**徐水三源奇發齊瀉一澗東流北轉逕東山下**水西有御射碑**徐水又北流西屈逕南崖下**官本曰按崖近刻訛作巖下同　案朱趙同水陰又有一碑**徐水又隨山南轉逕東崖下**水際又有一碑凡此三銘皆翼對層巒官本曰按近刻訛作巖　案朱訛趙改刊誤曰巖名勝志引此文作巒下云巖障深高故知巒字為是巖障深高壁立霞峙朱作跱箋曰宋本作峙趙改峙石文云皇帝以太延元年十二月車駕東巡逕五迴之險邃官本曰按近刻訛作途　案朱訛趙改刊誤曰途名勝志引此文作邃覽崇岸之竦峙乃停駕路側援弓而射之飛矢踰于巖山趙釋曰一清按此下有缺文寰宇記滿城縣五迴山引此碑云飛矢踰于巖山三百餘步後鎮軍將軍定州刺史樂良公乞文于射所立碑中山安喜賈聰書足補此注之逸刊石用讚元功夾碑竝有層臺二所即御射處也碑陰皆列樹碑官名**徐水東北屈逕郎山**官本曰按東北屈近刻訛作屈東北　案朱訛趙改刊誤曰屈字當移在東北之下孫校曰郎山在今保定府城西北五十里**又屈逕其山南**眾岑競舉官本曰按眾字近刻訛作岑山二字　案朱訛趙改刊誤曰名勝志引此文衍上岑字初學記引此文作眾崖競舉於文是眾岑競舉若豎鳥翅立石嶄巖亦如劍杪極地險之崇峭漢武之世戾太子以巫蠱出奔其子遠遁斯山故世有郎山之名山南有郎山君碑事具其文官本曰按近刻訛作山內有郎山碑事具文　案朱同箋曰一作事具下文趙依改刊誤曰內當作南郎

山下落君字趙釋曰全氏曰此是謬說漢燕刺王之墓曰戾陵或是刺王之子耳**徐水又逕郎山君**
中子觸鋒將軍廟南官本曰按中子近刻訛作子中廟訛作廣　案朱訛趙改刊誤曰下云是太白
君碑郎山君之元子也據此當作郎山君中子廣當作廟廟前有碑晉惠帝永康元年八
月十四日壬寅發詔錫君父子法祠其碑劉曜光初七年趙釋
曰全氏曰中山之碑何以有劉曜紀年不可曉也前頓邱太守郎宣官本曰按頓邱近刻訛作頴邱
案朱訛趙改刊誤曰晉書地理志云慶東郡立頓邱又云頓邱郡泰始二年置頴邱是頓邱之誤北平太守
陽平邑振等共修舊碑刻石樹頌焉**徐水又逕北平縣**孫校曰完
縣漢北平縣滿城漢北平地縣界有漢熹平四年幽冀二州以戊子詔書
官本曰按戊近刻訛作代　案朱訛趙改刊誤曰箋曰以代子語有訛脫按隸釋載此文是戊子蓋詔書以是日下也
遣冀州從事王球幽州從事張昭官本曰按近刻作眼　案朱趙同郡縣分
境立石標界具揭石文矣**徐水又東南流歷石門中**世俗謂
之龍門也其山上合下開開處高六丈飛水歷其間南出乘
崖趙刊誤曰箋曰乘當作垂按乘字不誤傾澗洩注朱趙澗作瀾洩作泄刊誤曰箋曰克家云泄疑作瀉
按泄散也亦作洩會稽五泄即瀑布也此水乘崖注下與泄溪同義無可疑者一字之工髣髴與山水之靈相默契也
七丈有餘濟盪之音奇為壯猛觸石成井水深不測素波自
激官本曰按自近刻訛作白　案朱趙作白濤襄四陸瞰之者驚神臨之者駭魄
矣東南出山逕其城中有故碑是太白君碑郎山君之元子
也其水又東流漢光武追銅馬五幡于北平破之于順水北
官本曰按近刻脫于字　案朱趙無乘勝追北為其所敗短兵相接光武自投
崖下遇突騎王豐于是授馬退保范陽官本曰按退近刻訛作進　案朱趙同趙
釋曰後漢書光武帝紀歸保范陽不得言進方輿紀要作退保范陽是矣此傳刻之誤順水蓋徐州之
別名也趙州改水刊誤曰州黃省曾本作水**徐水又東逕蒲城北**趙釋曰一清按蒲城今直

隸之滿城縣也蒲滿字本易淆保定府志及滿城縣志皆不能識其受氏之故或以為秦邑又以為張蒼封北平侯子孫
滿邑因名皆燕說也新唐書地理志太平寰宇記並云唐天寶元年始立是邑不知元魏時已有蒲城之號善長生于拓
跋朝其言非謬元和志云蒲城縣本漢北平縣地後魏于此置永樂縣天寶元年改為蒲城以縣北故蒲城為名夫曰故
蒲城則非自唐始矣蒲城之稱唯元和志及舊唐書同于酈注其他紀載莫不從滿城之訛千年大惑誰復祛之章懷後
漢書注云前書音義曰蒲陽山蒲水所出在今定州北平縣西又云北平縣屬中山國今易州永樂縣也又云東觀漢記
作蒲本多作滿字者誤也北史魏陳留王虔傳兄顗從平中山以功賜爵蒲城侯觀此益信予言之有徵矣又東
逕清苑城又東南與盧水合官本曰按盧原本及近刻並訛作沈下同今據漢書改正又近
刻脫合字　案朱同趙增合字刊誤曰於文當作又東南與沈水合水出蒲城西孫潛校增三字水出蒲城
西官本曰按近刻脫城字　案朱脫趙增水城字俗謂之泉頭水也地理志曰北平
縣有盧水官本曰按此下近刻有東入河三字係衍文　案朱趙盧作沈有三字即是水也趙釋
曰全氏曰按班志無沈水疑是脫文寰宇記沈水在清苑縣北**東逕其城又東南左入徐水**
地理志曰東至高陽入博官本曰按近刻訛作入河今漢書各本亦訛　案朱趙同趙釋曰一
清按漢志中山國北平縣徐水東至高陽入博又望都縣博水東至高陽入河蓋徐水合博水以入河也下文引班志仍
作入于博今不能也**徐水又東左合曹水水出西北朔寍縣曹河**
澤官本曰按合下近刻衍會字水出西北訛作出西北水　案朱衍訛趙刪改刊誤曰會字衍文東南流左
合岐山之水水出岐山東逕邢安城北又東南入曹河曹水
又東南逕北新城縣故城南官本曰按此下近刻有河南又逕北新城故城北十字係衍文
案朱同北下有此字趙作又逕北新城縣故城北刪河南此三字刊誤曰河南二字衍文北新城下落縣字此字是北
字重文之誤亦宜衍王莽之朔平縣也朱作寍趙改平刊誤曰朔寍漢書地理志作朔平今校正曹
水又東入于徐水徐水朱無徐字趙增刊誤曰水上落徐字**又東南逕故城北**
官本曰按近刻故上有一字　案朱趙有俗謂之祭隅城官本曰按隅近刻訛作過　案朱趙同所
未詳也趙釋曰一清按寰宇記引輿地志云樊輿城西南隅有聖女祠女姓辥字義姜鉅鹿人嫁為樊輿王文妻

死于此城之隅就而祭之俗名祭隅城然則是城卽樊輿縣
之故城也道元以祭隅爲祭過而云未詳得欒氏之書其義
始明也 徐水又東注博水 官本曰按注近刻作流入　案朱趙同 地理志曰徐水
出北平東至高陽入于博 趙刊誤曰箋曰博古本作河按此是班固原文在中山國北平縣葢
徐入博博入河朱氏乃欲以俗本改漢書耶 又東入滱地理志曰博水自望都東
至高陽入于滱是也 官本曰按近刻訛作入于河又脫是也二字今漢書各本亦訛　案朱趙同朱
箋曰孫云今曹河徐河唐河諸水竝合易水經雄縣達直沽入于海

又東北入于易

滱水又東北逕依城北世謂之依城河 地說無依城之名官本
曰按地近刻訛作他　案朱訛趙改刊誤曰他說當作地說 卽古葛城也郡國志曰高陽
有葛城燕以與趙者也 滱水又東北逕阿陵縣故城東 王莽
之阿陸也建武二年更封左 朱作岸箋曰岸宋本作左趙改左 將軍任光爲

侯國 滱水東北至長城注于易水者也 官本曰按此易水謂南易至文安與滹沱合者長城在今文安縣界

趙補 滹沱水

禹貢錐指曰禹主名山川曲陽以下之滱本名恆靈壽以下
之滹沱本名衞其出高是泰戲者則恆衞之別源自周禮以
虖池嘔夷爲幷州之川其名著而恆衞之名遂隱矣又曰或
問恆衞滱滹沱漢志明列爲四水子謂恆卽滱衞卽滹沱亦
有所據乎曰有之水經注云滱水東過上曲陽縣北恆水從
西來注之自下滱水兼納恆川之通稱卽禹貢所謂恆衞既
從也此非恆卽滱之明證耶水經無滹沱之目見濁漳易滱
巨馬諸篇中僅一二語故衞水無考然酈注凡二水合流言
自下互受通稱者不可枚舉則滹沱受衞之後亦得通稱衞
水可知也又曰滹沱大川也水經當自爲一篇頃閱寰宇記
鎭州眞定縣蒲澤下引水經注云滹沱河水東逕常山城北
又東南爲蒲澤濟水有梁焉俗謂之蒲澤口又滋水下引水
經云滋水又東至新市縣入滹沱河又深州饒陽縣枯白馬
渠下引水經云滹沱河又東有白馬渠出焉又瀛州河間縣
大浦淀下引水經注云大浦淀下導陂溝競奔咸注滹沱是
故人因決入之處謂之百道口此四條檢今本無之則似水
經元有滹沱水篇宋初尚存而其後散逸滹沱原委不可得
詳惜哉一清按滹沱水篇失亡猶幸有宋初原本見于載籍
得以尋其川脈第東樵所引寰宇記之文尚有未盡謹補綴

之如左忻州秀容縣下引注水經云滹沱南歷忻中口俯會
忻川水水出西管涔山東也程侯山下引注水經云忻川東
歷程侯北山山甚層銳其下舊有採金處俗謂之金山九域
志忻州古跡引水經注云程侯北山下有採金穴樂記處字
疑穴字之誤又定襄縣三會水下引水經云三會水出九原
縣西東入滹沱水逕定襄界又代州雁門縣句注下引水經
云雁門郡北對句注東陘其南九塞之一也晉咸寧元年句
注碑曰蓋北方之險有盧龍飛狐句注爲之首天下之阻所
以分別外內也漢高祖欲伐匈奴不從婁敬之說械繫于廣
武遂踰句注困于平城謂此處也漢志雁門郡下云句注在
陰館北太原郡廣武縣下云河主賈屋山在北河主是句注

之誤又龍泉下引注水經云龍泉出鴈門縣平地其大三輪泉源沸湧騰波奮發以巨石投之輒噴出亦云潛通燕京山之天池也方輿紀要鴈門下云龍躍泉水經注謂之雲龍泉相傳與靜樂縣之天池潛通較樂記所引多一雲字又五臺縣五臺山下引水經注云五臺山五巒巍然故謂之五臺山晉永嘉三年鴈門郡葰人縣五百餘家避亂入此山見山人爲之先驅因而不返遂甯巖野往還之士稀有望見其村居者至詣尋訪莫知所在故俗人謂此山爲仙者之都矣中臺之頂方三里近西北陬有一泉水不流謂之太華泉蓋五臺之層秀仙經云此山名紫府常有紫氣仙人居之內經以爲清涼山御覽引此注云其北臺之上冬夏常冰雪不可居文

殊師利常鎮毒龍之所今多佛寺四方僧徒善信之士多禮焉又聖人阜下引水經注云滹沱水東逕聖人阜阜下有泉泉側石上有二手跡其西復有二腳跡甚大莫窮所自在縣西四十八里又云仙人山在五臺縣東南五十里石嵒上有人坐跡山腹石上有手跡山下石上有雙腳跡皆西向立初學記引注水經曰代州專池水西注五臺專池即虖池之誤又思陽水東有獨山山上有嵒嵒上有坐跡山腹石上有兩手跡山下石上有兩腳跡俗名之曰仙人山也據此則樂記所稱仙人山亦是酈注原文而思陽水一語尤足補其闕逸魏書地形志肆州永安郡驢夷縣有思陽城蓋因水以得名故魏昌城下引水經云李克書曰魏文侯時克爲中山相苦陘之吏上計而入多其前克曰苦陘上無山原林麓之饒下無谿谷牛馬之息而入多其前是苦吾百姓遂執而免之漢光武時封大將軍杜茂爲苦陘侯漢章帝北巡改曰漢昌至魏文帝改漢昌爲魏昌城又鎮州行唐縣輪井水下引水經注云行唐城上西南隅有大井若輪水深不測王山祠下引水經云行唐城內北門東側祠後有神女廟廟前有碑其文云王山將軍故燕薊之神童後爲城神聖女者此土華族石神夫人之元女趙武靈王初營斯邑城彌載不立聖女發歎應與人俱遂妃神童潛刊貞石百堵皆興不日而就故此神後之靈應不泯焉莫州任邱縣狐狸淀下引水經注云鄚縣東南隅水有狐狸淀俗亦謂掘鯉淀非也滹沱水篇之殘簡

斷文見于寰宇記者如此爲之隨方辨證焉

趙補 泒水

一清按水經本有泒水篇今失亡矣寰宇記定州安喜縣泒水下引水經注云泒水歷天井澤南流所播爲澤俗名爲天井淀初學記引水經注云定州泒水北流逕大核山大核山疑是大泒山之訛大泒山在今阜平縣西北五里其東又有小泒山以泒河所經得名說文泒水出鴈門葰人戍夫山東北入海按山海經郭璞註曰今滹沱水出鴈門鹵城縣南武夫山戍夫武夫皆泰戲之一名顧祖禹曰蓋以滹沱爲卽泒水也此說非是蓋泒水與滹沱同出一山耳泒水源見說文尾見本注其中所歷之道僅有定州一語較之他篇脫失尤

甚

趙補滋水

一清按方輿紀要山西蔚州靈邱縣下云山海經云高是之山滋水出焉滋水在縣北水經注滋水逕枚迴嶺懸流五丈湍激之聲震動山谷元和志滋水出靈邱縣西南枚迴山懸河五丈湍激之聲響動山谷樵桄之士咸由此渡巨木淪湑久乃方出或落崖石無不粉碎也土地記云枚迴嶺與高是山連麓接勢李吉甫所引疑是酈注原文紀要又云石銘陘在縣西水經注滋水逕枚迴嶺東南過石銘陘有石銘其上云冀州北界石銘陘亦見滱水注滋水與滱水發源最近故其事兩隸而班固地理志許愼說文俱謂滋水出牛飲山白陘今漢書作陞字誤當從說文作陘谷在南行唐今行唐西去靈邱四百餘里水源安得便出於此名勝志行唐縣下引水經注云滋水至行唐縣鹿水出焉謂之木刀溝入滹沱河寰宇記眞定縣下引水經云滋水又東至新市縣入滹沱河又鎭州鼓城縣下云雷源中山記雷河溝水源出鼓城縣名勝志晉州下引水經注云滹沱水流入雷河溝水過舊曲陽北據此則衞水與滋水通波沿注隨地易稱矣今山西廣靈縣有滋水流爲壺流河亦名葫蘆河元和志寰宇記謂之瓠瓤河云上槽狹下槽闊有似瓠瓤故名亦謂嘔夷河葢與滱水道近也而其下流則北入于桑乾疑與出行唐之滋水有別然山海經本云高是之山滋水出焉而南流注于滹沱則當日滋水惟南入滹沱不北入桑乾不知何時分一支北流今酈注既亡無從可證又嵐州紇眞山夏恆積雪鳥雀死者一日千數寰宇記朔州鄯陽縣下引冀州圖云紇眞山在城東北三十里登之望桑乾代郡數百里內宛然夏恆積雪彼人語曰紇眞山頭凍殺雀何不飛去生處樂紇眞山卽紇干山虜語紇眞華言千里二語唐昭宗嘗稱之葢古謠諺也又祁州無極縣故安城下引水經云故安城卽魏之安鄉城魏志云明帝太和元年封外祖甄逸爲安鄉侯嫡孫象襲爵青龍二年追謚后兄儼爲安鄉侯卽此城也故新城下引水經云後魏太武帝南巡行宮築亦曰資城滋亦作資又作咨此城因滋水所經得名水經本有滋水篇今脫亡爾

水經注卷十一

水經注卷十二　長沙王氏校本

後魏酈道元撰

聖水　巨馬水

聖水出上谷朱箋曰孫云聖水今琉璃河趙釋曰一清案此條經文疑有脫誤方輿紀要房山縣西大房山古碑
云幽冀之奧室也山下有聖水泉西南有伏龍穴一名龍城峪
湯泉出焉又有孔水洞在山之東北懸崖千尺石竇如門深不
可測與酈氏注所云略皆彷彿房山縣本漢良鄉范陽二縣地
竝屬涿郡又兼得廣陽國之薊縣於上谷無與漢上谷郡治沮
陽縣其故城在今保安州東古涿鹿之地㶟水注云涿水枝分
入匈奴者爲涿涿耶水而是篇注云在上谷爲涿耶水應劭以爲
出上谷涿鹿縣是已下文注云聖
水南流歷縣西轉卽良鄉縣也

故燕地官本曰案近刻訛作也朱訛趙改刊誤曰也當作地　案秦始皇二十三年置上
谷郡王隱晉書地道志曰郡在谷之頭故因以上谷名焉王
莽更名朔調也官本曰案更近刻作改　案朱趙作改水出郡之西南聖水谷

東南流逕大防嶺之東首山下有石穴東北洞開高廣四五
丈入穴轉更崇深穴中有水耆舊傳言昔有沙門釋惠彌者
好精物隱嘗篝趙作爊火尋之傍水入穴三里有餘穴分爲二
一穴殊小朱無一字箋曰謝云宋本二下有一字趙增一字西北出不知趣詣一穴
西南出入穴經五六日方還官本曰案穴近刻訛作水　案朱趙作水又不測窮
深其水夏冷冬溫春秋有白魚出穴數日而返人有採捕食
者美珍常味蓋亦丙穴嘉魚之類也官本曰案類上近刻衍流字　案朱趙有是
水東北流入聖水聖水又東逕玉石山謂之玉石口山多珉
玉燕石故以玉石名之其水伏流里餘潛源東出又東頹波
瀉澗一丈有餘屈而南流也官本曰案近刻脫南字　案朱脫趙增刊誤曰而下落南字
東過良鄉縣南

聖水南流歷縣西轉又南逕良鄉縣故城西王莽之廣陽也
有防水注之水出縣西北大防山南而東南流逕羊頭阜下
俗謂之羊頭溪官本曰案謂近刻作爲　案朱同趙改刊誤曰爲當作謂其水又東南流
至縣東入聖水聖水又南與樂水合水出縣西北大防山南
官本曰案山南近刻訛作南山　案朱訛趙乙刊誤曰南山當倒互孫潛校改東南流歷縣西而東
南流注聖水聖水又東逕其縣故城南朱趙不重聖水二字又東逕聖
聚南官本曰案聖聚近刻訛作聚聖　案朱訛趙乙刊誤曰聚聖二字當倒互蓋藉水而懷稱也
又東與俠朱作挾箋曰宋本作俠趙改俠河合水出良鄉縣西甘泉原東谷
東逕西鄉縣故城北王莽之移風也世謂之都鄉城案地理
志涿郡有西鄉縣而無都鄉城蓋世傳之非也又東逕良鄉
城南又東北注聖水世謂之俠朱作扶箋曰扶宋本作挾趙改挾活河又名

之曰非理之溝也朱趙作非漯刊誤曰箋曰漯一作理案漯理音同傳寫之差漯水卽㶟水注云涿水
自涿鹿縣東注㶟水此云非漯之溝蓋未與㶟水合也
又東過陽鄉縣北官本曰案陽近刻作長蓋後人所改　案朱趙作長趙釋曰一清案晉志范陽國有長鄉
縣魏志作萇鄉全氏曰當是陽鄉細玩注文可見
聖水自涿縣東與桃水合水首受淶水于徐城東南良鄉西
分垣水官本曰案垣近刻訛作洹　案朱同箋曰洹當作垣下同趙改垣首上無水字世謂之南沙
溝官本曰案沙近刻訛作涉　案朱趙作涉卽桃水也官本曰案桃原本及近刻竝訛作杭考漢志涿縣下
云桃水首受淶水分卽此今改正　案朱訛趙改刊誤曰箋曰汝澄曰杭水疑作范水涿之爲范陽郡蓋亦取於此案非
也漢書地理志涿縣下云桃水首受淶水分東至安次入河又良鄉縣下云洹水南東至陽鄉入桃桃杭字近致譌東
逕迺縣北朱箋曰孫云迺古遒字又東逕涿縣故城下與涿水合世以
爲涿水官本曰案爲近刻訛作謂　案朱同趙改又亦謂之桃水趙刪又字出涿縣故

城西南趙增水字刊誤曰出上落水字奇溝東八里大坎下數泉同發東逕桃仁墟北或曰因水以名墟則是桃水也或曰終仁之故居非桃仁也官本曰案仁近刻訛作水　案朱訛趙改刊誤曰桃水是桃仁之誤詳本卷趙釋曰一清案桃仁乃高雲倖臣墟以人得名又傳是終仁之故居故云非桃仁也今本誤以桃仁爲桃水文義遂難通曉余案地理志桃水上承淶水此水所發不與志同謂終爲是又東北與樂堆泉合水出堆東東南流注于涿水涿水又東北逕涿縣故城西朱趙有流字注于桃應劭曰涿郡故燕漢高帝六年置其南有涿水郡蓋氏焉官本曰案近刻脫郡字　案朱趙無闞駰亦言是矣今于涿城南無水以應之所有惟西南有是水矣應劭又云涿水出上谷涿鹿縣余案涿水自涿鹿東注㶟水官本曰案㶟近刻訛作濕下同　案朱訛趙改㶟水東南逕廣陽郡與涿郡分水漢高祖六年分燕置涿郡涿之爲名當受涿水通稱矣故郡縣氏之但物理潛通所在分發故在匈奴爲涿耶水官本曰案匈奴近刻訛作山谷　案朱作山谷箋曰瑋案十三卷注云涿水枝分入匈奴者謂之涿耶水趙改上谷刊誤曰山谷當作上谷濕水經云又東過涿鹿縣北酈氏以涿水釋之漢志涿鹿縣屬上谷郡蓋在上谷郡爲涿水而經廣陽郡者卽是聖水名因地變也山川阻闊竝無沿注之理所在受名者皆是經隱顯相關遥情受用以此推之事或近矣而非所安也桃水又東逕涿縣故城北王莽更名垣翰趙釋曰一清案漢志莽改涿郡曰垣翰而涿縣下無說此當是垣翰亭落亭字漢志注亦闕此文晉大始元年改曰范陽郡今郡理涿縣故城城內東北角有晉康王碑城東有范陽王司馬虓廟碑官本曰案司馬近刻訛作司寇　案朱訛趙改刊誤曰晉書列傳范陽康王綏子虓司寇當作司馬黃省曾本校桃水又東北與垣水會水上承淶水于㫒鄉縣分桃水官本曰案承近刻訛作分　案朱趙同分訛作之

世謂之北沙溝官本曰案沙近刻訛作涉　案朱趙同故應劭曰垣水出㫒鄉東逕垣縣故城北史記音義曰河閒有武垣縣涿有垣縣漢景帝中三年封匈奴降王賜爲侯國趙刊誤曰箋曰賜古本作勝案史記漢書皆作賜趙釋曰一清案漢志垣縣屬河東郡武垣縣屬涿郡續志河閒國武垣故屬涿今注所引音義云云豈別有說乎又史表垣侯賜索隱曰縣名屬河東則非涿之武垣可知善長又誤武垣城在河閒府西南三十八里去涿甚遠水道亦無相通之處恐當涿郡又自有垣縣也一統志垣城在涿州北王莽之垣翰亭矣世謂之頃城非也又東逕頃趙釋曰一清案此下有脫文亦地名也故有頃上言趙釋曰一清案三字疑有誤世名之頃前河又東洛水注之水上承鳴澤渚渚方朱趙有一字十五里漢武帝元封四年行幸鳴澤者也服虔曰澤名在遒縣北界卽此澤矣西則獨樹水注之水出遒縣北山東入渚北有甘泉水注之水出㫒鄉西山朱趙無水字東南逕西鄉城西而南注鳴澤渚官本曰案近刻脫鳴字　案朱作澤渚水趙增鳴字刪水字刊誤曰當作鳴澤渚水字衍文渚水東出爲洛水官本曰案近刻脫渚水東出爲洛六字　案朱趙無又東逕西鄉城南又東逕垣縣而南入垣水垣水又東逕涿縣北東流注于桃故應劭曰垣水東入桃闞駰曰至陽鄉注之趙釋曰漢志涿郡㫒鄉縣垣水南東至陽鄉入桃一清案南東當作東南今案經脈而不能屆也桃水東逕陽鄉官本曰案逕近刻訛作入　案朱趙作入東注聖水趙釋曰漢志涿郡涿縣桃水受首淶水分東至安次入河一清案蓋由聖水以注於巨馬河也受首當作首受聖水又東廣陽水注之水出小廣陽西山東逕廣陽縣故城北又東福祿水注焉水出西山東南逕廣陽縣故城南東入廣陽水亂流東南至陽鄉縣右注聖水聖水又東南逕陽鄉城西不逕其北矣縣故涿之陽亭也地理風俗記曰涿縣東五十里有陽鄉亭

後分爲縣王莽時更名章武郎長鄉縣也案太康地記涿有長鄉而無陽鄉矣

聖水又東逕長興城南趙釋曰沈氏曰疑是長鄉又東逕方城縣故城北官本曰案近刻脱北字案朱趙無孫校曰方城今固安縣李牧伐燕取方城是也魏封劉放爲侯國

聖水又東左會白祀溝溝水出廣陽縣之婁城東東南流左合婁城水水出平地導源東南流官本曰案源近刻訛作泉案朱訛趙改刊誤曰泉當作原右注白祀水亂流東南逕常道城西故鄉亭也西去長鄉城四十里魏少帝璜甘露三年所封也趙釋曰一清案魏少帝璜以甘露三年封爲常道鄉公甘露是高貴鄉公紀年此句詞意甚晦

又東南入聖水聖水又東南逕韓城東詩韓奕章曰溥彼韓城燕師所完王錫韓侯其追其貊奄受北國鄭玄曰周封韓侯居韓城爲侯伯言爲獫夷所逼稍稍東遷也王肅曰今涿

郡方城縣有韓侯城世謂之寒號城官本曰案近刻脱之字城字案朱脱趙增刊誤曰謂下落之字寒號下落城字非也聖水又東南流右會清淀水水發西淀東流注聖水謂之劉公口也

又東過安次縣南東入于海孫校曰安次今順天東安

聖水又東逕勃海安次縣故城南漢靈帝官本曰案近刻訛作桓帝案朱趙作桓中平三年官本曰案近刻訛作二年案朱趙作二封荆州刺史王敏爲侯國趙釋曰一清案桓帝字誤後漢書靈帝紀中平三年江夏兵趙慈反殺南陽太守秦頡六月荆州刺史王敏討趙慈斬之葢以有功封也二年亦是三年之誤沈氏校本摘中平非桓帝紀年葢考之不盡

又東南流注于巨馬河而不達于海也

巨馬河出代郡廣昌縣淶山

即淶水也有二源俱發淶山東逕廣昌縣故城南王莽之廣屏矣官本曰案矣字近刻訛在下句國字下案朱同趙改刊誤曰矣字當移在廣屏之下名勝志校魏封樂進爲侯國

淶水又東北逕西射魚城東南而東北流又逕東射魚城南又屈逕其城東竹書紀年曰荀瑤伐中山取窮魚之邱窮射字相類疑即此城也所未詳矣

淶水又逕三女亭西又逕樓亭北左屬白澗溪水有二源合注一川川石皓然望同積雪故以物色受名其水又東北流謂之石槽水朱作曹趙改槽刊誤曰曹當作槽樂史云孟門山一名石槽河南有山鑿中如石槽此亦其類也伏流地下溢則通津委注官本曰案溢近刻訛作溺案朱作溺箋曰李云疑作溢趙改溢謂之白澗口

淶水又東北桑谷水注之水南發桑溪官本曰案近刻脱桑字案朱脱趙增刊誤曰溪上落桑字鮑邱水注云桑谷水注之葢沿出桑谿故也可證北注淶水淶水又北逕小鬻東又東逕大鬻南葢霍原隱居教授處也官本曰案近刻脱居字案朱

脱趙增刊誤曰下云徐廣云原隱居廣陽山此落居字徐廣云原隱居廣陽山教授數千人爲王浚所害官本曰案近刻訛作召案朱訛趙改刊誤曰召全氏校改害雖千古世懸猶表二鬻之稱既無碑頌竟不知定誰居也朱箋曰埠案晉書霍原字休明燕國廣陽人山居積年門徒百數元康年徵賢良不到後王浚稱制謀僭使人問之原不答時有謠曰天子在何許近在豆田中浚以豆爲藿收原斬之

淶水又東北歷紫石溪口朱箋曰謝云東北下一作又東流歷紫石溪口與紫水合水北出聖人城北大亘下東南流左會磊砢溪水官本曰案磊近刻訛作壘案朱作壘趙改壘刊誤曰壘吳琯本作壘壘砢亦作磊砢上林賦云水玉磊砢玉篇眾小石貌葢山崩委澗積石淪隍故溪澗受其名矣水出東北西南流注紫石溪水紫石溪水又逕聖人城東又東南右會檐趙作擔下同車水水出檐車硎官本曰案車近刻訛作石案朱訛趙改刊誤曰石黃省曾本作車東南流逕聖人城南官本曰案近刻作城東南案朱作東南城趙改刊誤曰箋曰謝云

宋本作逕聖人城東南案非也下文多一東字南城二字當倒互蓋紫石水出聖人城北又逕城東此檐車水流逕城南南流注於紫石水城之三面皆水之會也南流注紫石水又南注于淶水淶水又東南逕榆城南又屈逕其城東謂之榆城河淶水又南逕藏刀山下層巖壁立直上朱作長箋曰宋本作直上干霄趙改上干霄遠望崖側有若積刀鐶鐶相比咸悉西首淶水東逕徐城北故瀆出焉官本曰案近刻脫故瀆二字　案朱脫趙增沙溝二字刊誤曰出焉上落沙溝二字世謂之沙溝水又東督亢溝出焉朱箋曰宋本作又東合督亢溝一水東南流卽督亢溝也一水西南出卽淶水之故瀆矣官本曰案近刻脫水字　案朱作淶之趙改淶水無之字刊誤曰之當作水水盛則長津宏注水耗則通波潛伏重源顯于遒縣則舊川矣官本曰案近刻訛作舊則川矣　案朱趙同

東過遒縣北孫校曰遒縣今淶水屬保定府

淶水上承故瀆于縣北垂重源再發結爲長潭潭廣百許步長數百步左右翼帶涓流控引衆水官本曰案近刻脫衆字案朱脫衆字趙刪水字刊誤曰箋曰控引下落其字案非也水字衍文自成淵渚長川漫下十許里官本曰案近刻訛作十一許步　案朱同趙乙不改步字刊誤曰十一當倒互名勝志校東南流逕遒縣故城東官本曰案近刻脫遒字　案朱脫趙增刊誤曰縣上落遒字漢景帝中三年以封匈奴降王隆彊爲侯國趙釋曰一清案漢表作陸彊此從史表王莽更名遒屏也謂之巨馬河亦曰渠水也又東南流袁本初遣別將崔巨朱作臣箋曰魚豢典略作崔巨業趙改巨業攻固安不下退還公孫瓚追擊之于巨馬水死者六七千人卽此水也又東南逕范陽縣故城北易水注之趙釋曰寰宇記易州易縣加夷城下引水經云巨馬水流逕加夷山卽睽子於山中養無目父母之所也今本無之

又東南過容城縣北孫校曰容城今屬保定府在府東北九十里

巨馬水又東酈亭溝水注之水上承督亢溝水于遒縣東東南流歷紫淵東余六世祖樂浪府君自涿之先賢鄉爰宅其陰西帶巨川東翼茲水枝流津通纏絡墟圃匪直田漁之贍可懷信爲遊神之勝處也其水東南流又名之爲酈亭溝水又西南轉歷大利亭南入巨馬水又東逕容城縣故城北又東督亢溝水注之水上承淶水于淶谷引之則長津委注遏之則微川輟流水德含和變通在我東南流逕遒縣北又東逕涿縣酈亭樓桑里南卽劉備之舊里也又東逕督亢澤澤苞方城縣縣故屬廣陽後隸于涿郡國志曰縣有督亢亭孫暢之述畫有督亢地圖言燕太子丹使荊軻齎入秦秦王殺軻圖亦絕滅地理書上古聖賢冢地記曰督亢地在涿郡今故安縣南有督亢陌幽州南界也風俗通曰沆漭也言乎淫淫漭漭無崖際也沆澤之無水斥鹵之謂也其水自澤枝分東逕涿縣故城南又東逕漢侍中盧植墓南又東散爲澤渚督亢澤也北屈注于桃水朱趙注作滙趙刊誤曰箋曰滙宋本作注案滙本作匯尚書孔傳曰匯迴也不得改爲注督亢水又南謂之白溝水南逕廣陽亭西而南合枝溝官本曰案南合近刻訛作合南　案朱訛趙乙刊誤曰箋曰謝云宋本作而合南枝溝案合字當在南字下溝水西受巨馬河東出爲枝溝又東注白溝白溝又南入于巨馬河朱箋曰孫云白溝今在新城縣南巨馬河之下流也巨馬河又東南逕益昌縣孫校曰今永清護淀水右注之水上承護陂趙護改濩刊誤曰護當作濩于臨鄉縣故城西東南逕臨鄉城南官本曰案近刻脫城字案朱脫趙增說見下漢封

廣陽頃王子雲爲侯國官本曰案近刻脫頃字雲訛作須案朱脫訛趙增改刊誤曰漢書王子

侯表臨鄉頃侯雲廣陽頃王子元帝初元五年封臨鄉下落城字廣陽下落頃字須卽頃之譌當改作雲趙釋曰一清案

漢表雲以元帝初元五年封地理風俗記曰官本曰案近刻脫風俗二字案朱脫趙增刊誤曰地理

下落風俗二字黃省曾本校增方城南十里有臨鄉城故縣也官本曰案此下近刻有城

南十里四字係衍文案朱衍趙刪刊誤曰四字衍文**淀水又東南逕益昌縣故城西**

南入巨馬水巨馬水東逕益昌縣故城南漢封廣陽頃王子

嬰爲侯國趙釋曰一清案漢表嬰以元帝永光三年封王莽之有秩也地理風俗

記曰方城縣孫校曰今固安東八十里有益昌城故縣也**又東八丈**

溝水注之水出安次縣東北平地官本曰案此下近刻衍泉字案朱衍趙刪刊誤曰

泉字衍文孫校曰安次今東安**東南逕安次城東東南逕泉州縣故城西**官本

曰案泉近刻訛作東案朱訛趙改刊誤曰此是漢漁陽郡之泉州縣非勃海郡之東州縣也黃省曾本校改**又南**

右合滹沱河枯溝溝自安次西北東逕常道城東安次縣故

城西晉司空劉琨所守以拒石勒也**又東南至泉州縣西南**

孫校曰泉州今鄚縣及寶坻**東入八丈溝又南入巨馬河**官本曰案此二十字原本截上

十六字訛作經下四字仍屬注文近刻竝爲注朱箋曰原本以又東南至又南十六字作經文以入巨馬河亂流東注

也作注文謝耳伯云宋本又東南至注也二十五字接石勒也俱作注文**亂流東注也**

又東過勃海東平舒縣北東入于海孫校曰東平舒今大城

地理志曰淶水東南至容城入于河官本曰案近刻訛作海案朱訛趙刪海字以

下文河字屬此句讀刊誤曰漢書地理志作入河海字衍文**河卽濡水也**官本曰案此謂南濡**葢互**

朱作升箋曰升以宋本作互以趙改互**以明會矣巨馬水于平舒城北**官本曰案近刻

脫城字案朱脫趙增刊誤曰平舒下落城字**南入于滹沱而同歸于海也**

水經注卷十二

後魏酈道元撰

㶟水朱作濕水下同

㶟水出鴈門陰館縣官本曰按㶟原本及近刻竝訛作濕說文㶟水出鴈門陰館累頭山東入海力追切魏書作灅已訛舛若濕則不得讀力追切今從說文爲正　趙釋曰一清按㶟水俗本水經作濕水誤也資治通鑑晉愍帝紀建興元年代公又作新平城于灅水之陽胡身之注云班固地理志右北平俊靡縣灅水南至無終東入庚師古曰灅力水翻又音郎賄翻酈道元水經注庚水與鮑邱水合俊靡在東與平城相去甚遠新平城不在此灅水之陽也據魏書道武帝西如馬邑觀灅源則灅水蓋出于馬邑而東北流逕平城之南也酈道元魏人也其注水經敘代都之事宜詳初不言平城有灅水但言濕水逕平城南耳班志鴈門陰館縣樓煩鄉累頭山治水所出東至泉州入海師古曰累音力追翻治音弋之翻竊謂水出累頭山疑當時亦有累水之名師古音從平聲音相近也意道元所謂濕水卽灅水也丁度集韻漯㶟灅三字同注云水出鴈門則亦有見於此矣灅類篇音魯水翻蓋梅磵旣不知㶟水之非灅水又不識濕字之義宜其輾轉支離反覆而不可通也說文㶟水出鴈門陰館累頭山東入海或曰治水也從水纍聲力追切灅水出右北平俊靡東南入庚從水壘聲力軌切其言與漢志合此篇之水是㶟水非灅水也而丁度以爲㶟灅同出鴈門是爲悠謬也至于濕本濟濕之濕音他合翻說文作濕隸改曰爲田又省一糸作漯字而濕字反相沿作燥溼之溼矣漯水導源累頭山故集韻又同出漯㶟字也漯爲㶟之省文然已混于濟漯之漯矣宜別白之孫校曰卽山海經鴈門之水也星衍說**東北過代郡桑乾縣南**

㶟水出于累頭山朱箋曰累力追反**一曰治水泉發于山側沿波歷澗**朱波作坡趙改刊誤曰坡孫潛校改波**東北流出山逕陰館縣故城西縣故樓煩鄉也漢景帝後三年置**朱後下有元字趙刪刊誤曰元字衍文**王莽更名富臧矣**官本曰按今本漢書作富代趙釋曰一清按漢志作富代**魏皇興三年**官本曰按皇興近刻訛作天安案朱趙同說見下**齊平徙其民于縣立平齊郡**趙釋曰一清按天安是魏獻文帝年號只得一年明年秋八月卽改爲皇興不當云三年也方輿紀要云平齊城在大同府西二十里漢平城縣地宋志泰始五年魏人徙升城歷城民望于桑乾因立平齊郡以處之泰始五年正皇興之三年也然于天安之號又不符

矣顧氏所引又不見于沈約志事在魏書慕容白曜崔元伯劉休賓房崇吉諸傳隋書地理志郡尋廢故地形志無此郡也**㶟水又東北流左會桑乾水**孫校曰元和郡縣志朔州馬邑縣桑乾河在縣東三十里**縣西北上平**官本曰按原本作上下從近刻　案朱趙作上平**洪源七輪謂之桑乾泉卽溹涫水者也耆老云其水潛通**官本曰按近刻脫通字案朱無趙增在北字下說見下**承太原汾陽縣北燕京山之大池**趙大改天刊誤曰寰宇記代州鴈門縣下引水經注云潛通燕京山之天池北下落通字大池當作天池**池在山原之上世謂之天池方里餘**官本曰按此下近刻有其水二字　案朱趙同趙方下增八字釋曰元和志池週迴八里**澄渟鏡淨潭而不流**官本曰按近刻脫潭字　案朱脫箋曰墇按御覽引此作潭而不流趙增**若安定朝那之湫淵也清水流潭皎焉沖照池中嘗**趙作曾**無斥草及其風籜**官本曰按斥太平御覽引作片籜近刻訛作澤　案朱作斥作澤箋曰御覽引此作池中曾無片草及其風籜趙改片改籜**有淪輒有小鳥翠色投淵銜出若會稽之耘鳥也**官本曰按耘近刻訛作私　案朱作私箋曰當作耘鳥趙改耘**其水陽熯不耗**官本曰按熯近刻訛作焊　案朱趙作焊刊誤曰箋曰克家云焊當作旱按集韻焊火乾也義亦通**陰霖不濫無能測其淵深也古老相傳言嘗有人乘車于池側忽過大風**趙刊誤曰箋曰過當作遇按過字不誤**飄之于水有人獲其輪于桑乾泉故知二水潛流通注矣池東隔阜又有一石池方可五六十步**官本曰按原本作五六里從近刻**清深鏡潔不異大**朱箋曰宋本作天趙改天**池桑乾水自源東南流右會馬邑川水水出馬邑西川俗謂之磨川矣蓋狄語音訛**官本曰按音近刻訛作言　案朱訛趙改刊誤曰言當作音下云馬磨聲相近是也**馬磨聲相近故爾其水東逕馬邑縣故城南**干寶搜神記曰昔秦人築城于武州**塞內**官本曰按州近刻訛作周　案朱趙作周下同**以備胡城將成而崩者數矣**官本曰按近刻脫者字　案朱脫趙增刊誤曰崩下落者字劉昭郡國志補註校補**有馬馳走一地**官本曰按

近刻脫馳字　案朱脫趙增刊誤曰馬下落馳字劉昭郡國志補註校補周旋反覆父老異之因
依以築城城乃不崩遂名之爲馬邑官本曰按近刻脫之爲二字　案朱脫趙增刊
誤曰遂名下落之爲二字劉昭郡國志補註校補或以爲代之馬城也趙釋曰方輿紀要馬城在
大同府東北境漢縣屬代郡東部都尉治此東漢元初六年鮮卑寇馬城塞鄧遵擊破之魏明帝太和二年鮮卑軻比能
圍護烏桓校尉田豫于馬城卽此十三州志馬城在高柳東二百四十里諸記紛競未識所是漢
以斯邑封韓王信後爲匈奴所圍信遂降之王莽更名之曰
章昭其水東注桑乾水官本曰按注近刻訛作流　案朱作流箋曰李云流下當有注字趙依增
桑乾水又東南流水南有故城東北臨河又東南右合灅水
亂流枝水南分官本曰按水近刻訛作之　案朱訛趙改刊誤曰箋曰之當作津按當作水下云桑乾枝
水是也桑乾水又東左合武州塞水官本曰按州近刻訛作周　案朱趙作周趙刊誤曰
箋曰孫云地理志作武州按州周音同通用水出故城東南流出山逕日沒城南

蓋夕陽西頹戎車所薄之城故也官本曰按近刻訛作故城也　案朱作故城箋曰舊
本作城故趙依改東有日中城官本曰按東近刻訛作榮　案朱作榮箋曰當作東趙改城東又
有早起城亦曰食時城在黃瓜阜北曲中其水又東流右注
桑乾水桑乾水又東南逕黃瓜阜曲西又屈逕其堆南徐廣
曰猗盧廢嫡子曰利孫于黃瓜堆者也趙釋曰全氏曰道元身爲拓跋臣子其不
敢斥言六修之變明矣徐廣曰一條疑是後人所加又東右合枝津枝津上承桑乾河
東南流逕桑乾郡北官本曰按近刻脫乾字　案朱脫箋曰孫云當作桑乾郡趙增大魏因
水以立郡受厥稱焉又東北左合夏屋山水水南出夏屋山
之東溪西北流逕故城北所未詳也又西北入桑乾枝水桑
乾枝水又東流長津委漘官本曰按近刻脫長字　案朱脫趙增刊誤曰津上落長字通
結兩湖東湖西浦淵潭相接水至淸深晨鳧夕鴈泛濫其上

黛甲素鱗潛躍其下俯仰池潭意深魚鳥所寡惟良木耳俗
謂之南池池北對洼陶縣之故城官本曰按洼古汪字此下近刻衍南字　案朱趙有
故曰南池也南池水朱趙無南字又東北注桑乾水爲趙作與灅水
自下竝受通稱矣官本曰按近刻脫自下二字　案朱趙無灅水又東北逕石亭
西官本曰按石近刻訛作魏　案朱作魏趙增亘字刊誤曰魏亭上落亘字蓋皇魏天賜三年之
所經建也灅水又東北逕白狼堆南魏烈祖道武皇帝于是
遇白狼之瑞故斯阜納稱焉阜上有故宮廟樓榭基雉尙崇
每至鷹隼之秋羽獵之日肆閱淸野爲升眺之逸地矣灅水
又東流四十九里東逕亘魏亭北又東崞川水注之官本曰按近刻
脫水字　案朱脫趙增刊誤曰崞川下落水字水南出崞縣故城南官本曰按崞下近刻衍山字
案朱趙有趙釋曰一淸按兩漢志俱作崞縣地形志恒州繁畤郡領縣曰崞山則正道元時新制不得云故城也蓋其率

筆耳王莽之崞張也縣南面玄岳右背崞山處二山之中官本曰按
二近刻訛作三　案朱訛趙改刊誤曰三當作二二山謂玄岳及崞山也故以崞張爲名矣其水
又西出山謂之崞口北流逕繁畤縣故城東官本曰按近刻脫縣字　案朱
脫趙增刊誤曰繁畤下落縣字王莽之當要也又北逕亘魏亭東官本曰按近刻脫東
字　案朱趙無又北逕劇陽縣故城西王莽之善陽也趙刊誤曰箋曰孫云一作
鄗陽按漢志是善字不從阝作鄗按十三州志曰在陰館縣東北一百三里
其水又東注于灅水灅水又東逕班氏縣南如渾水注之水
出涼城旋鴻縣朱箋曰後魏地形志恆州梁城郡有祗鴻縣一本作䂬鴻縣趙釋曰一淸案魏書地形志
梁城郡䂬鴻縣註云一本作祗鴻與此異文疑是史誤西南五十餘里東流逕故城南
北俗謂之獨谷孤城水亦卽名焉東合旋鴻池水朱箋曰孫云後魏書
曰代都有旋鴻池水出旋鴻縣東山下水積成池官本曰按積近刻訛作卽　案朱訛

趙改刊誤曰卽當作積黃省曾本校北引魚水水出魚溪南流注池池水吐納川流以成巨沼東西二里南北四里北對涼川城之南池官本曰按涼川城近刻訛作涼州池　案朱訛趙改刊誤曰涼州池全氏校改涼川城池方五十里俗名乞伏袁池官本曰按近刻訛作河　案朱趙同雖隔越山阜鳥道不遠雲霞之間常有官本曰按此下有脫文　案朱趙同趙釋曰朱氏謀㙔箋云下脫少數字西南流逕旋鴻縣南右朱作又箋曰宋本作右趙改右合如渾水趙釋曰一淸按太平寰宇記雲中縣下引水經注曰雲中銜河水西南合桑乾河水今本無之名勝志引郡國志以爲如渾水也是總二水之名矣如渾水又東南流逕永固縣官本曰按永近刻訛作水　案朱訛趙改刊誤曰箋曰水固疑是永固之訛考魏書地形志竝無此縣名按地形志恒州代郡領永固縣縣以太和中因山堂之目以氏縣也右會羊水官本曰按近刻訛作年水　案朱作年箋曰孫云當作羊水趙改羊水出平城縣之西苑外武州塞北出東轉逕燕昌城南按燕書建興十年慕容垂自河西還官本曰按近刻垂訛作寶西訛作而　案朱同趙寶不改而改西刊誤曰而當作西軍敗于參合死者六萬人十一年垂衆北至參合見積骸如山設祭弔之禮朱作設策弔之箋曰十六國春秋云設祭弔之禮趙策改祭竝無禮字死者父兄皆號泣六軍哀慟官本曰按近刻脫六軍二字　案朱脫趙增刊誤曰哀慟上黃省曾本有六軍二字垂慙憤嘔血因而寢疾焉轝過平城北四十里疾篤築燕昌城而還卽此城也北俗謂之老公城官本曰按北上近刻衍故字城下有也字　案朱衍趙刪刊誤曰故字也字俱衍文羊水又東注于如渾水亂流逕方山南官本曰按近刻脫此二字　案朱趙無朱嶺上上屬趙嶺字上屬嶺上有文明太皇太后陵陵之東北有高祖陵二陵之南有永固堂堂之四周隅雉列榭階欄檻及扉戶梁壁椽瓦悉文石也檐前四柱採洛陽之八風谷黑石爲之雕鏤隱起以金銀間雲矩朱趙作雉有

若錦焉堂之內外四側結兩石趺官本曰按近刻訛作扶　案朱作扶箋曰疑作趺趙改趺張青石屏風官本曰按張近刻訛作帳　案朱作帳箋曰孫云疑作張趙改張以文石爲緣竝隱起忠孝之容題刻貞順之名廟前鐫石爲碑獸碑石至佳朱至佳作在冢箋曰宋本作碑石至佳趙改至佳左右列柏四周迷禽闇日院外西側有思遠靈圖圖之西有齋堂南門表二石闕闕下斬山累結御路下望靈泉宮池皎若圓鏡矣官本曰按此下近刻有羊水又東注五字係衍文　案朱趙有趙釋曰一淸按五字重文宜衍如渾水又南至靈泉池枝津東南注池池東西朱趙有一字百步南北二百步池渚舊名白楊泉泉上有白楊樹官本曰按有近刻訛作出　案朱趙作出因以名焉其猶長楊五柞之流稱矣南面舊京北背方嶺左右山原官本曰按近刻訛作源　案朱訛趙改刊誤曰源當作原亭觀繡峙方湖反景若三山之倒水下如渾水又南逕北宮下舊宮人作薄所在趙釋曰一淸按作薄江水篇注作作部沈約宋書亦作作部均沿習之非據漢書宣帝紀云爲娶暴室嗇夫許廣漢女應劭曰暴室宮人獄也今曰薄室師古曰暴室者掖庭主織作染練之署故謂之暴室取暴曬爲名或云薄室者薄亦暴也俗語亦云薄曬蓋暴室職務既多因置獄官主治其罪人故往往云暴室獄耳然本非獄名應說失之矣此云作薄與穀水篇注薄隸諸徒咸敬之文皆卽薄室之薄或又訛作簿字者誤也如渾水又南分爲二水一水西出南屈入北苑中歷諸池沼又南逕虎圈東魏太平眞君五年成之以牢虎也季秋之月聖上親朱作觀箋曰宋本作親趙改親御圈上勑虎士効力于其下事同奔戎生制猛獸朱箋曰㙔按穆天子傳云有虎在乎葭中七萃之士高奔戎請生捕虎必全之卽詩所謂袒裼暴虎獻于公所也故魏有捍虎圖也趙釋曰卮林曰後魏書曰王叡字洛誠晉陽人姿貌偉麗文明太后臨朝叡見幸爲侍中吏部尚書愛寵日隆太和二年高祖及太后率百僚臨虎圈有逸虎登門閣道幾至御坐侍御驚靡叡執戟禦之虎乃退親任轉重進爵中山王叡薨太后親臨哀慟葬

城東高祖登城樓望之立祠都南又詔褒獻圖其捍虎狀于
諸殿高允爲讚京師士女造新聲而弦歌之名曰中山樂善
長託喻奔戎蓋晦其事微露捍虎亦迂詞也又逕平城西郭內魏太常七年所城
也官本曰按城近刻訛作成案朱常作當城作成趙改刊誤曰箋曰當作平按黃省曾本作太常魏明元帝年號
也太武帝改元太平眞君道元不應遺下二字單稱太平朱氏誤矣城周西郭外有郊天壇壇
之東側有郊天碑建興四年立其水又南官本曰按近刻訛作水南又案朱
訛趙乙刊誤曰南又二字當倒互屈逕平城縣故城南史記曰高帝先至平
城史記音義曰在雁門卽此縣矣王莽之平順也魏天興二
年遷都于此太和十六年破安昌諸殿官本曰按安昌上近刻有太華二字案
朱趙有造太極殿東西堂及朝堂夾建象魏乾元朱作先箋曰當作元趙改
元中陽端門東西二掖門雲龍神虎中華諸門皆飾以觀閣
東堂東接太和殿殿之東階下有一碑太和中立石朱無石字箋曰
古本有一石字趙增是洛陽八風谷之緇石也官本曰按上石字近刻訛在之字下案朱之
下有石字箋曰古本無此石字緇下又箋曰此下石也殿之
東北至蓋天九百一十三字諸本錯入九卷淇水注中今據
宋本改正于此趙刪上石字餘同太和殿之東北官本曰按太和二字近刻因與淇水互舛遂脫入淇
水注內訛作太和泉源水案朱趙無接紫宮寺南對承賢門門南卽皇信堂
堂之四周圖古聖忠臣烈士之容刊題其側是辯章郎彭城
張僧達樂安蔣少遊筆官本曰按近刻訛作于案朱趙同趙釋曰一淸按下有脫文魏書藝術
傳蔣少遊樂安博昌人慕容白曜之平東陽見俘于平城充
平齊戶後配雲中爲兵性機巧頗能刻畫高祖文明太后常
因密宴謂百官曰本謂少遊作師耳高允老公乃言其人士
驟被引命屑屑禁闥以規矩刻繢爲務因此大蒙恩錫後于
平城將營太廟太極殿遣少遊乘傳詣洛準量魏晉基址少
遊有文藻而不得伸其才用恒以剞劂繩尺碎劇悤悤徙倚
園湖城殿之側識者爲之慨嘆而乃坦而爲已任
不告疲恥景明二年卒贈龍驤將軍靑州刺史堂南對白
臺臺甚高廣臺基四周列壁閣道自內而升官本曰按道近刻作路案朱

同趙改國之圖籙秘籍悉積其下臺西卽朱明閣直侍之官出
入所由也官本曰按近刻脫也字案朱脫趙增刊誤曰所由下吳琯本有也字其水夾御路
南流逕蓬臺西魏神瑞三年又建白樓官本曰按又下近刻衍毀字案朱衍趙
刪刊誤曰全氏云毀字衍文樓甚高竦加觀榭于其上表裏飾以石粉皜
曜建素赭白綺分朱箋曰宋本作粉故世謂之白樓也後置大鼓于
其上晨昏伐以千椎爲城里諸門啟閉之候謂之戒晨鼓也
又南逕皇舅寺西是太師昌黎王馮晉國所造官本曰按近刻訛作太師
黎昌憑晉國所造案朱同箋曰憑當作馮按後魏書馮熙字晉國文明太后兄也官定州刺史進爵昌黎王在諸州
鎭建佛圖精舍合七十二處孝文卽位爲侍中太師趙改同官本有五層浮圖其神圖像皆
合青石爲之加以金銀火齊衆綵之上煒煒有精光又南逕
永寍七級浮圖西官本曰按永近刻訛作水案朱作水箋曰當作永趙改永其制甚妙
官本曰按近刻脫其字案朱脫箋曰西宋本作其趙存西增其工在寡雙又南遠朱箋曰一作遶
趙改遶出郊郭弱柳蔭街絲楊被浦公私引裂用周園溉官本曰按
近刻作挽案朱趙同趙刊誤曰箋曰謝云宋本作園繞按沈名蓀曰園挽謂灌園者所汲挽也二字不誤長塘
曲池所在布濩故不可得而論也一水南逕白登山西服虔
曰白登臺名也去平城七里如湻曰平城旁之高城若丘陵
矣今平城東十七里有臺卽白登臺也臺南對岡朱趙作罡阜卽
白登山也故漢書稱上遂至平城上白登者也爲匈奴所圍
處孫暢之述畫曰漢高祖被圍七日陳平使能畫作美女送
與冒頓閼氏恐冒頓勝漢其寵必衰說冒頓解圍于此矣其
水又逕寍先宮東獻文帝之爲太上皇也朱趙有也字所居故宮矣
宮之東次下有兩石柱是石虎鄴城東門石橋柱也按柱勒

趙建武中造以其石作工妙徙之于此余爲尙書祠部與宜都王穆羆同拜北郊親所經見朱羆作罷經作逕箋曰罷當作羆逕當作經瑋按後魏書穆羆襲兄爵爲宜都王趙竝改柱側悉鏤雲矩朱趙作炬趙刊誤曰箋曰古本作悉鏤雲矩字誤當作雲烟按玉篇炬火炬雲炬形容雕鏤之巧光炫奪目也上作蟠螭甚有形勢信爲工巧去子丹碑則遠矣官本曰按則近刻訛作側朱訛趙改刊誤曰側當作則　案**其水又南逕平城縣故城東**司州代尹治皇都洛陽以爲恆州水左有大道壇廟始光二年少室道士寇謙之所議建也兼諸嶽廟碑亦多所署立其廟階三朱作五箋曰宋本作三成趙改三成四周欄檻上階之上以木爲圓基令互相枝梧官本曰按互近刻訛作干　案朱趙同以版砌朱作切箋曰朱本作砌趙改砌其上欄陛承阿上圓制如明堂而專室四戶室內有神坐坐右列玉磬皇輿親降受籙靈壇號曰天師孫校

曰天師出黃帝素問宣揚道式暫重當時壇之東北舊有靜輪宮魏神䴥四年造抑亦柏梁之流也朱箋曰漢書武帝元鼎二年春起柏梁臺服虔注云用百頭梁作臺因名焉臺榭高廣官本曰按近刻脫榭字　案朱脫趙增刊誤曰臺下落榭字名勝志校增超出雲間欲令上延霄客下絕囂浮太平眞君十一年又毀之物不停固白登亦繼褫矣水右有三層浮圖眞容鷲架悉結石也裝制麗質亦盡美善也東郭外太和中閹人宕昌公鉗耳慶時官本曰按慶近刻訛作處　案朱訛趙改刊誤曰魏書閹官傳王遇字慶時本名惡地馮翊李潤鎮羌也姓王氏後改氏鉗耳賜爵宕昌公處字誤立祇洹舍于東皐朱趙作睪椽瓦梁棟臺壁櫺陛尊容聖像及牀坐軒帳悉青石也圖制可觀所恨惟列壁合石疎而不密庭中有祇洹碑碑題大篆非佳耳然京邑帝里佛法豐盛神圖妙塔桀跱趙作峙相望法輪東轉茲爲上矣

其水自北苑南出歷京城內河干兩湄太和十年累石結岸夾塘之上雜樹交蔭郭南結兩石橋橫水爲梁**又南逕籍田及藥圃西明堂東**明堂上圓下方四周十二堂九室官本曰按近刻訛作十二戶九堂　案朱同趙仍戶改堂爲室刊誤曰明堂月令白虎通俱作九室堂字誤而不爲重隅也室外柱內綺井之下施機輪飾縹碧官本曰按近刻脫碧字　案朱脫趙增刊誤曰飾縹下落碧字名勝志校增仰象天狀畫北道之宿焉蓋天也官本曰按上洛陽八風谷之緇石也自石字起至此句天字止近刻訛在淇水注內右合泉源水下原本不誤又此句朱謀瑋云當作畫北辰列宿象蓋天也　案朱作畫北通之宿鳥趙改刊誤曰箋曰此處有訛誤當云畫北辰列宿象蓋天也按非也全氏云通當作道鳥當作焉每月隨斗所建之辰轉應天道此之異古也加靈臺于其上下則引水爲辟雍水側結石爲塘事準古制是太和中之所經建也**如渾水又南與武州川水會**官本曰按州近刻訛

作周下同　案朱趙作周下竝同**水出縣西南山下二源翼導俱發一山東北流合成一川北流逕武州縣故城西**王莽之桓州朱趙作周朱箋曰孫云武周桓周漢志皆作州也又東北右合黃水官本曰按近刻訛作黃山水　案朱同趙改刊誤曰山當作水以下水字下屬水西出黃阜下東北流官本曰按東近刻訛作重　案朱作重箋曰孫云疑作東趙改東聖山之水注焉水出西山東流注于黃水黃水**又東注武州川**官本曰按州近刻訛作周　案朱趙同**又東歷故亭北右合火山西溪水**水導源火山西北流山上有火井南北六七十步官本曰按近刻訛作六十七步　案朱訛趙乙刊誤曰十七二字當倒互廣減尺許源深不見底炎勢上升常若微雷發響以草爨之則烟騰火發東方朔神異傳云南方有火山焉長四十里廣四五里其中皆生不燼之木晝夜火然得朱作鼠箋曰古本作得雨猛風不滅考之神異經云得暴風不猛猛雨不滅吳本改

作鼠雨誤矣趙改暴雨猛風不滅火中有鼠重百斤毛長二尺餘細如絲色白時時出外朱作火箋曰神異經作時時出外趙改外以水逐而沃之則死取其毛績以爲布謂之火浣布是山亦其類也但卉物則不能然其山以火從地中出故亦名熒臺矣朱作榮箋曰榮當作熒郡國志云連渾府遥火山西有火井炎氣上升常若微電以草爨之烟騰火發故名熒臺趙改熒火井東五六尺又東有湯井廣輪與火井相狀熱勢又同官本曰按近刻訛作勢熱又同　案朱訛趙乙刊誤曰勢熱二字當倒互以草內之則不然皆沾濡露結故俗以湯井爲目井東有火井祠官本曰按火近刻訛作文　案朱作文箋曰謝云文井祠當作火井祠孫云三卷圁陽縣注中鴻門縣亦有火井祠趙改火以時祀祭焉井北百餘步有東西谷廣十許步南崖下有風穴官本曰按崖近刻訛作岸　案朱訛趙改刊誤曰岸名勝志引此文作崖厥大容人其深不測而穴中肅肅常有微風雖三伏盛暑猶須襲裘寒吹陵人朱趙陵作淩不可暫停而其山出雛烏形類雅烏純黑而姣好音與之同續采紺發觜若丹砂性馴良而易附卝童幼子捕而執之官本曰按此下近刻衍曰字　案朱趙有赤觜烏亦曰阿雛烏按小爾雅官本曰按近刻脫小字　案朱趙無純黑反哺謂之慈烏小而腹下白不反哺者謂之雅烏白脰而羣飛者官本曰按脰近刻訛作頭下同　案朱作頭趙改頸刊誤曰白頭當作白頸下同謂之燕烏大而白脰者謂之蒼烏爾雅曰鸒朱作鸞趙改鸒說見下斯卑居也孫炎曰官本曰按炎近刻訛作爻　案朱作爻箋曰當作炎趙改炎卑居楚烏犍爲舍人以爲壁居官本曰按近刻訛作壁屋　案朱同趙改壁居刊誤曰箋曰壁屋字誤當作卑居按今李巡註既無可考壁屋二字以廣異名否則爾雅原文既以鸒斯爲卑居孫炎又以卑居爲楚烏乃復云犍爲舍人以爲卑居辭重義複類于屋上架屋也葢卑之轉音爲壁屋義又與居近壁屋疑卽卑居之一名又鸒斯之鸒上從與不從𦥑鷽音渥爾雅釋鳥鷽山鵲是也今刻誤以鸒爲鷽朱氏亦失

箋說文謂之雅雅楚烏莊子曰雅賈矣馬融亦曰賈烏也官本曰按近刻也上有者字　案朱趙有刊誤曰箋曰宋本無者字按者字宜有又案端應圖有三足烏赤烏白烏之名而無記于此烏故書其異耳自恆山已北竝有此矣其水又東北流注武州朱趙作周下竝同川水武州川水又東南流水側有石祇洹舍竝諸窟室比邱尼所居也其水又東轉逕靈巖南鑿石開山因巖結構官本曰按巖近刻作崖　案朱趙作崖眞朱作其箋曰宋本作眞容趙改眞容巨壯世法所希官本曰按近刻訛作締　案朱作締趙改稀刊誤曰締通鑑注引此文作稀山堂水殿煙寺相望林淵錦鏡綴目新眺川水又東南流出山魏土地記曰平城西三十里武州塞口者也官本曰按城下近刻衍宮字州訛作周　案朱衍趙刪自山口枝渠東出入苑溉諸園池苑有朱作圃箋曰圃宋本作有趙改有洛陽殿殿北有宮館一水自枝渠南流東南出火山山水注之水發火山東溪東北流出山山有石炭火之熱同朱作間箋曰間宋本作同趙改同樵炭也又東注武州川逕平城縣南東流注如渾水官本曰按東字近刻訛在南字上　案朱趙同又南流逕班氏中板仿官本誤作平城縣故城東王莽之班副也趙釋曰一清按漢志分註引秦地圖書班氏莽曰班副闞駰十三州志曰班氏縣在郡西南百里北俗謂之去留城也如渾水又東南流注于㶟水㶟水又東逕平邑縣故城南官本曰按逕下近刻衍北字　案朱衍趙乙刊誤曰逕北二字當倒互趙獻侯十三年城平邑地理志朱趙有曰字屬代王莽所謂平胡也十三州志曰城在高柳南百八十里官本曰按近刻脫百字　案朱脫趙增刊誤曰通鑑注作百八十里落百字北俗謂之醜寅城㶟水又東逕沙陵南魏金田之地也事同曹武鄴中定矣官本曰按此語有脫誤裴松之注三國志引魏略云河北始開

以王脩爲司金中郎將續漢書百官志本注云曹公始置司金中郎將利權悉歸于上矣趙釋曰一清按鄴中定未詳三國志注引魏略曰河北始開以王脩爲司金中郎將陳黃白異議議不傳而魏武與脩書云初立司金之官又引遏父陶正桑宏羊爲喩續漢書百官志曰本注曰郡國鹽官鐵官本屬司農中興皆屬郡縣迨曹公始置司金中郎將利權悉歸于上矣魏書食貨志云世宗延昌二年秋恆州上言白登山有銀鑛八石得銀七兩錫三百餘斤其色潔白有踰上品詔置銀官常令採鑄元魏金田之制殆仿曹氏歸權于上之意乎金田卽銀鑛禹貢揚州貢金三品叔治黃白異議蓋舍銅而專言金銀也灅水又東逕狋氏縣故城北朱趙竝無又字趙釋曰一清按孟康曰狋音權氏音精王莽更名之曰狋聚也十三州志曰縣在高柳南百三十里俗謂之苦力干城矣官本曰按謂近刻訛作爲案朱同趙改刊誤曰爲當作謂灅水又東逕道人縣故城南地理志朱趙有曰字王莽之道仁也地理風俗記曰初築此城有仙人遊其地故因以爲城名矣今城北有淵潭而不流官本曰按近刻訛作注案朱趙作注故俗謂之爲平

湖也十三州志曰道人城在高柳東北八十里所未詳也灅水又東逕陽原縣故城南地理志朱趙有曰字代郡之屬縣也北俗謂之比郁州城官本曰按比近刻作北案朱趙作北灅水又東安陽水注之官本曰按近刻脫安字上衍流又東三字案朱同趙存流刪又東增安字刊誤曰箋曰宋本無流又東三字按流字宜存又東二字重文宜衍陽水上落安字水出縣東北潭中官本曰按潭近刻訛作澤案朱趙作澤北俗謂之太拔迴水朱趙重水字自潭東南流注于灅水官本曰按潭近刻訛作源案朱作源趙改澤刊誤曰源當作澤上云水出縣東北澤中是也孫潛校改又東逕東安陽縣故城北趙惠文王三年主父封長子章爲代安陽君官本曰按近刻脫主父二字案朱趙無此卽章封邑趙釋曰一清按史記章是武靈王子鄗氏誤記也王莽之竟安也官本曰按竟近刻訛作競案朱訛趙改刊誤曰漢書地理志作竟安地理風俗記曰五原有西安陽故此加東也灅水又東逕昌平縣朱趙無又

字溫水注之水出南墳下三源俱導合而南流東北注朱趙作逕趙釋曰一清按下有脫文灅水灅水又東逕昌平縣故城北王莽之長昌也昔耆招爲魏鮮卑校尉屯此趙釋曰按一統志昌平故城在蔚州北魏太和中置漢昌平縣屬上谷郡今順天府昌平州界是也今蔚州乃漢代郡地漢時桑乾爲代郡治不應上谷之縣反在其西昌平縣是後魏所僑置水經注以爲卽耆招所屯非是地形志平昌郡領昌平縣天平中置而失太和所置郡縣事也灅水又東北逕桑乾縣故城西又屈逕其城北王莽更名之曰安德也魏土地記曰代城北九十里有桑乾城城西渡桑乾水去城十里有溫湯療疾有驗經言出南非也蓋誤證矣魏任城王彰以建安二十三年伐烏丸入涿郡逐北遂至桑乾官本曰按近刻訛作遂北逐至桑乾案朱同箋曰宋本作逐北遂至趙依宋本改正于此也官本曰按正近刻訛作止案朱趙作止灅水又東流朱作水入東流趙改同官本刊誤曰箋曰入宋本作又按水上落灅字

祁夷水注之朱箋曰周禮嘔夷之川鄭注云嘔夷卽祁夷而酈注滱水云卽嘔夷水出平舒縣東逕平舒縣之故城南澤中史記趙孝成王十九年以汾門予燕易平舒徐廣曰平舒在代趙釋曰史記趙世家孝成王十九年趙與燕易土以龍兌汾門臨樂與燕燕以葛武陽平舒與趙正義曰括地志云故葛城又名西河城在瀛州高陽縣西北五十里平舒故城在蔚州靈邱縣北九十三里夫既知葛城在高陽則武陽平舒必相去不遠先是惠文王二十一年徙漳水武平西二十七年徙漳水武平南正義曰括地志云武平亭今名渭城在淸州文安縣北七十二里是時趙境東逼故燕以三邑予之易土葛城廢縣今安州治武陽地闕平舒今大城縣也漢曰東平舒屬勃海郡師古曰代郡有平舒故此加東是也徐廣既誤證括地志又因之均爲非矣王莽更名之曰平葆後漢世祖建武七年封揚武將軍馬成爲侯國官本曰按揚近刻訛作陽案朱訛趙改刊誤曰陽後漢書馬成傳作揚其水控引衆泉以成一川魏土地記曰代城西九十里有平舒城朱箋曰舊本作有城平舒西南五里代水所出東北流言代水非也

孫校曰然則又兼代水之名祁夷水又東北逕蘭亭南又東北逕石門關
北舊道出中山故關也又東北流水側有故池按魏土地記
曰代城西南三十里有代王魚池池西北有代王臺東去代
城四十里祁夷水又東北得飛狐谷卽廣野君所謂杜飛狐
之口也蘇林據酈公之說言在上黨卽實非也如淳言在代
是矣晉建興中劉琨自代出飛狐口奔于安次卽于此道也
魏土地記曰代城南四十里有飛狐關關朱作二門字箋曰二門字宋本俱作
關趙改二關字水西北流逕南舍亭西又逕句瑣朱趙作璅亭西西北注
祁夷水祁夷水又東北流逕代城西盧植言初築此城板榦
一夜自移于此故代西南五十里大澤中營城自護結葦爲
九門于是就以爲治城圓帀而不方周四十七里開九門更

名其故城曰東城趙滅代官本曰案此下有脫文趙釋曰一清按此下有缺文漢封
孝文爲代王趙釋曰一清按前漢代郡治桑乾後漢移治高柳漢志代郡下應劭曰故代國孝文所都非也
文帝初封代王都晉陽徙中都未嘗居代梅福上事曰代谷者恆山在其南北塞
在其北谷中之地上谷在東代郡在西是其地也王莽更之
曰厭狄亭魏土地記曰城內有二泉一泉流出城西門官本曰按
泉近刻訛作源下同　案朱趙作源一泉流出城北門二泉皆北注代水趙釋曰一
清按代城今蔚州治也東城今蔚州東二十里之代王城也城內有泉二東西分流與道元說合是此文當在東城之下
恐後來傳寫倒錯耳祁夷水又東北熱水注之水出綾羅澤澤際有熱
水亭其水東北流注祁夷水祁夷水朱趙無此三字又東北谷水注
之水出昌平縣故城南官本曰按近刻脫水字　案朱脫趙增刊誤曰出上落水字又東
北入祁夷水祁夷水右會逆水朱無二水字趙增刊誤曰兩祁夷下俱落水字水導

源將城東西北流逕將城北在代城東北朱趙有一字十五里疑
卽東代矣而尙傳將城之名盧植曰此城方就而板榦自移
趙釋曰劉昭郡國志補註引干寶搜神記曰代城始築立板
榦一旦亡西南移四五十里於澤中自立結葦爲外門因就
營築焉故其城周圍三十五丈爲九門故城處呼之以爲東
城一清按魏書李元護傳叔恤爲東代郡太守蓋太和遷洛
以後以平城爲代郡故以漢代郡之代縣爲東代地形志代
郡泰置孝昌中陷天平二年置領平城太平武周永固四縣
而無東代郡且後魏時代郡又屬肆州本紀太和十一年肆
州之代郡民饑靈徵志神䴥二年白鹿見代郡倒剌山皆故
代縣地而志又缺
則知所遺多矣應劭曰城徙西南去故代五十里故名代
曰東城或傳書倒錯情用疑焉而無以辨之逆水又西注于
祁夷之水趙西下增流字刊誤曰又西下落流字下云逆之爲名以西流故也可證逆之爲名以
西流故也祁夷水東北逕青牛淵水自淵東注之耆彥云官本
曰按彥近刻訛作諺　案朱訛趙改刊誤曰諺當作彥有潛龍出于茲浦形類青牛焉

故淵潭受名矣潭深不測而水周多蓮藕生焉祁夷水又北
逕一故城西西去代城五十里又疑是代之東城而非所詳
也又逕昌平郡東魏太和中置西南去故城六十里又北連
水趙釋曰一清按黃氏本作蓮水非入馬水出雊瞀趙釋曰一清按孟康曰音句無師古曰雊音工
頭反瞀音莫豆反縣東西北流逕雊瞀縣故城南又西逕廣昌城南
趙釋曰寰宇記蔚州飛狐縣下引水經云廣昌縣有古板殿
城今本無之一清按北史魏紀明元帝永興四年八月壬子
幸西宮臨板殿大饗羣臣卽是處也魏土地記曰代南二百里有廣昌城南通
大嶺卽實朱趙作此非也十三州記曰平舒城東九十里有廣平
城疑是城也尋其名狀忖理爲非又西逕王莽城南又西到
剌山水注之水出到剌山西山甚層峻未有升其巔者官本曰按
巔近刻訛作嶺　案朱訛趙改刊誤曰嶺當作巔魏土地記曰代城東五十里有到

刺山山上有佳大黃也趙釋曰一清按寰宇記云出椒大黃其水北流逕一故亭東城北有石人故世謂之石人城西北注連水連水又北朱趙不重連水二字逕當城縣故城西高祖十二年周勃定代斬陳豨于當城即此處也應劭曰孫校曰師古引作闞駰說當桓都山作城故曰當城也又逕故代東而西北流注祁夷水祁夷水西有隨山山上有神廟謂之女郎祠方俗所祠也祁夷水又北逕桑乾故城東而北流注于㶟水地理志曰祁夷水出平舒縣北至桑乾入㶟是也趙釋曰全氏曰按鄭康成注職方誤以嘔夷爲祁夷而顏師古從之不知班志已自了然蓋嘔夷滱水也故于滱河之下大書曰并州川則其爲嘔夷水無疑矣入㶟今本漢書作入沽蓋誤字也當作入治㶟水又東北逕石山水口水出南山北流逕空侯城東魏土地記曰代城東北九十里有空侯城者也官本曰按近刻脫者字案朱脫趙增刊

誤曰空侯城下黃省曾本有者字無也字彼此各缺一字可互證也其水又東北流注㶟水㶟水又東逕潘縣故城北官本曰按近刻訛作逕潘城縣北案朱訛趙改刊誤曰兩漢志俱作潘縣此當云潘縣故城東合協陽關水水出協溪魏土地記曰下洛城西南九十里有協陽關關道西通代郡其水東北流歷笄頭山闞駰曰笄頭山在潘城南即是山也又北逕潘縣故城左會潘泉故瀆瀆舊上承潘泉于潘城中或云趙作曰舜所都也魏土地記曰下洛城西南四十里有潘城城西北三里有歷山山上有虞舜廟十三州記曰廣平城東北朱趙有一字百一十里有潘縣地理志曰王莽更名樹武其泉從廣十數步東出城注協陽關水雨盛則通注陽旱則不流惟洴泉而已關水又東北流注于㶟水㶟水朱趙不重㶟水字又東逕雍洛城南魏土地

記曰下洛城西南二十里官本曰按西南近刻訛作西西案朱作西西趙改西南刊誤曰箋曰當作西西按當作西南有雍洛城桑乾水在城南東流者也㶟水又東逕下洛趙釋曰一清按漢志作下落縣故城南王莽之下忠也魏燕州廣甯縣廣甯郡治趙釋曰一清按地形志無此文蓋孝昌後已廢省矣魏書穆羆傳太和十六年除燕州刺史鎮廣甯即此魏土地記曰去平城五十里城南二百步有堯廟㶟水又東逕高邑亭北官本曰按近刻脫此七字案朱脫趙增刊誤曰㶟水下落又東逕高邑亭北七字黃省曾本校補又東逕三臺北㶟水又東逕無鄉城北地理風俗記曰燕語呼毛爲無官本曰按毛近刻訛作亡案朱趙同趙釋曰一清按亡與無同詩何有何亡可證也佩觿集河朔謂無曰毛後漢書馮衍傳飢者毛食章懷註云按衍集毛字作無今俗語猶然者或古亦通乎無鄉似舊俗呼爲毛鄉酈故引地理風俗記之文以釋之不然亡無音義竝同何須說得其城在今直隸保安州南今改宥鄉也趙釋曰一清按地形志東燕州太和中分恆州東部置孝昌中陷天平中領流民置寄治幽州宜都城即

宜鄉也㶟水又東官本曰按此下近刻衍逕字案朱衍趙刪刊誤曰逕字衍文溫泉水注之水上承溫泉于橋山下魏土地記曰下洛城東南四十里有橋山山下有溫泉官本曰按近刻脫一山字案朱脫趙增刊誤曰下字上落山字泉上有祭堂雕簷華宇被于浦上石池吐泉湯湯其下炎涼代序是水灼焉無改能治百疾是使赴者若流朱作越趙改赴刊誤曰越當作赴池水北流入于㶟水㶟水又東左得于延水口水出塞外柔玄鎮西長川城南小山官本曰按柔近刻訛作子案朱訛趙改刊誤曰子當作柔柔玄鎮乃魏六鎮之一胡三省通鑑註曰柔玄鎮城在漢且如縣西北塞外魏太和十八年如柔玄鎮即此方輿紀要云孝昌初柔玄鎮民杜洛周反于上谷圍燕州鎮蓋與上谷接境在今大同府大同縣界山海經曰梁渠之山無草木多金玉脩水出焉東南流逕且如縣故城南應劭曰當城西北四十里有且如城故縣也代稱不拘名號變改校其城

郭趙城改程刊誤曰城黃省曾本作程相去遠矣地理志曰中部都尉治于延水出縣北塞外郎脩水也脩水又東南逕馬城縣故城北地理志曰東部都尉治十三州志曰馬城在高柳東二百四十里俗謂是水爲河頭趙河作阿下同河頭出戎方土俗變名耳又東逕零丁城南右合延鄉水水出縣西山東逕延陵縣故城北地理風俗記曰當城西北有延陵鄉故縣也俗指爲琦城官本曰案近刻訛作俗指謂之琦城川案朱趙同又東逕羅亭又東逕馬城南官本曰按近刻訛作北案朱趙作北又東注脩水又東南于大甯郡北右注鴈門水趙刊誤曰箋曰于宋本作流按于字不誤山海經曰鴈門之水出于鴈門之山鴈出其門官本曰按近刻訛作間案朱訛趙改刊誤曰劉昭郡國志補註引山海經曰鴈門者鴈飛出于其門謂字誤也在高柳北高柳在代中其山重巒疊巘霞舉雲高連山隱隱東出遼塞其水東南流逕高柳縣故城北舊代郡治秦始皇二十三年虜趙王遷以國爲郡朱以國作國以箋曰當作以國爲郡趙改王莽之所謂厭狄也趙釋曰一清按此是前漢西部都尉治後漢代郡治此建武十九年世祖封代相堪爲侯國昔牽招斬韓忠于此處趙釋曰一清按厄林曰魏志牽招傳韓忠之頭非斷子經之手注誤也又傳稱遣詣柳城地理志高柳屬代郡柳城屬遼西相去遠矣善長又誤城在平城東南六七十里趙作六十七里于代爲西北也鴈門水又東南流屈逕一故城背山面澤北俗謂之叱險城鴈門水又東南流屈而東北積而爲潭其陂斜長而不方東北可二十餘里廣朱趙有一字十五里蒹葭藂朱作蘭箋曰一作叢趙改生焉敦水注之其水導源西北少咸山之南麓官本曰按近刻其訛作導山字訛在之字下案朱同箋曰導當作其趙改其仍之山二字東流逕參合縣故城南地理風俗記曰道

人城北五十里有參合鄉故縣也敦水又東官本曰按近刻訛作東又案朱訛趙乙刊誤曰東又二字當倒互㶟水注之水出東阜下朱無下水字趙增刊誤曰出上落水字西北流逕故城北俗謂之和堆城又北合敦水亂流東北注鴈門水故山海經曰少咸之山敦水出焉東流注于鴈門之水郭景純曰水出鴈門山謂斯水也鴈門水又東北入陽門山謂之陽門水與神泉水合官本曰按近刻脫此二字案朱脫趙增刊誤曰神泉下落水合二字水出葦壁北水有靈馬及其密雲不雨陽趙作暘旱愆期多禱請趙作請禱焉水有二流世謂之比連泉一水東北逕一故城東世謂之石虎城而東北流注陽門水又東逕三會亭北又東逕西伺道城北又東託台谷水注之水上承神泉于葦壁北東逕陽門山南託台谷謂之託台水汲引泉溪渾濤東注官本曰按近刻渾訛作澤又重一澤字案朱訛衍趙改刪刊誤曰澤當作渾下澤字重文宜衍行者閒朱趙有一字十餘渡東逕三會城南又東逕託台亭北又東北逕馬頭亭北東北注鴈門水鴈門水又東逕大甯郡北魏太和中置有脩水注之郎山海經所謂脩水東流注于鴈門水也地理志朱有曰字箋曰疑衍趙刪有于延水而無鴈門脩水之名山海經有鴈門之目而無說于延河官本曰按無近刻訛作燕案朱作燕箋曰當作無趙改無趙釋曰一清按漢志鴈門郡彊陰縣諸閒澤在東北而是澤竟無聞焉自下亦通謂之于延水矣水側有桑林故時人亦謂是水爲藂桑河也斯乃北土寡桑至此見之因以名焉于延水又東逕罔朱趙作罡下同城南按史記蔡澤燕人也謝病歸相秦號罔成君疑即澤所邑也趙釋曰一清按是時秦未并燕地恐誤寰宇記許州許昌縣有剛城燕人蔡澤封此世名武罔城于延水又

東朱延上脫文箋曰疑脫一于字趙增左與盥川水合水出西北東南流逕小甯縣故城西東南流注于延水于延水又東官本曰按近刻脫此十九字案朱脫趙增不重于延水三字刊誤曰東南流下落逕小甯縣故城西東南流注于延水又東十六字黃省曾本校增逕小甯縣故城南地理志盥縣也西部都尉治王莽之博康也魏土地記曰大甯城西二十里有小甯城昔邑人班趙釋曰一清按樂史曰或作瑕邱仲居水側賣藥于甯百餘年人以爲壽後地動宅壞仲與里中數十家皆死民人取仲尸棄于延水中收其藥賣之仲被裘從而詰之此人失怖官本曰按此近刻訛作北案朱作北箋曰疑作此趙改此叩頭求哀仲曰不恨汝故使人知我耳去矣後爲夫朱作大箋曰謝云一作夫餘王趙改夫餘王驛使來甯官本曰按來近刻訛作汞案朱作汞箋曰埠云汞當作來趙改來此方人謂之謫仙也官本曰按此近刻訛作北案朱訛趙改刊誤曰北當作此與上此人失怖之此誤作北正同于延水又東黑城川水注之水有三源出黑土城西北奇源合注總爲一川東南逕黑土城西又東南流逕大甯縣西而南入延河延河又東逕大甯縣故城南地理志云廣盥也王莽曰廣康矣魏土地記曰下洛城西北百三十里官本曰按近刻脫城字案朱脫趙增刊誤曰下洛下落城字有大甯城于延水又東南逕茹縣故城北王莽之穀武也世謂之如口城魏土地記曰城在鳴雞山西十里南通大道西達盥川于延水又東南逕鳴雞山西魏土地記曰下洛城東北三十里有延河東流北有鳴雞山史記曰趙襄子殺代王于夏屋而幷其土襄子迎其姊于代其姊代之夫人也至此日代已亡矣吾將何歸乎遂磨笄于山而自殺代人憐之爲立祠焉因名其山爲磨笄山官本曰按其山近刻脫山字案朱脫趙增刊誤曰箋曰其下疑脫地字按非也孫潛校改山又案朱箋曰孫云磨笄山在今保安州漢涿鹿縣秦上谷郡治每夜有野雞羣鳴于祠屋上故亦謂之爲鳴雞山魏土地記云代城東南二十五里有馬頭山其側有鍾乳穴趙襄子既害代王迎姊姊代夫人夫人曰以弟慢夫非仁也以夫怨弟非義也磨笄自刺而死使者自殺民憐之爲立神屋于山側因名之爲磨笄之山未詳孰是于延水又南逕且居縣故城南王莽之所謂久居也官本曰按近刻脫所謂二字案朱趙無趙刊誤曰箋曰舊本作王莽之所謂文居也按漢志是久字改作文非其水東南流注于濕水地理志曰于延水東至廣盥入沽官本曰按沽原本及近刻竝訛作治今據漢書改正案朱作治趙改沽刊誤曰全氏曰濕水卽治水既云注濕而又以入治爲非乎考漢志是沽字方輿紀要云沽當作治劉氏似指伯莊然于延水本入治酈故以班志入沽爲非與祁夷水之入沽誤正同祁夷水師古改作入濕趙釋曰一清按今本漢書作東至盥入沽誤也地理志上谷郡有盥縣有廣盥縣據是注當作廣盥非盥也入沽當作入治治卽濕也道元故以爲非觀此則六朝時已訛治爲沽矣非矣

又東過涿鹿縣北

涿水出涿鹿山世謂之張公泉東北流逕涿鹿縣故城南王莽所謂抪陸也官本曰按抪近刻訛作褫案朱趙作褫趙釋曰一清按漢志作抪陸音如抪偏九州之抪黃帝與蚩尤戰于涿鹿之野留其民于涿鹿之阿官本曰按阿近刻訛作河案朱訛趙改刊誤曰河當作阿卽于是也官本曰按近刻作是處也案朱趙作卽于是處也其水又東北與阪泉合朱阪作陂趙改刊誤曰箋曰陂一作阪按寰宇記嬀州懷戎縣下云羹頡山黃帝祠有泉湛而不流卽古阪泉也又云阪山史記云軒轅與炎帝戰于阪泉之野卽此是也水導源縣之東泉朱趙水上有其字魏土地記曰下洛城東南六十里有涿鹿城城東一里有阪泉泉上有黃帝祠晉太康地理記曰阪泉

亦地名也泉水東北流與蚩尤泉會水出蚩尤城城無東朱趙作南朱箋曰古本作東趙釋曰一清按黃氏本作東面魏土地記稱涿鹿城東南六里有蚩尤城泉水淵而不流霖雨併則流注阪泉亂流東北入涿水涿水又東逕平原郡南魏徙平原之民置此故立僑郡以統流雜官本曰按近刻訛作離案朱訛趙改刊誤曰離當作雜涿水又東北逕祚亭北而東北入灅水亦云涿水枝分入匈奴者謂之涿邪水官本曰按近刻脫水字案朱脫趙增地理潛顯難以究昭非所知也灅水又東南左會清夷水亦謂之滄河也水出長亭南西逕北城村故城北又西北平鄉川水注之水出平鄉亭西西北流注清夷水清夷水又西北逕陰莫亭在居庸縣南十里清夷水又西會牧牛山水官本曰按近刻脫水字案朱脫趙增刊誤曰山下落水字魏土地記曰沮陽城東八十里有牧牛山下有九十九泉卽滄河之上源也山在縣東北三十里山上有道武皇帝廟者舊云山下亦有百泉競發有一神牛駮身自山而降下飲泉竭故山得其名今山下導九十九泉積以成川西南流谷朱作國箋曰宋本作谷趙改谷水出上朱趙無水字王莽以爲朔調亭也其水俱西南流注于滄水朱無流字趙增刊誤曰西南下落流字滄水又西南右合地裂溝朱趙不重滄水二字古老云晉世地裂分此界開成溝壑有小水俗謂之分界水南流入滄河滄河又西逕居庸縣故城南朱趙不重滄河二字魏上谷郡治昔劉虞攻公孫瓚不克北保此城爲瓚所擒有粟水入焉水出縣下城西枕水又屈逕其縣南南注滄河滄河又西朱趙不重滄河二字右與陽溝水

合官本曰按右與近刻訛作與右案朱訛趙乙刊誤曰與右二字當倒互水出縣東北西南流逕居庸縣故城北官本曰按近刻脫故字案朱脫趙增刊誤曰縣下落故字西逕大翮小翮山南高巒截雲層陵斷霧雙阜共秀競舉羣峰之上郡人王次仲少有異志年及弱冠變蒼頡舊文爲今隸書秦始皇時官務煩多以次仲所易文簡便于事要奇而召之三徵而輒不至次仲履眞懷道窮數術之美始皇怒其不恭令檻車送之次仲首發于道趙刊誤曰箋曰古本作首發于邁按道字不誤化爲大鳥朱作鳥箋曰御覽引作大鳥趙改鳥出在車外翻飛而去落二翮于斯山故其峰巒有大翮小翮之名矣魏土地記曰沮陽城東北六十里有大翮小翮山山上神名大翮神山屋東有溫湯水口其山在縣西北二十里峰舉四十里上廟則次仲廟也右出溫湯療治萬病泉所發之麓俗謂之土亭山此水炎熱倍甚諸湯下足便爛人體療疾者要須別引消息用之耳不得言朱箋曰孫云謂不得聲言其熱耳言之則更灼熱矣趙釋曰一清按下有缺文大朱作次箋曰宋本作大翮山趙改大翮山東其水東南流左會陽溝水亂流南注滄河滄河又左得清夷水口魏土地記曰牧牛泉西流與清夷水合者也自下二水互受通稱矣清夷水又西靈亭水注之官本曰按亭下近刻衍城字案朱衍趙刪刊誤曰城字衍文水出馬蘭西澤中衆泉瀉溜朱作流箋曰宋本作溜趙改溜歸于澤澤水所鍾以成溝瀆瀆水又左與馬蘭溪水會水導源馬蘭城官本曰按近刻脫源字案朱脫趙增刊誤曰導下落源字城北負山勢因阿仍趙作成溪民居所給惟仗此水朱趙重一水字南流出城東南入澤水澤水又南逕靈亭北又屈逕靈亭東次仲落鳥翮于此官本曰按落字

（近刻訛在次仲上　案朱訛趙改刊誤曰落字當移在次仲下孫潛校）故是亭有靈亭之稱矣其水又南流注于清夷水清夷水（朱並作清水箋曰並當作清夷水趙增夷字）又西與泉溝水會（官本曰按與近刻訛作得　案朱訛作得趙刪會字刊誤曰會字衍文）水導源川南平地北注清夷水清夷水又西南得桓公泉蓋齊桓公霸世北伐山戎過孤竹西征束馬懸車上卑耳之西極故水受斯名也水源出沮（孫校曰孟康曰音俎）陽縣東而西北流（朱而西二字倒箋曰謝云當作而西趙乙）入清夷水清夷水又西逕沮陽縣故城北秦上谷郡治此（官本曰按秦字下近刻衍始皇字　案朱趙有）王莽改郡曰朔調縣曰沮陰闞駰曰涿鹿東北至上谷城六十里（朱至下脫文箋曰李云疑脫一上字趙增上字）魏土地記曰城北有清夷水西流也其水又屈逕其城西南流注于灅水灅水南至馬陘山謂之落馬洪（官本曰按近刻訛作河　案朱訛趙改刊誤曰河當作洪）

又東南出山

灅水又南出山（官本曰按出近刻訛作入　案朱訛趙改）瀑布飛梁懸河注壑漰湍十許丈謂之落馬洪抑亦孟門之流也灅水自南出山謂之清泉河俗亦謂之曰干水非也灅水又東南逕良鄉縣之北界歷梁山南高梁水出焉

過廣陽薊縣北（朱箋曰孫云廣陽今京師薊縣今大興趙釋曰一清按章懷後漢書注曰薊縣名本字从契从邑見說文許慎曰周封黃帝之後于鄋从邑契聲讀若薊上谷有鄋縣而薊字下云芺也則非地名書傳皆相沿作薊字）

灅水又東逕廣陽縣故城北謝承後漢書曰（朱無後字趙增刊誤曰隋書經籍志後漢書一百三十卷吳武陵太守謝承撰落後字）世祖與銚期出薊至廣陽欲南行卽此城也謂之小廣陽灅水又東北逕薊縣故城南魏土地記曰（朱魏下有氏字趙刪刊誤曰氏字衍文後並同）薊城南七里有清泉河而不逕其北蓋經誤證矣昔周武王封堯後于薊今城內西北隅有薊邱因邱以名邑也猶魯之曲阜齊之營邱矣武王封召公之故國也（趙釋曰全氏曰薊與燕各是一國其後燕幷薊耳此承班志之誤）秦始皇二十三（趙作一）年滅燕以爲廣陽郡漢高帝以封盧綰爲燕王更名燕國（官本曰按近刻脫名字　案朱脫趙增曰字刊誤曰更下落曰字趙釋曰顧氏炎武北平古今記云史記始皇紀三十六郡無廣陽之名當以昭帝置者爲定地理志廣陽國高帝燕國昭帝元鳳元年爲廣陽郡是也）王莽改曰廣有（官本曰按近刻訛作公　案朱趙同趙釋曰一清按漢志云莽曰廣有）縣曰代戎（官本曰按近刻訛作成　案朱趙同趙釋曰一清按漢志云縣曰代戎）城有萬載宮光明殿（朱八字在王莽上趙改刊誤曰八字當移在次行縣曰代戎之下全氏校趙釋曰一清按漢書作明光殿論衡亦曰燕王旦在明光宮則光明字疑誤）東掖門下舊慕容儁立銅馬像處昔慕容廆有駿馬

赭白有奇相逸力至儁光壽元年齒四十九矣（官本曰按近刻脫齒字　案朱脫趙增刊誤曰元年下落齒字謂馬齒也名勝志校增）而駿逸不虧儁奇之比鮑氏驄命鑄銅以圖其像親爲銘讚鐫頌其旁像成而馬死矣大城東門內道左有魏征北將軍建成鄉景侯劉靖碑（官本曰按近刻北訛作南成訛作城　案朱作南趙改北成朱趙作城趙刊誤曰何焯云征南當作征北靖薨于鎭北將軍假節督河北諸軍事贈征北將軍）晉司隸校（朱作故箋曰當作校尉趙改校）尉王密表靖功加于民（官本曰按近刻脫靖字　案朱脫趙增刊誤曰表下落靖字楊愼刻水經碑目校增）宜在祀典以元康四年九月二十日刊石建碑（官本曰按康近刻訛作嘉　案朱訛趙改刊誤曰元嘉當作元康碑見鮑邱水注）揚于後葉矣灅水又東與洗馬溝水合水上承薊水西注大湖湖有二源水俱出縣西北平地導源（朱作平地道泉趙改同官本）流結西湖湖東西二里南北三里蓋燕之舊池也綠水

澄澹川亭望遠亦爲遊矚之勝所也湖水東流爲洗馬溝側城南門東注官本曰按近刻訛作南東門注案朱訛趙乙刊誤曰東門二字當倒互昔銚期奮戟處也朱奮作啟箋曰後漢書銚期從光武徇薊時薊中起兵應王郎之檄光武趣駕出百姓聚觀滿道不得行期騎馬奮戟瞋目大呼曰趩眾皆披靡及至城門已閉攻之得出趙改奮刊誤曰箋曰謝云啟戟當作棨戟按非也何焯云是奮戟之誤以後漢書本傳校改**其水又東入灅水灅水又東逕燕王陵南**陵有伏道西北出薊城中景明中造浮圖建刹朱作利箋曰當作刹趙改刹窮泉掘得此道王府所禁莫有尋者通城西北大陵而是二墳基趾磐固官本曰按近刻脫墳字磐訛作盤案朱趙無墳字趙釋曰一清按此處有脫文朱磐作盤箋曰疑作磐趙改磐猶自高壯竟不知何王陵也朱趙無也字趙釋曰一清按魏書地形志燕郡薊有燕昭王陵燕惠王陵後人遂因此誤以燕刺王旦戾陵當之非戾陵在薊西南此陵在薊東南觀道元所敘高梁河甚明金史世宗本紀大定九年二月詔改葬漢二燕王于城東蔡珪傳初兩燕王墓舊在中都東城外海陵廣京城闉基在東城內嘗有盜發其墓大定九年詔改葬于城外俗傳六國時燕王及太子丹之葬及啓壙其東墓之柩題其端曰燕靈王舊舊古柩字通用乃西漢高祖子劉建葬也其西蓋燕康王劉嘉之葬珪作兩燕王墓辨據葬制名物款刻甚詳觀此則知地形志之非道元疑而未定可謂有識者矣灅水又東南高梁之水注焉**水出薊城西北平地泉流東注**官本曰按近刻脫流字案朱脫趙增刊誤曰泉下落流字**逕燕王陵北又東逕薊城北又東南流魏土地記曰薊東**朱趙有一字**十里有高梁之水者也其水又東南入灅水**朱趙也在此下**又東至漁陽雍奴縣西入笥溝**孫校曰雍奴今順天武清縣漢光武建武二年封潁川太守寇恂爲雍奴侯魏遣張郃樂進圍雍奴卽此城矣**笥溝潞水之別名也**官本曰按近刻脫潞字案朱脫趙增沽字刊誤曰笥溝下落沽字全氏校增**魏土地記曰清泉河上承桑乾河東流與潞河合灅水東入漁陽所在枝分故俗諺云**趙作曰**高梁無上源**趙釋曰一清按高梁水首受灅水于戾陵堰見下卷鮑邱水篇**清泉無下尾蓋以高梁微涓淺薄裁足津通憑藉涓流方成川甽清泉至潞所在枝分更爲微津散漫難尋故也**

水經注卷十三

後魏酈道元撰

濕趙作灅餘水　沽河朱趙作水　鮑邱水　濡水
大遼水朱趙無大字　小遼水　浿水

濕餘水出上谷居庸關東官本曰按漢書地理志上谷郡軍都溫餘水東至路南入沽元史泰定三年溫榆水溢昌平山水記云溫榆河卽昌平之榆河遼史作溫榆本水經注之濕餘水以字相似而訛也今考溫與濕竝灅之訛後漢書王霸傳云可從溫水漕溫水乃灅水唐韋挺運米至盧思臺方知渠閉則久壞不脩耳霸所漕者溫水非溫餘水也李賢注引溫餘釋之疏矣灅水有說文爲顯證而溫餘見漢書濕餘見水經承訛已久今姑仍之　案趙濕改灅下同釋曰朱氏彝尊日下舊聞曰按後漢書王霸爲上谷太守陳委輸可從溫水漕以省陸轉輸之勞事皆施行章懷太子注引水經注本作溫餘水遼史順州有溫榆河金更懷柔縣爲溫陽豈盡無據又昌平多溫泉有流入雙塔河者溫餘之名竊疑因此水經注既無善本今人習見坊刻遂指溫字爲濕字之譌正恐類昔人所云以不悖爲悖也一淸按朱氏之言過矣溫是灅之訛溫又是濕之訛自古未聞以濕水爲溫水濕餘之名連上篇出纍頭山之濕水以受稱漢昌平舊縣自有溫水見漯水注中豈可便以濕餘水當之今本漢志注轉寫成訛後漢因之遼金制度隨地改易此正與隋人誤以屯氏河爲毛氏河因置毛州貽笑千古安可惑於後起之文局彼方隅之見盡廢羣籍從我曲說哉方輿紀要云榆水一名濕餘河或名溫榆河卽濕餘之訛也金石文字記云水經濕餘水亦漯字之異文昌平山水記云芹城水出芹城北南入于沙河水經注芹城水出北山南逕芹城東南注濕餘水以此知沙河之爲古濕餘水也傳寫之訛或爲溫水後漢書王霸傳云云又云溫榆河卽昌平之榆河下流爲沙河入順義西南謂之西河金人名縣曰溫陽以此遼史作溫榆河本水經之濕餘河以字相似而訛也觀二顧先生之言則知朱氏以濕爲溫非惟不識古傳記之文且不知有灅水者矣可謂不學之甚

關在沮陽城東南六十里居庸界故關名矣更始使者入上谷官本曰按近刻脫更始二字　案朱脫趙增刋誤曰使者上落更始二字孫潛校增耿況迎之于居庸關卽是關也其水導源關山南流歷故關下溪之東岸有石室三層其戶牖扇扉悉石也蓋故朱趙作古關之候臺矣南則絕谷纍石爲關垣官本曰按近刻訛作址　案朱趙作址崇墉峻壁非輕功可舉山岫層深側道褊狹朱作峽趙改狹刋誤曰峽方輿紀要作狹林鄣邃險官本曰按邃近刻訛作據　案朱作據箋曰古本作林鄣蘧嶮蓋邃險之譌吳本改爲據誤趙改邃嶮路才容軌曉禽暮獸寒鳴相和羇官遊子聆之者莫不傷思矣其水歷山南逕軍都縣界又謂之軍都關續漢書曰尚書盧植隱上谷軍都山是也官本曰按近刻脫是字　案朱趙無其水南流出關謂之下口水

流潛伏十許里也官本曰按近刻也上衍是字　案朱趙有

東流過軍都縣南官本曰按東流上近刻衍又字　案朱趙有孫校曰軍都今昌平州屬順天又東流過薊縣北

濕餘水故瀆東逕軍都縣故城南又東重源潛發積而爲潭謂之濕餘潭又東流易荊水注之其水導源西北千蓼泉官本曰按近刻北下衍逕字　案朱衍趙刪刋誤曰逕字衍文亦曰丁蓼水東南流逕郁山西謂之易荊水公孫瓚之敗于鮑邱也走保易荊疑阻此水也官本曰按瓚走保易京在今雄縣界非易荊水也此誤引　朱箋曰范曄後漢書麴義攻公孫瓚破之於鮑丘瓚遂保易京開置屯田續漢志云瓚所居易京故城在今幽州歸義縣南十八里魏志瓚傳亦云瓚軍數敗乃走還易京固守此云易荊正同但字異耳趙釋曰一淸按後漢書公孫瓚傳注云前漢易縣屬涿郡續漢志曰屬河間瓚所保易京故城在今幽州歸義縣南十八里歸義卽易縣唐時更名易京城在其南若軍都縣今昌平州二十里有軍都山太行之第八陘漢立縣於山南居庸關在焉其地古有水名易荊安可以荊京音同而遂以爲伯珪所保之地乎或曰易荊水卽南沙河然道元已著易京城于易水篇此重錄之蓋愛博之過也易荊水又東左合虎眼泉水出平川東南流入易荊水又東南與孤山之水合水發川左導源孤山東南流入易荊水謂之塔界水又東逕薊城又東逕昌平縣故城南官本曰按昌平近刻訛作平昌　案朱訛趙改刋誤曰按平昌應作昌平漢書地理志上

谷郡有昌平縣後魏廢入軍都縣魏書地形志幽州燕郡軍都縣有昌平城孝昌中陷於杜洛周天平中置東燕州領平昌郡復立昌平縣隸焉道元卒於孝昌二年天平復置郡縣之事所不及知也又謂之昌平水魏土地記曰薊城東北朱趙有一字百四十里有昌平城城西有昌平河又東流注濕餘水官本曰按流近刻訛作北　案朱趙同濕餘水又東南流左合芹城水官本曰按合近刻訛作右　案朱訛趙改刊誤曰箋曰謝云宋本作芹城水注之按非也右當作合注之二字耳伯所繆增水出北山南逕芹城官本曰按此下近刻有又字　案朱趙有趙刊誤曰箋曰又古本作水按又字不誤上云水出北山南逕芹城不當改作水字也東南流注濕餘水濕餘水又東南流逕安樂趙有縣字故城西更始使謁者韓鴻北徇承制拜吳漢爲安樂令卽此城也

又北屈東南至狐奴縣西入于沽河

昔彭寵使狐奴令王梁南助光武起兵自是縣矣濕餘水于

水十四　三

縣西南東入沽河故地理志曰濕餘水自軍都縣東至潞南入沽是也官本曰按潞今漢書作路

沽河從塞外來

沽河出禦夷鎮西北九十里丹花嶺下東南流大谷水注之水發鎮北大谷溪西南流逕獨石北界石孤生不因阿而自峙官本曰按阿近刻訛作河　案朱趙作河又南九源水注之官本曰按源近刻訛作泉　案朱訛趙改刊誤曰泉當作源水導北川左右翼注八川共成一水官本曰按八近刻訛作入　案朱訛趙改刊誤曰入當作八故有九源之稱其水南流至獨石注大谷水大谷水又南逕獨石西又南逕禦夷鎮城西魏太和中置以捍北狄也又東南尖谷水注之水源出鎮城東北尖溪西南流逕鎮城東西南流注大谷水亂流南注沽水又南出峽夾岸有二城官本曰按近刻脫夾字　案朱脫趙增刊誤曰岸上落夾字世謂之獨固門以其藉險憑固易爲依据官本曰按据據古字通　案朱作居趙改据刊誤曰箋曰宋本作依据疑作依據按古据據通用据字爲近巖壁升聳官本曰按巖近刻訛作兼　案朱趙作兼疎通若門故得是名也沽水又南左合乾溪水引北川西南逕一故亭東又西南注沽水沽水又西南逕赤城東趙建武年并州刺史王霸爲燕所敗退保此城城在山阜之上下枕深隍官本曰按枕近刻訛作抗　案朱訛趙改刊誤曰抗當作枕溪水之名藉以變稱故河有赤城之號矣沽水又東南與鵲谷水合水有二源朱無水字趙增刊誤曰有上落水字南卽陽樂水也官本曰按濡水注內又別有陽樂水此水漢志作樂陽水出且居縣朱箋曰漢志且居縣有樂陽水地理志曰水出縣東南流逕大翮山小翮山北官本曰按東南流近刻作東北流　案朱趙作北歷女祁縣故城南地理志曰

水十四　四

東部都尉治王莽之祁縣也世謂之横水又謂之陽田河官本曰按田近刻訛作曲　案朱趙作曲趙釋曰一清按直隸赤城縣水今謂之陽田河又曰樣田河則曲乃田之誤方輿紀要樣田本曰雜田又考資治通鑑晉紀成帝咸康二年段遼別遣段蘭將步騎數萬屯柳城西回水胡三省曰回水載記作曲水水經注陽樂水出上谷且居縣東北流逕女祁縣世謂之横水又謂之陽曲水又濡河從塞外來西北逕禦夷鎮城又東北逕孤山南又東南水流回曲謂之曲水鎮又據載記曲水當在好城北胡氏所引乃兩曲水一爲陽樂河今宣化府龍門縣之龍門河也一爲濡水今灤河兩地懸殊非可混而爲一彼曲水文云濡水又東南水流回曲謂之曲河鎮東北三百里所云鎮卽禦夷鎮也此水在禦夷鎮之東北三百里今胡氏乃誤爲曲河鎮耳且此曲水史云柳城西則當在灤州東北界去上谷絕遠引陽樂水之陽曲河當之尤謬回曲田三字葢易至混淆而此水今有樣田之名則固不可以曲水實之矣又東南逕一故亭又東左與候鹵水合官本曰按候近刻訛作舊下同　案朱訛趙改刊誤曰舊詳下文當作候下舊鹵城同水出西北山東南流逕候鹵城北城在居庸縣西北二百里故名云候鹵太和中更名禦

夷鎮又東南流注陽樂水陽樂水又東南傍狠山南官本曰按傍字上近刻衍逕字案朱衍趙刪山石白色特上官本曰按近刻脫白字案朱脫趙增刊誤曰箋曰石一作白按山石下落白字朱氏誤以石爲白亭亭孤立超出羣山之表又東南逕温泉東泉在山曲之中又逕赤城西屈逕其城南東南入赤城河趙釋曰一清按漢志上谷郡且居縣陽樂水出東東入海葢自沽以達海也河水又東南右合高峯水水出高峯戍東南城在山上其水西南流又屈而東南入沽水沽水又西南流出山逕漁陽縣故城西而南合七度水水出北山黃頒谷故亦謂之黃頒水東南流注于沽水沽水又南漁水注之水出縣東南平地泉流西逕漁陽縣故城南應劭曰在漁水之陽也官本曰按近刻脫此九字案朱趙無考諸地說則無聞官本曰按此下近刻衍所識釋三字案朱趙有趙釋曰朱氏謀瑋箋云謝云識釋疑誤脈水尋

川則有自官本曰按近刻訛作考地尋川則有應氏自案朱趙同趙自字下屬釋曰朱氏謀瑋箋曰謝云疑有脫誤今城在斯水之陽有符應豈漁陽之名當屬此秦發閭左戍漁陽郎是城也漁水又西南入沽水官本曰按漁水近刻訛作漁陽案朱訛趙改刊誤曰陽黃省曾本作水沽水又南朱趙不重沽水二字與螺山之水合水出漁陽城南小山魏土地記曰城南五里有螺山其水西南入沽水沽水又南逕安樂縣故城東晉書地道記曰晉封劉禪爲公國俗謂之西潞水也

南過漁陽狐奴縣北西南與濕餘水合爲潞河官本曰按潞近刻訛作沽案朱訛趙改刊誤曰此沽字誤當作潞以注文知之

沽水西南流逕狐奴山西又南逕狐奴縣故城西漁陽太守張堪于縣開稻田教民種殖朱趙作植種趙刊誤曰箋曰當作種植按植種義自通百

姓得以殷富童謠歌曰桑無附枝麥秀兩岐張君爲政樂不可支視事八年匈奴不敢犯塞沽水又南陽重溝水注之水出狐奴山南轉逕狐奴城西官本曰按近刻訛作南案朱脫水字西作南趙增改刊誤曰出上落水字下南字當作西王莽之所謂舉符也側城南注右會沽水沽水又南濕餘水注之沽水又南左會鮑邱水世所謂東潞也沽水又南逕潞縣爲潞河官本曰按近刻訛作爲有潞名潞河也案朱趙同趙釋曰一清案此處有誤文魏土地記曰城西三十里有潞河是也官本曰按近刻脫是字案朱趙無

又東南至雍奴縣西爲笥溝官本曰按近刻脫爲字案朱脫趙增入字刊誤曰笥溝上落入字名勝志校增

灅水入焉俗謂之合口也又東鮑邱水于縣西北而東出官本

曰按近刻出下有焉字衍案朱趙有

又東南至泉州縣與清河合東入于海清河者派河尾也趙派改泒下同刊誤曰派字是泒字傳刻之訛下同

沽河又東南逕泉州縣故城東孫校曰泉州今鄚縣及寶坻王莽之泉調也沽水又東南合清河朱趙有也字今無水清淇漳洹滱易涞濡沽滹沱同歸于海官本曰按淇近刻訛作湛案朱訛趙改刊誤曰湛當作淇全氏校改故經曰派河尾也

鮑邱水從塞外來南過漁陽縣東

鮑邱水出禦夷北塞中南流逕九莊嶺東俗謂之大榆河又南逕鎮東南九十里西密雲戍西趙釋曰方輿紀要曰禦夷鎮城在保安右衛西北所謂濡源之地後魏初拓跋祿官分其國爲三部一居上谷之北濡源之西自統之魏主燾始置禦夷鎮于濡源西北爲六

鎮之一水經注密雲戍在禦夷鎮東南九十里鮑邱水逕其西似鎮與戍境相近賈躭曰密雲去禦夷鎮幾九百里道元
時六鎮已陷沒豈傳聞之誤與抑紀載之訛與一清按魏書道元會持節馳驛與大都督李崇籌宜六鎮改州必親至其
地故應詳審且注明云有東密雲故是城言西則近禦夷鎮者西密雲也非昌平州之密雲縣後魏於此置密雲郡及縣
者也又南左合道人溪水水出北川官本曰按近刻脫出字案朱脫趙增導字刊誤曰
水下落導字南流逕孔山西又歷密雲戍東左合孟廣峢水水出
峢下峢甚層峻峨峨冠眾山之表其水西逕孔山南上有洞
穴開明故土俗以孔山流稱峢水又西南至密雲戍東西注
道人水亂流西南逕密雲戍城南官本曰按近刻脫西南二字案朱脫趙增刊誤曰
亂流下落西南二字黃省會本校增右會大榆河有東密雲故是城言西矣大
榆河又東南流白楊泉水注之北發白楊溪望離右注大榆
河官本曰按望離與下自坎相對舉近刻訛作望雖　案朱訛趙改刊誤曰箋曰雖字疑衍按雖字是離字之誤不宜
衍又東南龍芻溪水自坎注之官本曰按坎近刻訛作決案朱訛趙改刊誤曰決當作
坎與上離字相照離南坎北蓋用代字法耳柳僉鈔本校正大榆河又東南出峽官本曰按近刻
脫出字　案朱脫趙增刊誤曰東南下落出字孫潛校增逕安州舊漁陽郡之滑鹽縣南
左合縣之北溪水水出縣北廣長塹南太和中掘此以防北
狄其水南流逕滑鹽縣故城東王莽更名匡德也漢明帝改
曰鹽田趙釋曰一清按漢志漁陽郡滑鹽縣應劭曰明帝更名鹽似脫田字右承治趙釋曰何氏曰承與
丞通蓋鹽官也世謂之斛鹽城西北去禦夷鎮二百里南注鮑邱水
又南逕傂奚縣故城東官本曰按奚近刻訛作溪　案朱訛箋曰古本作南逕虎溪縣故城按漢
志漁陽郡有厗奚縣孟康云厗音題字或作虒趙改釋曰一清按漢志作厗奚蓋誤字也孟康云厗音題字或作題王
莽更之曰敦德也鮑邱水又西南逕獷平縣故城東孫校曰服虔曰
獷音鞏王莽之所謂平獷也又南趙有右字合三城水水出臼里山

官本曰按臼近刻作四　案朱作四箋曰四里古本作臼里趙改臼西逕三城官本曰按近刻作平獷城蓋後
人所改案朱趙同謂之三城水又逕香陘山朱趙不重山字山上悉生槀本
香世故名焉又西逕石窟南窟內寬廣行者依焉窟內有水
淵而不流栖薄者取給焉又西北逕伏凌山南官本曰按凌近刻訛作淩
案朱訛趙改與石門水合水出伏凌山山高峻巖鄣寒深陰崖積
雪凝冰夏結事同離騷峨峨之詠故世人因以名山也一水
西南流注之官本曰按近刻脫一字　案朱脫趙增桑谷二字刊誤曰水上落桑谷二字下云是水有桑谷
之名可證也是水有桑谷之名蓋沿出桑溪故也又西南逕獷平
城東南而右注鮑邱水鮑邱水又東南朱趙無又字逕漁陽縣故
城南漁陽郡治也官本曰按近刻脫縣故城南漁陽六字案朱脫趙增三字刊誤曰逕下落漁陽縣
三字秦始皇二十二年置王莽更名通潞縣曰得漁朱箋曰地理志王莽
名漁陽縣曰得魚縣潞縣曰通潞亭鮑邱水又西南流公孫瓚既害劉虞烏丸
思劉氏之德迎其子和合眾十萬破瓚于是水之上斬首一
萬鮑邱水又西南歷狐奴城東又西南流注于沽河朱注下有之字
趙刪刊誤曰之字衍文亂流而南
又南過潞縣西孫校曰案漢志漁陽路縣止作路今通州屬順天
鮑邱水入潞通得潞河之稱矣官本曰按潞河近刻訛作鮑邱　案朱趙同高梁
水注之水朱趙無水字首受灅水于戾陵堰水北有梁山山有燕
刺王旦之陵故以戾陵名堰水自堰枝分東逕梁山南又東
北逕劉靖碑北其詞朱趙作碑朱箋曰宋本作其詞云魏使持節都督河北
道諸軍事征北將軍建城鄉侯沛國劉靖字文恭登梁山以
觀源流相灅水以度形勢官本曰按灅近刻訛作隰脫水字案朱同箋曰相隰疑作相原隰

趙依改嘉武安之通渠羨秦民之殷富官本曰按羨近刻訛作美案朱趙作美乃使帳下丁鴻督軍士千人官本曰按督字近刻訛在丁鴻上案朱趙同以嘉平二年立遏于水官本曰按遏卽堨朱箋曰遏當作堨下同洛陽記云千金堨舊堰穀水積石爲堨也導朱作道高梁河造戾陵遏開車箱渠其遏表云高梁河水者出自并州潞河之別源也官本曰按近刻潞訛作黃也訛作時案朱趙作黃朱也作時趙改刊誤曰時名勝志引此文作也趙釋曰一清按此指桑乾卽道元注所謂高梁河首受灅水于戾陵堰者也而又以爲高梁無上源何耶長岸峻固直截中流積石籠以爲主遏高一丈東西長三十丈南北廣七十餘步依北岸立水門門廣四丈立水十丈朱箋曰水下脫堨長二字趙增遏長山水暴發官本曰按近刻訛作山川暴戾案朱同趙改刊誤曰箋曰宋本作山水按暴戾名勝志引此文作暴發則乘遏東下平流守常則自門北朱作地箋曰宋本作門北趙改北入灌田歲二千頃凡所封地百餘萬畮至景

元三年辛酉詔書以民食轉廣陸費不贍遣謁者樊晨更制水門限田千頃刻地四千三百一十六頃出給郡縣改定田五千九百三十頃水流乘車箱渠自薊西北逕昌平東盡漁陽潞縣凡所潤含官本曰按近刻作舍案朱趙作舍趙刊誤曰箋曰舍宋本作合按非也潤舍謂溉潤盧舍與下灌田之文對待四五百里所灌田萬有餘頃高下孔齊官本曰按近刻訛作濟案朱訛趙改原隰底平疏之斯溉決之斯散導渠口以爲濤門灑滮池以爲甘澤施加于當時敷被于後世晉元康四年君少子驍騎將軍平鄉侯宏受命使持節監幽州諸軍事領護烏丸校尉寍朔將軍遏立積三十六載至五年夏六月洪水暴出毀損四分之三剩北岸七十餘丈趙刊誤曰箋曰謝云乘宋本作剩孫云疑作割書曰湯湯洪水方割作剩亦誤按何焯云孫說謬甚據碑文是洪水毀損此遏所剩者北岸七十餘丈豈

可因洪水字而遂及尚書方割之文乎上渠車箱所在漫溢追惟前立遏之勳親臨山川指授規略命司馬關內侯逢惲內外將士二千人起長岸立石渠脩主遏官本曰按主近刻訛作立案朱訛趙改刊誤曰立當作主主遏見上又朱氏欲改遏作堨按三國志吳書諸葛恪云築東興堤遏湖水又云圖壞堤遏又云倮身緣遏遏堨音同通用治水門門廣四丈立水朱箋曰疑脫一堨字趙增遏字五尺興復載利通塞之宜準遵舊制凡用功四萬有餘焉諸部王侯不召而自至繈負而朱箋曰疑脫一趍字趙依增事者蓋數千人詩載經始勿亟易稱民忘其勞斯之謂乎于是二府文武之士感秦國思鄭渠之績魏人置豹祀之義乃遐慕仁政追述成功元康五年十月十一日刊石立表以紀勳烈并記遏制度永爲後式焉事見其碑辭又東南流逕薊縣北官本曰按近刻脫逕字案朱脫趙增刊誤曰流下落逕字又東

至潞縣注于鮑邱水朱邱下有之字趙刪刊誤曰之字衍文又南逕潞縣故城西王莽之通潞亭也漢光武遣吳漢耿弇等破銅馬五幡于潞東謂是縣也屈而東南流逕潞城南世祖拜彭寵爲漁陽太守治此寵叛光武遣游擊將軍鄧隆伐之軍于是水之南光武策其必敗果爲寵所破遺壁故壘存焉鮑邱水又東南入夏澤澤南紆曲渚朱趙有一字十餘里北佩謙澤趙刊誤曰箋曰謝云謙澤一作謙澤按通鑑注云夏謙澤在薊北二百里今據是注乃二澤也謝說非眇望無垠也官本曰按垠近刻訛作限案朱作限箋曰謝云無限疑作無垠趙改垠

又南至雍奴縣北屈東入于海

鮑邱水自雍奴縣故城西北舊分笥溝水東出今笥溝水斷官本曰按今近刻訛作合脫水字案朱訛脫趙改增刊誤曰合當作今斷上增水字言笥溝水時已斷也眾川

東注混同一瀆東逕其縣北又東與泃河合水出右北平無終縣西山白楊谷西北流逕平谷縣屈西南流獨樂水入焉水出北抱犢固南逕平谷縣故城東後漢建武元年光武遣十二將追大槍五幡及平谷大破之于是縣也其水南流入于泃泃水又朱趙有東字朱箋曰舊本無東字左合盤山水水出山上其山峻險人跡罕交去山三十許里望山上水可高二十餘里素湍皓趙作浩然頹波歷溪沿流而下自西北轉注于泃水泃水又東南逕平谷縣故城東南與洳河會水出北山山在傂奚縣故城東南東南流逕博陸故城北又屈逕其城東世謂之平陸城非也漢武帝璽書封大司馬霍光爲侯國趙釋曰沈氏曰漢表是昭帝始元二年封今從光傳文穎曰博大陸平取其嘉名而無其縣食邑

北海河東趙釋曰全氏曰是北海之河東城見本注按外戚恩澤侯表北海河間東郡師古曰光初封食北海河間後益封又食東郡與本傳注不同薛瓚曰按漁陽有博陸城謂此也今城在且居山之陽官本曰按近刻訛作今其居山之陽案朱同趙改今下無城字刊誤曰箋曰其宋本作在按其乃且字之譌當作今在且居山之陽處平陸之上帀帶川流面據四水文氏所謂無縣目官本曰按近刻訛作有案朱趙作有嘉美名也洳水又東南流趙無流字逕平谷縣故城西而東南流注于泃河官本曰按泃河上近刻衍渠字案朱同趙乙刊誤曰當作泃渠河亦見濡水注泃河又南逕紩城東而南合五百溝水水出七山北東逕平谷縣之紩城南東入于泃河泃河又東南逕臨泃城北官本曰按泃近刻訛作河案朱訛趙改屈而歷其城東側城南出趙釋曰一清按方輿紀要臨泃城石趙置亦曰臨渠後魏廢唐武德二年置縣貞觀初省竹書紀年梁惠成王十六年齊師及燕戰于泃水齊師遁卽是水

也泃水又南入鮑邱水鮑邱水朱趙不重此三字又東合泉州渠口故瀆上承滹沱水于泉州縣官本曰按滹沱原本及近刻竝訛作宰池考淇水注云清河至泉州縣北入滹沱又東泉州渠出焉卽此今改正案朱訛趙改刊誤曰宰池當作滹池故以泉州爲名北逕泉州縣東又北逕雍奴縣東西去雍奴故城朱趙有一字百二十里自滹沱北入其下歷水澤朱趙有一字百八十里入鮑邱河謂之泉州口陳壽魏志曰曹太祖以蹋頓擾邊將征之官本曰按將字上近刻衍公字案朱衍趙刪刊誤曰公字衍文從泃口鑿渠逕雍奴泉州以通河海者也今無水鮑邱水又東庚水注之官本曰按庚原本及近刻竝訛作庾下同考漢志右北平無終浭水西至雍奴入海俊靡灅水南至無終東入庚顏師古云浭音庚卽下所云入庚者同一水也可證庾乃庚之訛今改正案朱訛趙改刊誤曰庾水當作庚水卽漢志右北平郡無終縣之浭水也俊靡縣下作庚庚浭音同水出右北平徐無縣北塞中而南流歷徐無山得黑

牛谷水又得沙谷水竝西出山東流注庚水昔田子泰避難居之官本曰按子泰近刻訛作于秦案朱同箋曰于秦當作子泰堭按魏志田疇字子泰北平無終人避公孫瓚之難遂入徐無山中營深險平敞地而居百姓歸之數年閒至五千餘家趙改子泰衆至五千家開山圖曰山出不灰之木生火之石按注云其木色黑似炭而無葉有石赤色如丹以二石相磨官本曰按二近刻訛作一案朱訛趙改刊誤曰一當作二則火發以然無灰之木朱作以然無火箋曰謝云宋本作以然無灰之木可以終身趙依改可以終身今則無之其水又逕徐無縣故城東王莽之北順亭也朱趙無也字魏土地記曰右北平城東北朱趙有一字百一十里有徐無城其水又西南與周盧溪水合水出徐無山東南流注庚水庚水又西南流灅水注之水出右北平俊靡縣王莽之俊麻也東南流官本曰按近刻脫此三字案朱脫趙增刊誤曰世謂上落東南流三字黃省曾本

校增世謂之車輂水又東南流趙無流字與温泉水合水出北山温溪官本曰按近刻脫温字案朱脫趙增刊誤曰北山下落温字初學記引此文校增卽温源也養疾者不能澡其炎漂以其過灼故也官本曰按近刻脫也字案朱脫趙增刊誤曰故下落也字初學記引此文校增魏土地記曰徐無城東有温湯卽此也其水南流百步便伏流入于地下水盛則通注灅水又東南逕石門峽山高嶄絕官本曰按山下近刻衍之字案朱衍趙刪刊誤曰之字衍文壁立洞開俗謂之石門口漢中平四年漁陽張純反殺右北平太守劉政遼東太守陽紘趙釋曰一清按後漢書靈帝紀作陽終中平五年詔中郎將孟益官本曰按近刻詔訛作與益訛作溢案朱作與趙改詔益朱趙作溢趙釋曰一清按靈帝紀作孟益趙刊誤曰與字誤方輿紀要校改作詔後漢書靈帝紀云中平五年九月遣中郎將孟益率騎都尉公孫瓚討漁陽賊張純是也率公孫瓚討純戰于石門大破之趙釋曰日知錄曰後漢書公孫瓚傳云中平中張純與烏桓邱力居等入寇瓚追擊戰于屬國石門大敗之註石門山今營州柳城縣西南本紀但言石門而傳言屬國石門明有兩石門水經所指乃漁陽之石門非遼東屬國之石門當以柳城爲是通典柳城有石門山灅水又東南流謂之北黃水又屈而爲南黃水又西南逕無終山卽帛仲理所合神丹處也又于是山作金五千斤以救百姓山有陽翁伯玉田在縣西北有陽公壇社卽陽公之故居也搜神記曰雍伯洛陽人至性篤孝父母終歿葬之于無終山山高八十里而上無水雍伯置飲焉有人就飲與石一斗令種之玉生其田北平徐氏有女雍伯求之要以白璧一雙媒者致命伯至玉田求得五雙徐氏妻之遂卽家焉朱家作嫁箋曰孫云嫁疑作家蓋娶徐氏卽家于此趙改家又趙釋曰一清按御覽引水經曰翁伯周末避亂適無終山山前有泉甚清夏常澡浴得玉璧一雙於泉側與今本異陽氏譜敘言翁伯是周景王之孫食采陽樊春秋

之末爰宅無終因陽樊而易氏焉愛人朱作仁箋曰宋本作人趙改人博施天祚玉田其碑文云居于縣北六十里翁同之山後潞朱趙作路徙于西山之下陽公又遷居焉朱趙無居字而受玉田之賜情不好寶玉田自去今猶謂之爲玉田陽干寶曰于種石處四角作大石柱各一丈中央一頃之地名曰玉田至今相傳云玉田朱作田玉箋曰當作玉田趙改之揭起于此矣而今不知所在同于譜敘自去文矣官本曰按于近刻訛作之又玉田自去見碑文此言譜敘者或碑文卽譜敘所引案朱趙作之朱箋曰此二句疑有譌誤趙釋曰一清按此二句文義未詳疑有誤史記貨殖傳云販脂辱處也而雍伯千金索隱曰漢書作翁伯事亦見仙傳拾遺又孝德傳云魏陽雍河南洛陽人同之譜敘翁同似是陽公之名今薊州城北五里有崆峒山寰宇記崆峒山一名翁同山山蓋以人得名又去文二字或云是云文之訛藍水注之水出北山東流屈而南官本曰按近刻作東屈而南流案朱趙同逕無終縣故城東故城無終子國也春秋襄公四年官本曰按近刻訛作十四年案朱訛趙改刊誤曰左氏傳無終子事在襄公四年十字羨文無終子嘉父使孟樂如晉因魏絳納虎豹之皮請和諸戎是也故燕地矣秦始皇二十二年滅燕置右北平郡治此王莽之所謂北順也漢世李廣爲郡出遇伏石謂虎也射之飲羽卽此處矣趙釋曰宋氏琬曰漢右北平郡治平罡後漢治土垠水經注魏氏土地記曰薊城東北三百里有右北平城薊城今京師也括地志漁陽郡東南七十里有右北平城當在今薊州玉田縣界此後漢之右北平也若平罡則在盧龍塞之東北三四百里此前漢之右北平而李廣之所守也射虎石酈氏水經注言此石在玉田無終之間是以後漢之右北平爲李廣所治與東越晉陘之説自相矛盾著書之難如此魏土地記曰右北平城西北百三十里有無終城趙釋曰顧氏炎武曰樊噲傳擊陳豨破得綦毋卬尹潘軍于無終廣昌豈無終之先在雲代之境而後遷于右北平與一清按顧氏之説是也不然右北平去太原東北二千餘里嘉父安得遠涉而與晉和其水又南入灅水趙無水字灅水又西南

入于庚水地理志曰灅水出俊靡縣南至無終東入庚水趙刊
誤曰箋曰一作庚按庚字不誤庚水趙不重庚水字世亦謂之為柘水也南逕燕山
下官本曰按近刻訛作上案朱訛趙改懸巖之側有石鼓去地百餘丈望若
數百石囷有石梁貫之鼓之東南有石朱箋曰疑脫一人字趙增人字援桴
狀同擊勢耆舊言燕山石鼓鳴則土有兵庚水又南逕北平
城西而南入鮑邱水謂之柘口趙釋曰一清按漢志右北平郡無終縣浭水西至雍奴入
海過郡二行六百五十里師古曰浭音庚即庚水也蓋合鮑邱水以入海鮑邱水又東逕右北平
郡故城南魏土地記曰薊城東北三百里有右北平城鮑邱
水又東巨梁水注之水出土垠縣北陳宮山西南流逕觀雞
山謂之觀雞水水東有觀雞寺寺內起大堂官本曰按起近刻訛作有案
朱訛趙改刊誤曰有黃省曾本作起甚高廣可容千僧下悉結石為之上加塗

塈基內疏通枝經脈散基側室外四出爨火炎勢內流一堂
盡溫蓋以此土寒嚴霜氣肅猛出家沙門率皆貧薄施主慮
闕道業故崇斯構是以志道者多栖託焉其水又西南流右
朱作又箋曰宋本作右趙改右合區落水水出縣北山朱不重水字趙增刊誤曰出上落水字
東南流入巨梁水巨梁水又南官本曰按近刻訛作西案朱趙作西逕土垠
縣故城西左會寒渡水水出縣東北西南流至縣右注梁河
梁河又南潤于水注之水出東北山西南流逕土垠縣故城
東西南流入巨梁水巨梁水朱趙不重三字又東南右合五里水水
發北平城東北五里山故世以五里名溝一名田繼泉西流
南屈逕北平城東東南流注巨梁河亂流入于鮑邱水官本曰按
此下近刻有巨梁二字衍案朱趙有自是水之南南極滹沱官本曰按近刻脫一南字案
朱趙無西至泉州雍奴東極于海謂之雍奴藪其澤野有九十
九淀枝流條分官本曰按近刻訛作技流條右案朱同箋曰技流條右當作枝流條谷趙改枝流條谷
往往逕通非惟梁河鮑邱歸海者也
濡水從塞外來東南過遼西令支縣北趙釋曰一清按濡水有二禹貢錐指曰一音人
朱切出涿郡故安縣東南流至范陽縣合易水入河春秋昭公七年齊燕盟于濡上即此水一音乃官切讀若難從塞外來東
南流至絫縣碣石山入海即今灤河
濡水出禦夷鎮東南其水二源雙引夾山西北流出山合成
一川官本曰按濡水即今灤河源出巴延屯圖古爾山名都爾本諾爾西北至茂罕和碩三道河始自東會之道元
當時未經親履其地遂以夾山來會之三道河為灤河正源殊屬失實恭讀　御製灤源考證訂覈審確實足正酈
氏之誤謹錄弁卷首竝附識于此又西北逕禦夷故城東鎮北百四十里北
流左則連淵水注之官本曰按左下近刻衍道字淵訛作泉案朱衍趙刪淵竝作泉刊誤曰道字

衍文水出故城東朱無水字趙增刊誤曰出上落水字西北流逕故城南又西北
逕綠水池南朱趙作淥水池水淵而不流官本曰按池近刻訛作其案朱趙作其其
水又西屈而北流又東逕故城北連結兩沼官本曰按沼上近刻衍池字
案朱趙有謂之連淵浦官本曰按淵近刻訛作泉案朱趙同又東北注難河難河
右則汗水入焉官本曰按汗近刻作汙案朱同趙改水出東塢南西北流逕
沙野南北人名之曰沙野官本曰按近刻脫野字案朱趙無趙釋曰一清按下有脫字鎮
東北二百三十里西北入難河濡難聲相近狄俗語訛耳濡
水又北逕沙野西又北逕箕安山東屈而東北流逕沙野北
東北流逕林山北官本曰按後有木林山水其地即唐之松陘疑林山及木林山皆松林山之訛案
朱作林山趙增松字刊誤曰林山上落松字方輿紀要松林城在大寧衛西北志云漢遼西郡文成縣地本松林南境遼
置松江州勝安郡治松江縣金廢州元復置尋以松江縣省入上都路又曰北邊紀事舊慶州在大寧北六百里西南至

開平八百餘里地皆大松號曰千里松林亦曰平地松林在臨灤西灤水出焉或謂之曲水亦曰冋水道元所謂水流冋曲謂之曲河者也唐置松漠都督兼松林沙漠而取名焉郭造鄉永平府志曰此乃千里松林也遼史曰蹛郘案遼史國語解作蹛村地名即松林故地蹛音帶字疑村字乃林字闕筆之誤郘訛志故作郘字形象更差事如史記匈奴傳之蹛林漢書音義曰匈奴秋社八月中皆會祭處又正義曰顏師古云蹛者遶林木而祭鮮卑之俗自古相傳秋祭無林木者尚豎柳枝衆騎馳遶三周乃止此其遺法也又寰宇記引入塞圖云漢大寧西北行百里至懷荒鎮又北行七百里至榆關又北行二百里至松林又北行千里方至瀚海也

水北有池潭而不流濡水又東北流逕孤山南東北流呂泉水注之水出呂泉塢西東南流屈而東逕塢南東北流三泉水注之其源三泉鴈次合爲一水鎮東北四百里東南注呂泉水呂泉水又東逕孤山北又東北逆流水注之水出東南導泉趙作源西流右屈而東北注木林山水會之趙木改松刊誤曰木當作松水出山南東注逆水亂流東北注濡河濡河又東盤泉入焉水自西北東南流注濡河濡河又東南水流迴曲謂之曲河鎮東北三百里又東出峽入安州界東南流逕漁陽白檀縣故城地理志曰濡水出縣北䜌中官本曰按漢志白檀縣作渔水師古曰渔音呼鵙反 案朱同趙改渔水出北䜌夷中刊誤曰漢書地理志漁陽郡白檀縣下云渔水出北䜌夷師古曰渔音呼鵙反渔水即濡水之缺畫此是六朝已後漢書傳寫之誤師古不知而繆音之縣字衍文䜌下落夷字趙釋曰一清按今本漢書亦作渔然注不別出渔水是當卽濡水矣此六朝以前本之訛誤也漢景帝詔李廣曰將軍其帥師東轅弭節白檀者也又東南流右與要水合水出塞外三川竝導謂之大要水也東南流逕要陽縣故城東趙釋曰魏書地形志密雲郡要陽前漢屬漁陽後漢晉罷後復屬桃花山方輿紀要要陽廢縣在密雲縣東南六十里漢縣漁陽都尉治此後漢廢後魏復置屬密雲郡北齊廢魏志縣有桃花山卽今桃山在薊州西南蓋境相接也一統志要陽廢縣在密雲縣東南漢縣在今古北口外後魏時僑置於此屬密雲郡北齊省縣志要陽故城在縣東南六十里也畿輔通志要陽故

誠在密雲縣東北塞外縣志要陽故城在東南六十里本都尉治王莽更之曰要術矣要水又東南流逕白檀縣而東南流入于濡官本曰按白檀要陽在今密雲縣竝非灤水所經酈氏此條舛誤殊甚 御製熱河考灤源考證特加辨正一破千古傳訛謹附訂于此濡水又東南朱東下有而字趙刪刊誤曰而字衍文索頭水注之水北出索頭川南流官本曰按此八字近刻訛作水北流南四字 案朱趙同逕廣陽僑郡西魏分右北平置今安州治又南流注于濡朱趙有水字濡水又東南流武列水入焉其水三川派合西源右爲溪水亦曰西藏水東南流出溪與蟠泉水合泉發州東十五里東流九十里東注西藏水西藏水又西南流東藏水注之水出東溪一曰東藏水西南流出谷與中藏水合水導中溪南流出谷南注東藏水故目其川曰三藏川水曰三藏水趙釋曰一清按通鑑晉紀成帝咸康四年燕王皝遣慕容恪伏精騎七千于密雲山大敗麻秋于三藏口蓋三藏水所會之口也在今古北口塞外東藏水又南右入西藏水官本曰按西藏水卽今之固都爾呼河先合中藏水卽今之茅溝河次合東藏水卽今之賽音河酈氏敘東藏水于中藏水之前以爲東溪西溪合流而與西源會殊乖川流之次恭讀 御製熱河考訂正詳審道元之附會耳食顯然無疑謹錄弁卷首竝附識于此亂流右會龍泉水水出東山下淵深不測其水西南流注于三藏水趙釋曰三藏水畿輔通志一名三城水在密雲縣東北其水三川派合曰西藏川東藏川中藏川其合處曰三藏口下流入于潮河方輿紀要密雲縣東北有武列水亦曰三藏川其水三川派合曰西藏川中藏川東藏川其合處曰三藏口晉咸康四年慕容皝伏兵于此敗趙將麻秋處也水經注要水武列水三藏水竝注于濡水濡同灤潮水亦有灤河之名三藏水又東趙作西南流與龍芻水合西出于龍芻之溪官本曰按西近刻訛作而 案朱訛趙改刊誤曰而孫潛校改西東流入三藏水官本曰按近刻脫三字 案朱脫趙增刊誤曰當作三藏水落三字又東南流逕武列溪官本曰按近刻脫武字 案朱脫趙增刊誤曰當作武列溪下云武列水可證謂之武列

水東南歷石挺下挺在層巒之上官本曰按近刻脫挺字在訛作左又此句之下衍有字　案朱同挺作梃趙改梃在層巒之上不刪有字刊誤曰箋曰謝云梃一作挺按當从木作梃說文梃一支也徐鍇繫傳曰梃者獨也梃然直立之貌石梃是石之孤生獨立者左字誤當作梃在層巒之上孤石雲舉臨崖危峻可高百餘仞牧守所經官本曰按近刻作逕　案朱趙同命選練之士彎張弧矢官本曰按近刻脫張字　案朱脫趙增刊誤曰彎下落張字名勝志引此文校增無能屈其崇標者其水東合流入濡濡水又東南五渡水注之水北出安樂縣丁原山南流逕其縣故城西本三會城也其水南入五渡塘于其川也流紆曲溯涉者頻濟故川塘取名矣又南流注于濡濡水又與高石水合水東出安樂縣東山西流歷三會城南西入五渡川下注濡水濡水又東南逕盧龍塞塞道自無終縣東出渡濡水向林蘭陘東至清陘官本曰按清陘方輿紀要作青陘下同　案朱作清趙改青刊誤曰永平府志方輿紀要俱作青陘紀要云永平府盧龍縣有青山口在府北桃林口東第四關口也下云東越青陘仍是青字盧龍之險峻坂縈折故有九⿰糸爭之名矣官本曰按⿰糸爭近刻作崢　案朱趙作崢燕景昭元璽二年遣將軍步渾治盧龍塞道焚山刊石令通方軌刻石嶺上以記事功其銘尙存而庾杲之趙釋曰何氏曰庾闡字仲初注誤以爲杲之一清按下文云而仲初言在南非也則又不誤豈以杲之爲仲初之名乎注揚都賦朱作楊趙改揚刊誤曰楊當作揚言盧龍山在平岡城北殊爲孟浪遠失事實余按盧龍東越清陘朱趙作青陘趙刊誤曰箋曰克家云青當作清按青陘字不誤至凡城二百許里自凡城東北出趣平岡故城可百八十里向黃龍則五百里故陳壽魏志田疇引軍出盧龍塞塹山堙谷五百餘里逕白檀歷平岡登白狼望柳城平岡在盧龍東北遠矣而仲初言在南非也濡水又東南

逕盧龍故城東漢建安十二年魏武征蹋頓所築也濡水又南黃洛水注之水北出盧龍山南流入于濡濡水又東南洛水合焉朱作水又合焉趙作敖水右合焉刊誤曰箋曰水又舊本作水名宋本作洛水合焉按水上落敖字又當作右永平府志校正箋說非水出盧龍塞西南流注濡水濡水又屈而流官本曰按近刻訛作又合屈而注　案朱趙同不重濡水二字左得去潤水又合敖水朱無左字合作會趙增左刪去又作右刊誤曰得上落左字去字衍又當作右永平府志校正二水竝自盧龍西注濡水濡水朱趙不重濡水二字又東南流逕令支縣故城東王莽之令氏亭也秦始皇二十二年分燕置遼西郡令支隸朱作縣箋曰縣宋本作隸趙改隸焉魏土地記曰肥如城西十里有濡水南流逕孤竹城西朱流下有注字趙存刪逕字刊誤曰逕字羨文右合玄水世謂之小濡水官本曰按世近刻訛作也　案朱趙同非也水出肥如縣東北玄溪官本曰按近刻脫縣字　案朱脫趙增刊誤曰肥如下落縣字西南流逕其縣東東屈南轉西迴逕肥如縣故城南俗又謂之肥如水官本曰按近刻脫之字又此句之下衍非也二字　案朱同趙增之字刊誤曰又謂下落之字故城肥子國應劭曰晉滅肥肥子奔燕趙釋曰全氏曰肥子爲晉荀吳所俘不得云奔燕燕封于此故曰肥如也漢高帝六年封蔡寅爲侯國西南流右會盧水朱會作合趙改刊誤曰合黃省曾本作會水出縣東北沮溪南流謂之大沮水又南左合陽樂水水出東北陽樂縣溪官本曰按近刻脫溪字　案朱趙無地理風俗記曰陽樂故燕地官本曰按近刻訛作也　案朱訛趙改刊誤曰也當作地遼西郡治秦始皇二十二年置魏土地記曰海陽城西南有陽樂城其水又西南入于沮水謂之陽口沮水又西南小沮水注之水發冷溪世謂之冷池又南得温泉水口官本曰按此下近刻衍注之二字　案朱衍趙刪注字之改水下屬刊誤曰注字衍文之乃水

字之譌名勝志校正水出東北溫溪朱無水字趙見上自溪西南流入于小沮水小沮水又南流與大沮水合而爲盧水也桑欽說盧子之書言晉旣滅肥遷其族于盧水趙釋曰全氏曰上言燕封肥子此又引桑欽語以爲晉遷肥族盧水非晉封域安得遷亡國之人于此盧水有二渠號小沮大沮合而入于玄水官本曰按水上近刻衍盧字　案朱趙同朱玄下箋曰脫一水字趙增水字又南與溫水合水出肥如城北西流注于玄水地理志曰盧水南入玄朱趙作盧水又南入玄水玄水又西南逕孤竹城北西入濡水故地理志曰玄水東入濡蓋自東而注也地理志曰令支有孤竹城故孤竹國也官本曰按故字近刻訛在城字上　案朱訛趙乙刊誤曰故城二字當倒互地理志遼西郡令支縣下云有孤竹城應劭曰故伯夷國是也史記曰孤竹君之二子伯夷叔齊讓國于此而餓死于首陽漢靈帝時遼西太守廉翻夢人謂己曰余孤竹君之子伯夷之弟遼海漂吾棺槨聞君仁善願見藏覆明日視之水上有浮棺吏朱作矣箋曰宋本作吏趙改吏嗤笑者皆無疾而死于是改葬之晉書地道志曰遼西人見遼水有浮棺欲破之語曰我孤竹君也趙君下增子字刊誤曰太平廣記引博物志作我孤竹君子也落子字汝破我何爲因爲立祠焉祠在山上城在山側肥如縣南十二里水之會也

又東南過海陽縣西南入于海

濡水自孤竹城東南逕西鄉北官本曰按西近刻訛作主　案朱訛趙改刊誤曰主永平府志作西瓠溝水注之水出城東南朱無水字趙增刊誤曰出上落水字東流注濡水濡水又逕故城南官本曰按故近刻訛作牧　案朱訛趙改刊誤曰牧永平府志作故分爲二水北水枝出世謂之小濡水也東逕樂安亭北東南入海濡水東南流逕樂安亭南東與新河故瀆合瀆自雍奴縣承鮑邱水東出朱趙無自上瀆字謂之鹽關口魏太祖征蹋頓與泃口俱導也世謂之新河矣官本曰按近刻脫之字　案朱脫趙增刊誤曰謂下落之字陳壽魏志云以通海也官本曰按近刻脫云字又海字上衍河字　案朱趙同新河又東北絕庚水官本曰按近刻訛作庚水　案朱訛趙改又東北出逕右北平絕泃渠之水趙釋曰一清按一統志引此文作巨梁水是蓋庚水在巨梁西北新河絕庚水則今沽河合泃河而名爲薊運河者也于是東絕巨梁水巨梁水今還鄉河也于是而清而灤迤邐東入于海若絕庚水之後更絕泃水則是水反西出無是理也又東北逕昌城縣故城北官本曰按此下近刻衍故字　案朱同趙改說見下王莽之淑武也新河又東分爲二水官本曰按近刻脫分字　案朱脫趙增又王莽上朱有至字趙移增新上刊誤曰箋曰至宋本作故俱疑衍按全氏云至字當移在淑武也下枝瀆東南入海新河自枝渠東出合封大水謂之交流口官本曰按近刻訛水作合　案朱趙同

出新安平縣官本曰按近刻脫安字下同　案朱脫趙增刊誤曰當作新安平漢書地理志校補下竝同西南流逕新安平縣故城西地理志遼西之屬縣也又東南流龍鮮水注之水出縣西北世謂之馬頭水官本曰按近刻訛作山　案朱訛趙改刊誤曰山當作水二源俱導南合一川東流注封大水官本曰按近刻脫封字　案朱脫趙增刊誤曰當作封大水漢書地理志校補地理志曰龍鮮水東入封大水者也亂流南會新河南注于海官本曰按注近刻訛作流　案朱作流趙下增入字刊誤曰南流下落入字漢書地理志云皆南入海是也地理志曰封大水于海陽縣南入海新河又東出海陽縣與緩虛水會官本曰按虛近刻訛作靈下同　案朱訛趙改刊誤曰靈漢書地理志作虛下同水出新安平縣東北安字朱脫趙增據官本上云下同今此處無安字必轉寫脫去也今爲增入世謂之大籠川官本曰按近刻訛作山　案朱訛山趙改水刊誤曰山當作水東南流逕令支城西西南流與新河合南流注于海官本

日按近刻脫注字　案朱脫趙增入字刊誤曰南流下落入字漢書地理志校補　地理志曰緩虛水
與封大水皆南入海新河又東與素河會謂之白水口水出
令支縣之藍山朱無水字趙增刊誤曰出上落水字　南合新河又東南入海新
河又東至九過口官本曰按過近刻作過　案朱同趙改刊誤曰過當作濄　枝分南注海
新河又東逕海陽縣故城南漢高祖六年封搖毋餘爲侯國
趙釋曰全氏曰按搖毋餘南粵將豈有嶠外之產而封之遼海者故索隱曰是南越縣志闕是矣　魏土地記
曰令支城南六十里有海陽城者也新河又東與清水會水
出海陽縣東南流逕海陽城東又南合新河又南流一朱趙有一字
十許里西入九過注海朱過作過趙改增口字刊誤曰箋曰一作過按非也其字从水作濄不从
火作過魏書毋邱儉傳正始中儉以高句驪數侵叛督諸軍
步騎萬人出元菟從諸道討之句驪王宮將步騎二萬人進
軍沸流水上大戰梁口宮連破走儉遂東馬懸車以登丸都
注云梁音過梁字無過音葢誤文也冊府元龜作濄口云音
過梁與濄梁過與過皆以形似致誤海陽城漢縣屬遼西郡今
永平府盧龍縣地舊志云西接薊門東達渝關渝關今山海
關仲恭葢由此越險以伐高句驪也沸流水丸都城在朝鮮
京畿道東北遼史地理志淥州鴨淥軍節使正州本沸流王
故地爲公孫康所併渤海置沸流郡有沸流水是也然而其
事有可疑者沸流水在漢元菟郡而九濄口則在遼西郡仲
恭進兵與高麗大戰焉有引之反入內地之理史文如是難
以意度也或于文當云句驪王宮將步騎二萬人大戰濄口
進軍沸流水上宮連破走于事方合九濄下落口字　新河東絕清水又東木究水出焉
孫校日木究水地理志作下官水　南入海新河又東左迆爲北陽孤淀官本曰按
北近刻訛作孔　案朱作爲孔陽孤淀名趙改與北陽孤淀合刊誤曰箋曰宋本無名字按永平府志引此文作左迆與
北陽孤淀合今校正　淀水右絕新河官本曰按近刻脫淀水二字右上衍名字　案朱趙無二字名字說
見上　南注海新河又東會于濡濡水又東南至絫縣碣石山文
穎曰碣石在遼西絫縣王莽之選武也絫縣幷屬臨渝王莽
更臨渝爲馮德官本曰按馮近刻訛作馮　案朱趙作馮　地理志曰大碣石山在
右北平驪成縣西南王莽改曰揭石也官本曰按揭近刻作碣　案朱同趙改刊
誤曰漢書地理志右北平郡驪成縣大碣山在西南莽曰揭
石師古曰揭音桀趙釋曰禹貢錐指曰山有名同而繫之以
大小者驪成之山稱大碣石必有小碣石在葢郎絫縣海旁
之石矣酈道元旣宗文穎以爲碣石在絫縣又引驪成大碣
石以證之若以其山爲跨二縣之境也者今按濡水從塞外
來東南流逕樂安亭南東與新河故瀆合又東南至絫縣碣
石山而南入于海樂安亭者葢郎今樂亭縣東北之樂安故
城也絫縣在其南驪成在其西據濡水歷亭南而東又東南
至碣石則碣石在亭之東南與驪成之大碣石相去闊絕安
得連爲一山郭璞注山海經曰碣石在臨渝或云在驪成葢
兩存之愚謂在臨渝者爲是也文穎以建安時正
班固之碣石猶王横以新莽時正史遷之禹河也　漢武帝亦
嘗登之以望巨海而勒其石于此今枕海有石如甬朱作埇箋曰宋
本作甬趙改甬　道數十里當山頂有大石如柱形往往而見立于巨
海之中潮水大至則隱官本曰按近刻脫此二字　案朱脫趙增刊誤曰大至下落則隱二字全
氏校增　及潮波退不動不沒不知深淺世名之趙有曰字　天橋柱也
狀若人造要亦非人力所就韋昭亦指此以爲碣石也三齊
略記曰始皇于海中作石橋海神爲之豎柱始皇求與朱作爲箋
曰爲當作與趙改與　相見神曰我形醜莫圖我形當與帝相見乃入海
四十里見海神左右莫動手工人潛以腳畫其狀神怒曰帝
負約速去始皇轉馬還前腳猶立後腳隨崩僅得登岸畫者
溺死于海衆山之石皆傾注今猶岌岌東趣疑郎是也　濡水
于此南入海而不逕海陽縣西也葢經誤證耳又按管子齊
桓公二十年征孤竹未朱作來箋曰管子作未趙改未　至卑耳之溪十里闟
朱作闔箋曰管子作闟趙改闟　然止瞠然視援弓將射官本曰按援近刻訛作授　案朱訛趙改
引而未發謂左右曰見前乎左右對曰不見公曰寡人見長
尺而人物具焉冠右祛衣走馬前豈有人若此乎管仲對曰

臣聞豈山之神有偷兒官本曰按管子作登山之神有俞兒案朱同官本箋曰管子作俞兒趙豈改登偷改俞長尺人物具霸王之君興則豈山之神見且走馬前走導也祛衣示前有水右祛衣示從右方涉也至卑耳之溪有贊水者從左方涉其深及冠右方涉其深至趙作及膝已涉大朱趙作陸朱箋曰古本作大濟桓公拜曰仲父之聖至此朱無至字箋曰宋本作仲父之聖至此趙增寡人之抵朱作私箋曰私管子作抵趙改抵罪也久矣今自孤竹南出則巨海矣而滄海之中山望多矣然卑耳之川若贊溪者亦不知所在也趙釋曰一清按史記齊世家云桓公稱曰寡人南伐召陵望熊山北伐山戎離枝孤竹西伐大夏涉流沙束馬懸車登太行至卑耳山還正義云卑音辟是也索隱曰卑耳山在河東大陽縣方輿紀要卑耳山在山西平陸縣東桓公西伐登太行卑耳宜在漢之大陽而道元以爲溪名記于濡水是因管子之文相仍書之兩地懸殊未知孰是也又按齊語云桓公懸車束馬踰太行與辟耳之谿拘夏韋昭曰拘夏辟耳山之谿也豈亦贊谿之異名

乎

昔在漢世海水波襄吞食地廣當同碣石苞淪洪波也

大遼水出塞外衞白平山趙釋曰一清按山海經海內東經曰遼水出衞皋東郭註云出塞外衞皋山似合白平二字爲一孫校曰白平疑皋之誤東南入塞過遼東襄平縣西朱箋曰墰按此西字舊本作注誤今改正

遼水亦言出砥石山官本曰按砥近刻訛作砬　案朱訛趙改刊誤曰砬當作砥淮南子地形訓遼出砥石篇海類篇俱云砥同砥自塞外東流直遼東之望平縣西王莽之長說也屈而西南流逕襄平縣故城西秦始皇二十二趙作一年滅燕置遼東郡治此漢高帝八年封紀通爲侯國趙釋曰全氏曰紀通所封之襄平不在遼東索隱曰是臨淮地理志臨淮郡襄平縣侯國王莽之昌平也故平州治

又南逕遼隊縣故城西官本曰按近刻南訛作東隊訛作隧　案朱趙同朱箋曰舊本無又東逕三字吳本增之王莽更名之曰順睦也官本曰按睦近刻訛作陸　案朱訛趙改公孫淵

遣將軍卑衍拒司馬懿于遼隊卽是處也官本曰按此下近刻有遼水又南歷縣有小遼水其流注之也十五字　案朱趙有朱作其趙改共刊誤曰其當作共

又東南過房縣西

地理志朱趙有曰字房故遼東之屬縣也朱趙無也字遼水右會白狼水朱水下有又字趙刪刊誤曰又字衍文孫潛校水出右北平白狼縣東南官本曰按近刻此下有廣成縣三字係衍文　案朱南下有三字箋曰謝云南下當有逕字趙依增逕字北流西北屈逕廣成縣故城南王莽之平虜也俗謂之廣都城又西北石城川水注之水出西南石城山東流逕石城縣故城南地理志朱趙有曰字右北平有石城縣北屈逕白鹿山西卽白狼山也魏書國志曰遼西單于蹋頓尤强爲袁氏所厚故袁尚歸之數入爲害公出盧龍塹山堙谷五百餘里未至柳城二百里尚

與蹋頓將數萬騎逆戰公登白狼山望柳城卒與虜遇乘其不整縱兵擊之虜衆大崩斬蹋頓胡漢降者二十萬口英雄記曰曹操于是擊馬鞍于馬上作十片卽于此也博物志曰魏武于馬上逢獅子使格之朱無逢獅子三字趙增刊誤曰於馬上下博物志有逢獅子三字今校補殺傷甚衆朱作其趙改甚刊誤曰其博物志作甚王乃自率常從健兒朱趙自作統趙刊誤曰箋曰統宋本作自按統字義自得數百人擊之獅子吼呼奮越官本曰按吼近刻作哮　案朱趙作哮左右咸驚王忽見一物從林中出如貍超上王車軛上獅子將至此獸便跳上獅子頭上獅子卽伏不敢起于是遂殺之得獅子而還未至洛陽四十里洛中雞狗皆無鳴吠者也官本曰按洛中近刻訛作洛陽　案朱訛趙改刊誤曰陽博物志作中其水又東北入廣成縣東注白狼水白狼水北逕白狼縣故城東官本曰按

近刻脫故字案朱脫趙增刊誤曰縣下落故字王莽更名伏狄白狼水又東趙刊誤曰箋曰又古本作入按又字不誤方城川水注之水發源西南山下官本曰按源近刻訛作川案朱訛趙改刊誤曰川當作源東流北屈逕一故城西官本曰按近刻脫東字案朱趙無世謂之雀目城東屈逕方城北東入白狼水白狼水又東北逕昌黎縣故城西地理志曰交黎也東部都尉治王莽之禽虜也應劭曰今昌黎也趙釋曰一清按續志無昌黎縣晉志以爲魏置魏書三少帝紀正始五年九月鮮卑內附置遼東屬國立昌黎縣以居之今以仲瑗之言考之則東京已有是縣旋廢而魏復立之宋琬曰後漢志作昌遼或黎字之誤非也通鑑註昌黎漢交黎縣屬遼西郡而後漢屬遼東屬國都尉魏立昌黎縣後立昌黎郡章懷後漢書註夫黎縣屬遼東屬國寰宇記扶黎城在柳城縣東扶黎之名不見史志然必有據也高平川水注之水出西北平川東流逕倭城北蓋倭地人徙之官本曰按近刻訛作蓋委也人從之案朱訛趙改刊誤曰箋曰蓋委以下六字有譌脫按孫潛校改作蓋倭地人徙之又東南逕乳樓城北蓋逕戎鄉邑兼夷稱也官本曰按近刻訛作之案朱趙作之又東南注白狼水白狼水又東北自魯水注之水導西北遠山朱無水字趙增刊誤曰導上落水字東南注白狼水白狼水又東北逕龍山西燕慕容皝朱作晃趙改皝下同刊誤曰箋曰克家云別本以作皝按史作皝當據史改正何別本之足云柳城之北龍山之南福地也使陽裕築龍城改柳城爲龍城縣十二年黑龍白龍見于龍山皝親觀龍去二百步祭以太牢二龍交首嬉翔解角而去皝悅大赦號新宮曰和龍宮立龍翔祠于山上白狼水又北逕黃龍城東十三州志曰遼東屬國都尉治昌遼道有黃龍亭者也官本曰按遼近刻訛作黎案朱訛趙改趙釋曰一清按續志遼東屬國劉昭補註曰故邯鄉西部都尉安帝時以爲屬國都尉別領六城首曰昌遼故天遼而前志又無天遼之目魏營州刺史治魏土地記曰黃龍城西南有白狼河

東北流附城東北下卽是也又東北濫眞水出西北塞外東南歷重山東南入白狼水白狼水又東北出東流分爲二水官本曰按近刻脫分字案朱脫趙增刊誤曰東流下落分字孫潛校增右水疑卽渝水也地理志曰渝水首受白狼水趙釋曰一清按漢志遼西郡臨渝縣渝水首受白狼東入塞外交黎縣渝水首受塞外南入海道元以爲卽是一水又右北平郡字縣渝水出東今字縣不知所在文獻通考貞觀二十一年李勣破高麗于南蘇班師至頗利城渡白狼黃嵒二水皆由郄以下勣怪二水狹淺問契丹遼源所在云此二水更行數里合而南流卽稱遼水更無遼源可尋也西南循山逕一故城西世以爲河連城官本曰按近刻循訛作巡脫西字世字案朱趙作巡朱無西世二字趙增西字刊誤曰故城下落西字孫潛校增疑是臨渝縣之故城王莽曰馮德者矣官本曰按近刻馮訛作憑案朱訛趙改渝水南流東屈與一水會世名之曰檻倫水蓋戎方之變名耳趙釋曰一清按通鑑檻盧城下註引此文方輿紀要檻盧城在凡城東城在水傍故曰檻盧疑卽地理志所謂侯水北入渝者也十三州志曰侯水南入渝地理志蓋言自北而南也官本曰按蓋言近刻訛作言蓋案朱趙同又西南流注于渝渝水又東南逕一故城東俗曰女羅城又南逕營邱城西營邱在齊而名之于遼燕之間者蓋燕齊遼迴趙刊誤曰箋曰迴宋本作遠舊本作迴按增韻迴寥遠也與遠字義無別若作迴尤非僑分所在趙釋曰方輿紀要營邱城在營州南五代志慕容廆以宥州流人置營邱郡治武寧縣後魏郡縣俱廢正光末復置領富平永安二縣高齊時唐契丹重熙初析霸城置營邱縣蓋因故郡爲名也其水東南入海地理志曰渝水自塞外南入海官本曰按近刻脫外字案朱脫趙增刊誤曰漢書地理志遼西郡交黎縣下云渝水首受塞外南入海落外字一水東北出塞爲白狼水又東南流至房縣注朱作至箋曰當作注趙改注于遼魏土地記曰白狼水下入遼也

又東過安市縣西南入于海

十三州志曰官本曰按近刻脫曰字案朱脫趙增刊誤曰志下落曰字大遼水自塞外官本曰按近刻脫外字案朱脫趙增刊誤曰塞下落外字西南至安市入于海

又玄菟高句麗縣有遼山小遼水所出

縣故高句麗胡之國也官本曰按胡近刻訛作相案朱訛趙改刊誤曰漢書地理志玄菟郡高句驪縣應劭曰故句驪胡相字誤也漢武帝元封二趙作三年平右渠置玄菟郡于此王莽之下句麗水出遼山西南流逕遼陽縣與大梁水會水出北塞外西南流至遼陽入小遼水官本曰按近刻訛作西南流逕至遼水案朱同趙改逕至爲注刊誤曰逕至二字是注字之誤故地理志曰大梁水西南至遼陽入遼郡國志曰縣故屬遼東後入玄菟其水西南流故謂之爲梁水也小遼水又西南逕襄平縣爲淡淵晉永嘉三年涸小遼水又逕遼隊縣官本曰按近刻訛作逕襄平縣案朱趙同入大遼水官本曰按遼近刻訛作梁案朱趙作梁司馬宣王之平遼東也斬公孫淵于斯水之上者也

西南至遼隊縣入于大遼水也官本曰按此十二字近刻在前接小遼水所出下係後人移改案朱同趙改刊誤曰柳僉鈔本此十二字經文另爲一條在本注之後又隊朱趙作隧

浿水出樂浪鏤方縣東南過臨浿縣官本曰按近刻過下衍于字案朱趙同趙釋曰一淸按兩漢志晉志魏志隋五代志俱無臨浿縣未知從何得名此卷中之大可疑者東入于海

許慎云浿水出鏤方東入海一曰出浿水縣十三州志曰浿水縣在樂浪東北鏤方縣在郡東蓋出其縣南逕鏤方也官本曰按南近刻訛作而又此句下原本空一字朱謀瑋引謝耳伯云宋本原缺十二字案朱趙南作而趙釋曰朱謀瑋箋曰謝云此下宋本原缺十二字昔燕人衞滿自浿水西至朝鮮官本曰按西近刻訛作而案朱訛趙改刊誤曰而當作西孫潛校改朝鮮故箕子國也箕子教民以義田

織信厚約以八法而下知禁遂成禮俗戰國時滿乃王之都王險城地方數千里至其孫右渠漢武帝元封二趙作三年遣樓船將軍楊樸左將軍荀彘討右渠破渠于浿水遂滅之若浿水東流無渡浿之理其地今高句麗之國治余訪蕃使言城在浿水之陽趙釋曰一淸按漢志遼東郡險瀆縣應劭註曰朝鮮王滿都也依水險故曰險瀆臣瓚曰王險城在樂浪郡浿水之東北自是險瀆也其水西流逕故樂浪朝鮮縣卽樂浪郡治漢武帝置而西北流故地理志曰浿水西至增地縣入海又漢興以朝鮮爲遠循遼東故塞至浿水爲界考之今古于事差謬蓋經誤證也趙釋曰全氏曰按漢志東方之水不見于水經注者遼西郡新安平縣夷水東入塞外柳城縣馬首山在西南參柳水北入海狐蘇縣唐就水至徒河入海寰宇記彭盧水卽唐就水後魏輿地圖風土記云水至徒河入海與地平故曰平盧今語訛爲彭盧絫縣下官水南入海又有碣石水賓水皆南入海遼東郡居就縣室僞山室僞水所出北至襄平入梁也番汗縣沛水出塞外西南入海應劭曰汗水出塞外西南入海沓氏縣應劭曰沓水也師古曰凡言氏者皆謂因之而立名說文云沓語多沓沓也遼東有沓氏縣徐鉉曰語多沓沓若水之流然則本非水名也或曰非也三國志吳嘉禾二年謀討公孫淵陸瑁曰沓渚至淵道里尙遠漢沓氏縣西南臨海渚謂之沓渚泛海至遼沓渚其登涉之所也玄菟郡高句麗縣南蘇水西北逕塞外西蓋馬縣馬訾水馬訾水近代謂之鴨綠江新唐書云馬訾水出靺鞨長白山色若鴨頭號鴨綠水隋元萬頃檄文曰不知守鴨綠之險高麗報曰謹聞命矣卽此水也西北入鹽難水西南至西安平入海過郡二行一千一百里後漢書東夷傳句驪一名貊耳有別種依小水爲居因名曰小水貊章懷注引魏氏春秋曰遼東郡西安平縣北有小水南流入海樂浪郡含資縣帶水西至帶方入海吞列縣分黎山列水所出西至黏蟬入海行八百二十里此殆所云有小水四十八竝行三千四十六里者也不特此也武帝紀云元朔元年東夷薉君南閭等降以其地爲蒼海郡三年罷元封三年朝鮮降以其地爲樂浪玄菟臨屯眞番郡臣瓚曰茂陵書臨屯郡治東暆縣去長安六千一百三十八里十五縣眞番郡治霅縣去長安七千六百四十里十五縣昭帝紀云始元五年罷眞番郡而臨屯之罷據范氏東夷傳亦在始元五年三郡旣廢其地之水亦不復可問矣

水經注卷十四

水經注卷十五　　長沙王氏校本

後魏酈道元撰

洛水　伊水　瀍水　澗水（朱止有洛水二字趙同官本）

洛水出京兆上洛縣讙舉山

地理志曰洛出冢嶺山山海經曰出上洛西山（趙釋曰一淸案此文在海內東經）又曰讙舉之山洛水出焉（趙釋曰一淸案此文在中山經）東與丹水合水出西北竹山東南流注于洛（趙釋曰全氏曰案丹水不入洛道元繆也）洛水又東尸水注之（官本曰案此八字原本及近刻竝訛作經尸近刻訛作戶下同　案朱訛趙改刊誤曰箋曰謝云戶一作尸　案八字是注混作經）水北發尸山（官本曰案發上近刻衍出字　案朱衍尸作戶箋曰戶一作尸案山海經云尸水出尸山南流注于洛水其中多美玉是知戶字譌也趙刪發存出戶改尸刊誤曰出發二字義複山海經曰尸水出尸山衍發字）南流入洛洛水又東得乳水（官本曰案此七字原本及近刻竝訛作經　案朱訛趙改刊誤曰七字是注混作經）水北出良餘山南流注于洛（官本曰案流近刻訛作南　案朱訛趙改刊誤曰下南字重文當作流）洛水又東會于龍餘之水（官本曰案此十字原本及近刻竝訛作經　案朱訛趙改刊誤曰十字是注混作經）水出蠱尾之山（官本曰案蠱近刻訛作蟲　案朱作蟲箋曰山海經作蠱尾蟲字似訛趙改蠱趙水出上有山海經曰四字）東流入洛洛水又東（官本曰案近刻脫一洛字　案朱脫趙增刊誤曰入洛下當重一洛字）至陽虛山合（朱箋曰宋本有于字趙增于字）玄扈之水（趙釋曰一淸案山海經曰雒水東北流注於玄扈之水又曰陽虛之山臨于玄扈之水道元蓋抄變其詞）山海經曰洛水東北流注于玄扈之水（官本曰案近刻脫此十五字　案朱趙無孫校曰玄扈水今俗曰黑潭水）是也又曰自鹿蹏之山以至玄扈之山凡九山玄扈亦山名也而通與讙舉爲九山之次焉故山海經曰此二山者洛間也是知玄扈之水出于玄扈之山蓋山水兼受其目矣其水逕于陽虛之下山海經又

曰（官本曰案又字近刻訛在曰字下　案朱訛趙乙刊誤曰曰又二字當倒互）陽虛之山臨于玄扈之水是爲洛汭也河圖玉版曰倉頡爲帝南巡（朱箋曰宋本作隨帝山海經注引河圖但作爲帝葢爲黃帝代巡也）登陽虛之山臨于玄扈洛汭之水靈龜負書丹甲青文以授之卽于此水也洛水又東（朱無洛水二字箋曰宋本也下有洛水二字趙增）歷淸池山（官本曰案此句之下近刻有傍字　案朱趙有）東合武里水水南出武里山東北流注于洛洛水又東門水出焉（官本曰案此八字原本及近刻竝訛作經　案朱訛趙改刊誤曰八字是注混作經孫校曰今志以爲門水無考）爾雅所謂洛別爲波也（趙釋曰全氏曰彼水見穀水注道元以門水當之恐非王伯厚亦云）洛水又東要水入焉水南出三要山東北逕拒陽城西（孫校曰然則城在今洛陽境中）而東北流入于洛洛水又東與獲水合水南出獲輿山（官本曰案輿近刻訛作興下同　案朱訛趙改刊誤曰興當作輿漢書地理志校正下獲輿川同孫校曰當卽今孤山）俗謂之備水也東北逕獲輿川世名之爲卻川（孫校曰此卽今俗稱八里乾澗水也）東北流注于洛洛水又東逕熊耳山北（趙刊誤曰九字是注混作經說又見下）禹貢所謂導洛自熊耳（官本曰案此十八字原本截上十五字訛作經下三字仍屬注文近刻截上九字訛作經下九字仍屬注文　案朱訛趙改）博物志曰洛出熊耳葢開其源者是也（趙釋曰一淸案漢志宏農郡上雒縣禹貢雒水出冢嶺山又云熊耳獲輿山在東北此卽所謂連麓而異名也孫校曰文選注曰三輔三代舊事曰四皓秦時爲博士辟於上洛熊耳山西）

東北過盧氏縣南（孫校曰太平寰宇記盧氏縣本漢縣洛水經縣南兜牟山自商州洛南界邐迤向西卻入朱陽山在縣南一百四十里）

洛水逕隝渠關北（官本曰案此七字原本及近刻竝訛作經又近刻隝作陽下同　案朱訛趙改刊誤曰七字是注混作經又朱趙作陽下同說見下）隝渠水南出隝渠山（官本曰案南出近刻訛作出南　案朱訛趙乙刊誤曰箋曰謝云陽一作隝案非也出南二字當倒互孫校曰隝渠疑卽蔓渠山耳）卽荀渠山

也其水一源兩分川流半解一水西北流屈而東北入于洛
山海經曰熊耳之山浮豪之水出焉西北流注于洛疑卽是
水也荀渠蓋熊耳之殊稱若太行之歸山也故地說曰熊耳
之山地門也朱箋曰案圖括地象云熊耳爲地門其精上爲壁附耳星也洛水出其間是
亦總名矣其一水東北逕隝渠城西故關城也其水東北流
注于洛洛水又東逕盧氏縣故城南官本曰案此十一字原本及近刻竝譌作經
案朱譌趙改刊誤曰十一字是注混作經竹書紀年晉出公十九年晉韓龍取盧
氏城官本曰案龍今竹書紀年作龎又近刻脫取盧二字案朱作晉韓龍氏城箋曰竹書云晉韓龎取盧氏城趙
依改王莽之昌富也有盧氏川水注之水北出盧氏山東南流
逕盧氏城東東南流注于洛官本曰案近刻脫一東字南譌作而　案朱趙少一東字朱作
東而趙改而東刊誤曰東而二字當倒互孫潛校正又朱趙不重洛字以水字上屬洛水又東翼合三
川官本曰案翼上近刻衍龍字　案朱衍趙刪刊誤曰龍字衍文孫潛校竝出縣之南山東北
注洛開山圖曰盧氏山宜五穀可避水災亦通謂之石城山
山在宜陽山西南千名之山咸處其內陵阜原隰官本曰案近刻譌作
險　案朱譌趙改刊誤曰險當作隰易以度身者也又有葛蔓谷水自南山流
注洛水洛水又東逕高門城南孫校曰在今盧氏縣東卽宋書所謂後
軍外兵龎季明入盧氏進達高門木城者也洛水東與高門
水合官本曰案此八字原本及近刻竝譌作經案朱譌趙改刊誤曰八字是注混作經水出北山東
南流合洛水枝津水上承洛水東北流逕石勒城北又東逕
高門城北東入高門水亂流南注洛洛水又東松陽溪水注
之官本曰案陽近刻譌作楊下同又此十字原本及近刻竝譌作經　案朱譌趙改刊誤曰十字是注混作經楊當作
陽方輿紀要云盌縣西六十里有松陽關極險阨下松陽山同孫校曰今永盌縣西六十里有松陽關當與溪相近水

出松陽山北流注于洛洛水又東逕黃亭南又東合黃亭溪
水官本曰案亭近刻作城　案朱同趙改刊誤曰城當作亭禹貢錐指校水出鵜鶘山山有二
峰朱無山字趙增刊誤曰有上落山字峻極于天高崖雲舉亢石無階猨徒喪
其捷巧鼯族謝朱作窮箋曰宋本作謝趙改謝其輕工及其長霄冒嶺朱趙作顛
趙刊誤曰箋曰顛一作嶺案顛字義通層霞冠峰方乃就辨優劣耳趙刊誤曰箋曰宋本
作方可按乃字不誤故有大小鵜鶘之名矣孫校曰鵜鶘山在今永盌縣西八十里溪水
東南流歷亭下謂之黃亭溪水又朱作而箋曰宋本作又趙改又東南入于
洛水洛水又東得荀公溪口官本曰案溪近刻譌作漢　案朱譌趙改刊誤曰箋曰孫云漢
口當作澗口案當作溪口溪與漢近水出南山荀公澗官本曰案近刻脫公字　案朱脫趙增卽
龎季明所入荀公谷者也孫校曰荀公谷在今永盌縣西南其水歷谷東北
流注于洛水洛水又東逕檀山南其山四絕孤峙山上有塢
聚俗謂之檀山塢義熙中劉公西入長安舟師所屆次于洛
陽命參軍戴延之官本曰案軍近刻譌作將　案朱譌趙改刊誤曰參將當作參軍晉書職官志諸公
及開府從公爲持節都督增參軍爲六人延之時從宋武帝西入長安正居此職作西征記也延之名祚見隋書經籍志
與府舍人虞道元卽舟遡流窮覽洛川欲知水軍可至之處
延之屆此而返竟不達其源也洛水又東庫谷水注之官本曰案
此九字原本及近刻竝譌作經　案朱譌趙改刊誤曰九字是注混作經水自宜陽山南三川竝
發合爲一溪東北流注于洛洛水又東得鵜鶘水口水北發
鵜鶘澗官本曰案北發近刻譌作發北　案朱譌趙乙刊誤曰發北二字當倒互東南流入于洛
洛水又逕僕谷亭北左合北水水出北山東南流注于洛洛
水又東侯谷水出南山北流入于洛洛水又東逕龍驤城北
孫校曰城在永盌縣西南四十里龍驤將軍王鎮惡從劉公西入長安陸行

所由官本曰案行近刻訛作徑案朱趙作徑故城得其名洛水又東左合宜陽北山水水自北溪南流注洛洛水又東廣由澗水注之水出南山由溪北流逕龍驤城東而北流入于洛洛水又東右得直谷水水出南山北逕屯城西北流注于洛水也

又東北過蠡城邑之南孫校曰在今澠池縣西四十里

城西有塢水官本曰案近刻脫有字案朱脫趙增刊誤曰城西下落有字出北四里山上原高二十五丈故黽池縣治南對金門塢水南五里舊宜陽縣治也洛水右會金門溪水水南出金門山孫校曰金門山見山海經在今宜陽縣西六十里北逕金門塢西北流入于洛洛水又東合款水其水官本曰案此二字近刻作一有字案朱作有趙增水字刊誤曰有上落水字二源竝發兩朱作而箋曰宋本作兩川趙改兩川逕引謂之大款水也合而東南入于洛洛水

又東黍亶谷水入焉官本曰案亶近刻訛作艮案朱訛趙改刊誤曰艮禹貢錐指作亶水南出金門山朱趙無水字開山圖曰山多重固在韓官本曰案山下近刻衍出字案朱衍趙刪刊誤曰出字衍文建武二年强弩大將軍陳俊官本曰案大近刻訛作偏案朱趙作偏趙釋曰一清案後漢書陳俊傳建武二年秋大轉司馬吳漢承制拜俊爲彊弩大將軍注云偏將軍蓋誤也擊金門白馬皆破之卽此也而東北流注于洛洛水又東左合北溪南流入于洛也

又東過陽市邑南又東北過于父邑之南趙釋曰一清案寰宇記引此作文邑誤

太陰谷水南出太陰溪北流注于洛洛水又東合白馬溪水水出宜陽山朱趙不重水字澗有大石厥狀似馬故溪澗以物色受名也溪水東北流注于洛官本曰案東下近刻衍又字案朱作東又箋曰疑作又東趙改又東洛水又東有昌澗水注之水出西北宜陽山而東南流逕宜陽故郡南舊陽市邑也故洛陽都典農治此後改爲郡其水又南朱作東箋曰舊本作南趙改東南注于洛洛水又東逕一合塢南城在川北原上高二十丈南北東三箱天險峭絕惟築西面卽爲固官本曰案固上近刻有合字案朱趙有一合之名起于是矣劉曜之將攻河南也晉將軍魏該奔于此故于父邑也洛水又東合杜陽澗水官本曰案陽近刻訛作楊下同案朱訛趙改刊誤曰楊禹貢錐指作陽下杜陽溪同水出西北杜陽溪東南逕一合塢東與槃谷水合亂流東南入洛洛水

又東渠谷水出宜陽縣南女几山官本曰案此十五字原本及近刻截上六字訛作經下九字仍屬注文案朱訛趙改刊誤曰箋曰謝云渠谷上下疑有闕案無闕文也六字是注混作經孫校曰山在今宜陽縣西東北流逕雲中塢左上迢遰層峻官本曰案左近刻訛作在案朱訛趙改刊誤曰在當作左流煙半垂纓帶山阜故塢受其名渠谷水又東北

入洛水官本曰案近刻脫渠谷二字案朱趙無臧榮緒晉書稱孫登嘗經宜陽山作炭人見之與語登不應作炭者覺其情神非常咸共傳說太祖聞之使阮籍往觀與語亦不應籍因大嘯登笑曰復作向聲又爲嘯求與俱出登不肯籍因別去登上峯行且嘯如簫韶笙簧之音聲振山谷籍怪而問作炭人作炭人曰故是向人聲籍更求之不知所止推問久之乃知姓名余按孫綽之敍高士傳言在蘇門山又別作登傳孫盛魏春秋亦言在蘇門山又不列姓名阮嗣宗感之著大人先生論言吾不知其人既朱作卽箋曰一作既趙改既神遊自得不與物交阮氏尚不能動其英操復不識何人而能得其姓名

又東北過宜陽縣南孫校曰元和郡縣志河南壽安縣本漢宜陽縣地洛水西自福昌界流入福昌古宜

陽地漢以爲縣
洛水之北有熊耳山雙巒競舉狀同熊耳此自別山不與禹
貢導洛自熊耳同也孫校曰案山海經熊耳山在讙舉山東六百五十里則此熊耳是也尚書導雒
自熊耳孔傳曰在宜陽之西然則道元之説未可據也昔漢光武破赤眉樊崇積甲仗
與熊耳平即是山也山際有池池水東南流水側有一池世
謂之澠朱趙作黽池矣又東南逕宜陽縣故城西謂之西度水又
東南流入于洛洛水又東逕宜陽縣故城南官本曰案此十一字原本及近
刻竝譌作經　案朱譌趙改刊誤曰十一字是注混作經孫校曰城在今縣北十四里秦武王以甘茂
爲左丞相曰寡人欲通三川窺周室死不朽矣茂請約魏以
攻韓斬首六萬遂拔宜陽城故韓地也後乃縣之漢哀帝封
息夫躬爲侯國趙釋曰全氏曰本傳及表是封宜陵屬杜衍杜衍南陽之屬縣也善長誤以爲宜陽城

之西門赤眉樊崇與盆子及大將等奉璽綬劒璧處世祖不
即見明日陳兵于洛水見盆子等謂盆子丞相徐宣曰不悔
乎宣曰不悔上歎曰卿庸中皦皦鐵中錚錚也洛水又東與
厭染之水合官本曰案染近刻譌作梁　案朱譌趙改刊誤曰厭梁山海經作厭染水出縣北
傳山朱作傳山趙改刊誤曰箋曰傳一作傳案山海經正作傳山朱氏何不據之改正乎大陂山無草
木其水自陂北流屈而東南注世謂之五延水又東南流逕
宜陽縣故城東東南流注于洛洛水又東南黃中澗水出北
皐二源奇發總成一川東流注于洛洛水又東祿泉水注之
官本曰案近刻脱水字脱趙增刊誤曰泉下落水字　案朱其水北出近溪官本曰案近刻譌作近出
北溪　案朱譌趙改刊誤曰近字與北字當互易下云水東出近川是其詞例也洛水又東其水入
焉水北出長石之山山無草木其西有谷焉厥名其谷其水

出焉南流得尹溪口水出西北尹谷東南注之其水又西南
與左澗水會官本曰案共水又西南與近刻譌作其水右與西南　案朱趙同水東出近川
西流注于共水共水又南與李谷水合水出西北李溪東南
注蓁水蓁水發源蓁谷西南流與李谷水合而西南流入共
水共水世謂之石頭泉官本曰案近刻脱之字　案朱脱趙增而南流注于洛
洛水又東黑澗水南出陸渾西山孫校曰水在今宜陽縣東北六十里歷于黑
澗西北入洛洛水又東臨亭川水注之水出西北近溪東南
與長澗水會官本曰案與下近刻衍湖字　案朱衍趙删刊誤曰湖字衍文水出北山南入
臨亭水又東南歷九曲西而南入洛水也
又東北出散關南
洛水東逕九曲南孫校曰今宜陽縣東三十里有九曲城其地十里有坂九曲

穆天子傳所謂天子西征升于九阿此是也洛水又東與豪
水會水出新安縣密山孫校曰密山見山海經南流歷九曲東而南流
入于洛洛水之側有石墨山孫校曰元和郡縣志福昌縣古宜陽地漢以爲縣石墨山在縣
西南三里山石盡黑可以書疏故以石墨名山矣洛水又東枝瀆
左出焉官本曰案此九字原本及近刻竝譌作經　案朱譌趙改刊誤曰九字是注混作經東出關絕
惠水又逕清女冢南冢在北山上耆舊傳云斯女清貞秀古
蹟表來今矣枝瀆又東官本曰案枝近刻譌作故下同　案朱譌趙改刊誤曰故瀆當作枝瀆下
同逕周山上有周靈王冢皇覽曰周靈王葬于河南城西南
周山上蓋以王生而神故諡曰靈其冢人祠之不絕又東北
逕柏亭南皇覽曰周山在柏亭西北官本曰案北近刻譌作柏　案朱譌趙改刊誤
曰西柏當作西北謂斯亭也又東北逕三王陵東北出官本曰案此下近刻衍焉

字 案朱同趙增穀水二字刊誤曰東北出焉上全氏校增穀水二字趙釋曰一清案此文當與穀水篇注參證三
王或言周景王悼王定王也魏司徒公崔浩注西征賦云定
當爲敬朱箋曰潘岳西征賦云咨景悼以迄匄政凌遲而彌季崔時所傳或作定悼故云定當作景傳寫者又誤以景作敬耳敬王名句安得疊言之理乎子朝作難西周政弱人荒悼敬二王與
景王俱葬于此故世以三王名陵帝王世紀曰景王葬于翟
朱作瞿箋曰一作翟泉趙改翟泉今洛陽太倉中大冢是也而復傳言在此
所未詳矣又悼敬二王稽諸史傳復無葬處今陵東有石碑
錄赧王以上世王名號考之碑記周墓明矣枝瀆東北歷制
鄉朱作故趙改枝刊誤曰故瀆當作枝瀆穀水注云洛水枝流入焉是也逕河南縣王城西歷
郟鄏陌杜預釋地曰縣西有郟鄏陌謂此也枝瀆又北入穀
蓋經始周啟瀆久廢不脩矣洛水自枝瀆又東出關惠水右

注之世謂之八關水戴延之西征記謂之八關澤即經所謂
散關鄣自南山橫洛水北屬于河皆關塞也即楊僕家僮所
築矣惠水出白石山之陽東南流與瞻水合水東出婁涿之
山而南流入惠水惠水又東南謝水朱箋曰山海經作謝水北出瞻諸
之山東南流又有交觸之水北出廆山南流俱合惠水惠水
又南流逕關城北官本曰案城北近刻訛作北城 案朱趙同二十里者也官本曰案此有脫誤其城西阻塞垣東枕惠水官本曰案枕近刻訛作抗 案朱訛趙改刊誤曰抗當作枕
靈帝中平元年以河南尹何進爲大將軍率五營士屯都
亭官本曰案近刻脫率字 案朱脫趙增刊誤曰五營上落率字後漢書何進傳校補置函谷廣城伊
闕大谷轘轅旋門小平津孟津等八關官本曰案函谷下近刻衍關字闕亦訛作關復脫小字 案朱關字不誤餘同趙刪增刊誤曰函谷關關字衍文平津上落小字後漢書靈帝紀校正都尉

官治此函谷爲之首在八關之限孫校曰八關在今新安縣東北函谷新關在縣東八里故世人總其統目有八關之名矣其水又南流入于洛水
山海經曰白石之山惠水出其陽而南流注于洛謂是水也
洛水又與虢水會水出扶豬之山官本曰案扶豬近刻訛作林楮 案朱趙同朱箋曰山海經曰扶豬之山虢水出焉趙釋曰一清案山海經作扶豬北流注于洛水之南官本曰案之近刻作其 案朱趙同則鹿蹏之山也世謂之非山官本曰案此下近刻衍也字 案朱衍趙刪
其山陰則峻絕百仞陽則原阜隆平甘水發于東麓北流
注于洛水也孫校曰今宜陽縣東南有鹿蹏山一名非山甘水出焉西有宜水又有昌谷水與甘水俱流入洛
又東北過河南縣南孫校曰元和郡縣志河南縣本漢舊縣洛水在縣北四里
周書稱周公將致政乃作大邑成周于中土南繫于洛水北

因于郟山以爲天下之大湊孝經援神契曰八方之廣周洛
爲中謂之洛邑竹書紀年晉定公二十年洛絕于周魏襄王
九年洛入成周山水大出南有甘洛城郡國志所謂甘城也
官本曰案志下近刻衍曰字 案朱衍趙刪刊誤曰曰字衍文地記曰洛水東北過五零陪
朱箋曰舊本作倍尾北與澗瀍合是二水東入千金渠故瀆存焉
又東過洛陽縣南伊水從西來注之孫校曰元和郡縣志伊水在縣西南三里
洛陽周公所營洛邑也故洛誥曰我卜瀍水東亦惟洛食其
城方七百二十丈南繫于洛水北因于郟山以爲天下之湊
方六百里因西八百里官本曰案近刻脫此三字 案朱脫趙增方八百里四字刊誤曰因西下落方八百里四字漢書地理志云初雒邑與宗周通封畿東西長而南北短短長相覆爲千里師古曰宗周鎬京也方八百里八八六十四爲方百里者六十四也雒邑成周也方六百里六六三十六爲方百里者三十六二都得百里者方千里

也故詩云邦畿千里爲千里春秋昭公三十二年官本曰案近刻訛作二十三年案朱訛趙改晉合諸侯大夫戍成周之城故亦曰成周也司馬遷自序云官本曰案近刻脫司馬二字案朱脫趙增刊誤曰遷上落司馬二字太史公留滯周南摯仲治曰古之周南今之洛陽漢高祖始欲都之感婁敬之言不日而駕行矣屬光武中興宸居洛邑趙刊誤曰箋曰宸一本作定案宸居猶言皇居也改作定非逮于魏晉咸兩宅焉故魏略曰漢火行忌水故去其水而加佳魏爲土德土水之牡也水得土而流土得水而柔除佳加水趙釋曰一清案師古曰如魚氏說則光武以後改爲雒字也長沙耆舊傳云祝良字召卿官本曰案召近刻訛作石案朱訛趙改刊誤曰石卿黃省曾本作召卿後漢書順帝紀云祝良爲九眞太守章懷註曰良字劭卿長沙臨湘人又麗參傳章懷注引謝承書云祝良字召卿長沙人聰明博學有才幹以廉平見稱也爲洛陽令歲時亢旱天子祈雨不得良乃曝身階庭

告誡引罪自晨至中官本曰案近刻作午案朱趙作午紫雲水起官本曰案近刻作沓起案趙作沓甘雨登降人爲歌曰天久不雨烝人失所天王自出祝令特苦精符感應滂沱下雨趙釋曰全氏曰下有脫文則縣司及河南尹治司隸周官也趙釋曰一清案續漢書百官志曰司隸校尉本注曰孝武初置劉昭補注引荀綽晉百官表注曰司隸校尉周官也征和中漢武帝使領徒隸董依周置司隸周無司隸豈卽司寇乎督京畿後因名司州焉官本曰案近刻脫後字案朱脫趙增後世二字刊誤曰因名上落後世二字全氏校增地記曰洛水東入于中提山間東流會于伊是也昔黃帝之時天大霧三日帝遊洛水之上見大魚殺朱趙作煞五牲以醮之天乃甚雨七日七夜魚流始得圖書今河圖視萌篇是也昔王子晉好吹鳳笙招延道士與浮邱同遊伊洛之浦官本曰案與字近刻訛在道字上案朱訛趙改刊誤曰與字當移在道士之下含始又受玉雞之

瑞于此水朱含作舍之下有儒字箋曰舍始當作含始儒字衍帝王世紀曰漢高帝母曰含始遊于洛池有玉雞銜赤珠出刻曰玉英吞此者王含始吞之而生帝也亦洛神宓妃之所在也洛水又東合水南出半石之山孫校曰見山海經北逕合朱作今箋曰疑作合水趙改合水塢而東北流注于公路澗但世俗音訛號之曰光祿澗非也上有袁術固四周絕澗迢遞趙作遰百仞廣四五里有一水淵而不流故溪澗卽其名也合水北與劉水合水出半石東山西北流逕劉聚官本曰案逕近刻訛作于案朱作于趙于上增注字刊誤曰流下落注字三面臨澗在緱氏西南周畿內劉子國故謂之劉澗其水西北流注于合水合水又北流注于洛水也

又東過偃師縣南

洛水東逕計素渚中朝時百國貢計所頓故渚得其名又直偃師故縣南官本曰案直近刻訛作東案朱作東趙東下增逕字刊誤曰又東下落逕字與緱氏分水又東休水自南注之其水導源少室山西流逕穴山南而北與少室山水合水出少室北溪西南流注休水休水又左會南溪水水發大穴南山朱趙不重水字北流入休水休水又西南北屈潛流地下其故瀆北屈出峽謂之大穴口北歷覆釜堆東蓋以物象受名矣又東屆零星塢水流朱箋曰流字似衍潛通重源又發側緱氏原趙側字移原下刊誤曰側字當移在緱氏原下孫校曰元和郡縣志緱氏縣緱氏山在縣東二十九里洛水自西洛陽界流入開山圖謂之緱氏山也亦云仙者升焉言王子晉控鶴斯阜官本曰案鵠近刻作鶴案朱同趙改刊誤曰鶴孫潛校改鵠靈王望而不得近舉手謝而去其家得遺屣俗亦謂之爲撫父堆堆上有子晉祠或言在九山非此世代已遠官本曰案此下近刻有矣字

案朱趙有莫能辨之劉向列仙傳云朱無列字箋曰疑脫列字趙增列字世有簫管之聲焉休水又逕延壽城南緱氏縣治故滑費春秋滑國所都也王莽更名中亭即緱氏城也城有仙人祠謂之仙人觀休水又西轉北屈逕其城西水之西南有司空密陵元侯鄭袤廟碑官本曰案元近刻訛作光脫袤字案朱訛脫文缺趙改增刊誤曰鄭下落袤字光當作元晉書校不可復識又有晉城門校尉昌原恭侯鄭仲林碑晉泰始六年立官本曰案泰近刻訛作皇案朱趙作皇趙釋曰一清案晉武帝改元泰始無皇始之號皇始是秦王苻健魏主珪紀年蓋道元誤記也休水又北流注于洛水洛水又東逕百谷塢北戴延之西征記曰塢在川南因高朱作而箋曰宋本作高趙改高為塢高朱趙有字一十餘丈劉武王西入長安舟師所保也官本曰案保近刻訛作堡案朱趙作堡洛水又北陽渠水注之官本曰案此九字原本及近刻竝訛作經案朱訛趙改刊誤曰九字是注混作經竹書紀年晉襄公六年洛絕于洞即此處也洛水又北逕偃師城東東北歷鄩中孫校曰左傳昭二十三年正月郊鄩潰杜注河南鞏縣西南有地名鄩中水南謂之南鄩官本曰案此下近刻有中水之南鄩五字係衍文案朱衍趙刪刊誤曰中水之南鄩五字重文宜衍亦曰上鄩也逕訾城西司馬彪所謂訾聚也而鄩水注之孫校曰郡國志鞏有鄩谷水水出北山鄩溪其水南流世謂之溫泉水朱作水泉趙改刊誤曰水泉二字當倒互水側有僵人穴官本曰案僵近刻訛作重案朱訛趙改刊誤曰箋曰重一作童案當作僵渭水注有僵人穴亦其類也且道元引西征記而又自爲之說朱氏豈不審耶穴中有僵尸戴延之從劉武王西征記曰有此尸尸今猶在夫物無不化之理魄無不遷之道官本曰案魄近刻作魂案朱趙作魂而此尸無神識事同木偶之狀喻其推移未若正形之速遷矣鄩水又東南于訾城西北東入洛水故京相璠曰今鞏洛

渡北有鄩谷水東入洛謂之下鄩故有上鄩下鄩之名亦謂之北鄩于是有南鄩北鄩之稱矣又有鄩城蓋周大夫鄩肸之舊邑官本曰案肸近刻訛作盻下同案朱訛趙改洛水又東逕訾城北又東羅水注之官本曰案此十四字原本及近刻竝訛作經案朱訛趙改刊誤曰十四字是注混作經水出方山羅川朱無水字趙增刊誤曰出上落水字孫校曰今鞏縣有羅口保羅川在縣西南源出方山北入洛西北流蒲池水注之水南出蒲陂官本曰案近刻脫水字訛作出南浦陂案朱同箋曰疑脫水字趙增水字浦改蒲刊誤曰浦當作蒲上云蒲池水可證西北流合羅水謂之長羅川官本曰案近刻訛作長川羅案朱訛趙乙刊誤曰川羅二字當互易河南郡志云長羅川在鞏縣西南亦曰羅中也蓋肸子鄩羅之宿居故川得其名耳朱肸作盻箋曰盻當作肸左傳昭二十三年王子朝入于王朝鄩羅納諸莊宮杜預云鄩羅周大夫鄩肸之子也羅水又西北白馬溪水注之水出嵩朱趙作崧下同山北麓逕白馬塢東而北入羅水西北流白桐澗水注之官本曰案桐近刻訛作相下同案朱訛趙改刊誤曰白相孫潛校改白桐下同水出嵩麓桐溪北流逕九山東又北九山溪水入焉官本曰案山下近刻衍東字案朱衍趙刪刊誤曰東字衍文孫潛校水出百稱山東谷其山孤峯秀出嶕嶢分立仲長統曰昔密有卜成者官本曰案卜成近刻訛作十城案朱作卜城趙改卜成刊誤曰城孫潛校改成身遊九山之上放心不拘之境謂是山也山際有九山廟廟前有碑云九趙有山字顯靈府君者太華之元子陽九列名號曰九山府君也南據嵩岳北帶洛澨晉元康二年九月太歲在戊官本曰案此有脫誤近刻作太歲庚午考元康二年乃壬子也案朱趙作庚午趙釋曰朱氏謀瑋箋云謝云一作太歲在戊案世譜晉元康二年太歲在壬子而用歷經推之是年九月乙亥朔無庚午日也帝遺殿中中郎將關內侯樊廣緱氏令王與主簿傳演官本曰案近刻脫主簿二字傳訛作傳案朱脫訛箋曰宋本作緱氏令王與主簿傳演趙增改奉宣

詔命興立廟殿焉又有百蟲將軍顯靈碑碑云將軍姓伊氏
諱益字隤敳帝高陽之第二子伯益者也朱箋曰史記秦本紀云顓頊之裔孫
大業生大費佐舜調馴鳥獸是爲柏翳索隱云伯翳卽尙書之伯益列女傳云皋子五歲而贊禹曹大家注云皋子者皋
陶之子伯益也此碑謂益字隤敳帝高陽之第二子與史記異左傳所記隤敳庭堅並高陽氏之子杜元凱左傳注又云
皋陶字庭堅則父子同在八愷之中不應並時而舉也晉元康五年七月七日順人吳
義等建立堂廟永平元年二月二十日刻石立頌贊示後賢
矣趙釋曰沈氏曰惠帝紀年先永平後元康如何後建廟先立石若云元魏之永平相去又遠後有永康永寧永興三
元皆以永紀莫能定也其水東北流入白桐澗又北逕袁公塢東蓋公
路始固有此也故有袁公之名矣北流注于羅水羅水又西
北逕袁公塢北又西北逕潘岳父子墓前朱作子父趙乙刊誤曰子父二字當
倒互有碑岳父茈瑯琊太守碑石破落文字缺敗岳碑題云給

事黃門侍郎潘君之碑碑云君遇孫秀之難闔門受禍故門
生感覆醢以增慟乃樹碑以記事太常潘尼之辭也羅水又
于訾城東北入于洛水也
又東北過鞏縣東又北入于河孫校曰元和郡縣志鞏縣洛水東經洛汭北對琅邪渚入河謂
之洛口太平寰宇記鞏縣黃河西自偃師界流入
洛水又東明樂泉水注之朱無水字趙增刊誤曰泉下落水字水出南原下三
泉竝導趙三改五刊誤曰三當作五下云世謂之五道泉可證也故世謂之五道泉卽古
明溪泉也春秋昭公二十二年師次于明溪者也洛水又東
逕鞏縣故城南東周所居也本周之畿內鞏伯國也春秋左
傳所謂尹文父朱箋曰一作公趙改公涉于鞏卽于此也洛水又東濁
水注之卽古黃水也官本曰案黃近刻訛作湟案朱趙作湟水出南原京相播

曰訾城北三里有黃亭卽此亭也春秋所謂次于黃者也洛
水又東北洞水發南溪石泉官本曰案洞近刻訛作洞下同案朱訛趙改又下石泉下朱
無水字趙增刊誤曰洞水當作洞水下石泉下落水字世亦名之爲石泉水也京相璠
曰鞏東地名坎欿在洞水東疑卽此水也又逕盤谷塢東世
又名之曰盤谷水官本曰案盤近刻訛作鹽案朱訛趙改刊誤曰鹽谷當作盤谷司馬彪
郡國志鞏有坎欿聚春秋僖公二十四年王出及坎欿服虔
亦以爲鞏東邑名也朱無服虔二字趙增刊誤曰亦以上落服虔二字黃省曾本校補今考
厥文若狀焉而不能精辨耳晉太康地記晉書地道記竝言
在鞏西非也其水又北入洛洛水又東北流入于河官本曰案此九
字原本及近刻竝訛作經案朱訛趙改刊誤曰九字是注混作經山海經曰洛水成皋西入
河是也趙釋曰一清案山海經曰洛水出洛西山東北注河入成皋之西道元薈鈔變其詞謂之洛汭

卽什谷也故張儀說秦曰下兵三川塞什谷之口謂此川也
史記音義曰鞏縣有鄩谷水者也朱箋曰史記張儀傳云塞斜谷之口徐廣音義曰斜
一作尋成皋鞏縣有尋口黃帝東巡河過洛脩壇沈璧受龍圖于河龜書
于洛赤文綠字官本曰案綠近刻訛作篆案朱訛趙改刊誤曰篆起周宣蓋是綠字之誤堯帝
又脩壇河洛擇良卽沈官本曰案脩近刻訛作循卽作議案朱同趙改循不改議刊誤曰循當
作脩路史校改榮光出河休氣四塞白雲起迴風逝赤文綠色廣袤
九尺負理平上有列星之分七政之度官本曰案七近刻訛作什案朱訛趙改
刊誤曰什當作七帝王錄記興亡之數以授之堯官本曰案近刻脫堯字案朱脫趙
增刊誤曰之下脫堯字又東沈書于日稷赤光起玄龜負書背甲赤文
成字遂禪于舜舜又習堯禮官本曰案禮近刻作祀案朱同趙改刊誤曰祀當作禮下云
習禮堯壇沈書于日稷赤光起玄龜負書朱作位箋曰疑作負書趙改書至于稷

下榮光休至黃龍卷甲舒圖壇畔赤文綠錯以授舜舜以禪
禹殷湯東觀于洛習禮堯壇降璧三沈榮光不起黃魚雙躍
出濟于壇黑烏以浴隨魚亦上趙作止化爲黑玉赤勒之書黑
龜赤文之題也湯以伐桀故春秋說題辭曰河以道坤出天
苞洛以流川吐地符趙釋曰全氏曰元文是河以通乾出天苞洛以流坤吐地符巛古坤字與上文複則知道坤二字是妄人所塡寫王者沈禮焉竹書紀年曰洛伯用與河伯
馮夷鬭益洛水之神也昔夏太康失政爲羿所逐其昆弟五
人須于洛汭作五子之歌于是地矣

伊水出南陽魯陽縣西蔓渠山官本曰案近刻脫魯陽二字案朱脫趙增刊誤曰當作南陽魯陽縣元和郡縣志引此文作南陽魯陽縣蓋亦脫陽字漢志南陽郡魯陽縣下云古魯縣續志云魯陽有魯山劉昭補註引前志曰古魯縣以相證春秋分記曰在夏爲魯縣劉累遷于魯漢爲魯陽是也說者謂地理志伊水出宏農盧氏熊耳山與水經何以有異不知南陽有三熊耳盧氏之外宜陽陝俱有之作水經者恐其混而無別乃據山經云蔓渠之山伊水出焉以立文又恐蔓渠之名不顯人或疑之故云南陽魯陽縣西也盧氏熊耳山在魯陽縣之西縣西北九十里有歇馬嶺道出盧氏惟舉此爲名始無遊移矣不然淮南子以爲伊水出上魏山而括地志又有出巒山一名悶頓嶺元和志則有出鸞掌山之別此水經之所以精覈而取校古書之所以可貴也世本水經注乃云出南陽縣西試思兩漢南陽郡治宛隋人始廢南陽郡改宛縣曰南陽縣至今因之在漢魏六朝無有是名也以胡東樵吳任臣之好辨悉心研究禹貢錐指山海經補註皆不能指其缺失信乎讀書之難也

山海經曰蔓渠之山伊水出焉淮南子曰伊水出上魏山地
理志曰出熊耳山卽麓大同陵巒互別耳伊水自熊耳東北
朱無伊字趙增刊誤曰水上落伊字逕鸞川亭北蕤水出蕤山北流際其城東
而北入伊水世人謂伊水爲鸞水蕤水爲交水孫校曰見山海經故
名斯川爲鸞川也又東爲淵潭潭渾若沸亦不測其深淺也

伊水又東北逕東亭城南又屈逕其亭東東北流者也朱無北字箋曰宋本作東北流趙增北字

東北過郭落山

陽水出陽山陽溪世人謂之太趙作大陽谷水亦取名焉東流
入伊水朱箋曰山海經作北流伊水又東北鮮水入焉孫校曰見山海經水出
鮮山北流注于伊伊水又與蠻水合水出盧氏縣之蠻谷東
流入于伊

又東北過陸渾縣南孫校曰地理志宏農郡縣有陸渾元和郡縣志陸渾縣伊水在縣西南自虢州盧氏縣界流入伊陽縣本陸渾縣南界之地伊水在縣西南出鸞掌山東流

山海經曰潚潚之水出于薹山孫校曰薹山在今嵩縣西南流注于伊水
今水出陸渾縣之西南王母澗澗北山上有王母祠故世因以名溪東流注于伊水卽潚潚之水也伊水歷崖口山峽也
翼崖深高壁立若闕崖上有塢伊水逕其下歷峽北流卽古
三塗山也杜預釋地曰山在縣南闞駰十三州志云山在東
南今是山在陸渾故城東南八十許里周書武王問太公曰
吾將因有夏之居南望過于三塗北瞻望于有河官本曰案近刻脫此二十七字案朱趙無春秋昭公四年司馬侯曰四嶽三塗陽城太室
荆山中南九州之險也服虔曰三塗大行轘轅崤澠官本曰案近刻作黽朱趙作黽案非南望也京相璠著春秋土地名官本曰案近刻脫土字案朱脫又璠下有之字趙刪增刊誤曰之字衍文春秋下落土字亦云山名也以服氏之說官本曰案近刻作服氏之言云案朱趙同塗道也準周書南望之文趙釋曰一清案漢志註臣瓚引周書度邑篇曰武王問太公曰吾將有夏之居南望過于三塗北瞻望于有河冊府元龜引周書度邑曰武王問太

公曰吾將因有夏之居也南望過于三塗北詹望于清河卽道元所稱引者或言宜爲轘轅大谷伊闕官本曰案近刻或訛作服谷訛作道案朱趙同皆爲非也春秋晉伐陸渾請有事于三塗知是山明矣有七谷水注之水西出女几山之南七溪山官本曰案几宋本作机近刻訛作桃案朱趙作机下同又趙以山字下屬釋曰一清案女几仙人姓名太霄經云朱中嘗以素書倚酒于女几家几盜寫學其衛女几陳市酒婦也寰宇記陝縣女几山九州要紀云富祿縣有女几年八十居陳留沽酒得道後飛昇于此山巹山因人得名後人加木作机非也富祿卽郡國志酒泉郡之福祿地理志曰祿福也上有西王母祠東南流注于伊水又北蛩谷水注之水出女几山之東谷東逕故亭南東流入于伊水伊水又東北逕伏流嶺東嶺上有崑崙祠民猶祈焉劉澄之永初記稱陸渾縣西有伏流坂者也今山在縣南崖口北三十里許西則非也北與溫泉水合水出新城縣之狼皋山西南皐下官本曰案狼皋山西近刻作狼睪山之西案朱同趙删之字刊誤曰下之字衍文西南流會于伊水伊水又東北逕伏睹嶺左納焦澗水水西出鹿髆山官本曰案髆近刻訛作髆案朱訛趙改東流逕孤山南官本曰案近刻脫逕字案朱脫趙增刊誤曰箋曰宋本作孤山案東流下落逕字其山介朱箋曰一作分立豐上單秀孤峙故世謂之方山卽劉中書澄之所謂縣有孤山者也東歷伏睹嶺南東流注于伊伊水又東北涓水注之水出陸渾西山卽陸渾都也官本曰案陸渾下近刻衍山字都訛作者案朱衍訛趙删改刊誤曰山字衍文者當作都全氏校尋郭文之故居訪胡昭之遺像世去不停莫識所在朱箋曰晉書郭文字文舉河內軹人也少愛山水尚嘉遯父母服畢辭家遊名山洛陽陷乃步擔入吳輿餘姚大辟山中而居焉魏志云胡昭字孔明潁川人居陸渾山中躬耕樂道以經籍自娛閭里敬而愛之寇賊到陸渾南長樂亭自相約誓言胡居士賢者也一不得犯其部落一川賴昭咸無怵惕其水有二源俱導而東注虢略在陸渾縣西九十

里也司馬彪郡國志曰縣西虢略地官本曰案近刻訛作池案朱虢作號地作池趙改刊誤曰箋曰號當作虢案池當作地春秋所謂東盡虢略者也朱盡下有于字趙删刊誤曰于字衍文何焯校北水東流合侯澗水水出西北侯溪官本曰案水近刻作澗案朱同趙改又增西北二字刊誤曰澗當作水出下黃省曾本有西北二字東南流注于涓水涓水又東逕陸渾縣故城北平王東遷辛有適伊川見有被髮而祭于野者曰不及百年此其戎乎魯僖公二十二年秦晉遷陸渾之戎于伊川官本曰案秦近刻訛作春案朱訛趙改刊誤曰春當作秦左氏傳校故縣氏之也涓水東南流左合南水水出西山七谷亦謂之七谷水阻澗東逝官本曰案阻近刻作祖案朱同趙改刊誤曰祖當作阻歷其縣南又東南左會北水亂流左合禪渚水官本曰案水近刻訛作渚案朱趙同孫校曰禪渚在陸渾縣東水上承陸渾縣東禪渚趙渚改陂刊誤曰禪渚之渚當作陂渚在原上官本曰案在近刻訛作左案朱訛趙改陂方十里佳饒魚葦朱作蕈箋曰一作葦趙改葦卽山海經所謂南望禪渚禹父之所化郭景純注云禪一音暖官本曰案一字近刻訛在禪字上案朱訛趙乙刊誤曰箋曰郭景純云墠音憻案今道元引郭注云禪一音暖足正世本之誤一禪二字當倒互鯀化羽淵而復在此然已變怪亦無往而不化矣世謂此澤爲慎望陂陂水南流注于涓水官本曰案近刻訛作涓陽水下同案朱趙同涓水又東南注于伊水昔有莘氏女采桑于伊川得嬰兒于空桑中言其母孕于伊水之濱夢神告之曰臼水出而東走母明視而見臼水出焉告其鄰居而走顧望其邑咸爲水矣其母化爲空桑子在其中矣莘女取而獻之命養于庖長而有賢德官本曰案長而近刻訛作而長案朱訛趙乙刊誤曰而長二字當倒互殷以爲尹曰伊尹也

又東北過新城縣南

馬懷橋長水出新城西山東逕晉使持節征南將軍宗均碑南官本曰案宗近刻訛作宋案朱趙作宋均字文平縣人也其碑太始三年十二月立其水又東流入于伊又有明水孫校曰見山海經出梁縣西狼皋山官本曰案近刻作俍睪山案朱作睪趙改皋下同俗謂之石澗水也西北流逕楊亮壘南西北合康水水亦出狼皋山東北流逕范塢北朱趙不重水字與明水合官本曰案近刻此下衍北汝二字案朱同趙改北注無又字刊誤曰箋曰孫云汝字疑誤案孫云當作北注又西南流入于伊山海經曰放皋之山朱箋曰舊本作放睪郭景純注山海經放皋山云放或作効又作牧明水出焉南流注于伊水是也伊水又與大戟水會水出梁縣西朱趙水在西下朱梁作渠箋曰一作梁趙改梁有二源北水出廣成澤西南逕楊志塢北朱作出廣城西南西逕楊志塢北趙改同官本刊誤曰城當作成廣成下落澤字西南二字重文宜衍與南水合水源南出廣成澤西流逕陸渾縣南官本曰案近刻訛作西流陸渾案朱無逕縣南三字趙增刊誤曰西流下落逕字陸渾下落縣南二字孫潛校增河南十二縣境簿曰官本曰案近刻脫境字案朱脫趙增刊誤曰縣下落境字後同廣成澤在新城縣界黃阜西北流屈而東逕楊志塢南官本曰案近刻脫志字案朱脫趙增刊誤曰當作楊志塢落志字又北屈逕其塢東又逕塢北同注老倒澗俗謂之老倒澗水西流入于伊伊水又北逕新城東與吳澗水會水出縣之西山東流南屈逕其縣故城西又東轉逕其縣南故蠻子國也縣有鄤聚今名蠻中是也漢惠帝四年置縣其水又東北流注于伊水伊水又北逕當階城西官本曰案近刻訛作又逕西北當階城西案朱訛趙乙刊誤曰逕字當移在西北之下又朱趙北上並有西字大狂水入焉孫校曰狂枉也水獨西流失其性故爲枉星衍說水東出陽城縣之大髻山官本曰案近刻訛作大苦口案朱趙作大髻口孫校曰寰宇記引作大苦又作大髻山海經曰大髻之山多㻬琈之玉其陽狂水出焉西南流趙有注于伊水四字刊誤曰西南流下落注于伊水四字山海經校補其中多三足龜人食之者無大疾可以已腫狂水又西逕綸氏縣故城南竹書紀年曰楚吾得帥師及秦伐鄭圍綸氏者也左與倚薄山水合水北出倚薄之山南逕黃城朱箋曰舊本作城黃西又南逕綸氏縣故城東官本曰案近刻脫縣字案朱脫趙增刊誤曰綸氏下落縣字而南流注于狂水狂水又西朱作東箋曰朱本作西趙改西八風溪水注之水北出八風山南流逕綸氏縣故城西官本曰案近刻脫縣故二字案朱脫趙增刊誤曰綸氏下落縣故二字西南流入于狂水狂水又西得三交水口水有三源官本曰案三近刻訛作二案朱訛趙改刊誤曰二當作三下云故世有三交之名也可證各導一溪竝出山南流合舍官本曰案此四字近刻訛作南合流三字案朱趙不誤趙刊誤曰箋曰宋本作竝出山南合流衍一舍字案非也於文竝出山句南流合舍句宋本之妄不待言故世有三交之名也趙釋曰一清案寰宇記潁陽縣下引水經注云三交水石上菖蒲一寸九節爲藥最妙服久化仙校勘云案水經洛水注有三交水不見石菖蒲事恐近世水經本有脫遺耳石上菖蒲一寸九節爲藥最妙服久化仙官本曰案近刻脫此十六字案朱趙無其水西南流注于狂水狂水又西逕缶高山北西南與湮水合水出東北湮谷西南流逕武林亭東北又屈逕其亭南其水又西南逕湮陽亭東蓋藉水以名亭也又東南流入于狂狂水又西逕湮陽城南又西逕當階城南而西流注于伊伊水又北土朱作上箋曰古本上溝一作土溝趙改土溝水出玄望山西官本曰案山西近刻訛作西山案朱同箋曰一作山西趙改山西東逕玄望山南又東逕新城縣故城北東流注于伊水伊水又北板橋水入焉水出西山東流

入于伊水伊水又北會厭澗水水出西山東流逕郲垂亭南
朱箋曰郲音審春秋左傳文公十七年秋周甘歜敗戎于郲垂者也
服虔曰郲垂在高都南杜預釋地曰河南新城縣北有郲垂
亭司馬彪郡國志曰新城有高都城今亭在城南七里遺基
存焉官本曰案近刻作猶在案朱趙同朱箋曰一本有焉字京相璠曰舊說言郲垂在
高都南今上黨有高都縣余謂京論疏遠未足以證無如虔
說之指密矣官本曰案如虔近刻訛作知羣案朱趙不誤其水又東注于伊水伊
水又北逕高都城東徐廣史記音義曰今河南新城縣有高
都城竹書紀年梁惠成王十七年東周與鄭高都利者也又
來儒之水官本曰案儒近刻作需案朱趙作需下同孫校曰見山海經出于半石之山西
南流逕斌輪城北西歷艾澗朱趙艾並作芟朱箋曰一作艾澗以其水西流
官本曰案水字近刻訛在以其上案朱趙同又謂之小狂水也孫校曰釋狂水眞足啟予鄙君可人
其水又西南逕大石嶺南開山圖所謂大石山也山下有大
石嶺碑河南隱士通明以漢靈帝中平六年八月戊辰于山
堂立碑文字淺鄙殆不可尋魏文帝獵于此山虎超乘輿孫
禮拔劒投虎于是山山在洛陽南而劉澄之言在洛東北非
也山阿有魏明帝高平陵王隱晉書曰惠帝使校尉陳總仲
元詣洛陽山請雨總盡除小祀惟存大石而祈之七日大雨
卽是山也來儒之水又西南逕赤眉城南又西至高都城東
西入伊水謂之曲水也

又東北過伊闕中

伊水逕前亭西左傳昭公二十二年官本曰案近刻訛作三十二年案朱同箋曰

三十二年左傳作二十二年趙改晉箕遺樂徵右行詭濟師取前城者也官本
曰案詭近刻訛作跪案朱作跪箋曰左傳跪作詭趙改詭京相璠曰今洛陽西南五十
里伊闕外前亭矣服虔曰前讀爲泉周地也伊水又北入伊
闕昔大禹疏以通水兩山相對望之若闕伊水歷其間北流
故謂之伊闕矣春秋之闕塞也官本曰案近刻作焉案朱趙作焉昭公二十
六年趙鞅使女寬守闕塞是也陸機云趙作曰洛有四闕斯其
一焉東巖西嶺竝鐫石開軒高甍架峯西側靈巖下泉流東
注入于伊水傅毅反都賦曰因龍門以暢化開伊闕以達聰
也闕左壁有石銘云黃初四年六月二十四日辛巳大出水
舉高四丈五尺齊此已下蓋記水之漲減也官本曰案減近刻訛作滅案朱訛趙改刊誤曰滅當作減右壁又有石銘云官本曰案右近刻訛作石案朱訛趙改刊誤曰石
壁之石當作右元康五年官本曰案元康近刻訛作永康案朱趙作永趙釋曰一清案晉惠帝永康紀元僅
一年卽改元爲永寧此當是元康之誤耳河南府君循大禹之軌部督郵辛曜新
城令王琨部監作掾董猗李褒斬岸開石平通伊闕石文尙
存也

又東北至洛陽縣南北入于洛

伊水自闕東北流枝津右出焉官本曰案近刻枝訛作之案朱趙不誤東北引
瀍東會合水同注公路澗入于洛今無水戰國策曰東周欲
爲田西周不下水蘇子見西周君曰今不下水所以富東周
也民皆種他種欲貧之官本曰案貧近刻訛作食案朱不訛趙改刊誤曰食戰國策作貧
如下水以病之東周必復種稻種稻而復奪之是東周受命
于君矣官本曰案近刻脫命字案朱脫趙增西周遂下水卽是水之故渠也

孫校曰此在偃師伊水又東北枝渠左出焉水積成湖北流注于洛
今無水官本曰案近刻訛作合伊水　案朱作今伊水趙伊改無刊誤曰箋曰今當作合案今字不誤伊當作無
伊水又東北至洛陽縣南逕圜丘東大魏郊天之所準漢故
事建之後漢書郊祀志曰官本曰案近刻脫後字　案朱脫趙增刊誤曰漢書上落後字建
武二年初制郊兆于洛陽城南七里爲圜壇趙作壝八陛中又
爲重壇天地位其上皆南向其外壇上爲五帝位其外爲壝
重營皆紫以像紫宮案禮天子大裘而冕祭皞朱趙作昊朱箋曰一作皥
天天上帝于此今袞冕也壇壝無復紫矣伊水又東北流注
于洛水廣志曰趙刊誤曰箋曰謝云廣志以上疑有脫落案無闕文也蓋其書體例如此不得以人魚事
與上文義不屬疑之鯢魚聲如小兒嗁官本曰案近刻脫嗁字　案朱脫趙增刊誤曰小兒下爾雅釋
魚註有嗁字史記正義同今補正有四足形如鯪鱧官本曰案近刻脫鯪字　案朱趙無趙刊誤曰

鱧謂鯪鱧也本草陶隱居云鯪鱧形似鼉而短小又似鯉魚有四足山海經曰蔓渠之山伊水出焉有獸焉其名曰馬腹
其狀如人面虎身其音如嬰兒是食人此與沔水注中蘆疎水之水虎頗相類道元又以人魚釋之詳見下可以
治牛出伊水也司馬遷謂之人魚趙刊誤曰箋曰山海經厭染之水出傅山之陽南流
注于洛其中多人魚不云伊水豈古今相沿并厭染之水名伊水乎案厭染之水見洛水注朱氏只知人魚字出厭染之
水而不悟伊水亦有馬腹之文也故其著朱作著其箋曰一作其著趙改史記曰始皇帝之
葬也以人魚膏爲燭徐廣曰人魚似鮎而四足卽鯢魚也
瀍水出河南穀城縣北山孫校曰淮南子作廛水是此俗加水耳通志河南縣有穀城山瀍水所出
金谷梓澤並在東北其古穀城在縣西北元和郡縣志河南縣本漢舊縣瀍水在縣西北六十里今驗水西從新安縣東入縣
界又永寧縣漢澠池縣之西境穀陽山在縣西北五十五里地理志穀水出穀陽山同谿名同坑在縣東北三十六里
縣北有朁亭官本曰案朁近刻訛作潛　案朱趙作潛瀍水出其北梓澤中梓澤
地名也澤北對原阜卽裴氏墓塋所在碑闕存焉其水歷澤

東南流朱作南趙改流刊誤曰下南字黃省曾本作流水西有一原其上平敞古朁
亭之處也官本曰案朁近刻訛作舊　案朱訛趙改刊誤曰舊亭當作朁亭郡國志穀城瀍水出劉昭補註引
博物記曰出潛亭山漢志作朁亭師古曰朁音潛從水後人所加耳卽潘安仁西征賦所謂越
街郵者也
東與千金渠合
周書曰我卜瀍水西謂斯趙作是水也東南流水西南有帛仲
理墓墓前有碑題云眞人帛君之表仲理名護益州巴郡人
晉永寧二年十一月立瀍水又東南流注于穀穀水自千金
堨東注謂之千金渠也
又東過洛陽縣南又東過偃師縣又東入于洛
澗水出新安縣南白石山

山海經曰白石之山惠水出于其陽東南注于洛澗水出于
其陰北流注于穀朱箋曰山海經作南流注于洛西北流注于穀世謂是山曰廣陽
山水曰赤岸水亦曰石子澗地理志曰澗水在新安縣東南
入洛官本曰案近刻在作出南下衍東字　案朱趙同是爲密矣東北流歷函谷東
坂東謂之八特坂官本曰案後穀水注內摯仲治三輔決錄至我卜澗水東者是也原本及近刻竝訛
在此下又其上引山海經之文截取山海經曰北流注于穀九字重出于此今訂正　案朱下有山海經曰北流注于穀
摯仲治三輔決錄注云馬氏兄弟五人共居穀澗二水之交作五門客因舍以爲名今在河南西四十里以山海經推校
里數不殊仲治所記水會尙有故居處斯則澗水也卽周書所謂我卜澗水東言水者是也九十字趙刪山海經曰北流
注于穀九字刊誤曰九字衍文穀澗趙作澗穀言水者是也趙作言是水者也餘同
東南入于洛
孔安國曰澗水出澠趙作黽下同池山今新安縣西北有一水北

出澠池界東南流逕新安縣而東南流入于穀水安國所言當斯水也然穀水出澠池下合澗水得其通稱或亦指之爲澗水也竝未之詳耳官本曰案近刻訛作詳之耳　案朱趙同今孝水東十里有水世謂之慈澗又謂之澗水按山海經則少水也而非澗水蓋習俗之誤耳孫校曰證古至酈君吾無間然又按河南有離山水謂之爲澗水水西北出離山東南流官本曰案此下近刻有注于離山澗水也又東南流共十一字係上下文訛舛致衍　案朱同趙止刪離山二字刊誤曰離山二字衍文歷郟山于穀城東而南流注于穀舊與穀水亂流官本曰案此下近刻衍流同二字　案朱衍趙刪流存同刊誤曰箋曰一作同流案全氏曰流字重文宜衍　南入于洛今穀水東入于金渠澗水與之倶東入洛矣或以是水竝爲周公之所相卜也呂忱曰今河南死水官本曰案穀水注云南出爲死穀北出爲湖溝　案朱死作使趙改刊誤曰使當作死卽死穀也見穀水篇孫校曰呂君云河南死水死古文伊字卽謂伊水耳酈君求一水以當之非也　疑其是此水也官本曰案是下近刻衍卽字　案朱趙有然意所未詳故竝書存之耳

水經注卷十五

水經注卷十六　長沙王氏校本

後魏酈道元撰

穀水　甘水　漆水

滻水　沮水趙沮作瀘又下有補洛水三字

穀水出宏農黽池縣南墦冢林穀陽谷孫校曰通志永寍縣穀水所出元和郡縣志永寍縣漢澠池縣之西境穀陽山在縣西北五十里

山海經曰傅山之西有林焉曰墦冢穀水出焉東流注于洛其中多珚朱作珉箋曰山海經作珚御覽引作珚趙改珚玉今穀水出千崤東馬頭山穀陽谷官本曰按千近刻訛作于案朱趙作于東北流歷黽池川本中鄉地也漢景帝中二年官本曰按近刻脫中字二訛作三　案朱趙同趙釋曰一清按漢志是景帝中二年初城徙萬戶爲縣官本曰按近刻脫城字縣字　案朱脫趙增刊誤曰漢書地理志黽池縣下云景帝中二年初城徙萬家爲縣初下落城字爲下落縣字因崤黽之池以目縣焉亦或謂之彭池故徐廣史記音義曰黽或作彭穀水出處也官本曰按近刻脫出字　案朱脫趙增刊誤曰穀水下落出字孫潛校增穀水又東逕秦趙二城南司馬彪續漢書曰赤眉從黽池自利陽南欲赴宜陽者也孫校曰元和郡縣志東城在澠池縣西十二里西城在縣西四十里世謂之俱利城者彥曰官本曰按彥近刻訛作喭　案朱訛趙改刊誤曰喭當作彥昔秦趙之會各據一城秦王使趙王鼓瑟藺相如令秦王擊缶處也馮異又破赤眉于是川矣故光武璽書曰始雖垂翅回溪終能奮翼黽池可謂失之東嵎官本曰按近刻作隅　案朱趙作隅收之桑榆矣穀水又東逕土崤北趙刊誤曰箋曰孫云土字疑誤蓋有東西二崤此或作西崤也按非也玉海云呂氏春秋九塞崤其一也左傳晉敗秦師于殽公羊傳云殽之嶔巖穀梁傳云殽巖崟之下春秋正義曰俗呼爲土殽石殽其阸道在兩殽之間土字不誤所謂三崤也官本曰按三近刻訛作二　案朱作二趙改三刊誤曰二當作三胡渭云河水篇云河之右則崤水注之水出河南盤崤山東北流與石崤水合水出石崤山山有二陵南陵北陵也又云河水又東千崤之水注之水南導于千崤之山即所謂三崤山也史記正義亦曰殽三殽山也在洛州永寍縣西北二十八里北史崔宏傳云三崤地險人多寇刦指謂此也

穀水又東左會北溪溪水北出黽池山東南流注于穀官本曰按南近刻訛作西　案朱訛趙改刊誤曰西當作南疑即孔安國所謂澗水也穀水又東逕新安縣故城南北夾流而西接崤黽昔項羽西入秦坑降卒二十萬于此國滅身亡宜矣穀水又東逕千秋亭南其亭累石爲垣世謂之千秋城也官本曰按近刻脫千秋二字　案朱趙無潘岳西征賦曰亭有千秋之號子無七旬之期謂是亭也又東逕雍谷溪朱逕下有于字趙刪刊誤曰于字衍文回岫縈紆石路阻峽故亦有峽石之稱矣穀水歷側官本曰按穀近刻訛作晉　案朱作晉趙改崤刊誤曰晉當作崤左與北川水合水有二源竝導北山東南流合成一水自乾注巽入于穀穀水又東逕缺門山山阜之不接者里餘故得是名矣二壁爭高斗聳相亂西瞻雙阜右望如砥朱作始低箋曰一本作如砥趙改如砥穀水自門而東官本曰按門上近刻衍缺字　案朱趙有廣陽川水注之水出廣陽北山東南流注于穀南望微山雲峰相亂穀水又逕白超壘南官本曰按朱謀瑋云當作白起考元和志白超壘一名白超塢漢末黃巾賊起白超築此壘以自固朱氏說非也　趙刊誤曰箋曰白超字誤當作白起按非也元和郡縣志云白超故城一名白超壘一名白超塢漢末黃巾賊起白超築此以自固周書魏元傳除白超防主又隋韓擒虎嘗爲白超防主見其碑文蓋南北阻兵常爲戍鎮據此則非秦之白起明矣戴延之西征記云次至白超壘去函谷十五里築壘當大道左右有山夾立官本曰按近刻訛作夾至　案朱作夾至箋曰宋本作陜至趙改浹至相去百餘步從中出北乃故關城非所謂白超壘也是壘在缺

門東一字朱趙有十五里壘側舊有塢故冶官所在官本曰按冶官近刻訛作治宮 案朱訛趙改刊誤曰治宮當作冶官下水冶之冶亦誤作治魏晉之日引穀水為水冶官本曰按近刻訛作治 案朱訛趙改以經國用遺跡尚存官本曰按近刻訛作有 案朱趙作有**穀水又東石默溪水出微山東麓石默溪東北流入于穀**

穀水又東宋水北流注于穀穀水又東逕魏將作大匠毋邱興墓南官本曰按興下近刻衍盛字下同 案朱趙有盛字下同趙釋曰一清按魏書毋邱儉傳及裴松之注引魏名臣奏議張既表俱作毋邱興無盛字二碑存焉儉父也管輅別傳曰輅嘗隨軍西征過其墓而歎謂士友曰玄武藏頭青龍無足白虎銜朱作銜箋曰銜魏志作銜趙改銜尸朱雀悲哭四危已備法應滅族果如其言**穀水又東逕函谷關南東北流皁澗水注之水出新安縣東南流逕毋邱興墓東又南逕函谷關西**關高險陿官本曰按近刻訛作峽 案朱趙作峽路出廛郭漢元鼎三年樓船將軍楊僕數有大功恥居關外請以家僮七百人築塞徙關于新安即此處也昔郭丹西入關感慨于其下曰不乘駟馬高車終不出此關也去家十二年果如志焉**皁澗水又東流入于穀穀水又東北逕函谷關城東右合爽水**官本曰按近刻訛作合桑爽之水 案朱趙同趙釋曰一清按山經桑爽二字不相連屬此是善長誤證**山海經曰白石山西五十里曰穀山其上多穀其下多桑爽水出焉**官本曰按爽下近刻衍之字 案朱同箋曰山海經穀山其上多穀其下多桑爽水出焉桑爽不得相連趙刪之字**世謂之紵麻澗**趙釋曰一清按此句是善長所增加非山經原文下百荅水句同**北流注于穀**官本曰按此下近刻有山海經曰四字 案朱衍趙刪說見下**其中多碧綠**官本曰按近刻脫綠字 案朱脫趙增刊誤曰山海經曰四字重文宜衍碧下落綠字今校補**穀水又東澗水注之山海經曰婁涿山西四十里曰白石之**

山澗水出焉北流注于穀官本曰按山海經曰北流注于穀九字原本及近刻又見澗水注內謂之八特坂下係重出衍文 案朱同趙刪彼存此摯仲治三輔決錄注云馬氏兄弟五人共居澗穀二水之交作五門客因舍以為名今在河南西四十里以山海經推校里數不殊仲治所記本會尚有故居處斯則澗水也**即周書所謂我卜澗水東言是水也**官本曰按此七十九字原本及近刻竝訛在澗水注內上連山海經曰北流注于穀九字按八特坂下今改正移于此又澗水東下近刻衍言水二字 案朱趙並在澗水注內朱末句作言水者是也趙刊誤曰箋曰御覽引此無言水二字按于文當作言是水者也孫潛校正**自下通謂澗水為穀水之兼稱焉**官本曰按謂下近刻衍之字 案朱衍趙刪刊誤曰謂之之字羨文**故尚書曰伊洛瀍澗既入于河而無穀水之目是名亦通稱矣劉澄之云新安有澗水源出縣北**官本曰按近刻訛作北縣 案朱訛趙乙刊誤曰北縣二字當倒互**又有淵水未知其源余考諸地記竝無淵水但淵澗字相似時有字錯為淵也故闞駰地理志曰禹貢之淵水是以知傳寫書誤字謬舛真澄之不思所致耳既無斯水何源之可求乎穀水又東波水注之山海經曰瞻諸山西三十里**趙有曰字**婁涿之山無草木多金玉波水出于其陰**趙刊誤曰箋曰山海經作陂水按爾雅釋水云水自洛出為波今本山海經陂字乃傳刻之誤**世謂之百答水**官本曰按世近刻訛作也 案朱作也箋曰疑作世趙改世**北流注于穀**官本曰按此下近刻有山海經曰四字 案朱衍趙刪刊誤曰四字重文宜衍**其中多茈石文石穀水又東少水注之山海經曰廆山西三十里曰瞻諸之山其陽多金其陰多文石少水出于其陰控引眾溪積以成川**趙釋曰一清按八字亦是善長所增加**東流注于穀世謂之慈澗也穀水又東俞隨之水注之山海經曰平蓬山西十里**趙有曰字**廆山其陽多㻅**趙作

璕玗之玉俞隨之水出于其陰北流注于穀世謂之孝水也潘岳西征賦曰澡孝水以濯纓嘉美名之在茲趙釋曰一清按五臣注文選曰澡水經注作濟可見唐時官本原是濟字古隸濟作𠫤形與喿似故濟澡互異耳是水在河南城西十餘里故呂忱曰孝水在河南而戴延之言在函谷關西劉澄之又云出檀山官本曰按檀近刻訛作擅下同案朱訛趙改刊誤曰擅當作檀檀山見洛水注檀山在宜陽縣西在穀水南無南入之理官本曰按上所引不言南入當有脫文考尋茲說當承緣生述征謬誌耳緣生從戍行旅征途訊訪旣非舊土故無所究今川瀾北注澄映泥濫何得言枯涸也官本曰按上所引無枯涸之語當有脫文皆爲疏僻矣

東北過穀城縣北

城西臨穀水故縣取名焉穀水又東逕穀城南不歷其北又

東官本曰按此下近刻衍逕字案朱趙有逕字趙下增河南王城西五字刊誤曰洛水注云枝瀆東北歷制鄉逕河南縣王城西又北入于穀又東逕下落河南王城西五字洛水枝流入焉今無水也

又東過河南縣北東南入于洛

河南王城西北官本曰按近刻脫王字案朱脫趙增刊誤曰河南下落王字穀水之右有石磧磧南出爲死穀北出爲湖溝魏太和四年官本曰按近刻訛作七年案朱趙作七暴水流高三丈趙釋曰一清按魏書明帝太和四年九月大雨伊洛河漢溢流晉宋五行志並同無七年暴水事下云太和五年于九龍渠上立千金堨修張王故績則四年伊洛暴水爲是此七年當因下晉泰始七年大水暴出而誤也胡朏明曰按曹魏明帝元魏孝文皆有太和年號明帝之太和終于六年故方輿紀要謂穀水入瀍經王城北自元魏時始瀍水出穀城山東南流至王城東北而南入洛周靈王壅穀使東注勢必與之合韋昭云穀在王城之北東入瀍是也其元魏所決者磧北之湖水耳澗瀍之合不自元魏始也此地下停趙作渟流以成湖渚造溝以通水東西十里決湖以注瀍水穀水又逕

河南王城西北官本曰按近刻脫西字案朱趙無所謂成周矣公羊曰成周者何東周也何休曰名爲成周者周道始成王所都也地理志曰河南河南縣故郟鄏地也京相璠曰郟山名鄏地邑也卜年定鼎朱卜訛十趙改刊誤曰十當作卜爲王之東都謂之新邑是爲王城其城東南名曰鼎門蓋九鼎所從入也故謂是地爲鼎中楚子伐陸渾之戎問鼎于此述征記曰穀洛二水本于王城東北合流所謂穀洛鬭也今城之東南缺千步世又謂之穀洛鬭處俱爲非也余按史傳周靈王之時穀洛二水鬭毀王宮王將堨之太子晉諫王不聽遺堰三堤尚存左傳襄公二十五年齊人城郟穆叔如周賀韋昭曰洛水在王城南穀水在王城北東入于瀍至靈王時穀水盛出于王城西而南流

合于洛兩水相格有似于鬭而毀王城西南也潁容朱趙有之字著春秋條例朱箋曰隋經籍志云漢公車徵士潁容著春秋釋例十卷言西城梁門枯水處世謂之死穀是也始知緣生行中造次入關經究故事與實違矣考王封周桓公于是爲西周及其孫惠公封少子于鞏爲東周故有東西之名矣秦滅周以爲三川郡趙釋曰全氏曰按秦本紀滅周在滅韓之後滅韓已置三川郡及滅周以其地并入三川耳善長所言未覈項羽封申陽爲河南王漢以爲河南郡王莽又名之曰保忠信鄉官本曰按近刻訛作鄉案朱趙作鄉趙釋曰一清按漢書王莽傳曰分三輔爲六都尉河東河內宏農河南潁川南陽爲六隊郡置大夫職如太守屬正職如都尉更名河南大尹曰保忠信鄉益河南屬縣滿三十置六郊州長各一人人主五縣及他官名悉改大郡至分爲五郡縣以亭爲名者三百六十以應符命也是莽所改是官名非地名且莽方營建東都恢宏其制豈肯改郡曰鄉鄉字是卿字之誤地理志作鄉字道元又引之其由來舊矣光武都洛陽以爲尹尹正

也所以董正京畿率先百郡也穀水又東流逕乾朱箋曰一作軋祭門北官本曰按王城北門曰乾祭門子朝之亂晉所開也趙釋曰全氏曰按晉未嘗開門是誤讀左傳而妄言之者東至千金堨河南十二縣境簿曰河南縣城東十五里有千金堨洛陽記曰千金堨舊堰穀水魏時更脩此堰謂之千金堨積石爲堨而開溝渠五所謂之五龍渠渠上立堨堨之東首立一石人石人腹上刻勒云太和五年二月八日庚戌造築此堨更開溝渠此水衡渠上其水朱箋曰此有誤當云此水衡渠止其水趙依箋改助其堅也必經年歷世是故部立石人以記之云爾蓋魏明帝脩王張故績也官本曰按明近刻訛作文案朱趙同趙釋曰何氏曰亭林云文當作明全氏曰太和是明帝年號亭林之言是也王即王梁張即張純堨是都水使者陳協所造官本曰按此下近刻衍也字案朱趙有語林曰陳協數進阮步兵酒後晉文王欲脩九龍堰阮舉協文王用之掘地得古承水銅龍六枚堰遂成水歷堨東注謂之千金渠逮于晉世大水暴注溝瀆泄壞又廣功焉石人東脇下文云太始七年六月二十三日大水迸瀑官本曰按迸近刻訛作幷案朱訛趙改刊誤曰名勝志引此文作迸瀑出常流上三丈蕩壞二堨五龍泄水南注瀉下加歲久漱齧每澇即壞歷載消棄大功今故無令遏官本曰按近刻作今故爲今堨朱謀㙔云宋本作損棄大功故爲今堨皆係後人臆改案朱同趙改從宋本更于西開泄名曰代龍渠地形正平誠得爲朱箋曰宋本作瀉趙改瀉泄至理千金不與水勢激爭無緣當壞由其卑下水得踰朱作輸箋曰宋本作踰趙改踰上漱齧故也今增高千金于舊一丈四尺五龍自然必歷世無患若五龍歲久復壞可轉于西更開二堨二渠合用二十三萬五千六百九十八功

以其年十月二十三日起作功重人少到八年四月二十日畢代龍渠即九龍渠也趙釋曰全氏曰按五龍渠與九龍渠不同五龍渠即千金渠若九龍渠作于魏明帝青龍三年是時崇華殿災郡國九龍見明帝因更營九龍殿引穀水爲九龍池而築渠以堰之善長誤矣後張方入洛破千金堨永嘉初汝陰太守李矩汝南太守袁孚修之以利漕運官本曰按近刻脫此二十一字案朱脫趙增破千金堨下更有京師水碓皆涸大字刊誤曰全氏云張方破堨何以反云公私賴之據晉書李矩傳補京師水碓皆涸永嘉初汝陰太守李矩汝南太守袁孚修之以利漕運二十七字公私賴之水積年趙釋曰一清按此處有脫文渠堨頹毀石砌殆盡遺基見存朝廷太和中脩復故堨按千金堨石人西脇下文云若溝渠久疏深引水者當于河南城北石磧西更開渠北出使首狐邱官本曰按近刻訛作孤立案朱訛趙改故溝東下因故易就磧堅便時事業已訖然後見之加邊方多事人力苦少又渠堨新成未患于水是以不敢預脩通之若于後當復興功者宜就西磧故書之于石以遺後賢矣雖石磧淪敗故跡可憑準之于文北引渠趙北上增穀水二字刊誤曰北上落穀水二字全氏校補東合舊瀆舊瀆又東晉惠帝造石梁于水上官本曰按梁近刻訛作渠案朱訛趙改刊誤曰渠當作梁按橋西門之南頰文稱晉元康二年十一月二十日改治石巷水門除豎朱作堅箋曰宋本作豎趙改豎枋更爲函枋立作覆枋屋前後辟級續石障使南北入岸築治漱處破石以爲殺矣到三年三月十五日畢訖官本曰按近刻訛作記案朱訛趙改刊誤曰記當作訖下弁紀之紀是記字弁紀趙改記說見上列門廣長深淺于左右巷東西長七尺南北龍尾廣十二丈巷瀆口高三丈謂之皐門橋官本曰按皐近刻作睪下同案朱作睪趙改睪下同潘岳西征賦曰朱有又字趙刪刊誤曰又字羨文駐馬皐門官本

曰按近刻訛作秣馬羣門　案朱趙作秣卽此處也穀水又東又結石梁跨水制
城西梁也穀水又東左會金谷水水出太白原東南流歷金
谷謂之金谷水官本曰按近刻脫谷字　案朱脫趙增刊誤曰當作金谷水落谷字東南流逕
晉衛尉卿石崇之故居官本曰按此下近刻石季倫金谷詩衍也字　案朱趙有
集敘曰余以元康七年從太僕出爲征虜將軍有別廬在河
南界金谷澗中有清泉茂樹衆果竹柏藥草備具官本曰按近刻訛作
蔽翳　案朱趙同朱箋曰此以上是金谷詩集敘文而宋本至今俱脫錯以第十七卷渭水又東過上邽縣注中渭水又
東至卽洋水也北三百二十二字入此趙釋曰朱氏謀㙔箋曰此下宋本至今俱脫錯一清按此處失去一葉無從補正
中尉雖引季倫詩敘以補其缺軼而與下西北角之文終不屬也金谷敘爲善長所裁取已非其舊故不錄金谷
水又東南流入于穀穀水又東逕金墉城北魏明帝于洛陽
城西北角築之官本曰按近刻脫金谷水至此句洛陽城止共二十六字　案朱趙無謂之金

墉城官本曰按此下近刻有魏文帝三字係衍文　案朱趙有起層樓于東北隅趙釋曰寰宇記
西京洛陽縣下云金墉城在故城西北角魏明帝所築也洛陽地圖云金墉城內有百尺樓一清按西北角之上當是敘
洛陽故城今本失之又城爲明帝築則層樓不應云文帝起也蓋亦明帝之誤文晉宮閣名曰金墉
有崇天堂卽此地上架木爲榭故白樓矣官本曰按白近刻訛作日　案朱趙
作日皇居創徙宮極未就止蹕于此構宵榭于故臺所謂臺以
停停也南曰乾光門夾建兩觀觀下列朱桁于塹以爲御路
東曰含春門北有還門官本曰按還近刻訛作退　案朱訛趙改刊誤曰退門當作還門城
上西面列觀五十步一睥睨屋臺置一鐘以和漏鼓西北連
廡函蔭官本曰按近刻脫函字　案朱西誤函廡下脫函字趙刊誤曰函北當作西北連廡下落函字孫潛校正
墉比廣榭官本曰按比近刻訛作北　案朱趙作北炎夏之日高視常以避暑官本
曰按朱謀㙔云高視當作高歡考道元以孝昌中死高寶夤之亂安得及神武時事魏書高祖紀常幸洛陽視乃祖字之

訛　案朱作視趙改祖刊誤曰箋曰視字誤當作高歡按非也何焯云道元卒于孝昌二年不及神武時全氏曰當作高
祖卽後魏孝文帝也爲綠水池一所在金墉者也穀水逕洛陽小城北
因阿舊城憑結金墉故向城也官本曰按城近刻訛作地　案朱訛趙改刊誤曰地當作
城永嘉之亂官本曰按近刻脫之字　案朱脫趙增刊誤曰永嘉下落之字結以爲壘號洛
陽壘官本曰按號下近刻有日字　案朱衍趙刪刊誤曰日字衍文名勝志校故洛陽記曰陵雲
臺西有金市金市北對洛陽壘者也又東歷大夏門下官本曰按
北城之西頭曰大廈門夏廈通故夏門也陸機與弟書云門有三層高百尺
魏明帝造門內東側際城有魏明帝所起景陽山官本曰按明帝近刻
訛作文帝下同　案朱趙作文下同餘基尚存孫盛魏春秋曰景初元年官本曰按
近刻訛作黃初元年　案朱趙作黃明帝愈崇宮殿雕飾觀閣取白石英及紫
石英及五色大石于太行穀城之山起景陽山于芳林園樹

松竹草木捕禽獸以充其中于時百役繁興官本曰按時近刻訛作是　案
朱趙作是帝躬自掘土率羣臣三公已下莫不展力趙釋曰全氏曰按孫盛之
記事疏矣此乃明帝景初元年之事楊阜高堂隆交章爭之者也山之東舊有九江陸機洛
陽記曰九江直作圓水水中作圓壇三破之夾水得相逕通
東京賦曰官本曰按近刻脫東京二字　案朱趙無濯龍芳林九谷八溪芙蓉覆
水秋蘭被涯官本曰按近刻訛作崖　案朱趙作崖今也山則塊阜獨立江無
復髣髴矣趙刊誤曰箋曰謝云詳上文當作九江或作溪谷按何焯云江可該九不煩增改穀水又
東官本曰按穀近刻訛作渠　案朱趙作渠枝分南入華林園歷疏圃南趙刊誤曰疏亦
作蔬二字通用圃中有古玉井井悉以珉玉爲之以緇石爲口官本曰按
緇近刻訛作鍿　案朱訛趙改刊誤曰鍿當作緇濕水注云是洛陽八風谷之緇石也蓋黑石也趙釋曰一清按北堂書
鈔引注作纘石工作精密猶不變古璨焉如新又逕瑤華宮南官本曰按

近刻脫逕字案朱脫趙增刊誤曰又下落逕字**歷景陽山北**山有都亭官本曰按有近刻訛
作在案朱趙作在堂上結方湖湖中起御坐石也御坐前建蓬萊山
曲池接筵飛沼拂席南面射侯夾席武峙背山堂上則石路
崎嶇巖嶂峻險雲臺風觀纓巒帶阜遊觀者升降阿閣官本曰按
阿近刻訛作耶案朱作耶箋曰疑作阿閣趙改阿出入虹陛望之狀鳧沒朱箋曰古本作鳥沒
一作鳥沒吳本改作鳧沒鸞舉矣其中引水飛皋官本曰按近刻訛作睪案朱趙作睪傾
瀾瀑布或枉渚聲溜潺潺不斷竹柏蔭于層石繡薄叢于泉
側微飈暫拂則芳溢于六空實爲神居矣官本曰按實近刻訛作入案朱訛
趙改刊誤曰入當作實**其水東注天淵池**池中有魏文帝九華臺官本曰按
近刻訛作九花叢朱謀瑋云當作九華殿考臺以皇初七年築臺殿原屬一地案朱作九花叢趙改九華臺刊誤曰箋
曰九花叢當作九華殿洛陽宮殿簿有明光殿式乾殿九華殿蔬圃殿而魏志曰青龍三年還洛陽復崇華殿改名九龍

殿按非也程大昌演繁露云水逕洛陽天池池中有魏文帝九華樓樓字亦誤據魏書黃初七年三月築九華臺今校正
殿基悉是洛中故碑累之今造釣臺于其上池南直魏文帝
茅茨堂官本曰按直近刻訛作置案朱訛趙改刊誤曰置當作直前有茅茨碑是黃初
中所立也趙釋曰羊氏衒之洛陽伽藍記曰華林南有石碑一所魏明帝所立也題云苗茨之碑高祖于碑北
作苗茨堂永安中莊帝馬射于華林園百官皆來讀碑疑苗字誤國子博士李同軌曰魏明帝英才世稱三祖公幹仲宣
爲其羽翼但未知本意如何不得言誤也衒之時爲奉朝請因卽釋曰以蒿覆之故曰苗茨何誤之有衆咸稱善以爲得
其旨歸陳氏燿文天中記曰衒之魏人親釋苗茨之義道元謂黃初所立誤矣一清按天淵池黃初五年所穿九華臺黃
初七年所築或茅茨堂亦丕所建特其碑是叡所立未可知也又李同軌以公幹仲宣羽翼明帝亦未是劉王皆丕客至
叡時二人之骨朽久矣**其水自天淵池東出華林園逕聽訟觀南**故平
望觀也魏明帝常言獄天下之命也每斷大獄恒幸觀聽之
以太和三年更從今名朱箋曰唐六典云都官者本漢置司隸校尉屬官掌諸奴男女男子入於

罪隸女子入於春饎之事都官郎中掌配沒隸簿錄俘囚以給衣糧藥療以理訴競雪冤觀西北接華林
隸簿昔劉楨磨石處也文士傳曰文帝之在東宮也宴諸文
學酒酣命甄后出拜官本曰按出拜近刻訛作拜坐案朱趙同坐者咸伏惟劉
楨平視之官本曰按近刻訛作平仰觀之案朱趙同太祖以爲不敬送徒隸簿
後太祖乘步牽車乘城降閱朱作闗趙改觀簿作諸徒咸敬而楨拒
坐磨石不動官本曰按拒坐未詳近刻作摳坐朱謀瑋云一作匡坐案朱趙作摳坐趙刊誤曰箋曰一作
匡坐案摳坐摳衣而坐作徒磨石故其坐若此若匡坐則正坐也何以磨石太祖曰此非劉楨也
趙刊誤曰箋曰也當作邪按閻若璩云唐韻正古也與邪通用晉書魏舒傳有主人婦夜產俄聞有車馬之音相問曰男
也女也今注中多以邪爲也石如何性楨曰石出荊山玄巖之下外炳五
色之章內秉堅貞之志雕之不增文磨之不加瑩稟氣貞正
稟性自然太祖曰名豈虛哉復爲文學**池水又東流入洛陽**

縣之南池官本曰按入近刻訛作于案朱趙作于**池卽故翟泉也南北百一十**
步東西七十步皇甫謐曰悼王葬景王于翟泉今洛陽太倉
中大冢是也春秋定公元年晉魏獻子合諸侯之大夫于翟
泉始盟城周班固服虔皇甫謐咸言翟泉在洛陽東北周之
墓地今案周威烈王葬洛陽城內東北隅景王冢在洛陽太
倉中翟泉在兩冢之間側廣莫門道東建春門路北路卽東
宮街也于洛陽爲東北後秦封呂不韋爲洛陽十萬戶侯大
其城幷得景王冢矣是其墓地也及晉永嘉元年洛陽東北
步廣里地陷有二鵝出蒼色者飛翔沖天白色者止焉陳留
孝廉董養曰步廣周之翟泉盟會之地今色蒼胡象矣其可
盡言乎後五年劉曜王彌入洛帝居平陽陸機洛陽記曰官本

曰按近刻脫陽字曰字　案朱脫趙增刊誤曰箋曰脫二陽字按記下又脫一曰字黃省曾本校　步廣里在洛陽城內宮東是翟泉所在不得于太倉西南也京相璠與裴司空彥季脩晉輿地圖作春秋　趙有上字　地名亦言今太倉西南池水名翟泉　官本曰按池近刻訛作地　案朱訛趙改刊誤曰地當作池　又曰舊說言翟泉本自在洛陽北芒宏城成周乃繞之　官本曰按近刻脫城字　案朱無城字趙成改城　杜預因其一證謂必是翟泉　官本曰按近刻脫謂字　案朱脫趙增又上五翟字朱作狄趙改刊誤曰必是上落謂字狄泉當依傳文作翟泉　而卽實非也後遂爲東宮池晉中州記曰惠帝爲太子出聞蝦蟇聲問人爲是官蝦蟇私蝦蟇侍臣賈允對曰在官地爲官蝦蟇在私地爲私蝦蟇令曰若官蝦蟇可給廩先是有讖云蝦蟇當貴昔晉朝收愍懷太子于後池卽是池也其一水自大夏門東逕宣武觀憑

水十六　十三

城結構不更增墉　官本曰按增近刻訛作層　案朱訛趙改刊誤曰層當作增　左右夾列步廊參差翼跂南望天淵池北矚宣武場竹林七賢論曰王戎幼而清秀魏明帝于宣武場上爲欄苞虎牙　官本曰按近刻訛作阱　案朱趙作阱　使力士袒裼迭與之搏縱百姓觀之戎年七歲亦往觀焉虎乘間薄欄而吼其聲震地觀者無不辟易顛仆戎亭然不動帝于門上見之使問姓名而異之場西故賈充宅地穀水又東逕廣莫門北　官本曰按北城之東頭曰廣莫門　漢之穀門也北對芒阜　官本曰按芒邙古字通用　趙刊誤曰箋曰當作邙阜卽北邙也按北邙之邙亦作芒晉太安二年成都王穎自鄴舉兵內向帝軍于芒山以拒之是也下芒壟北芒竝如字　連嶺脩亘　官本曰按近刻訛作垣　案朱訛趙改刊誤曰垣當作亙黃省曾本校　苞總衆山始自洛口西踰平陰悉芒壟也　官本曰按壠近刻訛作龍　案朱訛趙改　魏志曰明帝欲平北芒令登臺見孟津

侍中辛毗諫曰若九河溢涌洪水爲害邱陵皆夷何以禦之帝乃止穀水又東屈南　官本曰按近刻訛作東出屋南宋本南訛作而　案朱訛趙改屋爲屈刊誤曰箋曰謝云宋本作屈而逕建春門按南字不誤蓋穀水東出折而南流也　逕建春門石橋下　官本曰按東城之北頭曰建春門　卽上東門也阮嗣宗詠懷詩曰步出上東門者也一曰上升門晉曰建陽門百官志曰洛陽十二門　官本曰按二近刻訛作一　案朱訛趙改　每門候一人　官本曰按近刻脫每門二字　案朱趙無　六百石　朱箋曰後漢志洛陽十二門每門候一人漢官儀云十二門皆有亭　東觀漢記曰郅惲爲上東門候光武嘗出夜還詔開門欲入惲不內上令從門間識面惲曰火明遼遠遂拒不開由是上益重之亦袁本初挂節處也橋首建兩石柱橋之右柱銘云　朱右作石趙改刊誤曰石當作右　陽嘉四年乙酉壬申詔書以城下漕渠東通河濟南引江淮方貢委輸

水十六　十四

所由而至使中謁者魏郡清淵馬憲監作石橋梁柱敦敕工匠盡要妙之巧攢立重石累高周距橋工路博流通萬里云云河南尹邳崇隗　趙釋曰一清按河南尹官也邳郡望也崇隗人姓名也漢志魯國薛縣下云夏車正奚仲所國後遷于邳又東海郡下邳縣臣瓚云有上邳故曰下邳也王子侯表呂后三年封楚元王子郢客爲上邳侯卽薛也續志註云臨淮郡永平十五年更爲下邳國此單稱邳銘勒于陽嘉年其爲下邳無疑也　丞渤海重合雙福水曹掾中牟任防史王蔭史趙興將作吏睢陽申翔道橋掾成皐　朱趙作睪　皐國洛陽令江雙丞平陽降監掾　朱作椽趙改刊誤曰椽當作掾　王騰之主石作右北平　朱右作左趙改刊誤曰左當作右　山仲三月起作八月畢成其水依柱又自樂里道屈而東出陽渠　官本曰按又近刻訛作文　案朱趙作文　昔陸機爲成都王穎入洛敗北而返　官本曰按北近刻訛作此　案朱訛趙改刊誤曰此當作北　水南卽馬市　官本曰按此下近刻有也字　案朱趙有　舊洛

陽有三市斯其一也朱箋曰陸機洛陽記云洛陽舊有三市一曰金市在宮西大城內二曰馬市在城東三曰羊市在城南亦嵇叔夜爲司馬昭所害處也官本曰按近刻脫亦字 案朱脫趙增刊誤曰嵇叔夜上名勝志引此文有亦字北則白社故里官本曰按此下近刻有也字 案朱趙有昔孫子荆會董威輦于白社謂此矣以同載爲榮故有威輦圖朱箋曰晉書董京字威輦初與隴西計吏俱至洛陽被髮行吟常宿白社中時乞於市得殘碎繒絮結以自覆孫楚時爲著作郎數就社中與語勸之仕京以詩荅之遂遁去又東逕馬市石橋橋南有二石柱竝無文刻也漢司空漁陽王梁之爲河南也將引穀水以溉京都渠成而水不流故以坐免後張純堰洛以通漕官本曰按以近刻訛作而 案朱訛趙改刊誤曰而御覽引此文作以洛中公私穰贍官本曰按近刻訛作懹贍 案朱作懹贍趙改穰贍刊誤曰懹全氏校改穰是渠今引穀水蓋純之創也按陸機洛陽記劉澄之永初記言城之西面有陽渠孫校曰陽渠在今偃師境內周公制之也昔周遷殷民于洛邑城隍偪狹卑陋之所耳晉故城成周以居敬王秦又廣之以封不韋以是推之非專周公可知矣亦謂之九曲瀆河南十二縣境簿云官本曰按河上近刻衍故字復脫境字 案朱衍脫趙刪增刊誤曰故字衍文縣下落境字九曲瀆在河南鞏縣西西至洛陽又按傅暢晉書云都水使者陳狼朱作良箋曰舊本作狼趙改狼鑿運渠從洛口入注九曲至東陽門是以阮嗣宗詠懷詩所謂朝出上東門遙望首陽岑又言遙遙九曲間裴徊欲何之者也陽渠水南暨閶闔門官本曰按西城之北頭曰閶闔門漢之上西門者也漢宮記曰上西門所以不純白者漢家厄于戌故以丹鏤之太和遷都徙門南側其水北乘高渠枝分上下歷故石橋東入城逕望先寺中有碑碑側法子丹碑作龍矩勢官本曰按

書中曰雲矩曰螭矩曰龍矩凡屢見朱謀瑋云當作龍距非也 案朱箋曰疑當作龍距猶龜趺也趙依改龍距于今作則佳方古猶劣渠水又東歷故金市南直千秋門右官本曰按宮城西門曰千秋門 案趙右改古下屬刊誤曰右當作古宮門也又枝流入石逗伏流注靈芝九龍池魏太和中皇都遷洛陽經構宮極修理街渠務窮朱箋曰疑脫幽字趙增幽字隱發石視之曾無毀壞朱曾作嘗趙改刊誤曰嘗全氏校改曾又石工細密非今之所擬亦奇爲精至也遂因用之其一水自千秋門南流逕神虎門下東對雲龍門二門朱作水箋曰疑作二門趙改門衡栿之上皆刻雲龍風虎之狀皆刻朱作皆列箋曰初學記引此作皆刻趙改皆刻以火齊薄之及其晨光初起夕景斜輝霜文翠照陸離眩目又南逕通門掖門西又南流東轉逕閶闔門南官本曰按此乃宮城正南門下云改雉門爲閶闔門是也與前後所言閶闔門同名異地案禮王有五門謂皋門庫門雉門應門路門路門一曰畢門亦曰虎門也魏明帝上法太極于洛陽南宮起太極殿于漢崇德殿之故處改雉門爲閶闔門昔在漢世洛陽宮殿門題多是大篆言是蔡邕諸子自董卓焚宮殿魏太祖平荊州漢吏部尚書安定梁孟皇善師宜官八分體求以贖死太祖善其法常仰繫帳中愛翫之以爲勝宜官北宮牓題咸是鵠筆南宮既建明帝令侍中京兆韋誕以古篆書之皇都遷洛始令中書舍人沈含馨以隸書書之景明正始之年又敕符節令江式以大篆易之今諸桁榜題皆是式書周官太宰以正月懸治法于象魏廣雅曰闕謂之象魏風俗通曰魯昭公設兩觀于門是謂之闕從門欮朱趙作厥聲爾雅曰觀謂之闕說文曰闕門觀也漢官典

職曰偃師去洛四十五里望朱雀闕其上鬱然與天連是明峻極矣洛陽故宮名有朱雀闕白虎闕蒼龍闕北闕南宮闕也東觀漢記曰更始發洛陽李松奉引車馬奔觸北闕鐵柱門三馬皆死卽斯闕也白虎通曰門必有闕者何闕者所以飾門別尊卑也今閶闔門外夾建巨闕以應天宿雖不如禮猶象而魏之官本曰按而字近刻訛在下句上字之下案朱趙不誤刊誤曰箋曰孫云此當作猶象魏之上而加復思以易觀矣按困學紀聞云楊植許由廟碣云堯而許之日而月之獨孤及仙掌銘云日而月之星而辰之同一句法楊慎曰唐文粹日而月之星而辰之本莊子尸而祝之社而稷之語然日月星辰語若出今人其不見笑也幾希是注象而魏之句本古法非誤文上加復思以易觀矣廣雅曰復思謂之屏釋名曰屏自障屏也罘思在門外罘復也臣將入請事于此官本曰按近刻請訛作言案朱訛趙改復重思之也漢末兵起壞園陵罘思曰

無使民復思漢也故鹽鐵論曰垣闕罘思言樹屏隅角所架也穎容又曰闕者上有所失下得書之于闕所以求論譽于人故謂之闕矣今闕前水南道右置登聞鼓以納諫朱趙有也字昔黃帝立明堂之議堯有衢室之問舜有告善之旌禹有立鼓之訊湯有總街之誹武王有靈臺之復皆所以廣設過誤之備也渠水又枝分夾路南出逕太尉司徒兩坊間官本曰按出字近刻訛在逕字下案朱訛趙改刊誤曰逕出二字當倒互謂之銅駝街舊魏明帝置銅駝諸獸朱箋曰獸古本作獵吳改作獸于閶闔南街陸機云駝高九尺脊出太尉坊者也官本曰按脊近刻訛作郎案朱趙作郎水西有永寍寺熙平中始創也作九層浮圖趙釋曰一清按魏書藝術傳永寍寺九層浮圖郭安興爲匠浮圖下基方朱趙有一字十四丈自金露槃朱趙作柈下至地四十九丈取法代

都七級趙釋曰一清按七級浮圖在代都是元魏所刱九層在前七級在後何云取法耶而又高廣之朱箋曰洛陽伽藍記云永寍寺熙平元年靈太后胡氏所立也中有九層浮圖一所架木爲之舉高九十丈有剎復高十丈合去地一千尺去京師百里遙已見之初掘基至黃泉下得金像三十軀太后以爲法信之徵剎上有金寶瓶容二十五石寶瓶下有承露金盤三十重周帀皆垂金鐸雖二京之盛五都之富利剎靈圖未有若斯之構按釋法顯行傳西國趙作域有爵離浮圖趙刊誤曰箋曰爵一作鬱按非也爵離寺見河水注引釋氏西域記其高與此相狀東都西域俱爲莊妙矣其地是曹爽故宅經始之日于寺院西南隅得爽窟室下入土可丈許官本曰按土近刻作地案朱趙作地地壁悉壘方石砌之石作細密都無所毀其石悉入法用自非曹爽庸匠亦難復制此桓氏有言曹子丹生此豚犢信矣渠左是魏晉故廟地今悉民居無復遺墉也渠水又西歷廟社之間南注南渠

廟社各以物色辨方周禮廟及路寢皆如明堂而有燕寢焉惟祧廟則無官本曰按則近刻訛作別朱訛趙改刊誤曰別當作則案後代通爲一廟列正室于下無復燕寢之制禮天子建國左廟右社以石爲主祭則希冕今多王公攝事王者不親拜焉咸寍元年官本曰按寍近刻訛作陵案朱訛趙改洛陽大風帝社樹折青氣屬天元王東渡魏社代昌矣趙刊誤曰箋曰王一作皇魏一作晉按非也道元生于拓跋朝是時魏都洛陽記此正以表晉衰魏興之兆安得云晉社代昌乎元王字亦不作皇例以稱劉裕爲劉武王知之耳渠水自銅駝街東逕司馬門南魏明帝始築闕崩壓殺數百人遂不復築故無闕門南屏中舊有置銅翁仲處金狄既淪故處亦褫惟壞石存焉自此南直宣陽門經緯通達官本曰按經近刻訛作徑案朱訛趙改皆列馳道往來之禁一同兩漢曹子建嘗行御街犯門禁以此見薄

渠水又東逕杜元凱所謂翟泉北今無水坎方九丈六尺深二丈餘似是人功而不類于泉陂是驗非之一證也又皇甫謐帝王世紀云王室定遂徙居成周小不受王都故壞翟泉而廣之泉源既塞明無故處是驗非之二證也杜預言翟泉在太倉西南既言西南于洛陽不得爲東北是驗非之三證也稽之地說事幾明矣不得爲翟泉也渠水歷司空府前逕太倉南出東陽門石橋下官本曰按出東近刻訛作東出　案朱訛趙乙刊誤曰方輿紀要雒陽城正東曰東中門魏晉以後曰東陽門東出二字當倒互注陽渠穀水自閶闔門而南逕土山東官本曰按此閶闔門乃上西門也近刻訛作逕閶闔而南土山東　案朱訛趙改刊誤曰逕當作自閶闔下落門字而南下落逕字黃省曾本校正水西三里有坂坂上有土山漢大將軍梁冀所成築土爲山植木成苑官本曰按木近刻訛作林　案朱趙作林張璠

漢記曰山多峭坂以象二崤積金玉採捕禽獸以充其中有人殺苑兎者迭相尋逐死者十三人南出逕西陽門官本曰按正西曰西陽門舊漢氏之西明門也亦曰雍門矣舊門在南太和中以故門邪出官本曰按邪近刻訛作卯　案朱訛趙改刊誤曰卯當作邪故徙是門東對東陽門穀水又南逕白馬寺東昔漢明帝官本曰按昔近刻訛作是　案朱訛趙改刊誤曰是孫潛校改昔夢見大人金色項佩白光以問羣臣或對曰西方有神名曰佛形如陛下所夢得無是乎于是發使天竺寫致經像始以榆欓盛經白馬負圖表之中夏故以白馬爲寺名此榆欓朱箋曰榆欓未詳考之袁宏漢紀及牟子俱不言其事唯吳越春秋嘗有甘蜜九欓文笥七枚之文解者以爲欓與甖通而齊民要術云榆十五年後中爲車轂及蒲萄甖知以榆木爲甖遠致蒲萄也甖甖欓三字互通則榆欓乃以榆木爲經函耳後移在城內愍懷太子浮圖中近世復遷此寺

然金光流照法輪東轉創自此矣穀水又南逕平樂觀東李尤平樂觀賦曰乃設平樂之顯觀章祕偉之奇珍華嶠後漢書曰朱無後字趙增刊誤曰隋志後漢書十七卷本九十七卷今殘缺晉少府卿華嶠撰漢書上校增後字靈帝于平樂觀下起大壇上建十二重五采華蓋高十丈壇東北爲小壇復建九重華蓋高九丈列奇兵騎士數萬人天子住大蓋下禮畢天子躬擐甲稱無上將軍行陣三帀而還設祕戲以示遠人故東京賦曰其西則有平樂都場示遠之觀龍雀蟠蜿天馬半漢應劭曰飛廉神禽能致風氣古人以良金鑄其象官本曰按近刻作形　案朱同趙改明帝永平五年長安迎取飛廉并銅馬置上西門外平樂觀今于上西門外無他基觀惟西明門外獨有此臺巍然廣秀疑即平樂觀也又言皇女稚朱作

雉箋曰當作稚趙改稚殤埋于臺側故復名之曰皇女臺晉灼曰飛廉鹿身頭如雀有角而蛇尾豹文董卓銷爲金用銅馬徙于建始殿東階下胡軍喪亂此象遂淪穀水又南逕西明門官本曰按西城南頭曰西明門近刻訛作西門門　案朱訛趙改刊誤曰方輿紀要其南一門曰廣陽門亦曰西陽門後魏主宏改曰西明門上門字誤當作明故廣陽門也門左枝渠東派入城逕太朱作木箋曰一作太趙改太社前又東逕太廟南又東于青陽門右下注陽渠穀水又南東屈逕津陽門南官本曰按南城西頭曰津陽門故津門也官本曰按近刻津下衍陽字　案朱衍趙刪刊誤曰方輿紀要又西曰津門以洛水從此而入城魏晉以後曰津陽門昔洛水泛洪漂害者眾官本曰按近刻漂下衍落字　案朱衍趙刪刊誤曰落字衍文何焯校津陽城門校尉官本曰按近刻脫尉字　案朱脫趙增刊誤曰校下落尉字何焯校補將築以遏水諫議大夫陳宣止之曰王尊臣也官本曰按近刻宣訛作宜尊訛作遵　案朱訛趙改

刊誤曰陳宜當作陳宣寰宇記引後漢書曰建武十年洛水泛漲諫議大夫陳宣云云是也水絕其足朝
廷中興必不入矣水乃造門而退**穀水又東逕宣陽門南**官本
曰按南城西頭次門曰宣陽門故苑門也皇都遷洛移置于此**對閶闔門南**
直洛水浮桁故東京賦曰泝洛背河左伊右瀍者也夫洛陽
考之中土卜惟洛食實爲神也官本曰按此語有舛誤**門左即洛陽池**
處也池東舊平城門所在矣今塞北對洛陽南宮官本曰按洛近刻訛
作南　案朱訛趙改刊誤曰括地志洛陽故城內有南宮北宮南陽字誤當作洛陽故蔡邕曰平城門
正陽之門與宮連屬郊祀法駕所由從出門之最尊者洛陽
諸宮名曰南宮有謻臺趙釋曰一清按說文云周景王作謻臺尺氏切臨照臺東京
賦曰其南則有謻門曲榭邪阻城洫官本曰按邪近刻訛注作依　案朱訛趙改
云謻門冰室門也阻依也洫城下池也皆屈曲邪行依城池
爲道故說文曰隍城池也有水曰池無水曰隍矣謻門即宣
陽門也門內有宣陽冰室周禮有冰人曰在北陸而藏之西
陸朝覿而出之冰室舊在宣陽門內故得是名門既擁塞冰
室又罷**穀水又逕靈臺北**望雲物也漢光武所築高六丈方
二十步世祖嘗宴于此臺得鼷鼠于臺上朱鼷作走箋曰走鼠當作鼷鼠竇氏
家傳云竇攸治爾雅舉孝廉爲郎世祖與百僚遊於靈臺得鼠身如豹文熒有光輝羣臣莫有知者唯攸對曰此名鼷鼠
事見爾雅乃賜絹百匹趙改鼷亦諫議大夫第五子陵之所居倫少子也趙釋
曰一清按三輔決錄注云名頡以清正官本曰按朱謀㙔云此下疑脫爲郡功曹四字　朱箋曰此下疑脫爲郡
功曹四字三輔決錄云第五頡字子陵以清正爲郡功曹趙補四字洛陽無主人鄉里無田宅
寄止靈臺或十日不炊司隸校尉南陽左雄尚書盧江朱孟
興等孫校曰朱下依後漢書注增建字皆倫故孝廉功曹官本曰按近刻脫皆倫二字　案朱

脫趙增刊誤曰故上落皆倫二字全氏校補各致禮餉竝辭不受永建中卒**穀水**
又東逕平昌門南官本曰按正南門曰平昌門故平門也**又逕明堂北**漢
光武中元元年立尋其基構上圓下方九室重隅十二堂蔡
邕月令章句同之故引水于其下爲辟雝也**穀水又東逕開**
陽門南官本曰按南城東頭曰開陽門晉宮閣名曰故建陽門也漢官官本
曰按漢官下朱謀㙔云宋本有儀字　趙刊誤曰箋曰漢官下宋本有一儀字按何焯云不當有儀字陳振孫書錄解題
曰漢官儀一卷後漢軍謀校尉汝南應劭仲遠撰按唐志有漢官五卷漢官儀十卷今惟存此一卷載三公官名及名姓
州里而已其全書亡矣道元及見舊籍故宜無舛而猥云宋本此所以不免爲閻百詩馮定遠所誚也開陽門
始成未有名宿昔有一柱來在樓上琅邪開陽縣上言縣南
城門官本曰按近刻脫縣字　案朱趙無一柱飛去光武皇帝使來識視良是
遂堅縛之官本曰按縛近刻訛作傳　案朱訛趙改刊誤曰箋曰堅當作豎按何焯云堅字不誤傳當作縛刻
記上落因字以後漢書註文選註參校因朱脫趙補說見上刻記年月日以名焉何湯
字仲弓官本曰按此五字近刻訛作湯仲弓三字　案朱趙無字字朱箋曰謝承漢書曰何湯字仲弓受學於桓
榮爲高弟當爲門候上微行夜還湯閉門不內朝廷嘉之**又東逕**
國子太學石經北周禮有國學教成均之法學記曰古者家
有塾黨有庠遂有序國有學亦有虞氏之上庠下庠夏后氏
之東序西序殷人之左學右學官本曰按近刻脫此二字　案朱脫趙增刊誤曰左學下
落右學二字以禮記王制校補周人之東膠虞庠王制云趙作曰養國老于上
庠養庶老于下庠故有太學小學教國之子弟焉謂之國子
漢魏以來置太學于國子堂東漢靈帝光和六年刻石鏤碑
載五經立于太學講堂前悉在東側蔡邕以熹平四年官本曰按
熹近刻訛作嘉　案朱訛趙改刊誤曰嘉平當作熹平與五官中郎將堂谿典光祿大

夫楊賜諫議大夫馬日磾議郎張馴韓說太史令單颺等官本曰按近刻脫楊賜諫議大夫馬日八字又磾訛作彈馴訛作訓　案朱訛趙改刊誤曰箋曰漢書光祿大夫馬日磾按後漢書蔡邕傳云光祿大夫楊賜諫議大夫馬日磾朱氏所引何疏謬也奏求正定六經文字靈帝許之邕乃自書丹于碑使工鐫刻立于太學門外于是後儒晚學咸取正焉及碑始立其觀視及筆寫者車乘日千餘輛朱趙作兩塡塞街陌矣今碑上悉銘刻蔡邕等名魏正始中又立古篆隸三字石經古文出于黃帝之世倉頡本鳥跡爲字取其孳乳相生故文字有六義焉自秦用篆書焚燒先典古文絕矣魯恭王得孔子宅書不知有古文謂之科斗書蓋因科斗之名遂效其形耳言大篆出于周宣之時史籒創著平王東遷文字乖錯秦之李斯及胡母敬又朱作有箋曰當作又趙改改籒

書謂之小篆故有大篆小篆焉然許氏字說專釋于篆而不本古文孫校曰謂許氏不本古文之說起於善長然可謂不達六書矣言古隸之書起于秦代而篆字文繁無會劇務官本曰按近刻訛作蕪會劇者　案朱訛趙改刊誤曰箋曰宋本作劇務按黃省曾本蕪作無言于劇務則無會也故用隸人之省謂之隸書或云卽程邈于雲陽增損者是言隸者篆捷也孫暢之嘗見青州刺史傅宏仁朱作什箋曰初學記引此作傅宏仁趙改仁說臨淄人發古冢得桐棺前和外隱朱箋曰脫一起字趙增起字爲隸字言齊太公六世孫胡公之棺也惟三字是古餘朱作隸箋曰初學記隸作餘趙改餘同今書證知隸自朱箋曰一作字出古非始于秦孫校曰此必不然好事者爲之也鄺君小學最疏故取此委巷之說魏初傳古文出邯鄲淳石經古文轉失淳法樹之于堂西石長八尺廣四尺列石于其下碑石四十八枚官本曰按十近刻訛作千　案朱訛趙改廣三十丈魏明帝官本曰按近刻訛作文帝　案朱趙作文又刊典論六碑附于其次趙釋曰隸釋石經殘碑曰水經光和六年立石于太學其上悉刻蔡邕名魏正始中又刻古篆隸三字石經蓋諸儒受詔在熹平而碑成則光和年也隋志有一字石經七種三字石經三種其論云漢鐫七經皆蔡邕書又云魏立一字石經其說自相矛盾新舊唐志有今字石經七種而注論語云蔡邕作又有三字石經古篆兩種蓋唐史以隸爲今字也觀遺經字畫之妙非蔡中郎輩不能爲以黃初後來碑刻比之相去不啻霄壤豈魏人筆力可到當以水經爲據三體者乃魏人所刻儒林傳云爲古文篆隸三體者非也又隸續三體石經左傳遺字曰石經見于范史帝紀及儒林宦者傳皆曰五經蔡邕張馴傳則曰六經惟儒林傳云爲古文篆隸三體書法酈氏水經云漢立石經于太學魏正始中又刻古文篆隸三字石經唐志有三字石經古篆兩種曰尚書曰左傳獨隋志所書異同其目有一字石經七種三字石經三種既以七經爲蔡邕書矣又云魏立一字石經乃其誤也范蔚宗時三體石經與熹平所鐫竝列于學宮故史筆誤書其事後人襲其譌錯或不見石刻無以考正趙氏雖以一字爲中郎所書而未嘗見三體者歐陽氏以三體爲漢碑而未嘗見一字者近世方勻作泊宅編載其弟訽所跋石經亦爲范史隋志所惑指三體爲漢字至公羊碑有馬日磾等乃云魏世用其

所正定之本因存其名可爲謬論一凊按景伯據水經之事實辨後漢書隋志之牴牾定一字爲漢刻三字爲魏碑其言簡而核他說紛紜不足錄也吾杭杭世駿撰石經考異薈萃羣籍足補亭林顧氏之缺四明全庶常祖望更增廣之搜剔益無遺漏石經之陳迹一旦顯于千百年之後也又按酈氏之言亦非也據陳壽三國志魏志明帝紀太和四年春二月戊子詔太傅三公以文帝典論刊石立于廟門之外不云于太學也搜神記乃云詔刊石于廟門之外及太學裴世期曰昔從征西至洛陽歷觀舊物見典論石經在太學者尚存而廟門外無之問諸長老云晉初受禪卽用魏廟移此石于太學非兩處立也竊謂此言不然蓋以搜神記所云爲非也蓋石經立于太學典論自在廟門之外道元以晉移爲魏立恐不如世期目觀耳聞之較實也又三少帝紀注引搜神記以典論爲魏明帝立詔三公曰先帝昔著典論不朽之格言其刊石于廟門之外及太學與石經竝以永示萬世至齊王紹位之初西域獻火浣布子桓夙謂不然于是刊滅此論而天下笑之今云文帝刊附亦誤也陸機言太學贊別一碑在講堂西下列石龜碑載蔡邕韓說堂谿典等名官本曰按近刻訛作高堂谿等名　案朱訛趙改刊誤曰後漢書作堂谿典此文誤也太學弟子贊復一碑在外門中今二碑竝無

石經東有一碑是漢順帝陽嘉元年立官本曰按元近刻訛作八案朱訛趙改刊誤曰閻若璩云陽嘉止四年八是元字之誤蓋作畢卽立碑也下九年亦當是元年碑文云建武二十七年造太學年積毀壞永建六年九月詔書修太學刻石記年用作工徒十一萬二千人官本曰按近刻作字在工字下案朱趙同陽嘉元年八月作畢官本曰按元近刻訛作九案朱訛趙改說見上碑南面刻頌表裏鏤字猶存不破漢石經北有晉辟雝行禮碑是太始二年立其碑中折但世代不同物不停故石經淪缺存半毀幾趙刊誤曰箋曰當作存毀幾半按存半毀幾言所存者如此而毀者凡幾也朱氏以意妄改所未安矣駕言永久諒用憮焉考古有三雝之文今靈臺太學竝無辟雝處晉永嘉中王彌劉曜入洛焚毀二學尚髣髴前基矣**穀水于城東南隅枝分北注逕靑陽門東**官本曰按東城南頭曰青陽門案朱作清趙改青刊誤曰清當作青故清明門也亦曰稅門朱趙有也字亦曰芒門**又北逕東陽門東**官本曰按正東門曰東陽門故中東門也**又北逕故太倉西**洛陽地記曰大城東有太倉倉下運船常有千計卽是處也**又北入洛陽溝穀水又東左迆爲池又東右出爲方湖東西**朱趙有一字**百九十步南北七十步**故水衡署之所在也**穀水又東南轉屈而東注謂之阮曲**云阮嗣宗之故居也**穀水又東注鴻池陂**孫校曰在偃師百官志曰鴻池池名也在洛陽東二十里丞一人二百石**池東西千步南北千一百步四周有塘池中又有東西橫塘水溜徑通**官本曰按徑近刻訛作逕案朱趙作逕故李尤鴻池陂銘曰鴻澤之陂聖王所規開源東注官本曰按源近刻訛作水朱謀㙔云舊本作又案朱作水箋曰開水東注舊本作開又東注玉海引此亦作開又其誤久矣按藝文類聚張載鴻池陂銘曰開源東注出自城池蓋本李語也趙改源出自城池也**其水又東左合七里澗**晉後略曰成都王穎朱無穎字箋曰宋本有穎字趙增使吳人陸機爲前鋒都督伐京師輕進爲洛軍所乘官本曰按近刻訛作爲治軍所處案朱訛趙改刊誤曰治當作洛處當作乘名勝志引此文校正大敗于鹿苑人相登躡死于塹中及七里澗澗爲之滿卽是澗也澗有石梁卽旅人橋也昔孫登不欲久居洛陽知楊氏榮不保終思欲遯跡林鄉隱淪妄死官本曰按妄近刻訛作忘趙刊誤曰箋曰宋本作忘死按非也妄死謂詐死耳字不誤楊駿埋之于此橋之東駿後尋亡矣搜神記曰太康末京洛始爲折楊之歌有兵革辛苦之辭駿後被誅太后幽死折楊之應也官本曰按楊下近刻衍爲字案朱趙有凡是數橋皆纍石爲之亦高壯矣制作甚佳雖以時往損功而不廢行旅朱超石與兄書云橋去洛陽宮六七里悉用大石下圜以通水可受大舫過也官本曰按此下近刻有奇制作三字係衍文案朱趙有趙刊誤曰箋曰奇制作未詳玉海引此注無此三字按奇制作謂橋之制作甚奇卽上制作甚佳之意豈可以玉海所引無之而遂疑之題其上云太康三年十一月初就功日用七萬五千人至四月末止此橋經破落復更修補今無復文字**陽渠水又東流逕漢廣野君酈食其廟南**官本曰按穀水自閶闔門而南以下竝陽渠水原本及近刻獨此處及下逕亳殷忽兩稱陽渠後復稱穀水考其地相比次非有錯紊而稱名參差或後人臆改使然今姑仍之趙刊誤曰箋曰逕當作經按前後注文俱作逕此等實爲辭費廟在北山上成公綏所謂偃師西山也山上舊基尚存廟宇東向官本曰按近刻作東面案朱趙作面門有兩石人對倚北石人胷前銘云門亭長石人西有二石闕雖經頹毀猶高丈餘闕西卽廟故基也基前有碑文字剝缺不復可識子安仰澄芬于萬古讚清徽于廟像文字趙釋曰一淸按朱氏

謀墇箋曰文字下有脫誤當是載字謂成公子安集中有鄘生廟碑文也未知然否姑存之厥集矣陽渠水又東逕亳殷南朱無水字趙增刊誤曰陽渠下落水字昔盤庚所遷改商曰殷此始也班固曰尸鄉故殷湯所都者也故亦曰湯亭薛瓚漢書注皇甫謐帝王世紀竝以爲非以爲帝嚳都矣晉太康記地道記官本曰按近刻訛作晉太康地理記　案朱訛趙改刊誤曰晉太康下落記字地理記當作地道記兼引二書故曰竝言也竝言田横死于是亭故改曰尸鄉非也余按司馬彪郡國志以爲春秋之尸氏也其澤野負原夾郭多墳隴焉卽陸士衡會王輔嗣處也袁氏王陸詩敘機初入洛次河南之偃師時忽結陰望道左若民居者朱若作右箋曰異苑作左右若有民居無者字趙改若加有字因往逗朱作退箋曰宋本作逗異苑作投趙改逗宿見一少年姿神端遠與機言玄機服其能而無以酬折朱箋曰異苑作抗前致一辯官本曰按近刻訛作前至一辯文　案朱趙同機朱箋曰異苑有乃字題緯古今綜檢名實此少年不甚欣解將曉去稅駕逆旅朱無二字趙增刊誤曰稅駕下黃省曾本有逆旅二字嫗曰君何宿而來自東數十里無村落止有山陽王家墓官本曰按止近刻訛作上　案朱訛趙改刊誤曰上孫潛校改止機乃怪悵還睇昨路空野朱趙有昏字又朱箋曰異苑衍昏字霾雲攢木蔽日朱趙無木字朱箋曰異苑有木字知所遇者審王弼也朱箋曰異苑無前至一辯文機六字餘文竝同其譌脫者依異苑補之此山卽祝雞翁之故居也搜神記曰祝雞翁者官本曰按近刻脫祝字　案朱脫趙增洛陽人也居尸鄉北山下養雞百年餘雞至千餘頭皆有名字欲取呼之名則種別而至後之吳山莫知所去矣趙釋曰全氏曰此下不敘陽渠水入穀之處疑有脫文且原流分合多有錯誤無從攷正一淸按洛水篇經云又東至偃師城南注云洛水又北陽渠水注之則陽渠水于偃師城南由穀入洛寰宇記引輿地志云洛陽城外四面有陽渠水卽周公所置也上源注函谷

東流注城西北角仍分流繞城至建春門外合流又折而東注于池是也穀水又東逕偃師城南皇甫謐曰帝嚳作都于亳偃師是也王莽之所謂師氏者也孫校曰今地理志作師成也穀水又東流注于洛水矣趙釋曰禹貢錐指曰穀水有二道一在洛陽城北自皋門橋屈南逕建春門下蓋卽王梁之所引道元所謂舊瀆者也一在洛陽城南自閶闔門屈東歷開陽門又東逕偃師城南又東注于洛卽張純所穿此皆周靈王壅穀洛後歷代遞遷之水道非禹迹也

甘水出宏農宜陽縣鹿蹏山

山在河南陸渾縣故城西北俗謂之縱山水之所導發于山曲之中故世人目其所爲甘掌焉官本曰按掌近刻訛作棠　案朱訛趙改刊誤曰甘棠黃省曾本作甘掌如華掌鷲掌之類元和郡縣志河南府壽安縣下本漢宜陽縣地後魏分新安置甘掌縣是也

東北至河南縣南北入洛

甘水發源東北流北屈逕一故城東在非山上世謂之石城也京相璠曰或云甘水西山上夷汙而平官本曰按夷汙近刻訛作夢汁　案朱訛趙改刊誤曰箋曰孫云夢汁疑作廣闊按全氏云先司空本是夷汙二字有故甘城在河南城西二十五里指謂是城也余按甘水東朱趙有一字十許里洛城南有故甘城焉北對河南故城世謂之鑒洛城鑒甘聲相近卽故甘城也爲王子帶之故邑矣是以昭叔有甘公之稱焉趙釋曰全氏曰按王子帶稱太叔死後稱甘昭公不稱昭叔甘水又與非山水會孫校曰非山卽鹿蹏山水出非山東谷東流入于甘水甘水又于河南城西北入洛經言縣南非也官本曰按此下近刻衍故字　案朱趙有京相璠曰今河南縣西南官本曰按近刻重河南二字脫西南二字　案朱同趙增說見下有甘水趙刊誤曰河南縣下落西南二字郡國志河南尹河南縣有甘城劉昭補註曰杜預曰縣西南有甘泉卽此水也趙釋曰一淸按杜元凱謂之甘泉北入洛斯得之矣

漆水出扶風杜陽縣俞山 孫校曰杜陽今麟游屬鳳翔漢漆縣故城在縣西杜陽故城卽今治 東北入于渭

山海經曰羭次之山漆水出焉北流注于渭蓋自北而南矣尚書禹貢太史公禹本紀云導渭水東北至涇又東過漆沮入于河 官本曰按近刻過訛作逕河訛作洛 案朱同趙改洛不改逕刊誤曰箋曰克家云東逕史記作東過按尚書本作東過不獨史記也且道元注例用逕字以別于經文之過入于洛當从經文作入于河蓋渭水至華陰入河而洛水則至華陰入渭今云渭入洛其舛甚矣朱氏顧遺其大而摘其細何也黃省曾本原作河 孔安國曰漆沮一水名矣 官本曰按今書傳作二水名 案朱趙作二水名無矣字 亦曰洛水也出馮翊北周太王去邠度漆踰梁山 官本曰按近刻訛作上 案朱訛趙改刊誤曰上當作山 止岐下故詩云民之初生自土沮漆 官本曰按近刻訛作漆沮 案朱訛趙乙刊誤曰依經文當作沮漆 又曰率西水滸至于岐下是符禹貢本紀之說許慎說文稱漆水出右扶風杜陽縣岐山東入渭從水桼聲又云一曰漆城池也潘岳關中記曰關中有涇渭灞滻酆鄗漆沮之水酆鄗漆沮四水在長安西南鄠縣 朱作西有柒縣箋曰宋本作在長安西南鄠縣 趙依改 漆沮皆南注 官本曰按近刻脫漆沮南三字 案朱趙無 酆鄗水北注 官本曰按此下近刻有渭字 案朱趙有 開山圖曰麗山西北有溫池 官本曰按近刻訛作地朱謀㙔云吳本改作池考永樂大典內已作溫池非吳氏改也 案朱趙作池朱箋曰古本作地吳本改作池然三秦記及漢武故事並云驪山湯泉又稱溫泉不言溫池也孫校曰開山圖之說符于山海經 溫池西南八十里岐山 官本曰按近刻訛作川 案朱訛趙改刊誤曰按岐川字亦誤當作岐山見渭水注孫校曰此岐山當在鄠縣故潘岳亦云漆在鄠也 在杜陽北 官本曰按近刻訛作在杜陵埤 案朱訛趙改刊誤曰箋曰孫云杜陵當作杜陽埤宋本作北字 長安西有渠謂之漆渠 朱趙漆渠作柒渠趙刊誤曰箋曰當作漆按古字通用不必改也 班固地理志云漆水在漆縣西 官本曰按在近刻訛作出 案

朱趙作出 闞駰十三州志又云漆水出漆縣西北至岐山 官本曰按近刻脫至字 案朱脫趙增刊誤曰西北下落至字詩地理攷引此文校增 東入渭今有水出杜陽縣岐山北漆 朱作柒 溪謂之漆渠西南流注岐水 孫校曰西疑非 但川土奇異今說互出 趙刊誤曰箋曰舊本作牙按黃省曾本作互古文互字若作牙音其義乖矣 考之經史各有所據識淺見浮無以辨之矣 趙釋曰王應麟詩地理攷曰沮漆名稱相亂水經云沮水出北地郡直路縣東過馮翊祋祤縣北東入于洛此沮水之源流也漢志扶風有漆縣漆水在縣西東入渭又闞駰十三州記云漆水出漆縣西北至岐山東入渭此漆水之源流也沮水出北地入洛漆水出扶風入渭沮自沮漆自漆也至孔氏引水經云沮水俗謂之漆水又謂之漆沮此則名稱相亂矣諸家書解以出扶風之漆水與出北地之沮水爲二謂扶風之漆水至岐山入渭在灃之上流而書言渭水會灃會涇之後乃過漆沮則漆沮在灃水涇水之下流故以書之漆沮爲出北地之漆沮與詩扶風之漆別也但水經出北地者止是沮水而謂之漆沮耳如上所言則詩之漆沮自是二水書之漆沮止是一水卽詩之沮也然水經之沮入洛書之漆沮則入渭沮水若爲漆沮一名洛水則沮漆卽洛也而又云入洛何也姑闕之以俟知者程氏大昌雍錄曰禹貢止有漆沮秦漢以後始有洛水諸家言洛卽漆沮所謂洛水者地理志曰出北歸縣戎夷中今按其水自入塞後逕鄜坊同之三州乃始入渭孔安國輩謂自馮翊懷德縣入渭者是也漢懷德同州衙縣也所謂沮水者長安志曰自邠州東北來至華原縣南流乃合漆水入富平縣石川河石川河者沮水正派也所謂漆水者長安志曰漆水自華原縣東北同官縣界來南流入富平縣石川河是爲合漆之地此三水分合之詳也若槩三水而命其方則漆在沮東至華原而西乃始合沮沮在漆西既已受漆則遂南東而合乎洛洛又在漆沮之東至同州白水縣則遂混爲一流故自孔安國班固以後論著此水者皆指懷德入渭之水以爲洛水而曰洛卽漆沮者言其本同也洛之刱名不知起自何世秦用鄭國鑿谷口渠已曰鑿涇注洛則洛久出秦前矣若其立洛名而蓋掩漆沮則難究其始也一清按程文簡公辨洛漆沮三水甚詳足破羣疑其云洛之刱名不知何始周禮雍州浸曰渭洛具載職方豈所論于嬴氏之朝乎又北歸縣是地理志北地郡歸德縣之誤

滻水出京兆藍田谷北入于灞

地理志曰滻水出南陵縣之藍田谷西北流與一水合水出

西南莽谷東北流注滻水孫校曰滻水出藍谷則今所稱藍水是也莽谷水卽輞川矣酈故以長水爲非滻水也**滻水又北歷藍田川北流注于灞水地理志曰滻水北至霸**朱趙作灞下同**陵入霸水**趙釋曰全氏曰漢志京兆尹南陵縣沂水出藍田谷北至霸陵入霸師古曰沂音先歷反按酈注首尾再引班志似是沂水之卽滻水也但不知何以誤滻爲沂而沂又何以有涅音也一淸按此是今本漢書傳刻之訛宏農郡析縣師古音先歷反沂與析字形相近先歷之音于析則是而沂則非也行間斷爛何人塡補致斯巨繆若師古不應如是之貿貿也沂水字亦作浐見渭水注霸陵縣可知本字不誤而其音則非

沮水出北地直路縣東過馮翊祋祤縣北東入于洛趙沮改瀘下同釋曰一淸按古本水經瀘水今俗誤作沮史記索隱曰沮水地理志無文而水經以瀘水出北地直路縣東過馮翊祋祤縣入洛說文瀘水出北地直路西東入洛从水盧聲側加切沮水出漢中房陵東入江从水且聲子余切今北地之瀘與漢中之沮更無分別觀小司馬所引猶見唐時水經之善與許氏字說合也

地理志曰沮出直路縣西東入洛官本曰按近刻訛作出畿縣西東入洛　案朱趙同

趙釋曰一淸按地理志北地郡直路縣沮水出東西入洛不云畿縣也畿縣之名不見漢志東西之文又互相異酈氏所引未知何據而司馬貞云沮水地理志無文更不解其義也今按孔穎達尙書正義導渭又東過漆沮下云彼漆則扶風漆水也彼沮則未聞蓋孔傳以漆沮爲二水名亦曰洛水而後之言洛水者總以漆沮之名當之此是不與班志之漆沮同故胡朏明日本疏引扶風漆水蓋未定之論失于刊正耳然則雍州及導渭之漆沮當依顏師古漢書注漆沮卽馮翊之洛水爲據而與班志扶風漆縣下之漆水北地直路下之沮水不相扶同此小司馬所以云地理志無文孔仲達亦云彼沮則未聞也**今水自直路縣東南逕譙石山**官本曰按譙近刻作燋　案朱趙作燋**東南流歷檀臺川**孫校曰此是今中部入洛之水**俗謂之檀臺水屈而夾山西流**孫校曰此是今臨潼入洛之水文合爲一**又西南逕宜君川世又謂之宜君水又得黃嶔水口**孫校曰酈以二沮爲一原**水西北出雲陽縣石門山黃嶔谷東南流注宜君水又東南流逕祋祤縣故城西**縣以漢景帝二年置　官本曰按朱謀㙔云宋本以下有溪名二字今以文義考之乃衍文　趙刊誤曰箋曰宋本以字下有溪名二字按于文不當有此二字漢書地理志左馮翊祋祤縣景帝二年置**其水南合銅官水水出縣東北**官本曰按近刻脫縣字又此句之下衍而字　案朱脫衍趙增刪刊誤曰出下落縣字而字衍文孫潛校正**西南逕銅官川謂之銅官水又西南流逕祋祤縣東西南流逕其城南原下**孫校曰華原去城在路東北一里**而西南注宜君水宜君水又南出土門山西又謂之沮水又東南歷土門南原下東逕懷德城南**城在北原上　趙釋曰一淸按寰宇記懷德故城在今富平縣西南十一里非漢懷德縣也蓋後漢及三國時因漢舊名于此立縣今有廢城存括地志懷德故城在同州朝邑縣西南四十三里據此則是漢縣與此城有別**又東逕漢太上皇陵北**陵在南原上**沮水東注鄭渠昔韓欲令秦無東伐使水工鄭國間秦鑿涇引水謂之鄭渠渠首上承涇水于中山西邸瓠口**官本曰按近刻脫邸字　案朱脫趙增刊誤曰西下落邸字史記河渠書校補所謂瓠中也爾雅以爲周焦穫朱作誤箋曰宋

本作穫趙改穫**矣爲渠竝北山**官本曰按近刻脫爲字　案朱脫趙增刊誤曰渠上史記河渠書漢書溝洫志皆有爲字**東注洛三百餘里欲以漑田中作而覺秦欲殺鄭國**官本曰按近刻脫而字秦字　案朱脫趙增朱箋曰史記作中以漑田中作而覺秦欲殺鄭國鄭國曰**鄭國曰**官本曰按近刻脫鄭國二字　案朱趙無**始臣爲間然渠亦秦之利**官本曰按近刻渠下有成字　案朱趙有**卒使就渠渠成而用注塡閼之水漑澤鹵之地四萬餘頃**官本曰按近刻脫之地二字　案朱脫趙增刊誤曰澤鹵下落之地二字史記河渠書校補又朱箋曰史有收字趙頃下增收字**皆畝一鍾關中沃野無復凶年秦以富彊卒幷諸侯命曰鄭渠渠瀆東逕宜秋城北又東逕中山南**河渠書曰鑿涇水自中山西　官本曰按近刻訛作而　案朱訛趙改刊誤曰而當作西史記云鑿涇水自中山西邸瓠口爲渠道元蓋割裂引之封禪書漢武帝獲寶鼎于汾陰將薦之甘泉鼎至中山氤氳有黃雲蓋焉徐廣史記音義曰關中有中山

非冀州者也指證此山俗謂之仲山非也趙釋曰一清按顧祖禹曰圖經中山
北接嵳峩西距冶谷南竝九嵕涇河自中而出故名中山一
云以山在冶谷水西涇水東也俗訛仲山云漢高祖兄仲居
此道元以爲非得之矣鄭渠又東逕捨車宮南絕冶谷水官本曰按冶近刻訛作冶
案朱絕作紀冶作治趙改刊誤曰箋曰紀當作絕按治當
作冶方輿紀要云冶谷在涇陽縣西北五十餘里亦謂之谷
口雲陽宮記曰冶谷去雲陽八十里山出鐵有冶
鑄之利故因名有水曰冶谷水分渠十二是也鄭渠故瀆
又東逕巀嶭山南池陽縣故城北又東絕清水又東逕北原
下濁水注焉趙釋曰一清按孔氏尙書正義引注作濯水自濁水以上今無水官本
曰按近刻脫今字水字案朱趙同趙釋曰一清按下有脫文濁水上承雲陽縣東大黑泉
東南流謂之濁谷水孫校曰長安志華原濁谷河水自縣西北孝義鄉大海村來經縣四十五里南
流入三原縣界今耀州卽華原又東南出原注鄭渠又東歷原逕曲梁城北
孫校曰長安志三原縣黃白城在縣西南五十里秦曲梁宮在黃白城內又東逕太上陵南原下

北屈逕原東與沮水合分爲二水一水東南出卽濁水也至
白渠與澤泉合俗謂之漆水又謂之爲漆沮水孫校曰地形志萬年有漆
沮水絕白渠東逕萬年縣故城北爲櫟陽渠城卽櫟陽宮也漢
高帝葬皇考于是縣起墳陵署邑號改曰萬年也地理志曰
馮翊萬年縣高帝置王莽曰異赤也故徐廣史記音義曰櫟
陽今萬年矣闞駰曰縣西有涇渭北有小河謂此水也官本曰按
謂近刻訛作渭案朱訛趙改刊誤曰箋曰一作此渭按非也渭當作謂其水又南屈更名石川
水又西南逕郭獽城西與白渠枝渠合又南入于渭水也其
一水東出卽沮水也東與澤泉合水出沮東澤中與沮水隔
原相去十五里俗謂是水爲漆水也朱作渠趙改柒刊誤曰渠水當作柒水東
流逕薄昭墓南冢在北原上又逕懷德城北東南注鄭渠合

沮水又自沮直絕注濁水至白渠合焉故濁水得漆沮之名
也沮循鄭渠東逕當道城南孫校曰今富平城在頻陽縣故城南頻
陽宮也秦厲公置城北有頻山山有漢武帝殿以石架之縣
在山南故曰頻陽也孫校曰頻陽者濱陽也古字如此應劭曰縣在頻水之
陽今縣之左右無水以應之所可當者惟鄭渠與沮水又東
逕蓮芍縣故城北孫校曰今渭南十三州志曰縣以草受名也沮水
又東逕漢光武故城北又東逕粟邑縣故城北孫校曰今白水王莽
更名粟城也後漢封騎都尉耿夔爲侯國其水又東北流注
于洛水也官本曰按近刻作矣案朱同趙改刊誤曰矣黃省曾本作也孫校曰按注沮自富平又分爲二一
自富平逕臨潼北竟入渭一自富平至白水入洛今白水縣沮水則烏泥川之下流葢富平之流已絕也
趙補洛水

禹貢錐指曰禹貢豫有洛而雍無洛洛水之名其昉於殷周
之際乎周禮雍州之浸曰渭洛水經無洛水之目唯沮水渭
水注中一見然寰宇記慶州安化縣尉李城下引水經注云
洛川南逕尉李城東北合馬嶺水號白馬水華池縣子午山
舊名翟道山一謂之雞山引水經云有烏雞水出焉西北注
於洛水樂蟠縣有水出縣西北引水經注云與靑山水合寍
州安定縣洛水下引水經一名馬嶺川水注云洛水又南逕
栒邑故城北與新陽川水合珊瑚谷水下引水經云珊瑚水
東南至栒邑入洛襄樂縣大延水下引水經注云大延小延
水出油水南延溪西南流逕襄樂南於延城西二水合流油
水下引水經云與追語川水並出東翟道山鄜州洛交縣白

水下引水經云白水源出分水嶺三川縣蕈谷水下引水經注云自蕈谷東南流入三川黃原水下引水經注云砂羅谷水南流逕黃原祠東合蕈川坊州中部縣石堂山下引水經注云豬水西出翟道縣西石堂山本名翟道山穆天子傳曰癸酉天子命駕八駿之駟造父爲御南征朔野逕絕翟道升於太行翟道卽縣之石堂山也郭璞以爲隴右狄道非也淺石川下引水經云淺石川水出翟道山香川水下引水經注云香川水出中部縣北香山在縣西南三十七里自宜君縣界來南香水在縣南三十五里出遺谷泥水下引水經云泥水出翟道縣泥谷蒲水下引水經注云蒲谷水源出中部縣蒲谷原丹州宜川縣丹陽川下引水經云蒲川水自鄜州洛

川縣流入丹陽川延州膚施縣清水下引水經注云清水出上郡北流至老人谷俗謂老人谷水又東逕高奴縣合豐林水同州馮翊縣商原下引水經注云洛水南逕商原西俗謂許原也一清按許原顧祖禹引水經注作滸原云志云沮水之滸也沙阜下引水經注云洛水東逕沙阜北其阜東西八十里南北三十里俗名之曰沙苑澄城縣新城下引水經注云雲門谷水源出澄城縣界朝邑縣朝坂下引水經注云洛水東南歷彊梁原俗所謂朝坂此皆言洛水而今本無之是水經原有洛水篇宋初尚存後乃亡之耳一清按胡氏所引寰宇記清水一條已見卷三河水注蓋偶有不照也漢志北地郡郁郅縣泥水出北蠻夷中有牧師苑官又有泥陽縣莽曰泥陰蓋泥水所逕也說文

作泝水泝泥字通用蒲谷水亦見渭水注中又寰宇記安化縣下云周地圖記云郁郅城今名尉李城注水經云尉李城亦曰不窋城澄城縣溫泉下引水經注云水有三源奇川鴻瀉西注於洛亦曰帝嚳泉丹州汾川縣下引水經注云汾川縣西有殺狗嶺初學記丹州引水經注云烏川水出汾川縣西北按汾川縣本漢上郡地魏太和八年置安平縣屬北汾州其州在河西三堡鎮東更有南汾州魏大統十八年省北汾州乃取丹陽川號立汾川縣道元卒於孝昌三年下距大統十八年已歷二十六年何緣知有置縣事乎且西魏文帝殂於大統十七年三月明年廢帝欽元年亦非十八年也汾川縣之文得無誤耶魏書地形志云汾州延和三年爲鎮太

和十二年置州治蒲子城孝昌中陷移治西河事見北史裴延儁傳延儁從祖弟良稍遷尚書考功郎中時汾州吐京胡薛羽等作逆以良兼尚書左丞爲西北道行臺山胡劉蠡升自云有聖術胡人信之咸相影附以良爲汾州刺史加輔國將軍行臺如故良以城人飢窘夜率衆奔西河汾州之居西河自良始也又初學記引水經注云丹州豬水流逕柏城遺州兔川西南流注洛水蒲州小蒲川水東南流入坊州太平御覽引水經曰白於山今名女郎山上多松柏下多橿櫟其獸多牿牛羬羊鳥多白鴞洛水出於其陽東注於渭也又洛水源出縣北白於山按括地志曰白於山在慶州洛源縣所謂縣北卽洛源縣之北也山海經曰盂山西百五十里曰白

於之山其鳥多鴞郭璞曰鴞似鳩而青色盛宏之荆州記云有鳥如嶋雞其名爲鴞楚人謂之鵩史記索隱引水經曰洛水出上郡彫陰泰冒山過華陰入渭此眞漢代經文洛水之源委具焉漢志北地郡歸德縣下云洛水出北蠻夷中入河左馮翊懷德縣下云洛水東南入渭蓋由渭以達於河也又河水注云河水又南洛水自獵山枝分東派東南注於河全祖望曰此洛水卽雍州北地之所出也經流則合漆沮以入渭而支流則自上郡入河史記晉文公攘戎翟居於圁洛之間是洛水地望之見於七國之先者地理志引職方冀州之寖曰汾潞闞駰以爲潞卽濁漳是也而師古曰潞出歸德蓋以潞爲洛繆之甚矣

武進謝鍾英補 洛水

水經注逸洛水篇胡氏渭趙氏一淸輯洛水遺文數十條然其中舛誤百出可據爲洛水者無幾如寰宇記慶州安化縣水經注云尉李城亦曰不窋城洛川南逕尉李城東北合馬嶺水號白馬水華池縣雞山水經注有烏雞水出焉西北流注於洛水樂蟠縣有水出縣西北水經注云與青山水合考泥水一名馬嶺水尉李城今慶陽府治雞山在合水縣東南五十里馬嶺靑山均在今合水縣西一里自白於山南至翟道山山東水入洛山西水皆入泥注涇卽古今水道變遷而山不容移也然則所謂洛水皆泥水之譌顧宛溪知其誤而不知其所以誤胡氏渭不審地望遂據爲洛水遺文貽誤後學不少安定縣引水經注云洛水又南逕栒邑故城北與栒陽水合珊瑚谷水東南至栒邑入洛考栒邑故城在三水縣北二十五里無論洛水不逕其地卽泥水亦不逕也寰宇記所引洛水並不知何水之譌矣又襄樂縣引水經注云大延小延水出油水南延溪西南流逕襄樂縣南於延城西二水合流油水與追語川並東出翟道山考襄樂縣今甯州東六十里翟道山又在其東水經注明言延水西南流洛水在翟道山東豈有自襄樂縣西南流可以入洛者耶此實涇水篇文而誤以爲洛水也又丹州宜川縣引水經注云蒲川水自鄜州洛川縣流入丹陽川考洛川在今洛川縣北宜川縣有丹陽水東流入河水經注云河水又南得丹陽水口水出丹

陽山俗謂之丹陽城顧宛溪曰蒲川水丹陽川均入黃河然則此爲河水篇逸文而誤以爲洛水也至於丹州汾川縣引水經注云汾川縣西有殺狗嶺初學記丹州引水經注云烏川水出汾川縣西北（此條趙氏已辨其非）寰宇記蒲州洛川縣引水經注云白水源出分水嶺考汾川縣今宜川縣東北七十里殺狗嶺當在延安甘泉之間洛交縣今鄜州治丹州下旣云蒲川水流入丹陽川鄜州下復云南流入坊州豈水異而名偶同耶凡此數條或彼此相舛或源流不備入洛與否皆不可知今取可知者編爲洛水篇疑非是者缺焉隋唐以下所見之水皆不取甯缺無妄蓋其愼也若今洛水及所受之水源流備於水道提綱矣故不贅

洛水出上郡雕陰秦冒山過華陰入渭史記匈奴傳注引水經原文按班志上郡秦置治膚施括地志元和志竝云故城在上縣東五十里今綏德州治雕陰應劭曰雕山在西南山海經曰疏屬山也括地志故城在洛交縣北三十里元和志甘泉縣南四十里今延安府甘泉縣南四十里雕山在縣南二十里

洛水源出洛源縣北白於山太平御覽白於山引水經注原文按元和志洛源縣本漢歸德縣地寰宇記云因洛水所出處爲名方輿紀要故城在慶陽府東北二百七十里元和志白於山在洛源縣北三十里水道提綱山在邊城甯塞堡南靖邊縣之西南山海經曰盂山西北五十里曰白於之山其鳥多鴞補注白於山今名女郎山上多松柏下多樗櫟其獸多㸲牛羬羊鳥多白鴞洛水出其陽東注於渭也太平御覽洛水下引水經注原文地理志云洛水出北地歸德蠻夷中闞駰謂之漆沮水也補注東南流逕上郡雕陰縣秦望山南引寰宇記慶州樂蟠縣下洛水文補按秦望山今甘泉縣南二十里雕陰山也洛水逕其東南流爲三川水引方輿紀要鄜州洛水文補葦谷水自葦谷東南流破羅谷水南流逕黃原祠東合葦川葦谷水東南流入三川寰宇記鄜州三川縣下引水經注原文按寰宇記三川縣本漢翟道縣地華池水黑水洛水同會謂之三川水三川城在今鄜州南六十里豬水西出翟道縣西石堂山本名翟道山穆天子傳曰癸酉天子命駕八駿之駟造父爲御南征翊野逕絕翟道升於太行翟道卽縣之石堂山郭璞以爲隴西狄道非也寰宇記坊州中部縣下引水經注原文按翟道故城在今中部縣西北四十里石堂山在翟道縣西北豬水流逕柏城遼川兔川西南流注洛水初學記引水經注原文按汪士鐸洛水圖以爲卽華池水柏城遼川兔川無考洛水又南逕中部縣東據寰宇記補按寰宇記坊州治中部縣洛水在州東四十里中部縣今屬鄜州縣志云縣東十里有古川口卽沮洛交會處胡氏渭曰此不過沮水之枝津至近世下流壅塞不由富平入洛則此遂爲二水交會之通川沮水入焉故洛水亦名漆沮水寰宇記同州白水縣引水經注原文按胡氏渭曰沮水舊循鄭渠東注洛今自富平縣界已絕沮水出子午嶺俗號子午水禹貢云漆沮二水出馮翊北卽子午水也引寰宇記中部縣沮水文補東南流據汪士鐸洛水圖補淺石川水合南北二香水注之引方輿紀要中部縣文補淺石川水出翟道山寰宇記中部縣引水經注原文與泥谷水及南北二香水合流方輿紀要中部縣引水經注原文泥谷水出翟道泥谷寰宇記中部縣下引水經注原文按寰宇記泥谷水在中部縣西北五十里源自栲栳谷來東流入淺石川據方輿紀要汪士鐸洛水圖補香川水出中部縣香山在縣西南三十七里自宜君縣界來香水在縣南三十五里出遺谷寰宇記中部縣引水經注原文按今宜君縣有玉華川慈烏水疑卽古之香水也與淺石川水合流入沮水方輿紀要中部縣引水經注原文沮水又東少北入洛水引水道提綱洛水文補洛水又東南逕馮翊衙縣地引寰宇記慶州樂蟠縣洛水文補按衙縣今同州府白水縣東北六十里左合雲門谷水據汪士鐸洛水圖補雲門谷水源出澄城縣界寰宇記同州澄城縣下引水經注原文按澄城今縣屬同州府南流注洛水據汪士鐸洛水圖補洛水又南得溫泉水口據汪士鐸洛水圖補水有三源奇川鴻瀉西注於洛亦曰帝嚳泉寰宇記澄城縣下引水經注原文洛水又南甘泉水自東北白水自西北來注之據水道提綱補甘泉水出匱谷中其水尤甘美堪造酒泉東至新里僖公十八年梁伯益其國而不能實也命曰新里秦取之卽此也寰宇記澄城縣下引水經注原文下流注洛水據水道提綱補白水出白水縣北據水道提綱補其境東南谷多白土因名白水寰宇記白水縣下引水經注原文按白水今縣屬同州府東南流至甘泉口南入洛水據水道提綱補洛水東逕商原西俗謂之許原也寰宇記同州馮翊縣下引水經注原文按方輿紀要引此作滸原志云沮水之滸也在同州府北三十五里通典曰商原亦謂之商顏洛水東逕沙阜北其阜東西八十里南北三十里俗名

之曰沙苑寰宇記同州馮翊縣引水經注原文按沙苑在同州南十里洛水東南歷強梁原俗謂之朝坂寰宇記同州朝邑縣下引水經注原文按朝邑今縣屬同州府朝坂在縣南洛水又東逕懷德縣故城東南入渭據地理志補按懷德在朝邑縣西南三十里漢志歸德下云洛入河懷德下云入渭胡氏渭曰入河者以二水合流渭亦可稱洛耳王念孫曰入河二字衍文胡渭說非今從王說

水經注卷十六

水經注卷十七

長沙王氏校本

後魏酈道元撰

渭水朱趙有上字

渭水出隴西首陽縣渭谷亭南鳥鼠山

渭水出首陽縣首陽山渭首亭南谷山在鳥鼠山西北此縣有高城嶺嶺上有城號渭源城渭水出焉三源朱作川箋曰宋本作源趙改源合注東北流逕首陽縣西與別源合水南出鳥鼠山渭水谷官本曰按南出近刻訛作出南又谷上衍出字朱同趙乙下出字未刪刊誤曰出南二字當倒互案尚書禹貢所謂渭出鳥鼠者也地說曰官本曰按地近刻訛作他案朱訛趙改刊誤曰他說當作地說鳥鼠山同穴之枝榦也渭水出其中東北朱重一過字箋曰疑作流趙改流過同穴枝閒既言其過明非一山也官本曰按山近刻訛作水案朱趙作水又東北流而會于殊源也渭水東南流逕首陽縣南右得封溪水官本曰按溪近刻訛作湲朱訛趙改刊誤曰湲當作溪案次南得廣相溪水次東得共谷水左則天馬溪水次南則伯陽谷水孫校曰五水當在今渭源境竝參差翼注亂流東南出矣

東北過襄武縣北官本曰按東北原本及近刻竝作又北考注云渭水常若東南不東北也可證又乃東之訛案朱趙作又北孫校曰襄武故城在今隴西縣東南五里又曰當是今鞏昌府之地元和志渭州襄武縣漢故縣渭水北自渭源縣界流入又六泉水在縣東北原上泉源有六因以爲名

廣陽水出西山孫校曰水在今隴西縣西西山在府西九十里二源合注共成一川官本曰按近刻脫共字案朱脫趙增刊誤曰成上落共字東北流注于渭渭水又東南逕襄武縣東北荆頭川水入焉水出襄武西南鳥鼠山荆谷孫校曰谷在鞏昌府南三十里東北逕襄武縣故城北王莽更名相桓漢護

羌校尉温序行部爲隗囂部將苟宇所拘官本曰按苟近刻訛作荀案朱訛趙改刊誤曰後漢書温序傳是苟字朱氏誤引作荀字銜鬚自刎處也其水東北流注于渭渭水常若東南不東北也又東臯水注之水出西南雀富谷東北逕襄武縣南東北流入于渭魏志稱咸熙二年襄武上言大人見身長三丈餘跡長三尺二寸官本曰按近刻訛作一寸案朱訛趙改刊誤曰一寸魏書作二寸白髮著黃單衣巾拄杖呼民王始語云今當太平十二月天祿永終歷數在晉遂遷魏而事晉

又東過獂道縣南孫校曰當是今通渭之境獂道故城在今隴西縣東南三十五里

右則岑溪水次則同水俱左注之官本曰按近刻脫注之二字案朱趙無趙俱改其刊誤曰全氏云俱當作其次則過水右注之官本曰按近刻脫次字案朱趙無趙右改合刊誤曰全氏云右當作合渭朱作源箋曰一作渭趙改渭水又東南逕獂道縣故城西官本曰按近刻脫又字縣字案朱趙無又字朱脫縣趙增昔秦孝公西斬戎之獂王官本曰按此下近刻有于此二字案朱趙有應劭曰獂戎邑也漢靈帝中平五年官本曰按近刻脫中平二字案朱脫趙增刊誤曰續志漢陽郡下劉昭補註引秦州記曰中平五年分置南安郡此落二字別爲南安郡赤亭水孫校曰後漢書注赤亭故城在今渭州襄武縣東南有赤亭水也出郡之東山赤谷官本曰按近刻脫郡之二字案朱脫趙增刊誤曰出下落郡之二字通鑑注引此文校增西流逕城北南入渭水渭水又逕城南得粟水水出西南安都谷東北流注于渭孫校曰粟水以上皆在今隴西縣渭水又東新興川水孫校曰以下漳縣出西南鳥鼠山孫校曰今岷州界二源合舍趙刊誤曰箋曰舍宋本作注按舍字不誤未可因上有二源合注之文而託爲宋本以妄改之也東北流與彰川合水出西南溪下東北至彰縣南本屬故道候尉治朱箋曰漢地理志晉地志武都郡有故道縣後漢縣之永元元年和帝封耿秉爲侯國也官本曰按近刻脫和字

案朱脫趙增刊誤曰帝上落和字萬年川水出南山東北流注之又東北注新興川又東北逕新興縣北晉書地道記南安之屬縣也其水又東北與南川水合水出西南山下朱無水字趙增刊誤曰出上落水字東北合北水又東北注于渭水渭水又東逕武城縣西孫校曰並在今隴西界武城川水入焉孫校曰水在盍遠縣西津源所導出鹿部西山兩源合注東北流逕鹿部南亦謂之鹿部水又東北昌邸水出西南邸下東北注武城水亂流東北注渭水渭水又東入武陽川又有闞城川水出南安城谷水出北兩川參差注渭水官本曰按兩近刻訛作邱　案朱趙作邱渭水又東有落門西山東流三谷水注之官本曰按有近刻訛作與又谷上衍府字　案朱作與趙改逕並有府字趙刊誤曰與當作逕胡渭校改趙釋曰一清按章懷後漢書註曰隴西縣東南有落門山落門水出焉三川統一東北流注于渭水

有落門聚孫校曰聚在今伏羌縣西十里本漢冀縣昔馮異攻落門未拔而薨建武十年來歙又攻之擒隗囂子純隴右平渭水自落門東至黑水峽左右六水夾注左則武陽溪水次東得土門谷水官本曰按次東近刻訛作東門　案朱作東門趙改東北刊誤曰上門字當作北俱出北山南流入渭右則溫谷水官本曰按近刻則下衍有字又脫水字　案朱衍脫趙刪增朱右作左趙改刊誤曰箋曰左宋本作右按有字衍文溫谷下落水字次東有故城溪水次東有閭里溪水亦名習溪水次東有黑水竝出南山北流入渭渭水又東出黑水峽官本曰按原本及近刻竝脫峽字今據下文補　案朱脫趙增刊誤曰黑水下落峽字歷冀川又東過冀縣北趙釋曰一清按說文驥下云天水有驥縣是驥字孫校曰故城在今伏羌縣東元和志渭水經縣北去縣一里渭水自黑水峽朱自作至趙改刊誤曰至當作自孫潛校至岑峽南北十一水注

之官本曰按十一近刻訛作一十　案朱趙作一十北則溫谷水官本曰按此下近刻有注之其水四字　案朱趙有又下導朱作道趙改導又增源字刊誤曰當作其水導源導平襄縣南山溫溪東北流逕平襄縣故城南官本曰按近刻脫故字城南訛作南城　案朱脫訛趙增改刊誤曰當作故城南孫潛校改故襄戎邑也王莽之所謂平相矣官本曰按近刻訛作之謂平襄縣矣　案朱訛趙改刊誤曰箋曰之當作所按之下落所字非之字當作所也漢志莽曰平相襄字誤縣字衍文其水東南流歷三堆南又東流南屈歷黃槐川官本曰按流下近刻衍而字歷訛作入　案朱趙同趙釋曰一清按此處有脫字梗津渠冬則輟流春夏水盛則通川注渭次則牛谷水官本曰按近刻作午谷水　案朱趙作午南入渭水南有長塹谷水次東有安蒲溪水次東有衣谷水竝南出朱圉趙作圄山山在梧中聚有石鼓不擊自鳴鳴則兵起漢成帝鴻嘉三年天水冀南山有大石自鳴聲隱隱如雷有頃止聞于平襄

二百四十里野雞皆鳴官本曰按皆近刻訛作自　案朱訛趙改刊誤曰自黃省曾本作皆石長丈三尺廣厚略等著崖脅官本曰按著近刻作在　案朱趙作在趙有去地二字百餘丈民俗名曰石鼓石鼓鳴則有兵是歲廣漢鉗子攻死囚盜庫兵略吏民衣繡衣自號爲仙君黨與漫廣朱箋曰前漢五行志云廣漢鉗子自號山君黨與浸廣趙仙改山漫改寖明年冬伏誅自歸者三千餘人信而有徵矣官本曰按近刻脫矣字　案朱脫趙增刊誤曰徵下落矣字名勝志校增其水北逕冀縣趙有故字城北秦武公十年伐冀戎縣之故天水郡治王莽更名鎮趙作塡戎縣曰冀治漢明帝永平十七年改曰漢陽郡城卽隗囂稱西伯所居也後漢馬超之圍冀也官本曰按近刻脫漢字　案朱脫趙增刊誤曰後下落漢字孫潛校補涼州別駕閻伯儉潛出水中將告急夏侯淵爲超所擒令告城無救伯儉曰大軍方至咸稱萬歲超

怒數之伯儉曰卿欲令長者出不義之言乎官本曰按義近刻訛作利案朱訛趙改刊誤曰利當作義魏書校遂殺之渭水又東合冀水水出冀谷次東有濁谷水官本曰按近刻脫有字案朱脫趙增刊誤曰次東下落有字次東有當里溪水次東有託里水次東有渠谷水次東有黃土川水官本曰按近刻脫有字案朱脫趙增刊誤曰次東下落有字俱出南山北逕冀城東趙山北倒而北流注于渭官本曰按近刻脫注字案朱脫趙增刊誤曰流下落注字孫潛校增渭水又東出岑峽朱箋曰古作岑吳改崟與前異誤入新陽川逕新陽下城南溪谷赤蕎二水竝出南山東北入渭水渭水又東與新陽崖水合卽隴水也孫校曰新陽水今出平涼府隆德縣東此隴水眞山海經濫水東北出隴山其水西流右逕瓦亭南官本曰按流下近刻衍隴字案朱趙有隗囂聞略陽陷使牛邯守瓦亭卽此亭也一水亦出隴山官本曰按一近刻訛作其案朱趙作其東南流歷瓦亭北又西南合爲一水謂之瓦亭川趙釋曰一清按寰宇記引郡國志曰烏氏縣有瓦亭一名薄落亭今本續志云烏枝有瓦亭出薄落谷蓋有缺文疑當作烏枝有瓦亭一名薄落亭瓦亭水出薄落谷也西南流逕清賓溪北又西南與黑水合水出黑城北西南逕黑城西西南流莫吾南川水注之水東北出隴垂西南流歷黑城南注黑水黑水西南出懸鏡峽又西南入瓦亭水官本曰按近刻作川案朱趙作川又有滋水自西來會官本曰按來近刻訛作東案朱訛趙改刊誤曰東當作來世謂之鹿角口趙釋曰一清按漢志安定郡烏氏縣烏水出西北入河都盧山在西莽曰烏亭劉昭郡國志補註曰本傳有龍池山地道記曰烏水出焉烏水卽黑水之異名乎寰宇記潘原縣烏水出都盧山有西烏水又東北逕烏氏縣東注于涇謂之閤川水然涇水間有石巖東會兩川也西烏水卽所謂滋水自西來會者也懸鏡峽卽所謂石巖乎又隴西記曰襄武縣有錦鏡峽卽黑水所經其峽四望花木明媚炤影其中因名漢志云入河而此注云入渭寰宇記云入涇涇渭合流益由渭以達于河也又南逕阿陽縣故城東中平元年

北地羌胡與邊章侵隴右漢陽長史蓋勳官本曰按史近刻訛作吏案朱訛趙改刊誤曰吏當作史屯阿陽以拒賊卽此城也其水又南與燕無水合水源延發東山西注瓦亭水瓦亭水又南左會方城川西注瓦亭水瓦亭水又南逕成紀縣東孫校曰元和志成紀縣漢舊縣瓦亭川水東去縣一百里歷長離川謂之長離水右與成紀水合水導源官本曰按此三字近刻作源導二字案朱訛趙改刊誤曰當作水導源孫潛校正西北當亭川東流出破石峽津流遂斷故瀆東逕成紀縣故帝太皞庖犧所生之處也漢以爲天水郡縣官本曰按近刻脫郡字案朱脫趙增漢下並有氏字趙刊誤曰漢志天水郡武帝元鼎三年置莽曰塡戎明帝改曰漢陽續志漢陽郡永平十七年更名蓋未嘗以天水名縣也天水下落郡字漢以爲天水郡句縣句王莽之阿陽郡治也阿陽郡蓋王莽之支郡氏字衍趙釋曰縣句王莽之阿陽郡治也趙釋曰一清按漢志莽改天水郡爲塡戎此又云阿陽蓋是支郡所謂大郡至分爲五者也又東潛源隱發通入成紀水官本曰按入近刻訛作之案朱趙作之東南入瓦亭水官本曰按近刻作川案朱趙作川瓦亭水又東南官本曰按瓦亭水近刻作川水案朱趙同與受渠水相會水東出大隴山西逕受渠亭北又西南入瓦亭水官本曰按近刻作川案朱趙作川瓦亭水又西南流官本曰按瓦亭水近刻作川水案朱趙同歷僵人峽路側巖上有死人僵尸巒穴故岫壑取名焉釋韏就穴直上可百餘仞石路逶迤劣通單步僵尸倚窟枯骨尚全惟無膚髮而已訪其川居之士云其鄉中父老作童兒時官本曰按近刻訛作兒童時案朱趙同已聞其長舊傳此當是數百年骸矣其水又西南與略陽川水合水出隴山香谷西西流趙不重西字右則單溪西注左則閤川水入焉官本曰按閤近刻訛作閣脫川字案朱訛脫趙改增刊誤曰閣當作閤寰宇記所謂閤川水也落川字其水又西歷蒲池郊石魯水出東南石魯

溪西北注之其水又西歷略陽川趙歷改入刊誤曰歷黃省曾本作入西得破
社谷水次西得平相谷水又西得金里谷水又西得南室水
又西得虢谷水竝出南山北流于略陽城東揚波北注川水
又西逕略陽道故城北逕渠水出南山官本曰按逕近刻訛作遲案朱訛趙改
刊誤曰遲當作逕下云逕峽是也北逕逕峽北入城建武八年中郞將來歙
與祭遵所部護軍王忠右輔將軍朱寵將二千人皆持鹵刀
斧自安民縣之楊城元始二年平帝罷安定滹沱苑以爲安
民縣起官寺市里官本曰按元始二年至此乃注內之小注近刻元始訛作永始平帝訛作成帝滹沱
作呼他案朱趙同趙釋曰全氏曰永始二年以下二十二字是注中注按漢書此是平帝元始二年事師古曰中山之
安定也平帝以中山王入正大統則宜是中山之安定呼他卽呼池善長所引誤矣班志無安民縣葢暫置而卽省者一
清按劉昭郡國志補注安定郡臨涇縣下引謝承書曰宣仲爲長史民扳留改宜民見李固傳而志無此改豈承之妄乎
宜民疑卽安民之訛葢西京已有是稱不始于宣仲昭以承說爲安當矣又地理志鉅鹿郡有定安縣其故城在今祁州
東鹿縣西七里此卽中山之安定也元和志深州鹿城縣東至州二十五里本漢安定縣地屬鉅鹿郡隋開皇三年改爲
鹿城取縣東故鹿城爲名滹沱河在縣西北四十二里苑葢取水爲名從番須回中伐樹木開
山道至略陽官本曰按從番須回中本直接上自安民縣之楊城句近刻從字上有來歙二字乃後人妄增
入案朱同趙改又朱作審傾趙改番須刊誤曰箋曰里下脫來歙二字審傾當作番須按朱氏改審傾爲番須是也其
云市里下脫來歙二字非也永始二年以下至市里二十二字是釋安民縣乃注中注後人轉寫作大字致文義多不可
通若依原本則云自安民縣之楊城從番須回中文從字順今欲于番須上再加來歙二字不且與上文有隔礙耶夜
襲擊囂拒守將金梁等官本曰按近刻訛作拒守將軍金梁城等案朱同趙刪城字刊誤曰後
漢書來歙傳作守將金梁城字衍文皆殺之因保其城隗囂聞略陽陷悉衆以
攻歙激水灌城光武親將救之官本曰按近刻脫此二字案朱脫趙增刊誤曰親將下
落救之二字全氏校增囂走西城世祖與來歙會于此其水自城北注

川一水二川葢囂所堨以灌略陽也川水西得白楊泉又西
得蒲谷水又朱趙無又字西得蒲谷西川又西得龍尾溪水與蒲
谷水合官本曰按蒲近刻訛作渭案朱訛趙改刊誤曰渭當作蒲俱出南山飛清北入
川水川水又西南朱不重川字趙並刪水字刊誤曰水字重文宜衍得水洛口水源
東導隴山西逕水洛亭西南流又得犢奴水口水出隴山西
逕犢奴川又西逕水洛亭南西北注之亂流西南逕石門峽
謂之石門水西南注略陽川略陽川水又西北流入瓦亭水
孫校曰元和志略陽川水北去縣三十步大隴山在縣東一百里瓦亭山在縣東北二百餘里瓦亭水又西
南出顯親峽石宕水注之官本曰按宕近刻訛作巖案朱訛趙改刊誤曰巖孫潛校改宕
水出北山山上有女媧祠庖羲之後有帝女媧焉與神農爲
三皇矣其水南流注瓦亭水瓦亭水又西南逕顯親縣故城
東南漢封大鴻臚竇固爲侯國自石宕次得蝦蟆溪水次得
金黑水官本曰按近刻脫次字案朱脫趙增又字刊誤曰得上落又字又得宜都溪水咸
出左右參差相入瓦亭水又東南合安夷川口水源東出胡
谷官本曰按出下近刻衍更字案朱衍趙刪刊誤曰更字衍文西北流歷夷水川趙作夷川水
與東陽川水會謂之取陽交又西得何宕川水又西得羅漢
水竝自東北西南注夷水夷水又西逕顯親縣南西注瓦亭
水瓦亭水又東南得大華谷水又東南得折里溪水又東得
六谷水官本曰按谷近刻訛作合案朱訛趙改刊誤曰六合當作六谷谷名也魏書地形志正始初改置南秦
州治駱谷城方輿紀要鞏昌府成縣有洛谷川古字音同通用皆出近溪湍峽注瓦亭水又
東南出新陽峽崖岫壁立水出其間謂之新陽崖水又東南
注于渭也官本曰按近刻訛作流于渭是也案朱同趙增入不刪是刊誤曰流下落入字

又東過上邽縣

渭水東歷縣北邽山之陰流逕固嶺東北官本曰按近刻脱流字東字　案朱作封山流之陰逕固嶺北東趙移流於陰下北東作東北刊誤曰箋曰孫云封山當作邽山宋本無流字固嶺北東下云一本無北東字按魏書地形志秦州天水郡上封縣云犯太祖諱改益本漢隴西郡之上邽縣後魏避其主珪嫌名改上邽曰上封道元從新制書之卷中邽字皆後人所改改之不盡尚留此遺跡耳流字當移在之陰下北東二字當互易均非羨文孫校曰邽山見山海經東南流蘭渠川水出自北山帶佩衆溪南流注于渭渭水東南與神澗水合開山圖所謂靈泉池也俗名之為萬石灣淵深不測實為靈異先後漫遊者多羅朱趙作離朱箋曰宋本作羅其㵒渭水又東南得歷泉水水北出歷泉溪官本曰按近刻脱一水字及出字　案朱同趙增出不增水刊誤曰北下落出字東南流注于渭渭水又東南出橋亭西官本曰按近刻訛作出橋西亭西　案朱衍趙刪刊誤曰上西字衍文又南得藉

水口孫校曰藉水出今秦州固城山水出西山百澗聲流趙刊誤曰箋曰當作羣流按聲流言泉流有聲也總成一川東歷當亭川卽當亭縣治也左則當亭水右則會席水注之官本曰按注之二字近刻訛在上當亭水下　案朱趙同趙下句增入焉二字刊誤曰水下落入焉二字孫潛校增孫校曰地形志上邽縣有席水又東與大弁川水合官本曰按川近刻訛作州脱水合二字　案朱同箋曰謝云此有脱誤當云又東與大弁川水合水出西山趙依改水出西山二源合注東歷大弁川東南流注于藉水藉水又東南流與竹嶺水合水出南山竹嶺二源同瀉東北入藉水藉水又東北逕上邽縣官本曰按近刻又下衍次字逕作入　案朱衍趙刪逕竝作入刊誤曰次字衍文左佩四水官本曰按近刻訛作五水　案朱趙作五東會占溪水次東有大魯谷水官本曰按谷近刻訛作溪　案朱訛趙改刊誤曰溪當作谷下有小魯谷水次東得小魯谷水次東有楊反谷水咸自北山流注藉水官本曰按近刻脱流字　案朱作自北山注離注藉

水趙改注離為流注刪下注字刊誤曰箋曰宋本作咸自北山注藉水無離注二字按非也注離乃流注字之誤孫潛校改下注字重文宜衍藉水右帶四水官本曰按近刻訛作又帶五水　案朱同趙改右不改五刊誤曰又當作右竹嶺東得亂石溪水次東得木門谷水官本曰按木近刻訛作水　案朱訛趙改次東得羅城溪水次東得山谷水皆導源南山北流入藉水藉水又東黃瓜水注之其水發源黃瓜西谷東流逕黃瓜縣北又東清溪白水左右夾注又東北大旱谷水南出旱溪歷澗北流泉溪委濛同注黃瓜水黃瓜水又東北歷赤谷咸歸于藉藉水又東得毛泉谷水官本曰按得近刻作合　案朱趙作合又東逕上邽趙有縣故二字城南官本曰按此下近刻衍又字　案朱趙有得聚泉水竝出南山北流注于藉藉水卽洋水也朱箋曰古本作浫吳改作洋北有濛水注焉水出縣西北邽山翼帶衆流積以成溪東流南屈逕上邽

縣故城西側城南出上邽故邽戎國也秦武公十年伐邽縣之舊天水郡治趙釋曰一清按晉志魏志天水郡皆治上邽與兩漢之治冀縣異道元故分別言之五城相接北城中有湖水有白龍出是湖風雨隨之故漢武帝元鼎三年官本曰按近刻訛作二年　案朱訛趙改改為天水郡趙釋曰一清按漢志天水郡師古引秦中記云郡前湖水冬夏無增減因以名焉其鄉居悉以板蓋屋詩所謂西戎板屋也濛水又南注藉水山海經曰邽山濛水出焉而南流注于洋謂是水也藉水又東得陽谷水朱得下有其字趙刪刊誤曰其字衍文又得宕谷水官本曰按宕下近刻衍水字　案朱衍趙刪又下增東字刊誤曰又下落東字上水字衍文孫潛校正竝自南山北入于藉藉水又東合段溪水水出西南馬門溪朱無水字趙增刊誤曰出上落水字東北流合藉水孫校曰水在今秦州南藉水又東入于渭渭水又歷橋亭南而逕綿諸縣東官本曰按逕近刻訛作入　案

朱趙作入與東亭水合亦謂之爲橋水也清水又或爲通稱矣水源東發小隴山孫校曰元和志清水縣本漢舊縣小隴山一名隴坻又名分水嶺衆川瀉注朱趙作瀉淚趙刊誤曰箋曰謝云一本作衆川瀉注按瀉淚字不誤統成一水西入東亭川爲東亭水與小祗大祗二水合又西北得南神谷水三川竝出東南差池瀉注又有埋蒲水一本埋誤理翼帶二川與延水竝西南注東亭水東亭水又西右則歎溝水官本曰按歎近刻訛作嘆案朱趙作嘆朱箋曰古本作嘆次西得麴谷水水出東南官本曰按水下近刻衍側字案朱趙有二溪西北流注東亭川東亭川水右則温谷水出小隴山又西莎谷水出南山莎溪官本曰按莎近刻訛作莏南山訛作南北案朱訛趙改莎並作莏刊誤曰北當作山西南注東亭川水東亭川水又西得清水口官本曰按近刻此下有清字案朱趙有水導源東北隴山二源俱發西南出隴口官本曰按近刻訛作龍谷案朱訛趙改刊誤曰箋曰谷古本作口按龍當作隴合成一水西南流歷細野峽官本曰按歷近刻訛作磨案朱訛趙改刊誤曰磨當作歷逕清池谷又逕清水縣故城東孫校曰今清水縣卽漢縣王莽之識睦縣矣其水西南合東亭川自下亦通謂之清水矣官本曰按近刻脫自下亦通四字及矣字案朱同趙水下增口字又逕清水城南趙增縣故二字刊誤曰清水下落縣故二字又西與秦水合水出東北大隴山秦谷二源雙導歷三泉合成一水而歷秦川川育故秦亭官本曰按近刻訛作有育故亭案朱訛趙改刊誤曰育故亭誤當作故秦亭史記秦本紀孝王曰朕其分土爲附庸邑之秦徐廣曰今天水隴西縣秦亭也秦仲所封也秦之爲號始自是矣趙釋曰一清按地理志曰孝王曰昔伯益知禽獸子孫不絕乃封爲附庸邑之于秦今隴西秦亭秦谷是也郡國志曰豬坻聚有秦亭秦水西逕降隴縣故城南又西南自亥松多趙釋曰一清按松多胡名也晉大興二年屠各胡松多起兵附晉王保據草壁劉曜攻拔之松多奔隴城是也孫校曰松多水在今秦安二水出隴山合而西南流逕降隴城北又西南注秦水秦水又西南歷隴川逕六槃口孫校曰案盤嶺在今清水縣過清水城西南注清水清水上下咸謂之秦川又西羗水注焉水北出羗谷引納衆流合以成溪溪水星會謂之小羗水西南流左則長谷水西南注之官本曰按近刻脫則字案朱脫趙增刊誤曰左下落則字右則東部水東南入焉羗水又南入清水官本曰按近刻脫又字案朱脫趙增刊誤曰羗水下落又字清水又西南得綿諸水口其水導源西北綿諸溪官本曰按近刻脫水字綿字案朱脫趙增刊誤曰當作其水導源西北綿諸溪今校正東南有長思水官本曰按有近刻訛作與案朱趙同箋曰謝云水下疑有合字趙增合字北出長思溪官本曰按近刻脫長字案朱脫趙增刊誤曰思溪上落長字南入綿諸水又東南歷綿諸道故城北官本曰按近刻訛作歷緜諸故道北案朱訛趙改刊誤曰漢書地理志天水郡有緜諸道縣有蠻夷謂之道此文誤也當作緜諸道故城北孫校曰今西和縣東北五十里有緜諸故城東南入清水清水東南注渭渭水又東南合涇谷水水出西南涇谷之山東北流與橫水合水出東南橫谷西北逕橫水壙又西北入涇谷水官本曰按近刻訛作入西北涇谷水案朱同趙入改又刊誤曰入當作又亂流西北出涇谷峽又西北軒轅谷水注之水出南山軒轅溪南安姚瞻以爲黃帝生于天水在上邽城東七十里軒轅谷皇甫謐云生壽邱邱在魯東門北未知孰是也孫校曰姚說是也今清水東有軒轅邱其水北流注涇谷水涇谷水又西北白城溪東北流官本曰按城下近刻衍谷字案朱作北流注涇涇谷水又西北白城谷溪趙刪涇字谷字增合字刊誤曰涇字重文宜衍西北下落合字谷字衍文白娥泉水出其西東注白城水白城水又東北入涇谷水涇谷水又東北歷董亭下朱無涇字趙增刊誤曰谷水上落涇字楊難當使兄子保宗鎮董亭卽是亭

也其水東北流注于渭山海經曰涇谷之山涇水出焉東南
流注于渭是也孫校曰東南流與東北流相去甚遠疑酈誤證也渭水又東伯陽谷
水入焉水出刑馬之山伯陽谷趙移山下之字北流白水出東南白
水溪官本曰按近刻訛作白溪水案朱訛趙刪刊誤曰白溪水之水衍文西北注伯陽水伯
陽水又西北歷谷引控羣流北注渭水渭水朱趙不重二字又東歷
大利又東南流苗谷水注之朱箋曰漢郡國志渭水出隴西鳥鼠同穴山地道記云有三危
三苗所處故有苗谷水南出刑馬山官本曰按南出近刻訛作出南案朱訛趙乙刊誤曰出南二字當
倒互北歷平作西北逕苗谷孫校曰涇谷伯陽谷苗谷三水當在今清水縣界屈而東
逕伯陽城南謂之伯陽川蓋李耳西入往逕所由故山原畎
谷往往播其名焉渭水東南流眾川瀉浪官本曰按川近刻訛作水案朱訛
趙改刊誤曰水當作川鴈次鳴注官本曰按鴈近刻訛作邊案朱趙作邊左則伯陽東溪
水注之次東得望松水次東得毛六溪水次東得皮周谷水
次東得黃杜東溪水出北山趙出上增並字刊誤曰出上落並字孫潛校增南入渭
水其右則明谷水官本曰按明近刻作胡案朱趙作胡次東得邸谷水官本曰按
近刻脫得字案朱脫趙增刊誤曰次東下落得字次東得邸谷東溪水次東有鉗巖
谷水官本曰按鉗近刻訛作銅案朱趙作銅竝出南山東北注渭渭水又東南
出石門孫校曰石門即金門山在今隴州西南見山海經度小隴山逕南由縣南官本
曰按由近刻訛作田案朱訛趙改刊誤曰元和郡縣志南由縣後魏孝明帝于南由谷置方輿紀要曰屬武都郡西魏
廢爲南由鎮禹貢錐指曰隴州東南百二十里有南由故城本漢汧縣地後魏析置魏書地形志武都郡有南田縣則字
之誤也孫校曰南由故城在今隴州東南百二十里東與楚水合孫校曰今渭於寶雞縣東合汧水世
所謂長蛇水孫校曰元和志隴州南由縣本漢汧縣地長蛇川在縣南一百步水出汧縣之
數歷山也朱汧作刑趙改刊誤曰刑縣當作汧縣南流逕長蛇戍東魏和平三

年築徙諸流民以遏隴寇楚水又南流注于渭闞駰以是水
爲汧水焉官本曰按汧近刻訛作沂案朱汧作沂馬作言趙改刊誤曰箋曰言宋本作馬按沂水當作汧水
渭水朱趙無渭水二字又東汧汘二水入焉余按諸地志官本曰按諸近刻訛
作渭案朱作渭箋曰宋本作諸疑當作漢趙改諸汧水出汧縣西北闞駰十三州志
與此同朱志下有曰字趙刪刊誤曰曰字衍文復以汧水爲龍魚水蓋以其津
流逕通而更攝其通稱矣渭水東入散關朱無渭字趙增刊誤曰水上落渭字
孫校曰寶雞縣本秦陳倉縣散關在縣西南五十二里抱朴子神仙傳曰老子西出關
關令尹喜候氣知眞人將有西遊者遇老子彊令之著書耳
不得已爲著道德二經謂之老子書也有老子廟干寶朱干作于
趙改刊誤曰于當作干搜神記云老子將西入關關令尹喜好道之士
覩眞人當西乃要之途也皇甫士安高士傳云老子爲周柱
下史及周衰乃以官隱爲周守藏室史積八十餘年好無名
接朱箋曰按高士傳云老子好養精氣貴接而不施而世莫知其眞人也至周景王
十年孔子年十七遂適周見老聃然幽王失道官本曰按失下近刻衍其
字案朱趙有平王東遷關以捍移人以職從尹喜候氣非此明矣
官本曰按此下近刻衍而字案朱趙有往逕所由茲焉或可渭水又東逕西武
功北趙改武功縣西北刊誤曰當作武功縣西北今校正俗以爲散關城官本曰按近刻脫爲字城
訛作名案朱作俗以散關城趙增名字刊誤曰箋曰城非宋本作名按於文當增名字于散關之下不當改城爲名
也褚先生乃曰武功扶風西界小邑也蜀口棧道近山無他
豪易高者是也渭水又與扞水合官本曰按與下近刻衍其字案朱衍趙刪刊誤曰
其字衍文又扞朱趙作捍水出周道谷朱水下脫文箋曰疑脫出字趙增北逕武都故道
縣之故城西王莽更名曰善治也故道縣有怒特祠列異傳

曰武都故道縣有怒特祠云神本南山大梓也昔秦文公二
十七年伐之樹瘡隨合秦文公乃遣四十人持斧斫之猶不
斷疲士一人傷足不能去臥樹下聞鬼相與言曰勞攻戰乎
其一曰足爲勞矣又曰秦公必持朱作特箋曰一作持趙改持不休荅曰
其如我何又曰赤灰跋于子何如乃默無言臥者以告令士
皆赤衣隨所斫趙作斫以灰跋樹斷化爲牛入水故秦爲立祠
朱箋曰又據錄異傳云秦文公時雍南山有大梓樹文公伐之輒有大風雨樹生合不斷時有一人病夜往山中聞鬼語
曰秦若使人被髮以朱絲繞樹伐汝得不困耶樹神無言明日語聞公如言伐樹斷有一青牛出走入豐水中因立怒特
祠郎此一事而兩說附載以廣異聞其水又東北歷大散關而入渭水也孫校曰今
寶雞縣西南有大散嶺是也渭水又東南官本曰按近刻訛作而　案朱訛趙改刊誤曰而當作南右
合南山五溪水夾朱作諸箋曰宋本作夾趙改夾澗流注之朱趙有也字

又東過陳倉縣西

縣有陳倉山孫校曰元和志寶雞縣本漢陳倉縣陳倉山在縣南十里山上有陳寶雞鳴
祠官本曰按近刻脫陳字　案朱脫趙增刊誤曰西京賦云陳寶雞鳴在焉史記封禪書云文公獲若石云于陳倉北
坂城以一牢祠命曰陳寶瓚曰陳倉縣有寶夫人祠蓋廣異名也寰宇記通鑑地理通釋作寶雞祠是注寶雞鳴祠上當
有陳字昔秦文公感伯陽之言官本曰按陽近刻訛作道　案朱感作咸伯下缺字趙改增刊
誤曰箋曰咸當作感伯下脫一道字按淸水注作陽伯當是伯陽之誤史記周本紀宣王太史伯陽甫唐固曰伯陽父周
柱下史老子也神仙傳老子名重耳字伯陽蓋李耳西入關又與秦文公同時當是也而朱長孺注李義山詩引此文云
昔秦文公感伯王之言蓋直以意增耳遊獵于陳倉遇之于此趙作北坂得若石
焉其色如肝歸而朱作城如箋曰城如一作歸而趙改歸而寶祠之故曰陳寶其
來也自東南暉暉朱作煇煌箋曰古本作暉聰宋本作暉暉趙改暉暉聲若雷野雞皆
鳴故曰雞鳴神也地理志曰有上公明星黃帝孫舜妻盲冢

祠官本曰按近刻脫祠字　案朱脫趙增刊誤曰冢下落祠字漢書地理志校補有羽陽宮朱作隂箋曰漢
志陳倉有秦羽陽宮趙改陽秦武王起應劭曰縣氏陳山姚睦趙釋曰一清按上云
南安姚瞻此云姚睦未知郎一人也抑誤字也曰黃帝都陳言在此榮朱作營箋曰一作榮趙改
榮氏開山圖注曰伏犧生成紀官本曰按此下近刻重一紀字　案朱作起起趙改紀刪
重文刊誤曰箋曰起起宋本作紀紀按下起字重文宜衍徙治陳倉朱趙有也字非陳國所建
也魏明帝遣將軍太原郝昭築朱作營箋曰宋本作築趙改築陳倉城成諸
葛亮圍之亮使昭鄉人靳祥說之不下亮以數萬攻昭千餘
人以雲梯衝車地道逼射昭昭以火射連石拒之亮不利而
還今汧水對亮城官本曰按汧近刻訛作灊　案朱訛趙改刊誤曰灊水當作汧水方輿紀要云石鼻
城在寶雞縣東北三十里諸葛武侯所築水經注今汧水對亮城是與郝昭相禦處也是與昭相禦處
也陳倉水出于陳倉山下東南流注于渭水孫校曰案此則陳倉山當在渭
水北今志在渭水南誤也渭水又東與綏陽溪水合官本曰按近刻脫綏字水字　案朱脫趙
增刊誤曰陽谿下落水字又正文增綏字刊誤未及其水上承斜水水自斜谷分注綏
陽溪北居陳倉入渭故諸葛亮與兄瑾書曰有綏陽小谷雖
山崖絕險官本曰按近刻訛作重　案朱趙作重溪水縱橫難用行軍昔邏候
往來要道通入官本曰按近刻昔訛作者入訛作人　案朱同趙改者不改人今使前軍斫
治此道以向陳倉足以扳連賊勢使不得分兵東行者也渭
水又東逕郁夷縣故城南孫校曰郁夷故城在今隴州西五十里地理志曰有
汧水祠王莽更之曰郁平也東觀漢記曰官本曰按記近刻訛作書　案朱訛
趙改隗囂圍來歙于略陽世祖詔曰桃花水出船槃皆至郁夷
陳倉分部而進者也汧水入焉水出汧縣之蒲谷鄉弦中谷
趙刊誤曰箋曰弦舊本作維按非也說見卜決爲弦蒲藪趙刊誤曰箋曰弦舊本作絃按周禮職方雍州

數曰弦蒲寰宇記隴州汧源縣下引晉太康地志云汧縣有蒲谷鄉弦中谷朱氏上以維字改弦此又以弦爲絃紛紛牽
引總屬辭費爾雅曰水決之澤爲汧汧之爲名實兼斯舉水有二
源一水出縣西山世謂之小隴山趙刊誤曰箋曰舊本作小龍山按元和郡縣志小龍
山一名隴坂又名分水嶺蓋與大隴山連麓朱氏以隴爲龍大繆孫校曰華亭縣本漢涇陽縣地小隴山在縣西四十里
巖嶂高險不通軌轍故張衡四愁詩曰我所思兮在漢陽欲
往從之隴坂長其水東北流歷澗注以成淵潭漲不測趙刊誤曰
箋曰孫云漲當作深按漲字不誤出五色魚俗以爲靈而莫敢採朱作操箋曰宋本作
採趙改採捕因謂是水爲龍魚水自下亦通謂之龍魚川川水東
逕汧縣故城北史記秦文公東獵汧田因遂都其地是也又
東歷澤亂流爲一官本曰按近刻脫流字案朱脫趙一下增水字刊誤曰亂爲一下落水字孫潛校
增右得白龍泉官本曰按近刻脫得字白訛作曰案朱趙同泉徑五尺源穴奮通

官本曰按穴近刻訛作流案朱趙作流趙刊誤曰箋曰奮古本作舊按奮通言水勢迸暴也作舊字何說乎淪漪
四泄東北流注于汧汧水又東會一水水發南山西側朱趙不重
水字俗以此山爲吳山孫校曰此下當據御覽增其山二字三峯霞舉疊秀雲天
崩巒傾返趙刊誤曰箋曰返一作仄按傾返狀山勢巃嵸也仄訓偏仄義有未安山頂相捍望
之恒有落勢地理志曰吳山在縣西孫校曰元和志隴州吳山縣本漢隃麋縣地吳
山在縣西南五十里古文以爲汧山也官本曰按文近刻訛作之脫以爲二字案朱訛脫趙改增刊
誤曰地理志云古文以爲汧山今校補國語所謂虞矣山下石穴廣四尺高七
尺水溢石空趙刊誤曰箋曰空宋本作穴按空讀上聲與孔同小穴也韓非子空竅者神明之戶牖史記大
宛傳樓蘭姑師小國耳當空道朱氏以穴字箋之殆誤讀平聲耳懸波側注瀰濟震盪官本曰按
近刻脫震字案朱脫趙增說見下發源成川官本曰按源下近刻衍穴字案朱作穴川趙改成川刊誤曰
箋曰穴川宋本作成川按寰宇記引此作瀰濟震盪發源成川今校補北流注于汧自水會上

下咸謂之爲龍魚川朱趙無爲字汧水又東南逕隃麋縣故城南
朱作東南以趙刪以刊誤曰箋曰以宋本作成川按以字衍文此與上所據宋本同一紕繆均不顧文義之通否而此爲
尤甚王莽之扶亭也昔郭欽恥王莽之徵而遯跡于斯趙刊誤曰漢書
鮑宣傳是郭欽釋詳本卷趙釋曰一清按漢書鮑宣傳是郭欽然郭欽有二一在王莽傳見於鮑宣傳者不受莽徵閉戶
而終見于王莽傳者仕莽爲戊己校尉拜塡外將軍封剿胡子後列于九虎兵敗守倉降于更始封侯姓名同而行事絕
不相侔今道元以不受莽徵者爲郭歙則是與世本漢書異抑或六朝古本原是歙字而訛而爲欽未可知也建武
四年光武封耿況爲侯國矣汧水東南歷慈山東南逕郁夷
縣趙釋曰一清按下有脫文平陽故城南朱趙平上有逕字史記秦甯公二年徙
平陽徐廣曰故郿之平陽亭也官本曰按郿近刻訛作郁案朱訛趙改刊誤曰史記注
作郿之平陽亭郁字誤寰宇記曰地道記郁夷省併郿蓋王莽之亂郁夷之人權寄理郿界因併于郿劉昭郡國志補註
郿縣下引帝王世紀秦出公徙平陽是也城北有漢邠州刺史趙融碑靈帝建安

元年立趙釋曰一清按靈帝紀元爲建寧獻帝紀元爲建安未知靈字誤也抑安字訛也汧水又東
流注于渭官本曰按近刻脫注字案朱脫趙增又朱渭下有水字趙刪刊誤曰東流下落注字下水字衍
渭水之右磻溪水注之孫校曰磻溪水在今寶雞縣東南水出南山茲谷乘
高激流注于溪中溪中有泉謂之茲泉泉水潭積自成淵渚
卽呂氏春秋所謂太公釣茲泉也今人謂之丸谷官本曰按丸近刻訛
作凡案朱作凡趙改凡刊誤曰凡當作凡音桓史記正義校石壁深高幽隍邃密林障秀
阻人跡罕交東南隅有一石室官本曰按近刻脫一字案朱脫趙增刊誤曰有下落一
字孫潛校增蓋太公所居也水次平石釣處官本曰按水下近刻衍流字案朱衍趙
刪刊誤曰流字衍文史記正義校卽太公垂釣之所也其投竿跽餌兩厀遺
跡猶存趙刊誤曰箋曰厀當作膝按厀脛頭節也从卪桼聲徐鍇繫傳曰今俗作膝是有磻溪之
稱也其水清泠神異北流十二里注于渭北去維堆城七十

里渭水又東逕積石原官本曰按近刻脫積字　案朱脫趙增源改原刊誤曰石源字誤當作積
石原元和郡縣志云積石原在郿縣西北二十五里方輿紀要云積石原在渭水北亦曰北原五丈原謂之南原也即
北原也青龍二年諸葛亮出斜谷司馬懿屯渭南朱趙司上有與字趙
釋曰一清按下有脫文雍州刺史郭淮官本曰按近刻脫刺史二字　案朱脫趙增刊誤曰魏書郭淮
傳領雍州刺史此落二字策亮必爭北原而屯遂先據之亮至果不得上
官本曰按近刻脫此四字　案朱脫趙增刊誤曰寰宇記引此文亮至下有果不得上四字今校補渭水又東
逕五丈原北朱無東字趙增刊誤曰又下落東字孫潛校增孫校曰元和志郿縣本秦縣積石原在縣西北
二十五里五丈原在縣西南二十五里魏氏春秋曰朱無氏字趙增刊誤曰隋書經籍志魏氏春秋二十
卷孫盛撰落氏字後竝同諸葛亮據渭水南原司馬懿謂諸將曰亮若出
武功依山東轉者是其勇也若西上五丈原諸君無事矣趙刊
誤曰箋曰晉書曰諸軍無事矣按御覽引魏氏春秋作諸君元和郡縣志同蓋唐人尚以舊籍為據不用晉書也亮

果屯此原與懿相禦渭水又東逕郿縣故城南地理志曰右
輔都尉治魏趙增氏字春秋諸葛亮寇郿司馬懿據郿拒亮即此
縣也渭水又東逕郿塢南孫校曰郿塢在今郿縣東北十五里漢獻帝傳曰董
卓發卒築郿塢高與長安城等積穀為三十年儲自云事成
雄據天下不成守此足以畢老其愚如此官本曰按渭水又東逕郿塢南至此
原本及近刻竝訛在後雍水之末又南流注于渭下今考元和志云郿縣故城在今縣東北十五里董卓塢在縣東北十
六里寰宇記云武功故城在今郿縣東四十里郿塢即與郿縣故城比近不得隔越武功方及郿塢今改正　案渭水又
東逕郿塢南云云朱趙在後雍水末

水經注卷十七

水經注卷十八　　　　　長沙王氏校本

後魏酈道元撰

渭水官本曰按近刻前卷表目作渭水上此作渭水中案朱趙同

又東過武功縣北朱過作逕趙改刊誤曰逕當作過

渭水于縣斜水自南來注之官本曰按近刻脫來字案朱脫趙增刊誤曰自南下落來字胡渭校增孫校曰斜水在今岐山縣**水出縣西南衙嶺山北歷斜谷逕五丈原東**諸葛亮與步騭書曰僕前軍在五丈原原在武功西十里**餘水出武功縣故亦謂之武功水也**是以諸葛亮表云臣遣虎步監孟琰據武功水東司馬懿因水長攻琰營臣作竹橋越水射之橋成馳去**其水北流注于渭地理志曰斜水出衙嶺北至郿注渭渭水又東逕馬冢北**朱無渭字趙增刊誤曰水上落渭字諸葛亮與步騭書曰馬冢在武功東十餘里有高勢攻之不便是以畱耳**渭水又逕武功縣故城北**王莽之新光也**地理志曰縣有太一山**趙一改壹下同刊誤曰一漢志分註作壹**古文以爲終南杜預以爲中南也**孫校曰據長安志亦曰上應脫三秦記三字**亦曰太白山在武功縣南去長安二百里不知其高幾何俗云武功太白去天三百山下軍行不得鼓角鼓角則疾風雨至杜彥達曰太白山南連武功山于諸山最爲秀傑冬夏積雪望之皓然**朱箋曰周地圖記曰太白山上恆積雪半山有橫雪如瀑布則雨人常以爲候故語曰南山瀑布非朝卽暮山上有谷春祠春櫟陽人成帝時病死而尸不寒後忽出櫟南門及光門上而入太白山民爲立祠于山嶺春秋來祠中上趙作止宿焉山下有太白祠民所祀也劉曜之世是山崩長安人劉終于崩朱箋曰此

下文理不屬蓋脫簡也按十六國春秋云劉曜光初四年五月終南山崩長安人劉終於崩所得白玉方一尺有文字曰皇亡皇亡敗趙昌井水竭構五梁咢酉小衰困囂喪嗚乎嗚乎赤牛奮靷其盡乎羣臣咸賀以爲石勒滅之徵也曜大悅齋七日而後受之於太廟大赦境內以終爲奉瑞大夫趙刊誤曰箋曰劉終以下文理不屬蓋脫簡也按孫潛用柳僉鈔本校補四百二十字眞希世之寶也詳本卷所得白玉方一尺有文字曰皇亡皇亡敗趙昌井水竭構五梁咢酉小衰困囂喪嗚呼嗚呼赤牛奮靷其盡乎時羣官趙作臣畢賀中書監劉均進曰此國滅之象其可賀乎終如趙有其字言矣**渭水又東溫泉水注之**趙有溫字**水出太一山其水沸涌如湯**杜彥達曰可治百病世清則疾愈世濁趙作亂則無驗**其水下合溪流北注十三里入渭渭水又東逕漦縣故城南**舊邰城也后稷之封邑矣詩所謂卽有邰家室也官本曰按卽原本訛在詩字上案趙同城東北有姜嫄祠城西南百步有稷祠郿之漦亭也王少林之爲郿縣也路逕趙作經此亭亭長曰亭凶殺人少林曰仁勝凶邪何鬼敢忤遂宿夜中趙作中夜聞女子稱冤之聲少林曰可前來理女子曰無衣不敢進少林投衣與之女子前訴曰妾夫爲涪令之官過宿此亭爲亭長所殺少林曰當爲理寢冤勿復害良善也因解衣于地忽然不見明告亭長遂服其事亭遂清安**渭水又東逕雍縣**趙無南雍水注之水出七字釋曰一清按下有脫文**南雍水注之水出雍山**趙釋曰一清按雍山上當云雍水出雍山漢志右扶風武功縣有淮水祠疑雍水祠之誤寰宇記鳳翔府天興縣下云雍水在縣北二里源出西北平地而李應祥雍勝略云雍山在鳳翔縣西北三十里雍水出應劭曰四面積高曰雍以其積高亦可謂之山也關中地勢多積高如風涼原白鹿原斯類非一又康海武功縣志云雍原卽周原周原在岐山下則雍山殆卽岐山之支阜乎**東南流歷中牢**趙作牢下同**溪世謂之中牢水亦曰冰井水南流**

逕胡城東俗名也蓋秦惠公之故居所謂祈年宮也孝公又謂之爲橐泉宮趙無爲字按地理志曰在雍崔駰曰穆公冢在橐泉宮祈年觀下皇覽亦言是矣趙無六字劉向曰穆公葬無邱壟處也史記曰穆公之卒從死者百七十七人良臣子車氏奄息仲行鍼虎亦在從死之中趙無六字秦人哀之爲賦黃鳥焉趙爲下有之字無焉字余謂崔駰及皇覽謬志也官本曰按所得白玉至此句謬字止共四百三十七字近刻脫落據原本補案朱脫趙補朱志作忘趙改詳見下惠公孝公竝是穆公之後繼世之君矣子孫無由起宮于祖宗之墳陵矣以是推之知二證之非實也朱竝作立趙改竝刊誤曰箋曰孫云自忘也至此四十一字文不相續疑有脫誤按非也忘當作志謂崔駰及皇覽繆志也立當作竝黃省曾本校趙釋曰雍錄曰据酈此言則是惠公所都雍縣有祈年宮至孝公命爲橐泉名雖兩出其實一宮也又引崔駰之言從而辨正其失則是祈年橐泉皆在惠公雍都而亦不知何人所建獨漢書曰惠公所起也黃圖祈爲蘄且曰穆公造廟記曰宮在城外而始皇本紀則曰在雍皆以世遠難究其的也一清按史記秦本紀云穆公卒葬雍裴駰集解引皇覽曰秦穆公冢在橐泉宮祈年觀下皇覽魏志以爲文帝命劉劭集魏略以爲皇象受詔撰崔駰是漢章帝時人今文止有崔駰之說無皇覽之辭而云知二證之非實蓋有缺失又漢志註橐泉宮孝公起祈年宮惠公起是有二宮程泰之不知引此所未喻矣雍水又東官本曰按近刻脫此四字下有而字係衍文案朱趙同左會左陽水世名之西水水北出左陽溪朱趙不重水字南流逕岐州城西魏置岐州刺史治左陽水又南流注于雍水雍水又與東水合孫校曰考驗地理東水則今東湖也俗名也北出河桃谷趙刊誤曰箋曰謝云宋本作俗名之北水出河按非也俗名也句北出河桃谷句道元以東水是俗名其水出於河桃谷孫汝澄以出河爲何繆甚南流右會南源世謂之返眼泉亂流南逕岐州城東而南合雍水州居二水之中南則兩川之交會也世亦名之爲淬空水東流鄧公泉注之水出鄧艾祠北故名曰

鄧公泉數源俱發于雍縣故城南官本曰按近刻脫故字案朱脫趙增刊誤曰雍縣下落故字縣故秦德公所居也晉書地道記以爲西虢地也漢書地理志以爲西虢縣趙釋曰一清按漢志宏農郡陜縣下云西虢在雍州而無西虢縣之目右扶風虢縣有虢宮秦宣太后起卽所謂西虢也太康地記曰官本曰按近刻脫地字案朱趙無虢叔之國矣有虢宮平王東遷叔自此之上陽爲南虢矣趙釋曰何氏曰按杜預云陜縣東南有虢城卽是西虢國乃虢仲所封大陽之下陽城蓋其別都河東宏農地界相接非兩國也滎陽新鄭之虢爲虢叔所封在陜縣之南故當年虢仲之北虢亦得西虢之名若右扶風之虢與周室二虢無與然則善長誤矣方輿紀要云桃虢城在寶雞縣東五十里古虢君之支屬也史記秦武公十一年滅小虢卽此地今有桃虢二城相距十餘里俗亦謂桃虢川雍有五畤祠以上祠祀五帝趙釋曰一清按此注有訛誤地理志云雍有五畤太昊黃帝以下祠三百三所郊祀志云秦襄公攻戎救周列爲諸侯而居西自以爲主少昊之神作西畤祀白帝文公東獵汧渭之間夢黃蛇自天下屬地其口止于鄜衍於是作鄜畤用三牲郊祭白帝焉自未作鄜畤雍旁故有吳陽武畤雍東有好畤皆廢而無祀德公卜居雍雍之諸祠自此興後宣公作密畤于渭南祭青帝靈公於吳陽作上畤祭黃帝作下畤祭炎帝獻公作畦畤櫟陽而祀白帝高祖立黑帝祠名曰北畤除武畤好畤非秦所立襄公居西垂宮在隴西則西畤非雍可知文公鄜畤在鄜縣獻公畦畤在櫟陽是又不在雍也雍之五畤封禪書云惟雍四畤上帝爲尊索隱曰雍有五畤而言四者顧氏以爲兼下文上帝爲五非也西畤鄜畤皆非雍密畤竝上畤下畤畦畤是爲四幷高祖增黑帝而五也小司馬以畦畤當雍四畤之一而寰宇記鳳翔府天興縣有三畤原引封禪書鄜畤密畤吳陽上畤而云三畤在此原亦謂之周原則反遺卻雍之下畤矣章懷後漢書馮衍傳註亦但引史記曰秦幷天下祠雍四畤漢加黑帝謂之五畤而不列指四畤之目其義終莫能明顧祖禹以爲五畤者鄜密吳陽上下北亦非也又按三畤秦畤也五畤漢畤也此三五之名所由分昔秦文公田于汧渭之間夢黃蛇自天下屬地朱趙無下字其口止于鄜衍以爲上帝之神于是作鄜畤祀白帝焉官本曰按近刻作祠白帝案朱趙同竝無焉字秦宣公作密畤于渭南官本曰按近刻作于陳倉北坂案朱趙同祀青帝焉靈公又于吳陽作上畤祀黃帝作下畤

官本曰按近刻脫此六字案朱趙無祀炎帝焉獻公作畦畤于櫟陽而祀白
帝官本曰按近刻作作畦畤祀赤帝焉案朱趙同趙釋曰一清按此文與封禪書郊祀志全相乖迕秦宣公作密畤于雍不于陳倉北坂在陳倉北坂者是陳寶祠乃文公作今以陳寶爲鄜畤非矣靈公作吳陽上畤祭黃帝作下畤祭炎帝索隱曰吳陽地名蓋在岳之南上云雍有故吳陽武畤蓋因武畤又作上下畤以祭黃帝炎帝今云上畤祀炎帝誤也史記櫟陽雨金獻公自以爲得金瑞作畦畤櫟陽而祀白帝漢書云祀上帝字之訛也今云祀赤帝赤卽炎也更爲謬矣
漢高帝問曰天有五帝今四何也官本曰按近刻作今何四也案朱趙同博士
莫知其故帝曰我知之矣待我而五遂立北畤祀黑帝焉朱箋曰封禪書秦文公夢黃蛇止于鄜衍又獲陳寶於陳倉北坂城作鄜畤秦宣公作密畤於渭南祭青帝秦靈公作吳陽上畤祭黃帝作下畤祭炎帝秦獻公時櫟陽雨金自以爲得金瑞故作畦畤而祀白帝漢高祖立黑帝祠命曰北畤應
劭曰四面積高曰雍闞駰曰宜爲神明之隩故立羣祠趙作祀
焉又有鳳臺鳳女祠秦穆公時有簫史者善吹簫能致白鵠
孔雀穆公女弄玉好之公爲作鳳臺以居之積數十年一旦
隨鳳去云雍宮世有簫管之聲焉今臺傾祠毀不復然矣鄧
泉東流注于雍自下雖會他津猶得通稱故禹貢有雍沮會
同之文矣官本曰按此句舛誤趙釋曰全氏曰善長誤矣豈可以兗州之灉沮釋岐西之水道乎雍水
又東逕召朱作郘箋曰古本作邵下同趙改邵下同孫校曰星衍按郘當是邵郡國志右扶風雍注曰左傳郘穆公采邑乃劉昭注郿縣郘亭引史記封棄于郘恐非是矣亭南世謂之樹亭川蓋召樹
聲相近誤耳亭故召公之采邑也京相璠曰亭在周城南五
十里後漢郡國志曰郿縣有召亭謂此也趙釋曰一清按周南召南譜云周召者禹貢雍州岐山之陽地名今屬右扶風美陽縣史記燕召公世家註譙周云周之支族食采于召謂之召公索隱曰召者畿內采地奭始食邑于召故曰召公或說者以爲文王受命取岐周故墟召地封爵二公故詩有周南召南言皆在岐山之陽故言南也魏書地形志武功郡美陽縣有邵亭方輿紀要鳳翔府鳳翔縣有召城亦曰召亭是也而郡國志曰郿

有郿亭卽上斄縣斄亭也班志云右扶風斄縣周后稷所封師古曰讀與邰同音胎善長誤記邰作邵以君奭之食采證皇祖之始封舛謬甚矣王伯厚詩地理考引注云雍水東逕邵亭南黃本亦是邵字朱氏箋皆改作郘字殆又從而爲之辭者耶雍水又東南流與橫水合官本曰按橫近刻訛作杜案朱趙作杜下同水出
杜陽山其水南流謂之杜陽川東南流左會漆水水出杜陽
縣之漆溪謂之漆渠故徐廣曰漆水出杜陽之岐山者是也
漆朱有水字箋曰水字疑衍趙刪渠水南流大巒水注之官本曰按巒近刻作欒案朱訛趙改刊誤曰欒寰宇記作巒水出西北大道川朱無水字趙增刊誤曰出上落水字東南流入
漆卽故岐水也淮南子曰岐水出石橋山東南流相如封禪
書曰收龜于岐朱收作牧趙改釋曰朱氏謀㙔箋曰史記作收龜漢書作放龜文穎注曰周放畜餘龜于池沼之中至漢得之于岐山之傍漢書音義曰岐水名也謂斯水矣二川幷
逝官本曰按幷近刻訛作洋案朱訛趙改刊誤曰洋當作幷俱爲一水南與橫水合自
下通得岐水之目官本曰按近刻脫此八字案朱趙無俗謂之小橫朱作黃箋曰孫云當作小橫水趙改橫水亦或名之米流川逕岐山西官本曰按近刻訛作而案朱訛趙改刊誤曰而當作西孫潛校改又屈逕周城南城在岐山之陽而近西所
謂居岐之陽也非直因山致名亦指水取稱矣又歷周原下
北則中水鄉成周聚故曰有周也趙釋曰一清按漢志右扶風美陽縣禹貢岐山在西北中水鄉周太王所邑水北卽岐山矣昔秦盜食穆公馬處也朱箋曰呂氏春秋秦穆公失其乘馬見野人方將食于岐山之陽公曰食駿馬之肉而不還飲酒者恐傷女也於是徧飲而去岐水
又東逕姜氏城南爲姜水按世本炎帝姜姓帝王世紀曰炎
帝神農氏姜姓官本曰按近刻脫姓字案朱趙無趙刊誤曰箋曰謝云姜母安登宋本作母曰姜姒㙔云謝引宋本亦誤據世紀當作神農氏姜姓母安登按於文是炎帝神農氏句姜母安登句本無誤也今三皇紀作女登
母女登官本曰按女近刻訛作安案朱趙作安趙釋曰一清按三皇紀作女登遊華陽感神而

生炎帝長于姜水是其地也東注雍水雍水又南官本曰按近刻脫此十二字訛作水合而東四字　案朱趙無此十二字朱作水合而東趙刪水字刊誤曰水字衍文逕美陽縣之中亭川合武水官本曰按近刻脫此三字中亭川下有也字係訛舛衍文　案朱趙無三字有水也二字水發杜陽縣大嶺側東西三百步南北二百步官本曰按此十字近刻訛在下世謂之故縣川上　案朱趙同世謂之赤泥峴沿波歷澗俗名大橫水也疑卽杜水矣其水東南流東逕杜陽縣故城官本曰按近刻脫縣字　案朱脫趙增刊誤曰杜陽下落縣字又朱趙此下有東西三百步南北二百步十字官本移上世謂之故縣川又故號縣有杜陽山官本曰按號近刻訛作谷　案朱訛趙改刊誤曰谷當作號漢書地理志右扶風有號縣漢初并入雍故謂之故號也山北有杜陽谷有地穴北入亦不知所極在天柱山南朱天作大趙改刊誤曰大柱當作天柱寰宇記校改趙釋曰寰宇記鳳翔府岐山縣下云岐山亦名天柱山河圖括地象曰岐山在崑崙山東南爲地乳上多白金周之興也鸑鷟鳴于山上時人亦謂此山爲鳳凰堆注水經云天柱山有鳳凰祠或云其峯高峻迴出諸山狀若柱因以爲名一清按御覽及程克齋春秋分記竝引之今缺失矣故縣取名焉亦指是水而攝目矣朱箋曰前漢地理志右扶風有杜陽縣杜水南入渭注云公劉避狄而來居杜與漆沮之地卽王莽之通杜也故地理志曰縣有杜水官本曰按有近刻訛作自　案朱訛趙改刊誤曰自當作有趙釋曰一清按漢志右扶風杜陽縣杜水南入渭詩自杜師古曰大雅緜之詩曰人之初生自土沮漆齊詩作杜言公劉避狄而來居杜與漆沮之地杜水又東官本曰按近刻脫杜水又三字　案朱脫又字趙增並無杜水二字刊誤曰東上落又字二坑水注之水有二源一水出西北與瀆魋水合而東官本曰按近刻脫與字合上衍二字　案朱脫衍趙增刪刊誤曰西北下落與字二字衍文歷五將山又合鄉谷水水出鄉溪東南流入杜水官本曰按近刻脫水字　案朱趙無謂之鄉谷川又南莫水注之官本曰按莫近刻訛作莢　案朱趙同趙釋曰一清按名勝志引注作莫水方輿紀要云莫水亦曰莫谷水寰宇記武功縣下引水經注云莫谷水逕美陽縣與中亭川水合莢之與莫字形相近水出好時縣梁

山大嶺東官本曰按近刻訛作泉　案朱訛趙改刊誤曰泉當作東南逕梁山宮西故地理志曰好時有梁山宮秦始皇起水東有好時縣故城王莽之好邑也世祖建武二年封建威大將軍耿弇爲侯國又南逕美陽縣之中亭川注雍水謂之中亭水雍水又南逕美陽縣西官本曰按近刻脫雍水二字　案朱趙無章和二年官本曰按近刻訛作永元二年　案朱趙同更封彰侯耿秉爲侯國官本曰按彰近刻訛作鄣下衍雍字　案朱趙同趙釋曰一清按後漢書耿秉傳秉以章和二年封美陽侯無封鄣雍侯事據前獂道縣注云渭水東北流與彰川合東北至彰縣南永元元年和帝封耿秉爲侯國是秉先嘗封彰侯後更封美陽足補范書之缺此雍字誤其水又南流注于渭官本曰按此下原本及近刻竝雜入渭水又東逕郿塢南至其愚如此共五十三字今訂正移前與渭水東逕郿縣故城南相比次　案朱趙此下有渭水又東逕郿塢南漢獻帝傳曰董卓發卒築郿塢高與長安城等積穀爲三十年儲自云事成雄據天下不成守此足以畢老其愚如此五十三字從官本移上渭水又東朱又作之趙改刊誤曰之當作又洛谷之水出其南山洛谷北流逕長城西魏甘露三年蜀遣姜維出洛谷圍長城卽斯地也

又東芒水從南來流注之

芒水出南山芒谷官本曰按近刻脫山字　案朱脫趙增刊誤曰南下落山字謂終南山也宋敏求長安志校補北流逕玉女房水側山際有石室世謂之玉女房芒水

又北逕盩厔縣之竹圃中分爲二水漢沖帝詔曰翟義作亂于東霍鴻負倚盩厔芒竹卽此也趙釋曰日知錄幼主謂之沖帝水經注以孺子嬰爲沖帝其水分爲二流一水東北爲枝流官本曰按水下近刻衍之字　案朱趙有一水北流注于渭也朱箋曰舊本吳本俱缺此注謝耳伯據宋本補

水經注卷十八

後魏酈道元撰

渭水官本曰按近刻作渭水下經文上復衍渭水二字　案朱趙同趙有補豐水補涇水補芮水三目

又東過槐里縣南孫校曰元和志興平縣槐里城周曰犬邱云云卽此城也渭水南去縣二十九里又

東澇水從南來注之

渭水逕縣之故城南漢書集注李奇謂之小槐里縣之西城也官本曰按近刻脫縣字　案朱趙無縣字又東與芒水枝流合水受芒水于竹圃東北流又屈而北入于渭官本曰按近刻脫北字　案朱脫趙增西北二字刊誤曰箋曰謝云宋本作又屈西北入于渭按孫潛云又屈而下落西北二字而字不衍渭水又東北逕黃山宮南官本曰按此十字原本及近刻竝訛作經考黃山宮及就水田溪水皆在槐里縣西不得與經淆紊今改正　案朱訛趙改刊誤曰十字是注混作經卽地理志所謂縣有黃山宮惠帝二年起者也官本曰按二近刻訛作三　案朱訛趙改刊誤曰漢志注是二年三字誤東方朔傳曰武帝微行西至黃山宮故世謂之遊城也官本曰按近刻也上有非字衍　案朱趙有

就水注之官本曰按此四字原本及近刻竝訛作經　案朱訛趙改刊誤曰四字是注混作經水出南山就谷北逕大陵西世謂之老子陵孫校曰太平寰宇記盩厔縣有老子陵昔李耳爲周柱趙有下字史以世衰入戎于此有冢事非經證然莊周著書云老聃死秦失弔之三號而出是非不死之言人稟五行之精氣陰陽有終變亦無不化之理以是推之或復如傳古人許以傳疑故兩存耳就水歷竹圃北官本曰按近刻脫竹字　案朱脫趙增刊誤曰箋曰孫云圃字疑誤或是陵字按名勝志引此文作歷竹圃北元和郡縣志司竹園在盩厔縣東十五里史記渭川千畝竹漢書王莽傳霍鴻負倚芒竹亦謂之鄠杜竹林有司竹都尉卽此地也箋說非是與黑水合水上承三泉官本曰按近刻脫水字三訛作二　案朱脫訛趙增改就水之右三泉奇發言歸一瀆北流左注就水官本曰按注近刻訛作逕　案朱趙作逕就水又北流注于渭

渭水又東合田溪水官本曰按此八字原本及近刻竝訛作經　案朱訛趙改刊誤曰八字是注混作經水出南山田谷北流逕長楊宮西官本曰按近刻脫逕字　案朱脫趙增刊誤曰北流下落逕字又北逕盩厔縣故城西又東北與一水合水上承盩厔縣南源官本曰按近刻訛作盩厔南南泉　案朱訛趙改刊誤曰上南字重文當作縣泉當作原北逕其縣東又北逕思鄉城西又北注田溪田溪水又北流注于渭水也縣北有蒙蘢渠官本曰按近刻訛作縣苑有蒙蘢源　案朱同箋曰謝云當作縣北趙改刊誤曰源漢地理志作渠成林源靈軹源之源竝當作渠上承渭水于郿縣東逕武功縣爲成林渠官本曰按此有脫誤漢書地理志右扶風郿下云成國渠首受渭東北至上林苑爲蒙蘢渠東逕縣北官本曰按近刻訛作縣苑　案朱訛趙改刊誤曰苑當作北亦曰靈軹渠官本曰按渠近刻訛作源　案朱訛趙改河渠書以爲引堵水官本曰按近刻脫書字爲字　案朱脫趙作湋渠以引堵水刊誤曰漢書溝洫志云關中靈軹成國湋渠引諸川如淳曰湋音韋韋水出韋谷此河渠是湋渠之誤徐廣曰一作諸川官本曰按近刻訛作水　案朱訛趙改是也趙釋曰一清按漢書地理志云靈軹渠武帝穿溝洫志注如淳曰韋水出韋谷

渭水又東逕槐里縣故城南官本曰按此十一字原本及近刻竝訛作經今考小槐里至此乃經所謂過槐里縣南也　案朱訛趙改刊誤曰十一字是注混作經縣古犬邱邑也周懿王都之官本曰按懿近刻訛作赧　案朱趙同趙釋曰朱氏箋曰帝王世紀及世本竝云懿王自鎬徙都犬邱此作赧王字之誤耳秦以爲廢邱朱箋曰帝王世紀及世本竝云懿王自鎬徙都犬丘宋衷注云犬丘一名廢丘今槐里是也亦曰舒邱中平元年靈帝官本曰按中平近刻訛作和平靈帝訛作桓帝　案朱趙同趙釋曰沈氏曰是靈帝中平封左中郎將皇甫嵩爲侯國縣南對渭水北背通渠史記秦本紀云秦武王三年渭水赤三日秦昭王三十四年渭水又大赤三日趙釋曰沈氏曰秦本紀中無此文而漢書五行志引之再考之則武王事見重敘秦世系中而昭王事終佚洪範

五行傳云赤者火色也水盡赤以火沴水也渭水秦大川也陰陽亂秦用嚴刑敗亂之象後項羽入秦封司馬欣爲塞王都櫟陽董翳爲翟王都高奴章邯爲雍王都廢邱朱趙有居槐里三字趙刊誤曰箋曰謝云居槐里三字疑衍按是注正釋槐里故重言之較櫟陽高奴加詳焉非贅詞也爲三秦漢祖北定三秦引水灌城遂滅章邯三年改曰槐里王莽更名槐治也世謂之爲大槐里晉太康中始平郡治也其城遞帶防陸舊渠尚存即漢書所謂槐里環隄者也東有漏水官本曰按漏近刻作涌　案朱趙作涌水趙刊誤曰箋曰宋本作漏水按涌水字不誤出南山赤谷東北流逕長楊宮東宮有長楊樹因以爲名漏水官本曰按近刻訛作渭水　案朱訛渭箋曰宋本作漏水趙改涌又北歷蒦圃西官本曰按近刻訛作逕蒦圃西　案朱同趙改圃仍逕刊誤曰圃當作圃名勝志校亦謂之仙澤又北逕望仙宮又東北耿谷水注之水發南山耿谷北流與柳泉合東北逕五柞宮西長楊五柞二宮官本曰按近刻脫此七字　案朱脫趙增刊誤曰箋曰宋本作東北逕五柞宮按長安志引此文五柞宮下尚有西長楊五柞二宮七字寰宇記盩厔縣下亦有之今補入相去八里竝以樹名宮亦猶陶氏以五柳立稱故張晏曰宮有五柞樹在盩厔縣西趙刊誤曰箋曰西一作矣按漢書注作西箋說之繆可知矣其水北逕仙澤東又北官本曰按近刻訛作北又　案朱趙同逕望仙宮東又北與赤水會又北逕思鄉城東又北注渭水渭水又東合甘水官本曰按此七字原本及近刻竝訛作經　案朱訛趙改刊誤曰七字是注混作經水出南山甘谷北逕秦文王萯陽宮西又北逕五柞宮東又北逕甘亭西在水東趙增甘字之字刊誤曰在下落甘字水下落之字孫潛校補鄠縣昔夏啟伐有扈作誓于是亭故馬融曰甘有扈南郊地名也官本曰按甘字近刻訛在扈字下　案朱訛趙改刊誤曰箋曰南一作西按南字不誤甘字當移在

有扈之上尚書音義校正趙釋曰寰宇記鄠縣下引水經注曰扈水上承扈陽池一清按此處引有扈以證甘水故知脫文於此也甘水又東得澇水口水出南山澇谷北逕漢宜春觀東又北官本曰按又字近刻訛在東字上　案朱趙同逕鄠縣故城西澇水際城北出合美陂水朱趙美作渼趙刊誤曰箋曰漢古本作美按渼陂之渼十道志元和郡縣志長安志杜子美詩俱作渼與美通不必改也水出宜春觀北東北流注澇水澇水北注甘水而亂流入于渭官本曰按近刻脫澇水二字又脫注甘水而亂五字　案朱趙作北流入于渭趙釋曰一清按說文澇水出扶風北入渭漢志無澇水也即上林故地也東方朔稱武帝建元中微行北至池陽西至黃山南獵長楊東遊宜春夜漏十刻乃出與侍朱作於外箋曰宋本作與侍趙改與侍中常侍武騎待詔及隴西北地良家子能騎射者期諸殿下故有期門之號旦明入山下馳射鹿豕狐兔手格熊羆上大驩樂之上乃使大中大夫虞邱壽王官本曰按乃近刻訛作仍　案朱訛趙改刊誤曰仍當作乃又朱箋曰虞即吾古字通與待詔能用算者舉籍朱作措箋曰漢書作舉籍謂舉計其數而爲簿籍也趙改籍阿城以南盩厔以東宜春以西提封頃畮及其賈直朱作宜箋曰漢書作賈直趙改直屬之南山以爲上林苑東方朔諫秦起阿房而天下亂因陳泰階六符之事上乃拜大中大夫給事中賜黃金百斤卒起上林苑故相如請爲天子游獵之賦稱烏有先生亡是公而奏上林也

又東豐水從南來注之

豐水出豐溪西北流分爲二水一水東北流爲枝津一水西北流又北交水自東入焉又北昆明池水注之又北逕靈臺西又北至石墩注于渭官本曰按近刻脫此五十五字　案朱趙無地說云官本曰按

地近刻訛作他　案朱訛趙改刊誤曰他說當作地說渭水又東與豐水會于短陰山內水會趙改水所匯處刊誤曰名勝志引此文作水所匯處今補正無他高山異巒所有惟原阜石激而已水上舊有便門橋與便門對直武帝建元三年造官本曰按近刻訛作建武三年造　案朱訛趙改刊誤曰建武當作建元張昌曰橋在長安西北茂陵東如淯曰去長安四十里趙釋曰杭氏世駿曰漢書注張昌作服虔如淯作蘇林渭水又逕太公廟北廟前有太公碑官本曰按近刻脫廟字　案朱脫趙增文字礮缺今無可尋渭水又東北與鄗水合官本曰按此九字原本及近刻竝訛作經　案朱訛趙改刊誤曰九字是注混作經又朱趙鄗作鎬水上承鄗池于昆明池北周武王之所都也故詩云考卜維王宅是鄗京維龜正之武王成之自漢武帝穿昆明池于是地官本曰按近刻脫武字　案朱脫趙增基構淪褫今無可究趙釋曰雍錄曰諸家皆言自漢武帝穿昆明池後鎬京故基皆淪入於池無復可究獨梁載言十道志曰鎬池一名元阯在昆明池北始皇毀之寰宇記云鎬泉在華陰縣東十九里其水或涌或止深不可測括地圖云是河眼亦謂之鎬池春秋後傳曰使者鄭容入柏谷關至平舒置見華山有素車白馬問鄭容安之荅曰之咸陽車上人曰官本曰按近刻訛作過鎬池曰　案朱訛趙改刊誤曰初學記引樂資春秋傳作素車上人曰孫潛據之改過鎬池爲車上人吾華山君使願託書致鄗池君子之咸陽過鄗池見大梓下有文石取以款列梓官本曰按列近刻訛作扣　案朱趙作扣當有應者以書與之勿妄發致之得所欲鄭容行至鄗池見一梓下果有文石取以款梓應曰諾鄭容如睡覺而見宮闕若王者之居焉謁者出受書入有頃官本曰按近刻訛作又見頃　案朱趙作又見頃聞語聲言祖龍死神道茫昧理難辨測故無以精其幽致矣鄗水又北流西北注與滮池合水出鄗池西而北流入于鄗毛詩云

滮流浿也而世傳以爲水名矣鄭元曰豐鄗之間水北流也鄗水北逕清泠臺西官本曰按清泠近刻訛作漢靈　案朱趙作溪靈趙刊誤曰箋曰宋本作漢靈臺按寰宇記引此文作清靈臺趙釋曰一清按谿靈臺谿字誤也朱氏謀㙔箋云宋本作漢靈臺竊謂似是而實非也御覽及長安志引此文作清泠臺與今本異朱氏家多古書未必無據魏書地形志京兆郡長安縣有周靈臺方輿紀要長安縣靈臺下引三輔故事曰周靈臺在鄠縣豐水東鄠縣豐城下云左傳昭四年楚椒舉曰康有酆宮之朝杜預曰酆宮有靈臺康王於是朝諸侯孔穎達曰酆去長安鎬池二十五里又曰靈臺在縣東北周靈臺也志云酆宮又東二十五里卽靈囿之地中有靈臺詩所謂經始靈臺者也春秋僖十五年秦晉戰于韓獲晉侯以歸舍諸靈臺是也又曰三輔故事曰漢靈臺在長安故城西北八里本秦之清臺漢曰靈臺郭緣生述征記長安宮中有靈臺高十五仞水經注漢靈臺在秦阿房宮南去明堂三百步鎬水逕其西漢平帝元始四年立觀此則豐宮之靈臺爲周而長安之靈臺爲漢酈注既于長安城下紀漢靈臺矣于此又云漢靈臺不幾複與寰宇記引水經注作清靈臺是也蓋清臺之名不始于秦康志賀述禮統云夏爲清臺商爲神臺周爲靈臺毛公詩傳曰神之清明稱靈四方而高曰臺且亦有清靈合稱者史記封禪書公孫卿曰黃帝就靑靈臺十二日燒也黃圖曰漢靈臺在長安西北八里又周文王靈臺在長安西北四十里高二十丈周四百二十步明有周漢之分呂圖亦云漢舊城外有靈臺北與未央宮對此卽漢靈臺與酆宮之靈臺無涉也中尉知改谿字之誤而不知漢字之亦屬臆說與事義大相乖繆者也玉海引水經注曰酆水北逕靈臺西文王又引水爲辟廱靈沼此等文句今皆脫失無惑乎後人之但憑私見也又逕磁石門西門在阿房前悉以磁石爲之故專其目令朱作合箋曰疑作令趙改令四夷朝者有隱甲懷刃入門而脅之以示神故亦曰卻胡門也鄗水又北注于渭官本曰按注近刻訛作逕　案朱訛趙改刊誤曰逕當作注渭水北有杜郵亭去咸陽十七里今名孝里亭中有白起祠嗟乎有制勝之功懈尹商之仁是地卽其伏劍處也渭水又東北逕渭城南官本曰按此九字原本及近刻竝訛作經　案朱訛趙改刊誤曰九字是注混作經文穎以爲故咸陽矣秦孝公之所居離宮也獻公都櫟陽天雨金周太史儋見獻公曰周故

與秦國合而別別五百歲復合合七十歲而霸王出至孝公作咸陽築冀闕而徙都之故西京賦曰秦里其朔官本曰按朔近刻訛作霸　案朱趙同刊誤曰箋曰西京賦作秦里其朔辭綜注云里居也朔北也秦地居其北是曰咸陽按霸者幽陰之義與朔字意同漢書律歷志曰四月己丑朔死霸死霸朔也生霸望也是此義也實爲咸陽太史公曰長安故咸陽也漢高帝更名新城武帝元鼎三年別爲渭城在長安西北渭水之陽王莽之京城也始隸扶風後并長安南有泬水注之官本曰按此六字原本及近刻竝訛作經泬竝訛作沈下同考鄠縣東別有沈水此乃潏水也爲關中八川之一從穴不從冘　案朱趙作而沈水注之朱訛經趙改注刊誤曰五字是注混作經趙釋曰一清按沈字是泬字之誤地理志右扶風鄠縣下云潏水北過上林苑入渭師古曰潏卽今沈水或作泬與沈相似因名沈水潏水今則改名人不識也然則沈字之訛所由來舊矣水上承皇子陂于樊川官本曰按水上近刻衍其字　案朱趙有其地卽杜之樊鄉也漢祖至櫟陽以將軍樊噲灌

廢邱最賜邑于此鄉也其水西北流逕杜縣之杜京西官本曰按逕近刻訛作注　案朱趙作注西北流逕杜伯冢南杜伯與其友左儒仕宣王儒無罪見害杜伯死之終能報恨于宣王故成公子安五言詩曰誰謂鬼無知杜伯射宣王朱箋曰國語云周之衰也杜伯射王于鄗墨子云周宣王殺其臣杜伯而不辜其後三年王合諸侯田於圃田日中杜伯乘白馬朱衣冠射王中心折脊而殪著之周春秋以爲警汲冢瑣語云宣王之妾女鳩欲通杜伯杜伯不可女鳩反訴之王王囚杜伯于焦杜伯之友左儒九諫而不聽並殺之後三年而杜伯射王泬朱趙作沈下同水又西北逕下杜城卽杜伯國也泬水又西北枝朱趙作支合故渠渠有二流上承交水合于高陽原而北逕河池陂東而北注泬水泬水又北與昆明故池會又北逕秦通六基東又北逕堨水陂東又北得陂水水上承其陂官本曰按近刻訛作得陂承其陂　案朱趙同東北流入于泬水泬水又北逕長

安城西與昆明池水合水上承池于昆明臺故王仲都所居也桓譚新論稱元帝被病廣求方士漢中送道士王仲都詔問所能對曰能忍寒暑乃以隆冬盛寒日令袒載駟馬于上林昆明池上環冰而馳官本曰按近刻脫隆冬至上林十三字　案朱脫趙作乃於盛寒日載以駟馬車於昆明池上環冰而馳御者厚衣狐裘寒戰而仲都獨無變色臥于池臺上曛然自若夏大暑日使曝趙作暴坐環以十爐火不言熱又身不汗池水北逕鄗京東秦阿房宮西史記曰秦始皇三十五年以咸陽人多官本曰按人上近刻有之字　案朱趙有先王之宮小乃作朝宮于渭南亦曰阿城也始皇先作前殿阿房朱箋曰宋本有上字趙增上字可坐萬人下可建五丈旗周馳爲閣道自殿直抵南山官本曰按抵下近刻衍城字　案朱趙有表山巔爲闕爲複道自阿房度渭屬之

咸陽象天極閣道絕漢抵營室也關中記曰阿房殿在長安西南二十里殿東西千步南北三百步庭中受十萬人其水又屈而逕其北東北流注堨水陂陂水北出逕漢武帝建章宮東于鳳闕南東注泬水泬水又北逕鳳闕東朱趙不重沈水二字三輔黃圖曰建章宮漢武帝造周二十餘里千門萬戶其東鳳闕高七丈五尺俗言貞女樓官本曰按貞近刻訛作眞　案朱訛趙改刊誤曰眞女當作貞女漢志注校非也漢武帝故事云闕高二十丈關中記曰建章宮圓闕臨北道有金鳳在闕上高丈餘故號鳳闕也故繁欽建章鳳闕賦曰官本曰按鳳下近刻衍樓字　案朱衍趙刪刊誤曰何焯校衍樓字又朱無故字箋曰宋本有故字趙依增秦漢規模廓然毀泯惟建章鳳闕巋然獨存雖非象魏之制亦一代之巨觀也泬水又北分爲二水一水東北流

一水北逕神明臺東傅子宮室曰上于建章中作神明臺井幹樓咸高五十餘丈皆作懸閣輦道相屬焉三輔黃圖曰神明臺在建章宮中上有九室今人謂之九子臺卽實非也官本曰按卽近刻訛作而　案朱作而趙增卽字刊誤曰而下落卽字孫潛校增泬水又逕漸臺東漢武帝故事曰建章宮北有太液池池中有漸臺三十丈趙臺下增高字刊誤曰漸臺下落高字名勝志校增漸浸也爲池水所漸一說星名也朱箋曰晉天文志漸臺四星在織女東南臨水之臺也南有璧門朱作壁趙改璧刊誤曰壁當从玉作璧下云璧玉門也三層高三十餘丈中殿十二間階陛咸以玉爲之鑄銅鳳五丈飾以黃金樓屋上椽首薄以玉璧因曰璧玉門也泬水又北流注渭亦謂是水爲潏水也故呂忱曰潏水出杜陵縣漢書音義曰潏水聲而非水也亦曰高都水前漢之末王氏五侯大治池宅官本曰按近刻訛作沼　案朱趙作五侯王氏大治池沼引泬水入長安城官本曰按泬近刻訛作他　案朱作宅趙改沈刊誤曰箋曰宋本作引高都水按孫潛校改沈水于宅字爲近故百姓歌之曰五侯初起曲陽最怒壞決高都竟連五杜土朱作上箋曰漢書作土山趙改土山漸臺像西白虎卽是水也

又東過長安縣北

渭水東分爲二水廣雅曰水自渭出爲㶚其猶朱趙作由河之有雍也此瀆東北流逕魏雍州刺史郭淮碑南又東南合一水逕兩石人北秦始皇造橋鐵鐓重不勝故刻石作力士孟賁等像以祭之鐓乃可移動也又東逕陽侯祠北漲輒祠之此神能爲大波故配食河伯也後人以爲鄧艾祠悲哉讒勝道消專忠受害矣此水又東注渭水官本曰按近刻訛作渭水又東注此水　案朱趙同

水上有梁謂之渭橋秦制也亦曰便門橋秦始皇作離宮于渭水南北以象天宮故三輔黃圖曰渭水貫都以象天漢橫橋南度以法牽牛南有長樂宮北有咸陽宮欲通二宮之間故造此橋官本曰按近刻脫南有至造此共十九字　案朱脫趙增刊誤曰牽牛下落南有長樂宮北有咸陽宮欲通二宮之間故造此十九字史記索隱引黃圖及別本水經注皆有之廣六丈南北三百八十步官本曰按三百近刻訛作二百　案朱訛趙改刊誤曰二史記索隱作三六十八間七百五十柱朱趙有一字百二十二梁孫校曰長安志作洞六十八柱七百五梁二百二橋之南北孫校曰長安志作下二橋南北有堤激立石柱柱南京兆主之官本曰按主近刻訛作立下同　案朱訛趙改刊誤曰兩立字長安志作主字柱北馮翊主之有令丞各領徒朱趙有一字千五百人橋之北首壘石水中故謂之石柱橋也舊有忖留神像此神嘗與魯班語班令其人朱箋曰宋本作神趙改神出忖留曰我貌很醜朱趙作獰醜趙刊誤曰箋曰古本作狠醜按猙獰狀惡也朱氏作很醜與獰字義無別又誤刻爲狠字卿善圖物容我不能出班于是拱手與言曰出頭見我忖留乃出首班于是以腳畫地忖留覺之便還沒水故置其像于水惟背以上立水上後董卓入關遂焚此橋魏武帝更脩之官本曰按更上近刻衍遂字　案朱衍趙刪刊誤曰遂字衍文橋廣三丈六尺官本曰按近刻脫廣字　案朱脫趙增刊誤曰橋下落廣字孫潛校增忖留之像曹公乘馬見之驚又命下之燕丹子曰燕太子丹質于秦秦王遇之無禮乃求歸秦王爲機發之橋欲以陷丹丹過之橋不爲發又一說交龍扶轝而機不發官本曰按扶近刻作捧　案朱趙同但言官本曰按此下有脫文　趙釋曰朱氏謀㙔箋曰謝云疑有脫誤今不知其故處也趙作矣渭水又東與泬水枝津合官本曰按此十字原本及近刻竝訛作經泬亦訛作沇　案朱訛經趙改注刊誤曰十字是注混作經又泬朱

趙竝作沇水上承泬水東北流逕鄧艾祠南又東分爲二水一水東入逍遙園注藕池池中有臺觀蓮荷被浦秀實可翫其一水北流注于渭官本曰按近刻脫注字案朱脫趙增刊誤曰流下落注字渭水又東逕長安城北官本曰按此九字原本及近刻竝訛作經案朱訛經脫東字趙改增刊誤曰入字是注混作經又下落東字胡渭校增漢惠帝元年築六年成趙釋曰一清按漢書惠帝紀元年城長安三年春發長安六百里內男子十四萬六千人城長安三十日罷注鄭氏曰城一面故速罷又五年九月長安城成六年起長安西市也而史記呂后紀云惠帝三年方築城四年就半五年六年城就索隱曰漢宮闕疏四年築東面五年築北面漢舊儀城方六十三里經緯各十二里三輔舊事云城形似北斗也卽咸陽也秦離宮無城故城之王莽更名常安官本曰按常近刻訛作長案朱訛趙改刊誤曰漢書地理志作常安長字誤十二門東出北頭第一門本名宣平門王莽更名春王門正月亭一曰東都門官本曰按一近刻作亦案朱趙作亦又都並作城其郭門亦曰東都門趙釋曰一清按漢書王莽傳無東字卽逢萌挂冠處也第二門本名清明門一曰凱門王莽更名宣德門布恩亭官本曰按名近刻作內曰案朱趙作曰有藉趙改藉下同田倉亦曰藉田門第三門本名霸城門王莽更名仁壽門無疆亭民見門色青又名青城門或曰青綺門亦曰青門門外舊出好朱趙作佳朱箋曰一作好瓜瓜昔廣陵人邵平爲秦東陵侯秦破爲布衣種瓜此門瓜美故世謂之東陵瓜是以阮籍詠懷詩云趙作曰昔聞東陵瓜近在青門外連畛拒阡陌子母相鉤帶指謂此門也南出東頭第一門本名覆盎門王莽更名永清門長茂亭其南有下杜城應劭曰故杜陵之下聚落也故曰下杜門又曰端門北對長樂宮第二門本名安門亦曰鼎路門王莽更名光禮門顯樂亭北對武庫官本曰按近刻

脫此四字案朱趙作卽西安亭北對未央宮第三門本名平門又曰便門官本曰按此四字近刻訛在後光華門也下案朱趙同王莽更名信平門誠正亭朱誠作城趙改刊誤曰城三輔黃圖作誠一曰西安門北對未央宮官本曰按此十字近刻訛在顯樂亭下案朱趙同孫校曰御覽引第三西安門下略同西出南頭第一門本名章門王莽更名萬秋門億年亭亦曰光華門也官本曰按華近刻訛作畢案朱同箋曰宋本作故光畢趙增故字第二門本名直門王莽更名直道門端路亭故龍樓門也張晏曰門樓有銅龍三輔黃圖曰長安西出第二門卽此門也第三門本名西城門亦曰雍門王莽更名章義門著義亭官本曰按義近刻作誼案朱趙作誼其水北入有函里民名曰函里門官本曰按民近刻訛作氏又此句之下衍又曰光門四字案朱趙同趙說見下亦曰突門趙釋曰一清按此西出之第三門也曰光門而北出西頭第一門曰橫門亦曰光門二門不應相同也程大昌曰以黃圖考之長安城北面從西數來第一門名橫門門外有橋曰橫橋呂相長安圖呂正獻公大防亦同又黃圖長安有九市其三在道東東市在突門夾橫橋大道水經曰光門亦名突門在長安西從南來第三門正與黃圖呂圖之謂橫門者隅角相次故黃圖呂圖之謂在北者卽與水經之謂突門光門爲在城西面者相應也今去古遠不敢以何爲定北出西頭第一門本名橫門王莽更名霸都門左幽亭如淳曰音光故曰光門其外郭有都門有棘門徐廣曰棘門在渭北孟康曰在長安北秦時宮門也如淳曰三輔黃圖曰棘門在橫門外孫校曰長安志咸陽縣棘門在縣東北十八里按漢書徐厲軍于此備匈奴又有通門亥門也官本曰按此下近刻衍其字案朱趙有第二門本名廚門官本曰按近刻訛作洛門案朱趙作洛又曰朝門王莽更名建子門廣世亭一曰高門蘇林曰高門長安城北門也官本曰按此下近刻衍一曰廚門四字案朱趙有又朱箋曰按此間敘長安十二門故洛門之後繼以廚門杜門舊本脫誤以鄭縣注續此其內有長安廚官在東故名曰廚門

也官本曰按近刻東訛作事名訛作城朱訛趙改刊誤曰事當作東城當作名案如湣曰今名廣門也第三門本名杜門亦曰利城門王莽更名進和門臨水亭其外有客舍故民曰客舍門官本曰按近刻外訛作水民訛作名案朱同趙改水不改名刊誤曰水方輿紀要作外又曰洛門也凡此諸門皆通逵九達三途洞開隱以金椎周以林木左出右入爲往來之徑朱作爲徒之經趙改刊誤曰箋曰一作爲往來之徑按此文見三輔決錄朱氏何以不名其書行者升降有上下之别漢成帝之爲太子元帝嘗急召之太子出龍樓門不敢絶馳道西至直城門方乃得度上怪遲問其故以狀對上悦乃著令令太子得絶馳道也渭水東合昆明故渠渠上承昆明池東口東逕河池陂北官本曰按近刻脱陂字案朱脱趙增陂而二字刊誤曰河池下落陂而二字孫潛校增亦曰女觀陂又東合泬水亦曰漕渠又東逕長安縣南東

逕明堂南舊引水爲辟雍處在朱有縣字箋曰宋本無縣字趙删鼎路門東南七里其制上圓下方九宮十二堂官本曰按近刻訛作室案朱訛趙改刊誤曰大戴禮盛德篇云明堂九室明堂月令篇云九室十二堂劉歆取考工補周禮冬官之闕匠氏一職記軌步之制因及明堂有云夏后氏世室五室九階四旁兩夾窗白盛殷人重屋四阿周人明堂度九尺之筵東西九筵南北七筵堂崇一筵五室凡室二筵湣于登作五室之說則云水木用事交于東北木火用事交于東南火土用事交于中央土金用事交于西南金水用事交于西北鄭康成註禮主考工說謂大戴所記創于秦相吕不韋之作春秋並非古制而主大戴者極訾康成註悉本湣于登月令異義有乖正論九室五室互相譏訕竟成門戸按北史封軌傳云吕氏月令見九室之義大戴之禮著十二堂之文又袁翻傳云明堂五室三代同焉道元北方之學者兼取戴記考工之制故㶑水篇有明堂上圓下方四周十二戸九室之文此注復列九宮十二堂四嚮五室之義世本堂字誤作室下室字又嫌與上重文乃改作色流俗紕繆甚矣其妄也四嚮五室官本曰按近刻訛作色案朱訛趙改堂北三百步有靈臺是漢平帝元始四年立官本曰按元始近刻訛作永始案朱訛趙改刊誤曰永始是元始之誤渠南有漢故圜丘成帝建始二年罷雍五時始祀皇天上帝于長安南郊應劭曰天郊在長安南郎此也故渠之北有白亭博望苑漢武帝爲太子立使通賓客從所好也太子巫蠱事發斫杜門東出史良娣死葬于苑北宣帝以爲戾園以倡優千人樂思后園廟故亦曰千鄉故渠又東而北屈逕青門外與泬水枝渠會渠上承泬水于章門西飛渠引水入城東爲倉池池在未央宮西池中有漸臺漢兵起王莽死于此臺又東逕未央宮北高祖在關東令蕭何成未央宮何斬龍首山而營之山長六十餘里頭臨渭水官本曰按臨近刻訛作于脱水字案朱訛脱趙改增刊誤曰箋曰三輔黄圖云頭入渭水尾達樊川按通鑑注引此文作頭臨渭水臨字是也尾達樊川頭高二十丈尾漸下高五六丈土色赤而堅云昔有黑龍

從南山出飲渭水其行道因山成跡山郎基闕不假築高出長安城北有玄武闕郎北闕也東有蒼龍闕闕内有閶闔止車諸門趙刊誤曰箋曰公車古本作正車玉海引此作止車門按關中記云未央宮有閶闔門止車門止字是也未央殿東有宣室玉堂麒麟含章白虎鳳皇朱雀鵷鸞昭陽諸殿天祿石渠麒麟三閣未央宮北朱作此箋曰玉海作北趙改北郎桂宮也周十餘里内有明光殿走狗臺柏梁臺舊乘複道用相逕通故張衡西京賦曰鉤陳之外閣道朱作有箋曰一本作道趙改道穹隆屬長樂與明光官本曰按隆近刻作窿下脱屬字案朱作窿箋曰玉海有屬字趙增屬字不改窿字逕北通于桂宮故渠出二宮之間謂之明渠也又東歷武庫北舊樗里子葬于此樗里子名疾秦惠王異母弟也滑稽多智秦人號曰智囊葬于昭王廟西渭南陰鄉樗里故俗謂之樗

里子云我百歲後是有天子之宮夾我墓疾以昭王七年卒官本曰按疾近刻訛作穴　案朱趙作穴葬于渭南章臺東至漢長樂宮在其東未央宮在其西武庫直其墓秦人諺曰力則任鄙智則樗里是也朱是作子箋曰子疑作是宋本無子字趙依宋本**明渠又東逕漢高祖長樂宮北**本秦之長樂宮也周二十里殿前列銅人殿西有長信長秋永壽永昌諸殿殿之東北有池池北有層臺俗謂是池爲酒池非也故渠北有樓豎漢京兆尹司馬文預碑官本曰按近刻脫豎字　案朱脫趙增刊誤曰樓下落豎字名勝志校增**故渠又東出城分爲二渠**即漢書所謂王渠者也蘇林曰王渠官渠也官本曰按近刻訛作王宮家渠也　案朱訛趙改刊誤曰漢書王嘉傳註蘇林曰王渠官渠也今校正猶今御溝矣晉灼曰渠名也在城東覆盎門外官本曰按覆盎門近刻訛作霸門　案朱趙同一水逕楊橋下即青

門橋也側城北逕鄧艾祠西而北注渭今無水其一水右入**昆明故渠**官本曰按近刻脫水右入昆明故六字　案朱趙無**東逕奉明縣廣城鄉之廉明苑南**官本曰按廉近刻訛作廣　案朱趙作廣城趙作成史皇孫及王夫人葬于郭北宣帝遷苑南官本曰按此下近刻衍史王孫及王夫人七字　案朱衍趙刪刊誤曰七字重文宜衍卜以爲悼園益園民千六百家立奉明縣以奉二園園在東都門昌邑王賀自霸御法駕郎中令龔遂驂乘至廣明東都門是也**故渠東北逕漢太尉夏侯嬰冢西**葬日柩馬悲鳴輕車罔進下得石槨銘云于嗟滕公居此室官本曰按其內有長安廚官至此原本訛在後今斯原夾二水也下朱謀瑋移此故遂葬焉冢在城東八里飲馬橋南四里故時人謂之馬冢朱下接經文又東過鄭縣北注文渭水又東逕巒都城北云云趙下接經文又東過霸陵縣北云云刊誤出故時人謂之馬冢七字曰箋曰按舊本脫誤吳琯移遂葬焉二十二字續此是矣

復誤以霸水注續馬冢之後錯簡如初今特改正按吳本錯誤固多朱氏攻正亦未爲得淸溪胡渭作禹貢錐指二十卷悉取常熟黃儀之說更定余亟從之惟李夫人葬陵一條全氏又據黃圖移在漢武帝茂陵之下今爲先具錯簡之辭然後校舉誤文可無遺憾已**故渠又北分爲二渠東逕虎圈南而東入霸一水北合渭今無水**官本曰按故遂葬焉至此原本訛在後陵之西如北一里西字下近刻多從朱謀瑋本截謂之馬冢以上二十三字移于此餘仍舊今考故渠又北以下乃注內敘昆明故渠所終朱氏不察耳　案故渠以下二十五字朱在後失勢在須臾帶劍上吾丘陵之南下經文東入于河上趙移後悲思不已賦詩悼傷下故渠又東逕茂陵縣故城南上今從官本移此

又東過霸陵縣北霸水從縣西北流注之官本曰按長安故城在今長安縣西北霸陵故城在今咸寧縣東鄭縣故城在今華州北而華陰又在其東渭水西來由長安霸陵鄭縣乃至華陰入河原本經文于長安之後次華陰次鄭縣次霸陵接以東入于河近刻多從朱謀瑋本長安之後次鄭縣次華陰次霸陵皆失之注內訛舛尤甚其所敘成國等渠散在數處漫無首尾紛糾難理今悉以地之方向比次推勘爲之是正　案朱經文接後注又逕藕原東東

南流注于渭水下趙移接上注故時人謂之馬冢下以下同官本其不同者分析注明刊誤出又東過霸陵縣北至陵之南十一字曰又東過霸陵縣北經文接前十五葉二行注馬冢之次行陵之南下接前二十三葉十一行如北一里即李夫人冢　案朱

霸者水上地名也官本曰按者字近刻訛在水字下　案朱訛趙改刊誤曰水者二字當倒互黃省曾本校改御覽長安志引此文並如之本應劭語道元襲用之耳古曰滋水矣秦穆公霸世更名滋水爲霸水以顯霸功**水出藍田縣藍田谷**孫校曰長安志云十道志霸水源出終南山金谷所謂多玉者也西北有銅谷水官本曰按谷近刻訛作公　案朱訛趙改刊誤曰公當作谷寰宇記校次東有輞谷水官本曰按輞近刻訛作輕　案朱訛趙改朱脫水字趙增刊誤曰箋曰輕谷下脫一水字按名勝志引此文作輞谷水方輿紀要云藍田縣有輞谷水在縣南八里商嶺水自藍橋伏流至此有千聖洞細水洞錫水洞諸水會焉如車輞環湊自南而北圜轉二十里過此則豁然開朗林野相望亦謂之輞川王維云輞水淪漣是也輕字誤二水合而西注官本曰按近刻下衍之字　案朱趙有**又西流入涯水**官本曰按涯近刻訛作渥下同　案朱訛趙改刊誤曰長安志云劉谷水一名泥水方輿

紀要云晉永和十年桓溫伐秦破青泥是也下清渥軍清渥城竝當作渥趙釋曰長安志劉谷水一名泥水引水經注曰水出藍田之東谷俗謂之劉谷西北與石門水合又石門谷水東有銅谷水合輕谷水西注泥水今本無之一清按輕谷水是輞谷水之訛渥水又西逕嶢關北歷嶢柳城官本曰按近刻訛作柳嶢城案朱趙同東西有二城魏置青渥軍于城內官本曰按青近刻訛作清下同案朱趙作清世亦謂之青渥城也秦二世三年漢祖入自武關攻秦趙高遣將距趙作拒于嶢關者也土地記曰藍田縣南有嶢關地名嶢柳道通荆州晉地道記曰關當上洛縣西北渥水又西北流入霸趙釋曰一清按漢志京兆南陵縣沂水出藍田谷北至霸陵入霸水而是注渥水源流正與班固所稱沂水合沂渥音同觀宋敏求引注佚文可見師古音沂爲先歷反葢誤耳而道元引漢志則以滻水當之霸水又北歷藍田川逕藍田縣東官本曰按近刻訛作也案朱竹作也趙改北刊誤曰也當作北書紀年梁惠成王三年官本曰按近刻脫成字案朱脫趙增刊誤曰惠下落成字竹書紀年校增秦子向命爲藍君葢子向之故邑也川有漢臨江王榮冢景帝以罪徵之將行祖于江陵北門車軸折父老泣曰吾王不反矣榮至中尉郅都急切責王王年少恐而自殺葬于是川有燕數萬銜土置冢上百姓矜之霸水又左合滻水歷白鹿原東孫校曰元和志藍田縣白鹿原在縣東南六里晉桓溫伐苻堅督護鄧遐等奮擊於白鹿原卽此也今在藍田縣西二里卽霸川之西故芷陽矣史記秦襄王葬芷陽者是也官本曰按是字近刻訛在也字下案朱訛趙乙刊誤曰也是二字當互易趙釋曰一清按史記秦始皇紀重敘秦世系云昭襄享國五十六年葬茝陽索隱曰十九年而立葬芷陵也芷與茝同此是昭襄王之陵而其孫莊襄王亦葬茝陽卽所謂子楚陵也謂之霸上漢文帝葬其上謂之霸陵上有四出道以瀉水在長安東南三十里故王仲宣賦詩云南登霸陵岸迴首望長安漢文帝嘗欲從霸陵上西馳下峻坂官本曰按近刻脫陵上二

字案朱脫趙增刊誤曰霸下落陵上二字漢書袁盎傳校補袁盎攬轡于此處上曰將軍怯也盎曰臣聞千金之子坐不垂堂百金之子立不倚衡聖人不乘危今馳不測如馬驚車敗柰高廟何上乃止霸水又北長水注之水出杜縣白鹿原官本曰按近刻訛作源案朱訛趙改刊誤曰源當作原其水西北流謂之荆溪官本曰按此下近刻衍溪水二字案朱同箋曰疑脫一荆字趙增荆字刊誤曰谿水上落荆字又西北左合狗枷川水孫校曰今志狗枷川水荆谿水俱在縣西南五十里水有二源西川上承魄山之斫槃谷孫校曰魄山疑卽蕢山漢書高紀沛公引兵繞嶢關踰蕢山元和志藍田縣蕢山在縣東南二十五里次東有苦谷二水合而東北流逕風涼原西關中圖曰麗山之西川中有阜名曰風涼原在魄山之陰雍州之福地卽是原也官本曰按近刻脫也字案朱脫趙增刊誤曰原下落也字孫校曰太平寰宇記萬年縣硯石福地遁甲開山圖曰驪山之西川有阜曰風涼原亦雍州之福地卽此水有二源西川水出硯山之斫槃谷是也其水傍溪北注原上有漢武帝祠其水右合東川水出南山之石門谷次東有孟谷官本曰按近刻脫次東有三字案朱脫趙增刊誤曰孟谷上落次東有三字長安志校正次東有大谷朱有作又趙改刊誤曰又當作有長安志校正次東有雀谷次東有土門谷官本曰按近刻脫次字案朱脫趙增刊誤曰東上落次字五水北出谷西北歷風涼原東官本曰按近刻脫出字案朱無出字趙谷西改合而刊誤曰谷西當作合而長安志校又北與西川會原爲二水之會亂流北逕宣帝許后陵東官本曰按此下近刻衍而字案朱趙有北去杜陵十里斯川于是有狗枷之名川東亦曰白鹿原也上有狗枷堡三秦記曰麗山西有白鹿原原上有狗枷堡秦襄公時有大狗來下趙大改天刊誤曰大長安志作天趙釋曰一清按北齊書昭帝紀云時有天狗下亦其類也山海經有獸亦名天狗焉西山經曰陰山有獸焉其狀如貍而白首名曰天狗其音榴榴可以禦凶吳任臣廣註引事物紺珠云天狗如貍白首

音如猫食蛇有賊則狗吠之官本曰按此下近刻衍故字　案朱趙有一堡無患故川得厥目焉**川水又北逕杜陵東**元帝初元元年葬宣帝杜陵北去長安五十里陵之西北有杜縣故城秦武公十一年縣之漢宣帝元康元年以杜東原上爲初陵更名杜縣爲杜陵官本曰按此下近刻衍也字　案朱趙有王莽之饒安也**其水又北注荆溪荆溪水又北逕霸縣**官本曰按逕近刻訛作入　案朱趙作入朱箋曰孫云疑作霸水趙縣改水**又有溫泉入焉水發自原下**趙原改亭刊誤曰原當作亭卽下霸陵縣之故亭**入荆溪水亂流注于霸俗謂之滻水非也**史記音義文帝出安門注云在霸陵縣有故亭卽郡國志所謂長門亭也史記云趙作曰霸滻長水也雖不在祠典以近咸陽秦漢都涇渭長水盡得比大川之禮趙釋曰一淸按史記封禪書云霸產長水灃澇涇渭皆非大川以近咸陽盡得比山川祠今注云云

是抄變其詞而失其義也昔文帝居霸陵北臨廁指新豐路示愼夫人曰此走邯鄲道也因使愼夫人鼓瑟上自倚瑟而歌悽愴悲懷顧謂羣臣曰以北山石爲槨用紵絮斮陳漆其間豈可動哉釋之曰使其中有可欲雖錮南山猶有隙使無可欲雖無石槨又何戚焉文帝曰善拜廷尉韋昭曰高岸夾水爲廁今斯原夾二水也官本曰按又東過霸陵縣北至此原本訛在後灌水又北注于渭之後朱謀瑋本訛在又逕藕原東東南注于渭之後今改正　案朱訛趙改又朱箋曰此後皆敘霸水事舊本錯誤以廁門續此今移正案朱此下接霸水又北會兩川與官趙本同**霸水又北會兩川又北故渠右出焉**官本曰按渠右近刻訛作源左　案朱同趙改源不改左刊誤曰源當作渠**霸水又北逕王莽九廟南**王莽地皇元年博徵天下工匠壞撤西苑建章諸宮館十餘所取材瓦以起九廟算及吏民以義入錢穀助成九廟廟殿皆

重屋孫校曰廟殿以下見三輔黃圖太初祖廟東西南北各四十丈高十七丈餘廟半之爲銅薄櫨飾以金銀雕文窮極百工之巧褫高増下功費數百巨萬卒死者萬數**霸水又北逕枳道**在長安縣東十三里王莽九廟在其南漢世有白蛾羣飛官本曰按蛾近刻訛作鶩　案朱趙作鶩趙釋曰何氏曰亭林云當作白蛾一淸按事見漢書元帝紀建昭元年也自東都門過枳道官本曰按過下近刻有于字　案朱趙有呂后祓除于霸上還見倉狗戟趙作撠脅于斯道也**水上有橋謂之霸橋**地皇三年霸橋木災自東起卒數千以水汎沃救不滅晨熯夕盡王莽惡之下書曰甲午火橋乙未立春之日也予以神明聖祖黃虞遺統受命至于地皇四年爲十五年正以三年終冬官本曰按近刻脫聖祖至正以共二十字　案朱脫趙增刊誤曰神明下落聖祖黃虞遺統受命至于地皇四年爲十五年正以二十字漢書王莽傳校補

絕滅霸駁之橋欲以興成新室統一長存之道其名霸橋官本曰按近刻脫橋字　案朱脫趙增刊誤曰霸下落橋字王莽傳校補爲長存橋**霸水又**朱作之箋曰宋本作又趙改又**北左納漕渠絕霸右出焉東逕霸城北又東逕子楚陵北**皇甫謐曰秦莊王葬于芷陽之麗山官本曰按芷陽近刻訛作芒蕩　案朱訛趙改刊誤曰芒蕩當作芷陽京兆東南霸陵山劉向曰莊王大其名立墳者也戰國策曰莊王字異人更名子楚故世人猶以子楚**名陵**趙釋曰一淸按史記始皇之父爲莊襄王索隱以爲葬陽陵寰宇記雍州萬年縣下云霸岸在通化門東二十里秦襄王葬于其坂謂之霸上有城卽秦繆公所築漢爲縣在東北二十三里霸水東霸陵故城是也東南至漢文帝陵十里**又東逕新豐縣右會故渠渠上承霸水**官本曰按近刻脫一渠字　案朱趙無**東北逕霸城縣故城南**官本曰按霸城縣近刻脫城字　案朱脫趙增刊誤曰霸下落城字晉書地理志京兆郡有霸城縣蓋曹氏所改魏書地形志霸城縣晉改漢文帝之霸陵縣也官本

日案陵下近刻衍漢字案朱衍趙刪刊誤曰下漢字衍文王莽更之曰水章魏明帝景初元年官本曰案近刻訛作文帝黃初元年案朱趙同趙釋曰何氏曰文當作明黃當作景事見三國志魏明帝紀注中然後漢書方術傳注引此正同豈唐初所傳之本已訛繆不可讀耶書不經劉向揚雄之手其孰爲是正哉徙長安金狄重不可致因留霸城南人有見薊子訓與父老共摩銅人曰正見鑄此時計爾日已近五百年矣官本曰案近刻爾訛作其已訛作似案朱同趙改爾改以刊誤曰其黃省曾本作爾似當作以古以已字通用故渠又東北逕劉更始冢西更始二年爲赤眉所殺故侍中劉恭夜往取朱箋曰一作收趙改收而埋之光武使司徒鄧禹收葬于霸陵縣更始尙書僕射行大將軍事鮑永持節安集河東聞更始死歸世祖累遷司隸校尉行縣經更始墓官本曰案經近刻作逕案朱趙作逕遂下拜哭盡哀而去帝問公卿大中大夫張湛曰仁不遺舊忠不

忘君行之高者帝乃釋官本曰案此下近刻衍之字案朱趙有又東北逕新豐縣右合漕渠官本曰案右近刻訛作又案朱訛趙改刊誤曰又當作右漢大司農鄭當時所開也以渭難漕命齊水工徐伯朱趙有乃字發卒穿渠引渭其渠自昆明池官本曰案其渠近刻訛作今源案朱作今源趙改合渠刊誤曰今源當作合渠南傍山原東至于河且田且漕大以爲便今無水官本曰案近刻脫此二字案朱無趙刪今字刊誤曰今字衍文霸水又北逕秦虎圈東列士傳曰秦昭王會魏王魏王不行使朱亥奉璧一雙秦王大怒置朱亥虎圈中亥瞋目視虎眥裂血出濺虎趙刊誤曰箋曰濺舊本作踐案集韻濺汙灑也史記藺相如傳曰請得以頸血濺大王是其義也虎不敢動卽是處也霸水又北入于渭水渭水又東會成國故渠渠魏尙書左僕射衛臻征蜀所開也號成國渠引以澆田官本曰案田上近刻衍故字案朱趙有趙釋曰一清案漢志郿縣

成國渠北至上林入蒙蘢渠菑西京已有是渠衞公振更修治之其瀆上承汧水于陳倉東東逕郿及武功槐里縣北渠左有安定梁嚴趙作巖冢碑碣尙存又東逕漢武帝茂陵南官本曰案近刻脫又東二字案朱脫趙增一又字刊誤曰逕上落又字故槐里之茂鄉也應劭曰帝自爲陵官本曰案帝上近刻衍武字案朱趙有在長安西北八十餘里漢武帝故事曰帝崩後見形謂陵令薛平曰吾雖失勢猶爲汝君柰何令吏卒上吾陵磨刀劍乎自今以後可禁之平頓首謝因不見推問陵旁果有方石可以爲礪吏卒常盜磨刀劍霍光欲斬之張安世曰神道茫昧不宜爲法乃止故阮公詠懷詩曰失勢在須臾帶劍上吾邱陵之西而北一里官本曰案霸水又北會兩川至此句西字止原本訛在前于嵯縢公居此室下朱謀瑋移此考其文義前後皆敘成國故渠所逕也案朱趙同朱作陵之南趙增西字而朱趙作如趙刊誤出陵之南三字

日南上落西字又出如北一里至賦詩悼傷九字曰如北上接後三十二葉十六行陵之南賦詩悼傷下接後三十二葉十六行故渠又北分爲二渠黃圖云荻陵在茂陵北一里寰宇記雍州興平縣下云茂陵在縣東北十九里李夫人陵在縣北十六里是也又出如北一里四字曰箋曰如當作而案如字不誤卽李夫人冢冢形三成世謂之英陵官本曰案英原本及近刻竝訛作莢三輔黃圖云李夫人墓在茂陵西北一里俗名英陵案朱趙英作莢趙刊誤曰箋曰一作萊陵案莢字不誤黃圖校夫人兄延年知音尤善歌舞帝愛之每爲新聲變曲聞者莫不感動常趙作嘗侍上起舞歌曰北方有佳人絕世而獨立一顧傾人城再顧傾人國寍不知傾城復傾國官本曰案復近刻訛作與案朱同趙改佳人難再得上曰世豈有此人乎平陽主曰延年女弟上召見之妖麗善歌舞得幸早卒上憫念之以后禮葬官本曰案后近刻訛作厚案朱訛趙改刊誤曰厚全氏校改后悲思不已賦詩悼傷故渠又東逕茂陵縣故城南朱同官本故渠二字

下譚元春許本注曰箋注謂此故渠篇內不見張本疑有脫誤然觀前渭水又逕長安城北注中歷舉故渠疑此至分卑尊之名者也當續前注馬冢之後趙賦詩悼傷下有故渠又北分爲二渠東逕虎圈南而東入霸一水北合渭今無水二十五字刊誤出故渠又北至今無水八字曰故渠又北上接前二十三葉十八行賦詩悼傷今無水下接前二十三葉十八行故渠又東逕茂陵縣故城南又出故渠又東逕茂陵縣故城南至分卑尊之名者也十九字曰故渠上接後三十二葉十八行今無水分卑尊之名者也下接後二十六葉四行故渠又東逕漢丞相周勃冢南又出故渠又東逕茂陵縣故城南十一字曰箋曰此故渠篇內不見張本疑有脫誤案注云渭水又東會成國故渠又逕漢武帝茂陵南又北分爲二渠東逕虎圈南而東入霸一水北合渭今無水下接是注故渠又東逕茂陵縣故城南至漢景帝陵南又東南注于渭今無水成國故渠西京時已有之而衞臻更修復之世本彼具霸陵縣下此隸華陰縣中前後倒置不相貫串又渠字或訛作源一望迷離遂以爲不見張本疑其有脫誤耳今爲更正始可追尋恨不起中尉于九原而告之案故渠下二十五字今從官本移前故時人謂之馬冢下 武帝建元二年置地理志曰宣帝縣馬王莽之宣成也**故渠又東逕龍泉北今人謂之溫泉非也**渠北故坂北即龍淵廟官本曰案北近刻訛作此案朱訛趙改刊誤曰此當作北 如淯曰三輔黃圖有龍淵宮今長安城西有其廟處官本曰案近刻訛作其處黃案朱同箋曰宋本處上有廟字黃字衍趙依宋本 蓋宮之遺也**故渠又東逕姜原北**渠北有漢昭帝陵官本曰案陵上近刻有平字案朱趙有 東南去長安七十里**又東逕平陵縣故城南**地理志曰昭帝置王莽之廣利也**故渠之南有竇氏泉北有徘徊廟又東逕漢大將軍魏其侯竇嬰冢南又東逕成帝延陵南**官本曰案近刻脫東逕二字案朱脫趙增刊誤曰又下落東逕二字 **陵之東北五里即平帝康陵坂也故渠又東逕渭陵南**官本曰案近刻脫南字案朱脫趙增刊誤曰渭陵下落南字 元帝永光四年官本曰案永光近刻訛作永元案朱訛趙改刊誤曰永元當作永光 以渭城壽陵亭原上爲初陵詔不立縣邑**又東逕哀帝義陵南又東逕惠帝安陵南**官本曰案近刻脫東字案朱

脫趙增刊誤曰又下落東字 陵北有安陵縣故城官本曰案此下近刻衍也字案朱趙衍 地理志曰惠帝置王莽之嘉平也**渠側有杜郵亭又東逕渭城北**地理志曰縣有蘭池宮秦始皇微行逢盜于蘭池今不知所在官本曰案此下近刻有也字案朱趙有趙釋曰雍錄曰咸陽縣東二十五里蘭池陂即始皇遇盜之地漢于其北立池陽縣一清案漢志左馮翊池陽縣應劭曰在池水之陽劉昭郡國志補注引三秦記曰始皇引渭水爲長池東西二百里南北三十里刻石爲鯨魚長二百丈孫校曰蘭池史記注作蘭池 **又東逕長陵南**亦曰長山也官本曰案陵之西而北一里而字起至此原本及近刻竝訛在後不得爲湖縣西下今考文義亦敘成國故渠所逕上下地望連比具有首尾後無所謂故渠者也案朱訛趙改又朱趙此下有三秦記曰長安城北有平原廣數百里民井汲巢居井深五十丈二十五字官本移後說見下 秦名天子冢曰山漢曰陵故通曰山陵矣風俗通曰陵者天生自然者也今王公墳壠稱陵春秋左傳曰南陵夏后皋之墓也春秋說題辭曰趙作邱云者墓也冢者種也種墓也羅倚于山分卑尊之名者也官本曰案亦曰長山也下原本及近刻竝接以三秦記曰長城北有平原廣數百里民井汲巢居井深五十尺方接以秦名云云今訂正移于後 **故渠又東逕漢丞相周勃冢南**朱故渠云云接後渠起谷口尾入櫟陽是也今無水下趙移改刊誤出故渠又東逕漢丞相周勃冢南至東南流注于渭水二十字曰故渠上接前二十四葉十九行分卑尊之名者也東南流注于渭水下接前二十葉十七行右逕新豐縣故城北 冢北有亞朱作弱箋曰弱夫當作亞夫趙改亞 夫冢**故渠東南謂之周氏曲又東南逕漢景帝陽陵南**官本曰案近刻脫陽字案朱趙無 **又東南注于渭今無水渭水又東逕霸城縣北**官本曰案近刻脫城字案朱脫趙增刊誤曰當作霸城縣落城字 **與高陵分水**水南有定陶恭王廟傅太后陵元帝崩傅昭儀隨王歸國稱定陶太后後十年恭王薨子代爲王徵爲太子太子即帝位立恭王寢廟于京師比宣帝父悼皇故事元壽元年傅后崩合

葬渭陵潘岳關中記漢帝后同塋則爲合葬不共陵也諸侯
皆如之恭王廟在霸城西北廟西北卽傅太后陵不與元帝
同塋渭陵非謂元帝陵也蓋在渭水之南故曰渭陵也陵與
元帝齊者謂同十二丈也王莽奏毀傅太后冢冢崩壓殺數
百人開棺臭聞數里官本曰案近刻訛作月案朱訛趙改刊誤曰月當作里公卿在位
皆阿莽旨入錢帛遣子弟及諸生四夷凡十餘萬人操持作
具助將作掘傅后冢二旬皆平周棘其處以爲世戒今其處
積土猶高世謂之增墀又亦謂之增阜俗亦謂之成帝初陵
處所未詳也渭水又逕平阿侯王譚墓北冢次有碑左則涇
水注之孫校曰涇水僅見於此渭水又東逕鄣縣西蓋隴西郡之鄣徙
也渭水又東得白渠枝口又東與五丈渠合水出雲陽縣石

門山謂之清水孫校曰一曰黃嶺水見卷十六瀘水下東南流逕黃嶔山西又
南入殺祤縣歷原南出謂之清水口東南流絕鄭渠又東南
入高陵縣逕黃白城西本曲梁宮也南絕白渠屈而東流謂
之曲梁水又東南逕高陵縣故城北東南絕白渠瀆又東南
入萬年縣謂之五丈渠又逕藕原東東南流注于渭官本曰案故渠
又東逕漢丞相周勃冢南至此原本及近刻竝訛在後白渠首起谷口尾入櫟陽是也今無水下考其文義仍敘成國故
渠其入渭在景陵之東南渠自西而東逕漢諸陵先武帝茂陵次昭帝平陵次成帝延陵次元帝渭陵次哀帝義陵次惠
帝安陵次高帝長陵次景帝陽陵據三輔黃圖所記茂陵在長安城西北八十里平陵在長安西北七十里延陵在扶風
去長安六十二里渭陵在長安北五十六里義陵在扶風渭城西北原上去長安四十六里安陵在長安城北三十五里
去長陵十里長陵亦去長安城三十五里陽陵在長安城東北四十五里注文前後錯紊數處其脈絡條貫可尋又以三
輔黃圖諸陵里數參之無不脗合案朱渭下有水字下接前經文又東過霸陵縣北云云趙改同官本以渭水二字下

屬此于下增一渭字刊誤曰于文當重一渭字下渭水二字與右逕新豐縣故城北句接連渭水右逕新
豐縣故城北朱右作石接前水卽符禺之水也南出符下趙移改刊誤出石逕新豐縣故城北至不得爲湖
湖西十五字曰石字誤當作右上接後二十七葉九行渭水二字不得爲湖下接前十六葉二十行蘇林曰湖西二字衍
文東與魚池水會水出麗山東北官本曰案近刻北訛作也此下又衍水字案朱訛
趙改並有水字刊誤曰也當作北本導源北流朱趙北作東趙刊誤曰東一作北案非也下云後秦
始皇葬于山北水過而曲行東注北轉則東字不誤後秦始皇葬于山北水過而曲行
東注北轉始皇造陵取土其地汙深水積成池謂之魚池也
官本曰案近刻訛作池案朱趙作池下屬在秦皇陵東北五里周圍四里池水
西北流逕始皇冢北秦始皇大興厚葬營建冢壙于麗戎之
山一名藍田其陰多金其陽多玉始皇貪其美名因而葬焉
斬山鑿石下錮三泉官本曰案錮近刻訛作涸案朱訛趙改刊誤曰涸當作錮史記始皇本紀穿

三泉下銅徐廣曰一作錮錮鑄塞也以銅爲槨旁行周迴三十餘里上畫天文
星宿之象下以水銀爲四瀆百川五嶽九州具地理之勢宮
觀百官奇器珍寶充滿其中令匠作機弩有所穿近輒射之
以人魚膏爲燈燭取其不滅者久之後宮無子者皆使殉葬
甚衆墳高五丈周迴五里餘作者七十萬人積年方成而周
章百萬之師已至其下乃使章邯領作者以禦難弗能禁項
羽入關發之以三十萬人朱無發之二字趙增刊誤曰入關下落發之二字黃省曾本校增長
安志引此文亦有之三十日運物不能窮關東盜賊銷槨取銅牧人尋
羊燒之火延九十日不能滅北對鴻門十里池水又西北流
水之西南有溫泉世以療疾三秦記曰麗山西北有溫水祭
則得入不祭則爛人肉俗云始皇與神女遊而忤其旨神女

唾之生瘡官本曰案近刻脫遊而忤其旨神女七字　案朱脫趙增刊誤曰神女下有缺文朱無易引三秦記補遊而忤其旨神女七字始皇謝之神女爲出溫水後人因以澆洗瘡張衡溫泉一本誤水賦序曰趙作云余出麗山觀溫泉浴神井嘉洪澤之普施乃爲之賦云此湯也不使灼人形體矣池水又逕鴻門西又逕新豐縣故城東故麗戎地也高祖王關中太上皇思東歸故象舊里制兹新邑立城社樹枌楡令街庭若一分置豐民以實兹邑故名之爲新豐也漢靈帝建寧三年改爲都鄉封段熲爲侯國趙釋曰一清案漢承秦制十里一亭十亭一鄉都亭都鄉所以統一縣之鄉亭者後漢書本傳段熲初封都鄉侯更封新豐縣侯非改新豐爲都鄉也後立陰槃城其水際城北出世謂是水爲陰槃水官本曰案城北近刻訛作北城又脫出字　案朱趙同又北絕漕渠北注于渭官本曰案渠北近刻訛作槃溝　案朱訛趙改不增北字刊誤曰漕渠漢大司農鄭當時所開槃溝乃渠字之誤渭水又東逕鴻門北舊大道北下坂口名也官本曰案近刻訛作坂下坂名也　案朱訛趙改刊誤曰下坂二字重文史記項籍本紀云在新豐鴻門孟康曰在新豐東十七里舊大道北下坂口名也今校正右有鴻亭官本曰案近刻訛作古有鴻寍　案朱同趙改寍不改古刊誤曰鴻寍當作鴻門亭漢書高祖將見項羽楚漢春秋曰項王在鴻門亞父曰吾使人望沛公其氣衝天五色采相繆官本曰案近刻脫采字　案朱趙無或似龍或似雲非人臣之氣官本曰案近刻作相　案朱趙作相可誅之官本曰案此下近刻有漢字　案朱趙有高祖會項羽范增目羽羽不應樊噲杖盾撞人入食豕肩于此羽壯之郡國志曰新豐縣東有鴻門亭者也郭緣生述征記官本曰案近刻脫此三字　案朱無趙增曰字刊誤曰郭緣生下落曰字全氏校增或云霸城南門曰鴻門也項羽將因會朱有高祖二字箋曰宋本無高祖二字趙刪危高祖羽仁而弗斷范增謀而不納項伯終護高祖

以獲免既抵霸上遂封漢王按漢書注鴻門在新豐東十七里則霸上應百里按史記項伯夜馳告張良良與俱見高祖仍使夜返考其道里不容得爾今父老傳在霸城南門數十里于理爲得按緣生此記雖歷覽史漢述行涂經見可謂學而不思矣今新豐縣故城東三里有坂長二里餘塹原通道南北洞開有同門狀謂之鴻門孟康言在新豐東十七里無之朱豐作城趙改又刪無之二字刊誤曰箋曰城宋本作豐案無之二字衍文蓋指縣治而言非謂城也官本曰案城近刻訛作地　案朱訛趙改刊誤曰地當作城自新豐故城西至霸城五十里霸城西十里則霸水西二十里則長安城應劭曰霸水上地名在長安東二十里卽霸城是也高祖舊停軍處東去新豐既遠何由項伯夜與張良共見高祖乎推此言之知緣生此記乖矣渭水又東石川水南注焉渭水又東戲水注之水出麗山馮公谷東北流又北逕麗戎城東春秋晉獻公五年伐之獲麗姬于是邑麗戎男國也姬姓秦之麗邑矣又北右總三川逕鴻門東又北逕戲亭東應劭曰戲宏農湖縣西界也地隔諸縣不得爲湖縣西官本曰案渭水右逕新豐縣故城北至此原本及近刻竝訛在南出符石下考鄭縣在今臨潼縣西北新豐故城在臨潼縣東北渭水逕鄭縣而東與新豐地相連比今改正　案朱縣西作湖西下接上而北一里卽李夫人冢至賦詩悼傷趙移同官本刪湖西二字蘇林曰趙刊誤出蘇林曰至俱北入渭八字曰蘇林曰上接後二十三葉十一行不得爲湖俱北入渭下接後二十四葉十九行渭水又東逕下邽縣故城南戲邑名在新豐東南四十里官本曰案四近刻訛作三　案朱趙作三趙刊誤曰箋曰宋本云在鄭東南案非也郡國志新豐東有鴻門亭及戲亭劉昭補註引蘇林曰縣東南四十里此段注原在霸水新豐之下朱氏既誤割入鄭縣不得不假宋板改去新豐字以實其說也孟康曰乃水名

也今戲亭是也 孫校曰史記索隱曰今案其水東爲戲驛也 昔周幽王悅褒姒姒不笑王乃擊鼓舉烽以徵諸侯諸侯至 官本曰案近刻脫諸侯二字 案朱趙無 無寇褒姒乃笑王甚悅之及犬戎至王又舉烽以徵諸侯諸侯不至遂敗幽王于戲水之上身死于麗山之北故國語曰幽滅者也漢成帝建始二年造延陵爲初陵以爲非吉于霸曲亭南更營之 官本曰案近刻脫吉字于字案朱脫趙增刊誤曰非下落吉于二字 鴻嘉元年于新豐戲鄉爲昌陵縣以奉初陵永始元年詔以昌陵卑下客土疏惡不可爲萬歲居其罷陵作令吏民反故徙將作大匠解萬年燉煌 官本曰案萬近刻訛作延 案朱趙作延趙釋曰一清案漢書作解萬年 關中記曰昌陵在霸城東二十里取土東山與粟同價所費巨萬積年無成卽此處也戲水又北分爲二水竝注渭水渭水又

東泠水入焉水南出肺浮山 趙釋曰一清案長安志曰水經曰浮肺山一作肺浮是舊本原作浮肺今本乃後人據他書更易耳 蓋麗山連麓而異名也北會三川統歸一壑 官本曰案一近刻訛作三案朱訛趙改刊誤曰三當作一 歷陰槃新豐兩原之間北流注于渭渭水又東酋水南出倒虎山 官本曰案酋近刻訛作首又脫出字案朱脫趙增酋並作首刊誤曰南下落出字 西 朱作南箋曰一作西趙改西 總五水單流逕秦步高宮東 官本曰案流下近刻衍注字案朱趙有 世名市邱城 官本曰案市邱近刻訛作立市 案朱訛趙改 歷新豐原東而北逕步壽宮西又北入渭渭水又東得西陽水又東得東陽水竝南出廣鄉原北垂俱北入渭 官本曰案蘇林曰戲邑名至此原本及近刻竝訛在後鄭縣令裴畢字君先立下今考文義乃敘戲水所逕首尾連貫不得雜于東西石橋水之間 案朱此下接渭水又東與石橋水會云云趙移同官本 渭水又東逕下邽縣故城南 朱渭水云云接分卑尊之名者也下趙移同官本刊誤出渭水又東逕下邽縣故城南至今無水十五字曰渭

水又東逕下邽縣故城南上接前十七葉十九行俱北入渭今無水之次行接前十五葉四行又東過鄭縣北經文霸陵縣一條注盡此 秦伐邽置邽戎于此有上邽故加下也渭水又東與竹水合 朱趙無水字 水南出竹山北逕媚加谷 官本曰案媚近刻作郿 案朱同趙改刊誤曰郿名勝志校改媚寰宇記云竹水出媚谷是也孫校曰長安志萬年縣竹谷在縣南六十里 歷廣鄉原東俗謂之大赤水北流注于渭渭水又東得白渠口大始二年趙國中大夫白公奏穿渠引涇水首起谷口 官本曰案首近刻訛作口 案朱訛趙改刊誤曰口起漢書溝洫志作首起 出于鄭渠南名曰白渠民歌之曰田于何所池陽谷口鄭國在前白渠起後 官本曰案起近刻訛作在 案朱訛趙改刊誤曰在後漢書溝洫志作起後 卽水所始也 官本曰案始近刻訛作治 案朱訛趙改刊誤曰治黃省曾本作始 東逕宜春城南又東南逕池陽城北枝瀆出焉東南歷藕原下 官本曰案歷近刻作逕 案朱趙作逕 又東逕鄣縣故城北 官本曰案

近刻脫又東二字 案朱趙無 東南入渭今無水白渠又東枝渠出焉東南逕高陵縣故城北 地理志曰左輔都尉治王莽之千春也太康地記謂之曰高陸也車頻秦書曰苻堅 朱苻作符趙改刊誤曰符當从草作苻 建元十四年 官本曰案近刻作十二年 案朱趙作二 高陸縣民穿井得龜大二尺六寸背文負八卦古字堅以石爲池養之十六年而死取其骨以問吉凶名爲客龜大卜佐高魯夢客龜言 官本曰案近刻脫魯字 案朱趙無 我將歸江南不遇死于秦魯于夢中自解曰 官本曰案魯近刻訛作曾 案朱作曾箋曰宋本作高趙改高 龜三萬六千歲而終終必亡國之徵也爲謝玄破于淮肥自縊新城浮圖中秦祚因卽淪矣又東逕櫟陽城北 史記秦獻公二年城櫟陽自雍徙居之十八年雨金于是處也項羽以封司馬欣爲塞王按漢書高帝克

關中始都之官本曰案近刻脫克字　案朱脫趙增刊誤曰高帝下落克字全氏校增王莽之師亭也官本曰案亭近刻訛作高　案朱訛趙改刊誤曰漢書地理志作師亭後漢建武二年封驃騎大將軍景丹爲侯國丹讓世祖曰富貴不還故鄉如衣錦夜行故以封卿

白渠又東逕秦孝公陵北又東南逕居陵城北蓮芍趙作勺城南又東注金氏陂又東南注于渭故漢書溝洫志曰白渠首起谷口官本曰案近刻脫白字　案朱趙無尾入櫟陽是也今無水官本曰案渭水又東逕下邽縣故城南至此原本及近刻竝訛在前分卑尊之名者也下考下邽故城在今渭南縣東北直新豐之東鄭縣之西不得雜入成國渠中今改正　案朱此下接故渠又東逕漢丞相周勃冢南云云趙移同官本

又東過鄭縣北朱又東云云接前故時人謂之馬冢下趙移同官本刊誤出又東過鄭縣北至裴畢字君先立十三字曰又東過鄭縣北經文之右行接後二十六葉四行今無水裴畢字君先立下接後十七葉十九行渭水又東石橋水

會

渭水又東逕鑾都城北故蕃邑殷契之所居世本曰契居蕃闞駰曰蕃在鄭西然則今鑾城是矣俗名之赤城水曰赤水非也苻健入秦據此城以抗杜洪朱抗作亢趙改刊誤曰亢當作抗小赤水卽山海經之灌水也孫校曰卽招水今名喬谷水水出石脃之山北逕蕭加谷于孤柏原西官本曰案柏近刻訛作相　案朱訛趙改刊誤曰相寰宇記引此文作柏東北流與禺水合官本曰案禺近刻訛作愚　案朱作愚箋曰愚山海經作禺趙改禺水出英山朱無水字趙增刊誤曰出上落水字北流與招水朱箋曰招音韶相得官本曰案此下近刻衍水字　案朱衍趙刪刊誤曰水字衍文亂流西北注于灌灌水又北注于渭官本曰案經文又東過鄭縣北至此原本訛在前又逕藕原東東南流注于渭後朱謀㙔本訛在謂之馬冢後辯詳又東過霸陵縣北下　案趙刊誤曰箋云此後皆敘鄭縣事舊本錯簡今改正案朱氏之改正鄭縣注是矣然割截未清致有下句之繆又案朱此下有又逕觀愚之山北流入于渭十一字趙刪刊誤出此十一字曰箋曰孫云觀愚字誤山海經作符禺之山符禺之水出焉北流注于渭案朱氏惟據上有禺水遂誤以十一字移此不知其文與上下絕不相蒙也後二十葉十六行十七行注云渭水又東合沙渠水水卽符禺之水也南出符以下缺文當取此處禺之山北流入于渭八字補入乃成文而華陰縣注亦終矣此十一字當衍去

渭水又東西石橋水南出馬嶺山趙刊誤曰石橋水有二皆出馬嶺山道元兩敘其源流一流逕鄭城西爲西石橋水一流逕鄭城東爲東石橋水郭緣生云鄭城東西十四里各有石梁者是也方輿紀要云劉裕伐秦王鎮惡自河入渭秦將姚難自香城引兵而西鎮惡追之秦主泓自霸上還屯石橋以爲之援此西石橋也唐中和初昭義帥高潯合河中兵討黃巢尋敗于石橋潯奔河中華州復爲巢所陷此東石橋也積石據其東麗山距其西源泉上通懸流數十朱有文字箋曰舊本無文字趙刪與華岳同體其水北逕鄭城西水上有橋橋雖崩褫舊跡猶存東去鄭城十里故世以橋名水也而北流注于渭闞駰謂之新鄭水

渭水又東逕鄭縣故城北史記秦武公十

年縣之鄭朱無鄭字箋曰宋本作鄭桓公趙增桓公友之故邑也漢書薛瓚注言周自穆王已下都于西鄭不得以封桓公也幽王既敗虢鄶又滅趙鄶作檜刊誤曰箋曰國語作鄶案鄶古作檜世本所謂四曰求言是爲鄶人後乃除人加邑毛詩國風又作檜遷居其地國于鄭父之丘是爲鄭桓公無封京兆之文余按遷史記趙無遷字考春秋國語世本言周宣王二十二年封庶弟友于鄭又春秋國語竝言桓公爲周司徒以王室將亂謀于史伯而寄帑與賄于虢鄶之間幽王霣于戲官本曰案霣近刻作卒　案朱同趙改刊誤曰箋曰舊本作宮吳改作卒案全氏云皆非也宮字是霣字之誤鄭桓公死之平王東遷鄭武公輔王室滅虢鄶而兼其土故周桓公言于王曰我周之東遷晉鄭是依乃遷封于彼官本曰案乃近刻訛作及　案朱訛趙改刊誤曰及當作乃左傳隱公十一年鄭伯謂朱趙作使朱箋曰使一作謂公孫獲

日吾先君新邑于此其能與許爭乎是指新鄭爲言矣官本曰案是下近刻衍其字　案朱趙有然班固應劭鄭元皇甫謐裴頠王隱闞駰及
諸述作者咸以西鄭爲友之始封官本曰案此下近刻有也字　案朱趙有賢于
辪瓚之單說也無宜違正經而從逸錄矣赤眉樊崇于郭北
設壇官本曰案郭近刻訛作鄭　案朱趙作鄭祀城陽景王而尊右校卒史劉俠
卿牧牛兒盆子爲帝年十五被髮徒跣爲具絳單衣半頭赤
幘直綦履顧見眾人拜恐畏欲啼號年建世後月餘乘白蓋
小車與崇及尚書一人相隨向鄭北渡渭水卽此處也城南
山北有五部神廟東南向華岳廟前有碑後漢光和四年鄭
縣令河東裴畢字君先立官本曰案渭水又東西石橋水至此原本及近刻竝訛在又逕符禺之山北流入于渭下考西石橋水東去鄭城十里西則灌水而符禺之水遠在華陰之東今改正　案朱此下接前蘇林

曰戲邑名云云趙移同官本釋曰一清案五部神廟碑洪氏
适隸釋作殽阬君神祠碑其辭曰天地定位山蠲　七嶽瀆諸
侯闕事其細闕祭法曰山林川谷有益於民蠲　二在祀典夫
中條之山者薣華嶽之體也石隄樹谷南通商雒以屬熊耳
百川鍾集充崖滿谷時有盛雨彭濞涌溢乘高趨下揚波跳
沫於是殽阬以爲之負承寫其流北注諸渭鬻渫湁暴使不
爲害前世通利吏民興貴有御史大夫將軍牧伯故爲立祠
以報其功自亡新已來其祀隳廢阬稍堙塞隄防沮潰漂沒
田疇濡敗亭市神怒民怨縣遂以衰賤仕宦失官踣斃不震
迄光和四年作詻之歲令河東聞憙闕君諱闕字君闕爲政
以德五教時序肅恭明神敬奉禋祀勤卹民隱而除其害慜
一縣之陵遲懼闕至之無備追惟伯禹過治之利乃復浚治
殽阬通利其水紹修舊祀宏祏其祠使民報祈禋於社稷其
有徵拜州郡辟召皆當來辭大小有差殽阬君尚饗後之人
是遵是奉神必據焉光和四年六月辛未造右殽阬君神祠
之碑銘篆額在鄭縣靈帝光和四年縣令裴畢字君先立碑
無縣令姓名据水經得之殽有二陵古稱地險薣川阜高深
雨盛水集有阬以儲之則可以疏泄漑注而無溢溢之患自
魏晉以來謂之五部神廟歐陽公嘗託部使者模此碑命工
以麪塡其刻而鐫剔之始可讀云廟有石隄西戍樹谷五樓
先生東臺御史王翦將軍之像莫可曉今碑云石隄樹谷南
通商雒當是有石爲隄有木爲谷後人因以名其神碑云前

世通利吏民興貴有御史大夫將軍牧伯故爲立祠考其文
意薣謂前世阬不堙塞水泉通利地產人物有至御史將軍
牧伯之貴者後人不考亦以名其神爾光和之四年龍集辛
酉此碑以作噩爲作詻者出西漢天文志碑以彭爲澎館卽
阬字祏卽拓字金石錄跋尾曰裴君水經以爲名畢而集古
錄云名畦今詳其點畫頗近畢字疑集古錄誤又歐陽棐集
古錄目及宋不知作者天下碑錄俱作裴畦字君光光字亦誤當以酈注先字爲正**渭水又東與東石**
橋水會官本曰案近刻脫東字　案朱無東與二字趙又下增與字又案朱渭水云云上接竝南出廣鄉原北垂
俱北入渭趙移同官本刊誤出渭水又東石橋水會至南出符十二字曰渭水上接前十六葉二十行裴畢字君先立南
出符之次行接後三十二葉十八行東入于河經文箋曰宋本作又東與案朱氏亦因本文會字以意度之應有與字故
云爾非必眞據宋板也其實與字當增在東字之上此東石橋水也說見前**故沇水也水南出馬**
嶺山北流逕武平城東按地理志左馮翊有武城趙作成縣王
莽之桓城也**石橋水又逕鄭城東水有故石梁述征記曰鄭**
城東西十四里官本曰案近刻脫西字　案朱脫趙增刊誤曰東下落西字**各有石梁者**

也又北逕沇陽城北官本曰案近刻脫陽字　案朱趙無**注于渭**官本曰案近刻脫此三字
案朱趙無　漢書地理志左馮翊有沈陽縣王莽更之曰制昌也
薣藉水以取稱矣渭水又東敷水注之水南出石山之敷谷
北逕告平城東耆舊所傳言武王伐紂告太平于此故城得
厥名非所詳也**敷水又北逕集靈宮西**地理志曰華陰縣有
集靈宮武帝起故張昶華嶽碑稱漢武慕其靈築宮在其後
而北流注于渭渭水又東糧餘水注之官本曰案近刻脫糧字　案朱趙無朱箋
曰餘上疑脫良字**水南出糧餘山之陰**官本曰案糧近刻訛作良　案朱訛趙改刊誤曰寰宇記引此文是糧餘山**北流入于渭俗謂之宣水也渭水又東合黃酸之**
水世名之爲千渠水官本曰案千近刻訛作于　案朱趙作于**水南出升山北流**
注于渭渭水又東逕平舒城北城側枕渭濱半破淪水南面

通衢昔秦始皇之將亡也江神素車白馬道華山下返璧于華陰平舒道曰爲遺鎬池君使者致之乃二十八年渡江所沈璧也即江神返璧處也渭水之陽即懷德縣界也城在渭水之北沙朱作池箋曰朱本作沙趙改沙苑之南即懷德縣故城也世謂之高陽城非矣地理志曰禹貢北條荆山在南山下有荆渠即夏后鑄九鼎處也王莽更縣曰德驩渭水又東逕長城北長澗水注之水南出太華之山側長城東而北流注于渭水史記秦孝公元年楚魏與秦接界魏築長城自鄭濱洛者也

又東過華陰縣北

洛水入焉趙洛上增渭水東南四字刊誤曰寰宇記引此文作洛水東南沮水入焉全氏云此誤也當作渭水東南洛水入焉闞駰以爲漆沮之水也官本曰案近刻作焉　案朱趙作焉曹瞞傳曰操與馬超隔渭水每渡渭輒爲超騎所衝突地多沙不可築城婁子伯說今寒可起沙爲城以水灌之一宿而成操乃多作縑囊以堙水夜汲作城比明城立官本曰案近刻脫比明城三字　案朱趙無于是水之次也渭水逕趙增華陰二字縣故城北春秋之陰晉也秦惠文王五年改曰寧秦漢高帝八年更名華陰王莽之華壇也官本曰案壇近刻訛作疆　案朱訛趙改刊誤曰漢書地理志作華壇縣有華山山海經曰其高五千仞削成而四方遠而望之又若華狀西南有小華山也韓子曰秦昭王令工施鉤梯上華山以節柏之心爲博箭趙刊誤曰箋曰節一作松案節柏字不誤豈可因禮記松柏有心之文輒爲更易乎長八尺棊長八寸而勒之曰昭王嘗與天神博于是朱嘗作常趙改刊誤曰常當作嘗神仙傳曰中山衛叔卿嘗乘雲車駕白鹿見漢武帝帝將臣之叔卿不言而去武帝悔求得其子度世令追其父度世登華山官本曰案近刻脫山字　案朱脫趙增刊誤曰登華下落山字見父與數人博于石上勅度世令還山層雲秀官本曰案近刻誤重一山字　案朱重趙刪刊誤曰山字重文宜衍事見神仙傳故能懷靈抱異耳山上有二泉東西分流至若山雨滂湃洪津泛灑挂溜騰虛直瀉山下有漢文帝廟官本曰案近刻訛作漢魏文帝三廟　案朱同箋曰三宋本作二趙改二釋曰一清案詳下文只是漢文帝廟耳魏字羡文也太平寰宇記華陰縣有南北二廟北廟有古碑九所其一是漢鎮遠將軍段煨更修之碑黃門侍郎張昶書魏文帝與鍾繇各于碑陰刻二十字此碑垂名海內南廟是華北君祠今有北君靈臺上仙下仙四神童院此即所謂二廟也但以南廟爲華北君祠而北廟又不云是漢文帝祠不可臆解或是文有脫誤耳廟有石闕數碑一碑是建安中立漢鎮遠將軍段煨更修祠堂碑文漢給事黃門侍郎張昶造昶自書之趙有魏字文帝官本曰案近刻訛作元帝　案朱訛趙改刊誤曰元帝誤當作文帝寰宇記華州華陰縣下云北廟有古碑九所其一是漢鎮遠將軍段煨更修之碑黃門侍郎張昶書魏文帝與鍾繇各于碑陰刻二十字此碑垂名海內隸釋亦作元帝恐鍾公不逮事常道鄉公也此在南宋初年刻本已訛何焯校改帝作常元常鍾繇字不且與下侍中司隸校尉之文有礙耶又刊其二十餘字二書存垂名海內官本曰案垂近刻訛作重　案朱作二書存重名于海內箋曰存宋本作有趙改有名下增垂字刊誤曰刊其下落碑陰二字重名下落垂字又刊侍中司隸校尉鍾繇宏農太守毋丘儉姓名廣六行鬱然脩平官本曰案脩近刻訛作循　案朱趙作循是太康八年宏農太守河東衛叔始爲華陰令河東裴仲恂役其逸力脩立壇廟夾道樹柏迄于山陰事見永興元年華百石所造碑趙釋曰一清案隸釋華山有四碑一西嶽華山碑威宗延熹八年一西嶽華山亭碑靈帝光和二年一宏農太守樊毅復華下民租碑光和二年一樊毅修華嶽碑光和二年俱云水經有今本無是四碑葢缺失矣西嶽碑洪氏云在華陰縣威宗延熹四年袁逢守宏農郡以華嶽舊碑文磨滅遂案經傳載原本勒斯石以垂後會遷京兆乃勅都水椽杜遷市石遺書佐郎郭香察書碑成于後之

四年蓋孫珍典郡時也又曰東漢循王莽之禁人無二名郭香察書者察泚他人之書耳小歐陽以爲郭香察所書非也隸辨云額題云西嶽華山廟碑六篆字爲二行碑式云文二十二行行三十七字袁府君肅恭明神及京兆尹勅杜遷市石皆平闕高祖太宗孝武竝列行高出一字有紋如碁局碑云勅都水掾杜遷市石遣書佐郎郭香察書蓋一人市其石一人察其書律歷志有太史治歷郎中郭香豈其人與金石錄跋尾曰孝武皇帝修封禪之禮巡省五嶽立宮其下宮曰集靈宮殿曰存仙殿門曰望仙門歐陽公集古錄云所謂集靈宮者他書不見惟見此碑耳余案班固漢書地理志華陰有集靈宮武帝起而酈道元注水經亦曰敷水北逕集靈宮引地理志所載其語皆同然則不獨見于此碑矣而所謂存仙殿望仙門者諸書不載都氏穆金薤琳琅曰漢西嶽華山碑董氏書跋云集靈宮漢志旣書之桓譚嘗賦之張昶序曰世宗經集靈之宮三輔黃圖書其制度藝文類聚亦書其名則又金石錄之所未及者華山亭碑樊毅所立隸釋所謂華嶽有樊毅之碑三者也碑云毅字仲德集古錄集古錄目金石錄隸釋俱不著碑所在蓋亦在華山之上也復租碑及修華嶽碑集古錄目云在華州隸釋云復租碑全載光和二年十二月壬午奏牘無他詞修嶽碑云有漢元舅五侯之冑謝陽之孫案范書樊宏封壽張侯樊丹射陽侯樊尋元都侯樊忠更父侯樊茂平望侯樊氏侯者五國毅即丹之後也又金石錄目有西嶽石闕銘跋尾云永和元年五月癸丑朔六日戊午宏農太守常山元氏張勳爲西嶽華山作石闕高二丈二尺永和漢順帝晉穆帝姚泓皆有此號穆帝時華陰不屬晉以此碑字畫驗之恐非姚泓時蓋漢刻也是碑景伯所未見即酈注云廟有石闕數碑者是也**渭水又東沙渠水注之水出南山北流西北入長城**官本曰案近刻訛作長安城案朱趙同城自華山北逹于河官本曰案逹近刻訛作遝案朱作遝趙改經華嶽銘曰秦晉爭其祠立城建其左者也郭著述征記指證魏之立長城長城在後不得在斯斯爲非矣官本曰案近刻得下衍言字脫一斯字案朱脫趙增不刪言字刊誤曰於文當重一斯字**渠水又北注于**朱趙作入**渭**官本曰案渭水又東與石橋水會至此原本及近刻竝訛在前廣鄉原北垂俱北入渭下考石橋水逕鄭城東而廣鄉原在今渭南縣東南于地遠隔今改正案朱訛趙改三秦記曰長城北有平原廣數百里民井汲巢居井深五十尺官本曰案此二十四字原本及近刻竝訛在前亦曰長山也下長城訛作長安城考上言長城自華陰逹于河即今華陰縣東長城遺址是也近華山之麓故地高而井深不得雜入成國渠中今改正案朱趙竝在亦曰長山也下長城竝作長安城尺竝作丈**渭水又東逕定城北**西征記曰城因原立官本曰案近刻訛作土案朱訛趙改刊誤曰土當作立述征記曰定城去潼關三十里夾道各一城**渭水又東泥泉水注之水出南山靈谷而北流注于渭水也**官本曰案而下近刻衍泉字案朱衍趙刪**渭水又東合沙渠水**官本曰案渠近刻作溝案朱同趙改刊誤曰沙溝當作沙渠**水即符禺之水也**官本曰案禺近刻訛作愚案朱訛趙改**南出符石**官本曰案渭水又東逕定城北至此原本及近刻即接渠水又北注于渭下案朱此下接逕新豐縣故城北云云趙石改右移前刊誤出南出符三字曰南出符下缺禺之山北流注于渭八字朱氏誤入前十五葉十三行當移彼就此也**又逕符禺之山北流入于渭**官本曰案此十一字原本訛在長安城北門也下朱謀㙔本訛在灌水又北注于渭下符禺訛作觀愚考其文義係敘符禺之水所終今改正案朱訛趙改連上文作南出符禺之山北流注于渭不增又逕符三字

東入于河朱東入上接前一水北合渭今無水趙移同官本東上增又字刊誤曰東入于河之右行接前二十葉十七行南出符缺文之次東入上落又字禹貢錐指曰渭水又東合昆明故渠自此以後多錯簡黃子鴻據他書及州縣圖志悉爲更定以今輿地言之渭水又東逕長安縣北又東逕咸甯縣北高陵縣南又東逕臨潼縣北又東逕渭南縣北又東逕同州南華州北又東北逕華陰縣北又東入于河是曰渭口

春秋之渭汭也左傳閔公二朱作三箋曰左傳作二年趙改二年虢公敗犬戎于渭隊服虔曰隊謂汭也杜預曰水之隈曲曰汭王肅云汭入也呂忱云趙作曰汭者水相入也**水會即船司空所在矣**

地理志曰渭水東至船司空入河服虔曰縣名都官趙釋曰全氏曰二字疑有訛誤三輔黃圖有船庫官後改爲縣王莽之船利者也

趙補**豐水**

宋敏求長安志長安縣下引水經注曰豐水出豐溪西北流

分爲二水一水東北流又北交水自東入焉又北昆明池水注之又北逕靈臺西又北至石堨注于渭萬年縣下云福水卽交水也水經注曰水承樊川御宿諸水出縣南山石壁谷南三十里與直谷水合亦名子午谷水長安縣下引水經注曰交水又西南流與豐水支津合其北又有漢故渠出焉又西至石堨分爲二水一水西流注豐水一水自石堨北逕細柳諸原北流入昆明池又石闥堰下引水經注云交水西至石堨漢武帝元狩三年穿昆明池所造一淸按漢書地理志右扶風鄠縣豐水出東南北過上林苑入渭宋氏所引水經注今本失之而豐水源流較班志尤詳也禹貢錐指曰先儒皆云豐涇大川故曰會漆沮小水故曰過嘗考渭南本周之

舊都西漢因之其後隋唐復建都于此歷代相承鑿引諸川以資汲取便轉輸漑民田灌苑囿津渠交絡離合不常凡地志水經所言類非禹迹之舊詩曰豐水東注維禹之績則渭南諸川唯豐爲大自漢鴻嘉中王商穿長安城引內豐水注第中而其流漸微逮唐貞觀中堰豐鎬入昆明池二水于是斷流又于京城西北引豐水爲漕渠合鎬水北流由禁苑入渭而豐水之流愈微矣竊疑豐西之澇豐東之鎬潏霸滻禹時悉合豐以入渭故豐得成其大且詩言東注而漢志言北過上林苑入渭則是北流而非東注矣按豐水入昆明池不始于唐東樵云云由未見水經注逸文故也

趙補涇水

禹貢錐指曰周禮雍州其川涇汭水經無涇水之目渭水篇中于入渭處僅附見一語而寰宇記原州平高縣笄頭山一名崆峒山下引水經注云蓋大隴山之異名莊子謂黃帝學道于廣成子蓋在此山百泉縣涇水下引水經云涇水出安定涇陽縣高山注云山海經曰高山涇水出焉東流注于渭入關謂之八水彈箏峽下引水經注云涇水逕都盧山山路之內常有如彈箏之聲行者聞之皷舞而去又云弦歌之山峽口水流風吹滴崖響如彈箏之韻因名涇州靈臺縣蒲川水下引水經注云蒲川水出南山蒲谷東北合細川水又東北合且氏川水邠州宜祿縣芹川下引水經注云出羅川縣千子山山一名千子嶺東流逕宜祿縣北寧州眞寧縣大陵

水下引水經注云大陵小陵水出巡河南殊川西南逕甯陽城故豳詩曰夾其皇澗陵水卽皇澗乾州永壽縣高泉下引水經注云甘泉山卽高泉山也耀州雲陽縣涇水下引水經注云涇水東流歷峽謂之涇峽五龍谷泉下引水經注云五龍水出雲陽宮西南雍州醴泉縣谷口城下引水經注云九嵕山東仲山西謂之谷口本文是九嵕山東連仲山西當涇水處故謂之谷口卽寒門也此皆言涇水而今本無之是水經元有涇水篇宋初尚存後乃亡之耳一淸按寰宇記渭州潘源縣下引水經注云潘源縣有銅城山水出歷白石城隴州吳山縣下引水經注云南由縣有白環水出白環谷二條皆涇水注文而東樵失引之又漢書地理志安定郡烏氏縣

都盧山在西師古曰氏音支九域志曰都盧峽卽彈箏峽又文選北征賦登赤須之長坂入義渠之舊城李善注云赤須坂在北地郡水經注赤須水出赤須谷西南流注羅水寰宇記曰眞寧縣羅川水出羅山寧州古公劉邑春秋爲義渠戎國有義渠城卽漢書地理志北地郡義渠道也又初學記引水經注曰梁谷水西南注于涇又曰涇水逕望夷宮北臨涇水以望北夷秦二世將祠涇沈四白馬于涇齋于此宮內又曰涇水逕長平觀北甘露三年呼韓邪單于入朝上登長平觀詔單于無謁卽是觀也又長安志醴泉縣下引水經注曰涇水導源安定朝那縣西筓頭山秦始皇巡地西出筓頭山卽是山也葢大隴之異名又名勝志邠州湻化縣下引水經

注云五龍水泉流逕長箱坂下方輿紀要云車箱坂水經謂之長箱坂諸所引文又在寰宇記之外錐指又曰元和志云漆水在新平縣西九里北流注于涇寰宇記云注水經曰漆水自宜祿界來又東過漆縣北今縣西九里有白土川東北流逕白土原東陳陽原西又東北流注涇水此條亦是涇水篇逸文故不見于漆水注中也又漢志鹵縣灈水出西此則未知所在矣

趙補芮水

太平寰宇記隴州汧源縣下引水經注云芮水出小隴山其川名汭邠州宜祿縣芮水下引水經注云芮水又東逕宜祿川名汭邠州宜祿縣芮水下引水經注云芮水又東逕宜祿川俗謂之宜祿川水通典引水經云汭水逕宜祿川俗曰宜祿水方輿紀要云芮水出鳳翔府隴州西四十里弦蒲藪東北流入平涼府華亭縣南又東逕崇信縣北至涇州城北又東南過長武縣北而東流合于涇水禹貢錐指曰涇屬渭汭傳曰水北曰汭春秋傳註曰水之隈曲曰汭說文汭水相入也按二義適相成而不相悖葢兩水相入其水會襟帶處必有隈曲詩大雅芮鞫之卽芮卽職方涇汭之汭水名也漢志扶風汧縣下云芮水出西北東入涇詩芮阸雍州川也師古曰阸讀與鞫同余因悟水北曰汭之義葢涇水東南流至邠州長武縣東芮水自平涼府靈臺縣界流逕縣南而東注于涇公劉所居故豳城正在二水相會內曲之處及其後人衆而地不能容則又營其外曲以居故曰止旅迺密芮鞫之卽

鄭箋曰水之內曰隩水之外曰鞫外卽南內卽北也一清按涇汭各源汭流稍短不若涇耳職方以二水爲雍州川水經宜列于篇目故採摭羣書以補逸文

武進謝鍾英補涇水

水經注逸涇水篇胡氏渭補之皆著　本朝州縣是今涇水非水經注涇水也涇水逸文胡氏渭趙氏一清收集者十數條今採是者次其前後如南由縣有白環水一條考寰宇記南由縣在隴州西南一百二十里去涇水甚遠決非涇水篇文梁谷水西南注於涇一條梁谷不知當今何地缺以俟考復採誤作洛水者以次補入不足又取地理志元和志寰宇記方輿紀要水道提綱諸書編爲涇水篇其故事之關涉水地者從略志完舊帙非廣異聞也

涇水出安定涇陽縣高山涇谷寰宇記原州百泉縣下引水經原文按元和志涇陽故城在平涼縣西四十里通典寰宇記以爲在平涼縣南者誤也今平涼府城西四十里山海經曰高山涇水出焉東流注于渭入關謂之八水寰宇記原州百泉縣下引水經注原文地理志涇陽縣西幵頭山禹貢涇水所出補注涇水導源安定朝那縣笄頭山秦始皇巡北地西出笄頭山卽是山也蓋大隴之異名太平御覽六十三引水經注原文按通典平涼縣漢朝那縣地史記正義朝那故城在百泉縣西七十里元和志西四十里今平涼府城北水道提綱笄頭山在平涼府瓦亭驛西北涇水出東南麓一名崆峒莊子謂黃帝學道于廣成子蓋在此山寰宇記原州平高縣下引水經注原文涇水逕都盧山山路之內常如有彈箏之聲行者聞之鼓舞而去一名絃歌之山峽口水流風吹滴崖響如彈箏之韻寰宇記原州百泉縣下引水經注原文因謂之彈箏峽元和志原州平涼縣

述彈箏峽與寰宇記所引略同而多此一句疑亦水經注原文洪志都盧山平涼縣西南彈箏峽在縣西涇水從彈箏峽口東流逕隴東郡北據寰宇記補按寰宇記涇水從彈箏峽口過渭州北一里宋渭州後魏置隴東郡今平涼府治涇水過平涼北胡氏渭謂逕平涼縣南非也又東南流逕潘原縣南得銅城山水口據寰宇記水道提綱補潘原縣有銅城山水出歷白石城寰宇記渭州潘原縣引水經注原文按寰宇記銅城山在潘原縣西三十五里方輿紀要潘原城在平涼府東南十里　大淸輿圖平涼府東有蔚茹水自北來注之疑卽銅城山水也注於涇據　大淸地圖補涇水又東南逕安定故城南據元和志補按漢安定縣唐爲保定縣涇州治元和志涇水在保定縣東一里保定縣今涇州北舊涇川城自洪武三年州移今治涇水始逕涇州北又東南逕宜祿縣北汭水自西來注之據方輿紀要水道提綱補按方輿紀要宜祿城邠州長武縣東南芮水在長武北過淺水原又東入涇水道提綱涇水至涇州北汭水西自華亭崇信來北注之據紀要汭水入涇　國初猶在長武縣東不知何時改道涇州汭水出小隴山其川名汭寰宇記隴州汧源縣引水經注原文按方輿紀

要小隴山在華亭縣西三十里舊志以大隴爲隴首小隴爲隴坻汭水又東逕宜祿縣俗謂之宜祿川水寰宇記邠州宜祿縣下引水經注原文按方輿紀要宜祿城在邠州長武縣東南汪士鐸涇水圖以宜祿川與汭水分而爲二非也芊川水出羅川縣千子山山一名千子嶺東流逕宜祿縣北寰宇記邠州宜祿縣下引水經注原文按羅川今慶陽府正甯縣正甯在涇水東水經注明言芊川水東流逕宜祿縣北則羅川縣千子山宜在涇水之西宜祿縣西南豈羅川地跨涇水東西耶而千子山不可考矣注宜祿川據汪士鐸涇水圖補宜祿川過淺水原又東合涇水方輿紀要長武縣下引水經注芮水原文按淺水原卽鶉觚原長武縣北五里涇水又東左合泥水據地理志及汪士鐸涇水圖補地理志云泥水出北蠻夷中應劭曰泥水出郁郅北蠻中略畔道補注按郁郅史記正義今宏化縣是元和志慶州府城也今甘肅慶陽府治略畔道元和志故城在樂蟠縣北五里合水縣西南三十八里合水今慶陽府合水縣治泥水錢坫曰卽今馬嶺水俗曰馬連河水道提綱馬連河源出慶陽府東北鐵角城之東山其東隔岡卽洛水源元和志寰宇記均訛爲洛水辨見洛水篇泥

水南流逕尉李城東北尉李城亦曰不窋城合馬嶺水號白馬水故泥水一名馬嶺水寰宇記慶州安化縣樂蟠縣引水經注原文按寰宇記泥字皆誤作洛今悉爲改正續通典尉李城在安化郡城東南三里安化今慶陽府治有水出略畔道故城西北據寰宇記補按寰宇記樂蟠縣卽漢略畔道有水出縣西北與青山水合寰宇記樂蟠縣引水經注原文南流注泥水據水道提綱補按寰宇記馬嶺山一名箭括嶺與青山相連亙在樂蟠縣西一里樂蟠爲今合水縣地水道提綱合水縣西北之水皆入馬嶺河注涇泥水又南有烏雞水出雞山西北流注於泥水寰宇記華池縣下引水經注原文按寰宇記雞山卽子午山舊名翟道山今合水縣東南五十里有分水嶺東流者入洛西流者入泥水又有油水與追語川水並東出翟道山寰宇記襄樂縣下引水經注原文西流注於泥據水經注補按水經注云延水逕油水南延水注泥知油水亦注泥也泥水又南合大延小延水據水道提綱補按水道提綱馬連河至甯州有大小延川東北自襄樂鎭來會大延小延水出油水南延溪西南流逕襄

樂縣南於延城西二水合流寰宇記襄樂縣下引水經注原文按襄樂縣今甯州東六十里延水又西注泥水據水道提綱補按水道提綱小延川大延川經甯州城北西會馬連河泥水南流合羅水據水道提綱補按水道提綱正甯縣水注馬連河羅水出羅山又曰羅山水據寰宇記補按寰宇記甯州眞甯縣本漢陽周縣地隋爲羅川縣因縣南羅水爲名又曰羅山水出羅山羅川眞甯今慶陽府正甯縣也西流合大陵水據汪士鐸涇水圖補大陵小陵水出巡和殊川西南逕甯陽城故豳詩曰夾其皇澗陵水即皇澗也寰宇記甯州眞甯縣下引水經注原文按方輿紀要甯陽城隋羅川縣西南巡和無考當在今正甯縣東也羅水又西合赤須水據汪士鐸涇水圖補赤須水出赤須谷西南流注羅水文選李善注引水經注原文按文選北征賦登赤須之長坂入義渠之舊城李善注云赤須坂在北地郡水經注赤須水出赤須谷西南流注羅水今羅水經正甯縣南縣北有馬造溝來注之疑即古征須水也羅水又西注泥水據水道提綱補按水道提綱眞甯縣水經縣城南而西受北來之馬造溝又曰馬連河合環縣合水甯州眞甯諸川眞甯

水即羅水馬連河即泥水是羅水入泥也泥水南流入涇水補注說見前涇水又東南流逕宜祿縣東蒲川水自西來注之據寰宇記及水道提綱補按宜祿縣城在今邠州長武縣東南水道提綱涇水逕長武縣東南至停口堡有黑水河西南自靈台縣來會黑水河大清輿圖作蒲川河宜祿故城疑即停口堡蒲川水出南山蒲谷東北合細川水又東北合且氏川水寰宇記涇州靈台縣下引水經注原文按細川且氏川無考東入涇據水道提綱補涇水東南逕漆縣故城北據元和志補按陝西邠州本漢漆縣唐爲新平縣邠州治元和志新平縣涇水西北自宜祿縣界流入漆水自宜祿縣界來又東過扶風漆縣北寰宇記邠州新平縣下引水經注原文寰宇記曰以水經注驗之即邠州所理也漢志漆縣注云漆水在縣西今縣西九里有白土川水東北流經白土原東陳陽縣西又東北流注於涇水恐白土川水是漢之漆水但古今異名耳麟遊縣東南一漆水南流與杜陽水合非漢之漆水也據寰宇記所云漆沮之漆與漢漆縣之水異源分流矣又東南逕甘泉山東據寰宇記補按寰宇記高泉山在永壽縣北三十里甘泉即高泉山也寰宇記乾州永

壽縣下引水經注原文據此知非涫化縣之甘泉涇水又東南逕雲陽縣故城東據元和志寰宇記補按寰宇記漢雲陽縣在雲陽縣西北八十里當在今涫化縣西北方輿紀要謂在涇陽縣西北三十里非也元和志涇水在雲陽縣西南二十五里五龍泉水出雲陽宮西南流逕長箱坂下寰宇記耀州雲陽縣下引水經注云五龍泉水出雲陽宮西南名勝志邠州涫化縣下引水經注云五龍泉水流逕長箱坂下按寰宇記雲陽縣有古雲陽宮秦謂之林光宮漢謂之甘泉宮關中記云甘泉宮在甘泉山上方輿紀要甘泉山在涫化縣東北車箱坂水經注謂之長箱坂即冶谷往甘泉之道是五龍泉水出雲陽宮句西南流句逕長箱坂下入涇也汪士鐸涇水圖繪五龍泉於涇水之西長箱坂南蓋誤以五龍泉水出雲陽宮西南爲句遂令東西舛誤南北易位豈僅見寰宇記所引而未見名勝志耶今以名勝志補寰宇記所未備而五龍泉源流曉然矣入涇水補注涇水東流歷峽謂之涇峽寰宇記耀州雲陽縣引水經注原文涇水東南流經瓠口鄭白二渠出焉寰宇記雍州涇陽下引水經原文按史記索隱瓠口即谷口

涇水逕九嵕山東中山西謂之谷口即寒門也寰宇記雍州醴泉縣下引水經注原文按寰宇記谷口故城醴泉縣東北四十里九嵕山東中山西當涇水出處故謂之谷口今醴泉縣東北四十里方輿紀要九嵕山醴泉縣東北六十里中山涇陽縣西北七十里涇水逕長平觀北甘露三年呼韓邪單于入朝上登長平觀詔單于毋謁即是觀也初學記引水經注原文如涫曰池陽南原上之坂有長平觀去長安五十里顏師古曰涇水之南原即今所謂睦城坂也元和志涇陽縣西南五里今涇陽縣南有睦村鎮疑即古睦城坂也涇水又東逕望夷宮北臨涇水以望北夷秦二世將祠涇沈四白馬於涇齋於宮內初學記引水經注原文張晏曰宮在長陵西北長平觀道東故亭是也括地志云雍州咸陽縣東南八里按涇水東南流據張說望夷宮在長平觀東爲今咸陽縣東北境元和志涇陽縣東南八里是也括地志謂在咸陽東南恐非涇水又東南至陽陵故城東入渭據地理志補按地理志涇水東南至陽陵入渭過郡三行千六十里括地志陽陵故城在咸陽縣東三十里元和志云四十里今西安府高陵縣西南三十里水道提綱涇水至高陵縣西南上馬

渡入渭曰涇口

水經注卷十九

水經注卷二十　長沙王氏校本

漾水　丹水

後魏酈道元撰

漾水出隴西氐道縣嶓冢山東至武都沮縣爲漢水孫校曰漢水上疑脫西字桑君但有西漢水而無江夏入漢之漢水今誤合之又曰星衍案說文與班志是漢與沮二水也

常璩華陽國志朱趙作記曰漢水有二源東源出武都氐道縣漾山爲漾水禹貢導漾東流爲漢是也西源出隴西西縣嶓冢山官本曰按近刻脫西縣二字案朱脫趙增刊誤曰隴西下落西縣二字漢書地理志校補會白水逕葭萌入漢官本曰按白水二字原本及近刻訛作一泉字今改正案朱訛趙改刊誤曰泉胡渭曰當是白水之誤始源曰沔按沔水出東狼谷逕沮縣入漢漢中記曰嶓冢以東水皆東流嶓冢以西水皆西流卽其地勢源流所歸故俗以嶓冢爲分水嶺卽此推沔水無西入之理劉澄之云有水從阿陽縣官本曰按阿近刻訛作沔案朱作沔箋曰宋本作河陽趙改河釋曰一淸按漢書高帝紀師古曰阿陽天水之縣也今流俗書本或作河陽者非也章懷後漢書注亦云然則寫阿陽爲河陽其來舊矣南至梓潼漢壽入大穴暗通岡山郭景純亦言是矣岡山穴小本不容水水成大澤而流與漢合庾仲雍朱趙作邕又言漢水自武遂川南入蔓葛谷越野牛逕至關城官本曰按近刻訛作開城案朱趙作開合西漢水孫校曰卽通谷水故諸言漢者多言西漢水至葭萌入漢又曰始源曰沔是以經云漾水出氐道縣東至沮縣爲漢水東南至廣魏白水朱箋曰凡廣魏宋本俱作廣漢診其沿注似與三說相符而未極西漢之源矣然東西兩川俱受沔漢之名者義或在茲矣班固地理志司馬彪袁山松郡國志竝言漢有二源東出

氐道西出西縣之嶓冢山闞駰云漢或爲漾漾水出崑崙西北隅至氐道重源顯發而爲漾水孫校曰其說本高誘又言隴西西縣官本曰按近刻脫一西字案朱脫趙增刊誤曰隴西下當重一西字嶓冢山在西西漢水所出南入廣魏白水又云漾水出豲朱趙作獂下同道東至武都入漢許愼呂忱竝言漾水出隴西豲道東至武都爲漢水不言氐道孫校曰此或字誤何足駁也若許言出天水豲道乃謬耳然豲道在冀之西北官本曰按豲道冀前漢竝屬天水後漢竝屬漢陽又隔諸川無水南入疑出豲道之爲謬矣朱箋曰漢地理志豲道縣在天水郡應劭云豲戎邑也音完又云漢漾也東爲滄浪水山海經曰嶓冢之山漢水出焉而東南流注于江趙作沔然東西兩川俱出嶓冢而同爲漢水者也孔安國曰泉始出爲漾其猶漾耳而常璩專爲漾山漾水當是作者附而爲山水之殊目矣余按山海經漾水出崑崙西北隅而南流注于醜朱作配箋曰山海經作醜塗趙改醜塗之水穆天子傳曰天子自春山朱春作春趙改刊誤曰穆天子傳作春山西征至于赤烏氏己卯北征庚辰濟于洋水辛巳入于曹奴曹奴人戲觴天子于洋水之上官本曰按近刻脫曹奴二字人上有之字案朱同箋曰當云辛巳入于曹奴曹奴之人戲觴天子今穆天子傳亦缺曹奴二字遂不可句趙增曹奴二字不刪之字乃獻良馬九百牛羊七千天子使逄固受之天子乃賜之黃金之鹿戲乃膜拜而受余以太和中從高祖北巡狄人猶有此獻雖古今世殊而所貢不異然川流隱伏卒難詳照地理潛閟變通無方復不可全言闞氏之非也趙釋曰何氏曰山海經洋音詳不可竟指爲漾以證闞駰之說雖津流派別枝渠勢懸原始要終潛流或一故俱受漢漾之名納方土之稱是其有漢川漢陽廣漢漢壽

之號或因其始或據其終縱異名互見猶爲漢漾矣川共目殊或亦在斯今西縣嶓冢山西漢水所導也然微涓細注若通羃歷津注而已西流與馬池水合水出上邽西南六十餘里謂之龍淵水言神馬出水事同余吾來淵之異朱作徐吾箋曰徐吾當作余吾漢書元狩二年馬生余吾水中元鼎四年馬生渥洼水中應劭注云余吾在朔方趙改涂吾刊誤曰箋曰徐吾當作余吾漢書應劭註余吾在朔方按山海經作涂吾與徐字爲近故因名焉開山圖曰隴西神馬山有淵池龍馬所生即是水也其水西流謂之馬池川又西流入西漢水西漢水又西南流左得蘭渠溪水次西有山黎谷水次西有鐵谷水次西有石耽谷水次西有南谷水竝出南山揚湍北注右得高望谷水次西得西溪水次西得黃花谷水咸出北山飛波南入西漢水又西南資水注之水北出資川導源四壑南至資峽總爲一水出峽西南流注西漢水西漢水又西南得峽石水口水出苑亭西草黑谷朱作曰草里谷箋曰宋本作苑亭西草黑谷趙依宋本改三溪西南至峽石口合爲一瀆東南流屈而南注西漢水西漢水又西南合楊廉川水水出西谷衆川瀉流合成一川東南流逕西縣故城北秦莊公伐西戎破之周宣王與其先大駱犬邱之地官本曰按近刻脱先字　案朱趙無爲西垂大夫亦西垂宮也官本曰按宮近刻訛作官　案朱訛趙改刊誤曰史記秦本紀文公元年居西垂宮官字誤王莽之西治矣建武八年世祖至阿陽官本曰按阿陽近刻訛作陽河　案朱訛趙乙刊誤曰漢書地理志天水郡有河陽縣陽河字當倒互竇融等悉會天水震動隗囂將妻子奔西城從楊廣廣死囂愁朱作孤箋曰舊本作愁趙改愁窮城守時潁川賊起車駕東歸留吳漢岑彭圍囂岑等壅西谷

水以縑幔盛土爲堤灌城城未沒丈餘水穿壅不行地中數丈涌出故城不壞王元請蜀救至官本曰按近刻脱王元二字　案朱脱趙增刊誤曰全氏云請蜀上据後漢書當補王元二字漢等退還上邽但廣廉字相狀後人因以人名名之故習譌爲楊廉也官本曰按譌近刻作僞　案朱訛趙改置楊廉縣焉又東南流右會茅川水水出西南戎溪東北流逕戎邱城南吳漢之圍西城王捷登城向漢軍曰爲隗王城守者皆必死無二心願諸將亟罷趙刊誤曰箋曰宋本作亟還按亟罷本後漢書隗囂傳請自殺以明之遂刎頸而死又東北流注西谷水亂流東南入于西漢水西漢水又西南逕始昌峽官本曰按近刻此下有始昌縣故城西六字係衍文重出　案朱趙同趙增直字刊誤曰始昌上全氏校增直字晉書地道記曰天水始昌縣故城西也趙城西改西城刊誤曰城西當倒互作西城漢西縣晉改曰始昌屬天水郡見晉書地理志亦日清崖峽西漢水又西南逕宕朱作巖箋曰巖宋本作宕趙改宕下並同備戍南左則宕備水自東南西北注之右則鹽官水南入焉水北有鹽官官本曰按近刻脱北字　案朱脱趙增刊誤曰水下全氏校增北字在嶓冢西五十許里相承營煮不輟味與海鹽同故地理志云西縣有鹽官是也孫校曰今無此三字其水東南逕宕備戍西東南入漢水漢水又西南合左谷水水出南山窮溪北注漢水又西南蘭皐官本曰按皐近刻訛作軍宋本訛作單　案朱作軍趙改皐刊誤曰箋曰蘭軍字誤宋本作蘭單而下文又有蘭坑疑作蘭坑按非也方輿紀要云鞏昌府成縣有蘭皐戍蕭子顯曰武興西北有蘭皐戍去仇池二百里宋元嘉十九年遣裴方明等伐仇池楊難當遣其將苻宏祖守蘭皐是也元豐九域志階州將利縣有蘭皐鎮水出西北五交谷官本曰按出下近刻衍于字　案朱趙有又朱無五字箋曰宋本作五交谷趙增五字東南歷祁山軍東南入漢水漢水又西南逕祁山軍南雞水南出雞谷官本曰按南出近刻訛作

出南案朱訛趙改刊誤曰出南二字當倒互北逕水南縣西北流注于漢漢水又西建安川水入焉其水導源建威西北山白石戍東南二源合注官本曰按源下近刻衍水字案朱衍趙刪刊誤曰水字衍文東逕建威城南又東與蘭坑水會水出西南近溪東北逕蘭坑城西東北流注建安水建安水又東逕蘭坑城北建安城南其地故西縣之歷城也楊定自隴右徙治歷城卽此處也去仇池朱趙有一字百二十里後改爲建安城其水又東合錯水水出錯水戍東南而東北入建安水建安水又東北有雉尾谷水又東北有太谷水又北有小祁山水竝出東溪揚波西注又北左會胡谷水水西出胡谷東逕金盤歷城二軍北軍在水南層山上其水又東注建安水建安水又東北逕塞峽元嘉十九年宋太祖遣

龍驤將軍裴方明伐楊難當難當將妻子北奔官本曰按近刻脫難當二字案朱脫趙增刊誤曰全氏云于文當重難當二字安西參軍魯尙期官本曰按軍近刻訛作將案朱訛趙改刊誤曰宋書氏胡傳作參軍追出塞峽卽是峽矣左山側有石穴洞人言潛通下辨所未詳也其水出峽西北流注漢水漢水北連山秀舉羅峰競峙祁山在嶓冢之西朱嶓作播趙改刊誤曰播冢之播當从山作嶓七十許里朱作七十里罡箋曰宋本作七十許里無罡字趙依宋本山上有城極爲巖固昔諸葛亮攻祁山卽斯城也漢水逕其南城南三里有亮故壘壘之左右猶豐茂宿草蓋亮所植也在上邽西南二百四十里孫校曰當是今禮縣之境開山圖曰漢陽西南有祁山蹊徑逶迆官本曰按蹊近刻訛作溪案朱訛趙改刊誤曰溪徑之溪當从足作蹊或从彳作徯山高巖險九州之名阻天下之奇峻今此山于衆阜之中亦非爲傑矣漢

水又西南與甲朱作申箋曰宋本作甲趙改甲下同谷水合水出西南甲谷東北流注漢水漢水又西逕南岈北岈中官本曰按近刻訛作南岈北中岈之六字案朱同趙改不刪之字又朱作岸趙改岈刊誤曰箋曰岸宋本作岈按此文多誤當作漢水又西逕南岈北岈之中句中字移在之字之下上下有二城相對左右墳壠低昂亙山被阜古諺朱趙作語朱箋曰一作諺云南岈北岈萬有餘家諸葛亮表言祁山去沮縣五百里官本曰按去沮縣近刻訛作縣出租脫里字案朱訛脫箋曰宋本云祁山縣去沮五百里趙改同官本刊誤曰祁山未嘗置縣此縣字當移在去沮之下有民萬戶矚其邱墟信爲殷矣漢水西南逕武植戍南武植戍水發北山二源奇發合于安民戍南又南逕武植戍西而西南流注于漢水漢水又西南逕平夷戍南又西南夷水注之水出北山南逕其戍西南入漢水漢水又西逕蘭倉城南孫校曰地形志漢陽郡有蘭倉縣有雷午山黃帝祠又南

右會兩溪俱出西山東流注于漢水張華博物志云溫水出鳥鼠山下注漢水疑是此水而非所詳也漢水又南入嘉陵道而爲嘉陵水世俗名之爲階陵水官本曰按世上近刻衍然字案朱衍趙刪又朱階作皆趙改刊誤曰箋曰皆作階按然字衍文孫校曰地形志漢陽郡有階陵縣非也漢水又東南得北谷水朱有右字箋曰右字疑衍舊本作名吳改作右趙刪又東南得武街水官本曰按近刻訛作城階水案朱同趙改武階水朱無又字趙增刊誤曰箋曰孫云疑作武階按東南上落又字孫潛校增又東南得倉谷水右三水竝出西溪東流注漢水漢水又東南逕瞿堆西孫校曰常璩漢中志武都郡有瞿堆百頃又屈逕瞿堆南絕壁峭峙孤險雲高望之形若覆唾壺官本曰按近刻脫唾字壺下衍其字案朱趙同高二十餘里羊腸蟠道三十六迴開山圖謂之仇夷所謂積石嵯峨嶔岑隱阿者也上有平田百頃煮土成鹽因以百頃爲號山

上豐水泉所謂清泉湧沸潤氣上流者也漢武帝元鼎六年
開以為武都郡天池大澤在西故以都為目矣官本曰按近刻脫以字
案朱脫趙增刊誤曰故下落以字御覽引此文校增王莽更名樂平郡縣曰循虜官本曰按
此下近刻衍縣字　案朱衍趙刪刊誤曰下縣字衍文常璩范曄云郡居河池一名仇
池池方百頃即指此也孫校曰今仇池山在成縣西北成縣故漢下辨治左右悉白
馬氏矣漢獻帝建安中有天水氏楊騰者世居隴右為氏大
帥趙改太師刊誤曰大帥當作太師太平寰宇記校改子駒勇健多計徙居仇池魏拜
為百頃氏王漢水又東合洛谷水水有二源官本曰按近刻訛作合洛谷谷
有二源　案朱同箋曰李云洛谷下疑脫水字趙改同官本刊誤曰谷當作水同注一壑逕神蛇戍
西官本曰按同上近刻衍合字逕訛作於案朱同趙刪合仍於字刊誤曰合字衍文左右山溪多五
色蛇性馴良不為物毒洛谷水又南逕虎馗戍東又南逕仇
池郡西瞿堆東西南入漢水漢水又東合洛溪水官本曰按溪近刻訛
作漢下同　案朱趙作漢趙刊誤曰箋曰孫云洛漢當作洛溪按孫說非也方輿紀要鞏昌府成縣即故武都郡治也有
六漢水即洛漢水也其水源出西和縣境即漢縣諸道地流逕成縣之六漢堡又西入西漢水六與洛音相近馬融廣成
頌瀆以滎洛叶屋韻亦與六同盧各切讀也水北發洛谷南逕威武戍南又西南
與龍門水合水出西北龍門谷東流與橫水會東北窮溪即
水源也又南逕龍門戍東又東南入洛溪水又東南逕上祿
縣故城西脩源濬導逕引北溪南總兩川單流納漢漢水又
東南逕濁水城南又東南會平樂趙作洛水水出武街朱趙作階朱箋
曰宋本作水出武源埠按下文數舉武街知階當作街而宋本自誤耳十六國春秋亦作武街孫校曰地形志有武階郡
東北四十五里更馳南溪導源東北流山側有甘泉涌波飛
清官本曰按近刻訛作流　案朱訛趙改刊誤曰流黃省曾本作清下注平樂水官本曰按樂近刻訛

作洛下同　案朱趙作洛下同又逕甘泉戍南又東逕平樂戍南趙釋曰一清按漢志
武都郡有平樂道即平洛戍也道元時其縣已廢省矣孫校曰地形志脩武郡有平洛縣太和四年置又東入
漢謂之會口漢水東南逕脩城道南孫校曰脩城疑當為脩武與脩水合
水總二源東北合漢漢水又東南于槃頭郡南孫校曰地形志有槃頭郡
與濁水合水出濁城北東流與丁令溪水會其水北出丁令
谷南逕武街城西東南入濁水濁水又東逕武街孫校曰街當作階
城南故下辨縣治也李琀李稚官本曰按琀近刻訛作倉　案朱趙作倉說見下以
氏王楊難敵妻死葬陰平官本曰按楊難敵近刻訛作楊敵堅　案朱趙同朱箋曰按華陽國
志十六國春秋並云氏王楊茂搜子難敵堅頭為劉曜所破奔晉壽守將李稚受其賂遺不送成都遣難敵兄弟還武都
遂即叛稚與兄侍中琀攻難敵由白水橋進攻下辨而琀弟玗攻陰平難敵遣軍拒玗而琀稚徑至下辨武街難敵絕其
歸路四面攻之深入無繼皆為氏眾所殺此云楊敵堅妻死葬陰平所未詳也趙釋曰一清按華陽國志十六國春秋李
倉作李琀又氏王楊難敵堅頭乃兄弟二人此云楊敵堅蓋誤文也襲武街為氏所殺于此矣
今廣業郡治官本曰按魏書地形志槃頭郡廣業郡皆屬東益州後凡數見又云東益州之廣業郡朱謀㙔
于其下並云宋本作廣漢蓋此書為宋人臆改者甚多故宋本亦往往不足據證　趙刊誤曰箋曰宋本作廣漢按非也
方輿紀要鞏昌府成縣下云後魏析下辨道地置廣業郡領白石等縣魏書地形志廣業郡隸東益州後並同濁水
又東宏休水注之朱箋曰休世本作體蓋体寫之誤今據宋本改正水出北溪官本曰按
近刻訛作水北出溪　案朱趙同南逕武街城東而南流注于濁水濁水又
東逕白石縣南續漢書曰虞詡為武都太守下辨東三十餘
里有峽峽中白水生大石趙白水改有泉二字刊誤曰箋曰白一作當按非也御覽引此文是
峽中有泉生大石今校正障塞水流春夏輒濆溢敗壞城郭詡使燒石以
醯灌之官本曰按醯近刻作水　案朱作水趙改醋刊誤曰御覽引此文水作醋新唐書地理志云嚴礪自長舉
縣西疏嘉陵江二百里焚巨石沃醯以灌之通漕以饋成州戍兵即詡之遺法也後漢書注亦誤作水字石皆碎

裂因鐫去焉朱箋曰碎裂舊本作淬裂後漢書虞詡傳注引續書云以水灌之石皆坼裂因鐫去石遂無泛溢之害濁水卽白水之異名也孫校曰見山海經濁水又東南渥陽水官本曰按涅近刻訛作渥下同　案朱訛趙改刊誤曰方輿紀要鞏昌府成縣下云泥陽川在縣東五十里祝穆云水自天水谷發源東南流至泥陽鎭與栗亭水合東南入徽州界注嘉陵江隋志後魏置泥陽縣西魏廢入同谷卽此處也與地形志北地郡之泥陽縣蓋異地而同名此縣旋置旋廢魏收故不錄之渥字誤北出渥谷南逕白石縣東而南入濁水濁水又東南與仇鳩水合水發鳩溪南逕河池縣故城西王莽之樂平亭也其水西南流注濁水濁水又東南與河池水合水出河池北谷南逕河池戍東西南入濁水濁水又東南官本曰按近刻脫又字　案朱趙無兩當水注之孫校曰兩當縣今屬秦州水經其南縣卽秦故道縣又曰兩當水金阜昌石刻以爲嘉陵水蓋誤也水出陳倉縣之大散嶺西南流入故道川孫校曰太平寰宇記樂泉縣黃花川水經云大散水流入黃花川謂之故道水西南逕故道城東魏征仇池築以置戍與馬鞍山水合水東出馬鞍山歷谷西流至故道城東西入故道水西南流北川水注之水出北洛櫳山南南流逕唐倉城下南至困冢川入故道水故道水又西南歷廣香交合廣香川水水出南田縣孫校曰田疑當爲由利喬山趙釋曰一清按郡國志劉昭補注引秦州記曰上邽縣北有利山川中平地有土堆高五丈生細竹翠茂殊常二楊樹大數十圍百姓祀之朱氏謀瑋箋曰利一作穆未知所據南流至廣香川謂之廣香川水趙釋曰一清按蕭齊建元元年葭萌戍主楊廣香請降以爲沙州刺史川蓋以人得名又南注故道水謂之廣香交故道水又西南入秦岡山尙婆水注之山高入雲遠望增狀若嶺紆曦軒峰枉月駕矣官本曰按枉近刻訛作駐　案朱訛趙改刊誤曰駐黃省曾本作枉孫潛云柳僉本同懸崖之側列壁之上有神象若圖指狀婦人之容其形上赤

下白世名之曰聖女神至于福應愆違方俗是祈水源北出利喬山南逕尙婆川謂之尙婆水趙釋曰一清按元和郡縣志云尙婆水本名石磐水水多磐石因以爲名俗語音訛故云尙婆歷兩當縣之尙婆城南魏故道郡治也孫校曰地形志故道郡延興四年置西南至秦岡山官本曰按近刻脫秦岡二字　案朱脫趙增刊誤曰至下落秦岡二字全氏校補入故道水故道水又右會黃盧山水官本曰按又右會近刻訛作右又合　案朱同趙改又右合刊誤曰右又二字當互易水出西北天水郡黃盧山腹歷谷南流交注故道水故道水南入東益州之廣業郡界官本曰按廣業近刻作廣漢乃後人妄改　案朱作漢趙改業孫校曰隋志順政郡後魏置東益州廣業漢下辨也地形志有廣業郡隋志同谷縣舊曰白石置廣業郡與沮水枝津合謂之兩當溪水上承武都沮縣之沮水瀆孫校曰元和志興州順政縣本漢沮縣地嘉陵水經縣南去縣百步沮水出縣東北八十三里長舉縣本漢沮縣地嘉陵水出縣南十里西南流注于兩當溪虞詡爲郡漕穀布在沮從沮縣至下辨山道險絕水中多石舟車不通驢馬負運僦五致一詡乃于沮受僦直約自致之卽將吏民按行皆燒石櫳木開漕船道水運通利歲省萬計以其僦廩與吏士年四十餘萬也朱箋曰後漢書作燒石翦木開漕船道以人僦直雇借傭者於是水運通利歲省四十餘萬又西南注于濁水濁水南逕槃頭郡東孫校曰元和志槃頭故城在長舉縣南三里因水盤屈爲名也而南合鳳溪水孫校曰隋志順政郡長舉有鳳谿水上承濁水于廣業郡官本曰按廣業近刻亦訛作廣漢　案朱訛趙改南逕鳳溪中有二石雙高其形若闕漢世有鳳凰止焉官本曰按止近刻作至脫焉字　案朱訛脫趙改增刊誤曰箋曰舊本作鳳凰上疑當作止吳本作至按御覽引此文作止焉孫校曰今成縣東南有鳳凰臺故謂之鳳凰臺北去郡三里水出臺下東南流左注濁水濁水又南注漢水漢水又東南歷漢曲逕挾崖與挾崖水合水

西出擔潭交（官本曰按擔近刻訛作檐　案朱訛趙改）東流入漢水漢水又東逕武興城南（孫校曰地形志有武興郡元和志興州即漢武都之沮武興即今州理是也又曰隋志順政郡）又東南與北谷水合水出武興東北而西南逕武興城北謂之北谷水南轉逕其城東而南與一水合水出東溪西流注北谷水又南流注漢水漢水又西南逕關城北除水出西北除溪東南流入于漢漢水又西南逕通谷（孫校曰今寧羌州西龍門當是通谷也）通谷水出東北通溪（孫校曰通谷水在今寧羌州北）上承漾水西南流爲西漢水漢水又西南寒水注之（孫校曰今西流河）水東出寒川西流入漢漢水又西逕石亭戍廣平水西出百頃川東南流注漢又有平阿水出東山西流注漢水漢水又逕晉壽城西（朱不重漢水趙增刊誤曰黃省曾本重漢水二字孫校曰地形志晉壽縣晉惠帝置）而南合漢壽水水源出東山西逕東晉壽故城南（孫校曰地形志東晉壽郡司馬德宗置魏因之）而西南入于漢水也

又東南至廣魏白水縣西（官本曰按廣魏朱謀㙔云宋本作廣漢今考水經乃三國魏時所撰宋人臆說以爲漢桑欽故改魏作漢耳永樂大典內之本仍作廣魏蓋舊本相承如是　趙釋曰一清按此篇及羌水涪水梓潼水經文俱作廣魏胡氏曰廣魏者故廣漢也蓋曹氏改名漢後人續經此其一證何氏曰亭林云魏書崔浩傳浩工書人多託寫急就章必稱馮代彊以示不敢犯國史于馮代彊下注曰疑按急就篇有馮漢彊魏初國號曰代故改漢彊爲代彊酈道元以廣漢爲廣魏即此例也據此則非由曹氏改名是又一義也孫校魏作漢曰戴君校本作廣魏乃欲實桑君非漢人耳今不取之又曰廣漢今成州南境又曰常璩蜀志廣漢郡高帝六年置去洛三千里去成都百二十里）又東南至葭萌縣（孫校曰今寧羌）東北與羌水合

白水西北出于臨洮縣西南西傾山（趙釋曰一清按漢志廣漢郡甸氏道白水出徼外東至葭萌入漢過郡一行九百五十里）水色白濁東南流與黑水合水出羌中

西南逕黑水城西又西南入白水白水又東逕洛和城南洛和水西南出和溪東北流逕南黑水城西而北注白水白水又東南逕鄧至城南又東南與大夷祝水合水出夷祝城西南窮溪（官本曰按南下近刻衍而字　案朱趙有）北注夷水又東北合羊洪水水出東南羊溪（朱趙不重水字）西北逕夷祝城東又西北流屈而東北注于夷水夷水又東北入白水白水又東與安昌水會水源發衞大西溪東南逕鄧至安昌郡南又東南合無累水無累水出東北近溪西南入安昌水安昌水又東南入白水白水又東南入陰平得東維水水出西北維谷東南逕維城西東南入白水白水又東南逕陰平道故城南（官本曰按近刻脫道字　案朱脫趙增刊誤曰陰平下落道字漢志續志校增）王莽更名摧虜矣即廣漢之北部也廣漢屬國都尉治漢安帝永初三年（官本曰按安帝近刻訛作平帝　案朱同箋曰按漢紀平帝有元始後漢安帝有永初趙改）分廣漢蠻夷置又有白馬水（官本曰按近刻脫又字　案朱趙無）出長松縣西南白馬溪（官本曰按南上近刻衍而字溪訛作漢　案朱衍訛趙刪改刊誤曰箋曰漢一作溪按而字衍文）東北逕長松縣北（趙釋曰一清按隋書地理志武都郡長松縣西魏置初曰建昌開皇十八年改曰長松此昔人所謂未必不聞及隋唐者也吁可怪已）而東北注白水白水又東逕陰平大城北蓋其渠帥自故城徙居也白水又東偃溪水出西南偃溪東北流逕偃城西而東北流入白水白水又東逕偃城北又東北逕橋頭昔姜維之將還蜀也雍（朱趙作雝下同朱箋曰宋本作雍州）州刺史諸葛緒邀之于此後期不及故維得保劍閣而鍾會不能入也白水又與羌水合（孫校曰白水至此行可二百五十里也）自下羌水又得其通稱矣白水又東逕郭公城南

昔郭淮之攻廖化于陰平也築之故因名焉白水又東雍川水出西南雍溪官本曰按溪近刻訛作漢案朱趙不誤東北注白水白水又東合空泠水朱泠作冷趙改刊誤曰冷當从水作泠傍溪西南窮谷卽川源也白水又東南與南五部水會水有二源西源出五部溪東南流東源出郎谷西南合注白水官本曰按合下近刻衍南字案朱衍趙刪刊誤曰下南字衍文白水又東南逕建昌郡東官本曰按昌近刻訛作陽案朱趙作陽趙釋曰一清按兩漢晉宋後魏地志俱無建陽郡之名名勝志引此文作建昌郡則西魏析陰平所置也以地望而言宇文曾置建昌縣後改曰長松建昌疑卽上長松之舊稱然皆在孝昌以後道元何由得舉之乎或曰此後魏梁州之華陽郡也建陽疑華陽之訛未詳是非而北與一水合二源同注共成一溪官本曰按一近刻訛作三案朱訛趙改刊誤曰三當作一西南流入于白水白水又東南逕白水縣故城東卽白水郡治也經云漢水出其西非也白水又東南與西谷水相得水出西溪東流逕白水城南東南入白水白水又南左會東流水東入極溪官本曰按東入近刻脫東字案朱脫趙增刊誤曰入上落東字黃省曾本校便卽水源也趙刪便字刊誤曰便字衍文白水又南逕武興城東官本曰按近刻脫武字案朱脫箋曰李云疑脫武字趙增又東南左得刺稽水口溪東北出便水源矣白水又東南淸水左注之庾仲雍曰淸水自祁山來合白水趙來改東刊誤曰來當作東斯爲孟浪也水出于平武郡東北趙釋曰一清按隋書地理志云平武郡西魏置矚累亘下南逕平武城東屈逕其城南又西歷平洛郡東南屈而南逕南陽僑郡東北又東南朱作北箋曰宋本作東南趙改南逕新巴縣東北又東南逕始平僑郡南又東南逕小劒戍北西去大劒三十里連山絕險飛閣通朱作涌箋曰一作通趙改通衢故謂之劒閣也張載銘曰一人守險萬夫趦

趄信然故李特至劒閣而歎曰劉氏有如此地而面縛于人豈不奴才也小劒水西南出劒谷東北流逕其戍下入淸水淸水又東南注白水白水又東南于吐費城南趙于改逕刊誤曰箋曰孫云疑脫逕字按于當作逕胡渭校改卽西晉壽之東北也東南流注漢水西晉壽孫校曰見地形志卽蜀王弟葭萌所封爲苴侯邑故遂名城爲葭萌矣官本曰按近刻脫名字案朱脫趙增刊誤曰遂下落名字劉備改曰漢壽太康中又曰晉壽水有津關趙釋曰一清按通鑑注引水經注云白水東南流至葭萌縣謂之葭萌水水有津關所謂白水關今本似有脫文段元章善風角弟子歸元章封笥藥授之官本曰按笥近刻訛作筒案朱趙作筒曰路有急難開之生到葭萌從者與津吏諍打傷孫校曰打字出此開笥得書言其破頭者官本曰按近刻脫開笥得書言五字案朱脫趙增笥作筒刊誤曰打傷下全氏據范史段翳傳校補開笥得書言五字翳字元章可以此藥裹之生乃歎服還卒業焉亦廉叔度抱父柩自沈處也朱箋曰後漢書廉范字叔度京兆杜陵人父丹王莽時爲大司馬庸部牧客死于蜀范遂流寓西州後歸鄉里年十五辭母西迎父喪歸葭萌載船觸石破沒范抱持棺柩遂俱沈溺衆傷其義鉤求得之療救僅免於死

又東南過巴郡閬中縣孫校曰閬中治今保寧閬中縣

巴西郡治也劉璋之分三巴此其一焉闞駰曰强水出陰平西北强山一曰强川姜維之還也鄧艾遣天水太守王頎敗之于强川卽是水也官本曰按近刻脫之字水字案朱同箋曰宋本作敗之趙增之字水字刊誤曰卽是下落水字其水東北逕武都陰平梓潼南安入漢水漢水又東南逕津渠戍東又南逕閬中縣東閬水出閬陽縣而東逕其縣南又東注漢水昔劉璋之攻霍峻于葭萌也自此水上張達范彊害張飛于此縣漢水又東南得東水口水出巴嶺

南歷獠中謂之東遊水李壽之時獠自牂柯北入所在諸郡趙作部布滿山谷其水西南逕宋熙郡東朱箋曰後魏地形志益州有宋熙郡領縣二曰興樂元壽與巴州相比又東南逕始平城東官本曰按近刻脫始字案朱脫趙增刊誤曰平城當作始平城魏書地形志南白水郡有始平縣又東南逕巴西郡東又東入漢水漢水又東與濩溪水合水出獠中世亦謂之爲清水也東南流注漢水漢水又東南逕宕渠縣東孫校曰今保寧縣蒼谿是宕渠地漢水經府東南又東南合宕渠水水西北出南鄭縣巴嶺官本曰按南鄭縣近刻訛作鄭縣南案朱訛趙改刊誤曰江水注云宕渠水卽潛水渝水矣出漢中郡南鄭縣巴嶺山鄭縣南當作南鄭縣又趙不重水字與槃余水同源派注南流謂之北水東南流與難江水合朱無江字趙增刊誤曰難下落江字寰宇記校補孫校曰今南江縣梁爲難江縣地難水出其東北水出東北小巴山官本曰按近刻脫小字案朱趙無趙釋曰一清按寰宇記集州難江縣引此注作小巴山云小巴嶺在

縣東西南注之又東南流逕宕渠縣孫校曰今保寧府巴州通江南江皆漢宕渠地謂之宕渠水又東南入于漢官本曰按近刻脫于字案朱脫趙增刊誤曰入下落于字寰宇記校補

又東南過江州縣東官本曰按近刻訛作又東南入漢州江津縣東十字蓋因上注有又東南入漢句遂致訛衍案朱趙同東南入于江官本曰按近刻脫東字案朱趙同趙刊誤曰此條經文之誤詳具本卷趙釋曰一清按此條經文誤也尚書古文疏證曰胡朏明曰水經魏晉人續成自後閒有附益亦未必不及隋唐頃讀至漾水末有漢州江津縣大驚曰此非隋唐人筆乎漢乃渝字之譌渝州江津縣今屬重慶府本州治巴縣地西魏分置江陽縣隋改曰江津巴縣在東江津在西漢水不得過江津也再三推尋不知其故及讀至羌水篇云出羌中東南至廣魏白水縣與漢水合又東南至巴郡閬中縣又南至墊江東南入于江憬然悟曰羌水合白水東南至白水縣與漢水合蓋漢水入江之道卽羌水入江之道自閬中以下經文與此字字相同今本之誤蓋由東南入于江之上字有空缺妄庸人率意填補耳非續經也墊江今合州漢水流逕州東涪水自州西南來注之正酈氏所云涪水注之庾仲雍所謂涪內水者也若作渝州江津縣則涪漢之合遠在上流經注齟齬矣東南入漢州江津七字當改作南至墊江四字入字尤非水經敘次水所逕過之郡之縣未有用入字者潛邱以經文有空缺爲妄庸人所填寫非魏晉以後續經眞卓識也東樵旣面與論證及作錐指據漢書地理志隴西西縣下云禹貢嶓冢山西漢水所出南入廣魏白水東南至江州入江之文更定作又東南逕江州縣東南入于江而不從閻說江州江津俱屬巴郡第江州漢縣而江津則隋置耳且漢州唐垂拱二年始立此名明是不學者妄爲填寫潛邱乃改作渝州以實其爲隋唐人之筆何至曲爲之說如此耶江水篇云又東北至巴郡江州縣東强水涪水漢水白水宕渠水五水合南流注之足相證明東樵以班志爲據較疏證似長

涪水注之庾仲雍所謂涪內水者也官本曰按近刻庾訛作故脫所字案朱訛脫趙改增刊誤曰故當作庾雍下落所字通鑑注引此文校正趙釋曰一清按漢水班志旣有東西各源之分水經又有漾沔異篇之目後之言禹貢者山川迄無定位莫能折衷黃文叔尚書說曰漢有沔漾之名皆東漢水也地理志西漢水出西縣嶓冢山南入廣漢白水蓋潛漢也經不著其所出自古皆以爲東西兩漢俱出嶓冢則或然矣而西漢固無沔漾之名漢志漾水出隴西氐道至武都爲漢武都東漢水受氐道水一名沔是則沔漾俱爲東漢也獨氐道武都脈絡不通川

渠阻隔武都受漾爲不可據而桑欽遂徙氐道漾水爲西漢之源由是愈紛錯酈道元委曲遷就通之以潛伏之流證之以難驗之論更覺齟齬故當盡廢諸說而一之以經文杜佑通典秦州上邽縣嶓冢山西漢水所出經嘉陵曰嘉陵江經閬中曰閬中江漢中金牛縣嶓冢山禹貢漾水至此爲漢水亦曰沔水其說爲可據常璩華陽國志漾水出漾山漾山尋求不得其處漢志沮縣沮水出東狼谷中水經推爲沔水之源是否姑存之要與孔傳不同矣胡身之通鑑注云據禹貢則漢水源于漾據水經則漾會于涪沔入于江所出異源所入異派據班志則漾出氐道至武都爲漢水而東漢受氐道水通謂之沔過江夏而入于江則漾沔似合爲一矣然又言沮水出沮縣南至沙羨入江與水經所謂沔水卽沮水說似不合而實合也夫道元之曲護經文誠如黃說然其言嶓冢有二東西兩漢異源同流是豈竟無別白耶若程泰之禹貢論力排水經反覆于東出西南其向嘵嘵不置近世胡朏明作禹貢錐指首列導漾圖又作東西二源圖可謂詳且備矣然不能于班志原文一加審諦卽道元之注亦未之深察故立言之旨猶有所蔽今略舉其書曰按後魏地形志華陽郡嶓冢縣有嶓冢山漢水出焉唐六典山南道名山曰嶓冢嶓冢縣故城在今陝西漢中府沔縣西南四十里西南接畧羌州界今在州北九十里山海經漢水出鮒嵎山蓋嶓冢之異名也本在漢中郡沔陽縣界後魏正始中析沔陽置嶓冢縣

屬華陽郡故地形志云其縣有嶓冢山隋省沔陽入嶓冢屬梁州大業初改置西縣故隋志云西縣有嶓冢山唐武德二年分利州綿谷縣之通谷鎮置金牛縣而山入其境故括地志云嶓冢山在金牛縣東二十八里通典云金牛縣有嶓冢山四年又分綿谷置三泉縣寶歷初省金牛入三泉故寰宇記云嶓冢山在三泉縣東宋至道二年升三泉縣爲大安軍紹興三年改建軍于西縣界復置三泉縣隸軍故輿地紀勝引宋朝郡縣志云今之言漢水以西縣之嶓冢山爲源後又省三泉入軍故地理通釋云嶓冢山在大安軍西元降軍爲縣故大一統志云漢水源出大安縣嶓冢山明初以其地改置沔縣又於縣西南置寧羌衛成化二十二年卽衛置州而山入其境故漢中府志云嶓冢山在寧羌州北九十里葢此山本在漢沔陽縣界西南接葭萌自後魏以來言山之所在曰嶓冢曰西縣曰金牛曰三泉曰大安曰寧羌地名六變而山則一皆在古梁州之域其爲禹貢之嶓冢無疑也又云嶓冢山孔傳不言所在之郡縣而正義引地理志以實之曰隴西郡西縣嶓冢山西漢水所出夫此水卽嘉陵水之上源非禹貢之所謂嶓冢導漾東流爲漢者也而班固以西縣之嶓冢爲禹貢之嶓冢謬矣自是以後言嶓冢者率依班氏自後魏正始中析沔陽地置嶓冢縣以表其山而名始著酈道元卒于孝昌二年上距正始置縣之時凡二十餘歲本朝典故生所親見而注水經不言豈事在成書之後不及追改抑亦因其晚出而疑之乎然漾水注引漢中記曰嶓冢以東水皆東流嶓冢以西水皆西流故俗以嶓冢爲分水嶺作者亦似知班志之謬而以禹貢嶓冢爲當在漢中也者不然于漢中記奚爲詳及隴西之山邪穎達豈未之考乎然班志雖以西縣嶓冢爲禹貢之山而養水自繫氐道之下不言出某山自水經云漾水出氐道縣嶓冢山而氐道亦有嶓冢矣常璩華陽國志云東源出武都氐道縣漾山爲漾水而氐道之嶓冢且有漾山之目矣郭璞注山海經云嶓冢今在武都氐道縣南酈道元注水經云東西兩源俱出嶓冢而同爲漢水則似一山跨二縣之境而在西縣者爲西源在氐道者爲東源矣輾轉迷惑愈久愈譌而禹貢之嶓冢幾不可問矣西縣故城在今秦州西南氐道不知所在葢自晉永嘉之亂隴西沒于氐羌郡縣荒廢常璩郭璞皆云氐道屬武都而晉志武都郡無之則其縣之不可考久矣要之二縣在隴西皆古雍州域也而禹貢嶓冢乃梁州之山不應闌入雍域故惟魏收所言爲得其實又云漢志隴西西縣下云禹貢嶓冢山西漢水所出南入廣漢白水東南至江州入江過郡四行二千七百六十里此與氐道之養水全無交涉水經非一時一手作漾水篇首云漾水出隴西氐道縣嶓冢山東至武都沮縣爲漢水此不過依漢志氐道一條以立文惟加嶓冢沮縣爲不同耳其所謂漢水卽東漢也亦與西縣之西漢全無交涉首尾橫決必魏晉間人所續也尋其意旨葢以氐道水南合濁水兩

當溪歷槃頭郡東而南爲西漢水也故酈注以爲東西兩川俱出嶓冢而同爲漢水嘗試以圖志考之漾沮雖有枝津與西漢通要皆自東入西非自西入東也葢嶓冢亘絕東西俗謂之分水嶺地勢東高而西下故西漢水自略陽縣南入寧羌州界卽折而西南避高就下其性則然豈有東入之理澄之所言卽禹貢之潛仲邕所言卽通谷水也二水皆東漢之枝津西流入西漢水而說者乃謂西漢水至葭萌入漢顚倒之矣今嶺東漾沮枝津皆入西漢嶺西谿澗之水亦皆入西漢川流去來有目者盡能驗之其可是古而非今乎又曰水經依漢志以爲言漢志以沮水枝津上承氐道水下爲東漢水氐道雖未詳其處所以地望度之當在西縣之東河池之西上邽之南下辨之北濁水所受有丁令溪水宏休水涅陽水皆出其北葢自氐道來也其中或有漢志所謂養水者但今無可考耳然沮水枝津上承沮瀆自東入西非自西入東也昔之觀水作記者不察地勢之高下不辨川流之去來遂以爲氐道養水合濁水兩當溪由枝津以達沮沔是爲東漢之源而不知其非也班固因之故有此誤水經于武都下加沮縣二字葢亦以氐道水下通沮水爲東漢之源也然漢志不言養水出何山而水經復附會之曰嶓冢則氐道亦有嶓冢山矣常璩知其非是故又因水以名其山曰漾山而爲之殊目要之氐道水所出別是一山非嶓冢也又云陸游曰嘗登嶓冢山有泉涓涓出山間是爲漢水之源務觀入蜀塗歷金牛目驗得之涓涓細流安國傳所謂泉始出山爲漾水也新城王尙書士禎撰蜀道驛程記其言嶓漢最爲詳覈記曰出沔縣西門曲折行亂山中沔水流遶其中略如棧道但山庳無林木沔流舒緩不及褒水湍悍耳西涉沮水抵大安驛狹者才二三尺沙石磷磷深不沒踝自大安西南亂山益稠至金牛驛北望見嶓冢山峩然雲表一小水自西東流卽所謂嶓冢導漾者也水纔濫觴不沒鳧雁合五丁峽水東流爲沔其流始大金牛驛西三里稍南入五丁峽一名金牛峽峽口懸巖萬仞陰風颯然水自峽中噴薄而出寧羌州在亂山中無城堞本沔縣羊鹿坪地明洪武中以山寇作亂置寧羌衛于此成化中卽衛建州治自州行十里渡水過百牢關關下有分水嶺嶺東水皆北流五丁峽水北合漾水入沔嶺西水皆南流遶七盤關龍洞合嘉陵水爲川江常璩言沔出嶓冢合白水爲西漢明與導漾之文相悖按通典嶓冢山有二一在天水上邽一在漢中金牛雍大記云西漢水在西和縣源出嶓冢山西流與馬池水合此乃上邽之嶓冢在今秦州漢江源出沔縣嶓冢山東流入金州此乃金牛之嶓冢禹貢嶓冢導漾乃沔縣之嶓冢非秦州之嶓冢知嶓冢有二則東西二漢源流各自了然漾之與沔本爲一流與隴西之嶓冢都無交涉常氏之誤可不辨而自明矣又云禹貢以嶓冢繫梁州而漢志嶓冢在雍域之隴西一誤也禹貢云嶓冢導漾而漢志以嶓冢所出爲西漢水其漾水則出氐道二誤也禹

貢之潛乃漾水枝津西出爲西漢水而漢志西漢水出西縣之嶓冢三誤也漢志不言漾水出何山而水經云出氐道縣嶓冢山是氐道亦有嶓冢四誤也漾者東漢之源而續水經者以西漢水接漾水爲一川五誤也漾沔枝津皆自東入西而酈注從舊說云西漢水至葭萌入漢六誤也川流地上離合灼然可見而酈注惑闞駰之說以爲原始要終潛流或一故東西俱受漢漾之名七誤也羣言殽亂學者靡所折衷今說漢水當排棄諸家專主禹貢以沮沔爲漢之別源以西漢爲漾之枝津而氐道水則存而不論是亦理亂絲解連環之術也東樵之言剖判辨析幾無賸義而鄙意則猶有未安者水經以漾水冒于西漢之上而東漢之源僅以沮沔枝津當之是其大錯而以爲誤始班志竊謂不然班志隴西西縣下云禹貢嶓冢山西漢水所出猶恐人誤以西漢水即禹貢之漢水于氐道下云禹貢養水所出至武都爲漢武都下云東漢水受氐道水一名沔過江夏謂之夏水入江漢中沔陽下云沔水出武都東南入江氐道水即養水今人既不知氐道之所在又烏能必養水之不出于氐道乎夫河源渺茫隔在異域尙可追尋況氐道雖陷氐羌當漢盛時猶隸版籍班氏之記載非盡無稽也由氐道而沔而漢以入于江源流脈絡條貫分明又武都沮縣下云沮水出東狼谷南至沙羨入江夫沮即沔也狼谷即嶓冢也隴西之嶓冢西漢之所出氐道之養水乃大禹之所導班志明言之而猶歸過于班氏班氏

不受也道元知水經漾水之誤也于是欲于禹貢嶓冢導漾之外別求一漾水以彌縫其失而卒不可得也乃東樵則以魏書地形志華陽郡嶓冢縣有嶓冢山漢水出焉執此文以詆班酈夫禹貢漾水出自漢中之嶓冢前此山海經則以爲鮒嵎山水經則以爲東狼谷至後魏乃因漾水在是指所出之山而名之曰嶓冢雖有經記可憑然在漢時嶓冢自在隴西漾水自出氐道豈能逆料五百餘年以後之所追稱而强爲附和哉道元于沔水東南流注漢曰淯口下云所謂沔漢者也尙書禹貢嶓冢導漾東流爲漢山海經所謂鮒嵎山也補正之功不淺猶云成書未及追改使酈亭負此長寃而復據陸王征途所記以爲目驗得之夫二子卽博學嗜古其所涉歷按遽乘傳于川脈之遙修山篠之緜阻不過望而測之世代悠邈荆蓁蕪沒而率然斷以氐道水之不與沮沔相通殆非篤論也已況夫嶓冢一山誠非小弱也禹貢梁州云岷嶓既藝導山云導嶓冢至于荆山導岷山之陽至于衡山導水云嶓冢導漾東流爲漢岷山導江東別爲沱兩兩比較書法重輕嶓之與岷未云多讓東樵亦云觀漢志云岷山在徼外則固不可以湔氐一縣限之知岷山山脈之長而不可以湔氐一縣限之曾是與岷相匹之嶓而可以沔陽一縣限之乎程克齋春秋分記曰梁州左山皆曰岷右山皆曰嶓出于岷者皆曰江出于嶓者皆曰漢江有內水中水外水之異漢有西漢水東漢水之殊蓋自秦州東望則爲雍之嶓冢自寧羌

州西望則爲梁之嶓冢禹貢表之于梁而不繫之于雍則以導漾之功致力于梁而不于雍耳眞通儒之言也　朝廷

欽頒書經傳說彙纂云嶓冢有二一在陝西漢中府寧羌州北九十里東漢水所出一在鞏昌府秦州西南六十里西漢水所出二水南北相去三四百里支派隱然聯屬所謂隴東之山皆嶓冢也何其明白易曉與故謂東漢水不出自隴西之嶓冢可謂隴西之嶓冢必非禹貢之嶓冢不可謂禹貢之漾水出于寧羌州之嶓冢可謂禹貢之嶓冢必僅在寧羌州則不可也爾雅音義曰有水從漢中沔陽縣南流至梓潼漢壽入大穴中通峒山下西南潛出一名沔舊俗云卽禹貢潛也然潛水實受西漢水鄭康成所謂漢別爲潛大禹自導漢疏通卽爲西漢水也經云岷嶓既藝沱潛既導繫沱潛于岷嶓之下烏知禹貢之言漢不兼東西二源乎荆州貢道云浮于江沱潛漢足明四水之相通矣漢人說經各有師承康成大儒必不妄道三卿爲衆吾舍鄭公將何從乎同時閻百詩最不信古文力攻以爲僞書幷謂孔安國傳出自東晉梅頤手然其說嶓冢東西兩漢水源流尙不敢輕集矢于班志以隴西西縣之嶓冢爲非禹貢之所有氐道之養水爲非大禹之所導如東樵所云者其尙書古文疏證曰東西兩漢水異源同流按水經以漾水出隴西氐道縣嶓冢山東至武都沮縣爲漢水爲漢水者爲西漢水也故下文云又東南至廣魏與白水合又東南至葭萌縣與羌水合酈氏注云今西

縣嶓冢山西漢水所導也此是遙承班固地理志來不見有禹貢字是道元以班志西縣禹貢字爲非而不顯駁之古人文多隱約水經以沔水出武都沮縣東狼谷中爲東漢水又言沔水東南逕沮水戍而東南流注漢酈氏注特標出尙書曰嶓冢導漾東流爲漢以大禹當日所導實在于此亡友顧景范謂水經不詳漢水所自出沔沮水特入漢之小水耳反詳志其源忘卻出今寧羌州者何與其說極是余請兩言以剖別之曰酈道元謂東西兩川俱出嶓冢猶言各出嶓冢云爾而同爲漢水猶言同名漢水云爾又曰按孔安國傳曰泉始出山爲漾水東南流爲沔水至漢中東流爲漢水遙與前逾于沔傳漢上曰沔相照應補出此句最佳余欲以班志沮縣下注沮水出東狼谷南至沙羨南入江取武都縣下注一名沔過江夏謂之夏水十字補入東狼谷之下南至沙羨之上漢水原委方備又曰常璩稱漢有二源以東源爲卽禹貢之漾水極是與水經各一書非承水經而爲文者獨道元于水經以西漢水爲漾水曲徇其說寧取山海經闞氏荒誕之說曰川流有潛通之理故漾漢互稱至敘次通谷水曰上承漾水西南流爲漢水漾水之稱仍屬東漢酈氏徵意居然可睹矣潛邱之言如此是故山連麓而水異源山連麓故上邽之嶓冢與金牛之嶓冢皆爲禹貢之山水異源故西漢水爲大禹所疏通則已著于康成之說豈後人所得而妄加之哉說者猶以班志隴西西縣禹貢嶓冢爲疑夫夫雖善辨卒

不能滅秦州嶓冢之名則何如取隴東之山皆嶓冢一語深思而紬繹之也哉孫校曰今涪江於合州南入漢水也

丹水出京兆上洛縣西北冢嶺山孫校曰水出今商州西北百二十里冢領山一名高豬嶺也官本曰按近刻脫一字嶺訛作山案朱脫趙增嶺並作山刊誤曰名上落一字丹水東南流與清池水合孫校曰丹水東南以下十字當是經文水源東北出清池山西南流入于丹水

東南過其縣南

縣故屬朱作蜀箋曰李云疑作屬趙改屬京兆晉分爲郡地道記曰郡在洛上故以爲名竹書紀年晉烈公三年楚人伐我南鄙至于上洛楚水注之水源出上洛縣西南楚山官本曰按水源二字近刻作楚水案朱同趙增源仍楚刊誤曰水下落源字名勝志引此文校增昔四皓隱于楚山卽此山也其水兩源合舍趙刊誤曰箋曰宋本無舍字按合舍字屢見注中箋說非是于四皓廟東又東逕高車嶺南朱箋曰御覽高士傳高車山上有四皓碑及祠皆漢惠帝所立也漢高后使張良詣南山迎四皓之處因名高車山翼帶衆流北轉入丹水官本曰按近刻脫水字案朱脫趙增朱箋曰宋本作丹水嶺以嶺字上屬誤嶺上有四皓廟丹水自倉野又東歷兔和山卽春秋所謂左師軍于兔和右師軍于倉野者也

又東南過商縣南又東南至于丹水縣入于均官本曰按原本及近刻竝訛作汋注內同今改正均水見卷二十九案朱作汋趙改汋刊誤曰汋當作汋卽均水也下同

契始封商魯連子曰在太華之陽皇甫謐闞駰竝以爲上洛商縣也殷商之名官本曰按商近刻訛作湯案朱訛趙改刊誤曰湯當作商起于此矣

丹水自商縣東南流注歷少習出武關應劭曰秦之南關也通南陽郡春秋左傳哀公四年楚左司馬使謂陰地之命大夫士蔑曰晉楚有盟朱趙有作之趙刊誤曰左傳是晉楚有盟朱箋欲改之字作有然古人引書多鈔變其詞苟害於義則可也無好惡同之不然將通于少習以聽命者也京相璠曰楚通上洛阨道也漢祖下析酈官本曰按析近刻訛作浙下同案朱作浙箋曰浙當作析史記高祖降析酈因襲攻武關破之趙改浙下同攻武關文穎曰武關在朱作右箋曰謝云疑作在趙改在析縣西朱趙有一字百七十里宏農界也丹水又東南流入臼口歷其戍下又東南析水出析縣西北宏農盧氏縣大蒿山孫校曰錢獻之曰析水疑卽漢志之鞠水也南流逕修陽縣故城北縣卽析之北鄉也又東入析縣流朱作統箋曰宋本作流趙改流結成潭謂之龍淵清深神異耆舊傳云漢祖入關逕觀是潭其下若有府舍焉事既非恆難以詳矣其水又東逕其縣故城北蓋春秋之白羽也左傳昭公十八年楚使王子勝遷許于析是也郭仲產云相承言此城漢高所築非也余按史記官本曰按近刻脫記字案朱脫趙增楚襄王元年秦出武關斬衆五萬取析朱趙有十五城漢祖入關亦言下析酈非無城之言脩之則可矣官本曰按脩近刻訛作循案朱訛趙改刊誤曰循當作脩析水又歷其縣東王莽更名縣爲君亭也官本曰按君近刻訛作古案朱趙同趙釋曰一清按漢志作君亭而南流入丹水縣注于丹水故丹水會均有析口之稱丹水又東南逕一故城南名曰三戶城昔漢祖入關王陵起兵丹水以歸漢祖此城疑陵所築也丹水又逕丹水縣故城西南縣有密陽鄉古商密之地昔楚申息之師所戍也春秋之三戶矣杜預曰縣北有三戶亭竹書紀年曰壬寅孫何侵楚入三戶郛者是也水出丹魚先夏至十日夜伺之魚浮水側赤光上照如火網而取之割其血以塗足可以步行水上長居淵中丹水東南流

至其縣南黃水北出芬山黃谷官本曰按北出芬山近刻訛作出北予山 案朱同趙改出北芬山刊誤曰箋曰一作北子山按漢書地理志析縣下云黃水出黃谷鞠水出析谷俱東至酈入湍水湍水經云出酈縣北芬山黃水鞠水同出北芬山特異谷耳箋說無据

南逕丹水縣南注丹水官本曰按近刻注下有于字 案朱趙有于字 黃水北有墨山山石悉黑繢彩奮發黝焉若墨故謂之墨山今河南新安縣有石墨山斯其類也丹水南有丹崖山山悉赬壁霞舉若紅雲秀天二岫更爲殊觀矣

丹水又南逕南鄉縣故城東北漢建安中割南陽右壤爲南鄉郡逮晉封宣帝孫暢爲順陽王因立爲順陽郡官本曰按立爲近刻訛作爲立 案朱訛趙乙刊誤曰爲立二字當倒互而南鄉爲縣舊治酇城官本曰按治近刻訛作始 案朱訛趙改永嘉中丹水浸沒至永和中徙治南鄉故城城南門外舊有郡社柏樹大三十圍蕭欣爲郡伐之言有大蛇從樹

腹中墜下大數圍長三丈羣小蛇數十隨入南山聲如風雨伐樹之前見夢于欣欣不以厝意及伐之更朱作吏箋曰孫云吏疑作更趙改更少日果死

丹水又東逕南鄉縣北興寧末太守王靡之改築今城城北半據在水中左右夾澗朱作溪箋曰宋本作夾澗趙改澗深長及春夏水漲望若孤洲矣城前有晉順陽太守丁穆碑郡民范甯立之

丹水逕流兩縣之間歷于朱趙作於**中之北所謂商於者也**故張儀說楚絕齊許以商於之地六百里謂以此矣呂氏春秋曰堯有丹水之戰以服南蠻卽此水也

又南合均水謂之析口官本曰按口近刻訛作水 案朱訛趙改刊誤曰水當作口孫潛校改

水經注卷二十

水經注卷二十一　長沙王氏校本

後魏酈道元撰

汝水

汝水出河南梁縣勉鄉西天息山

地理志曰出高陵山卽猛山也孫校曰勉猛音相近亦言出南陽魯陽縣之大盂山趙刊誤曰箋曰汝州志大盂山在魯山縣西五十里山頂低窪四圍若城按朱氏以魯山縣箋魯陽縣大繆漢書地理志南陽郡魯陽縣下云有魯山古魯縣未嘗以魯山名縣也至唐初復置魯州始改縣曰魯山至今因之又言出弘農盧氏縣還歸山博物志曰汝出燕泉山竝異名也余以永平中蒙除魯陽太守會上臺下列山川圖以方誌參差遂令尋其源流此等既非學徒難以取悉既在遥見官本曰按遥近刻訛作遘　案朱趙作遘不容不述今汝水西出魯陽縣之大盂山蒙柏谷官本曰按蒙近刻訛作黄　案朱訛趙改刊誤曰黄當作蒙説見下巖鄣深高山岫邃密石徑崎嶇人蹟裁交西卽盧氏界也其水東北流逕太和城西又東流逕其城北左右深松列植官本曰按近刻脱松列二字　案朱脱趙增刊誤曰深下落松列二字吴琯本校增筠柏交蔭尹公度之所棲神處也朱箋曰神仙傳云尹軌字公度博學五經尤明天文星氣河洛讖緯晚乃學道常服黄精華日三合許年數百歲腰佩漆竹筒十數枚中皆有藥言可辟兵疫又能銷鉛爲銀銷錫爲金後到太和山中仙去又東届堯山西嶺下水流兩分一水東逕堯山南爲滍水也卽經所言滍水出堯山矣一水東北出爲汝水歷蒙柏谷趙刊誤曰箋曰孫云按上文當作黄柏谷　按何焯云以下文觀之則上文黄字亦當作蒙孫氏誤矣左右岫壑爭深山阜競高夾水層松茂柏傾山蔭渚故世人以名也津流不已北歷長白沙口狐白溪水注之夾岸沙漲若雪因以取名其水南出狐白川北流注汝水汝水又東北趣狼臯山者也朱不重汝水二字趙止增一汝字刊誤曰水上落汝字

東南過其縣北

汝水自狼臯山東出峽謂之汝阨也東歷麻解城北故鄤鄉城也謂之蠻中左傳所謂單浮餘圍蠻氏蠻氏潰者也杜預曰城在河南新城縣之東南伊洛之戎陸渾蠻氏城也俗以爲麻解城官本曰按此下近刻衍非也二字　案朱趙有蓋蠻麻讀聲近故也汝水又逕周平城南京相璠曰霍陽山在周平城東南者也汝水又東與三屯谷水合水出南山北流逕石碣東官本曰按碣近刻訛作場　案朱訛趙改刊誤曰場當作碣柱側刊云河南界又有一碣題言洛陽南界碑柱相對既無年月竟不知何代所表也其水又北流注于汝水汝水又東與廣成澤水合水出狼臯山北澤中安帝永初元年以廣成一本誤城遊獵地假與貧民元初二年鄧太后臨朝鄧隲兄弟輔政世士以爲文德可興武功宜廢寢蒐狩之禮息戰陣之法于時馬融以文武之道聖賢不墜五材之用無或可廢作廣成頌云大漢之初基也挨厥靈囿官本曰按近刻訛作圃　案朱訛趙改刊誤曰圃黃省曾本作囿營于南郊右矕三塗左枕嵩嶽面據衡陰背箕趙作基王屋浸以波溠演以滎洛金山石林殷起乎其中神泉側出丹水涅池怪石浮磬燿焜于其陂朱箋曰馬融上廣成頌序云陛下履有虞烝烝之孝外舍諸家每有憂疾聖恩普勞遣使交錯稀有曠絕時時寧息又無以自娛樂殆非所以逢迎太和裨助萬福也臣愚以爲方涉冬節農事間隙宜幸廣成覽原隰觀宿麥勸收藏因講武校獵使寮庶百姓復覩羽旄之美聞鐘鼓之音桓帝延熹元年校獵廣成遂幸函谷關其水

自澤東南流逕溫泉南與溫泉水合溫水數源朱趙作殷源趙刊誤曰箋曰殷一作數按非也殷盛也字不誤揚波于川左泉上華宇連蔭茨甍交拒官本曰按近刻訛作池案朱訛趙改說見下方塘后沼官本曰按近刻脫方塘二字案朱脫趙增刊誤曰寰宇記引此文作茨甍交拒方塘后沼今改正錯落其間頤道者多歸之其水東南流注廣成澤水澤水又東南入于汝水汝水又東得魯公水口水上承陽人城東魯公陂城古梁之陽人聚也秦滅東周徙其君于此陂水東南流合于朱作乎箋曰宋本作于趙改于澗水水出北山官本曰按北近刻訛作兆案朱訛趙改刊誤曰兆當作北黃省曾本校南流注之又亂流注于汝水汝水之右有霍陽聚汝水逕其北東合霍陽山水水出南山杜預曰河南梁縣有霍山者也其水東北流逕霍陽聚東世謂之華浮城趙釋曰一清按章懷後漢書注曰俗謂之張侯城非也春秋左傳

哀公四年楚侵梁及霍朱箋曰侵左傳作襲服虔曰梁霍周南鄙也建武二年世祖遣征虜將軍祭遵攻蠻中山賊張滿時厭新柏華朱作率箋曰舊本作華趙改華餘賊合攻得霍陽聚即此趙釋曰一清按後漢書祭遵傳時新城蠻中山賊張滿屯結險隘爲人害詔遵攻之而厭新柏華餘賊復與滿合遂攻得霍陽聚道元抄變其詞耳霍陽山水又逕梁城西朱趙無霍陽山三字按春秋周小邑也于戰國爲南梁矣故經云汝水逕其縣北俗謂之治城非也以北有注城故也今置治城縣治霍陽山水又東北流注于汝水汝水又左朱趙作右朱箋曰一作左合三里水水北出梁縣西北而東南流逕其縣故城西故𢠹狐聚也朱𢠹作單箋曰單當作𢠹史記秦取九鼎寶器而遷西周公於𢠹狐徐廣曰𢠹音憚𢠹狐聚在洛陽南百五十里梁新城之閒地理志云秦滅西周徙其君于此因乃縣之杜預曰河南縣西南有梁城即是縣也水又東

南逕注城南司馬彪曰河南梁縣有注城史記魏文侯三十二年敗秦于注者也又與一水合水發注城東坂下東南流注三里水三里水又亂流入于汝汝水又東逕成安縣故城北按地理志潁川郡有成安縣侯國也史記建元以來功臣侯者年表曰漢武帝元朔五年校尉韓千秋擊南越死封其子韓延年爲成安侯即此邑矣世謂之白泉城非也俗謬耳汝水又東爲周公渡藉承休之徽號而有周公之嘉稱也汝水又東黃水注之水出梁山東南逕周承休縣故城東爲承休水縣故子南國也漢武帝元鼎四年幸洛陽巡省豫州觀于周室邈而無祀詢問耆老乃得孽子嘉封爲周子南君以奉周祀按汲冢古文謂衞將軍文子爲子南彌牟朱作稱矣箋曰稱矣

一作彌牟據檀弓衞將軍文子名彌牟趙依改其後有子南勁紀年勁朝于魏官本曰按近刻訛作衞案朱訛趙改又朝朱作期趙改刊誤曰箋曰期當作朝按史記衞世家云懷君三十一年朝魏懷君即勁也衞字誤黃曾省本作魏後惠成王如衞命子南爲侯秦并六國衞最後滅疑嘉是衞後一本誤侯故氏子南而稱君也朱箋曰自按汲冢至此六十字皆史記周子南君臣瓚注中語初元五年爲周承休邑地理志曰侯國也元帝置元始二年更曰鄭公趙釋曰一清按漢書地理志亦作鄭公而後漢黃瓊封邟鄉侯章懷注引說文曰邟潁川縣也漢潁川郡有周承休侯國元始二年更名曰邟音亢袁紹亦封邟鄉侯此云鄭公不詳其故王莽之嘉美也官本曰按美近刻訛作蕘案朱訛趙改刊誤曰漢書地理志作嘉美故汝渡有周公之名蓋藉邑以納稱世謂之黃城官本曰按世近刻訛作也案朱同趙也下增世字刊誤曰謂上落世字水曰黃水皆非也其水又東南逕白茅臺東又南逕梁瞿鄉西朱箋曰括地志云周承休城一名梁雀塢在汝州梁縣東北二十六里趙瞿改雀下

同釋曰一清按方輿紀要云括地志周承休城一名梁雀塢或云卽梁瞿鄉也葢瞿雀字形相似道元以世謂之期城爲
非期瞿音相似然則雀字爲正世謂之期城非也按後漢書官本曰按近刻脫後字　案朱
脫趙增刊誤曰漢書上落後字此是謝承書世祖自潁川往梁瞿鄉馮魴先詣行
所趙刊誤曰箋曰孫云行所當作行在按春秋經書公朝于王所卽行所也不當妄改卽是邑也水積
爲陂世謂之黃陂東轉逕其城南東流右合汝水
又東南過潁川郟縣南官本曰按近刻脫過字　案朱脫趙增刊誤曰又東南下落過字
汝水又東與張磨泉合水發北阜春夏水盛則南注汝水汝
水又東分爲西長湖湖水南北五十餘步東西三百步汝水
又東扈澗水北出大劉山南逕木蓼堆東官本曰按木近刻訛作水　案朱訛
趙改刊誤曰水當作木郟城西南流入于汝汝水又右迆爲湖湖水南
北八九十步東西四五百步俗謂之東長湖湖水下入汝古

水二十一　五

養水也亦出魯陽縣北將孤山北長岡下數泉俱發東歷永
仁三堆南又東逕沙川世謂之沙水歷山符壘北又東逕沙
亭南故養陰里也司馬彪郡國志曰襄城有養陰里京相璠
曰在襄城郟縣西南養水名也俗以是水爲沙水故亦名之
爲沙城非也又城處水之陽而以陰爲稱更用惑焉但流雜
閒居裂溉互移朱作梨溉平移箋曰一作築溉頻移宋本作裂溉互移趙依宋本致令川渠
異容津途改狀朱作狀改箋曰當作改狀趙乙故物望疑焉又右會堇朱作堇箋
曰董宋本作堇趙改堇溝水水出沛公壘西六十許步葢漢祖入關往
征朱箋曰一作往往是由故地擅斯目矣其水東北注養水朱趙無水字
養水又東北入東長朱有迪字箋曰一無迪字趙刪湖亂流注汝水也官本曰按
近刻脫流字　案朱脫趙增又朱也作縣趙改刊誤曰箋曰縣宋本作也按亂下落流字汝水又逕郟縣

故城南春秋昭公十九年楚令尹子瑕之所城也滶水注之
水出魯陽縣之將孤山東南流許慎云水出南陽魯陽官本曰按
南陽近刻脫陽字　案朱脫趙增刊誤曰南下脫陽字說文校補入父城從水敖聲趙釋曰一清按
說文繫傳作父城今說文譌呂忱字林亦言在魯陽滶水東入父城縣與
桓水會官本曰按桓近刻作柏　案朱作柏箋曰宋本作桓下同趙改桓水出魯陽北山朱水
上有柏字趙改桓字水有二源奇導于賈復城合爲一瀆逕賈復城北
復南擊鄖所築也俗語訛謬謂之寡婦城水曰寡婦水此瀆
官本曰按此近刻訛作北　案朱訛趙改刊誤曰北當作此水有窮通故有枯渠之稱焉
其水東北流至父城縣北右注滶水亂流又東北至郟入汝
汝水又東南左合藍水朱趙無又字水出陽翟縣重嶺山東南流
逕紀氏城西有層臺官本曰按層近刻訛作增　案朱訛趙改謂之紀氏臺官本曰按

水二十一　六

謂近刻訛作記脫之字　案朱訛脫趙改增刊誤曰名勝志引此文作有層臺謂之紀氏臺今補正續漢書曰
世祖車駕西征盜賊羣起郟令馮魴爲賊延裒趙作褒所攻力
屈上詣紀氏羣賊自降卽是處在郟城東北十餘里其水又
東南流逕黃阜東而南入汝水汝水又東南流與白溝水合
官本曰按近刻與上衍又字　案朱作又趙改右水出夏亭城西官本曰按水出下近刻衍亭城西而
南逕六字　案朱衍趙刪刊誤曰亭城西而南逕六字衍文又南逕龍城西城西北卽摩
陂也縱廣可朱趙有一字十五里魏青龍元年有龍見于郟之摩
陂明帝幸陂觀龍于是改摩陂曰龍陂其城曰龍城其水又
南入于汝水汝水朱不重二字箋曰宋本疊汝水二字趙增又東南與龍山水會
水出龍山龍溪北流際父城縣故城東昔楚平王大城城父
以居太子建故杜預曰卽襄城之父城縣也官本曰按原本訛作卽襄城之

城父縣也近刻又脫縣字左傳集解今本亦誤考楚之城父
邑漢置縣改曰父城屬潁川郡晉屬襄城郡晉譙郡有城父
縣漢屬沛郡是襄城郡漢晉皆不稱城父也今改正　案朱
趙作城父朱脫縣字箋曰按漢地理志潁川有父城縣而沛
郡有城父縣此注自說潁川之父城乃忽引楚平王城父事
故並舉說苑襄城君與黃帝襄城問塗以實杜注豈父城與
城父本爲一耶趙增縣字刊誤曰城父下落縣字黃省曾本
校增趙釋曰一清按城父父城本是二縣漢志潁川郡父城
縣下云應鄉故國沛郡城父縣下云夏肥水東南至下蔡入
淮莽曰思善續志父城屬潁川而城父改隸汝南故特著曰
城父故屬沛春秋時曰夷左氏傳云楚遷許于夷實城父杜
預注曰此時改城父爲夷故傳實之又後漢書馮異傳云潁
川父城人也章懷注云父城縣名故城在今許州葉縣東北
汝州郟城縣有父城亦或謂之城父元和郡縣志云父城故
殷時應國左傳楚大城城父以居太子建是也杜元凱恐後
人誤以此城父爲遷許之舊故云卽襄城之城父明以別于
沛郡也史記正義云潁川父城縣沛郡城父縣據郡屬縣其名自分斯言最核也馮異據之以降世
祖用報巾車之恩也其水又東北流與二水合俱出龍山北
流注之又東北入于汝水汝水又東南逕襄城縣故城南王
隱晉書地道記曰楚靈王築劉向說苑曰襄城君始封之日
服翠衣帶玉佩徙倚于流水之上卽是水也楚大夫莊辛所
說處後乃縣之朱箋曰說苑云襄城君衣翠衣帶玉劒履縞舄立于遊水之上楚大夫莊辛過而說之遂
拜謁曰臣願把君之手其可乎襄城君忿而不言莊辛曰君獨不聞鄂君子晳有感於越人之歌乎襄城君乃奉手而進
之呂后元年立孝惠後宮子義爲侯國王莽更名相成趙作城
也黃帝嘗遇牧童于其野故嵇叔夜讚曰奇矣難測襄城小
童倦遊六合來憩茲邦也其城南對汜城周襄王出鄭居汜
卽是此城也春秋襄公二十六年楚伐鄭涉汜而歸杜預曰
涉汝水于汜城下也晉襄城郡治京相璠曰周襄王居之故
曰襄城也今置關于其下**汝水又東南流逕西不羹城南**春
秋左傳昭公十二年楚靈王曰昔諸侯遠我而畏晉今我大

城陳蔡不羹賦皆千乘諸侯其畏我乎東觀漢記曰車騎馬
防以前參藥勤勞省闥增封侯國襄城羹亭千二百五十戶
卽此亭也**汝水又東南逕繁邱城南而東南出也**

又東南過定陵縣北

湛水出犨縣北魚齒山西北東南流歷魚齒山下爲湛浦方
五十餘步春秋襄公十六年晉伐楚報楊梁之役朱梁作渠趙改刊誤
曰左傳作楊梁楚公子格及晉師戰于湛阪楚師敗績遂侵方城之
外今水北悉枕翼山阜于父城東南湛水之北山有長阪朱作
陂箋曰宋本作阪下同趙改阪蓋卽湛水以名阪故有湛阪之名也**湛水又**
東南逕蒲城北京相璠曰昆陽縣北有蒲城蒲城北有湛水
者是也**湛水又東**官本曰按湛近刻訛作漢　案朱訛趙改刊誤曰漢水當作湛水**于汝水**
九曲北東入汝杜預亦以是水爲湛水矣周禮荊州其浸潁
湛鄭玄云未聞蓋偶有不照也今考地則不乖其土言水則
有符經文矣趙釋曰一清按漢志註師古曰潁水出陽城陽乾山宜屬豫州許愼又云湛水豫州浸荔川土
相鄰故也全氏曰周禮職方荊州之浸潁湛按湛是汝水支流而潁亦與汝互相出入之水也又豫州之浸波溠波亦汝
水支流然則汝雖不見于禹貢而未嘗不重于職方康成旣不知湛水又不知波水非善長之註何以證明**汝水**
又東南逕定陵縣故城北漢成帝元延三年封侍中衛尉淳
于長爲侯國王莽更之曰定城矣官本曰按近刻脫曰字　案朱脫趙增刊誤曰更之
下落曰字東觀漢記曰光武擊王莽二公還到汝水上于涯以手
飲水澡頮塵垢謂傅俊曰今日疲倦諸君寧憊也朱箋曰當作邪卽
是水也**水右則濦水左入爲左則百尺溝出矣溝水夾岸層**
崇亦謂之爲百尺堤也自定陵城北通潁水于襄城縣潁盛

則南播汝洪朱作佚箋曰當作洪趙改洪則北注溝之東有澄潭號曰龍淵在汝北四里許南北百步東西二百步水至清深常不耗竭官本曰按常近刻訛作嘗　案朱訛趙改刊誤曰嘗當作常佳饒魚筍湖溢則東注漷水矣汝水又東南昆水注之水出魯陽縣唐山東南流逕昆陽縣故城西更始元年王莽徵天下能爲兵法者官本曰按近刻脫者字　案朱脫趙增刊誤曰兵法下落者字吳琯本校選練武衞招募猛士旌旗輜重千里不絕又驅諸獷獸虎豹犀象之屬以助威武自秦漢出師之盛未嘗有也世祖以數千兵徼朱作激箋曰激宋本作邀後漢書作徼趙改邀之陽關諸將見尋邑兵盛反走入昆陽世祖乃使成國上公王鳳廷尉大將軍王常留守夜與十三騎出城南門收兵于郾尋邑圍城數十重雲車十餘丈瞰臨城中官本曰按近刻脫中字　案朱脫趙

增刊誤曰城下落中字後漢書光武帝紀校補積弩亂發矢下如雨城中人負戶而汲王鳳請降不許世祖帥營部俱進頻破之乘勝以敢死三千人徑衝尋邑兵敗其中堅于是水之上遂殺王尋城中亦鼓譟一本作噪而出中外合勢震呼動天地會大雷風屋瓦皆飛莽兵大潰昆水又屈逕其城南世祖建武中封侍中傅俊爲侯國故後漢郡國志有昆陽縣蓋藉水以氏縣也趙釋曰一清案漢志潁川郡昆陽縣應劭曰昆水出南陽昆水又東逕定陵城南又東注汝水汝水又東南逕奇額朱作雒箋曰一作額趙改額城西北今南潁川郡治也濆水出焉世亦謂之大濦水爾雅曰河有雍汝有濆然則濆者汝別也趙釋曰全氏曰公羊子曰濆泉者直泉也直泉者涌泉也釋名本之其音讀如濆謂自下而上也濦則其聲之轉也後卷小濦水下有汾陂善長亦曰汾俗音糞蓋汾即濆之通也詩曰遵彼汝墳蓋汝旁之水爲濆則汝旁之土

亦爲墳謂突起也如禹貢赤埴墳之墳毛公乃以大防解之非也觀孟子則汝水宜決不宜防也故其下夾水之邑猶流汝陽之名是或濆濦之聲相近矣亦或下合濦潁兼統厥稱耳官本曰按近刻作矣　案朱同趙改刊誤曰矣黃省曾本作耳

又東南過郾縣北孫校曰元和志蔡州褒信縣本漢郾城縣汝水經縣東北去縣五十五里郾城縣汝水經縣西北去縣七十里

汝水逕奇額城西東南流其城衿帶兩水側背雙流汝水又東南流逕郾縣故城北故魏下邑也史記楚昭陽伐魏取郾是也汝水又東得醴水口官本曰按近刻訛作口水　案朱訛趙乙刊誤曰口水二字當互易水出南陽雉縣官本曰按近刻訛作山　案朱訛趙改刊誤曰雉山當作雉縣漢書地理志校亦云導源雉衡山即山海經云衡山也郭景純以爲南岳非也馬融廣成頌曰面據衡陰指謂是山在雉縣界故世謂之雉衡

山依山海經不言有水官本曰按此下近刻衍焉字　案朱趙有焉字孫校曰此處星衍駁之見山海經補注然醴水東流歷唐山下即高鳳所隱之山也醴水又東南與皐水合水發皐山郭景純言或作章山官本曰按近刻脫言字　案朱脫趙增曰字刊誤曰于文落曰字全氏校增東流注于醴水醴水又東南逕唐城北南入城而西流出城城蓋因山以即稱矣醴水又屈而東南流逕葉縣故城北春秋昭公十五年許遷于葉者也楚盛周衰控霸南土欲爭強中國多築列城于北方以逼華夏故號此城爲萬城或作方字官本曰按字近刻訛作城此四字亦注中之小注　案朱趙作城唐勒奏土論曰我是楚也官本曰按此語有舛誤世霸南土自越以至葉垂弘境萬里故號曰萬城也余按春秋屈完之在召陵對齊侯曰楚國方城以爲城杜預曰方城山名也在葉南未

詳孰是楚惠王以封諸梁子高官本曰按近刻脫高字案朱脫趙增刊誤曰沈諸梁字子高落高字號曰葉公城即子高之故邑也葉公好龍神龍下之河東王喬之爲葉令也每月望常自詣臺朝朱趙臺朝作朝堂朱箋曰後漢書作詣臺朝帝帝怪其來數而不見車騎顯宗密令太史伺望之言其臨至輒有雙鳧從東南飛來于是候鳧至舉羅張之但得一隻舄乃詔尙方診視則四年中所賜尙書官屬履也每當朝時葉門下鼓不擊自鳴聞于京師後天下玉棺于堂前吏民推排終不搖動朱無推排二字趙增刊誤曰吏民下落推排二字黃省曾本校補後漢書本傳元有之喬曰天帝獨欲召我耶乃沐浴服飾寢其中朱無中字趙增刊誤曰其下落中字黃省曾本校增後漢書本傳有之蓋便立覆宿昔葬于城東土自成墳其夕縣中牛皆流汗喘乏而人無知者百姓爲立廟號葉君

祠牧守每班錄皆先謁拜之吏民祈禱無不如應若有違犯亦立能爲祟帝乃迎取其鼓置都亭下略無復聲焉或云即古仙人王喬也是以干氏書之于神化朱干作于箋曰神化干寶捜神記篇名趙改干刊誤曰于氏當作干氏醴水又逕其城東與燒車水合水西出苦菜山東流側葉城南而下注醴水朱醴作澧趙改刊誤曰箋曰舊本作醴水醴澧字通用醴水又東逕葉公廟北廟前有沈子高諸梁碑官本曰按沈近刻訛作公案朱作公趙增葉字刊誤曰公字上落葉字如曰公子高則疑于公子矣舊秦漢之世廟道有雙闕几筵黃巾之亂殘毀頹闕趙刊誤曰箋曰一作頓闕案頹字不誤魏太和景初中令長脩飾舊宇後長汝南陳晞以正始元年立碑碑字破落遺文殆存事見其碑醴水又東與葉西陂水會縣南有方城山屈完所謂楚國朱作以箋曰一作國趙改國方城以爲城者也

山有湧泉北流畜之以爲陂陂塘方二里官本曰按陂近刻作故案朱同趙改刊誤曰故當作陂陂水散流又東逕葉城南而東北注醴水醴水又東注葉陂陂東西十里南北七里二陂並諸梁之所堨也趙刊誤曰箋曰也舊本作地按也字不誤陂水又東逕潕陽縣故城北又東逕定陵城東南朱趙作南東以東字下屬與芹溝水合朱無水字趙增刊誤曰芹溝下落水字其水導源葉縣東逕潕陽城北又東逕定陵縣南又東南流注醴其水逕流昆醴之間纏絡四縣之中疑即呂忱所謂峴水也官本曰按峴近刻作涀案朱趙作涀今于定陵更無別水惟是水可當之醴水東逕郾縣故城南左入汝趙釋曰一清按漢志南陽郡雉縣澧水東至郾入汝師古曰郾音屋考澧水東至郾縣入汝今河南許州郾城縣是也郾字誤耳師古更以屋音釋之廣韻集韻始出郾字云地名在南陽皆爲謬也山海經曰醴水東流注于涀水也朱箋曰孫云涀山海經作視注云或

曰宜爲瀙瀙水今在南陽也趙改瀙釋曰一清按郭璞註云或曰瀙宜爲瀙漢志南陽郡舞陰縣瀙水所出東至上蔡入汝全氏曰山經所云澧水注瀙澧乃瀷字之訛瀷水注瀙澧水不注瀙也汝水又東南流逕鄧城西春秋左傳桓公二年蔡侯鄭伯會于鄧者也汝水又東南流潕水注之朱箋曰孫云山海經注云潕音武今在南陽舞陽縣又東南過汝南上蔡縣西孫校曰元和志蔡州汝南縣本漢舊縣汝水經縣西南二里上蔡縣本漢舊縣汝水西去縣十五里汝南郡楚之別也漢高祖四年置王莽改郡曰汝汾朱趙作濆趙釋曰一清按漢志汝南郡高帝置莽曰汝汾分爲賞都尉縣故蔡國周武王克殷封其弟叔度于蔡世本曰上蔡也九江有下蔡故稱上竹書紀年曰魏章率師及鄭師伐楚取上蔡者也永初元年官本曰按永初近刻訛作建安案朱訛趙改刊誤曰安帝改元有建光無建安按後漢書本傳是永初元年封此後人塡寫之誤安帝封

鄧隲爲侯國**汝水又東逕懸瓠城北**孫校曰今汝寧府治卽縣瓠城元和志蔡州理城古縣瓠城也汝水屈曲形若垂瓠故城取名焉王智深云汝南太守周矝起義于懸瓠者是矣今豫州刺史汝南郡治**城之西北汝水枝別左出西北流又屈西東轉又西南會汝**形若垂瓠耆彥云城北名馬灣官本曰按馬近刻訛作馬　案朱訛趙改刊誤曰箋曰疑作城比名焉按孫潛云柳僉本作馬灣若如箋說正不知作何等語也中有地數頃上有栗園栗小殊不竝固安之實**也**朱箋曰魏都賦云信都之棗故安之栗注云故安屬范陽出御栗然歲貢三百石以充天府水渚卽栗州也樹木高茂望若屯雲積氣矣林中有栗堂射埻甚閒做牧宰及英彥多所遊薄其城上西北隅高祖以太和中幸懸瓠平南王肅起高臺朱箋曰一作齋于小城建層樓于隅阿下際水湄朱作堨箋曰一作湄趙改湄降眺栗渚官本曰按近刻脫眺字　案朱脫趙增刊誤曰降下落眺字寰宇記校增左右列榭四周參差競跱奇爲佳觀也

又東南過平輿縣南朱箋曰一作平輿墫按漢書地志汝南有平輿縣輿音豫注同孫校曰今汝寧府東南

溱水出浮石嶺北青衣山亦謂之青衣水也東南逕朗陵縣故城西應劭曰西南有朗陵山孫校曰元和志朗山縣朗陵一名大朗山在縣西北三十里縣以氏焉世祖建武中封城門校尉臧宮爲侯國也**溱水又南屈逕其縣南又東北逕北宜春縣故城北**朱箋曰漢地理志汝南郡有宜春縣後漢郡國志作北宜春孫校曰今在確山縣東王莽更名之爲宣孱也豫章有宜春故加北矣元初三年官本曰按元初近刻訛作永元　案朱訛趙改刊誤曰後漢書安帝卽位建元永初後改元初后父之封在元初三年見后紀永元字誤安帝封后父侍中閻暢爲侯國**溱水又東北逕馬香城北又東北入汝汝水又東南逕**

平輿縣南安成趙作城**縣故城北**王莽更名至成也漢武帝元光六年封長沙定王子劉蒼爲侯國矣趙釋曰一清按索隱曰在豫章地理志豫章郡無此縣長沙國有安成縣非汝南之安成也**汝水又東南陂水注之**官本曰按近刻脫此二字又陂訛作汝　案朱趙作汝無注之二字趙又刪水字刊誤曰箋曰孫云汝　水當作陂水按水字重文宜衍此卽湝水篇之汝水唐時尚有汝栅港**水首受慎水于慎陽縣故城南陂**趙釋曰一清按漢志慎陽縣師古曰慎字本作滇音眞闞駰云永平五年失印更刻遂誤以水爲心**陂水兩分一水自陂北逵**朱作逕箋曰宋本作逵趙改逵**慎陽城四周城塹**官本曰按周近刻作固　案朱作固箋曰一作圍趙改圍潁川荀淑遇縣人黃叔度于逆旅與語移日曰子吾師表也范奕論曰官本曰按奕近刻訛作曄　案朱訛趙改黃憲言論風旨無所傳聞然士君子見之者靡不服深遠朱作深服遠箋曰後漢書作服深遠趙依改去疵吝將以道周性全無得而稱乎**塹水又自瀆東北流注**

北陂官本曰按北近刻訛作七　案朱訛趙改刊誤曰七陂當作北陂此與上南陂水兩分也**一水自陂東北流積爲鯛陂**官本曰按鯛近刻訛作同　案朱訛趙改刊誤曰同當作鯛漢書地理志汝南郡鯛陽縣應劭曰在鯛水之陽也**陂水又東北又結而爲陂世謂之窖陂陂水上承慎陽縣北陂東北流積而爲土陂陂水又東爲窖陂陂水又東南流注壁陂陂水又東北爲太陂陂水又東入汝汝水又東南逕平陵亭北又東南逕陽遂鄉北汝水又東逕櫟亭北**官本曰按櫟近刻訛作樂　案朱訛趙改春秋之棘櫟也杜預曰汝陰新蔡縣東北有櫟亭今城在新蔡故城西北城北半淪水**汝水又東南逕新蔡縣故城南**昔管蔡間王室放蔡叔而遷之其子胡能率德易行周公舉之爲卿士朱趙爲下並有魯字趙刊誤曰箋曰宋本無魯字按尚書蔡仲之命曰周公以爲卿士孔安國傳云周公圻內諸侯二卿治事孔穎達正義云周公爲畿內諸侯得立二

卿左傳定公四年亦云周公舉之以爲己卿士杜預注曰爲周公臣注從史記蔡世家曰爲魯卿士朱氏不審乃託名宋本去之滅裂經史甚矣其妄也以見于王王命之以蔡申呂地也官本曰按申近刻作中案朱作中箋曰郡國志云汝南郡新蔡縣有大呂亭故呂侯國也此中呂未詳趙改申刊誤曰箋曰中呂未詳按傳云南有荆蠻申呂中當作申以奉叔度祀是爲蔡仲矣宋忠曰故名其地爲新蔡王莽所謂新遷者也世祖建武二十八年官本曰按近刻訛作元年案朱趙作元年趙釋曰一清按後漢書吳漢傳國封在建武二十八年此云元年誤也封吳國爲侯國汝南先賢傳曰新蔡鄭敬字次都爲郡功曹都尉高懿廳事前有槐樹白露類甘露者懿問掾屬皆言是甘露敬獨曰明府政未能致甘露但樹汁耳懿不悅托疾而去汝水又東南左會瀙水水上承汝水別流于奇頟城東東南流爲練溝逕召陵縣西官本曰按召近刻作邵案朱同趙改東南流注至上蔡西岡趙刪

水二十一　十五

北爲黃陵陂陂水東流官本曰按近刻脫水字案朱脫趙增刊誤曰至字刊誤曰至字衍文陂下落水字于上蔡岡東爲蔡塘又東逕平輿縣故城南爲瀙水趙釋曰一清按說文瀙水出汝南上蔡黑閭澗入汝縣舊沈國也有沈亭春秋定公四年蔡滅沈以沈子嘉歸後楚以爲縣官本曰按近刻脫楚字案朱脫趙增刊誤曰後下落楚字全氏校增史記曰秦將李信攻平輿敗之者也建武三十年世祖封銚統爲侯國趙釋曰朱氏謀㙔箋曰後漢書銚期傳子統封建平侯非平輿本朱作于箋曰宋本作本趙改本汝南郡治昔費長房爲市吏見王壺公懸壺郡市長房從之因而自遠朱箋曰敀本作退同入此壺隱淪仙路骨謝懷靈無會而返雖能役使鬼神而終同物化城南里餘有神廟世謂之張明府祠水旱之不節則禱之廟前有圭朱作石箋曰舊本作圭趙改圭碑文字紊碎不可復尋碑側有小石函按桂陽先賢

畫讚朱箋曰張熹乃桂陽郡臨武縣人吳本作信陽誤臨武張熹字季智爲平輿令時天大旱官本曰按近刻訛作天下大旱案朱同趙刪刊誤曰下字衍熹躬禱雩未獲嘉應官本曰按近刻脫躬字嘉字又此句之下衍熹字案朱脫衍箋曰宋本作未獲嘉應趙增刪刊誤曰熹字衍乃積薪自焚官本曰按薪近刻作柴案朱趙作柴主簿侯崇官本曰按近刻脫侯字案朱脫趙增刊誤曰按主簿下落侯字孫潛校補小吏張化朱趙吏作史趙刊誤曰箋曰史宋本作吏小史字不誤從熹焚焉朱有侯字箋曰舊本作矣宋本無矣字趙刪火既燎天靈感應即澍雨此熹自焚處也瀙水又東南左迆爲葛陂陂方數十里水物含靈多所苞育昔費長房投杖于陂而龍變所在也又劾東海君于是陂矣朱箋曰神仙傳云壺公以一竹杖與費長房騎之到家以杖棄葛陂中視之乃青龍耳後到東海值大旱三年謂請雨者曰東海神君前來淫葛陂夫人吾係之故久旱今當赦之令其行雨即便大雨陂水東出爲鮦水俗謂之三丈陂亦曰三嚴水水逕鮦陽縣故城

水二十一　十六

南應劭曰縣在鮦水之陽趙釋曰一清按漢志汝南郡鮦陽縣孟康曰音紂此是缺誤師古章懷音訓並承其失據太平寰宇記蔡州新蔡縣下云鮦音紂紅反說文鮦直龍切此與紂紅之音相近爲可證也漢明帝永平中封衞尉陰興子慶爲侯國也官本曰按興近刻訛作與案朱訛趙改縣有葛陵城建武十五年更封安成侯銚丹爲侯國官本曰按近刻訛作更名封經侯銚丹爲侯國案朱同箋曰宋本作銍侯趙改更封銍侯刊誤曰名字衍文是更封銍侯銚丹爲侯國趙釋曰全氏曰丹以安成徙封非銍城之東北有楚武王冢民謂之楚王琴官本曰按近刻訛作瑟下衍城字案朱同箋曰瑟城當作琴城三十二卷注云楚人謂冢爲琴六安縣都陂中有大冢民傳曰公琴卽皋陶冢也趙瑟改琴刪城字刊誤曰箋曰瑟城當作琴城按城字衍文趙釋曰一清按皇覽曰民謂之楚王岑蓋山陵之異名城北祝社里下土中得銅鼎銘曰楚武王是知武王隧也鮦陂東注爲富水官本曰按鮦近刻訛作銅案朱訛趙改刊誤曰銅當作鮦水積之處謂之陂塘津渠交絡枝布川隰矣瀙水自葛陂東南

逕新蔡縣故城東而東南流注于汝汝水又東南逕下桑里左池爲橫塘陂又東北爲青陂者也官本曰按青近刻訛作清下同朱趙少一汝字案朱作又東爲北清陂趙改刊誤曰箋曰當作又東北爲清陂按清陂當作青陂此陂亦名青龍陂也汝水又東南逕壺邱城北故陳地官本曰按近刻訛作也案朱訛趙改刊誤曰也當作地春秋左傳文公九年楚侵陳克壺邱以其服于晉是也汝水又東與青陂合孫校曰清水今在正陽縣東水上承慎水于慎陽縣之上慎陂右溝北注馬城陂陂西有黃邱亭陂水又東逕新息亭北官本曰按又近刻訛作於案朱訛趙改刊誤曰於當作又又東爲緺陂朱箋曰一作緺陂陂水又東逕新息縣結爲牆陂陂水又東逕遂鄉東南而爲壁陂又東爲青陂陂東對大呂亭春秋外傳曰當成周時趙作者南有荊蠻申呂姜姓矣朱箋曰鄭語史伯語鄭桓公曰當成周者南有荊蠻申呂應鄧陳蔡隨唐蔡平侯始封也西南有小呂亭故此稱大也側陂南有青陂廟廟前有陂官本曰按近刻訛作阪案朱訛趙改刊誤曰阪當作陂漢靈帝建甯三年新蔡長河南緱氏李言上請脩復青陂司徒臣訓尚書臣襲奏可洛陽宮于青陂東塘南樹碑官本曰按于字近刻在洛陽宮上案朱同趙改碑稱青陂在縣坤地源起桐柏淮川別流入于澼湲逕新息牆陂官本曰按近刻訛作坡朱謀㙔云宋本作阪今考阪亦陂之訛案朱訛趙改衍入褒信界灌溉五百餘頃陂水又東分爲二水一水南入淮一水東南逕白亭北又東逕吳城南史記楚惠王二年子西召太子建之子勝于吳勝入居之故曰吳城也又東北屈逕壺邱東而北流注于汝水世謂之薄溪水汝水又東逕褒信縣故城北而東注矣

又東至原鹿縣

汝水又東南逕縣故城西趙增原鹿二字刊誤曰逕下落原鹿二字杜預釋地曰朱釋上有所字趙刪刊誤曰所字衍文汝陰有原鹿縣也

南入于淮

所謂汝口側水有汝口戍淮汝之交會也

水經注卷二十一

水經注卷二十二　長沙王氏校本
後魏酈道元撰
潁水　洧水　潩水
潧水　渠沙水案朱無渠沙水三字趙作渠水無沙字
潁水出潁川陽城縣西北少室山
秦始皇十七年滅韓以其地爲潁川郡葢因水以著稱者也
漢高帝二年以爲韓國王莽之左隊也山海經曰潁水出少
室山地理志曰出陽城縣陽乾山今潁水有三源奇發右水
出陽乾山之潁谷春秋潁考叔爲其封人其水東北流中水
導源少室通阜東南流逕負黍亭東春秋定公六年鄭伐馮
滑負黍者也馮敬通顯志賦曰求善卷之所在遇許由于負

黍京相璠曰負黍在潁川陽城縣西南二十七里世謂之黃
城也亦或謂是水爲瀌水東與右水合左水出少室南溪東
合潁水故作者互舉二山言水所發也官本曰按近刻互訛作乃山訛作三案
朱趙同朱箋曰宋本乃作于呂氏春秋曰卞隨恥受湯讓自投此水而死
張顯逸民傳嵇叔夜高士傳竝言投洞水而死未知其孰是
也朱箋曰呂覽作潁水莊子作椆水司馬注本作洞水云椆水在潁陽堭按潁洞古字通用故禮潁衣一作絅是其例
也椆洞二字皆誤耳
東南過其縣南官本曰按近刻作又東南又字後人所加案朱趙有又字
潁水又東五渡水注之其水導源崈高縣朱趙崈作崇趙刊誤曰箋曰崇一作
嵩按漢書地理志云崈高武帝置以奉太室山是爲中岳有太室少室山廟古文以崇高爲外方山也師古曰崈古崇字
東北太室東溪縣漢武帝置以奉太室山俗謂之崧陽城及

春夏雨泛水自山頂而迭相灌澍崿流相承爲二十八浦也
暘旱輟津官本曰按暘近刻作陽案朱訛趙改而石潭不耗道路遊憩者惟
得餐飲而已官本曰按餐近刻訛作飡案朱趙作飡無敢澡盥其中苟不如法
必數日不豫是以行者憚之山下大潭周數里官本曰按潭近刻訛作澤
案朱趙作澤而清深肅潔水中有立石高十餘丈廣二十許步上
甚平整緇素之士多泛舟升陟取暢幽朱作山箋曰當作幽趙改幽情其
水東南逕陽城西官本曰按南逕近刻訛作流南案朱作流南趙改流逕刊誤曰南當作逕石
灡縈委瀾者五涉故亦謂之五渡水東南流入潁水潁水逕
其縣故城南昔舜禪禹禹避商均伯益避啟竝于此也亦周
公以土圭測日景處漢成帝永始元年封趙臨爲侯國也趙釋
曰沈氏曰本表封成陽不封陽城成陽屬汝南不屬潁川縣南對箕山山上有許由冢堯

所封也故太史公曰余登箕山其上有許由墓焉官本曰按其近刻訛
作之案朱趙作之山下有牽牛墟側潁水有犢泉是巢父還牛處也
趙刊誤曰箋曰一作樊父按困學紀聞云古今人表許繇巢父爲二人譙周古史考許由夏常居巢故一號巢父則巢許
爲一人應休璉又謂之山父石上犢跡存焉又有許由廟碑闕尚存是漢
潁川太守朱寵所立潁水逕其北東與龍淵水合其水導源
龍淵東南流逕陽城北又東南入于潁潁水又東平洛溪水
注之水發玉女臺下平洛澗世謂之平洛水呂忱所謂勺水
出陽城山葢斯水也又東南流注于潁潁水又東出陽關官本
曰按陽下近刻衍城字案朱衍趙刪刊誤曰章懷後漢書光武帝紀注云陽關聚名下亦云陽關聚城字衍文歷
康趙有亭字城南魏明帝封尚書右僕射衞臻爲康鄉侯此卽臻
封邑也

又東南過陽翟縣北
潁水東南流逕陽關聚聚夾水相對俗謂之東西二土城也
潁水又逕上棘城西又屈逕其城南春秋左傳襄公十八年
楚師伐鄭城上棘以涉潁者也縣西有故堰堰石崩褫頹基
尙存舊遏潁水枝流所出也其故瀆東南逕三封山北今無
水渠中又有泉流出焉時人謂之嵎水東逕三封山東東南
歷大陵西連山亦曰啟筮亭啟亨神于大陵之上朱無下啟字亨作亨
趙增改刊誤曰箋曰脫一啟字按亨當作亨即鈞臺也春秋左傳曰夏啟有鈞臺
之饗是也杜預曰河南陽翟縣南有鈞臺其水又東南流水
積爲陂陂方十里俗謂之鈞臺陂官本曰按鈞字近刻訛在下句指字下案朱同趙
增下文不刪刊誤曰臺陂上落鈞字蓋陂指臺取名也趙無陂字又西南流逕夏亭

城西又屈而東南爲郟之靡趙作摩陂潁水自堨東逕陽翟縣
故城北官本曰按近刻脫縣字案朱脫趙增刊誤曰陽翟下落縣字夏禹始封于此爲夏
國故武王至周曰吾其有夏之居乎遂營洛邑徐廣曰河南
陽城陽翟則夏地也春秋經書秋鄭伯突入于櫟左傳朱趙有曰
字桓公十五年突殺檀伯而居之服虔曰檀伯鄭守櫟大夫
櫟鄭之大都宋忠曰今陽翟也周末韓景侯自新鄭徙都之
王隱曰陽翟本櫟也官本曰按近刻脫陽字案朱脫趙增刊誤曰翟上落陽字故潁川
郡治也城西有郭奉孝碑側水有九山祠碑官本曰按側水近刻訛作水側
案朱趙不誤趙刊誤曰箋曰當作水側按側水謂臨側水際也字不誤叢柏猶茂北枕川流也
又東南過潁陽縣西又東南過潁陰縣西南
應劭曰縣在潁水之陽故邑氏之按東觀漢記漢封車騎將
軍馬防爲侯國防城門校尉位在九卿上絕席朱箋曰後漢書馬援次子
馬防貴寵最盛與九卿絕席封潁陽侯潁水又南逕潁鄉城西潁陰縣故城在
東北舊許昌典農都尉治也後改爲縣魏明帝封侍中辛毗
爲侯國也潁水又東南逕柏祠曲東趙刊誤曰箋曰自臺北陂以下原錯在東南臨
潁縣注後今據宋本改正按黃省曾本之錯誤不待言彼文歷罡之下以臺臨水方百步至水受大漴經注共二十三行
計四百十字接入邱城南之上是文當移接後又東公路臺北之下陂水南流積爲江陂之上明白易曉朱氏誤割臺
北陂至水受大漴經注一百七十二字于此遂至迷瞀幾不復可辨孫潛依柳僉鈔本又爲改正方還舊觀矣歷岡
朱此下接後臺北陂云云趙改同官本刊誤出東歷罡三字曰東歷罡下當接後五葉五行邱城南至十葉十九行所未
詳巨城南故汾巨城也春秋左傳襄公十八年楚子庚治兵
于汾司馬彪曰襄城縣有汾巨杜預曰在襄城縣之東北也
逕繁昌故縣北曲蠡之繁陽亭也魏書國志曰文帝以漢獻

帝延康元年行至曲蠡登壇受禪于是地官本曰按近刻脫壇受二字案朱
脫趙增刊誤曰登下落壇受二字改元黃初其年以潁陰之繁陽亭爲繁昌
縣城內有三臺時人謂之繁昌臺壇前有二碑昔魏文帝受
禪于此官本曰按近刻脫受字案朱脫趙增刊誤曰禪上落受字自壇而降曰舜禹之
事吾知之矣故其石銘曰遂于繁昌築靈壇也官本曰按壇近刻訛作臺
案朱訛趙改刊誤曰臺黃省曾本作壇于後其碑六字生金論者以爲司馬金
行故曹氏六世遷魏而事晉也潁水又東南流逕青陵亭城
北北對青陵陂陂縱廣二十里潁水逕其北枝入爲陂陂西
則潩水注之水出襄城縣之邑城下官本曰按襄近刻訛作褭案朱訛趙改刊誤
曰褭城當作襄城東流注于陂陂水又東入臨潁縣之狼陂潁水又
東南流而歷臨潁縣也趙釋曰名勝志引水經注曰潁水又東逕豢龍城郎古豢龍氏之邑也城

西有拒陵岡今本無之一清按寰宇記云參龍城在臨潁縣西四十里北周書泉企傳拒陽人杜窟即拒陵也古陽陵字每互用方輿紀要許州臨潁縣有大陵城引注文正同大陵見上陽翟縣及潩水注中

又東南過臨潁縣南又東南過汝南㶏强縣北洧水從河南密縣東流注之

臨潁舊縣也潁水自縣西注官本曰按近刻脫注字　案朱脫趙增刊誤曰縣西下落注字小㶏水出焉官本曰按近刻脫焉字　案朱脫趙增刊誤曰出下落焉字孫潛校增爾雅曰潁別爲沙郭景純曰皆大水溢出別爲小水之名也亦猶江別爲沱也潁水又東南逕皐城北官本曰按皐近刻訛作澤　案朱訛澤趙改睪刊誤曰澤當作睪下皐澤字相似之澤亦當作睪即古皐城亭矣官本曰按皐城近刻訛作城皐　案朱訛趙乙刊誤曰城皐二字當倒互春秋經書公及諸侯盟于皐鼬者也皐澤趙作睪字相似名與字乖耳潁水又東逕㶏陽城南竹書紀年曰孫何取㶏陽㶏强城在東北潁水不得逕其北也趙無也字潁水又東南潩水入焉非洧水也

又東過西華縣北

王莽更名之曰華望也官本曰也上近刻衍縣字　案朱衍趙刪刊誤曰縣字衍有東故言西矣官本曰按矣近刻作也　案朱同趙改世祖光武皇帝建武中封鄧晨爲侯國漢濟北戴封字平仲爲西華令遇天旱慨治功無感乃積柴坐其上以自焚火起而大雨暴至遠近歎服官本曰按近刻訛作伏　案朱趙作伏永元十三年徵太常焉官本曰按焉近刻作也　案朱同趙改刊誤曰也名勝志作焉縣北有習陽城潁水逕其南官本曰按近刻作經其南也　案朱作經趙改逕並有也字經所謂洧水流注之也

又南過女陽縣北官本曰按漢志女陽師古曰女讀曰汝其下女陰亦同近刻女汝二字雜用　案朱作汝趙改女刊誤曰全氏云汝古皆作女道元以爲方俗之音非也但不知漢人何以獨用古字于女陽女陰而其餘則否

縣故城南有汝水枝流故縣得厥稱矣闞駰曰本汝水別流其後枯竭號曰死汝水故其字無水余按汝女乃方俗之音故字隨讀改未必一如闞氏之說以窮通損字也潁水又東大㶏水注之又東南逕博陽縣故城東官本曰按近刻脫故字　案朱脫趙增刊誤曰縣下落故字城在南頓縣北四十里漢宣帝封邴吉爲侯國王莽更名樂嘉趙釋曰一清按漢志作樂家

又東南過南頓縣北㶏水從西來流注之

㶏水于樂嘉縣入潁不至于頓頓故頓子國也周之同姓春秋僖公二十五年楚伐陳納頓子于頓是也俗謂之潁陰城非也潁水又東南逕陳縣南又東南左會交口者也

又東南至新陽縣北蒗碭朱趙作蕩下同渠水從西北來注之

經云蒗碭渠者百尺溝之名別趙作別名也潁水南合交口新溝官本曰按近刻脫潁水二字　案朱趙無自是東出潁上有堰謂之新陽堰俗謂之山陽堨非也新溝自潁北東出縣在水北故應劭曰縣在新水之陽今縣故城在東明潁水不出其北蓋經誤耳潁水自堰東南流官本曰按堰字近刻訛在東字下　案朱訛趙乙刊誤曰東堰二字當倒互逕項縣故城北春秋僖公十七年魯滅項是矣潁水又東右合谷水水上承平鄉諸陂東北逕南頓縣故城南側城東注春秋左傳所謂頓迫于陳而奔楚自頓徙南故曰南頓也今其城在頓南三十餘里又東逕項城中楚襄王所郭以爲別都都內西南小城項縣故城也舊潁州治谷水逕小城北又東逕魏

豫州刺史賈逵祠北官本曰按近刻脫魏豫州三字　案朱脫趙增刊誤曰刺史上落魏豫州三字王隱言祠在城北非也廟在小城東昔王淩爲宣王司馬懿趙釋曰一清按三字注中注所執居廟而歎曰賈梁道朱梁作叚趙改刊誤曰箋曰當作梁道按注中季梁作季叚袁叚作袁梁頗多互借此亦其一也王淩魏之忠臣惟汝有靈知之遂仰鴆而死朱箋曰干寶晉紀曰淩到項見賈逵祠呼曰賈梁道王淩固忠於魏之社稷者唯汝有神知之其年八月宣王有疾夢淩逵爲癘遂薨廟前有碑碑石金生趙作生金干寶曰黃金可採爲晉中興之瑞谷水又東流出城東注潁潁水又東朱趙無又字側潁有公路城趙側下刪潁字刊誤曰潁字衍文袁術所築也故世因以術字名城矣潁水又東逕臨潁城北城臨水闕南面又東逕雲陽二城閒南北翼水竝非所具又東逕邱頭邱頭南枕水官本曰按近刻脫南字　案朱脫趙增刊誤曰邱頭下落南字吳琯本校增魏書郡國志曰宣王軍次邱頭王淩面縛水次故號武邱矣趙釋曰巵林曰司馬懿雖嘗討王淩至邱頭而武邱之名至司馬昭克諸葛誕始改本注誤潁水又東南流官本曰按近刻脫流字　案朱脫趙增刊誤曰東南下落流字孫潛校增于故城北細水注之趙釋曰一清按細水說文作洵从水匃聲水上承陽都陂官本曰按宋本訛作阪近刻訛作陵　案朱訛陵趙改陂刊誤曰箋曰陵宋本作阪按皆非也當作陂陂水枝分東南出爲細水東逕新陽縣故城北又東南逕宋縣故城北官本曰按宋下近刻衍公字　案朱衍趙刪刊誤曰公字衍文郡國志云宋公國葢以爲宋是公國耳與他縣云侯國例合師古曰縣封于新郪號爲宋國後漢書郭憲傳云汝南宋人可證也即所謂郪邱者也官本曰按近刻脫即所謂三字　案朱脫趙增刊誤曰郪邱上落即所謂三字全氏校增秦伐魏取郪邱謂是邑矣漢成帝綏和元年詔封殷後于沛以存三統平帝元始四年改曰宋公章帝建初四年徙邑于此故號新郪爲宋公國也王莽之新延矣細水又南逕細

陽縣新溝水注之官本曰按近刻脫水字　案朱脫趙增刊誤曰兩新溝下俱落水字溝首受交口官本曰按溝上近刻有新字　案朱有新字趙增水字說見上東北逕新陽縣故城南漢高帝六年封呂青爲侯國官本曰按青近刻訛作淸　案朱訛趙改刊誤曰史表作呂青王莽更名曰新明也故應劭曰縣在新水之陽今無水故渠舊道而已東入澤渚而散流入細細水又東南逕細陽縣故城南官本曰按近刻脫縣字　案朱脫趙增刊誤曰細陽下落縣字王莽更之曰樂慶也世祖建武中封岑彭子遵爲侯國細水又朱作之箋曰宋本作又趙改又東南積而爲陂謂之次塘公私引裂官本曰按引近刻訛作列　案朱作列箋曰宋本作弘趙改引以供田溉又東南流屈而西南入潁地理志曰細水出細陽縣東南入潁趙釋曰一清按今漢志無是文師古曰居細水之陽故曰細陽細水出新郪潁水又東南流逕胡城東故胡子國也春秋定公十五年楚滅胡以胡子豹歸是也杜預釋地曰汝陰縣西北有胡城也官本曰按北近刻訛作地　案朱訛趙改刊誤曰地當作北潁水又東南汝水枝津注之水上承汝水別瀆于奇洛朱趙作領城東三十里世謂之大㶏水也東南逕召陵縣故城南春秋左傳僖公四年齊桓公師于召陵責楚貢不入即此處也城內有大井徑數丈水至淸深闞駰曰召者高也孫校曰說文邵高也其地丘墟井深數丈故以名焉又東南逕征羌縣故召陵縣之安陵鄉安陵亭也世祖建武十一年以封中郎將來歙歙以征定西羌功故更名征羌也趙釋曰一清按後漢書來歙傳曰以歙有平羌隴之功故改汝南之當鄉縣爲征羌國焉漢志汝南郡無此縣名續志云汝南郡召陵縣有安陵鄉征羌侯國有安陵亭與酈注合本傳之云所未詳也闞駰引戰國策以爲秦昭王欲易地謂此非也官本曰按近刻脫非字　案朱趙無釋曰一清按地理志傿陵李奇曰六國

為安陵在潁川不在汝南汝水別瀆又東逕公路臺北朱無臺北二字趙增刊誤曰箋曰此文原本錯寫入東南過潁陽縣注中今據宋本改正按公路下吳琯本有臺北二字朱氏錯割入前四葉十四行東歷罡之下今移接于此臺臨水方百步趙無方字袁術所築也汝水別溝趙作瀆又東逕西門城即南利也漢宣帝官本曰按漢下近刻衍書字案朱衍趙刪刊誤曰書字衍文封廣陵厲王子劉昌為侯國官本曰按厲字近刻訛在王字下國訛作也案朱厲王不誤國作也箋曰謝云昌下一有寶字一作實瑋按漢書王子侯表云宣帝本始元年七月封廣陵厲王子昌為南利侯克家云當作為侯國也趙改刊誤曰也當作國縣北三十里有孰城號曰北利故瀆出于二利之間間關女陽之縣官本曰按近刻脫一間字案朱脫趙增刊誤曰于文當重一間字世名之趙有曰字死女縣取水名故曰女陽也又東逕南頓縣故城北官本曰按近刻脫北字案朱脫箋曰疑脫一字趙增北字又東南逕鮦陽城北又東逕邸鄉城北又東逕固始縣故城北地理志縣故寢也寢丘在南故藉丘名縣矣趙釋曰全氏曰按漢志汝南郡有寢縣應劭以為寢邱淮陽國有固始縣顏師古又以為寢邱故劉奉世疑之曰既剏有固始則此寢疑更一地予謂非也睢陽之固始與寢本一地而分為二縣漢王追項羽至固陵晉灼曰即固始也師古曰後改為固始耳地理志屬淮陽續志光武改寢為固始而淮陽之固始則幷省陳之陽夏故陽夏有固陵聚劉昭補注引晉灼云汝南固始縣以實之則二縣本相接也又何疑乎寢之更是一地乎但今漢志則無固始故寢之文未知所據也王莽更名之曰閏治官本曰按近刻脫閏字案朱脫趙增刊誤曰漢書地理志作閏治今校補孫叔敖以土浸薄取而為封故能綿嗣城北猶有叔敖碑建武二年司空李通又慕叔敖受邑故光武以嘉之更名固始別汝又東逕蔡岡北岡上有平陽侯相蔡昭冢昭字叔明周后稷之冑冢有石闕闕前有二碑碑字淪碎不可復識羊虎傾低殆存而已枝汝又東北流逕胡城南而東歷女陰縣故城西北東入潁水潁水又東逕女陰縣故城北史記高祖功臣侯者年表曰高祖六年封夏侯嬰為侯國王莽更名之曰汝墳也縣在汝水之陰故以汝水納稱城西有一城故陶丘鄉也官本曰按鄉近刻訛作縣案朱訛趙改刊誤曰縣當作鄉汝陰郡治城外官本曰按治近刻訛作汝案朱訛趙改城外二字下屬官本讀誤趙刊誤曰魏書地形志汝陰郡晉武帝置治社亭城縣曰汝陰下汝字誤當作治趙釋曰全氏曰晉志汝陰郡魏置首汝陰縣後魏志汝陰郡晉武帝置治社亭城東北隅有舊臺翼城若丘俗謂之女郎臺雖經頽毀猶自廣崇上有一井疑故陶丘鄉所未詳官本曰按歷岡丘城南丘字起至此朱謀瑋本訛在後水受大漴陂漴字下原本不誤案朱訛趙改刊誤曰所未詳之次行接前五葉二行又東南至慎縣經文至五行水受大漴注文朱氏誤割黃本錯簡今改正

又東南至慎縣東南入于淮

潁水東南流左合上吳百尺二水俱承次塘細陂南流注于潁潁水又東南江陂水注之官本曰按江近刻訛作流案朱趙不誤刊誤曰箋曰江宋本作流按下文云陂水南流積為江陂江亦陂名改作流字非水受大漴陂官本曰按經又東南至此句漴字止朱謀瑋本訛在後會淮也後案朱訛趙改朱作崇箋曰舊本作漴趙改漴刊誤曰水受大崇下接前四葉十四行陂陂水南流至五葉一行蓋潁水之會淮也朱氏誤割黃本錯簡今改正大崇之崇當加水作漴方輿紀要壽州下云大漴陂在下蔡城西北百二十里淮水篇又作天漴陂誤也陂水南流積為江陂南逕慎城西側城南流入于潁潁水又逕慎縣故城南縣故楚邑白公所居以拒吳春秋左傳哀公十六年吳人伐慎白公敗之王莽之慎治也世祖建武中封劉賜為侯國潁水又東南逕蜩蟟郭東俗謂之鄭城矣趙釋曰一清按功臣侯表宣帝神爵三年封鄭吉為安遠侯表云慎縣知此城為吉封邑也又東南入于淮春秋昭公十二年楚子狩于州來次于潁尾蓋潁水之會淮也官本曰按水受大漴陂陂字起至此朱謀瑋本訛在前歷岡邱

城南岡字下而陂字之上岡字之下又誤截逕公路臺北句臺北二字雜入其間朱氏以爲據宋本實前後舛謬惟永樂大典內此水敘次不紊 案朱訛趙改刊誤出臺北陂陂水南流至蓋潁水之會淮也十五字曰臺北二字係後九葉十八行汝水別瀆又東逕公路下文朱氏誤割黃本錯簡于此今移接于彼陂字上接下五葉五行水受大崇至蓋潁水之會淮也潁水注盡此次行接後十葉二十行洧水經文

洧水出河南密縣西南馬領山孫校曰元和志河南府密縣本漢舊縣馬領山在縣南十五里

洧水所出

水出山下亦言出潁川陽城山趙釋曰一清按此是班固說山在陽城縣之東北蓋馬領之統目焉洧水東南流官本曰按洧近刻訛作清 案朱訛趙改刊誤曰清當作洧逕一故臺南俗謂之陽子臺又東逕馬領塢北塢在山上官本曰按近刻脫塢字 案朱脫趙增刊誤曰在上落塢字塢下泉流北注亦謂洧別源也而入于洧水洧水東流綏水會焉水出方山綏溪卽山海經所謂浮戲之山也東南流逕漢宏農太守張伯雅墓塋域四周官本曰按近刻脫域字 案朱脫趙增刊誤曰塋下落域字壘石爲垣隅阿相降列于綏水之陰庚門表二石闕夾對石獸于闕下冢前有石廟列植三碑碑云德字伯雅河南密人也官本曰按南近刻訛作內 案朱訛趙改刊誤曰內當作南碑側樹兩石人有數石柱及諸石獸矣官本曰按近刻脫矣字 案朱脫趙增舊引綏水南入塋域而爲池沼官本曰按域近刻訛作城 案朱訛趙改沼在丑地皆蟾蠩吐水石隍承溜池之南又建石樓石廟前又翼列諸獸但物謝時淪凋毀殆盡夫富而非義官本曰按夫近刻訛作矣 案朱訛趙改刊誤曰矣隸釋載此文作夫比之浮雲況復此乎王孫士安斯爲達矣綏水又東南流逕上郭亭南東南注洧洧水又東襄荷水注之水出北山子節溪亦謂之子節水東南

流注于洧官本曰按近刻脫注字 案朱脫趙增刊誤曰流下落注字洧水又東會濿滴泉水出深溪之側泉流丈餘懸水散注故世士以濿滴稱南流入洧水也

東南過其縣南官本曰按近刻作又東南又字後人所加 案朱趙有又字

洧水又東南流官本曰按近刻訛作東流南 案朱訛趙乙刊誤曰流南二字當倒互與承雲二水合俱出承雲山二源雙導東南流注于洧世謂之東西承雲水洧水又東微水注之水出微山東北流入于洧洧水又東逕密縣故城南春秋謂之新城左傳僖公六年會諸侯伐鄭圍新密鄭所以不時城也官本曰按鄭所以近刻訛作以鄭二字 案朱訛趙改刊誤曰左傳是鄭所以不時城也今本誤今縣城東門南側有漢密令卓茂祠茂字子康南陽宛人溫仁寬雅恭而有禮人有認其馬者茂與之曰若非公馬幸至丞相府歸我遂挽車而去後馬主得馬謝而還之任漢黃門郎遷密令舉善而教口無惡言教化大行道不拾遺蝗不入境百姓爲之立祠享祀不輟矣洧水又左會璅泉水水出玉亭西北流注于洧水洧水朱作洧水水三字趙上水字改洧刊誤曰上水字重文當作洧又東南與馬關水合水出玉亭下東北流歷馬關謂之馬關水又東北注于洧洧水又東合武定水水北出武定岡官本曰按北出近刻訛作出北 案朱訛趙乙刊誤曰出北二字當倒互西南流又屈而東南流逕零鳥塢西側塢東南流塢側有水懸流赴壑一匹有餘直注澗下淪積成淵嬉遊者矚望奇爲佳觀俗人覩此水挂于塢側遂目之爲零鳥水東南流入于洧洧水又東與虎牘山水合水發南山虎牘溪東北流入洧洧水又東

南赤澗水注之水出武定岡東南流逕皇臺岡下又歷岡東東南流注于洧洧水又東南流潧水注之洧水又東南逕鄶城南世本曰陸終娶于鬼方氏之妹趙方下無氏謂之女隤官本曰按隤近刻訛作潰 案朱作潰箋曰今據世本云陸終娶鬼方氏之妹謂之女嬇生子六人大戴禮帝繫篇作女隤宋本水經注作女潰趙改隤釋曰朱氏箋引世本作女嬇是生六子孕三年啟其左脅三人出焉破其右脅三人出焉其四曰萊言是為鄶人官本曰按近刻訛作求言是謂之鄶 案朱趙萊作求朱作是謂之鄶趙改刊誤曰史記註引宋忠世本曰是為鄶人鄶人者鄭是也今校正鄭字亦誤當作鄶詳本卷說見下鄶人者鄭是也趙釋曰一清按史記楚世家陸終生子六人四曰會人裴駰集解引世本曰會人者鄭是也鄭字誤當作鄶小司馬索隱曰系本云四曰求言是為鄶人毛詩正義曰陸終生子六人四曰會人 案世本會人即檜之祖也鄭桓公問于史伯曰王室多難予安逃死乎史伯曰虢鄶公之民遷之可也鄭氏東遷虢鄶獻十邑焉劉楨云鄶在豫州外方之北北鄰于虢都滎之南官本曰按都滎近刻訛作鄶滎 案朱訛趙改刊誤曰全氏云鄶當作都鄶之國都也左濟右洛居兩水之閒官本曰按居下近刻有陽鄭二字衍 案朱趙有趙釋曰全氏曰考潧洧之交竝無陽水但有陰水耳左傳陰阪陰口是也古文陽从阳陰从阴字近致訛食溱洧焉徐廣曰鄶在密縣妘姓矣不得在外方之北也洧水又東逕陰坂北水有梁焉俗謂是濟為參辰口左傳襄公九年晉伐鄭濟于陰坂次于陰口而還是也杜預曰陰坂洧津也服虔曰水南曰陰官本曰按水近刻訛作登 案朱訛趙改刊誤曰箋曰登當作參按夫參南何以曰陰乎全氏云是水南之誤口者水口也參陰聲相近蓋傳呼之謬耳又晉居參之分官本曰按參上近刻衍商字 案朱趙有實沈之土官本曰按近刻訛作上 案朱趙作土鄭處大辰之野官本曰按大辰近刻訛作辰火 案朱趙作辰火閼伯之地軍師所次故濟得其名也趙釋曰全氏曰按商參孫汝澄云當作觜參何焯曰非也參當作曑說文曑商星也非二十八宿之參唐韻讀作所今切予謂義門以說文立異而不細讀此注夫商星之曑何以亦為實沈之主乎且曑為晉分見于何書況善長引服氏語謂參陰聲相近今改而為所今切幾何不千里而遙也然則尚不如孫說之近是矣且善長此數語本屬傳會以晉為實沈之土而軍師所次即以名其水口固未必然若鄭何嘗是閼伯之土乎此不足深辨者也

又東過鄭縣南潧水從西北來注之朱潧作鄶箋曰鄶宋本作潧即鄭詩溱字

洧水又東逕新鄭縣故城中官本曰按近刻脫縣字 案朱脫趙增刊誤曰新鄭下落縣字左傳襄公元年晉韓厥荀偃帥諸侯伐鄭入其郛敗其徒兵于洧上是也竹書紀年晉文侯二年周惠王子多父伐鄶官本曰按周近刻訛作同 案朱趙作同朱箋曰一無惠字克之乃居鄭父之丘名之曰鄭是曰桓公趙釋曰一清按漢志河南郡新鄭縣應劭引國語曰周幽王敗桓公死之其子武公與平王東遷洛邑遂伐虢會而并其地而邑于此京兆尹鄭縣應劭曰宣王母弟友所封也其子與平王東遷更稱新鄭史記鄭世家桓公初封于鄭索隱引系本云桓公居棫林徙拾宋忠曰棫林與拾皆舊地名是封桓公乃名為鄭耳然則居鄭父之邱者是桓公之子武公而誤以為桓公者蓋竹書之謬道元于渭水篇已詳辨之皇甫士安帝王世紀云或言縣故有熊氏之墟黃帝之所都也鄭氏徙居之故曰新鄭矣城內有遺祠名曰章乘是也洧水又東為洧淵水春秋傳曰龍鬬于時門之外洧淵即朱趙作則此潭也今洧水自鄭城西北入而東南流逕鄭城南城之南門內舊外蛇與內蛇鬬內蛇死六年大夫傅瑕殺鄭子納厲公官本曰按納近刻訛作入 案朱趙作入是其徵也官本曰按近刻訛作自是徵也 案朱趙同水南有鄭莊公望母臺莊姜惡公寤生與段京居段不弟姜氏無訓莊公居夫人于城潁誓曰不及黃泉無相見也故成臺以望母官本曰按成近刻訛作城 案朱作城箋曰疑作成趙改成用伸在心之思感考叔之言忻大隧之賦

洩洩之慈有嘉融融之孝得常矣洧水又東與黃水合經所謂澮水非也黃水出太山南黃泉東南流逕華城西史伯謂鄭桓公曰華君之土也趙刊誤曰箋曰鄭語史伯謂鄭桓公曰鄢蔽補丹依睬歷華君之土也似非華字按史記鄭世家虢果獻十邑註云虞翻曰十邑謂虢鄶鄢蔽補丹依睬歷華也索隱引國語亦是華字困學紀聞鄭語依睬歷莘引史記鄭世家註及水經注俱作華字以證今本之失蓋宋本原有作莘字者厚齋故特糾正之何焯曰明道二年國語本前華後河正作華字韋昭曰華國名矣史記秦昭王三十三年白起攻魏拔華陽走芒卯斬首十五萬司馬彪曰華陽亭名在密縣嵇叔夜常采藥于山澤學琴于古人卽此亭也朱箋曰靈異志嵇中散嘗西南去洛數十里有亭名華陽投宿一更中操琴聞空中稱善中散呼與相見乃出見形以手持其頭共論音聲因授以廣陵散黃水東南流又與一水合官本曰按一近刻譌作上案朱趙作上水出華城南岡官本曰按近刻作水出兩塘中案朱趙同一源兩分泉流派

別東爲七虎澗水西流卽是水也其水西南流注于黃水黃卽春秋之所謂黃崖也故杜預云苑陵縣西有黃水者也官本曰按苑近刻譌作宛案朱趙作苑趙刊誤曰箋曰當作宛陵按通鑑釋文辨誤云魏大都督宇文貴進據潁川東魏行臺任祥退保宛陵史炤曰宛陵宣城邑彭澤聚在西按史炤參取漢書地理志晉書地理志以爲釋殊不知地理志漢河南郡又有苑陵縣晉屬滎陽郡後魏屬陳留郡天平以後屬廣武郡任祥所退保者也詳考諸志宣城之宛陵與任祥所保之苑陵字有苑宛之異傳寫者誤以苑爲宛史炤遂誤釋爲宣城之宛陵所謂差之毫釐繆以千里也朱氏之誤殆與史同渠水注又改爲苑苑音鬱更爲非矣又東南流水側有二臺朱趙有也字謂之積粟臺臺東卽二水之會也捕獐山水注之官本曰按獐近刻譌作章下同案朱譌趙改刊誤曰章當作獐河南總志校水東出捕獐山朱東出作出東趙改刊誤曰出東二字當倒互西流注于黃水黃水又南至鄭城北東轉于城之東北與黃溝合水出捕獐山東南流至鄭城東北入黃水黃水又東南逕龍淵東南官本曰按龍淵下近刻衍泉字案朱趙有七里溝水注之水出隙候亭東南平地東注又屈而南流逕升城東又南歷燭城西官本曰按又南近刻譌作又其南案朱趙同趙於其字下釋曰一清按此處有脫誤卽鄭大夫燭之武邑也又南流注于洧水也

又東南過長社縣北

洧水東南流南濮北濮二水入焉濮音僕官本曰按近刻脫此三字此亦注中之小注案朱趙無洧水又東南與龍淵水合水出長社縣西北有故溝上承洧水水盛則通注龍淵水減則津渠輟流官本曰按近刻減譌作滅津譌作律案朱作滅箋曰宋本作減趙改滅減津字並不誤其瀆中濊泉南注東轉爲淵綠水平潭清潔澄深俯視游魚類若乘空矣所謂淵無潛鱗也又東逕長社縣故城北鄭之長葛邑也春秋隱公五年

宋人伐鄭圍長葛是也後社樹暴長故曰長社魏潁川郡治也余以景明中出宰茲郡于南城西側脩立客館版築旣興于土下得一樹根官本曰按土近刻譌作上案朱譌趙改刊誤曰上當作土甚壯大疑是故社怪長暴茂者也稽之故說縣無龍淵水名蓋出近世矣京相璠春秋土地名曰長社北界有稟水但是水導于隍壍之中非北界之所謂又按京杜地名竝云官本曰按杜近刻譌作社案朱譌趙改刊誤曰社當作杜謂京相璠春秋土地名及杜預春秋釋地也長社縣北有長葛鄉斯乃縣徙于南矣然則是水卽稟水也其水又東南逕棘城北左傳所謂楚子伐鄭救齊次于棘澤者也稟水又東左注洧水洧水又東南分爲二水官本曰按此下近刻衍也字案朱趙有其枝水東北流注沙官本曰按北近刻譌作南案朱譌趙改刊誤曰東南吳琯本作東北一水東逕許昌

縣故許男國也姜姓四岳之後矣穆天子傳所謂天子見許男于洧上者也漢章帝建初四年官本曰按此下近刻衍更字案朱趙有封馬光爲侯國春秋佐助期曰漢以許朱趙有昌字失天下及魏承漢歷遂改名許昌也城內有景福殿基魏明帝太和中造準價八百餘萬洧水又東入汶倉城內俗以是水爲汶水故有汶倉之名非也蓋洧水之邸閣耳洧水又東逕鄢陵縣故城南官本曰按鄢近刻訛作隱下同案朱作隱趙改傿下同刊誤曰隱陵當作傿陵漢書五行志作傿陵地理志作傿陵李奇曰六國爲安陵也孫校曰鄢安聲相近昔秦求易地唐且受使于此趙釋曰春秋分記曰鄢亦曰隱陵成十六年晉敗楚于鄢陵即此六國時曰安陵兩漢晉爲鄢陵縣俱屬潁川郡按後漢志曰春秋時曰鄢注曰克段于鄢晉敗楚于鄢陵釋例亦然知其爲鄭之鄢無疑惟是漢陳留郡有曰傿王莽所易爲順通在東漢屬梁國者是也應劭于前漢志誤以陳留之傿爲克段之鄢水經據以爲正謂克段于傿其地在漢陳留杜預誤作潁川鄢陵蓋從應劭注耳此自應誤何得云杜誤乎一清按今本水經注浚儀渠其一者東南過陳縣也下及睢水出梁郡傿縣卷中俱無克段之文克齋所引豈無明據耶蓋是書多缺失耳寰宇記鄢城在宋州柘城縣北二十九里春秋時實陳株野地鄭伯克段之鄢在潁川不在陳留也漢高帝十二年封都尉朱濞爲侯國官本曰按朱近刻訛作諸案朱趙作諸朱箋曰孫云按史記年表朱濞封鄢陵侯王莽更名左亭洧水又東鄢陵陂水注之水出鄢陵南陂東西南流注于洧水也

又東南過新汲縣東北

洧水自鄢陵東逕桐邱南俗謂之天井陵又曰岡非也洧水又屈而南流官本曰按此下近刻衍其字案朱衍趙刪水上有梁謂之桐門橋官本曰按此下近刻有蓋字案朱趙有藉桐邱以取稱亦言取桐門亭而著目焉官本曰按近刻脫著字案朱趙無然不知亭之所在未之詳也洧水又東

南逕桐邱城春秋左傳莊公二十八年楚伐鄭鄭人將奔桐邱即此城也杜預春秋釋地曰潁川許昌城東北京相璠曰鄭地也官本曰按近刻脫此三字案朱脫趙增刊誤曰曰下落鄭地也三字黃省曾本校補今圖趙改國無而城見存西南去許昌故城可三十五里俗名之曰隄其城南即長隄固洧水之北防也官本曰按固近刻訛作因案朱訛趙改刊誤曰因當作固全氏校西面桐邱其城邪長而不方蓋憑邱之稱即城之名矣洧水又東逕新汲縣故城北漢宣帝神雀二年置于許之汲鄉曲洧城以河內有汲縣故加新也官本曰按近刻此下衍漢章帝建初四年封執金吾馬光爲侯國十六字案朱趙有十六字趙釋曰沈氏曰按後漢書本傳馬光無新汲之封而建初四年所封即許昌也已見上文此蓋複出之錯簡城在洧水南隄上又東洧水右迆爲濩陂洧水又逕匡城南扶溝之匡亭也又東洧水左迆爲鴨子陂朱有也字趙刪刊誤曰也字衍文謂之大穴口也

又東南過茅城邑之東北

洧水自大穴口官本曰按近刻脫大字案朱脫趙增刊誤曰穴口上落大字東南逕洧陽城西南逕茅城東北又南左合甲庚溝官本曰按近刻脫甲字庚訛作庚案朱脫訛趙增改刊誤曰下云餘波南入甲庚溝此脫甲字庚當作庚亦見渠水注溝水上承洧水于大穴口東北枝分東逕洧陽故城南俗謂之復陽城非也蓋洧復字類音讀變漢建安中封司空祭酒郭奉孝爲侯國其水又東南爲鴨子陂陂廣朱趙有一字十五里餘波南入甲庚溝官本曰近刻波訛作陂庚訛作庚案朱庚作庚趙改刊誤曰箋曰克家云波當作陂按波字不誤汲水經云餘波南入睢陽城中獲水注云水上承安陂餘波北逕阿育王寺側蓋其詞例也惟波流所屆乃能入溝注洧若陂是定體何以能入與注乎西注洧官本曰按近刻訛作又東北瀉沙洧水又南逕一故城西世

謂之思鄉城西去洧水十五里官本曰按近刻脫水字案朱趙無洧水又右
合濩陂水水上承洧水于新汲縣官本曰按近刻脫水字于字案朱脫于字汲作波
趙增改陂下並不重水字刊誤曰箋曰波宋本作汲按洧水下落于字南逕新汲縣故城東官本
曰按近刻脫縣字案朱脫趙增又南積而爲陂陂之西北即長社城官本曰按
社近刻訛作舍案朱趙作舍趙釋曰全氏曰長舍即長社之變陂水東翼洧隄西面茅邑
自城北門列築隄道迄于此岡世尚謂之茅岡即經所謂茅
城邑也官本曰按茅城邑近刻訛作茅邑地案朱訛趙改刊誤曰茅邑地當作茅城邑陂水北出
東入洧津西納北異流官本曰按此句有脫誤未詳案朱同趙改西北納潩流刊誤曰于文當
作西北納潩流謂潩水也
又東過習陽城西折入于潁
洧水又東南逕辰亭東俗謂之田城非也蓋田辰聲相近城

亭音韻聯故也經書魯宣公十一年楚子陳侯鄭伯盟于辰
陵也京相璠曰潁川長平有故辰亭杜預曰長平縣東南有
辰亭今此城在長平城西北長平城在東南或杜氏之謬傳
書之誤耳長平東南淋陂北畔有一阜東西減里朱減作减趙改刊誤
曰減當从水作減南北五十許步俗謂之新亭臺又疑是杜氏所謂
辰亭而未之詳也洧水又南逕長平縣故城西王莽之長正
也洧水又南分爲二水枝分東出官本曰按分近刻訛作水案朱趙作水謂之
五梁溝逕習陽城北又東逕赭邱南邱上有故城郡國志曰
長平故屬汝南縣有赭邱城即此城也又東逕長平城南東
注澇陂洧水南出謂之雞籠水故水會有籠口之名矣洧水
又東逕習陽城西官本曰按洧近刻訛作河案朱訛趙改刊誤曰河水當作洧水西南折

入潁地理志曰洧水東南至長平縣入潁者也
潩水出河南密縣大騩山
大騩即具茨山也黃帝登具茨之山升于洪隄上趙隄下增之字刊誤
曰洪隄下落之字受神芝圖于華朱趙作黃蓋童子即是山也潩水出其
阿流而爲陂官本曰按近刻潩訛作溪流而訛作而流案朱並訛箋曰溪水疑作潩水趙改刊誤曰而流
二字當倒互俗謂之玉女池東逕陘山北史記魏襄王六年敗楚
于陘山者也山上有鄭祭仲冢冢西有子產墓累石爲方墳
墳東有廟竝東北向鄭城杜元凱言不忘本際廟舊有一枯
柏樹其塵根故株之上多生稚柏成林官本曰按近刻脫此二字案朱趙無
列秀青青望之奇可嘉矣潩水又東南逕長社城西北官本曰按
城字上近刻有林字即上成林二字訛在此案朱同箋曰當作長社故城趙林改故上又增縣字南濮北濮

二水出焉劉澄之著永初記云水經濮水源出大騩山東北
流注泗衞靈聞音于水上殊爲乖矣余按水經爲潩水不爲
濮也是水首受潩水官本曰按潩近刻訛作溪案朱趙不誤川渠雙引俱東注
洧官本曰按近刻訛作有案朱趙作有洧與之過沙枝流派亂朱派作脈趙改刊誤曰脈
當作派互得通稱官本曰按互近刻訛作牙案朱訛趙改是以春秋昭公九年遷
城父人于陳以夷濮西田益之京相璠曰以夷之濮西田益
也杜預亦言以夷田在濮水西者與城父人服虔曰濮水名
也且字類音同津瀾遐別不得爲北濮上源師氏傳音于其
上矣潩水又南逕鍾亭西又東南逕皇臺西官本曰按近刻脫東字西字
案朱脫又臺作帝趙改亭不補刊誤曰箋曰孫云按下文當作皇臺按黃省曾本作皇亭又東南逕關亭
西又東南逕宛亭西鄭大夫宛射犬之故邑也潩水又南分

為二水官本曰按近刻脫為字案朱脫趙增刊誤曰分下落為字一水南出逕胡城東故潁陰縣之狐人亭也其水南結為陂謂之胡城陂潩水自枝渠東逕曲强城東官本曰按近刻脫城字案朱脫趙增刊誤曰曲强下落城字皇陂水注之水出西北皇臺七女岡北皇陂卽古長社縣之濁澤也史記魏惠王元年韓懿侯與趙成侯合軍伐魏戰于濁澤是也趙釋曰方輿紀要云濁澤括地志云出解縣東北平地卽涿水涿音濁史記趙成侯六年伐魏取涿澤魏世家魏惠王元年韓懿侯趙成侯合兵伐魏戰于濁澤大破之遂圍魏是時魏都安邑或以為河南之濁澤誤也一清按史記韓世家注云徐廣曰長社有濁澤酈說蓋有所據其陂官本曰按陂下近刻衍水字案朱趙有水字趙釋曰寰宇記尉氏縣下引水經注云魏惠王元年韓懿侯會伐魏于巤澤陂北對雞鳴城一清按其陂水下疑有脫誤北對雞鳴城卽長社縣之濁城也官本曰按長近刻訛作是案朱訛趙改刊誤曰是社當作長社陂水東朱作又箋曰舊本作陂水東南流吳本改作又南流趙改東南流逕胡泉城北故潁陰縣之狐宗鄉也又東合胡城陂水官本曰按胡近刻訛作狐案朱訛趙改水上承皇陂官本曰按近刻訛作承陂水案朱同趙增皇字刊誤曰陂水上落皇字而東南流注于黃水謂之合作口而東逕曲强城北東流入潩水時人謂之勑水非也勑潩音相類故字從聲變耳趙釋曰一清按說文潩水出河南密縣大騩山南入潁从水異聲與職切與水經合又有瀷水出河南密縣東入潁从水翼聲與職切潩瀷音同而字相近其源委又同豈卽一水而重出者與惟其為與職切故與勑音相類若讀作異相去遠矣潩水又逕東西武亭閒官本曰按近刻訛作又東逕武亭閒案朱同趙改東西二武亭閒刊誤曰當作又逕東西二武亭閒下云兩城相對是也兩城相對疑是古之岸門官本曰按岸近刻訛作岑下同案朱趙同趙作卽是史遷所謂走犀首于岸門者也徐廣曰潁陰有岸亭未知是否趙釋曰沈氏曰續志潁陰縣有岸門史記魏世家哀王五年走犀首于岸門徐廣曰潁陰有岸亭張守節曰括地志云岸門在長社縣西北二十八里今名西武亭然則岑字誤也索隱引劉昭曰河東皮氏縣有岸頭亭蓋為謬矣一清按漢書衞青傳張次公封岸頭侯晉灼曰河東皮氏亭也顧景范曰岸頭亭在河津縣南古岸門也史記秦孝公二十四年與晉戰于岸門虜其將魏錯又惠文王後十一年敗韓于岸門斬首十萬魏世家襄王五年秦使樗里子伐取我曲沃走犀首于岸門今河津漢皮氏縣地與曲沃近河東亦有岸門因致斯誤潩水又南逕射犬城東卽鄭公孫射犬城也蓋俗謬耳潩水又南逕潁陰縣故城西魏明帝封司空陳羣為侯國其水又東南逕許昌城南官本曰按其水下近刻衍城西二字東南逕脫南字案朱作俱水城西趙俱改其水下增自字不增東下南字刊誤曰箋曰俱宋本作其按其水下落自字又東南與宣梁陂水合朱箋曰孫云舊作宣帝陂誤陂上承狼陂趙上承上增水字刊誤曰陂下落水字于文是陂水上承狼陂于潁陰城西南陂南北二十里東西十里春秋左傳曰楚子伐鄭師于狼淵是也官本曰按近刻脫淵字案朱脫趙增刊誤曰左傳作狼淵今校補事在文公九年其水東南入許昌縣逕巨陵城北朱巨作臣趙改刊誤曰箋曰一作巨陵按春秋分記引京相璠土地名作巨陵顧祖禹曰又謂之大陵鄭地也春秋左氏傳莊公十四年鄭厲公獲傅瑕于大陵京相璠曰潁川臨潁縣東北二十五里有故巨陵亭古大陵也其水又東積而為陂謂之宣梁陂也陂水又東南入潩水潩水又西南流逕陶城西又東南逕陶陂東東南入于潁

潧水出鄭縣西北平地趙釋曰全氏曰按溱水說文以出桂陽臨武者當之而水經注汝水篇亦有出平輿之溱水若其出鄭縣者說文以為潧水其音如溱其字不作溱也不知何時盡毛詩外傳國語孟子史漢諸書之潧胥改為溱猶幸水經存其舊稍留說文之學

潧水出鄶城西北雞絡塢下官本曰按西北近刻訛作北西案朱訛趙改朱箋曰絡御覽作洛東南流逕賈復城西東南流左合濦水水出賈復城東南流注于潧潧水又南左會承雲山水水出西北承雲山東南

歷渾子岡東注世謂岡峽爲五鳴口東南流注于澮澮水又東南流歷下田川逕鄶城西謂之爲柳泉水也故史伯答桓公曰君以成周之衆奉辭伐罪若克虢鄶君之土也如前華後河官本曰按華近刻作莘案朱同趙改刊誤曰國語若前華後河韋昭解華華國也道元注洧水能引韋氏之說則此莘字是後人傳寫之誤無疑右洛左濟官本曰按近刻訛作左洛右濟案朱訛趙改主芣騩而食澮洧官本曰按芣近刻訛作丕案朱作丕箋曰鄭語作主芣騩而食溱洧韋昭云芣騩山名在密縣趙改芣脩典刑以守之官本曰按脩近刻訛作循案朱趙作循趙刊誤曰循國語作脩可以少固鄶謂此矣澮水又南懸流奔壑崩注丈餘其下積水成潭廣四十許步淵深難測又南注于洧趙釋曰全氏曰按澮水不得入洧道元已詳辨之則此注注洧之說疑衍文詩所謂溱與洧者也世亦謂之爲鄶水也官本曰按亦近刻訛作所案朱訛趙改刊誤曰所孫潛校改亦趙釋曰春秋分記曰鄭之溱水故儈國居之亦曰儈水是也

東過其縣北又東南過其縣東又南入于洧水

自鄶澮東南更無別瀆不得逕新鄭而會洧也鄭城東入洧者黃崖水也蓋經誤證耳趙釋曰一清按此條又不錯則知上注必無注洧之說

渠出滎陽北河東南過中牟縣之北

風俗通曰渠者水所居也渠水自河與濟亂流官本曰按濟近刻訛作沛下同案朱訛趙改刊誤曰沛當作泲東逕滎澤北官本曰按近刻脫逕字案朱脫又滎作榮趙增改刊誤曰東下落逕字滎澤之滎當从水作滎經傳相承朱氏箋云舊本作榮其陋如此東南分濟歷中牟縣之圃田澤北與陽武分水澤多麻黃草故述征記曰踐縣境便覩斯卉窮則知踰界今雖不能然諒亦非謬詩所謂東有圃草也皇武子曰鄭之有原圃猶秦之有具囿官本曰按近刻訛作圖案朱訛趙改刊誤曰具圖當作具囿澤在中牟縣西西限長城東極官渡

北佩渠水東西四十許里南北二十許里官本曰按二十近刻訛作二百案朱趙作百中有沙岡上下二十四浦津流徑通官本曰按近刻重一律字徑訛作逕案朱重趙刪徑並作逕刊誤曰津字重文宜衍淵潭相接各有名焉有大漸小漸官本曰按近刻二漸字皆訛作斬案朱趙作斬趙刊誤曰箋曰御覽引此文作大漸小漸按今御覽正作斬字大灰小灰義魯練秋大白楊小白楊散嚇禺中官本曰按近刻訛作禹中案朱訛趙改羊圈官本曰按近刻訛作牟圈案朱訛趙改大鵠小鵠官本曰按近刻脫此二字案朱脫趙增龍澤蜜羅官本曰按近刻訛作嵒罷案朱訛趙改大哀小哀大長小長大縮小縮伯邱大蓋牛眼官本曰按近刻訛作眠案朱趙作眠朱箋曰御覽引此注斬作漸禹作禺牟作羊又有小鵠嵒罷作蜜羅飾皆同等浦水盛則北注渠溢則南播故竹書紀年梁惠成王十年趙刊誤曰御覽引此文作十五年竹書紀年事在周顯王八年正梁惠成王之十年御覽誤也入河水于甫田又爲大溝而引甫水者也又有一瀆自

酸棗受河導自濮瀆官本曰按濮近刻訛作漢案朱趙作漢歷酸棗逕陽武縣南出世謂之十字溝而屬于渠或謂是瀆爲梁惠之年所開官本曰按梁近刻訛作渠案朱趙不誤而不能詳也斯浦乃水澤之所鍾爲鄭隰之淵藪矣渠水右合五池溝官本曰按水近刻訛作又案朱訛趙改刊誤曰又當作水溝上承澤水官本曰按近刻脫溝字案朱趙無下流注渠官本曰按近刻脫注字案朱下作中流下脫一字趙改下增入字刊誤曰箋曰中宋本作下按流下落入字謂之五池口魏嘉平三年官本曰按近刻訛作二年案朱訛趙改刊誤曰按三國志司馬懿取王淩在嘉平三年二字誤司馬懿帥中軍討太尉王淩于壽春自彼而還帝使侍中韋誕勞軍于五池者也今其地爲五池鄉矣渠水又東不家溝水注之水出京縣東南梅山北溪朱無二水字趙增刊誤曰箋曰宋本作十家溝按寰宇記云鄭水一名不家溝不姓也晉書束晳傳有不準不姓之不轉注古音彪或云與丕平字通春秋傳之平鄭亦作丕蓋其地

有不姓人居之故卽姓以名溝也朱箋所引宋本非矣渠下落水字出京縣上又落水字春秋襄公十八年楚蔿子馮公子格官本曰按近刻脫楚字案朱脫趙增刊誤曰爲于馮上落楚字率銳師侵費右迴梅山杜預曰在密東北卽是山也其水自溪東北流逕管城西故管國也周武王以封管叔矣官本曰按近刻脫王字案朱趙無成王幼弱周公攝政管叔流言曰公將不利于孺子公賦鴟鴞以伐之卽東山之師是也官本曰按師近刻訛作詩案朱趙作詩左傳宣公十二年晉師救鄭楚次管以待之杜預曰京縣東北有管城者是也俗謂之爲管水又東北官本曰按又字近刻訛在上句俗字下案朱訛趙改刊誤曰又字當移在東北之上孫潛校正分爲二水一水東北流注黃雀溝謂之黃淵淵周朱趙有一字百步其一水東越長城東北流水積爲淵南北二里東西百步謂之百尺水北入圃田澤分爲二

水二十二　三五

水一水東北逕東武强城北漢書曹參傳官本曰按此下近刻有靳字衍案朱衍趙刪刊誤曰箋曰靳漢書作稱按漢書無此字蓋是衍文擊羽嬰于昆陽追至葉朱作業箋曰漢書作葉趙改葉還攻武强因至滎陽薛瓚云按武强城在陽武縣卽斯城也漢高帝六年封騎將莊不識爲侯國又東北流左注于渠爲不朱箋曰宋本作十家水口也一水東流又屈而南轉東南注白溝也渠水又東清池水注之官本曰按此下近刻有清池二字案朱趙有水出清陽亭西南平地東北流逕清陽亭南東流卽故清人城也詩所謂清人在彭彭爲高克邑也故杜預春秋釋地云中牟縣西有清陽亭是也清水又屈而北流趙增池字刊誤曰當作清池水落池字至清口澤七虎澗水注之水出華城南岡官本曰按華近刻訛作畢案朱訛趙改刊誤曰畢城當作華城一源兩派津川趣別西入黃雀溝官本曰按雀近刻訛作崖案朱訛趙改刊誤曰全氏云此卽濟水注之黃雀溝鄭國別有黃崖溝非此溝也東爲七虎溪亦謂之爲華水也又東北流紫光溝水注之水出華陽城東北而東流俗名曰紫光澗又東北注華水華水又東逕棐城北卽北林亭也春秋文公與鄭伯宴于棐林子家賦鴻雁者也春秋宣公元年諸侯會于棐林以伐鄭楚救鄭遇于北林服虔曰北林鄭南地也京相璠曰今滎陽苑陵縣官本曰按苑近刻訛作宛下同案朱趙作苑趙刊誤曰箋曰苑當作苑按此是世本郡國志誤文朱氏據之非矣詳見洧水篇有故林鄉在新鄭北故曰北林也余按林鄉故城在新鄭東如北七十許里官本曰按近刻鄭下衍北字案朱有趙乙刊誤曰北東二字當倒互苑陵故城在東南五十許里官本曰按近刻脫陵字在字案朱脫箋曰謝云當有在字趙並增刊誤曰苑下落陵字不得在新鄭北也攷京服之說並爲疎矣杜預云滎陽中

水二十二　三六

牟縣西南有林亭在鄭北今是亭南去新鄭縣故城四十許里官本曰按近刻脫縣字案朱脫趙增刊誤曰新鄭下落縣字蓋以南有林鄉亭故杜預據是爲北林最爲密矣又以林鄉爲棐亦或疑焉諸侯會棐楚遇于此寧得知不在是而更指他處也積古之傳趙刊誤曰箋曰克家云疑作稽古按積古猶詩言振古積字不誤事或不謬矣又東北逕鹿臺南岡北出爲七虎澗東流期水注之水出期城西北平地世號龍淵水東北流又北逕期城西又北與七虎澗合謂之虎溪水亂流東注逕期城北東會清口水司馬彪郡國志曰中牟有清口水卽是水也清水又東北白溝水注之水有二源北水出密之梅山東南而東逕靖城南與南水合南水出太山官本曰按南水近刻訛作水南出下衍合字案朱同箋曰宋本作南水屈合太水趙依改西北流至靖城

南左注北水卽承水也山海經曰承水出太山之陰東北流注于役水者也世亦謂之靖澗水 官本曰按亦近刻譌作所案朱譌趙刪刊誤曰所字衍文又朱趙水下有也字 又東北流太水注之水出太山東平地山海經曰太水出于太山之陽而東南流注于役水世謂之禮 朱作澧箋曰舊本作禮水趙改禮 水也東北逕武陵城西東北流注于承水承水 朱趙不重二字 又東北入黃箕澗北逕中陽城西 城內有舊臺甚秀臺側有陂池池水淸深 澗水又東屈逕其城北 竹書紀年梁惠成王十七年鄭釐侯來朝中陽者也 其水東北流爲白溝又東北逕伯禽城北 官本曰按東北近刻譌作北東案朱譌趙乙刊誤曰北東二字當倒互 蓋伯禽之魯往逕所由也 屈而南流東注于淸水卽潘岳都鄉碑所謂自中牟故縣以西西至于淸溝 官本曰按近刻脫鄉字案朱脫趙增刊誤曰都下落鄉字 指是水也亂流東逕中牟宰魯恭祠南 漢和帝時右扶風魯恭字仲康以太尉掾遷中牟令政專德化不任刑罰吏民敬信蝗不入境河南尹袁安疑不實使部掾肥親按行之恭隨親行阡陌坐桑樹下雉止其旁有小兒親曰兒何不擊雉曰將雛親起曰蟲不入境一異化及鳥獸二異豎子懷仁三異久留非優賢請還是年嘉禾生縣庭安美其治以狀上之徵博士侍中車駕每出恭常陪乘上顧問民政無所隱諱故能遺愛自古祠享來今矣 官本曰按亨近刻譌作饗案朱趙作饗 淸溝水又東北逕沈淸亭 官本曰按近刻脫亭字案朱趙無趙釋曰一淸按沈淸下疑脫亭字 疑卽博浪亭也服虔曰博浪陽武南地名也 官本曰按南地名近刻譌作二水沙名案朱同趙改沙水二名刊誤曰此文誤也當作博浪陽武沙水二名也詳見本卷 今有亭 趙釋曰一

淸按漢書張良傳注引服虔曰博浪河南陽武南地名今有亭史記索隱曰服虔云博浪地名在陽武南而晉志滎陽郡卷縣下云有博浪長沙道元既以博浪爲澤水所鍾又是長沙故云沙水二名但所引服說全與史漢注異未知所據 所未詳也 歷博浪澤 昔張良爲韓報仇于秦以金椎擊秦始皇不中中其副車于此 又北分爲二水枝津東注淸 朱作沒趙改役 水淸水自枝流北注渠謂之淸溝口渠水又左逕陽武縣故城南東爲官渡水又逕曹太祖壘北 有高臺謂之官渡臺渡在中牟故世又謂之中牟臺 朱無之字趙增刊誤曰又謂下落之字 建安五年太祖營官渡袁紹保陽武紹連營稍前依沙堆爲屯東西數十里公亦分營相禦合戰不利紹進臨官渡起土山地道以逼壘公亦起高臺以捍之卽中牟臺也今臺北土山猶在山之東悉紹舊營遺基竝存 官本曰按基近刻譌作臺案朱譌趙改刊誤曰臺通鑑地理通釋作基 渠水又東逕田豐祠北 袁本初慙不納其言害之時人嘉其誠謀無辜見戮故立祠于是用表袁氏覆滅之宜矣 又東役水注之水出苑陵縣西隟 朱趙作隟 候亭東 世謂此亭爲卻城 趙卻改郄刊誤曰卻當作郄非也蓋隟卻朱箋曰疑作郄聲相近耳趙釋曰沈氏曰左傳襄公十一年諸侯之師次于瑣杜註苑陵縣西有瑣侯亭續志苑陵縣有瑣侯亭若隟是隟字不與瑣通考字書隟與瑣通或是璅字之誤文 中平陂 趙釋曰一淸按中平陂上有脫文 世名之遲泉也卽古役水矣山海經曰役山役水所出北流注于河疑是水也東北流逕苑陵縣故城北東北流逕焦城東 朱北流作流北趙乙刊誤曰流北二字當倒互 陽邱亭西世謂之焦溝水 官本曰按世近刻譌作也案朱譌趙改刊誤曰也當作世 竹書紀年梁惠成王十六年秦公孫壯率師伐鄭 官本曰按近刻脫率師二字案朱脫師伐二字趙增刊誤曰箋曰率當作伐按率下落師伐二字孫潛校增今本竹書無此二字蓋以意增 圍

焦城不克即此城也俗謂之驛城非也役水自陽邱亭東流逕山民城北官本曰按民近刻訛作氏下同　案朱趙作氏爲高榆淵竹書紀年梁惠成王十六年秦公孫壯率師城上枳安陵山民者也又東北爲酢溝又東北魯溝水出焉役水又東北埿溝水出焉又東北爲八丈溝又東清水枝津注之水自沈城東派注于役水役水朱趙不重二字又東逕曹公壘南東與沫水合山海經云沫山官本曰按近刻脫此二字　案朱脫趙增沫作末沫水所出北流注于役今是水出中牟城西南疑即沫水也東北流逕中牟縣故城西官本曰按近刻脫西字　案朱脫趙增南字刊誤曰城下落南字孫潛校增昔趙獻侯自耿都此班固云趙自邯鄲徙焉趙襄子時佛肸以中牟叛置鼎于庭不與己者烹之田英趙釋曰朱氏謀㙔箋曰說苑作田基新序作田卑將褰裳赴鼎處也辥瓚注漢書云中牟在春秋之時爲鄭之堰也趙堰改疆刊誤曰史記趙世家集解引瓚說作爲鄭之疆內也左傳定九年正義亦同此堰字是疆之譌及三卿分晉則在魏之邦土趙自漳北不及此也春秋傳曰衞侯如晉過中牟非衞適晉之次也汲郡古文曰齊師伐趙東鄙圍中牟此中牟不在趙之東也按中牟當在漯水之上矣官本曰按漯近刻作濕下同　案朱作濕趙改濕下同上改北刊誤曰濕當作㶟古漯字春秋分記云定九年晉車千乘在中牟晉地也在河北趙世家曰獻侯即位治中牟趙界自漳水以北不及河南臣瓚曰此中牟在漯水之上又史記注引汲郡古文上作北按春秋齊伐晉夷儀晉車千乘在中牟衞侯過中牟中牟人欲伐之衞褚師固亡在中牟曰衞雖小其君在未可勝也齊師克城而驕遇之必敗乃敗齊師服虔不列中牟所在杜預曰今滎陽有中牟迴遠疑爲非也然地理參差土無常域隨其強弱

自相吞并疆里流移官本曰按流近刻訛作留　案朱趙作留寍可一也兵車所指逕紆難知自魏徙大梁趙以中牟易魏故趙之南界極于浮水匪直專漳也官本曰按漳近刻訛作張　案朱趙不誤趙自西取後止中牟齊師伐其東鄙于宜無嫌而瓚徑指漯水官本曰按近刻徑訛作逕脫指字　案朱訛脫趙逕上增但字刊誤曰而瓚下全氏校增但字空言中牟所在非論證也趙釋曰全氏曰有河南之中牟有河北之中牟張守節以鄴西牟山爲趙中牟者近之管子所謂築五鹿中牟鄴者三城相接也然則非獨滎陽有之矣一清按春秋定九年傳晉車千乘在中牟杜預曰今滎陽有中牟縣迴遠疑非也孔穎達正義曰此中牟在晉境內也趙世家云獻侯即位治中牟漢書地理志云河南郡有中牟縣趙獻侯自耿徙此又云三家分晉河南之中牟魏分也杜言今滎陽有中牟縣謂此河南之中牟也晉世分河南爲滎陽郡中牟屬焉此地乃在河南計非晉竟故云迴遠疑非也又三家分晉中牟屬魏則非趙得都之趙獻侯治中牟亦非河南之中牟也此言晉車在中牟哀五年趙鞅伐衞圍中牟論語佛肸爲中牟宰與趙獻侯所都或別是一地必非河南中牟當于河北別有中牟但不復知其處耳有臣瓚者不知其姓或云姓傅作漢書音義云臣瓚案河南中牟春秋之時在鄭之疆內及三卿分晉則爲魏之邦土趙界自漳水以北不及此也春秋衞侯如晉過中牟案此中牟非衞適晉之次也汲郡古文曰齊師伐趙東鄙圍中牟此中牟不在趙之東也案中牟當在溫水之上瓚言河南中牟非此中牟誠如其語謂此中牟當在溫水之上不知其所案據也溫水宜是濟漯之漯此爲文誤方輿紀要中牟城在湯陰縣西五十里此即河北之中牟也漢高帝十一年封單父聖爲侯國趙釋曰一清按漢表作單右車此從史表沫水又東北注于役水昔魏太祖之背董卓也間行出中牟爲亭長所錄郭長公世語云朱趙無云字爲縣所拘趙釋曰一清按九字注中注功曹請釋焉役水又東北逕中牟澤即鄭太叔攻萑蒲朱作雚蒲箋曰左傳作萑苻趙改萑蒲之盜于是澤也其水東流北屈注渠官本曰按屈近刻訛作徙　案朱訛趙改刊誤曰徙吳琯本作屈續述征記官本曰按近刻訛作水征績記　案朱趙水字上屬朱作征績記箋曰征當作伍伍績之有述征記趙改同官本所謂自醬魁城到酢溝十里者也朱無也字

趙增刊誤曰者下落也字渠水又東流而左會淵水官本曰按近刻水訛作流　案朱訛趙改刊誤曰流當作水其水上承聖女陂陂周二百餘步水無耗竭湛然清滿而南流注于渠渠水又東南而注大梁也

又東至浚儀縣

渠水東南逕赤城北官本曰按近刻脫渠字逕下衍西字　案朱脫衍趙增刪刊誤曰水上落渠字西字衍孫潛校戴延之所謂西北有大梁亭非也竹書紀年梁惠成王二十八年穰疵率師及鄭孔夜戰于梁赫官本曰按疵近刻訛作苴　案朱趙作苴趙釋曰朱氏謀瑋箋曰今竹書作穰疵鄭師敗逋即此城也左則故瀆出焉秦始皇二十年王賁斷故渠引水東南出以灌大梁謂之梁溝又東逕大梁城南本春秋之陽武高陽鄉也于戰國爲大梁周梁伯之故居矣官本曰按近刻訛作之居也　案朱同趙也改矣刊誤曰也名勝志作矣

梁伯好土功大其城號曰新里民疲而潰秦遂取焉後魏惠王自安邑徙都之故曰梁耳竹書紀年梁惠成王六年四月甲寅徙都于大梁是也趙釋曰日知錄曰左傳桓九年梁伯伐曲沃註梁國在馮翊夏陽縣郤芮曰梁近秦而幸焉是也漢書地理志云馮翊夏陽故少梁也水經注乃誤以少梁爲大梁而不知大梁不近秦也後漢志河南尹梁故國伯翳後註引博物記云梁伯好土功今梁多有城亦誤全氏曰少梁左傳文十年晉所取秦邑也漢志河南郡梁縣臣瓚曰此梁周之小邑見于春秋蓋即指楚人侵梁及霍之梁在戰國爲南梁蓋大梁在浚儀少梁在夏陽南梁在汝水之傍三梁不可混也秦滅魏以爲縣漢文帝封孝王于梁孝王以土地下溼官本曰按近刻訛作濕　案朱訛趙改東都睢陽又改曰梁自是置縣以大梁城廣居其東城夷門之東夷門即侯嬴抱關處也續述征記以此城爲師曠城朱記下有曰字趙刪刊誤曰名勝志校衍曰字言郭緣生曾遊此邑踐夷門升吹臺終古之跡緬焉盡在余謂此乃

梁氏之臺門魏惠之都居官本曰按都近刻訛作朝　案朱趙作朝趙刊誤曰箋曰舊本作郎居疑當作所居按朝居猶皇居也非吹臺也當是誤證耳西征記論儀封人即此縣又非也竹書紀年梁惠成王三十一年三月爲大溝于北郛朱北作此趙改刊誤曰箋曰此一作北按輿地廣記玉海引此文竝作此明北字是後人所改然而宋本誤也以行圃田之水陳留風俗傳曰縣北有浚水像而儀之故曰浚儀余謂故汳沙爲陰溝矣官本曰按近刻脫爲字　案朱作汴涉無爲字趙改汴沙增爲字刊誤曰箋曰當作汴沙按汴沙下落爲字全氏校增浚之故曰浚其猶春秋之浚洙乎官本曰按近刻脫乎字　案朱脫趙增漢氏之浚儀水官本曰按近刻脫浚字　案朱脫趙增刊誤曰箋曰一作浚儀水按此下有錯簡孫潛依柳僉鈔本改正浚儀水下接後三十二葉九行無佗也至三十三葉十一行所謂東汜者也下接此葉五行又東北逕中牟縣南至三十二葉九行楚東有沙水謂此水也止本條浚儀縣注盡此次行接三十三葉十二行又屈南至扶溝縣北經文王海二十一卷浚儀渠下引水經注云浚儀縣竹書紀年梁惠

成王三十一年三月爲大溝于此郛以行圃田之水陳留風俗傳曰縣北有浚水像而儀之故曰浚儀續述征記曰汴沙到浚儀而分汴東注沙南流雖于字句有芟節然續述征記之文次于陳留風俗傳之下足證柳本較朱箋爲長又柳本于又東北逕中牟縣南上有其水二字蓋謂汜水也左傳僖公三十年秦軍汜南杜預曰此東汜也在滎陽中牟縣孔穎達正義引釋土地名曰此東汜也滎陽中牟縣南汜澤是也今以中牟縣南之文接在所謂東汜之下以其水二字貫之益見柳本之善注末云楚東有沙水與下扶溝縣注沙水又東南逕牛首鄉東南文義尤順也方輿紀要云汜水在中牟縣南東北入官渡水杜預曰此爲東汜水左傳秦軍汜南蓋此水之南也又云官渡水在中牟縣北中牟臺下其說亦與酈注合無他也皆變名矣趙釋曰一清按顧景范曰詩爰有寒泉在浚之下志云今祥符縣西三十里有寒泉陂即詩所稱浚水爲汴所奪故汴水經大梁北亦兼浚水之名蓋不始於漢氏也浚城寒泉岡亦見瓠子注其國多池沼時池中出神劒到今其民像而作之號大梁氏之劒也渠水又北屈分爲二水續述征記曰汳朱趙作汴下同沙到浚儀而分也汳東注沙南流其水更南流趙更改東刊誤曰更當作東逕

梁王吹臺東孫校曰吹臺在開封府城東南三里陳留風俗傳曰縣有倉頡師曠城孫校曰倉頡城在開封府城北上有列僊之吹臺北有牧澤澤中出蘭蒲官本曰按近刻脫一澤字　案朱趙無上多儁髦趙上改土衿帶牧澤方朱趙有一字十五里俗謂之蒲關澤卽謂此矣梁王增築以爲吹臺城隍夷滅略存故跡今層臺孤立于牧澤之右矣其臺方朱趙有一字百許步卽阮嗣宗詠懷詩所謂駕言發魏都南向望吹臺簫管有遺音梁王安在哉晉世喪亂乞活憑居削墮趙作隳故基遂成二層上基猶方四五十步高一丈餘世謂之乞活臺又謂之繁臺城官本曰按繁近刻訛作婆　案朱趙作婆趙釋曰一清按文昌襍錄繁臺梁孝王按歌吹之臺後有繁氏居其側里人呼爲繁臺繁婆音相近卽婆臺也日知錄建昭三年七月戊辰衞府李延壽爲御史大夫一姓繁師古曰繁音蒲元反陳湯傳御史大夫繁延壽師古曰繁音蒲胡反蕭望之傳師古音蒲谷永傳師古音蒲何反蒲元則音盤蒲胡則音蒲蒲何則音婆三音互見竝未歸一然繁字似有蒲音左傳定四年殷民七族繁音步何反儀禮鄉射禮注今文皮樹爲繁豎皮古音婆史記張丞相世家丞司直繁君索隱繁音婆文選繁休伯呂音步何反則繁之音婆久矣渠水于此官本曰按渠近刻訛作梁　案朱訛趙改刊誤曰梁當作渠有陰溝鴻溝之稱焉項羽與漢高分王指是水以爲東西之別朱趙有故字蘇秦說魏襄王曰大王之地南有鴻溝是也故尉氏縣有波鄉波亭鴻溝鄉鴻溝亭官本曰按波鄉下近刻衍亭字　案朱衍趙刪刊誤曰亭字衍文皆藉水以立稱也今蕭縣西亦有鴻溝亭梁國睢陽縣東有鴻口亭先後談者亦指此以爲楚漢之分王非也蓋春秋之所謂紅澤者矣趙釋曰一清按善長之辨非楚漢分畫之鴻溝是矣其言春秋之紅澤則非也說見獲水注中渠水右與汳水合水上承役水于苑陵縣官本曰按苑近刻訛作宛下同　案朱訛趙改縣故鄭都也王莽之左亭縣也役水枝津東派爲汳水者也而世俗謂之逕朱作汳箋曰舊本作泥溝水趙改逕溝水也春秋左傳僖公三十年晉侯秦伯圍鄭晉軍函陵秦軍汳南所謂東汳者也官本曰按無他也至此近刻訛在後楚東有沙水謂此水也之下原本不誤　案朱訛趙改其水又東北逕中牟縣南朱無其水二字趙增刊誤曰又東北上落其水二字柳僉本校增又東北逕中牟澤趙釋曰一清按漢志河南郡中牟縣下云圃田澤在西豫州藪卽是澤也與淵水合水出中牟縣故城北官本曰按近刻脫故字　案朱脫趙增城有層臺按郭長公世語官本曰按郭長公近刻作郭頒　案朱趙同及干寶晉紀竝言中牟縣故魏任城玉臺下池中有漢時鐵錐長六尺入地三尺頭西南指不可動正月朔自正官本曰按正月近刻訛作止月　案朱作止箋曰一作至趙改至以爲晉氏中興之瑞官本曰按近刻訛作端　案朱訛趙改而今不知所在或言在中陽城池臺未知焉是淵水自池西出屈逕其城西而東南流注于汳

汳水又東逕大梁亭南又東逕梁臺南東注渠渠水又東南流逕開封縣睢渙二水出焉右則新溝趙有水字注之其水出逢池趙釋曰一清按漢志河南郡開封縣下云逢池在東北或曰宋之逢澤也臣瓚曰汲郡古文梁惠王發逢忌之藪以賜民今浚儀有逢陂忌澤是也池上承役水于苑陵縣別爲魯溝水東南流逕開封縣故城北漢高帝十一年封陶舍爲侯國也陳留志稱阮簡官本曰按簡近刻訛作蘭下二簡字俱作阮　案朱作蘭箋曰一作阮簡趙改簡字茂宏爲開封令縣側有劫賊外白甚急數簡朱趙作阮朱箋曰一作簡下同方圍棊長嘯吏云劫急簡曰局上有劫亦甚急其耽樂如是故語林曰王中郎以圍棊爲坐隱或亦謂之爲手談又謂之爲棊聖魯溝南際富城東南入百尺陂卽古之逢澤也徐廣史記音義曰秦使公子少官率師會諸侯逢澤官本曰按近刻訛作秦孝公會諸侯于逢

澤陂陂案朱同下陂字下箋曰一云衍趙删陂字汲郡墓竹書紀年作秦孝公會諸侯于逢澤官本曰按近刻脱秦孝公會諸侯于七字案朱趙無七字趙釋曰一清按史記秦本紀孝公二十年會諸侯逢澤徐廣曰開封東北有逢澤不如鄭所云斯其處也故應德璉西征賦曰鷙衡東指弭節逢澤其水東北流爲新溝新溝又東北流逕牛首鄉北謂之牛建城又東北注渠官本曰按近刻訛作梁案朱作梁箋曰一作渠趙改渠即沙水也音蔡許愼正作沙音言水散石也從水少水少沙見矣官本曰按水少沙見近刻脱少字案朱趙無趙釋曰一清按二十字注中注楚東有沙水謂此水也

又屈南至扶溝縣北官本曰按近刻脱縣字案朱脱趙增刊誤曰扶溝下落縣字

沙水又東南逕牛首鄉東南魯溝水出焉官本曰按溝近刻訛作渠案朱趙同孫校曰見地理志亦謂之宋溝也又逕陳留縣故城南孟康曰留鄭邑也後爲陳所幷故曰陳留矣魯溝水又東南逕圉縣故城北朱無水字趙增刊誤曰魯溝下落水字下同孫校曰圉縣在杞縣南五十里縣苦楚難脩其干戈以圉其患故曰圉也或曰邊陲之號矣歷萬人散王莽之篡也東郡太守翟義興兵討莽莽遣奮威將軍孫建擊之于圉北義師大敗尸積萬數血流溢道號其處爲萬人散百姓哀而祠之趙釋曰一清按郡國志圉有高陽亭劉昭補註引陳留志云有萬人聚王邑破翟義積尸處今高陽文穎曰高陽聚邑名又歷魯溝亭又東南至陽夏縣故城西漢高祖六年封陳豨爲侯國魯溝趙有水字又南入渦趙釋曰一清按漢志陳留郡陳留縣魯渠水首受狼蕩渠東至陽夏入渦正國語所謂商魯之溝今無水也沙水又東南逕斗城西左傳襄公三十年子產殯伯有尸其臣葬之于是也官本曰按近刻是下有城字案朱趙有沙水又東南逕牛首亭東孫校曰牛首亭在今陳留左傳

桓公十四年宋人與諸侯伐鄭東郊取牛首者也俗謂之車牛城矣沙水又東南八里溝水出焉朱無水字趙增刊誤曰八里溝下落水字又東南逕陳留縣裘氏鄉裘氏亭西又逕澹臺子羽冢東與八里溝合按陳留風俗傳曰陳留縣裘氏鄉有澹臺子羽冢又有子羽祠民祈禱焉官本曰按近刻脱民字案朱脱趙增刊誤曰祠下落民字孫校曰今在陳留縣京相璠曰今泰山南武城縣有澹臺子羽冢縣人也未知孰是因其方志所叙就記纏絡焉溝水上承沙河而西南流逕牛首亭南與百尺陂水合其水自陂南逕開封城東三里岡左屈而西流南轉注八里溝又南得野兔水口水上承西南兔氏亭北野兔陂鄭地也春秋傳云鄭伯勞屈生于兔氏者也朱無者字趙增刊誤曰兔氏下落者字陂水東北入八里溝八里溝水又南逕石倉城西官本曰按石近刻訛作右案朱訛趙改刊誤曰寰宇記陳留縣下云石倉城在縣西南七十里城冢記云鄭莊公理開封東南築此城積倉粟因名盛倉城盛與石音相近故號石倉城右字誤又南逕兔氏亭東又南逕召陵亭西官本曰按召陵亭近刻訛作邵亭案朱同趙增刊誤曰當作召陵亭落陵字東入沙水沙水南逕扶溝縣故城東縣即潁川之穀平鄉也有扶亭又有洧水溝故縣有扶溝之名焉建武元年漢光武封平狄將軍朱鮪爲侯國沙水又東與康溝水合水首受洧水于長社縣東東北逕向岡西卽鄭之向鄉也後人遏其上口今水盛則北注水耗則輟流又有長明溝水注之趙有改西刊誤曰有當作西水出苑陵縣故城西北縣有二城此則西城也二城以東悉多陂澤卽古制澤也京相璠曰鄭地杜預曰澤在滎陽苑陵縣東朱在作卽趙改刊誤曰卽當作在卽春秋之制田也故

城西北平地出泉謂之龍淵泉泉水流逕陵邱亭西官本曰按泉水近刻作淵水案朱趙同又西重泉水注之水出城西北平地官本曰按城西近刻訛作西城案朱訛趙乙刊誤曰西城二字當倒互泉湧南流逕陵邱亭西西南注龍淵水龍淵水又東南逕凡陽亭西而南入白雁陂陂在長社縣東北官本曰按近刻脫縣字案朱脫趙增刊誤曰長社下落縣字東西七里南北十里在林鄉之西南司馬彪郡國志曰苑陵有林鄉亭趙釋曰一清按今續志無是文劉昭補註于苑陵縣下引杜預曰縣東南有林鄉白雁陂又引瀆南流謂之長明溝東轉北屈又東逕向城北城側有向岡官本曰按近刻脫有字案朱脫趙增刊誤曰城側下落有字左傳襄公十一年諸侯伐鄭師于向者也又東右迆爲染澤朱作二箋曰疑作染工宋本作染澤趙改染工陂而東注于蔡澤陂長明溝水又東逕尉氏縣故城南朱無水字趙增刊誤曰長明溝下落水字圈稱云尉氏鄭國之東鄙弊獄官名也鄭大夫尉氏之邑朱箋曰弊獄謂斷獄也見周禮秋官注應劭曰古獄官曰尉氏鄭之別獄也故欒盈曰盈將歸死于尉氏也趙釋曰全氏曰欒孺子所對周尉氏之官也善長以此證鄭尉氏之邑則誤矣溝瀆自是三分北分爲康溝東逕平陸縣故城北高后元年封楚元王子禮爲侯國趙釋曰全氏曰按本表是景帝所封索隱云西河又云東平陸在東平胡三省曰東平近楚爲得之建武元年以戶不滿三千罷爲尉氏縣之陵樹鄉又有陵樹亭漢建安中封尚書荀攸爲陵樹鄉侯故陳留風俗傳曰陵樹鄉故平陸縣也趙釋曰一清按漢志陳留郡無平陸縣也劉昭續志補註于尉氏縣下引陳留志云有陵樹鄉則東京廢省之說有如酈言抑或班固之失記耳北有大澤名曰長樂廄趙釋曰一清按劉昭補註尉氏縣下引陳留志曰北有大澤澤有天子苑有長樂廄漢諸帝以馴養猛獸然則廄非澤名善長誤矣康溝又東逕扶溝縣之白亭北朱扶作城趙改康溝下增水字刊誤曰箋曰宋本作扶溝按康溝下

落水字下同陳留風俗傳曰扶溝縣有帛鄉帛亭名在七鄉十二亭中康溝又東逕少曲亭陳留風俗傳曰尉氏縣有少曲亭俗謂之朱趙有爲字小城也又東南逕扶溝縣故城東而東南注沙水沙水又南會南水其水南流又分爲二水一水南逕闞亭東官本曰按逕近刻訛作合案朱趙作合又東南流與左水合其水自枝瀆南逕召陵亭西疑即扶溝之亭也而東南合右水官本曰按右近刻訛作石案朱訛趙改刊誤曰石當作右世以是水與鄢陵朱作隱陵箋曰隱陵當作鄢陵前漢地志潁川郡有傿陵縣後漢郡國志作鄢陵趙改傿下同陂水雙導亦謂之雙溝又東南入沙水沙水南與蔡澤陂水合水出鄢陵城西北春秋成公十六年晉楚相遇于鄢陵呂錡射中共王目王召養由基使射殺之亦子反醉酒自斃處也陂東西五里南北十里陂水東逕匡城北城在新汲縣之東北即扶溝之匡亭也亭在匡城鄉春秋文公元年諸侯朝晉衞成公不朝使孔達侵鄭伐緜訾及匡即此邑也今陳留長垣縣南有匡城即平邱之匡亭也襄邑又有承匡城然匡居陳衞之間亦往往有異邑矣陂水又東南至扶溝城北又東南入沙水沙水又南逕小扶城西而東南流也朱作又南逕小扶城西而流也趙而改南刊誤曰而當作南城即扶溝縣之平周亭東漢和帝永元中官本曰按近刻訛作順帝永平中案朱訛趙改說見下封陳敬王子參爲侯國官本曰按近刻訛作王孫子恭爲侯國案朱訛趙改刊誤曰箋曰永平一作永元按後漢書陳敬王羨傳永元十二年封敬王子思王鈞六弟爲侯註云伏侯古今注曰番爲陽都鄉侯千秋爲新平侯參爲周亭侯壽爲樂陽亭侯寶爲博平侯旦爲高平侯周亭侯即平周亭侯也名參不名恭永元和帝年號非順帝孫字衍文沙水又東南逕大扶城西城即扶樂故城也官本曰按近刻訛作

扶鄉故縣也案朱趙同城北二里有袁良碑官本曰按良近刻訛作云梁下同　案朱趙同良陳國扶樂人官本曰按近刻脫國字　案朱脫趙增刊誤曰隸釋國三老袁良碑云良陳國扶樂人郡國志陳國有扶樂縣落國字趙釋曰隸釋漢國三老袁君碑云君諱良字厚卿陳國扶樂人也洪氏适曰碑在開封之扶溝袁君名良歷郎中謁者將作大匠丞相令史廣陵太守議郎符節令國三老梁相以順帝永建六年卒其孫衞尉㫄立此石㫄以光和年爲相其作九卿當在靈帝之初水經云扶溝有袁梁碑者誤也一清按袁君名良碑字足據無可疑者酈注作梁良梁音同互用左傳季梁湞水注作季良亦其類也後漢世祖建武十七年更封劉隆爲扶樂侯即此城也濄水于是分焉不得在扶溝北便

分爲二水也

其一者東南過陳縣北官本曰按北近刻訛作也　案朱趙作也趙刊誤曰箋曰克家云也疑作北按也字不誤承上其一者爲文

沙水又東南逕東華城西又東南沙水枝瀆西南達洧謂之

甲庚溝今無水沙水又南與廣漕渠合上承龎官陂云鄧艾所開也雖水流廢興溝瀆尚夥昔賈逵爲魏豫州刺史通運渠二百里餘亦所謂賈侯渠也而川渠逕復交錯畛陌無以辨之沙水又東逕長平縣故城北又東南逕陳城北故陳國也伏羲神農竝都之城東北三十許里猶有羲城實中官本曰按城近刻訛作神　案朱趙作神趙刊誤曰箋曰謝兆申云當作羲城按全氏云非也神卽祠也舜後嬀滿爲周陶正武朱作城箋曰當作武王趙改武王賴其器用妻以元女太姬而封諸陳以備三恪太姬好祭祀故詩所謂坎其擊鼓宛邱之下宛邱在陳城南道東王隱云漸欲平今不知所在矣楚討陳殺夏徵舒于栗門以爲夏州後趙釋曰一清按此下有缺文蓋敍楚莊王因申叔時之言而復封陳也然云楚討陳以爲夏州則尚有不合者左氏傳曰因縣陳又曰乃復封陳鄉取一人焉以歸謂之夏州孔氏正義曰謂之夏州者討夏氏鄉取一人以歸楚而成一州故謂之夏州蓋未嘗以陳爲夏州也城之東門內有池池水東西七十步南北八十許步水至清潔而不耗竭不生魚草水中有故臺處詩所謂東門之池也城內有漢相王君造四縣邸碑文字剝缺官本曰按近刻作落　案朱趙作落不可悉識其略曰惟茲陳國故曰淮陽郡云云趙釋曰一清按漢志淮陽是國名不知此碑何以有郡稱也清惠著聞趙清上增王君二字刊誤曰清惠上隸釋校補王字又落君字此卽上漢陳相王君造四縣邸閣之碑也爲百姓畏愛求賢養士千有餘人賜與田宅吏舍自損俸錢助之成邸五官掾西華陳騏等二百五人以延熹二年云云故其頌曰脩德立功四縣同附朱同作內箋曰舊本作四縣同附疑當作向矣改作內趙改同今碑之左右遺墉尚存基礎猶在時人不復尋其碑證云孔子廟學非也後楚襄王爲秦所滅徙都于此文穎

曰西楚矣三楚斯其一焉城南郭裏又有一城名曰淮陽城子產所置也漢高祖十一年以爲淮陽國王莽更名郡爲新平官本曰按近刻脫郡爲二字　案朱趙無縣曰陳陵官本曰按近刻訛作陵陳　案朱訛趙乙刊誤曰陵陳二字當倒互漢書地理志校正故豫州治王隱晉書地道記云城北有故沙名之爲死沙而今水流津通漕運所由矣沙水又東而南屈逕陳城東謂之百尺溝又南分爲朱作於箋曰宋本作爲趙改爲二水新溝水出焉官本曰按新溝水近刻訛作沙水　案朱作沙水趙改新水刊誤曰沙當作新溝水東南流谷水注之水源上承澇陂陂在陳城西北南暨犖城官本曰按犖近刻訛作華　案朱訛趙改刊誤曰寰宇記引此文作犖城下云檉卽犖也華字誤皆爲陂矣陂水東流謂之谷水東逕澇城北趙澇作犖刊誤曰澇城當作犖城王隱曰犖北有谷水是也犖卽檉矣經書公會齊宋于檉者也杜預曰檉

卽犨也在陳縣西北爲非梩小城也在陳郡西南谷水又東逕陳城南官本曰按又東下近刻有流字　案朱趙有又東流入于新溝水官本曰按近刻訛作入于沙沙水　案朱趙同又東南注于潁官本曰按東南下近刻有流字　案朱趙有謂之交口水次有大堰卽古百尺堰也魏書國志曰司馬宣王討太尉王淩大軍掩至百尺堨官本曰按近刻脫掩字　案朱脫趙增刊誤曰大軍下落掩字三國志王淩傳校卽此堨也今俗呼之爲山陽堰非也蓋新水首受潁于百尺溝官本曰按此下近刻有王莽名郡爲新平七字係重出衍文　案朱趙有趙釋曰一淸按此文與上複出故堰兼有新陽之名也以是推之悟故俗謂之非矣

又東南至汝南新陽縣北

沙水自百尺溝東逕寧平縣之故城南晉陽秋稱晉太傅東海王越之東奔也石勒追之燒尸于此數十萬衆歛手受害勒縱騎圍射尸積如山王夷甫死焉余謂俊者所以智勝羣情辨者所以文身袪惑夷甫雖體荷儁令口擅雌黃汙辱君親獲罪羯勒史官方之華王官本曰按近刻訛作舉正　案朱訛趙改刊誤曰箋曰一作華正按當作華王謂華歆王朗諒爲褒矣沙水又東積而爲陂謂之陽都陂官本曰按近刻脫陂字　案朱脫趙增刊誤曰陽都下落陂字明水注之水上承沙水枝津官本曰按近刻枝訛作之　案朱無承字枝訛之趙增改刊誤曰箋曰上字下宋本有承字按之當作枝東出逕汝南郡之宜祿縣故城北王莽之賞都亭也明水又東北流注于陂陂水東南流謂之細水又東逕新陽縣北又東高陂水東出焉沙水又東分爲二水卽春秋所謂夷濮之水也趙釋曰一淸按春秋無夷濮之水之名杜預曰此時改城父爲夷又云夷田在濮水西道元所引前後殆自相伐也枝津北逕譙縣故城西朱作南箋曰宋本作西趙改西側城入渦沙水東南逕城父縣西南枝津出焉俗謂之章水官本曰按此下近刻有也字　案朱趙有也字趙章改漳刊誤曰章水當作漳水卽漳頭水互見陰溝水篇一水東注卽濮水也官本曰按濮近刻訛作注　案朱訛趙改刊誤曰注水春秋分記作濮水卽春秋傳註所謂夷田在濮水西者是也俗謂之艾水官本曰按艾近刻訛作欠　案朱作欠趙改父並有也字刊誤曰欠水當作父水寰宇記城父縣下云父水在縣東四里受漳水南流經縣入蒙水經云沙水支分東注東逕城父縣之故城南東流注也官本曰按東字近刻訛在南字上也訛作之　案朱趙同

又東南過山桑縣北

山桑故城在渦水北沙水不得逕其北明矣經言過北誤也

又東南過龍亢縣南

沙水逕故城北官本曰按近刻脫逕字　案朱脫趙增刊誤曰沙水下落逕字又東南逕白鹿城北而東注也

又東南過義成縣西官本曰按成近刻訛作城注內同　案朱趙同南入于淮

義成縣故屬沛後隸九江沙水東流注于淮謂之沙汭京相璠曰楚東地也春秋左傳昭公二十七年楚令尹子常以舟師及沙汭而還杜預曰沙水名也

水經注二十二

水二十二

水經卷二十三　長沙王氏校本

後魏酈道元撰

陰溝水　汳水　獲水 朱無二字

陰溝水出河南陽武縣蒗蕩渠 官本曰按蕩近刻訛作蕩下同案朱趙作蕩孫校曰太平寰宇記陽武縣有莨宕渠卽汴河之別名一名通濟渠又陽武故城在縣東南二十八里

陰溝首受大河于卷縣 官本曰按于字近刻訛在大河上案朱訛趙改刊誤曰于字當移在大河之下 故瀆東南逕卷縣故城南又東逕蒙城北史記秦莊襄王元年蒙驁擊取成皋滎陽初置三川郡疑卽驁所築也于事未詳故瀆東分爲二世謂之陰溝水京相璠以爲出河之濟又非所究俱東絕濟隧 官本曰按近刻訛作隊案朱訛趙改刊誤曰隊當作隧然古亦通用 右瀆東南逕陽武城北 官本曰按近刻訛作右溝東西逕陽池城北案朱訛趙改刊誤曰右溝當作右瀆東西當作東南陽池當作陽武 東南絕長城 趙增又字刊誤曰東南上落又字 逕安亭北又東北會左瀆左瀆又東絕長城逕垣雍城南昔晉文公戰勝于楚周襄王勞之于此故春秋書甲午至于衡雝作王宮于踐土呂氏春秋曰尊天子于衡雝者也郡國志曰卷縣有垣雝城卽史記所記 趙作謂 韓獻秦垣雍是也又東逕開光亭南又東逕清陽亭南又東合右瀆又東南逕封丘縣絕濟瀆東南至大梁合蒗蕩渠梁溝既開蒗蕩渠故瀆實兼陰溝浚儀之稱故云出陽武矣 官本曰按近刻訛作出武陽又脫矣字案朱訛趙改並無矣字刊誤曰武陽當倒互作陽武 東南逕大梁城北 官本曰按近刻脫東南二字案朱趙無 左屈與梁溝合 官本曰按溝字近刻訛在屈字下案朱訛趙改刊誤曰溝字當移在梁字下浚儀渠水注云王賁斷故渠引水東南出謂之梁溝是也 俱東南流同受鴻溝沙水之目其川流之

會左瀆東導者卽汳水也蓋津源之變名矣故經云陰溝出蒗蕩渠也 官本曰按渠近刻訛作者案朱同趙增渠不刪者刊誤曰箋曰者一作渠按蒗蕩下落渠字非者字當作渠

東南至沛爲過水

陰溝始亂蒗蕩終別于沙而過水出焉過水受沙水 朱無水字箋曰謝云一作受沙水趙增水字 于扶溝縣許慎又曰過水首受淮陽扶溝縣蒗蕩渠不得至沛方爲過水也 官本曰按此二十五字原本及近刻竝訛在後老子生于曲過閒之下過水又屈東逕相縣故城南之上案朱趙同 爾雅曰過爲洵郭景純曰大水洪爲小水也 官本曰按近刻洪作溢下有出別二字案朱趙同 呂忱曰洵過水也過水逕大扶城西城之東北悉諸袁舊墓碑宇傾低 官本曰按宇近刻訛作字案朱訛趙改刊誤曰字當作宇隸釋校改 羊虎碎折惟司徒滂蜀郡太守騰博平令光碑字所存惟此自餘殆不可尋過水又東南逕陽夏縣西又東逕邈城北城實中而西有隙郭 官本曰按近刻作瓅郭案朱趙作瓅 過水又東逕大棘城南故鄢之大棘鄉也春秋宣公二年宋華元與鄭公子歸生戰于大棘獲華元左傳曰華元殺羊食士不及其御將戰羊斟曰 官本曰按食士下近刻作其御羊斟不與及戰曰九字蓋後人據左傳之文所改案朱趙同 疇昔之羊子爲政今日之事我爲政遂御入鄭故見獲焉後其地爲楚莊所幷 官本曰按近刻脫莊字案朱趙無 故圈稱曰大棘楚地 官本曰按楚近刻訛作也案朱訛趙改刊誤曰全氏云也地當作楚地 有楚太子建之墳及伍員釣臺池沼具存過水又東逕安平縣故城北陳留風俗傳曰大棘鄉故安平縣也士人敦惷易以統御過水又東逕鹿邑城北世謂之虎鄉城非也春秋之鳴鹿

矣杜預曰陳國武平西南有鹿邑亭是也城南十里有晉中散大夫胡均碑元康八年立過水之北有漢溫令許續碑續字嗣公陳國人也舉賢良拜議郎遷溫令延熹中立過水又東逕武平縣故城北官本曰按近刻脫北字　案朱脫趙增刊誤曰故城下落北字城之西南七里許有漢尚書令虞詡碑官本曰按近刻脫令字　案朱脫趙增刊誤曰尚書下落令字隸釋校後漢書本傳云永和初遷尚書令碑題云虞君之碑諱詡字定安虞仲之後官本曰按近刻脫之字　案朱脫趙增朱虞作康趙改刊誤曰箋曰康一作虞按後漢書本傳注引此文云虞仲之後爲朝歌令武都太守文字多缺不復可尋按范曄趙改氏漢書詡字升卿陳國武平人祖爲縣獄吏治存寬恕嘗曰于公爲里門子爲丞相吾雖不及于公子孫不必不爲九卿趙不改未刊誤曰箋曰宋本作亦不失爲九卿按後漢書本傳作子孫何必不爲九卿隸釋引此文云子孫未必不爲九卿今校正作未故字詡曰升卿定安葢其幼字也魏武王初封于此終以武平華夏矣過水又東逕廣鄉城北圈稱曰襄邑有蛇丘亭故廣鄉矣官本曰按近刻脫廣字　案朱脫趙增刊誤曰鄉上落廣字改曰廣世後漢順帝陽嘉四年封侍中摯塡爲侯國卽廣鄉也過水又東逕苦縣西南分爲二水枝流東北注于賴城入谷官本曰按注于二字近刻訛在東北上　案朱趙同謂死過也趙謂改爲刊誤曰謂當作爲過水又東南屈官本曰按近刻訛作又南東屈　案朱訛趙改刊誤曰南東二字當倒互逕苦縣故城南郡國志曰春秋之相也王莽更名之曰賴陵矣城之四門列築馳道東起賴鄉南自南門越水直指故臺西面南門一本作面列道徑趣廣鄉道西門馳道西屆武平北門馳道暨于北臺過水又東北屈官本曰按東下近刻衍而字　案朱衍趙刪刊誤曰按而字衍文至賴鄉西官本曰按近刻脫西字

案朱脫趙增朱賴作頴趙改刊誤曰箋曰頴當作賴賴鄉下落西字谷水注之谷水首受渙水于襄邑縣東東逕承匡城東春秋經書夏叔仲彭生官本曰按近刻脫仲字　案朱趙無刊誤曰有謂叔下脫仲字者非陸氏釋文云仲衍字石經亦無會晉郤缺于承匡左傳曰謀諸侯之從楚者官本曰按近刻訛作也　案朱趙作也趙釋曰全氏祖望曰傳文是謀諸侯之從楚者今鈔變作也字則其義乖矣京相璠曰今陳留襄邑西三十里有故承匡城谷水又東南逕己吾縣故城西陳留風俗傳曰縣故宋也趙作地雜以陳楚之地故梁國寧陵縣之徙種龍鄉也以成哀之世戶至八九千冠帶之徒趙刊誤曰箋曰徒舊本作徙按徒衆也字不誤求置縣矣永元十一年陳王削地朱箋曰後漢書陳王鈞坐殺人事削西華項新陽三縣以大棘鄉直陽鄉十二年自鄢隸之官本曰按近刻脫十二年三字鄢訛作隱　案朱脫訛趙增改刊誤曰自上落十二年三字黃省曾本校補隱當作傿漢書陳留郡有傿縣命以嘉名日己吾猶有陳楚之俗焉谷水又東逕柘縣故城東地理志淮陽之屬縣也城內有柘令許君清德頌石碎字紊惟此文見碑城西南里許有漢陽臺令許叔種碑官本曰按近刻臺字種字互訛　案朱訛趙改刊誤曰漢書地理志廣平國有陽臺縣許叔臺當作許叔種字倒互耳光和中立又有漢故樂成陵令太尉掾許嬰碑嬰字虞卿司隸校尉之子建寧元年立朱作六年趙改刊誤曰箋曰一作元年按建寧止于五年元年爲是餘碑文字碎滅不復可觀趙作覩當似司隸諸碑也谷水又東逕苦縣故城中水泛則四周隍塹耗則孤津獨逝谷水又東逕賴鄉城南其城實中東北隅有臺偏高俗以是臺在谷水北官本曰按近刻訛作比　案朱訛趙改其城又謂之谷陽臺非也谷水自此東入過水過水又北逕老子廟東廟前有二碑在南門外漢桓帝遣中官管霸

祠老子官本曰按中官近刻作官臣　案朱中官作尼宮脫遺字趙改遺宦官刊誤曰箋曰宋本作桓帝遺宦臣
按孫潛校改作宦官命陳相邊韶撰文官本曰按近刻脫文字　案朱趙無碑字上屬爲句趙釋曰隸
釋云老子銘篆額在亳州苦縣苦屬陳國故其文陳相邊韶所作碑云延熹八年八月帝夢老子尊而祀之帝紀此年春
冬兩遣中常侍至苦祠老子水經載蒙城王子喬碑亦云延熹八年八月帝遣使致祠國相王璋乃銘紀遺烈葢威宗方
修神仙之事故一時郡國竝作碑表此石立于延熹無疑杜子美云苦縣光和尚骨立誤也一清按注無立碑年月碑云
延熹八年八月甲子日是也碑北有雙石闕甚整頓石闕南側魏文帝黃
初三年經趙作逕譙所勒闕北東側有孔子廟廟前有一碑西
面是陳相魯國孔疇建和三年立北則老君廟廟東院中有
九井焉又北過水之側又有李母廟官本曰按李下近刻衍老字　案朱衍趙刪刊
誤曰箋曰克家曰舊本作李母前廟疑當作李老君母廟按老字衍文廟在老子廟北廟前有
李母冢冢東有碑是永興元年譙令長沙王阜所立碑云老

子生于曲過閒趙釋曰一清按晉書地道記云曲仁里老子里也又此下朱趙有許愼又云過水首受淮
陽扶溝縣蒗蕩渠不得至沛方爲過水也二十五字趙釋曰全氏曰此二十五字疑是注首扶溝縣下之錯簡今次于此
是不比也官本移前扶溝縣下過水又屈東逕相縣故城南其城卑小實中
邊韶老子碑文云官本曰按文近刻訛作又　案朱趙作又老子楚相縣人也相
縣虛荒今屬苦故城猶存在賴鄉之東官本曰按賴下近刻衍游字　案朱趙有
過水處其陽疑即此城也官本曰按疑近刻訛作然朱訛趙改刊誤曰然當作疑　案自
是無郭以應之過水又東逕譙縣故城北春秋左傳僖公二
十二趙作三年楚成得臣帥師伐陳遂取譙城頓而還是也朱箋
曰孫云按左傳僖公二十三年秋楚成得臣帥師伐陳遂取焦夷城頓而還注焦譙城夷城父也王莽之延
成亭也魏立譙郡沇州治沙水自南枝分北逕譙城西而北
注過過水四周城側城南有曹嵩冢冢北有碑碑北有廟堂

餘基尚存柱礎仍在廟北有二石闕雙峙高一丈六尺榱櫨
及柱皆雕鏤雲矩官本曰按近刻訛作炬朱謀㙔云當作烟非也今考㶟水注內亦云柱側悉鏤雲矩
案朱趙作炬趙刊誤曰箋曰當作雲烟按炬火炬也字不誤上罘罳已碎闕北有圭碑題
云漢故中常侍長樂太僕特進費亭侯曹君之碑延熹三年
立碑陰又刊詔策官本曰按詔近刻訛作石趙改刊誤曰石策何焯校改詔策　案朱訛二碑
文同夾碑東西列對兩石馬高八尺五寸石作麤拙不匹光
武隧道所表象馬也有騰兄冢官本曰按近刻作有兄騰冢　案朱同趙改刊誤曰箋曰
舊本作騰兄冢按司馬彪續漢書曹節四子長伯興次仲興次叔興騰字季興所謂騰兄則伯仲與叔也騰更無弟吳本
作兄騰似誤又騰少除黃門從官自小黃門遷至中常侍大長秋在省闥三十餘年亦未嘗爲潁川太守也按隸釋載此
文正作有騰兄冢伯仲叔季騰最知名餘則有字而無名三國志魏書曹仁傳云仁太祖從弟裴松之註引魏書曰仁祖
褒潁川太守斯其人也朱氏乃以騰未嘗爲潁川太守嘵嘵不置眞癡人說夢也冢東有碑題云漢

故潁川太守曹君墓延熹九年卒而不刊樹碑歲月趙釋曰一清按
魏志曹仁傳裴松之註引魏書曰仁祖褒潁川太守斯其人也墳北有其元子熾冢冢東有
碑題云漢故長水校尉曹君之碑歷太中大夫司馬長史侍
中官本曰按侍上近刻衍引字　案朱衍趙刪刊誤曰引字衍文隸釋校遷長水年三十九卒
熹平六年造熾弟胤冢冢東有碑題云漢謁者曹君之碑熹
平六年立城東有曹太祖舊宅所在負郭對廛側隍臨水魏
書曰太祖作議郎告疾歸鄉里築室城外春夏習讀書傳官本
曰按近刻脫春夏二字　案朱脫趙增刊誤曰習讀上落春夏二字三國志註校補秋冬射獵以自娛
樂文帝以漢中平四年生于此上有青雲如車葢終日乃解
即是處也後文帝以延康元年幸譙大饗父老立壇于故宅
壇前樹碑碑題云大饗之碑碑之東北過水南有譙定王司

馬士會冢冢前有碑晉永嘉三年立碑南二百許步有兩石柱高丈餘半下爲束竹交文作制極工官本曰按近刻訛作乃士　案朱同箋曰作制乃士字誤當云制作工巧趙改工巧石榜云晉故使持節散騎常侍都督揚州朱揚作楊趙改刊誤曰楊州當作揚州江州諸軍事安東大將軍譙定王河內溫司馬公墓之神道過水又東逕朱龜墓北東流冢南枕道有碑官本曰按近刻重冢南二字　案朱重趙删刊誤曰冢南二字重文宜衍碑題云漢故幽州刺史朱君之碑龜字伯靈官本曰按伯近刻訛作汨　案朱訛趙改光和六年卒官故吏別駕從事史右北平無終年化趙刊誤曰箋曰年化當作牟化卽造碑故吏姓名也按隸釋引此文作年化年亦姓也中平二年造碑陰刊故吏姓名悉薊涿及上谷北平等人趙釋曰一清按隸釋云漢幽州刺史朱君之碑有陰在亳州朱君名龜石有碎落不能詳其官閥其可考者嘗以御史中丞督捕益州蠻又爲幽州刺史禦鮮卑爾靈帝光和六年卒後漢西南夷傳蜀郡都夷反執太守雍陟遣御史中丞朱龜討之不能剋李顒發板楯蠻平之碑所載與傳合過水東南逕層邱北邱阜獨秀巍然介立故壁壘所在也過水又東南逕城父縣故城北官本曰按近刻脫北字　案朱脫趙增刊誤曰故城下落北字沙水枝分注之水上承沙水于思善縣世謂之章水官本曰按章近刻作漳下同考章水又見渠水注內亦無水旁　案朱趙作漳下同故有章頭之名也東北流逕城父縣故城西官本曰按近刻脫縣字　案朱脫趙增刊誤曰城父下落縣字側城東北流入于過過水又東逕下城父北郡國志曰山桑縣有下城父聚者也過水又屈逕其聚東郎山西又東南屈逕郎山南山東有垂惠聚世謂之禮城袁山松郡國志曰山桑縣有垂惠聚卽此城也過水又東南逕過陽城北臨側過水官本曰按注內言臨側者不一朱謀瑋云當作側臨非也　趙刊誤曰箋曰當作側臨按臨側字屢見魏太和中爲過州治官本

曰按近刻脫過字　案朱趙無趙釋曰一清按寰宇記云後魏孝文帝置過州理山桑城其地後入于梁復入魏改爲譙州改譙縣爲過陽縣州治上疑落過字以蓋表爲刺史後罷州立郡官本曰按朱謀瑋云舊本作立碑吳本改爲立郡今考原本作郡非吳所改　趙刊誤曰箋曰舊本作罷州立碑吳本改爲立郡按魏書地形志譙州景明中置過陽郡孝昌中陷領南譙郡過陽縣屬焉此卽所謂罷州立郡者也衿帶遏趙作堨戍過水又東南逕龍亢縣故城南漢建武十三年世祖封傅昌爲侯國趙釋曰沈氏曰按本傳昌由昆陽徙蕪湖不聞爲龍亢也故語曰沛國龍亢至山桑者也趙釋曰卮林曰闞駰十三州志曰山桑縣人俗貪僞好持馬鞭行邑故語曰沛國龍亢至山桑詐託旅使若奔喪道遇寇抄遂失資糧鄢氏取其一語殊爲不備過水又屈而南流出石梁梁石崩褫夾岸積石高二丈水歷其間又東南流逕荊山北官本曰按近刻脫北字　案朱趙無而東流注也

又東南至下邳淮陵縣入于淮

過水又東左合北肥水北朱趙無北字肥水出山桑縣西北澤藪東南流左右翼佩數源異出同歸蓋徵脈涓注耳東南流逕山桑邑南俗謂之北平城昔文欽之封山桑侯疑食邑于此城東南有一碑碑文悉破無驗惟碑背故吏姓名尚存熹平元年義士門生沛國蕭劉定興立官本曰按士近刻訛作北　案朱訛趙改刊誤曰趙琦美云下有義城北字是城字之誤隸辨引此文作義士按義士猶今云信士宋避太宗諱改義爲信至今因之又朱箋曰謝云蕭下疑有縣字趙增縣字北肥水又東逕山桑縣故城南俗謂之都亭官本曰按此下近刻衍城字　案朱趙有非也今城內東側猶有山亭桀立陵阜高峻非洪臺所擬十三州志所謂山生于邑其亭有桑官本曰按亭近刻作庭　案朱趙作庭因以氏縣者也郭城東有文穆冢碑三世二千石穆郡戶曹史徵試博士太常丞以明氣候擢拜侍中

右中郎將遷九江彭城陳留三郡官本曰按近刻訛作四部案朱同趙部改郡刊誤曰部當作郡趙釋曰一清按所歷止三郡四字疑誤抑或脫失一郡也光和中卒故吏涿郡太守彭城呂虔等立北肥水又東積而爲陂謂之瑕陂陂水又東南逕瑕城南春秋左傳成公十六年楚師還及瑕即此城也故京相璠曰瑕楚地北肥水又東南逕向縣故城南地理志曰故向國也世本曰許州向申姜姓也炎帝後京相璠曰向沛國縣今并屬譙國龍亢也杜預曰龍亢縣東有向城漢世祖建武十三年更封富波侯王霸爲侯國即此城也俗謂之圓城非又東南逕義成南官本曰按成近刻訛作城案朱趙作城世謂之楮城非趙釋曰一清按水經渠水篇云又東南過義成縣西南入于淮此篇注云過水受沙水東南流逕荆山左合北肥水又東注于淮今鳳陽府懷遠縣東北十五里有渦口城又東北四十五里有向城即過水入淮之處與漢志合故道元以經言下邳淮陵入淮爲非此義城即沛郡之義成縣胡渭云義成故城今名拖城顧祖禹云渦口城今訛爲葹城過葹音韻聯而注又有楮城之目殆字形之變耳又東入于過過水又東注淮經言下邳淮陵入淮誤矣

汳水出陰溝于浚儀縣北

陰溝即蒗蕩渠也亦言汳受旃然水又云丹沁亂流官本曰按沁原本及近刻訛作泌今改正案朱訛趙改刊誤曰泌當作沁于武德絕河南入滎陽合汳故汳兼丹水之稱河濟水斷官本曰按濟近刻訛作沛案朱訛沛趙改沛汳承旃然而東自王賁灌大梁水出縣南而不逕其北趙釋曰一清按漢志河南郡滎陽縣卞水馮池皆在西南夏水洪泛則是瀆津通故渠即陰溝也于大梁北又曰浚水矣故圈稱著陳留風俗傳曰浚水逕其北者也又東汳水出焉故經云汳出陰溝于浚儀縣北也趙釋曰一清按

禹貢錐指曰浮于淮泗達于河蘇氏傳曰自淮泗入河必道于汴世謂隋煬帝始通汴入泗禹時無此水道以疑禹貢之言按漢書項羽與漢約中分天下割鴻溝以西爲漢以東爲楚文穎注云于滎陽下引河東南爲鴻溝以通宋鄭陳蔡曹衛與濟汝淮泗會即今官渡是也衛武與袁紹相持于官渡乃楚漢分裂之處葢自秦漢以來有之安知非禹迹耶禹貢九州之水皆記入河水道而淮泗獨不能入河帝都所在理不應爾意其必開此道以通之其後或爲鴻溝或爲官渡或爲汴上下百餘里閒不可必然皆引河水而注之淮泗也故王濬伐吳杜預與之書曰足下徑取秣陵自江入淮逾于泗汴泝河而上振旅還都濬舟師之盛古今絕倫而自泗汴泝河可以班師則汴水之大小當不減于今又足以見秦漢魏晉皆有此水道非煬帝創開也吳王夫差闕溝通水與晉會于黃池而江始有入淮之道禹時則無之故禹貢曰沿于江海達于淮泗明非自海入淮則江無入淮之道今直云浮于淮泗達于河不言自海則鴻溝官渡汴水之類自禹以來有之明矣按蘇氏因說者有謂河當作菏而以爲不必然故發此論閻百詩曰禹貢濟入于河南溢而爲滎而陶邱而菏而汶而海此禹時之濟瀆發源注海也史記河渠書禹功施乎三代自是之後滎陽下引河東南爲鴻溝以通宋鄭陳蔡曹衛與濟汝淮泗會此禹後代人于滎澤之北引河東南流故水經謂河水東過滎陽縣蒗蕩渠出焉者是亦引濟水分流故漢志謂滎陽有蒗蕩渠首受沛東南流者是又自是之後代有疏濬枝津別瀆不可勝數則酈注所謂滎波河濟往復逕通者也雖然其來古矣蘇秦說魏襄王曰大王之地南有鴻溝則戰國前有之晉楚之戰楚軍于邲邲即汳水則春秋前有之爾雅水自河出爲灉灉本汳水則爾雅前有之然莫不善于酈道元之言曰大禹塞滎澤滎澤苶時方枯豈禹塞之乎又曰昔禹塞其淫水而于滎陽下引河滎陽非禹引而謂禹之時已有乎余是以斷自河渠書參以滎陽下引河不見禹貢之書爲出禹之後頗自幸其考訂比蘇氏差詳矣按河渠書有自是之後四字百詩據此判鴻溝非禹迹眞老吏斷獄手而愚更有進者謂由泗入菏由菏入濟是矣而自陶邱以西舍鴻溝無達河之道也焉得不指爲禹迹乎謂滎陽下引河出禹以後是矣而由濟達河莫知其所經不顯示以一塗終何以破千古之疑乎是當于濟漯之閒求之葢兗靑徐揚之貢道皆由濟入漯以達河而宋儒謂濟漯二水無相通之處則浮濟者泝陶邱而西且北勢不得不出于滎陽此蘇氏之論所以近理而人不敢深折其非也誠知經所謂浮于濟者乃至菏會汶之濟而非陶邱滎澤之濟則濟之所以通河者漯也非鴻溝官渡汴水也而紛紜之說不攻自破矣又曰黃文叔云蒗蕩出河斷非禹迹禹之行河本以河湍悍難行平地故釃二渠以引河而載之高地二渠非得已也後世不識聖人之意妄鑿河爲瀆或不順地防或附屬不理故

其勢易決蓋非獨蒗蕩也其下濮水通河而酸棗決弧水通河而弧子決汴渠亦屢決至王景治汴鑿山開澗十里置水門使更相回注紊亂渠脈而禹迹益壞矣且所爲通淮泗者以舟楫之利也菏已通矣而何更用通蒗蕩哉其曰禹塞淫水而鑿之者春秋戰國之世商權功利而忽遠圖並植私欲而不顧大經策謀之士託其名于禹而世不之察也河渠書滎陽下引河東南爲鴻溝以通宋鄭陳蔡曹衛與濟汝淮泗會其在春秋戰國之際明矣偉哉此論善發禹貢之蘊并可以證徐州達于河之誤　**汳水東逕倉垣城南**即浚儀縣之倉垣亭也官本曰按浚儀近刻訛作大梁　案朱趙同趙釋曰一淸按漢志陳留郡浚儀縣下云故大梁續志亦云浚儀本大梁是未嘗以大梁名縣也　城臨汳水陳留相畢邈治此征東將軍苟晞之西也官本曰按苟晞近刻訛作荀晞　案朱訛趙改刊誤曰邈走晉書列傳是苟晞朱箋既引晉書尚仍荀字之誤何也歸京晞使司馬東萊王讚代據倉垣斷留運漕　**汳水又東逕陳留縣之餅鄉亭北**陳留風俗傳所謂縣有餅鄉亭即斯亭也　**汳水又逕小黃縣故城南**神仙傳稱靈壽光扶風人死于

江陵胡罔家罔殯埋之後百餘日人有見光于此縣寄書與罔官本曰按與近刻訛作於　案朱趙同罔發視之惟有履存　**汳水又東逕鳴雁亭南**春秋左傳成公十六年衛侯伐鄭至于鳴雁者也杜預釋地云在雍丘縣西北今俗人尚謂之爲白雁亭　**汳水又東逕雍丘縣故城北逕陽樂城南**西征記曰城在汳北一里周五里雍丘縣界　**汳水又東有故渠出焉**孫校曰其故渠在今開封之東今無復有水**南通睢水謂之董生決或言董氏作亂引水南通睢水故斯水受名焉今無水汳水又東枝津出焉俗名之爲落**趙作洛下同**架口西征記曰落架水名也續述征記曰在董生決下二里汳水又逕外黃縣南又東逕莠倉城北**續述征記曰莠倉城去大游墓二十里　**又東逕大齊城南**陳留風俗傳曰外黃縣有大齊亭　**又東逕科城北**陳留風俗傳曰縣有科稟亭是則科稟亭也官本曰按科近刻訛作料　案朱訛趙改刊誤曰料當作科　**汳水又東逕小齊城南汳水又南逕利望亭南**風俗傳曰故成安也朱趙故下有曰字趙刊誤曰箋曰謝云曰字疑衍按曰字乃陳留風俗傳文不宜衍　地理志陳留縣名官本曰按近刻訛作志曰陳留舊名　案朱趙志下有曰字縣作舊趙釋曰一淸按舊名當作縣名　漢武帝以封韓延年爲侯國趙釋曰全氏曰按小司馬曰表在郟志在陳留蓋疑未能決也予謂延年郟人則潁川之郟是也以爲陳留非也善長亦據本志言之耳一淸按地理志潁川郡本有成安縣分註云侯國也而小司馬以陳留之成安當之道元則又兩釋之而不知擇也　**汳水又東龍門故瀆出焉瀆舊通睢水故西征記曰龍門水名也**門北有土臺高三丈餘上方數十步　**汳水又東逕濟陽考城縣故城南爲菑獲渠**考城縣周之采邑也于春秋爲戴國矣孫校曰說文作𢦔　左傳隱公十年秋宋衛蔡

伐戴是也漢高帝十一年秋封彭祖爲侯國趙釋曰一淸按索隱曰漢表彭祖姓祕音轡韋昭音符蕿反非也今檢史記諸本竝作祕今見有姓祕氏　陳留風俗傳曰秦之穀縣也後遭漢兵起邑多災年故改曰菑縣王莽更名嘉穀官本曰按此下近刻有漢字　案朱有趙刪刊誤曰漢字衍文趙釋曰一淸按道元此說非也漢書傅寬傳略渫別西擊邢說軍菑南破之師古曰菑縣名也後爲考城則秦時已名菑縣非自漢始蓋因王莽更爲嘉穀而造作是說　章帝東巡過縣詔曰陳留菑縣官本曰按近刻脫留字　案朱脫趙增刊誤曰郡國志考城縣屬陳留郡落留字又按春秋左傳正義曰地理志云梁國甾縣故戴國應劭曰章帝改曰考城古者甾戴聲近故鄭元詩箋讀俶載如熾甾是其音大同故漢于戴國立甾縣可以補酈注之遺　其名不善高祖鄗柏人之邑世宗休聞喜而顯獲嘉應亨吉元符趙元作之刊誤曰元全氏校改之　嘉皇靈之顧朱作故箋曰宋本作顧趙改顧　賜越有光列考武皇朱光作先皇作王趙改又列改烈刊誤曰箋曰先一作光按當作烈考武皇謂武帝　其改菑縣曰考城是瀆蓋因縣以

獲名矣**汳水又東逕寍陵縣之沙陽亭北**故沙隨國矣春秋左傳成公十六年秋會于沙隨謀伐鄭也杜預釋地曰在梁國寍陵縣北沙陽亭是也世以爲堂城非也**汳水又東逕黃蒿塢北**續述征記曰堂城至黃蒿二十里**汳水又東逕斜城下**續述征記曰黃蒿到斜城五里陳留風俗傳曰考城縣有斜亭**汳水又東逕周塢側**朱無又字趙增刊誤曰汳水下落又字續述征記曰斜城東三里晉義熙中劉公遣周超之自彭城緣汳故溝斬樹穿道七百餘里以開水路停泊于此官本曰按泊近刻作薄案朱趙作薄故茲塢流稱矣**汳水又東逕葛城北**故葛伯之國也孟子曰葛伯不祀湯問曰何爲不祀稱無以供祠祭遺葛伯葛伯又不祀湯又問之曰無以供犧牲湯又遺之又不祀湯又問之曰無以供粢盛湯使亳衆往爲之耕老弱饋食葛伯又率民奪之不授者則殺之湯乃伐葛葛于六國屬魏魏安釐王以封公子無忌官本曰按安釐王近刻訛作襄王忌訛作咎案朱訛趙咎改忌餘同釋曰朱氏謀㙔箋云史記云魏公子無忌者魏昭王少子而魏安釐王異母弟也昭王薨安釐王卽位封公子爲信陵君此云襄王誤也號信陵君其地葛鄉卽是城也在寍陵縣西朱作四箋曰一作西趙改西十里**汳水又東逕神坑塢又東逕夏侯長塢**趙釋曰一清按三國志魏武帝紀袁術退保封邱遂圍之未合術走襄邑追到太壽決渠水灌城走寍陵又追之走九江太壽地無考大約在寍陵襄邑之閒又夏侯惇傳領陳留濟陰太守惇乃斷太壽水作陂身自負土率將士勸種稻民賴其利此夏侯長塢蓋以惇得名續述征記曰夏侯塢至周塢各相距五里**汳水又東逕梁國睢陽縣故城北而東歷襄鄉塢南**續述征記曰西去夏侯塢二十里東一里卽襄鄉浮圖也汳水逕其南漢熹平中某君所

立官本曰按近刻脫中某二字案朱脫趙增刊誤曰箋曰按熹平是漢靈帝年號此云熹平君知有脫誤也宋本亦然其墜失久矣按全氏云錢遵王本熹平下有中某二字從之死因葬之其弟刻石樹碑官本曰按近刻脫其字案朱脫趙增刊誤曰弟上落其字全氏校增以旌厥德朱作進箋曰宋本作旌厥德趙改旌隧前有獅朱趙作師子天鹿累塼作百達柱入所官本曰按近刻脫所字達訛作樹案朱脫訛又塼作博趙增改刊誤曰箋曰博宋本作塼按隸釋載此文作累塼作百達柱黃省曾本同惟誤以塼爲博荒蕪頹毀彫落略盡矣

又東至梁郡趙釋曰一清按漢志秦碭郡高帝五年爲梁國續志同作經者乃改云梁郡此與陳縣漢相王君造四縣碑以淮陽國爲淮陽郡正相類後獲水睢水經文亦云**蒙縣爲獲水**官本曰按獲原本訛作睢近刻訛作濉考後獲水出汳水于梁郡蒙縣北而睢水出梁郡鄢縣可證此乃爲獲水甚明今改正案朱作濉趙改睢**餘波南入睢陽城中**朱睢作淮趙改刊誤曰淮陽當作睢陽漢西京梁國治睢陽續志睢陽亦居梁國領縣之第一注云唯睢陽城南側有小水南流入于睢是也

汳水又東逕貰城南官本曰按貰近刻訛作貫案朱訛趙改刊誤曰貫城當作貰城俗謂之薄城非也闞駰十三州志以爲貰城也官本曰按貰近刻訛作貫案朱訛趙改在蒙縣西北春秋僖公二年齊侯宋公江黃盟于貫杜預以爲貰也云貰貫字相似貫在齊謂貫澤也是矣官本曰按近刻訛作以案朱趙作以非此也今于此地更無他城在蒙西北惟是邑耳考文準地貰邑明矣非亳可知趙釋曰一清按亳與上薄字同音**汳水又東逕蒙縣故城北**官本曰按蒙原本及近刻竝訛作違今改正案朱訛趙改刊誤曰違縣當作蒙縣俗謂之小蒙城也西征記城在汳水南十五六里卽莊周之本邑也爲蒙之漆園吏郭景純所謂漆園有傲吏者也悼惠施之沒杜門于此邑矣**汳水自縣南出今無復有水惟睢陽城南側有小水南流入于睢**城南二里有漢太傅掾橋載墓碑

載字元賓梁國睢陽人也睢陽公子熹平五年立城東百步
有石室刊云漢鴻臚橋仁祠城北五里有石虎石柱而無碑
誌不知何時建也**汳水又東逕大蒙城北**自古不聞有二蒙
疑卽蒙亳也所謂景薄趙作亳爲北亳矣官本曰按北近刻訛作此案朱訛趙改
椒舉云商湯有景亳之命者也闞駰曰湯都也亳本帝嚳之
墟在禹貢豫州河洛之閒今河南偃師城西二十里尸鄉亭
是也皇甫謐以爲考之事實學者失之如孟子之言湯居亳
與葛爲鄰是卽亳與葛比也湯地七十里葛又伯耳封域有
限而盜陵去偃師八百里官本曰按陵近刻訛作陂案朱作陂箋曰盜陂據郡國志當作盜
陵乃葛伯國也趙改陵不得童子饋餉而爲之耕今梁國自有二亳南
亳在穀熟北亳在蒙非偃師也古文仲虺之誥曰葛伯仇餉
征自葛始卽孟子之言是也崔駰曰湯冢在濟陰薄縣北皇
覽曰薄城北郭東三里平地有湯冢冢四方方各十步高七
尺上平也漢哀帝建平元年大司空史郤長卿按行水災因
行湯冢在漢屬扶風今徵之迴渠亭有湯池徵陌是也官本曰按
池近刻訛作地案朱訛趙改釋曰全氏曰按漢志徵屬左馮翊不屬右扶風然不經見難得而詳
按秦寧公本紀云二年伐湯三年與亳戰亳王奔戎遂滅湯
然則周朱有穆字箋曰疑衍趙刪桓王時自有亳王號湯爲秦所滅乃西
戎之國葬于徵者也非殷湯矣劉向言殷湯無葬處爲疑杜
預曰梁國蒙縣北有薄伐城城中有成湯冢其西有箕子冢
今城內有故冢方墳疑卽杜元凱之所謂湯冢者也而世朱作
先箋曰孫云當作世謂之趙改世謂之王子喬冢冢側有碑題云仙人王子

喬碑曰王子喬者蓋上世之眞人聞其仙不知興何代也博
問道家官本曰按問近刻訛作聞案朱訛趙改刊誤曰聞當作問隸釋校或言潁川或言產
蒙初建此城則有斯邱傳承先民曰王氏墓暨于永和之元
年冬十二月當臘之時夜上有哭聲其音甚哀附居者王伯
怪之明則祭朱箋曰當作登趙改登而察焉時天鴻雪下無人徑有大
鳥跡在祭祀處左右咸以爲神其後有人著大冠絳單衣杖
竹立冢前呼採薪孺子伊永昌曰我王子喬也勿得取吾墳
上樹也忽然不見時令泰山萬熹官本曰按近刻訛作喜案朱訛趙改刊誤曰箋曰
喜當作熙按當加灬作熹稽故老之言感精瑞之應乃造靈廟以休厥神
于是好道之儔自遠方集或絃琴以歌太一或覃思以歷丹
邱官本曰按近刻覃訛作譚邱訛作思案朱作思箋曰當作田趙改田覃竝作譚知至德之宅兆
實眞人之祖先延熹八年秋八月皇帝遣使者奉犧牲致禮
祠濯朱箋曰一作致祀祇懼之敬趙釋曰全氏曰隸釋改作祇懼非是之敬肅如也國相東
萊王璋字伯儀官本曰按近刻訛作義案朱訛趙改刊誤曰後漢書黨錮傳王璋字伯儀東萊曲成人
少府卿以爲神聖所興必有銘表乃與長史邊乾遂樹之玄石
紀頌遺烈觀其碑文意似非遠既在逕見官本曰按近刻作既有經見案朱
同趙改有仍經刊誤曰有黃省曾本作在不能不書存耳官本曰按近刻作存焉案朱趙作焉
獲水出汳水于梁郡蒙縣北孫校獲改雉曰說文雉字犬聲睢陽有雉水廣韻曰雉同惟徐引孫
愐五佳切案說文曰犬聲則是後人誤以佳爲聲也
漢書地理志曰獲水首受甾獲渠官本曰按獲水下近刻有也字又有十三州志曰五
字並係衍文案朱趙同甾趙作菑釋曰一清按漢志梁國蒙縣獲水首受甾獲渠汳水注云汳水又東逕濟陽考城縣
故城南爲甾獲渠道元是注蓋割裂班志又雜引闞說以成文殆好博之過也**亦兼丹水之稱也竹**

書紀年曰宋殺其大夫皇瑗朱作緩箋曰今紀年宋本作皇瑗趙改瑗于丹水之
上又曰宋大水官本曰按原本及近刻竝訛作宋大夫案朱訛趙改刊誤曰夫竹書紀年作水黃省曾
本元是水字丹水壅不流葢汳水之變名也獲水自蒙東出官本曰按
近刻訛作山案朱訛趙改刊誤曰山當作出水南有漢故繹幕令匡碑匡字公輔
魯府君之少子也碑字碎落不可尋識竟不知所立歲月也
獲水又東逕長樂固北已氏縣南東南流逕于蒙澤十三州
志曰蒙澤在縣東春秋莊公十二年宋萬與公爭博殺閔公
于斯澤矣獲水又東官本曰按獲近刻訛作汳案朱訛趙改刊誤曰汳水當作獲水逕虞
縣故城北古虞國也昔夏少康逃奔有虞爲之庖正虞思于
是妻之以二姚者也王莽之陳定亭也城東有漢司徒盛允
墓碑官本曰按近刻脫碑字案朱脫趙增刊誤曰墓下落碑字隸釋校補允字伯世官本曰按允近

刻訛作公案朱訛趙改刊誤曰公當作允盛允爲司徒在桓帝延熹三年見范史桓帝紀何焯云當作盛兒見姓氏急
就篇然當以史爲正梁國虞人也其先奭氏至漢中葉避孝元皇帝諱
改姓曰盛世濟其美以迄于公察孝廉除郎累遷司空司徒
延熹中立墓中有石廟廟宇傾頹基構可尋獲水又東南逕
空桐澤北澤在虞城東南春秋哀公二十六年冬宋景公遊
于空澤官本曰按近刻脫宋景二字案朱脫趙增辛巳卒于連中大尹左師興
空澤之士千甲朱箋曰千甲左傳杜預注謂甲士千人也吳本改作壬午今復正之奉公自空
桐入如沃宮者矣獲水又東逕龍譙固官本曰按近刻脫東字固訛作國案朱
趙同趙釋曰一清按龍譙國未詳寰宇記亳州下云後漢熹
平五年黃龍見譙太史令單颺以爲其國當有王者興不及
五十年亦當復見後如其言及文帝即位黃初元年以先人
舊都立爲譙國與長安許昌鄴洛陽號爲五都事見後漢書
方術傳及三國志魏文帝紀熹平之朝譙尚爲縣屬沛國占
候者即云其國若豫知當塗受命改制之事史氏多誣此其

驗矣又東合黃水口水上承黃陂朱無水字趙增刊誤曰上承上落水字下注獲
水獲水又東入櫟林世謂之九里柞朱作祚箋曰祚宋本作柞陸機詩疏云秦人謂
柞爲櫟河內人謂木蓼爲櫟趙改柞獲水又東南逕下邑縣故城北楚考烈王
滅魯頃公亡遷下邑又楚漢彭城之戰呂后兄澤軍于下邑
官本曰按兄澤近刻訛作弟周案朱趙同趙釋曰全氏曰按項羽本紀云呂后兄高帝紀亦云呂后兄非弟也且是周
呂侯名澤周呂其封國非名周也高祖敗還從澤朱趙作周軍子房擘捐地之策
收垓下之師陸機所謂即趙有謀字下邑者也王莽更名下治朱趙
作治朱箋曰舊本作下治矣獲水又東逕碭縣故城北官本曰按碭下近刻衍山字案朱
衍趙刪刊誤曰兩漢志後魏志俱作碭縣無山字按漢志碭縣下云山出文石續志鈔變其詞曰碭山出文石連作大字
非以碭山名縣也山字衍文應劭曰縣有碭山山在東出文石秦立碭郡
葢取山之名也王莽之節碭縣也山有梁孝王墓其冢斬山

作郭穿石爲藏行一里到藏中有數尺水水有大鯉魚黎民
謂藏有神不敢犯神官本曰按近刻民訛作萌犯神訛作犯之案朱趙同凡到藏皆
潔齋而進不齋者至藏輒有獸噬其足獸難得見見者云似
狗朱無云字趙增刊誤曰見者下落云字黃省曾本校增所未詳也山上有梁孝王祠
獲水又東穀水注之上承碭陂官本曰按碭近刻訛作陽案朱訛趙改上上增水字刊
誤曰上承上落水字陽陂當作碭陂陂中有香城城在四水之中承諸陂散流
爲零水瀼水清水也官本曰按爲近刻作謂案朱趙作謂積而成潭謂之碭
水趙人有琴高者以善鼓琴爲康王舍人行彭涓之術浮遊
碭郡間二百餘年後入碭水中取龍子與弟子期曰皆潔齋
待于水旁設屋祠果乘赤鯉魚出入坐祠中碭中有可萬人
觀之官本曰按可近刻作千案朱趙作千畱月餘復入水也陂水東注謂之

穀水東逕安山北即碭北山也山有陳勝墓秦趙增覩字刊誤曰秦亂上落覩字孫潛校增首兵伐秦弗終厥謀死葬于碭謚曰隱王也**穀水又東北注于獲水獲水又東歷藍田鄉郭又東逕梁國杼秋縣故城南**王莽之予秋也官本曰按予近刻訛作子案朱訛趙改刊誤曰漢書地理志作予秋子字誤**獲水又東歷**趙釋曰一清按下有脫文**洪溝東注**官本曰按此下近刻衍之字案朱趙有之字趙東改水刊誤曰下東字當作水**南北各一溝**朱趙南上有水字**溝首對獲世謂之鴻溝**官本曰按鴻近刻訛作洪案朱趙作洪**非也**春秋昭公八年秋蒐于紅杜預曰沛國蕭縣西有紅亭即地理志之⿰王虫縣也朱趙無也字朱⿰王虫作虹趙改刊誤曰虹爲蠕蝀音戶公切漢書地理志沛郡⿰王虫縣莽曰貢師古曰⿰王虫亦音貢是與虹字有別郡國志作虹縣斯則司馬彪之異詞非班固之實錄也趙釋曰一清按此說亦見晉書地道記而顧景范非之郡國志秦山郡奉高邑劉昭補註曰左傳昭八年大蒐于紅紅亭在縣西北漢志沛郡⿰王虫縣莽曰貢師古曰⿰王虫亦音貢音義竝異景帝三年官本曰按近刻訛作高后三年案朱趙同趙釋曰朱氏謀瑋箋云王子侯表景帝三年更封富爲紅侯作高后誤一清按索隱曰楚元王傳休侯富免後封紅侯紅休蓋二鄉名王莽封劉歆爲紅休侯一云紅即⿰王虫縣封楚元王子富爲侯國王莽之所謂貢矣**蓋溝名音同**官本曰按音近刻訛作是案朱趙作是**非楚漢所分也**趙釋曰全氏曰鴻溝史記年表作洪渠漢書音義作洪溝晉志浚儀縣下亦作洪溝則鴻洪字本通故有指此洪溝爲鴻溝者善長特起而糾正之

又東過蕭縣南睢水北流注之官本曰按此六字原本及近刻竝訛入注內睢訛作獲考注云即經所謂睢水也實指此經之文而言今改正案朱訛趙改刊誤曰六字是經混作注獲當作睢蓋睢水入獲也注云疑即經所謂睢水蓋指此也

蕭縣南對山世謂之蕭城南山也朱城作縣趙改刊誤曰縣黃省曾本作城**戴延之謂之同孝山云取漢陽城侯劉德所居里名目山也劉澄之云縣南有冒山未詳孰是也山有箕谷谷水北流注獲世**

謂之西流水言水上承梧桐陂陂水西流因以爲名也余嘗逕蕭邑城右惟是水北注獲水趙無水字**更無別水**朱無水字箋曰謝兆申云當作更無別水趙增水字**疑即經所謂睢水也**城東西及南三面臨側獲水故沛郡治縣亦同居矣城南舊有石橋耗處官本曰按近刻訛作處耗案朱訛趙乙刊誤曰箋曰耗字疑衍按處耗二字當互易謂水痕減落之處也積石爲梁高二丈今荒毀殆盡亦不具誰所造也縣本蕭叔國宋附庸楚滅之春秋宣公十二年楚伐蕭蕭潰申公巫臣曰師人多寒王巡三軍撫之士同挾纊官本曰按近刻作拊而勉之三軍之士皆同挾纊乃後人據左傳之文所改案朱趙同蓋恩使之然矣蕭女聘朱趙作娉齊爲頃公之母卻克所謂蕭同叔子也**獲水又東歷龍城**不知誰所創築也**獲水又東逕同孝山北**山陰有楚元王冢上圓下方累石爲之高十餘丈廣百許步經十餘墳悉結石也**獲水又東淨淨溝水注之水上承**朱趙作結朱箋曰宋本作承**梧桐陂西北流即劉中書澄之所謂白溝水也**官本曰按溝近刻訛作瀆案朱訛趙改刊誤曰箋曰謝云白溝當作白瀆按蕭縣志云白溝在縣西北二十里溝字不誤**又北入于獲俗名之曰淨淨溝也**趙刊誤曰箋曰宋本但作名之曰淨溝也按淨淨溝之義如深深渠隲隲水源源水涓涓水之類朱氏不察必欲去此重文亦昧矣

又東至彭城縣北東入于泗

獲水自淨淨溝東逕阿育王寺北或言楚王英所造非所詳也蓋遵育王之遺法因以名焉**與安陂水合水上承安陂餘波北逕阿育王寺側**水上有梁謂之玄注橋水旁有石墓宿經開發石作工奇殊爲壯朱作莊箋曰宋本作壯構趙改壯構而不知誰冢疑即澄之所謂淩冢也**水北流注于獲獲水又東逕彌黎城**

北劉澄之永初記所謂城之西南有彌黎城者也獲水于彭城西南迴而北流逕彭城城西北舊有楚大夫龔勝宅卽楚老趙有父字哭勝處也朱箋曰漢書王莽遣謁者持安車印綬卽拜楚國龔勝爲太子師友祭酒勝不應徵不食而死時年七十九矣有老父來弔哭甚哀曰嗟乎薰以香自燒膏以明自銷龔生竟夭天年非吾徒也勝居彭城廉里後世刻石表其里門獲水又東轉逕城北而東注泗水北三里有石冢被開傳言楚元王之孫劉向冢未詳是否城卽殷大夫老彭朱作彭祖箋曰宋本作老彭之國趙改老彭之國也于春秋爲宋地楚伐宋并之以封魚石崔子季珪述初賦曰想黃公于邳圯勤魚石于彭城官本曰按勤近刻訛作勤案朱訛趙改刊誤曰勒孫潛校改勤事在春秋襄公九年卽是縣也孟康曰舊名江陵爲南楚陳爲東楚彭城爲西楚朱箋曰按史記正義曰淮南北沛郡汝南郡爲西楚彭城以東東海吳廣陵爲東楚衡山九江江南豫章長沙爲南楚文穎曰朱穎作頴趙改刊誤曰文穎之穎當从禾不从水彭城故東楚也項羽都焉朱無焉字趙增刊誤曰都下落焉字謂之西楚漢祖定天下以爲楚郡封弟交爲楚王都之宣帝地節元年更爲彭城郡朱箋曰孫按史記楚元王世家地節二年中人上書告楚王謀反王自殺國除入漢爲彭城郡王莽更之曰和樂郡也徐州治城內有漢司徒袁安魏中郎將徐庶等數碑官本曰按近刻脫將字案朱脫趙增刊誤曰中郎下落將字竝列植于街右咸曾爲楚相也大城之內有金城東北小城劉公更開廣之皆壘石高四丈列塹環之小城西又有一城官本曰按近刻脫有字案朱脫趙增刊誤曰又下落有字是大司馬琅邪王所修因項羽故臺經始卽構宮觀門閤官本曰按近刻訛作閣案朱訛趙改刊誤曰閤黃省曾本作閣說文閤門旁戶正韻內中小門也周圻名義考曰閣爲庋閣之閣禮內則天子之閣漢天祿等閣皆謂重屋也閤爲閨閤之閤文翁傳閨閤公孫宏東閤皆謂門也音義竝異非可混稱下邑閤如初之閤亦同惟新厥制

義熙十二年霖雨驟澍汳朱趙作汴水暴長城遂崩壞冠軍將軍彭城劉公之子也登更築之悉以塼壘宏壯堅峻樓櫓赫奕南北所無宋平北將軍徐州刺史河東薛安都舉城歸魏魏遣博陵公尉苟仁城陽公孔伯恭援之邑閤如初官本曰按閤近刻作閣案朱訛趙改觀不異昔自後毀撤一時俱盡趙釋曰一清按此處疑有脫文魏書堯暄傳初暄使徐州見州城樓觀嫌其華盛乃令往往毀撤由是更損落及高祖幸彭城聞之曰暄猶可追斬間遺工雕鏤尚存龍雲逞勢奇爲精妙矣城之東北角起層樓于其上號曰彭祖樓地理志曰彭城縣古彭祖國也官本曰按古近刻作故案朱同趙改刊誤曰故漢書地理志作古世本曰陸終之子其三曰籛是爲彭祖彭祖城是也下曰彭祖冢彭祖長年八百綿壽永世于此有冢蓋亦元極之化矣其樓之側襟汳帶泗官本曰按近刻脫襟字案朱脫趙增刊誤曰汳上落襟字東北爲二水之會也聳望川原極目清野斯爲佳處矣

水經注卷二十三

水經注卷二十四　長沙王氏校本

後魏酈道元撰

睢水　瓠子河朱趙作水　汶水

睢水出梁郡鄢縣

睢水出陳留縣西蒗薚渠官本曰按薚近刻作蕩案朱趙作蕩東北流地理
志曰睢水首受陳留浚儀狼湯水也官本曰按狼湯近刻作蒗蕩案朱趙同經
言出鄢非矣又東逕高陽故亭北俗謂之陳留北城非也蘇
林曰高陽者陳留北縣也按在留故鄉聚名也官本曰按故近刻訛作使
案朱訛趙改刊誤曰漢志陳留縣下註臣瓚曰留屬陳故稱陳留蓋留本鄭邑爲陳所并是以酈釋高陽爲故留之鄉
聚名也使字誤當作故有漢廣野君廟碑延熹六年十二月雍邱令董
生趙釋曰何氏曰隸釋作董之乃董督之義一清按斯言未安仰餘徽于千載遵茂美于

絕代命縣人長照爲文官本曰按長近刻作萇案朱趙同用章不朽之德其
略云輟洗分餐諮謀帝猷陳鄭有涿鹿之功海岱無牧野之
戰大康華夏綏靜黎物生民以來功盛莫崇今故宇無聞而
單碑介立矣官本曰按近刻宇訛作字單訛作軍案朱趙不誤陳留風俗傳曰酈氏
居于高陽沛公攻陳留縣酈食其有功封高陽侯趙釋曰全氏曰按食
其生前未嘗封侯是因其子高梁侯疥而誤有酈峻字文山官至公府掾大將軍
商有功食邑于涿故自陳留徙涿官本曰按近刻脫此二字案朱脫趙增刊誤曰陳
留下落徙涿二字全氏校增縣有鉼亭鉼鄉建武二年世祖封王常爲侯
國也趙釋曰一清按王常封山桑侯不聞在陳留也豈由鄉亭進封而史傳失之乎睢水又東逕雍
邱縣故城北縣舊杞國也殷湯周武以封夏后繼禹之嗣楚
滅杞秦以爲縣圈稱曰縣有五陵之名故以氏縣矣城內有

夏后祠昔在二代享祀不輟秦始皇因築其表爲大城而以
縣焉官本曰按因近刻訛作圖案朱趙作圖睢水又東水積成湖俗謂之白羊
陂陂方四十里右則姦梁陂水注之其水上承陂水東北逕
雍邱城北又東分爲兩瀆謂之雙溝俱入白羊陂陂水官本曰按
近刻訛作之案朱訛趙改刊誤曰之當作水東合洛架口官本曰按近刻口上衍水字案朱趙有水
上承汳水謂之洛架水東南流入于睢水睢水又東逕襄邑
縣故城北又東逕雍邱城北睢水又東逕寧陵縣故城南故
葛伯國也王莽改曰康善矣歷鄢縣北二城南北相去五十
里故經有出鄢之文城東七里水次有單父令楊彥尚書郎
楊禪字文節兄弟二碑漢光和中立也

東過睢陽縣南官本曰按東上近刻衍又字案朱趙有

睢水又東逕橫城北春秋左傳昭公二十一年樂大心禦華
向于橫官本曰按近刻作樂大心豐愆華牼禦華向于橫蓋後人據左傳增加四字案朱趙同杜預曰
梁國睢陽縣南有橫亭今在睢陽縣西南世謂之光城蓋光
橫聲相近習傳之非也睢水又逕新城北即宋之新城亭也
春秋左傳文公十四年公會宋公陳侯衞侯鄭伯許男曹伯
晉趙盾盟于新城者也睢水又東逕高鄉亭北又東逕亳城
北南亳也即湯所都矣睢水又東逕睢陽縣故城南周成王
官本曰按近刻訛作武王案朱趙作武封微子啟于宋以嗣殷後爲宋都也趙釋
曰一清按尚書序史記周本紀宋微子世家皆云周公承成王命以封微子于宋注云武王誤也昔宋元君
夢江使乘輜車被繡衣而謁于元君元君感衞平之言而求
之于泉陽男子余且獻神龜于此矣秦始皇二十二年以爲

碭郡漢高祖嘗以沛公爲碭郡長天下既定五年爲梁國（趙釋曰全氏曰閻若璩云睢陽是梁都而班志置之第八其第一縣乃碭也按秦立碭郡則碭縣乃秦之治所及漢改治睢陽孟堅或仍秦地圖之舊而未及改正耳）文帝十二年封少子武爲梁王太后之愛子景帝寵弟也是以警衞貂侍飾同天子藏珍積寶多擬京師招延豪傑士咸歸之長卿之徒免官來遊廣睢陽城七十里大治宮觀臺苑屏榭勢竝皇居其所經構也役夫流唱必曰睢陽曲（官本曰按近刻脫曲字　案朱脫趙增刊誤曰劉昭補註郡國志引地道記曰梁孝王築城三十里小鼓唱節杵下而和之稱睢陽曲注落曲字）創傳由此始也城西門即寇先鼓琴處也先好釣居睢水旁宋景公問道不告殺之後十年止此門鼓琴而去宋人家家奉事之南門曰盧門也春秋華氏居盧門里叛杜預曰盧門宋城南門也司馬彪郡國志曰睢陽縣有盧門亭城內有高臺甚秀廣巍然介立超焉獨上謂之蠡臺亦曰升臺焉當昔全盛之時故與雲霞競遠矣續述征記曰迴道似蠡故謂之蠡臺非也余按闕子（朱箋曰漢藝文志縱橫家有闕子一篇宋本作闞誤）稱宋景公使工人爲弓九年乃成公曰何其遲也對曰臣不復見君矣臣之精盡于弓矣獻弓而歸三日而死景公登虎圈之臺援弓東面而射之矢踰于孟霜之山（朱趙孟作西朱箋曰舊本注及御覽與文選鮑照詩注俱作西霜唯藝文類聚作孟霜趙釋曰朱氏謀㙔箋曰藝文類聚作孟霜之山）集于彭城之東（官本曰按城近刻訛作梁　案朱訛趙改刊誤曰梁當作城）餘勢逸勁猶飲羽于石梁然則蠡臺即是虎圈臺也蓋宋世牢虎所在矣晉太和中大司馬桓溫入河命豫州刺史袁真開石門鮮卑堅戍此臺真頓甲堅城之下不果而還蠡臺如西（官本曰按

如近刻作而　案朱同趙改刊誤曰而當作如）又有一臺俗謂之女郎臺臺之西北城中有涼馬臺臺東有曲池池北列兩釣臺水周六七百步蠡臺直東又有一臺世謂之雀臺也城內東西道北有晉梁王妃王氏陵表竝列二碑碑云妃諱粲字女儀東萊曲城人也齊北海府君之孫司空東武景侯之季女咸熙元年嬪于司馬氏泰始二年妃于國太康五年薨營陵于新蒙之（官本曰按此下有脫文　趙釋曰朱氏謀㙔箋云此下疑有脫誤）太康九年立碑東即梁王之吹臺也（官本曰按臺近刻訛作宮　案朱訛趙改刊誤曰宮當作臺）基陛階礎尚在今建追明寺故宮東即安梁之舊地也齊周五六百步（官本曰按齊近刻作廣　案朱趙作廣朱箋曰舊本作齊周吳本改作廣周）水列釣臺池東又有一臺世謂之清泠臺北城憑隅又結一池臺晉灼曰或說平臺在城中東北角亦或言兎園在平臺側如淳曰平臺離宮所在今城東二十里有臺寬廣而不甚極高俗謂之平臺余按漢書梁孝王傳稱王以功親爲大國築東苑方三百里廣睢陽城七十里大治宮室爲複道自宮東出楊之門（官本曰按楊下近刻衍州字　案朱同趙改楊門之左刊誤曰沈炳巽云當作東出楊門之左州字衍文）左陽門（趙以左字上屬陽作楊）即睢陽東門也連屬于平臺則近矣（朱則作側箋曰御覽引此作則近趙改則字）屬之城隅則不能是知平臺不在城中也梁王與鄒枚司馬相如之徒極遊于其上故齊隨郡王山居序所謂西園多士平臺盛賓鄒馬之客咸在伐木之歌屢陳是用追芳昔娛神遊千古故亦一時之盛事謝氏賦雪亦曰梁王不悅遊于兎園今也歌堂淪宇律管埋音孤基

塊立無復曩日之望矣城北五六里便得漢太尉橋玄墓官本曰按橋近刻訛作喬下同　案朱作喬箋曰舊本作橋玄趙改橋冢東有廟卽曹氏孟德親
酹處操本微素嘗候于玄玄曰天下將亂能安之者其在君
乎操感知己後經玄墓祭云操以頑質見納君子士死知己
懷此無忘又承約言徂沒之後路有經由不以斗酒隻雞過
相沃酹車過三步腹痛勿怨雖臨時戲言非至親篤好胡肯
爲此辭哉悽愴致祭以申宿懷冢列數碑一是漢朝羣儒英
才哲士感橋氏德行之美乃共刊石立碑以示後世一碑是
故吏司徒博陵崔列官本曰按近刻作烈　案朱趙作烈廷尉河南吳整等以
爲至德在己揚之由人苟不皦述夫何考焉官本曰按近刻皦訛作驕考訛作舍　案朱同趙改刊誤曰箋曰蔡中郎集載此碑作苟不皦述夫何考焉按金石文載此碑作苟不嬌述夫何舍焉隸釋改作稱述乃共勒嘉石昭明芳烈一碑是隴西枹罕北次陌碭
守長騭爲左尉漢陽獂道趙馮孝高以橋公嘗牧涼州感三
綱之義慕將順之節以爲公之勳美宜宣舊邦乃樹碑頌以
昭令德光和七年官本曰按近刻訛作元年　案朱趙作元主記掾李友字仲僚
作碑文碑陰有右鼎文建寍三年拜司空又有中鼎文建寍
四年拜司徒又有左鼎文光和元年拜太尉鼎銘文曰朱銘作名趙改刊誤曰名當作銘故臣門人相與述公之行咨度體則文德銘于
三鼎武功勒于征鉞書于碑陰以昭光懿又有鉞文稱是用
鏤石假象作茲征鉞軍鼓陳之于東階亦以昭公之文武之
勳焉趙釋曰隸辨曰按後漢書橋玄傳光和六年卒蔡邕集太尉橋公碑有二俱云光和七年薨水經注謂是碑作于光和元年恐誤也其載鼎銘文云文德銘于三鼎云云乃是蔡邕橋公碑中語非鼎銘文也邕有東中西鼎三銘見于

集中又有黃戉銘所云鉞文稱是用鏤石假象作茲征鉞亦邕銘中語而謂碑文爲李友所作豈後人援采邕集誤入他人之文耶廟南列二柱趙增石字刊誤曰二下落石字黃省曾本校增柱東有二石羊羊
北有二石虎廟前東北有石駝趙增二字刊誤曰石駝上落二字黃省曾本校增駝
西北有二石馬皆高大亦不甚彫毀官本曰按近刻訛作雕飾　案朱訛趙改刊誤曰飾黃省曾本作毀惟廟頹構麤傳遺墉石鼓仍存鉞今不知所在睢
水于城之陽積而爲逢洪陂趙刊誤曰箋曰御覽引水經注作積而爲逢淇陂按淇乃誤文何足據也陂之西南有陂又東合明水水上承城南大池池周千
步南流會睢謂之明水絕睢注渙睢水又東南流歷于竹圃
水次綠竹蔭渚菁菁實望世人言梁王竹園也趙釋曰太平御覽引水經注曰睢陽有隕石水一名溙溝左傳云隕石于宋五隕星也故老云此水有時竭涸五石存焉故名隕石水墜處爲津今本無之睢水又東逕穀熟縣故城北睢水又東蘄水出焉睢水
又東逕粟縣故城北地理志曰侯國也王莽曰成富睢水又
東逕太丘縣故城北地理志曰故敬丘也漢武帝元朔三年
封魯恭王子節侯劉政爲侯國趙釋曰朱氏謀㙔箋曰漢書王子侯表魯共王子政封瑕邱地理志瑕邱屬山陽郡而敬邱卽太邱屬沛郡注似誤引也一淸按酈氏所言未可非也地理志山陽郡瑕邱下不云侯國沛郡敬邱下云侯國侯表中無敬邱侯安知道元所見之本之不作敬邱乎漢明帝更從今名
列仙傳曰仙人文賓邑人賣鞾履爲業以正月朔日會故嫗
于鄉亭西社教令服食不老卽此處矣官本曰按近刻脫以正月至卽此處共二十二字　案朱脫趙增刊誤曰爲業下落以正月朔日會故嫗于鄉亭西社教令服食不老卽此處二十二字据名勝志所引校補又朱箋曰列仙傳云文賓者太丘鄉人也賣草履爲業數取嫗數十年輒棄之後時故嫗年九十餘續見賓年更壯拜賓問道賓令其至正月朔會鄉亭西社教令服菊花地膚桑寄生松子嫗亦更壯睢水又東逕芒
縣故城北漢高帝六年封耏跖爲侯國王莽之傳治趙增也字刊誤

曰傳治下落也字名勝志校增孫校曰漢志作博治世祖改曰臨睢城西二里水南有豫州從事皇毓碑殞身州牧陰君之罪時年二十五臨睢長平輿朱趙作與朱箋曰宋本作輿李君二千石丞綸氏夏文則官本曰按近刻丞訛作承綸訛作輪　案朱趙同朱箋曰郡國志潁川郡有輪氏縣夏文則蓋其邑人也高其行而悼其殞州國咨嗟旌閭表墓昭敘令德式示後人城內有臨睢長左馮翊王君碑善有治功累遷廣漢屬國都尉吏民思德縣人公府掾陳盛孫郎中兒定興官本曰按近刻兒作倪　案朱趙作倪劉伯郵等共立石表政以刊遠績縣北與碭縣分水有碭山芒碭二縣之間官本曰按近刻脫二字　案朱脫趙增刊誤曰芒碭下落二字御覽引此文校補山澤深固多懷神智有仙者涓子主柱竝隱碭山得道朱箋曰列仙傳云涓子齊人也餌朮接食其精至三百年乃見於齊隱於宕山能致風雨受伯陽九仙法又云主柱者與道士共上宕山餌丹砂三年得神砂飛雪服之五年能飛行漢高祖隱之呂后望氣知之卽于是處也京房易候曰何以知賢人隱師曰視四方常有大雲五色具而不雨其下賢人隱矣

又東過相縣南屈從城北東流當蕭縣南入于陂官本曰按原本及近刻竝訛作入于睢　考睢水與梧桐陂水互相通注故經敘睢水言入于陂今改正　案朱趙作睢趙釋曰一淸按睢水豈可云入睢乎漢志云睢水東至取慮入泗注云睢水東南流入泗謂之睢口經止蕭縣非也所謂得其一而亡其二矣獲水經云又東過蕭縣南睢水北流注之此篇經文入于睢之睢蓋別水支流所滙而非首受蒗蕩渠之睢道元故以出入迴環更相通注調停之孫校曰星衍曰入于雅見前雅水文

相縣故宋地也秦始皇二十三年以爲泗水郡漢高帝四年改曰沛郡治此漢武帝元狩六年封南越桂林監居翁爲侯國曰湘成也趙作相成釋曰一淸按史漢表竝作湘成索隱曰在堵陽然則非沛郡之相王莽更

名郡曰吾符官本曰按近刻作更名之吾符　案朱趙同縣曰吾符亭官本曰按此下近刻有也字　案朱趙有朱箋曰舊本作吾符高亭漢地理志王莽改沛郡曰吾符改相縣曰吾符亭睢水東逕石馬亭亭西有漢故伏波將軍馬援墓睢水又東逕相縣故城南宋共公之所都也官本曰按共近刻作恭　案朱同趙改刊誤曰恭當作共國府園中猶有伯姬黃堂基堂夜被火左右曰夫人少避伯姬曰婦人之義保傅不具夜不下堂遂遇火而死斯堂卽伯姬燔死處也城西有伯姬冢昔鄭渾爲沛郡太守于蕭相二縣興陂堰民賴其利刻石頌之號曰鄭陂睢水又左合白溝水官本曰按溝近刻訛作瀆　案朱訛趙改刊誤曰白瀆水當作白溝水見前獲水注水上承梧桐陂陂側有梧桐山陂水西南流逕相城東而南流注于睢睢盛則北流入于陂陂溢則西北注于睢出入迴環更相通注故經有入陂之文官本曰按入陂原本及近刻亦訛作入睢今改正　案朱趙作睢睢水又東逕彭城郡之靈壁東東南流漢書項羽敗漢王于靈壁東卽此處也又云趙釋曰一淸按下有脫文東通穀泗服虔曰水名也在沛國相界未詳官本曰按未近刻訛作又　案朱訛趙改刊誤曰又當作未睢水逕穀熟兩分睢水而爲蘄水官本曰按而字近刻訛在睢水上　案朱訛趙改刊誤曰而字當移在爲蘄水之上故二水所在枝分通謂兼稱官本曰按謂近刻訛作爲　案朱同趙改刊誤曰爲當作謂穀水之名蓋因地變然則穀水卽睢水也又云漢軍之敗也睢水爲之不流睢水又東南逕竹縣故城南地理志曰王莽之篤亭也李奇曰今竹邑縣也睢水又東與滭湖水合水上承甾丘縣之渒趙作滭陂南北百餘里東西四十里東至朝解亭西屆彭城甾丘縣之故城東王莽更名之曰善丘矣其水自陂南系

于睢水又東睢水南[官本曰按近刻作睢水又東南　案朱趙同]八丈故溝水注之水上承蘄水而北會睢水又東逕符離縣故城北[朱符作苻趙改刊誤曰漢書地理志作符離]漢武帝元狩四年[官本曰按近刻訛作元光四年　案朱趙作光趙釋曰沈氏曰是元狩四年封又按漢表曰邳離屬朱虚此從史記年表]封路博德爲侯國王莽之符合也睢水又東逕臨淮郡之取慮縣故城北[官本曰按近刻脫又字縣字　案朱脫趙增刊誤曰睢水下落又字取慮下落縣字]昔汝南步游張少失其母及爲縣令遇母于此乃使良馬踟躕輕軒罔進顧訪病嫗乃其母也誠願宿憑而冥感昭徵矣睢水又東合烏慈水水出縣西南烏慈渚潭漲東北流與長直故瀆合瀆舊上承蘄水[官本曰按瀆近刻訛作溝　案朱訛趙改刊誤曰溝當作瀆卽長直故瀆也]北流八十五里注烏慈水烏慈水又東逕取慮縣南又東屈逕其城東而北流注于睢

睢水又東逕睢陵縣故城北漢武帝元朔元年封江都易王子劉楚爲侯國[朱箋曰孫云按史記年表江都易王子劉定國封睢陵侯索隱曰在淮陽趙改劉定釋曰一清按索隱曰表在淮陵]王莽之睢陸也睢水又東與潼水故瀆會舊上承潼[趙作潼下同]縣西南潼陂東北流逕潼縣故城北又東北逕睢陵縣下會睢水[官本曰按近刻脫水字　案朱趙無]睢水又東南流逕下相縣故城南高祖十二年封莊侯泠耳爲侯國應劭曰相水出沛國相縣[官本曰按相水上近刻衍丁字　案朱趙有]故此加下也然則相又是睢水之別名也[官本曰按相字上近刻亦衍下字　案朱趙有趙釋曰一清按漢志下相縣應劭曰相水出沛國故加下不名下相水道元誤矣]東南流入于泗謂之睢口經止蕭縣非也所謂得其一而亡其二矣

瓠子河出東郡濮陽縣北河

縣北十里卽瓠河口也尚書禹貢雷夏旣澤雝沮會同爾雅曰水自河出爲雝許愼曰雝者河雝水也[趙釋曰一清按道元敘雷澤甚詳而雝沮甚略殆以不見班志故耶括地志曰雷夏澤在濮州雷澤縣郭外西北雝沮二水在澤西北平地元和志云去縣十四里則明有其處矣曾彥和則引爾雅水自河出爲雝許愼曰河雝水在宋雝之下流入于睢水睢水其沮水與晁以道亦引河出爲雝濟出爲濋求之于韻沮有濋音胡朏明非之以爲汳睢皆出豫入徐於兗無涉又云雝沮皆濟水所出而河不與焉故鄭康成欲破周禮職方兗州其浸盧維爲雷雝通典不從以濟陽盧縣自有盧水高密莒縣自有維水胡朏明又非之以周時徐幷于靑兗不得越靑而東有維濟陽之盧水古不著名周禮多古字盧似盧雝似維也且裴駰史記集解引康成說云雍水沮水相觸而合入此澤中閻百詩曰下一觸字鄭蓋以目驗知之惟雷澤之下流未知何往大抵不南注濟則北注濮濮亦終歸於濟也二水爲禹貢著名之水不容不詮要在雷澤之傍者近是道元注甚鶻突且移而被之岐西之雍沮專門名家之學疎繆若此眞卷中一話柄也]暨漢武帝元光三年[官本曰按近刻脫武帝二字三訛作之　案朱趙同]河水南泆[趙作決]漂害民居元封二年[官本曰近

刻作武帝元封二年係上文訛舛在此　案朱趙同]上使汲仁郭昌發卒數萬人塞瓠子決河于是上自萬里沙還臨決河沈白馬玉璧令羣臣將軍以下皆負薪塡決河上悼功之不成乃作歌曰瓠子決兮將奈何浩浩洋洋慮殫爲河[官本曰按近刻脫此八字　案朱趙無趙釋曰一清按漢書此下有浩浩湯湯慮殫爲河句方叶韻]殫爲河兮地不寧功無已時兮吾山平吾山平兮巨野溢魚沸鬱兮柏冬日正道弛兮離常流蛟龍騁兮放遠遊歸舊川兮神哉沛不封禪兮安知外皇謂河公兮[朱箋曰史記作爲我謂河伯兮]何不仁泛濫不止兮愁吾人齧桑浮兮淮泗滿久不返兮水維緩[官本曰按維近刻訛作唯　案朱趙作唯]一曰河湯湯兮激潺湲北渡迴兮汛流難搴長茭兮湛美玉河公許兮薪不屬薪不屬兮衛人罪燒蕭條兮噫乎何以禦水[官本曰按近刻脫此二十四字]

案朱趙無趙釋曰一清按漢書此下有河公許兮薪不屬薪不屬兮衛人罪燒蕭條兮噫乎何以禦水屬字與玉字叶隤竹林兮楗石菑宣防塞兮萬福來于是卒塞瓠子口築宮于其上名曰宣房宮故亦謂瓠子堰爲宣房堰而水亦以瓠子受名焉平帝已後未及修理河水東浸日月彌廣永平十二年顯宗詔樂浪人王景治渠築堤起自滎陽東至千乘一千餘里景乃防遏衝要疏決壅積瓠子之水絕而不通惟溝瀆存焉河水舊東決官本曰按近刻訛作河案朱同趙改流刊誤曰河字當作流**逕濮陽城東北**故衛也趙作地帝顓頊之墟昔顓頊自窮桑徙此號曰商丘或謂之帝丘本陶唐氏火正閼伯之所居亦夏伯昆吾之都殷相土又都之官本曰按相土近刻訛作之相案朱同趙相下增土字刊誤曰當作相土落土字史記殷本紀昭明卒子相土立索隱曰相土佐夏功著於商詩頌曰相土烈烈海外有截是也左傳曰昔陶唐氏火正閼伯居商邱相土因之始封商也故春秋傳曰閼伯居商邱相土因之是也趙釋曰全氏曰帝邱豈商邱耶閼伯之商邱在睢陽非帝邱也王伯厚曰此蓋出于帝王世紀之繆一清按寰宇記云衛南縣東北七十里土山村即古帝邱衛成公遷于此酈氏以商邱當之眞屬臆說衛成公自楚邱遷此秦始皇徙衛君角于野王置東郡治濮陽縣濮水逕其南故曰濮陽也章邯守濮陽官本曰按章邯近刻訛作沛公案朱趙同環之以水張晏曰依河水自固趙釋曰一清按漢書謂章邯守濮陽耳非沛公也所引張晏註亦抄變其詞元文是張晏曰依河水以自環繞作壘也**又東逕鹹城南**官本曰按近刻脫此六字案朱脫趙增刊誤曰自周下落又東逕鹹城南六字全氏云以先司空本校增春秋僖公十三年夏會于鹹杜預曰東郡濮陽縣東南官本曰按近刻脫此二字案朱脫趙增刊誤曰春秋左傳註濮陽縣下有東南二字有鹹城者是也官本曰按近刻鹹訛作咸又是字訛在也字之下案朱訛趙改刊誤曰咸城當作鹹城也是二字當倒互**瓠子故瀆又東逕桃城南**春秋傳曰分

曹地自洮以南東傳于濟官本曰按近刻脫此六字案朱趙無趙釋曰一清按傳文是分曹地自洮以南東傳于濟盡曹地也今鄄朱作甄箋曰一作鄄城趙改鄄城西南五十里有姚城官本曰按姚近刻訛作桃案朱趙作桃趙釋曰一清按方輿紀要桃城亦曰姚城因姚墟而名援神契舜生姚墟應劭曰姚墟與雷澤相近世稱爲姚城是也或謂之洮也**瓠瀆又東南逕清丘北**春秋宣公十二年經書楚滅蕭晉人宋衛曹同盟于清丘京相璠曰在今東郡濮陽縣東南三十里魏東都尉治官本曰按近刻脫東字案朱脫趙增東部二字刊誤曰魏分立東西兩都尉此爲東部都尉治落二字**東至濟陰句陽縣爲新溝**朱箋曰漢地志濟陰郡句陽縣春秋句瀆之丘也音鉤**瓠河故瀆又東逕句陽縣之小成陽**官本曰按近刻脫縣字小字案朱脫趙增刊誤曰句陽下落縣字成陽上落小字**城北側瀆**帝王世紀曰堯葬濟陰成陽西北四十里是爲穀林官本曰按近刻脫林字案朱脫趙增刊誤曰穀字下落林字墨子以爲堯堂高三尺土階三等北教八狄道死葬蛩山之陰山海經曰堯葬狄山之陽一名崇山二說各殊以爲成陽近是堯冢也余按小成陽在成陽西北朱作南箋曰舊本作西北趙改北半里許實中俗喭以爲囚堯城士安蓋以是爲堯冢也**瓠子北有都關縣故城縣有羊里亭瓠河逕其南爲羊里水蓋資城地而變名猶經有新溝之異稱矣**黃初中賈逵爲豫州刺史與諸將征吳于洞浦有功魏封逵爲羊里亭侯邑四百戶即斯亭也朱箋曰魏志云賈逵征吳破呂範於洞浦進封陽里亭侯俗名之羊子城非也蓋韻近字轉耳**又東右會濮水枝津水上承濮渠東逕沮邱城南**官本曰按沮近刻訛作鉏案朱趙作鉏京相璠曰今濮陽城西南十五里有沮邱城六國時沮楚同音官本曰按近刻脫音字案朱脫趙增刊誤曰同下落音字以爲楚邱

非也又東逕浚城南西北去濮陽三十五里官本曰按西近刻訛作而案朱訛趙改刊誤曰而當作西城側有寒泉岡卽詩所謂爰有寒泉在浚之下世謂之高平渠非也京相璠曰濮水故道在濮陽南者也又東逕句陽縣西句瀆出焉濮水枝渠又東北逕句陽縣之小成陽東垂亭西官本曰按小成陽下近刻衍縣故二字案朱同趙縣改城故東二字乙刊誤曰小成陽縣之縣當作城故東二字當倒互而北入瓠河地理志曰濮孫校曰志有渠字水首受泲于封邱縣東北至都關入羊里水者也又按地理志山陽郡有都關縣今其城在廩邱城西考地志句陽廩邱俱屬濟陰官本曰按句陽原本及近刻竝訛作山陽今據上文與郡國志訂正案朱趙作山則都關無隸山陽理又按地理志郕都亦是山陽之屬縣矣官本曰按郕都漢書今本作城都而京杜考地驗城官本曰按杜近刻訛作相案朱作東杜趙改京杜刊誤曰箋曰當作京相按非也當作京杜謂京相璠及杜預耳與淯水篇京杜地名文義正同又竝言在廩邱城南推此而論似地理志之誤矣官本曰按原本及近刻竝脫理字今據上文訂補案朱趙無或亦疆理參差所未詳瓠瀆又東逕垂亭北春秋隱公八年宋公衞侯遇于犬邱經書垂也趙刊誤曰箋曰左傳作犬邱按注引經傳俱不誤箋說云云于義何取京相璠曰今濟陰句陽縣小成陽東五里有故垂亭者也

又東北過廩邱縣爲濮水

瓠河又左逕雷澤北其澤藪在大成陽縣故城西北十餘里官本曰按成近刻訛作城案朱訛趙改又十上竝有一字昔華胥履大跡處也其陂東西二十餘里南北朱趙有一字十五里卽舜所漁也澤之東南卽成陽縣故史記曰武王封弟叔武朱趙作季載于成應劭曰其後

乃遷于成之陽故曰成陽也地理志曰成陽有堯冢靈臺今成陽城西二里有堯陵陵南一里有堯母慶都陵于城爲西南稱曰靈臺官本曰按近刻訛作都案朱訛趙改刊誤曰後漢書章帝紀注引述征記作靈臺隸釋載此文亦作臺都字誤也鄉曰崇仁邑號修義皆立廟四周列水潭而不流水澤通泉泉不耗竭至豐魚筍不敢採捕前竝列數碑栝柏數株檀馬成林朱箋曰檀馬或謂檀與駮馬也詩疏云駮馬梓榆也諺曰砍檀不諦得繫迷繫迷尙可得駮馬言三木之相似也二陵南北列馳道逕通皆以磚砌之尙修整堯陵東城西五十餘步中山夫人祠堯妃也石壁階墀仍舊南西北三面長櫟聯蔭扶疎里餘中山夫人祠南有仲山甫冢冢西有石廟羊虎傾低破碎略盡于城爲西南在靈臺之東北按郭緣生述征記自漢迄晉二千石及丞尉多刊石述敘堯卽位至永嘉三年二千七百二十有一載記于堯妃祠官本曰按近刻脫祠字案朱脫趙增刊誤曰堯妃下落祠字卽中山夫人祠也見漢建寧五年五月官本曰按五年近刻訛作四年案朱趙作四年趙釋曰一清按四年當作五年成陽靈臺碑云建寧五年五月造後漢書靈帝紀以夏五月己巳始改建寧五年爲熹平元年故建寧無五年也造碑時尙未知有改元事故碑題仍稱五年酈以紀元建寧無五年遂作四年豈得其實乎抑或後人妄更未可知也成陽令管遵所立碑文云堯陵北仲山甫墓南官本曰按近刻脫仲字案朱脫趙增刊誤曰山甫上落仲字二冢閒有伍員祠官本曰按近刻脫有字案朱脫趙增刊誤曰伍員上落有字晉大安中立一碑是永興中建今碑祠竝無處所又言堯陵在城南九里中山夫人祠在城南二里東南六里堯母慶都冢堯陵北二里有仲山甫墓考地驗狀咸爲疎僻蓋聞疑書疑耳趙釋曰一清按隸釋有濟陰太守孟郁修堯廟碑威宗永康元年又帝堯碑靈帝熹平四年又成陽靈臺碑建寧五年三碑俱云水經有今本

祇有漢建寧四年五月成陽令管遵所立碑即成陽靈臺碑也上二碑無之蓋缺失矣洪氏适曰成陽靈臺碑篆額靈帝建寧五年立與堯廟二碑在成陽皆有陰堯葬慶都于成陽名曰靈臺上立黃屋爲奉祠之所漢綴其祀至亡新而絕於是廷尉仲定奏請興治郡守審晃縣令管遵各遣大掾助成之按兩漢地志濟陰成陽有堯冢靈臺不明言靈臺爲堯母冢也章帝紀元和二年使使者祠唐堯於成陽靈臺注引郭緣生述征記曰成陽有堯陵陵南一里有堯母慶都陵稱曰靈臺据此則與碑合靈臺有堯母冢明矣集古錄曰按皇覽云堯冢在濟陰城陽呂氏春秋云堯葬穀林皇甫謐云穀林即成陽也然自史記地志及水經諸書皆無堯母葬處惟見于此碑蓋亦葬成陽也而諸書俗本多爲城陽獨此碑爲成陽當以碑爲正金石錄跋尾云成陽屬今雷澤歐陽公以爲自史記地志及水經諸書皆無堯母葬處余按班固西漢劉昭東漢書地理志皆曰成陽有堯冢靈臺而東漢志章帝元和二年東巡狩將至泰山道使使者奉一太牢祠帝堯于濟陰成陽靈臺與章帝紀所載正同帝紀章懷太子注引郭緣生述征記云成陽東南有堯母慶都墓上有祠廟堯母陵俗亦名靈臺文母水經注今成陽城西二里有堯陵南一里有堯母慶都陵于城爲西南稱曰靈臺蓋兩漢史所載似以靈臺爲堯冢惟此碑與述征記水經乃直指爲堯母冢爾然水經云在成陽西南而述征記云在東南余爲淄州同官李蕘

雷澤人云冢正在城西南蓋述征記誤路史辨帝堯冢曰堯冢在濟陰成陽堯母靈臺在南歐陽文忠公集古錄言靈臺碑以爲史記地志亦經諸書皆無堯母葬處粤稽地志及范氏志水經注言堯陵慶都陵明白若此惡得云無耶然述征記云在成陽東南今之所識乃在城陽西南四十里穀林則古今疆埸相出入有不同者郭氏所記乃小成陽小成陽在成陽西北五十里隸于河南有山曰成陽穀林在其下小成陽以山得名乃堯葬母所在有堯冢故名文忠跋謂俗本多作城陽獨此碑爲成陽夫成陽與城陽正自二所成陽隸濟陰乃古之成昔成王封母弟于成後遷于成之陽遂曰成陽而城陽乃漢齊悼惠王之子章所食之國今之兗州是矣不得混爲一也雷澤西南十許里有小山孤立峻上亭亭傑峙謂之歷山山北有小阜南屬迆澤之東北官本曰按迆近刻訛作池案朱訛趙改刊誤曰池御覽引此文作迆有陶墟緣生言舜耕陶所在墟阜聯屬濱帶瓠河也鄭玄曰歷山在河東今有舜井皇甫謐或言今濟陰歷山是也與雷澤相比余謂鄭玄之言爲然故揚雄河水趙作東賦曰登歷觀而遥望兮聊浮游

于河之巖今雷首山西枕大河挍之圖緯于事爲允士安又云定陶西南陶丘舜所陶處也官本曰按近刻脫所陶處三字案朱脫趙增所陶二字刊誤曰箋曰舜一作亭按全氏云非也舜下落所陶二字朱氏但見漢志注有陶邱亭之文故改舜字以遷就之而不知其有脫文也不言在此緣生爲失**瓠河之北即廩丘縣也**王隱晉書地道記曰廩丘者春秋之所謂齊邑矣實表東海者也竹書紀年晉烈公十一年田悼子卒田布殺其大夫公孫孫官本曰按近刻脫一孫字案朱脫孫字下脫會字趙增刊誤曰箋曰今竹書作田布殺其大夫公孫孫公孫孫以廩邱叛于趙按索隱曰紀年齊宣公十五年立田悼子悼子卒乃次立田和是爲太公和田太公相齊宣公宣公卒田會自廩邱叛于趙下公孫乃公孫會也今朱氏引竹書作兩公孫孫殺者是人而叛者又即其人豈可通乎史記齊世家亦云宣公五十一年卒田會反廩邱也公孫會以廩邱叛于趙官本曰按近刻脫會字案朱脫趙增說見上田布圍廩邱翟角趙孔屑韓師朱箋曰竹書作氏救廩邱及田布戰

于龍澤田師敗逋官本曰按近刻訛作田布敗遁案朱同趙改逋**是也瓠河與濮水俱東流經所謂過廩丘爲濮水者也**縣南瓠北有羊角城春秋傳曰烏餘取衛羊角官本曰按近刻脫烏餘二字衛訛作晉案朱脫趙增衛並作晉刊誤曰傳曰下落烏餘二字遂襲我高魚有大雨朱趙有作天趙刊誤曰箋曰天舊本作有按天字不誤自竇入介于其庫官本曰按近刻脫于字案朱趙無登其城克朱趙作剋而取之者也京相璠曰衛邑也今東郡廩丘縣南有羊角城高魚魯邑也官本曰按此五字近刻訛作今魯邑也四字案朱訛趙改刊誤曰今字誤當作高魚二字今廩丘東北有故高魚城俗謂之交魚城謂羊角爲角逐城皆非也**瓠河又逕陽晉城南**史記蘇秦說齊曰過衛陽晉之道趙釋曰全氏曰按胡三省曰所謂衛陽晉者以魏境有陽晉故稱衛陽晉以別之史記秦取魏陽晉是也逕于亢父之險者也今陽晉城在廩丘城東南朱趙有一字十餘里與都關

爲左右趙有者字也張儀曰秦下甲攻衞陽晉大關天下之匈徐廣史記音義云關一作開趙釋曰一清按此十一字注中注東之亢父則其道矣**瓠河之北又有郕都城**官本曰按漢書今本作城都春秋隱公五年官本曰按近刻訛作三年 案朱趙作三郕侵衞京相璠曰東郡廩丘縣南三十里有郕都故城官本曰按近刻訛作有故郕都地理志曰山陽鄉也十二字 案朱同趙都下增城字釋曰一清按鄉當作縣褚先生曰漢封金安上爲侯國官本曰按史記今本金安上所封國作都成 朱箋曰孫按史記年表金安上封都成侯埠按漢書地志山陽郡有城都縣而無都成不審何在趙釋曰按褚表金安上封都成侯漢表同索隱曰志屬潁川而地理志無之然金日磾封秅侯秅屬濟陰安上之封必與日磾附近山陽濟陰又地界連接也王莽更名之曰城穀者也**瓠河又東逕黎縣故城南**王莽改曰黎治矣孟康曰今黎陽也薛瓚言按黎陽在魏郡非黎縣也官本曰按近刻訛作非此黎陽也 案朱趙同趙釋曰一清按師古註引瓚曰黎陽在魏

郡非黎縣也道元蓋抄變其詞世謂黎侯城昔黎侯寓于衞官本曰按黎侯下近刻衍陽字 案朱趙有趙釋曰全氏曰據善長說陽似黎侯名誤矣詩所謂胡爲乎泥中毛云泥中邑名疑此城也土地汙下城居小阜魏濮陽郡治也**瓠河又東逕秺縣故城南**官本曰按秺原本及近刻竝訛作秅說文云秺从广秅聲濟陰有秺縣今改正 案朱趙作秅地理志朱趙有曰字濟陰之屬縣也褚先生曰漢武帝封金日磾爲侯國王莽之萬歲矣世猶謂之爲萬歲亭也**瓠河又東逕鄆城南**春秋左傳成公十六年公自沙隨還待于鄆京相璠曰公羊作運字今東郡廩丘縣東八十里有故運城卽此城也

又北過東郡范縣東北爲濟渠與將渠合

瓠河自運城東北逕范縣與濟濮枝渠合故渠上承濟瀆于乘氏縣北逕范縣左納瓠瀆故經有濟渠之稱又北與將渠合官本曰按近刻脫此二字 案朱趙無**渠受河于范縣西北東南逕秦亭南**杜預釋地曰官本曰按近刻脫曰字 案朱脫趙增東平范縣西北有秦亭者也官本曰按近刻脫者字 案朱趙無**又東南逕范縣故城南**王莽更名建睦也漢興平中靳允爲范令曹太祖東征陶謙于徐州張邈迎呂布郡縣響應程昱說允曰君必固范我守東阿田單之功可立官本曰按近刻脫此二字 案朱脫趙增刊誤曰之功下落可立二字黃省曾本校增三國志程仲德傳元有之卽斯邑也**將渠又東會濟渠自下通謂之將渠北逕范城東俗又謂之趙溝非也**

又東北過東阿縣東

瓠河故瀆又東北左合將渠枝瀆枝瀆上承將渠于范縣官本

曰按近刻脫枝瀆二字 案朱趙不重二字趙枝改故刊誤曰當作故瀆枝字誤**東北逕范縣北又東北逕東阿城南而東入瓠河故瀆又北逕東阿縣故城東**春秋經書冬及齊侯盟于柯左傳曰冬盟于柯始及齊平杜預曰東阿卽柯邑也按國語曹沫挾匕首劫齊桓公返遂邑于此矣趙釋曰全氏曰事見公羊非國語

又東北過臨邑縣西又東北過茌平縣東爲鄧里渠

自宣防已下將渠已上無復有水將渠下水首受河自北爲鄧里渠

又東北過祝阿縣爲濟渠

河水自四瀆口出爲濟水官本曰按原本及近刻竝訛作自泗口出考濟水注云河水自四瀆口東北流而爲濟又河水注云自河入濟自濟入淮自淮達江水逕周通故有四瀆之名也卽此今改正 案朱訛趙改

又爲改會刊誤曰河水注云四瀆津西側岸臨河有四瀆祠東對四瀆口河水分泲亦曰泲水受河也濟水注云河水自四瀆口東北流而爲淸淸卽泲也泗口是四瀆口之誤爲當作會濟水二字重文宜衍濟水二瀆合而東注于祝阿也官本曰按濟水二瀆四字有舛誤考河水注云濟水受河始自是出東北流九里與淸水合故濟瀆也是河水自四瀆口分流入濟與故濟瀆合然則二瀆當是故瀆之訛　案朱同趙刪濟水二字

又東北至梁鄒縣西分爲二

脈水尋梁鄒濟無二流蓋經之誤

其東北者爲濟河其東者爲時水又東北至濟西濟河東北入于海時水東至臨淄縣西屈南過太山華縣東又南至費縣東入于沂

時卽耏水也音而二字注中注　趙釋曰一淸按春秋襄公三年齊晉盟于耏者也京相璠曰今臨淄惟有澅水西北入濟官本曰按近刻訛作沛下同　案朱訛沛趙改泲卽地理志之如水矣官本曰按之近刻訛作曰　案朱訛趙改刊誤曰曰當作之名勝志校改耏如聲相似然則澅水卽耏水也蓋以澅與時合得通稱矣時水自西安城西南分爲二水枝津別出西流德會水注之水出昌國縣黃山西北流逕昌國縣故城南昔樂毅攻齊有功燕昭王以是縣封之爲昌國君德會水又西北五里泉水注之水出縣南黃阜北流逕城西北入德會又西北世謂之滄浪溝又北流注時水地理志曰德會水出昌國西北至西安入如是也官本曰按如近刻訛作洳　案朱訛趙改時水又西逕東高苑趙作宛下同城中而西注也俗人遏令側城南注又屈逕其城南官本曰按近刻脫逕字　案朱脫趙增刊誤曰又屈下落逕字史記漢文帝十五年分齊爲膠西王國都高苑官本曰按近刻訛作邑　案朱訛趙改刊誤曰漢書地理志千乘郡有高苑縣邑字誤徐廣音義曰樂安有高苑城故俗謂之東高苑也官本曰按近刻脫高字　案朱脫趙增刊誤曰東下落高字趙釋曰一淸按道元此注是據史記漢興以來諸侯年表而文帝紀及漢志皆云十六年又史記世家膠西王卬齊悼惠王子以昌平侯文帝十六年爲膠西王十一年與吳楚反漢擊破殺卬地入于漢爲膠西郡又五宗世家膠西王端用皇世子爲膠西王立四十七年卒國除爲郡而地理志云宣帝本始元年更爲高密國首高密縣豈膠西國廢復置高密國而改治者與巨洋水注又云高密郡治桑犢亭世謂之故郡城地志桑犢北海之屬縣也後漢郡縣皆廢故續志無之其水又北注故瀆又西葢野溝水注之源導延鄉城東北平地出泉西北逕延鄉城北地理志朱趙有曰字千乘有延鄉縣世人謂故城爲從城延從字相似讀隨字改所未詳也西北流世謂之葢野溝又西北流逕高苑縣北注時水時水又西逕西高苑縣故城南漢高帝六年封丙倩爲侯國王莽之常鄉也其水側城西注京相璠曰今樂安博昌縣南界有時水西通濟其源上出盤陽官本曰按源上近刻訛作上源　案朱訛趙乙刊誤曰上源二字當倒互漢書地理志濟南郡有般陽縣應劭曰在般水之陽後魏地形志作盤陽北至高苑下有死時中無水杜預亦云時水于樂安枝流旱則竭涸官本曰按近刻作耗　趙改刊誤曰耗黃省曾本作涸　案朱同爲春秋之乾時也左傳莊公九年齊魯戰地魯師敗處也時水西北至梁鄒城入于濟朱訛泲趙改泲刊誤曰泲當作泲趙釋曰全氏曰時水二支一至梁鄒入濟者其流甚短一東行至鉅定入馬車瀆者其流甚長別見淄水注此道元所以補經也非濟入時葢時來注濟若濟分東流明不得以時爲名尋時濟更無別流南延華費之所斯爲謬矣

汶水出泰山萊蕪縣原山西南過其縣南官本曰按其原本及近刻竝訛作嬴葢後人因注內言汶水又西南逕嬴縣故城南遂憑臆妄改考注云故不得過其縣南也此句乃舉經文之誤今訂正　案朱趙作

嬴孫校曰原山在今萊蕪縣東北七十里嬴縣故城在縣西北
萊蕪縣在齊城西南原山又在縣西南六十許里地理志汶
水與淄水俱出原山西南入濟故不得過其縣南也趙釋曰一清按經自謂汶水過嬴縣南耳不云過萊蕪縣南也酈之詮詁殆自相伐從征記曰汶水出縣西南
流又言自入萊蕪谷夾路連山百數里水隍多行石澗中出
藥草官本曰按近刻訛作草藥　案朱訛趙乙刊誤曰草藥二字當倒互名勝志校改饒松柏林藿
綿濛崖壁相望或傾岑阻徑或迴巖絕谷清風鳴條山壑俱
響凌高降深兼惴慄之懼危蹊斷徑官本曰按近刻脫斷過字　案朱趙斷作絕過
懸度之艱未出谷十餘里有別谷在孤山谷有清泉泉上數
丈有石穴二口容人行入穴丈餘高九尺許廣四五丈言是
昔人居山之處薪爨煙墨猶存谷中林木緻密行人鮮有能

至矣又有少許山田引灌之蹤尚存出谷有平邱面山傍水
土人悉以種麥云此邱不宜殖稷黍而宜麥齊人相承以殖
之意謂麥邱所栖愚公谷也何其深沈幽翳可以託業恰生
如此也余時逕此爲之躊朱趙作躕躕爲之屢眷矣余按麥邱愚
公在齊川谷猶傳其名不在魯官本曰按此三字近刻訛在川谷上　案朱趙同蓋
誌者之謬耳汶水又西南逕嬴縣故城南春秋左傳桓公三
年公會齊侯于嬴成婚于齊也
又西南過奉高縣北官本曰按西近刻訛作東　案朱趙作東孫校曰今泰安州東有奉高廢縣
奉高縣漢武帝元封元年立以奉泰山之祀泰山郡治也官本
曰按近刻脫之祀泰山四字　案朱脫趙增刊誤曰以奉下落太山之祀四字全氏校增縣北有吳季札
子墓在汶水南曲中季札之聘上國也喪子于嬴博之間卽

此處也從征記曰嬴縣西六十里有季札兒冢冢圓其高可
隱也前有石銘一所漢末奉高令所立無所述敘標誌而已
自昔恆鐲民戶灑埽之今不能然碑石糜碎靡有遺矣惟故
趺存焉官本曰按近刻脫故字　案朱脫趙增刊誤曰惟下落故字隸釋校補
屈從縣西南流
汶出牟縣故城西南阜下孫校曰今萊蕪縣東有牟縣故城俗謂之胡盧堆
淮南子曰汶出弗其孫校曰今萊蕪縣東有碁山高誘曰山名也或斯阜
矣官本曰按近刻作也　案朱趙作也趙釋曰一清按高誘曰弗其山名在朱虛縣東此青州之東汶其水東北流入
濰見下二十六卷道元以牟縣胡盧堆當之誤矣牟縣故城在東北古牟國也春秋
時牟人朝魯故應劭曰魯附庸也俗謂是水爲牟汶也又西
南逕奉高縣故城西官本曰按近刻訛作而　案朱訛趙改刊誤曰而當作西西南流注

于汶汶水又南右合北汶水水出分水溪朱不重水字趙增刊誤曰出上落水
字源與中川分水孫校曰今泰安州南泮水出泰山分水嶺蓋當此水牟泮字形相似東南流
逕泰山東右合天門下溪水官本曰按近刻脫合字　案朱脫趙右改合刊誤曰右當作合
水出泰山天門下谷東流古者帝王升封咸憩此水水上往
往有石窾存焉蓋古設舍所跨處也馬第伯書云光武封泰
山第伯從登山去平地二十里南向極望無不覩其爲高也
如視浮雲其峻也朱無也字箋曰當有也字趙增石壁窅窱如無道徑遙望
其人或爲白石或雪久之白者移過乃知是人官本曰按近刻脫此二十
四字　案朱趙無仰視巖石松樹鬱鬱蒼蒼如在雲中俯視溪谷碌
碌不可見丈尺官本曰按近刻脫見字　案朱趙無直上七里天門官本曰按七下近刻
衍十字　案朱趙有仰視天門如從穴中視天矣朱箋曰今封禪儀記曰不可丈尺遂至天

門之下仰視天門窔遼如從穴中視天直上七里賴應劭漢其羊腸逶迤名曰環道往往有絙索可得而登也官儀云泰山東南山頂名曰日觀日觀者官本曰按近刻脫日觀二字　案朱趙無雞一鳴時見日始欲出長三丈許故以名焉其水自溪而東濬波注壑東南流逕龜陰之田官本曰按田字近刻訛在下句龜字下　案朱訛趙乙刊誤曰左傳齊人來歸鄆讙龜陰之田龜田二字當倒互孫校曰今泰安博城北三里有龜陰埠龜山在博縣北朱趙有一字十五里昔夫子傷政道之陵遲官本曰按此下近刻衍故字　案朱趙有望山而懷操故琴操有龜山操焉山北即龜陰之田也春秋定公十年齊人來歸龜陰之田是也又合環水水出泰山南溪南流歷中下兩廟間官本曰按下近刻訛作階　案朱趙作階從征記曰泰山有下中上三廟牆闕嚴整廟中柏樹夾兩階大二十餘圍蓋漢武所植也赤眉嘗斫一樹見血而止今斧創猶存門

閣三重樓榭四所三層壇一所高丈餘廣八尺樹前有大井極香冷異于凡水不知何代所掘不常浚渫而水旱不減庫趙作廟中有漢時故樂器及神車木偶皆靡密巧麗又有石虎建武十三年官本曰按虎近刻訛作勒　案朱趙作勒趙刊誤曰箋曰後漢祭祀志云建武三十年羣臣上言宜封禪泰山詔不許三十二年正月上讀河圖感動乃求元封時封禪故事是年二月東巡狩至于岱宗辛卯封泰山甲午禪于梁陰此云十三年乃三十年之誤也按注明云石勒建武十三年朱氏以漢建武證之以爲當作三十年可哂甚矣但建武是石虎年號注云石勒誤耳趙釋曰一清按建武是石虎年號注誤證永貴侯張余上金馬一匹高二尺餘形制甚精中廟去下廟五里屋宇又崇麗于下廟廟東西夾澗上廟在山頂即封禪處也其水又屈而東流官本曰按此下近刻衍入于汶水四字　案朱趙有趙釋曰一清按四字羨文又東南逕明堂下官本曰按近刻作又東南流逕南明堂下　案朱趙同趙刊誤曰下南字衍文趙釋曰一清按南字羨文或漢字之誤葢周明堂與漢明堂爲二矣漢武帝元封元年封泰山降坐明堂朱作常趙改堂刊誤曰常當作堂于山之東北阯武帝以古處險狹而不顯也欲治明堂于奉高傍而未曉其制濟南人公玉帶上黃帝時明堂圖圖中有一殿四面無壁以茅葢之通水圜宮垣爲複道上有樓從西南入名曰崑崙天子從之入以拜祀上帝焉于是上令奉高作明堂于汶上官本曰按近刻訛作水　案朱訛趙改刊誤曰汶水漢書郊祀志作汶上如帶圖也古引水爲辟雝處基瀆存焉世謂此水爲石汶孫校曰石汶一名天津河山海經曰環水出泰山東流注于汶官本曰按近刻訛作江　案朱趙作江趙釋曰一清按郭璞曰江一作海此江字固誤海字亦非當作汶即此水也環水又左入于汶水汶水數川合注官本曰按近刻脫此四字　案朱趙無又西南流逕徂徠山西山多松柏詩所謂徂徠之松也廣雅曰道梓松

也抱朴子稱玉策記曰千歲之松中有物或如青牛或如青犬或如人皆壽萬歲又稱天陵有偃葢之松也所謂樓松也魯連子曰松樅高十仞而無枝官本曰按十近刻訛作千　案朱趙作千非憂正室之無柱也官本曰按正室近刻訛作王實宋本訛作王室　案朱訛趙改刊誤曰箋曰宋本作王室按當作正室何焯校改爾雅曰松葉柏身曰樅鄒山記曰徂徠山在梁甫奉高博三縣界猶有美松亦曰尤徠之山也赤眉渠帥樊崇所保也官本曰按保近刻訛作堡　案朱趙作堡趙師改帥刊誤曰師當作帥故崇自號尤徠三老矣山東有巢父廟官本曰按近刻脫有字　案朱脫趙增刊誤曰山東下落有字名勝志校增山高十里山下有陂水方百許步三道流注一水東北沿溪而下屈逕縣南西北流入于汶一水北流歷澗西流入于汶一水南流逕陽關亭南孫校曰在今泰安西南春秋襄公十七年逆

臧紇自陽關者也又西流入于汶水也
過博縣西北孫校曰博縣故城在今泰安州東南
汶水南逕博縣故城東春秋哀公十一年會吳伐齊取博者
也官本曰按近刻脫齊取二字 案朱趙無趙釋曰一清按左氏傳云爲郊戰故公會吳子伐齊五月取博杜預曰博
齊邑注所引未備灌嬰破田橫于城下屈從其城南西流不在西北
也汶水又西南逕龍鄉故城南春秋成公二年齊侯圍龍龍
囚頃公嬖人盧蒲就魁朱無魁字箋曰左傳作盧蒲就魁趙增殺而膊諸城上
齊侯親鼓取龍者也漢高帝八年封謁者陳署爲侯國汶水
又西南逕亭亭山東黃帝所禪也山有神廟水上有石門舊
分水下溉處也汶水又西南逕陽關故城西本鉅平縣之陽
關亭矣官本曰按此下近刻有春秋襄公十七年逆臧紇自陽關者矣十五字係重出衍文 案朱趙有趙釋曰
一清按十五字已見上此複出陽虎據之以叛趙刊誤曰箋曰舊本作居伐之按據亦作据箋說非
之虎焚萊門而奔齊者也汶水又南左會淄水孫校曰淄水今蜀河水
出泰山梁父縣東西南流逕菟裘城北趙釋曰全氏曰此又一淄水杜預所云入
汶水者也鄭樵誤以爲萊蕪之淄王士禎不知而妄非之春秋隱公十一年營之公謂羽
父曰吾將歸老焉故郡國志曰梁父有菟裘聚淄水又逕梁
父縣故城南縣北有梁父山開山圖曰泰山在左亢父在右
亢父知生梁父主死王者封泰山禪梁父故縣取名焉淄水
又西南逕柴縣故城北地理志朱趙有曰字泰山之屬縣也世謂
之柴汶矣淄水又逕郕縣北官本曰按近刻脫縣字 案朱脫趙增刊誤曰郕下落縣字續
志濟北國成本國劉昭補註曰左傳衛師入郕杜預曰東平剛父縣西南有郕鄉剛父晉志作剛平漢高帝六
年封董渫爲侯國趙釋曰一清按史表作成侯索隱曰屬涿郡地理志涿郡成縣侯國春秋齊

師圍郕郕人伐齊飲馬于斯水也昔孔子行于郕之野遇榮
啟期于是衣鹿裘被髮琴歌三樂之歡夫子善其能寬矣朱箋
曰列子榮啟期曰天生萬物唯人爲貴吾得爲人一樂也男女之別男尊女卑吾得爲男二樂也人生有不見日月不免
襁褓者吾行年九十矣是三樂也淄水又西逕陽關城南西流注于汶水汶
水又南逕鉅平縣故城東而西南流城東有魯道詩所謂魯
道有蕩齊子由歸者也今汶上夾水有文姜臺汶水又西南
流詩云汶水滔滔矣淮南子曰狢渡汶則死天地之性倚伏
難尋固不可以情理窮也趙釋曰全氏曰按王伯厚云列子釋文史記汶與岷同謂汶江也今
江邊人云狐不渡江然則非東州之汶汶水又西南逕魯國汶陽縣北孫校曰故城在
今泰安縣西南甯陽縣東北王莽之汶亭也縣北有曲水亭官本曰按亭上近刻衍池
字 案朱衍趙刪刊誤曰池字衍文左傳註校春秋桓公十二年經書公會杞侯莒
子盟于曲池朱無盟字趙增刊誤曰春秋經文有盟字今校補左傳曰平杞莒也故
杜預曰魯國汶陽縣北有曲水亭漢章帝元和二年官本曰按近刻
訛作三年 案朱訛趙改刊誤曰後漢書章帝紀是二年東巡泰山立行宮于汶陽執金
吾耿恭屯于汶上城門基塹存焉官本曰按城門二字近刻訛在于字上 案朱趙同
世謂之闕陵城也汶水又西逕汶陽縣故城北而西注官本曰按
近刻脫西字 案朱脫趙而改西刊誤曰而當作西趙釋曰禹貢錐指元和志乾封縣界五汶源別而流同五汶者曰北
汶嬴汶柴汶牟汶其一則經流也按酈注無嬴汶嬴汶在今萊蕪縣南三十里源出宮山之陰流合牟汶宮山者新甫之
別名也山在新泰縣西北泮水源出泰山分水嶺卽北汶州志謂之塹汶在今泰安州南五汶之外有小汶在州東南七
十里源出宮山流逕徂徠山南又西入汶水所謂大汶口也嬴汶合牟汶故酈注不言五汶以小易嬴斯爲當矣又有水
出萊蕪縣寨子村流合牟汶者近志指爲浯汶據漢志瑯琊靈門縣有高柔山浯水所出東北入濰說文水出靈門山世
謂之浯汶在今莒州界與萊蕪無涉志妄言耳東汶出朱虛縣小泰山北流至淯于縣入濰在今臨朐安邱縣界淮南子

曰汶出弗其流入濟高誘曰弗其山名在朱虛縣東是卽入濰之東汶言入濟者淮南之誤也一清按五汶之名始于郭緣生述征記曰泰山郡水皆名曰汶汶凡有五北汶嬴汶柴汶浯汶皆源別而流同浯汶遠在瑯琊闌入泰山郡域近志因之而誤東樵正之是矣乃欲以小汶易嬴汶則非考泰安圖志嬴汶與牟汶合自萊蕪縣東北流逕縣西南至泰安縣東北之故縣鎭與出仙臺嶺水會名曰大汶亦曰壍汶東樵以北汶爲壍汶亦非又西南流與石汶合石汶者環水也又西南流與北汶合北汶者泮水也濟水篇注云半水出分水谿者是也四汶共流而西南小汶水會之小汶出新泰縣東北龍堂山西流百二十里入泰安縣東南境至縣西南逕徂徠山南故柴城北而合于大汶尋其川脈卽古柴汶之道柴汶本出梁父縣東西流逕菟裘城又西流逕梁父縣故城又西流逕柴縣故城又西流逕郕縣北又西流逕陽關城南而西合于汶水今梁父縣東之上源已絕而下流僅至古柴城卽入于大汶不能至陽關城陽關城更在古柴城之西然小汶之行甚遠其吐納衆水亦甚夥儻古有是水道元無容不詳記之此必溝通之以合于柴汶其後水流既盛而柴汶遂爲所奪大汶小汶之名皆起于後世彼以合嬴牟北石四汶故名之曰大此則專合柴汶故名曰小是五汶者又并而爲二以出于大汶口西歷堈城壩又西北歷戴村壩入于大清河卽古濟水之故道也蓋嬴牟二汶由東逹西橫水也北石二汶自南注北直水也柴汶出東北以注西南亦橫水也五汶之名不當去嬴以郭記李志皆先記之矣道元不別出嬴汶者以嬴爲汶水發源經流也郭記書中屢引之而此獨不從其說未知何故豈亦以其誤數浯汶爲不足據耶予有五汶考五篇辭多不載

又西南過蛇丘縣南孫校曰今肥城縣南有蛇邱故城本魯蛇淵囿漢置縣

汶水又西洸水注焉朱洸作洸趙改刊誤曰箋曰謝兆申云洸當作洸克家云出焉當作注焉按出字不誤洙水注云洸水出東平陽上承汶水又云洸水又東南流注于洙水則洸水所注者洙水也非汶水也又西逕蛇丘縣南縣有鑄鄉城官本曰按近刻訛作縣治鑄鄉故城　案朱趙同趙刊誤曰箋曰宋本作治鑄鄉按非也蛇邱縣治鑄鄉故城豈可改治爲治乎春秋左傳宣叔娶于鑄官本曰按此下衍是也二字　案朱趙有杜預曰濟北蛇邱縣所治鑄鄉城者也官本曰按左傳集解無鑄鄉城三字

又西南過剛縣北官本曰按近刻剛訛作岡　案朱趙作岡下同孫校曰今甯陽縣北有岡城近汶

地理志剛故闡也官本曰按近刻剛訛作鄉　案朱訛鄉趙改岡刊誤曰漢書地理志泰山郡剛故闡鄉字誤王莽更之曰柔朱趙有也字趙釋曰一清按地理志本作剛縣故新莽以柔易稱應劭曰春秋經書齊人取讙及闡今闡亭是也官本曰按近刻脫今闡二字　案朱無二字趙刪亭字杜預春秋釋地曰闡在剛趙唯此作剛疑傳寫誤縣北剛城東有一小亭今剛縣治俗人又謂之闡亭官本曰按近刻訛作闞亭　案朱訛趙改刊誤曰闞亭當作闡亭京相璠曰剛縣西四十里有闡亭未知孰是汶水又西蛇水注之水出縣東北泰山西南流逕汶陽之田齊所侵也自汶之北平暢極目僖公以賜季友蛇水又西南逕鑄城西左傳所謂蛇淵囿也故京相璠曰今濟北有蛇邱城城下有水魯囿也俗謂之濁須水非矣蛇水又西南逕夏暉城南經書公會齊侯于下讙是也今俗謂之夏暉城蓋春秋左傳桓公三年公子翬如齊齊侯送姜氏于下讙非禮也官本曰按近刻也上衍是字　案朱有是字趙又增也字刊誤曰傳文曰非禮也此落也字世有夏暉之名矣蛇水又西南入汶汶水又西溝水注之水出東北馬山西南流逕棘亭南春秋成公三年經書秋叔孫僑如帥師圍棘左傳曰取汶陽之田棘不服圍之南去汶水八十里又西南逕遂城東地理志曰蛇邱遂鄉故遂國也春秋莊公十三年齊滅遂而戍之者也京相璠曰遂在蛇邱東北十里杜預亦以爲然然縣東北無城以擬之今城在蛇邱西北蓋杜預傳疑之非也又西逕下讙城西而入汶水汶水又西逕春亭北考古無春名惟平陸縣有崇陽亭然是亭東去剛城四十里官本曰按近刻脫亭字　案朱脫趙增刊誤曰然是下落亭字推朱作進箋曰一作推趙改播所注則

符竝所未詳也趙釋曰一清按推播所注謂京相璠春秋土地名也是注既不引其書何爲濫及乎

又西南過東平章縣南 官本曰按原本及近刻竝脫東字今補 案朱脫趙增刊誤曰漢書地理志東平國有章縣落東字孫校曰今東平州東有章縣故城

地理志曰東平國故梁也景帝中六年 官本曰按中下近刻衍和字 案朱衍趙刪刊誤曰和字衍文 別爲濟東國武帝元鼎元年爲大河郡宣帝甘露二年爲東平國王莽之有鹽也 官本曰按近刻也上衍城字 案朱衍趙刪刊誤曰城字衍文 章縣按世本任姓之國也 趙增春秋二字 齊人降章者也故城 官本曰按近刻脫城字 案朱脫趙增刊誤曰城字當移在故字之下 在無鹽縣東北五十里 官本曰按縣近刻訛作城 案朱同趙移城字于上不補縣字 **汶水又西南有泌水注之水出肥成縣東北原** 官本曰按近刻訛作肥縣東北自源 案朱同趙改肥成縣東北白原刊誤曰漢書地理志泰山郡有肥成縣肥下落成字自源全氏校改白原 **西南流逕肥成縣故城南** 樂正

子春謂其弟子曰子適齊過肥肥有君子焉 **左逕句窳亭北** 章帝元和二年鳳凰集肥成 朱趙作城 句窳亭復其租而巡泰山卽是亭也 **泌水又西南逕富成** 朱趙作城 **縣故城西** 王莽之成富也 趙刊誤曰箋曰舊本作城富按漢書地理志正作成字何舊本之足云 **其水又西南流注于汶**

汶水又西南逕桃鄉縣故城西 王莽之鄣亭也世以此爲鄣城非蓋因巨新 趙作亡 之故目耳

又西南過無鹽縣南又西南過壽張縣北又西南至安民亭入于濟 孫校曰無鹽故城在今東平州東壽張故城在州西南安民亭卽州西南十里安山鎮汶上志壽張故城北有安民亭也

汶水自桃鄉四分當其派別之處謂之四汶口其左二水雙流西南至無鹽縣之郈鄉城南 郈昭伯之故邑也 官本曰按郈昭伯近刻訛作魯叔孫伯 案朱趙同 昭禍起鬬雞矣 官本曰按起近刻訛作及 案朱趙作及趙釋曰全氏曰郈昭伯以鬬雞啟禍昭伯亡後郈始歸叔孫昭子善長誤矣 春秋左傳定公十二年叔孫氏墮郈今其城無南面 **汶水又西南逕東平陸縣故城北** 應劭曰古厥國也 官本曰按近刻脫國字 案朱脫趙增刊誤曰漢書地理志註引仲瑗云古厥國落國字 今有厥亭 孫校曰寰宇記中都縣漢爲東平陸縣亦古之厥國地今邑界有厥亭存 **汶水又西逕危山南** 世謂之龍山也漢書宣元六王傳曰 官本曰按近刻訛作漢書五行志曰 案朱趙同 哀帝時無鹽危山土自起覆草如馳道狀又瓠山石轉立晉灼曰漢注作報山 趙釋曰全氏曰八字注中注一清按漢志北海郡瓠縣師古曰瓠卽報字而宣元六王傳瓠山晉灼曰漢注作報山師古曰報山古作瓠字爲其形似瓠耳又通而爲狐地理志河東狐讘之狐史漢表俱作瓠徐廣曰音胡索隱曰卽狐字可證也 山脅石一枚 朱作丈箋曰漢書作一枚趙改枚 轉側起立高九尺六寸旁行一丈廣 朱作高箋曰漢書作廣趙改廣 四尺

官本曰按晉灼曰至此乃注文此下又屬漢書本文 東平王雲及后謁曰漢世石立宣帝起之表也 官本曰按近刻脫曰字世訛作書表訛作象又此十字訛在下國除之下 案朱訛脫趙改增刊誤曰后謁下有錯簡漢書石立宣帝起之表也十字當移于此后謁下落曰字書當作世全氏校正 自之石所祭治石象報山立石束倍草并祠之建平三年息夫躬告之王自殺后謁棄市國除 趙釋曰何氏曰事在宣元六王傳非五行志也善長誤矣 **汶水又西合爲一水西南入茂都澱** 孫校曰此茂都澱卽今南旺 **澱陂水之異名也澱水西南出謂之巨野溝又西南逕致密城南** 郡國志曰須昌縣有致密城 孫校曰寰宇記中都縣邑界有致密城 古中都也 官本曰按近刻訛作城 案朱訛趙改刊誤曰城吳琯本作也 卽夫子所宰之邑矣制養生送死之節長幼男女之禮路不拾遺器不彫僞矣 **巨野溝又西南入桓公河** 孫校曰寰宇記中都縣汶水北去縣二十四里桓水在縣西八十里晉桓溫進軍北次令鄉人鑿鉅野三

百里通舟運自淸水入河以溫所鑿故曰桓水俗呼桓河北水西出淀謂之巨朱作臣箋曰一作巨良趙改巨巨水西南逕致密城北西南流注洪瀆次一汶西逕郈亭北又西至壽張故城東瀦爲澤渚官本曰按瀦近刻訛作遂　案朱作遂趙改逕刊誤曰遂當作逕初平三年曹公擊黃巾于壽張東鮑信戰死于此其右一汶西流逕無鹽縣之故城南舊宿國也齊宣后之故邑所謂無鹽醜女也漢武帝元朔四年封城陽共王子劉慶爲東平侯邑此邑也王莽更名之曰有鹽亭汶水又西逕郈鄉城南官本曰按郈原本及近刻並訛作洽下同今據漢書改正　案朱訛趙改刊誤曰洽鄉當作郈鄉師古曰郈音后地理志朱有曰字趙刪刊誤曰曰字衍文所謂無鹽有郈鄉者也汶水西南流逕壽張縣故城北春秋之良縣也縣有壽聚漢曰壽良應劭曰世祖叔父名良官本曰按父近刻訛作母　案朱訛趙改刊誤曰母當作父卽趙孝王也後漢書校故光武改曰壽張也建武十二年官本曰按近刻訛作十五年　案朱趙作五世祖封樊宏爲侯國汶水又西南長直溝水注之水出須昌城東北穀陽山南逕須昌城東又南漆溝水注焉水出無鹽城東北五里阜山下西逕無鹽縣故城北水側有東平憲王倉冢碑闕存焉趙倉改蒼刊誤曰倉當作蒼後漢書校元和二年官本曰按近刻訛作三年　案朱訛趙改刊誤曰三當作二後漢書章帝紀校章帝幸東平祀以太牢親拜祠坐賜御劍于陵前其水又西流注長直溝溝水奇分爲二一水西逕須昌城南入濟官本曰按近刻訛作浦下同　案朱訛趙改刊誤曰浦當作沛一水南流注于汶汶水又西流入濟故淮南子曰汶出弗其西流合濟朱作浦箋曰今淮南子云汶出弗其流合于濟趙改沛高誘云弗其山名在朱虛縣東余按誘說是乃東汶非經所謂入濟者也蓋其誤證耳

水經注卷二十四

水經注卷二十五

長沙王氏校本

後魏酈道元撰

泗水　沂水　洙水

泗水出魯卞縣北山

地理志曰出濟陰乘氏縣又云出卞縣北趙釋曰閻氏若璩潛邱劄記曰泗水出乘氏此出字乃後人所加班固自註原無出字漢書未可輕也一清按地志卞縣下亦無出字孫校曰地理志魯國及濟陰自是兩水不得合爲一經言北山皆爲非矣山海經曰泗水出魯東北余昔因公事沿歷徐沇路逕洙泗因令尋其源流水出卞縣故城東南桃墟西北春秋昭公七年謝息納季孫之言以孟氏成邑與晉而遷于桃杜預曰魯國卞縣東南有桃墟趙釋曰一清按舜後姓姚又賜姓嬀此桃墟當因姚墟而訛洒水亦有姚墟嬀墟之稱也世謂之曰陶墟舜所陶處也官本曰按近刻脫陶字　案朱脫趙增井曰舜井皆爲非也趙刊誤曰箋曰御覽引此注云皆爲此也按道元以舜不居泗上故以陶墟舜井之說爲非矣墟有漏澤官本曰按漏近刻訛作澤　案朱訛趙改方朱趙有一字十五里朱箋曰御覽引此云陶墟舜所陶處也井曰舜井皆爲此也墟有漏澤方一十五里淥水澂趙作徵渟三丈如減澤西際阜俗謂之嬀亭山蓋有陶墟舜井之言因復有嬀亭之名矣阜側有三石穴官本曰按側近刻訛作則　案朱訛趙改廣圓三四尺穴有通否水有盈漏漏則數夕之中官本曰按近刻脫一漏字又則字訛在此句之下　案朱脫訛趙增改傾陂竭澤矣朱箋曰御覽引此云阜側有三石穴廣圓三四尺穴有通否水有盈漏漏則數夕之中傾陂竭澤矣左右民居識其將漏預以木爲曲洑官本曰按近刻訛作狀　案朱訛趙改刊誤曰狀全氏校改洑約障穴口魚鼈暴鱗不可勝載矣自此連岡通阜西北四十許里岡之西際便得泗水之源也博物志曰泗出陪尾蓋斯阜

者矣石穴吐水五泉俱導泉穴各徑尺餘水源南側有一廟栝柏成林時人謂之原泉祠官本曰按人近刻訛作則　案朱訛趙改刊誤曰則孫潛校改人非所究也泗水西逕其縣故城南春秋襄公二十九年官本曰按近刻脫九字　案朱脫趙增刊誤曰左傳是二十九年落九字季武子取卞曰聞守卞者將叛臣率徒以討之是也南有姑蔑城春秋隱公元年公及邾儀父盟于蔑者也水出二邑之間西逕郚城北春秋文公七年經書公伐邾三月甲戌取須句遂城郚杜預曰魯邑也卞縣南有郚城備邾難也泗水自卞而會于洙水也

西南過魯縣北朱過作逕趙改刊誤曰逕當作過孫校曰今曲阜縣治即魯故城

泗水又西南流逕魯縣分爲二流水側有一城爲二水之分會也北爲洙瀆春秋莊公九年經書冬浚洙京相璠服虔杜預官本曰按近刻脫服虔二字京相璠下衍曰字　案朱同趙增服虔不刪曰字刊誤曰曰下全氏校增服虔二字並言洙水在魯城北浚深之爲齊備也南則泗水夫子教于洙泗之間今于城北二水之中即夫子領徒之所也從征記曰洙泗二水交于魯城東北十七里闕里背洙面泗官本曰按近刻脫面字又此句之下衍牆字　案朱同趙改刊誤曰閻若璩云正義引從征記泗牆二字作面泗章懷後漢書注亦云南北朱趙有一字百二十步東西六十步四門各有石闕北門去洙水百步餘後漢初闕里荊棘自闢從講堂至九里鮑永爲相因修饗祠以誅魯賊彭豐等郭緣生言泗水在城南非也余按國語宣公夏濫于泗淵里革斷罟棄之韋昭云泗在魯城北趙釋曰一清按日知錄公羊閔公二年傳桓公使高子將南陽之甲立僖公而城魯或曰自鹿門至于爭門者也或曰自爭門至于吏門者也注鹿門魯南城東門也據左傳臧紇斬鹿門之關出奔邾是也爭門吏門並闕按說文淨

魯城門池也从水爭聲士耕切是爭門卽以此水名省文作爭爾後人以瀞字省作淨音才性切而梵書用之自南北史以下俱爲才性之淨而魯之爭門不復知之今考道元所記魯城北爲泗水則此地當是引泗以爲濠而失記之**史記冢記**趙增墓字刊誤曰全氏云當作冢墓記**王隱地道記咸言葬孔子于魯城北泗水上今泗水南有夫子冢**春秋孔演圖曰烏化爲書孔子奉以告天赤爵銜書上化爲黃玉刻曰孔提命作應法爲赤制說題辭曰孔子卒以所受黃玉葬魯城北卽子貢廬墓處也譙周云孔子死後魯人就冢次而居者百有餘家命曰孔里孔叢曰官本曰按孔叢下近刻有子字係後人妄加案朱同趙刪刊誤曰何焯云子字衍文後人所妄加黃省曾本無子字義門之言良是夫子墓塋方一里在魯城北六里泗水上諸孔氏封五十餘所人名昭穆不可復識有銘碑三所獸碣具存皇覽曰弟子各以四方奇木來植故多諸異樹不生棘木刺草今則無復遺條矣朱箋曰聖賢冢墓記云孔子冢塋中樹以百數皆異種世世無能名其樹者其樹皆弟子持其方樹來種之有柞枌雒離女貞五味毚檀之屬**泗水自城北南逕魯城西南合沂水沂水出魯城東南尼邱山西北**山卽顏母所祈而生孔子也山東朱趙有一字十里有顏母廟山南數里孔子父葬處禮所謂防墓崩者也**平地發泉流逕魯縣故城南**水北東門外卽爰居所止處也國語曰海烏曰爰居止于魯城東門之外三日臧文仲祭之展禽譏焉故莊子曰海烏止郊魯侯觴之奏以廣樂具以太牢三日而死此養非所養矣門郭之外亦戎夷死處呂氏春秋曰昔戎夷違齊如魯天大寒而後門與弟子宿于郭門外寒愈甚謂弟子曰子與我衣我活我與子衣子活我國士也爲天下惜子不肖人不足愛

弟子曰不肖人惡能與國士幷衣哉戎趙有夷字歎曰不濟夫解衣與弟子半夜而死**沂水北對稷門**昔圉人犖有力能投蓋于此門服虔曰能投千鈞之重過門之上也杜預謂走接屋之桷反覆門上也春秋僖公二十年經書春新作南門左傳曰書不時也杜預曰本名稷門僖公更高大之今猶不與諸門同改名高門也官本曰按改近刻作故案朱趙作故其遺基猶在地八丈餘矣亦曰雩門春秋左傳莊公十年公子偃請擊宋師竊從雩門蒙皐比而出者也門南隔水有雩壇壇高三丈曾點所欲風舞處也高門一里餘道西有道兒君碑是魯相陳君立昔曾參居此皋不入郭趙作境縣卽曲阜之地少昊之墟有大庭氏之庫春秋豎牛之所攻也故劉公幹魯都賦曰戢武器于有炎之庫放戎馬于巨野之坰周成王官本曰按近刻訛作武王案朱趙同封姬旦于曲阜曰魯秦始皇二十三年以爲薛郡漢高后元年爲魯國趙釋曰全氏曰按是文引漢志然實班氏之誤高后以城陽爲魯國不以薛郡其時薛郡屬楚國阜上有季氏宅宅有武子臺今雖崩夷猶高數丈臺西百步有大井廣三丈深十餘丈以石壘之石似磬制官本曰按近刻似訛作以案朱訛趙改刊誤曰以孔宏復曲阜志引此注文作似春秋定公十二年公山不狃帥費人攻魯官本曰按近刻脫人字案朱脫趙增刊誤曰費下落人字左傳校補公入季氏之宮登武子之臺也臺之西北二里有周公臺高五丈周五十步臺南四里許則孔廟卽夫子之故宅也宅大一頃所居之堂後世以爲廟漢高祖十三年過魯以太牢祀孔子自秦燒詩書經典淪缺漢武帝時魯恭王壞孔子舊宅得尚書春

秋論語孝經時人已不復知有古文謂之科斗書漢世秘之
官本曰按世近刻作時　案朱同趙改刊誤曰箋曰宋本作漢時全氏校改世希有見者于時聞堂
上有金石絲竹之音乃不壞官本曰按近刻此下衍矣字　案朱趙有廟屋三間
夫子在西間東向官本曰按間近刻訛作面　案朱趙作面顏母朱箋曰舊本作徵母在中
間南面夫人隔東一間東向夫子牀前有石硯一枚作甚朴
云平生時物也魯人藏孔子所乘車于廟中是顏路所請者
也獻帝時廟遇火燒之永平中鍾離意爲魯相到官出私錢
萬三千文付戶曹孔訢治夫子車身入廟拭几席劍履男子
張伯除堂下草土中得玉璧七枚伯懷其一以六枚白意意
令主簿安置几前孔子寢堂牀首有懸甕意召孔訢問何等
甕也對曰夫子甕也背有丹書人勿敢發也意曰夫子聖人
所以遺甕欲以懸示後賢耳發之中得素書文曰後世修吾
書董仲舒護吾車拭吾履發吾笥會稽鍾離意璧有七張伯
藏其一意即召問伯果服焉魏黃初元年官本曰按近刻訛作二年　案朱趙
作二趙釋曰金石錄跋尾曰魏志文帝以黃初二年正月下詔令以碑考之乃黃初元年詔語亦小異當以碑爲正也
文帝令郡國修起孔子舊廟置百石吏卒官本曰按石近刻訛作夫　案朱作
夫箋曰夫舊作尺吳改作夫瑋按曹植撰孔羨奉家祀碑云以議郎孔羨爲宗聖侯邑百戶奉孔子之祀令魯郡修起舊
廟置百戶吏卒以守衛之趙改戶釋曰一清按原本作百夫吏卒誤也曹植撰孔羨奉家祀碑作百戶吏卒今是碑載隸
釋闕里志作百戶卒史三國志魏紀黃初二年以議郎孔羨爲宗聖侯邑百戶奉孔子祀令魯郡修起舊廟置百戶吏卒
以守衛之與碑足相證明隸釋闕里志所改則非也而顧炎武金石文字記曰百石卒史者秩百石之卒史也漢書儒林
傳郡國置五經百石卒史倪寬傳補廷尉文學卒史臣瓚曰漢注卒史秩百石是也然其自注又云杜氏通典作百戶吏
卒三國志同蓋未能審定爾何焯曰亭林但據桓帝永興元年魯相乙瑛置孔子廟百石卒史不知黃初自置百戶吏卒

未可執此例彼也百石卒史掌領禮器選年四十以上經通六藝雜試通利能奉宏先聖之禮爲宗所歸者乃是孔氏子
孫爲之百戶吏卒則守衛之人耳廟有夫子像列二弟子執卷立侍穆穆有
詢仰之容漢魏以來廟列七碑二碑無字栝柏猶茂趙釋曰一清按
注云廟列七碑二碑無字則五碑有文字可知矣並見隸釋一孔廟置守廟百石孔龢碑威宗永興元年一魯相韓勑造
孔廟禮器碑永壽二年一韓勑修孔廟後碑永壽三年一魯相史晨祠孔廟奏銘靈帝建寧二年一史晨饗孔廟後碑俱
云水經有故知即是七碑中之五碑也孔宏復闕里志云語云世遠言湮文獻難徵之謂也曲阜爲天下宗國歷代表揚
無遺矣累朝典禮疆域規模陵廟增飾猶多湮沒惟水經注存漢魏之迹東遊記詳魯疆之槩斯文不亡闕里之幸也東
遊記是元皇慶中紫陽楊奐著廟之西北二里有顏母廟廟像猶嚴有修栝
五株孔廟東南五百步有雙石闕即靈光之南闕北百餘步
即靈光殿基東西二十四丈南北十二丈高丈餘東西廊廡
別舍中間方七百餘步闕之東北有浴池方四十許步池中
有釣臺方十步臺之基岸悉石也官本曰按此七字近刻訛作池臺悉石也五字　案
朱訛趙改刊誤曰池字衍文御覽引此注云臺之基岸悉石也今校正遺基尚整故王延壽賦
曰周行數里仰不見日者也是漢景帝程姬子魯恭王之所
造也殿之東南即泮宮也在高門直北道西宮中有臺高八
十尺臺南水東西朱趙有一字百步南北六十步臺西水南北四
百步東西六十步臺池咸結石爲之詩所謂思樂泮水也**沂**
水又西逕圜朱趙作圓**丘北**丘高四丈餘**沂水又西流**昔韓雉射
龍于斯水之上尸子曰韓雉見申羊于魯有龍飲于沂韓雉
曰吾聞之官本曰按近刻訛作也　案朱訛趙改刊誤曰也當作之出見虎搏之見龍射
之今弗射是不得行吾聞也遂射之**沂水又西右注泗水也**
官本曰按近刻也上衍者字　案朱趙有

又西過瑕丘縣東屈從縣東南流漷水從東來注之
瑕丘魯邑春秋之負瑕矣哀公七年季康子伐邾囚諸負瑕
是也應劭曰瑕丘在縣西南昔衞大夫公叔文子升于瑕丘
蘧伯玉從文子曰樂哉斯丘死則我欲葬焉伯玉曰吾子樂
之則瑗請前刺其欲害民良田也瑕丘之名蓋因斯以表稱
矣會子弔諸負夏鄭玄皇甫謐並言衞地魯衞雖殊土則一
也趙釋曰戹林曰縣邑同號地志已多于時魯有瑕丘何知衞無茲墾周之典制國有分土行李所過聚欜是防若瑕
邱獨爲魯田寸壤皆非衞有未聞銜命介使憑覽敵國之墟而終沒大夫卜穸强鄰之陌者也且此處所敍咸在邾魯封
域忽入衞事于理殊乖又負夏可爲負瑕則虞舜所遷豈亦在是乎一清按衞瑕丘在今開州東南三十里秦置濮陽郡
郎衞之帝丘成公自楚丘來遷者也公叔之云宜在彼地道元誤以魯瑕丘當之誠如方叔所譏 漷水出東
海合鄉縣漢安帝永初七年官本曰按近刻訛作和帝永寍九年　案朱趙同說見下封
馬光子朗爲侯國官本曰按近刻朗作復　案朱趙作復趙釋曰一清按此注皆誤據范史云永初七
年復紹封光子朗爲合鄉侯則復非其名且事在安帝永初七年非和帝永寍九年永寍亦安帝紀年次年之七月卽改
建元元年 其水西南流入邾官本曰按入邾二字有舛誤 春秋哀公二年季孫
斯伐邾取漷東田及沂西田是也漷水又逕魯國鄒山東南
而西南流春秋左傳所謂嶧山也邾文公之所遷今城在鄒
山之陽官本曰按近刻脫在字　案朱脫趙增刊誤曰今城下落在字孫潛校增 依巖阻以墉固
故邾婁之國曹姓也叔梁紇之邑也孔子生于此後乃縣之
因鄒山之名以氏縣也趙釋曰全氏曰以鄹爲鄒則孔子乃邾婁國人耶善長可謂大繆矣 王
莽之騶亭矣京相璠曰地理志嶧山在鄒縣北趙釋曰一清按漢志作騶
縣 繹邑之所依以爲名也官本曰按近刻脫以字　案朱脫趙增刊誤曰所依下落以字通鑑
注校補 山東西二十里高秀獨出積石相臨殆無土壤石間多

孔穴洞達相通往往有如數間屋處其俗謂之嶧孔遭亂輒
將家入嶧官本曰按家近刻訛作處下衍人字　案朱趙同朱箋曰處當作居 外寇雖衆無所
施害晉永嘉中官本曰按近刻脫晉字　案朱脫趙增說見下 太尉郗鑒將鄉曲保
此山官本曰按保近刻作逃　案朱同趙改刊誤曰通鑑注引此文永嘉上有晉字逃作保 胡賊攻守
不能得今山南有大嶧名曰郗公嶧山北有絕巖秦始皇觀
禮于魯登于嶧山之上命丞相李斯以大篆勒銘山嶺趙作頂
名曰晝朱箋曰御覽引此注作晝門俱誤唯山東通志作書門近是趙改書 門詩所謂保有鳧
嶧者也官本曰按有近刻訛作其　案朱訛趙改刊誤曰其經文是有字 漷水又西南逕蕃
縣故城南又西逕薛縣故城北孫校曰薛縣故城在今滕縣南四十里 地理志
曰夏車正奚仲之國也竹書紀年梁惠成王三十一年邳遷
于薛改名徐州孫校曰郡國志魯國薛本國六國時曰徐州 城南山上有奚仲冢
孫校曰在今滕縣奚山旁 晉太康地記曰官本曰按近刻脫曰字　案朱趙無 奚仲冢在城
南二十五里山上孫校曰後漢郡國志注引地道記作二十里又引皇覽曰靖郭君冢在城中東南陬
孟嘗君冢在城中向門東北邊 百姓謂之神靈也齊封田文于此號孟嘗君
有惠喻朱箋曰惠喻當作惠譽卽馮煖焚劵事也趙改譽 今郭側猶有文冢結石爲
郭作制嚴固瑩麗可尋行人往還莫不逕觀以爲異見矣漷
水又西逕仲虺城北孫校曰在滕縣東南 晉太康地記曰奚仲遷于邳
仲虺居之以爲湯左相其後當周爵稱侯後見侵削霸者所
絀爲伯任姓也應劭曰邳在薛徐廣史記音義曰楚元王子
郢客官本曰按近刻脫客字　案朱脫趙增 以呂后二年封上邳侯也朱箋曰按史記楚元王子劉郢客封上邳侯 有下故此爲上矣晉書地道記曰仲虺城在
薛城西三十里漷水又西至湖陸縣入于泗官本曰按西下近刻衍逕字

案朱衍趙刪刊誤曰逕字衍文故京相璠曰辟縣鄣水首受蕃縣西注山陽
湖陸是也經言瑕邱東誤耳
又南過平陽縣西 孫校曰平陽故城在今鄒縣南
縣卽山陽郡之南平陽縣也竹書紀年曰梁惠成王二十九
年齊田肸 官本曰按近刻訛作盼案朱訛趙改刊誤曰盼當作肸 及宋人伐我東鄙圍
平陽者也王莽改之曰黽平矣泗水又南逕故城西世謂之
漆鄉應劭十三州記曰漆鄉邾邑也杜預曰平陽東北有漆
鄉 官本曰按此下近刻衍鄣字案朱有趙改郭刊誤曰鄣當作郭 今見有故城西南方二
里所未詳也
又南過高平縣西 孫校曰高平故城在今鄒縣南 洸水從西北來 官本曰按西北近刻訛作北西案朱訛趙乙刊誤曰北西二字當倒互 流注之

泗水南逕高平山山東西十里南北五里高四里與衆山相
連其山最高頂上方平故謂之高平山縣亦取名焉泗水又
南逕高平縣故城西漢宣帝地節三年封丞相魏相爲侯國
趙釋曰全氏曰姜宸英曰此二句是後人所妄加蓋善長既
知高平是王莽所改則魏相所封非此高平明矣豈尙引之
乎何焯曰弱翁所封蓋臨淮之高平地志注曰侯國者也予
按漢表高平屬栐栐是淮陽之屬縣也一淸按今江南宿遷
縣疑是弱翁封邑 高帝七年 官本曰按近刻訛作八年案朱趙作八 封將軍陳鍇爲橐
侯 官本曰按鍇原本及近刻並訛作錯史記索隱音指引三倉云九江人名鐵曰鍇不得爲錯明矣今改正又橐史記
漢書功臣表並訛作蘽索隱云屬山陽而臣瓚于地理志云
音柘則蘽乃橐之訛耳 案朱趙作錯趙刊誤曰箋曰史記
漢書功臣表並作橐侯陳鍇爲將從擊陳豨有功舊本水經
注亦作蘽侯此注改作橐侯未知何據豈酈君所見史漢別
本有異乎按非也世本史漢表俱作橐侯師古音公老翻而
小司馬則以爲山陽之屬縣也山陽之屬縣曰橐臣瓚音之
曰柘酈在顏前想六朝時漢表元作橐字至唐始誤作蘽師
古不能據地理志以正之朱氏乃云舊本水經注作蘽此注
改作橐而且揶揄之曰豈酈君所見史漢別本有異乎一似
舊本更屬他人之書而此注爲酈君所手定借曰異同要是
後來傳寫翻刻之訛朱氏寍亦知之否乎又史表是陳鍇故
索隱曰漢表作鍇音指三蒼云九江人名鐵曰鍇今云史漢
表並作鍇豈其然乎趙釋曰全氏曰按八年當作七年陳鍇
漢表作陳鍇沈氏曰橐今史漢表皆作橐誤也小司馬曰屬
山陽則是橐矣臣瓚曰音柘然師古註漢表讀作公老翻是
唐人已誤橐爲橐矣一淸按郡國志亦作橐東平憲王傳仍
是橐字橐之與橐未能一定寍得據志以駁表乎 地理志山陽之屬縣也 官本曰按近刻訛作地理志曰縣故山陽之橐也案朱趙同朱箋曰舊本橐作蘽趙釋曰全氏曰按漢志無是文 王莽改曰高
平應劭曰章帝改 孫校曰今地理志脫應劭此注 按本志曰王莽改 趙作更 名
章帝因之矣所謂洸水者洙水也蓋洸洙相入互受通稱矣
官本曰按近刻脫互字案朱脫趙增刊誤曰相入下落互字
又南過方與縣東 朱作方輿箋曰方輿晉灼音房豫趙改與孫校曰今魚臺縣北有方與故城縣東南有湖陵故城

漢哀帝建平四年縣女子田無嗇生子先未生二月兒啼腹
中及生不舉葬之陌上三日人過聞啼聲母掘養之
菏水從西來注之 官本曰按菏近刻訛作荷案朱作荷箋曰荷當作菏趙改菏
菏水卽濟水之所苞注以成湖澤也 朱濟作沛趙改刊誤曰沛當作泲孫校曰地理
志魯國卞泗水西南至方與入泲過縣三蓋自此而止因菏水畜爲湖澤實泲水之下流耳 而東與泗水
合于湖陵縣西六十里穀庭城下俗謂之黃水口黃水西北
通巨野澤蓋以黃水沿注于菏故因以名焉 趙釋曰禹貢錐指曰地記之言
水也凡二水大小相敵既合流自下皆得通稱多至五六水
亦然漢志魯國卞縣泗水至方與入泲說文泗受泲水東入
淮其所謂泲卽菏水也又漢志蕃縣南梁水西至湖陵入泲
渠酈善長云泲在湖陸西而左注泗泗泲合流地記或言泲
入泗泗亦言入泲故有入泲之文按觀魚臺下臨菏水而公
羊傳以棠爲濟上邑則以菏爲濟漢初已然故班固謂泗入
濟許愼謂泗受濟而不言菏以菏卽濟也水經濟水篇所敘
自乘氏以至湖陸卽分濟之菏自沛縣以至睢陵卽入淮之

泗而皆以爲濟水蓋本漢志以立文也然又云濟水東至乘氏縣西分爲二南爲菏水北爲濟瀆而泗水篇則自方與受菏以至睢陵入淮皆以爲泗水是又與禹貢合水經非一時一手作觀于此而益驗竊謂濟雖小水而能專達于海故得與四瀆之列使合泗入淮者亦濟則是因淮以達海矣安得謂之瀆禹主名山川不相假借而後世地記以菏泗爲濟本支不分大戾經旨不詳辨之何以使禹貢之書著明如日月哉

又屈東南過湖陸縣南涓朱作消箋曰宋本作涓水注同趙改涓**水從東北來**

流注之

地理志故湖陵縣也官本曰按原本及近刻並訛作地理志曰故湖陸縣也今改正　案朱同趙不刪曰字陸改陵刊誤曰前漢爲湖陵續志云湖陸故湖陵章帝更名此引班書不得曰故湖陸菏水在南王莽改趙作更曰湖陸應劭曰官本曰按此下原本及近刻並衍尚書二字　案朱趙有一名湖陵章帝封東平王蒼子爲湖陸侯更名湖陸也官本曰按原本及近刻並訛作爲湖陵侯更名湖陵也考後漢書郡國志山陽郡湖陸故湖陵章帝更名劉昭注云前漢志王莽改曰湖陸章

帝復其號又郡國志高平侯國故橐章帝更名劉昭注云前漢志王莽改曰高平章帝復莽此號蓋光武中興凡莽所改即不行用至章帝改湖陵爲湖陸改橐爲高平偶與莽同以莽不足道故直曰章帝更名耳光武永平二年以橐湖陵益東平國見光武十王列傳注云橐縣一名高平其正文及注兩橐字皆橐之訛是光武時仍前漢之舊稱橐湖陵章帝已後則稱高平湖陸也今漢書地理志山陽郡湖陵下云禹貢浮于泗淮通于河水在南莽曰湖陸應劭曰尚書一名湖章帝封東平王倉子爲湖陵侯更名湖陵此條舛誤者八泗淮當作淮泗一也通于河當作通于菏二也水在南當作菏水在南三也尚書二字當在禹貢二字上不當在應劭曰下四也應劭時稱湖陸已久所引應劭語宜爲地理風俗記湖陸縣之文一名湖當是一名湖陵校漢書者妄刪陵字以起下文有陵字爲更名耳五也倉當作蒼六也爲湖陵侯當作爲湖陸侯七也更名湖陵當作更名湖陸八也道元此注亦有尚書二字蓋校是書者據漢志訛本增入說文菏字下云菏澤水在山陽湖陵引禹貢浮于淮泗達于菏而水經濟水內敘菏水云又東南過湖陸縣南東入于泗水道元注亦引尚書浮于淮泗達于菏今尚書本皆訛作達于河以尚書及前後漢書水經注互有舛誤彼此紛糾僅就一處訂正終難了徹故備論之　案朱趙陸作陵趙釋曰一清按此注全是襲用漢志而又誤者漢志山陽郡湖陵縣下云禹貢浮于淮泗

達于河水在南莽曰湖陸應劭曰尚書一名湖章帝封東平王蒼子爲湖陵侯更名湖陵通于河據說文是達于菏一名湖之湖亦當是菏字蓋仲瑗引尚書之菏以證世本漢書通于河之誤傳寫者更訛而爲湖道元不察又加陵字遂有尚書一名湖陵之繆詞此酈氏之疏非應氏之過又按後漢書光武帝紀建武五年幸沛進幸湖陵則復號不始于章帝抑或史家追書之詞耶更考郡國志山陽郡湖陸故湖陵章帝更名劉昭補註云前漢志王莽改曰湖陸章帝復其號晉以後總曰湖陸經文陸字疑亦後人所改**泗水又東逕郗鑒所築城北又東逕湖**

陵城東南昔桓溫之北入也朱無之字趙增刊誤曰桓溫下落之字范權擒慕容忠于此城東有度尚碑趙釋曰一清按隸釋有漢荊州刺史度尚碑尚字博平山陽湖陸人威宗永康元年立洪适曰此碑在湖陸荒野政和壬辰巡檢王當世見之始遷于官廨其後邑令滕君欲徙碑于沛舟三載而三覆繼因大水漲沒不出劉宗儀攝事乃能立之使星亭云**泗水又左會南梁水**孫校曰南梁水在今滕縣東北郎昀突泉**地理志曰水出蕃縣**孫校曰今滕縣**今縣之東北平**

澤出泉若輪焉發源成川西南流分爲二水北水枝出西逕

蕃縣北官本曰按近刻訛作北枝水西出逕蕃縣北　案朱訛趙改刊誤曰此文誤也當作北水枝出西逕蕃縣北**西逕滕城北**趙西上有又字春秋左傳隱公十一年滕侯薛侯來朝爭長薛侯曰我先封滕侯曰我周之卜正也薛庶姓也我不可以後之公使羽父請薛侯曰君辱在寡人周諺有之曰山有木工則度之賓有禮主則擇之周之宗盟異姓爲後寡人若朝于薛不敢與諸任齒君若辱貺寡人則願以滕君爲請薛侯許之乃長滕侯者也漢高祖封夏侯嬰爲侯國號曰滕公趙釋曰全氏曰夏侯嬰嘗爲滕令故號滕公滕公非封于滕也嬰封汝陰善長誤矣鄧晨曰今沛郡公邱也其水又溉于邱焉官本曰按于近刻訛作公　案朱趙不誤趙刊誤曰箋曰於邱當作公邱按邱即公邱也單舉之以見義耳縣故城在滕西北城周二十里內有子城官本曰按近刻脫此九字　案朱脫趙增刊誤曰西北下落城周二十里內有子城九字名勝志校補孫校曰子城

在今滕縣西南十五里　按地理志卽滕也周懿王子錯叔繡文公所封
也朱箋曰世本云周文王子錯叔繡封于滕杜預世譜並同唯漢書地志沛郡公丘縣注謂滕是周懿王子錯叔繡所
封故水經注仍其說趙釋曰朱氏謀𤩽箋曰漢志沛郡公邱縣注謂滕是周懿王子錯叔繡所封故注仍其說一清按顏
師古亦云未詳其義葢古傳記有之第文公字又未知所出耳　齊滅之秦以爲縣漢武帝元
朔三年封魯恭王子劉順爲侯國世以此水漑我良田遂及
百秭故有兩溝之名焉南梁水自枝渠西南逕魯國蕃縣故
城東俗以南鄰于鄒亦謂之西鄒水南梁水又屈逕城南應
劭曰縣古小邾邑也地理志曰其水西流注于濟渠官本曰按濟近
刻訛作沛下同又脫渠字　案朱訛趙改不增渠字刊誤曰漢書地理志魯國蕃縣下云南梁水西至湖陵入沛渠此世
本之誤沛當作泲下沛字俱當作泲趙釋曰一清按漢志魯國蕃縣南梁水西至湖陵入沛渠沛當作泲濟在湖
陸西而左注泗泗濟合流故地記或言濟入泗泗亦言入濟

水二十五　十三

互受通稱故有入濟之文闞駰十三州志曰西至湖陸入泗
是也經無南梁之名而有涓涓之稱官本曰按近刻訛作洧涓之水下同　案朱訛
趙改疑卽是水也戴延之西征記亦言湖陸縣之東南有涓涓
水亦無記于南梁謂是吳王所道趙作導之瀆也余按湖陸西
南止有是水延之葢以國語云吳王夫差起師將北會黃池
掘溝于商魯之間北屬之沂西屬于濟以是言之故謂是水
爲吳王所掘官本曰按近刻脫謂字　案朱脫趙增刊誤曰故下落謂字非也余以水路
求之止有泗川耳官本曰按有近刻訛作自　案朱作自趙改是刊誤曰自當作是葢北達
沂西北逕于商魯而接于濟矣官本曰按近刻無矣字　案朱趙無吳所浚廣
耳非謂起自東北受沂西南注濟也假之有通非吳所趣年
載誠眇人情則近官本曰按則近刻作廁　案朱趙作廁以今忖古益知延之

之不通情理矣官本曰按益知近刻訛作知一　案朱訛趙改刊誤曰於文當作益知一字誤泗水
又南鄒水注之孫校曰今滕縣東南有郭河又逕薛之上邳城西而南注
者也趙釋曰全氏曰前已言鄒水自湖陸入泗矣此又忽出鄒水逕上邳南注泗之文不幾複與儻所謂西鄒水近
是
又東趙作又南過沛縣東孫校曰元和志沛縣泗水自西北流入東去縣五十步
昔許由隱于沛澤卽是縣也縣葢取澤爲名宋滅屬楚在泗
水之濱官本曰按在近刻訛作左　案朱訛趙改刊誤曰左當作在于秦爲泗水郡治黃
水注之黃水出小黃縣黃鄉黃溝國語曰吳子會諸侯于黃
池者也黃水東流逕外黃縣故城南張晏曰魏郡有內黃縣
故加外也薛瓚曰縣有黃溝故縣氏焉圈稱陳留風俗傳曰
縣南有渠水于春秋爲宋之曲棘里故宋之別都矣春秋昭

水二十五　十四

公二十五年宋元公卒于曲棘是也宋華元居于稷里宣公
十五年楚鄭圍宋晉解揚違楚官本曰按近刻揚訛作楊違訛作圍　案朱訛趙改作揚
楚圍刊誤曰圍楚二字當倒互言入楚圍以致命楚圍上仍有脫字趙釋曰一清按下有脫字致命于此宋
人懼使華元乘闉夜入楚師登子反之牀趙釋曰全氏曰乘闉是穀梁傳文登
牀是左氏傳文善長合而成書曰寡君使元以病告弊趙作敝邑易子而食析
骸以爨城下之盟所不能也子反退一舍宋楚乃平今城東
闉上猶有華元祠祠之不毀城北有華元冢黃溝自城南東
逕葵邱下春秋僖公九年齊桓公會諸侯于葵邱宰孔曰齊
侯不務德而勤遠略北伐山戎南伐楚西爲此會東略之不
知西則否矣其在亂乎官本曰按在近刻訛作有　案朱訛趙改刊誤曰有左傳是在字君
務靖亂無勤于行晉侯乃還卽此地也黃溝又東注大澤蒹

葮萑葦生焉官本曰按萑近刻作莞　案朱趙作莞卽世所謂大薺陂也陂水東北流逕定陶縣南又東逕山陽郡成武縣之楚邱亭北官本曰按此十四字原本及近刻並截上六字訛作經下八字仍屬注文考之上下皆注內敘黃溝所逕不得承接經文泗水今改正　案朱訛趙改刊誤曰六字是注混作經趙釋曰一清按此卽班固誤以爲衞文公所遷之楚邱而道元因之然分注云有楚邱亭則以成武本有此名耳乃春秋隱公七年戎伐凡伯之地詳見濟水注二黃溝又東逕成武縣故城南官本曰按東逕下近刻有郜城北三字係下文衍複在此　案朱衍趙刪王莽更之曰成安也黃溝又東北逕郜城北春秋桓公二年經書取郜大鼎于宋戊申納于太廟左傳曰宋督攻孔父而取其妻殺殤公而立公子馮以郜大鼎賂公臧哀伯諫爲非禮官本曰按哀近刻訛作僖　案朱趙作僖趙釋曰一清按傳是哀伯此酈氏誤記十三州志曰今成武縣東南有郜城俗謂之北郜者也黃溝又東逕平樂縣故城南

又東右合泡水卽豐水之上源也水上承大薺陂東逕貰城北官本曰按貰近刻訛作貫　案朱趙作貫又東逕已氏縣故城北王莽之已善也縣有伊尹冢孫校曰在今曹縣崔駰曰殷帝沃丁之時官本曰按近刻重一時字　案朱衍趙刪刊誤曰時字重文疑衍伊尹卒葬于薄皇覽曰伊尹冢在濟陰已氏平利鄉皇甫謐曰伊尹年百餘歲而卒大霧三日沃丁葬以天子之禮親自臨喪以報大德焉又東逕孟諸澤杜預曰澤在梁國睢陽縣東北又東逕郜成縣故城南官本曰按近刻脫又東二字郜成訛作卬城　案朱脫訛趙增改仍城字刊誤曰逕上落又東二字卬城是郜城之誤地理志朱趙有曰字山陽縣也王莽更名之曰告成矣官本曰按告成近刻訛作郜城　案朱訛趙改刊誤曰郜城字誤當作告成漢書地理志校故世有南郜北郜之論也又東逕單父縣故城南官本曰按近刻脫縣字　案朱脫趙增刊誤曰單父下落縣字昔宓子賤

之治也孔子使巫馬期觀政入其境見夜漁者問曰子得魚輒放何也曰小者吾大夫欲長育之故也子聞之曰誠彼形此子賤得之善矣惜哉不齊所治者小也王莽更名斯縣爲利父矣官本曰按近刻父訛作善　案朱訛趙改刊誤曰漢書地理志山陽郡單父縣莽曰利父師古曰音善甫後人誤寫作利善也世祖建武十三年封劉茂爲侯國又東逕平樂縣右合泡水水上承睢水于下邑縣界官本曰按睢近刻訛作濉下同　案朱趙作濉趙刊誤曰箋曰一作濉水下同按濉濉古字通用詳濉水篇東北注一水上承睢水于杼秋縣界北流趙釋曰一清按兩濉水俱是睢水之誤漢下邑縣在今河南歸德府夏邑縣西南睢水在縣東南漢杼秋縣在江南徐州府豐縣西七十五里睢水在縣南五十里蕃睢河自河南陳畱縣東北分河水東南流逕商邱夏邑永城以達于江南之豐縣而下入徐宿二州二泡之水一于下邑分睢者獲水也一于杼秋分睢者穀水也而統謂之睢則以獲水與睢水合流入泗穀水亦入泗與睢水往復逕通互攝兼稱二泡下流乃有豐水之目可知濉字與睢形似致訛世又謂之瓠盧溝水積爲渚渚水東北流二渠雙引左合灃趙作豐下同水俗謂之二泡也自下灃泡並得通稱矣故地理志曰平樂侯國也泡水所出又逕豐西澤官本曰按近刻訛作潭　案朱訛潭趙改澤刊誤曰潭當作澤謂之豐水漢書稱高祖送徒麗山徒多亡到豐西澤有大蛇當徑拔劍斬之此卽漢高祖斬蛇處也又東逕大堰官本曰按近刻訛作偃　案朱訛趙改水分爲二又東逕豐縣故城南王莽之吾豐也水側城東北流右合枝水上承豐西大堰派流東北逕豐城北東注灃水灃水又東合黃水時人謂之狂水葢狂黃聲相近俗傳失實也自下黃水又兼通稱矣水上舊有梁謂之泡橋王智深宋史云宋太尉劉義恭于彭城遣軍主朱箋曰舊本作遣軍王吳本改作軍正並誤六朝時每謂將帥爲軍主如梁書韋粲令軍主鄭逸逆擊侯景是

其例也今改定稽玄敬北至城覘侯魏軍魏軍于清西望見玄敬士衆魏南康侯杜道儁引趣泡橋沛縣民逆燒泡橋又于林中打鼓儁謂宋軍大至爭渡泡水水深酷寒凍溺死者殆半清水卽泡水之別名也官本曰按泡近刻訛作泗案朱訛趙改刊誤曰泗水當作泡水趙釋曰全氏曰濟水入汶謂之清水睢水入泗亦謂之清水六朝所爭皆泗上之清水而非濟水也其地有曰清西則元嘉二十七年魏將拓跋建自清西屯蕭城曰清東則魏將步尼公自清東屯畱城曰清南則天監五年梁將藍懷恭築城清南曰清中則永明三年齊角城戍主張蒲入清中是也宋沈攸之魏尉元齊周山圖所爭皆在其地以其爲泗水合睢水入淮之地故亦謂之睢清口秦始三年宋將陳顯達引兵入睢清口是也建元三年齊角城將李安民敗魏師于孫谿渚胡三省曰渚在清水之濱一清按泡水泡橋通鑑俱作苞字蓋文異耳沈約宋書稱魏軍欲渡清西非也趙釋曰一清按宋史索虜傳楚王樹洛眞南康侯杜道儁進軍清西至蕭城步尼公進軍清東至畱城乃清東之軍既遇嵇元敬還趨泡橋則自東而西今云魏軍欲渡清西似失當時形勢矣**泡水又東逕沛縣**

水二十五　七

故城南秦末兵起蕭何曹參迎漢祖于此城高帝十一年封合陽侯劉仲子爲侯國趙釋曰一清按史漢表傳沛侯濞卽高祖兄劉仲之子後封吳王國除城內有漢高祖廟廟前有三碑後漢立廟基以青石爲之階陛尚存劉備之爲徐州也治此袁術遣紀靈攻備備求救呂布布救之屯小沛招靈請備共飲布謂靈曰玄德布弟也布性不喜合鬬但喜解鬬乃植戟于門布彎弓曰觀布射戟小枝中者當各解兵不中可畱決鬬一發中之遂解此卽布射戟枝處也述征記曰城極大四周塹通豐水**豐水于城南東注泗卽泡水也地理志曰泡水自平樂縣東北至沛入泗者也**趙釋曰一清按漢志山陽郡平樂縣淮水東北至沛入泗道元兩引班書俱作泡水淮字誤明嘉靖年刊本尙作包字惟去水傍耳猶可按也**泗水南逕小沛縣東**縣治故城南垞上官本曰按城近刻訛作縣案朱訛趙改刊誤曰故縣之縣黃省曾本作城東岸有泗水亭漢祖爲泗水亭長卽此亭也故亭今有高祖廟官本曰按近刻脫祖字案朱脫趙增刊誤曰高下落祖字廟前有碑延熹十年立廟闕崩褫朱褫作禠趙改刊誤曰禠字誤刻當作褫略無全者水中有故石梁處遺石尙存高祖之破黥布也過之置酒沛宮酒酣歌舞慷慨傷懷曰遊子思故鄉也**泗水又東南流逕廣戚縣故城南**孫校曰今滕縣西北有戚城漢武帝元朔元年封劉擇爲侯國官本曰按擇近刻訛作澤案朱趙作澤趙釋曰全氏曰按善長引史漢表之例王子侯必稱某王之名則此文當云魯共王子擇擇漢表作將今云澤亦誤也王莽更之曰力聚也**泗水又逕畱縣而南逕垞城東**孫校曰寰宇記彭城縣垞城在縣北三十里桓魋墓在縣北二十七里城西南有崇侯虎廟道淪遺愛不知何因而遠有此圖**泗水又南逕宋大夫桓魋冢西**山枕泗水官本曰按枕近刻訛作抗案朱訛

水二十五　六

趙改刊誤曰抗寰宇記引此文作枕西上盡石官本曰按西上近刻訛作上而案朱訛趙改刊誤曰而當作西西上二字當倒互鑿而爲冢今人謂之石郭者也郭有二重石作工巧夫子以爲不如死之速朽也

又東南過彭城縣東北

泗水西有龍華寺是沙門釋法顯遠出西域浮海東還持龍華圖首創此制法流中夏自法顯始也其所持天竺二石官本曰按竺近刻訛作基案朱訛趙改刊誤曰天基當作天竺仍在南陛東基堪中其石尙光潔可愛**泗水又南獲水入焉**官本曰按獲原本及近刻並訛作淮今改正獲水入泗見卷二十三汳水內案朱趙作淮孫校作濉趙釋曰一清按泗水于下邳淮陰入淮所謂淮泗之會卽角城也彭城之境未爲淮水所逕疑是睢水之誤杜元凱所謂睢水首受沛渠東經陳畱梁譙沛彭城入泗者也**而南逕彭城縣故城東**周顯王四十二年九鼎淪沒泗淵秦始皇時而鼎

見于斯水始皇自以德合三代大喜使數千人沒水求之不
得所謂鼎伏也亦云系而行之未出龍齒齧斷其系故語曰
稱樂大早絕鼎系當是孟浪之傳耳趙釋曰全氏曰按周鼎何以過彭城而沒泗水
李復疑之舊矣且赧王五十九年而亡次年秦始取九鼎見于周本紀上距顯王四十二年乃惠文王之十一年顯王又
六年而崩閒以慎靚王六年至赧王之五年乃武王之元年其八年武王薨據甘茂傳武王葬周蓋舉鼎絕臏而死則是
時鼎猶未入泗又歷五十一年而九鼎始不保以道里計之浮河入渭卽至秦土豈由泗乎又況在六十二年之前也其
妄明矣史記封禪書又謂宋太邱社亡而鼎沒泗水是周鼎早在宋也夫周鼎何以在宋太邱之社更不可曉矣且使果
然則事在顯王三十三年又前乎此亦非四十二年又秦始皇紀是祠泗水以求鼎非鼎見也張守節曰赧王十九年秦
昭王取九鼎其一飛入泗水其八入秦是又一說也**泗水又逕龔勝墓南**墓碣尚存**又**
經趙作逕**亞父冢東**皇覽曰亞父冢在廬江縣郭東居巢亭中
有亞父井吏民親事皆祭亞父于居巢廳上後更造祠于郭

東至今祠之按漢書項羽傳歷陽人范增未至彭城而發疽
死不言之居巢今彭城南有項羽涼馬臺官本曰按涼近刻訛作掠案朱訛
趙改刊誤曰掠當作涼臺之西南山麓上卽其冢也增不慕范蠡之舉
而自絕于斯可謂褊矣推考書事墓近于此也官本曰按墓字近刻訛在
事字上案朱訛趙乙刊誤曰墓事二字當倒互
又東南過呂縣南孫校曰今徐州北有呂縣故城呂梁山在州東南五十里
呂宋邑也春秋襄公元年晉師伐鄭及陳楚子辛救鄭侵宋
呂留是也**縣對泗水**漢景帝三年有白頸烏與黑烏羣鬬于
縣白頸烏不勝墮泗水中死者數千京房易傳曰逆親親厥
妖白黑烏鬬時有吳楚之反**泗水之上有石梁焉故曰呂梁**
也昔宋景公以弓工之弓彎弧東射矢集彭城之東飲羽于

石梁卽斯梁也**懸濤崩漭實爲泗險孔子所謂魚鼈不能游**
又云懸水三十仞流沫九十里今則不能也蓋惟嶽之喻未
便極天明矣趙釋曰一清按呂梁洪之險道元時已不能如古矣至明嘉靖二十三年管河主事陳洪範惡
其石破害運船鑿之使平而禹迹蕩然無存矣**晉太康地記曰水出磬石書所謂泗**
濱浮磬者也泗水又東南流丁溪水注之溪水上承泗水于
呂縣東南流北帶廣隰山高而注于泗川泗水冬春淺澀常
排沙通道是以行者多從此溪卽陸機行思賦所云官本曰按近刻
脫機行思三字案朱脫趙增刊誤曰此是陸機行思賦全氏校補三字**乘丁水之捷岸排泗川**
之積沙者也晉太元九年朱元作原趙改刊誤曰晉武帝建元太元原字誤也**左將軍**
謝玄于呂梁遣督護聞人奭用工九萬擁水立七拕以利運
漕者官本曰按朱謀㙔云拕當作埭案朱作七拖箋曰拖當作埭晉書謝玄堰呂梁水植柵立七埭爲派擁二岸
之流以利漕運趙拖改埭運漕作漕運刪者字刊誤曰者字衍文

又東南過下邳縣西孫校曰下邳故城在今邳州東三十里
泗水歷縣逕葛嶧山東趙釋曰一清按漢志東海郡下邳卽縣葛嶧山在西古文以爲嶧陽
奚仲所遷邳嶧者也**泗水又東南逕下邳縣故城西東南流**
沂水流注焉官本曰按流下近刻衍納字案朱衍趙刪刊誤曰納字衍文故東海屬縣也
應劭曰奚仲自薛徙居之故曰下邳也漢徙齊王韓信爲楚
王都之後乃縣焉王莽之閏儉矣官本曰按近刻脫矣字案朱脫趙增刊誤曰閏儉
下落矣字孫潛校增東陽郡治文穎曰秦嘉東陽郡人官本曰按近刻脫人字案朱
脫趙增刊誤曰郡下落人字漢書高帝紀註校增詳本卷今下邳是也晉灼曰東陽縣本
屬臨淮郡明帝分屬下邳後分屬廣陵故張晏曰東陽郡今
廣陵郡也漢明帝置下邳郡矣趙釋曰一清按漢書高帝紀云東陽甯君秦嘉立景駒爲

楚王註引文穎曰秦嘉東陽郡人爲甯縣君晉灼曰東陽縣也臣瓚曰陳勝傳云凌人秦嘉然則嘉非東陽人嘉初起于郯號大司馬又不爲甯縣君自一人秦嘉又一人史記項籍本紀裴駰集解引陳涉世家云秦嘉廣陵人城有三重其大城中有大司馬石苞官本曰按近刻脫大字案朱脫趙增刊誤曰司馬上落大字鎮東將軍胡質司徒王渾監軍石崇四碑南門謂之白門魏武擒陳宮于此處矣趙釋曰巵林曰白門所禽者乃奉先非公臺也唐太子賢注范氏書引此注蓋未知善長之誤也中城呂布所守也小城晉中興北中郎將荀羨郗曇所治也昔泰山吳伯武少孤與弟文章相失二十餘年遇于縣市文章欲毆伯武心神悲慟因相尋問官本曰按尋近刻作詢　案朱同趙改刊誤曰箋曰風俗通云因相借問按黃省曾本作尋問乃兄弟也縣爲沂泗之會也又有武原水注之水出彭城武原縣西北會注陂南逕其城西王莽之和樂亭也官本曰按近刻脫和字　案朱脫趙增刊誤曰樂亭上落和字漢書地理志校增縣東有徐廟山山因徐徙郎以名之也官本曰按郎以近刻訛作以郎　案朱訛趙乙刊誤曰以郎二字當倒互山上有石室徐廟也武原水又南合武水謂之迦水趙釋曰全氏曰漢志太山郡南武陽縣冠石山治水所出南至下邳入泗應劭曰武水所出南入泗水經注則以爲迦水而不云出冠石山至沂水篇注云治水出南武陽之冠石山顧不云入泗而云入沂其舛錯如此南逕剛亭城又南至下邳入泗謂之武原水口也孫校曰今東迦水源發費縣西迦水在嶧縣治北抱犢山東南流至三合村與東迦合又南合武河至邳州入泗謂之迦口又有桐水趙釋曰一清按漢志作祠水出西北東海容邱縣東南至下邳入泗泗水東南逕下相縣故城東官本曰按逕近刻訛作至　案朱訛趙改刊誤曰至黃省曾本作逕王莽之從德也城之西北有漢太尉陳球墓墓前有三碑是弟子管寧華歆等所造趙釋曰金石錄目錄百四十九漢太尉陳球碑光和元年百五十漢陳球後碑百五十一漢陳球碑陰隸釋跋曰水經云下邳陳球墓前有三碑是弟子管寧華歆等造此所見皆故吏

故民而無管華姓名豈與劉寬碑相類其一則弟子所立乎又云陳公兩碑皆在淮陽莫識爲先後趙氏但有一碑陰而水經謂墓前有三碑似亦指碑陰爲一碑也一清按洪景伯之言非也酈注明云墓前有三碑弟子管寧華歆等所造今隸釋所載二碑皆無管華姓名則弟子所立一碑已亡故金石錄僅有二碑而乃以碑陰充數何耶初平四年曹操攻徐州破之拔取慮睢陵夏邱等縣以其父避難被害于此屠其男女十萬泗水爲之不流自是數縣人無行跡亦爲暴矣泗水又東南得睢水口泗水又逕宿預城之西又逕其城南故下邳之宿留縣也王莽更名之曰康義矣趙釋曰全氏曰水經注引漢志有爲今書所無者或是闕文然亦有絕非闕文而出于酈氏之妄者西京無下邳郡下邳東海郡之屬縣耳安得下邳郡有宿留縣乎本無此縣又何以云王莽更名之曰康義乎一清按宿預故城在今邳州宿遷縣東南漢臨淮郡厹猶縣之境也東漢省晉義熙中置宿預縣班志厹猶縣下云莽曰秉義康秉字形相似道元引之蓋實宿預之卽厹猶也而不著厹猶之名是其疏畧之過如以爲造作無端則太甚矣晉元皇之爲安東也督運軍儲而爲邸閣也魏太和中南徐州治後省爲戍梁將張惠紹北入水軍所次憑固斯城更增修郭趙郭改廓刊誤曰郭當作廓塹其四面引水環之今城在泗水之中也又東南入于淮孫校曰在今清河縣入淮也今其故道自徐州以南悉爲黃河所經尙書淮會于泗之文不可考矣泗水又東逕陵趙作凌下同柵南西征記曰舊陵縣之治也泗水又東南逕淮陽城北城臨泗水官本曰按城字近刻訛在北字上　案朱訛趙乙刊誤曰箋曰一本無城字按非也下城北二字當倒互於文是泗水又東南逕淮陽城北句城臨泗水昔菑邱訢飲馬斬蛟眇目于此處也朱箋曰韓詩外傳東海有勇士菑邱訢過神泉飲馬馬爲蛟所取訢拔劍入水三日三夜殺二蛟而出雷神隨而擊之眇其左目吳越春秋作椒丘訢云訢爲齊王使吳過淮津飲馬於淮水神取其馬訢大怒袒裼持劍入水求神決戰連日乃出眇其一目泗水又東南逕魏陽城北城

枕泗川陸機行思賦曰行魏陽之枉渚故無魏陽疑卽泗陽縣故城也王莽之所謂淮平亭矣蓋魏文帝幸廣陵所由或因變之未詳也泗水又東逕角城北孫校曰角城縣故城在今清河縣西南晉義熙中置而東南流注于淮考諸地說或言泗水于睢陵入淮亦云于下相入淮皆非實錄也

沂水出泰山蓋縣艾山孫校曰史記索隱引此作汶山

鄭玄云出沂山亦或云臨樂山水有二源官本曰按二近刻訛作三案朱訛趙改南源所導世謂之柞泉北水所發官本曰按北近刻訛作屯案朱訛趙改俗謂之魚窮泉朱作山箋曰御覽引此三源作二源屯水作北水山作泉趙改泉孫校曰今蒙陰縣東北南河川小阜下有泉俗名狗泉是南原也其水東北逕馬頭固山有泉東流注之北望沂山五十里是北原也俱東南流合成一川右會洛預水水出洛預山東北流注之沂水東南流官本曰按近刻脫流字案朱脫趙增刊誤曰東南下落流字左合桑預水水北出桑預山東注于沂水朱注作流箋曰一作注趙作東流注于沂沂水又東南螳蜋水入焉水出魯山朱無水字趙增刊誤曰出上落水字東南流右注沂水沂水又東逕蓋縣故城南朱無下沂字趙上水字改沂刊誤曰上水字當作沂東會連綿之水水發連綿山南流逕蓋城東而南入沂沂水又東逕浮來之山春秋經書公及莒人盟于浮來者也卽公來山也在邳鄉西故號曰邳來之間也浮來之水注之其水左控三川右會甘水而注于沂沂水又南逕爆山西山有二峰相去一里雙巒齊秀圓崎若一沂水又東南逕東莞縣故城西官本曰按莞近刻訛作苑下同案朱訛趙改下同與小沂水合官本曰按近刻脫小字案朱脫趙增刊誤曰沂水上胡渭校增小字孟康曰縣故鄆邑官本曰按鄆近刻訛作鄆下同案朱訛趙改刊誤曰兩鄆字漢志註俱作鄆今校改今鄆亭是也漢武帝元朔二年封城陽共王子吉爲東莞侯官本曰按子近刻訛作弟案朱訛趙改刊誤曰箋曰孫按史漢年表俱作東莞侯索隱曰屬瑯琊按史漢表皆作子注云弟誤也下盧侯稀亦誤以子爲弟魏文帝黃初中立爲東莞郡朱箋曰晉書地志云太康元年分瑯琊置東莞郡此云黃初中立未詳東燕錄謂之團城劉武帝北伐廣固登之以望王難官本曰按此二字有舛誤朱謀瑋云當作五龍廣固有五龍口見二十六卷案朱作王難趙改五龍魏南青州治左氏傳曰莒魯爭鄆爲日久矣今城北鄆亭是也趙釋曰全氏曰按十三州志曰有東西二鄆魯昭公所居爲西鄆在兗州東平郡莒魯所爭爲東鄆此邑是也亦卽汶陽之田所謂鄆讙龜陰之田者也京相璠曰琅邪姑幕縣南四十里員亭故魯鄆邑世變其字非也郡國志東莞有鄆亭今在團城東北四十里猶謂之故東莞城矣小沂水出黃孤山西南流逕其城北西南注于沂沂水又南與閭山水合水出閭山東南流右佩二水總歸于沂沂水南逕東安縣故城東而南合時密水水出時密山春秋時莒地官本曰按近刻脫春秋時三字案朱脫趙增刊誤曰山下落春秋時三字左傳莒人歸共仲于魯官本曰按近刻脫左傳二字案朱脫趙增左氏傳三字刊誤曰莒地下落左氏傳三字方輿紀要引此文校增及密而死是也時密水東流官本曰按近刻脫時字下同案朱脫趙增刊誤曰密水上落時字下同逕東安城南漢封魯孝王子强爲東安侯趙釋曰一清按漢表彊以宣帝甘露四年封時密水又東南流入沂沂水又南桑泉水北出五女山東南流孫校曰五女山在今蒙陰縣西南有桑泉水出巨圍水注之水出巨圍之山東南注于桑泉水桑泉水又東南堂阜水入焉其水導源堂阜春秋莊公九年管仲請囚鮑叔受之及堂阜而稅之杜預曰東莞蒙陰縣西北有夷吾亭者是也堂阜水又東南注桑泉水桑泉

水又東南逕蒙陰縣故城北 王莽之蒙恩也 又東南與臾崮水合水有二源雙會東導一川俗謂之汶水也 趙釋曰一清按此又一汶非入泲及入濰之水于欽以爲齊有三汶是已 東逕蒙陰縣注桑泉水又東南 官本曰按近刻訛作又南東 案朱訛趙乙刊誤曰南東二字當倒互 盧川水注之 官本曰按盧近刻訛作廬 案朱訛趙改刊誤曰廬川當作盧川趙釋曰全氏曰按漢志太山郡有盧縣即濟北王國都也城陽國有盧縣即是注所云盧川水者也盧爲周禮職方兖州浸之一班氏遺之師古則曰盧水在濟北盧縣今考太山之盧縣無盧水而城陽乃有之得毋師古偶誤以城陽爲濟北耶又瑯邪郡横縣亦有盧水入濰然其源流似遜于城陽之盧竊謂師古所指爲城陽無疑也今本漢書城陽之盧作慮字慮有盧音如昌慮取慮之類 水出鹿嶺山東南流左則二川臻湊右則諸葛泉源斯奔亂流逕城陽之盧縣 故蓋縣之盧上里也漢武帝元朔二年封城陽共王子劉豨爲侯國 官本曰按子近刻訛作弟豨訛作稀 案朱同箋曰漢書王子侯表云城陽共王弟豨封雷侯瑋按盧與雷古字通用周禮盧維讀作雷雍是也趙改子仍稀釋曰一清按漢表作雷侯豨此從史表鄭康成破周禮雷雝爲盧維雷盧字通用又本表以爲東海而注以爲城陽 王莽更名之曰著善矣 又東南注于桑泉水

桑泉水又東南右合蒙陰水 官本曰按陰下近刻衍二字 案朱衍趙刪刊誤曰二字衍文 水出蒙山之陰 官本曰按近刻訛作蒙陰山 案朱同趙改刊誤曰水出蒙陰山當作蒙山之陰 東北流 昔琅邪承宮避亂此山立性好仁不與物競人有認其黍者捨之而去 其水東北流入于沂 朱趙無于字 沂水又南逕陽都縣故城東 孫校曰地理志術水入沂自陽都以下與術水通稱矣 縣故陽國也齊同盟齊利其地而遷之者也漢高帝六年封將軍丁復爲侯國 沂水又南與蒙山水合水出蒙山之陰東流逕陽都縣南東注沂水沂水又左合溫水水上承溫泉陂而西南入于沂水者也

南過瑯邪臨沂縣東又南過開陽縣東 孫校曰臨沂開陽故城俱在今沂州北 沂水南逕中邱城西 春秋隱公七年夏城中邱左傳曰書不時也 沂水又南逕臨沂縣故城東 郡國志曰瑯邪有臨沂縣故屬東海郡 有治水注之 官本曰按治近刻訛作洛下同 案朱訛趙改刊誤曰漢書地理志泰山郡南武陽縣冠石山治水所出洛當作治下同 水出泰山南武陽縣之冠石山 孫校曰冠石山在今費縣北費縣故城在縣西北二十里 地理志曰冠石山治水所出應劭地理風俗記曰武水出焉蓋水異名也東流逕蒙山下 有祠 朱作有蒙祠趙刪蒙字刊誤曰漢書地理志校衍蒙字趙釋曰一清按漢志太山郡有蒙陰縣禹貢之蒙山即在其西南有祠 治水又東南逕顓臾城北 郡國志曰縣有顓臾城季氏將伐之孔子曰昔者先王以爲東蒙主社稷之臣 官本曰按近刻此下有也字 案朱趙有 何以伐之爲 官本曰按近刻無之字 案朱趙無 冉有曰今夫顓臾固而便近于費者也

治水又東南流逕費縣故城南 地理志東海之屬縣也爲魯季孫之邑子路將墮之公山弗擾師襲魯弗克後季氏爲陽虎所執弗擾以費畔即是邑也漢高帝六年封陳賀爲侯國王莽更名之曰順從也 許愼說文云沂水出東海費縣東西入泗從水斤聲呂忱字林亦言是矣斯水東南所注者沂水在西不得言東南趣也皆爲謬矣故世俗謂此水爲小沂水治水又東南逕祊城南 春秋隱公八年鄭伯請釋泰山之祀而祀周公使宛歸泰山之祊而易許田杜預釋地曰祊鄭祀泰山之邑也在琅邪費縣東南 治水又東南流注于沂 趙釋曰一清按善長既引漢志以爲治水爲出南武陽之冠石山矣顧不云入泗而云入沂何也泗水篇有武水云至下邳入泗而其出不云南武陽之冠石山乃云武原水又南合武水謂之泇水已耳此注敘治水

于臨沂之下殆因漢志東莱曲成縣出陽邱山之治水云南至沂入海之文而誤也顧宛溪爲之說曰洳河有二東洳入沂西洳入泗蓋泗沂交會之處故有此繆今按西洳河出嶧縣之君山即在嶧縣界中與東洳河合遂南入宿遷境今爲運道其流甚盛而東洳河源出費縣山中或云出榜山蓋即今芙蓉湖其流稍短然則西洳河即漢志冠石山之治水無疑總與東莱曲成出陽邱山之治水無與也

沂水又南逕開陽縣故城東縣故鄅國也春秋左傳昭公十八年邾人襲鄅盡俘以歸鄅子曰余無歸矣從帑于邾是也後更名開陽矣春秋哀公三年經書季孫斯叔孫州仇帥師城啟陽者是矣縣故琅邪郡治也

又東過襄賁縣東 孫校曰襄賁故城在今沂州西南 **屈從縣南西流** 官本曰按近刻作西南流朱趙同 案 **又屈南過郯縣西** 孫校曰今郯城縣西南有郯縣故城

魯連子稱陸子謂齊湣王曰魯費之衆臣甲舍于襄賁者也王莽更名章信也郯故國也少昊之後春秋昭公十七年郯子朝魯公與之宴昭子叔孫婼 趙釋曰一清按三字注中注 問曰少昊鳥名官何也郯子曰吾祖也我知之矣 官本曰按近刻無矣字 案朱趙無 黃帝炎帝以雲火紀官太皞以龍紀少皞瑞鳳鳥統歷鳥官之司議政斯在孔子從而學焉既而告人曰天子失官學在四夷者也竹書紀年晉烈公四年 趙釋曰一清按竹書是晉烈公六年當周威烈王之十二年 越子末句滅郯以郯子鴣歸 朱箋曰今竹書紀年晉烈公六年於越子朱句伐郯以郯子鴣歸 趙末改朱 縣故舊魯也東海郡治秦始皇以爲郯郡漢高帝二年更從今名 趙釋曰全氏曰按郯非秦郡而秦已有東海郡治郯史記陳涉世家云圍東海守慶于郯是也 此蓋承應劭之誤 即王莽之沂平者也

又南過良城縣西又南過下邳縣西南入于泗 孫校曰良城故城在今邳州北下邳故城今州東三十里

春秋左傳曰昭公十三年秋晉侯會吳子于良吳子辭水道不可以行晉乃還是也地理志曰良城王莽更名承翰矣**沂水于下邳縣北西流分爲二水一水于城北西南入泗一水逕城東屈從縣南亦注泗謂之小沂水**水上有橋徐泗間以爲圯昔張子房遇黃石公于圯上即此處也建安二年曹操圍呂布于此引沂泗灌城而擒之

洙水出泰山蓋縣臨樂山

地理志曰臨樂山洙水所出西北至蓋入泗水或作池字 孫校曰今本作池 蓋字誤也 趙釋曰一清按八字注中注 **洙水自山西北逕蓋縣**漢景帝中五年封后兄王信爲侯國 官本曰按近刻脫王字 案朱脫趙增又朱中下有元字趙刪刊誤曰元字衍文后兄下落王字 **又西逕泰山東平陽縣**春秋宣公八年冬城平陽杜預曰今泰山平陽縣是也河東有平陽故此加東矣晉武帝元康九年改爲新泰縣也

西南至卞縣入于泗

洙水西南流盜泉水注之泉出卞城東北卞山之陰尸子曰孔子至于暮矣而不宿 至于下趙增勝母二字 于盜泉渴矣而不飲惡其名也 朱箋曰史記鄒陽傳注引尸子曰孔子至勝母縣暮矣而不宿而淮南子及鹽鐵論並云里名勝母曾子不入 故論語比考讖曰 官本曰按語比二字近刻訛作撰字 案朱趙同 水名盜泉仲尼不漱即斯泉矣**西北流注于洙水洙水又西南流于卞城西西南入泗水亂流** 朱無入字箋曰此西南二字疑衍或有脫誤趙改而與刊誤曰西南全氏校改而與 **西南至魯縣東北又分爲二水水側有故城兩水之分會也洙水西北流逕孔里北** 朱作此趙改北刊誤曰此當作北 **是謂洙泗之間**

矣春秋之浚洙非謂始導矣蓋深廣之耳洙水又西南枝津
出焉又南逕瑕丘城東而南入石門古結石爲水門官本曰按古近
刻作又　案朱作又趙改右石門下朱趙重門字朱箋曰此門字疑衍趙刊誤曰又黃省曾本作右跨于水上
也西南流世謂之杜武溝洙水又西南逕南平陽縣之顯閭
亭西郕邑也春秋襄公二十一年經書郕庶其以漆閭丘來
奔者也朱無也字趙增刊誤曰者下落也字杜預曰平陽北有顯閭亭十三州
記曰山陽南平陽縣又有閭丘鄉從征記曰杜謂顯閭閭丘
也官本曰按近刻脫一閭字案朱趙無今按漆鄉在縣東北漆鄉東北十里
見有閭丘鄉顯閭非也然則顯閭自是別亭未知孰是又南
洸水注之呂忱曰洸水出東平陽官本曰按近刻脫陽字案朱脫趙增刊誤曰漢書
地理志泰山郡有東平陽縣落陽字上承汶水于剛朱趙作岡下同縣西闡亭東爾雅
曰汶別爲闡其猶洛之有波矣朱作其曰洛之波矣箋曰一作其由洛之有波矣趙依改
其由洸水西南流逕盛鄉城西京相璠曰剛縣西南有盛鄉城
者也又南逕泰山寧陽縣故城西漢武帝元朔三年封魯共
王子劉恬爲侯國趙釋曰一清按史表恬作恢索隱曰表在濟南今漢表無濟南字地理志泰山郡寧
陽縣曰侯國是也王莽改之曰寧順也又南洙水枝津注之水首受
洙趙增水字刊誤曰洙下落水字西南流逕瑕邱城北又西逕寧陽城南又
西南入于洸水洸水又西南逕泰山郡乘邱縣故城東趙肅
侯二十年韓將舉與齊魏戰于乘邱朱箋曰史記世家趙肅侯二十三年韓舉與齊
魏戰死于桑邱漢地志太山郡有桒丘乃史誤也趙釋曰一清按史記趙世家肅侯二十三年韓舉與齊魏戰死于桑邱
裴駰集解引地理志云泰山有桑邱縣今漢志是桒邱桑桒字形相近致訛又韓世家宣惠王八年魏敗我將韓舉六國
年表同韓宣惠王之八年乃周烈王之四十四年實趙武靈王之元年也去肅侯之二十三年事隔兩朝年歷三週舉爲

趙將前已敗死又復爲韓將以與魏戰可怪也是以徐廣曰韓將夫韓將而何以書于趙世家乎索隱曰舉是韓將而紀
年云趙將蓋舉本趙將後入韓此亦爲史遷作調人耳考之紀年則又不合當周威烈王之十六年正晉烈公之十年齊
田肸與邯鄲韓舉戰于平邑獲韓舉然則舉是趙將稍可據其時韓武子趙獻侯田齊宣公耳年數相去八十六年之久
舛錯如此索隱引紀年云其敗當韓威王八年是不同也而韓又無威王卽此縣也漢武帝元朔
五年封中山靖王子劉將夜爲侯國也趙釋曰一清按史表作桑邱侯索隱曰表
在深澤今漢表作乘邱無深澤字蓋桑桒字相似然中山之封何以在魯宋之郊蓋善長所見之漢書已脫誤矣今直隸
安肅縣西南有桑邱城安肅本漢中山國北新城地將夜之封宜在彼而此則非也洸水又東南流注
于洙洙水又南至高平縣官本曰按近刻脫縣字案朱不重洙字脫縣字趙增刊誤曰洙下
當重一洙字高平下落縣字南入于泗水西有茅鄉城東去高平三十里
京相璠曰今高平縣西三十里有故茅鄉城者也

水經注卷二十五

水經注卷二十六　　　　長沙王氏校本

沭水　巨洋水　淄水　　　後魏酈道元撰

汶水　濰水　膠水

沭水出琅邪東莞縣西北山（朱箋曰漢地理志術水出琅邪郡東莞縣南至下邳入泗過郡三行七百一十里青州寖）

大弁山與小泰山連麓而異名也引控眾流積以成川東南流逕邳鄉南南去縣八十許里城有三面而不周于南故俗謂之半城沭水又東南流左合峴水（官本曰按合近刻訛作右　案朱訛趙改刊誤曰右當作合通鑑注校）水北出大峴山東南流逕邳鄉東東南流注于沭水也

東南過其縣東

沭水左與箕山之水合水東出諸縣西箕山（官本曰按東出近刻訛作出東　案朱趙同趙縣改城刊誤曰漢書地理志無東諸縣而諸縣別有東諸城見濰水篇縣當作城）劉澄之以爲許由之所隱也更爲巨謬矣其水西南流注于沭水也

又東南過莒縣東

地理志曰莒子之國盈姓也少昊後列女傳曰齊人杞梁殖襲莒戰死其妻將赴之道逢齊莊公（朱趙作桓公趙釋曰朱氏謀瑋箋曰列女傳作莊公此云桓公字之譌也）公將弔之杞梁妻曰如殖死有罪（官本曰按近刻脫死字　案朱脫趙增刊誤曰如殖下落死字孫潛校補）君何辱命焉如殖無罪有先人之敝廬在下妾不敢與郊弔公旋車弔諸室妻乃哭于城下七日而城崩故琴操云殖死妻援琴作歌曰樂莫樂兮新相知悲莫悲兮生別離哀感皇天城爲之墮（官本曰按近刻訛作墜　案朱作墜趙改隳刊誤曰墜當作隳許規切本作隓說文解字敗城𨸏曰隓徐鍇曰俗作隳非是今相承通俗用之）卽是城也其城三重竝悉崇峻惟南開一門內城方十二里郭周四十許里尸子曰莒君好鬼巫而國亡無知之難小白奔焉樂毅攻齊守險全國秦始皇縣之漢興以爲城陽國封朱虛侯章治莒王莽之莒陵也光武合城陽國爲琅邪國以封皇子京雅好宮室窮極伎巧壁帶飾以金銀（官本曰按壁近刻訛作璧　案朱訛趙改刊誤曰璧當作壁）明帝時（趙釋曰朱氏謀瑋箋曰後漢書是章帝此云明帝字誤）京不安莒移治開陽矣（官本曰按開近刻訛作闓　案朱同箋曰後漢書作章帝時又云移治開陽趙改開）沭水又南袁公水東出清山遵坤維而注沭（官本曰按遵近刻訛作尋　案朱趙作尋）沭水又南潯水注之水出于巨公之山西南流舊堨以溉田（官本曰按近刻溉下衍渚字　案朱趙有）東西二十里南北十五里潯水又西南流入沭

沭水又南與葛陂水會水發三柱山（朱柱作注趙改刊誤曰注當作柱方輿紀要校改）西南流逕辟土城南（官本曰按近刻訛作辟城城南　案朱訛趙刪城字刊誤曰城字重文宜衍）世謂之辟陽城史記建元以來王子侯者年表曰漢武帝元朔二年封城陽共王子節侯劉壯爲侯國也（官本曰按節近刻訛作劉　案朱訛趙改釋曰全氏曰索隱以爲屬東海而善長曰城陽此從史表）其水于邑積以爲陂謂之辟陽湖西南流注于沭水也

又南過陽都縣東入于沂（孫校曰陽都故城在今沂水縣西南）

沭水自陽都縣又南會武陽溝水水東出倉山山上有故城世謂之監官城非也卽古有利城矣漢武帝元朔四年封城陽共王子劉釘爲侯國也（趙釋曰全氏曰按本表曰東海而善長以爲城陽）其城因

山爲基水導山下西北流謂之武陽溝又西至即丘縣注于沭沭水又南逕東海郡即丘縣孫校曰故城在今沂州東北故春秋之祝丘也桓公五年經書齊侯鄭伯如紀城祝丘左傳曰趙無曰字齊鄭朝紀欲襲之漢立爲縣王莽更之曰就信也郡國志曰自東海分屬琅邪闞駰曰即祝魯之音官本曰按即近刻訛作郎　案朱訛趙改刊誤曰郎當作郎蓋字承讀變矣沭水又南逕東海厚丘縣孫校曰故城在今沭陽縣北王莽更之曰祝其亭也朱無曰字趙增又之上增名字刊誤曰更之下落曰字分爲二瀆一瀆西南出官本曰按近刻脫一瀆二字　案朱趙無今無水世謂之枯沭一瀆南逕建陵縣故城東孫校曰建陵故城在今沭陽縣西北一百五里建陵山下漢景帝六年官本曰按近刻訛作八年　案朱趙作八趙釋曰一清按史漢表俱云景帝六年侯注云八年誤也封衛綰爲侯國朱衛作石箋曰史記年表作六年作衛綰趙改衛刊誤曰史漢表傳皆是衛綰石字誤也

又八年亦是六年之誤見本篇王莽更之曰付亭也沭水又南逕建陵山西官本曰按原本及近刻並脫建字今考魏書地形志建陵縣有建陵山　案朱脫趙增刊誤曰陵山上落建字方輿紀要云建陵山在海州沭陽縣西北百里與山東郯城縣接境山南北長而東西狹上多陵漢因以名縣魏正光中官本曰按光近刻訛作元　案朱訛趙改刊誤曰正元曹魏高貴鄉公紀年此是拓跋魏孝明帝正光年中事也齊王即蕭寶夤魏書蕭寶夤傳云神龜中出爲都督徐南兗二州諸軍事車騎將軍徐州刺史正光二年徵爲車騎大將軍是也齊王之鎮徐州也立大堨遏水西流兩瀆之會置城防之曰曲沭戍自堨流三十里官本曰按近刻脫堨字　案朱脫趙增戍字刊誤曰自下落戍字西注沭水舊瀆謂之新渠舊瀆自厚丘西南出官本曰按近刻脫舊瀆二字　案朱趙無左會新渠南入淮陽宿預縣注泗水地理志所謂至下邳注泗者也經言于陽都入沂非矣沭水左瀆自大堰水斷故瀆東南出桑堰水注之水出襄賁縣泉流東注沭瀆又南

左合橫溝水水發瀆右東入沭之趙改水故瀆又南暨于遏官本曰按近刻改作堰今考注內堨亦通稱遏　案朱作堰箋曰舊本作暨于渴蓋堨字之誤也吳改作堰趙改堨其水西南流逕司吾山東又逕司吾縣故城西孫校曰故城在今宿遷縣北春秋左傳楚執鍾吾子以爲司吾縣王莽更之曰息吾也又西南至宿預注泗水也沭水故瀆自下堰東南逕司吾城東又東南歷相口城中相水出于楚之相地春秋襄公十年經書公與晉及諸侯會吳于相京相璠曰宋地今彭城偪陽縣西北有相水溝去偪陽八十里東南流逕傅陽縣故城東北官本曰按傅近刻訛作偪　案朱趙作偪地理志曰故偪陽國也趙釋曰一清按漢志楚國傅陽縣故偪陽國蓋以傅偪字異故班固申明之續志亦以爲傅陽而劉昭又引左氏傳及杜預註以實之今注直改傅陽作偪陽也春秋左傳襄公十年夏四月戊午會于相晉荀偃士匄請

伐偪陽而封宋向戌焉荀罃曰城小而固勝之不武弗勝爲笑固請丙寅圍之弗克孟氏之臣秦堇父輦重如役偪陽人啟門諸侯之士門焉縣門發鄹朱箋曰左傳作郰趙改郰人紇抉之以出門者狄虒彌建大車之輪而蒙之以甲以爲櫓左執之右拔戟以成一隊孟獻子曰詩所謂有力如虎者也主人縣布堇父登之及堞而絕之墜則又縣之蘇而復上者三主人辭焉乃退帶其斷以徇于軍三日諸侯之師久于偪陽請歸智伯怒曰七日不克爾乎取之以謝罪也荀偃士匄攻之親受矢石遂滅之以偪陽子歸獻于武宮謂之夷俘偪陽妘姓也漢以爲縣漢武帝元朔三年封齊孝王子劉就爲侯國王莽更之曰輔陽也朱無曰字趙增郡國志曰偪陽有相水相水又東南官本

（日按近刻訛作相水而南　案朱訛趙而改西刊誤曰而當作西）亂于沂而注于沭謂之祖口城得其名矣東南至朐縣入游注海也（孫校曰朐縣故城在今海州南）

巨洋水出朱虛縣泰山北過其縣西

泰山卽東小泰山也巨洋水卽國語所謂具水矣袁宏謂之巨昧王韶之以爲巨蔑（朱蔑作襪趙改刊誤曰襪當作蔑通鑑注校）亦或曰朐瀰皆一水也而廣其目焉（趙釋曰一淸按朐瀰之瀰亦作㳽元史王磐傳李璮素重磐以禮延致之磐亦樂靑州風土乃買㳽河之上題其居曰鹿菴卽朐瀰水也）其水北流逕朱虛縣故城西漢惠帝二年封齊悼惠王子劉章爲侯國（趙釋曰一淸案史表章以高后二年封）地理風俗記曰丹山在西南丹水所出東入海丹水由朱虛丘阜矣故言朱虛城西有長坂遠峻名爲破車峴城東北二十里有丹山世謂之凡山縣在西南非山也丹凡字相類音從字變也（官本曰按此下近刻衍山導二字　案朱衍趙刪刊誤曰山導二字衍文全氏校趙釋曰一淸按丹古篆作几故與凡相似）丹水有二源各導一山世謂之東丹西丹水也西丹水自凡山（官本曰按近刻訛作穴山　案朱訛趙改朱脫水字趙增刊誤曰西丹下落水字穴山是凡山之誤）北流逕劇縣故城東東丹水注之水出方山（朱無水字趙增刊誤曰出上落水字）山有二水（官本曰按二近刻訛作三　案朱趙作三）一水卽東丹水也北逕縣合西丹水而亂流又東北出逕渏薄澗北渏水亦出方山流入平壽縣積而爲渚水盛則北注東南流屈而東北流逕平壽縣故城西而北入丹水謂之魚合口丹水又東北逕望海臺東（官本曰按近刻脫海字　案朱脫趙增刊誤曰當作望海臺方輿紀要云望海臺在壽光縣東北四十里相傳秦始皇所築下云巨洋水又東北逕望海臺西東北流伏琛晏謨竝以爲平望亭是也）東北注海蓋亦縣所氏者也（趙釋曰一淸按漢志北海郡平望縣侯國續志無之蓋東京省范史和熹鄧后紀有平望侯劉毅章懷注云平望縣屬北海郡今靑州北海縣西北平望臺是也一名望海臺注無平望之目而云蓋亦縣所氏可爲疏鹵矣亦見此篇注尾）

又北過臨朐縣東

巨洋水自朱虛北入臨朐縣熏冶泉水注之水出西溪飛泉側瀨于窮坎之下泉溪之上源麓之側有一祠目之爲冶泉祠（朱祠作祀趙改刊誤曰二祀字俱當作祠）按廣雅金神謂之淸明斯地蓋古冶官所在故水取稱焉水色澄明而淸泠特異淵無潛石淺鏤沙文中有古壇參差相對後人微加功飾以爲嬉遊之處南北邃岸凌空疏木交合先公以太和中作鎭海岱余總角之年侍節東州（官本曰按侍近刻訛作持　案朱訛趙改刊誤曰持節當作侍節齊乘校隋書麥鐵杖傳云陪麾問罪亦其義也）至若炎夏火流閒居倦想提琴命友嬉娛永日桂笥尋波（官本曰按近刻訛作汳又桂笥朱謀㙔云當作桂櫂　案朱訛趙改）輕林委浪琴歌旣洽歡情亦暢是焉棲寄實可憑衿小東有一湖佳饒鮮筍匪直芳齊芍藥實亦潔竝飛鱗其水東北流入巨洋謂之熏冶泉又逕臨朐縣故城東城古伯氏駢邑也漢武帝元朔元年（官本曰按近刻訛作二年　案朱趙作二）封菑川懿王子劉奴爲侯國（趙釋曰一淸按索隱曰表在東海考漢志東海有朐臨朐屬齊郡東萊亦有之然則未知東海是東萊之誤抑臨朐乃朐縣之訛也）應劭曰臨朐山名也（趙釋曰一淸按朐是山名又是水名縣名臨朐以城臨側之故耳漢志注引應劭曰臨朐山謂臨側朐山也非以臨朐爲山之名也善長誤矣）故縣氏之朐亦水名其城側臨朐川（官本曰按近刻訛作側川臨朐　案朱趙同）是以王莽用表厥稱焉（趙釋曰一淸按漢志齊郡臨朐縣莽曰監朐此無監朐之名而云莽表厥稱竊所未喻）城上下（官本曰按近刻作其城上下　案朱趙有其字）沿水悉是劉武皇北伐廣固營壘所在矣巨洋又東北

逕委粟山東趙增水字刊誤曰巨陽下落水字孤阜秀立官本曰按秀近刻訛作委案朱訛趙改形若委粟又東北洋水注之水西出石膏山西北石澗口東南逕逢山祠西官本曰按祠上近刻衍下字案朱衍趙刪刊誤曰下字衍文漢書地理志校洋水又東南官本曰按近刻訛作南東案朱訛趙乙刊誤曰南東二字當倒互歷逢山下卽石膏山也山麓三成官本曰按近刻脫山字案朱脫趙增刊誤曰麓上落山字齊乘校補壁立直上山上有石鼓鳴則年凶郭緣生續述征記曰逢山在廣固南三十里有祠并石鼓齊地將亂石人輒打石鼓聲聞數十里官本曰按近刻脫聲字案朱脫趙增刊誤曰聞上落聲字方輿紀要校增洋水歷其陰而東北流世謂之石溝水東北流出于委粟山北而東注于巨洋謂之石溝口然是水下流亦有時通塞及其春夏水泛川瀾無輟亦或謂之爲龍泉水地理志石膏山洋水所出是也官本曰按近刻脫所字又是字訛在出字上案朱脫訛趙增改刊誤曰漢書地理志臨朐縣石膏山洋水所出此落所字是出二字當倒互今于此縣惟是瀆當之似符羣證矣巨洋水又東北得邳泉口朱作巨洋趙改洋水刊誤曰巨洋俱當作洋水落水字後竝同葢卽齊乘之所謂北洋矣泉源西出平地東流注于巨洋水朱趙無水字巨洋水朱無水字趙增又北會建德水水西發逢山阜而東流入巨洋水也

又北過劇縣西

巨洋水又東北合康浪水水發縣西南嵮山無事樹木而圓峭孤峙巑岏分立左思齊都賦曰嵮嶺鎮其左是也官本曰按近刻脫鎮字案朱脫趙增刊誤曰嵮嶺下落鎮字下引齊都賦牛嶺鎮其南康浪水北流注于巨洋巨洋趙增水字又東北逕劇縣故城西古紀國也春秋莊公四年紀侯不能下齊以與弟季大去其國違齊難也後改曰劇故

魯連子曰朐劇之人辯者也漢文帝十八年別爲菑川國後并北海趙釋曰一淸按郡國志云北海國建武十三年省菑川高密膠東三國以其縣屬但前漢志菑川有劇北海亦有之此是菑川之劇非北海之劇也漢武帝元朔二年封菑川懿王子劉錯爲侯國王莽更之曰俞縣也官本曰按近刻脫曰字俞訛作愈案朱脫訛趙增改刊誤曰愈漢書地理志作俞更之下落曰字趙釋曰一淸按漢志菑川首劇自是王國都不應以封王子班固于此縣下但曰莽曰俞而北海之劇註云侯國疑錯所封在北海善長混而一之非矣菑川國治之劇在壽光縣東南三里亦曰劇南城春秋時紀國地城內有臺俗曰紀臺城者是北海之劇在昌樂縣西北後漢時此劇廢省而移北海郡治菑川之劇也城之北側有故臺臺西有方池官本曰按近刻訛作地案朱訛趙改刊誤曰地名勝志作池晏謨曰西去齊城九十七里耿弇破張步于臨淄追至巨洋朱箋曰舊本作巨昧趙改巨昧水上僵尸相屬卽是水也巨洋趙增水字又東北逕晉龍驤將軍幽州刺史辟閭渾墓東而東北流墓側有一墳甚高大官本曰按近刻脫墓字案朱墓作渾趙改刊誤曰渾當作墓時人咸謂之爲馬朱作焉箋曰一作馬陵趙改馬陵而不知誰之巨壟也巨洋水又東北逕益縣故城東王莽更之曰滌蕩也官本曰按滌蕩今漢書作探陽案朱無曰字趙增釋曰一淸案今本漢志作探陽亦誤也范史劉盆子傳有王莽探湯侯田況章懷注曰王莽改北海益縣曰探湯是也晏謨曰南去齊城五十里司馬宣王伐公孫淵北徙豐人住于此城遂改名爲南豐城也又東北積而爲潭枝津出焉謂之百尺溝西北流逕北益都城官本曰按此下近刻有也字案朱趙有漢武帝元朔二年官本曰按近刻訛作三年案朱訛趙改刊誤曰三表作二封菑川懿王子劉胡爲侯國趙釋曰一淸按史漢表作益都侯而漢志北海郡有益縣續志樂安國下云益侯國故屬北海是也魏書地形志齊郡有益都縣寰宇記云魏于壽光縣南十里益都城置益都縣屬齊郡宋至後魏竝屬齊郡也則益都是三國魏所置治益都城與兩漢之益縣徵有分別顧景范曰益都侯邑後并入益縣未知所據矣又青州府壽光縣下云鉅定

城在縣西北八十里漢縣屬齊郡後漢省志云縣西四十里有益城漢益縣也縣北二十里有益都城漢武封淄川懿王子胡爲侯邑處是知侯邑與縣治本屬二城益都始爲侯邑未立縣之明證也又西北流而注于巨淀矣趙刊誤曰箋曰謝云當作注于巨洋按漢志云石膏山洋水所出東北至廣饒入鉅定謝說非是

又東北過壽光縣西

巨洋水自巨淀湖官本曰按近刻脫巨淀二字　案朱脫趙增刊誤曰淄水注云巨淀縣東南則巨淀湖注落二字東北流逕縣故城西王莽之翼平亭也漢光武建武二年封更始子鯉爲侯國城之西南水東有孔子石室故廟堂也中有孔子像弟子問經既無碑誌未詳所立趙釋曰全氏曰按于欽曰水經之言非也乃是倉頡墓中石室巨洋趙增水字又東北流堯水注之水出劇縣南角崩山官本曰按角近刻訛作有　案朱訛趙改刊誤曰有當作角名勝志校改卽故義山也俗人以其山角若崩官本曰按近刻脫此二字　案朱脫趙增刊誤曰山角下落若崩二字名勝志校補因名爲角崩山亦名爲角林山皆世俗音譌也水卽蕤水矣地理志曰劇縣有義山蕤水所出也北逕峴山東俗亦名之爲青山矣官本曰按山近刻訛作水　案朱趙作水堯水又東北逕東西壽光二城閒應劭曰壽光縣有灌亭杜預曰在縣東南斟灌國也又言斟亭在平壽縣東南平壽故城在白狼水西今北海郡治水上承營陵縣之下流東北逕城東西入別畫湖亦曰朕懷湖湖東西二十里南北三十里東北入海斟亭在溉水東水出桑犢亭東覆甑山亭故高密郡治世謂之故郡城山謂之塔山水曰鹿孟水亦曰戾孟水皆非也地理志桑犢官本曰按近刻作地理志曰桑犢故亭　案朱趙同趙釋曰一清按漢志北海郡桑犢縣覆甑山溉水所出北至都昌入海桑犢本漢縣何云故亭乎北海之屬縣矣有覆甑山溉水所出北逕斟亭

西北合白狼水官本曰按合白近刻訛作今曰　案朱同趙曰下增白字刊誤曰當作白狼水落白字按地理志北海有斟縣京相璠曰故斟尋國禹後西北去灌亭九十里朱無里字箋曰九十當作九里宋本作九十里恐亦誤耳趙增里字溉水又北逕寒亭西而入別畫湖官本曰按近刻脫此五字　案朱趙無郡國志曰平壽有斟城有寒亭官本曰按近刻訛作平壽在斟灌東　案朱同趙灌改城釋曰一清按續志云平壽有斟城不如酈所云薛瓚漢書集注云按汲郡古文相居斟灌東郡灌是也明帝以封周後改曰衞斟尋在河南非平壽也又云太康居斟尋羿亦居之桀又居之尚書序曰太康失國兄弟五人徯于河趙作洛汭此卽太康之居爲近洛也余考瓚所據今河南有尋地朱地作也趙改刊誤曰也當作地衞國有觀土國語曰啟有五觀謂之姦子五觀蓋其名也所處之邑其名曰觀皇甫謐曰衞地官本曰按近刻訛作也　案朱訛趙改刊誤曰也當作地又云夏相徙帝丘官本曰按帝近刻訛作南　案朱訛趙改刊誤曰南丘當作帝丘依同姓之諸侯于斟尋氏官本曰按近刻斟下衍灌斟二字　案朱趙有卽汲冢書云相居斟灌也既依斟尋明斟尋非一居矣窮后既仗善射篡相寒浞亦因逢蒙弑羿官本曰按寒近刻訛作韓下同　案朱趙作韓朱箋曰古寒韓字通用卽其居以生澆因其室而有豷故春秋襄公四年魏絳曰澆用師滅斟灌及斟尋氏處澆于過處豷于戈是以伍員言于吳子曰過澆殺斟灌以伐斟尋是也有夏之遺臣曰靡事羿羿之死也逃于鬲氏官本曰按鬲近刻訛作隔下同　案朱訛趙改下同今鬲縣也收斟灌斟尋二國之餘燼官本曰按斟尋近刻脫斟字　案朱脫趙增刊誤曰斟灌下落斟字殺寒浞而立少康滅之有窮遂亡也是蓋寓其居而生其稱宅其業而表其邑縱遺文沿褫亭郭有傳

未可以彼有灌目謂專此爲非捨此尋名而專彼爲是以土推傳官本曰按土近刻訛作上朱訛趙改刊誤曰上當作土案應氏之據亦可按矣趙釋曰全氏曰按吳仁傑曰原二斟故國蓋不一處應氏以爲壽光平壽縣按靡奔有鬲以收二國餘燼鬲在平原與北海近則應說是瓚以爲在河南與洛汭近則瓚說亦是然則其歸奈何曰汲冢書有之太康居斟尋羿亦居之太康失邦而奔斟尋斟尋本在河南羿伐之乃棄國而保平壽所以有二城不然斟尋未滅羿安得而居之相居在東郡之觀而北海亦有灌亭正類是而後又以渻于縣爲故斟灌國其非一地可知乃必欲以畔觀爲斟灌至此依違兩可復不盡非應說亦頗因矣**堯水又東北注巨洋**伏琛晏謨竝言堯嘗頓駕于此故受名焉非也**地理志曰甕水自劇東北至壽光入海沿其逕**朱作逕箋曰疑作逕趙改逕**趣即是水也**

又東北入于海

巨洋水東北逕望海臺西趙增又字刊誤曰水下落又字孫潛校增**東北流**伏琛晏謨竝以爲平望亭在平壽縣故城西北八十里古縣又或言秦始皇升以望海因曰望海臺未詳也按史記漢武帝元朔二年封菑川懿王子劉賞爲侯國**又東北注于海也**

淄水出泰山萊蕪縣原山孫校曰淄當爲菑周禮幽州浸曰菑時

淄水出縣西南山下世謂之原泉地理志曰原山淄水所出故經有原山之論矣淮南子曰水出自飴山蓋山別名也東北流逕萊蕪谷屈而西北流逕其縣故城南從征記曰城在萊蕪谷當路阻絕兩山間道由南北門漢末有范史雲爲萊蕪令言萊蕪在齊非魯所得引舊說云齊靈公滅萊萊民播流此谷邑落荒蕪故曰萊蕪禹貢所謂萊夷也夾谷之會齊侯使萊人以兵劫魯侯宣尼稱夷不亂華是也余按泰無萊

柞竝山名也郡縣取目焉漢高祖置左傳曰與之無山及萊柞是也官本曰按左傳季孫以桃邑與孟氏易成還杞謝息辭以無山與之萊柞是言成有山今桃乃無山耳此誤引趙釋曰何氏曰左傳昭公七年辭以無山與之萊柞蓋有無之無非山名全氏曰按以蕪爲無善長殆有聞于萊蕪之爲萊毋而不知其非山也應劭十三州記曰太山萊蕪縣魯之萊柞邑**淄水又西北轉逕城西又東北流與一水合水出縣東南俗謂之家桑谷水從征記名曰聖水**列仙傳曰鹿皮公者淄川人也少爲府小史官本曰按史近刻訛作吏下同案朱訛趙改刊誤曰小吏當作小史下同才巧舉手成器山岑上有神泉官本曰按山岑近刻訛作岑山泉訛作象案朱訛趙乙仍象字刊誤曰岑山二字當倒互人不能到小史白府君請木工斤斧三十人作轉輪造縣閣意思橫生數十日梯道成上其巔作祠屋留止其旁其二間以自固食芝草飲神泉七十餘年淄水來山下呼宗族得六十餘人命上山半水出盡漂一郡沒者萬計小史辭遺家室令下山著鹿皮衣升閣而去後百餘年下賣藥齊市也**其水西北流注淄水淄水又北出山謂之萊蕪口**

東北流者也

東北過臨淄縣東官本曰按近刻東上衍又字案朱趙有孫校曰臨淄故城在今青州府北五十里

淄水自山東北流逕牛山西又東逕臨淄縣故城南東得天齊水口水出南郊山下謂之天齊淵五泉竝出南北三百步廣十步山即牛山也左思齊都賦曰牛嶺鎮其南者也**水在齊八祠中齊之爲名起于此矣**朱箋曰封禪書云秦始皇東遊海上禮祠名山大川及八神八神者一曰天主祠天齊天齊淵水居臨菑南郊山下者二曰地主祠太山梁父三曰兵主祠蚩尤在東平陸監鄉齊之西境也四曰陰主祠三山五曰陽主祠之罘六曰月主祠之萊山七曰日主祠成山八曰四時主祠琅邪**地理**

風俗記曰齊所以爲齊者卽天齊淵名也其水北流注于淄水淄水朱趙不重淄水二字又東逕四豪冢北水南山下有四冢方基圓墳咸高七尺東西直列是田氏四王冢也淄水又東北逕蕩陰里西水東有冢一基三墳東西八十步是列士公孫接田開疆古治子之墳也趙釋曰一清按晏子作公孫捷樂府解題作田强固野子晏子惡其勇而無禮投桃以斃之死葬陽里卽此也趙釋曰一清按陽里亦作陰陽里寰宇記引郡國志云臨淄縣東有陰陽里是也御覽引此文仍作蕩陰里諸葛亮梁父吟步出齊東門遥望蕩陰里樂府解題作追望陰陽里滄浪詩話青州有陰陽里 淄水又北逕其城東城臨淄水故曰臨淄王莽之齊陵縣也爾雅曰水出其前左爲營丘趙釋曰一清按爾雅云水出其前渻丘水出其後沮丘水出其右正丘水出其左營丘善長所引疑有誤下同 武王以其地封太公望賜之以四履都營丘爲齊或以爲都營陵史記

周成王封師尚父于營丘東就國道宿行遲萊侯與之爭營丘逆旅之人曰吾聞時難得而易失客寢安殆非就封者也太公聞之夜衣而行至營丘陵亦丘也獻公自營丘徙臨淄余按營陵城南無水惟城北有一水世謂之白狼水西出丹山俗謂凡山也東北流由爾雅出前左之文官本曰按由近刻訛作山案朱作山箋曰山字疑衍或有脫誤趙改由刊誤曰山全氏校改由 不得以爲營丘矣營丘者山名也詩所謂子之營兮遭我乎嶩之間兮作者多以丘陵號同緣陵又去萊差近官本曰按近刻脫緣陵二字案朱脫趙增刊誤曰又上落緣陵二字 咸言太公所封考之春秋經書諸侯城緣陵左傳曰遷杞也毛詩鄭注竝無營字瓚以爲非近之趙釋曰一清按以營陵爲緣陵正是瓚說而道元顧云瓚以爲非近之則瓚別有說而今亡矣又按漢志齊郡臨淄縣分註曰師尚父所封應劭曰齊獻公自營邱徙此臣瓚曰臨淄卽營邱也故晏子曰始爽鳩氏居之逢伯陵居之太公居之又曰先君太公築營之邱今齊之城中有邱卽營邱也師古曰瓚說是也又北海郡營陵縣分註曰或曰營邱應劭曰師尚父封于營邱陵亦邱也臣瓚曰營邱卽臨淄也營陵春秋謂之緣陵師古曰臨淄營陵皆舊營邱地余謂獻公徙薄姑都治臨淄見于史記齊世家應說遂啟後人之疑且淄水又不逕營陵臣瓚云臨淄卽營邱誠誤祗緣孟堅以臨淄卽太公始封師古諂附班氏而以瓚說爲是不知瓚上句證臨淄之爲營邱下句實營陵之卽緣陵言各有當臨淄營陵皆舊營邱地一語滑突了之然太公始封宜在北海史記云營邱邊萊故萊人與之爭國寰宇記濰州昌樂縣有古營邱城云本夏商已前故國太公所封之處明其不在臨淄也迨獻公新造斯邑猶取故稱故臨淄亦有營邱之號而春秋之先杞自雍邱辟處東夷僖十五年桓公城緣陵而遷之棄地開田市恩隣國以收救患分災之美霸者所爲大率類是故營陵又有緣陵之目遂爲諠于公之都邑矣不然東樓之裔既非强大焉能與泱泱表海之邦爭此逼處之土乎且瓚所引晏子對景公之語本在薄姑而移之臨淄故知所傳之妄若夫晏子之對亦見韓詩外傳景公游牛山而泣下晏子曰古無死者則太公丁公至今猶存吾君方將披萊豆而立畎畝何暇念死乎又寍可以是作太公封臨淄之據哉又困學紀聞云齊世家胡公始徙都薄姑周夷王之時獻

公因徙薄姑都治臨淄詩正義曰詩烝民云仲山甫徂齊傳曰古者諸侯逼隘則王者遷其邑而定其居蓋去薄姑遷于臨淄以爲宣王之時始遷臨淄與世家異毛公在遷之前其言當有據此證尤爲精確顧祖禹曰呂氏春秋太公封營邱之渚海阻山高險固之地其後五世胡公徙薄姑六世獻公徙臨淄蓋自東而西也又云顧氏曰班志云臨淄名營邱此猶晉遷于新田而仍謂之絳楚遷于鄀而仍謂之郢蓋因臨淄城中有小邱而繫以舊名非卽古營邱也晉載記慕容德如齊登營邱卽此地杜氏又謂臨淄後爲營陵夫漢志明言齊郡治臨淄北海郡治營陵豈一城乎此顧氏謂野王杜氏則杜佑也君卿此語原非大繆祗因應劭有云陵亦邱也故以營邱爲營陵不知營邱之號可襲而漢縣之目不可移也若改作臨淄後稱營邱則善矣 今臨淄城中有丘在小城內周迴三百步高九丈北降丈五淄水出其前故有營丘之名與爾雅相符城對天齊淵故城有齊城之稱是以晏子言始爽鳩氏居之逢伯陵居之太公居之又曰先君太公築營之丘趙釋曰一清按師古曰築營之邱言于營邱地築城邑 季札觀風聞齊音曰泱泱乎大風也哉表東

海者其太公乎田巴入齊過淄自鏡朱箋曰舊誤作司巴按新序云田巴臨淄水而觀形自知醜惡郭景純言齊之營丘淄水逕其南及東也非營陵明矣獻公之徙其猶晉氏深翼名絳官本曰按名近刻訛作居案朱訛趙改刊誤曰居全氏校改名非謂自營陵而之也趙釋曰全氏曰孔穎達曰臨淄營丘是一地謂自營丘徙臨淄者應劭之繆當云自薄姑徙臨淄一清按史記齊世家云哀公同母弟山怨胡公與其黨率營丘人襲殺胡公而自立是爲獻公因徙薄姑都治臨菑卽臣瓚所謂博昌有薄姑城者也濟水注云薄姑去齊城六十里漢志又云瑯邪姑幕或曰薄姑闕以爲成王封太公非也蓋周公滅奄之後以薄姑地益太公之封耳其外郭卽獻公所徙臨淄城也世謂之虜城言齊湣王伐燕燕王噲死虜其民實諸郭因以名之官本曰按近刻訛作寶居因郭以名之案朱同趙改寶居郭因以名之刊誤曰箋曰當作虜其民實居郭因以名之按春秋經莊公六年齊人來歸衞俘孔氏正義曰釋例曰齊人來歸衞寶公羊穀梁經傳及左氏傳皆同唯左氏經獨言衞俘三家經傳有六其五皆言寶說文俘從人孚省聲古寶保字通用或轉寫作俘此卽虜其民寶之說事見孟子及戰國策蓋湣王虜燕之民寶以居臨淄之外郭齊民故稱之曰虜城民卽旄倪寶卽重器朱氏改寶爲實非也秦始皇三十四年趙作二十六年滅齊爲郡治臨淄漢高帝六年官本曰按近刻脫帝字案朱脫趙增刊誤曰漢高下落帝字封子肥于齊爲王國王莽更名濟南也戰國策曰趙無曰字田單爲齊相過淄水有老人涉淄而出不能行坐沙中單乃解裘于斯水之上也

又東過利縣東孫校曰利縣故城在今博興縣東

淄水自縣東北流逕東安平城北趙釋曰禹貢錐指曰應劭曰博昌縣西南三十里有安平亭故縣也按淄水自利縣東又東北流不得過博昌之西南今臨淄縣東又有安平故城若以爲是則當先安平後利縣豈注文偶爾失次耶不然則道元誤引利縣東北當別有東安平城也一清按漢志菑川國東安平縣師古注引闞駰曰博陵有安平故此加東然則非博昌也所引應劭語見濟水注安平又是平安之誤博陵後漢質帝置方輿紀要安平城在臨淄縣東十七里本齊邑史記齊世家平公割齊安平以東爲田氏封邑湣王末燕師入齊田單走安平旣而齊襄王封田單爲安平君漢置東安平縣屬菑川國後漢改屬北海國安平平安本是二邑皆在利縣西南東安平爲淄水所逕平安爲濟水所逕不可混也此文自縣東北流蒙上臨淄而言故以東安平次于其下觀後別出時水東北逕齊利縣故城北之語可知原無外誤胡氏乃妄辯之

又東逕巨淀縣故城南官本曰按巨淀漢書作鉅定孫校曰故城在今樂安縣東北征和四年漢武帝幸東萊臨大海三月耕巨淀卽此也縣東南則巨淀湖蓋以水受名也**淄水又東北逕廣饒縣故城南**孫校曰故城在今樂安縣東北漢武帝元鼎中封菑趙作甾川靖王子劉國爲侯國趙釋曰一清按王子侯表是元鼎元年封**淄水又東北馬車瀆水注之受巨淀**朱箋曰李云當作首受巨淀趙增首字**淀卽濁水所注也**

呂忱曰濁水一名溷水出廣縣爲山世謂之治嶺山官本曰按治近刻訛作治案朱訛趙改刊誤曰治當作治**東北流逕廣固城西**城在廣縣西北四里四周絕澗阻水深隍晉永嘉中東萊人曹嶷所造也水側山際有五龍口義熙五年劉武帝伐慕容超于廣固也以藉險難攻兵力勞弊河間人玄文說裕云昔趙攻曹嶷望氣者以爲澠朱趙作繩水帶城非可攻拔若塞五龍口城當必陷石虎從之嶷請降降後五日大雨雷電震開後慕容恪之攻段龕十旬不拔塞口而龕降降後無幾又震開之今舊基猶存官本曰按近刻脫今字案朱趙無宜試修築官本曰按試近刻訛作城案朱訛趙改刊誤曰城當作試孫潛校改裕塞之超及城內男女皆悉腳弱病者大半超遂出奔爲晉所擒也然城之所跨實憑地險其不可固城者在此趙不改水刊誤曰不孫潛校改水**濁水東北流逕堯山東**從征記曰廣固城北三里有堯山祠堯因巡狩登此山後人遂以名山廟在山之左麓廟像東面華宇修整帝圖嚴飾軒冕之容穆然山之上

頂舊有上祠今也毀廢無復遺式盤石上尚有人馬之迹徒黃石而已惟刀劒之蹤逼眞矣至于燕鋒代鍔魏鋏齊鈚官本曰按近刻訛作銘案朱訛趙改說見下與今劒莫殊以密模寫知人功所制矣朱箋曰齊銘宋本作齊鈚疑當作齊鐔以密模寫謂以蠟模捐其迹也樹提伽經云庶人然脂諸侯然蜜天子然漆晉書山濤傳有蜜章亦謂以蠟封奏章也趙密改蜜西望胡公陵孫暢之所云青州刺史傳弘仁言得銅棺隸書處濁水又東北流逕東陽城北東北流合長沙水孫校曰長沙水郎漢志臨朐洋水也水出逄山北阜世謂之陽水也東北流逕廣縣故城西舊青州刺史治亦曰青州城陽水又東北流石井水注之水出南山山頂洞開官本曰按近刻脫一山字案朱脫山及下馬字趙增刊誤曰南山下名勝志重一山字若門下吳琯本有馬字今校補望若門馬俗謂是山爲礕頭山官本曰按礕朱謀瑋云當作劈案趙改劈其水北流注井井際

廣城東側三面積石高深一匹有餘長津激浪瀑布而下澎贔之音驚川聒谷漰渀之勢狀同洪河官本曰按近刻訛作井案朱訛趙改刊誤曰井當作河北流入陽水余生長東齊極遊其下于中闊絕乃積綿載後因王事復出海岱郭金紫惠同石井賦詩言意彌日嬉娛尤慰羇心但恨此水時有通塞耳陽水東逕故七級寺禪房南水北則長廡偏駕趙刊誤曰箋曰舊本作偏駕按偏字較長迴閣承阿林之際則繩坐疏班錫鉢閒設所謂修修釋子眇眇禪棲者也陽水又東逕東陽城東南官本曰按東陽近刻脫東字案朱逕東作東逕趙乙刊誤曰箋曰下東字疑衍按非也當移在陽城之上義熙中晉青州刺史羊穆之築此以在陽水之陽卽謂之東陽城官本曰按謂下近刻衍城字案朱衍趙刪刊誤曰上城字衍文世以濁水爲西陽水故也水流亦有時窮通信爲靈矣昔在

宋世是水絕而復流劉晃賦通津焉魏太和中此水復竭輟流積年先公除州卽任未朞朱箋曰北史酈範字世則范陽涿鹿人太武時給事東宮太武踐祚追錄先朝舊勳賜爵永寧男爲征南大將軍慕容白曜司馬及定三齊範多進策白曜皆用其謀遂表爲青州刺史進爵爲侯是水復通澄映盈川所謂幽谷枯而更溢窮泉輟而復流矣海岱之士又頌通津焉平昌尨民孫道相頌曰惟彼澠朱趙作繩泉竭踰三齡祈盡珪璧謁窮斯牲官本曰按謁近刻訛作竭案朱訛趙改刊誤曰竭孫潛校改謁道從隆替降由聖明耋民河間趙疑頌云敷化未朞元澤潛施枯源揚瀾涸川滌陂北海郭欽曰先政輟津我后通洋但頌廣文煩難以具載陽水又北屈逕漢城陽景王劉章廟東東注于巨洋後人堨斷令北注濁水時人通謂濁水爲陽水故有南陽北陽水之論二水渾流世謂之爲長

沙水也亦或通名之爲澠朱趙作繩下同水故晏謨伏琛爲齊記竝云東陽城既在澠水之陽宜爲澠陽城非也世又謂陽水爲洋水余按羣書盛言洋水出臨朐縣而陽水導源廣縣兩縣雖鄰川土不同于事疑焉趙釋曰于氏欽齊乘云曾肇南洋橋記曰俗呼洋水有二曰南洋河今橋所在是也曰北洋河距城北二里者是也北洋傳記無文今出九回山入淄水齊記謂之繩水道元則曰羣書盛言洋水出臨朐陽水導源廣縣兩縣雖鄰川土不同于事疑焉然則洋分南北當後魏時已不能知況後世哉今辯之曰羣書盛言出臨朐者此巨洋也漢志失其原委耳南陽自爲長沙水北陽自爲濁水導源廣縣者是也曾氏乃因漢志石膏山之洋水而以陽爲洋誤矣長沙水出其西石膏水出其東洋水自出臨朐沂山漢志讀如祥與蜀之洋州同音故水經稱洋水則有巨洋北洋稱陽水則有南陽北陽四水雖以音同致疑源流可考惜乎曾氏之不察也濁水又北逕臧氏臺西又北逕益城西又北流注巨淀地理志曰廣縣爲山濁水所出東北至廣饒入巨淀巨淀之右又有女水注

之水出東安平縣之蛇趙作菟頭山從征記曰水西有桓公冢
甚高大墓方七十餘丈高四丈圓墳圍二十餘丈高七丈餘
一墓方七丈二墳晏謨曰依陵記非葬禮如承世故與其母
同墓而異墳伏琛所未詳也趙未改不刊誤曰朱黃省曾本作不冢東山下女
水原有桓公祠侍其衡趙刊誤曰箋曰三字未詳按巵林云玉海姓氏急就篇曰侍其氏漢廣野
君裔孫賜氏食其後有爲武帝侍中者合官與氏而稱焉漢有侍其元矩魏有侍其衡附曰廣野君在高祖初至武帝時
七十年安得遽至裔孫而又曰後爲侍中者何年寡而世多也伏滔青土人物論稱後漢有侍其元矩與孫賓碩劉公山
竝敘正當魏武時又爲齊人則元矩非卽衡字耶奏魏武王所立曰近日路次齊郊
瞻望桓公墳壠在南山之阿請爲立祀趙作祠爲塊然之主郭
緣生述征記曰齊桓公冢在齊城南二十里因山爲墳大冢
東有女水或云齊桓公女冢在其上故以名水也女水導川
東北流甚有神焉化隆則水生政薄則津竭燕建平六年水
忽暴竭玄明惡之寢病而亡燕太上四年女水又竭慕容超
惡之燕祚遂淪女水東北流逕東安平縣故城南朱安平作平安趙改
刊誤曰漢書地理志甾川國東安平縣下云菟頭山女水出東北至臨淄入鉅定闞駰曰博陵有安平故此加東平安二
字當倒互續述征記曰女水至安平城南伏流朱趙有一字十五里然
後更流北注陽水官本曰按近刻訛作注北楊水案朱同趙改楊仍注北刊誤曰楊當作陽城
故酅亭也春秋魯莊公三年紀季以酅入齊公羊傳曰季者
何紀侯弟也賢其服罪請酅以奉五祀田成子單之故邑也
朱箋曰史記齊襄王入臨淄封田單爲安平君集解云安平城在青州臨淄縣東十九里古紀之酅邑也後以爲
縣博陵有安平官本曰按原本及近刻竝脫安字今補案朱脫趙增刊誤曰有下落安字漢志校補
故此加東也世祖建武七年封菑川王子劉茂爲侯國趙釋曰一

清按范史宗室四王傳泗水王歙歙之子曰菑川王終歙從父弟曰中山王茂建武十三年宗室諸王降爵茂封穰侯是
茂于菑川王爲從父亦不封東安平也然光武紀又云以茂爲單父侯道元載之泗水注中紀傳互異未知所是又
逕東安平城東官本曰按近刻脫東字案朱脫趙增刊誤曰安平上落東字東北逕壟丘
東東北入巨淀官本曰按近刻脫巨字案朱脫趙增刊誤曰淀上落巨字地理志曰菟
頭山朱菟作葂趙改刊誤曰葂當作菟漢志校女水所出東北至臨淄入巨淀又
北爲馬車瀆北合淄水又北時澠朱趙作繩之水注之時水出齊
城西北二十五里官本曰按西下近刻衍南字案朱衍趙刪刊誤曰南字衍文通鑑注校平地
出泉卽如水也趙刊誤曰箋曰孫云如水當作耏水按如水本漢志別作耏水瓠子水注云時卽耏水也
音而卽地理之如水矣彼入泲而此入淄逕流雖異而名稱是同正不當改如作耏也亦謂之源水因
水色黑俗又目之爲黑水西北逕黃山東又北歷愚山東官本
曰按東上近刻重一山字案朱趙重文下屬爲句有愚公冢時水又屈而逕杜山北
有愚公谷齊桓公時公隱于谷官本曰按近刻訛作谿案朱趙作谿鄰有認
其駒者公以與之山卽杜山之通阜以其人狀愚故謂之愚
公朱箋曰韓非子曰齊桓公入山問父老此爲何谷荅曰臣舊畜牛生犢以子買駒少年謂牛不生駒遂持而去傍鄰
謂臣愚遂名爲愚公谷水有石梁官本曰按水上近刻衍故山二字案朱有趙刪故存山上屬爲句刊誤
曰下故字衍文亦謂之爲石梁水朱無之字趙增刊誤曰亦謂下落之字又有澅水注
之水出時水東去臨淄城十八里所謂澅中也俗以澅水爲
宿留水西北入于時水孟子去齊三宿而後出澅趙改晝故世
以此而變水名也趙釋曰一清按史記惠景間侯者年表澅清侯朝鮮尼谿相索隱曰澅音獲水名在
齊又音乎卦反後漢書耿弇傳云進軍畫中章懷注云畫中邑名畫音胡麥反故城在今西安城東有畫水故名或作晝
則字形之似也葢以孟子三宿于此後人因以宿留目之方俗之音隨之而變酈元遊歷三齊熟其風土故云俗以澅水
爲宿留水葢宿留反語宜爲晝字朱子集註曰或曰晝當作畫是也其後悉改而從澅王應麟困學紀聞引水經注云澅

水出時水及黃愼中刊本俱是澅字失古義矣乃毛奇齡作經問必欲强分晝澅爲二邑云晝邑在臨淄西南爲孟子所宿之處晝邑在臨淄西北三十里燕封王歜之地以燕從西北至齊當是晝邑孟子從西南至滕當是晝邑安生穿鑿故不若酈注之爲當也水南山西有王歜墓昔樂毅伐齊賢而封之歜不受自縊而死水側有田引水溉跡尚存**時水又西北逕西安縣故城南**本渠丘也官本曰按近刻脫丘字案朱脫趙增刊誤曰左傳昭公十一年疏申無宇曰齊渠丘實殺無知杜預註曰渠丘今西安也齊大夫雍廩邑落邱字齊大夫雝廩朱作稟箋曰左傳作雍廩趙改廩之邑矣王莽更之曰東寧**時水又西至石洋堰分爲二水謂之石洋口枝津西北至梁鄒入濟時水又北逕西安城西又北京水系水注之水出齊城西南世謂之寒泉也**官本曰按近刻脫之字案朱脫趙增刊誤曰世謂下落之字**東北流直申門西**京相璠杜預竝言申門即齊城南面西第一門矣**爲申池**昔齊懿公遊申池

邴歜閻職二人官本曰按近刻歜訛作戎閻訛作庸案朱趙同趙釋曰朱氏箋云左傳作邴歜閻職害公于竹中今池無復髣髴然水側尚有小小竹木以時遺生也左思齊都賦注申池在海濱齊藪也余按春秋襄公十八年晉伐齊戊戌伐雍門之萩官本曰按近刻訛作荻案朱訛趙改己亥焚雍門壬寅焚東北二郭甲辰東侵及濰南及沂官本曰按近刻脫濰南及三字案朱趙無而不言北掠于海且晉獻子尚不辭死以逞志何容對仇敵而不懲官本曰按近刻訛作徵案朱趙作徵暴草木于海嵎乎又炎夏火流非遠遊之辰懿公見弒蓋是白龍魚服朱趙作遯朱箋曰遯當作服見困近郊矣左氏捨近舉遠官本曰按舉近刻訛作遺案朱趙作遺考古非矣官本曰按近刻訛作議案朱趙作議杜預之言官本曰按之近刻訛作泛案朱訛趙改有推據耳**系水傍城北流逕陽門西**水次有故封處所謂齊之

稷下也當戰國之時以齊宣王喜文學遊說之士鄒衍淳于髡田駢接子愼到之徒七十六人皆賜列第爲上大夫不治而論議是以齊稷下學士復盛且數百十人劉向別錄以稷爲齊城門名也談說之士期會于稷門下故曰稷下也鄭志官本曰按此下近刻有曰字案朱趙有張逸問書贊云官本曰按近刻脫書字案朱脫趙增刊誤曰問下落書字何焯校增我先師棘下生何時人鄭玄答云齊田氏時善學者所會處也齊人號之棘下生無常人也余按左傳昭公二十二年莒子如齊盟于稷門之外漢以叔孫通爲博士號稷嗣君史記音義曰欲以繼蹤齊稷下之風矣然棘下又是魯城內地名官本曰按魯原本及近刻竝訛作齊今改正案朱訛趙改刊誤曰齊當作魯何焯校改左傳定公八年陽虎劫公伐孟氏入自上東門戰于南門之內

又戰于棘下者也蓋亦儒者之所萃焉故張逸疑而發問鄭玄釋而辯之雖異名互見官本曰按互近刻訛作于案朱作于趙改兩刊誤曰于當作兩大歸一也趙釋曰一清按寰宇記棘下齊城內地名棘稷聲相近不得引魯地以釋齊城內有故臺有營丘有故景王祠即朱虛侯章廟矣晉起居注云齊有大蛇長三百步負小蛇長百餘步逕于市中市人悉觀自北門所入處也北門外東北二百步有齊相晏嬰冢宅左傳晏子之宅近市景公欲易之而嬰弗更爲誡曰吾生則近市死豈易志乃葬故宅後人名之曰清節里**系水又北逕臨淄城西門北而西流逕梧宮南**昔楚使聘齊齊王饗之梧宮即是宮矣其地猶名梧臺里臺甚層秀東西朱趙有一字百餘步南北如減即古梧宮之臺臺東即闕子所謂宋愚人得燕石處臺

西有石社碑官本曰按社近刻訛作杜重一碑字案朱訛趙改並重碑字刊誤曰箋曰一作石柱碑按非也隸釋載此文作石社碑猶存漢靈帝熹平五年立其題云梧臺里系水又西逕葵丘北春秋莊公八年襄公使連稱管至父戍葵丘京相璠曰齊西五十里有葵丘地若是無庸戍之官本曰按近刻脫庸字案朱趙無趙釋曰一清按下有脫字僖公九年齊桓會諸侯于葵丘宰孔曰齊侯不務修德而勤遠略趙無修字明葵丘不在齊也官本曰按近刻脫明字案朱脫趙增刊誤曰葵邱上落明字名勝志校增引河東汾陰葵丘官本曰按河東原本及近刻竝訛作胡廣今改正案朱趙同山陽西北葵城宜在此非也余原左傳連稱管至父之戍葵丘以瓜時爲往還之期官本曰按爲近刻訛作而案朱訛趙改刊誤曰而當作爲請代弗許將爲齊亂故令無寵之妹候公于宮官本曰按妹近刻訛作姝案朱訛趙改刊誤曰姝當作妹左傳校因無知之絀官本曰按近刻訛作出

趙刊誤曰箋曰絀當作出按左傳云僖公之母弟曰夷仲年生公孫無知有寵于僖公衣服禮秩如適襄公絀之絀字本經傳不可妄改也遂害襄公若出遠無代寍得謀及婦人而爲公室之亂乎是以杜預稽春秋之旨卽傳安之注于臨淄西官本曰按此句有外誤不得捨近託遠苟成己異于異可殊卽義爲負然則葵丘之戍卽此地也系水西官本曰按系原本及近刻竝訛作時今改正案朱訛趙改刊誤曰下云又西北流注于時此不得云時水也當是系水之誤左迆爲瀆又西逕高陽僑郡南魏所立也又西北流注于時時水又東北流澠朱趙作繩下同水注之水出營城東世謂之漢溱水也西北流逕營城北漢景帝四年封齊悼惠王子劉信都爲侯國趙釋曰一清按王子侯表是文帝四年封澠水又西逕樂安博昌縣故城南官本曰按樂安下近刻衍南字案朱衍趙刪刊誤曰上南字衍文應劭曰昌水出東萊昌陽縣道遠不至取其嘉名趙釋

曰一清按漢志注引應劭曰昌水出東萊昌陽臣瓚曰從東萊至博昌經歷宿水不得至也取其嘉名耳師古曰瓚說是今注云云殆合二人之說爲一人而昌陽之昌水水經失去東萊一郡之水故無可考耳闞駰曰縣處勢平故曰博昌澠水西歷貝丘京相璠曰博昌縣南近澠水有地名貝丘在齊城西北四十里官本曰按近刻脫城字案朱脫趙增刊誤曰在齊下落城字春秋莊公八年齊侯田于貝丘見公子彭生豕立而泣齊侯墜車傷足于是處也澠水又西北入時水從征記又曰水出臨淄縣北逕樂安博昌南界西入時水者也自下通謂之爲澠也昔晉侯與齊侯宴齊侯曰有酒如澠指喩此水也時水又屈而東北逕博昌城北趙釋曰一清按漢志千乘郡博昌時水北至巨定入馬車瀆俗本作縣字誤也時水又東北逕齊利縣故城北又東北逕巨淀縣故城北又東北逕廣饒縣故城北東北入淄水地理風俗記曰

淄入濡趙釋曰全氏曰先司空公曰東州無濡水古文濡如通漢志如溪水經作濡溪是也然則所云濡卽邴水一名如故也然淄水支流通濟則由如以達濟非其經流也淮南子曰白公問微言曰若以水投水如何孔子曰淄澠之水合易牙嘗而知之謂斯水矣朱箋曰淮南所引孔子白公語出列子說符篇及呂氏春秋審應覽俱作淄澠

又東北入于海

淄水入馬車瀆亂流東北逕琅槐故城南又東北逕馬井城北與時澠之水互受通稱故邑流其號又東北至皮丘坑入于海官本曰按坑近刻訛作沉案朱訛趙改刊誤曰沉當作坑如馬常坑之坑下同故晏謨伏琛竝言淄澠之水合于皮丘坑西地理志曰馬車瀆至琅槐入于海朱趙有也字蓋舉縣言也趙釋曰齊乘云按通志略曰杜預謂淄入汶班固謂淄入濟桑欽謂淄入海考其形勢當以杜爲正豈其然乎諸說惟桑氏爲有據宜其以水名家也蔣氏廷錫尚書地理今釋曰禹時淄水

入海不入濟水經注敘述甚明史記河渠書亦云禹治水之後于齊通菑濟之閒是二水不通可知蔡氏因漢書淄水入泲一語云淄水東入泲非是王氏士禛居易錄云鄭夾漈閩人于西北地理水道多不能詳卽就予鄉之水考之淄水杜云出泰山梁父縣西入汶班云出萊蕪原山東至博昌入泲桑欽云出萊蕪原山東北入海漁仲云考其形勢當以杜言爲正按淄水出益都縣顏神鎭東南岳陽山東麓卽原山也北逕馬陵俗名長谷道東北逕牛山折而北漸臨淄城東又東北逕安平故城北又東北逕樂安城東又北至馬車瀆合時水入海今淄水流經臨淄城南十里沙石迅急東北至樂安境與時水同入海與汶判若秦越安得有西入汶之理以此推之通志之外訛多矣一清按淄水入海于氏主水經最合禹迹蔡氏主班猶未爲失鄭氏主杜則誤矣然杜元凱所言別一淄水原非禹貢之淄也夾漈不知而妄主之王氏不察而强辨之班云入濟卽應劭所云入濡也是支流非正派地理志于太山萊蕪之淄水千乘博昌之時水皆云幽州浸青之北境卽幽之南境葢本于職方也合之瓠河經及濟水注引伏琛齊記與本篇注淄時二水原有相通之道而以入海爲歸漢志水經本無異同也

汶水出朱虛縣泰山趙釋曰一清按沂山在青州府臨朐縣南百二十五里周禮職方青州其山鎭曰沂山一名東泰山史記封禪書公玉帶言黃帝封東泰山禪凡山天子旣令設祠具至東泰山山卑小不稱其聲乃令禮官祠之而不封禪隋開皇十四年詔以沂山爲東鎭後代因之載在祀典志云山西宗岱嶽東俯瑯琊背負鳳皇嶺東接穆陵關其巔爲百丈崖壁立萬仞形如斧削有飛泉下灑曰瀑布泉瀰水出其西麓水經巨洋水出朱虛縣泰山酈注云泰山卽東小泰山也沂水亦出其西水經沂水出泰山葢縣艾山酈注云鄭玄云出沂山亦或云臨樂山是也沭水出其東水經沭水出瑯琊東莞縣西北山酈注云大弁山與小泰山連麓而異名是也而入濰之汶亦出其下葢齊東境內之水大半出于是表青州之鎭也宜哉

山上有長城西接岱山東連瑯邪巨海千有餘里葢田氏之所造也竹書紀年梁惠成王二十年齊築防以爲長城竹書又云晉烈公十二年王命韓景子趙烈子翟員伐齊官本曰按烈子近刻訛作烈侯又翟員二字訛作及我師　案朱同趙改侯仍及我師刊誤曰何焯云據竹書紀年趙烈侯在未命侯以前當依今本作子入長城史記所謂齊威王越趙侵我伐長城者也

官本曰按伐字近刻訛在我字上　案朱訛趙乙越改曰刊誤曰史記田齊世家云威王九年趙人歸我長城六國表云威王十一年趙取我長城又趙成侯七年侵齊至長城越黃省曾本作曰音近致訛伐我二字當倒互伏琛晏謨竝言水出縣東南峿山山在小泰山東者也

北過其縣東

汶水自縣東北逕郚城北官本曰按郚近刻訛作峿　案朱訛趙改刊誤曰沈炳巽云郚諸本誤作峿春秋莊公元年齊遷紀郚杜預曰郚在朱虛縣東南說文郚東海縣故紀侯之邑漢書地理志東海郡有郚鄉縣續志無之蓋東京廢省而劉昭補註朱虛下引左傳杜註皆作郚無从山作峿者是葢因上峿山而譌以爲縣名也地理風俗記曰朱虛縣東四十里有郚城亭官本曰按近刻訛作峿亭城　案朱訛趙乙峿改郚刊誤曰亭城二字當倒互峿當从卩作郚故縣也**又東北逕管寍冢東**故晏謨言柴阜西南有魏獨行君子管寍墓墓前有碑**又東北逕柴阜山北**山之東有徵士邴原冢碑誌存焉**汶水又東北逕漢青州刺史孫嵩墓西**有碑碣**汶水又東逕安丘縣故城北**孫校曰與淳于近當是北海之安丘瑯邪之安丘酈君合爲一非也漢高帝八年封將軍張說爲侯國孫校曰此地理志曰王莽之誅郅也孟康曰今渠丘亭是也官本曰按渠丘亭下近刻有莒渠丘城四字乃下文訛衍在此　案朱趙有伏琛晏謨齊記竝言莒渠丘亭在安丘城東北十里非矣官本曰按近刻訛作竝言亭在丘城東北十里非城也　案朱同趙增渠字刪下城字刊誤曰邱城上落渠字下城字衍又朱趙矣並作也城對牟山山之西南有孫賓碩兄弟墓碑誌竝在也

又北過淳于縣西又東北入于濰官本曰按原本及近刻竝訛作縣今改正　案朱訛趙改刊誤曰漢書地理志瑯邪郡朱虛縣下云泰山汶水所出東至安邱入維縣字誤

故夏后氏之斟灌國也周武王以封淳于公號曰淳于國春秋桓公六趙作五年冬州公如曹傳曰淳于公如曹度其國危

遂不復也其城東北則兩川交會也趙釋曰一清按漢志琅邪郡朱虛縣東泰山汶水所出東至安邱入濰師古曰前言汶水出萊蕪入濟今此又言出朱虛入濰將桑欽所說有異或者有二汶水乎曾彥和曰汶水有二出萊蕪縣原山入濟者徐州之汶也出朱虛縣泰山入濰者青州之汶也于欽曰按入濟之汶見禹貢論語謂之汶上書傳謂之北汶卽今大清河入濰之汶見漢書入沂之汶見水經齊有三汶清河爲大胡渭曰元和志乾封縣界有五汶源別而流同五汶者曰北汶嬴汶柴汶牟汶其一則經流也酈注無嬴汶嬴汶流合牟汶故不言五汶又有水出萊蕪縣塞子村流合牟汶者近志指爲浯汶據漢志琅邪靈門縣有高柔山浯水所出東北入濰說文云水出靈門山世謂之浯汶在今莒州界與萊蕪無涉東汶出朱虛縣小泰山北流至湻于縣入濰在今臨朐安邱界淮南子曰汶出弗其西流入濟高誘云弗其山名在朱虛縣東是卽入濰之東汶言入濟者淮南之誤也

濰水出琅邪箕縣濰山官本曰按近刻脫此二字案朱脫趙增刊誤曰元和志濰山在密州莒縣東北八十里濰水所出注云濰水導源濰山山箕縣下落濰山二字趙釋曰日知錄曰濰水出琅邪箕屋山尚書禹貢濰淄其道左傳襄公十八年晉師東侵及濰是也其字或省水作維或省系作淮又或从心作惟總是一字漢書地理志瑯邪郡朱虛下箕下作維靈門下橫下析泉下作淮上文引禹貢維淄其道又作惟一卷之中異文三見古人之文或省或借其旁並从鳥隹之隹則一爾後人誤讀爲淮沂其乂之淮而呼此水爲槐河失之矣孫校曰案琅邪郡治故城卽今諸城縣治

琅邪山名也越王句踐之故國也句踐幷吳欲霸中國徙都琅邪秦始皇二十六年滅齊以爲郡城卽秦皇之所築也官本曰按皇近刻訛作王案朱訛趙改刊誤曰王當作皇下同遂登琅邪大樂之山作層臺于其上謂之琅邪臺朱無之字趙增刊誤曰謂下落之字臺在城東南十里孤立特顯出于眾山上下周二十里餘傍濱巨海秦王趙作皇樂之因留三月乃徙黔首三萬戶于琅邪山下朱三作二趙改刊誤曰二當作三史記校復十二年所作臺基三層層高三丈上級平敞方二百餘步廣五里官本曰按廣近刻訛作高案朱訛趙改刊誤曰高當作廣刊石立碑紀秦功德臺上有神淵淵至靈焉官本曰按至近刻訛作主案朱訛趙改刊誤曰主天中記引此文作至入汙之則竭齋潔則通神廟在齊八祠中漢武帝亦嘗登之漢高帝呂后七年以爲王國文帝三年更名爲郡趙釋曰全氏曰于文當作漢高后七年以封營陵侯呂澤爲王國文帝元年更爲郡方合王莽改曰塡夷矣濰水導源濰山許愼呂忱云濰水出箕屋山淮南子曰濰水出覆舟山蓋廣異名也東北逕箕縣故城西又西析泉水注之水出析泉縣北松山東南流逕析泉縣東官本曰按近刻脫逕字案朱脫趙增刊誤曰流下落逕字又東南逕仲固山東北流入于濰地理志曰至箕縣北入濰者也趙釋曰一清按漢志瑯邪郡析泉縣析泉水北至莫入淮淮卽濰濰出箕縣濰山莫字是箕字之誤寰宇記引漢志亦作莫云舊地理書並失其所在蓋今莒縣東北分流山之北又云漢志注云夜頭水經禖南至海輿地志云向水南至海夜頭向水蓋異名也地理書皆失其所在今莒縣南七十里故向城春秋時向邑卽禖縣也禖今本漢書作椑說文作稗應劭曰音禖與析泉境相屬樂史所記足補酈注之遺濰水又東北逕

諸縣故城西春秋文公十二年季孫行父城諸及鄆傳曰城其下邑也王莽更名諸幷矣濰水又東北涓水注之水出馬耳山山高百丈上有二石竝舉望齊馬耳故世取名焉東去常山三十里涓水發于其陰北逕婁鄉城東春秋昭公五年經書夏莒牟夷以牟婁防茲來奔者也又分諸縣之東爲海曲縣故俗人謂此城爲東諸城涓水又北注于濰水

東北過東武縣西官本曰按東武下近刻衍城字案朱衍趙刪孫校曰東武故城琅邪郡治也今爲諸城縣治

縣因岡爲城城周三十里漢高帝六年封郭蒙爲侯國王莽更名之曰祥善矣又北左合扶淇之水水出西南常山東北流注濰晏伏竝以濰水爲扶淇之水官本曰按伏近刻訛作謨案朱作晏謨趙增

伏琛刊誤曰晏謨下落伏琛二字以扶淇之水爲濰水非也按經脈誌趙作志

濰自箕縣北逕東武縣西北流合扶淇之水晏謨伏琛云東武城西北二里濰水者卽扶淇之水也濰水又北右合盧水卽久台水也地理志曰水出琅邪横縣故山趙釋曰一清按漢志瑯邪横縣下云故山久台水所出東南至東武入淮師古曰台音怡所謂横故山者山本名横山縣因山以受氏亦曰横耳道元依班志以立文乃曰横縣故山可謂疎鹵矣顧景范曰久當作名漢書誤本後人承其繆又曰盧水源出盧山北流入濰一名台水近志訛爲久台水又曰盧山在諸城縣東南四十五里以秦博士盧敖隱處而名其北卽廢横縣也盧水源出于此按周禮職方兖州其浸盧維班固僅志禹貢維水而盧水無聞師古以爲在濟北盧縣而泰山之盧又無盧水也故老友全謝山欲以城陽盧縣之盧川水當之竊謂不如用此琅邪之台水本出盧山曰盧水東南至東武入濰見于地理志以此當職方之浸庶爲可據也王莽之令丘也官本曰按令近刻作合案朱訛合趙改刊誤曰合當作令漢書地理志校山在東武縣故城東南世謂之盧山也西北流逕

昌縣故城西東北流齊地記曰東武城東南有盧水水側有勝火木方俗音曰樫子其木經野火燒死炭不滅故東方朔云不灰之木者也其水又東北流逕東武縣故城東而西北入濰地理志曰久台水東南至東武入濰者也官本曰按近刻水下有出字至作逕案朱趙同尚書所謂濰淄其道矣

又北過平昌縣東孫校曰平昌故城在今安丘縣南

濰水又北逕石泉縣故城西王莽之養信也地理風俗記曰平昌縣東南四十里有石泉亭故縣也濰水又北逕平昌縣故城東荆水注之水出縣南荆山阜東北流逕平昌縣故城東漢文帝封齊悼惠王肥子卬爲侯國官本曰按卬近刻訛作永案朱作永箋曰按史記齊悼惠王子劉卬封平昌侯趙作劉永釋曰一清按永史漢表俱作卬是也卽後立爲膠西王者也又索隱曰平原而善長以爲瑯邪地理志平原瑯邪俱有平昌縣平原之平昌下云侯國而瑯邪之平昌則無說續志北海國平昌下云侯國故屬瑯邪然則小司馬非矣城之東南角有臺臺下有井與荆水通物墜于井則取之荆水昔常有龍出入于其中故世亦謂之龍臺城也荆水又東北流注于濰濰水又北朱趙少一濰字浯水注之水出浯趙作峿下同山世謂之巨平山也地理志曰靈門縣有高原山壺山官本曰按原卽柘字近刻訛作有高原山與浯一山　按朱同箋曰按漢地理志云靈門縣有高原山壺山浯水所出注云原古柘字趙原改泵浯改峿釋曰一清按漢志瑯邪郡靈門縣高泵山壺山浯水所出東北入淮師古曰泵卽柘字浯水所出東北入濰今是山西接浯山許慎說文言水出靈門山趙釋曰一清按說文浯水出瑯邪靈門壺山注云靈門山疑脫壺字世謂之浯汶矣其水東北逕姑幕縣故城東縣有五色土王者封建諸侯隨方受之故薄姑氏之國也闞駰曰周成王時薄姑與

四國作亂周公滅之以封太公是以地理志曰或言薄姑也王莽曰季睦矣應劭曰左傳曰薄姑氏國太公封焉辥瓚漢書注云博昌有薄姑城未知孰是浯水又東北逕平昌縣故城北古堨此水以溉田南注荆水浯水又東北流而注于濰水也

又北過高密縣西孫校曰高密故城在今縣西南

應劭曰縣有密水故有高密之名也然今世所謂百尺水者蓋密水也水有二源西源出奕山亦曰郚日山山勢高峻隔絕陽曦官本曰按近刻脫此八字　案朱脫趙增多卽此山也四字刊誤曰障日山下落山勢高峻隔絕陽曦卽此山也十二字名勝志引此文校補晏謨曰山狀郚日是有此名伏琛曰山上郚日故名郚日山也其水東北流東源出五弩山西北流同

瀉一壑俗謂之百尺水古人堨以溉田數十頃北流逕高密縣西下注濰水自下亦兼通稱焉亂流歷縣西碑產山西又東北水有故堰舊鑿石豎柱斷濰水廣六十許步掘東岸激通長渠東北逕高密縣故城南官本曰按近刻脫縣字案朱脫趙增刊誤曰高密下落縣字明帝永平中封鄧震爲侯國朱箋曰震鄧禹長子縣南十里蓄以爲塘方二十餘里古所謂高密之南都也溉田一頃許陂水散流下注夷安澤濰水自堰北逕高密縣故城西漢文帝十六年別爲膠西國宣帝本始元年官本曰按本近刻訛作平案朱訛趙改刊誤曰平始當作本始更爲高密國王莽之章牟也趙釋曰一清按漢志王莽改高密國之高密縣爲章牟而國下無說**濰水又北**昔韓信與楚將龍且夾濰水而陣于此信夜令爲萬餘囊盛沙以遏濰水引軍擊且僞退且追北信決

水水大至且軍半不得渡遂斬龍且于是水水西有厲阜官本曰按近刻作厲阜案朱作厲趙改礪刊誤曰寰宇記引高士傳曰鄭玄葬于劇東後以墓壞歸葬礪阜在高密縣西北五十里厲字誤也阜上有漢司農卿鄭康成冢石碑猶存**又北逕昌安縣故城東**漢明帝永平中封鄧襲爲侯國也郡國志曰漢安帝延光元年復也

又北過淯于縣東孫校曰淯于故城在今安邱縣東北

濰水又北左會汶水北逕平城亭西又東北逕密鄉亭西郡國志曰淯于縣有密鄉地理志皆北海之屬縣也應劭曰淯于縣東北六十里有平城亭又四十里有密鄉亭故縣也**濰水又東北逕下密縣故城西**孫校曰故城在今昌邑縣東南城東有密阜地理志曰有三戶山祠官本曰按戶近刻訛作石案朱訛趙改刊誤曰三石山當作三戶山今本漢

志亦誤作石字方輿紀要山東平度州三固山一名三戶山漢書郊祀志宣帝信方士言祠太室山于卽墨三戶山于下密卽此山也余按應劭曰官本曰按近刻脫曰字案朱脫趙增刊誤曰應劭下落曰字密者水名是有下密之稱俗以之名阜趙無之字非也

又東北過都昌縣東官本曰按過近刻訛作逕案朱訛趙改刊誤曰逕當作過孫校曰都昌今昌邑治宋建隆三年以都昌地改置昌邑縣

濰水東北逕逢萌墓萌縣人也少有大節恥給事縣亭遂浮海至遼東復還在不其山隱學明帝安車徵萌以佯狂免**又北逕都昌縣故城東**漢高帝六年封朱軫爲侯國北海相孔融爲黃巾賊管亥所圍于都昌也太史慈爲融求救劉備持的突圍其處也

又東北入于海

膠水出黔陬縣膠山北過其縣西孫校曰膠水出今膠縣

齊記曰膠水出五弩山蓋膠山之殊名也**北逕祝茲縣故城東**漢武帝元鼎中封膠東康王子延趙多一年字爲侯國趙釋曰一清按索隱曰按志松茲在廬江亦作祝茲表在瑯邪地理志瑯邪無祝茲縣然小司馬欲以廬江之域當膠東之封非矣漢表是元封此云元鼎道元誤記也**又逕扶縣故城西**官本曰按扶漢書作郱案朱作扶趙改郱刊誤曰扶漢書地理志作郱地理志瑯邪之屬縣也漢文帝元年封呂平爲侯國趙釋曰一清按史記高后紀及惠景間侯者年表呂平以高后元年封扶柳侯非文帝索隱曰縣名屬信都亦非瑯邪郱縣也又平爲高后姊長姁子而亦冒姓呂氏者也**膠水又北逕黔陬**趙有縣字**故城西**袁山松郡國志曰縣有介亭地理志曰故介國也春秋僖公九年趙增二十二字刊誤曰經傳是二十九年落二十字介葛盧來朝聞牛鳴曰是生三犧皆用之問之果然晏謨伏琛竝云縣有東西二城相去

四十里有膠水非也斯乃拒趙作柜下同艾水也水出縣西南拒艾山卽齊記所謂黔艾山也東北流逕柜縣故城西官本曰按柜近刻訛作拒案朱訛趙改王莽之祓同也官本曰按祓同近刻訛作秩國案朱作秩國趙改祓同刊誤曰箋曰宋本作秩國按非也漢書地理志琅邪郡柜縣莽曰祓同祓師古曰音廢世謂之王城又謂是水爲洋水矣官本曰按近刻重一洋字案朱趙重洋字趙釋曰顧氏祖禹曰蘇林以爲根艾水卽膠之洋河又東北流官本曰按近刻訛作逕案朱趙作逕晏伏所謂趙有西字黔陬城西四十里有膠水者也趙刪四下八字刊誤曰四十里有膠水者也八字重文宜衍又東入海地理志朱趙有曰字琅邪有柜縣朱柜作推箋曰宋本作椎縣按前漢地理志云琅邪有柜縣注云根艾水東入海如淯日柜音巨趙改柜根艾水出焉朱根作拒趙改柜趙釋曰一淸按今本漢志作根艾水東入海卽斯水也今膠水北流官本曰按近刻脫流字案朱趙無又趙今字移下刊誤曰今字當移在高密郡側之上逕西黔陬城東晏伏所謂官本曰按此四字近刻訛在西黔陬城東上案朱趙同高密郡側有黔陬縣官本曰按黔陬晉爲高密郡治案趙高上有今字地理志曰膠水出邞縣官本曰按邞近刻訛作郲案朱作郲箋曰郲今地志作邞音夫又音扶趙改邞王莽更之純德矣疑卽是縣所未詳也

又北過夷安縣東

縣故王莽更名之原亭也官本曰按近刻脫故字名之下有曰字案朱脫衍趙增刪刊誤曰縣下落故字曰字衍文應劭曰故萊夷維邑也官本曰按近刻脫維字案朱脫趙增刊誤曰萊夷下落維字漢志校補太史公曰晏平仲萊之夷維之人也漢明帝永平中封鄧珍爲侯國朱箋曰珍鄧禹子西去濰水四十里膠水又北逕膠陽縣東官本曰按近刻脫縣字案朱脫趙增刊誤曰膠陽下落縣字晏伏竝謂之東亭自亭結路南通夷安地理風俗記曰淯于縣東南五十里有膠陽亭故縣也又東北流官本曰按近刻訛作逕案朱訛趙改刊誤曰逕當作流左會一水世謂之張奴水水發夷安縣東南阜下西北流歷膠陽縣注于膠膠水之左爲澤渚東北百許里官本曰按近刻脫一膠字訛作水之左東北爲澤水渚百許里案朱趙同謂之夷安潭潭周四十里官本曰按潭下近刻衍之澤二字案朱趙有亦濰水枝津之所注也膠水又東北逕下密縣故城東孫校曰下密疑當爲高密又東北逕膠東縣故城西漢高帝元年別爲國趙釋曰全氏曰按此實項王事也蓋分三齊而以故王田市國于膠東景帝封子寄爲王國王莽更之郁秩也官本曰按秩今漢書作祑案趙改秩今長廣郡治伏琛晏謨言膠水東北迴達于膠東城北百里流注于海

又北過當利縣西北入于海

縣故王莽更名之爲東萊亭也官本曰按近刻脫名字爲字案朱同趙增一名字刊誤曰更下落名字又北逕平度縣漢武帝元朔二年封菑川懿王子劉衍爲侯國趙釋曰一淸按漢表作行此從史表王莽更名之曰利盧也縣有土山膠水北歷土山注于海海南土山以北悉鹽坑朱箋曰坑玉篇作䴚音亢云鹽澤也北史楊義臣以遼東還兵入豆子䴚討賊譌寫作䴚又省作坑相承修煑不輟北眺巨海杳冥無極天際兩分白黑方別所謂溟海者也官本曰按謂下近刻衍之字案朱衍趙刪刊誤曰之字衍文故地理志曰膠水北至平度入海也官本曰按也上近刻衍者字案朱趙有趙釋曰一淸按周禮職方九藪具載水經獨缺膎養漢志瑯邪郡長廣縣有萊山萊王祠奚養澤在西秦地圖曰劇淸池幽州藪寰宇記云萊州萊陽縣本漢昌陽縣地故長廣城在縣東五十里有萊王祠奚養澤在西方輿紀要云貕養澤其地屬幽州錄異記萊陽縣東北有蘆塘方八九頃深不可測今涸地近高密故宜附見卷中又幽州之山鎭曰醫無閭漢志遼東郡無慮縣應劭曰音閭師古曰卽所謂醫無閭今在廣寧城西五里也不特此也漢志東萊郡腄縣之罘山祠居上山聲洋丹水所出丹水東北入海聲洋水寰宇記謂之淸陽水側近與海畔之罘山對方輿紀要云淸陽水卽淸洋河在登州府福山縣東十里北注于海聲淸音相近黃縣有萊山松林萊君祠臨

朐縣有海水祠師古曰齊郡已有臨朐而東萊又有此縣蓋各以所近爲名寰宇記漢故城去海三十里去海神祠約五六里曲成縣參山萬里沙陽邱山治水所出南至沂入海全氏曰曲成陽邱山之治水何以得至沂入海說文云治水出東萊曲成陽邱山南入海不云至沂也此水但當于膠濰之閒入海不應閒關二千里歷濟淮二瀆至沂入海自續志晉魏史志及李氏元和樂氏太平王氏元豐諸志又皆無曲成治水之目則大可疑者竊謂出陽邱山者非治水也乃沽水也左氏傳姑尤以西杜元凱曰姑大沽水也尤小沽水也魏書地形志東萊郡長廣縣有沽水寰宇記云沽尤即齊界然則漢志所云南至沂者亦非沂也乃計斤之脫誤耳漢之曲成在今掖縣小沽水出焉其東則黃縣大沽水出焉逕福山而招遠而萊陽至于平度即墨之閒而合流三百餘里自東而南直趨膠州之麻灣口明世議海運口者之道也故其時嘗有議東引沽河者其入海之處正漢計斤縣地東萊之水未有大于沽河者亦未有古于沽河者次之則清陽水耳漢志說文皆誤以爲治水而沽之名隱矣此與泰山郡南武陽冠石山之治水截然不同故分疏之如此按地理志琅邪郡黔陬故介國也計斤莒子始起此後徙莒有鹽官師古曰即春秋左氏傳所謂介根也語有輕重東漢廢介根入黔陬又析置葛盧故續志東萊郡下云黔陬侯國故屬琅邪有介亭劉昭補注云左傳襄公二十四年伐莒侵介根杜預曰縣東北計基城號介國計基即計斤也又葛盧有尤涉亭即姑尤之水入海之處全氏以漢志沂爲計斤鑿然可據𧥣縣有百支萊王祠昌陽應劭曰昌水出師古注引此文于千乘郡博昌縣下不夜縣有成山日祠師古曰齊地記云古有日夜出見于東萊故萊立此城以不夜爲名是皆表表著名卷中一不及之似脫去東萊一郡之水而不可考矣

水經注卷二十六

水經注卷二十七　長沙王氏校本

沔水朱趙水下有上字趙刊誤曰丏音勉丏音蓋沔水之沔从丏不從丏今文多誤不可不辨也

後魏酈道元撰

沔水出武都沮縣東狼谷口朱趙作中孫校曰今略陽縣東有沮縣故城

沔水一名沮水闞駰曰以其初出沮洳然故曰沮水也縣亦受名焉導源南流泉街水注之孫校曰此水出鳳縣紫柏山水出河池縣朱無水字趙增刊誤曰出上落水字東南流入沮縣會于沔趙無流字釋曰一淸按漢志武都郡河池縣泉街水南至沮入漢行五百二十里秦隴之大川而漾水注又有河池水出河池北谷西南入濁水別是一水也沔水又東南逕沮水戍而東南流注漢曰沮口官本曰按此十八字原本及近刻竝訛作經　案朱訛趙改刊誤曰十八字是注混作經所謂沔漢者也尚書曰嶓冢導漾東流爲漢山海經所謂漢出鮒嵎山也東北流得獻水

口庾仲雍云是水南至關城合西漢水漢水又東北合沮口趙删漢水二字刊誤曰胡渭校衍漢水二字孫校曰東北當作西北同爲漢水之源也故如淯曰此方人謂漢水爲沔水官本曰按此近刻訛作北又此句之下衍故字　案朱同趙改北存故刊誤曰北漢志註作此今校改孔安國曰漾水東流爲沔蓋與沔合也至漢中爲漢水是互相通稱矣沔水又東逕白馬戍南濜水入馬官本曰按此十三字原本及近刻竝訛作經　案朱訛趙改刊誤曰十三字是注混作經孫校曰今俗稱白馬河在沔州城西三十步水北發武都氐中南逕張魯城東魯沛國張陵孫陵學道于蜀鶴鳴山傳業衡衡傳于魯魯至行寬惠百姓親附供道之費米限五斗故世號五斗米道初平中劉焉以魯爲督義司馬住漢中官本曰按住近刻訛作往　案朱訛趙改說見下斷絕谷道朱趙谷作閣趙刊誤曰蜀志劉焉傳作住漢中从亻不从彳閣道作谷道疑是史誤用遠城治因卽崤嶺周迴五里東臨濬谷杳然百尋西北二面連峰接崖莫究其極從南爲盤道登陟二里有餘濜水又南逕張魯治東水西山上有張天師堂于今民事之庾仲雍謂山爲白馬塞堂爲張魯治東對白馬城一名陽平關濜水南流入沔謂之濜口其城西帶濜水南面沔川官本曰按近刻訛作州　案朱訛趙改城側二水之交故亦曰濜口城矣沔水又東逕武侯壘南官本曰按此九字原本及近刻竝訛作經　案朱訛趙改刊誤曰九字是注混作經諸葛武侯所居也南枕沔水水南有亮壘背山向水中有小城迴隔難解沔水又東逕沔陽縣故城南官本曰按此十一字原本及近刻竝訛作經　案朱訛趙改增縣字刊誤曰箋曰原本此十字是注文謝云據宋本作經文按沔水篇多混注作經原本十字是注此蛛絲馬跡之猶可追尋者也謝耳伯又改易之誤矣沔陽下落縣字城舊言漢祖在漢中蕭何所築也官本曰按言字近刻訛在中字下　案朱

趙同漢建安二十四年劉備幷劉璋北定漢中始立壇卽漢中王位于此官本曰按近刻脫中字又此句之下衍城字　案朱同趙增中存城刊誤曰蜀志先主傳云羣下上先主爲漢中王落中字其城南臨漢水北帶通逵南面崩水三分之一觀其遺略厥狀時傳南對定軍山孫校曰山在今沔縣東南十里曹公南征漢中張魯降乃命夏侯淵等守之劉備自陽平關南渡沔水遂斬淵首保有漢中諸葛亮之死也遺令葬于其山因卽地勢不起墳壠惟深松茂柏攢蔚川阜莫知墓塋所在官本曰按塋近刻訛作營　案朱訛趙改刊誤曰營當作塋山東名高平是亮宿營處有亮廟亮薨百姓野祭步兵校尉習隆中書郞向充共表云臣聞周人思召伯之德甘棠爲之不伐越王懷范蠡之功鑄金以存其像亮德軌遐邇勳蓋來世王室之不壞實賴斯人而使百姓

巷祭戎夷野祀非所以存德念功追述在昔者也今若盡順民心則黷而無典建之京師又逼宗廟此聖懷所以惟疑也臣謂宜近其墓立之沔陽斷其私祀以崇正禮始聽立祀斯廟蓋所啟置也鍾士季征蜀枉駕設祠塋東即八陣圖也官本曰按塋近刻亦訛作營　案朱趙作營遺基略在崩䃕難識沔水又東逕西樂城北官本曰按此九字原本及近刻並訛作經　案朱訛趙改刊誤曰九字是注混作經城在山上官本曰按近刻脫城字　案朱同趙改城在沔陽東山上刊誤曰方輿紀要引此文作城在沔陽東山上今校補周三十里甚險固城側有谷謂之容裘谷道通益州山多羣獠諸葛亮築以防遏梁州刺史楊亮以即險之固趙刪以字刊誤曰以字衍文保而居之爲苻堅所敗後刺史姜守潘猛亦相仍守此城官本曰按近刻脫守字　案朱脫趙增刊誤曰相仍下落守字城東容裘溪水注之朱無水字趙增刊誤曰谿下落水字孫校曰水在今沔縣南北流入漢俗以爲養家河俗謂之洛水也水南導朱作遵箋曰宋本作導趙改導巴嶺山東北流水左有故城憑山即險四面阻絕昔先主遣黃忠據之以拒曹公溪水又北逕西樂城東而北流注于漢官本曰按注內自此以下稱漢漢水又左得度口水孫改度水口下增水字出陽平北山官本曰按此十三字原本及近刻並截上入字訛作經下五字仍屬注文　案朱訛趙改刊誤曰八字是注混作經孫校曰水在今沔縣東二十五里俗以爲舊州河水有二源一曰清檢出佳鱯一曰濁檢官本曰按一近刻訛作二　案朱訛趙改刊誤曰二當作一出好鮒常以二月八月取之美珍常味朱箋曰爾雅云魾大者鱯小者鮡郭注云鱯似鮎而大白色音畫華陽國志鱯字作鰂或是蜀語或寫誤耳廣雅云鮒一名鰿今之鯽也度水南逕陽平縣故城東又南逕沔陽縣故城東西南流注于漢水官本曰按西近刻訛作而　案朱趙作而漢水朱趙不重二字又東右會溫泉水口水發山北平地趙作池

方數十步泉源沸湧冬夏湯湯望之則白氣浩然言能瘥百病云洗浴者皆有硫黃氣赴集者常有百數孫校曰今沔縣東南四十里有金泉水即溫泉池水通注漢水漢水又東黃沙水左注之官本曰按此十字原本及近刻並訛作經　案朱訛趙改刊誤曰十字是注混作經孫校曰今黃沙河在沔縣東南四十里源出雲霧山南流至褒城界入漢水北出遠山山谷邃險人跡罕交溪曰五丈溪水側有黃沙屯諸葛亮所開也其水南注漢水南有女郎山孫校曰隋書地理志褒城縣有女郎山山上有女郎冢遠望山墳嵬嵬狀高及即其所裁有墳形山上直路下出不生草木世人謂之女郎道下有女郎廟及擣衣石言張魯女也有小水北流入漢謂之女郎水漢水又東合褒水官本曰按此七字原本及近刻並訛作經　案朱訛趙改刊誤曰七字是注混作經水西北出衙嶺山孫校曰衙嶺山在今褒城縣北東南逕大石門歷故棧道下谷俗謂千梁無柱也諸葛亮與兄瑾書云前趙子龍退軍燒壞赤崖以北閣道緣谷朱趙有一字百餘里其閣梁一頭入山腹其一頭立柱于水中今水大而急不得安柱此其窮極不可强也又云頃大水暴出赤崖以南橋閣悉壞時趙子龍與鄧伯苗一戍赤崖屯田一戍趙作屯赤崖口但得緣崖與伯苗相聞而已後諸葛亮死于五丈原魏延先退而焚之謂是道也自後按舊修路者悉無復水中柱逕涉者浮梁振動無不遙心眩目也褒水又東南逕三交城城在三水之會故也一水北出長安一水西北出仇池孫校曰此水今名武關河在褒城縣北百四十里一水東北出太白山是城之所以取名矣趙釋曰初學記岐州引水經注曰桐池水東北流入三交水今本無之寰宇記鳳翔府寶雞縣下云三交故城在縣西四十六里者舊傳司馬宣王與諸

葛亮相拒于此因築此城褒水又東南得丙水口水上承丙穴穴出嘉魚
常以三月出十月入地穴口廣五六尺去平地七八尺有泉
懸注官本曰按近刻脫有字案朱脫趙增刊誤曰泉上落有字魚自穴下透入水穴口
向丙故曰丙穴下注褒水故左思稱嘉魚出于丙穴良木攢
于褒谷矣褒水又東南歷小石門門穿山通道六丈有餘刻
石言漢明帝永平中司隸校尉犍爲楊厥之所開逮桓帝建
和二年朱桓作靈趙改說見下漢中太守同郡王升官本曰按漢下近刻衍大字太守訛作大夫案朱衍訛趙刪改刊誤曰靈帝當作桓帝漢太中大夫據碑是漢中太守嘉厥開鑿之功琢
石頌德以爲石牛道來敏本蜀論云秦惠王欲伐蜀而不知
道作五石牛以金置尾下言能屎金蜀王負力令五丁引之
成道秦使張儀司馬錯尋路滅蜀因曰石牛道厥益因而廣

之矣蜀都賦曰阻以石門其斯之謂也趙釋曰隸釋司隸校尉楊孟文石門頌唯
巛靈定位川澤股肱澤有所注川有所通余谷之川其澤南
隆八方所達益域爲充高祖受命興於漢中道由子午出散
入秦建定帝位以漢詆焉後以子午塗路歮難更隨圍谷
復通堂光凡此四道垓鬲尤艱至於永平其有四年詔書
開余鑿通石門中遭元二西夷虐殘橋梁斷絕子午復循上
則縣峻屈曲流顛下則入冥廎寫輪淵平阿源泥常蔭
鮮晏木石相距利磨确盤臨危槍碭履尾心寒空輿輕騎遰
㝵弗前悳宖弊狩虵蛭毒蟃未秋截霜稼苗夭殘終年不
登匱餧之患卑者楚悳尊者弗安愁苦之難焉可具言於是
明知故司隸校尉犍爲武陽楊君厥字孟文深執忠伉數上
奏請有司議駮君遂執爭百遼咸從帝用是聽廢子由斯得
其度經功飭爾要敞而晏平清涼調和烝二艾寧至建和二
年仲冬上旬漢中太守犍爲武陽王升字稚紀涉歷山道推
序本原嘉君明知美其仁賢勒石頌德以明厥勳其辭曰君
德明二炳煥彌光刺過拾遺厲清八荒奉魁承杓綏億衙彊
春宣聖日秋貶若霜無偏蕩二貞雖以方寧靜烝庶政與乾
通輔主匡君循禮有常咸曉地理知世紀綱言必忠義匡石
厥章厲宏大節讜而益明揆往卓今謀合朝情醳艱即安有
勳有榮禹鑿龍門君其繼蹤上順斤斜極下荅以皇自南自
北四海攸通君子安樂庶士悅雍商人咸憘農夫永同春

秋記異今而紀功垂流億載世二數誦序曰明哉仁知豫識
難易原度天道安危所歸勤二竭誠榮名休麗五官掾南鄭
趙邵字季南屬褒中鼂漢彊字產伯書佐西成王戒字文寶
主王府君閔谷道危難分置六部道橋特遣行丞事西成韓
服字顯公都督掾南鄭魏整字伯王後遣趙誦字公梁案察
中曹卓行造作石積萬世之基或解高格下就平易行者欣
然焉伯玉即日徙署行丞事守安陽長洪氏适曰華陽國志
楊君名渙又曰故司隸校尉犍爲楊君頌隸額在興元威宗
建和二年漢中太守王升立碑云司隸校尉楊君厥字孟文
水經及歐趙皆謂之楊厥碑蜀中晚出楊淮碑云司隸校尉
楊君厥諱淮字伯邳大司隸孟文之元孫也始知兩碑皆以
厥爲語助此乃後政頌其勳德故尊而字之不稱其名順帝
紀延光四年詔益州刺史罷子午道通褒斜路益從其所請
也子午長安正南山名褒斜者漢中谷名高祖開石門史策
不書亦見鄐閣碑平帝時王莽以皇后有子孫瑞遂通子午
永平之詔史亦闕文安帝永初元年先零叛斷隴道寇三輔
入益州殺漢中守乃橋梁斷絕時也自明帝永平四年通石
門至永初幾五十年自永初褒斜斷絕至延光四年凡十五
年水經云石門穿山通道六丈有餘即秦人取蜀之石牛道
楊君因而廣之蜀都賦岨以石門是也門在漢中之西褒中
之北褒水南歷褒口北出斜谷碑以余谷爲斜谷充爲衝詆
爲抵歮爲澀蔭爲陰遼爲寮弊狩爲蟞獸衙爲禦縱爲蹤憘

爲喜積爲積西成爲西城鬲即鬲字塗即塗字斷即斷字胳
即盤字遰即滯字㝵即礙字悳即惡字彊即疆字㡿即恢字
醳即釋字繼即繼字隸辨曰墨寶云褒城縣北五里磨崖額
題云故司隸校尉犍爲楊君頌十隸字碑式云碑文六十七
行行三十字或有疏密不齊者高祖受命平闕命字垂筆甚
長所侵兩字許又空二字方書其下一句序曰別作行後一
行低二字書趙邵等三人姓名又書王府君分遣官屬事凡
三行末行低七字書魏伯玉徙官隸續云宣和殿碑錄以碑
爲鼂漢彊書考其碑云五官掾南鄭趙邵屬褒中鼂漢彊書
佐西成王戒蓋二人主其事非鼂漢彊書也一清按此碑載
張鳴鳳西遷注彼所親睹者悳宖弊獸是惡蟲敝獸安危所
歸是安危所繫可補隸釋之遺寰宇記云洵陽縣心山漢宣
帝時北平陽厥爲漢中守經此山有棲遁意不之郡學道感
瑞見金羊因易姓羊氏蓋傳聞之繆爾又晉書云山簡與譙
郡嵇紹沛郡劉謨宏農楊淮齊名即蜀中晚出碑其人也門在漢中之西褒中之北褒水
又東南歷褒口即褒谷之南口也北口曰斜所謂北出褒斜
官本曰按近刻脫斜字案朱脫趙增刊誤曰褒下落斜字褒水又南逕褒縣故城東褒
中縣也本褒國矣漢昭帝元鳳六年置孫校曰常璩漢中志曰本都尉治也今褒

城縣）襄水又南流入于漢漢水又東逕萬石城下（孫校曰在今襄城）城在高原上原高十餘丈四面臨平形若覆甑水南遏水爲阻西北竝帶漢水其城宿是流雜聚居故世亦謂之流雜城漢水又東逕漢廟堆下（官本曰按此九字原本及近刻竝訛作經 案朱訛趙改刊誤曰九字是注混作經孫校曰今俗名漢山在南鄭縣西南）昔漢女所遊側水爲釣臺後人立廟于臺上世人覩其穨基崇廣因謂之漢廟堆（官本曰按謂近刻訛作爲 案朱同趙改）傳呼乖實又名之爲漢武堆非也

東過南鄭縣南（官本曰按東上近刻有又字衍 案朱趙有）

縣故襃之附庸也周顯王之世蜀有襃漢之地至六國楚人兼之懷王衰弱秦略取焉周赧王二年秦惠王置漢中郡因水名也耆舊傳云南鄭之號始于鄭桓公桓公死于犬戎其

民南奔故以南鄭爲稱（官本曰按近刻脫鄭字 案朱脫趙增刊誤曰南下落鄭字）卽漢中郡治也漢高祖入秦項羽封爲漢王蕭何曰天漢美名也遂都南鄭大城周四十二里城內有小城南憑津流（官本曰按近刻脫此二字 案朱趙無）北結環雉金墉漆井皆漢所脩築地沃川險魏武方之雞肋曰釋騏驥而不乘焉皇皇而更求遂嚚杜子緒鎮南鄭而還晉咸康中梁州刺史司馬勳斷小城東面三分之一以爲梁州漢中郡南鄭縣治也自齊宋魏咸相仍焉水南卽漢陰城也相承言呂后所居也有廉水出巴嶺山北流逕廉川故水得其名矣（官本曰按近刻脫矣字 案朱脫趙增刊誤曰名下落矣字名勝志校增）廉水又北注漢水漢水右合池水水出旱山（趙釋曰一清按漢志漢中郡南鄭縣旱山池水所出東北入漢寰宇記南鄭縣旱山下有石池水多蓴菜卽此水也山下有祠列石十

二不辨其由盖社主之流百姓四時祈禱焉俗謂之獠子水（孫校曰今俗名老子河出南鄭縣南）夾溉諸田散流左注漢水漢水又東得長柳渡（官本曰按此八字原本及近刻竝訛作經 案朱訛趙改刊誤曰八字是注混作經）長柳村名也（孫校曰今城固縣西有柳林鋪卽此）漢太尉李固墓碑銘尙存文字剝落不可復識漢水又東逕胡城南義熙十五年城上有密雲細雨五色昭彰（朱趙作章）人相與謂之慶雲休符當出曉而（趙作乃）雲霽乃（趙作及）覺城崩半許淪水出銅鐘十二枚刺史索邈奉送洛陽歸之宋公府（官本曰按近刻脫公字 案朱脫趙增刊誤曰宋下落公字何焯校增）南對扁鵲城當是越人舊所逕涉（趙作陟）故邑流其名耳漢水出于二城之間右會磐余水水出南山巴嶺上泉流兩分飛清派注南入蜀水北注漢津謂之磐余口庾仲雍曰磐余去胡城二十

里（孫校曰今俗稱南沙河在成固縣西南三十里）漢水又左會文水（官本曰按此七字原本及近刻竝訛作經 案朱訛趙改刊誤曰七字是注混作經孫校曰今在成固縣西北四十里）水卽門水也出胡城北山石穴中長老云杜陽有仙人宮石穴宮之前門故號其川爲門川水爲門水東南流逕胡城北三城奇對隔谷羅布深溝固壘高臺相距門水右注漢水謂之高橋溪口漢水又東黑水注之（官本曰按此八字原本及近刻竝訛作經 案朱訛趙改刊誤曰八字是注混作經孫校曰今在成固縣西北五里）水出北山南流入漢庾仲雍曰黑水去高橋三十里諸葛亮牋云朝發南鄭暮宿黑水四五十里指謂是水也道則百里也

又東過成固縣南（官本曰按成近刻訛作城下同 案朱訛趙改下同）又東過魏興安陽縣南涔水出自旱山北注之（趙釋曰一清按觀道元釋魏興安陽之文此條經文疑後人所續增

常璩華陽國志曰蜀以成固爲樂城縣也安陽縣故隸漢中魏分漢中立魏興郡安陽隸焉**涔水出西南而東北入漢**官本曰按此下近刻有左谷水出西面而東北入漢十一字係衍文　案朱趙有趙刊誤曰箋曰克家云當作西南按面字不誤蓋左谷水與涔水異源而同流也**左谷水出西北**官本曰按漢書地理志漢中郡安陽鬵谷水出西南北入漢在谷水出北南入漢鬵即涔在乃左之訛　案朱趙西北作漢北趙釋曰一清案漢志漢中郡安陽縣左谷水出北南入漢所云出北出安陽縣之北也道元注云出漢北非是趙刊誤曰朱氏謀㙔箋曰朱本作右按右谷水出漢志亦見上右谷水則未聞也**即堉水也**朱堉作智趙改聓下同刊誤曰箋曰六朝堉字皆書作聓此智水智鄉即聓水聓鄉也後世傳寫誤作智字按堉漢碑作聓與智字形尤近古隸已然何待六朝**北發聽山山下有穴水穴水東南流歷平川中謂之堉鄉水曰堉水**川有唐公祠唐君字公房成固人也學道得仙入雲臺山合丹服之白日升天雞鳴天上狗吠雲中惟朱趙作唯以鼠惡畱之鼠乃感

激以月晦日吐腸胃更生故時人謂之唐鼠也公房升仙之日堉行未還官本曰案堉下近刻有之字　案朱有趙刪刊誤曰寰宇記隸釋引此文俱無之字是也晏公類要作知字知即智之缺文後人更加堉字于知字之上作堉知行未還今本之字又從知字音同轉譌金石文字記堉字一傳爲堉再傳爲堉三傳爲聓四傳爲智皆胥之變也詩有女同車釋文堉音細字林作堉戰國策韓且坐而胥亡乎胥臣之反而行竝作咠書大傳不愛人者及其胥餘作咠晉書五行志淪胥作北音義咠息餘反張駿傳有黃龍見于揖次之嘉泉呂光載記迎大豫于揖次音義揖子魚反次音恣漢書地理志武威郡有揖次縣此皆胥字之誤漢仙人唐公房碑堉字作智晉王右軍帖有女智字不獲同階雲路約以此川爲居言無繁霜蛟虎之患其俗以爲信然官本曰按近刻脫此二字　案朱脫趙增刊誤曰箋曰以爲下脫一堉字按非也寰宇記引此文是信然二字今校補隸釋載此文作其俗以爲神蓋盤洲以意增爾因號爲堉鄉故水亦即名焉百姓爲之立廟于其處也趙刪也字刊誤曰何焯校衍也字刊石立碑表述靈異朱趙有也字趙釋曰隸釋仙人唐公房碑云君字公昉成固人蓋帝

堯之闕十之故能舉家闕五去上陟皇燿統御陰陽騰清躡浮命壽無疆雖王公之尊四海之富會闕五毛天地之性斯其至貴者也耆老相傳以爲王莽居攝二季君爲郡吏闕四土域啖瓜旁有眞人左右莫察而君獨進美瓜又從而敬禮之眞人者遂與闕期聓谷口山上乃與神藥曰服藥以後當移意萬里知鳥獸言語是時府在西成去家七百餘里休謁往來轉景即至闔郡驚焉白之府君從爲御吏昬齧軟車被具君乃畫地爲獄召昬誅之視其腹中果有被具府君闕賓燕欲從學道公房頃無所進府君怒勑尉部吏收公房妻子公房乃先歸於谷口呼其師告以危急其師與之歸以藥飲公房妻子曰可去矣妻子戀家不忍去又曰豈欲得家俱去乎妻子曰固所願也於是乃以藥塗屋柱飲牛馬六畜須臾有大風元雲來迎公房妻子屋宅六畜翛然與俱去昔喬松崔白皆一身得道而公房舉家俱濟盛矣傳曰賢者所存澤流百世故使聓鄉春夏毋蚊蟎秋冬鮮繁霜厲蟲不遐去其螟蟘百穀收入天下莫知斯德祐之效也道宇羣仙得潤故鄉知德者鮮歷世莫紀漢中太守南陽郭君諱芝字公載修北辰之政馳周邵之風歆樂唐君神靈之美以爲道重者名邵德厚者廟尊乃發嘉教躬損奉錢倡率羣義繕廣斯廟闕和祈福布之兆民刻石昭音揚君靈譽其辭曰闕上遂享神藥超浮雲兮翱闕下洪氏适曰羑即莽字聓即堉字昬即鼠字孿即戀字**堉水南歷堉鄉溪出山東**

南流逕通關勢南山高百餘丈上有匈奴城趙刊誤曰箋曰舊本作上有匈如城吳改作匈奴城未有所因㙔疑當作上有邱如城按匈奴城即胡城也魏書地形志梁州漢中郡漢陰下云有胡城元豐九域志與元府漢中郡下云有古胡城蜀記云漢張騫使匈奴與胡妻及堂邑父俱還至漢中築城居之即此城也事見漢書張騫傳行水金鑑匈奴城在今成固縣西然則吳琯改本不誤可以釋中尉之疑矣方五里濬塹三重高祖北定三秦蕭何守漢中欲脩北道通關中故名爲通關勢**堉水又東逕七女冢**冢夾水羅布如七星高十餘丈周迴數畮元嘉六年大水破墳墳崩出銅不可稱趙作勝計得一塼刻云項氏伯無子七女造墎世人疑是項伯冢**水北有七女池池東有明月池狀如偃月皆相通注謂之張良渠蓋良所開也堉水逕樊噲臺南**臺高五六丈上容百許人**又東南逕大成固北**城乘高勢北臨堉水水北有韓信臺高十餘

丈上容百許人相傳高祖齋七日置壇設九賓禮以禮拜信也堨水東迴南轉又逕其城東而南入漢水謂之三水口也漢水又東會益口水出北山益谷東南流注于漢水漢水又東至灙城南與洛谷水合 官本曰按此十三字原本及近刻竝訛作經 案朱訛趙改刊誤曰十三字是注混作經 水北出洛谷谷北通長安其水南流右則灙水注之水發西溪東南流合爲一水亂流南出際其城西南注漢水 趙增所謂洛口也五字刊誤曰漢水下通鑑注引此文有所謂洛口也五字今校補名勝志曰儻谷亦名駱谷南口曰儻北口曰駱駱洛音同通用 漢水又東逕小成固南 官本曰按成近刻訛作城下同又此九字原本及近刻竝訛作經 案朱訛趙改刊誤曰九字是注混作經城固之城當作成前後竝同孫校曰小成固故城在今洋縣東 州治大成固移縣北故曰小成固城北百二十里有興勢坂諸葛亮出洛谷戍興勢置烽火樓處通照漢水 官本曰按照近刻作臨 案朱趙作臨 東歷上濤而逕于龍下盤伏石驚湍流屯激怒故有上下二濤之名 龍下地名也有丘郭墳墟舊謂此館爲龍下亭自白馬迄此則平川夾勢水豐壤沃利方三蜀矣度此溯洄從漢爲山行之始漢水又東逕石門灘 官本曰按此八字原本及近刻竝訛作經 案朱訛趙改刊誤曰八字是注混作經 山峽也東會酉水 孫校曰酉水在今洋縣東七里 水北出秦嶺酉谷南歷重山與寒泉合水東出寒泉嶺 官本曰按近刻脫此二字 案朱脫趙增刊誤曰寒泉下落嶺泉二字下蓮蓧溪口注云陽都坂西連寒泉嶺是也方輿紀要云寒泉水出洋縣東北寒泉山 泉涌山頂望之交橫似若瀑布頹波激石散若雨灑勢同厭原風雨之池 官本曰按原近刻訛作源 案朱作源箋曰雷次宗豫章記云厭原山西北有洪井井北五六里有風雨池山高瀨激霏散遠灑若雨趙改原 其水西流入于酉水酉水又南注漢謂之酉口漢水又東逕嬀虛灘 官本曰按虛下近刻衍爲字又此八字原本及近刻竝訛作經 案朱衍訛趙刪改刊誤曰九字是注混作經爲字衍文又虛趙作墟下同 世本曰舜居嬀汭在漢中西城縣或言嬀墟在西北舜所居也或作姚虛 官本曰按姚近刻訛作嬀 案朱訛趙改說見下 故後或姓姚或姓嬀 官本曰按故下近刻有舜所居也四字係重出衍文 案朱衍趙刪刊誤曰嬀墟當作姚墟劉昭郡國志補注曰帝王世紀云姚墟在西北困學紀聞曰左傳正義曰世本舜姓姚氏虞思猶姓姚也至胡公周乃賜姓爲嬀是卽姓姚姓嬀之分此文姚墟字故與上嬀墟別也舜所居也四字重文宜衍 嬀姚之異是妄未知所從 官本曰按是近刻訛作事 案朱訛趙改刊誤曰事當作是 余按應劭之言是地于西城爲西北也 趙釋曰一淸按困學紀聞曰舜居嬀汭其後因姓嬀氏左傳正義曰世本舜姓姚氏虞思猶姓姚也至胡公周乃賜姓爲嬀 漢水又東逕猴徑灘 官本曰按此八字原本及近刻竝訛作經猴徑灘近刻訛作猴經灘 案朱訛經趙改注朱徑作經箋曰舊本作猴徑灘徑與徑通吳本改作經趙改徑刊誤曰箋曰經舊本作徑按八字是注混作經 山多猴猿好乘危綴飮故灘受斯名焉漢水又東逕小大黃金南 官本曰按此十字原本及近刻竝訛作經 案朱訛趙改刊誤曰十字是注混作經孫校曰今黃金渡在洋水西 山有黃金峭水北對黃金谷有黃金戍傍山依峭險折七里氐掠漢中阻此爲戍與鐵城相對一城在山上容百餘人一城在山下可置百許人言其險峻故以金鐵制名矣昔楊難當令魏興太守薛健據黃金姜寶據鐵城宋遣秦州刺史蕭思話西討 官本曰按近刻脫此二字 案朱脫趙增刊誤曰蕭思話下落西討二字全氏校增 話令陰平太守蕭坦攻拔之 官本曰按坦近刻訛作祖 案朱作祖趙改坦刊誤曰蕭祖字誤當作蕭坦宋書蕭思話傳校 賊退酉水矣漢水又東合蓮蓧溪口 官本曰按此九字原本及近刻竝訛作經 案朱訛趙改又朱溪作漢趙改刊誤曰箋曰克家云當作溪口按九字是注混作經孫校曰今稱金水河在洋縣東百里至黃金峽入漢 水北出就谷在長安西南其水南流逕巴溪戍西又南逕陽都坂東坂自上及下盤折 朱趙有十一字

九曲西連寒泉嶺孫校曰今西鄉有韓仙嶺卽寒泉聲相近也西北又有寒泉山當卽注中之寒泉嶺漢中記曰自西城涉黃金峭寒泉嶺陽都坂峻崿百重絕壁萬尋既造其峰謂已踰嵇岱復瞻前嶺又倍過之言陟羊腸超煙雲之際顧看向塗杳然有不測之險山豐野牛野羊騰巖越嶺馳走若飛觸突樹木十圍皆倒山殫艮阻地窮坎勢矣其水南歷蘧蒢溪謂之蘧蒢水而南流注于漢謂之蒢口

漢水又東右會洋水官本曰按此八字原本及近刻竝訛作經案朱訛趙改刊誤曰八字是注混作經孫校曰洋水疑卽潛水鄭注尚書曰安陽有潛水其尾入漢地理志安陽縣有潛谷水出西南北入漢攷今石泉縣則漢安陽境西與西鄉接界其南但有洋水北注之是爲潛水無疑也經云涔水自旱山注之酈君未之說及不可詳究川流漫闊廣幾里許洋水導源巴山東北流逕平陽城漢中記曰本西鄉縣治也趙釋曰一淸按寰宇記洋州西鄉縣有平西城後漢書班超平定西域有功封

定遠侯晉置西鄉縣于此城方輿紀要云定遠城在西鄉縣治南後漢班超封邑也亦曰平西城晉志西鄉縣治平西城注作平陽城下文又云謂之城陽水口事義全乖矣自成朱趙作城固南入三百八十里官本曰按南下近刻衍城南二字案朱趙有距南鄭四百八十里洋川者漢戚夫人之所生處也高祖得而寵之夫人思慕本鄉追求洋川米官本曰按近刻脫米字案朱趙有帝爲驛致長安蠲復其鄉更名曰縣故又目其地爲祥川官本曰按故又近刻訛作又故祥訛作洋案朱訛趙改刊誤曰又故二字當倒互洋川御覽引此文作祥川用表夫人載誕之休祥也官本曰按載誕近刻訛作誕載案朱訛趙乙刊誤曰誕載二字當倒互趙釋曰全氏曰西鄉縣本晉置而戚夫人產定陶不聞爲蜀女道元好奇之過城卽定遠矣漢順趙作和帝永光趙作元七年封班超以漢中郡南鄭縣之西鄉爲定遠侯卽此也洋水又東北流入漢謂之城陽水口也

漢水又東歷敖頭官本曰按此七字原本及近刻竝訛作經案朱訛趙改刊誤曰七字是注混作經舊立倉儲之所傍山通道水陸險湊魏興安康縣治孫校曰安康故城在今漢陰有戍統領流雜

漢水又東合直水官本曰按此七字原本及近刻竝訛作經案朱訛趙改刊誤曰七字是注混作經孫校曰今名遲河在石泉縣東水北出子午谷岩嶺下又南枝分東注旬水又南逕𨽸閣下官本曰按近刻脫逕字案朱脫趙增刊誤曰又南下落逕字山上有戍置于崇阜之上下臨深淵張子房燒絕棧閣示無還也又東南歷直谷逕直城西而南流注漢

漢水又東逕直城南官本曰按此八字原本及近刻竝訛作經案朱訛趙改刊誤曰八字是注混作經孫校曰地形志金城郡有直城今石泉漢陰界有廢直城又東逕千渡而至蝦蟆頓官本曰按近刻訛作嶺案朱訛趙改刊誤曰嶺黃省曾本作頓蓋頓字之誤音都回切地之高阜隆起形似蝦蟆故以名之亦謂之蝦蟆培趙次公東坡詩註云昔先生與子由自眉州鄉里舟行趨京師過峽州蝦蟆培從舟中望之頤頷口吻甚類蝦蟆卽此石也歷漢陽潕口而居于彭溪龍竈矣竝溪澗灘磧之名也

漢水又東逕晉昌郡之寧都縣南官本曰按此十三字原本及近刻竝訛作經案朱訛趙改刊誤曰十三字是注混作經孫校曰魏興郡有寧都今漢陰縣治松溪口孫校曰松河在今紫陽北八十里又東逕魏興郡廣城縣孫校曰廣城故城在今漢陰縣縣治王谷官本曰按近刻脫一縣字案朱脫趙增刊誤曰治上落縣字谷道南出巴獠有鹽井食之令人癭疾

漢水又東逕魚脯谷口官本曰按谷近刻訛作谿又此九字原本及近刻竝訛作經案朱訛趙改刊誤曰九字是注混作經谿黃省曾本作谷舊西城廣城二縣指此谷而分界也

又東過西城縣南孫校曰常璩華陽國志曰魏興郡本漢中西城縣然則漢水於此始過魏興審知前安陽上魏興是後人加之

漢水又東逕鱉池南鯨灘官本曰按南近刻訛作而案朱訛而趙改爲刊誤曰而當作爲鯨大也蜀都賦曰流漢湯湯驚浪雷奔望之天迴卽之雲昏

者也漢水又東逕嵐谷北口孫校曰饒風嶺在今石泉縣西七十里山下有饒風河又曰嵐河在今興安州西南發源四川嶂遠溪深澗峽險邃氣蕭蕭以瑟瑟風飂飂而飂飂故川谷擅其目矣漢水又東右得大勢官本曰按此八字原本及近刻竝訛作經　案朱訛趙改刊誤曰八字是注混作經孫校曰興安州有吉河是也勢阻急溪故亦曰急勢也依山爲城城周二里在峻山上梁州督護吉挹所治苻堅遣偏軍韋鍾伐挹挹固守二年不能下無援遂陷漢水右對月谷口官本曰按此七字原本及近刻竝訛作經　案朱訛趙改刊誤曰七字是注混作經孫校曰口當作山照初學記校山在今興安州西山有坂月川于中孫校刪山字改作有月坂有月川於中下屬趙誤讀黃壤沃衍而桑麻列植佳饒水田故孟達與諸葛亮書善其川土沃美也漢水又東逕西城縣故城南官本曰按此十一字原本及近刻竝訛作經　案朱訛趙改刊誤曰十一字是注混作經地理志漢中郡之屬縣也

官本曰按志下近刻衍曰西城故四字　案朱趙有漢末爲西城郡建安二十四年劉備以申儀爲西城太守儀據郡降魏魏文帝改爲魏興郡治故西城縣之故城也氐略漢川梁州移朱作弘箋曰舊本作私治於此謂氐略漢川梁州而私治於西城也吳改作弘治孫云當作移治趙改移治于此城內有舜祠漢高帝廟置民九戶歲時奉祠焉漢水又東爲鱣湍官本曰按此七字原本及近刻竝訛作經　案朱訛趙改刊誤曰七字是注混作經孫校曰今俗譌爲團山有團山鋪在興安州西洪波渀盪漰浪雲頹古耆舊言有鱣魚奮鰭遡流望濤直上至此則暴鰓失濟故因名湍矣漢水又東合旬水官本曰按此七字原本及近刻竝訛作經　案朱訛趙改刊誤曰七字是注混作經水北出旬山趙釋曰一清按漢志旬陽縣北山旬水所出南入沔東南流逕平陽戍下與直水枝分東注逕平陽戍入旬水旬水又東南逕旬陽縣孫校曰旬陽故城在今洵陽縣北與柞水合水西出柞

溪南流逕重巖堡西屈而東流逕其堡南東南注于旬水孫校曰今水西南注旬旬水又東南逕旬陽縣南縣北山有懸書崖高五十丈刻石作字人不能上官本曰按人上近刻衍今字　案朱有今字趙刪刊誤曰今字衍文不知所道趙改逝刊誤曰道當作逝山下有石壇官本曰按近刻脫有字　案朱脫趙增刊誤曰山下下落有字上有馬跡五所名曰馬跡山旬水東南注漢謂之旬口官本曰按近刻脫謂字　案朱脫趙增刊誤曰漢下落謂字漢水又東逕木蘭塞南官本曰按近刻脫塞字又此九字原本及近刻竝訛作經　案朱脫訛趙增改刊誤曰八字是注混作經木蘭下落塞字吳琯本校增右岸有城官本曰按右近刻訛作石　案朱訛趙改刊誤曰石當作右名伎陵城官本曰按近刻脫伎字　案朱趙無趙釋曰一清按通鑑注曰晏公類要云伎陵城在金州洵陽縣庾仲雍漢水記卽木蘭寨此文疑落伎字周迴數里左岸壘石數十行重壘數十里中謂是處爲木蘭塞云吳朝遣軍救孟達于此矣漢水又東左得育溪

官本曰按此八字原本及近刻竝訛作經　案朱訛趙改又朱溪作漢趙改刊誤曰箋曰克家云當作育溪按八字是注混作經孫校曰育溪今俗稱蜀河興晉旬陽二縣分界于是谷官本曰按興近刻訛作輿　案朱訛趙改刊誤曰宋書州郡志魏興太守領興晉令旬陽令興晉令魏立曰平陽晉武帝太康元年更名羊元之封興晉侯卽此縣輿當作興漢水又東合甲水口官本曰按合近刻訛作谷上復衍注字　案朱訛衍趙改刪刊誤曰箋曰注一作逕按非也黃省曾本無注字蓋缺文谷字乃合字之誤水出秦嶺山東南流逕金井城南又東逕上庸郡北與關祔朱趙作柎下同朱箋曰宋本作袝水合水出上洛陽亭縣北青泥西山官本曰按青近刻訛作淸　案朱趙作淸孫校曰地形志魏興郡陽亭太和五年置南逕陽亭聚西俗謂之平陽水南合豐鄉川水水出弘農豐鄉東山西南流逕豐鄉故城南京相璠曰南鄉淅縣官本曰按淅近刻訛作浙下同　案朱訛趙改下同有故鄷鄉春秋所謂豐淅也朱箋曰左傳作豐析趙改析于地理志屬弘農官本曰按近刻脫志字　案朱脫趙增刊

誤曰地理下落志字郡國志南陽郡析故屬弘農有豐鄉城是也今屬南鄉又西南合關衲水關衲水又南入上津注甲水甲水又東南逕魏興郡之興晉縣南官本曰按興晉近刻訛作與陽脫縣字　案朱同箋曰宋本作興陽南墇按晉書地志魏興郡六縣有洵陽而無興陽宋本亦誤趙改增刊誤曰箋曰晉志魏興郡有洵陽無興陽按當是興晉之譌興晉下落縣字晉武帝太康中立甲水又東右入漢水趙釋曰一清按漢志上雒縣甲水出秦嶺山東南至錫入沔過郡三行五百七十里孫校曰寰宇記商州上津縣本漢長利縣地甲水在縣西二百步南注漢水漢水又東爲龍淵淵上有胡鼻山石類胡人鼻故也下臨龍井渚淵深數丈漢水又東逕魏興郡之錫縣故城北官本曰按此十四字原本及近刻並訛作經　案朱訛趙改刊誤曰十四字是注混作經又朱箋曰應劭曰錫音陽孫校曰錫縣本白河縣爲白石灘縣故春秋之錫穴地也故屬漢朱有水字箋曰當衍趙刪中王莽之錫治也縣有錫義山方圓百里形如城四面有門上有石

壇長數十趙作十數丈世傳列仙所居今有道士被髮餌朮恆數十人山高谷深多生薇蘅趙作衡草其草有風不偃無風獨搖漢水又東逕長利谷南入谷有長利故城朱利作谷趙改刊誤曰長谷黃省曾本作長利舊縣也漢水又東歷姚方官本曰按此七字原本及近刻並訛作經　案朱訛趙改刊誤曰七字是注混作經蓋舜後枝居是處故地畱姚稱也趙刊誤曰是卷之尾當接二十九卷一葉七行又東過堵陽縣至八葉三行習鑿齒又爲其宅銘焉上魏興郡錫縣與上粉縣界相連上粉分自房陵房陵錫漢志並屬漢中郡裴松之三國志註云隆中在襄陽城西二十里沔水上中下三篇當省中篇分爲上下二篇不然二十八卷末已敘沔漢入海之道何緣復歷荊襄之境乎禹貢錐指曰以今輿地言之漢水又東南逕石泉縣南又東逕漢陰縣南又東逕紫陽縣南又東北逕興安州北又東逕洵陽縣南又東逕白河縣北又東逕鄖西縣南又南逕鄖縣南又東逕均州北自均州北又東南逕光化縣西南又東南逕穀城縣東北又東南逕襄陽縣北此即漢水自魏興郡之錫縣故城北至襄陽縣北所流之境也

水經注卷二十七

水經注卷二十八　　長沙王氏校本

後魏酈道元撰

沔水官本曰按此卷經文又東過堵陽縣至注文習鑿齒又爲其宅銘焉原本及近刻竝爲卷二十九之首以又東過襄陽縣北至末爲卷二十八前後互訛今訂正辨說詳後　案朱同趙移接二十七卷末說見上下又朱目作沔水下

又東過堵陽縣孫校曰此當是注又曰堵陽故城在今湖北鄖縣西南堵水出自上粉縣官本曰按堵水出下原本及近刻竝有焉字係後人妄加今刪去　案朱衍趙刪刊誤曰此卷經注當移接二十七卷十六葉二行故地留姚稱也之次焉字衍文北流注之趙釋曰全氏曰堵陽即漢南陽之屬縣也寰宇記云鄖鄉縣古錫穴縣東十里有兜牟山漢中郡與南陽郡分界處此是漢舊縣非唐初所置南豐州之堵陽也兩漢志無上粉縣疑是曹魏暫置而旋廢者寰宇記房陵縣有粉城因粉水爲名疑即上粉縣故城此經文晚出之證

堵水出建平郡界故亭谷官本曰按出近刻作自　案朱趙作自東歷新城郡趙釋曰一淸按寰宇記云堵水出金州平利縣黃平原嶺下圖經云竹山縣郭帶堵水水通漢江舟船往來商賈所湊平利縣漢爲漢中郡西城縣地晉上庸郡之上廉縣也堵水源出于此宋書州郡志云建平太守吳孫休永安三年分宜都立晉又有建平都尉武帝咸寧元年改都尉爲郡於是吳晉各有建平郡太康元年吳平併合堵水蓋經其界也郡故漢中之房陵縣也世祖建武元年封鄧晨爲侯國官本曰按此下近刻有也字　案朱趙有漢末以爲房陵郡魏文帝合房陵上庸西城立以爲新城郡以孟達爲太守治房陵故縣有粉水縣居其上故曰上粉縣也堵水之旁有別溪岸側土色鮮黃朱箋曰舊本作解黃孫云當作蟹黃按內經黃如蟹黃者生趙改解黃乃云可噉有言飲此水者令人無病而壽豈其信乎又有白馬山山石似馬望之逼眞側水謂之白馬塞趙作寨孟達爲守登之而歎曰劉封申耽據金城千里而更失之乎爲上堵吟音韻哀切有惻人心今水次尚歌

之堵水又東北逕上庸郡故庸國也春秋文公十六年楚人秦人巴人滅庸庸小國附楚楚有災不救舉羣蠻以叛故滅之以爲縣屬漢中郡漢末又分爲上庸郡城三面際水堵水又東逕方城亭南官本曰按近刻訛作而　案朱趙作而東北歷嵾山下而北逕堵陽縣南北流注于漢謂之堵口漢水又東謂之澇灘冬則水淺而下多大石又東爲淨灘夏水急盛川多湍洑行旅苦之故諺曰冬澇夏淨斷官使命言二灘阻礙趙增也字刊誤曰阻礙下落也字寰宇記校增

又東過鄖鄉南官本曰按鄉近刻訛作陽下衍縣字　案朱同趙改陽存縣刊誤曰史志無鄖陽縣晉立鄖鄉縣寰宇記云鄖鄉故錫所改注文可見陽字誤也趙釋曰一淸按漢志漢中郡長利縣有鄖關東京省併錫縣故續志無之晉太康五年立爲鄖鄉縣此魏晉閒人續經之證又按三國志蜀書劉封申儀俱封員鄉侯則其時雖未立縣而已爲侯邑矣

漢水又東逕鄖鄉縣南之西山上有石蝦蟇倉卒看之與眞不別趙此下補十六字刊誤曰不別下落山北有崖旁視之有一穴甚明號爲星牖十六字寰宇記校補漢水又東逕鄖鄉縣故城南官本曰按此十一字原本及近刻竝訛作經　案朱訛趙改刊誤曰十一字是注混作經謂之鄖鄉灘縣故黎也即長利之鄖鄉矣地理志曰有鄖關朱作鄖有趙乙刊誤曰漢書地理志曰有鄖關鄖有二字當倒互李奇以爲鄖子國晉太康五年立以爲縣漢水又東逕琵琶谷口官本曰按此九字原本及近刻竝訛作經　案朱訛趙改刊誤曰九字是注混作經梁益二州分境于此故謂之琵琶界也

又東北流又屈東南過武當縣東北

縣西北四十里漢水中有洲趙作州下同名滄浪洲庾仲雍漢水記官本曰按近刻脫水字　案朱脫趙增刊誤曰隋書經籍志漢水記五卷庾仲雍撰落水字謂之千齡

洲孫校曰滄浪千齡可證庾陽眞之通可折顧亭林之唐韻正非也是世俗語訛音與字
變矣地說曰水出荊山東南流官本曰按南近刻訛作西案朱訛趙改刊誤曰西當作
南胡渭校爲滄浪之水是近楚都故漁父歌曰滄浪之水淸兮可
以濯我纓滄浪之水濁兮可以濯我足余按尚書禹貢言導
漾水東流爲漢又東爲滄浪之水不言過而言爲者明非他
水決入也蓋漢沔水自下有滄浪通稱耳纏絡鄢郢地連紀
鄀官本曰按近刻訛作郢案朱訛趙改刊誤曰郢當作鄀胡渭校咸楚都矣漁父歌之不
違水地考按經傳官本曰按近刻訛作滄浪洲傳案朱同箋曰宋本作按考洲傳堦謂洲字亦譌當
作經傳趙改按考經傳宜以尚書爲正耳漢水又東爲佷子潭官本曰按此八
字原本及近刻竝訛作經案朱訛趙改刊誤曰八字是注混作經潭中有石磧洲長六十丈
廣十八丈世亦以此洲爲佷子葬父于斯故潭得厥目焉所

未詳也漢水又東南逕武當縣故城北官本曰按此十二字原本及近刻竝訛作
經案朱訛趙改刊誤曰十二字是注混作經世祖封鄧晨子棠爲侯國官本曰按棠近刻訛
作堂案朱趙同趙刊誤曰堂後漢書本傳作棠內有一碑文字磨滅不可復識俗
相傳言是華君銘亦不詳華君何代之士漢水又東平陽川
水注之官本曰按此十字原本及近刻竝訛作經案朱訛趙改刊誤曰十字是注混作經水出縣北
伏親山南歷平陽川逕平陽故城下又南流注于沔官本曰按注內
自此以下又復稱沔沔水又東南逕武當縣故城東又東曾水注之官本
曰按近刻脫武當二字及故字又此十八字原本訛作經近刻上九字訛作經下六字仍屬注文案朱脫訛趙增改刊
誤曰九字是注混作經逕下落武當字縣下落故字水導源縣南武當山一曰太和山
亦曰嵾上山山形特秀又曰仙室荊州圖副記曰山形特秀
異于衆嶽峰首狀博山香爐亭亭遠出藥食延年者萃焉晉

咸和中歷陽謝允舍羅邑宰隱遁斯山故亦曰謝羅山焉官本
曰按近刻脫焉字案朱趙無曾水發源山麓逕越山陰東北流注于沔謂
之曾口沔水又東逕龍巢山下官本曰按此九字原本及近刻竝訛作經案朱訛趙改
刊誤曰九字是注混作經山在沔水中高十五丈廣員一里二百三十步
山形峻峭其上秀林茂木隆冬不凋
又東南過涉都城東北官本曰按近刻過訛作逕城訛作縣案朱同官本趙改注改縣仍逕刊誤曰
箋曰宋本作涉都城按九字是注混作經
故鄉名也按郡國志筑陽縣有涉都鄉者也漢武帝元封元
年官本曰按元封近刻訛作元光案朱訛趙改封南海守降侯子嘉爲侯國均水
于縣入沔謂之均口也
又東南過酇縣之西南

縣治故城南臨沔水謂之酇頭漢高帝五年封蕭何爲侯國
也薛瓚曰今南鄉酇頭是也茂陵書曰在南陽王莽更名南
庚者也官本曰按庚近刻訛作庚案朱訛趙改刊誤曰庚漢書地理志作庚趙釋曰一淸按史表索隱曰音贊
縣名屬沛漢書高帝紀注臣瓚曰茂陵書何封國在南陽酇音贊師古曰瓚說是也而或云何封沛郡酇縣音才何反非
也按地理志南陽酇縣侯國沛酇縣不云侯國也又南陽酇縣城西見有蕭何廟彼土又有筑水筑水之陽古曰筑陽縣
與酇側近連接據何本傳何薨之後子祿無嗣高后封何夫人同爲酇侯小子延爲筑陽侯孝文罷同更封延爲酇侯是
知何封酇國兼得筑陽此明驗也但酇字別有鄌音是以沛之鄌縣史記漢書皆作酇明其音同也班固泗水亭碑以蕭
何相國所封與何同韻于義無爽然其封邑實在南陽非沛縣也杜少陵詩云漢陰槎頭遠遁逃又云漫釣槎頭縮項鯿
槎頭卽酇頭也亦作才何音矣
又南過穀城東朱過作逕趙改刊誤曰逕當作過又南過陰縣之西
沔水東逕穀城南而不逕其東矣城在穀城山上春秋穀伯

綏之邑也墉闉頽毀基塹亦存沔水又東南逕陰縣故城西
故下陰也春秋昭公十九年楚工尹赤遷陰于下陰是也縣
東有冢官本曰按近刻脫冢字案朱趙無縣令濟南劉熹字德怡魏時宰縣
雅好博古教學立碑官本曰按教學近刻訛作學教案朱訛趙乙刊誤曰學教二字當倒互載
生徒百有餘人不終業而夭者因葬其地號曰生墳沔水又
東南得洛溪口官本曰按此九字原本及近刻竝訛作經案朱訛趙改刊誤曰九字是注混作經水
出縣西北集池陂東南流逕洛陽城北枕洛溪官本曰按枕近刻訛作抗
案朱訛趙改刊誤曰抗當作枕溪水東南注沔水也趙釋曰一清按高洪謨穀城縣志云洛陽
城在縣東一十三里莫詳何人所築遺址尚存顧祖禹曰蓋南北朝時所僑置
又南過筑陽縣東官本曰按近刻脫縣字案朱脫趙增刊誤曰筑陽下落縣字筑水出自房
陵縣東過其縣南流注之官本曰按此十五字原本訛入注內近刻屬經文案朱趙作經

沔水又南汎水注之官本曰按水下近刻衍流字案朱趙有水出梁州閬陽縣
魏遣夏侯淵與張郃下巴西進軍宕渠劉備軍汎口即是水
所出也趙釋曰一清按寰宇記房州房陵縣下引水經注汎水作筑水汎口作筑口校勘爲之辨證曰按今記房
陵穀城二縣所載則筑水自房陵流至穀城入沔其會沔處
謂之筑口穀城即漢之筑陽距房陵尚三百餘里又自房陵
至南鄭千二百餘里夏侯淵張郃屯漢中數暴犯巴界先主
令張飛進兵宕渠與郃等戰于瓦口郃等敗收兵還南鄭漢
宕渠故城乃在今渠州流江縣界時張飛以巴西太守拒郃
等還南鄭則當取道今巴西無緣相拒于穀城之筑口意宕
渠自有瓦口而水經注誤以爲汎口今記又誤以爲筑口也
宋書州郡志閬陽屬新城郡郡治房陵去閬陽必不遠汎水
不應自閬陽東過巴西更歷巴渠上庸復逕筑陽水經之誤
審矣筑口汎水皆當在穀城之間竊謂校勘之言似是而非
也蓋張飛自拒淵郃于宕渠先主軍汎口以爲聲援非張飛
與戰于是處也汎口左接巴西故駐軍以應接之蜀志之瓦
口乃是汎口之誤而樂史之改筑口則又非矣隋書五代志
房陵郡永清縣有汎水方輿紀要云乾汊河在穀城西南三
里或以爲即汎水也今故流漸湮漢江水漲則乾汊河與古
洋河相通水落則乾因名又云古洋河即筑水口蓋汎水與

筑水同入于沔故晉分筑陽置汎陽也宋志扶風太守汎陽令晉武帝太康五年立屬南鄉仍屬順陽大明土斷屬此是
也張飛自別道襲張郃于此水郃敗棄馬升山走還漢中趙釋
曰一清按方輿紀要云順慶府渠縣漢巴郡宕渠縣地東北七里有入濛山入峰起伏其下平曠江水環之不匝者一里
常有烟霧濛其上山下有勒石云漢將張飛大破賊首張郃於入濛山飛所題也江即渠江則汎水亦是渠江之枝流入
濛山即張飛傳所云宕渠蒙頭盪石是也汎水又東逕巴西歷巴渠北新城上庸
東逕汎陽縣故城南晉分筑陽立自縣以上山深水急枉渚
崩湍水陸徑絶又東逕學城南官本曰按此六字原本及近刻竝訛作經考上下文義乃
注內敍汎水所逕案朱訛趙改刊誤曰六字是注混作經梁州大路所由也舊說昔者
有人立學都于此值世荒亂生徒罔依遂共立城以禦難故
城得厥名矣汎水又東流注于沔謂之汎口也沔水又南逕
闞林山東本郡陸道之所由山東有二碑其一即記闞林山

文曰君國者不躋高堙下先時或斷山岡以通平道民多病
守長冠軍張仲瑜官本曰按近刻訛作踰案朱訛趙改刊誤曰踰隸釋載此文作瑜乃與邦
人築斷故山道作此銘其一郭先生碑先生名輔字甫成有
孝友悅學之美其女爲立碑于此趙釋曰隸釋郭先生碑先生諱輔字甫成其先出自
有周王季之中子爲文王卿士采食于虢皇兮武王錫而封
之後世謂之郭春秋之時爲晉所并遭戰國秦漢子孫流分
來居荆土氏國立姓焉傳云聖賢之後必有達者先生應焉
其少也孝友而悅學其長也寬舒如好施是以宗親歸懷鄉
鄰高尚直己而行年五十有二遇疾而終有四男三女咸高
賢姣孋富貴顯榮可謂子孫繁者已其季女明文潁川之夫
人也感惟考妣克昌之德登山采石致兮墓道邑人縉紳刻
石作歌昭示來嗣其辭曰實惟先生號仲之裔盛德遺祀休
矣亦世孝友貞信仁恕好惠直己自求不欲榮勢綽綽令人
獲道之皇篤生七子鍾天之祉堂堂四俊碩大婉敏娥娥三
妃行追大姒窠窠昆嗣福祿茂止克昌厥後身去烈在鐫石
作歌昭示萬祀洪氏适曰碑今在襄陽無歲月時代歐陽以
爲漢趙以爲魏晉字書今碑有兩昭字晉人所諱疑此是魏
刻郭君有四子碑云堂堂四俊碩大婉敏而此碑乃其季女

所立竝朱作葢箋曰宋何也竝本作竝趙改竝無年號皆不知何代人也沔水又南逕筑陽縣東官本曰按此九字原本及近刻竝訛作經案朱訛趙改刊誤曰九字是注混作經又南筑水注之杜預以爲彭水也水出梁州新城郡魏昌縣界縣以黃初中分房陵立趙釋曰一清按晉志新城郡有昌魏縣宋志云魏立卽魏昌也而三國志魏明帝紀作魏陽疑彼文爲誤筑水東南流逕筑陽縣水中有孤石挺出其下澄潭時有見此石根如竹根而黃色見者多凶相與號爲承受石朱無承字箋曰酉陽雜俎引此事作承受石趙增承字所未詳也筑水又東逕筑陽縣故城南縣故楚附庸也秦平鄢郢立以爲縣趙釋曰一清按漢志南陽郡筑陽縣故穀伯國春秋桓公七年書穀伯綏來朝是也穀是伯爵葢近楚之國非楚附庸也道元誤矣王莽更名之曰宜禾也建武二十八年官本曰按近刻訛作元年案朱趙作元說見下世祖封吳盱爲侯國官本曰按盱近刻訛作財　案朱訛趙改刊誤曰後漢書吳漢傳作盱章懷註云盱音火俱反財字誤也趙釋曰一清按後漢書吳漢傳盱封亦在建武二十八年元年字誤也與汝水注吳國文正同筑水又東流注于沔謂之筑口沔水又南逕高亭山東山有靈焉士民奉之所請有驗沔水又東爲漆灘官本曰按此七字原本及近刻竝訛作經　案朱訛趙改刊誤曰七字是注混作經新野郡山都縣與順陽筑陽分界于斯灘矣

又東過山都縣東北

沔南有固城城側沔川卽新野山都縣治也舊南陽之赤鄉矣秦以爲縣漢高后四年封衛將軍王恬啟爲侯國沔北有和城卽郡國志所謂武當縣之和城聚官本曰按近刻脫城字　案朱脫趙增刊誤曰續志是和城聚落城字山都縣舊嘗治此故亦謂是處爲故縣灘沔水北岸數里有大石激趙刊誤曰箋曰激當作磝其字从石按激字不誤說文激礙衺疾波也一

日半遮也漢書溝洫志云爲石隄激使東注激者聚石于隄旁衝要之處所以激去其波也濟水注云立激岸側以捍鴻波是也若从石作磝音敫又音敲非其義矣名曰五女激或言女父爲人所害居固城五女思復父怨故立激以攻城城北今淪于水亦云有人葬沔北墓宅將爲水毀其人五女無男皆悉巨富共修此激以全墳宅然激作甚工又云女嫁爲陰縣佷子婦官本曰按近刻脫婦字　案朱同趙爲改於刊誤曰爲當作於家貲萬金官本曰按貲近刻訛作貨　案朱訛趙改而自少小不從父語父臨亡意欲葬山上恐兒不從故倒言葬我著渚下石磧上官本曰按倒近刻訛作命　案朱趙作命佷子曰我由來不奉教今從語遂盡散家財作石冢積土繞之成一洲長數百步元康中始爲水所壞今石皆如半榻許數百枚聚在水中佷子是前漢人襄陽太守胡烈有惠化補塞堤決民賴其利景元四年九月百姓刊石銘之樹碑于此沔水又東偏淺冬月可涉渡謂之交湖兵戎之交多自此濟晉太康中得鳴石于此水撞之聲聞數里沔水又東逕樂山北官本曰按此八字原本及近刻竝訛作經　案朱訛趙改刊誤曰八字是注混作經昔諸葛亮好爲梁甫吟每所登遊故俗以樂山爲名沔水又東逕隆中官本曰按此七字原本及近刻竝訛作經　案朱訛趙改刊誤曰七字是注混作經歷孔明舊宅北亮語劉禪云先帝三顧臣于草廬之中咨臣以當世之事卽此宅也車騎沛國劉季和之鎮襄陽也與犍爲人李安共觀此宅命安作宅銘云天子命我于沔之陽聽鼓鞞而永思庶先哲之遺光朱箋曰蜀志注云劉弘命犍爲李興爲文其詞甚美王隱晉書云李興密之子也一名安後六十餘年永平之五年習鑿齒又爲其宅銘焉官本曰按又東過堵陽縣至此原本及近刻竝訛在沔水之末以沔水下表目而又東過

襄陽縣北至注內附敘三江所終並訛在前以沔水中表目考錫縣故城在今陝西興安州白河縣東堵陽故城在今湖北鄖陽府鄖縣西南白河縣東接鄖縣沔水逕錫縣北歷姚方卽至堵陽又隆中在今襄陽縣西二十里襄陽故城卽今縣治沔水逕隆中歷孔明舊宅卽至襄陽城移近刻所謂沔水下者于沔水中之前則敘次不紊矣今改正　案朱訛趙改自上爲卷二十七終

又東過襄陽縣北官本曰按又東上原本及近刻並有沔水二字因訛幷爲卷二十八之首故表水名于上乃後人所安加　案朱趙此下並爲卷二十八之首朱表目作沔水中趙改沔水下又東過上並有沔水二字

沔水又東逕萬山北官本曰按萬近刻訛作方　案朱趙作方下同趙釋曰一清按初學記太平御覽引注文作萬山元和郡縣志寰宇記並是萬字廣韻集韻万同萬傳寫作力山上有鄒恢碑趙釋曰沈氏曰晉書郗恢鎭襄陽得民和鄒恢疑是郗恢之誤魯宗之所立也山下潭中有杜元凱碑元凱好尚後名作兩碑並述己功一碑沈之峴山水中一碑下之于此潭曰百年之後何知不深谷爲陵也山下水

曲之隈云漢女昔遊處也故張衡南都賦曰遊女弄珠于漢皐之曲漢皐卽萬山之異名也**沔水又東合檀溪水**官本曰按此八字原本及近刻並訛作經　案朱訛趙改刊誤曰八字是注混作經**水出縣西柳子山下東爲鴨湖**湖在馬鞍山東北武陵王愛其峰秀改曰望楚山**溪水自湖兩分北渠卽溪水所導也北逕漢陰臺西**臨流望遠按眺農圃情邈灌蔬朱作疏趙改刊誤曰黃省曾本作蔬二字通用**意寄漢陰故因名臺矣又北逕檀溪謂之檀溪水**水側官本曰按近刻脫一水字　案朱脫趙增有沙門釋道安寺卽溪之名以表寺目也溪之陽有徐元直崔州平故宅悉人居故習鑿齒與謝安書云每省家舅縱目檀溪念崔徐之交朱作友箋曰宋本作交趙改交未嘗不撫膺躊躇惆悵終日矣**溪水傍城北注**昔劉備爲景升所謀乘的顱馬西走墜于

斯溪**西去城里餘北流注于沔一水東南出應劭曰城在襄水之陽故曰襄陽**朱趙有也字**是水當卽襄水也**趙釋曰一清按樂史曰荊楚之地水駕山而上者皆呼爲襄其名無定故陸澄之地記曰襄陽無襄水也城北枕沔水卽襄陽縣之故城也王莽之相陽矣楚之北津戍也朱也作矣趙改刊誤曰矣黃省曾本作也今大城西壘是也其土古鄀都盧羅之地官本曰按鄀近刻訛作都　案朱訛趙改刊誤曰都當作鄀秦滅楚置南郡號此爲北部趙有焉字刊誤曰北部下孫潛校增焉字建安十三年魏武平荊州分南郡立爲襄陽郡荊州刺史治邑居殷賑朱趙作隱賑趙刊誤曰箋曰隱賑當作殷賑辥綜西京賦注云殷賑謂富饒也按蜀都賦邑居隱賑劉淵林註隱盛也賑富也羽獵賦殷殷軫軫李善注殷軫盛貌也殷音隱古字多假借正不必例彼規此冠蓋相望一都之會也城南門道東有三碑一碑是晉太傅羊祜碑一碑是鎭南將軍杜預碑一碑是安南將軍劉儼碑並

是學生所立城東門外二百步劉表墓太康中爲人所發見表夫妻其尸儼然顏色不異猶如平生墓中香氣遠聞三四里中經月不歇今墳冢及祠堂猶高顯整頓城北枕沔水水中常苦蛟害襄陽太守鄧遐負其氣果拔劍入水蛟繞其足遐揮劍斬蛟流血丹水自後患除無復蛟難矣昔張公遇害亦亡劍于是水後雷氏爲建安從事逕踐瀨溪所齎之劍忽于其懷躍出落水初猶是劍後變爲龍故吳均劍騎詩云劍是兩蛟龍張華之言不孤爲驗矣趙釋曰戹林曰茂先遇害在雒安得亡劍沔流考雷次宗豫章記曰張公遇害劍飛入襄城水中郡國志曰南郡在雒陽南千五百里有襄陽縣潁川在雒陽東南五百里有襄城縣酈氏蓋誤以襄城水爲襄陽水也何氏曰道元與吳均同時安得引用其詩疑此書後人附益者多矣一清按南史吳均傳天監初柳惲爲吳興召補主簿當道元之時均名位尚輕文字未必遂行江外義門之言可謂精審矣**沔**

水又逕平魯城南官本曰按此八字原本及近刻竝訛作經案朱訛趙改刊誤曰八字是注混作經
城魯宗之所築也故城得厥名矣趙釋曰全氏曰城係宗之所築然則何以云平魯也
或是宗之北奔後劉宋以此名之東對樊城官本曰按近刻脫此二字案朱脫城趙增刊誤曰樊下落城
字顧炎武校增官本以樊字下屬故云脫二樊仲山甫所封也朱趙無樊字趙釋曰全氏曰仲山甫
所封之樊在河内所謂陽樊者也非此樊也此城因樊山爲名漢晉春秋稱桓帝幸樊城百
姓莫不觀有一老父獨耕不輟議郎張温使問焉父笑而不
答温因與之言問其姓名不告而去城周四里南半淪水建
安中關羽圍于禁于此城會沔水泛溢三丈有餘城陷禁降
龐德奮劍乘舟投命于東岡魏武曰吾知于禁三十餘載至
臨危投命更不如龐德矣城西南有曹仁記水碑杜元凱重
刊其後書伐吳之事也

又從縣東屈西南淯水從北來注之
襄陽城東有東白沙白沙北有三洲東北有宛口趙釋曰一清按通典
樊城有宛水故有宛口之名即淯水所入也沔水中有魚梁洲官本曰按此七字原
本及近刻竝訛作經案朱訛趙改刊誤曰七字是注混作經龐德公所居士元居漢之陰
在南白沙世故謂是地爲白沙曲矣司馬德操宅洲之陽望
衡對宇歡情自接泛舟褰裳率爾休暢豈待還桂柂于千里
貢深心于永思哉水南有層臺號曰景升臺蓋劉表治襄陽
之所築也言表盛遊于此常所止憩表性好鷹嘗登此臺歌
野鷹來曲其聲韻似孟達上堵吟矣沔水又逕桃林亭東官本
曰按此八字原本及近刻竝訛作經案朱訛趙改刊誤曰八字是注混作經又逕峴山東山上有
桓宣所築城孫堅死于此又有桓宣碑羊祜之鎮襄陽也與

鄒潤甫嘗登之及祜薨後人立碑于故處望者悲感杜元凱
謂之墮淚碑山上又有征南將軍胡羆碑又有征西將軍周
訪碑山下水中杜元凱沈碑處官本曰按近刻脫沈字案朱脫趙增刊誤曰杜元凱下
落沈字沔水又東南逕蔡洲官本曰按此八字原本及近刻竝訛作經案朱訛趙改刊誤曰八
字是注混作經漢長水校尉蔡瑁居之故名蔡洲朱箋曰襄陽者舊傳云蔡瑁字德珪
性豪自喜少爲魏武所親瑁家在蔡洲上屋宇甚好四牆皆以青石結角婢妾數百人別業四五十處洲東岸
西官本曰按東近刻訛作大案朱訛趙改刊誤曰大當作東有洄湖停水數十畮長數
里廣減百步水色常綠楊儀居上洄楊顒居下洄朱箋曰襄陽者舊傳
云楊儀字威公爲蜀相諸葛亮長史亮出軍儀常規畫分部籌度糧穀不稽思慮須臾便了楊顒字子昭爲丞相亮主簿
後嘗爲東曹屬典選舉及顒死亮泣三日曰掾曹非楊顒於朝中多損益矣趙釋曰一清案松陵集皮日休荅陸龜蒙讀
襄陽者舊傳詩云偉哉洄上隱卓爾隆中耨即指儀顒所居之地集韻洄烏猛切音瞢郭璞江賦泓汯洄澋李善注曰水

勢回旋之貌與洄字義同而聲畫殊也豈唐人所見之耆舊傳作洄字耶又按武昌縣有大小回乃大江回曲處元次山
有歌曰樊水欲東流大江又北來樊山當其南此中爲大回叢石横大江人云是釣臺水石相衝擊此中爲小回回即洄
也與蔡洲相對在峴山南廣昌里又與襄陽湖水合水上承
鴨湖東南流逕峴山西又東南流注白馬陂水又東入侍中
襄陽侯習郁魚池郁依范蠡養魚法作大陂陂長六十步廣
四十步池中起釣臺池北亭郁墓所在也列植松篁于池側
沔水上郁所居也又作石洑逗官本曰按洑近刻訛作伏案朱訛趙改刊誤曰伏當作
洑引大池水于宅北作小魚池池長七十步廣二十步官本曰按
近刻訛作十二步案朱訛趙乙刊誤曰十二當倒互作二十西枕大道東北二邊限以高
隄楸竹夾植蓮芡覆水是遊宴之名處也山季倫之鎮襄陽
每臨此池未嘗不大醉而還恆言此是我高陽池故時人爲

之歌曰山公出何去往至高陽池日暮倒載歸酩酊無所知其水下入沔沔水西又有孝子墓河南秦氏性至孝事親無倦親沒之後負土成墳常泣血墓側人有咏蓼莪者氏爲泣涕悲不自勝于墓所得病不能食虎常乳之百餘日卒今林木幽茂號曰孝子墓也其南有蔡瑁冢冢前刻石爲大鹿狀甚大頭高九尺制作甚工沔水又東南逕邑城北官本曰按此九字原本及近刻並訛作經　案朱訛經趙改注朱無逕字趙增刊誤曰箋曰宋本作東南逕按八字是注混作經習郁襄陽侯之封邑也故曰邑城矣沔水又東合洞口官本曰按此七字原本及近刻並訛作經　案朱訛趙改刊誤曰七字是注混作經水出安昌縣故城東北大父山西南流謂之白水又南逕安昌故城東屈逕其縣南縣故蔡陽之白水鄉也漢元帝以長沙卑溼分白水上唐二鄉爲

春陵縣光武即帝位改爲章陵縣置園廟焉魏黃初二年更從今名故義陽郡治也趙釋曰一清案漢志汝南郡安昌南陽郡春陵本二縣也晉志云武帝平吳分南陽置義陽郡地形志云義陽郡魏文帝置後罷晉武帝復寰宇記云義陽郡居安昌城又云石城山山甚高峻即呂氏春秋九塞之一也晉于山上置義陽郡其故城在今信陽州西北七十里春陵續志有晉志無時則省廢矣章陵縣後漢嘗立爲郡劉表之擅荊州拜蒯越爲章陵太守見魏書劉表傳注魏武紀亦云建安二年南陽章陵諸縣復叛爲張繡是也逮乎荊州得其地嘗以趙儼爲章陵太守而後無聞顧景范曰章陵曹魏時省入蔡陽水經注魏黃初二年更章陵爲安昌縣誤也雖然猶有說西魏嘗置安昌郡幷春陵縣于此蓋道元身後之事然則此文又是後來不學人所塡補故迷繆其詞以拓跋爲當塗也白水又西南流而左會昆水水導源城東南小山西流逕金山北官本曰按金近刻訛作今　案朱訛趙改刊誤曰今山字誤當作金山趙釋曰一清按金山見淮水注又西南流逕縣南西流注于白水水北有白水陂其陽有漢光武故宅基址存焉所謂白水鄉也蘇伯阿官本曰按近刻訛作河　案朱訛趙改刊誤曰河當作阿後漢書光武帝紀校改望氣處也光武之征秦豐幸舊邑置酒極懽張平子以爲眞人南巡觀舊里焉東觀漢記曰明帝幸南陽祀舊宅召校官子弟作雅樂奏鹿鳴上自御塤篪和之以娛賓客又于此宅矣白水又西合濜水水出于襄鄉縣東北陽中山趙無縣字西逕襄鄉縣之故城北按郡國志是南陽之屬縣也濜水又西逕蔡陽縣故城東西南流注于白水又西逕其城南建武十三年官本曰按近刻訛作十六年　案朱趙作六趙釋曰沈氏曰范史是十三年封世祖封城陽王祉世子本爲侯國應劭曰蔡水出蔡陽東入淮趙釋曰一清案自洞口以下所合之昆水見汝水篇定陵縣下濜水見上卷陽平關下此又以蔡水當白水蔡水見泚水篇三水各有源流不得如酈所云今于此城南更無別水惟是水可以當之川流朱箋曰宋本作水西注苦其不東且淮

源阻礙山河無相入之理蓋應氏之誤耳趙釋曰一清按道元之言誤矣蓋仲瑗所謂入淮之淮即下經文出房陵淮山之淮漢中廬故城在今襄陽府南漳縣東五十里蔡陽故城在棗陽縣西六十里二城相距不遠自有可達之勢今注云云直誤認作出桐柏大復山之淮瀆故以應說爲非也洞水又西南流注于沔水

又東過中廬縣東維水自房陵縣維山東流注之官本曰按維近刻訛作淮漢書同漢中志及巴漢志並云房陵縣有維山維水所出可證淮字之訛　案朱趙作淮下同縣即春秋廬戎之國也縣故城南有水出西山山有石穴出馬謂之馬穴山漢時有數百匹馬出其中馬形小似巴滇馬三國時陸遜攻襄陽于此穴又得馬數十匹送建業蜀使至有家在滇池者識其馬毛色云其父所乘馬對之流涕趙釋曰一清按劉昭郡國志補注引襄陽耆舊傳云蜀使有五部兵家滇池者識其馬色云亡父所乘對之流涕其水東

流朱趙有一字百四十里逕城南名曰浴馬港言初得此馬洗之于此因以名之亦云乘出沔次浴之又曰洗馬㕫官本曰按近刻訛作既案朱訛趙改渡沔宿處名之曰騎亭然候水諸蠻官本曰按候近刻訛作侯案朱訛趙改北遏是水南壅維川以周田溉下流入沔沔水東南流逕犂丘故城西官本曰按犂近刻訛作黎下同又此十一字原本及近刻竝訛作經案朱訛經趙改注犂作黎無流字刊誤曰十字是注混作經其城下對繕州趙作洲秦豐居之故更名秦洲王莽之敗也秦豐阻兵于犂丘犂丘城在觀城西二里建武三年光武遣征南岑彭擊豐四年朱祐自觀城擒豐于犂丘是也官本曰按擒近刻訛作禽案朱訛趙改刊誤曰箋曰後漢書作圍豐于黎邱按郡國志邔侯國有黎邱城劉昭補註朱祐禽秦豐於蘇嶺山禽當作擒沔水又南與疎水合水出中廬縣西南東流至邔縣北界官本曰按邔近刻訛作郎案朱訛趙改刊誤曰郎當作邔漢書地理志南郡邔縣孟康曰邔音忌東入沔水謂之疎口也官本曰按近刻脫之字案朱脫趙增刊誤曰謂下落之字水中有物如三四歲小兒鱗甲如鯪鯉射之不可入七八月中好在磧上自曝官本曰按上近刻訛作中案朱訛趙改刊誤曰劉昭郡國志補註引荊州記作磧上郄頭似虎掌爪常沒水中出郄頭小兒不知欲取弄戲便殺人或曰人有生得者摘其皐厭可小小使官本曰按近刻作可以小使案朱趙同名爲水虎者也官本曰按虎近刻訛作唐案朱訛趙改朱箋曰後漢郡國志注引盛氏荊州記云生得者摘其鼻厭可小小使名爲水盧十道志引襄沔記云或有生得者摘其鼻可小小使之名曰水虎餘詳趙引趙釋曰朱氏謀㙔箋曰孫汝澄云皐厭者水虎之勢也可爲媚藥善使內也一淸按董斯張吹景集曰陶隱居刀劍錄漢章帝建初八年鑄一金劍投伊水中厭人膝之怪引水經語亦與今文小異今伊水轉爲疎水未詳摘其鼻句厭字屬下卽厭勝之厭也太平御覽引十道記云涑水亦名襄水襄沔記云中廬有涑水注于沔此水有物㗋人名曰水虎生得者摘其鼻可小小使之然財疎者涑之誤也荊州記生得者摘其鼻厭可小小使名曰水盧合諸書語

益明孫云媚藥何㨿使云者如黃公之制蛇御虎也又山海經云蔓渠之山伊水出焉有獸焉名曰馬腹其狀如人面虎身其音如嬰兒是食人水唐之爲馬腹審哉海外經云聶耳國使兩文虎黑齒國食稻使蛇大荒經蒍國中容白民之國俱使四鳥虎豹羆熊司幽黑齒元股三身張宏毛民之國俱使四鳥讀此可得使字之義矣遐周之言甚辯今考古今刀劍錄云漢章帝建初八年鑄一金劍投伊水中厭人膝之怪水經注中盧縣疎水中有物如三四歲小兒鱗甲如鯪鯉膝頭似虎掌爪常沒水中出膝頭小兒不知欲取戲弄便殺人名爲水唐形狀與馬服類蓋陶惟以水唐釋馬服非便謂疎水卽伊水也竊更有疑者按史陶以宋孝建三年生梁太淸二年卒年八十五太清二年實東魏武定六年西魏大統十四年其時拓跋氏已分爲二道元以孝昌二年被害距通明之歿才二十二年耳南北殊域酈書未必遂行江表藉曰有之不應訛誤若此載籍流傳舛多外繆而此等著錄要爲後人羼亂不特水經注有依傳卽刀劍錄恐亦非隱居之舊也寰宇記襄州襄陽縣下云涑水亦名襄水土人呼涑水上流亦爲襄名卽無定疎之爲涑其誤明矣

又南過邔縣東北官本曰按邔近刻訛作郎案朱訛趙改刊誤曰箋曰郎一作印按此是今本郡國志誤文當以史記年表漢書地理志作邔字爲正

沔水之左有騎城周迴二里餘高一丈六尺卽騎亭也縣故楚邑也秦以爲縣漢高帝十一年官本曰按近刻訛作十二年案朱訛趙改刊誤曰二史表作一趙釋曰一淸按漢書高祖功臣侯表是十二年封封黃極忠爲侯國縣南有黃家墓墓前有雙石闕彫制甚工俗謂之黃公闕黃公名尙爲漢司徒沔水又東逕豬蘭橋橋本名木朱作荻箋曰宋本作木蘭橋趙改木蘭橋橋之左右豐蒿荻于橋東劉季和朱箋曰劉洪字季和沛國相人見襄陽耆舊傳大養豬襄陽太守曰趙釋曰沈氏曰當作襄陽太守劉季和于橋東大養豬方合劉宏晉陽秋字叔和襄陽耆舊傳作季和晉書本傳又云字和季疑爲非也此中作豬屎臭官本曰按近刻脫作字案朱脫趙增刊誤曰此中下落作字孫潛校增可易名豬蘭橋百姓遂以爲名矣橋北有習郁宅宅側有魚池池不假功自然通泄長六七十步廣十丈常出名魚沔水又南得木里水會官本曰按此九字原本及近刻竝訛作經

案朱訛趙改刊誤曰九字是注混作經楚時于宜城東穿渠上口去城三里漢
南郡太守王朱作伍箋曰玉海二十一卷引此作王寵趙改王寵又鑿之引蠻水灌
田謂之木里溝逕宜城東而東北入于沔謂之木里水口也
又南過宜城縣東夷水出自房陵東流注之趙增縣字刊誤曰房陵下落縣字楊
愼本校增夷水蠻水也桓温父名夷改曰蠻水朱箋曰按晉書桓温父名彝此云夷蓋嫌音之
同也夷水導源中廬縣界康狼山山與荆山相鄰其水東南流
歷宜城西山謂之夷溪又東南逕羅川城故羅國也又謂之
鄢水春秋所謂楚人伐羅渡鄢者也夷水又東南流與零水
合零水即沶水也官本曰按沶近刻訛作汴　案朱訛趙改刊誤曰箋曰謝云汴一作汒疑作沵按非
也通鑑註作沶音怡方輿紀要云沶水在宜城縣西晉懷帝永嘉四年劉聰逼洛陽荆州刺史王澄自將欲援京師至怡

口衆散而還卽此上通梁州沒陽縣之默城山趙沒改沔刊誤曰沒陽當作沔陽司
馬懿出沮之所由其水東逕新城郡之沶鄉縣官本曰按郡近刻訛作縣
又此下沶皆訛作沵　案朱訛趙改刊誤曰魏文帝合房陵上庸西城三郡爲新城郡以孟達爲太守見三國志劉封傳
新城縣當作新城郡晉書地理志新城郡統沶鄉縣宋書州郡志作祈鄉令何志魏立晉太康地志作沶音祈縣分
房陵立朱作邱趙改刊誤曰邱字誤當作立謂之沶水又東歷軨鄉謂之軨水
晉武帝平吳割臨沮之北鄉中廬之南鄉立上黃縣治軨鄉
沶水又東歷宜城西山謂之沶溪東流合于夷水謂之沶口
也與夷水亂流東出謂之淇水逕蠻城南城在宜城南三十
里官本曰按城在之城近刻訛在上句南字上　案朱訛趙乙刊誤曰上城南二字當倒互春秋莫敖自
羅敗退及鄢亂次以濟淇水是也趙釋曰一清按今本左傳作及鄢亂次以濟遂無次
陸德明音義曰本或作亂次以濟其水九域志宜城縣有淇水鎮又刪定元豐九域志南漳縣有漳水沮水淇水鄢水是

知經典釋文誤作其水字也夷水又東注于沔昔白起攻楚引西山長谷
水官本曰按近刻脫長字　案朱脫趙增刊誤曰當作長谷水落長字荆州記校增長谷卽左傳之荒谷也卽是
水也官本曰按也上近刻衍者字案朱衍趙刪刊誤曰者字衍文舊堨去城朱趙有一字百許
里水從城西灌城東入注爲淵今熨斗陂是也水潰城東北
角百姓隨水流死于城東者數十萬城東皆臭因名其陂爲
臭池後人因其渠流以結陂田城西陂謂之新陂覆地數十
頃西北又爲土門陂從平路渠以北木蘭橋以南西極土門
山東跨大道水流周通其水自新陂東入城城故鄢郢之舊
都秦以爲縣漢惠帝三年改曰宜城其水歷大城中逕漢南
陽太守秦頡墓北墓前有二碑頡都人也官本曰按都近刻作郡　案朱作郡
趙改刊誤曰箋曰宋本作郡人也按郡字似誤刻不然與本文何異乎隸釋載此文作都人以江夏都尉

出爲南陽太守趙釋曰全氏曰都尉非京朝官何以云出乎此後人所妄加者逕宜城中見
一家東向朱家作冢趙改刊誤曰冢當作家隸釋校改頡住車視之曰此居處可
作冢後卒于南陽趙釋曰一清按後漢書靈帝紀中平二年春三月江夏兵趙慈反殺南陽太守秦頡
葢死于兵亂也喪還至昔住車處車不肯進故吏爲市此宅葬之孤
墳尚整官本曰按此下近刻有冢前有二碑五字係重出衍文　案朱趙有朱尚整作向墼趙改刊誤曰箋曰向
宋本作尚按墼隸釋作整又冢前有二碑下趙釋曰一清按五字與上複葢刪削之未盡者城南有宋玉
宅玉邑人雋才辯給善屬文而識音也其水又逕金城前縣
南門有古碑猶存其水又東出城東注臭池臭池溉田陂水
散流又入朱湖陂朱湖陂亦下灌諸田餘水又下入木里溝
木里溝是漢南郡太守王寵所鑿故渠引鄢水也灌田七百
頃白起渠溉三千頃膏良肥美更爲沃壤也縣有太山山下

有廟漢末名士居其中官本曰按近刻名訛作多脫居字案朱訛脫趙改增刊誤曰多當作名士下落居字何焯校刺史二千石卿長數十人朱軒華蓋同會于廟下荆州刺史行部見之雅歎其盛號爲冠蓋里而刻石銘之此碑于永嘉中始爲人所毁其餘文尚有可傳者其辭曰峨峨南岳烈烈離明實敷儁乂君子以生惟此君子作漢之英德爲龍光聲化鶴鳴此山以建安三年崩聲聞五六十里雉皆屋雊縣人惡之以問侍中龐季官本曰按問近刻訛作聞案朱訛趙改刊誤曰聞當作問季云官本曰按近刻脫季字案朱趙無山崩川竭國土將亡之占也十三年魏武平荆州沔南彫散沔水又逕鄀縣故城南官本曰按此九字原本及近刻竝訛作經案朱訛趙改刊誤曰九字是注混作經古鄀子之國也秦楚之間自商密遷此爲楚附庸楚滅之以爲邑縣南臨沔津津南有石山上有古烽火臺縣北有大城楚昭王爲吴所迫自紀郢徙都之官本曰按近刻脫自字紀訛作絕案朱脫訛趙增改刊誤曰絕當作紀漢書地理志江夏郡若縣下云楚昭王畏吴自郢徙此紀郢上落自字即所謂鄀鄀盧羅之地也官本曰按即字近刻訛在楚昭王上案朱趙同秦以爲縣沔水又東敖水注之官本曰按此八字原本及近刻竝訛作經案朱訛趙改刊誤曰八字是注混作經水出新市縣東北又西南逕太趙作大陽山西南流逕新市縣北又西南而右合枝水水出大洪山而西南流逕襄陽鄀縣界西南逕狄城東南左注敖水趙釋曰名勝志承天府鍾祥縣下引水經云沔水又東豐樂水注之敖水枝水又注之今本無豐樂水之目石倉自釋云按豐樂河源出大洪山西北流逕盤石嶺溉田甚廣民賴以豐故名敖水源出黃仙洞西南流合枝水即今之直河也枝水出横嶺西北流逕古鄀縣又西南逕狄城西左注敖水所叙最爲詳析足補是注之亡方輿紀要亦云直河俗誤作池河志云池河即水經所載枝水也敖水又西南流注于沔寔曰敖口趙寔改是刊誤曰寔當作

是沔水又南逕石城西城因山爲固晉太傅羊祜鎭荆州立晉惠帝元康九年分江夏西部置竟陵郡治此沔水又東南與臼水合官本曰按此九字原本及近刻竝訛作經案朱訛趙改刊誤曰九字是注混作經水出竟陵縣東北聊屈山官本曰按聊近刻訛作耶案朱訛趙改刊誤曰左傳定公五年杜預註曰江夏竟陵縣有臼水出聊屈山西南入漢耶字誤一名盧屈山西流注于沔魯定公四年吴師入郢昭王奔隨濟于成臼謂是水者也又東過荆城東官本曰按此六字原本及近刻竝訛入注內今據全書體例定爲經文案朱訛趙改刊誤曰六字是經混作注沔水自荆城東南流逕當陽縣之章山東官本曰按此十六字原本及近刻竝訛作經案朱訛趙改刊誤曰十六字是注混作經山上有故城太尉陶侃伐杜曾所築也禹貢所謂內方朱趙有山字至于大別者也既濱帶沔流寔會尚書之文矣趙釋曰一清按漢志江夏郡竟陵縣章山在東北古文以爲內方山沔水又東右會權口官本曰按此八字原本及近刻竝訛作經案朱訛趙改刊誤曰八字是注混作經水出章山東南流逕權城北古之權國也春秋魯莊公十八年楚武王克權權叛圍而殺之遷權于那處是也趙釋曰一清按左傳是閻緡以權叛楚子圍而殺之叛與殺者皆緡也今注云云殊失本旨且事亦非在莊公十八年左氏特爲巴人伐楚作緣起耳東南有那口城權水又東入于沔沔水又東南與揚口合官本曰按此九字原本及近刻竝訛作經案朱訛趙改朱揚作陽趙改刊誤曰九字是注混作經陽口晉書作揚口通鑑注引此文俱作揚下同水上承江陵縣赤湖江陵西北有紀南城楚文王自丹陽徙此平王城之班固言楚之郢都也趙釋曰沈氏曰荆州記云昭王十年吴通漳水灌紀南城決赤湖進灌郢城是紀南城郢城爲二也一清按史記索隱楚都郢今江陵縣北紀南城是平王更城郢今江陵東北故郢城是楚子革曰我先君僻處荆山以供王事遂遷紀郢郢與紀南爲二城明矣而紀南本號郢鄢

注亦未盡非城西南有赤坂岡岡下有瀆水東北流入城名曰子胥瀆蓋吴師入郢所開也謂之西京湖又東北出城西南注于龍陂陂趙不重陂字古天井水也廣圓二百餘步在靈溪東江隄內水至淵深有龍見于其中故曰龍陂陂北有楚莊王釣臺高三丈四尺南北六丈東西九丈陂水又逕郢城南東北流謂之揚水官本曰按揚近刻訛作楊下同　案朱訛趙改又東北路白湖水注之官本曰按路白近刻訛作流曰　案朱作路曰趙曰改白刊誤曰箋曰克家云路當作流按非也白湖亦曰路白湖與中湖昏官湖而爲三杜預開揚口起夏水達巴陵卽是水也曰字當作白湖在大港北港南曰中湖南隄下曰昏官湖三湖合爲一水東通荒谷荒谷東岸有冶父城春秋傳曰莫敖縊于荒谷羣帥囚于冶父謂此處也春夏水盛官本曰按夏近刻訛作秋　案朱訛趙改刊誤曰秋當作夏方輿紀要校則南通大江否則南迄江隄北逕方城西官本曰按近刻訛作四　案朱訛趙改方城卽南蠻府也又北與三湖會故盛弘之曰南蠻府東有三湖源同一水蓋徙治西府也宋元嘉中通路白湖官本曰按白近刻訛作自　案朱訛趙改刊誤曰自當作白下注揚水朱揚作楊趙改刊誤曰楊水當作揚水下同以廣運漕趙作漕運揚水又東歷天井北井在方城北里餘廣圓二里其深不測井有潛室見輒兵西岸有天井臺因基舊隄臨際水湄遊憩之佳處也揚水又東北流東得赤湖水口官本曰按東得近刻訛作得東　案朱訛趙乙刊誤曰得東二字當倒互湖周五十里城下陂池皆來會同湖東北有大暑臺官本曰按暑近刻訛作置　案朱訛趙改刊誤曰寰宇記江陵縣下云清暑臺一名大暑臺在城東二十里置字誤也高六丈餘縱廣八尺一名清暑臺秀宇層明通望周博遊者登之以暢遠情揚水又東入華容縣有靈溪水

官本曰按溪近刻訛作港　案朱訛趙改刊誤曰港當作溪晉書桓元傳云義軍乘勝競進振該等距戰于靈溪是也西通赤湖水口已下多湖周五十里城下陂池皆來會同又有子胥瀆蓋入郢所開也水東入離湖湖在縣東七十五里國語所謂楚靈王闕爲石郭陂漢以象帝舜者也官本曰按吴語子胥稱楚靈王不君乃築臺于章華之上闕爲石郭陂漢以象帝舜韋昭云闕穿也陂壅也舜葬九疑其山體水旋其丘下故壅漢水使旋石郭以象之　趙釋曰一清按此是外傳吴語之文湖側有章華臺臺高十丈基廣十五丈左丘明曰楚築臺于章華之上韋昭以爲章華亦地名也王與伍舉登之舉曰臺高不過望國之氛祥大不過容宴之俎豆蓋譏其奢而諫其失也趙釋曰全氏曰下有脫文言此瀆靈王立臺之日漕運所由也其水北流注于揚水揚水又東北與柞溪水合官本曰按柞近刻訛作祚下同　案朱訛趙改刊誤曰祚當作柞水出江陵縣北蓋諸池散流咸所會合積以成川東流逕魯宗之壘南當驛路水上有大橋隆安三年桓玄襲殷仲堪于江陵仲堪北奔縊于此橋柞溪又東注船官湖湖水又東北入女觀湖湖水又東入于揚水揚水又北逕竟陵縣西又北納巾吐柘柘水卽下揚水也巾水出縣東朱趙有一字百九十里西逕巾城官本曰按此下近刻衍下字　案朱趙有城下置巾水戍晉元熙二年竟陵郡巾水戍官本曰按近刻作上巾水戍山　案朱趙同得銅鐘七口言之上府巾水又西逕竟陵縣北西注揚水官本曰按近刻注訛作逕　案朱訛趙改刊誤曰逕當作注謂之巾口水西有古竟陵大城古鄖國也鄖公辛所治所謂鄖鄉矣昔白起拔郢東至竟陵卽此也秦以爲縣王莽之守平矣世祖建武十三年更封劉隆爲侯國城旁有甘魚陂左傳

昭公十三年公子黑肱爲令尹次于魚陂者也揚水又北注于沔謂之揚口中夏口也曹太祖之追劉備于當陽也張飛按矛于長坂備得與數騎斜趣漢津官本曰按斜近刻訛作郤　案朱作郤趣趙郤改邪刊誤曰蜀志先主傳云斜趣漢津斜與邪同遂濟夏口是也沔水又東得䢪口其水承大䢪馬骨諸湖水周三四百里及其夏水來同滲若滄海朱趙滲作浩趙刊誤曰箋曰浩宋本作滲按浩字義通洪潭巨浪趙刊誤曰箋曰克家云疑作洪濤按潭字不誤縈連江沔故郭景純江賦云其旁則有朱䢪丹漅是也官本曰按朱近刻訛作珠　案朱訛趙改

又東南過江夏雲杜縣東朱過作逕趙改刊誤曰逕當作過

夏水從西來注之即堵口也趙堵改賭刊誤曰全氏云堵口當作賭口晉書甘卓傳作豬口若作堵口則是堵水之口非矣互見夏水篇趙釋曰一清按寰宇記沔陽縣下云周地圖經云夏水合瀦水同入漢水自漢入瀦名爲七里汙郎屈原逢漁父與言濯纓鼓枻而去是此地全祖望曰按夏水決入之地曰賭口非有賭水也而記又引荆州圖副及盛宏之說則亦不以爲有水名瀦也互見夏水篇爲中夏水縣故邔亭左傳若敖娶于邔是也官本曰按近刻訛作左傳所爲若敖聚于邔是也　案朱訛趙改二字刊誤曰爲當作謂聚當作娶孫校曰按邔即鄖字即雲澤也王逸注楚詞云楚人謂澤曰夢故曰雲夢今人云二澤名非也禹貢所謂雲土夢作乂故縣取名焉縣有雲夢城城在東北沔水又東逕左桑官本曰按此七字原本及近刻竝訛作經　案朱訛趙改刊誤曰七字是注混作經昔周昭王南征船人膠舟以進之昭王渡沔中流而沒死于是水齊楚之會齊侯曰昭王南征而不復官本曰按而近刻訛作之　案朱訛趙改刊誤曰之左傳作而寡人是問屈完曰君其問諸水濱庾仲雍言村老云百姓佐昭王喪事于此成禮而行故曰佐喪左桑字失體耳沔水又東合巨亮水口官本曰按此九字原本及近刻竝訛作經　案朱訛趙改刊誤曰九字是注混作經水北承巨亮

湖官本曰按近刻脫巨字　案朱脫趙增刊誤曰亮湖上落巨字南達于沔沔水又東得合驛口官本曰按此八字原本及近刻竝訛作經　案朱訛趙改刊誤曰八字是注混作經庾仲雍言須導村者舊云朝廷驛使合王喪于是因以名焉今須導村正有大斂口言昭王于此殯斂矣沔水又東謂之横桑官本曰按此八字原本及近刻竝訛作經　案朱訛趙改刊誤曰八字是注混作經言得昭王喪處也沔水又東謂之鄭公潭官本曰按此九字原本及近刻竝訛作經近刻脫公字　案朱訛趙改並無公字刊誤曰八字是注混作經言鄭武公與王同溺水于是余謂世數既懸官本曰按余近刻訛作今　案朱訛趙改刊誤曰今當作余爲不近情矣斯乃楚之鄭鄉守邑大夫僭言公故世以爲鄭公潭耳趙釋曰全氏曰同死者是祭公此或以鄭丹遺愛得名沔水又東得死沔官本曰按此七字原本及近刻竝訛作經　案朱訛趙改刊誤曰七字是注混作經言昭王濟沔自是死官本曰按沔字近刻訛在死字下　案朱趙同故有死沔之稱王尸豈逆流乎但千古芒昧難以昭知推其事類似是而非矣趙釋曰全氏曰死沔之死亦如死汝死過死沙死穀之類皆水之枯者沔水又東與力口合官本曰按此八字原本及近刻竝訛作經　案朱訛趙改刊誤曰八字是注混作經有溾水出竟陵郡新陽縣西南池河山官本曰按池河山近刻訛作河地山　案朱趙同趙釋曰一清按河地山字誤方輿紀要承天府沔陽州景陵縣東北七十五里有同河自府北池河分流經此又東南入于沔水景陵楚竟陵邑漢屬江夏郡晉末分置宵城縣同河即溾水也溾同聲相近又府北一十五里有直河俗呼爲池河源出大洪山山在京山縣北二十里京山前漢爲雲杜安陸二縣地後漢爲雲杜南新市二縣地晉惠帝時析置新陽縣屬竟陵郡然則池河山即大洪山直河即枝水也今本誤寫池爲地又倒互池河作河地遂難通曉耳寰宇記郢州京山縣南有泗水云在縣東四十里東入復州竟陵界泗河亦即池河之誤道元涑水篇注云泗或作池字可證也東流逕新陽縣南縣治雲杜故城分雲杜立溾水又東南流注宵城縣南大湖又南入于沔水是曰力口沔水又東南滇水入焉官本曰按此九

字原本及近刻竝訛作經案朱訛趙改刊誤曰九字是注混作經沔水又東逕沌水口水南通縣之太白湖趙增沔陽二字刊誤曰縣上落沔陽二字江水注參校增湖水東南通江又謂之沌口沔水又東逕沌陽縣北官本曰按此九字原本及近刻竝訛作經案朱訛趙改刊誤曰九字是注混作經處沌水之陽也沔水又東逕臨嶂故城北官本曰按臨嶂近刻訛作林鄣案朱趙同趙釋曰一清案林鄣一作臨嶂顧祖禹云臨嶂卽沔陽也有臨嶂山在漢陽府西六十里層山臨江盤基數十里晉于山下置沔陽縣今亦名城頭山有峰曰烏林峰俗謂之赤壁誤也並見江水注

晉建興二年太尉陶侃爲荊州鎭此也

又南至江夏沙羨縣北南入于江

庾仲雍曰夏口亦曰沔口矣尚書禹貢云漢水南至大別入江春秋左傳定公四年吳師伐郢楚子常濟漢而陳自小別至于大別京相璠春秋土地名曰大別漢東山名也在安豐

縣南杜預釋地曰二別近漢之名無緣乃在安豐也按地說言漢水東行觸大別之阪官本曰按近刻訛作陂案朱訛趙改刊誤曰陂何焯校改阪南與江合則與尚書杜預相符但今不知所在矣官本曰按在近刻訛作是案朱趙作是趙釋曰一清按方輿紀要漢陽府下云大別山在府城東北漢江之右一名魯山一名翼際山小別山在漢川縣南十里亦名甑山決水篇廬江雩婁縣之大別山別是一山非禹貢之大別也卷末釋禹貢山水澤地所在仍誤以爲在安豐蓋惑于班志而不能別白也

水經注卷二十八

水經注卷二十九　　長沙王氏校本

後魏酈道元撰

沔水 朱有下字趙無此目　潛水　湍水　均水

粉水　白水　比水 朱趙作沘水

沔水與江合流又東過彭蠡澤 案朱趙此下連上爲二十八卷

尚書禹貢匯澤也鄭玄曰匯回也漢與江鬭轉東成其澤矣

又東北出居巢縣南 官本曰按此經及下又東過牛渚當在其一東北流之下又過毗陵縣北爲北江之上

古巢國也湯伐桀桀奔南巢卽巢澤也尚書周有巢伯來朝春秋文公十二年夏楚人圍巢巢羣舒國也舒叛故圍之永平元年漢明帝更封菑丘侯劉般爲侯國也江水自濡須口

又東左會柵口水導巢湖 官本曰按導近刻訛作遵　案朱訛趙改刊誤曰遵當作導 東逕烏上城北又東逕南譙僑郡城南又東絕塘逕附農山北又東左會清溪水水出東北馬子硯 朱箋曰疑作峴趙改峴 之清溪也東逕清溪城南屈而西南 官本曰按此下近刻有流字　案朱趙有 歷山西南流注柵水謂之清溪口柵水又東左會白石山水水發白石山西逕李鵲城南西南注柵水 官本曰按西南近刻訛作西流　案朱同趙增南字刊誤曰西下落南字通鑑注校補 柵水又東南積而爲竇湖中有洲湖東有韓綜山 官本曰按綜近刻訛作縱　案朱趙作縱下同趙釋曰山全氏曰韓縱卽韓綜吳將韓當子事見吳書縱綜字通 上有城山北湖水東出爲後塘北湖湖南卽塘也塘上有穎川僑郡故城也竇湖水東出謂之竇湖口東逕刺史山北 官本曰按東逕近刻作湖水東出逕　案朱趙同 歷韓綜山南逕流二山之間出王武子城北 城在刺史山上 湖水又東逕右塘穴北爲中塘塘在四水中水出格虎山北 山上有虎山城 官本曰按近刻脫城字　案朱脫趙增刊誤曰虎山下落城字 有郭僧坎城水北有趙祖悅城並故東關城也昔諸葛恪帥師作東興隄以遏巢湖傍山築城使將軍全端留畧等各以千人守之魏遣司馬昭督鎮東諸葛誕率衆攻東關三城 趙釋曰一清按吳書諸葛恪傳云恪以建興元年十月會衆於東興更作大隄左右結山挾築兩城魏命大將胡遵諸葛誕等作浮橋度陣於隄上分兵攻兩城三嗣主傳云全端守西城留略守東城通鑑陳大建五年遣吳明徹等北伐別將任忠軍於東關克齊東西二城顧祖禹曰卽諸葛恪所築此云三城按朱然傳云曹公出濡須然備大塢及三關屯大塢卽濡須塢三關卽東興關也是東興本有三城其後元遜更分築兩城耳三字亦非誤也 將毀隄遏諸軍作浮梁陳于隄上分兵攻城恪遣冠軍丁奉等登塘鼓譟奮擊 官本曰按塘近刻訛作城　案朱訛趙改刊誤曰城黃省曾本作塘三國志吳書丁奉傳云遂據徐

塘方輿紀要云徐塘在濡須水東 朱異等以水軍攻浮梁魏征東胡遵軍士爭渡梁壞投水而死者數千塘卽東興隄城亦關城也柵水又東南逕高江產城南胡景略城北 官本曰按近刻脫略字　案朱脫趙增刊誤曰胡景下落略字梁天監四年侵魏合肥胡景略與趙祖悅同軍交惡而韋叡解之事見南史韋叡傳然有大可疑者梁天監四年是魏孝昌元年明年道元被害於陰槃其成書又不知在何時安得遽取胡趙築城以相證而又云魏事已久難用取悉何耶此與襄陽水下引吳均詩同一蔽也 又東南逕張祖禧城南東南流屈而北逕鄭衛尉城西魏事已久難用取悉推舊訪新略究如此又北委折蒲浦出馬柵水又東南流注于大江謂之柵口 官本曰按此下近刻有水字衍　案朱同趙乙刊誤曰當作柵水口卽柵江口也

又東過牛渚縣南 趙釋曰一清按牛渚圻名漢末嘗置縣也注云牛渚在姑孰烏江兩縣界中姑孰今當塗縣地烏江廢縣在和州東北四十里蓋夾江南北岸也寰宇記太平州當塗縣下云淮南記曰吳初以周瑜屯牛渚晉鎮西將

軍謝尚亦鎮此城而牛渚山上有采石戍在城西北山上之最狹處然則雖未立縣而未嘗無城也縣字或當作圻亦或是城字又東至石城縣官本曰按牛渚乃山名非縣名大江過其北非過其南縣南二字之上有脫文牛渚在今當塗縣西北二十里石城故城在今貴池縣西七十里道元辯經之誤云不得逕牛渚而方居石城也今攷石城不特在牛渚西且在居巢西居巢故城在今巢縣東北五里漢書地理志丹陽郡石城下云分江水首受江東至餘姚入海餘姚當是餘杭之誤作水經者本之曰至石城縣分爲二其一東北流其一又過毗陵縣北爲北江又東至會稽餘姚縣東入于海以地望推之訛舛不可通沔水與江合流又東過彭蠡澤下當云又東過皖縣南又東至石城縣分爲二其一東北流又東北出居巢縣南又東過牛渚又過毗陵縣北爲北江其一東至會稽餘杭縣東入于海則與漢志適協不言北江所終者水經之末記禹貢山水澤地所在云北江在毗陵北界東入海大江源委固首尾完備矣然沔水經文自彭蠡以下在道元時已倒亂道元雖正其失而言之亦未能明析是以自言緯綜所躔未必一得其實也經所謂石城縣者卽宣城郡之石城縣也牛渚在姑熟烏江兩縣界中朱趙有也字于石城東北減五百許里安得逕牛渚而方屆石城也朱屆作界趙改刊誤曰界當作屆蓋經之謬誤也趙釋曰一清按文選殷仲文南州桓公九井作詩李善注引水經注云淮南郡之于湖縣南所謂姑孰卽南州矣今本無之姑孰于湖今太平府當塗縣地晉咸和初僑置淮南郡于此九井山在龍山之南桓溫所鑿元興二年桓元築禪位壇于九井山北大江在西北梁承聖初王僧辯討侯景至姑孰景將侯子鑒度南州於岸挑戰卽此處也分爲二其一東北流其一官本曰按此二字當在東至會稽餘姚縣之上又過毗陵縣北爲北趙作大江

地理志毗陵縣會稽之屬縣也官本曰按近刻志下衍曰字會稽上衍舊字復脫也字案朱同趙增也字說見下丹徒縣北二百步有故城官本曰按縣下近刻衍也字　案朱衍趙刪刊誤曰也字當移在屬縣之下本毗陵郡治也舊去江三里岸稍毀遂至城下城北有揚州刺史劉繇墓淪于江江卽北江也經書爲北江則可官本曰按爲近刻訛作在　案朱作在趙刪江字刊誤曰江字衍文又言東至餘姚則非攷其逕流知經之誤矣趙釋曰一清按大江不得東至餘姚入海道元證經文爲誤是矣而其下以分江水合爲南江以應餘姚入海之文水名已殊而其道亦變不特非禹貢三江之迹并班志所記亦多不合地理志曰江水自石城東出逕吳國南爲南江官本曰按地理志丹陽郡石城下云分江水首受江東至餘姚入海于會稽郡吳下云南江在南東入海本屬二水各不相蒙道元合之爲一非也　趙釋曰胡氏渭曰按志以分江水繫石城南江繫吳縣至道元始貫穿爲一條一清按道元依經立注誤以震澤爲南江而又合分江水言之謂其水得至餘姚入海也遂改竄班書以就己說且班志云吳故國周太伯所居六朝時曰吳國道元因改縣曰國也江水自石城東入爲貴口東逕石城縣北晉太康元年立官本曰按近刻脫立字　案朱趙無隸宣城郡東合大溪官本曰按大近刻訛作天　案朱訛趙改刊誤曰天當作大溪水首受江北逕其縣故城東又北入南江南江又東與貴長池水合官本曰按此十字原本及近刻並訛作經攷江水自石城東入以下並注內敘分江水所逕今改正　案朱訛趙改刊誤曰十字是注混作經水出縣南郎山北

流爲貴長池池水又北注于南江孫校曰南江自貴池以東今斷續不可尋其貴池水仍東北入江謂之貴口也南江又東逕宣城之臨城縣南官本曰按此十二字原本及近刻並訛作經又東訛作又南東　案朱訛趙改刪刊誤曰十三字是注混作經又南之南衍文又東合涇水官本曰按合下近刻衍注字　案朱趙有趙釋曰一清按漢志丹陽郡涇縣注韋昭曰涇水出蕪湖南江又東與桐水合官本曰按此八字原本及近刻並訛作經　案朱訛趙改刊誤曰八字是注混作經又東逕安吳縣號曰安吳溪又東旋溪水注之水出陵陽山下逕陵陽縣西爲旋溪水昔趙有銍字縣人趙有陵字陽子明釣得白龍處後三年龍迎子明上陵陽山山去地千餘丈後百餘年呼山下人令上山半與語溪中子安問子明釣車所在後二十年子安死趙有葬字山下有黃鶴栖其冢樹鳴常呼子安故縣取名焉朱箋曰列仙傳云陵陽子明者銍人也於旋溪釣得白龍子明懼解鉤拜而放之後得白魚腹中有書教子明服食之法

子明遂上黃山採五石脂沸水而服之三年龍來迎去止陵陽山上百餘年山去地千餘丈大呼山下人令上山半告言谿中子安當來問子明釣車在否後二十餘年子安死人取葬石山下有黃鶴來栖其冢邊樹上鳴呼子安云晉咸康四年改曰廣陽縣溪水又北官本曰按溪近刻訛作漢　案朱訛趙改刊誤曰漢水當作溪水郎旋溪也合東溪水水出南里山北逕其縣東桑欽曰淮水出縣之東南北入大江官本曰按此水今亦名小淮河　趙釋曰全氏曰按漢志丹陽郡陵陽縣下亦引桑欽語今宣城人呼爲小淮水乃東壩之上游也其水又北歷蜀由山又北左合旋溪北逕安吳縣東晉太康元年分宛陵立縣南有落星山山有懸水五十餘丈下爲深潭潭水東北流左入旋溪而同注南江南江之北郎宛陵縣界也官本曰按近刻脫南江二字　案朱脫趙增江字刊誤曰於文當重一江字南江又東逕寧國縣南官本曰按此九字原本及近刻並訛作經　案朱訛趙改刊誤曰九字是注混作經晉太康元年分宛陵置南江又東逕故鄣縣南安吉縣北光和之末天下大亂此鄉保險守節官本曰按近刻脫鄉字　案朱脫趙增刊誤曰此下落鄉字劉昭郡國志補注引吳地記校補漢朝嘉之中平二年分故鄣之南鄉以爲安吉縣縣南有釣頭泉懸涌一仞乃流于川川水下合南江南江又東北爲長瀆歷湖口官本曰按此十一字原本及近刻並訛作經湖口訛作河口　案朱訛趙改刊誤曰十一字是注混作經河口當作湖口下云謂之五湖口是也南江東注于具區官本曰按南江近刻訛作江南　案朱訛趙乙刊誤曰江南二字當倒互　趙釋曰一清按漢志會稽郡吳縣具區澤在西揚州藪古文以爲震澤謂之五湖口五湖謂長蕩湖太湖射湖貴湖滆湖也官本曰按近刻蕩訛作塘射湖脫湖字貴湖下衍上湖二字　案朱同不衍趙改刊誤曰箋曰射貴湖下脫上湖二字按方輿紀要云虞翻云太湖有五滆湖洮湖射湖貴湖及太湖爲五湖酈道元曰長塘湖射湖貴湖滆湖與太湖而爲五此郎虞氏之說又云射貴湖今常州之芙蓉湖當時或分爲二故虞翻以射貴爲二湖也名勝志云上湖一名射貴湖則上湖郎射貴湖矣蓋上湖之名晚出故射貴可分爲二湖以當五湖之

數而不容增上湖于射貴之下讀者審之朱長文續吳郡圖經則以爲道元謂長蕩湖貴湖上湖滆湖與太湖而爲五蓋傳聞之異久矣趙釋曰全氏曰按虞翻說無長蕩湖有洮湖謂長蕩郎洮也韋昭說則以爲胥湖蠡湖洮湖滆湖與太湖而爲五其謂五湖祇一太湖者張勃吳錄也朱長文續吳郡圖經曰道元謂長蕩湖貴湖上湖滆湖與太湖而爲五蓋以射湖已與貴湖合也抑或所見之本異耶吳志云貢湖游湖梅梁湖金鼎湖胥湖其名皆出于近代也今吳中人又謂射貴湖郎上湖郭景純江賦曰注五湖以漫漭蓋言江水經緯五湖而苞注太湖也是以左丘明述國語曰越伐吳官本曰按此下近刻衍而字　案朱衍趙刪刊誤曰而字衍文戰于五湖是也又云范蠡滅吳返至五湖而辭越斯乃太湖之兼攝通稱也官本曰按近刻脫兼字　案朱脫趙增刊誤曰之下落兼字孫潛校增虞翻曰是湖有五道故曰五湖韋昭曰五湖今太湖也尚書謂之震澤爾雅以爲具區方圓五百里趙釋曰禹貢錐指曰具區五湖明是兩處而孔傳謂太湖一名震澤正義爲之辭曰徐州浸藪各異而揚州浸藪同處論其水謂之浸指其藪謂之澤此說非也葉少蘊云凡言藪者皆人所資以爲利故曰藪以富得名而浸則但水之所鍾揚州之藪爲震澤今平望八赤震澤之間水瀰漫而極淺其蒲魚蓮芡之利人所資者甚廣亦或可隄而爲田與太湖異所以謂之澤藪然積潦暴至無以洩之則溢而爲害所以謂之震澤黃子鴻申其義曰今土人自包山以西謂之西太湖水始淵深自莫釐武山以東謂之南湖水極灘淺蓋郎古之震澤止以上流相通後人遂混謂之太湖按此辨周官之藪浸極其明晰班志曰在吳西亦未當孔氏書傳鄭氏周禮注云在吳南湖有苞山春秋謂之夫椒山有洞室入地潛行北通琅邪東武縣俗謂之洞庭旁有青山一名夏架山山有洞穴潛通洞庭山上有石鼓長丈餘鳴則有兵故吳記曰太湖有苞山在國西百餘里居者數百家出弓弩材旁有小山山有石穴南通洞庭深遠莫知所極三苗之國左洞庭右彭蠡今宮亭湖也以太湖之洞庭對彭蠡則左右可知也余按二湖俱以洞庭爲目者亦分爲左右也但以趣矚

為方耳既據三苗宜以湘江為正是以郭景純之江賦云爰有包趙作苞山洞庭巴陵地道潛達旁通幽岫窈窕趙釋曰朱釋尊詩話云吳有洞庭山名也楚有洞庭湖名也郭景純云吳有苞山洞庭巴陵地道潛達傍通幽岫窈窕蓋謂君山有石穴通吳之包山故包山亦以洞庭名酈善長注水經二湖俱以洞庭為目誤也一清按善長未嘗以吳之洞庭為即楚之洞庭吳中之山曰洞庭故湖亦即其稱既有斯名不可得而沒也朱氏蓋未之審耳山海經曰浮玉之山北望具區苕水出于其陰北流注于具區謝康樂云山海經浮玉之山在句餘東五百里官本曰按近刻脫百字　案朱趙無　趙釋曰一清按山海經文是又東五百里不云在句餘東五里謝誤引或五下脫百字耳便是句餘縣之東山乃應入海句餘官本曰按近刻訛作具區　案朱趙同　趙釋曰一清按此二字誤疑作句餘今在餘姚烏道山西北官本曰按近刻脫西字　案朱脫趙增刊誤曰箋曰舊本作曰北按北上落西字會稽志引此文校正作曰字誤也何由北望具區也以為郭于地理甚昧矣趙釋曰一清按全氏

曰是蓋以南江當具區然則其川三江而說者又以此水當之何也吳任臣山海經廣注曰謝言山水微與今時不合未足為據也唐子霞云天目山一名浮玉山與山海經所記句餘道里不差于北望具區之文又合然則謝說誠悠謬也言洞庭南口有羅浮山高三千六百丈浮山東石樓下有兩石鼓叩之清越所謂神鉦者也事備羅浮山記會稽山宜直湖南又有山陰溪水入焉山陰西四十里官本曰按山陰下近刻衍縣字　案朱趙有趙釋曰一清按此處何以闌入山陰縣山陰隔越浙江之東苕水在其西酈以山陰谿水即苕水則具區山之陰所出之水也行間斷爛後人見上有山陰二字即塡入縣字而水道不可問矣有二溪東溪廣一丈九尺冬煖夏冷西溪廣三丈五尺冬冷夏煖二溪北出行三里至徐村合成一溪廣五丈餘而溫涼又雜蓋山海經所謂苕水也北逕羅浮山而下注于太湖故言出其陰入于具區也湖中有大雷小雷三山亦謂之三山湖又謂之洞庭湖楊

泉五湖賦曰官本曰按泉近刻訛作修　案朱訛趙改刊誤曰楊修當作楊泉何焯校頭首無錫足蹏松江負烏程于背上懷太吳趙作太湖以當胷岞嶺崔嵬穹隆紆曲朱箋曰孫云按五湖賦岞嶺作岸嶨岸嶨穹窿二山名趙嶺改嶨隆朱趙作窿大雷小雷湍波相逐用言湖之苞極也太湖之東吳國西十八里有岞嶺山俗說此山本在太湖中官本曰按近刻脫山字　案朱脫趙增刊誤曰此下落山字續吳郡圖經引此文校增禹治水移進近吳官本曰按近刻訛作近東　案朱訛趙改說見下又東及西南有兩小山官本曰按近刻脫東及二字　案朱脫趙增刊誤曰續吳郡圖經引此文作禹治水移進近吳又東及西南有兩小山今改正皆有石如卷笮俗云禹所用趙作開牽山也太湖中有淺地長老云是笮嶺山蹠自此以東差深官本曰按東近刻訛作求　案朱訛趙改刊誤曰求續吳郡圖經引此文作東言是牽山之溝此山去太湖三十餘里趙釋曰董氏斯張廣博物志曰水經注太湖中穹窿山有銅闕今本無之全氏曰自潛通瑯琊

以下皆襲山海經無稽之言而更廣為傅會東則松江出焉官本曰按此六字原本及近刻並訛作經攷以下皆係注內敘太湖之水下流注海為三江者今改正　案朱訛趙改刊誤曰六字是注混作經續吳郡圖經亦作注上承太湖更逕笠澤在吳南松江左右也國語曰越伐吳吳禦之笠澤越軍江南吳軍江北者也虞氏曰松江北去吳國五十里趙增南字刊誤曰吳國下落南字江側有丞胥二山山各有廟官本曰按此下近刻有國南五十里五字係重出衍文　案朱衍趙刪刊誤曰五字重文宜衍魯哀公十三年越使二大夫疇無餘謳陽等伐吳吳人敗之獲二大夫大夫死故立廟于山上號曰丞胥二王也胥山上今有壇石長老云胥神所治也下有九折路南出太湖闔閭造以遊姑胥之臺以望太湖也松江自湖東北流逕七十里江水歧分謂之三江口官本曰按此九字原本及近刻並訛作經近刻歧訛作奇　案朱訛趙改又歧朱趙作奇刊誤曰箋曰奇

分當作岐分爾雅水岐爲渚按廣韻奇異也言所出異道也字不誤九字是注混作經續吳郡圖經引此文亦是注趙釋曰禹貢錐指曰南江既入太湖而東爲松江則無更從餘姚入海之理道元曲爲此說以應漢志南江在南之文吳越春秋稱范蠡去越乘舟出三江之口入五湖之中者也此亦別爲三江五湖雖名稱相亂官本曰按近刻脫名字　案朱趙無趙釋曰一清按下有脫字不與職方同庾仲初揚都賦注曰官本曰按近刻脫賦字　案朱脫趙增刊誤曰當作揚都賦注落賦字今太湖東注爲松江下七十里有水口分流東北入海爲婁江東南入海爲東江與松江而三也趙也上增此非禹貢之三江七字刊誤曰續吳郡圖經引此文而三下有此非禹貢之三江七字今校補趙釋曰一清按明此可以辨正蔡九峯書傳之繆吳記曰一江東南行七十里入小湖爲次溪自湖東南出謂之谷水官本曰按谷水上近刻衍爲字此句之下衍吳記曰三字　案朱趙同趙刪爲字谷水出吳小湖逕由卷縣故城下神異傳曰由卷縣秦時長水

縣也始皇時縣有童謠曰趙無曰字城門當有血城陷沒爲湖有老嫗聞之憂懼旦往窺城門門侍朱箋曰搜神記作門將趙改將下同欲縛之嫗言其故嫗去後門侍殺朱趙作煞犬以血塗門嫗又往見血走去不敢顧忽有大水長欲沒縣主簿令幹入白令令見幹曰何忽作魚幹又曰明府亦作魚遂乃淪陷爲谷矣因目長水城水曰谷水也吳記曰谷中有城故由卷縣治也卽吳之柴辟亭官本曰按辟近刻訛作僻　案朱訛趙改刊誤曰僻當作辟漢書地理志校師古曰辟讀曰壁故就李鄉檇李之地秦始皇惡其勢王令囚徒十餘萬人汙其土表以汙惡名改曰囚卷亦曰由卷也吳黃龍三年官本曰按近刻訛作四年　案朱趙作四趙釋曰一清按吳書孫權傳黃龍三年夏由拳野稻自生改爲禾興冬十二月丁卯大赦改明年元也則是嘉禾改元定在三年之冬此云四年字誤耳有嘉禾生卷縣改曰禾興後太子諱

和改爲嘉興春秋之檇李城也谷水又東南逕嘉興縣城西谷水又東南逕鹽官縣故城南舊吳海昌都尉治晉太康中分嘉興立官本曰按近刻訛作治　案朱訛趙改刊誤曰治孫潛校改立太康地道記吳有鹽官縣樂資九州志曰縣有秦延山官本曰按延近刻訛作逕　案朱趙作逕秦始皇逕此美人死葬于山上山下有美人廟谷水之右有馬皐朱趙作睪城故司鹽都尉城吳王濞煮海爲鹽于此縣也是以漢書地理志曰縣有鹽官東出五十里有武原鄉故越地也秦于其地置海鹽縣地理志曰縣故武原鄉也後縣淪爲柘湖又徙治武原鄉改曰武原縣王莽名之展武官本曰按展近刻訛作辰　案朱訛趙改刊誤曰漢書地理志作展武辰字誤漢安帝時官本曰按近刻脫時字　案朱脫趙增刊誤曰安帝下落時字孫潛校增武原之地又淪爲湖今之當湖也後乃移此趙釋

曰一清按劉昭補註郡國志曰今計偕簿海鹽縣之故治順帝時陷而爲湖今謂爲當湖大旱湖竭城郭之處可識縣南有秦望山秦始皇所登以望東海故山得其名焉谷水于縣出爲澉浦官本曰按澉近刻訛作散　案朱訛趙改刊誤曰吳郡志開元五年刺史張廷珪奏置海鹽縣澉浦鎭至元嘉禾志澉浦在海鹽縣南四十五里散字誤以通巨海官本曰按引吳記至此胡渭云卽庾仲初所謂東南入海爲東江者也光熙元年有毛民三人集于縣蓋汎于風也趙釋曰禹貢錐指曰禹貢三江之不明誤自班固始漢志會稽吳縣下云南江在南東入海毗陵縣下云北江在北東入海丹陽蕪湖縣下云中江出西南東至陽羨入海皆揚州川也蓋北江爲經流至江都入海中江由吳松入海南江合浙江入海皆北江之枝瀆也導水明言漢自彭蠡東爲北江江自彭蠡東爲中江誠如班氏所言則蕪湖之中江何以知爲江水之所分毗陵之北江何以定爲漢水之所獨乎以此當禹貢三江之二雖愚者亦知其非矣又曰漢志丹陽石城縣下云分江水首受江東至餘姚入海過郡二行千二百里此卽南江之源委過郡二謂丹陽會稽也其在吳縣南者卽吳松江乃中江之下流班氏不知分江水至餘姚入海者卽古之南江遂誤以松江當之耳今按大江自西南來至石城枝

分爲分江水至餘姚入海又東北流至蕪湖枝分爲永陽江由吳松入海其經流則東逕毗陵至江都入海毗陵江都最北故謂之北江石城餘姚最南故謂之南江蕪湖吳縣居二江之中故謂之中江雖與禹貢導江之義不合而辨方命名次第秩然與郭景純之松江浙江源異而流則同也葢中江貫震澤松江卽其下流不得復析爲南江南江首受石城之大江其自湖口洩入具區者乃枝流而東至餘姚入海者其正流也酈元恐違漢志反以歷烏程縣南者爲枝流而中江盡于荆溪南江卽是吳松矣非古人命名之本意也一清按禹貢以漾漢觸大別南入于江東匯澤爲彭蠡東爲北江江水東迤北會于匯東爲中江而不言南江但三江既入揚州之水已治而大別則在荆域于是班固疑之别著三江之道以爲南江在吳南水經更以震澤當之而又無中江之目遂與經異葢水經所謂江水至石城縣分爲二其一東北流者中江也其一過毗陵縣爲大江酈以北江釋之其下又以南江當之以其在毗陵縣之北故名之曰北江而東至餘姚入海則仍是南江水道故以經文大江二字爲誤中江水見江水篇而今亡矣東樵云北江爲經流中江由吳松入海南江合浙江入海今據班志而言實則班志蜀郡湔氐道下云禹貢嶓山在西徼外江水所出東南至江都入海而廣陵國江都下急著江水祠以應之又于臨淮郡海陵下復云有江海會祠以明之海陵江都非揚域乎非中江入海之道乎其于會稽郡之吳毗陵丹陽郡之蕪湖雖列南北中之名而無禹貢字則亦可知是秦漢以來現行之川作志者自不闌禹迹也後人乃欲據志以釋經反謂志與經不合則亦誣矣水經本班志以立文然班志石城之分江水自是分中江之水而别爲一支者至道元始名爲南江故云水名已殊非班固所謂南江也大氐多衰周時以人力爲之而非天地自然節宣之氣可比南江至餘姚與浙江合又于餘暨東與浦陽合由太湖長瀆口上通臨平湖而東合浙江之柳浦今其水道多不可問後之釋水者宜無取于此卷也

又東至會稽餘姚縣東入于海

謝靈運云具區在餘暨官本曰按近刻訛作餘姚案朱趙作姚然則餘暨是餘姚之别名也趙釋曰全氏曰按餘暨今之蕭山也如何以爲餘姚之别名今餘暨之南餘姚西北浙江與浦陽江同會歸海但水名已殊非班固所謂南江也郭景純曰三江者岷江松江浙江也趙釋曰隋書經籍志水經三卷郭璞撰今失傳然浙江出南蠻中不與岷江同作者述志朱趙作誌多言

江水至山陰爲浙江今江南朱趙作南江枝分歷烏程縣南通餘杭縣趙釋曰禹貢錐指曰餘杭乃姚字之誤則與浙江合故闞駰十三州志曰江水至會稽與浙江合官本曰按此所謂歷烏程縣南通餘杭縣則與浙江合者乃漢志所謂分江水之正流非南江枝分也然則漢志餘姚爲餘杭之誤以此證之甚明趙釋曰禹貢錐指曰班固所謂南江者實松江也闞駰所謂江水至會稽與浙江合者卽分江水水經謂之南江者也或以爲北江大繆酈道元篤信班固故不能無疑于此又曰江水自湖口以東歷烏程縣南通餘姚與浙江合者其故道亦無可考葢從烏程南以東達于餘姚則必經歸安德清石門界中至海寧由浙江以入海海寧地獨高境内諸水皆北流故宋元嘉及梁大通中以滬瀆不通嘗欲穿渠引吳興之水以瀉浙江而功卒不立葢水性就下地勢有所阻也南江必衰周時吳越以人力爲之易致壅塞歷世久遠不可得詳一清按東樵之言非也以松江爲南江正是酈注今混作經道元何嘗有疑于此乎且南江與浙江合由太湖長瀆口上通臨平湖以合浙江自有纏絡何必載之高地乎通鑑唐乾寧二年楊行密遣安仁義以舟師至湖州欲渡江應董昌錢鏐遣顧全武守西陵仁義不得渡胡三省曰自湖州舟行入柳浦可渡西陵又柳浦卽今浙江亭東跨浦橋之浦也劉昫唐書曰隋于餘杭縣置杭州又自餘杭徙治錢唐又移于柳浦今州城是又曰柳浦埭卽今杭州江于浙江亭北跨浦橋埭則其時水道尚未盡湮也浙江自臨平湖南通浦陽江趙釋曰一清按臨平湖在浙江西何以反自湖南通浦陽江乎此文容有錯繆又于餘暨東合浦陽江自秦望分派東至餘姚縣官本曰按近刻脫至字案朱脫趙增刊誤曰東下落至字又爲江也官本曰按此下敘姚江在餘姚縣南者其水非浦陽江之分派道元欲附會經東至餘姚入海之文故有此說東與車箱水合水出車箱山乘高瀑布四十餘丈雖有水旱而澍無增減江水又東逕黃橋下官本曰按此八字原本及近刻並訛作經攷浙江自臨平湖南通浦陽江以下乃注内因經之訛别敘餘姚之水案朱訛趙改刊誤曰八字是注混作經臨江有漢蜀郡太守黃昌宅橋本昌創建也昌爲州書佐妻遇賊相失後會于蜀復修舊好江水又東逕赭山南官本曰按赭近刻訛作緒案朱訛趙改刊誤曰陳書徐陵傳子儀隱于錢塘之赭山潛說友咸淳臨安志云赭山在鹽官縣西南四十五里姚寬西溪叢語云夾

岸有山南曰龕北曰赭二山相對謂之海門海鹽縣志云赭山與紹興龕山相對並浙江潮汐所由也緒字誤虞翻嘗登此山四望誡子孫可居江北世有祿位居江南則不昌也然住江北者相繼代興時在江南者官本曰按在近刻訛作有　案朱訛趙改刊誤曰有當作在輒多淪替仲翔之言爲有徵矣江水又經趙作逕官倉倉卽日南太守虞國舊宅號曰西虞以其兄光居縣東故也是地卽其雙雁送故處朱箋曰孔曄會稽記云虞國爲日南太守有惠政出則雙雁隨軒及還會稽雁亦隨馬其卒也猶棲於墓不去趙釋曰一清按寰宇記雙雁棲墓事謂是虞歆卽翻之父亦嘗爲日南太守此用孔奕會稽志作虞國而寰宇記鄮縣下又引郡國志作陳國蓋陳虞同姓陳國卽虞國也江水又東逕餘姚縣故城南官本曰按此十一字原本及近刻並訛作經攷經有至會稽餘姚之文故注以縣南水當之　案朱訛趙改刊誤曰十一字是注混作經縣城是吳將朱然所築朱作吳將所築箋曰宋本作吳將朱然所築也趙依宋本南臨江津北背巨海夫子所謂滄海浩浩萬里之淵也縣西去會稽朱趙有一字百四十里因句餘山以名縣官本曰按因下近刻衍其字　案朱趙有趙刊誤曰箋曰宋本作句章山按山海經南山經曰句餘之山無草木多金玉郭璞註曰今在會稽餘姚縣南句餘縣北故此二縣因此爲名見張氏地理志張氏疑是張勃朱氏以注下有句章之名僞託宋本改句餘爲句章豈知出于山海經乎又寰宇記引郭璞註云山多珧璋故取二縣以爲名較今本山海經註多一句吳志伊廣註之所未及引也山在餘姚之南句章之北也江水又東逕穴湖塘湖水沃其一縣並爲良疇矣江水又東注于海官本曰按此七字原本及近刻並訛作經　案朱訛趙改刊誤曰七字是注混作經是所謂三江者也故子胥曰吳越之國三江環之民無所移矣但東南地卑萬流所湊濤湖泛決觸地成川枝津交渠世家分夥故川舊瀆難以取悉雖麤依縣地緝綜所纏亦未必一得其實也朱趙至此止爲二十八卷終趙釋曰一清按此篇經注多脫誤容有後人附益之辭讀者審之

潛水出巴郡宕渠縣朱趙此下入二十九卷朱卷首沔水下又東過堵陽縣至習鑿齒又爲其宅銘馬趙移前同官本

潛水蓋漢水枝分潛出故受其稱耳今爰有大穴潛水入焉通岡山下西南潛出謂之伏水趙釋曰全氏曰伏水劉昭補注郡國志引蜀都賦註以爲復出水一清按韻會潰伏流也或作洑今漢水之分流者名蘆洑而其地又名白洑是亦復出水之義也唐置徵科巡院于白洑鎮在潛江縣界道元故單釋伏爲潛也或以爲古之潛水鄭玄曰漢別爲潛其穴本小水積成澤流與漢合大禹自導漢疏通朱導作通趙改刊誤曰通漢當作導漢卽爲西漢水也故書曰沱潛既道劉澄之稱白水入潛然白水與羌水合入漢是猶漢水也縣以延熙中分巴立宕渠郡蓋古賨國也今有賨城縣有渝水夾水上下皆賨民所居漢祖入關從定三秦其人勇健好歌儛高祖愛習之今巴渝儛是也縣西北有餘曹水南逕其縣下注潛水朱趙餘皆作不朱箋曰漢志巴郡宕渠縣注徐曹水出東北南入灊趙釋曰一清按漢志巴郡宕渠縣不曹水出東北南入灊徐谷縣有車騎將軍馮緄桂陽太守李溫冢二子之靈常以三月還鄉漢水暴長官本曰按近刻脫漢字　案朱脫趙增刊誤曰水上落漢字寰宇記果州相如縣西漢水下引此文校增郡縣吏民莫不于水上祭之官本曰按近刻脫之字　案朱脫趙增刊誤曰祭下落之字寰宇記校增今所謂馮李也

又南入于江

庾仲雍云墊江有別江出晉壽縣卽潛水也其南源取道巴西官本曰按近刻脫道字　案朱脫趙增刊誤曰取下落道字是西漢水也趙釋曰禹貢錐指曰左思蜀都賦云演以潛沫劉逵注潛水與郭璞同劉昭於犍爲武陽下引蜀都賦注以爲潛水從縣南流至漢嘉縣入大穴中大繆漢志巴郡宕渠縣有潛水西南入灊水經潛水出巴郡宕渠縣又南入于江注與郭璞說同下文又引康成之言以

爲證按宕渠故城在今順慶府渠縣界酈道元云宕渠水卽潛水桄江出南鄭縣南巴嶺謂之北水東南流逕宕渠縣謂之宕渠水又東南入于漢桄灘今渠縣之渠江源出夔州府太平縣東萬頃池自南江通江二縣界西南流至合州入嘉陵江者是也此水本出山源不出于漢徧考近志其地亦無所謂大穴通岡山下者且漢志云西南入灊灊卽禹貢之潛而此水與之合則是班固原不以此水爲禹貢之潛也水經改云入江故酈援郭鄭之說以立注而不知二氏所言主漢壽與宕渠無涉移彼入此舛繆殊甚且此水源出巴嶺巴嶺在南鄭縣百餘里綿亘深遠高聳千尋冬夏積雪不消包孤雲兩角米倉諸山賈耽云興元之南路通巴州中有孤雲米倉山行者必三日始達于嶺王韶之所謂孤雲兩角去天一握其險如此禹必不以爲貢道潛不在宕渠無疑矣一清按漢志潛水西南入江與水經合不云入灊其入灊者不曹水也東樵何以誤引而繆證之

潏水趙釋曰元遺山集曉發石門渡潏水道中詩自註水經潏音專**出酈縣北芬山南流過其縣東又南過冠軍縣東**

潏水出弘農界翼望山水甚清徹東南流逕南陽酈縣故城

東官本曰按近刻脫陽字案朱脫趙增刊誤曰漢書地理志酈屬南陽郡此落陽字史記所謂下酈析也官本曰按近刻脫析字案朱脫趙作析酈刊誤曰酈上落析字漢武帝元朔元年封左將黃同爲侯國趙釋曰一清按史表是下酈侯左將軍黃同索隱曰西南夷傳甌駱將左黃同則左是姓恐誤漢表云左將黃同則左將是官不疑又漢表是下酈侯師古曰酈音孚然表明云南陽則酈縣是也若作孚音則在馮翊矣亦爲誤也**潏水又南菊水注之水出西北石澗山芳菊溪亦言出析**朱作新箋曰前漢地理志作析谷趙改析**谷蓋溪澗之異名也源旁悉生菊草潭澗滋液極成甘美**云此谷之水土餐挹長年司空王暢太傅袁隗太尉胡廣竝汲飲此水以自綏養是以君子罶心甘其臭尚矣**菊水東南流入于潏**趙釋曰一清按漢志宏農郡析縣黃水出黃谷鞠水出析谷俱東至酈入湍水師古曰鞠水卽今所謂菊潭也黃水見丹水注**潏水又逕其縣東**

南歷冠軍縣西北有楚堨高下相承八重周十里方塘蓄水澤潤不窮**潏水又逕冠軍縣故城東**縣本穰縣之盧一本作虞陽鄉宛之臨駣聚漢武帝以霍去病功冠諸軍故立冠軍縣以封之水西有漢太尉長史邑人張敏碑碑之西有魏征南軍司趙釋曰一清按魏晉之際軍中有軍司馬東里兖爲于禁軍司馬是也又有軍司杜預行平東將軍領征南軍司是也胡三省曰軍司軍司馬也張詹趙釋曰寰宇記作張澹墓墓有碑碑背刊云白楸之棺易朽之裳銅鐵不入丹器不藏官本曰按丹近刻訛作凡案朱作凡趙改凡釋曰何氏曰凡古丹字俗本作凡誤也嗟矣後人幸勿我傷自後古墳舊冢莫不夷毀而是墓至元嘉初尚不見發六年大水蠻饑始被發掘說者言初開金銀銅錫之器朱漆雕刻之飾爛然有二朱漆棺棺前垂竹簾隱以金釘墓不甚高而內極寬大虛設白楸之言空負黃金之實雖意錮南山寍同壽乎**潏水又逕穰**

縣爲六門陂漢孝元之世官本曰按元近刻訛作成案朱趙作成**南陽太守邵信臣以建昭五年斷潏水立穰西石堨**官本曰按堨近刻訛作碣案朱訛趙改**至元始五年更開三門爲六石門故號六門堨也**趙釋曰一清按建昭是元帝紀年成帝則有建始之號漢書循吏傳信臣由南陽太守遷河南太守徵爲少府立堨事在元帝之世無疑故平帝元始四年祀百辟卿士有益于民者九江以召父其時信臣已卒至五年更開三門爲六門堨又別是一事而道元遂言之清水注云昔在晉世杜預繼信臣之業復六門之陂直以元始所開亦信臣之遺規則誤矣溝洫志又云宣帝時鄭宏召信臣爲南陽太守豈久歷宣元之世不易其任故能成其功業耶**溉穰新野昆陽三縣五千餘頃漢末毀廢遂不修理晉太康三年鎮南將軍杜預復更開廣利加于民今廢不修矣**六門側又有六門碑官本曰按又近刻訛作猶案朱趙作猶是部曲主安陽亭侯鄧達等以太康五年立**潏水又逕穰縣故城北又東南逕魏武故城之西南**是建安三

午曹公攻張繡之所築也

又東過白牛邑南

湍水自白牛邑南建武中世祖封劉嵩爲侯國官本曰按此下近刻衍湍水又三字　案朱趙有趙釋曰一淸按章懷後漢書注云白牛葢鄉亭之號在鄧州東東南逕安衆縣故城南縣本宛之西鄉漢長沙定王子康侯丹之邑也趙釋曰一淸按史表丹以元朔四年封湍水東南流涅水注之水出涅陽縣西北岐棘山東南逕涅陽縣故城西漢武帝元朔趙作封四年封路最爲侯國趙釋曰全氏曰漢表涅陽侯最朝鮮相路人子似失其姓又云在齊地理志齊郡無涅陽未詳其義又史表呂勝亦封涅陽索隱曰縣屬南陽則漢表疑誤抑或食邑在齊耶王莽之所謂前亭也應劭曰在涅水之陽矣縣南有二碑碑字紊滅不可復識云是左伯豪碑官本曰按伯豪近刻訛作桃伯　案朱訛趙改刊誤曰箋曰列士傳左伯桃按非也隸釋引此文作左伯豪黃省曾本原是豪字後漢書云左雄字伯豪涅陽人是也列士傳之左伯桃未能知其葬處魏書地形志濮陽郡虞邱縣有左伯桃冢實刻叢編引訪碑錄云左伯桃碑在安肅縣西十五里皆去涅陽甚遠朱氏不引范史而襍引他傳葢好奇之過也涅水又東南逕安衆縣堨而爲陂謂之安衆港魏太祖破張繡于是處與荀彧書曰繡遏吾歸師迫我死地葢于二水之間以爲沿涉之艱阻也涅水又東南流注于湍水

又東南至新野縣

湍水至縣西北東分爲鄧氏陂漢太傅鄧禹故宅與奉朝請西華侯鄧晨故宅隔陂官本曰按近刻與訛作其華訛作亭　案朱趙同鄧颺謂晨宅畧存焉官本曰按謂近刻訛作爲　案朱訛趙改刊誤曰爲當作謂

東入于淯官本曰按此四字原本訛入注內按畧存焉下近刻仍作經文接又東南至新野縣下　案朱趙同近刻

均水出析朱趙作淅縣北山南流過其縣之東趙釋曰寰宇記鄧州內鄉縣下云析水卽水經之均水也出析縣北南入于沔謂之均口郡國縣道記析水逕析縣東今析水逕縣西葢酈氏之經有誤矣

均水發源弘農郡之盧氏縣熊耳山山南卽修陽葛陽二縣界也趙釋曰一淸按魏書地形志析州修陽郡領修陽葢陽二縣葢葛音同通用雙峯齊秀望若熊耳因以爲名齊桓公召陵之會西望熊耳卽此山也太史公司馬遷皆嘗登之縣卽析縣之北鄉趙無下縣字故言出析縣北山也官本曰按近刻脫山字　案朱趙無朱箋曰前漢地理志弘農郡有析縣後漢郡國志析縣改屬南陽郡趙釋曰一淸按經文是出析縣北山均水又東南流逕其縣官本曰按流下近刻衍注字　案朱趙有下南越南鄉縣官本曰按下南越三字有舛誤當作又南逕

又南流與丹水合

又南當涉都邑北朱邑下有縣字趙刪刊誤曰續志筑陽有涉都鄉漢表武帝封南海守弃子嘉爲涉都侯則西京已有是邑而未爲縣師古曰邑繫于縣縣字羨文

南入于沔

均水南逕順陽縣西漢哀帝更爲博山縣明帝復曰順陽應劭曰縣在順水之陽今于是縣則無聞于順水矣章帝建初四年封衞尉馬廖爲侯國官本曰按廖近刻訛作康　案朱訛趙改刊誤曰馬康是馬廖之誤見范史馬援傳晉太康中立爲順陽郡縣官本曰按近刻脫郡字　案朱脫趙增縣字下屬刊誤曰順陽下落郡字見晉志西有石山南臨均水均水又南流注于沔水謂之均口者也朱均水作汮水均口作汮口箋曰梁書「齊建武末魏主托跋宏寇沒南陽等五郡明帝遣太尉陳顯達率衆復爭之師入汮均口爲道根說顯達曰汮均水迅急難進易退魏若守隘則首尾俱急不如悉棄船艦於鄧城方道步進建營相次鼓行而前如是則立破之矣顯達不聽及敗走多不知山路道根每及險要輒停馬指示之衆賴以全尋爲汮均口戍副李子田析蹟云水經注順陽縣西有石山南臨汮水汮水又南流注於沔謂之沔口與均水實一水故謂之汮均口趙汮並改均刊誤曰汮口當作汮口北史魏廣陽王建弟嘉孝文南伐詔嘉斷均口益驗梁書汮均口之誤何焯曰梁書汮均口均字是讀者所音後人誤以入行魏書孝文紀只作均口雖易以今字尚不至重複也今人讀史不知汮均重音改作汮均口趙釋曰一淸按通鑑釋文辨誤云孫愐曰汮水名出析縣北山南入沔今作均葢

洵均同音或曰均口或曰洵口後人遂連洵均二字言之諸爲洵均口禹貢錐指曰沔水注云沔水又東南逕涉都縣東北均水于此入沔謂之均口或从水作洵韻會均字下云隋置均州取洵水名是洵卽均史承水經之誤曰洵口晉桓溫伐秦水軍自襄陽入洵口是也或又曰洵均口齊陳顯達攻魏馬圈軍入洵均口是也洵口及洵均口自是史誤東樵猥云史承水經非矣

故地理志謂之淯水 趙淯改育下同刊誤曰漢書地理志宏農郡盧氏縣下云育水南至順陽入沔全氏曰育淯之不可混猶洵洵之不可通也葢與過鄧入沔之淯水有別也下同 **言熊耳之山淯水出焉又東南至順陽入于沔** 官本曰按地理志弘農郡盧氏熊耳山在東又有育水南至順陽入沔 趙釋曰一清按漢志宏農郡盧氏縣下云有育水南至順陽入沔育水卽均水非自鄧人沔之淯水也書敍指南曰水經均州地名曰龍井今龍井之文見沔水篇育溪注中均之爲育益可信矣

粉水出房陵縣東流過郢邑南

粉水導源東流 趙增房陵二字刊誤曰寰宇記云粉水出房陵縣東流葢本水經以立文也導源下落房陵二字 **逕上粉縣** 官本曰按逕近刻訛作注 案朱趙作注趙釋曰一清按上粉縣不知何時所立兩漢晉宋魏諸志皆無之豈曹氏所置而旋廢者與寰宇記房陵縣有粉城沔水篇經注均有是縣此與淯水篇之臨淯縣同一卷中之可疑者也 **取此水以漬粉則皓耀鮮潔有異衆流故縣水皆取名焉**

又東過穀邑南東入于沔 官本曰按此十字原本訛入注內近刻仍爲經文

粉水至筑陽縣西而下注于沔水謂之粉口 官本曰按近刻訛作水 案朱訛趙改刊誤曰水當作口 **粉水旁有文將軍冢** 官本曰按近刻脫旁字 案朱脫趙增刊誤曰粉水下落旁字全氏校增 **墓隧前有石虎石柱甚修麗閭丘羨之爲南陽葬婦墓側將平其域夕忽夢文諫止羨之不從後羨之爲楊佺期所害論者以爲文將軍之祟也**

白水出朝陽縣西東流過其縣南

王莽更名朝陽爲厲信縣 官本曰按近刻訛作王莽更之曰朝陽也爲厲信縣 案朱同趙刪曰朝陽也四字刊誤曰漢書地理志南陽郡朝陽縣莽曰厲信注文曰朝陽也四字衍 **應劭曰縣在朝水之陽今朝水逕其北而不出其南也葢邑郭淪移川渠狀改故名舊傳遺稱在今也**

又東至新野縣南 官本曰按近刻訛作縣西 案朱趙同 **東入于淯**

比水出比陽東北太 趙作大下同 **胡山** 官本曰按比原本及近刻竝訛作泚注內同卷之三十二泚水亦訛作泚攷漢書地理志南陽郡比陽應劭曰比水所出東入蔡又廬江郡灊縣泚山泚水所出北至壽春入芍陂師古曰音比又布几反今據以訂正二水之名 案朱趙作泚下同說見下 **東南流過其縣南** 官本曰按過近刻訛作逕 案朱趙作逕 **泄水從南來注之** 趙釋曰一清按泚陽漢志續志皆作比陽誤也應劭曰比水東入蔡或是傳寫之訛後漢書光武紀與甄阜梁邱賜戰于比水西章懷注云泚水在今唐州泚陽縣南廬江灊縣亦有泚水與此別也泚音比竟作比字矣大非

太胡山在比 朱趙作泚下同 **陽北如東三十餘里廣圓五六十里張衡賦南都所謂天封太狐者也** 朱趙狐作胡朱箋曰胡與狐通趙釋曰一清按太平御覽引注文作大狐又云胡一作狐南陽圖經云山有大石如狐范史樊英傳作壺山音同通用 **應劭曰比水出比陽縣東入蔡經云泄水從南來注之** 朱無二字趙增刊誤曰南來下落注之二字黃省曾本校增 **然比陽無泄水葢誤引壽春之泚泄耳** 朱泚作泚趙改刊誤曰壽春之泚水是泚字字或作淠淠泚音同泄水流合焉經云泚水出廬江灊縣西南霍山東北東北過六縣東北入于淮泄水出博安縣北過芍陂西與泚水合西北入于淮是泄水與入蔡之泚水了無關涉此篇經云泄水從南來注之自是經誤道元故辯而闢之漢志則以南陽泚陽之泚水爲比水水經則以廬江灊縣之比水爲泚水交失之矣是注泚字誤當作泚 **余以延昌四年蒙除東荊州刺史州治比陽縣故城城南有蔡水出南磐石山故亦曰磐石川西北流注于比非泄水也**

呂氏春秋曰齊令章子與韓魏攻荊荊使唐蔑應之夾比而軍欲視水之深淺荊人射之而莫知也有芻 朱趙作菑朱箋

曰一作務者曰兵盛則水淺矣章子夜襲之斬蔑于是水之上也比水又西澳水注之水北出茈丘山東流屈而南轉又南入于比水按山海經云澳水又北入視不注比水余按呂忱字林及難字爾雅竝言瀙水在比陽脈其川流所會診其水土津注宜是瀙水音藥趙釋曰一清按此二字乃注中注也也比水又西南歷長岡舊月城北官本曰按舊字近刻訛在北字下案朱訛趙改刊誤曰舊字當移在月城上比水右會馬仁陂水朱右作又趙改刊誤曰又孫潛校改右水出灖陰北山泉流競湊水積成湖蓄地百頃謂之馬仁陂陂水歷其縣下西南堨之以溉田疇公私引裂官本曰按近刻訛作列案朱訛趙改刊誤曰列當作裂水流遂斷故瀆尚存比水又南逕會口與堵水枝津合官本曰按堵近刻訛作緒案朱訛趙改刊誤曰淯水注云地理志曰沘水堵水皆言入蔡互受通稱緒字誤比水又南與澧水會

澧水源出于桐柏山與淮同源而別流西注故亦謂水爲派水澧水西北流逕平氏縣故城東北王莽更名其縣曰平善城內有南陽都鄉正衛彈勸碑趙釋曰一清按金石錄作街彈碑詳見三十一卷滍水注衛爲碑下澧水又西北合溲水水出湖陽北山官本曰按陽近刻訛作南案朱趙作南趙釋曰一清按疑有誤文抑亦是大胡之南也山南曰陽水北曰陽郎湖陽之北山也西流北屈逕平氏城西而北入澧水澧水又西注比水比水自下亦通謂之爲派水昔漢光武破甄阜梁丘賜于比水西斬之于斯水也比水又南趙醴二渠出焉官本曰按醴近刻訛作澧案朱趙作澧比水又西南流謝水注之水出謝城北其源微小官本曰按其近刻訛作二案朱訛趙改刊誤曰二寰宇記校改其至城漸大城周迴側水申伯之都邑官本曰按近刻脫此五字案朱脫趙增邑作也刊誤曰側水下寰宇記引此文有申伯之都也五字今校補詩所謂申伯番

番既入于謝者也世祖建武十三年封樊重少子丹爲謝陽侯郎其國也然則是水郎謝水也高岸下深官本曰按近刻脫高字案朱脫趙增刊誤曰岸上落高字名勝志校增淩流徐平時人目之爲渟瀯水城戍朱作成箋曰一作戍趙改戍又以渟灣爲目非也其城之西舊棘陽縣治故亦謂之棘陽城也謝水又東南逕新都縣左注比水比水朱趙不重比水字又西南流逕新都縣故城西王莽更之曰新林郡國志以爲新野之東鄉朱志下有曰字趙刪刊誤曰曰字衍文故新都者也

又西至新野縣南入于淯

比水于岡南趙釋曰全氏曰此岡郎上注云長岡也西南流戍在岡上比水又西南與南長坂門二水合趙釋曰一清按坂門水郎下板橋水也未知水有二名也抑誤字也其水東北出湖陽東隆山山之西側有漢日南太守胡著碑子珍騎都尉尙湖陽長公主郎光武之伯姊也廟堂皆以青石爲階陛廟北有石堂珍之玄孫桂陽太守瑒以延熹四年遭母憂于墓次立石祠勒銘于梁石宇傾頽而梁字無毀盛弘之以爲樊重之母畏雷室葢傳疑之謬也隆朱作陸箋曰孫云疑作隆山趙改隆山南有一小山山坂朱作坂箋曰一作坂趙改坂有兩石虎相對夾隧道雖處蠻荒全無破毀作制甚工信爲妙矣世人因謂之爲石虎山其水西南流逕湖陽縣故城南地理志曰故廖國也朱廖作蓼趙改刊誤曰漢書地理志湖陽縣下云故廖國也師古曰廖音力救反左氏傳作飂字其音同耳漢六安國有蓼縣則是舒蓼之蓼音六葢字形之似而其地相去甚遠竹書紀年曰楚共王會宋平公于湖陽者矣東城中有二碑似是樊重碑悉載故吏人名司馬彪曰仲山甫封于樊因氏國焉爰自宅陽趙刊誤曰箋曰宅陽乃比

陽之誤按非也以隸釋校是宅陽徙居湖陽能治田殖至三百頃廣起廬舍
官本曰按近刻脫廣字案朱脫趙增刊誤曰起上落廣字名勝志校增高樓連閣波陂趙二字改陂渠
灌注竹木成林六畜放牧魚贏梨果檀棘桑麻閉門成市兵
弩器械貲至百萬其興工造作爲無窮之功官本曰按近刻脫功字案朱
脫趙增刊誤曰之下落功字何焯曰以鈔本隸釋校增巧不可言富擬封君世祖之少
數歸外氏及之長安受業齎送甚至世祖即位追爵敬侯詔
湖陽爲重立廟置吏奉祠巡祠章陵常幸重墓趙釋曰一清按范史樊宏
傳父重字君雲世善農稼好貨殖王莽末義兵起宏與宗家親屬作營塹自守老弱歸之者千餘家其水四周
城溉城之東南有若令樊萌中常侍樊安碑趙釋曰一清按隸釋漢故中常
侍騎都尉樊君之碑君諱安字子仲南陽湖陽人也延熹三年冬十有一月勒石城南有數碑無字
又有石廟數間依于墓側棟宇崩毀惟石壁而已亦不知誰

之胄族矣其水南入大湖湖陽之名縣藉茲而納稱也湖水
西南流又與湖陽諸陂散水合謂之板橋水又西南與醴渠
合又有趙渠注之二水上承派水南逕新都縣故城東兩瀆
雙引南合板橋水板橋水又西南與南長水會水上承唐子
襄鄉諸陂散流也唐子陂在唐子山西南有唐子亭漢光武
自新野屠唐子鄉殺湖陽尉于是地陂水清深光武後以爲
神淵西南流于新野縣與板橋水合西南注于比水比水又
西南流注于消水也朱趙不重比水二字朱無注字趙增刊誤曰流下落注字

水經注卷三十　　長沙王氏校本

後魏酈道元撰

淮水

淮水出南陽平氏縣胎簪山孫校曰史記索隱引作昭簪東北過桐柏山

山海經曰淮出餘山在朝陽東義鄉西孫校曰說文魏郡有羛陽鄉讀若錡今屬鄴本內黃北三十里尙書導淮自桐柏地理志曰南陽平氏縣王莽之平善也風俗通曰南陽平氏縣桐柏大復山在東南淮水所出也淮均也春秋說題辭曰淮者均其勢也釋名曰淮韋也韋繞揚州北界東至于海也爾雅曰淮爲瀆然淮水與醴水同源俱導西流爲醴東流爲淮官本曰案此下近刻衍自字案朱趙有趙釋曰一淸案下有脫文潛流地下三十許里東出桐柏之大復山南謂之陽口水南卽復陽縣也闞駰言復陽縣胡趙作湖陽之樂鄉也元帝元延二年置在桐柏大復山之陽故曰復陽也東觀漢記曰朱祐少孤歸外家復陽劉氏山南有淮源廟廟前有碑是南陽郭苞立又二碑竝是漢延熹中守令所造文辭鄙拙殆不可觀趙釋曰集古錄曰桐柏廟碑磨滅雖不甚而文字斷續粗可考次蓋南陽太守修廟碑也其辭云延熹六年正月乙酉南陽太守中山盧奴君奴下正闕一字當是其姓其後有頌亦可讀第不見太守姓名然不著他事惟修廟祀神爾朱氏彝尊曰碑云盧奴張君特未詳其名其碑甚完好疑爲後人所重摹一淸案其一碑見隸釋第二卷卽道元所謂文辭鄙拙殆不可觀者也故經云東北過桐柏也淮水又東逕義陽縣官本曰案此八字原本及近刻竝訛作經案朱訛趙改刊誤曰八字是注混作經縣南對固成山山有水注流數丈洪濤灌山遂成巨井謂之石泉水北流注于淮淮水又逕義陽縣故城南官本曰案此十字原本及近刻竝訛作經　案朱訛趙改刊誤曰十字是注混作經義陽郡治也世謂之白茅城官本曰案近刻脫之字案朱脫趙增刊誤曰世謂下落之字其城圓而不方闞駰言晉太始中割南陽東鄙之安昌平林平氏義陽四縣置義陽郡于安昌城又太康記晉書地道記竝有義陽郡以南陽屬縣爲名漢武帝元狩四年官本曰案元狩近刻訛作元光　案朱訛趙改封北地都尉衞山爲侯國也有九渡水注之水出雞翅山溪朱趙作磎澗瀠朱趙作瀯委沿迴九渡矣其猶零陽之九渡水趙無水字故亦謂之爲九渡焉于溪之東山有一水發自山椒下數丈素湍直注頹波委壑可數百丈望之若霏幅練矣下注九渡水九渡水又北流注于淮

東過江夏平春縣北

淮水又東油水注之官本曰案此八字原本及近刻竝訛作經　案朱訛趙改刊誤曰八字是注混作經水出縣西南油溪東北流逕平春縣故城南漢章帝建初四年官本曰案章帝近刻訛作和帝　案朱訛趙改刊誤曰建初是章帝紀年子全見范史章八王傳和字誤封子全爲王國油水又東曲官本曰案油水原本及近刻竝訛作淮水今改正　案朱趙同趙增逕字連下曲岸北爲句刊誤曰又東下落逕字岸北有一土穴徑尺泉流下注沿波三丈官本曰案沿下近刻衍流字　案朱衍趙刪刊誤曰流字衍文入于油水亂流南屈又東北注于淮淮水又東北逕城趙作成下同陽縣故城南漢高帝十二年封定侯奚意爲侯國王莽之新利也官本曰案新利近刻訛作利新　案朱訛趙改刊誤曰利新漢書地理志作新利魏城陽郡治淮水又東北與大木水合官本曰案此十字原本及近刻竝訛作經　案朱訛趙改刊誤曰十字是注混作經水西出大木山山卽晉車騎將軍祖逖自陳留將家避難所居也其水東逕城陽縣北而東入于淮淮水又東北流左會湖水官本曰案此十

字原本及近刻竝訛作經　案朱訛趙改刊誤曰十字是注混作經**傍川西南出窮溪得其源也淮水又東逕安陽縣故城南**官本曰案此十一字原本及近刻竝訛作經　案朱訛趙改刊誤曰十一字是注混作經江國也嬴姓矣今其地有江亭春秋文公四年楚人滅江秦伯降服出次曰同盟滅雖不能救敢不矜乎官本曰案此下近刻衍地理志曰四字　案朱趙有漢乃縣之趙釋曰一清案今漢志無此文文帝八年官本曰案近刻訛作呂后八年　案朱趙同趙釋曰朱氏謀㙔箋曰孫云案史表文帝八年封封淮南厲王子劉勃爲侯國王莽之均夏也**淮水又東得溮口水源南出大潰山**官本曰案此十四字原本及近刻竝截上八字訛作經下六字仍屬注文　案朱訛趙改刊誤曰八字是注混作經孫校曰溮水今在信陽州東**東北流翼帶三川亂流北注溮水又北逕賢首山西又北出東南屈逕仁順城南**故義陽郡治分南陽置也晉太始初以封安平獻王孚長子望本治在石城

山上因梁希趙釋曰一清案希字疑誤侵逼徙治此城梁司州刺史馬仙琕不守官本曰案梁近刻訛作齊仙琕訛作鮮卑　案朱趙同趙釋曰一清案通鑑梁天監四年魏人聞蔡道恭卒攻義陽益急上遣寧朔將軍馬仙琕救義陽元英縱兵擊之仙琕大敗而還蔡靈恩勢窮降于魏魏置郢州于義陽梁書本傳天監四年仙琕遷南義陽太守封含洭縣伯仍督司州諸軍事正指此事注云馬鮮卑不知傳寫之誤也抑南北流聞之訛也齊字亦誤當作梁魏置郢州也昔常珍奇自懸瓠遣三千騎援義陽行事龐定光屯于溮水者也**溮水東南流歷金山北**山無樹木峻峭層峙**溮水又東逕義陽故城北**趙增縣字刊誤曰義陽下落縣字城在山上因倚陵嶺周迴三里是郡昔所舊治城城南朱趙有字一十五步對門有天井周朱趙有一字百餘步深一丈**東逕鍾武縣故城南**官本曰案近刻脫縣字　案朱脫趙增刊誤曰鍾武下落縣字本江夏之屬縣也王莽之當利縣矣**又東逕石城山北**山甚高峻史記曰魏

攻冥阨音義曰冥阨或言在鄳縣葙山也案呂氏春秋九塞其一也孫校曰冥阨疑卽武勝關**溮水逕鄳縣故城南**建武中世祖封鄧邯爲鄳侯官本曰案鄳下近刻衍縣字　案朱衍趙刪說見下案蘇林曰音盲官本曰案近刻脫案字　案朱脫趙增刊誤曰箋曰宋本作鄳縣侯衍去案字愚案非也鄳縣當作鄳侯案字仍存趙釋曰全氏曰六字注中注**溮水又東逕七井岡南又東北注于淮淮水又東至谷口谷水南出鮮金山北流**官本曰案此下近刻衍至字　案朱衍趙刪刊誤曰至字衍文**瑟水注之水出西南具山東北逕光淹城東而北逕青山東羅山西俗謂之仙居水**官本曰案近刻脫此六字　案朱脫趙增刊誤曰羅山西下脫俗謂之仙居水六字名勝志引此文校補孫校曰仙居山在今縣南有水名龍泉河卽仙居水也**東北流注于谷水**

谷水東北入于淮

又東過新息縣南官本曰案過近刻訛作逕　案朱訛趙改刊誤曰逕當作過孫校曰初學記引作過

淮水東逕故息城南春秋左傳隱公十一年鄭息有違言息侯伐鄭鄭伯敗之者也**淮水又東逕浮光山北**官本曰案此九字原本及近刻竝訛作經　案朱訛趙改刊誤曰九字是注混作經亦曰扶光山孫校曰浮扶音近浮從孚聲卽弋陽山也官本曰案近刻脫陽字　案朱脫趙增說見下出名玉及黑石堪爲碁其山俯映長淮每有光輝**淮水又東**官本曰案近刻脫此二十三字　案朱脫趙增刊誤曰寰宇記引此文作卽弋陽山也出名玉及黑石堪爲碁其山俯映長淮每有光輝淮水又東今校補二十四字**逕新息縣故城南**應劭曰息後徙東故加新也王莽之新德也光武十九年封馬援爲侯國外城北門內有新息長賈彪廟孫校曰元和志賈君祠在縣北一里廟前有碑面南又有魏汝南太守程曉碑官本曰案曉近刻訛作堯　案朱訛趙改刊誤曰程堯當作程曉魏書程仲德傳云分封少子延及孫曉爲列侯曉嘉平中爲黃門侍郎裴松之註引世語曰曉字季明有通識隋書經籍志有程曉集二卷梁有錄一卷卽其人也魏太

和中蠻田益宗劾誠官本曰案近刻訛作域案朱訛趙改刊誤曰域當作誠立東豫州以益宗爲刺史淮水又東合慎水官本曰案慎下近刻衍縣字案朱衍趙刪刊誤曰縣字衍文水出慎陽縣西而東逕慎陽縣故城南縣取名焉朱箋曰史記索隱曰慎陽屬汝南如淳曰音震闞駰曰合作滇陽永平五年失印更刻遂誤以水爲心孫校曰元和志眞陽縣本漢慎陽縣淮水經縣南去縣八十里慎水出縣西南二十里漢高帝十一年封欒說爲侯國潁陰劉陶爲縣長政化大行道不拾遺以病去官童謠歌曰悒然不樂思我劉君何時復來安此下民見思如此應劭曰慎水所出東北入淮慎水又東流積爲燋陂陂水又東南流爲上慎陂又東爲中慎陂又東南爲下慎陂皆與鴻郤陂水散流其陂首受淮川左結鴻陂漢成帝時翟方進奏毀之建武中汝南太守鄧晨欲脩復之知許偉君曉知水脈召與議

之偉君言成帝用方進言毀之尋而夢上天天帝怒曰何敢趙作故敗我濯龍淵官本曰案龍近刻訛作子案朱趙作子趙釋曰一清案後漢書許揚傳作濯龍淵是後民失其利時有童謠曰敗我陂翟子威反乎覆官本曰案近刻訛作及子覆案朱趙同趙釋曰一清案後漢書作反乎覆水經多引異文可並存也陂當復明府興復廢業童謠之言將有徵矣朱箋曰漢書汝南舊有鴻隙大陂郡以爲饒成帝時關東數水陂溢爲害翟方進爲相奏決去陂水有童謠曰壞陂誰翟子威飯我豆食羹芋魁反乎覆陂當復誰云者兩黃鵠遂署都水掾起塘四百餘里百姓得其利陂水散流下合慎水而東南逕息城北又東南入淮官本曰案又東下近刻衍逕字案朱衍趙刪增流字刊誤曰逕字衍文南下落流字謂之慎口淮水又東與申陂水合水上承申陂于新息縣北東南流分爲二水一水逕深丘西又屈逕其南南派爲蓮湖水南流注于淮淮水又左迆流結兩湖謂之

東西蓮湖矣淮水又東右合壑水官本曰案此八字原本及近刻並訛作經案朱訛趙改刊誤曰八字是注混作經水出白沙山孫校曰白沙關在光州東北逕柴亭西俗謂之柴水又東北流與潭溪水合水發潭谷東北流右會柴水柴水又東逕黃城西故弋陽縣也城內有二城西即黃城也柴水又東北入于淮謂之柴口也淮水又東北申陂枝水注之官本曰案此十一字原本及近刻並訛作經案朱訛趙改刊誤曰十一字是注混作經水首受陂水于深丘北東逕釣臺南臺在水曲之中臺北有琴臺又東逕陽亭南東南合淮淮水又東逕淮陰亭北又東逕白城南官本曰案此十五字原本及近刻並訛作經案朱訛趙改刊誤曰十五字是注混作經楚白公勝之邑也東北去白亭十里官本曰案東上近刻衍又字案朱趙有又十上並有一字淮水又東逕長陵戍南又東青陂水注之官本曰案此十六字原本及近刻並訛作經案朱

訛趙改刊誤曰十六字是注混作經分青陂東瀆東南逕白亭西又南于長陵戍東東南入于淮淮水又東北合黃水官本曰案此八字原本及近刻並訛作經案朱訛趙改刊誤曰八字是注混作經水出黃武山東北流木陵關水注之趙釋曰全氏曰案木陵即左傳之穆陵南史俱作木水導源木陵山官本曰案近刻脫源字案朱脫趙增刊誤曰導下落源字西北流注于黃水黃水又東逕晉西陽城南又東逕光城南官本曰案逕下近刻衍南字案朱趙有趙下南字連下光城爲文光城左郡治官本曰案近刻脫城左二字案朱趙無又東北逕高城南故弦國也官本曰案弦下原本及近刻並衍高字今改正案朱趙同趙釋曰全氏曰弦高是鄭商安得有國且非鄭地也將無誤記江黃道柏之姻而妄係以名又東北逕弋陽郡東有虞丘郭南有子胥廟官本曰案胥近刻訛作相案朱訛趙改刊誤曰子相當作子胥初學記校黃水又東北入于淮謂之黃口淮水又東北逕褒信縣故城南而東流注也官本曰案注下近刻衍之者二字

案朱趙有

又東過期思縣北孫校曰今固始

縣故蔣國周公之後也春秋文公十年楚王田于孟諸期思公復遂爲右司馬楚滅之以爲縣趙釋曰全氏曰道元似以期思公卽蔣君之後而楚滅之誤也是蓋楚之縣尹故稱公耳漢高帝十二年以封賁赫爲侯國城之西北隅有楚相孫叔敖廟廟前有碑趙釋曰一清案隸釋楚相孫叔敖碑云楚相孫君諱饒字叔敖本是縣人六國時期思屬楚碑以漢延熹二年五月廿八日立及碑陰集古錄云孫叔敖碑云名饒字叔敖而史記不著其名見于他書者亦皆曰叔敖而已徵斯碑後世遂不復知其名饒也洪适曰碑在今光州延熹二年固始令段光爲叔敖作廟所立左氏傳蔿敖爲艾獵杜預皆以爲叔敖他書但云孫叔敖此碑獨言其名饒未知何據劉昌詩蘆浦筆記云楚相孫君碑不見書撰人名字攷史記本傳列于循吏之首獨載改幣高梱事爲詳而碑則略之埋蛇陰德僅書于劉向新序屬子云云則在優孟傳然其文意皆不同碑謂生于季末仕于靈王則繆矣且莊之後爲共爲康爲郟敖歷三世凡五十年始爲靈安得仕于靈卒後數年而莊復封其子耶六一先生跋喜其得叔敖之名兼以集錄二十年求之博且勤乃得之故不暇訂正耳續金石錄云碑文可議者三如云叔敖爲相庶人有曾閔貞孝之行又云繼伍舉子文之統又云仕于靈王卒後數年莊王封之夫叔敖相楚當魯宣公時曾閔在定哀之際援後賢前猶作文者比擬之病至伍舉後于敖四五十年直云繼其統何耶況靈王爲莊王之曾孫反序在前舛繆極矣彼云名饒未必有所據也毛奇齡經問曰張燧問淮安閻氏謂孫叔敖卽宣十一年楚之令尹蔿艾獵也艾獵楚公族卽蔿賈之子竝非處士起家爲楚莊所舉用者此可信與曰孫叔敖自是處士凡荀子呂覽史記以及劉向說苑新序列女傳皆明載其人趙岐舊註原是有據史記孫叔敖傳謂叔敖楚之處士虞邱相薦于王而代爲楚相未詳爲何所人也唯荀子呂覽皆有孫叔敖爲期思之鄙人語考期思本蓼國地卽春秋寢邱也漢名寢縣東漢名固始楚子于宣八年滅蓼而宣十二年卽有孫叔敖之名見于策書則以蓼名期思必蓼滅而後期思之鄙人始得用虞邱之薦而舉爲令尹若云楚公族其誤始于杜預服虔之註左傳而孔氏正義不能辨正左傳宣十一年有令尹蔿艾獵城沂事其明年晉楚戰邲又有令尹孫叔敖不欲戰事以爲兩年相距不甚遠而只此令尹必屬一人不知隔歲易官在列國多有之左氏既曰令尹孫叔敖不欲又曰若事得捷則孫叔爲無謀矣一稱敖名一稱叔字是必氏孫字叔而敖其名與蔿賈之子明屬兩人乃其所大誤者則以戰邲時隨武子稱有蔿敖而杜預以爲卽兼稱也其時蔿敖不在軍楚制有令尹太宰二官令尹極尊太宰極卑孫叔令尹豈得與蔿敖太宰合作一人也又章懷後漢書註引皇覽曰楚大夫子思冢在當塗縣東山鄉西去縣四十里子思造芍陂子思似是孫叔敖之字然則非名饒字叔敖矣

淮水又東北淠水注之官本曰案此九字原本及近刻竝訛作經　案朱訛趙改刊誤曰箋曰淠一作浮案非也淠水卽沘水淠沘音同九字是注混作經水出弋陽縣南垂山西北流歷陰山關逕二城閒舊有賊難軍所頓防官本曰案所下近刻衍謂字　案朱衍趙刪刊誤曰謂字衍文西北出山又東北流逕新城戍東又東北得詔虞水口西北去弋陽虞丘郭二十五里水出南山東北流逕詔虞亭東而北入淠水又東北注淮俗曰白鷺水孫校曰說文簿水在丹陽郎此

又東過原鹿縣南官本曰案近刻脫又字　案朱趙無汝水從西北來注之

縣卽春秋之鹿上也左傳僖公二十一年宋人爲鹿上之盟以求諸侯于楚建武十五年世祖更封侍中執金吾陰鄉侯陰識爲侯國者也

又東過廬江安豐縣東北決水從北來注之

廬江故淮南也漢文帝十六年別以爲國應劭曰故廬子國也決水自舒蓼北注不于北來也安豐東北注淮者窮水矣又非決水皆誤耳淮水又東谷水入焉官本曰案此八字原本及近刻竝訛作經　案朱訛趙改刊誤曰八字是注混作經水上承富水東南流世謂之谷水也東逕原鹿縣故城北城側水南谷水又東逕富陂縣故城北俗謂之成閭亭非也地理志官本曰案近刻衍一曰字　案朱趙有汝南郡有富陂縣建武二年世祖改封平鄉侯王霸爲富陂侯十三州志

曰漢和帝永元九年分汝陰置多陂塘以溉稻故曰富陂縣也趙釋曰沈氏曰漢志續志後漢書本傳皆作波波陂字通用**谷水又東于汝陰城東南注淮**官本曰案近刻脫淮字　案朱脫趙增刊誤曰箋曰注下當有之字案不當有之字于文是落淮字耳**淮水又東北左會潤水**官本曰案此九字原本及近刻竝譌作經　案朱譌趙改刊誤曰九字是注混作經水首受富陂東南流爲高塘陂又東積而爲陂水東注焦陵陂陂水北出爲鯛陂陂水潭漲引瀆北注汝陰四周隍塹下注潁水焦湖東注謂之潤水逕汝陰縣東逕荊亭北而東入淮官本曰案近刻脫淮字　案朱脫趙增于淮二字刊誤曰而東入下落于淮二字胡渭校補**淮水又東北窮水入焉**官本曰案此九字原本及近刻竝譌作經　案朱譌趙改刊誤曰九字是注混作經水出六安國安風縣窮谷官本曰按風近刻譌作豐下同　案朱趙作豐下同春秋左傳楚救灊司馬沈尹戌與吳師遇于窮者也官本曰案近刻窮下衍谷字　案朱趙有川流泄注于決水之右北灌安風之左世謂之安風水亦曰窮水音戎竝聲相近字隨讀轉趙釋曰全氏曰十字注中注流結爲陂謂之窮陂塘堰雖淪猶用不輟陂水四分農事用康北流注于淮京相璠曰今安風有窮水北入淮淮水又東爲安風津水南有城故安風都尉治後立霍丘戍淮中有洲官本曰案近刻重一淮字　案朱重趙刪刊誤曰淮字重文宜衍俗號關洲蓋津關所在故斯洲納稱焉魏書國志有曰司馬景王征毋丘儉使鎮東將軍豫州刺史諸葛誕官本曰案東近刻譌作西　案朱譌趙改刊誤曰鎮西當作鎮東從安風津先至壽春儉敗與小弟秀藏水草中安風津都尉部民張屬斬之傳首京都卽斯津也趙釋曰一清案漢志六安國有安豐縣莽曰美豐又有安風縣莽曰安風亭蓋西京六安國治安風故莽改國曰安風縣曰安風亭也魏收地形志揚州有安豐郡霍州有安豐郡治步洛城方輿紀要安風城在霍邱縣西南三十里郡國志云安風侯國蓋後漢以封竇融之國都也而別有安豐縣三國魏置安豐郡治安風縣晉仍爲郡治杜佑曰霍邱城北有安風津曹魏安風都尉理毋丘儉敗走安風津見殺處也或譌風爲豐今注云云直是誤文

又東北至九江壽春縣西沘水泄水合北注之官本曰案沘水泄水原本及近刻竝譌作泚水洪水今改正　案朱譌趙改泚仍洪增流字刊誤曰此廬江灊縣之沘水也泚字誤合北下落流字趙釋曰全氏曰洪水當作泄水**又東潁水從西北來流注之**

淮水又東左合沘口官本曰案近刻譌作泚口　案朱譌趙改刊誤曰泚口當作沘口**又東**逕中陽亭北爲中陽渡水流淺礩可以厲也淮水又東流與潁口會東南逕蒼陵城北又東北流逕壽春縣故城西官本曰案蒼陵城北近刻譌作倉陵北又此二十七字原本及近刻竝譌作經　案朱譌趙改刊誤曰二十六字是注混作經又曰方輿紀要云壽州西北有蒼陵城魏書地形志云壽春故楚有倉陵城是也倉陵下落城字縣卽楚考烈王自陳徙此秦始皇立九江郡治此兼得廬江豫章之地故以九江名郡漢高帝四年爲淮南國孝武元狩六年復爲九江焉文穎曰史記貨殖傳曰淮以北沛陳汝南南郡爲西楚彭城以東東海吳廣陵爲東楚衡山九江江南豫章長沙爲南楚是爲三楚者也趙釋曰一清案孟康曰舊名江陵爲南楚吳爲東楚彭城爲西楚師古曰孟說是淮水又北左合椒水官本曰案此八字原本及近刻竝譌作經　案朱譌趙改刊誤曰八字是注混作經水上承淮水東北流逕蚍城南官本曰案城近刻譌作地　案朱譌趙改刊誤曰地當作城又歷其城東亦謂之清水東北流注于淮水謂之清水口者是此水焉官本曰案此四字近刻作左合椒水焉五字係後人妄改　案朱譌趙增也字刪左合椒水焉五字刊誤曰者下落也字全氏云左合椒水焉五字羨文蓋逕蚍城南者卽椒水也何合之有**又東過壽春縣北肥水從縣東北流注之**

淮水于壽陽縣西北官本曰案晉孝武改壽春曰壽陽肥水從城西而北入于淮官本曰案近刻脫西字案朱同趙而改西刊誤曰而當作西謂之肥口淮水又北夏肥水注之趙釋曰全氏曰漢志沛郡城父縣夏肥水東南至下蔡入淮此別是一水與九江成德之肥水無與也近志稱肥水曰東肥夏肥水曰西肥水上承沙水于城父縣右出東南流逕城父縣故城南王莽之思善也縣故焦夷之地春秋左傳昭公九年楚公子棄疾遷許于夷寔城父矣取州來淮北之田以益之伍舉授許男田官本曰按男近刻訛作夷案朱趙同杜預曰此時改城父爲夷故傳寔之者也然丹遷城父人于陳以夷濮西田益之官本曰按近刻脫此十五字案朱趙無言夷田在濮水西者也然則濮水卽沙水之兼稱得夏肥之通目矣漢桓帝永壽元年封大將軍梁冀孫桃爲侯國也官本曰按也上近刻衍者字案朱趙有趙釋曰沈氏曰是永興二年

夏肥水自縣又東逕思善縣之故城南漢章帝章和三年分城父立夏肥水又東爲高陂又東爲大漴陂官本曰按近刻訛作天漴陂案朱趙同趙釋曰一清按天漴陂潁水注作大漴陂字形相近水出分爲二流南爲夏肥水官本曰按近刻脫夏字案朱脫趙增刊誤曰肥水上落夏字下雞水又會肥水亦落夏字北爲雞陂夏肥水東流官本曰按近刻脫水字案朱脫趙增刊誤曰夏肥下落水字左合雞水水出雞陂東流爲黃陂官本曰按近刻脫流字案朱趙無又東南流積爲茅陂又東爲雞水呂氏春秋曰宋人有取道者其馬不進投之雞水是也雞水右會夏肥水官本曰按右近刻訛作又脫夏字案朱趙作又朱脫夏字趙增說見上而亂流東注俱入于淮淮水又北逕山硤中謂之硤石官本曰按此十二字原本及近刻竝訛作經案朱訛趙改刊誤曰十二字是注混作經對岸山上結二城以防津要西岸山上有馬跡世傳淮南王乘馬昇僊所在也今山

之東南石上有大小馬跡朱趙有一字十餘所仍今存焉淮水又北逕下蔡縣故城東本州來之城也吳季札始封延陵後邑州來故曰延州來矣春秋哀公二年官本曰按哀近刻訛作襄案朱訛趙改蔡昭侯官本曰按近刻訛作成公案朱趙同趙釋曰全氏祖望曰是昭侯其子乃成侯也且蔡亦無稱公者自新蔡遷于州來謂之下蔡也淮之東岸又有一城卽下蔡新城也官本曰按近刻脫卽字案朱脫趙增刊誤曰下蔡上落卽字寰宇記校增二城對據翼帶淮瀆淮水東逕八公山北官本曰按近刻脫公字案朱脫趙增刊誤曰當作八公山落公字山上有老子廟淮水歷潘城南置潘溪戍戍東側潘溪吐川納淮更相引注又東逕梁城臨側淮川川左有湄城淮水左迤爲湄湖淮水又右納洛川于西曲陽縣北水分閻溪北絕橫塘又北逕蕭亭東官本曰按近刻脫又字案朱脫趙增刊誤曰北逕上落又字又北鵲

甫溪水入焉水出東鵲甫谷西北流逕鵲甫亭南西北流注于洛水北逕西曲陽縣故城東王莽之延平亭也應劭曰縣在淮曲之陽下邳有曲陽故是加西也趙釋曰一清按漢志九江郡曲陽縣莽曰延平亭東海郡曲陽縣莽曰從平師古注兩引應劭在淮曲之陽語此是九江之曲陽續志改隸下邳魏書地形志彭沛二郡領南陽中陽洛陽三縣南陽縣有曲陽城是也洛陽卽洛澗之陽也洛澗北歷秦墟下注淮謂之洛口經所謂淮水逕壽春縣北肥水從縣東北注者也官本曰按近刻脫從字案朱脫趙增刊誤曰肥水下落從字葢經之謬矣考川定土卽實爲非是曰洛澗非肥水也淮水又北逕莫邪山西官本曰按此九字原本及近刻竝訛作經案朱訛趙改刊誤曰九字是注混作經山南有陰陵縣故城漢高祖五年項羽自垓下從數百騎夜馳渡淮至陰陵迷失道左陷大澤漢令騎將灌嬰以五千騎追及之于斯

縣者也案地理志王莽之陰陸也後漢九江郡治時多虎災
百姓苦之南陽宗均爲守官本曰按宗近刻訛作宋案朱趙作宋朱箋曰謝承漢書云南陽
宗資祖父均趙明誠金石錄云宗資墓在南陽有天鹿辟邪知宋均當作宗均也趙釋曰朱氏謀㙔箋曰按謝承書南陽
宗資祖父均知宋當作宗范書作宋均退貪殘進忠良虎悉東渡江
又東過當塗縣北過水從西北來注之孫校曰初學記引作渦水
淮水自莫邪山東北逕馬頭城北魏馬頭郡治也故當塗縣
之故城也呂氏春秋曰禹娶塗山氏女不以私害公自辛至
甲四日復往治水故江淮之俗以辛壬癸甲爲嫁娶日也禹
墟在山西南官本曰按墟近刻訛作娶案朱訛趙改刊誤曰娶當作墟縣卽其地也地
理志曰當塗侯國也魏不害以圉守尉捕淮陽反者公孫勇
等官本曰按近刻訛作者案朱訛趙改漢以封之趙釋曰一清按漢表當塗侯魏不害以圉守尉捕反
者淮陽胡倩侯又轅陽侯江喜以圉嗇夫捕反者故城父令公孫勇侯倶以征和二年十一月封此從褚表故當以班史
爲是江喜褚作江德王莽更名山聚也淮水又東北濠水注之官本曰按此九
字原本及近刻竝訛作經案朱訛趙改刊誤曰九字是注混作經趙釋曰全氏曰此尙未是鍾離之濠水乃元和志所
謂西濠者也在懷遠縣界水出莫邪山東北溪官本曰按溪上近刻衍之字案朱同趙移改刊誤
曰之字當移在東北上溪水西北引瀆逕禹墟北又西流注于淮淮水
又北沙水注之官本曰按此八字原本及近刻竝訛作經案朱訛趙改刊誤曰八字是注混作經經
所謂蒗蕩朱趙作蕩渠也淮之西有平阿縣故城王莽之平寍也
建武十三年世祖更封耿阜爲侯國郡國志曰平阿縣有塗
山官本曰按有下近刻衍當字案朱趙有淮出于荆山之左趙淮改渠刊誤曰淮當作渠當
塗之右奔流二山之間而揚濤北注也官本曰按而近刻訛作西也訛作之案
朱同趙改而存之刊誤曰西北堂書鈔引此文作而春秋左傳哀公十七趙作年大夫對

孟孫曰禹會諸侯于塗山執玉帛者萬國杜預曰塗山在壽
春東北非也余按國語曰吳伐楚墮會稽獲骨焉節專車吳
子使來聘且問之客執骨而問曰官本曰按近刻訛作之案朱趙作之敢問
骨何爲大仲尼曰丘聞之昔禹致羣神于會稽之山防風氏
後至禹殺之其骨專車此爲大也葢丘明親承聖旨錄爲實
證矣又案劉向說苑辨物王肅之敘孔子廿二世孫孔猛所
出先人書家語竝出此事故塗山有會稽之名考校羣書及
方土朱箋曰一作士之目疑非此矣葢周穆之所會矣淮水于荆山
北過水東南注之官本曰按東近刻訛作自案朱趙作自又東北逕沛郡義城
縣東司馬彪曰後隸九江也
又東過鍾離縣北
世本曰鍾離嬴姓也應劭曰縣故鍾離子國也楚滅之以爲
縣春秋左傳所謂吳公子光伐楚拔鍾離者也王莽之蠶富
也豪趙作濠下同水出陰陵縣之陽亭北趙釋曰全氏曰此所謂東濠也寰宇記云出鍾
離縣南濠塘山二濠相近然東濠爲大小屈有石穴不測所窮言穴出鍾乳所
未詳也豪水東北流逕其縣西又屈而南轉東逕其城南又
北歷其城東逕小城而北流注于淮淮水又東逕夏丘縣南
官本曰按此九字原本及近刻竝訛作經案朱訛趙改刊誤曰九字是注混作經又東渙水入焉水
首受蒗蕩渠于開封縣史記韓釐王二十一年使暴鳶救魏
爲秦所敗鳶走開封者也東南流逕陳留北又東南官本曰按近刻
脫入焉至此四十六字案朱趙無西入九里注之官本曰按此六字脫誤未詳渙水又東
南流逕雍丘縣故城南又東逕承匡城又東逕襄邑縣故城

南故宋之承匡襄牛之地趙釋曰一清按漢志注應劭以陳留襄邑爲春秋之襄牛師古引闞稱曰襄邑宋地本承匡襄陵鄉應說誤也道元蓋惑于仲瑗不能別也宋襄公之所葬故號襄陵矣竹書紀年梁惠成王十七年宋景敾官本曰按近刻訛作公今竹書作鼓案朱作公趙改敾刊誤曰景敾黃省曾本作景公誤也史記十二諸侯年表宋終于景公之四十年實周敬王之四十三年也年表云六十四年宋世家同蓋卒于周元王之二十四年六國表魏惠王十七年爲周顯王十五年去景公之卒已九十二年矣今從吳琯本所改考正之景敾之族疑出景公以謚爲氏者也衞公孫倉會齊師圍我襄陵十八年惠成王以韓師敗諸侯師于襄陵官本曰按近刻脫敗字此句之下有縣字今竹書作縣于襄陵案朱脫衍趙增刪刊誤曰韓師下落敗字縣字衍文孫潛校正今本竹書紀年作惠成王以韓師諸侯師縣于襄陵大繆齊侯使楚景舍來求成官本曰按此下近刻有公會齊宋之圍六字原本及竹書皆無此語案朱趙有卽于此也西有承匡城春秋會于承匡者也秦始皇以承匡卑溼徙縣于襄陵更爲襄邑

官本曰按此下近刻衍也字案朱趙有王莽以爲襄平也漢桓帝建和元年封梁冀子胡狗爲侯國趙釋曰全氏曰按胡狗卽梁胤當是其小字陳留風俗傳曰縣南有渙水故傳曰睢渙之間出文章天子郊廟御服出焉尚書所謂厥篚織文者也趙釋曰禹貢錐指曰厥篚織文疏云漢世陳留襄邑縣置服官使制作衣服是兗州綾錦美也按水經注引陳留風俗傳云云襄邑在豫域不當引兗篚爲證疏承其繆渙水又東南逕巳吾縣故城南又東逕鄫城北春秋襄公元年經書晉韓厥帥師伐鄭魯仲孫蔑會齊曹邾杞次于鄫杜預曰陳留襄邑縣東南有鄫城渙水又東南逕鄢城北新城南又東南左合明溝溝水自蓬趙作逢洪陂東南流謂之明溝下入渙水又逕亳城北帝王世記趙作紀曰穀熟爲南亳卽湯都也十三州志曰漢武帝分穀熟置春秋莊公十二年官本曰按近刻訛作三案朱訛趙改宋公子御說奔亳者也官本曰按奔下近刻衍于字案朱趙有渙水東逕穀熟城南漢光武建武二年封更始子歆爲侯國又東逕楊亭北趙楊改陽刊誤曰楊亭當作陽亭春秋左氏傳襄公十二年楚子囊秦庶長無地伐宋師于楊梁以報晉之取鄭也京相璠曰宋地矣今睢陽東南三十里有故楊梁城官本曰按近刻脫城字案朱同趙刪今增城楊改陽刊誤曰今字衍文楊梁下落城字今日陽亭也俗名之曰緣城非矣西北去梁國八十里渙水又東逕沛郡之建平縣故城南漢武帝元鳳元年官本曰按近刻脫元鳳二字案朱脫趙增武改昭刊誤曰漢書功臣表杜延年以昭帝元鳳元年封是注有缺誤今改正封杜延年爲侯國王莽之田平也又東逕酇縣故城南春秋襄公十年公會諸侯及齊世子光于鄌朱箋曰吳本作酇誤按左傳皆作會于柤古文柤作鄌應劭讀作嵯漢地志沛郡酇縣注酇本作鄌今爲改正今其地鄌聚

是也王莽之酇治矣趙酇作贊釋曰一清按漢志沛郡酇縣莽曰贊治應劭曰音嵯師古曰此縣本爲鄌應音是也中古以來借酇字爲之耳讀皆爲鄌而莽呼爲贊治則此縣亦有贊音索隱以爲蕭何所封邑班固泗水亭碑云文昌四友漢有蕭何序功第一受封于酇以韻而言似非南陽之酇又曰何封實在南陽非沛縣也說者引江統徂淮賦以爲證此乃統之疏繆不可考覈耳後說是渙水又東南逕費亭南漢建和元年封中常侍沛國曹騰爲侯國騰字季興譙人也永初中定桓帝策封亭侯此城卽其所食之邑也渙水又東逕銍縣故城南昔吳廣之起兵也使葛嬰下之渙水又東苞水注之水出譙城北白汀陂官本曰按白近刻訛作自案朱訛趙改增水字刊誤曰出上落水字自當作白陂水東流逕酇縣南又東逕鄲縣故城南朱箋曰漢志沛郡有酇縣又有鄲縣孟康曰鄲音多漢景帝中元年封周應爲侯國王莽更之曰單城也官本曰按單近刻訛作留案朱趙作留趙刊誤曰按留城漢書分註作單城是也宋祁謂鄲有留音非也宋書索虜傳

云步尼公進軍清東屯畱城此春秋傳侵宋呂畱之畱漢縣屬楚國沛郡之鄲縣蘇林音多寒反不當作畱音也音多趙釋曰全氏曰二字注中注沈氏曰漢書周緤傳景帝中元年封緤子應爲鄲侯蘇林音多寒反讀如邯鄲之鄲也史記周緤傳亦引蘇音則但曰音多漢志引孟康之音亦曰多丁度遂造爲當何反之音以附會之觀是注則六朝本已如是不始于小顏小司馬也又宋祁曰音畱蓋承六朝誤本以莽所改之單城爲畱城之繆若作畱音則又添一疑網轉相迷惑不可窮詰矣又東逕嵇山北嵇氏故居嵇康本姓奚官本曰按近刻脫康字案朱脫趙增刊誤曰嵇下落康字會稽人也先人自會稽遷于譙之銍縣改爲嵇氏官本曰按改近刻訛作故案朱訛趙改刊誤曰故三國志註引虞預晉書作改取稽字之上以爲姓蓋志本也嵇氏譜曰譙有嵇山家于其側遂以爲氏縣魏黄初中文帝以酇城父山桑銍置譙郡故隸譙焉趙釋曰一清按晉志云魏武分沛立譙郡宋志云魏明帝分立又引王粲詩以證是建安中立然則武帝是也注以爲黄初蓋文帝受禪之後建立五都譙亦其一耳苞水東流入渙渙水又東南逕蘄縣故城南地理志曰故甀鄉也官本曰按甀近刻訛作垂案朱作垂趙改甀刊誤曰垂漢書作甀師古曰音直恚反又高帝紀十二年冬十月上破布軍于會缶孟康曰音儈保邑名屬沛國蘄縣蘇林曰缶音甀師古曰會音工外反缶音丈瑞反蘇音是也此字本作甀而轉寫者誤爲缶字耳音保非也黥布傳正作甀字此足明其不作缶也史記高祖紀作會甀裴駰曰漢書音義音儈保邑名甀直僞反黥布傳索隱曰上古外反下持瑞反吳王濞傳索隱曰會音古兌反甀音錘以是知漢紀缶字音保誠誤也漢高帝破黥布于此縣舊都尉治王莽之蘄城也水上有古石梁處遺基尚存渙水又東逕穀陽縣左會八丈故瀆官本曰按左近刻訛作右案朱趙作右瀆上承洨水南流注于渙渙水又東逕穀陽戍南又東南逕穀陽趙有縣字故城東北右與解水會水上承縣西南解塘東北流逕穀陽城南即穀水也應劭曰城在穀水之陽官本曰按近刻脫此二字案朱脫四字趙增刊誤曰城在下落穀水之陽四字漢志校補案趙以原本穀水下屬故云脫四字也又東北流注于渙趙釋

曰全氏曰先大父贈公曰渙讀如濊胡三省通鑑注引地形志穀陽郡建城縣有濊水丁度曰濊呼外反一作渙其音同今人呼爲澮水即濊水也渙水又東南逕白石戍南又逕虹城南官本曰按近刻脫又字虹訛作蚳案朱趙無又字趙蚳改虵刊誤曰蚳字誤當作虵即地理志沛郡虵縣續志作虹洨水注之水首受蘄水于蘄縣東南流逕穀陽縣八丈故瀆出焉又東合長直故溝趙改瀆刊誤曰溝當作瀆下同溝上承蘄水南會于洨洨水又東南流逕洨縣故城北官本曰按逕近刻作于案朱趙作于縣有垓下聚漢高祖破項羽所在也王莽更名其縣曰肴城官本曰按肴近刻訛作育案朱趙同趙釋曰一清按漢志注作有成竝誤也此是莽改洨縣曰肴城耳師古曰洨音肴是也應劭曰洨水所出音絞經之絞也趙釋曰全氏祖望曰六字注中注洨水又東南與渙水亂流而入于淮官本曰按近刻脫與渙水亂流五字及而字案朱趙無故應劭曰洨水南入淮淮水又東至巉石山潼水注之水首受潼縣西南潼陂縣故臨淮郡之屬縣王莽改曰成信矣南逕沛國夏丘縣絕蘄水又南逕夏丘縣故城西官本曰按近刻脫水又南三字案朱趙無王莽改曰歸思也又東南流逕臨潼戍西又東南至巉石朱無山字與官本同趙增刊誤曰巉石下落山字西南入淮淮水又東逕浮山官本曰按此七字原本及近刻竝訛作經案朱訛趙改刊誤曰七字是注混作經山北對巉石山梁氏天監中立堰于二山之間逆天地之心乖民神之望自然水潰壞矣官本曰按壞近刻訛作淮案朱趙作淮朱箋曰梁書康絢傳曰魏降人王足陳計求堰淮水以灌壽陽高祖然之發徐揚人率二千戶取五丁以築之假絢節都督淮上諸軍事並護堰作人及戰士有衆二十萬於鍾離南起浮山北抵巉石依岸以築土合脊於中流天監十四年堰將合淮水漂疾復決潰用鐵數千萬斤沈于堰所伐樹爲井幹塡以巨石加土其上士卒死者十七八明年四月堰乃成其長九里下闊百四十丈天監十五年九月淮堰壞死者十餘萬口淮水又東逕徐縣南歷澗水注之官本曰按此十三字原本及近刻竝訛作經案朱訛趙改刊

誤曰十三字是注混作經導徐城西北徐陂趙增水字刊誤曰導上落水字陂水南流絕蘄水逕歷澗戍西官本曰按戍近刻訛作水案朱趙作水東南流注于淮淮水又東池水注之官本曰按此八字原本及近刻竝訛作經案朱訛趙改刊誤曰八字是注混作經水出東城縣東北流逕東城縣故城南漢以數千騎追羽羽帥二十八騎引東城官本曰按近刻脫一羽字案朱脫趙增刊誤曰于文當重一羽字因四隤山官本曰按山近刻訛作出案朱訛趙改刊誤曰漢書項籍傳云因四隤山而爲圜陣外嚮孟康曰四下隤陁也斬將而去即此處也史記孝文帝八年官本曰按近刻訛作孝惠八年案朱趙同封淮南厲王子劉頁爲侯國官本曰按頁近刻訛作賜案朱趙作賜趙釋曰朱氏謀瑋箋曰按史記孝文八年封淮南厲王子劉頁爲東城侯劉賜爲陽周侯地理志王莽更名之曰武城也池水又東北流歷二山間東北入于淮謂之池河口也官本曰按近刻脫河字案朱趙無趙釋曰全氏曰按胡三省曰今招信軍盱眙縣西淮陵城臨池河池河過淮陵城西北入淮謂之池河口淮水又東蘄水注之官本曰按此八字原本及近刻竝訛作經案朱訛趙改刊誤曰八字是注混作經水首受睢水于穀熟城東北東逕建城縣故城北漢武帝元朔四年封長沙定王子劉拾爲侯國趙釋曰一清按索隱曰表在豫章道元于贑水篇已引之此誤也王莽之多聚也趙釋曰一清按漢志豫章郡建成縣莽曰多聚道元誤以沛郡之建成當之蘄水又東南逕蘄縣縣有大澤鄉陳涉起兵于此篝火爲狐鳴處也南則洨水出焉蘄水又東南北八丈故瀆出焉官本曰按北下近刻衍入字瀆訛作溝案朱同趙存入溝改瀆刪出焉二字刊誤曰箋曰克家云當作八丈故瀆按出焉二字衍文又東流長直故溝出焉官本曰按長直上近刻衍南北二字溝訛作瀆案朱同趙改又東南流刪北字刊誤曰當作又東南流北字衍文又東入夏丘縣東絕潼水逕夏丘縣故城北又東南逕潼縣南又東流入徐縣趙增南字刊誤曰又東下落南字東絕歷澗又東逕大徐縣故城南又東

趙有流字注于淮淮水又東歷客山趙釋曰沈氏曰盱眙山古謂之客山逕盱眙縣故城南官本曰按此十四字原本及近刻竝訛作經案朱訛趙改南朱趙作西刊誤曰十四字是注混作經趙釋曰一清按西字胡渭本作南地理志曰都尉治漢武帝元朔元年封江都易王子劉蒙之趙釋曰一清按史表作劉象之此從漢表爲侯國王莽更名之曰匡武趙釋曰一清按漢志作武匡淮水又東逕廣陵淮陽城南官本曰按廣陵下近刻衍歷字復脫南字案朱趙同城北臨泗水官本曰按近刻脫城字案朱脫趙增刊誤曰北上落城字阻于二水之間述征記淮陽太守治自後置戍縣亦有時廢興也

又東北至下邳淮陰縣西孫校曰淮陰漢屬臨淮不屬下邳泗水從西北來流注之

淮泗之會即角城也左右兩川翼夾二水決入之所所謂泗口也

又東過淮陰縣北中瀆水出白馬湖東北注之

淮水右岸即淮陰也城西二里有公路浦昔袁術向九江將東奔袁譚路出斯浦因以爲名焉又東逕淮陰縣故城北北臨淮水趙北臨上增城字漢高帝六年封韓信爲侯國王莽之嘉信也昔韓信去下鄉而釣于此處也城東有兩冢西者即漂母冢也周迴數百步高十餘丈昔漂母食信于淮陰信王下邳葢投金增陵以報母矣東一陵即信母冢也縣有中瀆水首受江于廣陵郡之江都縣縣城臨江應劭地理風俗記曰縣爲一都之會故曰江都也縣有江水祠俗謂之伍相廟也子胥但配食耳歲三祭與五岳同趙釋曰全氏曰子胥爲浙江神今錢塘吳山祠廟香火甚

盛而大江之上杳然不知其亦主風濤之患也觀范史張禹傳及章懷注所引水經注逸文可見故山謙之南徐州記其于廣陵之曲江亦俱以爲大江而不專主浙江非盡無說也舊江水道也官本曰按近刻脫江字 案朱脫趙增刊誤曰舊下落江字昔吳將伐齊北霸中國自廣陵城東南築邗城城下掘深溝謂之韓江亦曰邗溟溝自江東北通射陽湖地理志所謂渠朱作築箋曰地理志江都有渠水趙改渠水也西北至末口入淮官本曰按西近刻訛作而又脫入字 案朱訛脫趙改增刊誤曰而當作西末口下落入字胡渭校正趙釋曰一清按漢志廣陵國江都縣渠水首受江北至射陽入湖禹貢錐指曰閻百詩四書釋地曰左傳哀公九年吳城邗溝通江淮杜預明謂于邗江築城穿溝東北通射陽湖西北至末口入淮乃引江達淮與孟子排淮入江不合直至隋文帝開皇七年丁未開山陽瀆煬帝大業元年丁丑開邗溝皆自山陽至揚子入江水流與前相反蓋孟子後九百餘歲其言始驗若預爲之兆者亦一異事又云漢志江都渠水首受江北至射陽入湖水經注中瀆水首受江自廣陵至山陽入淮是其水乃自南入北非自北入南也且以邗溝既開言之孟子云淮注江非誤然班固言渠水入湖而不言入淮頗有分扐撰水經者乃云淮水過淮陰縣北中瀆水出白馬湖東北注之酈道元遂以此水直至山陽口入淮而其說牢不可破矣竊疑高郵寶應地勢最卑若釜底然邗溝首受江水東北流至射陽湖而止杜預云自射陽西北至末口入淮此不過言由江達淮之糧道耳路可通淮而水不通淮也水經殆不如地志之確今按江淮自吳闕邗溝以後水流逕通但與隋人所開有順逆之分胡氏云路可通淮水不通淮語亦有病末口今注疏本作宋口非是自永和中江都水斷其水上承歐陽埭官本曰按近刻脫埭字 案朱趙無趙釋曰全氏曰胡三省曰江淮之間地名歐陽見于史者非一處吳喜使蕭道成留軍歐陽在淮陰界裴邃拒長孫稚欲營歐陽則在壽春境上蕭正美爲侯景柵歐陽斷援軍在今眞州界邗溝之所承也而會稽郡烏程縣亦有歐陽引江入埭六十里至廣陵城楚漢之間爲東陽郡高祖六年爲荆國十一年爲吳城卽吳王濞所築也景帝四年更名江都武帝元狩三年更曰廣陵王莽更名郡曰江平縣曰定安官本曰按近刻脫更名二字 案朱脫趙增定安改安定刊誤曰王莽下落更名二字定安漢書地理志作安定城東水上有梁謂之洛橋中

瀆水自廣陵北出武廣湖東陸陽湖西二湖東西相直五里官本曰按此二湖在今高郵州南水出其間下注樊梁湖官本曰按湖在高郵州西北五十里舊道東北出至博芝射陽二湖西北出夾邪朱趙作耶下同乃至山陽矣至永和中患湖道多風陳敏因穿樊梁湖北口下注津湖逕渡官本曰按津湖在今寶應縣南六十里 趙釋曰一清按魏書蔣濟傳作精湖湖在今山陽渡十二里方達北口官本曰按此謂津湖之北口直至夾邪興寍中復以津湖多風又自湖之南口官本曰按近刻南下衍北字此謂津湖之南口 案朱衍趙刪刊誤曰北字衍文胡渭校沿東岸二十里穿渠入北口自後行者不復由湖故蔣濟三州論曰趙釋曰一清按蔣子通作三州論本詩人淮有三洲之義言水淺也淮湖紆遠水陸異路山陽不通陳敏穿溝官本曰按近刻脫敏字 案朱脫趙增刊誤曰是陳敏穿溝落敏字更鑿馬瀨百里渡湖者也趙馬上增白字刊誤曰馬上補白字自廣陵出山陽白馬湖逕山陽城西卽射陽縣之故城也應劭曰在射水之陽漢高祖六年封楚左令尹項纏趙釋曰一清按師古曰卽項伯爲侯國也王莽更之曰監淮亭世祖建武十五年封子荆爲山陽公治此十七年爲王國趙釋曰一清按方輿紀要淮安府山陽縣下云漢臨淮郡射陽縣地後漢屬廣陵郡晉義熙中置縣爲山陽郡治以境內有山陽津而名又云山陽瀆在淮安府城東古邗溝也其入淮處謂之末口後漢書山陽王荆光武帝子初封山陽公進爵爲王後以西羌反徙封廣陵曰廣陵思王也荆封本不在淮南酈氏蓋以廣陵地近致誤而不知山陽郡縣之名起于典午潛邱劄記曰後漢河內郡有山陽縣又山陽郡治昌邑荆封或郡或邑不可定唯其爲金鄉之山陽或河內之山陽方以西羌有警徙居東南廣陵若如今山陽去廣陵三百里耳何取乎其徙封一清按范史廣陵思王傳荆以飛書事顯宗遣其出止河南宮是未嘗就國也時西羌反荆不得志冀天下有變私迎能星者與之謀議帝聞之乃徙封廣陵遣之國蓋荆潛居京邸包藏禍心是以屏之遠方以絕其邪謀東京皇子皆封郡王則似金鄉之山陽爲是酈氏言之未明遂啟後人之惑爾城本北中郎將庾希所鎮中瀆

水又東官本曰按近刻脫水字案朱脫趙增刊誤曰中瀆下落水字謂之山陽浦又東入淮謂之山陽口者也

又東兩小水流注之

淮水左逕泗水國南故東海郡也徐廣史記音義曰泗水國名漢武帝元鼎四年官本曰按近刻訛作三年案朱趙作三初置都淩官本曰按近刻訛作郯下衍四年二字案朱趙同封常山憲王子思王商爲國官本曰按近刻脫封字案朱脫趙增刊誤曰四年下落封字趙釋曰沈氏曰漢志云元鼎四年別爲泗水國而表作二年封已自不合是注又復參差史記漢興以來將相名臣年表商以四年封則志是而表非也又泗水國無郯縣其都卽淩縣善長亦誤地理志曰王莽更泗水郡爲水順官本曰按近刻訛作順水案朱趙作順水淩縣爲生淩官本曰按近刻訛作陵縣爲生夌案朱同趙陵改淩淩水注之水出淩縣東流逕其縣故城東而東南流注于淮寔曰淩口也官本曰按近刻脫淩字

案朱脫趙增寔改是刊誤曰寔當作是曰下落淩字應劭曰淩水出縣西南入淮卽經之所謂小水者也朱之在謂下趙改刊誤曰之字當移在卽經下

又東至廣陵淮浦縣入于海趙釋曰禹貢錐指曰淮浦漢屬臨淮郡其故城在今淮安府安東縣西地理志云淮水至淮陵入海註疏本訛爲睢陵唯水經云至淮浦縣入海又曰淮陵故城在今盱眙縣西八十五里此地距海甚遙淮何得于縣界入海也淮陵乃淮陰之訛又云淮陰去海一百四五十里而志云淮陰入海者亦猶江都去海甚遠而湔氏道下云江水東南至江都入海不言海陵也全氏曰東樵之言非也地志以淮水之入海系之淮陵而以淮水所分之游水系之淮浦水經則但言淮浦以游水卽淮水也漢志水經其實一也說者謂盱眙去海尚遠不知淮水至此而止其東卽枝分之游水故班固曰淮陵也何得改曰淮陰乎一清按山海經海內東經淮水出餘山餘山在朝陽東義鄉西入海淮浦北與水經應

應劭曰淮崖也官本曰按近刻訛作浦岸也案朱同趙改淮涯刊誤曰浦岸字誤漢書地理志注作淮涯蓋臨側淮瀆朱無臨字趙增刊誤曰蓋下落臨字又瀆朱趙作濆故受此名淮水逕縣故城東官本曰按逕近刻訛作出案朱趙作出朱無東字趙增刊誤曰故城下落東字武進丁履恆游水疏證曰淮浦故城在今淮安府安東縣西王莽更名之曰淮敬淮水于縣枝分北爲游水歷朐縣與沭合朱沭作沐趙改刊誤曰沐當作沭卽沭水也又逕朐山西官本曰按逕近刻訛作匡案朱訛趙改刊誤曰箋曰匡字譌未詳按當作逕山側有朐縣故城秦始皇三十五年于朐縣立石海上以爲秦之東門趙釋曰一清按漢志云秦始皇立石海上以爲東門闕古今註云闕觀也說文云門觀也蓋古象魏之制秦皇立石海上狀如宮門之闕也史記始皇紀云立石東海上朐縣界中以爲秦東門据此是無闕字丁履恆曰沭水新渠旣入淮陽宿預縣注泗其故瀆自下堰東南逕司吾城東又東南歷柤口城中東南至朐縣入游注海寰宇記朐山在縣南二里按舊圖經云秦始皇東巡之朐山界漢朐縣蓋以山得名今海州城南四里有朐山酈注所謂山側有朐縣故城是也寰宇記古盧王城在城西九里按輿地志云舊朐縣今海州是也崔琰述初賦曰倚高艫以周眄兮觀秦門之將將者也東北海中有大洲趙作州下同謂之郁洲山海經所謂郁山趙釋曰一清按今本山海經作郁州在海中者也言是山自蒼梧徙此云山上猶有南方草木今郁州治故崔季珪之敘述初賦言郁州者故蒼梧之山也心悅而怪之聞其上有僊士石室也乃往觀焉官本曰按近刻脫焉字案朱作所趙改焉刊誤曰箋曰所字衍按孫潛校改焉見一道人獨處休休然不談不對顧非己及也卽其賦所云吾夕濟于郁洲者也趙釋曰一清按寰宇記東海縣下引水經注曰朐縣東北海中有大州謂之郁州有道者學徒十人游于蒼梧鬱州之上數百年皆得至道其山自蒼梧徙至東海上今猶有南方草木生焉故崔琰述初賦曰郁州者故蒼梧之山也古老傳言此島人皆先是麋家之隸今存牛欄一村舊是麋家莊牧猶祜祭之呼曰麋郎臨祭之日必著犁鏵執耕鞭又言初娶婦者必先見麋郎否則爲祟此等文句今皆缺失矣游水又北逕東海利成縣故城東官本曰按成近刻訛作城東上衍之字案朱訛趙改並有之字故利鄉也漢武帝元朔四年封城陽共王子嬰爲侯國王莽更之曰流泉丁履恆曰寰宇記利成漢縣故

城在今縣宋懷仁縣西六十里游水又北歷羽山西地理志曰羽山在祝其縣東南尚書曰堯疇咨四岳得舜官本曰按疇咨近刻訛作時曰案朱趙同趙釋曰全氏曰時曰二字當作疇咨之誤進十六族殛鯀于羽山是爲檮杌與驩兜三苗共工同其罪故世謂之四凶鯀既死其神化爲黃熊官本曰按近刻訛作龍案朱趙作龍朱箋曰龍字誤晉語作黃能韋昭注能似熊宋庠音釋云能乃來反字林云能足似鹿又爲鼈類東海人祭禹廟不用熊白及鼈爲膳汲冢晉春秋云平公疾夢朱羆窺屏則又變能爲羆矣趙刊誤曰箋曰黃龍字誤按非也黃龍字見山海經郭璞註之開筮趙釋曰全氏曰按晉語作黃能韋昭注云能似熊宋庠云能乃來反汲冢晉春秋又作朱羆若黃龍則見于山海經郭注之開筮入于羽淵是爲夏郊三代祀之故連山易曰有崇伯鯀伏于羽山之野者是也游水又北逕祝其縣故城西春秋經書夏公會齊侯于夾谷左傳定公十年公及齊平會于祝其寔夾谷也服虔曰地二名王莽更之曰

猶亭丁履恆曰寰宇記羽山在朐縣西北九十里故祝其城在懷仁縣南四十二里平地顧祖禹方輿紀要祝其城在縣西五十里今縣治西四十餘里興甯鎮有夾谷山其西十餘里有古城周四五里內有民居城址宛然當卽祝其故城其地接壤山東沂州府與寰宇記引太康志在郯東九十里者正合羽山恰在其南縣之東有夾口浦游水左逕琅邪計斤縣故城之西官本曰按計斤原本及近刻竝訛作卽丘今改正案朱訛趙改刊誤曰卽邱字誤當作計斤漢書地理志瑯邪郡有計斤縣若卽邱則東海之屬縣也趙釋曰一清按計斤縣杜預謂之計基城樂史云卽左傳所謂介根城皆音之轉耳丁履恆曰寰宇記計斤城在高密縣東南四十里地理志曰莒子始起于此後徙莒有鹽官故世謂之南莒也游水又東北逕贛榆縣北丁履恆曰魏書地形志懷仁縣有吳山魏山莒城今縣治西十五里有莒城西北三十餘里有大吳山小吳山寰宇記懷仁山在縣北四十里其山無草木生志以爲當卽魏山歸義縣有盧山鹽倉二縣竝漢贛榆縣地寰宇記海州懷仁縣本漢贛榆縣地懷仁故城在縣西二十三里歸義故城在縣北二十五里今縣治北三十里朱汪鎮有盧山山下有土城當是贛榆故城寰宇記所云贛榆故城在東海縣東北五十里青山之陰故城猶存者是也志嶠青山治北四十里一名盧山唐武德四年置青山縣於此山之麓其東十餘里龍王廟鎮別有鹽倉城周里餘寰宇記

引郡國縣道記曰贛榆城在懷仁縣東北三十里一名鹽倉城李吉甫元和郡縣志亦以鹽倉城爲贛榆故城皆誤東側巨海有秦始皇碑在山上去海朱趙有一字百五十步潮水至加其上三丈去則三尺所見東北傾石長一丈八尺廣五尺厚三尺八寸一行朱趙有一字十二字游水又東北逕紀鄣故城南春秋昭公十九年齊伐莒莒子奔紀鄣莒之婦人怒莒子之害其夫老而託紡焉取其纑而夜縋絕鼓譟城上人亦譟莒共公懼啟西門而出齊遂入紀故紀子帛之國穀梁傳曰吾伯姬歸于紀者也杜預曰紀鄣紀地二名東海贛榆縣東北有故紀城卽此城也官本曰按城近刻訛作水案朱訛趙改刊誤曰水當作城丁履恆曰寰宇記紀鄣城在懷仁縣東北七十五里地近海周一里餘今縣北四十餘里石橋鎮東贛縣海口中每潮落往往見城形相傳卽紀鄣城址江南通志謂在贛榆縣東北七十五里乃沿樂史之文而譌者也懷仁縣故城在今縣西二十三里游水東

北入海舊吳之燕岱常泛巨海憚其濤險更沿溯是瀆由是出地理志曰游水自淮浦北入海爾雅曰淮別爲滸游水亦枝稱者也丁履恆曰案游水自今安東縣西枝分北流經海州合沭入贛榆縣西南境東北流至縣治北入海去漣水百數十里方輿紀要漣河在州西南上引沂水及桑墟湖之水經石湫鎮及州東南三十里之黑土灣瀆入海唐仲冕海州志因沭水注有至朐縣入游注海之文而沭水又分流入漣寰宇記北漣水西從海州沭陽沭水分流南入縣界在沭陽名漣水入縣界名北漣水南流四十九里與南漣水合流遂誤指漣河謂卽游水今據左傳漢志魏書及寰宇記諸書疏證酈注條分縷晰不特游水故道昭然可見竝贛榆縣境諸故城遺迹亦瞭如指掌矣寰宇記漣水軍北至海州朐山縣決水溝一百四十七里中流爲界至海州東門二百二十七里西北至竹墟村西一百七里與海州沭陽縣分界漣水縣漢厹猶縣地今宿預也大海在縣東北一百四十里

水經注卷三十

水經注卷三十一　　長沙王氏校本

後魏酈道元撰

滍水　淯水　濦水　灈水
瀙水　潕水　溳水

滍水出南陽魯陽縣西之堯山趙釋曰全氏曰按左傳云楚子上與晉師夾泜而軍杜預曰泜水出魯陽縣東經襄城定陵入汝卽滍水也蓋音同字異耳

堯之末孫劉累以龍食帝孔甲孔甲又求之不得累懼而遷于魯縣立堯祠于西山謂之堯山故張衡南都賦曰奉先帝而追孝立唐祠于堯山

堯山在太和川太和城東北滍水出焉張衡南都賦曰其川瀆則滍澧濼濜發源巖穴布濩漫汗漭沆洋溢總括急趣箭馳風疾者也滍水又歷太和川東逕

小和川又東溫泉水注之水出北山阜七源奇發官本曰按近刻脫阜字源訛作泉　案朱脫訛趙增改刊誤曰北山下落阜字寰宇記校增泉當作源炎熱特甚闞駰曰縣有湯水可以療疾官本曰按近刻疾下有矣字　案朱趙有湯側又有寒泉焉地勢不殊而炎涼異致雖隆火盛日肅若冰谷矣渾流同溪南注滍水官本曰按南下近刻有流字　案朱有趙刪刊誤曰流字衍文滍水朱趙不重滍水二字又東逕胡木山東流又會溫泉口水出北山阜炎勢奇毒痾疾之徒無能澡其衝漂救癢者朱趙癢竝作養刊誤曰箋曰白氏六帖作救癢按癢本作養荀子榮辱篇骨體膚理辨寒暑疾養凡从疒後人所加咸去湯十許步別池然後可入湯側有石銘云皇女湯可以療萬疾者也故杜彥達云然如沸湯可以熟米飲之愈百病官本曰按飲之近刻訛作飯而　案朱同箋曰一作飲之趙改飲之道士清身沐浴一日三飲官本曰按近刻訛作飯　案朱作飯箋曰一作飲趙改飲多少

自在四十日後身中萬病愈三蟲死學道遭難逢危終無悔心可以牢神存志卽南都賦所謂湯谷涌其後者也然宛縣有紫山山東有一水東西十五里南北二百步湛然沖滿無所通會冬夏常溫世亦謂之湯谷也非魯陽及南陽之縣故也趙釋曰一淸按漢志宛魯陽俱屬南陽郡何以云非魯陽及南陽之縣殊不可解酈蓋以宛有湯谷魯陽亦有之南都賦所云是宛之湯谷非魯陽之湯水西京南陽治宛而王莽更宛曰南陽故亦或有直稱宛爲南陽之縣也然文義特晦

張平子廣言土地所苞明非此矣滍水又東房陽川水注之水出南陽雉縣西房陽川北流注于滍滍水之北有積石焉世謂女靈山其山平地介立不連岡以成高峻石孤峙不託勢以自遠四面壁絕極能靈舉遠望亭亭狀若單楹插霄矣北面有如頽落劣得通朱作道箋曰當作通步趙改通步好事者時有扳陟耳滍水又與波水合水出霍陽西川大嶺東谷俗謂之歇馬嶺川曰廣陽川非也卽應劭所謂孤山波水所出也馬融廣成頌曰浸以波溠其水又南逕蠻城下蓋蠻別邑也俗謂之麻城非也波水又南分三川于白亭東而俱南入滍水滍水自下兼波水之通稱也是故闞駰有東北至定陵入汝之文趙釋曰全氏曰周禮豫州其川熒洛其浸波溠康成師古皆不知波水所在而以滎波之波當之後人或疑其非而以爾雅洛出爲波之波當之不知滎洛旣爲川矣不應復以其支流爲浸也波水自當以出霍陽由滍入汝之波爲是此可補入周禮注中滍水又東逕魯陽縣故城南城卽劉累之故邑也有魯山官本曰按近刻脫山字　案朱脫趙增刊誤曰有魯下落山字漢書地理志校增縣居其陽故因名焉王莽之魯山也趙釋曰一淸按今漢志無此文昔在于楚文子守之與韓遘戰官本曰按遘近刻作搆下有難字　案朱趙同有返景之誠內有南陽

都鄉正衛爲碑趙釋曰隸釋跋曰都鄉正衛彈碑水經作衛爲靈帝中平二年立在汝州昆陽城中水經魯陽縣有南陽都鄉正衛爲碑平氏縣有南陽都鄉正衛彈勸碑此則其一也趙氏誤認衛爲街遂云莫曉其爲何碑予考其文則縣令盧陵君承昆陽喪亂之餘愍繇役之害結單言府班董科例收其舊直臨時募顧不煩居民太守東郡王瓌丞濟陰華林優卹民隱爲之立約自是之後吏無苛擾之煩野無愁痛之聲其大略如此又云四民所利斯所謂惠康之策又有輕賦斂及役艱苦之語頌則美其輕賦均約蓋是紀述守令繇役條教也前書食貨志月爲更卒已復爲正注云更卒謂給郡縣一月而更者正卒謂給中都官者衛宏漢官舊儀民年二十三爲正一歲爲衛士一歲爲材官習射御騎馳戰陣又云民給正衛材官年五十六老衰乃得免爲民酸棗令劉熊碑云愍念烝民勞苦不均爲作正彈造設門更此云都鄉正衛彈者與劉君碑同困學紀聞曰周禮里宰以歲時合耦于耡注云耡者里宰治處也若今街彈之室于此合耦使佐助疏謂漢時在街置室檢彈一里之民金石錄有中平二年正月都鄉正街彈碑在昆陽城中趙明誠失于攷禮注而酈道元注水經洪氏隸釋皆以街爲衛又誤矣漢書食貨志言古制云春將出民里胥平旦坐于右塾鄰長坐于左塾畢出然後歸夕亦如之里胥之塾其即里宰所謂耡者與續金石錄云周禮里宰合耦于耡鄭元謂耦者里宰治處

也若今街彈之室疏云漢時在街置室檢彈一里之民于此水經建寧三年改新豐爲都鄉而百官志凡州所監爲都都鄉者都邑之鄉若今之關廂也故鄉曰某鄉而都鄉則無地名封爵有都鄉侯在關內侯之上正者漢官舊儀云民年二十三爲正一歲以爲衛士一歲爲材官騎士前漢食貨志月爲更卒已復爲正師古曰更卒給郡縣一月而更正卒爲給中都官者此都鄉之正也周禮于耡合耦以勸農漢人于街彈之室糾彈不法昆陽當亂喪之餘徭役煩苦郡守縣令班董科條收其舊直臨時顧募不煩居民立碑于街彈公所以頌其德也洪氏云趙氏誤認衛字爲街改名街彈碑亦引衛宏漢官舊儀爲證無論街彈見于註疏若衛士乃正卒一歲以後所遷之名又一歲爲材官騎士百官志註云凡八月都尉令長相丞尉課試殿最非若正卒亭長之所得糾彈也況去士字似不成語予意仍題街彈爲得洪氏碑目云水經作衛爲趙作街彈按水經魯陽縣有南陽都鄉正衛爲碑衛爲似人姓名在魯陽非昆陽也如以衛字屬之上文則爲碑二字題額又何說乎又引劉熊碑愍念烝民勞苦不均爲作正彈按三國志吳張淑爲司直表正彈曲二十八事司不法與劉碑之正彈同非此碑之正係卒夫之名也況洪之所辨乃衛字若引劉碑則正彈連合又何關涉乎巵林曰水經注魯陽縣有南陽都鄉正衛爲碑平氏縣有南陽都鄉正衛彈勸碑衛之與街豈可强傳者按鄭元駁許愼異義曰周禮六十

十五皆征之使爲胥徒給公家之事如今之正衛耳又張晏漢書注曰監門里正衛也正衛自是漢魏微官秩若封人仕同里宰不得以解街彈之室也**滍水右合魯陽關水水出魯陽關外分頭山橫嶺下夾谷東北出入滍滍水又東北合牛蘭水水發縣北牛蘭山東南逕魯陽城東**水側有漢陽侯焦立碑**牛蘭水又東南與柏樹溪水合水出魯山北峽谷中東南流逕魯山西而南合牛蘭水又東南逕魯山南**闞駰曰魯陽縣今其地魯山是也**水南注于滍滍水東逕應城南**故應鄉也應侯之國詩所謂應侯順德者也**彭水注之俗謂之小滍水水出魯陽縣南彭山蟻塢東麓北流逕彭山西**下有彭山廟廟前有彭山碑漢桓帝元嘉三年杜仲長立趙釋曰一清按范史桓帝紀元嘉紀元僅二年至明年夏五月改元曰永興不得云三年也或碑以春立在未改元之先此與成陽靈臺碑正同**彭水逕其西**

北漢安邑長尹儉墓東冢西有石廟廟前有兩石闕闕東有碑闕南有二獅子相對南有石碣二枚石柱西南有兩石羊中平四年立**彭水又東北流直應城南而入滍滍水又左合橋水水出魯陽縣北恃山**朱作東箋曰宋本作北恃山趙改山**東南逕應山北又南逕應城西**地理志曰故父城縣之應鄉也周武王封其弟爲侯國應劭曰韓詩外傳稱周成王與弟戲以桐葉爲圭曰吾以封汝周公曰天子無戲言王乃應時而封故曰應侯鄉亦曰應鄉按呂氏春秋云成王以桐葉爲圭封叔虞非應侯也汲郡古文殷時己有應國非成王矣趙釋曰一清按呂氏春秋以下是臣瓚說見漢志注師古曰武王之弟自封應國非桐圭之事應氏之說蓋失之焉又據左氏傳云邘晉應韓武之穆也則應侯武王之子又與志說不同戰國范雎所封邑也**謂之應水滍水又東逕**

犨縣故城北左傳昭公元年冬楚公子圍使伯州犁城犨是也出于魚齒山下春秋襄公十八年楚伐鄭次于魚陵涉于魚齒之下甚雨楚師多凍役徒幾盡官本曰按役徒近刻作徒役　案朱趙同晉人聞有楚師師曠曰不害吾驟歌北風又歌南風南風不競多死聲楚必無功矣所涉卽潕水也水南有漢中常侍長樂太僕吉成侯州苞冢官本曰按近刻脫成字州字　案朱脫趙增刊誤曰金石錄漢隸字源引此文俱作吉成侯州苞今校補冢前有碑基西枕岡趙基改墓刊誤曰基隸釋作墓城開四門門有兩石獸墳傾墓毀碑獸淪移人有掘出一獸猶全不破甚高壯頭去地減一丈許作制甚工左膊上刻作辟邪字門表塹上起石橋歷時不毀其碑云六帝四后是諮是諏蓋仕自安帝沒于桓后于時閹閹擅權五侯暴世割剝公私以事生死夫封者表有德碑者頌有功自非此徒何用許為石至于春不若速朽苞墓萬古祇彰誚辱嗚呼愚亦甚矣趙釋曰金石錄跋尾曰吉成侯州輔碑名字已殘闕其額題云漢故中常侍長樂太僕吉成侯州君之銘輔姓名見范氏後漢書宦者傳以定策立桓帝與曹騰等七人同時封為亭侯今此碑載當時詔書有云其封輔為葉吉成侯以此知其名輔而酈道元注水經云潕水南有漢中常侍長樂太僕吉成侯州苞冢冢前有碑其辭云六帝四后是諮是諏今驗其詔文實有此語獨以輔為苞蓋水經之誤當取漢史及此碑為正一清按輔碑載隸釋其碑闕姓與字輔字無殘闕趙德甫云名字殘闕蓋捐本未善耳碑文云特以才明敏達拜小黃門遷事和熹后孝安思皇后時為大宮令孝順皇帝踐祚復拜小黃門遷臧府令當拜中常侍讓與同郡錡任後以病孫位起家復拜謁者令中尙方令遷中常侍遭順帝棄天下扶佐孝沖孝質帝兼領黃門令烈皇后攝政拜長樂太僕遭孝質無嗣乃定冊帷幕援立聖主有定社稷之勳建和二年七月已巳封為葉吉成侯和平中復拜大長秋永壽二年十二月丙子薨其銘詞所謂六帝四后是諮是諏者也洪氏曰葉吉成者葉縣之吉成亭也又碑陰有故京兆尹延篤叔堅名字洪氏曰州輔碑目自漢陽太守而下四十有九人其人稱邑曰冠軍

曰宛曰章陵曰新野曰比陽曰魯陽皆南陽之邑餘人惟延篤有傳乃南陽犨人則不稱邑者犨之人也碑云鄉人姻族相與刊石則又知輔為犨縣人也又金石錄跋尾云余初得州君墓碑又覽水經所載意此字猶存會故人董之明守官汝潁間因託訪求之特以見寄其一辟邪道元所見也其一乃天祿字差大皆完好可喜之明又云天祿近歲為村民所毀辟邪雖存然字畫已殘闕難辨

潕水又東犨水注之俗謂之秋水非也水有二源東源出其縣西南踐犢山東崖下水方五十許步不測其深東北流逕犨縣南又東北屈逕其縣東而北合西源水官本曰按源近刻訛作流　案朱趙作流西源出縣西南頹山北阜下東北逕犨城西又屈逕其縣北東合右水官本曰按右近刻訛作二　案朱趙作二亂流北注于潕漢高祖入關破南陽太守呂齮于犨東卽于是地潕水之陰也

潕水又東南逕昆陽縣故城北昔漢光武與王尋王邑戰于昆陽敗之走者相騰踐奔殪百餘里間官本曰按近刻脫間字　案朱趙無會大雨如注潕川盛溢官本曰按川近刻作水　案朱同趙改虎豹皆股戰士卒爭赴溺死者以萬數水為不流王邑嚴尤陳茂輕騎皆乘尸而度趙作渡矣

東北過潁川定陵縣西北又東過郾縣南東入于汝

潕水東逕西不羹亭南亭北背汝水于定陵城北東入汝郾縣在南不得過

清水出弘農盧氏縣支離山官本曰按支近刻作攻　案朱趙作攻趙刊誤曰箋曰孫按山海經云支離之山清水出焉按方輿紀要云郡志云清水出嵩山縣雙雞嶺雙雞蓋攻離之譌然方俗之稱字隨讀改山海經作支離字形之近也

東南過南陽西鄂縣西北又東過宛縣南趙釋曰一清按漢志弘農郡盧氏縣下云熊耳山右有育水南至順陽入沔考酈注以均水當之其出弘農盧氏縣攻離山之清水方輿紀要云俗名白河逕內鄉縣東境又東南流至南陽府城東繞城南達于新野縣府境諸水悉會焉又南至光化縣東北又東逕故鄧城東南

而入于漢水地理志亦云南陽酈縣育水出西北南入漢與道元注正同二水源流既不相甚遠而名稱又復相似故詳辨之如此

淯水導源趙增宏農二字刊誤曰導源下落宏農二字全氏校增東流逕酈縣故城北郭仲產曰酈縣故城在支離山東南官本曰按近刻訛作故城南在攻離山東案朱同趙刪南仍攻酇舊縣也三倉曰樊鄧酇酇有二城北酇也官本曰按後魏析置南北酇淯水逕南酇城東淯水逕北酇城北漢祖入關下淅酇即此縣也淯水又東南流歷雉縣之衡山官本曰按近刻脫歷字之下衍雉字案朱同趙增歷存雉刊誤曰流下落歷字東逕百章郭北又東魯陽關水注之水出魯陽縣南分水嶺南水自嶺南流北水從嶺北注故世俗謂此嶺爲分頭也其水南流逕魯陽關左右連山插漢秀木干雲是以張景陽詩云朝登魯陽關峽路峭且深亦司馬芝與母遇賊

處也朱箋曰魏志司馬芝字子華河內溫人也少爲書生避亂荊州於魯陽山遇賊同行者皆棄老弱走芝獨坐守老母賊至以刃臨芝芝叩頭曰母老唯在諸君賊因此孝子也殺之不義遂得免官至大司農關水歷雉衡山西南逕皇后城西建武元年世祖遣侍中傅俊持節迎光烈皇后于淯陽俊發兵三百餘人宿衞皇后道路歸京師葢稅舍所在故城得其名矣山有后室甚飾潔相傳名皇后浴室又所幸也關水又西南逕雉縣故城南昔秦文公之世有伯陽者官本曰按伯陽近刻訛作陽伯案朱訛趙改刊誤曰陽伯當作伯陽詳淯水篇刊誤逢二童曰舀曰被官本曰按近刻訛作彼案朱訛趙改二朱趙作兩童二雉也得雌者霸雄者王二童翻飛化爲雙雉趙釋曰一清按史記索隱引列異傳曰陳倉人得異物以獻之道遇二童子云此名爲媦在地下食死人腦媦乃言曰彼童子名陳寶得雄者王得雌者霸宋書符瑞志媦作猥晏公類要引此注是舀與被乃兩童子名可與郊祀志互證光武獲雉于此山以爲中興之祥

故置縣以名焉朱箋曰按列異傳云陳倉人得異物獻之道遇二童子云此名爲媦在地下食死人腦媦乃言彼二童子名陳寶得雄者王得雌者霸乃逐童子化爲雉秦穆公大獵果獲其雌按神記所引正同但云其雄者飛至南陽秦表其地爲雉縣後光武起於南陽此注舀曰以下似有缺文趙釋曰一清按漢志南陽郡雉縣師古曰舊讀雉音弋爾反而太康地志云郎陳倉人所逐二童子名寶雞者雌止陳倉爲石雄止此縣故名雉縣疑不可據也顏說是也葢雉縣西京已有之是注云光武中興置縣亦非按神記以爲秦縣得之關水又屈而東南流注于清淯水又東南流逕博望縣故城東官本曰按縣下近刻衍西北二字案朱衍趙刪刊誤曰西北二字衍文郭仲產曰在郡東北百二十里官本曰按近刻脫在字案朱脫趙增刊誤曰郡上落在字又朱趙百上有一字漢武帝置校尉張騫隨大將軍衞青西征爲軍前導相望水草得以不乏元光六年封騫爲侯國地理志南陽有博望縣官本曰按志下近刻衍日字又脫博字案朱趙有日字朱無博字趙增刊誤曰當作博望縣落博字王莽改之曰宜樂也淯水又東南逕西

鄂趙有縣字故城東應劭曰江夏有鄂故加西也昔劉表之攻杜子緒于西鄂也功曹柏孝長官本曰按柏近刻訛作伯案朱訛趙改刊誤曰箋曰九州春秋曰時柏季長在城中按魏書注引九州春秋正作柏孝長季字誤刻也聞戰鼓之音懼而閉戶蒙被自覆漸登城而觀言勇可習也淯水又南官本曰按淯近刻訛作清案朱訛趙改刊誤曰清水當作淯水洱水注之水出弘農郡盧氏縣之熊耳山東南逕酈縣北東南逕房陽城北漢哀帝四年封南陽太守孫寵爲侯國趙釋曰一清按漢表作方陽云在龍亢俗謂之房陽川又逕西鄂縣南水北有張平子墓墓之東側墳有平子碑文字悉是古文篆額是崔瑗之辭盛弘之郭仲產竝云夏侯孝若爲郡薄其文復刊碑陰爲銘然碑陰二銘乃是崔子玉及陳翕耳而非孝若悉是隸字二首竝存嘗無毀壞又言墓次有二碑

今惟見一碑或是余夏景驛途官本曰按景近刻作逕案朱訛趙改刊誤曰逕隸釋作景疲而莫究矣趙釋曰一清按隸釋跋曰世所傳凡百君子者即平子篆碑其石已中斷合向城後碑始能成文此刻有夏侯湛姓名而云書之碑側蓋酈氏考之不詳又金石文有河間相張平子碑具載其辭趙明誠金石錄亦有之此即崔瑗之作隸釋載孝若之文而略子玉之撰蓋按錄之漏也水南道側有二石樓相去六七丈雙跱齊竦高可丈七八柱圓圍二丈有餘石質青綠光可以鑒其上欒櫨承栱官本曰按欒近刻訛作欒案朱訛趙改雕簷四注官本曰按近刻訛作柱案朱趙作柱窮巧綺刻妙絕人工題言蜀郡太守姓王字子雅南陽西鄂人趙釋曰一清按樂史云是北齊時人恐非有三女無男而家累千金父沒當葬女自相謂曰先君生我姊妹無男兄弟今當安神玄宅翳靈后土冥冥絕後何以彰吾君之德各出錢五百萬一女築墓二女建樓以表孝思銘云墓樓東平林

下近墳墓官本曰按下近刻作不案朱訛趙改刊誤曰不隸釋作下而不能測其處所矣洱水又東南流注于清水世謂之肆水官本曰按近刻脫此二字案朱脫趙增刊誤曰謂之下落肆水二字肆洱聲相近非也地理志曰熊耳之山出三水洱水其一焉東南至魯陽入沔是也趙釋曰一清按三水謂伊水清水即水經之均水也又有洱水漢志云過郡二行六百里師古曰洱音耳過郡二謂弘農及南陽也清水又南逕預山東山上有神廟俗名之為獨山也山南有魏車騎將軍黃權夫妻二冢地道潛通其冢前有四碑其二魏明帝立二是其子及臣吏所樹者也清水又西南逕史定伯碑南又西為瓜里津水上有三梁謂之瓜里渡自宛道途東出堵陽西道方城官本曰按堵近刻訛作赭西訛作而案朱趙作赭而趙改西刊誤曰全氏云漢志續志晉志皆作堵陽魏收志始作赭陽然水經舊本仍作堵陽章懷注引水經注云堵水南逕小堵鄉可證也世本忽堵忽赭不亦惑乎予謂

六朝後魏改堵為赭道元於沔水篇作堵于淯清水篇改從赭各存所是正無取乎從同也而孫潛校改西建武三年世祖自堵陽西入破虜將軍鄧朱作劉箋曰後漢書作鄧奉趙改鄧奉怨漢掠新野拒瓜里上親搏戰降之夕陽下遂斬奉郡國志所謂宛有瓜里津官本曰按里下近刻有野字案朱有趙刪刊誤曰野字衍文夕陽聚者也阻橋即桓溫故壘處溫以升平五年與范汪眾軍北討所營官本曰按所近刻訛作列案朱趙作列趙刊誤曰箋曰按晉書穆帝本紀桓溫遣諸將討河北在永和五年而范汪傳云桓溫北伐令汪率文武出梁國以失期免為庶人卒于家本紀范汪之廢則在升平三年與此互異按晉書穆帝紀永和五年桓溫北伐乘石遵之亂也十年伐關中討苻健也十二年又北伐則征姚襄也海西公太和四年又北伐慕容暐蓋不僅永和五年一役而已范汪之廢溫公通鑑目錄書于升平五年而穆帝紀升平五年又無廢汪事汪廢在哀帝紀之冬十月即升平五年之冬十月也汪傳以為溫令汪率文武出梁國似是討姚襄事溫傳所云以譙梁水道既通請徐豫兵乘淮泗入河是也然升平五年春正月北中郎將都督青徐兗冀幽五州諸軍事徐兗二州刺史郗曇卒二月以范

汪代之又在伐姚襄之後豈溫以汪勢既盛忌之追論前事而廢之耶朱氏以汪廢在升平三年三豈五之誤刻耶清水又西南逕晉蜀郡太守鄧義山墓南又南逕宛城東其城故申伯之都官本曰按城近刻作地案朱趙作地朱都作國趙改刊誤曰國黃省曾本作都楚文王滅申以為縣也秦昭襄王使白起為將伐楚取郢即以此地為南陽郡改縣曰宛王莽更名郡曰前隊縣曰南陽劉善曰在中國之南而居陽地故以為名大城西南隅即古宛城也荊州刺史治故亦謂之荊州城今南陽郡治大城其東城內有舊殿基官本曰按近刻重一城字案朱重趙刪刊誤曰城字重文宜衍周二百步高八尺陛階皆砌以青石大城西北隅有殿基周百步高五尺官本曰按近刻脫殿字尺訛作丈案朱脫訛趙增改又百上並有一字刊誤曰有下落殿字五丈當作五尺蓋更始所起也城西三里官本曰按城近刻訛作地案朱訛趙改刊誤曰地當作城黃省曾本校有

古臺高三丈趙作丈餘文帝黃初中南巡行所築也清水又屈
而逕其縣南故南都賦所言清水蕩其胷者也王莽地皇二
年朱鮪等共于城南會諸將設壇燔燎立聖公爲天子于斯
水上世語曰張繡反公與戰敗子昂不能騎進馬于公而昂
遇害魏書曰公南征至宛官本曰按近刻脫南字案朱脫趙增刊誤曰三國志註引魏書曰
公南征此落南字臨清水祠陣亡將士官本曰按近刻脫陣字案朱脫趙增刊誤曰亡上落陣
字三國志註校補歔欷流涕衆皆哀慟清水又南梅溪水注之水出
縣北紫山南逕百里奚故宅奚宛人也于秦爲賢大夫所謂
迷虞智秦者也梅溪又逕宛西呂城東官本曰按梅近刻訛作紫案朱訛趙改
刊誤曰紫谿當作梅谿史記曰呂尚先祖爲四岳佐禹治水有功虞夏
之際受封于呂故因氏爲呂尚也徐廣史記音義曰呂在宛

縣高后四年封昆弟子呂忿朱作怨箋曰按史記呂后紀四年封呂忿爲呂城侯趙改忿
爲呂城侯疑卽此也又案新蔡縣有大呂小呂亭而未知所
是也梅溪又南逕杜衍縣東故城在西官本曰按此下近刻衍按字案朱衍趙
刪刊誤曰按字衍文漢高帝七年封郎中王翳爲侯國王莽更之曰閏
衍矣土地墊下湍溪是注古人于安衆堨之令遊水是瀦官本
曰按令近刻訛作今案朱趙作今謂之安衆港世祖建武三年上自宛遣潁
陽侯祭遵西擊鄧奉弟終官本曰按近刻訛作衆案朱訛趙改刊誤曰衆後漢書祭遵傳作
終破之于杜衍進兵涅陽者也梅溪又南謂之石橋水又謂
之女溪官本曰按女近刻訛作汝案朱趙作汝南流官本曰按南近刻訛作之案朱作之趙改合刊誤
曰下之字當作合而左注清水清水之南又有南就聚郡國志所謂
南陽宛縣有南就聚者也郭仲產言宛城南三十里有一城

甚卑小相承名三公城漢時鄧禹等歸鄉餞離處也盛弘之
著荊州記以爲三公置余案清水左右舊有二澨所謂南澨
北澨者水側之濆趙釋曰一淸按漢志南陽郡宛有北澨山育陽有南澨聚諸儒或以爲邑或以爲地
或以爲水際及邊地名而班固以爲山聚在淯陽之東北考古推地則近矣城
側有范蠡祠蠡宛人祠卽故宅也後漢末有范曾字子閔爲
大將軍司馬討黃巾賊至此祠爲蠡立碑文勒可尋夏侯湛
之爲南陽又爲立廟焉城東有大將軍何進故宅城西有孔
嵩舊居嵩字仲山宛人與山陽范式有斷金契貧無養親賃
爲阿街卒趙釋曰一淸按阿街卒古之所謂騶唱唐人謂之籠街喝道阿與呵通用而范史范式傳作阿里街
卒章懷注云阿里里名也是又不同遣迎式式下車把臂曰子懷道卒伍不亦
痛乎嵩曰侯嬴賤役晨門卑下之位古人所不恥何痛之有

故其讚曰仲山通達卷舒無方屈身廝役挺秀含芳
又屈南過淯陽縣東
淯水又南入縣逕小長安司馬彪郡國志曰縣有小長安聚
謝沈趙有後字漢書稱光武攻淯陽不下引兵欲攻宛至小長安
與甄阜戰敗于此淯水又西南逕其縣故城南桓帝延熹七
年封鄧秉爲侯國官本曰按秉近刻訛作康案朱趙作康趙釋曰沈氏曰康封泚陽其弟秉封淯陽
縣故南陽典農治後以爲淯陽郡省郡復縣避晉簡文諱更
名雲陽焉官本曰按雲近刻作云案朱趙作云淯水又逕安樂郡北漢桓帝
建和元年官本曰按近刻訛作六年案朱訛趙改釋曰沈氏曰是元年封司徒胡廣爲淯
陽縣安樂鄉侯今于其國立樂宅戍郭仲產襄陽記曰南陽
城南九十里有晉尚書令樂廣故宅廣字彥輔官本曰按此下衍也字

案朱趙有善淸言見重當時成都王廣女壻長沙王猜之廣曰寍

以一女而易五男猶疑之終以憂殞其故居今置戍因以爲

名

又南過新野縣西朱箋曰此下原有廿二字重出今刪去

淸水又南入新野縣枝津分派東南出隰衍苞注官本曰按苞字近刻訛在隰字上　案朱訛趙改刊誤曰全氏校改作隰衍苞注左積爲陂東西九里南北朱趙有一字

一十五里陂水所漑咸爲良沃淸水又南與湍水會又南

逕新野縣故城西世祖之敗小長安也姊元遇害上即位感

悼姊沒追諡元爲新野節義長公主即此邑也晉咸寍二年

封大司馬扶風武王少子歆爲新野郡公割南陽五屬棘陽

蔡陽穰鄧山都封馬官本曰按近刻五訛作伍脫棘字又封馬訛作封爲　案朱脫訛趙增改仍伍

字刊誤曰箋曰屬下當脫一字按晉志義陽郡統縣十二有棘陽落棘字爲黃省曾本作焉王文舒更立

中隔官本曰按此句上下有脫誤三國志王昶字文舒朱謀㙔以王字屬上句作封爲王非也　案朱以王字上屬

箋曰按晉書新野莊王傳云歆字弘舒太康中封新野郡公邑千八百戶惠帝本紀云永寍元年三月齊王冏起兵討趙

王倫而新野公歆皆舉兵應之四月倫伏誅明年爲太安元年十二月成都王穎新野王歆同會洛陽請廢冏還第知歆

進封爲新野王在趙王倫伏誅之後也此注斷脫聊復備記之趙改同官本釋曰一淸按下有脫文三國志魏書王昶傳

昶以爲國有常衆戰無常勝地有常險守無常勢今屯宛去襄陽三百餘里諸軍散屯船在宣池有急不足相赴乃表徙

治新野文舒昶字此即更立之事也西即郡治東則民居城西傍淯水又東與

朝水合水出西北赤石山而東南逕冠軍縣界地名沙渠又

東南逕穰縣故城南楚別邑也秦拔鄢郢即以爲縣秦昭王

封相魏冉爲侯邑王莽更名曰農穰也官本曰按農近刻訛作豐　案朱訛趙改

刊誤曰漢書地理志註作農穰魏荊州刺史治朝水又東南分爲二水一水

枝分東北爲樊氏陂陂東西十里官本曰按西近刻訛作四　案朱訛趙改南北

五里俗謂之凡亭陂陂東有樊氏故宅樊氏旣滅庾氏取其

陂故諺曰陂汪汪下田良樊子失業庾公昌昔在晉世杜預

繼信臣之業復六門陂官本曰按近刻陂上衍之字　案朱趙有遏六門之水趙釋

曰一淸按信臣所開者只石碣耳至元始五年更開三門爲六石門今注云云直以六門皆信臣所開矣誤也下結

二十九陂諸陂散流咸入朝水事見六門碑六門旣陂諸陂

遂斷朝水又東逕朝陽縣故城北而東南注于淯水又東南

與棘水合水上承堵水官本曰按堵近刻訛作赭下同　案朱趙作赭下同堵水出棘

陽縣北山官本曰按近刻脫山字　案朱脫趙增棘改赭刊誤曰棘陽當作堵陽寰宇記云唐州方城縣本漢

堵陽縣有堵水一名栭水水經注云堵水出堵陽縣北山落山字數源竝發南流逕小堵鄉

謂之小堵水世祖建武二年成安侯臧宮從上擊堵鄉官本曰按

鄉近刻訛作也　案朱訛趙改二改三刊誤曰堵下落鄉字後漢書臧宮傳不書擊堵鄉事見岑彭傳云三年夏帝自將

征奉至堵陽鄧奉夜逃歸淸陽彭復與耿弇賈復及積弩將軍傳俊騎都尉臧宮等從追鄧奉于小長安帝率諸將親戰

大破之奉迫急乃降而彭于建武二年冬十一月先率朱祐賈復耿弇王常郭守劉宏劉嘉耿植八將軍先擊堵鄉鄧奉

來救董訢彭等攻之不剋帝故自將征之傳俊臧宮皆從二年當作三年以光武帝紀及岑彭傳校正也字衍文東

源方七八步騰湧若沸故世名之騰沸水南流逕于堵鄉謂

之堵水建武三年祭遵引兵南擊董訢于堵鄉以水氏縣故

有堵陽之名也地理志曰縣有堵水趙釋曰一淸按今漢志無是文王莽曰

陽城也漢哀帝改爲順陽趙釋曰全氏曰按漢志云博山哀帝置故順陽非赭陽也道元于均

水篇已言之矣建武二年更封安陽侯朱祐爲堵陽侯堵水于縣官本

曰按近刻脫于字　案朱脫趙增刊誤曰赭水下落於字堨以爲陂東西夾岡水相去五

六里古今斷岡兩舌官本曰按朱謀㙔云當作左右斷岡兩舌岡外下垂陂陀而出者謂之舌　案

趙古今改右合刊誤曰箋曰當作左右斷岡兩舌按非也古今是右合之誤**都水潭漲**朱箋曰都水當作潴**南北**水蓋削去陂陀之土接水連岡築堨潴水以成潭漲也案都義同潴朱偶不照朱趙有一字**十餘里**
水決南潰趙作瀆**下注爲灣灣分爲二西爲堵水**朱趙堵作潴下同**東**
爲滎源朱滎作榮趙改刊誤曰榮當作滎潕水注云滎水上承赭水是也**堵水參差流結兩**
湖故有東陂西陂之名二陂所導其水枝分官本曰按其近刻訛作俱案
朱訛趙改刊誤曰俱當作其**東南至會口入比**官本曰按原本及近刻竝訛作沘下同今改正比水
見卷之二十九案朱趙作沘下同**是以地理志**朱趙有云字**比水堵水皆言入蔡**
趙釋曰全氏曰按漢志無赭水入蔡語卽沘水入蔡亦是應劭說**互受通稱故也二湖流注**
合爲黃水惟所受焉官本曰按惟近刻訛作謂案朱訛趙改刊誤曰謂當作唯**逕棘陽**
縣之黃淯聚又謂之爲黃淯水者也謝沈後漢書官本曰按謝上近刻
衍故字又脫後字案朱衍脫趙刪增刊誤曰漢書上落後字隋書經籍志校增故字衍文**甄阜等敗光**

武于小長安東乘勝南渡黃淯水前營背阻兩川官本曰按背近刻訛
作皆案朱訛趙改刊誤曰皆當作背後漢書齊武王傳云南渡黃淯水臨沘水阻兩川澗爲營絕後橋示無還心是也
謂臨比水絕後橋示無還心漢兵擊之三軍潰官本曰按三近刻訛作二
案朱訛趙改刊誤曰二當作三**溺死黃淯水者二萬人又南逕棘陽縣故**
城西應劭曰縣在棘水之陽官本曰按近刻脫水字案朱脫趙增刊誤曰棘下落水字漢
書地理志校補**是知斯水爲棘水也**漢高帝七年封杜朱作莊箋曰按史記年表
棘陽莊侯杜得臣趙改杜**得臣爲侯國後漢兵起擊唐子鄉**趙刊誤曰箋曰鄉一作鄕
按唐子鄉地名光武帝本紀注云唐子鄉有唐子山在今唐州湖陽縣西南**殺湖陽尉進拔棘陽**
鄧晨將賓客會光武于此縣也棘水又南逕新野縣歷黃郵
聚世祖建武三年傅俊岑彭進擊秦豐先拔黃郵者也謂之
黃郵水大司馬吳漢破秦豐于斯水之上其聚落悉爲蠻居

猶名之爲黃郵蠻棘水自新野縣東而南流入于淯水謂之
爲力口也棘力聲相近當爲棘口也又是方俗之音故字從
讀變若世以棘子木爲力子木是也官本曰按近刻訛作爲力子之木也案朱訛
趙改無是字刊誤曰之字衍文又朱箋曰舊本誤以濦水東北流枝瀆右出殺入此注今據宋本改正**淯水又**
東南逕士林東戍名也戍有邸閣**水左有豫章大陂下灌良**
疇三千許頃也
南過鄧縣東官本曰按南近刻訛作西案朱趙同趙增又字刊誤曰西過上落又字
縣故鄧侯吾離之國也楚文王滅之秦以爲縣淯水右合濁
水官本曰按淯近刻訛作清案朱訛趙改刊誤曰清水當作淯水**俗謂之弱溝水**趙重水字**上**
承白水于朝陽縣東南流逕鄧縣故城南習鑿齒襄陽記曰
楚王至鄧之濁水去襄陽二十里卽此水也濁水又東逕鄧

塞北官本曰按近刻訛作者案朱作者趙改南刊誤曰者當作南**卽鄧城東南小山也方**
俗名之爲鄧塞官本曰按方俗近刻訛作先後案朱趙同**昔孫文臺破黃祖于**
其下濁水東流注于淯淯水又南逕鄧塞東又逕鄾城東古
鄾子國也蓋鄧之南鄙也昔巴子請楚與鄧爲好鄾人奪其
幣卽是邑也司馬彪以爲鄧之鄾聚矣
南入于沔官本曰按此四字近刻接前經文西過鄧縣東下案朱同趙移改刊誤曰四字柳僉鈔本另爲一條在鄾聚注之後
濦水出濦強縣南澤中東入潁
濦水出潁川陽城縣少室山東流注于潁水官本曰按此卽潁水注內所謂中水導源少室通阜者**而亂流東南逕臨潁縣西北小濦水出焉**官本曰按此卽潁水注內所謂潁水自縣西小濦水出也**東逕臨潁縣故城北濦水又東逕濦**

陽城北又東逕灈強縣故城南建武二年官本曰案近刻訛作元年　案朱趙同趙釋曰沈氏曰据本傳是二年世祖封揚化將軍堅鐔爲侯國灈水東爲陶樞陂官本曰按臨潁西北派分之小灈水終于此余按灈陽城在灈水南然則此城正應爲灈陰城而有灈陽之名者明在南猶有灈水故此城以陽爲名矣潁水之南有二瀆其南瀆東南流官本曰按近刻此下衍行字　案朱衍趙刪刊誤曰行字衍文歷臨潁亭西東南入汝今無水也疑卽灈水之故瀆矣汝水于奇雒趙作頟城西別東派時人謂之大灈水官本曰按此卽汝水注內所謂瀆水世亦謂之大灈水者也　案朱脫大字趙增刊誤曰謂之下落大字孫潛校增東北流枝瀆右出世謂之死汝也別汝又東北逕召陵城北練溝出焉別汝又東汾溝出焉別汝又東逕征羌城北水南有汾陂俗音糞趙釋曰一清按三字注中注汾水自別汝東注而爲

此陂水積征羌城北四五里方三十里許瀆左合小灈水官本曰按此別一小灈水與上小灈水同名異實上小灈水在潁水之北此小灈水在潁水之南水上承狠陂南流名曰犨水青陵陂水自陂東注之官本曰按青原本及近刻竝訛作清今改正狠陂青陵陂竝見潁水注內　案朱訛趙改刊誤曰清當作青東迴又謂之小灈水而南流注于大灈水大灈水取稱蓋藉灈沿注而總受其目矣官本曰按沿近刻訛作汾其訛作巨　案朱訛趙改朱箋曰巨宋本作其趙刊誤曰汾當作沿又東逕西華縣故城南又東逕汝陽縣故城北東注于潁

灈水出汝南吳房縣西北奧山官本曰按奧近刻訛作輿　案朱訛趙改刊誤曰輿山當作奧山方輿紀要云遂平縣西七十里有奧來山卽是山也亦見山海經及瀙水注東過其縣北入于汝

縣西北有棠谿城官本曰按棠近刻訛作堂下同　案朱趙作堂下同故房子國春秋定公五年吳王闔閭弟夫槩奔楚封之于棠谿故曰吳房也漢高帝八年封莊侯楊武爲侯國建武中世祖封泗水王歙子煇爲棠谿侯趙釋曰一清按章懷後漢書注曰煇字林云灼也音光善反或作焯山溪有白羊淵淵水舊出山羊朱箋曰當作白羊趙改白漢武帝元封二年白羊出此淵官本曰按近刻此訛作北　朱訛趙改刊誤曰北當作此　案畜牧者禱祀之俗禁拍手嘗有羊出水野母驚拍官本曰按近刻訛作扑　案朱作仆趙改扑刊誤曰仆當作扑楚辭天問注手拍曰扑上云俗禁拍手是也自此絕焉淵水下合灈水灈水東逕灈陽縣故城西東流入瀙水亂流逕其縣南世祖建武二十八年官本曰按近刻訛作元年　案朱趙作元封吳漢孫旦爲侯國官本曰按旦近刻訛作且　案朱訛趙改刊誤曰且范史作旦趙釋曰沈氏曰吳漢三孫皆以建武二十八年封吳旦吳盱吳國也而水經注皆以爲元年誤矣其水又東入于汝水

瀙水出潕陰縣東上界山

山海經謂之視水也郭景純注或曰視宜爲瀙出葴山許愼云出中陽山趙釋曰一清按漢志作中陰山方輿紀要云中陽山在唐縣東七十里一名慈邱山隋因此置慈邱縣皆山之殊目也而東與泌水合朱泌作此趙改刊誤曰全氏云此當作泌以先司空本校改寰宇記云唐州泌陽縣漢舞陰縣泌水在邑界是也水出潕陰縣旱山東北流注瀙瀙水又東北殺水出西南大熟之山東北流入于瀙瀙水又東淪水注之水出宣山東南流注瀙水官本曰按東南近刻作南東　案朱同趙改瀙水又東得奧水口水西出奧山東入于瀙水也

東過吳房縣南又東過灈陽縣南

應劭曰灈水出吳房縣東入瀙縣之西北卽兩川之交會也

又東過上蔡縣南東入汝

潕水出潕陰縣西北扶予山東過其縣南

山海經曰朝歌之山潕水出焉東南流注于滎官本曰按近刻脫南字注字　案朱脫趙增經書扶予者其山之異名乎滎水上承堵朱趙作楮水東流左與西遼水合又東東遼水注之俱導北山而南流注于滎滎水又東北于潕陰縣北左會潕水其道稍西官本曰按其近刻訛作之案朱趙作之不出其縣南其故城在山之陽漢光武建武中封岑彭爲侯國漢以爲陽山縣趙釋曰一清按是句文義未詳魏武與張繡戰于宛馬名絕景爲流矢所中公傷右臂引還潕陰卽是地也城之東有馬仁陂郭仲產曰陂在比陽縣西五十里官本曰按近刻脫西字　案朱趙無又比並作泚下同蓋地百頃其所周溉田萬頃隨年變種境無儉歲陂水三周其隍故瀆自隍西南而會于比潕水不得復逕其南也且邑號潕陰故無出南之理出南則爲陽

也非直不究又不思矣潕水又東北澧水注之官本曰按澧近刻訛作河　案朱作河箋曰案漢書地理志南陽郡雉縣注云衡山澧水所出東至郾入汝此河水誤當作澧水趙改澧水出雉衡山東南逕建城東官本曰按東字近刻訛在山字上　案朱趙並同建當爲卷字讀誤耳郡國志云葉縣有卷城其水又東流入于潕潕水東北逕于東山西西流入潕官本曰按此四字上有脫文　案重文二潕字趙改葉陂刊誤曰全氏曰上重文二潕字當作葉陂不然潕水何以流入于潕乎以汝水注敘澧水文參校正之潕水之左卽黃城山也有溪水出黃城山官本曰按近刻脫有溪二字　案朱脫趙增刊誤曰水上落有谿二字全氏校增東北逕方城郡國志曰葉縣有方城郭仲產曰苦菜于東之開官本曰按菜近刻訛作萊下同　案朱訛趙改刊誤曰方輿紀要云黃城山在葉縣北十里一名苦菜山一名長城山萊字誤也有小城名方城東臨溪水尋此城致號之由當因山以表名也苦菜卽黃城也及于東通爲方城矣

世謂之方城山水東流注潕水故聖賢冢墓記曰南陽葉邑方城西有黃城山官本曰按聖賢冢墓記原本及近刻並訛作地理志考地理志南陽葉下云有長城號曰方城更無此文又邑字訛在方城下今據歸有光本改正　案朱趙同趙釋曰全氏曰按漢志曰葉有長城號曰方城未嘗云黃城也是注所引或別有一地理志一清按寰宇記引此文出聖賢冢墓記是長沮桀溺耦耕之所有東流水則子路問津處尸子曰楚狂接輿耕于方城蓋于此也盛弘之云葉東界有故城始犫縣東至瀙水達朱箋曰當作逕趙改逕比陽界南北聯聯數百里朱箋曰御覽玉海及舊本皆作聯聯吳本改作聯絡號爲方城一謂之長城云酈縣有故城一面未詳里數號爲長城卽此城之西隅其閒相去六百里朱無百字箋曰御覽及宋本俱作相去六百里趙增北面雖無基築官本曰按北面近刻訛作若南北　案朱訛趙改刊誤曰若字衍文南北御覽引此文作北面皆連山相接而漢水流其南故屈完荅齊桓公

云楚國方城以爲城漢水以爲池郡國志曰葉縣有長山曰方城官本曰按山近刻訛作城　案朱作長城趙城下增山字刊誤曰今本郡國志作葉縣有長山曰方城此注落山字彼文落城字劉昭補注引杜預曰方城山在縣南可證也指此城也潕水又東北歷舞陽縣故城南漢高祖六朱作元箋曰按年表是六年趙改六年封樊噲爲侯國也

又東過西平縣北

縣故柏國也春秋左傳所謂江黃道柏方睦于齊也漢曰西平其西呂墟卽西陵亭也西陵平夷故曰西平漢宣帝甘露三年封丞相于定國爲侯國趙釋曰全氏曰按本表曰臨淮王莽更之曰新亭晉太康地記曰官本曰按地記近刻訛作地理志　案朱訛趙改地記刊誤曰理字衍文縣有龍泉水孫校曰今在羅山縣南合竹竿河東北入于汝可以砥礪刀劒特堅利故有

堅白之論矣是以龍泉之劒爲楚寶也縣出名金古有鐵官

又東過郾縣南

郾縣故城去此遠矣不得過

又東過定頴縣北東入于汝

漢安帝永初二年分汝南郡之上蔡縣置定頴縣順帝永建元年（官本曰按此六字近刻訛作延光中三字　案朱趙同）以陽翟郭鎭爲尚書令（官本曰按鎭下近刻衍之字　案朱衍趙刪刊誤曰之字衍文郭鎭後漢書有傳）封定頴侯卽此邑也（趙釋曰一清按後漢書鎭以誅閻景擁順帝封是永建元年不在延光年也延光乃安帝年號）

溳水出蔡陽縣

溳水出縣東南大洪山山在隨（朱趙作隋）郡之西南竟陵之東北槃（趙作磐）基所跨廣圓（朱趙有一字）百餘里峰曰懸鉤處平原衆阜之中（官本曰按原近刻訛作縣　案朱訛趙改刊誤曰縣當作原）爲諸嶺之秀山下有石門夾鄣層峻巖高皆數百許仭入石門又得鍾乳穴穴上素崖壁立非人跡所及穴中多鍾乳凝膏下垂望齊冰雪微津細液滴瀝不斷幽穴潛遠行者不極窮深以穴內常有風熱（官本曰按近刻以訛作而熱訛作勢又此句之下衍火字　案朱以訛而衍火字趙改刪熱改爇刊誤曰箋曰舊本作風勢吳本改作風熱按當作風爇而當作以火字以字俱衍文）無能經久故也（官本曰按能下近刻衍以字　案朱衍趙刪說見上）溳水出于其陰初流淺狹遠乃廣厚可以浮舟杙巨川矣時人以溳水所導故亦謂之爲溳山矣溳水東北流合石水石水出大洪山東北流注于溳謂之小溳水而亂流東北逕上唐縣故城南（本蔡陽之上唐鄉舊唐侯國春秋定公三年唐成公如楚有兩肅霜馬子常欲之弗與止之三年唐人竊馬而獻之子常歸唐侯是也）溳水又東均水注之水出大洪山（官本曰按近刻脫大字　案朱脫趙增刊誤曰當作大洪山落大字）東北流逕土山北（官本曰按此下近刻有山上土山四字係衍文　案朱有趙改水出土山刊誤曰箋曰山上二字疑脫誤按下云富水左合土山水世謂之章水於文當作水出土山）又東北流入于溳水溳水又屈

而東南流

東南過隨縣西（官本曰按過近刻訛作逕　案朱訛趙改刊誤曰逕當作過又朱趙隨作隋下同）

縣故隨國矣春秋左傳所謂漢東之國隨爲大者也（趙刊誤曰箋曰孫云左傳作隨按隨古作隋戰國策寶珍隋珠蓋不獨楊堅受禪始去辵爲隋也趙釋曰金石文字記曰皇甫誕碑隋字作隨虞世南孔子廟堂碑歐陽詢九成宮醴泉銘王知敬李衛公碑高宗李英公碑天后順陵碑于敬之華陽觀王先生碑裴漼少林寺碑皆然當曰金石之文二字通用自司馬溫公作通鑑以後始壹用隋字而水經注溳水隨縣字作隋則知此自古人省筆之法謂文帝始去辵而爲隋者未必然也）楚滅之以爲縣晉武帝太康中（官本曰按近刻脫帝字　案朱脫趙增刊誤曰晉武下落帝字）立爲郡有溠水出縣西北黃山南逕㵐西縣西又東南㵐水入焉㵐水出桐柏山之陽呂忱曰水在義陽㵐水東南逕㵐西縣西又東南注于溠（官本曰按注近刻訛作流　案朱作流趙增入字刊誤曰流下脫入字方輿紀要校增）溠水又東南逕隨縣故城西春秋魯莊公四年楚武王伐隨令尹（朱無尹字箋曰左傳作令尹趙增）闘祁莫敖屈重除道梁溠軍臨于隨謂此水也水側有斷蛇丘隨侯出而見大蛇中斷因舉而藥之故謂之斷蛇丘後蛇銜明珠報德世謂之隨侯珠亦曰靈蛇珠丘南有隨季梁大夫池（朱趙梁作良趙釋曰朱氏謀㙔箋曰左傳作季梁一清按梁良音同通用二十一卷渠水注扶溝縣袁梁碑其碑本作良是可證也）其水又南與義井水合水出隨城東南井泉嘗湧溢而津注冬夏不異相承謂之義井下流合溠溠水又

南流注于溳趙釋曰全氏曰按溠水豫州浸康成師古皆疑其地不應在豫然職方之地犬牙相錯荆州之浸爲潁則知豫之溠亦其例也溳水又會于支趙作枝水水源亦出大洪山而東流注于溳溳水又逕隨縣南隨城山北而東南注

又南過江夏安陸縣西

隨水出隨郡永陽縣東石龍山官本曰按隨近刻訛作遼下同　案朱作遼箋曰當作隨水趙改隨釋曰全氏曰史記春申君說秦昭王云隨水右壤皆廣川大水山林谿谷不食之地小司馬曰今鄧州之西也西北流南迴逕永陽縣西歷橫尾山卽禹貢之陪尾山也趙釋曰禹貢雖指曰傳云洛經熊耳伊經外方淮出桐柏經陪尾今安陸北有橫山卽漢志所謂橫尾山古文以爲陪尾者也元和志云陪尾山一名橫尾山在安陸縣北六十里淮水曷嘗經此傳謬禹導山至陪尾蓋實爲泗水泗之與淮猶伊之與洛也水經注云博物志曰泗出陪尾隋志泗水縣有陪尾山今在縣東五十里閻百詩云周禮保章氏疏曰外方熊耳以至泗水陪尾屬搖光星賈公彥實從春秋緯文來則漢人早作是解博物志固有所受之也一清按酈注泗水篇旣引博物志之言是注不應又引漢志以安陸之橫尾爲陪尾豈非自相舛錯與卷末禹貢山水澤地所在亦誤隨水又西南至安陸趙作樂縣故城西入于溳官本曰按近刻脫此三字　案朱趙無故鄖城也因岡爲墉峻不假築溳水趙增會之二字刊誤曰溳水下全氏校增會之二字

又南逕石巖山北

昔張昌作亂于其下籠彩鳳以惑眾晉太安二年鎭南將軍劉弘遣牙門皮初與張昌戰于清水昌敗追斬于江涘官本曰按涘近刻訛作夏　案朱訛趙改刊誤曰箋曰舊本作斬于江矣吴本改作斬于江夏按春秋分記引此文作江涘說文涘水厓也音俟卽春秋左傳定公四年吳敗楚于柏舉從之及于清發蓋溳水兼清水之目矣官本曰按近刻脫此六字　案朱脫趙增溳水之通稱矣六字以此溳水字下屬又東南流爲文刊誤曰蓋字下落溳水之通稱矣全氏曰以先司空本校增寰宇記亦云清發溳水之別名可證也又東南流而右會富水水出竟陵郡新市縣東北大陽山水有二源朱趙有也字大富水出山之陽

南流而左合小富水水出山之東而南逕三王城東前漢末王匡王鳳王常所屯故謂之三王城城中有故碑文字闕落不可復識其水屈而西南流右合大富水俗謂之大泌水也

又西南流逕杜城西趙刊誤曰箋曰孫按漢志江夏郡有雲杜縣杜城疑誤按漢志江夏郡無新市縣續志有之蓋東京分安陸縣立也與雲杜竝列晉志宋志因之則雲杜非新市治所矣方輿紀要云雲杜城在沔陽州景陵縣西北南新市城在承天府京山縣東北百里水經注新市治杜城杜佑曰在今富水縣北箋說非也

新市縣治也郡國志以爲南新市也中山有新市故此加南分安陸縣立官本曰按近刻訛作立縣　案朱同趙刪縣字刊誤曰縣字衍文又王匡中興初舉兵于縣號曰新市兵者也富水又東南流于安陸界左合土山水世謂之章水水出土山南逕隨郡平林縣故城西俗謂之將陂城與新市接界故中興之始兵有新市平林之號又南流右入富水富水又東入于溳溳水又逕新城南永和五年晉大司馬桓溫築溳水又會溫水溫水出竟陵之新陽縣東澤中口徑二丈五尺垠岸重沙端淨可愛蹟以察之則淵泉如鏡聞人聲則揚湯奮發無所復見矣其熱可以燖雞洪瀏百餘步冷若寒泉東南流注于溳水又右得潼水水出江夏郡之曲陵縣西北潼山孫校曰曲陵當作西陵東南流逕其縣南縣治石潼故城城圓而不方東入安陸注于溳水

又東南入于夏

溳水又南分爲二水東通灄水西入于沔謂之溳口也

水經注卷三十一

水經注卷三十二　長沙王氏校本

後魏酈道元撰

漻水　蘄水　決水　沘水朱作泚水

泄水　肥水　施水趙此下有補滁水目

沮水　漳水　夏水　羌水

涪水　梓潼水朱無梓字　涔水

漻水出江夏平春縣西

漻水北出大義山南至厲鄉西賜水入焉水源東出大紫山分爲二水一水西逕厲鄉南水南有重童趙作山卽烈山也山下有一穴父老相傳云是神農所生處也故禮謂之烈山氏水北有九井子書所謂神農既誕九井自穿謂斯水也朱箋曰盛弘之荊州記云神農九井在厲山北重塹又言汲一井則衆水動井今堙塞遺跡髣髴存焉亦云賴鄉官本曰按近刻脫賴字案朱脫趙增刊誤曰亦云下落賴字故賴國也有神農社賜水西南流入于漻卽厲水也賜厲聲相近宜爲厲水矣一水出義鄉西南入隨朱趙作隋下同又注漻漻水又南逕隨縣注安陸也

南過安陸入于溳

蘄水出江夏蘄春縣北山

山卽蘄朱作近箋曰近宋柳本作蘄趙改蘄也水首受希水枝津西南流歷蘄山出蠻中故以此蠻爲五水蠻五水謂巴水希水赤亭水官本曰按近刻脫五字及希水二字訛作水卽謂巴水也又赤亭水案朱同趙改五水卽謂蘄水希水巴水也又赤亭水刊誤曰水上落五字卽謂下落蘄水希水四字蓋蘄水希水巴水赤亭水西歸水合爲五水也見宋書夷蠻傳西歸水蘄水其一焉官本曰按近刻脫此五字案朱趙無蠻左憑居阻藉山川世爲抄暴宋世沈慶之于西陽上下誅伐蠻夷卽五水蠻也

南過其縣西

晉改爲蘄陽縣縣徙江洲官本曰按近刻訛作縣從江州案朱同趙改從仍州刊誤曰從當作徙置大陽戍後齊齊昌郡移治于此也官本曰按近刻脫一齊字昌訛作安案朱趙同

又南至蘄口南入于江

蘄水南對蘄陽洲官本曰按近刻訛作州案朱趙作州入于大江謂之蘄口官本曰按近刻脫之字案朱脫趙增刊誤曰謂下落之字洲州趙改上有蘄陽縣徙

決水出廬江雩婁縣南大別山

俗謂之爲檀公峴官本曰按謂近刻訛作名公訛作山案朱同趙改山仍名刊誤曰山方輿紀要引此文作公亦見梁書裴邃傳蓋大別之異名也趙釋曰一清按尚書正義曰地理志無大別鄭元曰在廬江安豐縣杜預春秋注云大別不知何處或云在安豐縣西南左傳云吳既與楚夾漢然後楚乃濟漢而陳自小別至於大別然則二別近漢之名無緣得在安豐如預所言雖不知其處要與內方相接漢水所經必在荊州界也胡渭曰按地理志六安國安豐縣下云禹貢大別山在西南鄭杜說所自出正義謂地志無大別何也又云大別山在漢陽府城東北半里漢水西岸水經注江水逕魯山南古翼際山也元和志魯山一名大別山在漢陽府東北一百步其山前枕蜀江北帶漢水杜元凱已知在江夏不在安豐酈氏主杜說而終不能指魯山爲大別至唐人始能言之其水歷山委注而絡其縣矣官本曰按近刻作也案朱趙作也

北過其縣東

縣故吳也春秋左傳襄公二十六年楚子秦人侵吳及雩婁聞吳有備而還是也晉書地道記云在安豐縣之西南卽其界也故地理志曰決水出雩婁官本曰按近刻脫婁字案朱脫箋曰當有婁字趙增

又北過安豐縣東

決水自雩婁縣北逕雞備亭春秋昭公二十三年吳敗諸侯之師于雞父者也安豐縣故城今邊城郡治也王莽之美豐也官本曰按美豐近刻作美風　案朱趙作風世祖建武八年封大將軍涼州牧竇融爲侯國晉立安豐郡趙釋曰一清按漢志六安國安豐縣莽曰美豐今注云美風似因安風縣名而譌續志有安豐縣又云安風侯國蓋光武以安豐陽泉蓼安風四縣封竇融爲安豐侯其國都則治安風爰及魏晉之安豐郡皆治安風縣也魏收地形志云邊城郡治麻步山領史水一縣則南北流移境土非一故治無常所也此與淮水注之安豐津水南有城故安豐都尉治之安豐蓋兩地而異名不可混也決水自縣西北流逕蓼縣故城東又逕其北漢高帝六年封孔藂爲侯國朱趙有也字朱箋曰孔藂漢書功臣表作孔聚世謂之史水官本曰按史近刻訛作決宋永嘉中置史水縣取水以名縣　案朱趙作決決水又西北官本曰按決近刻訛作也　案朱趙作也上屬灌水注之其水導源廬江金蘭縣西北東陵鄉大蘇山卽淮水也官本曰按淮近刻訛作注　案朱訛趙改刊誤曰箋曰孫云當作灌水按非也據漢志是灌水淮卽灌也非出桐柏之淮然其字相承已古要不可改而作灌趙釋曰一清按漢志廬江郡下云金蘭西北有東陵鄉淮水出屬揚州胡渭曰淮當作灌愚謂非也斑志原是淮字道元故以之釋灌水若破淮作灌則以灌水釋灌水於義豈可通乎許慎曰出雩婁縣俗謂之澮水官本曰按近刻此下有也字　案朱趙有趙釋曰一清按說文澮是汾澮之澮而別有澮水出廬江入淮從水惠聲　音胡計切者卽是水也褚先生所謂神龜出于江灌之間嘉林之中蓋謂此水也朱箋曰今龜策傳云神龜出于江淮之間此注作江灌蓋所見之本各異耳趙釋曰全氏曰今龜策傳作江淮淮卽灌也非出桐柏之淮灌水東北逕蓼縣故城西而北注決水官本曰按近刻此下有也字　案朱趙有故地理志曰決水北至蓼入淮灌水亦至蓼入決官本曰按近刻至訛作注淮訛作灌　案朱同趙仍注灌改淮官本曰按近刻作灌水于蓼亦入決　案朱趙同趙釋曰一清按漢志廬江郡雩婁縣下云決水北至蓼入淮又有灌水亦北至蓼入決道元蓋抄其詞而稍變之似失意義又趙此下增十一字刊誤曰入決下落縣西蓼邑卽皋陶之封邑也十一字寰宇記引此文　校補

春秋宣公八年冬楚公子趙有燮字滅舒蓼臧文仲聞之曰皋陶庭堅不祀忽諸德之不逮民之無援哀哉趙逮改建釋曰箋曰按左傳文公五年冬楚公子燮滅蓼臧文仲有皋陶不祀之歎至宣公八年夏楚人滅舒蓼自是兩事決水又北右會陽泉水水受決水東北流逕陽泉縣故城東故陽泉鄉也漢獻帝中官本曰按近刻訛作靈帝中　案朱趙同趙釋曰一清按靈帝下脫年號後漢書黃琬傳云董卓秉政以琬名臣徵爲司徒遷太尉更封陽泉鄉侯卓入朝在靈帝崩後則琬封當在獻帝初年亦非靈帝也封太尉黃琬爲侯國又西北流左入決水謂之陽泉口也官本曰按口近刻訛作石　案朱作石箋曰當作陽泉口趙改口釋曰一清按三國志魏書滿寵傳吳將陸遜向廬江寵整軍趨陽宜口卽陽泉口也又吳書孫綝傳朱異帥三萬人屯安豐城爲文欽勢魏兗州刺史州泰拒異于陽淵酈注施水篇亦作陽淵續志廬江郡陽泉侯國劉昭補註引廣志曰有陽泉湖

又北入于淮

俗謂之澮口官本曰按澮近刻訛作決　案朱趙作決非也斯決灌之口矣余往因公至于淮津舟車所屆次于決水訪其民宰與古名全違脈水尋經方知決口官本曰按近刻訛作水　案朱作水箋曰宋本作口趙改口釋曰一清按上文既以俗謂決口爲非而此又云方知決口何耶或恐有脫誤蓋灌澮聲相倫習俗害眞耳沘水出廬江灊縣西南霍山東北官本曰按沘原本及近刻竝訛作泚下同今改正　案朱訛趙改刊誤曰泚水當作沘水後漢書光武本紀云與甄阜梁邱賜戰于沘水章懷註云沘水在今唐州沘陽縣南盧江灊縣亦有沘水與此別也章懷所云唐州沘陽縣之沘水是沘水之誤其云盧江灊縣亦有沘水卽是水也道元云沘水或作淠以沘與淠音同若从此作泚相去遠矣篇中泚字俱當作沘灊者山水名也開山圖灊山圍繞大山爲霍山朱箋曰爾雅大山宮小山曰霍郭注云宮謂圍繞之郭景純曰灊水出焉縣卽其稱矣春秋昭公二

十七年吳因楚喪圍灊是也地理志曰沘水出沘山不言霍山沘字或作渒朱箋曰孫云按漢志沘山沘水所出北至壽春入芍陂師古曰沘音比又音布几反渒水又東北逕博安縣官本曰按近刻脫一渒字　案朱脫趙增刊誤曰於文當重一渒字孫校曰說文箒丹陽水也是此矣泄水出焉

東北過六縣東

渒水東北右會蹹鼓川水水出東南蹹鼓川朱脫鼓字趙增刊誤曰當作蹹鼓川落鼓字西北流左注渒水渒水又西北逕馬亭朱作亭箋曰宋本亭作亭趙改亭城西又西北逕六安縣故城西縣故皋陶國也夏禹封其少子奉其祀今縣都陂中有大冢民傳曰公琴者卽皋陶冢也楚人謂冢爲琴矣趙釋曰一清按此文與汝水篇注可參證皇覽亦謂之曰岑也漢高帝元年別爲衡山國五年屬淮南文帝十六年復爲衡山國

武帝元狩二年別爲六安國王莽之安風也漢書所謂以舒屠六晉太康三年廬江郡治渒水又西北分爲二水芍陂出焉官本曰按原本及近刻竝脫芍陂二字今據歸有光本補入　案朱脫趙增刊誤曰二水下落芍陂二字又北逕五門亭西西北流逕安豐縣故城西晉書地道記安豐郡之屬縣也俗名之曰安城矣又北會濡水亂流西北注也官本曰按近刻訛作之　案朱趙作之

北入于淮

水之決會謂之沘口也

泄水出博安縣趙釋曰一清按漢志九江郡有博鄉縣續志無蓋後漢省說文云泄水受博安洵波豈順帝以前曾改博鄉爲博安乎顧祖禹曰卽壽州之都陸城晉元帝封六安繆王子交爲侯邑考晉志又無之博安縣地理志之博鄉縣也王莽以爲揚陸矣泄水自縣上承沘水于麻步川官本曰按沘近刻訛作北　案朱作北趙改沘刊誤曰北當作比卽比水也西北出官本曰按近刻脫出字　案朱脫趙增刊誤曰山當作出移在西北下歷濡溪官本曰按歷下近刻衍山字　案朱衍趙移改說見上謂之濡水也趙釋曰全氏曰漢志六安國六縣如谿水首受沘東北至壽春入芍陂卽濡谿水也

北過芍陂西與沘水合朱沘作泚趙改刊誤曰泚當作沘

泄水自濡溪逕安豐縣官本曰按逕近刻訛作水　案朱作水箋曰宋本作口趙改口下又增逕字刊誤曰安豐縣上落逕字北流注于渒亦謂之濡須口官本曰按近刻作一謂之其濡口　案朱同趙仍一改其濡刊誤曰其濡口當是濡須口之誤

西北入于淮

亂流同歸也官本曰按歸近刻訛作國　案朱同箋曰國宋本作歸趙改歸

肥水出九江成德縣廣陽鄉西

呂忱字林曰肥水出良餘山俗謂之連枷山亦或以爲獨山也北流分爲二水施水出焉肥水又北逕荻城東官本曰按荻近刻訛作獲　案朱訛趙改刊誤曰獲城當作荻城又北逕荻丘東官本曰按丘近刻訛作江　案朱訛趙改刊誤曰荻江當作荻邱南北朝置戍守于此魏書李神傳爲陳留太守領荻邱戍主亦曰荻城梁普通五年裴邃自合肥拔荻城是也右會施水枝津官本曰按右近刻訛作又　案朱作又箋曰又宋本作右趙改右水首受施水于合肥縣城東朱趙首上無水字西流逕成德縣注于肥水也

北過其縣西官本曰按此句之上原本及近刻有肥水別三字係施水之文訛舛在此　案朱趙有北入芍陂

肥水自荻邱北逕成德縣故城西王莽更之曰平阿也又北逕芍陂東又北逕死虎塘東官本曰按虎近刻訛作馬　案朱訛趙改刊誤曰死馬誤魏書

王肅宋書劉勔等傳俱作死虎通鑑宋紀明帝泰始三年殷琰將劉順柳倫皇甫道烈龐天生等馬步八千人東據宛唐胡三省曰杜佑通典作死虎又齊紀東昏侯永元二年蕭懿遣裨將胡松李居士率眾萬餘屯死虎胡三省曰通典曰死虎地名在壽州壽春縣東四十餘里以此證之足知宋書明帝泰始三年劉勔破劉順于宛唐即死虎之誤也通鑑注引此文作死虖字近致譌通典作死武則唐人避諱故也芍陂瀆上承井門與芍陂更相通注故經言入芍陂矣肥水又北右合閻澗水官本曰按近刻訛作肥水東北又合閻澗水案朱同趙仍東改又改澗刊誤曰箋曰謝據宋本作肥水又北右合閻澗水按非也東北字不誤閻澗當作閻潤上承上當重一水字上承施水于合肥縣趙上上增水字說見上北流逕浚遒縣西官本曰按浚遒原本及近刻並訛作復道今改正浚遒故城在今合肥縣東北案朱訛趙改浚遒刊誤曰漢志逡遒縣續志作浚遒晉志作逡道此復道是浚道之誤案刊誤浚道當爲浚遒水積爲陽湖陽湖水自塘西北逕死虎亭南官本曰按虎原本及近刻並訛作雩考死虎壘在今壽州東四十餘里宋書劉順等東據宛唐築四壘通典云宛唐死虎之訛也案朱訛趙改夾橫塘西注宋

泰始初豫州司馬劉順帥眾八千據其城地以拒劉勔趙叔寶以精兵五千官本曰按趙近刻訛作杜案朱趙作杜送糧死虎劉勔破之此塘趙釋曰一清按通鑑宋明帝紀殷琰將劉順柳倫皇甫道烈龐天生等八千人東據宛唐胡三省注云宛唐水經注作死虎杜佑通典作死武地名在壽州壽春縣東四十餘里杜叔寶宋書殷琰傳作趙叔寶水分爲二官本曰按爲下近刻衍澗字案朱衍趙刪刊誤曰上澗字衍文洛澗出焉閻漿水注之水受芍陂陂水上承澗水于五門亭南別爲斷神水又東北逕五門亭東亭爲二朱趙並作眾朱箋曰眾宋本作二水之會也斷神水又東北逕神跡亭東又北謂之豪水雖廣異名事實一水又東北逕白芍亭東積而爲湖謂之芍陂陂周朱趙有一字百二十許里在壽春縣南八十里趙釋曰一清按元和郡縣志云芍陂周二百里逕百里言楚相孫叔敖所造魏太尉王淩官本曰按近刻訛作陵案朱訛趙改釋曰沈氏曰王淩時爲征東非太尉

與吳將張休官本曰按原本及近刻並訛作張休文今據三國志改正案朱訛文趙改大刊誤曰文當作大事見吳書顧譚傳戰于芍陂即此處也陂有五門吐納川流西北爲香門陂陂水北逕孫叔敖祠下官本曰按近刻脫一陂字案朱趙無謂之芍陂瀆趙釋曰全氏曰按華夏對境圖曰芍陂周二百二十四里與陽泉大業並子思作引濞水爲子午渠開六門湃水即淠水也陽泉見決水篇其大業當在蓼縣蓋取臯陶之字爲陂名而善長失之又北分爲二水一水東注黎漿水朱趙無此水字黎漿水東逕黎漿亭南文欽之叛吳軍北入諸葛緒拒之于黎漿趙刊誤曰箋曰魏書諸葛誕在壽春被徵爲司空遂舉兵反殺揚州刺史樂綝遣人至吳求救吳遣全懌等與文欽俱來吳將朱異以誕被圍再以大眾來迎誕等渡黎漿水此云諸葛緒拒之於黎漿所未詳也按諸葛緒事在鄧艾傳毌邱儉作亂文欽以後大軍破敗于城下艾追之至邱頭欽奔吳吳大將軍孫峻等號十萬眾將渡江鎮東將軍諸葛誕遣艾據肥陽艾以賊勢相遠非要害之地輒移屯附亭遣泰山太守諸葛緒等於黎漿拒戰逐走之即注所引事也即此水也東注肥水謂之黎漿水口

又北過壽春縣東

肥水自黎漿北逕壽春縣故城東爲長瀨津津側有謝堂北亭迎送所薄水陸舟車是焉萃止又西北右合東溪官本曰按右近刻訛作左案朱趙作左溪水引瀆北出官本曰按近刻訛作山案朱訛趙改刊誤曰山當作出西南流逕導公寺西寺側因溪建刹五層屋宇閒敞崇虛攜覺也官本曰按此句有舛誤案朱同箋曰攜覺字誤當作嶕嶢趙依改又西南流注于肥肥水又西逕東臺下臺即壽春外郭東北隅阿之榭也東側有一湖三春九夏紅荷覆水引瀆城隍水積成潭謂之東臺湖亦肥南播也肥水西逕壽春縣故城北官本曰按近刻脫故字案朱脫趙增刊誤曰縣下落故字右合北溪水導北山泉源下注漱石頹隍水上長林插天高柯負日出于山林精舍右山淵寺左道俗嬉遊多萃

其下內外引汲泉同七淨溪水沿注西南逕陸道士解南精
廬臨側川溪大不爲廣小足閒居亦勝境也溪水西南注于
肥水官本曰按近刻脫西南二字作流注于肥水案朱趙同
北入于淮
肥水又西分爲二水右卽肥之故瀆遏爲船官湖以置舟艦
也肥水左瀆又西逕石橋門北官本曰按近刻脫逕字案朱脫趙增刊誤曰又西下落
逕字亦曰草市門外有石梁渡北朱作此箋曰宋本作北洲趙改北洲洲上有
西昌寺寺三面阻水佛堂設三像眞容妙相相服精煒朱作偉箋
曰舊本作煒趙改煒是蕭武帝所立也寺西卽船官坊蒼兕官本曰按近刻訛作
倉光案朱作倉光趙改倉兕刊誤曰箋曰史記倉兕倉兕總爾舟楫王充論衡作倉光按非也史記齊世家倉兕索隱
曰本或作蒼雉按馬融曰蒼兕主舟楫官名王充云云蒼兕水獸九頭然則論衡本作倉兕不如朱氏所云都水是

營是作湖北對八公山山無樹木惟童朱作重箋曰宋本阜作童阜趙改童
耳山上有淮南王劉安廟劉安是漢高帝之孫厲王長子也
折節下士篤好儒學養方術之徒數十人皆爲俊異焉多神
仙秘法鴻寶之道忽有八公皆鬚眉皓素詣門希見門者曰
吾王好長生今先生無住衰之術未敢相聞八公咸變成童
王甚敬之八士竝能鍊金化丹出入無閒乃與安登山薶金
于地白日昇天餘藥在器雞犬舐之者俱得上昇其所昇之
處踐石皆陷人馬跡存焉故山卽以八公爲目余登其上人
馬之跡無聞矣惟廟像存焉廟中圖安及八士像皆坐牀帳
如平生被服纖麗咸羽扇裙帔巾壺枕物一如常居廟前有
碑齊永明十年所建也山有隱室石井卽崔琰所謂余下壽

春登北嶺淮南之道室八公石井在焉亦云左吳與王春傅
生等尋安同詣玄洲還爲著記號曰八公記都不列其雞犬
昇空之事矣按漢書安反伏誅葛洪明其得道事備抱朴子
及神仙傳肥水又左納芍陂瀆官本曰按芍近刻訛作葛案朱訛趙改刊誤曰葛當作
芍瀆水自黎漿分水引瀆壽春城北官本曰按近刻脫城字案朱脫趙增刊誤曰
壽春下落城字逕芍陂門右北入城昔鉅鹿時苗爲縣長是其留犢
處也朱箋曰魏略云時苗爲壽春令始至乘輿黃犢後歲餘牛生犢及去任留犢與主簿曰是淮土所生也瀆
東有東都街街之左道北有宋司空劉勔廟宋元徽二年建
于東鄉孝義里廟前有碑時年碑功方創齊永明元年方立
沈約宋書言泰始元年朱泰作大趙改太刊誤曰泰始是宋明帝年號作大非豫州刺
史殷琰反朱趙作叛明帝假勔輔國將軍討之琰降不犯秋毫百

姓來蘇生爲立碑文過其實建元四年故吏顏幼明爲其廟
銘故佐龐珽爲廟讚官本曰按珽近刻訛作珽案朱訛趙改刊誤曰箋曰一作故吏按故吏猶故
佐也珽當从玉作珽夏侯敬友爲廟頌竝附刊于碑側瀆水又北逕相
國城東劉武帝伐長安所築也堂宇廳館仍故以相國爲名
又北出城注肥水又西逕金城北又西左合羊頭溪水水受
芍陂西北歷羊頭溪謂之羊頭澗水北逕熨湖左會烽水瀆
瀆受淮于烽村南下注羊頭溪側逕壽春城西又北歷象門
自沙門北出金城西門逍遙樓下北注肥瀆肥水北注舊瀆
之橫塘爲玄康南路馳道左通船官坊也肥水逕玄康城西
北流北出水際官本曰按水字近刻訛在北出上案朱訛趙改刊誤曰水字當移在北出下有曲
水堂亦嬉游所集也又西北流趙增逕八公山四字刊誤曰流下落逕八公山四字全氏

校增昔在晉世謝玄北禦苻堅祈八公山趙刊誤曰箋曰謝云祈疑作於按祈禱也
左氏所謂戰禱也道元故以非八公之靈有助蓋苻氏將亡之惑解之及置陣于肥水之濱堅
望山上草木咸爲人狀此即堅戰敗處官本曰按堅近刻訛作故案朱趙作故
非八公之靈有助蓋苻氏將亡之惑也肥水又西北注于淮
是曰肥口朱作治箋曰宋本作肥口趙改口也
施水亦從廣陽鄉肥水別官本曰按此三字原本及近刻竝訛在肥水經文北過其縣西之上今改
正案朱趙三字在肥水經文內東南入于湖趙釋曰全氏曰施水導源廣陽鄉與肥同源者也逕合肥入芍
陂而歸巢湖經文之例未有不溯其所自出者此篇獨變文書之
施水受肥于廣陽鄉東南流逕合肥縣應劭曰夏水出城父
東南至此與肥合朱箋曰孫按漢志夏水出父城東南至此與淮合故曰合肥闞駰
亦言出沛國城父東至此合爲肥余按川殊派別官本曰按殊近刻訛
作流案朱作亡趙改殊刊誤曰箋曰川亡字誤當作川流按通鑑釋文辨誤作川殊今校正無沿注之理
方知應闞二說非實證也蓋夏水暴長施合于肥故曰合肥
也非謂夏水趙釋曰胡三省通鑑釋文辨誤曰史炤曰合肥漢九江邑應劭曰夏水出城父東南至此與肥
合故曰合肥余按應劭所云酈道元固疑之矣道元以夏水出城父而東南流入于淮則與淮合無絕淮而南流至合肥
縣與肥水合之理而施水上承肥水于廣陽鄉東南逕合肥縣又東南流而入于漅湖肥水西北注淮而施水東南入漅
湖已自分流惟夏月暴水漲溢則二水復能合一于合肥縣界故合肥以此得名道元之說庶乎信而有徵矣一清按漢志
沛郡城父縣下云夏肥水東南至下蔡入淮過郡二行六百里城父與下蔡皆屬沛郡不得云過郡二也而應劭于九江
合肥縣下云夏肥水出父城東南至此與淮合所謂父城即沛郡之城父非潁川之屬縣又云與淮合則亦何關于合肥
之名耶道元引之改而曰出城父與肥合且又證以闞駰之說肥在淮南夏肥水安能截淮南過而與之合且所謂與肥
合者夏肥水也是肥與肥合矣道元知其說之謬妄故折之曰非謂夏水非謂夏水者非謂夏肥水也又曰夏水暴長施
合于肥故曰合肥施水亦出九江成德之廣陽鄉而流合于肥故曰合肥夏月水暴長二水相合與導菏澤被孟諸之義

相扶道元所謂水盛方乃覆被者也夏肥水源流已具淮水注中班志在城父下本自不錯應劭移之合肥之下則舛矣
唐盧潘合肥辨曰漢書淮南王殺開章葬之肥陵肥陵肥水之上也應劭曰夏水出父城東南至此與肥合故曰合肥今
按肥水出雞鳴山北流二十里所分而爲二其一東南流逕合肥縣南又東南入漅湖其一西北流二百里出壽春西投
于淮二水皆曰肥爾雅歸異出同流肥言所出同而歸異也是山也高不過百尋所出惟一水分流而已其源實同而所
流實異也故皆曰肥今二州圖記皆不見夏水與父城惡睹其謂夏與肥合者乎合于一源分而爲肥合亦同也故曰合
肥而云夏與肥合者亦應氏之失也此文見姚鉉唐文粹中其言足發酈氏之所未備施水自成德官本
曰按原本及近刻竝脫施水二字成德訛作城父今據有光本改正案朱脫趙增仍城父刊誤曰自上落施水二字
孫潛校增趙釋曰一清按城父當作成德此是行間斷爛後人塡補見有成字遂疑即上文之城父而遽奮筆書之眞酈
氏之枉屈也東逕合肥縣城南城居四水中官本曰按近刻脫城字案朱脫趙增刊
誤曰居上落城字又東有逍遙津官本曰按又東近刻訛作東又案朱趙作東又水上舊
有梁孫權之攻合肥也張遼敗之于津北橋不撤者兩版權
與甘寧蹴馬趨津谷利自後著鞭助勢遂得渡梁淩統被鎧
落水後到追亡流涕津渚施水又東分爲二水枝水北出焉
下注陽淵施水又東逕湖口戍東注巢湖謂之施口也
趙補滁水
唐六典淮南道大川曰滁肥之水巢湖在焉寰宇記廬州慎
縣下云滁水源出縣西暴禿古塘酈元注水經云滁水出浚
遒縣也又和州含山縣下引水經注云滁水東經大峴西北
流逕大峴亭即此山也方輿紀要云滁河源出廬州府合肥
縣東北七十里廢梁縣界東流過滁州全椒縣南六十里又
東至滁州東南三汊河又東至江寧府六合縣爲瓦梁河東
南流至瓜埠口而入大江三國志吳赤烏三年作堂邑涂塘

以淹北道今滁州古曰涂中其地實南北扼要之區猶脫落無聞則濱江來會之水大要失亡矣

沮水出漢中房陵縣淮水官本曰按二字舛誤據漢書當作東山案趙淮水改睢山刊誤曰淮水楊愼本作淮山山字是也淮字則非矣方輿紀要湖廣大川下云沮水本作睢左傳定四年吳人敗楚及郢楚子出涉睢又哀六年楚子所謂江漢睢漳者也後作沮又譌爲柤今襄陽以南沮水左右皆曰沮中亦謂之柤中後漢建武二十三年南郡蠻反劉尙討破之杜佑曰溮山蠻也溮亦作柤卽柤中蠻矣郡縣志南漳縣東北一百八里有柤山吳朱然諸葛瑾從沮中險道北出處也吳志赤烏四年朱然圍樊諸葛瑾取柤中漢志沮水出東山蓋異名也沮山本因沮水得名字亦作睢後人因漢志上文有淮山淮水所出之文而誤作淮又譌山爲水今校正趙釋曰全氏曰按睢山楊愼本作淮山誤也漢志房陵縣淮山淮水所出東山沮水所出是房陵固有淮山然非沮水所出也睢山卽東山之一名字稍近淮因之成訛東南過臨沮縣界

沮水出東汶陽郡沮陽縣西北景山卽荊山首也高峰霞舉峻竦層雲山海經云金玉是出亦沮水之所導故淮南子曰沮出荊山高誘云荊山在左馮翊懷德縣蓋以洛水有漆沮之名故也斯謬證耳杜預云水出新城郡之西南發阿山蓋山異名也沮水東南流逕沮陽縣東南縣有潼水東逕其縣南下入沮水沮水朱不重沮字趙改上水字爲沮又東南逕汶陽郡北卽高安縣界郡治錫城縣居郡下城故新城之下邑義熙初分新城立西表悉重山也沮水南逕臨沮縣西青溪水注之水出縣西青山山之東有濫泉卽青溪之源也口徑數丈其深不測其泉甚靈潔至于炎陽有亢陰雨無時以穢物投之輒能暴雨其水導源東流以源出青山故以青溪爲名尋源浮溪奇爲深峭盛弘之云稠木傍生凌空交合危樓傾崖官本曰按近刻

訛作岳案朱趙作岳朱箋曰疑作皁恆有落勢風泉傳響于青林之下巖猨流聲于白雲之上遊者常若朱箋曰疑作苦目不周翫情不給賞是以林徒棲托雲客宅心泉側多結道士精廬焉青溪又東流入于沮水沮水又屈逕其縣南晉咸和中爲沮陽郡治也沮水又東南逕當陽縣故城北官本曰按近刻脫故字又此句之下衍縣字案朱脫衍趙增刪刊誤曰當陽縣下落故字下縣字衍文城因岡爲阻北枕沮川官本曰按枕近刻訛作抗案朱訛趙改刊誤曰抗當作枕其故城在東朱趙有一字百四十里謂之東城在綠林長坂南長坂卽張翼德橫矛處也沮水又東南逕驢城西磨城東又南逕麥城西昔關雲長詐降處自此遂叛朱箋曰吳志呂蒙襲羽羽在樊城自知孤窮乃走麥城至漳鄉衆皆委羽而降以是父子俱獲傳云子胥造驢磨二城以攻麥邑卽諺所云東驢西磨麥城自破者也官本曰按近刻脫此十四字案朱脫趙增也作矣刊誤曰麥邑下落卽諺所云東驢西磨麥城自破者矣十四字名勝志引此文校增

沮水又南逕楚昭王墓東對麥城故王仲宣之賦登樓云西接昭丘是也沮水又南與漳水合焉

又東南過枝江縣東南入于江

沮水又東南逕長城東又東南流注于江謂之沮口也

漳水出臨沮縣東荊山東南過蓼亭又東過章鄉南

荊山在景山東朱趙有一字百餘里新城沶鄉縣界官本曰按沶原本及近刻竝訛作沛今據晉書改正案朱訛趙改刊誤曰沛鄉當作沶鄉晉書地理志校雖羣峰競舉而荊山獨秀漳水東南流又屈西南逕編縣南縣舊城之東北百四十里也官本曰按近刻脫之字也字案朱脫趙增在字刊誤曰舊城下落在字西南高陽城官本曰按近刻訛作高陽城西南案朱趙同移治許茂故城官本曰按漢編縣卽今荊門州西高陽城

晉隆安中東北移百四十里即今南漳縣之許茂城城南臨漳水又南歷臨沮縣之章朱趙作彰鄉南昔關羽保麥城詐降而遁潘璋斬之于此漳水又南逕當陽縣又南逕麥城東朱麥上有于字趙刪刊誤曰于字衍文王仲宣登其東南隅臨漳水而賦之曰夾清漳之通浦倚曲沮之長洲是也漳水又南溈水注之山海經曰溈水出東北宜諸之山南流注于漳水官本曰按南近刻訛作而案朱訛趙改釋曰全氏曰按漢志南郡高成縣溈山溈水所出東入繇繇水南至華容入江繇水即油水也不言入漳善長蓋主山經而油水篇則又主漢志又南至枝江縣北烏扶邑官本曰按烏近刻訛作鳥案朱訛趙改刊誤曰鳥當作烏入于

沮

地理志曰禹貢南條荆山官本曰按南近刻訛作東案朱趙作東趙釋曰一清按東條字誤當作南條在臨沮縣之東北漳水所出東至江陵入陽水注于沔官本曰按陽近刻訛作楊案朱訛趙改刊誤曰楊水當作陽水漢書地理志校非也今漳水于當陽縣之東南百餘里朱趙作一百里餘而右會沮水也

夏水出江津于江陵縣東南官本曰按津近刻訛作流案朱訛趙改刊誤曰注云江流豫章口東有中夏口此江流字誤當作江津方輿紀要荆州府東南二十五里有夏水口亦謂之豫章口二十里有江津戍或謂之津鄉荆州記江陵縣東三十里有津鄉蓋沿江津得名漢時于此置戍有江津長司之夏水蓋出于此江津戍亦見江水注趙釋曰全氏曰按經文之例皆曰出某郡某縣某山獨汳水獲水實即莨蕩渠之注陰溝者而夏水亦即江水也皆變文書之一清按水經注此條本之伏生大傳夏水出江入沔沔亦入江荆州之沱宜以夏水當之

江津豫章口東有中夏口是夏水之首江之汜也趙汜改沱刊誤曰汜當作沱屈原所謂過夏首而西浮顧龍門而不見也龍門即郢城之東門也

又東過華容縣南

縣故容城矣春秋魯定公四年許遷于容城是也北臨中夏水自縣東北逕成都郡故城南晉永嘉中西蜀阻亂割華容諸城爲成都王穎國官本曰按此六字近刻訛作爲穎王都案朱同趙改爲王穎都刊誤曰全氏云晉志割南郡之華容州陵監利三縣別立豐都合四縣置成都郡爲成都王穎國今曰穎王都文義未合夏水又逕交趾太守胡寵墓北漢太傅廣身陪陵而此墓側有廣碑故世謂廣冢非也其文言是蔡伯喈之辭歷范西戎墓南王隱晉書地道記曰陶朱冢在華容縣樹碑云是越之范蠡趙釋曰沈氏曰王仲宣登樓賦已有北稱陶牧之文本注云陶鄉名牧郊外地則非指蠡冢晉太康地記官本曰按康近刻訛作原案朱訛趙改刊誤曰原當作康盛弘之荆州記劉澄之記竝言在縣之西南郭仲產言在縣東十里檢其碑題云故西戎令范君之墓碑文缺落不詳其人稱蠡是其先也碑是永嘉二年立觀其所述最爲究悉以親逕其地官本曰按以近刻訛作似案朱趙作似故違眾說從而正之夏水又東官本曰按近刻脫夏字案朱脫趙增刊誤曰水上落夏字逕監利縣南晉武帝太康五年立縣土卑下澤多陂池西南自州陵東界逕于雲杜沌陽爲雲夢之藪矣韋昭曰雲夢在華容縣按春秋魯昭公三年鄭伯如楚子產備田具以田江南之夢郭景純言華容縣東南巴丘湖是也趙釋曰一清按漢志南郡華容縣雲夢澤在南荆州藪杜預云枝江縣安陸縣有雲夢蓋跨川亘隰兼苞勢廣矣夏水又東夏楊趙作陽下同水注之水上承楊水于竟朱作競箋曰競陵當作竟陵趙改竟陵縣之柘口東南流與中夏水合謂之夏楊水又東北逕江夏惠懷縣北而東北注趙釋曰一清按隋書地理志梁置沔陽營陽州城三郡及州陵惠懷二縣西魏省二縣改置建興縣其故城在沔陽州北二里道元卒于孝昌二年

上距梁天監元年僅五年耳其成書不知在何時而遽稱江表新朝之建置乎此蓋後人所增入與沔水注引吳均之詩可互證也

又東至江夏雲杜縣入于沔

應劭十三州記曰江別入沔爲夏水源夫夏之爲名始于分江冬竭夏流故納厥稱既有中夏之目亦苞大夏之名矣當其決入之所官本曰按近刻入訛作水又此句之下衍出字　案朱趙同謂之堵口焉官本曰按夏水入沔之口是爲堵口　趙堵改賭下同刊誤曰堵口是賭口之誤下同詳沔水篇趙釋曰一淸按寰宇記引荆州圖副曰夏水既非山流有若川瀦冬斷夏通故名又曰盛宏之云夏首又東二十餘里有渚口二水之間謂之夏洲首尾七百里華容監利二縣在其中矣鄭玄注尙書滄浪之水言今謂之夏水來同故世變名焉劉澄之著永初山川記云夏水古文以爲滄浪漁父所歌也因此言之水應由沔今按夏水是江流沔非

沔入夏假使沔注夏其勢西南非尙書又東之文余亦以爲非也自堵口下沔朱作納箋曰宋本作沔水趙改沔水通兼夏目而會于江謂之夏汭也故春秋左傳稱吳伐楚沈尹射奔命夏汭也杜預曰漢水曲入江卽夏口矣趙釋曰一淸按劉昭郡國志補註云史記蘇秦說楚威王東有夏州左傳楚莊伐陳鄉取一人焉以歸謂之夏州今夏口城有州名夏口則是夏之爲名始于楚莊水因以立稱道元以仲瑗康成之說爲非是蓋特具卓識也

羌水出羌中參狼谷官本曰按參狼原本及近刻竝訛作參糧脫谷字今據歸有光本改正　案朱訛脫趙改增刊誤曰箋曰孫按漢志引水經云羌水出羌中參谷按此師古注引水經非班固原文參糧當是參狼之譌後漢書羌無弋爰劍傳云或爲參狼種武都羌是也谷因種人得名狼誤作粮轉寫作糧今本漢書註脫狼字彼俗謂之天池白水矣地理志曰出隴西羌道東南流逕宕昌城東西北去天池五百餘里羌水又東南逕宕婆川城東而東南注官本曰按近刻訛作逕宕昌婆川城東南北注姜水　案朱同水又上無羌字趙增白刪昌姜改羌刊誤曰水上落白字昌字衍文昔姜維之寇隴右也官本曰按姜近刻訛作羌　案朱訛趙改聞鍾會入漢中引還知雍州刺史諸葛緒屯橋頭從孔函谷官本曰按近刻訛作從此谷　案朱訛趙改刊誤曰此谷當作孔函谷三國志校將出北道緒邀之此路維更從北道官本曰按近刻訛作此道　案朱訛趙改刊誤曰此道當作北道三國志校渡橋頭入劍閣緒追之不及趙釋曰全氏曰按是時姜維由沓中赴難非有事于隴右也諸葛緒塞橋頭維乃由北道入示將斷其後緒遂退還維反軍渡橋頭入劍閣非緒邀之于北道也羌水又東南陽部水注之水發東北陽部溪西南逕安民戍又西南注羌水又東南逕武街城西南官本曰按街近刻作階　案朱趙作階又東南逕葭蘆城西官本曰按近刻脫逕字　案朱脫趙增刊誤曰東南下落逕字羊湯水入馬水出西北陰平北界湯溪東南逕北部城北又東南逕五部城南官本曰按

五近刻訛作三　案朱訛趙改刊誤曰三部當作五部方輿紀要云階州盤堤城後魏太和四年置南五部郡尋改爲縣寰宇記引郡國志云武都沮水之西有角弩谷卽蜀將姜維勦五部氐羌之所東南右合妾水官本曰按近刻訛作右妾水合　案朱同箋曰一作接水趙增與字刊誤曰右下落與字傍西南出卽水源所發也羌水又逕葭蘆城南逕餘城南趙釋曰一淸按此處有脫誤又東南左會五部朱作會箋曰宋本作五部趙改部水水有二源出南北五部溪西南流合爲一水屈而東南注羌水羌水又東南流至橋頭合白水東南去白水縣故城九十里

又東南至廣魏白水縣與漢水合官本曰按此乃西漢水　朱箋曰克家云廣魏字誤當作廣漢後同

又東南過巴郡閬中縣又南至墊江縣趙釋曰何氏曰墊江之墊說文作褺从衣不从土孟康曰音重疊之疊此是後人傳寫之誤東南入于江

涪水出廣魏涪縣西北

涪水出廣漢屬國剛氐道徼外東南流逕涪縣西朱道作遊縣作水箋曰孫按漢書地理志廣漢郡剛氐道注此當作剛氐道徼外東南流逕涪縣西趙改王莽之統睦矣朱無矣字趙增刊誤曰統睦下落矣字孫潛校增臧宮進破涪城斬公孫恢于涪自此
水上縣有潺水出潺山水源有金銀礦朱作磺箋曰當作礦趙改礦洗取
火合之以成金銀潺水歷潺亭而下注涪水涪水又東南逕
緜竹縣北臧宮溯涪至平陽公孫述將王元降遂拔緜竹涪
水又東南與建始水合水發平洛郡西溪西南流屈而東南
流官本曰按南近刻訛作西朱訛趙改刊誤曰西當作南案入于涪涪水又東南逕江
油戍北鄧艾自陰平景谷步道懸兵東馬入蜀逕江油廣漢
者也涪水又東南逕南安郡南又南與金堂水會水出廣漢
新都縣東南流入涪趙釋曰一清按華陽國志曰新都有金堂山水通巴漢涪水又南

枝津出焉官本曰按近刻脫津字案朱脫趙增刊誤曰枝下落津字西逕廣漢五城縣
爲五城水又西至成都入于江
南至小廣魏與梓潼水合官本曰按近刻脫水字案朱趙無
小廣魏卽廣漢縣地王莽更名曰廣信也
梓潼水出其縣北界西南入于涪
故廣漢郡官本曰按此下近刻有也字案朱趙有公孫述改爲梓潼郡劉備嘉
霍峻守葭萌之功又分廣漢以北別爲梓潼郡以峻爲守縣
有五女蜀王遣五丁迎之至此見大蛇入山穴五丁引之山
崩壓五丁及五女因氏朱作是箋曰一作氏趙改氏山爲五婦山又曰五
婦候官本曰按近刻訛作侯案朱作侯趙改堠馳水所出趙釋曰一清按沔水篇池水卽馳水也
一曰五婦水亦曰潼水也其水導源山中官本曰按近刻脫此二字案朱脫

趙增刊誤曰導源下全氏校增山中二字南逕梓潼縣王莽改曰子同矣自縣南
逕涪城東官本曰按南近刻訛作西案朱趙作西又南入于涪水謂之五婦水
口也趙釋曰一清按寰宇記射洪縣下引水經注曰涪江水又東南合射江卽今射洪縣有此水今本無之
又西南至小廣魏南官本曰按近刻南上衍縣字案朱衍趙刪刊誤曰箋曰孫云小廣魏當作小廣漢衍一縣字按道元多改廣漢爲廣魏觀涪水篇自知之入于墊江
亦言涪水至此入漢水官本曰按此近刻訛作北漢水卽西漢水也案朱訛趙改刊誤曰北當作此又趙無漢下水字亦謂之爲內水也朱無也字趙增刊誤曰內水下落也字北逕墊
江昔岑彭與臧宮自江州從涪水上公孫述令延岑盛兵于
沈水朱箋曰一作沅水趙釋曰一清按章懷後漢書注曰沈水本或作況水及沅水者並非宮左步右
騎夾船而進勢動山谷趙刊誤曰箋曰勢當作聲按後漢書臧宮傳云右步左騎挾船而引呼聲動山谷明與注左步右騎之文相違酈蓋習用謝書不關范史也大破岑軍斬首溺水者萬

餘人水爲濁流沈水出廣漢縣下入涪水也
涔水出漢中南鄭縣東南旱山官本曰按近刻脫鄭字案朱無箋曰南縣當作南鄭縣按漢志南鄭縣有旱山趙增北至安陽縣南入于沔官本曰按安陽原本及近刻並訛作沔陽今改正沔水經文云東過魏興安陽縣南涔水出自旱山北注之非沔陽甚明　案朱趙作沔陽趙釋曰全氏曰史記沱涔既道鄭康成尚書注曰水自漢出爲涔是涔固爾雅之潛也漢志漢中郡安陽縣鬵谷水師古曰音潛其字亦或從水而不卽以爲尚書之潛何哉及讀鄭注有曰安陽之潛尾入漢耳首不自漢出也此言了然乃知潛涔字通而涔水亦不可以當禹貢之潛也
涔水卽黃水也東北流逕成固南城北官本曰按成固近刻訛作城固下同　案朱訛趙改城在山上或言韓信始立或言張良創築未知定所制
矣義熙九年索遐爲果州刺史孫校曰錢竹汀曰六朝無果州之名必是梁州之譌通鑑是年有索邈爲梁州刺史邈與遐字形相涉其爲梁州無疑又檢宋書州郡志譙縱時刺史治魏興縱滅刺史還治漢中之苞中縣所謂南城也索邈爲刺史正在譙縱初平之後宋志有成固無苞中然則酈注之成固南城其卽苞中與自

成固治此故謂之南城城周七里衿朱作今箋曰當作衿澗趙改衿澗帶谷絕壁百尋北谷口造城東門傍山尋澗五里有餘盤道登陟方得城治城北水舊有桁北渡湡水水北有趙軍城城北又有桁渡洹取北城城即大成固縣治也黃水右岸有悅歸館湡水歷其北北至安陽左入洹官本曰按安陽原本及近刻竝訛作洹陽今改正又近刻脫入字　案朱趙作洹陽無入字趙左改合刊誤曰左當作合為湡水口也官本曰按湡近刻訛作三　案朱趙作三

水經注卷三十二

水經注卷三十三　長沙王氏校本

後魏酈道元撰

江水官本曰案近刻作江水一原本無一二三等字案朱趙有

岷山趙釋曰全氏曰案元和郡縣志汶山卽岷山荀子江出汶山是也漢志作嶓則增加之文宋祁曰岷當作嶓誤矣說文作㟭从山㪟聲在蜀郡氐道縣趙釋曰一清案漢志隴西郡氐道縣禹貢養水所出蜀郡湔氐道禹貢岷山在西徼外江水所出續志同二縣名稱久已各著所出之水又巽自蜀漢號湔氐道曰氐道晉改曰升遷於是始相混淆矣水經雖有魏晉間人續增不應江水鉅篇首條遂屬之後來好事者徒以酈注舉蜀漢之制以釋經不學之徒因幷經而改之非其義矣大江所出東南過其縣北

岷山卽瀆山也水曰瀆水矣又謂之汶阜山在徼外江水所導也益州記曰大江泉源卽今所聞始發羊膊嶺下緣崖散漫小水百數官本曰案水近刻訛作大案朱訛趙改刊誤曰大當作水殆未濫觴矣東

南下百餘里至白馬嶺而歷天彭闕亦謂之爲天彭谷也官本曰案近刻脫彭字案朱脫趙增刊誤曰當作天彭谷落彭字秦昭王以李冰爲蜀守冰見氐道縣有天彭山兩山相對其形如闕謂之天彭門亦曰天彭闕江水自此已上至微弱所謂發源濫觴者也漢元延中官本曰案元延近刻訛作延平案朱訛趙改刊誤曰延平當作元延何焯校正岷山崩壅江水三日不流揚雄反離騷云自岷山投諸江流以弔屈原名曰反騷也江水自天彭闕東逕汶關而歷氐道縣北官本曰案此十六字原本及近刻竝訛作經案朱訛趙改刊誤曰十六字是注混作經漢武帝元鼎六年官本曰案近刻訛作元封四年案朱趙同趙釋曰全氏曰案漢武帝元鼎六年以冉駹地置汶山郡地節三年廢屬蜀郡北部非元封四年分蜀郡北部置汶山郡以統之縣本秦始皇置後爲昇遷縣也益州記曰自白馬嶺回行二十餘里至龍涸官本曰案十近刻訛作千案朱訛趙改刊誤曰千胡渭改十趙釋曰一清案龍涸亦曰龍鶴華陽國志云蜀時以汶山險要自汶江龍鶴冉駹白馬匡明皆置戍守卽龍涸也周天和元年置龍涸郡元和志云故城在翼州衞山縣北十一里城之北境舊爲土谷渾所居故曰防渾城蓋亦氐羌別種之名號也又曰龍鵠通鑑齊紀永明三年仇池鎮將穆亮帥騎三萬軍於龍鵠是也鵠鶴字通又曰龍格晉紀義熙四年桓謙至成都譙縱疑之置於龍格胡三省曰卽今成都府廣都縣龍爪灘之地又八十里至蠶陵縣官本曰案蠶近刻訛作西案朱訛趙改釋曰沈氏曰西陵是蠶陵之誤又南下六十里至石鏡又六十餘里而至北部始百許步又西百二十餘里至汶山故郡趙釋曰全氏曰晉移汶山郡治於綿虒故以漢治爲故郡乃廣二百餘步又西南百八十里至溼坂官本曰案溼近刻訛作濕案朱訛趙改刊誤曰方輿紀要云茂州茂溼山在州北十二里林木茂密常有嵐氣益州記云江至溼坂而稍大是也濕當作溼江稍大矣故其精則井絡纏曜江漢昞靈河圖括地象曰岷山之精上爲井絡趙釋曰案蜀志秦宓傳裴注引河圖括地象作上爲東井絡至左思蜀都賦乃省截東字帝以會

昌神以建福故書曰岷山導江泉流深遠盛爲四瀆之首廣雅曰江貢也風俗通曰出珍物可貢獻釋名曰江共也小水流入其中所公共也趙釋曰一清按漢志蜀郡下云有小江入幷行九百八十里東北百四十里曰崍山官本曰案近刻脫曰字案朱脫趙增刊誤曰崍山上落曰字黃省曾本校增中江所出東注于大江崍山邛崍山也在漢嘉嚴道縣一曰新道南山官本曰案近刻訛作山南案朱趙作山南有九折坂夏則凝冰冬則毒寒王陽按轡處也官本曰案近刻王下衍子字案朱趙有平恆言是中江所出矣郭景純江賦曰流二江于崌崍又東百五十里曰崌山北江所出東注于大江山海經曰崌山江水出焉東注大江其中多怪蛇趙釋曰一清案明楊慎欲據此以當禹貢揚州之三江眞可謂癡人說夢者也江水又逕汶江道趙釋曰一清案漢志蜀郡汶江不曰道至續志始加道字縣有蠻夷謂之道或今本漢書脫道字當以續志水

經注補之汝出崏山西玉輪坂下而南行又東逕其縣而東注于大江故蘇代告楚曰蜀地之甲浮船于汶乘夏水而下江五日而至郢謂是水也又有湔水入焉官本曰案此六字原本及近刻竝譌作經　案朱譌趙改刊誤曰六字是注混作經水出綿虒道官本曰案近刻脫虒字　案朱趙無趙釋曰一清案班志蜀郡之綿虒續志謂之綿虒道今云綿道似落虒字亦曰綿虒縣之玉壘山官本曰案虒近刻譌作夷　案朱作夷箋曰孫云綿夷字誤案漢志蜀郡有綿虒縣注云玉壘山湔水所出東南至江陽入江應劭曰虒音斯　趙改虒呂忱云一曰半浣水也下注江趙釋曰一清案漢志蜀郡綿虒玉壘山湔水所出東南至江陽入江過郡三行千八百九十里江水又東別爲沱官本曰案此七字原本及近刻竝譌作經　案朱譌趙改刊誤曰七字是注混作經開明之所鑿也郭景純所謂玉壘作東別之標者也趙釋曰一清案漢志蜀郡汶江縣江沱在西南東入江縣卽汶山郡治劉備之所置也趙釋曰全氏曰案宣帝地節中廢汶山郡蜀先主復置之治汶江道晉志以爲

靈帝立劉昭補註郡國志曰安帝延光三年復也渡江有笮橋江水又歷都安縣官本曰案此七字原本及近刻竝譌作經　案朱譌趙改刊誤曰七字是注混作經縣有桃關漢武帝祠李冰作大堰于此壅江作堋官本曰案近刻譌作堰於江作塴　案朱同趙於改閼刊誤曰於當作閼又朱趙堋皆作塴堋有左右口謂之湔堋江入郫江撿趙作檢下同江以行舟益州記曰江至都安堰其右撿其左其正流遂東郫江之右也因山頹水坐致竹木以漑諸郡又穿羊摩江灌江官本曰案近刻脫穿字　案朱脫趙增引字刊誤曰又下落引字全氏校增西于玉女房下白沙郵官本曰案三字上近刻有于字又譌在下句作三石人之下　案朱趙並作作三石人于白沙郵作三石人朱趙此下有郵在堰官上五字官本移後立水中刻要江神水竭不至足盛不沒肩官本曰案近刻譌作要　案朱作要趙作腰刊誤曰要與腰同是以蜀人旱則藉以爲漑雨則不遏其流故記曰水旱從人不知饑饉沃野千里

世號陸海謂之天府也郵在堰上官本曰案堰下近刻衍官字又譌在前立水中上　案朱趙同說見上俗謂之都安大堰官本曰案大近刻譌作之　案朱趙作之亦曰湔堰又謂之金隄官本曰案近刻脫之字　案朱趙無左思蜀都賦云趙作曰西踰金隄者也諸葛亮北征以此堰農本朱作大箋曰一作本趙改本國之所資以征丁千二百人主護之有堰官益州刺史皇甫晏至都安屯觀坂從事何旅曰今所安營地名觀坂上觀下反官本曰案此四字近刻作自上觀下反上之象八字　案朱趙同其徵不祥不從果爲牙門張和朱趙作宏所殺江水又逕臨邛縣王莽之監邛也縣有火井鹽水昏夜之時光興上照趙刊誤曰箋曰華陽國志作光映上昭案依文自通不必改江水又逕江原縣官本曰案原近刻譌作鄉　案朱譌趙改刊誤曰江鄉當作江原漢志校王莽更名邛原也郫江水出焉江水又東北逕郫縣下縣民有姚精者爲叛

夷所殺掠其二女二女見夢其兄當以明日自沈江中喪後日當至可伺候之果如所夢得二女之尸于水郡縣表異焉江水又東逕成都縣縣以漢武帝元鼎二年立縣有二江雙流郡下故揚子雲蜀都賦曰兩江珥其前者也風俗通曰秦昭王使李冰爲蜀守開成都兩江漑田萬頃趙釋曰一清案漢志郫縣下云禹貢江沱在西東入大江顧祖禹曰世或以成都內江外江爲沱水夫二江爲李冰所引非禹貢之沱也宛溪之說誠然且梁荊之沱有三蜀郡之汶江也郫也南郡之枝江也汶江枝江俱無禹貢字而郫獨有之何哉史記河渠書蜀守冰鑿離碓辟沫水之害穿二江成都之中注引任豫益州記云二江者郫江流江也常璩華陽國志曰李冰壅江作塴穿郫江檢江別支流雙過郡下檢江卽流江冰穿一江而爲二則冰以前無支流可知何得以郫江爲沱耶胡朏明則主郫江云推尋事理李冰所穿之二江一是流江乃冰所創造一是郫江卽禹貢之沱時必淤淺冰復從而濬之遂幷數爲二江夫既云二江皆冰所穿則何以獨指檢江爲冰之創始而郫江僅加疏濬耶此欲諂附班志郫縣下禹貢二字而不覺言之

出於胸臆不可從也 江神歲取童女二人爲婦 官本曰案近刻脫江字　案朱脫趙增刊誤曰神上落江字 冰以其女與神爲婚徑至神祠勸神酒酒杯恆澹澹冰厲聲以責之因忽不見良久有兩牛鬬于江岸旁有閒冰還流汗謂官屬曰吾鬬大亟 官本曰案近刻作疲極　案朱同趙疲改大刊誤曰疲黃省曾本作大 當相助也南向腰中正白者我綬也主簿刺殺北面者江神遂死蜀人慕其氣決凡壯健者因名冰兒也秦惠王二十七年遣張儀與司馬錯等滅蜀遂置蜀郡焉王莽改之曰導江也儀築成都以象咸陽晉太康中蜀郡爲王國更爲成都內史益州刺史治地理風俗記曰華陽黑水惟梁州漢武帝元朔二年改梁 趙有州字 曰益州以新啟犍爲牂柯越巂州之疆壤益廣故稱益云初治廣漢之雒縣後乃徙此故李固與

弟圄書曰固今年五十七鬢髮已白所謂容身而遊滿腹而去 官本曰案謂近刻訛作爲　案朱趙作爲 周觀天下獨未見益州耳昔嚴夫子常言經有五涉其四州有九遊其八欲類此子矣初張儀築城取土處去城十里因以養魚今萬頃池是也城北又有龍隄池城東有千秋池西有柳池西北有天井池津流徑通冬夏不竭西南兩江有七橋直西門郫江上曰沖治橋 官本曰案近刻脫上曰二字治訛作里　案朱趙同趙釋曰一清案華陽國志作沖治橋此云沖里是唐時寫本避高宗諱耳章懷後漢註亦作沖里橋可證也 西南石牛門曰市橋吳漢入蜀自廣都令輕騎先往焚之橋下謂之石犀淵李冰昔作石犀五頭以厭水精穿石犀渠于南江命之曰犀牛里後轉犀牛二頭一頭在府市市橋門 官本曰案此八字近刻訛作在府中一頭在市橋　案朱趙同 一頭沈之于淵也

大城南門曰江橋橋南曰萬里橋西上曰夷星橋 官本曰案近刻脫星字　案朱脫趙增里字 下曰笮橋 官本曰案笮近刻訛作筰　案朱作筰趙改笮 南岸道東有文學始文翁爲蜀守立講堂作石室于南城永初後學堂遇火 趙刊誤曰箋曰晉水經作永年華陽國志作永初謝云宋本作永平案當從華陽國志爲是 後守更增二石室後州奪郡學移夷星橋南岸道東 官本曰案近刻脫此五字作移夷里三字　案朱趙同趙釋曰一清案學中講堂一名周公禮殿 道西城 官本曰案近刻脫城字　案朱趙無 故錦官也言錦工織錦則濯之江流而錦至鮮明濯以他江 官本曰案他近刻訛作沱　案朱作沱趙改佗 則錦色弱矣遂命之爲錦里也蜀有迴復 趙作澓 水江神嘗溺殺人文翁爲守祠之勸酒不盡拔劍擊之遂不爲害江水東逕廣都縣漢武帝元朔二年置王莽之就都亭也李冰識察水脈穿縣鹽井江西有望川原 官本曰案近刻

訛作有望穿脫原字　案朱同趙仍穿增原刊誤曰望穿下落原字劉昭郡國志蜀郡廣都縣下補註引任豫益州記曰縣有望川源鑿石二十里引取郫江水灌廣都田云後漢所穿鑿者華陽國志云廣都有漁田鹽井之饒江有漁漕梁山有鐵鑛江西有安稻田穿山崖過水二十里卽望川源矣若此神功要非李冰不能也趙釋曰一清案劉昭補註郡國志引任豫益州記作望川源 鑿山崖度水 官本曰案近刻脫崖字　案朱趙無度竝作渡 結諸陂池故盛養生之饒卽南江也又從沖治橋北折 官本曰案治近刻訛作里　案朱趙作里 曰長昇橋城北十里曰昇僊橋 官本曰案近刻僊訛作遷脫橋字　案朱訛脫趙改增刊誤曰華陽國志作升僊橋今改正 有送客觀司馬相如將入長安題其門曰不乘高 朱箋曰華陽國志作赤 車駟馬不過汝下也後入邛蜀果如志焉李冰沿水造橋上應七宿故世祖謂吳漢曰安軍宜在七橋連星間 趙釋曰一清案華陽國志曰安軍宜在七星間全祖望曰自沖里橋至長昇橋爲七橋華陽國志曰郫江上西有永平橋城北十里有昇仙橋此二橋不在七橋之列今注失去一句寰宇記云萬里橋一名篤泉

橋橋之南有篤泉也此橋因費禕使吳諸葛祖歎得名然則非李冰之舊矣又云笮橋亦名夷里橋而下又有笮橋卽夷里橋之目笮橋以竹索爲名笮橋以汶江一名笮橋水受氏注故分而爲二又曰江橋亦名安樂橋七星橋之一篤泉橋星橋之二市橋星橋之五而此外無聞焉楊愼四川總志曰考七橋西南石牛門曰市橋下石犀所潛淵中也城南曰江橋南渡流江曰萬里橋西上曰夷里橋曰笮橋曰長昇橋郫江上西有永平橋及城北十里又有昇僊橋不知所謂七橋者竟何所指今存者市橋笮橋萬里橋昇僊橋餘俱無所考矣漢自廣都乘勝進逼成都與其副劉尙南北相望夾江爲營浮橋相對公孫述使謝豐揚軍市橋出漢後襲破漢墜馬落水緣馬尾得出入壁命將夜潛渡江就尙擊豐斬之于是水之陰江北則左對繁田文翁又穿湔洩以溉灌繁田朱趙有一字千七百頃湔水又東絕緜洛官本曰案湔近刻訛作江案朱訛趙改刊誤曰江水當作湔水逕五城界至廣都北岸南入于江謂之五城水口斯爲北江趙釋曰一清案山堂雜論曰外江內江之名前後凡

三見大江爲外水涪江爲內水此不易者也湔水入洛爲外江流江入江爲內江此自成都府言之也郫江對大江而言則大江爲南江郫爲北江對流江而言則流江又爲外江郫江爲內江此自成都一城言之也流江實兼內外之稱各因所指立名似相雜而實不相淆也江水又東至南安爲壁玉津朱無江字璧作壁趙增改刊誤曰於文當重一江字壁當作璧何焯云據文選注校寰宇記云玉津縣本漢南安縣地隋大業中置以江有璧玉津故以爲名案華陽國志云玉壘山出璧玉故左思云東越玉津也

又東南過犍爲武陽縣青衣水沫水從西南來合而注之官本曰案沫近刻訛作洙案朱作洙箋曰洙水當作沫水趙改沫

縣故大夜郎國漢武帝建元六年開置郡縣官本曰案近刻作漢武帝開道置以爲縣九字案朱趙同太初四年益州刺史任安城武陽官本曰案此下近刻有建元六年置五字係上文脫誤在此案朱趙同趙置下增郡字王莽更名郡曰西順官本曰案近刻脫郡曰二字案朱趙無縣曰戢成光武謂之士大夫郡朱箋曰華陽國志曰更始

時犍爲遠奉貢職及公孫述有蜀郡拒守述伐之郡功曹朱遵逆戰死之而任君業閉戶費貽素隱光武嘉之曰士大夫之郡也有鄢江入焉趙有水字出江原縣官本曰案原近刻作源案朱同趙改刊誤曰江源字誤當作江原漢書地理志校首受大江東南流至武陽縣注于江趙釋曰禹貢錐指曰江原縣鄢水近世謂之大皁江者岷江之正流而班氏以爲首受江故鄭康成云沱之類縣下江上官本曰案江近刻訛作注案朱趙作注舊有大橋廣一里半謂之安漢橋水盛歲壞民苦治功後太守李嚴鑿天社山官本曰案近刻訛作大杜山案朱同箋曰華陽國志作天社山趙改尋江通道此橋遂廢縣有赤水下注江建安二十九年有黃龍見此水九日方去此縣藉江爲大堰開六水門用灌郡下北山昔者王喬所升之山也朱箋曰華陽國志犍爲東接江陽南接朱隄北接蜀郡西接廣漢王喬升其北山彭祖冢其彭澤江水又與文井江會李冰所導也自莋趙作筰下同道與濛趙作蒙溪分水至蜀郡臨邛縣與布

僕水合趙釋曰全氏曰漢志蜀郡臨邛縣僕千水東至武陽入江過郡二行五百一十里而是注云布僕水未知孰是水出徼外成都西沈黎郡漢武元封四年以蜀都西部邛莋邛官本曰案此十四字舛誤不可通當作漢武帝元鼎六年以蜀郡西部莋都置漢書武帝本紀可證不得繫之元封四年也又越嶲郡治邛都沈黎郡治莋都不得兼言邛莋明矣莋都卽旄牛縣亦曰旄牛道天漢四年罷沈黎郡置都尉仍治旄牛其縣隸蜀郡故城在今雅州府清溪縣南案朱同官本趙增帝都改郡刪下邛字刊誤曰漢武下落帝字蜀都當作蜀郡下邛字衍文理旄牛道天漢四年置都尉主外羌趙釋曰一清案范史莋都夷傳云元鼎六年以爲沈黎郡至天漢四年幷蜀爲西部置兩都尉一居旄牛主徼外夷一居青衣主漢民華陽國志同而前書紀志及續志皆無之亦見青衣水注中在邛崍山表官本曰案崍近刻訛作來案朱趙作來自蜀西度邛莋官本曰案華陽國志邛崍山本名邛莋故邛人莋人界也其道至險官本曰案近刻脫道字案朱趙無有弄棟入渡之難揚趙作楊母閤路之阻水從縣西布僕來分爲二流一水逕其道又東逕臨邛縣入文井

水文井水又東逕江原縣官本曰案原近刻訛作都案朱訛趙改刊誤曰江都當作江原
縣濱文井江江上有常氏隄跨四十里官本曰案近刻作有長隄隄跨四十里
案朱趙同有朱亭亭南有青城山朱箋曰玉匱經云青城山黃帝封爲五岳丈人一月之內羣岳
再朝六時洒泉以代暑漏在岷山之南羣峯掩映互相連擅虛無所宅祥異則多山上有嘉穀山下
有蹲鴟卽芋也所謂下有蹲鴟至老不饑卓氏之所以樂遠
徙也文井江又東至武陽縣天社山下入江其一水南逕越
嶲邛都縣西東南至雲南郡之青蛉縣入于僕官本曰案近刻脫此三字
案朱脫趙增又郡朱作都趙改刊誤曰箋曰都宋本作郡案全氏云青蛉縣下落入于僕三字郡本雲川
朱作山箋曰華陽國志作川趙改川地也蜀建興三年置僕水又南逕永昌郡
邪龍縣而與貪水合水出青蛉縣上承青蛉水逕葉楡縣又
東南至邪龍趙有縣字入于僕趙釋曰一清案漢志益州郡葉楡縣貪水首受青蛉南至邪龍入僕

行五百里僕水又逕寧州建寧郡官本曰案近刻訛作縣案朱訛趙改刊誤曰晉志云建寧郡
蜀置治味縣宋志云建寧太守漢益州郡劉氏更名建寧是郡非縣也縣字誤州故庲降都督屯故
南人謂之屯下官本曰案人近刻訛作入案朱訛趙改刊誤曰入當作人古人字與入似劉禪
建興三年分益州郡置歷雙柏縣卽水入焉水出秦臧朱作藏箋
曰前漢地志作臧趙改臧縣牛蘭山南流至雙柏縣東注僕水趙釋曰一清案漢志
益州郡秦臧縣牛蘭山卽水所出南至雙柏入僕行八百二十里又東至來唯縣入勞水趙增
僕水二字刊誤曰又東上落僕水二字趙釋曰一清案漢志越嶲郡青蛉縣僕水徼外東南至來唯入勞過郡二行千八
百八十里過郡二謂越嶲益州也此別是一僕水非臨邛之僕千水也亦見溫水注水出徼外東逕其
縣與僕水合僕水東至交州交趾郡麊泠縣官本曰案麊原本及近刻並訛
作麋漢書今本亦訛說文云麊從米尼聲交趾有麊泠縣案朱趙訛麋趙刪東上僕水二字刊誤曰全氏云據漢志是
勞水入海非僕水也僕水入勞不入海僕水二字衍文趙釋曰一清案漢志益州郡來唯縣勞水出徼外東至麋泠入南

海過郡三行三千五百六十里南流入于海江水自武陽東至彭亡聚昔岑
彭與吳漢滯江水入蜀軍次是地知而惡之會日暮不移遂
爲刺客所害謂之平模水亦曰外水官本曰案模近刻訛作謨亦字訛在謂之上
案朱訛趙改刊誤曰謨當作模亦字當移在曰字上通鑑注引此文校正此地有彭冢言彭祖冢
馬江水又東南逕南安縣西有熊耳峽連山競險接嶺爭高
漢河平中趙河改和刊誤曰河平當作和平山崩地震江水逆流趙釋曰全氏曰續漢
書五行志和平元年廣漢梓潼山崩非此山懸溉有灘名壘坻官本曰案華陽國志作雷垣
曰鹽溉官本曰案近刻訛作監溉案朱訛趙改李冰所平也朱箋曰華陽國志南安縣郡東四百
里治青衣江會縣溉有名灘一曰雷垣二曰鹽溉李冰所平也縣治青衣江會衿帶二水矣
郎蜀王開明故治也來敏本蜀論曰荊人鼈令朱箋曰漢志牂柯郡有鼈
縣趙釋曰一清案寰宇記引周地圖記作鼈靈死其尸隨水上荊人求之不得朱趙有鼈

字令至汶山下復生起見望帝望帝者杜宇也從天下女子
朱利趙釋曰全氏曰案華陽國志是朱提女子利自江源出爲宇妻遂王于蜀號
曰望帝望帝立以爲相時巫山峽而蜀水不流帝使朱趙有鼈字
令鑿巫峽通水蜀得陸處望帝自以德不若遂以國禪號曰
開明縣南有峨眉山有濛趙作蒙水卽大渡水也水發濛溪官本
曰案近刻訛作漢案朱訛趙改東南流與涐水合趙涐改渽刊誤曰涐當作渽下同水出
徼外逕汶江道呂忱曰渽水出蜀官本曰案渽近刻訛作涐案朱訛趙改許慎
以爲涐水也出蜀汶江徼外官本曰案近刻脫此六字案朱趙無從水我聲
趙釋曰一清案漢志蜀郡青衣縣禹貢蒙山谿大渡水東南至南安入渽汶江縣渽水出徼外南至南安東入江過郡三
行三千四十里師古曰音哉渽乃涐之誤卽禹貢之和夷也和涐同音道元故引說文以正之南至南安入
大渡水趙釋曰禹貢錐指曰班固謂大渡入涐道元謂涐入大渡然涐水源長當以漢志爲正大渡水

又東入江故山海經曰濛趙作蒙水出漢陽西入江灄陽西趙釋曰全氏曰案此三字不可曉郭注亦無說

又東南過僰道縣北若水淹水合從西來注之又東渚水北流注之官本曰案渚近刻訛作注　案朱訛趙改刊誤曰箋曰孫云注水疑誤北流注下當有之字案注水是渚水之訛注渚音相近注云渚水則未聞是也

縣本僰人居之地理風俗記曰夷中最仁有仁道趙下仁改人刊誤曰仁當作人故字從人孫校曰案說文夷从大从弓此說非也秦紀所謂僰僮之富者也官本曰案近刻脫所字　案朱趙無其邑高后六年城之漢武帝感相如之言使縣令南通僰道費功無成唐蒙南入斬之乃鑿石開閣以通南中迄于建寧二千餘里山道廣丈餘深三四丈其鏨鑿之迹猶存官本曰案鏨近刻訛作塹脫鑿字　案朱訛脫趙改增刊誤曰箋曰塹舊本作鏨案鏨下落鑿

字方輿紀要校增王莽更曰僰治也山多猶猢似猴而短足好遊巖樹一騰百步或三百丈順往倒返乘空若飛縣有蜀王兵蘭趙刊誤曰箋曰華陽國志云江有兵欄李冰燒之後漢志云有玉岳蘭案兵蘭天子之門禁也漢書汲黯傳上嘗坐武帳黯前奏事孟康曰今御武帳置兵闌五兵于帳中也史記索隱曰天子門有兵欄曰司馬門也庾子山作吳明徹墓誌曰長沙楚鐵更入兵欄正使此事蘭欄闌三字通用郡國志之玉岳蘭蕬誤文耳其神作大難江中崖峻阻險不可穿鑿李冰乃積薪燒之故其處懸巖猶有五色焉官本曰案近刻作有赤白玄黃五色焉　案朱作猶有赤白玄黃五色焉赤白照水玄黃從焚來趙改猶有赤白玄黃五色照水焉魚從僰來刊誤曰箋曰後漢志云越巂舊本有僰人崖有五色赤白映水玄黃案此是華陽國志文劉昭補註郡國志引之道元鈔變其詞以赤白玄黃并於五色之上則下文不應又重赤白玄黃四字全氏校衍之是也焉字當移在照水之下從焚來補註作魚從楚來當從僰來爲正赤白照水玄黃魚從僰來官本曰案近刻脫魚字　案朱趙見上至此而止言畏崖嶼不更上也趙釋曰一清案寰宇記戎州僰道縣有伏犀灘引水經注云昔有黃牛從僰溪出而上此崖乃化爲石是名伏犀灘今本無之益部耆舊傳曰張貞妻官本曰案貞近刻訛作員下同華陽國志作貞　案朱作員趙改貞朱箋曰華陽國志云僰道黃帛張貞妻也黃氏女也名帛貞乘船覆沒求尸不得帛至沒處灘頭仰天而歎遂自沈淵積十四日帛持貞手于灘下出時人爲說曰符有先絡朱作光洛趙改刊誤曰箋曰華陽國志云符有先絡案困學紀聞云孝女叔先雄水經注以爲光終符縣人符有光洛僰道有張帛原注洛疑卽終字何焯曰雄蓋雒字轉寫之誤後漢書亦誤當從華陽國志僰道有張帛者也江水又與符黑水合官本曰案黑近刻訛作里又此八字原本及近刻竝訛作經　案朱訛經趙改注里改黑刊誤曰八字是注混作經符里當依箋作符黑下同水出寧州南廣郡南廣縣縣故犍爲之屬縣也漢武帝太初元年置劉禪延熙中分以爲郡趙釋曰一清案宋書州郡志朱提太守劉氏分犍爲立南廣太守晉武帝分朱提立又云南廣令晉太康地志屬朱提晉書地理志無南廣郡王遜傳云分朱提爲南廣郡武帝疑是成帝之

誤方輿紀要云蜀志後主延熙中立南廣郡以常竺爲太守晉廢此事不見陳壽書蓋蜀中志乘耳然以是注觀之似是蜀置西晉廢而東晉復立也導源汾關山北流官本曰案近刻訛作北水流　案朱訛趙改刊誤曰水字衍文有大涉朱作步箋曰步朱本作涉趙改涉水注之水出南廣縣官本曰案近刻脫水字　案朱脫趙增刊誤曰出上落水字北流注符黑水又北逕僰道入江謂之南廣口趙釋曰一清案漢志犍爲郡南廣縣汾關山符黑水所出北至僰道入江又有大涉水北至符入江過郡三行八百四十里渚水則未聞也

又東過江陽縣南洛水從三危山東過廣魏洛縣南官本曰案洛縣原本及近刻竝訛作洛陽今改正　案朱訛趙改又朱箋曰魏當作漢東南注之

洛水出洛縣漳山趙刊誤曰漢志作音山蓋世本有缺畫耳亦言出梓潼縣柏山山海經曰三危在燉煌南與崏山相接山南帶黑水又山海經不言洛水所導孫校曰山海經中次九經岷山之首曰女几之山洛水出焉東注于江正是此洛水

而酈氏以爲山海經不言洛水所導蓋亦疏矣經曰出三危山所未詳常璩云李冰導洛通山水流發瀑口朱作暴箋曰一作瀑趙改瀑逕什邡縣漢高帝六年封雍齒爲侯國王莽更名曰美信也洛水又南逕洛縣故城南廣漢郡治也漢高祖趙作帝之爲漢王也發巴渝之士北定三秦六年乃分巴蜀置廣漢郡于乘鄉趙釋曰一清案下文注云縣有沈鄉續志云廣漢有沈水即涪水注所謂沈水出廣漢縣下入涪水者也亦作繩鄉華陽國志云廣漢郡本治繩鄉永初二年移治涪後治雒城也蓋乘沈繩字同音假借用耳王莽之就都縣曰吾雒也官本曰案吾雒近刻作廣信係後人妄改　案朱訛趙改刊誤曰漢志莽改雒縣曰吾雒後人不知西京廣漢郡治雒而以廣漢縣宜爲郡治故改縣曰廣信以實之而不悟其非也黃省曾本元作吾雒可知舊本不誤也漢安帝永初二年移治涪城後治洛縣官本曰案原本脫此四字近刻脫治字今據歸有光本補正　案朱脫趙增刊誤曰後下落治字方輿紀要云漢雒縣屬廣漢郡後漢爲郡治蓋廣漢本治雒縣之乘鄉安帝時移治涪城後更治雒縣劉焉徙治緜竹也先是洛縣城南每陰雨常有哭聲聞于府中積數十年沛國陳寵爲守以亂世多死亡暴骸不葬故也乃悉收葬之哭聲遂絶劉備自將攻洛龐士元中流矢死于此益州舊以蜀郡廣漢犍爲爲三蜀官本曰案近刻脫一爲字　案朱脫趙增刊誤曰犍爲下當重一爲字土地沃美人士儁乂一州稱望朱一上有爲字趙刪刊誤曰爲字衍文縣有沈鄉去江七里姜士遊之所居官本曰案姜近刻訛作江　案朱作江箋曰江士遊後漢書作姜士遊華陽國志云孝子江陽符長姜詩字士遊趙改姜詩至孝母好飲江水嗜魚膾常以雞鳴遡流汲江子坐取水溺死官本曰案近刻脫取字　案朱脫趙增婦恐姑知稱託遊學官本曰案託原本及近刻並訛作詩今據後漢書改正　案朱趙作詩冬夏衣服實投趙有諸字江流趙釋曰一清案後漢書稱廣漢姜詩妻龐氏其子後因遠汲溺死妻恐姑知哀傷不敢言而託以行學不在又云永平三年察孝廉拜郎中尋除江陽令卒於官注云子坐取水溺死則死者詩之子何以又云婦恐姑知稱詩遊學乎文義實爲乖爽矣于是至孝上通涌泉出其舍側官本曰案涌泉近刻訛作洞泉下又衍一泉字　案朱同趙洞改涌下泉改潛刊誤曰洞當作涌下泉字當作潛而有江之甘焉詩有田濱江澤鹵泉流所溉盡爲沃野又涌泉之中旦旦常出鯉魚一雙以膳焉可謂孝悌發于方寸徽美著于無窮者也洛水又南逕新都縣蜀有三都謂成都廣都此其一焉與緜水合水西出緜竹縣又與湔水合趙釋曰一清案漢志廣漢郡雒縣章山雒水所出南至新都谷入湔亦謂之郫江也又言是涪朱作洛箋曰宋本作涪趙改涪水呂忱曰一曰湔然此二水俱與洛會矣又逕犍爲牛鞞縣爲牛鞞水官本曰案近刻脫縣字及爲牛鞞三字　案朱脫趙增刊誤曰犍爲下落牛鞞縣爲四字漢書地理志犍爲郡有牛鞞縣蓋因此水得名下云縣漢武帝元封二年置可證也昔羅尚乘牛鞞水東征李雄謂此水也縣以漢武帝元封二年置趙釋曰一清案方輿紀要云郫江在成都府城南十里大江之支流也亦曰汶江自灌縣分流經郫縣歷府西折而南又東合於流江亦謂之內江任豫益州記郫江爲內江流江爲外江是也晉永寧元年李特據廣漢進攻益州刺史羅尚於成都尚屢敗乃阻長圍緣郫水作營連延七百里載記尚緣水作營自都安至犍爲七百里蓋自郫江南達大江緣水爲險也既而特潛渡江擊尚水上軍皆散走蜀郡太守徐儉遂以少城降特入據之或據水經注以緜水爲尚所阻之郫江誤矣又東逕資中縣又逕漢安縣官本曰案原本及近刻並訛作安漢縣今改正攷安漢今爲順慶府之南充縣及蓬州非緜水所逕緜水由資中漢安江陽入江資中故城在今資州資陽縣北漢安故城在今瀘州江安縣東江陽故城即今瀘州治然則當作漢安明甚　案朱訛趙改刊誤曰晉書地理志江陽郡有漢安縣宋書州郡志東江陽太守領漢安縣前漢無後漢屬犍爲晉太康地志屬江陽晉中興書曰穆帝永和二年以漢安獠反復置漢安縣若安漢則巴郡之屬縣在今順慶府東北三十五里注誤也二字當倒互謂之緜水也自上諸縣咸以溉灌故語曰緜洛爲浸沃也緜水至江陽縣方山下入江趙釋曰一清案漢志漢中郡緜竹縣紫巖山緜水所出東至新都北入雒謂之緜水口亦曰中水官本曰案近刻

脫亦字案朱脫趙增刊誤曰曰上落亦字江陽縣枕帶雙流據江洛會也趙釋曰沈
氏曰漢志縣水入洛洛水入湔湔水入江蓋以湔爲主也故曰湔水東南至江陽入江水經注以洛爲主洛水合縣水縣
水合湔江亦以江陽爲江洛之會前言湔水自廣都北岸入江特其支流耳漢景帝六年封趙相
蘇嘉爲侯國趙釋曰全氏曰小司馬云縣在東海案地理志東海無江陽也又徐廣曰蘇一作耤索隱曰漢
表作蘇息江陽郡治也故犍爲枝朱趙作岐江都尉建安十八年劉璋
立官本曰案此二十字原本及近刻竝訛在後蠶桑魚鹽家有焉之下又枝訛作岐攷華陽國志江陽郡本犍爲枝江
都尉建安十八年劉璋立郡江陽縣郡治漢安縣郡東五百里然則此條不得係之漢安下明係錯簡今改正　案朱趙
在後江中有大闕小闕焉官本曰案近刻闕訛作門　案朱訛趙改季春之月則黃
龍堆沒闕乃平也官本曰案近刻訛作季秋之月則黃鱗魚死漚也　案朱趙同趙釋曰朱氏謀㙔箋
曰黃鱗以下字有訛誤案華陽國志云江中有大闕小闕季春黃龍堆沒闕卽平昔世祖微時過江
陽縣有一子望氣者言江陽有貴兒象王莽求之而獠殺之

官本曰案獠近刻訛作撩　案朱趙作撩後世祖怨爲子立祠于縣讁其民罰布
數世朱箋曰華陽國志云江陽有貴兒氣王莽求之而縣人殺之世祖讁其民不使冠帶者數世揚雄琴
清英曰尹吉甫子伯奇至孝後母譖之自投江中衣苔帶藻
忽夢見水仙賜其美藥思惟養親官本曰案近刻脫思字　案朱趙無揚聲悲
歌船人聞之而學之吉甫聞船人之聲疑似伯奇援琴作子
安之操江水逕漢安縣北官本曰案漢安原本及近刻竝訛作安漢又此七字竝訛作經　案
朱訛趙改刊誤曰七字是注混作經安漢二字當倒互縣雖迫山川土地特美蠶桑魚
鹽家有焉官本曰案近刻脫桑字　案朱脫箋曰一作蠶桑趙增又此下竝有江陽郡治也故犍爲岐江都尉
建安十八年劉璋立二十字官本移前江水東逕樊石灘又逕大附灘官本曰案此十
二字原本及近刻竝訛作經　案朱訛趙改刊誤曰十二字是注混作經頻歷二險也
又東過符縣北邪趙釋曰全氏曰案邪字下有脫文孫汝澄曰漢志有邪龍縣竊謂江水不得入益州界而

復過符關是不知地理之言也且注但詳符縣之建置以是知經之不及他縣也東南鰼部水從符關
東北注之
縣故巴夷之地也漢武帝建元六年官本曰案建元近刻訛作建初　案朱訛趙改
刊誤曰建初當作建元以唐蒙爲中郎將從萬人出巴符關者也官本曰案
此下近刻衍漢武二字　案朱有趙增帝字刊誤曰漢武下落帝字元鼎二年立趙釋曰全氏曰案元鼎二
年本華陽國志據漢史亦當是建元六年且立犍爲郡今注無郡名而云立何哉王莽之符信矣縣
治安樂水會水源南通寍州平夷郡鼈縣北逕安樂縣界之
東官本曰案近刻脫樂字　案朱脫趙增刊誤曰箋曰孫云北逕安縣疑有脫落案漢志犍爲有南安縣有符縣案名
勝志引此文作安樂縣元和郡縣志云合江縣晉置安樂縣梁改安樂戍寰宇記云縣有安樂山注云縣治安樂水會葢
以山水受氏也又逕符縣下北入江縣長趙祉遣吏先尼和官本曰案先近
刻訛作光　案朱訛趙改以永建元年十二月官本曰案近刻訛作十一月　案朱趙作一詣

巴郡沒死成湍灘官本曰案湍近刻訛作濡　案朱趙作濡趙釋曰一清案范史常志作湍子賢
求喪不得女絡年二十五歲有二子五歲以還至二年二月
十五日尚不得喪絡乃乘小船至父沒處哀哭自沈見夢告
賢曰至二十一日與父俱出至日父子果浮出江上郡縣上
言爲之立碑以旌孝誠趙作誠孝也朱箋曰華陽國志作先尼和沒死女絡以不得喪自沈父
沒處後漢書云孝女叔先雄父泥和爲犍爲功曹墮湍水物故雄怨痛不得尸喪百許日後自投水卻後六日與父相持
浮於江上搜神記云犍爲叔先泥和其女名雄其鰼部之水所未聞矣或是水之殊
目非所究也
又東北至巴郡江州縣東强水涪水漢水白水宕渠水五水合
南流注之官本曰案近刻脫五字　案朱脫箋曰宋本作五水合趙增
强水即羌水也宕渠水即潛水渝水矣巴水出晉昌郡宣漢

縣巴嶺山郡隸梁州晉太康中立治漢中官本曰案華陽國志云魏咸熙元年平蜀始分益州巴漢七郡置梁州治漢中趙釋曰一清案宋志云魏元帝景元四年平蜀復立梁州治漢中南鄭晉志云泰始三年分益州立梁州於漢中又云桓溫平蜀之後以巴漢流人立晉昌郡此文似有錯繆縣南去郡八百餘里故蜀巴渠官本曰案近刻脫渠字 案朱脫趙增蜀故屬刊誤曰此文有脫誤當作故屬巴渠宋書州郡志云魏興太守領宣漢令永初郡國何徐屬晉昌本建平流雜民又巴渠太守領宣漢令與郡新立是也西南流歷巴中逕巴郡故城南李嚴所築大城北西南入江庾仲雍所謂江州縣對二水口右則涪內水左則蜀外水即是水也江州縣故巴子之都也春秋桓公九年巴子使韓服告楚請與鄧好是也及七國稱王巴亦王焉秦惠王遣張儀等救苴侯于巴儀貪巴苴之富因執其王以歸而置巴郡焉官本曰案此下近刻衍巴字 案朱衍趙刪刊誤曰巴字衍文治江州趙釋曰一清案此言秦立巴郡故治江州

而漢之巴郡亦即治焉故下文復云漢獻帝初平元年分巴為三郡于江州則永寧郡治也至建安六年劉璋納蹇胤朱作騫清箋曰華陽國志作蹇胤趙改之訟復為巴郡趙釋曰全氏曰案善長言三巴建置皆本常璩而不知其誤也華陽國志曰初平元年征東中郎將趙韙建議自劉璋分巴韙欲得巴舊名取墊江以上為巴郡治安漢以江州至臨江為永寧郡以朐忍至魚復為固陵郡而用龐羲為巴郡建安六年璋以蹇允訟爭巴名乃改永寧為巴郡以固陵為巴東而改龐羲為巴西是為三巴考初平元年劉璋尚未嗣位趙韙亦未為征東其誤一也韙欲得巴舊名而乃以予龐羲其誤二也建安五年羲已屯閬中則是固陵太守非巴也其誤三也不知趙韙但分巴為二至蹇允訟後始分為三譙周巴記曰初平六年趙韙分巴為二韙欲得巴舊名故郡以墊江為治而割安漢以下為永寧郡建安六年以蹇允訟分巴為三以永寧為巴東閬中為巴西墊江為巴郡是乃三巴分置之次第也但初平僅四年無六年是則譙氏之誤再考劉璋嗣位以趙韙為征東乃興平元年正分巴之歲也誤以為初平亦酈氏之疏也建安六年趙韙誅故再分巴諸家皆未細覈其歲時耳又曹氏亦嘗分三巴劉璋之末巴郡入於張魯故璋雖有巴郡太守嚴顏屯江州似僅保一城而已魯降曹氏巴郡亦隨之而入建安二十年分其地為三以夷帥朴胡為巴東杜護為巴西任約為巴郡旋為先主所并故史志不詳以嚴顏為守顏見先主入蜀歎曰獨坐窮山放虎自衞此即拊心處也官本曰案近刻訛作巴 案朱趙同漢世郡治江州巴水北北府城是也趙郡移漢上刊誤曰郡字當移在漢世之上後乃徙南城劉備初以江夏費觀為太守領江州都督後都護李嚴更城周朱趙有一字十六里造蒼龍白虎門求以五郡為巴州治丞相諸葛亮不許竟不果趙釋曰全氏曰案嚴欲於城後穿山引汶江入巴以亮召竟不果此事善長注益失記之地勢側險皆重屋累居數有火害又不相容結舫水居者五百餘家承二江之會官本曰案二近刻訛作三 案朱訛趙改刊誤曰三當作二即涪內水蜀外水也夏水增盛壞散顛沒死者無數縣有官橘官荔枝園夏至則熟二千石常設廚膳命士大夫共會樹下食之縣北有稻田出御米也縣下又有

清水穴巴人以此水為粉則皜曜鮮芳貢粉京師因名粉水故世謂之為江州墮林粉粉水亦謂之為粒水矣官本曰案粒近刻訛作立 案朱訛趙改刊誤曰立水當作粒水江之北岸官本曰案之近刻訛作水 案朱訛趙改刊誤曰水當作之有塗山南有夏禹廟塗君祠廟銘存焉常璩庾仲雍竝言禹娶于此官本曰案近刻脫庾字 案朱脫趙增刊誤曰當作庾仲雍落庾字余案羣書咸言禹娶在壽春當塗不于此也又東至枳縣西延江水從牂柯郡北流西屈注之朱又下有江水二字延江下無水字柯作牱趙刪增改正刊誤曰江水二字衍文延江下落水字牂牱當作牂柯江水東逕陽關巴子梁官本曰案江水二字原本及近刻竝訛在經文又字下今改正 案朱訛說見上趙改刊誤曰東逕上落江水二字江之兩岸猶有梁處巴之三關斯為一也延熙中蜀車騎將軍鄧芝為江州都督治此江水又東右

逕黃葛峽山高險全無人居官本曰案全近刻訛作今案朱訛趙改刊誤曰今名勝志作
全江水又左逕明月峽東至黎鄉歷雞鳴峽江之南岸官本曰案
南近刻訛作兩　案朱訛趙改刊誤曰兩岸禹貢錐指作南岸方輿紀要云賈躭四夷縣道記涪陵故城在蜀江南涪江
西其涪江南自黔中來由城之西泝蜀江十五里有雞鳴峽上有枳城卽漢枳縣有枳縣治華陽記
曰枳縣在江州巴郡趙作巴郡江州東四百里治涪陵水會庾仲雍
所謂有別江出武陵者也水乃延江之枝津分水北注逕涪
陵入江故亦云涪陵水也其水南導武陵郡官本曰案導近刻作逕　案朱
作道趙改導刊誤曰箋曰宋本作逕案非也當作導昔司馬錯泝舟此水取楚黔中地
延熙中鄧芝伐徐巨射玄猨于是縣猨自拔矢卷木葉塞射
創朱創作瘡趙改刊誤曰何焯云創古字瘡俗字芝歎曰傷物之生吾其死矣江水
又東逕涪陵故郡北後乃幷巴郡遂罷省江水又東逕文陽

灘灘險難上江水又東逕漢平縣二百餘里官本曰案漢平縣屬涪陵郡
案朱趙無縣字趙釋曰一清案晉書地理志梁州涪陵郡漢平縣云是蜀置是注與下二百餘里不相連屬葢有脫失矣
左自涪陵東出百餘里而屆于黃石東爲桐柱灘官本曰案黃近刻訛
作積　案朱訛趙改又桐改銅刊誤曰積石當作黃石後漢書光武帝本紀岑彭破公孫述將侯丹于黃石章懷注云郎
黃石灘也杜佑曰今謂之橫石灘亦謂之石梁桐柱當作銅柱寰宇記云涪陵江中有銅柱灘昔人於此維舟見水底有
銅柱故名又逕東望峽東歷平都官本曰案此九字原本及近刻竝訛作經　案朱訛趙改刊誤
曰九字是注混作經峽對豐民洲趙作州舊巴子別都也華陽記曰巴子
雖都江州官本曰案江下原本及近刻竝衍平字今改正　案朱衍趙刪刊誤曰平字衍文又治平
都卽此處也有平都縣爲巴郡之隸邑矣縣有天師治兼建
佛寺甚清靈縣有市肆四日一會江水右逕虎鬚灘官本曰案此七
字原本及近刻竝訛作經近刻右訛作又　案朱訛趙改右竝作又趙刊誤曰七字是注混作經灘水廣大

夏斷行旅江水又東逕臨江縣南官本曰案此九字原本及近刻竝訛作經　案朱訛
趙改刊誤曰九字是注混作經王莽之監江縣也官本曰案監近刻訛作鹽　案朱訛趙改刊誤曰漢
書地理志作監江華陽記曰縣在枳東四百里東接朐忍縣有鹽官
自縣北入鹽井溪有鹽井營戶溪水沿注江官本曰案近刻訛作沿注溪井
水　案朱同趙刪井字刊誤曰箋曰孫云當作注鹽井谿水案非也井字衍文江水又東得黃華水
口官本曰案此九字原本及近刻竝訛作經　案朱訛趙改刊誤曰九字是注混作經江浦也左逕石
城南官本曰案此五字原本及近刻竝訛作經　案朱訛趙改刊誤曰五字是注混作經庾仲雍曰臨
江至石城黃華口一百里又東至平洲官本曰案此五字原本及近刻竝訛作經
案朱訛趙改刊誤曰五字是注混作經又洲作州下同洲上多居民又東逕壤塗而歷
和灘趙釋曰一清案方輿紀要云自忠州水程東行九十里至曹谿驛又六十里至瀼塗驛名勝志云瀼塗驛在萬
縣南六十里江中有石似胡人名曰胡灘杜少陵詩不是怕胡灘者是矣瀼壤形似和胡音聯故也又東逕界

壇官本曰案此十四字原本及近刻竝訛作經　案朱訛趙改刊誤曰十四字是注混作經是地巴東之
西界益州之東境故得是名也
又東過魚復縣南夷水出焉官本曰案此十一字原本及近刻竝訛入注內接故得是名也之下
今改正　案朱訛趙改刊誤曰十一字是經混作注
江水又東右得將龜溪口官本曰案此十字原本及近刻竝訛作經　案朱訛趙改刊誤曰十
字是注混作經趙釋曰趙氏彥衞雲麓漫鈔曰江水東注凡水經言左者皆北岸右者皆南岸華陽記曰朐
忍縣出靈龜咸熙元年獻龜于相府言出自此溪也趙釋曰全氏曰
案漢志朐忍縣容毋水所出卽此谿也江水又東會南北集渠官本曰案此九字原本及近刻
竝訛作經會字又訛在南字之下　案朱訛趙改刊誤曰九字是注混作經南會二字當倒互南水出涪陵
縣界官本曰案南水出三字近刻訛作二溪水　案朱同趙二溪水下增出字刊誤曰水下落出字謂之陽
溪官本曰案之字下近刻衍于字　案朱趙有趙釋曰一清案蜀志後主傳建興八年魏延破魏雍州刺史郭淮于陽

谿又魏延傳云使延西入羌中魏後將軍費瑤雍州刺史郭淮與延戰于陽谿延大破淮等據傳文于字爲義不屬陽谿
豈道元誤截耶北流逕巴東郡之南浦僑縣西溪硤側官本曰案硤近刻作夾
案朱趙作夾鹽井三口相去各數十步趙三改二刊誤曰三當作二以木爲桶
徑五尺脩煮不絕溪水北流注于江謂之南集渠口亦曰于
陽溪口北水出新浦縣北高梁山分溪南流逕其縣西又南
朱趙有一字百里至朐忍縣官本曰案至近刻作入案朱趙作入南入于江謂之
北集渠口別名班口又曰分水口朐忍尉治此江水又東右
逕汜溪口官本曰案近刻脫東字汜訛作池又此九字原本及近刻竝訛作經案朱脫訛趙增改刊誤曰又
下落東字池當作汜九字是注混作經蓋江汜決入也江水又東逕石龍而至
于博陽二村之間官本曰案近刻石訛作右而訛作水又此十六字原本及近刻竝截上七字訛作經
下九字仍屬注文案朱同趙改經改右仍水刊誤曰右當作石七字是注混作經有盤趙作礐石廣四

百丈長六里官本曰案此下近刻有而復殆于四字係衍文案朱趙有趙釋曰全氏曰先宗伯公云長六
里而復者猶言長六里有奇也阻塞江川夏沒冬出基亙通渚又東逕羊腸
虎臂灘官本曰案此八字原本及近刻竝訛作經案朱訛趙改刊誤曰八字是注混作經楊亮爲益
州至此舟覆懲其波瀾蜀人至今猶名之爲使君灘江水又
東彭水注之官本曰案此八字原本及近刻竝訛作經案朱訛趙改刊誤曰八字是注混作經水出
巴渠郡朱箋曰孫云當作羣獠趙改羣獠中東南流逕漢豐縣東清水注之
水朱有道字趙改導源出西北巴渠縣東北巴嶺南獠中卽巴渠水
也西南流至其縣又西入峽檀井溪水出焉又西出峽官本曰案
近刻訛作又西過山案朱趙同至漢豐縣東而西注彭溪謂之清水口彭
溪水又南官本曰案近刻訛作又入案朱無水字南作入趙增刪刊誤曰彭谿下落水字入字衍文逕
朐忍縣西六十里南流注于江官本曰案注近刻訛作至案朱訛趙改刊誤曰至當作

注謂之彭溪口趙釋曰一清案漢志巴郡閬中縣彭道將池在南彭道漁池在西南其卽彭水與巴漢志
云閬中有彭池大澤又寰宇記閬州閬中縣下引四夷述云
州東南池東西二里南北約五里州城西南十里有郭池周
約五十畝二池與漢志相符彭道將池方輿紀要亦謂之南
池在保寧府城南云自漢以來堰大斗小斗之水溉田里人
賴之唐時堰壞遂成平陸江水又東右逕朐忍縣故城南官本曰案此十二字原本及近
刻竝訛作經案朱訛趙改刊誤曰十二字是注混作經常璩曰縣在巴東郡西二百九
十里縣治故城跨其山阪南臨大江江之南岸有方山官本曰案
近刻脫一江字案朱脫趙增刊誤曰之上落江字山形方峭枕側江濆江水又東逕
瞿巫灘官本曰案此八字原本及近刻竝訛作經案朱訛趙改刊誤曰八字是注混作經卽下瞿灘
也又謂之博望灘左則湯溪水注之水源出縣北六百餘里
上庸界南流歷縣官本曰案近刻歷下衍之字案朱作之箋曰當作其縣趙改其翼帶鹽
井一百所巴川資以自給粒大者方寸中央隆起形如張繖

官本曰案近刻作傘繖卽古傘字案朱趙作傘故因名之曰繖子鹽有不成者形
亦必方異于常鹽矣王隱晉書地道記曰入湯口四十三里
有石煮以爲鹽石大者如升小者如拳煮之水竭鹽成蓋蜀
火井之倫水火相得乃佳矣湯水朱趙作溪下與檀溪水合水朱趙
無水字上承巴渠水官本曰案此下近刻衍巴渠二字案朱趙有南歷檀井溪謂之
檀井水官本曰案近刻脫謂字案朱趙無下入湯水湯水又南入于江名曰
湯口江水又逕東陽灘官本曰案此七字原本及近刻竝訛作經案朱訛趙改刊誤曰七字是
注混作經江上有破石故亦通謂之破石灘苟延光沒處也朱作苟箋
曰舊本作苟延光吳改作荀趙改苟常璩曰水道有東陽下瞿數灘山有大小
石城勢官本曰案近刻脫勢字案朱脫趙增刊誤曰石城下落勢字巴漢志校增靈壽木及橘
圃也故地理志曰縣有橘官有民市趙刊誤曰箋曰案漢志巴郡朐忍縣註云南有

橘官鹽官此云民市蓋傳寫之訛案此篇多志市集有民市三字道元所自云非引班書亦非傳寫之訛趙釋曰全氏曰此三字乃善長所自云非引班志也是篇上下多記市集江水又逕魚復縣之故陵官本曰案此十字原本及近刻竝訛作經案朱訛趙改刊誤曰十字是注混作經舊郡治故陵溪西二里故陵村溪卽永谷也地多木瓜樹有子大如甒白黃實甚芬香爾雅之所謂楙也江水又東爲落牛灘逕故陵北官本曰案此十二字原本及近刻竝訛作經案朱訛趙改刊誤曰十二字是注混作經江側有六大墳庾仲雍曰楚都丹陽所葬亦猶枳之巴陵矣故以故陵爲名也有魚復尉戍此江之左岸有巴鄉村村人善釀故俗稱巴鄉清郡出名酒村側有溪溪中多靈壽木中有魚其頭似羊豐肉少骨美于餘魚溪水伏流逕平頭山內通南浦故縣陂湖其地平曠有湖澤中有菱芡鯽鴈不異外江凡此等物皆入峽所

無地密惡蠻不可輕至江水又東右逕夜清而東歷朝陽道口官本曰案近刻脫東字又此十五字原本及近刻竝訛作經案朱脫訛趙增改刊誤曰十四字是注混作經又下落東字有縣治治下有市十日一會江水又東左逕新市里南官本曰案此十字原本及近刻竝訛作經案朱訛趙改刊誤曰十字是注混作經常璩曰巴舊立市于江上今新市里是也江水又東右合陽元水官本曰案此九字原本及近刻竝訛作經又水下近刻衍口字案朱訛趙改並有口字刊誤曰十字是注混作經水出陽口縣西南高陽山東官本曰案陽口縣在今夔州府奉節縣西原本及近刻竝訛作水口出陽縣今改正案朱同趙改水出高陽縣刊誤曰口字衍文出下落高字方輿紀要歸州興山縣有高陽城云在縣西楚舊城也劉昫曰興山縣治高陽城晉書地理志建平郡統興山縣宋書州郡志云今無高陽縣亦不詳建置之由東北流逕其縣南東北流丙水注之水發縣東南柏枝山山下有丙穴穴方數丈中有嘉魚常以春末遊渚冬初入穴抑亦襃漢丙穴之

類也朱箋曰任豫益州記云嘉魚之鱗似鱒蜀人謂之拙魚從石孔隨泉出大者五六尺其水北流入高陽溪溪水又東北流注于江謂之陽元口官本曰案近刻元下衍水字案朱趙有江水又東逕南鄉峽東逕永安宮南官本曰案此十四字原本及近刻竝訛作經案朱訛趙改刊誤曰十四字是注混作經劉備終于此諸葛亮受遺處也其閒平地可二十許里江山迴闊入峽所無城周十餘里背山面江頹墉四毀荊棘成林左右民居官本曰案近刻脫居字案朱脫趙增刊誤曰民下落居字多墾其中江水又東逕諸葛亮圖壘南官本曰案此十一字原本及近刻竝訛作經案朱訛趙改刊誤曰十一字是注混作經石磧平曠望兼川陸有亮所造八陣圖趙刊誤曰箋曰宋本云所作案造猶作也無異義也東跨故壘皆累細石爲之自壘西去聚石八行行閒相去二丈因曰八陣旣成自今行師庶不覆敗皆圖兵勢行藏之權自後深識者所不能了

今夏水漂蕩歲月消損高處可二三尺下處磨滅殆盡江水又東逕赤岬城西官本曰案近刻作又東南脫城字此九字原本及近刻竝訛作經案朱衍脫訛趙刪增改刊誤曰九字是注混作經南字衍文赤岬下落城字鄭樵通志地理略校增寰宇記夔州奉節縣下云赤甲城公孫述作與舊白帝城相連卽楚地江關之要焉方輿紀要云赤甲山上有石城類要云卽魚復縣之故址也是公孫述所造因山據勢周迴七里一百四十步東高二百丈西北高朱趙有一字千丈南連基白帝山甚高大不生樹木其石悉赤官本曰案石近刻訛作土案朱訛趙改刊誤曰土黃省曾本作石土人云如人袒胛故謂之赤岬山淮南子曰徬徨于山岬之旁注曰岬山脅也郭仲產曰斯名將因此而興矣江水又東逕魚復縣故城南官本曰案此十一字原本及近刻竝訛作經今攷注敘江水西來所逕至此乃經所謂東過魚復縣南也案朱訛趙改刊誤曰十一字是注混作經故魚國也春秋左傳文公十六年庸與羣蠻叛楚

莊王伐之七遇皆北惟裨儵魚人逐之是也朱儵作儵趙改刊誤曰儵當作儵左傳校地理志江關都尉治公孫述名之爲白帝取其王色官本曰案近刻訛作巴　案朱趙作巴連下蜀字爲句趙釋曰一清案是句文義有脫誤元和志云白帝山州城所據初公孫述據蜀殿前井有白龍出自稱白帝因更魚復城爲白帝城龍出殿中事見後漢書述本傳蓋取此瑞以王巴蜀也蜀章武二年劉備爲吳所破改白帝爲永安巴東郡治也漢獻帝興平元年官本曰案興平近刻訛作初平　案朱趙作初平說見下分巴爲二郡官本曰案近刻訛作三都　案朱趙作三郡趙釋曰全氏曰初平當作興平三郡當作二郡以魚復爲故陵郡蹇胥訴劉璋官本曰案近刻蹇訛作趙　案朱作趙箋曰趙胥當作蹇胥見華陽國志趙改蹇改爲巴東郡治白帝山城周迴二百八十步北緣馬嶺接赤岬山其間平處南北相去八十五丈東西七十丈官本曰案近刻訛作十七丈　案朱訛趙乙刊誤曰寰宇記引此文作七十又東傍東瀼溪趙釋曰全氏曰案入蜀記曰土人謂山間之流通江者曰瀼東瀼溪即東屯也公孫述所墾田又有西瀼水見寰宇記與大瀼水而三即以爲隍西南臨大江闞之眩目惟馬嶺小差委迆趙作逶迤下同猶斬山爲路官本曰案近刻脫山字　案朱脫趙增刊誤曰斬下落山字寰宇記校增羊腸數四然後得上益州刺史鮑陋鎮此爲譙道福所圍城裏無泉乃南開水門鑿石爲函道上施木天公直下至江中有似猨臂相牽引汲然後得水水門之西江中有孤石爲淫預石冬出水二十餘丈夏則沒亦有裁出處矣官本曰案近刻脫出字宋本脫處字　案朱脫趙增刊誤曰箋曰處宋本作出案非也裁下落出字又朱箋曰李膺益州記云灩澦堆夏水漲沒數十丈其狀如馬舟人不敢進又曰猶豫言舟子取途不決水脈故猶豫也樂府作淫豫坤元錄作冘豫縣有夷溪即佷山清江也官本曰案近刻佷訛作狠　案朱訛趙改經所謂夷水出焉官本曰案此可證前以經入注之訛江水又東逕廣溪峽官本曰案此八字原本及近刻並訛作經　案朱訛趙改刊誤曰八字是注混作經斯乃三峽之首也其間三十里頹巖倚木厥勢殆交北岸山上有神淵淵北有白鹽崖高可千餘丈俯臨神淵土人見其高白故因名之天旱燃木岸趙作崖上推其灰燼下穢淵中尋即降雨朱即作則趙改刊誤曰則當作即常璩曰縣有山朱箋曰舊本錯以消水注並灩水注三百六十六字入此今改正之澤水神旱時鳴鼓請雨則必應嘉澤蜀都賦所謂應鳴鼓而興雨也峽中有瞿塘黃龕二灘官本曰案龕近刻訛作龍　案朱趙作龍夏水迴復沿泝所忌瞿塘灘上有神廟尤至靈驗刺史二千石徑朱趙作逕過皆不得鳴角伐鼓商旅上水恐觸石有聲乃以布裹篙足今則不能爾猶饗薦不輟此峽多猨猨不生北岸非惟一處或有取之放著北山中初不聞聲將同狢獸渡汶而不生矣其峽官本曰案近刻脫此二字　案朱脫趙增刊誤曰葢上落其峽二字黃省曾本校增葢自昔禹鑿以通江郭景純所謂巴東之峽夏后疏鑿者趙增也字刊誤曰者下落也字

水經注卷三十三

水經注卷三十四　長沙王氏校本

後魏酈道元撰

江水官本曰按近刻作江水二　案朱趙同

又東出江關入南郡界官本曰按此九字原本及近刻並訛入前卷注內按夏后疏鑿者之下今改正又下條過巫縣南注文因經誤爲注注誤爲經遂割裂異卷今訂正改此爲卷首　案朱訛趙改刊誤曰九字是經混作注

江水自關東逕弱關捍關官本曰按此十字原本及近刻並訛作經　案朱訛趙改捍改扞刊誤曰十字是注混作經捍關國策史記作扞關字得通用捍關廩君浮夷水所置也弱關在建平秭歸界昔巴楚數相攻伐藉險置關以相防捍秦兼天下置立南郡自巫東上皆其域也官本曰按近刻脫東字域訛作城此乃注釋經文入南郡界句　案朱脫訛趙增改刊誤曰自巫下落東字城當作域又趙自此以上爲卷三十三終

又東過巫縣南鹽水從縣東南流注之官本曰按此十五字原本及近刻並訛入注內接自巫東上皆其域也之下今改正　案朱訛趙改自此下爲三十四卷刊誤曰十五字是經混作注此條經文是三十四卷之首誤截於此

江水又東烏飛水注之官本曰按此九字原本及近刻並訛作經又東近刻訛作入東　案朱訛趙改刊誤曰箋曰克家云入東當作又東按九字是注混作經此條是三十四卷注之首誤截于此水出天門郡漊中縣界北流逕建平郡沙渠縣南又北流逕巫縣南西北歷山道三百七十里注于江謂之烏飛口官本曰按又東過巫縣南至此原本及近刻爲上卷之末　案朱自此以上爲卷三十三趙改刊誤曰此條注是三十四卷之首連下卷江水又東逕巫縣故城南誤截于此江水又東逕巫縣故城南官本曰按此十字原本及近刻並訛作經又別爲卷首可證今之卷帙非復道元之舊也　案朱訛經自此下爲三十四卷趙改刊誤曰十字是注混作經與上卷注烏飛口接縣故楚之巫郡也秦省郡立縣以隸南郡吳孫休分爲建平郡治巫城城緣山爲墉周十二里一百一十步東西北三面皆帶傍深谷南臨大江故夔國也官本曰按近刻故下衍謂之二字　案朱趙有江水又東巫溪水注之官本曰按此九字原本及近刻並訛作經今攷下文巫溪即經之鹽水也　案朱訛趙改刊誤曰九字是注混作經溪水導源梁州晉興趙作昌郡之宣漢縣東又朱作入箋曰當作又南趙改又南逕建平郡秦昌縣南又逕北井縣西東轉歷其縣北水南有鹽井官本曰按水近刻訛作井　案朱訛趙改刊誤曰上井字當作水井在縣北故縣名北井建平一郡之所資也鹽水下通巫溪溪水是兼鹽水之稱矣官本曰按此乃注釋經文鹽水溪水又南屈逕巫縣東縣之東北三百步有聖泉謂之孔子泉其水飛清石穴潔並高泉官本曰按近刻作飛清潔石穴並高泉案朱同趙改刊誤曰潔字當移在石穴之下下注溪水溪水又南入于大江江水又東逕巫峽官本曰按此七字原本及近刻並訛作經　案朱訛趙改刊誤曰七字是注混作經杜宇所鑿以通江水也郭仲產云按地理志巫山在縣西南而今縣東有巫山將郡縣居治無恆故也江水歷峽東逕新崩灘官本曰按此九字原本及近刻並訛作經　案朱訛趙改刊誤曰九字是注混作經此山漢和帝永元十二年崩官本曰按近刻訛作十三年　案朱訛趙改刊誤曰續漢書五行志是十二年晉太元二年又崩當崩之日水逆流百餘里湧起數十丈今灘上有石或圓如簞或方似屋若此者甚眾皆崩崖所隕致怒湍流故謂之新崩灘其頹巖所餘比朱作北箋曰當作比趙改比之諸嶺尚爲竦桀其下十餘里有大巫山非惟三峽所無乃當抗峯岷峨偕嶺衡疑其翼附羣山並槩青雲更就霄漢辨其優劣耳神孟朱作血箋曰山海經作孟涂趙改孟下同涂所處山海經曰夏后啟之臣趙有曰字孟涂是司神于巴巴人訟于孟涂之所其衣有血者執之是請生居山上在丹山西郭景

純云丹山在丹陽屬巴丹山西卽巫山者也又帝女居焉宋玉所謂天帝之季女名曰瑤姬未行而亡封于巫山之陽官本曰按近刻訛作臺　案朱訛趙改刊誤曰臺御覽引此文作陽趙釋曰一清按李善高唐賦注引襄陽耆舊傳曰赤帝女姚姬未行而亡葬于巫山之陽精魂爲草實爲靈芝所謂巫山之女高唐之阻官本曰按近刻訛作姬　案朱訛趙改岨刊誤曰寰宇記引江源記云楚辭所謂巫山之陽高邱之岨岨字與上下文叶旦爲行雲暮爲行雨朝朝暮暮陽臺之下旦早視之果如其言故爲立廟號朝雲焉其間首尾朱趙有一字百六十里謂之巫峽蓋因山爲名也自三峽七百里中兩岸連山略無闕處重巖疊嶂隱天蔽日自非停午夜分不見曦月至于夏水襄陵沿泝阻絕或王命急宣官本曰按近刻脫或字　案朱脫趙增刊誤曰王命上落或字御覽引此文校增有時朝發白帝暮到江陵其間千二百里雖乘奔御

風不以疾也趙以改似刊誤曰以當作似寰宇記引此文作加春冬之時則素湍綠潭迴清倒影絕巘多生怪柏官本曰按怪近刻訛作檉　案朱趙作檉趙釋曰一清按御覽引此文作怪柏懸泉瀑布飛漱其間清榮峻茂朱榮作滎趙改刊誤曰滎當作榮良多趣味朱箋曰舊本作謂每至晴初霜旦林寒澗肅常有高猿長嘯屬引淒異官本曰按屬近刻作屢　案朱作屢箋曰世說注引荆州記作屬引清遠趙改屬空谷傳響哀轉久絕故漁者歌曰巴東三峽巫峽長猿鳴趙釋曰按寰宇記作清猿三聲淚沾裳江水又東逕后門灘官本曰按此八字原本及近刻竝訛作經　案朱訛趙改刊誤曰八字是注混作經灘北岸有山山上合下開洞達東西緣江步路所由劉備爲陸遜所破走朱作是箋曰一作走逕此門趙改走逕此門追者甚急備乃燒鎧斷道孫桓爲遜前驅奮不顧命斬上夔道趙刊誤曰箋曰吳志作兜道按何焯云夔字是也史誤文截其要徑備踰山越險僅乃得

免忿恚而歎曰吾昔至京桓尙小兒而今迫孤乃至于此遂發憤而薨矣

又東過秭歸縣之南

縣故歸鄉地理志曰歸子國也樂緯曰昔歸典叶聲律宋忠曰歸卽夔歸鄉蓋夔鄉矣古楚之嫡嗣有熊摯者以廢疾不立而居于夔爲楚附庸後王命爲夔子春秋僖公二十六年楚以其不祀滅之者也袁山松曰屈原有賢姊聞原放逐亦來歸喻令自寬全鄉人冀其見從因名曰秭歸卽離騷所謂女嬃嬋媛以詈余也縣城東北依山卽坂周迴二里高一丈五尺南臨大江古老相傳謂之劉備城蓋備征吳所築也縣東北數十里有屈原舊田宅雖畦堰縻漫猶保屈田之稱也

縣北一百六十里有屈原故宅累石爲室趙作屋基名其地曰樂平里宅之東北六十里有女嬃廟擣衣石猶存故宜都記曰秭歸蓋楚子熊繹之始國趙釋曰全氏曰按旣曰熊繹之始國則非熊摯附庸所居矣自相參辰何也而屈原之鄉里也原田宅于今具存官本曰按原田宅近刻訛作屈原宅　案朱訛趙改刊誤曰屈字衍文原下落田字黃省曾本校正指謂此也江水又東逕一城北官本曰按此八字原本及近刻竝訛作經又近刻脫一字　案朱訛脫趙改增其刊誤曰七字是注混作經逕下落其字胡渭校增其城憑嶺作固趙刪其刊誤曰其字衍文二百一十步夾溪臨谷據山枕江北對丹陽趙作楊城城據山跨阜周八里二百八十步東北兩面悉臨絕澗西帶亭下溪南枕大江險峭壁立信天固也楚子熊繹始封丹陽之所都也地理志以爲吳之丹陽官本曰按吳下近刻衍子字　案朱衍趙刪陽改楊刊誤曰漢書地理志丹陽郡丹陽縣下云楚之先熊繹所

封十八世文王徙郢此是班固誤記宋祁曰丹陽當作丹楊是也晉書地道記云丹楊縣丹楊山多赤柳在西寰宇記潤州丹陽縣下云本漢曲阿縣地唐天寶元年復爲丹楊縣以邑界楊樹生丹爲名故今字从木爲稱按宋志亦从木作丹楊樂記故以復爲釋之何焯校衍子字改陽爲楊論者云尋吳楚悠隔纜縷荆山無容遠在吳境是爲非也趙釋曰一清按班志此文在丹陽郡丹陽縣下然觀子革僻處荆山之語則枝江爲近鄘氏故辭而闕之又楚之先王陵墓在其間官本曰按近刻之訛作子案朱趙作子蓋爲徵矣**江水又東南逕夔城南**官本曰按此九字原本及近刻竝訛作經案朱訛趙改刊誤曰九字是注混作經跨據川阜趙增城字刊誤曰跨據上落城字周迴一里百一十八步西北背枕深谷東帶鄉口溪官本曰按背近刻訛作皆脫口字案朱訛脫趙改增刊誤曰皆當作背鄉口溪見下此落口字南側大江城內西北角有金城東北角有圓土獄西南角有石井口徑五尺熊摯始治巫城後疾移此蓋夔徙也趙釋曰全氏曰熊摯不得爲熊繹後故封夔非自巫徙春秋左傳

僖公二十六年楚令尹子玉城朱箋曰城夔左傳作滅夔趙改滅夔者也服虔曰在巫之陽秭歸歸鄉矣**江水又東逕歸鄉縣故城北**官本曰按此十一字原本及近刻竝訛作經案朱訛趙改刊誤曰十一字是注混作經袁山松曰父老傳言原既流放忽然蹔歸官本曰按蹔近刻作暫案朱趙作暫鄉人喜悅因名曰歸鄉抑其山秀水清故出儁異地險流疾故其性亦隘詩云惟岳降神生甫及申信與余謂山松此言山松朱作袁松趙作袁山松刊誤曰袁松即袁山松晉書有傳謝安傳作袁崧而是注前後亦多作袁崧蓋合二字爲一終當以山松爲是可謂因事而立證恐非名縣之本旨矣**縣城南面重嶺北背大江東帶鄉口溪溪源出縣東南數百里西北入縣**朱北作南趙改刊誤曰南黃省曾本作北**逕狗峽西**峽崖龕中石隱起有狗形形狀具足故以狗名峽**鄉口溪又西北逕縣下入江謂之鄉口也江水又東逕信陵縣南**官本曰按此九字原本及近刻竝訛作經案朱訛趙改刊誤曰九字是注混作經臨大江東傍深溪溪源北發梁州上庸縣界南流逕縣下而注于大江也朱無于字趙增刊誤曰而注下落于字黃省曾本校增

又東過夷陵縣南官本曰按又東上原本及近刻竝衍江水二字今改正案朱衍趙刪刊誤曰江水二字衍文

江水自建平至東界峽盛弘之謂之空泠峽官本曰按謂之近刻脫之字案朱脫趙增朱泠作冷趙改刊誤曰謂下落之字冷當作泠通典寰宇記俱作空舲峽顧祖禹曰夏秋水泛必空舲乃可上然作泠字于義亦得梁書王僧辯傳作空靈灘即湘水注之空泠峽也峽甚高峻即宜都建平二郡界也其間遠望勢交嶺表官本曰按近刻脫勢字案朱脫趙增刊誤曰望下落勢字寰宇記校增有五六峯參差互出上有奇石如二人像攘袂相對俗傳兩郡督郵爭界于此宜都督郵厥勢小東傾議者以爲

不如也**江水歷峽東逕宜昌縣之插竈下**官本曰按此十三字原本及近刻竝訛作經插訛作揷案朱訛經趙改注刊誤曰十三字是注混作經朱插作揷趙改下同江之左岸絕岸壁立數百丈飛鳥所不能棲有一火燼官本曰按近刻訛作爐案朱作爐箋曰當作火燼插在崖間趙改燼插在崖間望見可長數尺趙作丈父老傳言昔洪水之時人薄舟崖側以餘燼插之巖側至今猶存故先後相承謂之插竈也朱箋曰洽聞記云空舲峽絕壁上有一火燼長數尺名曰插竈相傳堯時洪水行者泊舟崖側炊爨以餘燼插之鄭常蓋亦據此注耳**江水又東逕流頭灘**官本曰按近刻脫逕字又此八字原本及近刻竝訛作經案朱脫訛趙增改刊誤曰七字是注混作經東下落逕字其水竝峻激奔暴官本曰按峻近刻作浚案朱同趙改刊誤曰浚何焯校改峻又趙暴改瀑魚鼈所不能游行者常苦之其歌曰灘頭白勃堅相持倏忽淪沒別無期朱倏作倏趙改刊誤曰倏當从犬作倏从火作倐非袁山松曰自蜀至此五千餘里下水

五日上水百日也江水又東逕宜昌縣北官本曰按此九字原本及近刻並訛作經　案朱訛趙改刊誤曰九字是注混作經分夷道俍山所立也官本曰按俍近刻訛作狠　案朱作狠箋曰狠當作很趙改很縣治江之南岸北枕大江與夷陵對界宜都記曰渡流頭灘十里便得宜昌縣趙增也字刊誤曰縣下落也字御覽引此文校增江水又東逕狼尾灘而歷人灘官本曰按此十二字原本及近刻並訛作經　案朱訛趙改刊誤曰十二字是注混作經袁山松曰二灘相去二里人灘水至峻峭南岸有青石夏沒冬出其石嵚崟數十步中悉作人面形或大或小其分明者鬚髮皆具因名曰人灘也江水又東逕黃牛山下官本曰按此九字原本及近刻並截上八字訛作經下字仍屬注文　案朱訛趙改刊誤曰八字是注混作經有灘名曰黃牛灘南岸孫校曰御覽作崖重嶺疊起最外高崖間有石色官本曰按近刻脫石字　案朱脫趙增刊誤曰箋曰孫云當作有石按當作有石色荊州記校增如人負刀牽牛人黑牛黃成就分明既人跡所絕莫得究焉此巖既高加以江湍紆迴官本曰按近刻脫以字　案朱脫趙增刊誤曰加下落以字寰宇記校增雖途逕趙作經信宿猶望見此物故行者謠曰朝發黃牛暮宿黃牛三朝三暮黃牛如故官本曰按近刻脫此八字　案朱脫趙增刊誤曰二句下御覽引此文有三朝三暮黃牛如故八字今校補言水路紆深官本曰按紆近刻訛作行　案朱訛趙改迴望如一矣朱箋曰御覽引此云言水路紆深同環望如一矣江水又東逕西陵峽官本曰按此八字原本及近刻並訛作經　案朱訛趙改刊誤曰八字是注混作經宜都記曰自黃牛灘東入西陵界至峽口朱趙有一字百許里山水紆曲而兩岸高山重障非日中夜半不見日月絕壁或千許丈其石彩色形容多所像類林木高茂略盡冬春猿鳴至清山谷傳響泠泠不絕所謂三峽此其一也山松言常聞峽中水疾書記及口傳悉以

臨懼相戒曾無稱有山水之美也及余來踐躋此境官本曰按近刻訛作意　案朱趙作意趙躋改齎刊誤曰躋孫潛校改齎既至欣然始信耳聞之不如親見矣官本曰按之字近刻訛在耳聞上　案朱訛趙改刊誤曰之字當移在耳聞下其疊崿秀峯奇構異形固難以辭敘林木蕭森離離蔚蔚乃在霞氣之表仰矚俯映彌習彌佳朱無佳字箋曰疑脫佳字趙增佳字流連信宿不覺忘返目所履歷未嘗有也既自欣得此奇觀山水有靈亦當驚知己于千古矣江水歷禹斷江南官本曰按此七字原本及近刻並截上六字訛作經下一字仍屬注文　案朱訛趙改刊誤曰六字是注混作經峽北有七谷村官本曰按七近刻訛作北　案朱訛趙改刊誤曰寰宇記引郡國志曰西陵有七谷村北字誤兩山間有水清深潭而不流又耆舊傳言昔是大江及禹治水此江小不足瀉水禹更開今峽口水勢并衝此江遂絕于今謂之斷江也江水出峽東南流逕故城洲官本曰按此十一字原本及近刻並訛作經　案朱訛趙改刊誤曰十一字是注混作經洲附北岸洲頭曰郭洲長二里廣一里上有步闡故城方圓稱洲周迴略滿故城洲上城周五里官本曰按近刻脫五字　案朱脫箋曰疑缺一字趙增一字吳西陵督步騭所築也孫皓鳳凰元年騭息闡復為西陵督據此城降晉晉遣太傅羊祜接援官本曰按近刻脫一晉字　案朱脫趙增刊誤曰于文當重一晉字未至為陸抗所陷也江水又東逕故城北官本曰按八字原本及近刻並訛作經　案朱訛趙改刊誤曰箋曰宋本作陸抗故城北按非也若此有陸抗二字則下不應又以所謂陸抗城也釋之八字是注混作經朱氏蓋不識也所謂陸抗城也城卽山為墉四面天險官本曰按天近刻訛作大　案朱訛趙改刊誤曰大當作天江南岸有山孤秀從江中仰望壁立峻絕袁山松為郡嘗登之矚望焉故其記云今自山南上至其嶺嶺容十許人四面望諸山略盡其勢俯

臨大江如縈帶焉視舟如鳧雁矣北對夷陵縣之故城城南臨大江秦令白起伐楚三戰而燒夷陵者也應劭曰夷山在西北蓋因山以名縣也王莽改曰居利吳黃武元年更名西陵也後復曰夷陵官本曰按近刻脫曰字　案朱脫趙增刊誤曰後復下落曰字縣北三十里有后穴名曰朱作白箋曰舊本作名曰馬穿趙改曰馬穿嘗有白馬出穴官本曰按此下近刻衍食字　案朱趙同趙刊誤曰箋曰食字下疑有禾麥字乃成文理白帖引荊州記正同但云昔有馬從穴出因復還入潛行乃出漢中按嘗有白馬出穴句食句人逐之自足成文正不必有禾麥字也人逐之入穴潛行出漢中漢中人失馬亦嘗出此穴相去數千里袁山松言江北多連山登之望江南諸山數十百重朱趙作里莫識其名高者千仞多奇形異勢自非煙褰雨霽不辨見此遠山矣余嘗往返十許過正可再見遠峯耳朱再見作見其趙改刊誤曰見其黃省曾本作再見

江水又東逕白鹿巖官本曰按此八字原本及近刻竝訛作經　案朱訛趙改刊誤曰八字是注混作經沿江有峻壁百餘丈猨所不能遊有一白鹿陵峭登崖乘巖而上故世名此巖爲白鹿巖官本曰按近刻作云　案朱趙作云**江水又東歷荊門虎牙之閒**官本曰按近刻閒訛作門又此十一字原本及近刻竝訛作經　案朱訛趙改刊誤曰十一字是注混作經下門字當作閒後漢書注校荊門在南上合下開闇徹山南有門像虎牙在北官本曰按近刻訛作此　案朱訛趙改刊誤曰此當作北後漢書注引此文校石壁色紅閒有白文類牙形竝以物像受名此二山官本曰按二近刻訛作三　案朱訛趙改刊誤曰三當作二楚之西塞也水勢急峻故郭景純江賦曰虎牙桀豎以屹崒荊門闕朱趙作闕竦而盤薄圓朱作圖淵九迴以懸騰溢朱作溢箋曰江賦闕作闕圖作圓溢作溢趙改圖溢仍闕字流雷呴而電激者也漢建武十一年公孫述遣其大司徒任滿翼江王田戎將兵數萬官本曰按近刻脫數字　案朱趙無據險爲浮橋橫江以絕水路營壘跨山以塞陸道光武遣吳漢岑彭將六萬人擊荊門漢等率舟師攻之直衝浮橋因風縱火遂斬滿等矣

又東南過夷道縣北夷水從佷山縣南東北注之朱箋曰漢地理志武陵郡有佷山縣孟康云音恒

夷道縣漢武帝伐西南夷路由此出故曰夷道矣王莽更名江南朱作湖箋曰宋本作江南趙改南桓溫父名彝改曰西道魏武分南郡置臨江郡官本曰按魏武下近刻衍臨江二字　案朱趙有劉備改曰宜都官本曰按近刻脫改字　案朱脫趙增刊誤曰劉備下落改字孫潛校增郡治在縣東四百步故城吳丞相陸遜所築也爲二江之會也趙釋曰全氏曰按夷水別名清江其入江也有涇渭之分故曰二江之會北有湖里淵淵上橘柚蔽野桑麻闇日西望佷山諸

嶺重峯疊秀青翠相臨時有丹霞白雲遊曳其上城東北有望堂地特峻下臨清江朱淸作靑趙改刊誤曰靑當作淸卽佷山淸江也遊矚之名處也縣北有女觀山厥處高顯回眺極目古老傳言昔有思婦夫官于蜀屢愆秋期官本曰按秋近刻訛作歸　案朱作歸箋曰舊本作愁期當是秋期之訛趙改秋登此山絕望憂感而死山木枯悴鞠爲童枯鄉人哀之因名此山爲女觀焉葬之山頂今孤墳尙存矣

又東過枝江縣南沮水從北來注之官本曰按此十四字原本及近刻竝訛入注內接尙存矣之下今改正　案朱訛趙改刊誤曰十四字是經混作注

江水又東逕上明城北官本曰按此九字原本及近刻竝訛作經　案朱訛趙改刊誤曰九字是注混作經晉大元中苻堅之寇荊州也刺史桓沖徙渡江南使劉波築之移州治此城官本曰按此城近刻訛作城也　案朱趙作城也其地夷敞北

據大江江汜朱箋曰當作江沱趙改沱枝分東入大江縣治洲上故以枝江爲稱地理志曰江沱出西官本曰按近刻訛作江沲出西南　案朱作江沲出西南趙改沲存南刊誤曰箋曰江沲當作江沱地理志蜀郡郫縣注禹貢江沱在西南東入大江按漢志南郡枝江縣下云江沱出西東入江師古曰沱卽江別出者也按此是荆州之沱朱氏引梁州之沱以相證可謂疎鹵矣又班志枝江之沱無南字恐是世本脫失耳東入江是也其地故羅國蓋羅徙也官本曰按此九字近刻訛作其民古羅徙五字　案朱趙同羅故居宜城西山楚文王又徙之于長沙今羅縣是矣縣西三里有津鄉津鄉里名也春秋莊公十九年巴人伐楚楚子禦之大敗于津官本曰按近刻此下衍鄉字　案朱衍趙删刊誤曰何焯據左傳校衍鄉字杜預曰津楚地或曰江陵縣有津鄉應劭曰南郡江陵有津鄉今則無聞矣郭仲產云尋楚禦巴人枝江是其塗便此津鄉殆卽其地也官本曰按殆近刻訛作縣　案朱訛趙改刊誤曰箋曰津鄉縣舊本作津鄉宏吳改作縣亦無所據漢晉地志無津鄉縣也或是似字之訛按何焯曰宏疑當作殆盛弘之曰縣舊治沮中後移出百里洲西去郡朱趙有一字百六十里縣左右有數十洲槃布江中其百里洲最爲大也中有桑田甘果官本曰按近刻脫有字　案朱脫趙增刊誤曰中下落有字映江依洲自縣西至上明東及江津其中有九十九洲楚諺云洲不百官本曰按近刻訛作洲下石　案朱同箋曰當作洲不百趙改故不出王者桓玄有問鼎之志乃增一洲以充百數官本曰按增近刻訛作漕　案朱訛趙改刊誤曰漕寰宇記作增僭號數旬宗滅身屠及其傾敗洲亦消毁今上在西忽有一洲自生沙流迴薄成不淹時其後未幾龍飛江漢矣朱箋曰此今上是盛弘之荆州記中語謂宋文帝也隋志云盛弘之是宋臨川王侍郎撰荆州記三卷趙釋曰日知錄曰凡引用前人之言必用前文水經注引盛弘之荆州記所指今上則南宋文帝以宜都王卽帝位之事古人不以爲嫌縣東二里有縣人劉凝之故宅凝之字志安兄

盛公高尙不仕凝之慕老萊嚴子陵之爲人立屋江湖非力不食妻梁州刺史郭詮女亦能安貧宋元嘉中夫妻隱于衡山終焉不返矣縣東北十里土臺北岸有迤洲長十餘里義熙初烈武王斬桓謙處官本曰按烈武王近刻訛作武烈王　案朱訛趙乙刊誤曰箋曰武烈王當是武陵王按宋書高祖討桓元元敗走江陵乃奉武陵王遵爲大將軍承制大赦天下元走至枚回洲斬首傳京師義熙元年正月劉毅等至江津破桓謙桓振江陵平按何焯云武烈乃烈武之譌宋臨川烈武王道規也事見本傳朱氏蓋未詳桓謙復以譙縱蜀師寇江陵之事耳縣東南二十里富城洲上有道士范儕精廬自言巴東人少遊荆土而多盤桓縣界惡衣麤食蕭散自得言來事多驗而辭不可詳人心欲見歘然而對貌言尋求終弗遇也雖逕跨諸洲而舟人未嘗見其濟涉也後東遊廣陵卒于彼土儕本無定止處官本曰按本下近刻衍洲字　案朱作本洲箋曰疑作在洲趙改在洲宿憩一小菴朱作巷箋曰疑作小菴趙改菴而已弟子慕之于其昔遊共立精舍以存其人縣有陳留王子香廟頌稱子香于漢和帝之時官本曰按近刻脫稱字　案朱趙無出爲荆州刺史有惠政天子徵之道卒枝江亭中常有三白虎出入人間送喪踰境百姓追美甘棠以永元十八年立廟設祠刻石銘德號曰枝江白虎王君其子孫至今猶謂之爲白虎王官本曰按至今近刻訛作世令　案朱訛趙改刊誤曰世令當作至今隸釋校江水又東會沮口官本曰按此七字原本及近刻竝訛作經　案朱訛趙改刊誤曰七字是注混作經楚昭王所謂官本曰按近刻脫王字　案朱趙無江漢沮漳楚之望也

又南過江陵縣南

縣北有洲官本曰按北近刻訛作江　案朱訛趙改刊誤曰江當作北名勝志校號曰枚迴洲

朱枚作枝箋曰沈約宋書作枚廻洲斬桓玄處趙改枝釋曰全氏曰或云枝江所廻繞故亦曰枝廻江水自此
兩分而爲南北江也趙釋曰禹貢錐指曰袁中道灃遊記曰酈道元注水經于江陵枝廻洲下有南
北江之名南江卽江水由灃入洞庭者也陵谷變遷今之大江始獨專其澎湃而南江之跡稍稍湮滅僅爲衣帶細流然
江水會灃故道猶可考云小修此義最爲精覈水經注灃水自石門以西與導江無涉其南江會灃故道參以近志東入
洞庭此導江東至于灃過九江至于東陵之故道也一清按水經及注則是灃水注江非江會灃所云略有差錯北
江有故鄉洲元興之末桓玄西奔毛祐之與參軍費恬射玄
于此洲玄子昇年六歲輒拔去之王韶之云官本曰按韶近刻訛作昭案
朱訛趙改刊誤曰昭當作韶玄之初奔也經日不得食左右進麤粥咽不
下昇抱玄胸撫之玄悲不自勝至此益州都護馮遷斬玄于
此洲斬昇于江陵矣下有龍洲洲東有寵洲二洲朱作淵箋曰當作洲官本曰按洲近刻訛
趙改洲之間世擅多魚矣漁者投罟歷網往往絓絕官本曰按絓近刻訛
作繼案朱作繼箋曰荊州記作投罟揮網宋本作往往雜絕趙改維絕有潛客泳而視之見水
下有兩石牛嘗爲曾害矣官本曰按曾近刻訛作層案朱訛趙改故漁者莫不
擊浪浮舟鼓枻而去矣官本曰按枻近刻訛作柂案朱趙作柂其下謂之郿里
洲洲有高沙湖湖東北有小水通江名曰曾口江水又東逕
燕尾洲北官本曰按此九字原本及近刻竝截上八字訛作經下一字仍屬注文案朱訛趙改刊誤曰八字
是注混作經合靈溪水水無泉源上承散水合承大溪趙承改成刊誤曰承
當作成黃省曾本校南流注江江溪之會有靈溪戍背阿面江西帶靈
溪故戍得其名矣江水東得馬牧口官本曰按此七字原本及近刻竝訛作經案
朱訛趙改刊誤曰七字是注混作經江水斷洲趙作州通會江水又東逕江陵縣
故城南官本曰按此十一字原本及近刻竝訛作經案朱訛趙改刊誤曰十一字是注混作經禹貢荊
及衡陽惟荊州蓋卽荊山之稱而制州名矣故楚也子革曰

我先君僻處荊山以供王事遂遷紀郢今城楚船官地也春
秋之渚宮矣秦昭襄王二十九年使白起拔鄢郢以漢南地
而置南郡馬周書曰南國名也南氏有二臣力鈞趙作均勢敵
競進爭權君弗能制南氏用分爲二南國也朱箋曰出周書史記解按
韓嬰敘詩云其地在南郡南陽之間呂氏春秋所謂禹自塗
山巡省南土者也是郡取名焉後漢景帝以爲臨江王榮國
王坐侵廟壖地爲宮官本曰按壖近刻訛作垣案朱趙作垣被徵升車出北門
而軸折父老竊流涕曰吾王不還矣自後北門不開蓋由榮
非理終也漢景帝二年改爲江陵縣趙釋曰全氏曰秦置南郡郎治江陵高帝元年
改郡名曰臨江以封共敖而本表曰都江陵高帝五年復曰南郡景帝二年又曰臨江郡以封子榮中二年復爲南郡蓋
郡名有更易縣名無改移注非是王莽更名郡曰南順官本曰按近刻脫郡曰二字案朱趙無
縣曰江陸官本曰按近刻訛作陵案朱訛趙改刊誤曰漢書地理志注作江陸舊城關羽所
築羽北圍曹仁呂蒙襲而據之羽曰此城吾所築不可攻也
乃引而退杜元凱之攻江陵也城上人以瓠繫狗頸示之元
凱病癭故也及城陷殺城中老小血流沾足論者以此薄之
江陵城地東南傾故緣以金堤自靈溪始桓溫令陳遵造遵
善于方功朱作防攻趙改刊誤曰箋曰孫云防攻當作方功謂以方計土功也按漢書張湯傳云治方中孟康
曰方中陵土作方也師古曰古謂掘地爲阬曰方今荊楚俗土功築作算程課者猶以方計之朱氏言之不詳使人
打鼓遠聽之知地勢高下依傍創築略無差矣城西有栖霞
樓俯臨通隍吐納江流城南有馬牧城西側馬徑此洲始自
枚廻下迄于此長七十餘里洲上有奉城故江津長所治舊
主度州郡貢于洛陽因謂之奉城亦曰江津戍也戍南對馬

頭岸昔陸抗屯此與羊祜相對大宏信義談者以爲華元子反復見于今矣**北對大岸謂之江津口故洲亦取名焉江大自此始也**官本曰按大近刻訛作水 案朱作水箋曰江水舊本作江火疑火乃大之譌吳改爲水未安趙改大**家語曰江水至江津非方舟避風不可涉也故郭景純云濟江津以起漲言其深廣也江水又東逕郢城南**官本曰按此八字原本及近刻竝訛作經 案朱訛趙改刊誤曰八字是注混作經子囊遺言所築城也地理志曰楚別邑故郢矣王莽以爲郢亭城中有趙臺卿冢岐平生自所營也冢圖賓主之容用存情好敘其宿尙矣**江水又東得豫章口**官本曰按此八字原本及近刻竝訛作經 案朱訛趙改刊誤曰八字是注混作經**夏水所通也**西北有豫章岡蓋因岡而得名矣或言因楚王豫章臺名所未詳也

水經注卷三十四

後魏酈道元撰

江水官本曰按近刻作江水三　按朱趙同

又東至華容縣西夏水出焉

江水左迆爲中夏水右則中郎浦出焉江浦右迆南派屈西極水曲之勢官本曰按近刻訛作南派曲而極水曲之地勢按朱同趙改曲而爲屈西不刪地字刊誤曰曲而當作屈西全氏校改世謂之江曲者也

又東南當華容縣南涌水入焉官本曰按入原本及近刻並訛作出攷涌水乃夏水枝分入江者非從江出蓋後人因注文江水又東涌水注之訛而爲經嫌與此複遂妄改作出耳今訂正　案朱趙作出

江水又東涌水注之官本曰按此八字原本及近刻並訛作經　按朱訛趙改刊誤曰八字是注混作經水自夏水南通于江謂之涌口二水之間官本曰按此四字近刻訛在而逸下二水上復衍于字　按朱同趙增二水之間於于江下刪下于二水之間五字刊誤曰于江下落二水之間四字春秋所謂閻敖遊涌而逸者也趙增左氏傳三字刊誤曰春秋下通鑑註引此文有左氏傳三字今校增於二水之間五字衍文江水又逕南平郡孱陵縣之樂鄉城北官本曰按此十五字原本及近刻並訛作經　按朱訛趙改刊誤曰十五字是注混作經孫校曰此注語欽漢人不得言南平郡晉志孱陵南平縣吴陸抗所築後王濬攻之獲吴水軍督陸景于此渚也

又東南油水從東南來注之

又東右合油口朱訛經趙改刊誤曰六字是注混作經又東逕公安縣北官本曰按此十三字原本及近刻並訛作經　案朱訛趙改刊誤曰七字是注混作經劉備之奔江陵使築而鎮之曹公聞孫權以荊州借備臨書落筆杜預克定江南罷華容置之朱罷作置趙改刊誤曰上置字吴琯本作罷趙釋曰一淸按此處脫誤甚多不可强通謂之江安縣南郡治吴以華容之南鄉爲南郡官本曰按吴近刻訛作矢　案朱訛趙改刊誤曰矢當作吴晉太康元年改曰南平也縣有油水水東有景口口卽武陵郡界景口東有淪口淪水南與景水合又東通澧水及諸陂湖官本曰按東近刻訛作南　案朱趙作南自此淵潭相接官本曰按自此近刻訛作北是潭訛作也　案朱同趙北是改自此也改池刊誤曰箋曰孫云淵當作淪按非也名勝志引此文作淵潭於文當是淵池池字與也字形相近北是誤當作自此悉是南蠻府屯也故側江有大城相承云倉儲城卽邸閣也江水左會高口官本曰按此六字原本及近刻並訛作經又近刻高訛作江　案朱訛趙改刊誤曰六字是注混作經江口楊愼本作高口下云故市口水與高水相通是也江浦也右對黃州官本曰按近刻脫右字　案朱脫趙增刊誤曰對上落右字趙彥衞雲麓漫鈔云江水東注凡水經左者皆北岸右者皆南岸左會高口高口在北黃州宜在南故云右對也下云江水又東右得聶口左對聶州是其例也趙釋曰一淸按寰宇記云公安縣有黃山字或作皇昔人呼爲雎山今或呼爲王山黃州蓋以山得名江水又東得故市口官本曰按此八字原本及近刻並訛作經　案朱訛趙改刊誤曰八字是注混作經水與高水通也江水又右逕陽岐山北官本曰按此九字原本及近刻並訛作經又陽作楊山北訛作北山今攷陽岐卽今石首縣西山在江之南岸　案朱訛趙改仍楊字刊誤曰九字是注混作經北山二字當倒互寰宇記云楊岐山在石首縣西一百步宋鮑明遠楊岐守風詩云洲迴風正悲江寒霧未歇卽此也山枕大江官本曰按枕近刻訛作抗　案朱作抗箋曰宋本作枕趙改枕山東有城故華容縣尉舊治也大江又東左合子夏口官本曰按此九字原本及近刻並訛作經　案朱訛趙改刊誤曰九字是注混作經江水左迆北出通于夏水故曰子夏也趙刊誤曰箋曰當作故曰夏口也按非也通鑑註引此文是子夏江有江夏中夏之名此云子夏下文子練口是其證也大江又東左得侯臺水口官本曰按此十字原本及近刻並訛作經　案朱訛趙改刊誤曰十字是注混作經江浦也大江右得龍穴水口官本曰按此八字原本及近刻並訛作經　案朱訛趙改刊誤曰八字是注混作經江浦右迆也北對虎洲又洲北有龍巢

地名也昔禹南濟江黃龍夾舟舟人五色無主禹笑曰吾受命于天竭力養民生性也官本曰按近刻脫此二字案朱脫趙增刊誤曰生下落性也二字寰宇記引此文校增死命也何憂龍哉于是二龍弭鱗掉尾而去焉故水地取名矣江水自龍巢而東得俞口官本曰按此十字原本及近刻竝訛作經近刻脫得字案朱訛脫趙改增刊誤曰按九字是注混作經東下落得字夏水泛盛則有冬無之江之北岸朱之作木趙改刊誤曰水當作之上有小城故監利縣尉治也朱無利字趙增刊誤曰晉書地理志云南郡統監利縣寰宇記引荊州圖副云晉太康五年立落利字又東得清陽土塢二口官本曰按陽近刻訛作揚又此九字原本及近刻竝訛作經案朱訛趙改仍揚字刊誤曰九字是注混作經江浦也大江右逕石首山北又東逕赭要官本曰按此十三字原本及近刻竝訛作經案朱訛趙改刊誤曰十三字是注混作經赭要洲名在大江中次北湖洲下江水左得飯筐上口官本曰按此八字原本及近刻竝訛作經案朱訛趙改

刊誤曰八字是注混作經秋夏水通下口上下口間官本曰按近刻脫上下口三字案朱趙無相距三十餘里赭要下卽楊子洲在大江中二洲之間常苦蛟害昔荊佽飛濟此官本曰按昔近刻訛作者朱作者箋曰宋本作昔趙改昔案遇兩蛟斬之自後罕有所患矣江之右岸則清水口官本曰按清近刻訛作溝案朱作溝箋曰宋本作清趙改清口上卽錢官也水自牛皮山東北通江北對清水洲洲下接生江洲南卽生江口水南通澧浦江水左會飯筐下口官本曰按近刻訛作右會飯筐上口案朱同趙上改下刊誤曰上當作下江浦所入也江水又右得上檀浦官本曰按此八字原本及近刻竝訛作經案朱訛趙改刊誤曰八字是注混作經江溠也江水又東逕竹町朱作畦箋曰宋本作町趙改町南官本曰按此八字原本及近刻竝訛作經案朱訛趙改刊誤曰八字是注混作經江中有觀詳溠趙詳改洋刊誤曰詳全氏校改洋溠東有大洲官本曰按近刻作太洲案朱同趙改洲東分爲爵洲洲

南對湘江口也

又東至長沙下雋縣北澧水沅水資水合東流注之

凡此諸水皆注于洞庭之陂是乃湘水非江川官本曰按此下近刻有也字案朱趙有

湘水從南來注之

江水右會湘水所謂江水會者也江水又東左得二夏浦官本曰按此九字原本及近刻竝訛作經案朱訛趙改刊誤曰九字是注混作經俗謂之西江口官本曰按俗字上近刻衍夏浦二字案朱衍趙刪刊誤曰夏浦二字衍文又東逕忌置山南山東卽隱口浦矣江之右岸有城陵山山有故城東接微落山亦曰暉落磯趙作巉下竝同江之南畔名黃金瀨瀨東有黃金浦良父口夏浦也又東逕彭城口官本曰按此六字原本及近刻竝訛作經案朱訛趙改刊誤曰六字是

注混作經水東有彭城磯故水受其名卽玉澗朱作潤箋曰潤宋本作瀾趙改澗水出巴巨縣東玉山玉溪北流注于江江水自彭城磯東逕如山北官本曰按此十一字原本及近刻竝訛作經案朱訛趙改刊誤曰十一字是注混作經北對隱磯二磯之間官本曰按此下近刻衍大江之中四字案朱趙有有獨石孤立大江中山東江浦世謂之白馬口江水又左逕白螺山南官本曰按此九字原本及近刻竝訛作經案朱訛趙改刊誤曰九字是注混作經右歷鴨蘭磯北江中山也官本曰按近刻脫山字案朱脫趙增刊誤曰江中下落山字晏公類要校增東得鴨蘭治浦二口夏浦也江水左逕上烏林南官本曰按此八字原本及近刻竝訛作經近刻上訛作止案朱訛經訛止箋曰止當作上趙改注改上刊誤曰八字是注混作經村居地名也又東逕烏黎口江浦也卽中烏林矣又東逕下烏林南官本曰按近刻脫下字案朱脫趙增刊誤曰按此當作下烏林落下字吳黃蓋敗魏武于烏林卽是處也江水又東

左得子練口官本曰按此九字原本及近刻竝訛作經案朱訛趙改刊誤曰九字是注混作經北通練浦又東合練口江浦也南直練洲練名所以生也江之右岸得蒲磯口卽陸口也水出下雋縣西三山溪其水東逕陸城北又東逕下雋縣南故長沙舊縣王莽之閏雋也宋元嘉十六年割隸巴陵郡陸水又屈而西北流朱趙有又字逕其縣北北對金城吳將陸渙所屯也陸水又入蒲圻縣北逕呂蒙城西昔孫權征長沙零桂所鎭也陸水又逕蒲磯山北入大江謂之刀環口又東逕蒲磯山北北對蒲圻洲官本曰按近刻脫一北字案朱趙無亦曰擎洲又曰南洲洲頭卽蒲圻縣治也晉太康元年置洲上有白面洲洲南又有湨口水出豫章艾縣東入蒲圻縣至沙陽西北魚嶽山入江山在大江中揚朱趙作楊子洲南孤峙中洲江水左得中陽水口又東得白沙口官本曰按此十四字原本及近刻竝訛作經案朱訛趙改刊誤曰十四字是注混作經一名沙屯卽麻屯口也本名蔑默口江浦矣南直蒲圻洲水北入百餘里吳所屯也又逕魚嶽山北下得金梁洲洲東北對淵洲朱作淵箋曰宋本作洲趙改洲一名淵步洲江濆從洲頭以上悉壁立無岸歷蒲圻至白沙方有浦官本曰按蒲圻近刻訛作專政案朱同箋曰政宋本作岐趙改岐上甚難江中有沙陽洲沙陽縣治也縣本江夏之沙羨矣晉太康中改曰沙陽縣宋元嘉十六年割隸巴陵郡江之右岸有雍口亦謂之港口官本曰按港近刻訛作流案朱訛趙改刊誤曰流當作港卽長洋港口也東北流爲長洋港官本曰按爲近刻訛作之案朱訛之港下脫又字趙改增刊誤曰之當作注長洋港下落又字又東北逕石子岡官本曰按近刻東北下有流字案朱趙有岡上有故城卽州陵縣之故城也莊

辛所言左州侯國矣又東逕州陵新治南王莽之江夏也港水東南流注于江謂之洋口南對龍穴洲沙陽洲之下尾也洲裏有駕部口宋景平二年迎文帝于江陵法駕頓此因以爲名文帝車駕發江陵至此黑龍躍出負帝所乘舟左右失色上謂長史王曇首曰乃夏禹所以受天命矣我何德以堪之故有龍穴之名焉江水又東右得聶口官本曰按近刻脫又字此八字原本及近刻竝訛作經案朱脫訛趙增改刊誤曰七字是注混作經江水下落又字江浦也左對聶洲江水左逕百人山南官本曰按此八字原本及近刻竝訛作經案朱訛趙改刊誤曰八字是注混作經右逕赤壁山北昔周瑜與黃蓋詐魏武大軍處所也官本曰按處所近刻訛作所起案朱訛趙改刊誤曰所起當是處所之誤江水東逕大軍山南官本曰按此八字原本及近刻竝訛作經案朱訛趙改刊誤曰八字是注混作經山東有山屯夏浦江水左迆也江中有石浮出謂之節度石右則塗水注之水出江州武昌郡武昌縣金山官本曰按金近刻訛作泰案朱趙作泰又朱無水字趙增刊誤曰出上落水字泰山魏書宣武帝紀亦作金山趙釋曰一清按寰宇記鄂州江夏縣下云金水在縣南九十里出金山西注大江舊記云有金雞從雞翅山南飛產金于此故名益山水之殊目矣方輿紀要云塗水一名金水荆湘記金水北岸有汝南舊城是也西北流逕汝南僑郡故城南咸和中寇難南逼戶口南渡因置斯郡治于塗口塗水歷縣西又西北流注于江江水又東逕小軍山南官本曰按此九字原本及近刻竝訛作經案朱訛趙改刊誤曰九字是注混作經臨側江津東有小軍浦江水又東逕雞翅山北官本曰按此九字原本及近刻竝訛作經案朱訛趙改刊誤曰九字是注混作經山東卽土城浦也

又東北至江夏沙羨縣西北沔水從北來注之

沌水上承沌陽縣之太白湖官本曰按原本及近刻竝脫沌字下同攷沌陽故城在今漢陽

縣西又近刻脫太字 案朱同趙承下增沔字之下增太字刊誤曰陽縣上落沔字白湖上落太字通鑑注寰宇記引此文竝同今校補兩漢志沔陽縣屬漢中郡晉宋因之後魏屬華陽郡去江夏絕遠寰宇記漢陽軍下云魏初定荊州屯沔縣輿地志曰魯山下有城即吳江夏太守所理之地晉立沔陽縣屬江夏郡歷宋齊梁因之按魏書文聘傳云別屯沔口非沔縣也晉書陶侃傳亦云鎭于沌口移入沔江沔江即沔口又不云是沔陽惟宋志荊州總序云刺史陶侃治沔陽後治武昌祝穆方輿勝覽云魏立荊州屯沔陽爲重鎭葢在沔水之陽亦即沔口又謂之臨嶂城魏始立城晉乃置縣即舊江夏太守治樂史之說故爲非矣

東南流爲沌水逕沌陽縣朱逕下脫沌字趙增刊誤曰宋書州郡志江夏太守領沌陽子相江左立寰宇記云晉于林鄣立沌陽縣屬江夏郡南注于江謂之沌口有沌陽都尉治朱趙有下無沌字趙釋曰一淸按有下落一字晉書陶侃傳侃率周訪進軍入湘使都尉楊舉爲先驅擊杜弢大破之而不言地名時侃屯沌口明年徙林嶂即臨嶂矣顧祖禹曰臨嶂即沔陽是也胡三省曰沔陽梁武帝時方置郡據沈約志陶侃爲荊州刺史初治沔陽則是時已有沔陽城矣當屬竟陵郡界宋白曰復州沔陽縣漢縣也郡國志曰沔陽縣即楚王城又晉惠帝元康九年分江夏西部都尉置竟陵郡治石城此都尉疑即江夏西部後易稱沔陽者也晉永嘉六年王敦以陶侃爲荊州鎭此明年徙林鄣江水又東逕歎父山南對歎州官本曰按此十二字原本及近刻竝訛作經 案朱訛趙改刊誤曰十二字是注混作經亦曰歎步矣趙歎改炭刊誤曰歎步黃省曾本作炭步江之右岸當鸚鵡洲南有江水右迆謂之驛渚三月之末官本曰按近刻之訛作以 案朱趙作以水下通樊口水江水又東逕魯山南官本曰按此八字原本及近刻竝訛作經 案朱訛趙改刊誤曰八字是注混作經古翼際山也官本曰按古近刻訛作右 案朱訛趙改刊誤曰右當作古地說曰漢與江合于衡北翼際山旁者也山上有吳江夏太守陸渙所治城葢取二水之名地理志曰夏水過郡入江故曰江夏也官本曰按近刻脫故曰江三字 案朱脫趙增刊誤曰入江下落故曰江三字漢志校補舊治安陸漢高帝六年置吳乃徙此城中有晉征南將軍荊州刺史胡奮碑又有平南將軍王世將刻石記征杜

曾事趙釋曰全氏曰按征杜曾者是王廙有劉琦墓及廟也山左即沔水口矣沔左有卻月城官本曰按此下近刻衍然字案朱衍趙刪刊誤曰然字衍文亦曰偃月壘戴監軍築故曲陵縣也後乃沙羨縣治也朱趙有也字昔魏將黃祖所守趙釋曰全氏曰劉表之將黃祖領江夏太守孫權擒之曹操得荊州祖骨朽久矣一淸按道元葢襲用盛宏之荊州記之文而誤遣董龔凌統攻而擒之官本曰按凌原本及近刻竝訛作陸今據三國志改正 案朱訛趙改刊誤曰吳書是凌統陸字誤禰衡亦遇害于此衡恃才倜儻肆狂狷于無妄之世保身不足遇非其死可謂咎悔之深矣江之右岸有船官浦歷黃鵠磯西而南矣直鸚鵡洲之下尾江水溠曰朱箋曰當作洄趙改洄洑浦官本曰按洑近刻訛作狀 案朱訛趙改刊誤曰狀當作洑是曰黃軍浦昔吳將黃葢軍師所屯故浦得其名亦商舟之所會矣船官浦東即黃鵠山林澗甚美譙郡戴仲若野服居之趙釋曰巵林曰宋書戴顒字仲若譙郡銍人衡陽王義季鎭京口長史張劭與顒姻通迎來上黃鵠山山北有竹林精舍林澗甚美顒憩此澗義季亟從之遊太祖每欲見之嘗謂張敷曰吾東巡日當讌戴公山也按此則仲若所住黃鵠乃京口之山酈氏誤矣山下謂之黃鵠岸岸下有灣目之爲黃鵠灣官本曰按近刻脫黃字下同 案朱脫趙增刊誤曰鵠灣鵠山上俱當有黃字黃鵠山東北對夏口城魏黃初二年孫權所築也依山傍江開勢明遠憑墉藉阻高觀枕流趙釋曰一淸按高觀山名也亦曰高冠山在武昌縣城東南五里上則遊目朱作因箋曰一作目趙改目流川下則激浪崎嶇實舟人之所艱也對岸則入沔津故城以夏口爲名亦沙羨縣治也江水左得湖口水通太白湖官本曰按近刻脫白字 案朱脫趙增刊誤曰當作太白湖又東合灄口水上承溳水于安陸縣官本曰按溳近刻訛作沔 案朱趙作沔趙釋曰方輿紀要曰灄水本溳水分流注誤溳爲沔而東逕灄陽縣北東流注于江官本曰按流近刻訛作南 案朱訛趙改江水又東湖

水自北南注謂之嘉吳江右岸頻得二夏浦北對東城洲西
浦側有雍伏戍江之右趙作左岸東會龍驤水口水出北山蠻
中朱趙出上無水字江之左有武口官本曰按近刻脫左字　案朱無左字趙改江之右岸得武口
刊誤曰箋曰有宋本作右按右下落岸得二字水上通安陸之延頭官本曰按江水左得湖口至此
原本及近刻竝訛作經　案朱同趙改刊誤出江水左得湖口至通安陸之延頭十三字曰九十八字是注混作經宋
元嘉二年朱作永趙改元刊誤曰永嘉當作元嘉衞將軍荊州刺史謝晦阻兵
上流爲征北檀道濟所敗走奔于此爲戍主光順之所執處
也南至武城俱入大江南直武洲洲南對楊桂水口江水南
出也通金女大文桃班三治吳舊屯朱作地箋曰宋本作屯趙改屯所在荊
州界盡此江水東逕若城南官本曰按此七字原本及近刻竝訛作經　案朱訛趙改刊誤
曰七字是注混作經庾仲雍江水記曰官本曰按近刻脫水字　案朱趙無若城至武城
口三十里者也南對郭口夏浦而不常泛矣東得苦菜夏浦
浦東有苦菜山官本曰按近刻訛作夏　案朱作夏趙增口字以夏字下屬爲文刊誤曰苦菜下落口字
江逕其北故浦有苦菜之名焉山上有菜苦可食江水左得
廣武口江浦也江之右岸有李姥浦浦中偏無蚊蚋之患矣
北對崢嶸洲冠軍將軍劉毅破桓玄于此洲玄乃挾天子西
走江陵矣

又東過邾縣南

江水東逕白虎磯北山臨側江濆又東會赤溪夏浦浦口官本
曰按浦近刻訛作二　案朱訛趙改刊誤曰二口當作浦口卽赤溪夏浦口也江水右迆也又東逕
貝磯北官本曰按近刻貝訛作具北訛作此　案朱訛趙改刊誤曰箋曰宋本作貝嶬按此當作北庾仲
雍謂之沛岸矣江右岸趙增之字刊誤曰江下落之字有秋口江浦也又東

得烏石水出烏石山南流注于江江水右得黎磯磯北亦曰
黎岸也官本曰按此十三字原本及近刻竝截上八字訛作經下五字仍屬注文又近刻脫一磯字　案朱訛趙
改竝不重磯字刊誤曰七字是注混作經山東有夏浦又東逕上磧北山名也仲
雍謂之大小竹磧也北岸烽火洲卽舉洲也北對舉口仲雍
作莒字得其音而忘其字官本曰按近刻訛作事　案朱訛趙改刊誤曰事當作字非也
舉水出龜頭山西北流逕蒙龍戍南官本曰按近刻脫蒙字　案朱趙無蒙字龍作
龍趙釋曰一淸按方輿紀要黃州府麻城縣舉水下引水經注云舉水西北流逕蒙龍城南南史梁宗室安成王秀傳云
司州叛蠻田魯生魯賢秀超據蒙籠來降魏書地形志南定州蕭衍置治蒙龍城注有脫誤梁定州治蠻
田秀超爲刺史朱趙秀超作超秀趙刊誤曰梁書安成王秀傳作田秀超今從魏書孝明帝紀作田超秀
舉水又西流左合垂山之水水北出垂山之陽與弋朱作戈箋曰疑
作弋漢志汝南郡有弋陽縣趙改弋陽湃水同發一山故是水合之水之東有
南口戍又南逕方山戍西西流注于舉水又西南逕梁司豫
二州東蠻田魯生爲刺史治湖陂城亦謂之水城也舉水又
西南逕顏城南又西南逕齊安郡西倒水注之水出黃武山
朱無水字趙增刊誤曰出上落水字南流逕白沙戍西官本曰按近刻脫流字　案朱趙無又東
南逕梁達城戍西東南合舉水舉水又東南歷赤亭下官本曰按
東南近刻作南東此句之下衍一又字　案朱同趙乙竝下有又字刊誤曰南東二字當倒互謂之赤亭水
又分爲二水南流注于江謂之舉口官本曰按近刻訛作洲　案朱訛趙改刊誤曰
洲當作口南對舉洲春秋左傳定公四年吳楚陳于柏舉京相璠
曰漢東地矣江夏有洰水官本曰按近刻脫江字　案朱脫趙增刊誤曰夏上落江字或
作舉疑卽此也左水東南流入于江江滸曰文方口官本曰按近刻
脫一江字　案朱趙無江之右岸有鳳鳴口江浦也浦側有鳳鳴戍江

水又東逕邾縣故城南官本曰按此十字原本及近刻竝訛作經　案朱訛趙改刊誤曰十字是注混作經楚宣王滅邾徙居于此故曰邾也漢高帝元年官本曰按近刻訛作三年　案朱訛趙改刊誤曰三當作元項羽封吳芮爲衡山王都此晉咸和中庾翼爲西陽太守分江夏立四年豫州刺史毛寶西陽太守樊俊共鎭之爲石虎將張格度所陷自爾丘墟焉城南對蘆洲舊吳時築客舍于洲上方便惟所止焉官本曰按近刻脫築字惟訛作謂　案朱脫訛趙增改刊誤曰時下落築字名勝志引此文校增謂當作唯亦謂之羅洲矣鄂縣北三字趙併作注與上羅洲矣相接說見下江水右得樊口官本曰按此六字原本及近刻竝訛作經　案朱訛趙改刊誤曰九字是注混作經庾仲雍江水記云趙刪水字刊誤曰隋書經籍志校衍水字谷里袁口江津南入歷樊山上下三百里通新興馬頭二治樊口之北有灣昔孫權

裝大船名之曰長安亦曰大船載坐直之士三千人與羣臣泛舟江津屬值風起權欲西取蘆洲谷利不從乃拔刀急上官本曰按近刻訛作止　案朱訛趙改刊誤曰止當作上令取樊口薄船船至岸而敗故名其處爲敗舶灣因鑿樊山爲路以上人卽名其處爲吳造峴在樊口上一里今厥處尙存江水又左逕赤鼻山南官本曰按此九字原本及近刻竝訛作經　案朱訛趙改刊誤曰九字是注混作經孫校曰蘇軾之賦赤壁者也赤鼻爲赤壁宋人之陋山臨側江川又東逕西陽郡南郡治卽西陽縣也官本曰按此十四字原本及近刻竝訛作經　案朱訛趙改刊誤曰十四字是注混作經晉書地道記以爲弦子國也江之右岸有鄂縣故城官本曰按此九字原本及近刻竝訛作經　案朱訛趙改刊誤曰九字是注混作經舊樊楚地官本曰按近刻訛作也　案朱訛趙改刊誤曰也當作地世本稱熊渠封其中子紅爲鄂王官本曰按紅字近刻作之名某者四字當是後人因文有脫誤增成其語

案朱趙同趙釋曰朱氏謀㙔箋曰史記楚世家爲中子紅晉太康地記以爲東鄂矣九州記曰鄂今武昌也孫權以魏黃初元年官本曰按此下近刻衍中字　案朱衍趙刪刊誤曰中字衍文自公安徙此改曰武昌縣鄂縣徙治于袁山東又以其年立爲江夏郡分建業之民千家以益之至黃龍元年權遷都建業以陸遜輔太子鎭武昌孫皓亦都之皓還東令滕牧守之晉惠帝永平中始置江州傅綜爲刺史治此城後太尉庾亮之所鎭也今武昌郡治城南有袁山卽樊山也武昌記曰樊口南有大姥廟孫權常獵于山下依夕趙刊誤曰箋曰依夕字誤當作依希按非也鍾惺曰依夕猶言傍晚太平御覽引武昌紀正作依夕見一姥問權獵何所得曰正得一豹母曰何不豎豹尾忽然不見應劭漢官序曰豹尾過後執金吾罷屯解圍天子鹵簿中朱天作大趙改刊誤曰大子當作天子

後屬車施豹尾于道路豹尾之內爲省中蓋權事應在此故爲立廟也又孫皓亦嘗登之使將害常侍王蕃而以其首虎爭之官本曰按此句有脫誤裴松之引江表傳云使親近將蕃首作虎跳狼爭咋食之　案朱以在虎下箋曰江表傳曰孫皓於殿上斬王蕃出登來山使親近將蕃首作虎跳狼爭咋齧之趙以移而字下刊誤曰以字當移在而字下北背大江江上有釣臺權常趙作嘗極飲其上曰墮臺醉乃已張昭盡言處城西有郊壇權告天卽位于此官本曰案近刻脫卽字　案朱脫趙增刊誤曰告天下落卽字顧謂公卿曰魯子敬嘗言此可謂明于事勢矣城東故城言漢將灌嬰所築也江中有節度石三段廣百步高五六丈是西陽武昌界分江于斯石也又東得次浦官本曰按近刻訛作又得東五丈又得次浦　案朱同趙改又東得五丈浦又東得次浦刊誤曰得東二字當倒互五丈下落浦字又下落東字江浦也東逕五磯北有五山沿次江陰故得

是名矣仲雍謂之五圻江水左則巴水注之官本曰按此八字原本及近刻竝訛作經　案朱訛趙改刊誤曰八字是注混作經水出雩婁縣之下靈山即大別山也孫校曰巴別聲相近與決水同出一山故世謂之分水山亦或曰巴山南歷蠻中吳時舊立屯于水側引巴水以溉野又南逕巴水戍南流注于江謂之巴口又東逕軑縣故城南官本曰按此八字原本及近刻竝訛作經　案朱訛趙改刊誤曰八字是注混作經又朱箋曰漢地理志江夏郡軑縣孟康音汰又音徒系反舊本作較宋本作軑皆誤故弦國也趙釋曰全氏曰此是漢志語而前西陽郡下又引王隱晉書地道記是爲複也春秋僖公五年秋楚滅弦弦子奔黃者也漢惠帝元年封長沙相利倉趙釋曰沇氏曰漢表作黎朱倉此從史表爲侯國城在山之陽南對五洲也江中有五洲相接故以五洲爲名宋孝武帝舉兵江州官本曰按近刻訛作洲　案朱訛趙改建牙洲上有紫雲蔭之即是洲也東

會希水口水出灊縣霍山西麓山北有灊縣故城官本曰按此二十字原本及近刻竝訛作經　案朱訛趙改朱無水字趙增刊誤曰十九字是注混作經出灊縣上落水字地理志曰縣南有天柱山即霍山也有祠南嶽廟音潛趙釋曰譚氏元春曰二字恐非正文一淸按友夏之言是也二字注中注漢志注晉灼曰音潛齊立霍州治此西南流分爲二水枝津出焉希水又南積而爲湖謂之希湖湖水又南流逕軑縣東而南流注于江是曰希水口者也官本曰按水口近刻訛作口水　案朱訛趙改然水流急濬霖雨暴漲官本曰按近刻訛作病　案朱訛病趙改疾刊誤曰箋曰孫云疑作暴澍按孫潛校改疾漂濫無常行者難之大江右岸有厭里口安樂浦官本曰按此十一字原本及近刻竝訛作經　案朱訛趙改刊誤曰十一字是注混作經從此至武昌尙方作部諸屯相接枕帶長江又東得桑步步下有章浦本西陽郡治官本曰按西近刻訛作南　案朱趙作南趙釋曰全氏曰此地安得爲南陽郡治或因下

南陽山而譌先宗伯公曰當作西陽郡治是也今悉荒蕪江水左得赤水浦官本曰按此七字原本及近刻竝訛作經　案朱訛趙改刊誤曰七字是注混作經夏浦也江水又東逕南陽山南官本曰按此九字原本及近刻竝訛作經　案朱訛趙改刊誤曰九字是注混作經又曰芎朱作苟箋曰苟宋本作芎趙改芎磯亦曰南陽磯仲雍謂之南陽圻一名洛至圻一名石姥水勢迅急江水又東逕西陵縣故城南官本曰按此十一字原本及近刻竝訛作經　案朱訛趙改刊誤曰十一字是注混作經史記秦昭王遣白起伐楚取西陵者也漢章帝建初二年封陰堂趙作棠爲侯國江水東歷孟家溠朱作洩箋曰洩疑作溠趙改溠江之右岸有黃石山水逕其北官本曰按此十九字原本及近刻竝訛作經　案朱訛趙改刊誤曰十九字是注混作經即黃石磯也一名石茨圻有西陵縣官本曰按近刻此下有也字　案朱有也字趙上增治字縣北則三洲也山連延江側官本曰按近刻延訛作逕側訛作則　案朱訛趙改則仍逕刊誤曰則當作側東山

偏高謂之西塞東對黃公九磯所謂九圻者也于行小難兩山之間爲闕塞官本曰按此下近刻有也字　案朱趙有也字從此濟于土復土復者北岸地名也趙復竝作澓釋曰一淸按方輿紀要興國州大冶縣西塞山北即道士洑也亦名土洑則土澓者即土洑也澓與洑通用又東過蘄春縣南蘄水從北東注之趙刊誤曰箋曰克家云疑作北來按北東字本禹貢不誤江水又得葦口官本曰按葦近刻訛作常　案朱訛趙改又趙改右刊誤曰箋曰宋本作韋口按當作葦口下云浦東有葦山可證也又當作右江浦也浦東有葦山江水東逕山北北崖有東湖口江波左迆流結成湖故謂之湖口矣江水又東得空石口江浦在一本誤左右臨江有空石山南對石穴洲洲上有蘄陽縣治官本曰按此下近刻有也字　案朱趙有又東蘄水注之江水又東

逕蘄春縣故城南世祖建武三十年封陳俊子浮爲侯國官本曰按此下近刻有也字　案朱趙有江水又東得銅零口江浦也大江右逕蝦蟆山北而東會海口水南通大湖北達于江官本曰按此下近刻衍水字　案朱趙有左右翼山江水逕其北東合臧口江浦也官本曰按近刻作矣　案朱趙作矣江水又左逕長風山南得長風口江浦也江水又東逕積布山南俗謂之積布磯又曰積布圻庾仲雍所謂高山也此即西陽尋陽二郡界也趙刊誤曰箋曰西陽一作南陽按宋書州郡志云西陽太守本縣名二漢屬江夏魏立弋陽郡又屬焉惠帝又分弋陽爲西陽國屬豫州在今湖廣黃州府境東南距九江府二百四十里右岸有土復口官本曰按近刻訛作曰　案朱訛趙改刊誤曰曰當作口又趙復作澓江浦也夾浦有江山山東有護口官本曰按近刻口字訛在有護上　案朱趙同江浦也朱趙無也字庾仲雍謂之朝二浦也趙釋曰全氏曰朝二浦先宗伯公手校本作朝江浦即上護江浦之義

又東過下雉縣北利水從東陵官本曰按利近刻訛作刊下同　案朱訛趙改說見注中西南注之

江水東逕琵琶山南山下有琵琶灣官本曰按此下近刻有也字　案朱趙有又東逕望夫山南又東得苦菜水口朱重水字趙刪刊誤曰水字重文宜衍夏浦也江之右岸富水注之水出陽新縣之青湓山西北流逕陽新縣官本曰按近刻脫新字　案朱脫趙增刊誤曰當是陽新縣落新字故豫章之屬縣矣朱無縣字箋曰一作屬縣趙增地多女鳥玄中記曰陽新男子官本曰按陽新近刻訛作新陽　案朱趙同于水次得之遂與共居生二女悉衣羽而去豫章閒養兒不露其衣言是鳥落塵于兒衣中則令兒病故亦謂之夜飛遊女矣官本曰按夜飛近刻訛作飛夜　案朱訛趙乙刊誤曰飛夜二字當倒互朱翌猗覺寮雜記云

嶺外人家嬰兒衣暮則急收不可露夜土人云有蟲名暗衣夜見小兒衣必飛毛著其上兒必病寒熱久則瘦不可療其形大如蝴蝶水經謂之夜飛遊女搜神記又謂之夜遊女以爲即鬼車也趙釋曰方輿紀要興國州永興廢縣下云本漢鄂縣及下雉縣地孫吳初爲武昌縣地尋析武昌縣南境置陽新縣屬武昌郡晉以後因之隋改曰富川縣今猶謂之陽新里晉志陽新屬武昌不屬豫章然吳書呂蒙傳以尋陽陽新爲奉邑意者先屬豫章後更武昌乎且晉志又無新陽之名宋志竟陵太守屬有新陽男相殆是永初後所置是注上云陽新下云新陽而所引毛女事搜神記作豫章新淦人則是又與陽新新陽俱無當也又西北逕下雉縣王莽更名之潤光朱作光箋曰當作光趙改光矣後併陽新官本曰按近刻訛作新陽　案朱趙同趙釋曰全氏曰孫吳析下雉置陽新未嘗並下雉入新陽也水之左右公私裂溉咸成沃壤官本曰按近刻脫成字　案朱脫趙增刊誤曰咸下落成字孫潛校增舊吳屯所在也江水又東官本曰按近刻又訛作口東字訛在下句右字之下　案朱訛趙改刊誤曰口當作又右東二字當倒互右得蘭溪水口竝江浦也又東左得青林口官本曰按此七字原本及近刻竝訛作經　案朱訛趙改刊誤曰七字是注混作經水出廬江郡之東陵鄉官本曰按水出上近刻衍即字　案朱衍趙即改江增左傍青林湖即利水八字刊誤曰寰宇記蘄州廣濟縣下引此文曰江水左傍青林湖即利水今校補八字利水世本水經注作刊水前後經注俱校改江夏有西陵縣故是言東矣尚書云江水過九江至于東陵者也趙釋曰全氏曰按此則善長不以洞庭爲九江以是知第四十卷九江在長沙下雋之文非本經所有如以爲經注互異則彼文善長何無一語糾正之西南流水積爲湖湖西有青林山宋太始元年明帝遣沈攸之西伐子勛伐柵青山覩一童子甚麗問伐者曰取此何爲答欲討賊童子曰下旬當平何勞伐此在眾人之中忽不復見故謂之青林湖湖有鯽魚食之肥美辟寒暑湖水西流謂之青林水又西南歷尋陽分爲二水一水東流通大雷一水西南流注于江經所謂利水也右對馬頭岸自富口迄此五十朱作千箋曰當作十趙改十餘里岸阻

江山官本曰按水經于沔水內敘其入江之後所過蓋與江訂其錯簡又東過彭蠡澤又東過皖縣南又東至石城分爲二其一東北流又東北出居巢縣南又東過牛渚又過毗陵縣爲北江參以末記禹貢山水澤地北江在毗陵北界東入于海下雉縣以下大江入海之大略固具在道元于江水敘次必詳悉自宋時已闕逸矣 趙釋曰何氏曰此下注文總見二十八卷沔水南江下又曰三卷述大江源委郎當繼以沔水蓋沔卽漢江漢同朝宗于海不可得而隔越也一清按義門之言非也沔水篇兼敘北江南江江水篇專敘中江豈可合也禹貢錐指曰水經江水自下雋以東所紀山水地名或瑣細難考沔水自石城以東尤多舛錯道元亦自謂未必一得其實今據府州縣志附載其下水經注江水自西塞山又東逕蘄春縣故城南又東逕積布山南又東逕下雉縣北又東左得青林口水出廬江郡之東陵鄉尙書云江水過九江至于東陵者也又東逕瑞昌縣北廣濟縣南又東逕德化縣北黃梅縣南彭蠡澤在德化縣東南九十里其水北注于江此導江東迤北會于匯之所經也江水至德化縣東北與贛水合彭蠡湖從南來注之江水又東北逕湖口縣北又東北逕彭澤縣北其對岸則宿松縣望江縣又東北逕東流縣西其對岸則懷寧縣又東北逕貴池縣北其對岸則桐城縣又東北逕銅陵縣西又東北逕繁昌縣北其對岸則無爲州又東北逕蕪湖縣西又北逕當塗縣西其對岸則和州又東北逕江寧縣西其對岸則江浦縣又東北逕上元縣北其對岸則六合縣又東逕句容縣北其北岸則儀眞縣又東逕丹徒縣北其北岸則江都縣又東逕丹陽縣北又東逕武進縣北其北岸則泰州又東逕江陰縣北其北岸則泰興縣靖江縣如皋縣又東逕常熟縣北其北岸則通州又東逕太倉州北其北岸則海門縣又東入于海此東爲中江入于海之所經也又曰漢志湔氏道下云江水東南至江都入海江都下云有江水祠海陵下云有江海會祠皆以北岸言之江海會者謂江入海處也毗陵下云北江在北東入海則以南岸言之今泰州泰興靖江如皋通州漢時皆爲海陵縣地今武進江陰常熟及太倉瀕海之鄉漢時皆爲毗陵縣地故大江入海在其境班氏所言初無滲漏然北江者大江之正流也而志與中江南江並列而爲三使枝幹不分石城分江水卽南江之上源而松江在吳縣南者中江由陽羨入海之道也志更以爲南江使首尾橫決此則其所短耳水經依導水之序先沔而後江沔水篇云與江合流東過彭蠡澤又東北出居巢縣又東至石城縣分爲二其一過毗陵縣北爲北江而不及江都蓋舉其南而遺其北也江水篇敘至下雉縣北東陵鄉之東北而止以是應過九江至于東陵之文而不知此東陵非禹貢之東陵也自是以下則以爲與沔水同故不復見然沔水篇但云過毗陵爲北江而下文則專敘南江至餘姚

入海無一言及于北江遂使志家有錯認北至山陰爲浙江者貽誤不小按東樵之言亦非也世本江水篇缺軼下卷故中江入海之道遽湮耳予爲採摭遺文補亡正繆欲爲酈氏洗此沉冤長夜復旦或庶幾焉寰宇記舒州望江縣下引水經注云江水對雷水之北側有周瑜廟亦呼大雷神桐城縣下云益塘山在縣南一里漢書武帝紀元封五年巡狩過盛唐作樅陽盛唐之歌酈元注水經云此水源東南流逕盛唐成俗謂之小益唐雷水又名雷池水又云大雷池水西自宿松縣界流入自發源縣界東南積而爲池謂之雷池又東流逕縣南去縣百里又東入于海江行百里爲大雷口又有小雷口晉庾亮報溫嶠書云足下無過雷池一步乃此地郎注所云青林水又西南逕尋陽分爲二一水東南流過大雷者一也御覽引水經曰雷水南逕大雷戍西注大江謂之大雷口一泒東南流入江謂之小雷口也困學紀聞鮑明遠登大雷岸與妹書大雷在舒州望江縣水經注所謂大雷口也晉有大雷戍陳置大雷郡自注云積雨爲池謂之雷池東入于江謂之大雷口名勝志桐城縣下引注水經曰樅陽湖水逶圍亭與江水合而東流卽此處也太湖縣下引水經注云晉泰始二年置縣在龍山太湖水邊水出縣西積稻山東南流入大江漢志廬江郡湖陵邑下云北湖在南全氏曰北湖卽樅陽湖與丹陽郡溧陽縣之南湖隔江對岸初學記舒州引水經注云破虜磯東有趙屯城內有倉寰宇記和州歷陽縣下云洞口浦魏將曹休張遼伐吳至此與吳軍相望注水經云江水左列洞口書敘指南云水經和州地名洞浦初學記和州引水經注云江水北逕烏江縣之豐浦上通湖池又云次得陰塘水同受皇后湖湖水連爲包湖西翼潭湖方輿紀要云和州烏江浦在故烏江縣東四里卽亭長艤舟待項羽處水經注云江水又北得黃律口卽烏江渡也章懷後漢書張禹傳注引水經注云吳王賜子胥死浮尸于江夫差悔與羣臣臨江設祭修塘道及壇吳人因爲立廟而祭焉按東漢揚州刺史治歷陽今和州也周應合景定建康府志云白鷺洲在城之西酈道元水經云江寧之新林浦西對白鷺洲又曰曲水晉海西公于鍾山立流杯曲水延百僚水經注曰舊樂遊苑宋元嘉十一年以其地爲曲水武帝引流轉酌賦詩方輿紀要常熟縣崑承湖水經注云廣長各十八里文選江賦注引水經注曰中江東南左會漏湖漢志丹陽郡溧陽縣應劭曰溧水所出南湖也說文溧水出丹陽溧陽縣又有溧水亦出丹陽建康府志云酈道元水經曰朱湖在溧陽又云銀林堰在溧水縣東南一百里卽魯陽五堰也今蕪湖縣南有支江俗稱爲縣河經縣市中東達黃池入三湖三湖丹陽顧城石臼湖也至銀林而止所謂中江東至陽羨卽此也蘇常承此下流常病漂沒故築銀林五堰以窒之自是中江不復東而宣歙皆由蕪湖西出達于大江濱湖之地皆隄爲圩田中江亦漸隘狹故老云當時慮後人復開此道則蘇常之間

必被水患遂以石窒五堰路又液鐵以固石故曰銀淋今訛爲林又云中江舊逕溧陽縣界古三江之一今永陽江一名九陽江一名潁陽江在縣西北三十五里卽其遺迹唐開元十七年蔣日用作本縣城隍記云此縣南壓中江風波不借舟楫無施縣宰喬翔創浮梁以便行旅中江橋梁之設昉于此景福三年楊行密將臺濛作五堰施輕舸饋糧是時中江置堰江流亦既狹矣東坡奏議云溧陽縣之西有五堰者古所以節宣歙金陵九陽江之衆水直趨太平州蕪湖後之商人販賣簰木東入二浙以五堰爲阻因紿官中廢去五堰五堰既廢則宣歙金陵九陽江之水或遇暴漲皆入宜興之荆溪由荆溪而入震澤時元祐六年也是時中江尙通其後東壩既成中江遂不復東惟永陽江水入荆溪漫著其詳以見溧陽亦禹迹之所歷云明高淳韓邦憲作廣通壩考曰廣通鎭在高淳縣東五十里世所謂五堰者也西有固城石臼丹陽南湖受宣歙金陵姑孰廣德及大江水東連三塔湖長蕩湖荆溪震澤中有三五里頗高阜春秋時吳王闔廬伐楚用伍員計開渠以運糧今尙名胥溪及傍有伍牙山云左傳襄公三年楚子重伐吳克鳩茲至于衡山哀公十五年楚子西子期伐吳及桐汭蓋由此道鎭西有固城邑遺址則吳所以拒楚者也自是湖流相通東南連兩浙西入大江舟行無阻矣而漢唐以來言地理者遂以爲水源本通蓋皆指吳所開爲禹貢三江故道耳中江之蛛絲馬迹見于羣籍者如此又漢志丹陽郡宛陵縣下云彭澤聚在西南淸水西北至蕪湖入江在今寧國府界豈卽淸弋江乎說文泠水出丹陽宛陵西北入江泠水疑卽淸水也而應劭乃移而屬之零陵郡泠道縣下故臣瓚以爲非也此水不見于江水注爲附記之

水經注卷三十五

水經注卷三十六

長沙王氏校本

後魏酈道元撰

青衣水　桓水　若水　沫水

延江水朱有沅西水三字　存水　溫水

青衣水出青衣縣西蒙山東與沫水合也

縣故青衣羌國也官本曰按故下近刻衍有字案朱衍趙改古刊誤曰有當作古竹書紀年梁惠成王十年瑕陽人自秦道岷山青衣水來歸漢武帝天漢四年罷沈黎郡分兩部都尉官本曰按近刻訛作分沈黎郡西部都尉案朱趙同趙郡下增置字一治青衣主漢民官本曰按此七字近刻訛作青衣之王漢五字案朱同箋曰華陽國志作罷沈黎置兩郡都尉一治旄牛主外羌一治青衣漢民趙改治青衣主漢民六字公孫述之有蜀也青衣不服世祖嘉之建武十九年以爲郡安帝延光元年置蜀郡屬國都尉青衣王子心慕漢制上求內附順帝陽嘉二年改曰漢嘉嘉得此良臣也朱不重嘉字箋曰謝云嘉字下當又有嘉字趙增縣有蒙山青衣水朱無水字箋曰疑脫水字趙增所發東逕其縣與沫水會于越巂郡之靈關道朱無越字箋曰當作越巂郡趙增釋曰一清按此是漢嘉之靈關山非越巂郡之靈關道也道元蓋爲經所誤詳沫水篇青衣水又東邛水注之水出漢嘉嚴道邛來山東至蜀郡臨邛縣東入青衣水

至犍爲南安縣入于江

青衣水逕平鄉謂之平鄉江益州記曰平鄉江東逕峨眉山在南安縣界去成都南千里然秋日清澄望見兩山相峙如蛾眉焉青衣水又東流注于大江

桓水出蜀郡岷山官本曰按漢書作蜀山**西南行羌中入于南海**

尚書禹貢岷嶓既藝沱潛既道蔡蒙旅平和夷底績鄭玄曰和上夷所居之地也和讀曰桓地理志曰朱無理字趙增刊誤曰當作地理志落理字桓水出蜀郡蜀山西南行羌中者也尚書又曰西傾因桓是來馬融王肅云西治傾山惟因桓水是來言無他道也余按經據書岷山西傾俱有桓水桓水出西傾山更無別流所導者惟斯水耳趙釋曰禹貢錐指曰古者桓有和音故鄭康成破和爲桓晉地道記云梁州自桓水以南爲夷書所謂和夷底績此說是也但不當破和爲桓耳又曰漢志蜀郡下桓水別是一水行羌中入南海不復經中國班氏指爲禹貢之桓水何其繆也酈道元云岷山西傾俱有桓水此亦爲班孔作調人耳依鄭說其所指者當爲漢志之洮水唐之大渡河而謂此水卽西傾所因之桓水大非釋桓水者當以酈注所敘之白水爲正浮于潛漢而達江沔故晉地道記曰梁州南至桓水西抵朱趙作底黑水東限扞關今漢中巴郡汶山蜀郡漢嘉江陽朱提涪陵陰平廣漢新都梓潼犍爲武都上庸魏興新城皆古梁州之地自桓水以南爲夷書所謂和夷底績也然所可當者惟斯水與江耳桓水蓋二水之別名爲兩川之通稱矣官本曰按川近刻訛作江案朱趙作江鄭玄注尚書言織皮謂西戎之國也西傾雍州之山也雍戎二野之間人有事于京師者道當由此州而來桓是隴坂名其道盤桓旋曲而上故名曰桓是今其下民謂是坂曲爲盤也斯乃玄之別致恐乖尚書因桓之義非浮潛入渭之文余攷校諸書以具聞見今略緝綜川流沿注之緒雖今古異容本其流俗麤陳所由然自西傾至葭萌入于西漢卽鄭玄之所謂潛水者也自西漢遡流而屆于晉壽界沮漾枝津官本曰按沮近刻訛作阻案朱訛趙改刊誤曰阻當作沮南歷岡穴迆邐而接漢沿此入

漾書所謂浮潛而逾沔矣歷漢川至南鄭縣屬于褒水遡褒暨于衙嶺之南溪水枝灌于斜川官本曰按近刻水訛作川枝訛作皮 案朱同箋曰皮當作支趙改水改支刊誤曰川胡渭校改水届于武功而北達于渭水此乃水陸之相關川流之所經復不乖禹貢入渭之宗實符尚書亂河之義也趙釋曰禹貢錐指曰酈元云自西漢泝流而至晉壽沮漾枝津南枝津郎郭璞所云水從沔陽縣南流至漢壽寰宇記所謂三泉故縣南大寒水西流者也歷岡穴迤邐而接漢岡穴郎郭璞所謂嶓山括地志所謂龍門山大石穴者也又曰水經注以褒斜二水爲自沔入渭之道考諸漢史則猶有可疑者河渠書云武帝時有上書欲通褒斜道及漕事下御史大夫張湯湯問之言抵蜀從故道故道多阪回遠今穿褒斜道少阪近四百里而褒水通沔斜水通渭皆可以行船漕漕從南陽上沔入褒褒絶水至斜閒百餘里以車轉從斜下下渭如此漢中之穀可致山東從沔無限便于底柱之漕上以爲然拜湯子卬爲漢中守發數萬人作褒斜道五百餘里道果便近而水多湍石不可漕蘇氏據此以說經曰沔無入渭之道漢人所言褒斜則其道也然褒斜之間絶水百餘里故曰逾于沔蓋禹時通謂褒爲沔也竊謂褒斜二水禹時必有相通之道如水經注所云衙嶺之南溪水支灌于斜川者及夏殷之際梁俗變爲蠻夷貢職不修貢道遂廢周武王牧野之師八國雖嘗來會其後巴蜀恃險復不與中國通逾沔入渭之道其誰知之嘗觀江河之枝流日久亦多湮塞而況深山窮谷之中溪流一綫裁得通舟自禹至漢多歷年所豈能長存而不變褒斜二水相通之道禹時自有漢時自無不得據漢史而疑聖經亦不得據酈注而疑漢史也

若水出蜀郡旄牛徼外東南至故關爲若水也

山海經曰南海之內黑水之閒有木名曰若木若水出焉又云灰野之山有樹焉青葉赤華厥名若木生昆崙山西附西極也淮南子曰若木在建木西木有十華其光照下地故屈原離騷天問曰羲和未陽若華何光是也然若木之生非一所也黑水之閒厥木所植水出其下故水受其稱焉若水沿流閒關蜀土黃帝長子昌意德劣不足紹承大位降居斯水爲諸侯焉娶蜀山氏女生顓頊于若水之野孫校曰按山海經顓頊是昌意之孫有聖德二十登帝位承少皞金官之政以水德寶曆趙作麻矣若水東南流鮮水注之一名州江大度水出徼外至旄牛道官本曰按旄近刻作髦下同 案朱作髦箋曰漢志作旄牛趙改旄南流入于若水趙釋曰一淸按漢志蜀郡旄牛鮮水出徼外南入若水旄牛不曰道續志亦不曰道與注異也又逕越嶲大莋縣入繩繩水出徼外山海經曰巴遂之山繩水出焉東南流分爲二水其一水枝流東出逕廣柔縣東流注于江其一水南逕旄牛道至大莋與若水合自下亦通謂之爲繩水矣趙釋曰一淸按漢志越嶲郡遂久縣繩水出徼外東至僰道入江過郡二行千四百里說文從水作澠詳本篇僰道縣入江注中孫校曰此漢志所以有若水入澠之說莋夷也汶山曰夷官本曰按近刻訛作莋 案朱訛趙改刊誤曰莋華陽國志作夷南中日昆彌蜀曰邛漢嘉越嶲曰莋皆夷種也趙釋曰一淸按禹貢錐指曰凡言莋者夷人於大江水上置藤橋謂之莋定莋大莋皆是近水置莋橋處莋與莋同漢志越嶲郡定莋縣下云出鹽步北澤在南都尉治

南過越嶲邛都縣西直南至會無縣淹水東南流注之朱無之字箋曰注下當有之字趙增

邛都縣漢武帝開邛莋置之縣陷爲池今因名爲邛池南人謂之邛河官本曰按近刻脫邛字 案朱趙無趙釋曰一淸案漢志越嶲邛都縣下云南山出銅有邛池澤范史西南夷傳云南人以爲邛河劉昭補註郡國志引南中志曰邛都縣東南數里有水名邛廣都河從廣三十里深百餘丈有魚長一二丈頭特大遙視如戴鐵釜狀河中有蜂嶲山官本曰按蜂近刻訛作蛙 案朱訛趙改刊誤曰箋曰華陽國志云邛都河中有奉嶲山按劉昭郡國志補注引華陽國志作蜂嶲山今校正應劭曰官本曰案近刻脫此三字 案朱趙無有嶲水言越此水以章休盛也後復反叛元鼎六年漢兵自越嶲水伐之趙釋曰一淸按有嶲水言越此水以章休盛說本應劭漢

書音義然漢書西南夷傳又作粵巂粵與越通猶百粵之爲百越揚越之稱揚粵耳則越巂二字相連仲瑗之説大抵附會道元引之非也以爲越巂郡治邛都縣王莽遣任貴爲領戎大尹守之更名爲集巂也縣故邛都國也越巂水即繩若矣似隨水地而更名矣又有溫水冬夏常熱其源可燖雞豚下湯沐洗能治宿疾昔李驤敗李流于溫水是也若水又逕會無縣縣有駿馬河水出縣東高山山有天馬徑厥跡存焉馬日行千里民家馬牧之山下或產駿駒言是天馬子河中有貝子胎銅朱箋曰胎銅謂銅璞也以羊祠之則可取也又有孫水焉水出臺高縣即臺登縣也孫水一名白沙江南流逕邛都縣司馬相如定西南夷官本曰按近刻脫南字案朱脫趙增刊誤曰漢書是西南夷傳本傳亦有南字今校補橋孫水即是水也又南至會無入若水趙釋曰一清按漢志越巂郡臺登縣孫水南至會無入若行七百五十里

若水又南逕雲南郡之遂久縣青朱趙作蛸下同蛉水入焉水出青蛉縣西東逕其縣下縣以氐焉有石豬圻長谷中有石豬子母數千頭長老傳言夷昔牧此一朝化爲石迄今夷人不敢往牧貪水出焉青蛉水又東注于繩水趙釋曰一清按漢志注應劭曰蛸蛉水東入江繩水又逕三絳縣西又逕姑復縣北對三絳縣淹水注之三絳一曰小會無故經曰淹至會無注若水趙釋曰全氏曰按越巂原有會無經之所指乃三絳縣故善長晰言之若水又與母血水合朱無若字趙增刊誤曰水上落若字水出益州郡弄棟縣東農山母血谷北流逕三絳縣南北入繩趙釋曰一清按漢志益州郡弄棟縣東農山母血水出北至三絳入繩行五百一十里繩水又東涂水注之孫校曰此涂水疑即山海經所謂涻水注邛澤者水出建寧郡之牧靡趙增縣字南山官本曰按牧今漢書作收靡縣山竝即草以立名山在縣

東北烏句山南五百里山生牧靡趙增草字可以解毒百卉方盛烏多誤食烏喙口中毒趙無口字必急飛往牧靡山啄牧靡以解毒也趙釋曰朱氏謀㙔箋曰李奇曰牧靡即升麻也涂水導源臘谷西北流至越巂入繩趙釋曰一清按漢志益州郡牧靡縣臘涂水所出西北至越巂入繩過郡二行千二百里今本漢書落谷字當以水經注補之繩水又逕越巂郡之馬湖縣謂之馬湖江又左合卑水水出卑水縣官本曰按近刻脫水出卑水四字案朱趙無趙釋曰一清按漢志越巂郡卑水縣孟康曰音班劉昭郡國志補註卑水縣華陽國志云水通馬湖而東流注馬湖江也趙釋曰一清按漢志越巂諸水皆與注合惟蘇示縣下云尼江在西北獨無可考耳又東北至犍爲朱提縣西爲瀘江水官本曰按近刻脫爲字案朱趙同趙增注之二字刊誤曰水下落注之二字孫潛校補朱提山名也應劭曰在縣西南縣以氐焉朱無縣字箋曰孫云當作縣以氐焉

趙增犍爲屬國也在郡南千八百許里建安二十年立朱提郡郡治縣故城郡西南二百里得所綰堂琅縣西北行上高山羊腸繩屈八十餘里或攀木而升或繩索相牽而上緣陟者若將階天故袁休明巴蜀志云高山嵯峨巖石磊落傾側縈迴下臨峭壑行者扳緣牽援繩索三蜀之人及南中諸郡以爲至險有瀘津東去縣八十里水廣六七百步深十數丈多瘴氣鮮有行者晉明帝太寧二年李驤等侵越巂攻臺登縣寧州刺史王遜遣將軍姚岳趙釋曰一清按晉書王遜傳作姚崇擊之戰于堂琅驤軍大敗岳追之至瀘水赴水死者千餘人遜以岳等不窮追怒甚髮上衝冠帢裂而卒按永昌郡有蘭倉水出西南博南縣朱作郡箋曰宋本作縣趙改縣漢明帝永平二年置官本曰按近刻訛作十二年

案朱趙作十二年趙釋曰一清按郡國志是永平二年置博南山名也縣以氏之其水東
北流逕博南山官本曰按逕近刻訛作出案朱趙作出漢武帝時通博南山道
渡蘭倉津土地絕遠行者苦之歌曰漢德廣開不賓渡博南
越蘭倉津渡蘭倉為作人趙釋曰一清按作人猶役徒也而華陽國志作為佗人全祖望曰作卽花
之省則為當讀去聲唐書張柬之傳引此語作他人則仍華陽志也山高四十里蘭倉水出金
沙越人收以為黃金又有珠光穴官本曰按近刻訛作光珠穴案朱訛趙乙刊誤曰
御覽引此文作珠光穴穴出光珠又有琥珀珊瑚黃白青珠也蘭倉水
又東北逕不韋縣與類水合水出巂唐縣漢武帝置類水西
南流曲折又北流東至不韋縣注蘭倉水趙釋曰一清按漢志益州郡巂唐縣
類水西南至不韋行六百五十里又東與禁水合水自永昌縣而北逕其郡
西水左右甚饒犀象山有鉤蛇長七八丈尾末有岐蛇在山

澗水中以尾鉤岸上人牛食之此水傍瘴氣特朱作時箋曰宋本作特趙
改特惡氣中有物不見其形其作有聲中木則折中人則害名
曰鬼彈惟十一月十二月差可渡正月至十月逕趙作經下同之
無不害人故郡有罪人徙之禁旁官本曰按近刻訛作防案朱訛趙改刊誤曰防何
焯校改旁不過十日皆死也禁水又北注瀘津水又東逕不韋縣
北而東北流兩岸皆高山數百丈瀘峰最為傑秀官本曰按傑近刻作
高案朱同趙改刊誤曰高秀名勝志引此文作傑秀孤高三千餘丈是山于晉太康
中崩震動郡邑水之左右馬步之徑裁通而時有瘴氣三月
四月逕之必死非此時猶令人悶吐五月以後行者差得無
害故諸葛亮表言五月渡瀘并日而食臣非不自惜也顧王
業不可偏安于蜀故也益州記曰瀘水源出曲羅巂下三百

里曰瀘水官本曰按巂近刻訛作舊又此句有舛誤未詳案朱訛趙改刊誤曰舊全氏云當作巂曲羅巂者
巂人種名唐置曲州以此兩峰有殺氣暑月舊不行故武侯以夏渡為艱
瀘水又下合諸水而總其目焉故有瀘江之名矣自朱提至
僰道有水步道水道有黑水羊官水官本曰按近刻脫水道二字案朱趙無至
險難三津之阻行者苦之故俗為之語曰楢溪赤水盤蛇七
曲盤羊烏攏氣與天通看都濩泚住柱呼伊官本曰按近刻作尹案朱同
趙改刊誤曰箋曰二語未詳按說文濩雨流霤下貌又廣韻布濩流散也泚汗出也言行道艱苦流汗也呼尹當作呼伊
住柱呼伊停仗呼其儔類也泚伊相叶古三聲通韻惟看都二字義難通曉庲降賈子左擔七里
趙刊誤曰箋曰庲降屯名也華陽國志云建寗郡治故庲降都督屯也李充蜀記云蜀山自緜谷葭萌道徑險窄北來擔
負者不容易肩謂之左擔道按蜀志李恢為庲降都督領交州刺史住平夷後馬忠為庲降都督移治建寗味縣裴松之
曰庲降去蜀二千餘里時未有寗州號為南中置此職以總攝之平夷城在今雲南陸涼州又曲靖軍民府南寗縣有廢

味縣此蜀漢之庲降屯若江油左擔道卽陰平道鄧艾由之入蜀在今四川龍安府平武縣界去南中絕遠不得因蜀記
左擔字漫引之也又有牛叩頭馬搏頰坂趙頰改額刊誤曰頰方輿紀要作額說文頰面旁也
非能搏者額之訓為額易說卦傳其于馬也為的額是也吳穎芳曰頰字亦通道藏道家拜天名曰搏頰拜崖嶺峻險馬
必低首拳跪以上有如搏頰坂由此以得名也其艱險如此也
又東北至僰道縣入于江
若水至僰道官本曰按近刻此下有縣字案朱趙有又謂之馬湖江繩水瀘水
孫水淹水大渡水隨決入而納通稱是以諸書錄記羣水或
言入若又言注繩亦咸言至僰道入江趙咸改或刊誤曰咸當作或正是
異水沿注通為一津更無別川可以當之水有孝子石昔朱作
西箋曰宋本作昔趙改昔縣人有隗叔通者性至孝為母給江膂水官本曰按
膂今華陽國志作裔案趙給作汲刊誤曰箋曰華陽國志云為母汲江裔水全氏云江膂江心也膂字不誤天為

出平石至江膂中今猶謂之孝子石可謂至誠發中而休應自天矣

沫水出廣柔徼外朱箋曰漢地理志蜀郡有廣柔縣縣有石紐鄉禹所生也朱箋曰開山圖注云女狄暮汲石紐山下泉中得月精如雞子吞之遂孕十四月而生禹今夷人共營之地方百里不敢居牧有罪逃野捕之者不逼能藏三年不爲人得則共原之言大禹之神所祐之也

東南過旄牛縣北又東至越巂靈道縣出蒙山南

靈道縣一名靈關道漢制夷狄曰道趙釋曰禹貢錐指曰漢靈關道屬越巂郡去此地甚遠今盧山縣西北有靈關廢縣通典雅州盧山縣有靈關山是也其地當爲沫水之所經蓋漢後別置宋書符瑞志云晉咸寧三年黃龍見漢嘉靈關則縣屬漢嘉之靈關非越巂之靈關道也經注並誤一清按靈史記作零寰宇記雅州盧山縣下云靈關鎮在縣北八十二里四向嶮峻控帶蕃蠻一夫守之可以禦百蜀都賦云廓靈關而爲門注云關爲西南漢嘉郡界也又云靈關山在縣北二十里峰嶺嵯峨山脊十里傍夾大路下有山峽口闊三丈長二百步俗呼爲重關通蠻貊之鄉入白狼夷之境是也縣有銅山官本曰按近刻重一山字　案朱重趙刪又有利慈渚官本曰按近刻脫渚字　案朱脫趙增刊誤曰利慈下落渚字晉太始九年黃龍二見于利慈池官本曰按近刻脫利字　案朱作慈池趙改利慈刊誤曰慈池當作利慈全氏校改縣令董玄之牽吏民觀之以白刺史王濬濬表上之晉朝改護龍縣也沫水出岷山西東流過漢嘉郡南流衝一高山山上合下開水逕其間山即蒙山也

東北與青衣水合

華陽國志朱趙作記曰二水于漢嘉青衣縣東合爲一川自下亦謂之爲青衣水沫水又東官本曰按近刻脫沫字　案朱脫趙增刊誤曰水上落沫字逕開刊縣官本曰按刊近刻訛作邦　案朱趙作邦故平鄉也晉初置沫水又東逕臨邛南而東出于江原縣也朱原作源趙改刊誤曰源當作原

東入于江

昔沫水自蒙山至南安西溷崖官本曰按西近刻訛作而　案朱訛趙改爲刊誤曰箋曰孫云當作若沫水按非也漢書司馬相如傳云西至沫若水又云故乃關沫若謂沫水及若水也孫汝澄誤以二水爲一名又以己意改沫若爲若沫繆之甚矣御覽引此文是昔字而當作爲水脈漂疾破害舟船歷代爲患蜀郡太守李冰發卒鑿平溷崖河神贔怒冰乃操刀入水與神鬬遂平溷崖通正水路開處即冰所穿也趙釋曰一清按溷崖即江水篇之熊耳峽也續志犍爲郡南安縣有魚泣津劉昭補注蜀都賦注曰魚符津數百步在縣北三十里縣臨大江岸便山嶺相連經益州郡有道廣四五尺深或百丈鑿鑿之迹今存昔唐蒙所造然則溷崖之闢爲李冰始事而成于唐蒙也范史吳漢傳章懷注引續志作魚涪津又曰魚鳧津寰宇記引南北八郡志云犍爲有魚鳧津符涪鳧音同通用泣字誤也

延江水出犍爲南廣縣東至牂柯鄨縣又東屈北流朱趙又字在東至上鄨縣故犍爲郡治也趙釋曰一清按兩漢晉宋諸志俱不云犍爲郡治鄨且鄨屬牂柯已見經文善長注自異何也縣有犍山晉建興元年置平夷郡縣有鄨水出鄨邑西不狼山東與溫水合溫水一曰煖水出犍爲符縣而南入黚水黚水亦出符縣南與溫水會官本曰按黚水原本及近刻竝訛作鄨水今改正漢書地理志符縣溫水南至鄨入黚水黚水亦南至鄨入江　案朱訛趙改刊誤曰鄨水當作黚水漢書地理志校下同闞駰謂之闞水俱南入鄨水鄨水于其縣而東注朱趙有于字延江水官本曰按近刻脫江字下同　案朱脫趙增刊誤曰延水當作延江水下竝同趙釋曰全氏曰按漢志犍爲郡符縣溫水南至鄨入黚水黚水亦南至鄨入江牂柯郡鄨縣不狼山鄨水所出東入沅過郡二行七百三十里今以是注考之蓋溫入黚黚入延延入沅以入江也說文溫水出涪南入黔水黔字誤當作黚然善長所引卻不錯蓋流俗本之失

也

延江水又與漢水合水出犍為漢陽道山闟谷官本曰按此三字近刻訛在下句新通也之下闟訛作關 案三字朱趙並在下朱作關箋曰山關谷漢地理志作山闟谷趙改闟朱脫水字趙增刊誤曰出上落水字王莽之新通也東至鬵邑入延江水也趙釋曰一清按漢志犍為郡漢陽縣都尉治山闟谷漢水所出東至鬵入延漢陽不云是道續志之犍為屬國晉志之朱提郡下亦無道字漢志續志鬵是縣非邑也二縣注並與史異

至巴郡涪陵縣注更始水

更始水即延江枝分之始也延江水北入涪陵水涪陵水出縣東故巴郡之南鄙官本曰按巴近刻訛作邑 案朱訛趙改刊誤曰邑當作巴兩漢志涪陵屬巴郡王莽更名巴亭魏武分邑立為涪陵郡官本曰按邑立近刻訛作巴巳 案朱趙同趙釋曰朱氏謀㙔箋曰晉書地理志蜀置涪陵郡今云魏武分所未詳也全氏曰晉志又云涪陵是劉璋置劉璋之末巴郡入于張魯魯降曹氏更入魏因置三巴見于魏書則魏或嘗立涪陵郡未可知也特史志不詳耳張堪為縣會公孫述擊堪同心義士選習水者筏渡堪于小別江即此水也其水北至枳縣入江更始水東入巴東之南浦縣其水注引瀆口石門官本曰按口近刻訛作水 案朱趙作水空岫陰深邃澗闇密傾崖上合恆有落勢行旅避瘴時有經之官本曰按此四字近刻訛作將有逕之處 案朱同趙刪處字刊誤曰處字衍文全氏校無不危心于其下又謂之西鄉水亦謂之西鄉溪溪水開闢二百許里方得出山又通波注遠復二百餘里東南入遷陵縣也

又東南至武陵酉陽縣官本曰按酉近刻訛作西 案朱訛趙改刊誤曰西陽當作酉陽漢書地理志校入于酉水

武陵先賢傳曰潘京世長為郡主簿太守趙偉趙刊誤曰續漢書郡國志注引先賢傳作趙厥甚器之問京貴郡何以名武陵京答曰鄙郡本名義陵在辰陽縣界與夷相接數為所破光武時移治東山之土遂爾易號傳曰止戈為武詩云高平曰陵于是名焉趙釋曰一清按劉昭補注郡國志曰前書本名武陵不知此對何所據而出酉水北岸有黚陽縣許慎曰溫水南入黚蓋鬵水以下津流沿注之通稱也故縣受名焉西鄉溪口在遷陵縣故城上五十里左合酉水酉水又東逕其故城北又東逕酉陽故縣南而東出也兩縣相去水道可四百許里于酉陽合也

酉水東南至沅陵縣入于沅官本曰按酉水原委詳沅水注內 案趙十一字改注接于酉陽合也下刊誤曰十一字是延江水篇注尾誤作酉水篇經文趙釋曰一清按酉水源流詳具沅水篇而俗本目錄作沅酉水已是不合所存卷中僅此經文而注無一字全氏曰此是延江水篇注結語後人妄分之耳何焯亦云酉水入沅當附沅水篇但酉水出充縣明見漢志而應劭于酉陽縣以為酉水所出誤也善長云東逕酉陽則善矣蓋酉水自充縣至此始與延江水合也應劭又曰東入湘亦誤今經文既改隸而其目亦削去焉

存水出犍為郁鄢縣朱鄢作鄢箋曰漢地理志作郁鄢縣注云鄢音莫亞反趙改鄢釋曰全氏曰按水經皆用東漢郡縣名獨郁鄢不見于續志或者是和帝以後所幷作經時其縣尚在與天水隆慮同一例也

王莽之孱鄢朱作鄢箋曰孫云漢志莽曰孱鄢趙改鄢也益州大姓雍闓反結壘于山繫馬柳柱官本曰按柳近刻訛作柳 案朱趙作柳柱生成林今夷人名曰雍無梁林梁夷言馬也存水自縣東南流官本曰按存近刻訛作周 案朱趙作周逕牧靡縣北又東逕且蘭縣北而東南出也

東南至鬱林定周縣為周水

存水又東官本曰按存近刻亦訛作周 案朱趙作周逕牂柯郡之毋斂縣北官本曰按毋近刻作無下同 案朱同趙改刊誤曰無斂當作毋斂漢書地理志校而東南與毋斂水合官本曰按此下近刻有矣字 案朱趙有水首受牂柯水東逕毋斂縣為毋斂水

又東注于存水存水又東逕鬱林定周縣爲周水蓋水變名也趙釋曰一清按漢志益州郡巂唐縣周水首受徼外又鬱林郡定周縣水首受毋斂東入潭行七百九十里蓋自徼外合毋斂水同入潭也

又東北至潭中縣注于潭官本曰按潭水源委詳溫水注內

溫水出牂柯夜郎縣

縣故夜郎侯國趙釋曰一清按漢志應劭注作邑也唐蒙開以爲縣王莽名曰同亭矣溫水自縣西北流逕談稾官本曰按原本及近刻竝訛作臺今據漢書改正　案朱訛趙改與迷水合水西出益州郡之銅瀨縣談虜山朱箋曰晉地道記同瀨縣有同虜山東逕談稾縣右注溫水溫水又西逕昆澤縣南又逕味縣縣故滇國都也諸葛亮討平南中劉禪建興三年官本曰按近刻訛作元年　案朱趙作元趙釋曰一清按諸葛南征在建興三年不得有元年置郡事也元字誤當作三字分益州郡置建寧郡于此水側皆是高山山水之閒悉是木耳夷居語言不同嗜欲亦異朱箋曰華陽國志云夷人大種曰昆小種曰叟皆曲頭木耳環鐵裹金雖曰山居土差平和而無瘴毒溫水又西南逕滇池城池在縣西官本曰按近刻訛作滇池于西北池　案朱同趙于下增縣字以池字下屬刊誤曰箋曰于當作之按非也于下落縣字周三百許里上源深廣下流淺狹似如倒流朱作池箋曰當作倒流趙改流故曰滇池也趙釋曰一清按漢志益州郡滇池縣滇池澤在西北有黑水祠長老傳言官本曰按傳下近刻衍下流淺三字　案朱同箋曰宋本作長老傳曰無下流淺三字趙刪三字池中有神馬家馬交之則生駿駒日行五百里晉太元十四年寧州刺史費統言晉寧郡滇池縣兩神馬一白一黑盤戲河水之上有滇州元封三年立益州郡治滇池城官本曰按近刻脫城字　案朱趙無劉禪建寧郡也官本曰按郡下近刻衍治字　案朱趙有溫水又西會大澤官本曰按大近刻訛作木　案朱訛趙改刊誤曰水澤當作大澤漢書地理志益州郡滇池縣下厶大澤在西是也趙釋曰一清按漢志益州郡滇池縣大澤在西與葉榆僕水合朱箋曰漢地理志益州有葉榆縣溫水又東南逕牂柯之毋單縣官本曰按毋音無原本及近刻竝訛作母下同今改正　案朱訛趙改建興中劉禪割屬建寧郡橋水注之水上承俞元之南池趙釋曰一清按漢志益州郡俞元縣池在南橋水所出東至毋單入溫行千九百里縣治龍池洲周四十七里一名河水趙釋曰一清按漢志益州郡勝休縣河水東至毋棳入橋而善長以爲卽橋水之一名與邪龍分浦後立河陽郡治河陽縣縣在河源洲上又有雲平縣竝在洲中橋水東流至毋單縣官本曰按近刻脫至字　案朱脫趙增逕字說見下注于溫溫水又東南逕興古郡之毋棳縣東官本曰按近刻脫逕字又毋棳原本及近刻竝訛作母棳下同今改正　案朱脫訛趙增改刊誤曰橋水東流溫水又東南下俱落逕字孫潛校增漢書地理志毋棳縣師古曰棳之悅反其字从木王莽更名有棳也與南橋水合

官本曰按近刻脫此二字　案朱脫趙增刊誤曰南橋下落水合二字水出縣之橋山趙釋曰一清按漢志益州郡毋棳縣橋水首受橋山東至中留入潭過郡四行三千一百二十里善長以爲南橋蓋以別于俞元之橋也全氏曰按善長既加南字以別之矣然南橋水固河水之所入也又謂俞元之橋一名河水則二橋互相出入矣恐有誤東流梁水注之梁水上承河水于俞元縣官本曰按于近刻訛作與　案朱訛趙改刊誤曰與當作于而東南逕興古之勝休縣王莽更名勝僰縣梁水又東逕毋棳縣左注橋水橋水又東注于溫溫水又東南逕律高縣南劉禪建興三年分牂柯置興古郡官本曰按近刻脫郡字　案朱脫趙增治溫縣官本曰按原本及近刻竝訛作治宛溫縣今改正華陽國志興古郡屬縣十一溫縣郡治　案朱趙作宛溫刊誤曰箋曰孫云漢志牂柯郡有宛漏縣此宛溫疑誤按今本漢書正作宛溫蓋所見者誤本耳興古下落郡字晉書地道記治此溫水又東南逕梁水郡南溫水上合梁水故自下通得梁水之稱是以劉禪分興古之盤南官本曰按

華陽國志梁水郡在興古之䀊南　案朱䀊作盤趙改刊誤曰漢書地理志益州郡律高縣䀊町山出銀鉛師古曰䀊音呼鵰反今俗本盤字誤也置郡于梁水縣也趙釋曰一清按宋志梁水太守晉成帝分興古立梁水縣與郡俱立此云蜀置蓋東晉復立此郡也溫水東南官本曰按近刻脫水字　案朱無水字箋曰李云當作溫水又東南趙依增逕鐔封縣北又逕來惟朱趙作唯下同縣東而僕水右出焉

又東至鬱林廣鬱縣爲鬱水

秦桂林郡也漢武帝元鼎六年更名鬱林郡王莽以爲鬱平郡矣應劭地理風俗記曰周禮鬱人掌祼器凡祭醊賓客之祼事官本曰按醊近刻訛作祀　案朱訛趙改刊誤曰祭祀黃省曾本作祭醊和鬱鬯以實樽彝鬱芳草也百草之華煮以合釀黑黍以降神者也或說今鬱金香是也一曰鬱人所貢因氏郡矣溫水又東逕增食縣有

文象水注之其水導源牂柯句町縣應劭曰故句町國也王莽以爲從化文象水蒙水與盧惟水來細水官本曰按漢書作來西水伐水並自縣東歷廣鬱至增食縣注于鬱水也趙釋曰全氏曰漢志牂柯郡句町縣文象水東至增食入鬱又有盧唯水來細水伐水而蒙水獨無稱又鬱林郡下云有小谿水七并行三千一百一十里

又東至領方縣東與斤南水合官本曰按斤南水漢書作斤員水　趙釋曰全氏曰按斤南卽漢志之斤員宋祁曰一作斤南者也經又別稱斤江又曰員水者是

縣有朱涯朱趙作厓下同水出臨塵縣東北流驩水注之水源上承牂柯水東逕增食縣而下注朱涯水趙釋曰一清按漢志鬱林郡增食縣驩水首受牂柯東界入朱厓水行五百七十里朱涯水又東北逕臨塵縣王莽之監塵也縣有斤南水趙南改員刊誤曰箋曰漢地志云鬱林郡臨塵縣有斤南水按今漢書作斤員宋祁曰一作斤南朱氏據小宋之說何可以蒙班固乎侵離水官本曰按侵近刻訛作浸　案朱訛趙改釋曰全氏曰四十卷末作侵黎並逕臨塵東入領方縣流注鬱水趙釋曰一清按漢志鬱林郡臨塵縣朱厓水入領方又有斤員水又有侵離水行七百里領方縣斤員水入鬱

東北入于鬱

鬱水卽夜郎豚水也趙釋曰一清按漢志鬱林郡廣鬱縣鬱水首受夜郎豚水牂柯郡夜郎縣豚水東至廣鬱然則鬱水非卽豚水矣范史西南夷傳作遯水章懷注引前書地理志亦作遯水也漢武帝時有竹王興于豚水有一女子浣于水濱有三節大竹流入女子足閒推之不去聞有聲持歸破之得一男兒遂雄夷濮氏竹爲姓所捐破竹于野成林今竹王祠竹林是也王嘗從人止大石上命作羹從者白無水王以劍擊石出水今竹王水是也後唐蒙開牂柯斬竹王首夷獠咸怨以竹王非血氣所生

求爲立祠朱箋曰華陽國志作嗣趙改嗣帝封三子爲侯及死配父廟今竹王三郎祠其神也豚水東北流逕談藁縣東逕牂柯郡且蘭縣謂之牂柯水水廣數里縣臨江上故且蘭侯國趙釋曰一清按漢志應劭注作邑也一名頭蘭牂柯郡治也楚將莊蹻泝沅伐夜郎椓牂柯繫船官本曰按近刻作徑　牂柯繫船顏師古云牂柯繫船杙也　案朱趙作徑因名且蘭爲牂柯矣漢武帝元鼎六年開王莽更名同亭有柱浦關官本曰按有近刻訛作在　案朱訛趙改浦趙作蒲牂柯亦江中兩山名也左思吳都賦云吐浪牂柯者也元鼎五年武帝伐南越發夜郎精兵下牂柯江同會番禺是也趙釋曰一清按漢志牂柯郡下應劭曰臨牂柯江也師古曰牂柯係船杙也華陽國志曰楚頃襄王時遣莊蹻伐夜郎軍至且蘭椓船于岸而步戰既滅夜郎以且蘭有椓船牂柯處乃改名爲牂柯牂柯水又東南逕毋斂縣西官本曰按毋原本及近刻並訛作毋下同今改正　案朱訛趙改

毋斂水出焉又東驩水出焉官本曰按驩近刻訛作讙案朱訛趙改刊誤曰讙水漢書地理志作驩水又逕鬱林廣鬱縣爲鬱水又東北逕領方縣北又東逕布山縣北鬱林郡治也吳陸績曰官本曰按陸下近刻衍緒謂子三字案朱趙有從今以去六十年官本曰按去近刻作後案朱趙同車同軌書同文趙釋曰何氏曰據吳志此是績語未知酈據何書且績父康裴注引謝承書曰康字季寧拜廬江太守不名緒也至太康元年晉果平吳又逕中畱縣南與溫水合又東入阿林縣潭水注之朱作溫箋曰宋本作之趙改之水出武陵郡鐔成縣玉山東流逕鬱林郡潭中縣周水自西南來注之潭水又東南流與剛水合水西出牂柯毋斂縣王莽之有斂也東至潭中趙有縣字入潭趙釋曰一清按此段注水道與存水注合潭水又逕中畱縣東阿林縣西右入鬱水趙釋曰一清按漢志武陵郡鐔成縣玉山潭水所出東至阿林入鬱過郡二行七百二十里地理志曰橋

水東至中畱入潭又云領方縣又有橋水官本曰按又近刻訛作而案朱趙同朱箋曰漢地理志鬱林郡領方縣有斤員水入鬱余診其川流更無殊津正是橋溫亂流故兼通稱作者咸言至中畱入潭潭水又得鬱之兼稱而字當爲溫非橋水也蓋書字誤矣官本曰按橋水在毋棳縣卽入溫橋水小溫水大已下不得稱橋水其逕領方至中畱者乃溫水非橋水也又溫水于中畱入鬱其下乃潭水入鬱潭與鬱皆大水地理志因倂鬱之上流稱爲潭故云橋水東至中畱入潭寔乃溫水至中畱入鬱也道元之意以領方縣當云有溫水不當云有橋水橋卽溫字之誤故云字當爲溫非橋水也蓋書字誤矣近刻訛作字當爲南南橋水也文義遂不可通案朱趙溫非作南南趙釋曰全氏曰漢志橋水益州郡有二鬱林郡有一三橋水各爲源流善長旣以兪元之橋混入毋棳之橋茲又以毋棳之橋混入領方之橋一清按漢志鬱林郡領方縣下云又有墧水是又字不是而字亦是墧字从土不从木師古曰墧音橋善長卽混而一之而于下文又出嶠水則以萌渚嶠爲名何也然則南橋水之名直是繆詞豈所見有別本耶鬱水右則畱水注之水南出布山縣下逕中畱入鬱趙釋曰一

清按漢志鬱林郡中畱縣師古曰畱音力救反水名說文𤅊水出鬱林郡鬱水東逕阿林縣官本曰按兩鬱字近刻皆訛作潭案朱趙兩鬱字皆作潭又東逕猛陵縣泿水注之官本曰按泿原本及近刻竝訛作浪今改正泿水詳卷之三十七案朱作浪箋曰孫云浪水山海經作泿水三十七卷泿水南至鬱林潭中縣與鄰水合趙改泿又東逕蒼梧廣信縣灕水注之鬱水又東官本曰按水近刻訛作林案朱訛趙改刊誤曰林當作水封水注之水出臨賀郡馮乘縣西謝沐縣東界牛屯山朱趙出上無水字又朱箋曰晉地理志臨賀郡吳置統縣六曰臨賀謝沐馮乘封陽興安富川亦謂之臨水官本曰按近刻脫亦字水訛作賀案朱脫訛趙增改刊誤曰謂之上落亦字臨賀當作臨水東南流逕萌渚嶠西官本曰按近刻脫逕字案朱脫趙增刊誤曰流下落逕字又東南左合嶠水庾仲初云水出萌渚嶠南流入于臨臨水又逕臨賀縣東又南至郡左會賀水水出東北興安縣西北羅山官本曰按北下近刻衍有字案朱趙有東南流逕興安縣西盛弘之荊州

記云興安縣水邊有平石上有石履言越王渡溪脫履于此賀水又西南流至臨賀郡東右注臨水郡對二水之交會故郡縣取名焉臨水又西南流逕郡南又西南逕封陽縣東爲封溪水故地理志曰縣有封水官本曰按有近刻訛作在案朱趙同趙水下增之陽二字釋曰一清按此是應劭注非班固原文又西南流入廣信縣南流注于鬱水謂之封溪水口者也趙釋曰一清按續志交阯郡封谿縣建武十九年置劉昭補注引交州記曰有隄防龍門水深百尋大魚登此門化成龍不得過曝鰓點額血流此水恆如丹池有秦潛江出嶇山分爲九十九流三百餘里共合一口鬱水又東逕高要縣牢水注之水南出交州合浦郡朱水南出上有牢字趙刪刊誤曰牢字衍文治合浦縣漢武帝元鼎六年平越所置也官本曰按近刻脫帝字案朱脫趙增刊誤曰漢武下落帝字王莽更名曰桓合縣曰桓亭孫權黃武七年改曰珠官郡郡不產穀多採珠寶前政煩

苛珠徙交趾會稽孟伯周爲守有惠化去珠復還朱箋曰謝承後漢書
孟嘗字伯周爲合浦太守郡境舊採珠以易米食先時二千石貪穢使民采珠積以自入珠忽徙去合浦無珠飢死盈路
孟嘗行化一年之間去珠復還郡統臨允縣王莽之大允也牢水自縣北流
逕高要縣入于鬱水趙釋曰一淸按漢志合浦郡臨允郡下云牢水北至高要入鬱過郡三行五百
三十里鬱水南逕廣州朱作川箋曰孫云當作廣州趙改州南海郡西浿水出焉
官本曰按浿原本及近刻竝訛作浿今改正此即浿水注內所謂浿水東別逕番禺者也　案朱訛趙改又南右
納西隨三水趙釋曰全氏曰按西隨三水即葉榆水篇所謂西隨水過交阯分爲五水至東界復爲三水者
也又南逕四會浦水上承日南郡盧容縣西古郎究浦內漕
口馬援所漕水東南曲屈通郎湖趙漕口改浦口曲屈改屈曲刊誤曰漕口當作浦口
曲屈黃省曾本作屈曲湖水承金山郎究究水北流左會盧容壽泠二
水盧容水出西南區粟城南高山山南長嶺連接天障嶺西

盧容水湊隱山遶西衞北趙刪山南下二十字刊誤曰全氏據後文校衍此二十字而東
逕區粟城北又東右與壽泠水合水出壽泠縣界朱箋曰漢地理志交
趾郡有麊泠縣音麋零後漢郡國志同晉志作麋泠唯沈約宋書州郡志作壽泠晉武帝太康十年分西卷立壽泠縣屬
日南郡今注俱作壽泠從宋志也魏正始九年林邑進侵至壽泠縣以爲疆
界官本曰按近刻訛作界疆　案朱訛趙乙刊誤曰界疆二字當倒互即此縣也官本曰按此下近刻有區
粟城南長嶺東七字係重出衍文　案朱衍趙刪刊誤曰全氏據後文校衍此七字壽泠縣以水湊故
水得其名官本曰按此下近刻衍隱山繞三字　案朱衍趙刪刊誤曰全氏據後文校衍此三字東逕
區粟故城南趙刪字刊誤曰故字衍文攷古志竝無區粟之名應砌地
理風俗記曰日南故秦象郡漢武帝元鼎六年開日南郡治
西捲縣林邑記曰城去林邑步道四百餘里交州外域記曰
官本曰按域近刻訛作城　案朱訛趙改刊誤曰城當作域後同從日南郡南去到林邑國

四百餘里準逕相符然則城故西捲縣也地理志曰水入海
有竹可爲杖王莽更之曰日南亭林邑記曰其城治二水之
間三方際山南北瞰水東西澗浦流湊城下城西折十角趙折
改拆刊誤曰箋曰此十字譌按非也折當作拆集韻拆裂也開也言其城角作十字形開裂也王隱晉書曰何曾尊豪累
世蒸餅上不作十字不食亦取開裂象形之義周圍六里一百七十步東西度六百
五十步甎城二丈上起甎牆一丈開方隙孔甎上倚板板上
五重層閣閣上架屋屋上架樓樓高者七八丈下者五六丈
城開十三門凡宮殿南向官本曰按近刻脫宮字　案朱脫趙增刊誤曰殿上落宮字屋
宇二千一百餘間市居周繞官本曰按繞上近刻衍市字　案朱衍匝字趙刪刊誤曰匝字
衍文黃省曾本作市居周居繞岨峭地險亦誤下居字衍文故知原文無匝字也阻峭地險故林邑
兵器戰具悉在區粟官本曰按近刻故字訛在林邑下　案朱趙同多城壘自林邑

王范胡達始秦餘徙民染同夷化日南舊風變易俱盡巢棲
樹宿負郭接山榛棘蒲薄騰林拂雲幽煙冥緬非生人所安
區粟建八尺表日影度南八寸自此影以南在日之南故以
名郡望北辰星落在天際日在北故開北戶以向日此其大
較也范泰古今善言曰朱箋曰隋志宋車騎將軍范泰撰古今善言三十卷日南張重
舉計入洛正旦大會明帝問日南郡北向視日邪趙作也重曰
今郡有雲中金城者不必皆有其實官本曰按不必近刻訛作必不　案朱訛趙乙
刊誤曰必不二字當倒互日亦俱出于東耳至于風氣暄暖日影仰當官
民居止隨情面向東西南北迴背無定人性凶悍果于戰鬬
便山習水不閑平地古人云五嶺者天地以隔內外況綿途
于海表顧九嶺而彌邈非復行路之逕阻信幽荒之冥域者

矣壽泠水自城南官本曰按近刻城訛作西 案朱作自西南箋曰宋本自城西南趙依宋本東
與盧容水合趙刪東字刊誤曰東字衍文東注郎究究水所積下潭爲湖
謂之郎湖官本曰按近刻郎訛作狼 案朱訛趙改刊誤曰狼當作郎浦口有秦時象郡
墟域猶存自湖南望外通壽泠從郎湖入四會浦官本曰按近刻訛作
灒 案朱訛趙改刊誤曰灒當作浦下同元嘉二十年以林邑頑凶歷代難化恃
遠負衆慢威背德北寶旣臻南金闕貢乃命偏將與龍驤將
軍交州刺史檀和之陳兵日南修文服遠二十三年揚旌從
四會浦口入郎湖軍次區粟進逼圍城以飛梯雲橋懸樓登
壘鉦鼓大作虎士電怒風烈火揚城摧衆陷斬區粟王范扶
龍首十五以上坑截無赦官本曰按坑近刻作戮 案朱趙同樓閣雨血塡尸
成觀官本曰按成近刻訛作城 案朱訛趙改刊誤曰城當作成謂築成京觀也自四會南入得
盧容浦口晉太康三年省日南郡屬國都尉官本曰按郡近刻訛作部 案
朱訛趙改刊誤曰部當作郡以其所統盧容縣置日南郡及象林縣之故
治晉書地道記曰郡去盧容浦口二百里故秦象郡象林縣
治也官本曰按象郡近刻訛作象林郡 案朱有林字箋曰孫云當作象郡趙刪林字永和五年征
西桓溫遣督護滕畯率交廣兵伐范文于舊日南之盧容縣
爲文所敗卽是處也朱箋曰晉書云范文襲九眞害士庶十八九征西督護滕畯率交廣之兵伐文
於盧容爲文所敗舊本作膠畯交會謁也退次九眞更治兵文被創死子佛代立
七年畯與交州刺史楊平復進軍壽泠浦入頓郎湖討佛于
日南故治佛蟻聚連壘五十餘里畯平破之佛逃竄川藪遣
大帥面縛請罪軍門遣武士陳延勞佛官本曰按近刻脫士字又佛下衍子字
案朱脫衍趙增刪刊誤曰武下落士字子字衍文與盟而還康泰扶南記曰從林邑

至日南盧容浦口可二百餘里從口南發往扶南諸國常從
此口出也故林邑記曰盡紘滄之徼遠極流服之無外地濱
滄海衆國津逕鬱水南通壽泠官本曰按鬱水近刻作鬱林又南下衍倉字 案朱訛衍
趙改刪刊誤曰箋曰林一作水按倉字衍文卽一浦也浦上承交趾郡南都官塞
浦林邑記曰浦通銅鼓外越安定黃岡心口蓋藉度銅鼓卽
駱越也官本曰按駱越近刻訛作越駱 案朱趙同有銅鼓因得其名馬援取其
鼓以鑄銅馬至鑿口馬援所鑿內通九眞浦陽晉書地道記
九德郡有浦陽縣交州記曰鑿南塘者九眞路之所經也去
州五百里建武十九年馬援所開林邑記曰外越紀粟望都
趙釋曰一清按此處似缺一字紀粟出浦陽渡便州至典朱作與箋曰宋本作典趙改典由
渡故縣至咸驩咸驩屬九眞咸驩已南麞麂朱作麏箋曰宋本作麂趙改麂
滿岡鳴咆命疇警嘯聒野孔雀飛翔蔽日籠山渡治口至九
德官本曰按口近刻訛作日 案朱作日箋曰一作口趙改口按晉書地道記有九德縣
交州外域記曰官本曰按域近刻訛作城 案朱訛趙改九德縣屬九眞郡在郡
之南與日南接蠻盧轝居其地死子寶綱代孫黨服從吳化
定爲九德郡又爲隸之林邑記曰九德九夷所極故以名郡
郡名所置周越裳氏之夷國周禮九夷遠極越裳白雉象牙
重九譯而來自九德通朱作道箋曰宋本作通趙改通類口水源從西北遠
荒逕寍州界來也九德浦內逕越裳究九德究南陵究按晉
書地道記九德郡有南陵縣晉置也朱箋曰宋書州郡志交州九德郡南陵縣晉武
帝立竺枝趙作芝扶南記山溪瀨中謂之究地理志曰郡有小水
五十二并行大川皆究之謂也趙釋曰一清按漢志九眞郡下云有小水五十二並行八

千五百六十里林邑記曰義熙九年交趾太守杜慧度造九眞水口官本曰按近刻訛作日　案朱趙同與林邑王范胡達戰擒斬胡達二子虜獲百餘人胡達遁官本曰按近刻訛作限　案朱趙作限趙釋曰一清按此處有脫文蓋言胡達保險自固五月慧度自九眞水歷都粟浦復襲九眞長圍跨山重柵斷浦驅象前鋒接刃城下連日交戰殺傷乃退地理志曰九眞郡漢武帝元鼎六年開治胥浦縣王莽更之曰驩成也官本曰按成近刻訛作城　案朱訛趙改晉書地道記曰九眞郡有松原縣林邑記曰松原以西鳥獸馴良不知畏弓寡婦孤居散髮至老南移之嶺嵱不踰仞倉庚懷春于其北翡翠熙景乎其南雖嚶讙接響城隔殊非獨步難遊俗姓塗分故也**自南陵究出于南界蠻進得橫山**太和三年范文侵交州于橫山分界**度比景廟**

由門浦至古戰灣吳赤烏十一年魏正始九年官本曰按近刻訛作元年　案朱訛趙改刊誤曰吳赤烏十一年當魏正始九年元字誤趙釋曰全氏曰五字注中注交州與林邑于灣大戰初失區粟也**渡盧容縣**日南郡之屬縣也**自盧容縣至無變**官本曰按近刻訛作戀　案朱訛趙改刊誤曰箋曰無戀未詳漢志九眞郡有無編縣恐是無編之譌按卷末無變水戀當作變未可以九眞無編當之**越烽火至比景縣**日中頭上景當身下與景爲比如淯曰故以比景名縣闞駰曰比讀蔭庇之庇景在己下言爲身所庇也趙釋曰全氏曰吳仁傑曰考古編云舊唐志景州北景縣晉將灌遂破林邑五月五日卽其地立表表在北日景在南故郡名日南縣爲北景按唐命太史往安南測日景亦云然然王充謂從日南還者問之日不盡然蓋惟五月日景在南常時則不然也按水經比景縣音芘影言影爲身所芘此爾雅所謂距齊州以南戴日者也宋書州郡志亦作北景蓋後來傳習成訛立爲異義耳斗南以比景爲北景豈所見前後漢志有所本與**林邑記曰渡比景至朱吾**官本曰按比近刻訛作庇　案朱訛趙改刊誤曰當作度

比景詳本卷**朱吾縣浦今之封界**朱吾以南有文狼人野居無室宅依樹止宿食生魚肉官本曰按魚字近刻訛在食字上　案朱訛趙改刊誤曰魚字當移在生字下採香爲業與人交市若上皇之民矣**縣南有文狼究下流逕通**晉書地道記曰朱吾縣屬日南郡去郡二百里此縣民漢時不堪二千石長吏調求引屈都乾爲國林邑記曰屈都夷也**朱吾浦內通無勞湖無勞究水通壽泠浦**元嘉元年交州刺史阮彌之征林邑陽邁出婚不在官本曰按陽近刻訛作楊下同　案朱趙作楊奮威將軍阮謙之領七千人先襲區粟已過四會官本曰按已近刻訛作以　案朱趙作以未入壽泠三日三夜無頓止處凝海直岸遇風大敗陽邁攜婚都部伍三百許船來相救援謙之遭風餘數船艦夜于壽泠浦裏相遇闇中大戰謙之手射陽邁柂工船

敗縱橫崑崙單舸接得陽邁謙之以風溺之餘制勝理難自**此還渡壽泠至溫公浦**升平三年溫放之征范佛于灣分界陰陽圻朱作折箋曰宋本作圻趙改圻**入新羅灣至焉下一名阿賁浦入彭龍灣隱避風波卽林邑之海渚**元嘉二十三年交州刺史檀和之破區粟已飛旍蓋海將指典沖于彭龍灣上鬼塔與林邑大戰還渡典沖林邑入浦令軍大進官本曰按大近刻訛作水　案朱訛趙改刊誤曰水當作大持重故也**浦西卽林邑都也治典沖去海岸四十里**處荒流之徼表國越裳之疆南秦漢象郡之象林縣也東濱滄海西際徐狼南接扶南北連九德後去象林林邑之號建國起自漢末初平之亂人懷異心象林功曹姓區有子名官本曰按近刻訛作連　案朱趙作逵連下同趙釋曰一清按梁書作逵攻其縣殺令自號爲

王値世亂離林邑遂立後乃襲代傳位子孫三國鼎爭未有所附吳有交土與之鄰接進侵壽泠以爲疆界自區逵以後國無文史失其纂代世數難詳宗胤滅絕無復種裔外孫范熊代立人情樂推後熊死子逸立有范文日南西捲縣夷帥范椎奴也官本曰按近刻訛作夷帥雅夷奴也案朱同箋曰晉書作夷帥范椎奴也趙改夷帥椎家奴也文爲奴時山澗牧羊于澗水中得兩鯉朱趙作鱧魚隱藏挾歸規欲私食郎知檢求文大慙懼起託云將礪石還非爲魚也郎至魚所見是兩石信之而去文始異之石有鐵文入山中就石冶鐵鍛作兩刀舉刀向鄣因祝曰鯉魚變化冶石成刀斫石鄣破者是有神靈官本曰按近刻訛作靈神案朱訛趙乙刊誤曰靈神二字當倒互御覽文校改文當得此官本曰按得近刻作治案朱趙作治爲國君王斫不入者是刀無神靈進斫石鄣如龍淵干將之斬蘆藁官本曰按藁近刻訛作臺案朱作臺箋曰御覽作藁趙改藁由是人情漸附今斫石尙在魚刀猶存傳國子孫如斬蛇之劒也椎嘗使文遠行商賈官本曰按椎近刻訛作雅案朱訛趙改北到上國多所聞見以晉愍帝建興中南至林邑教王范逸制造城池繕治戎甲經始廓略官本曰按廓近刻訛作廟案朱作廟箋曰宋本作廓略趙改廓王愛信之使爲將帥能得眾心文譏王諸子或徙或奔王乃獨立成帝咸和六年死無胤嗣文迎王子于外國海行取水置毒椰子中官本曰按椰近刻訛作柳案朱作柳箋曰當作椰子趙改椰飮而殺之遂脅國人自立爲王取前王妻妾置高樓上有從己者取而納之不從己者絕其飮食而死官本曰按而近刻訛作乃案朱趙作乃江東舊事云范文本揚州人少被掠爲奴賣墮交州年十五六遇罪

當得杖畏怖因逃隨林邑賈人渡海遠去沒入于王大被幸愛經十餘年王死文害王二子詐殺侯將自立爲王威加諸國趙釋曰一清按通鑑晉紀成帝咸康二年初日南夷帥范椎有奴曰范文後至林邑林邑王范逸愛信之是歲逸卒文詐迎逸子于他國置毒于椰酒而殺之文自立爲王于是出兵攻大岐界小岐界式僕徐狼屈都乾魯扶單等國皆滅之篇中所紀諸地名皆夷王國也屈都徐狼並見前或夷椎蠻語口食鼻飮或雕面鏤身狼𦞦裸種官本曰按近刻無狼字𦞦訛作脫案朱身下脫文箋曰孫云疑缺一字𦞦作脫趙下增衣字刊誤曰脫下落衣字漢魏流赭趙釋曰一清按漢書刑法志云赭衣塞路盇罪人之服注云流赭謂徒人也咸爲其用建元二年攻日南九德九眞百姓奔迸千里無煙乃還林邑林邑西去廣州二千五百里城西南角高山長嶺連接天鄣嶺北接澗大源淮水出郍郍遠界三重長洲隱山遶西衞北迴東朱作衞山迴東趙改曲街迴北刊誤曰箋曰山舊本作北按非也當作曲街迴北下云曲街迴東可證也其嶺南開澗小源淮水出松根界上山壑流隱山繞南曲街迴東合淮流以注典沖其城西南際山東北瞰水重塹流浦周繞城下東南塹外因傍薄城東西橫長南北縱狹北邊西端官本曰按西近刻訛作兩案朱趙作兩迴折曲入城周圍八里一百步甎城二丈上起甎牆一丈官本曰按牆近刻訛作城案朱訛趙改刊誤曰城當作牆開方隙孔甎上倚板官本曰按近刻脫甎字案朱脫趙增刊誤曰上字上落甎字板上層閣閣上架屋屋上構樓高者六七丈下者四五丈飛觀鴟尾迎風拂雲緣山瞰水騫翥嵬崿但制造壯拙稽古夷俗城開四門東爲前門當兩淮渚濱于曲路有古碑夷書銘讚前王胡達之德西門當兩重塹北迴上山山西卽淮流也南門度兩重塹對溫公壘升平二年交州刺史溫放之殺交趾太守

杜寶別駕阮朗官本曰按近刻脫杜字朗訛作郎　案朱脫訛趙增改刊誤曰晉書作杜寶阮朗今校補遂征林邑水陸累戰佛保城自守重求請服聽之今林邑東城南五里有溫公二壘是也北門濱淮路斷不通城內小城周圍三百二十步合堂瓦殿南壁不開兩頭長屋脊出南北南擬背曰西區城內石山順淮面陽開東向殿飛檐鴟尾青瑣丹墀官本曰按瑣近刻訛作隟　案朱訛隟趙改璅欀題桷椽多諸古法閣殿上柱高城丈餘五牛屎爲埿牆壁青光迴度趙刊誤曰箋曰當作迴廊按非也迴度猶言迴行也曲掖綺牖紫窗椒房嬪媵無別宮觀路寢永巷共在殿上臨踞東軒徑與下語官本曰按徑近刻訛作逕　案朱趙作逕子弟臣侍皆不得上屋有五十餘區朱趙作巨朱箋曰與區同連甍接棟檐宇相承官本曰按相近刻訛作如　案朱趙同趙刊誤曰箋曰宋本作相承按如字不誤乃瞻望擬議之詞神祠鬼塔趙刊誤曰箋曰舊本作神乾按祠字不誤小大八廟層臺重榭狀似佛刹郭無市里

邑寡人居海岸蕭條非生民所處而首渠以永安養國十世豈久存哉元嘉中檀和之征林邑其王陽邁舉國夜奔竄山藪據其城邑收寶巨億軍還之後陽邁歸國家國荒殄朱作殲箋曰當作殄趙改殄時人靡存躊躕崩擗憤絕復蘇即以元嘉二十三年死初陽邁母懷身夢人鋪陽邁金席與其兒落席上金光色起官本曰按金字近刻訛在席字上　案朱訛趙改刊誤曰金字當移在席上之下黃省曾本校正昭晰豔曜官本曰按晰近刻訛作晣　案朱趙作晣華俗謂上金爲紫磨金夷俗謂上金爲陽邁金父胡達死襄王位能得人情自以靈夢爲國祥慶其太子初名咄後陽邁死咄年十九代立慕先君之德復改名陽邁昭穆二世父子共名知林邑之將亡矣其城隍塹

之外林棘荒蔓榛梗冥鬱藤盤筆秀參錯際天其中香桂成林氣清煙澄桂父縣人也棲居此林服桂得道朱箋曰列仙傳云桂父象林人也色黑而時白時黃時赤南海人尊事之常服桂及葵以龜腦和之千九十斤桂今荊州之南尙有桂丸焉時禽異羽翔集間關兼比翼鳥不比不飛烏名歸飛鳴聲自呼此戀鄉之思孔悲桑梓之敬成俗也豫章俞益期性氣剛直不下曲俗容身無所遠適在南與韓康伯書曰惟檳榔樹最南遊之可觀但性不耐霜不得北植不遇長者之目令人恨深嘗對飛鳥戀土增思寄意謂此鳥其背青其腹赤官本曰按腹近刻訛作腸　案朱作腸箋曰當作腹趙改腹丹心外露鳴情未達終日歸飛飛不十千路餘萬里官本曰按餘近刻訛作由　案朱作由箋曰宋本作餘趙改餘何由歸哉九眞太守任延始教耕犂俗化交土風行象林知耕以來六百

餘年火耨耕藝法與華同名白田種白穀七月火作十月登熟名赤田種赤穀十二月作四月登熟所謂兩熟之稻也至于草甲萌芽官本曰按近刻至訛作更　案朱訛趙改刊誤曰箋曰更宋本作至草甲舊本作草更按甲字不誤易曰百果草木皆甲坼後漢書章帝紀云方春生養萬物孚甲注云葉裏白皮也穀月代種穜稑早晚無月不秀耕耘功重收獲利輕熟速故也米不外散恒爲豐國桑蠶年八熟繭三都賦所謂八蠶之緜者矣其崖小水羃歷官本曰按崖字近刻訛在小水下　案朱趙同常吐飛溜或雪霏沙漲清寒無底分溪別壑津濟相通其水自城東北角流水上懸起高橋渡淮北岸即彭龍區粟之通逵也檀和之東橋大戰陽邁被創落象即是處也其水又東南流逕船官口船官川源徐狼外夷皆裸身男以竹筒掩體女以樹葉蔽形外名狼𥈭所

謂裸國者也雖習俗裸袒猶恥無蔽惟依暝夜與人交市闇中臭朱趙作齅金便知好惡明朝曉看皆如其言自此外行得至扶南按竺枝朱趙作芝扶南記曰扶南去林邑四千里官本曰按近刻脫里字案朱脫趙增刊誤曰四千下落里字水步道通檀和之令軍入邑浦據船官口城六里者也自船官下注大浦之東湖大水連行潮上西流官本曰按潮近刻訛作湖案朱作湖箋曰宋本作潮趙改潮潮水日夜長七八尺從此以西朔望並潮一上七日水長丈六七七日之後日夜分爲再潮水長一二尺春夏秋冬厲然一限官本曰按近刻作定案朱趙作定高下定度水無盈縮是爲海運官本曰按爲近刻作曰案朱趙作曰亦曰象水也又兼象浦之名晉功臣表所謂金遴清逕象渚澄源者也官本曰按潾近刻作遴案朱同趙改刊誤曰遴當作潾金潾地名張籍詩行人幾日到金潾亦作金鄰吳都賦云金鄰象郡之渠梁書扶南傳云次伐金鄰國是也其川浦渚有水蟲彌微攢木食船數十日壞源潭湛瀨有鮮魚色黑身五丈頭如馬首伺人入水便來爲害山海經曰離耳國雕題國皆在鬱水南林邑記曰漢置九郡儋耳與焉朱趙與作預趙釋曰一清按九郡謂南海蒼梧鬱林合浦交阯九眞日南暨儋耳朱崖而爲九儋耳朱崖既罷故地理志列七郡之目也民好徒跣耳廣垂以爲飾雖男女褻露不以爲羞暑褻薄日自使人黑積習成常以黑爲美離騷所謂玄國矣然則儋耳卽離耳也王氏交廣春秋曰朱崖儋耳二郡與交州俱開皆漢武帝所置大海中南極之外對合浦徐聞縣官本曰按聞近刻訛作文案朱作文箋曰孫按漢地理志合浦郡有徐聞縣趙改聞清朗無風之日徑望朱崖州官本曰按徑近刻訛作逕案朱趙作逕如囷廩大從徐聞對渡北風舉帆一日一夜而至周迴二千餘里徑度八百里人民可十萬餘家皆殊種異類被髮雕身而女多姣好白皙長髮美鬢犬羊相聚不服德教儋耳先廢朱崖數叛元帝以賈捐之議罷郡楊氏南裔異物志曰儋耳朱崖俱在海中官本曰按近刻訛作儋耳在朱崖脫海中二字案朱作儋耳俱在朱崖趙朱崖移儋耳下刊誤曰朱崖當移在俱在之上俱在下又有脫文詳本卷趙釋曰一清按下有脫文應劭張晏皆云在大海中也臣瓚曰茂陵書珠崖治瞫都去長安七千三百一十四里儋耳去長安七千三百六十八里領縣五分爲東蕃故山海經曰在鬱水南也鬱水又南自壽泠縣注于海昔馬文淵積石爲塘達于象浦建金標爲南極之界俞益期牋曰馬文淵立兩銅柱于林邑岸北有遺兵十餘家不反居壽泠岸南而對銅柱悉姓馬自婚姻今有二百戶交州以其流寓號曰馬流言語飲食尚與華同山川移易銅柱今復在海中正賴此民以識故處也林邑記曰建武十九年馬援樹兩銅柱于象林南界與西屠國分漢之南疆也土人以之趙作其流寓號曰馬流世稱漢子孫也山海經曰鬱水出象郡而西南注南海入須陵東南者也官本曰按西近刻訛作東須訛作項案朱訛趙仍東改項刊誤曰山海經作須陵項字誤趙釋曰一清按漢志鬱林郡廣鬱縣鬱水東至四會入海過郡四行四千三百里應劭曰鬱水出廣信東入海言始或可官本曰按或近刻作則案朱同趙改刊誤曰則當省會本作或終則非矣

水經注卷三十六

水經注卷三十七　長沙王氏校本

後魏酈道元撰

淹水　葉榆河朱趙作水　夷水　油水
澧水　沅水　浪水

淹水出越嶲遂久縣徼外

呂忱曰淹水一曰復水也

東南至青蛉縣官本曰案青近刻作蜻下同　案朱趙作蜻

縣有禺同山其山神有金馬碧雞光景倏忽民多見之漢宣帝遣諫大夫王褒祭之欲致其雞馬褒道病而卒是不果焉王褒碧雞頌曰敬移金精神馬縹縹碧雞朱趙作縹碧之雞朱箋曰王褒碧雞頌曰持節使者敬移金精神馬彯彯碧雞歸來歸來漢德無疆黃龍見兮白虎仁歸來歸來可以為倫歸來翔兮何事南荒也故左太沖蜀都賦曰金馬騁光而絕影碧雞倏忽而耀儀

又東過姑復縣南東入于若水

淹水逕縣之臨池澤趙釋曰全氏曰漢志越嶲郡姑復縣臨池澤在南又青蛉縣臨池灊在北澤之與灊不知何以分也一清案灊即澤也二縣地界以此而分方輿紀要姑復廢縣在四川會川衛南沈約志雲南有東西二古復縣即漢姑復縣青蛉廢縣在雲南姚州大姚縣北而東北逕雲南縣西東北注若水也趙釋曰一清案劉昭郡國志補注引南中志曰縣西高山相連有大泉水周旋萬步名馮河

益州葉榆河出其縣北界屈從縣東北流

縣故滇池葉榆之國也漢武帝元封二年使唐蒙開之以為益州郡郡有葉榆縣縣西北八十里官本曰案近刻脫八字　案朱趙無有弔鳥山眾鳥千百為羣其會官本曰案其近刻作共　案朱趙作共鳴趙作鳴呼嗍嘶每歲七八月至十趙作集六七日則止一歲六至雉雀來弔夜燃火伺取之官本曰案伺近刻訛作而　案朱趙作而其無嗉不食似特悲者以為義趙有鳥字則不取也俗言鳳凰死于此山故眾鳥來弔因名弔鳥趙增曰字刊誤曰因名下落曰字朱箋曰郭義恭廣志作弔鳥山在縣西北八十里作每歲七月八月晦望至集六日則止又九州要記云一歲必一度大集是鳳皇死也李彤四部云弔鳥山俗傳鳳死於上每歲七月至九月羣鳥常來集其處縣之東有葉榆澤葉榆水所鍾而為此川藪也趙釋曰禹貢錐指曰蔡傳述程大昌之論曰樊綽以麗水為黑水恐其狹小不足為界其所稱西洱河者卻與漢志葉榆澤相貫廣處可二十里既足以界別二州其流又正趨南海又漢滇池即葉榆之地武帝初開滇嶲時其地古有黑水祠夷人不知載籍必不能附會而綽及道元皆謂此澤以榆葉所漬得名則其水之黑似榆葉積漬所成且其地乃蜀之正西又東北距宕昌不遠宕昌即三苗種裔與三苗之敘于三危者又為相應莫此之明也而傳同叔非之杏溪之識遠過九峰矣葉榆本蠻語與中國文義不同安知為榆樹之葉澤以榆葉所漬得名檢酈注無此言蓋亦出樊綽韓汝節云此說尤不通源之黑或由榆葉所漬若流去數千里其色尙不變有是理乎且他處黑水甚多未聞皆有樹葉落其下也宕昌國

唐為宕州地州南至扶州四百一十里北至岷州二百五十里蓋古梁州之北界而程氏云葉榆河在蜀之正西東北距宕昌不遠計宕昌西南距大理凡三千餘里而猶謂之不遠豈生不見圖籍乎且葉榆縣在益州郡西七百餘里縣東有葉榆澤其下流雖逕滇池縣南而未嘗有黑水之稱安得謂其所祠即黑水之源哉一清案葉榆范史滇王哀牢傳俱作楪榆章懷注云楪或作蝶則此水果非因榆葉所漬致黑足以折九峯之妄而拄樊生之口矣樊綽唐咸通中為安南都護蔡襲從事著蠻書十卷見唐書藝文志

過不韋縣

縣故九隆哀牢之國也有牢山其先有婦人名沙壹官本曰案近刻訛作臺華陽國志作壺　案朱趙作臺趙釋曰朱氏謀㙔箋曰後漢書作沙壺居于牢山捕魚水中觸沈木若有感因懷孕產十子後沈木化為龍出水九子驚走小子不能去官本曰案小近刻訛作一　案朱訛趙改刊誤曰一黃省曾本作小背龍而坐龍因舐之官本曰案舐近刻訛作拕據後漢書及華陽國志改正　案朱趙作拕趙釋曰朱氏謀㙔箋曰後漢

書作祇其母鳥語謂背爲九謂坐爲隆因名爲九隆官本曰案華陽國志作元隆云元隆猶漢言陪坐也及長諸兄遂相共推九隆爲王後牢山下有一夫一婦生十女九隆皆以爲妻遂因孳育皆畫身像龍文衣皆著尾九隆死世世不與中國通漢建武二十三年王遣兵來乘革趙作箄下同船南下官本曰案近刻脫來字又此句之下衍水字　案朱趙同攻漢鹿茤民官本曰案茤近刻訛作崩下同　案朱作崩箋曰後漢書云建武二十三年其王賢栗遣兵乘箄船南下江漢擊附塞夷鹿茤注云箄音蒲佳反縛竹木爲箄以當船也茤音多趙改茤下同鹿茤民弱小將爲所擒于是天大震雷疾雨南風漂起水爲逆流波湧二百餘里革船沈沒溺死數千人後數年復遣六王將萬許人攻鹿茤鹿茤王與戰殺六王哀牢耆老共埋之其夜虎掘而食之明旦但見骸骨驚怖引去乃懼謂其耆老小王曰趙耆老移謂其上

哀牢犯徼自古有之今此攻鹿茤輒被天誅中國有受命之王乎何天祐之明也卽遣使詣越巂奉獻官本曰案近刻詣訛作道奉訛作奏　案朱趙同朱箋曰道一作詣求乞內附長保塞徼漢明帝永平十二年置爲永昌郡官本曰案昌近刻訛作平　案朱作平箋曰永平當作永昌漢郡國志明帝永平十二年分益州置永昌郡罷益州西部都尉趙改昌郡治不韋縣蓋秦始皇徙呂不韋子孫于此故以不韋名縣趙釋曰沈氏曰常璩云武帝置不韋縣徙南越相呂嘉宗族于此因名不韋以章其先人之惡非秦徙也北去葉榆六百餘里趙無餘字葉榆水不逕其縣官本曰案近刻脫葉字下同　案朱脫趙增刊誤曰當作葉榆水落葉字下同自不韋北注者盧倉禁水耳葉榆水自縣南逕遂久縣東又逕姑復縣西與淹水合又東南逕永昌邪龍縣縣以建興三年劉禪分隸雲南于不韋縣爲東北

東南出益州界

葉榆水自邪龍縣東南逕秦臧縣官本曰案近刻臧訛作藏縣下有也字　案朱訛衍趙仍藏刪也刊誤曰也字衍文南與濮水同注滇池澤于連然雙柏縣也官本曰案近刻脫池字　案朱無池字滇作塡箋曰秦藏漢志作秦臧濮作僕塡作滇連然雙柏二縣名趙改滇池澤濮作僕刊誤曰漢書地理志注作滇池澤落池字葉榆水自澤又東北逕滇池縣南官本曰案逕近刻訛作流　案朱作流趙下增逕字刊誤曰流下落逕字又東逕同並縣南又東逕漏江縣伏流山下復出蝮口謂之漏江左思蜀都賦曰漏江洑流潰其阿汨若湯谷之揚濤沛若濛氾之湧波諸葛亮之平南中也戰于是水之南葉榆水又逕賁古縣北東與盤江合盤水出律高縣東南盢町山官本曰案盢近刻訛作盤　案朱作盤箋曰盤町當作盢町漢地志云益州律高縣西石空山出錫東南盢町山出銀鉛注云盢音呼鵙反趙改盢釋曰一清案漢志注師古曰盢音呼

鵙反町音挺孫校曰案玉篇廣韻俱無盢字未知師古何所據而爲此音合從此作盤東逕梁水郡北賁古縣南官本曰案梁水郡晉置領梁水賁古西隨三縣朱謀㙔云當作卑水非也　趙刊誤曰箋曰梁水字誤當作卑水漢地志越巂有卑水縣案溫水注云溫水上合梁水故自下有梁水之稱是以劉禪分興古之盢南置郡于梁水縣也宋志梁水太守晉成帝分興古立晉書王遜傳云分永昌爲梁水郡蓋西晉廢而東晉復置耳若卑水是縣名越巂之去南中道里隔越朱氏誤矣水廣百餘步深處十丈甚有瘴氣朱褒之反官本曰案褒近刻訛作裒　案朱趙作裒李恢追至盤江者也建武十九年伏波將軍馬援上言從麊泠出賁古官本曰案麊近刻訛作擊麋下同　案朱趙作麋益州臣所將駱越萬餘人官本曰案駱越近刻訛作越駱　案朱趙作越駱便習戰鬭者二千兵以上弦毒矢利以數發矢注如雨所中輒死愚以行兵此道最便蓋承藉水利用爲神捷也盤水又東逕漢興縣山溪之中多生邛竹桄榔樹樹出麪而夷人資以自給

故蜀都賦曰邛竹緣嶺又曰麪有桄榔朱箋曰博物志云蜀中有樹名桄榔皮裏出屑如麪用作餅餌謂之桄榔麪魏王花木志曰桄榔出興古國者樹高七八丈其大者一樹出麪百斛臨海異物志云桄榔木外皮有毛似栟櫚而散生絣綆漬之不腐**盤水北入葉榆水**諸葛亮入南趙增中字刊誤曰南下落中字戰于盤東朱作中箋曰宋本作盤東趙改東是也

入牂柯郡西隨縣北爲西隨水又東出進桑關

進桑縣牂柯之南部都尉治也水上有關故曰進桑關也故馬援言從麊朱趙作麊泠水道出進桑王國至益州賁古縣轉輸通利蓋兵車資運所由矣趙釋曰全氏曰漢志牂柯郡西隨縣麊水西受徼外東至麊泠入尚龍谿過郡二行千一百六里都夢縣壺水東南至麊泠入尚龍谿過郡二行千一百六十里益州來唯縣勞水出徼外東至麊泠入南海過郡二行三千五百六十里是皆所云麊泠水道也而壺水獨無聞自西隨至交趾朱趙作阯下同崇山接險水路三千里**葉榆水又東南絕溫水而東南**

注于交趾朱趙作阯下同

過交趾麊朱趙作麊下同**泠縣北分爲五水絡交趾郡中至南界復合爲三水**官本曰案南近刻訛作東　案朱趙作東朱箋曰東界一作南界**東入海**

尚書大傳曰堯南撫交趾于禹貢荊州之南垂幽荒之外故越也周禮南八蠻雕題交趾有不粒食者焉春秋不見于傳不通于華夏在海島人民鳥語秦始皇開越嶺南立蒼梧南海交趾象郡漢武帝元鼎二年始并百越啟七郡于是乃置交趾刺史以督領之初治廣信所以獨不稱州時又建朔方明已始開北垂官本曰案明近刻訛作郡　案朱趙作郡朱箋曰舊本作明遂辟交趾于南爲子孫基址也朱趙址作阯趙釋曰一清案後漢書章懷注引輿地志云其夷足大指開折兩足並立阯則相交阯與阯同古字通用然則非因武帝置郡而有子孫基阯之說也此蓋襲應劭漢官儀之文麊泠縣漢武帝元鼎六年開都尉治交州外域記曰官本曰案州近刻訛作郡　案朱訛作阯趙改刊誤曰當作交州阯字誤越王令二使者典主交趾九眞二郡民後漢遣伏波將軍路博德討越王路將軍到合浦越王令二使者齎牛百頭酒千鍾及二郡民戶口簿詣路將軍乃拜二使者爲交趾九眞太守官本曰案此下近刻衍主字　案朱趙有諸雒將主民如故趙釋曰全氏曰案交阯長稱西于王見漢書功臣表左將黃同斬之不稱越亦非迎降者晉書地道記謂南越侯織封嬴陵侯亦非也交趾郡及州本治于此也州名爲交州後朱戴雒將子名詩索麊泠雒將女名徵側爲妻趙釋曰一清案索妻猶言娶婦范史南蠻西南夷傳云嫁爲朱鳶人詩索妻亦繆之甚矣側爲人有膽勇將詩起賊官本曰案詩近刻訛作妻　案朱訛趙改刊誤曰妻當作詩蓋徵側將其夫作賊也黃省曾本校攻破州郡服諸雒將皆屬徵側爲王治麊泠縣復交趾九眞二郡民二歲調賦官本

曰案復近刻訛作得　案朱趙作得後漢遣伏波將軍馬援將兵討側詩走入金溪究趙釋曰全氏曰按金谿范史作禁谿章懷注引越志作金溪穴一清按穴乃究字之誤三歲乃得爾時西蜀竝遣兵共討側等悉定郡縣爲令長也山多大蛇名曰髯蛇長十丈圍七八尺常在樹上伺鹿獸鹿獸過便低頭繞之有頃鹿死先濡令溼訖便呑頭角骨皆鑽皮出山夷始見蛇不動時便以大竹籤籤蛇頭至尾殺而食之以爲珍異故楊氏南裔異物志曰趙釋曰一清案隋書經籍志交州異物志一卷楊孚撰髯惟大蛇既洪且長采色駮犖其文錦章食豕呑鹿腴成養創賓享嘉宴是豆是觴言其養創之時肪腴甚肥搏之以婦人衣投之則蟠而不起走便可得也**北二水**官本曰案北近刻訛作此　案朱趙作此**左水東北逕望海縣南**建武十九年馬援征徵側置**又東**

逕龍淵縣北又東合南水水自麊泠縣東逕封溪縣北交州
外域記曰交趾昔未有郡縣之時土地有雒田其田從潮水
上下民墾食其田因名爲雒民設雒王雒侯主諸郡縣縣多
爲雒將雒將銅印青綬後蜀王子將兵三萬來討雒王雒侯
服諸雒將蜀王子因稱爲安陽王後南越王尉佗舉衆攻安
陽王安陽王有神人名臯通下輔佐爲安陽王治神弩一張
一發殺三百人南越王知不可戰卻軍住武寧縣按晉太康
記縣屬交趾朱無屬字箋曰一本作縣屬交阯趙增釋曰全氏曰九字注中注越遣太子名
始趙越上增南字刊誤曰當作南越落南字下竝同降服安陽王稱臣事之安陽王
不知通神人遇之無道通便去語王曰能持此弩王天下不
能持此弩者亡天下通去安陽王有女名曰媚珠官本曰案媚近刻訛作眉　案朱訛趙改刊誤曰南越志作媚珠眉字誤見始端正珠與始交通始問珠令
取父弩視之始見弩便盜以鋸截弩訖便逃歸報南越王官本曰案近刻脫南字下同　案朱脫趙增下同南越進兵攻之安陽王發弩弩折遂
敗安陽王下船逕出于海今平道縣後王宮城見有故處晉
太康地記縣屬交趾趙釋曰全氏曰九字注中注越遂服諸雒將趙越上增南字
馬援以西南治遠路逕千里分置斯縣治城郭穿渠通導朱趙作道
漑灌以利其民縣有猩猩獸形若黃狗又狀貆貒人面頭
顏端正善與人言音聲麗妙如婦人好女對語交言聞之無
不酸楚其肉甘美可以斷穀窮年不厭又東逕浪泊馬援以
其地高自西里進屯此又東逕龍淵縣故城南又東左合北
水官本曰案北近刻訛作此　朱訛趙改刊誤曰此當作北　案建安二十三年趙釋曰一淸案浪水

篇注作二十二年立州之始蛟龍蟠編于南北二津官本曰案于下近刻衍水字
案朱趙有故改龍淵以龍編爲名也盧循之寇交州也交州刺史
杜慧度官本曰案慧近刻作惠下同　案朱同趙改刊誤曰惠晉書作慧下同古二字本通用論語釋文云小慧
魯讀慧爲惠可證率水步晨出南津以火箭攻之燒其船艦一時潰
散循亦中矢赴水而死官本曰案水近刻訛作火　案朱訛趙改刊誤曰火晉書作水于是
斬之傳首京師慧度以斬循勳封龍編侯劉欣期交州記曰
龍編縣功曹左飛曾化爲虎數月還作吏既言其化亦化無
不在牛哀易虎不識厥兄當其革狀安知其譌變哉其水又
東逕曲易縣趙刊誤曰箋曰孫云曲易當作由易漢志交阯郡有由易縣按漢志續志晉志皆作曲易古陽
字無作由易者東流注于浪朱作浪箋曰當作浪鬱趙改浪鬱經言于郡東界復合
爲三水此其二也官本曰案二近刻訛作一　案朱趙作一趙釋曰全氏曰當作此其二也二水謂南
水北水其次一水謂中水合之爲三水其次一水東逕封溪縣南又西南逕西
于縣南又東逕羸𨻻縣北又東逕北帶縣南又東逕稽徐縣
涇水注之水出龍編縣高山東南流入稽徐縣朱徐作度趙改刊誤曰漢
書地理志是稽徐縣度字誤注于中水中水又東逕羸𨻻縣南朱箋曰羸𨻻音蓮簍
交州外域記曰縣本交趾郡治也官本曰案縣本近刻訛作本縣　案朱訛趙乙刊誤
曰本縣二字當倒互林邑記曰自交趾南行官本曰案記曰下近刻有縣本二字係衍文　案朱
同趙去本存縣刊誤曰本字衍文都官塞浦出馬其水自縣東逕安定縣北
帶長江江中有越王所鑄銅船潮水退時人有見之者其水
又東流隔水有泥黎城言阿育王所築也又東南合南水南
水又東南官本曰案近刻訛作北　案朱趙作北逕九德郡北交州外域記曰
交趾郡界有扶嚴究在郡之北隔渡一江卽是水也江水對

交趾朱䳒縣（趙水改北刊誤曰水黃省曾本作北）又東逕浦陽縣北又東逕無切（朱作功箋曰無功漢志作無切趙改切）縣北（建武十九年九月馬援上言臣謹與交趾精兵萬二千人與大兵合二萬人船車大小二千艘自入交趾于今爲盛十月援南入九眞至無切縣賊渠降進入餘發（朱箋曰餘發縣名）渠帥朱伯棄郡亡入深林巨藪犀象所聚羊牛數千頭（官本曰案羊近刻作羣案朱趙作羣）時見象數十百爲羣援又分兵入無編縣王莽之九眞亭（趙釋曰全氏曰六字注中注）至居風縣帥不降竝斬級數十百九眞乃靖（朱作清箋曰當作靖趙改靖））其水又東逕句漏縣縣帶江水江水對安定縣林邑記所謂外越安定紀粟者也（官本曰案安定下近刻衍縣字案朱衍趙刪刊誤曰縣字衍文）縣江中有潛牛（趙刪縣字增水字刊誤曰劉昭郡國志補注引交州記作有潛水牛落水字縣字衍文）形似水牛上岸鬬角輭還入江水角堅復出又東與北水合又東注鬱亂流而逝矣此其三也平撮通稱同歸鬱海故經有入海之文矣

夷水出巴郡魚復縣江

夷水卽佷山清江也水色清照十丈分沙石（官本曰案近刻脫石字案朱趙無朱箋曰後漢書注引此云分沙石）蜀人見其澄清因名清江也（趙釋曰一清案應劭曰夷山在夷陵西南又云夷水出巫東入江然夷水之源最遠方輿紀要云源出蠻中南流名柘林溪經天池洛浦名黔黎溪南至金洞唐崖入黔江縣名黔江又云黔江自貴州思州之上費溪發源經五十八節名灘至黔州境分流入黔江縣界爲施州江入湖廣施州衛謂之清江是也水源之遠如此是以善長不記其所出而以佷山清江爲限至應劭所云夷山似因夷水得名大類常璩漾山漾水之殊目不足爲據江水篇經云江水又東南過夷道縣北夷水從佷山縣南東北注之注云夷道縣爲二江之會是夷水出江入江而胡朏明云禹循江而南且東以至于巫山乃不出三峽而竝夷水以東且南逾澧水沅水以至于衡山導江云東別爲沱又東至于澧則不經三峽可知又云夷水首出魚復江尾入宜都江行五百餘里是亦荆州之沱也古時自巴入楚避三峽之險皆由此路史記張儀說楚王曰秦西有巴蜀大船積粟起于汶山浮江以下至楚三千餘里舫船載卒日行三百餘里不至十日而拒扞關扞關驚則從境以東盡城守矣黔中巫郡非王之有此言舟師自夷水以入楚也楚世家肅王四年蜀伐楚取茲方于是楚爲扞關以拒之水經注江水自江關東逕弱關扞關蓋大江出三峽逕弱關江沱出佷山逕扞關劃然兩道儀言浮江以下拒扞關則不逕巫峽明矣夷水受江處不知何時日就湮塞後漢建武中公孫述遣將田戎等乘枋箄下江關拔夷道夷陵光武命岑彭吳漢伐之泝江而上則皆取道于三峽而不復由夷水矣蓋其時水已淺狹不勝戰艦自後荆梁用師未有不由峽江者然酈注云河梁裁得通船則後魏時猶存下逮唐初建始之北遂成斷港故章懷注西南夷傳寰宇記明一統志不復知此水出西北奉節之大江而以爲西南施州衞之山源然自漢志已不言首受江未知何故班氏疏略頗多水經注源委詳明而又有張儀之言爲證無可疑者禹導江自梁入荆必浮此水也東樵此言較宛溪爲覈然則夷水乃跨有荆梁之沱禹貢所記二州指此已備紛紛郫江玉輪江郫江枝江皆後起之名耳）昔廩君浮土舟于夷水據捍關而王巴是以法孝直有言魚復捍關臨江據水實益州禍福之門

夷水又東逕建平沙渠縣（官本曰案近刻脫渠字案朱脫趙增刊誤曰晉書地理志建平郡統沙渠縣落渠字）縣有巫城水南岸山道五百里（官本曰案水字近刻訛在南岸下案朱同趙增臨字作南岸臨水）其水歷縣東出焉

東南過佷山縣南（朱箋曰前漢地志佷山縣屬武陵郡後漢郡國志佷山屬南郡晉地理志佷山屬宜都郡）

夷水自沙渠縣入（官本曰案近刻訛作入縣案朱訛趙改刊誤曰入縣二字當倒互）水流淺狹裁得通船東逕難留城南城卽山也獨立峻絕西面上里餘得石穴把火行百許步得二大石磧竝立穴中相去一丈俗名陰陽石陰石常溼陽石常燥每水旱不調居民作威儀服飾往入穴中旱則鞭陰石應時雨多雨則鞭陽石俄而天晴相承所說往往有效但捉鞭者不壽人頗惡之故不爲也東北面又有石室可容數百人每亂民入室避賊無可攻理

因名難留城也昔巴蠻有五姓未有君長俱事鬼神乃共擲劒于石穴約能中者奉以爲君官本曰案奉近刻訛作舉案朱訛趙改刊誤曰舉黃省曾本作奉巴氏子務相乃中之又令各乘土舟約浮者當以爲君惟務相獨浮因共立之是爲廩君乃乘土舟從夷水下至鹽陽鹽水有神女謂廩君曰此地廣大魚鹽所出願留共居廩君不許鹽神暮輒來宿旦化爲蟲羣飛蔽日天地晦瞑積十餘日廩君因伺便射殺之天乃開明廩君乘土舟下及夷城夷城石岸險曲其水亦曲廩君望之而歎山崖爲崩廩君登之上有平石方二丈五尺因立城其傍而居之四姓臣之死精魂化而爲白虎故巴氏以虎飲人血遂以人祀鹽水卽夷水也趙釋曰全氏曰按江水篇夷水出夷谿鹽水出巫溪今此合爲一又有鹽石卽陽石也官本曰案卽下近刻衍鹽字案朱衍趙刪刊誤曰鹽字衍文盛弘之以是推之疑卽廩君所射鹽神處也將知陰石是對陽石立名矣官本曰案知下近刻衍是字案朱衍趙刪刊誤曰是字衍文事既鴻古難爲明徵**夷水又東逕石室**在層巖之上石室南向水出其下懸崖千仞自水上徑望見官本曰案徑近刻訛作逕案朱趙作逕每有陟山嶺者扳木側足而行莫知其誰村人騃都小時到此室邊採蜜見一仙人坐石牀上見都凝矚不轉都還招村人重往則不復見鄉人今名爲仙人室袁山松云都孫息尚存官本曰案息近刻作昔案朱同又存訛作孝趙改刊誤曰箋曰孝字當作存案昔當作息**夷水又東與溫泉三水合大溪南北夾岸有溫泉對注夏煖冬熱上常有霧氣瘍痍百病**官本曰案痍近刻作疾案朱趙作疾**浴者多愈父老傳此泉先出鹽于今水有鹽氣夷水有鹽水之名**

此亦其一也夷水又東逕佷山縣故城南縣卽山名也孟康曰音恆出藥草恆山今世以銀爲音也趙釋曰全氏曰孟康曰下十七字注中注舊武陵之屬縣**南一里卽清江東注矣南對長楊溪溪水西南潛穴穴在射堂村東六七里谷中有石穴清泉潰**朱箋曰當作濆趙改濆**流三十許步復入穴卽長楊之源也**水中有神魚大者二尺小者一尺居民釣魚先陳所須多少拜而請之拜訖投鉤餌官本曰案鉤近刻訛作釣案朱趙作釣得魚過數者水輒波湧暴風卒起樹木摧折水側生異花路人欲摘者皆當先請不得輒取官本曰案輒近刻作扳案朱作扳箋曰宋本作輒趙改輒**水源東北之風井**山迴曲有異勢穴口大如盆袁山松云夏則風出冬則風入春秋分則靜余往觀之其時四月中去穴數丈須臾寒飄卒至官本曰案飄近刻作慓案朱同箋曰當作慄趙改慄卒改言刊誤曰卒黃省曾本作言六月中尤不可當往人有冬過者置笠穴中風吸之經月還步楊溪得其笠則知潛通矣**其水重源顯發北流注于夷水此水清泠甚于大溪縱暑伏之辰尚無能澡其津流也**縣北十餘里有神穴平居無水時有渴者誠啟請乞輒得水或戲求者水終不出縣東十許里至平樂村又有石穴出清泉中有潛龍每至大旱平樂左近村居官本曰案平樂下近刻衍村字案朱趙同輩草穢著穴中龍怒須臾水出蕩其草穢傍側之田皆得澆灌從平樂順流五六里東亭村北山甚高峻上合下空空竅東西廣二丈許起高如屋官本曰案竅近刻訛作微起高作高起案朱趙同中有石牀官本曰案近刻訛作林案朱訛趙改刊誤曰林當作牀甚整頓傍生野韭人往乞者神許則風吹別分隨偃而輪

趙改揃下同不得過越不偃而輸輒凶往觀者去時特平豎處自然恭肅矣

又東過夷道縣北

夷水又東逕虎灘岸石有虎像故因以名灘也夷水又東逕釜瀨其石大者如釜小者如刁斗形色亂眞惟實中耳官本曰案惟實近刻訛作雜石案朱訛趙改刊誤曰雜石孫潛校惟實夷水又東北有水注之其源百里與丹水出西南望州山山形竦峻峰秀甚高東北白巖壁立西南小演通行登其頂平可有三畮許上有故城城中有水登城望見一州之境故名望州山俗語訛今名武鍾山山根東有湧泉成溪卽丹水所發也下注丹水天陰欲雨輒有赤氣故名曰丹水矣丹水又逕亭下有石穴甚深未嘗測

其遠近穴中蝙蝠大如烏多倒懸官本曰案近刻訛作大者悉多倒懸案朱同趙增如烏二字刊誤曰箋曰悉一作如烏按於文大者下落如烏二字悉字宜存玄中記曰蝙蝠百歲者倒懸得而服之使人神仙穴口有泉冬溫夏冷趙釋曰一清案此處有脫文蓋言泉水有魚故下有秋藏春遊之文秋則入藏春則出遊官本曰案二語言魚之出入此上當有脫文民至秋闌斷水口得魚大者長四五尺骨輭肉美異于餘魚丹水又逕其下積而爲淵淵有神龍每旱村人以芮朱箋曰宜都山川記芮作茵趙改茵草投淵上流魚則多死龍怒當時大雨丹水又東北流兩岸石上有虎迹甚多或深或淺皆悉成就自然咸非人工丹水又北注于夷水水色清澈與大溪同夷水又東北逕夷道縣北而東注

東入于江

夷水又逕宜都北東入大江有涇渭之比亦謂之佷山北溪水所經皆石山略無土岸其水虛映俯視遊魚如乘空也淺處多五色石冬夏激素飛清傍多茂木空岫靜夜聽之恆有清響百鳥翔禽哀鳴相和巡頹浪者不覺疲而忘歸矣

油水出武陵孱陵縣西界

縣有白石山油水所出東逕其縣西與洈水合水出高城趙作成縣洈山東逕其縣下東至孱陵縣入油水也

東過其縣北官本曰案此五字近刻接上經西界下案朱在上趙移此刊誤曰箋曰據宋本補五字案此五字經文當補在注入油水也之次行另爲一條趙琦美本校正

縣治故城王莽更名孱陸也官本曰案陸近刻訛作陵案朱訛趙改刊誤曰漢書地理志作孱陸劉備孫夫人權妹也又更脩之其城背油向澤官本曰案此注

近刻與上注連爲一節案朱同趙改說見上

又東北入于江

油水自孱陵縣之東北逕公安縣西又北流注于大江

澧水出武陵充縣西歷山東過其縣南

澧水自縣東逕臨澧零陽二縣故界水之南岸白石雙立厥狀類人高各三十丈周四十丈古老傳言昔充縣尉與零陽尉共論封境因相傷害化而爲石東標零陽西揭充縣充縣廢省官本曰案近刻脫充縣二字案朱趙無朱揭作碣趙改刊誤曰碣當作揭又刪廢省二字說見下臨澧卽其地縣卽充縣之故治官本曰案近刻訛作縣臨封縣之故治案朱同趙刪臨澧二字改如下說刊誤曰廢省臨澧四字衍文當作後卽其地爲臨澧縣之故治全氏校改臨側澧水故爲縣名官本曰案故近刻作卽案朱趙作卽晉太康四年置澧水又東茹水注之

水出龍茹山水色清澈漏石分沙莊辛說楚襄王所謂飲茹溪之流者也茹水東注澧水官本曰案注近刻訛作流　案朱同趙東流下增注入二字刊誤曰箋云克家云當作東流入澧水案孫潛校增注字

又東過零陽縣之北

澧水東與溫泉水會水發北山石穴中長三十丈冬夏沸涌常若湯焉溫水南流注于澧水澧水又東合零溪水源南出零陽之山歷溪北注澧水趙釋曰一清案漢志武陵郡零陽縣應劭曰零水所出東入湘殆卽零溪也而道元以爲入澧澧水又東九渡水注之水南出九渡山山下有溪又以九渡爲名山獸咸飲此水而逕越他津皆不飲之九渡水北逕仙人樓下傍有石形極方峭世名之爲仙樓水自下歷溪曲折逶迤傾注行者閒關每所褰泝山水之號蓋亦

因事生焉九渡水又北流注于澧水澧水又東婁水入焉水源出巴東界東逕天門郡婁中縣北又東逕零陽縣注于澧水澧水又東逕零陽縣南縣卽零溪以著稱矣官本曰案縣卽近刻訛作蘊郡　案朱作蘊郡趙改郡緣刊誤曰蘊字誤全氏校改緣移在郡字下澧水又逕渫陽縣官本曰案渫近刻訛作澧脫陽字　案朱趙作澧並有陽字右會渫水官本曰案近刻重一渫字　案朱作渫渫木趙改渫水刊誤曰渫木二字誤當作右會渫水水出建平郡水出建平郡東逕渫陽縣南晉太康中置渫水又左合黃水黃水趙刪一黃字出零陽縣西北連巫山溪出雄黃頗有神異採常以冬月趙增之字刊誤曰採下落之字祭祀鑿石深數丈方得佳黃故溪水取名焉黃水北流注于渫水渫水又東注澧水謂之渫口澧水又東逕澧陽縣南南臨澧水晉太康四年立天門郡治也吳永安六年武陵郡嵩梁山官本曰案郡下近刻衍有字　案朱衍趙刪高峰孤竦素壁千尋望之若亭有似香爐其山洞開玄朗如門高三百丈廣二百丈門角上各生一竹倒垂下拂謂之天帚官本曰案近刻脫此十五字　案朱脫趙增刊誤曰廣二百丈下御覽引荊州圖副記有門角上各生一竹倒垂下拂謂之天帚天中記引此文亦有之今校補孫休以爲嘉祥分武陵置天門郡澧水又東歷層步山朱山作出趙改刊誤曰出當作山方輿紀要云澧州石門縣有層步山在縣東北三里外望如一內有三重高秀特出趙作立山下有峭澗泉流所發南流注于澧水

又東過作唐縣北

作唐縣後漢分孱陵縣置澧水入縣左合涔水水出西北天門郡界趙北改南刊誤曰北當作南南流逕涔坪屯官本曰案坪近刻訛作評　案朱訛趙改刊誤曰評方輿紀要作坪此是吳屯所也吳書周泰傳荊州平定將兵屯岑是也屯堨涔水溉田數

千頃趙釋曰一清案說文涔陽渚在郢中又東南流注于澧水澧水又東澹水出焉澧水又南逕故郡城東東轉逕作唐縣南澧水又東逕南安縣南官本曰案南安近刻訛作安南　案朱訛趙乙刊誤曰晉書地理志南平郡統南安縣安南二字當倒互晉太康元年分孱陵立澹水注之水上承澧水于作唐縣東逕其縣北又東注于澧謂之澹口趙釋曰一清案澹水三國時亦曰誕水吳書黃蓋傳所謂巴醴由誕者也由卽油水誕卽澹水也王仲宣贈士孫文始詩曰官本曰案近刻脫士字　案朱脫趙增刊誤曰文選贈答詩有王仲宣贈士孫文始一首李善注引三輔決錄注曰士孫瑞子名萌字文始落士字萌卽士孫瑞之子獻帝都許錄瑞功封萌都亭侯悠悠澹澧者也澧水又東與赤沙湖水會湖水北通江而南注澧謂之沙口官本曰案沙口近刻訛作決口　案朱訛趙改刊誤曰箋曰克家云疑作湖口案當作沙口卽赤沙湖口也上云澧水又東與赤沙湖水會是也澧水又東南注于沅水曰澧口蓋其枝瀆耳離騷曰沅有芷

兮澧有蘭

又東至長沙下雋縣西北東入于江

澧水流注于洞庭湖俗謂之曰澧江口也

沅水出牂柯且蘭縣趙刊誤曰漢志續志皆作故且蘭落故字詳本卷趙釋曰一清案漢志續志皆云故且蘭至晉志始去故字宋志云且蘭令漢舊縣故且蘭是也此條經文與江水篇氏道縣同一例爲旁溝水又東至鐔成縣爲沅水東過無陽縣朱趙過作逕朱箋曰舊本此六字作注文據宋本是經文今改正趙仍改作注刊誤曰箋曰舊本作注文據宋本是經文按非也仍當作注說詳本卷趙釋曰一清案後漢省無陽故不見于續志晉志作舞陽宋志云太康地志有蓋復立也此句之首注有脫文朱謀㙔箋曰舊本作注文據宋本是經文非是㙔珠沅州府志云方輿紀要沅江在沅州府西南五里自貴州番界入沅州境又云潕水在州南四里又引熊氏曰今辰州之武溪即古舞水沅州之潕溪蓋即沅水之異名耳案諸書皆謂潕水即沅水是混潕沅而一之其說均非不可不辨蓋熊氏之以潕水即沅水者由誤以武溪即潕水耳今瀘溪縣志亦祖其說是踵誤也夫無水之名見于水經注武溪之名亦見于水經注水經注謂武溪源出武山南注于沅後漢書注今辰州盧溪縣西有武山高可萬仞元和郡縣志亦云盧水在盧溪縣西二百五十里即武溪所出是武溪可名盧水而案其源流與出自故且蘭東南入沅之無水迥別顧熊氏之爲此說或因荊州記五溪有武溪無潕溪故遂以武溪當潕溪與不知五溪之名出入不一武溪之不能當潕溪猶潕溪之不能當沅溪也惟見于水經注者爲足據耳至于顧氏之言則又泥解水經注何也漢書注言無水首受故且蘭又言沅水出牂柯首受與出既異文則義固自有別是沅與潕本二水也水經言沅水至鐔成縣爲沅水鐔成今黔陽也水經注言無水南流至無陽故縣無陽故縣今芷江也安得謂無陽即鐔成耶乃或者疑經文有沅水東逕無陽縣句可以證沅無總一水之說不知舊本此段經文自沅水出牂柯云云至東至鐔成縣爲沅水句止下云東逕無陽縣五字則注起語也酈道元北魏人其所謂無陽縣者乃晉義熙中徙故鐔成之無陽亦即今黔陽已非漢舊故稱漢之無陽爲故縣以別之且下即云無水出故且蘭南流至無陽故縣者蓋謂沅之上流另有一支之水流入于沅故注文至謂之潕口句下又云沅水東逕無陽縣前有故字而後無故字則五字之非經文可知自朱鬱儀移作經文且自謂據宋本改正鬱儀號稱博雅其點竄古人不無穿鑿附會顧氏不細繹經注漫以泝始析流爲得解强合爲一以誤後人而莫有知其非者尤可怪也

無水出故且蘭南流至無陽故縣朱箋曰漢地理志武陵郡有無陽縣注云無水首受故且蘭南入沅八百九十里後漢省無陽縣故云無陽故縣縣對無水官本曰案近刻脫一縣字案朱脫趙增刊誤曰對上落縣字因以氏縣無水又東南入沅謂之無口趙釋曰一清案漢志無水首受故且蘭南入沅行八百九十里沅水東逕無陽縣南臨運水水源出東南岸許山西北逕其縣南流注于熊溪熊溪南帶移山趙釋曰一清案泿水篇注無陽縣有移溪殆即熊溪也山本在水北夕中風雨旦而山移水南故山以移爲名蓋亦蒼梧郁州東武怪山之類也官本曰案亦近刻訛作以東武怪山訛作佐山案朱訛趙改刊誤曰以當作亦佐山當作東武怪山全氏校正熊溪下注沅水沅水又東逕辰陽縣縣有龍溪水南出于龍嶠朱作橋箋曰宋本作嶠趙改嶠之山北流入于沅沅水又東官本曰案近刻脫一沅字又東訛作又一案朱脫訛趙增改刊誤曰水上落沅字一當作東溠水注之水南出扶陽之山北流會于沅沅水又東與序溪合水出武陵郡義陵縣鄜梁山官本曰案武近刻訛作義案朱訛趙改刊誤曰當是武陵郡義字誤西北流逕義陵縣王莽之建平縣也治序溪其城劉備之秭歸馬良出五溪官本曰案馬近刻訛作焉脫良字案朱訛脫趙改增刊誤曰箋曰秭歸以下有脫誤案此處無脫文焉當作馬良二字之猶往也詳本卷綏撫蠻夷良率諸蠻所築也官本曰案良近刻訛作亮案朱訛趙改釋曰一清案義陵縣後漢廢蜀志先主傳軍次秭歸武陵五溪蠻夷遣使請兵將軍吳班陳式水軍屯夷陵夾江東西岸先主自秭歸率諸將進軍緣山絕嶺于夷道猇亭駐營自佷山通道武陵遣侍中馬良安撫五谿蠻夷咸相響應良所築城即故義陵城也之猶往也所治序溪最爲沃壤良田數百頃特宜稻修作無廢又西北入于沅趙釋曰一清案漢志武陵郡義陵縣鄜梁山序水所出西入沅沅水又東合潊水水導源潊溪官本曰案潊近刻訛作柱案朱趙作柱說見下北流注沅趙釋曰一清案序水方輿紀要作潊水引舊志云今潊浦縣南有雙龍江其水一自縣南百二十里之龍潭發源一自縣東二十里龍灣

發源流經縣南二里之龍堆合流而西入于沅蓋即序溪矣注又別名之曰柱溪柱序音同通用故耳**沅水又東逕辰陽縣南東合辰水水出縣三山谷**趙釋曰一清案漢志武陵郡辰陽縣三山谷辰水所出南入沅行七百五十里**東南流獨母水**趙增合字刊誤曰流下落合字孫潛校增**注之**趙無二字**水源南出龍門山歷獨母溪北入辰水辰水又逕其縣北舊治在辰水之陽故即名焉楚辭所謂夕宿辰陽者也王莽更名會亭**朱作眞箋曰今漢地志作會亭趙改亭**矣辰水又右會沅水名之爲辰溪口武陵有五溪謂雄溪𣸣溪無溪酉溪**官本曰案𣸣溪下近刻衍力溪二字　案朱衍趙刪刊誤曰箋曰宋書說五溪曰雄溪𣸣溪酉溪潕溪辰溪而無力溪二字案後漢書馬援傳意懷注引酈注及東坡小圖五詠薏苡詩王十朋集注李厚引水經注俱無力溪唐宋相沿足證世本之誤**辰溪其一焉夾溪悉是蠻左所居**官本曰案左下近刻衍右字案朱衍趙刪刊誤曰六朝人稱蠻郡曰左郡蠻縣曰左縣故稱蠻左謂五溪蠻也右字衍文**故謂此蠻五溪蠻也**趙增爲字刊誤曰此蠻下落爲字

水又逕沅陵縣西趙增沅字刊誤曰水上落沅字**有武溪源出武山與酉陽分山**水源石上有盤瓠迹猶存矣盤瓠者高辛氏之畜狗也其毛五色高辛氏患犬戎之暴乃募天下有能得犬戎之將軍吳將軍頭者妻以少女下令之後盤瓠遂銜吳將軍之首于闕下帝大喜未知所報女聞之以爲信不可違請行乃以配之盤瓠負女入南山官本曰案女近刻訛作妻案朱趙同上石室中所處險絕人迹不至帝悲思之遣使不得進經二年生六男六女盤瓠死因自相夫妻織績木皮染以草實好五色衣裁製皆有尾官本曰案製近刻訛作置案朱趙作置其母白帝賜以名山其後滋蔓號曰蠻夷今武陵郡夷即盤瓠之種落也其狗皮毛嫡孫世寶錄之**武水南流注于沅**沅水又東施水注之水南

出施山溪源有陽欺崖崖色純素望同積雪下有二石室官本曰案近刻脫室字　案朱脫趙增刊誤曰石下落室字孫潛校增先有人居處其間趙無居字細泉輕流望川競注故不可得以言也官本曰案近刻脫得字案朱脫趙增刊誤曰不可下落得字孫潛校增**施水北流會于沅沅水又東逕沅陵縣北**漢故頃侯吳陽之邑也趙釋曰一清案漢表陽以高后元年封王莽改曰沅陸縣北枕沅水**沅水又東逕縣故治北**移縣治縣之舊城趙刪下縣字刊誤曰下縣字衍文置都尉府因岡傍阿勢盡川陸臨沅對酉二川之交會也**酉水導源益州巴郡臨江縣故武陵之充縣酉源山東南流逕無陽故縣南**朱脫逕無二字趙增刊誤曰箋曰陽故縣上缺一無字案無陽上又落逕字**又東逕遷陵故縣界**朱箋曰案漢地志武陵郡有無陽遷陵二縣相近後漢志省無陽晉太康地志有舞陽云即無陽也後漢晉宋地志武陵郡有遷陵南齊地志無遷陵矣**與酉鄉溪合即延江之枝津更始之下流謂之酉鄉溪口酉水又東逕遷陵縣故城北**官本曰案近刻重一城字案朱重趙刪王莽更名曰遷陸也**酉水東逕酉陽故縣南**縣故酉陵也**酉水又東逕沅陵縣北又東南逕潘承明壘西**承明討五溪蠻營軍所築也朱無也字趙增刊誤曰築下落也字其城跨山枕谷**酉水又南注沅水**闞駰謂之受水其水所決入**名曰酉口**趙釋曰一清案漢志武陵郡充縣酉原山酉水所出南至沅陵入沅行千二百里**沅水又逕竇應明城側**應明以元嘉初伐蠻所築也**沅水又東**官本曰案又下近刻衍合字　案朱趙不衍趙刊誤曰箋曰一作沅水又合東溪溪水南出茗山案本文無脫字**溪水南出茗山**山深迴險人獸阻絕**溪水北瀉沅川**官本曰案近刻川下衍水字　案朱衍趙刪刊誤曰水字衍文**沅水又東與諸魚溪水合水北出諸魚山**山與天門郡之澧陽縣分嶺**溪水南流會于沅**官本曰案溪水下近刻衍合字

案朱趙有沅水又東夷水入焉水南出夷山北流注沅夷山東接壺頭山朱壺作胡箋曰後漢書作壺頭山下同趙改壺釋曰一清案章懷後漢書注引武陵記曰此山與東海方壺山相似神仙多所遊集故名壺頭山也山高一百里廣圓三百里山下水際有新息侯馬援征武溪蠻停軍處壺頭徑曲多險其中紆折千灘援就壺頭希效早成道遇瘴毒終没于此忠公朱趙作以朱箋曰舊本作公獲謗信可悲矣劉澄之曰沅水自壺頭枝分跨三十三渡逕交趾龍編縣東北入于海脈水尋梁乃非關究但古人許以傳疑聊書所聞耳

又東北過臨沅縣南

臨沅縣與沅南縣分水沅南縣西有夷望山孤竦中流浮險四絕昔有蠻民避寇居之故謂之夷望也官本曰案近刻脫之字案朱脫趙增刊誤曰謂下落之字南有夷望溪水南出重山遠注沅沅水又東得關下山東帶關溪瀉注沅瀆沅水又東歷臨沅縣西為明月池白璧灣灣狀半月清潭鏡澈上則風籟空傳下則泉響不斷行者莫不擁檝嬉遊徘徊愛玩沅水又東歷三后澗鼎足均峙秀若削成其側茂竹便娟致可玩也又東帶綠蘿山綠蘿蒙冪頹巖臨水實釣渚漁詠之勝地其迭響若鐘音信為神仙之所居朱作頹巖臨水懸蘿釣渚漁詠幽谷浮響若鐘無綠下二十九字趙同釋曰朱氏謀㙔箋曰御覽引水經注云綠蘿蒙冪頹巖臨水實釣渚漁詠之勝地其迭響若鐘音信為神仙之所居沅水又東逕平山西南臨沅水寒松上蔭清泉下注栖託者不能自絕于其側沅水又東逕臨沅縣南縣南臨沅水因以為名朱箋曰荊州記臨沅縣南臨沅水水源出牂柯且蘭縣至郡界分為五谿王莽更之曰監沅也朱趙無曰字沅下有縣字縣南有晉徵士漢壽人龔玄之墓官本曰案人近刻訛作詩龔訛作龔案朱同箋曰詩宋本作人趙改刊誤曰何焯云宋本晉書作龔玄之通志氏族略晉有隱士龔玄之南史有龔䕨蓋希姓也銘太元中車武子立縣治武陵郡下本楚之黔中郡矣秦昭襄王二十七年使司馬錯以隴蜀軍攻楚楚割漢北與秦官本曰案近刻脫一楚字案朱脫趙增刊誤曰割上落楚字至三十年秦又取楚巫黔及江南地官本曰案近刻脫秦字案朱脫趙增刊誤曰又取上落秦字以為黔中郡漢高祖二年割黔中故治為武陵郡王莽更之曰建平也朱趙無曰字平下有郡字南

對沅南縣後漢建武中所置也縣在沅水之陰因以沅南為名縣治故城昔馬援討臨鄉所築也沅水又東歷小灣謂之枉渚渚東里許便得枉人山山西帶脩溪一百餘里官本曰案脩近刻訛作循案朱訛趙改刊誤曰循當作脩茂竹便娟披溪蔭渚長川逕引遠注于沅沅水又東入龍陽縣有澹水出漢壽縣西楊山南流東折逕其縣南縣治索城即索縣之故城也漢順帝陽嘉中改從今名闞駰以為興水所出東入沅而是水又東歷諸湖方南注沅亦曰漸水也水所入之處謂之鼎口趙釋曰一清案漢志武陵郡索縣漸水東入沅沅水又東歷龍陽縣之氾洲洲長二十里吳丹楊太守李衡官本曰案楊近刻訛作陽案朱訛趙改刊誤曰當作丹楊植柑于其上臨死勑其子曰吾州里有木奴千頭官本曰案州近刻訛作洲案朱訛趙改不責衣食歲絹千匹太史公曰江陵千樹橘可當封君此之謂矣吳末衡柑成歲絹千匹今洲上猶有陳根餘枿蓋其遺也趙釋曰全氏曰胡三省曰氾洲乃柑洲非橘洲湘水篇臨湘縣之橘洲乃衡所植也晏公類要曰湘江四洲橘洲其一焉張舜民郴行錄橘洲東對潭州以是知非氾洲也沅水又東逕龍陽縣北城側沅水趙增臨字刊誤

已城下落臨字沅水又東合壽溪內通大溪口有木連理根各一岸而凌空交合其上承諸湖趙增水字刊誤曰其下落水字下注沅水

又東至長沙下雋縣西北入于江趙釋曰一清案漢志牂柯郡故且蘭縣沅水東南至益陽入江資水篇經文與班志合則此條不容有參錯且與灃水篇經文相同惟少一東字耳

沅水下注洞庭湖方會于江

泿水出武陵鐔成縣北界沅水谷官本曰案成近刻訛作城下同　案朱訛趙改孫校曰阜昌禹迹圖石刻作假水

山海經曰禱過之山泿水出焉而南流注于海是也

南至鬱林潭中縣與鄰水合

水出無陽縣縣故鐔成也晉義熙中改從今名俗謂之移溪

溪水南歷潭中注于泿水

又東至蒼梧猛陵縣爲鬱溪又東至高要縣爲大水

鬱水出鬱林之阿林縣官本曰案近刻脫出字　案朱脫文趙增自字刊誤曰鬱水下落自字

東逕猛陵縣趙釋曰全氏曰案漢志蒼梧郡猛陵縣龍山合水所出南至布山入海而善長不志猛陵縣在廣信之西南王莽之猛陸也泿水于縣左合鬱溪亂流

逕廣信縣地理志朱趙有曰字蒼梧郡治武帝元鼎六年開王莽之新廣郡縣曰廣信亭王氏交廣春秋曰趙釋曰一清案虞喜志林云太康八年廣州大中正王範上交廣二州春秋元封五年交州自瀛陵縣移治于此建安十六年吳遣臨淮步騭爲交州刺史將武吏四百人之交州道路不通蒼梧太守長沙吳巨官本曰案近刻訛作臣下同　案朱訛趙改刊誤曰三國志吳書步騭傳是吳巨臣字誤下竝同擁眾五千騭有疑于巨先使諭巨巨逆之于零陵遂得進州巨既納騭而後有悔騭以兵少恐不存立巨有都督區景勇略與巨同士爲用騭惡之陰使人請巨巨往告景勿詣騭騭請不已景又往乃于廳事前中庭俱斬以首徇眾即此也鬱水又逕高要縣晉書地理志曰縣東去郡五百里刺史夏避毒徙縣水居也縣有鵠奔亭趙刊誤曰箋曰搜神記云鵠奔亭謝承後漢書作鵲巢亭案列異傳云鵠奔亭方掘其屍時有雙鵠來奔其亭故名江淹獄中上書曰梧邱之魂不愧于沈首鵠亭之鬼無恨于灰骨正使此事廣信蘇施妻始珠鬼訟于交州刺史何敞處事與蘩亭女鬼同官本曰案蘩部古字通原本及近刻竝訛作蘁亭今改正蘩亭事詳涓水注內　案朱趙作蘁朱箋曰搜神記云九江何敞爲交州刺史行部到蒼梧高要宿鵠奔亭夜半有一女子自稱蘇娥字始珠廣信人嫁施氏夫死有雜繒帛百二十匹及婢一人名致富欲之旁縣賣繒賃牛車一乘到此亭爲亭長龔壽所殺刺致富亦死掘樓下合埋之取財物去無所告訴故來自歸於明使君敞乃遣吏捕問具服並其父母兄弟皆斬之謝承後漢書所記事同但作鵲巢亭爲異王氏交廣春秋曰步騭殺吳巨區景使嚴舟船合兵二萬下取南海蒼梧人衡毅錢博宿巨部伍與軍逆騭于蒼梧高要峽口兩軍相逢于是遂交戰毅與眾投水死者千有餘人趙釋曰一清案三國志吳書呂岱傳云高涼賊帥錢博乞降岱因承制以博爲高涼西部都尉方輿紀要高涼山在高州府東北九十里本名高梁衡毅錢博拒步騭于高要峽口毅死博與屬亡于高梁蓋即此山是高要峽之戰毅死而博逃其後遂降也交廣春秋未得其實

又東至南海番禺縣西分爲二其一南入于海

鬱水分泿南注

其一又東過縣東南入于海

泿水東別逕番禺山海經謂之賁禺者也交州治中合浦姚文式問云何以名爲番禺答曰南海郡昔治在今州城中與番禺縣連接今入城東南偏有水坑陵城倚其上聞此縣人

名之爲番山縣名番禺儻謂番山之禺也漢書所謂浮牂柯下離津同會番禺蓋乘斯水而入越也官本曰案而近刻訛作西案朱訛趙改刊誤曰西當作而秦幷天下略定揚越官本曰案揚近刻訛作楊案朱趙作楊置東南一尉西北一候開南海以謫徙民至二世時南海尉任囂召龍川令趙佗曰聞陳勝作亂豪傑叛秦吾欲起兵阻絕新道番禺負險可以爲國會病綿篤無人與言故召公來告以大謀囂卒佗行南海尉事則拒關門設守以法誅秦所置吏以其黨爲守自立爲王高帝定天下使陸賈就立佗爲南越王官本曰案近刻脫南字案朱脫趙增刊誤曰史記尉佗傳是南越王剖符通使至武帝元鼎五年遣伏波將軍路博德等攻南越王五世九十二歲而亡以其地爲南海蒼梧鬱林合浦交趾九眞日南也建安中吳遣步騭爲交州騭到南海見土地形勢觀尉佗舊治處負山帶海博敞渺目高則桑土下則沃衍林麓鳥獸于何不有海怪魚鼈黿鼉鮮鰐珍怪異物千種萬類不可勝記趙作紀佗因岡作臺北面朝漢圓基千步直峭百丈頂上三晦復趙作複道囘環逶迤曲折朔望升拜名曰朝臺前後刺史郡守遷除新至未嘗不乘車升履于焉逍遙騭登高遠望覩巨海之浩茫觀原藪之殷阜乃曰斯誠海島膏腴之地宜爲都邑朱作也箋曰宋本作邑趙改邑建安二十二年遷州番禺築立城郭綏和百越遂用寗集交州治中姚文式問答云朝臺在州城東北三十里裴淵廣州記曰城北有尉佗墓墓後有大岡謂之馬鞍岡秦時占氣者言南方有天子氣始皇發民鑿破此岡地中出血今

鑿處猶存以狀取目故岡受厥稱焉王氏交廣春秋曰趙有南字越王趙佗生有奉制稱藩之節死有秘奧朱作異箋曰宋本作奧趙改奧神密之墓佗之葬也因山爲墳其壠塋可謂奢大葬積珍玩吳時遣使發掘其墓求索棺柩鑿山破石費日損力卒無所獲佗雖奢僭愼終其身朱終其作厥其趙改終厥刊誤曰箋曰厥一作終案於文是愼終厥身其字衍乃令後人不知其處有似松喬遷景牧豎固無所殘矣鄧德明南康記曰昔有盧耽朱趙作躭下同仕州爲治中少棲仙術善解雲飛每夕輒凌虛歸家曉則還州嘗于元會至朝不及朝列化爲白鵠至闕前官本曰案闕近刻訛作閣案朱作閣趙改閣囘翔欲下威儀以石擲之得一隻履耽驚還就列內外左右莫不駭異時步騭爲廣州意甚惡之便以狀列聞遂至誅滅廣州記稱吳平晉滕脩官本曰案近刻訛作盧循案朱訛趙改刊誤曰三國志注引交廣記是滕脩晉書有傳爲刺史脩鄉人語脩蝦鬚長一赤官本曰案古字尺通用赤趙釋曰一清案裴松之三國志注引王氏交廣春秋一赤作一丈四赤作一丈四尺脩責以爲虛官本曰案責字近刻訛在虛字下案朱趙同其人乃至東海取蝦鬚長四赤速送示脩脩始服謝官本曰案服近刻訛作復案朱訛趙改刊誤曰復當作服交廣記云脩乃服之是也厚爲遣其一水南入者鬱川分派逕四會入海也其一卽川東別逕番禺城下漢書所謂浮牂柯下離津同會番禺蓋乘斯水而入于越也趙釋曰一清案漢書以下與前文複蓋刪削之未盡者泿水又東逕懷化縣入于海水有鮨魚裴淵廣州記曰鮨魚長二丈大數圍皮皆鑢物生子子小隨母覷朱趙作覓食驚則還入母腹吳錄地理志曰鮨魚子朝索食暮入母腹南越志曰暮從臍入旦從口出腹裏兩洞腸貯水

以養子陽容二子兩則四焉

其餘水朱趙無水字又東至龍川爲涅水趙釋曰全氏曰案師古漢志注引裴氏廣州記曰龍川縣本博羅縣之東鄉也有龍穿地而出卽穴流泉因以爲號龍川殆卽涅水也屈北入員水官本曰案此十六字原本及近刻竝訛入注內連接上下注文今改正考注稱浿水枝津衍注卽解其餘水也又稱逕博羅縣西界龍川卽解東至龍川也下經員水又東南卽承此員水言也　案朱趙作注連接上下注文

浿水枝津衍注自番禺東歷增城縣南越志曰縣多鵕鸃鵕鸃山雞也光采鮮明官本曰案采近刻訛作色案朱作光色趙作毛色五色采趙作炫朱趙作眩耀利距善鬬世以家雞鬬之則可擒也又逕博羅縣西界龍川左思所謂目龍川而帶坰者也趙佗乘此縣而跨據南越矣

員水又東南一千五百里入南海朱作經趙改注刊誤曰十三字是注混作經

東歷揭陽縣王莽之南海亭而注于海也

水經注卷三十七

水經注卷三十八　長沙王氏校本

後魏酈道元撰

資水　漣水　湘水

灕水　溱水

資水出零陵都梁縣路山

資水出武陵郡無陽縣界唐糺山蓋路山之別名也謂之大溪水東北逕邵陵郡武岡縣南縣分都梁之所置也縣左右二岡對峙重阻齊秀間可二里舊傳後漢伐五溪蠻蠻保此岡故曰武岡縣卽其稱焉大溪逕建興縣南又逕都梁縣南官本曰按近刻脫縣字案朱脫趙增刊誤曰都梁下落縣字漢武帝元朔五年以封長沙定王子敬侯遂之邑也官本曰按遂近刻訛作定案朱訛趙改刊誤曰敬侯定當作遂史記年表校縣西有小山山上有渟水既清且淺其中悉生蘭草綠葉紫莖芳風藻川蘭馨遠馥趙作馥遠俗謂蘭爲都梁山因以趙有爲字號縣受名焉

東北過夫夷縣

夫水出縣西南零陵縣界少延山東北流逕扶縣南官本曰按扶下近刻衍陽字案朱衍趙刪刊誤曰宋書州郡志云邵陵太守領扶縣令漢舊縣晉曰夫夷漢屬零陵晉屬邵陵今云扶者疑是避桓溫諱去夷夫不可爲縣名故爲扶云陽字衍文本零陵之夫夷縣也趙釋曰一清按沈約志云漢舊縣至晉曰夫夷今云扶者疑是避桓溫諱去夷夫不可爲縣名故爲扶云漢武帝元朔五年以封長沙定王子敬侯義之邑也夫水又東注邵陵水謂之邵陵浦水口也官本曰按水字近刻訛在口字下案朱趙同趙刊誤曰箋曰謝耳伯云當作浦水口按本文不誤謝說非也

東北過邵陵縣之北朱趙東上有又字趙釋曰按兩漢志昭陵屬長沙孫吳始改曰邵陵此亦經文晚出之證

縣治郡下南臨大溪水逕其北謂之邵陵水魏咸熙二年吳寶鼎元年趙釋曰全氏曰五字注中注一清按魏祚終于咸熙二年乃孫皓甘露元年明年改元寶鼎實晉武帝泰始二年也孫皓分零陵北部立邵陵郡于邵陵縣縣故昭陵也官本曰按昭近刻訛作邵案朱訛趙改刊誤曰邵陵當作昭陵說見下趙釋曰一清按史記建元以來王子侯表武帝元朔四年封長沙定王子童爲洛陵侯索隱曰表作路陵在南陽夫長沙之子何以封於南陽括地志云卽昭陵是也酈氏疑之故不著洛陵漢表作洛陽今湖南寶慶府東北五里有洛陽山蓋以侯封得名卽前漢之昭陵縣屬長沙國後漢析置昭陽縣晉諱昭改曰邵陵邵陽云爾溪水東得高平水口官本曰按水近刻訛作又案朱訛趙改刊誤曰又當作水水出武陵郡沅陵縣首望山西南逕高平縣南官本曰按逕近刻訛作流案朱作流趙增逕字刊誤曰流下落逕字又東入邵陵縣界南入于邵水邵水又東會雲泉水水出零陵永昌縣雲泉山西北流逕邵陽南朱作邵陵趙改刊誤曰邵陵當作邵陽宋志云邵陵太守領邵陵子相何志屬長沙二漢無吳錄屬邵陵又邵陽男相吳立曰昭陽晉武改晉志邵陵統邵陵縣又統邵陽縣是也則昭陵是吳所置亦晉武改之而沈約不云當以水經注正之縣故昭陽也官本曰按昭陽朱謀㙔云疑作昭陵非也今攷郡國志昭陽屬零陵郡昭陵屬長沙郡案縣字朱在南上趙並有雲泉水又北注邵陵水謂之邵陽水口趙刊誤曰箋曰克家云當作邵陵按邵陽字不誤不得因上有邵陵浦口水而改之自下東北出益陽縣其間逕流山峽名之爲茱萸江蓋水變名也

又東北過益陽縣北

縣有關羽瀨所謂關侯灘也南對甘寧故壘昔關羽屯軍水北孫權令魯肅甘寧拒之于是水寧謂肅曰羽聞吾咳唾之聲不敢渡也渡則成擒矣羽夜聞寧處分曰興霸聲也遂不

渡茱萸江又東逕益陽縣北又謂之資水應劭曰縣在益水之陽今無益水亦或資水之殊目矣（然此縣之左右處處有深潭漁者咸輕舟委浪謠詠相和羅君章所謂其聲綿邈者也水南十里有井數百口淺者四五尺趙作赤或三五丈深者亦不測其深古老相傳昔人以杖撞地輒便成井或云古人采金沙處莫詳其實也孫校曰郡國志益陽注曰荊州記曰縣南十里有平岡岡有金井數百淺者四五尺深者不測俗傳云有金人以杖撞地輒成井）

又東與沅水合于湖中東北入于江也

湖卽洞庭湖也所入之處謂之益陽江口

漣水出連道縣西資水之別（趙改資水之別四字入注文刊誤曰全氏云四字是注混作經以先司空校本改）

水出邵陵縣界南逕連道縣（縣故城在湘鄉縣西朱趙有百一字）六十里控引衆流合成一溪東入衡陽湘鄉縣歷石魚山下多玄石山高八十餘丈廣十里石色黑而理若雲母開發一重輒有魚形鱗鬐首尾（官本曰按鬐近刻作鰭案朱作鰭趙改鬐）宛若刻畫長數寸魚形備足燒之作魚膏腥因以名之漣水又逕湘鄉縣南臨漣水本屬零陵長沙定王子昌邑（官本曰按昌受封于建平四年去定王已遠漢書但云長沙王子此定字或後人誤加朱箋曰漢書王子侯表哀帝建平四年封長沙王子昌爲湘鄉侯疑非定王子也趙釋曰一清按漢表哀帝建平四年封長沙王子昌爲湘鄉侯無定字又長沙定王傳元帝初元三年復立旦弟宗是曰孝王五年薨子魯人嗣王莽時絕哀平之世王乃魯人也昌是魯人之子諸侯王表魯人以元帝永光二年嗣四十八年薨謚曰繆注誤）漣水又屈逕其縣東而入湘南縣也

東北過湘南縣南又東北至臨湘縣西南東入于湘

漣水自湘南縣東流至衡陽湘西縣界入于湘水也于臨湘縣爲西南者矣

湘水出零陵始安縣陽海山（孫校曰始安二字疑衍）

卽陽朔山也應劭曰湘出零山（官本曰按零下近刻衍陵字案朱衍趙刪刊誤曰漢志註無陵字何焯云此長沙臨湘縣之零山不可妄加陵字）蓋山之殊名也（山在始安縣北縣故零陵之南部也魏咸熙二年孫皓之甘露元年趙釋曰全氏曰七字注中注立始安郡）湘灕同源分爲二水南爲灕水北則湘川（趙釋曰一清按善長此言非是詳見灕水篇）東北流羅君章湘中記曰湘水之出于陽朔則觴爲之舟至洞庭日月若出入于其中也

東北過零陵縣東

越城嶠水南出越城之嶠嶠卽五嶺之西嶺也（秦置五嶺之戍是其一焉）北至零陵縣下注湘亦湘水又逕零陵縣南又東北逕觀陽縣（官本曰按近刻脫縣字案朱脫趙增刊誤曰觀陽下落縣字）與觀水合水出臨賀郡之謝沐縣界（孫校曰案晉書孫權分蒼梧置立臨賀郡地理志謝沐蒼梧縣）西北逕觀陽縣西（縣蓋卽水爲名也）又西北流注于湘川謂之觀口也

又東北過洮陽縣東（趙釋曰一清按漢志注如淯曰洮音韜）

洮水出縣西南大山東北逕其縣南（卽洮水以立稱矣漢武帝元朔五年朱無帝字趙增刊誤曰漢武下落帝字後同封長沙定王子節侯拘爲侯國官本曰按節侯拘有脫誤史記作靖侯狗彘漢書作靖侯狗燕案朱趙作靖侯狗彘朱箋曰舊本作洮陽侯拘案漢書表作狗燕而史記年表作狗彘恐史記譌也孫按索隱引漢表作將燕趙釋曰朱氏謀㙔箋曰按索隱曰表作將燕一清按今本漢書將字作狗王莽更名之曰洮治也）其水東流注于

湘水

又東北過泉陵縣西

營水出營陽泠道縣南山官本曰按南下近刻衍流字案朱有流字趙改畱刊誤曰流全氏校改畱趙釋曰流氏曰當作營山西流逕九疑山下蟠基朱作磐碁箋曰當作蟠基趙改磐基蒼梧之野峯秀數郡之間羅巖九舉各導一溪岫壑負阻異嶺同勢遊者疑焉故曰九疑山大舜窆其陽商均葬其陰趙釋曰全氏曰按胡三省曰太史公云舜南狩崩於蒼梧歸葬於江南九疑則蒼梧九疑兩地也合而言之者誤也山南有舜廟前有石碑文字缺落不可復識自廟仰山極高直上可百餘里古老相傳言未有登其峰者山之東北泠道縣界又有舜廟縣南有舜碑碑是零陵太守徐儉立營水又西逕營道縣馮水注之水出臨賀郡馮乘縣東北馮岡其水導源

馮溪西北流官本曰按馮溪二字近刻訛在下句縣字下案朱訛趙改刊誤曰馮溪二字當移在導源下縣以託名焉馮水帶約眾流渾成一川謂之北渚歷縣北西至關下關下地名也是商舟改裝之始朱舟作州趙改刊誤曰州當作舟馮水又左合萌渚之水水南出于萌渚之嶠五嶺之第四嶺也其山多錫亦謂之錫方矣渚水北逕馮乘縣西而北注馮水馮水又逕營道縣而右會營水營水又西北屈而逕營道縣西王莽之九疑亭也營水又東北逕營浦縣南營陽郡治也魏咸熙二年吳孫皓分零陵置在營水之陽故以名郡矣營水又北都溪水注之水出春陵縣北二十里仰山南逕其縣西縣本泠道縣之春陵鄉蓋因春溪爲名矣漢長沙定王分以爲縣武帝元朔五年封王中子買爲春陵侯官本曰按近刻侯上衍節

字案朱趙有縣故城東又有一城東西相對各方百步古老相傳言漢家舊城漢稱猶存知是節侯故邑也城東角有一碑文字缺落不可復識東南三十里尚有節侯廟都溪水又南逕新寍縣東官本曰按近刻脫寍字案朱脫趙增刊誤曰方輿紀要道州寍遠縣下云春水亦曰春陵水出春陵山東南流入桂陽藍山縣界下流至衡州府常寍縣入于湘水又云縣有都谿水歐陽忞曰卽春陵水也常寍縣古新寍縣三國吳時析耒陽縣置新平縣晉書地理志新寍縣屬湘東郡元和郡縣志云吳置新平縣宋元徽中號新寍下云新寍故新平也又云春水又北逕新寍縣東蓋都谿在南而春水在北互受通稱津渠灌注矣此文新下落寍字縣東傍都溪溪水又西逕縣南左與五溪俱會縣有五山山有一溪五水會于縣門官本曰按縣近刻訛作谿案朱趙作谿趙釋曰朱氏謀㙔箋曰初學記引此注作會于縣門故曰都溪也都溪水自縣又西北流逕泠道縣北與泠水合水南出九疑山趙釋曰一清按應劭以此泠水爲出丹陽宛陵縣西北入江而臣瓚非之

師古曰瓚說是泠水見說文卽漢志宛陵縣下之清水今謂之清弋江豈可以泠溪目之乎仲瑗誠誤矣北流逕其縣西南縣指泠溪以卽名王莽之泠陵縣也泠水又北流注于都溪水又西北入于營水營水又北流官本曰按營近刻訛作溪案朱訛趙改刊誤曰谿水當作營水入營陽峽官本曰按入字近刻作注于二字案朱趙同又北至觀陽縣而出于峽朱趙有矣字大小二峽之間爲沿泝之極艱矣營水又西北逕泉陵縣西漢武帝元朔五年官本曰按近刻脫帝字案朱脫趙增以封長沙定王子節侯賢之邑也王莽名之曰溥潤零陵郡治故楚矣漢武帝元鼎六年分桂陽置太史公曰舜葬九疑實惟零陵官本曰按此下近刻有或作零郡四字係衍文案朱趙有或作零郡四字趙釋曰全氏曰四字注中注郡取名焉王莽之九疑郡也下邳陳球爲零陵太守桂陽賊胡蘭攻零陵激流灌城球輒于內因地勢反決水淹

賊相拒不能下朱箋曰後漢書陳球字伯眞下邳人官侍御史時桂陽黠賊冦鈔荆部以球爲零陵太守賊虜消難而州兵朱蓋等反與桂陽賊胡蘭轉攻零陵球弦大弓羽矛爲矢引機發之遠射千步多所殺傷賊復激流灌城球於內輒反決水淹賊會中郎將度尚將救兵至遂共斬破蓋等縣有白土鄉零陵先賢傳曰鄭產字景載泉陵人也爲白土嗇夫漢末多事國用不足產子一歲輒出口錢民多不舉子產乃勑民勿得殺子口錢當自代出產言其郡縣爲表上言錢得除更名白土爲更生鄉也晉書地道記曰官本曰按記近刻訛作志案朱趙作志縣有香茅氣甚芬香言貢之以縮酒也**營水又北流注于湘水**湘水又東北與應水合水出邵陵縣歷山崖隥險阻峻崿萬尋澄源朱趙作淵湛于下應水湧于上東南流逕應陽縣南晉分觀陽縣立蓋卽應水爲名也應水又東南流逕有鼻墟南王隱曰應陽縣本

泉陵之北部官本曰按陵近刻訛作陽案朱訛趙改東五里有鼻墟言象所封也山下有象廟言甚有靈能興雲雨余所聞也聖人之神曰靈賢人之精氣爲鬼象生不慧朱趙作惠死靈何寄乎應水又東南流而注于湘水湘水又東北得汑口水出永昌縣北羅山東南流逕石燕山東其山有石紺而狀燕因以名山其石或大或小若母子焉及其雷風相薄則石燕羣飛頡頏如眞燕矣羅君章云今燕不必復飛也其水又東南逕永昌縣南又東流注于湘水又東北逕祁陽縣南又有餘溪水注之水出西北邵陵郡邵陵縣東南流注于湘其水官本曰按此下近刻衍濁字案朱衍趙刪刊誤曰濁字衍文揚清汎濁水色兩分湘水又北與宜溪水合水出湘東郡之新寧縣西南新平故縣東朱箋曰宋書州郡志云湘東郡吳孫亮太平二年分長沙東部都尉立晉世七縣宋孝武太元二年省酃及新平但有臨烝新寧茶陵湘陰陰山新寧故新平也衆川瀉浪共成一津西北流東岸山下有龍穴宜水逕其下天旱則擁水注之便有雨降宜水又西北注于湘湘水又西北得春水口水上承營陽春陵縣西北潭山趙釋曰一淸按此是吳復立之春陵縣晉志曰春陽屬零陵郡宋志曰春陵令屬營陽太守又北逕新寧縣東又西北流注于湘水也趙釋曰一淸按漢志桂陽郡耒陽縣春山春水所出北至酃入湖過郡二行七百八十里

又東北過重安縣東孫校曰郡國志零陵重安侯國故鍾武永建三年更名案此亦非西漢人語**又東北過酃縣西承水從東南來注之**

承水出衡陽重安縣西邵陵縣界邪薑山東北流至重安縣逕舜廟下廟在承水之陰又東合略塘相傳云此塘中有銅

神今猶時聞銅聲于水水輒變綠朱趙作淥作銅腥魚爲之死趙釋曰一淸按名勝志引此注作飛養魚經曰魚滿三百六十則龍爲之長而引飛出水內鼈則魚不復去則魚飛誠亦有之承水又東北逕重安縣南漢長沙頃王子度邑也官本曰按度近刻訛作虔案朱作虔箋曰王子虔漢表作鍾武節侯度趙改度故零陵之鍾武縣王莽更名曰鍾桓也武水入焉水出鍾武縣西南表山東流至鍾武縣故城南而東北流至重安縣注于承水趙釋曰一淸按下有缺文至湘東臨承縣北朱箋曰漢地志承陽在承水之陽故名讀若烝屬長沙國後漢志作烝陽屬零陵郡晉志宋志俱作烝陽屬湘東郡東注于湘謂之承口臨承卽故酃縣也縣卽湘東郡治也郡舊治在湘水東故以名郡魏正元二年吳主孫亮分長沙東部立縣有石鼓高六尺朱趙作赤湘水所逕鼓鳴則土有兵革之事羅君章云扣之聲聞數十里此鼓今無復聲觀陽

縣東有裴綾其下有石鼓形如覆船扣之清響遠徹其類也湘水又北官本曰按近刻訛作北又 案朱訛趙乙刊誤曰北又二字當倒互歷印石石在衡山縣南湘水右側官本曰按近刻訛作衡水縣南江水又有案朱訛趙改衡山縣南湘水右側有刊誤曰方輿紀要云衡山縣漢湘南縣地三國吳析置衡陽晉改衡山水字誤又曰江水當作湘水又當作右側二字名勝志校改盤趙作磐石或大或小臨水官本曰按此下近刻衍而字 案朱衍趙刪刊誤曰而字衍文石悉有跡其方如印纍然行列無文字如此可二里許因名爲印石也湘水又北逕衡山縣東山在西南有三峰一名紫蓋一名石囷官本曰按近刻脱此四字 案朱趙無說見下一名芙容官本曰按容近刻訛作峰 案朱趙作容峰趙釋曰一清按胡渭曰此處有脱誤盛宏之荆州記云衡山有三峰一名紫蓋一名石囷一名芙蓉注少石囷一句芙容峰最爲竦傑官本曰按近刻脱芙字 案朱趙無自遠望之蒼蒼隱天故羅含云望若陣雲非清霽素朝不見其峰丹水湧

其左澧泉流其右山經謂之岣嶁官本曰按此下近刻衍山字 案朱趙有爲南嶽也山下有舜廟南有祝融冢楚靈王之世山崩毀其墳得營丘九頭圖禹治洪水官本曰按近刻脱禹字 案朱脱趙增刊誤曰治上落禹字血馬當作用白馬全氏校改卷四十衡山注同血馬祭山趙血作用白說見上得金簡玉字之書芙容峰之東朱趙無芙字有仙人石室學者經過往往聞諷誦之音矣衡山東南二面臨映湘川自長沙至此江趙作沿湘七百里中有九向九背官本曰按近刻脱九向二字 案朱脱趙增故漁者歌曰帆隨湘轉望衡九面朱箋曰羅含湘中記云衡山九疑皆有舜廟遙望衡山如陣雲沿湘千里九向九背乃不復見埠按此注所引漁歌九面正與轉字相叶郎羅含九向之義宋本自誤作九回耳山上有飛泉下注下映青林直注山下望之若幅練在山矣湘水又東北逕湘南縣東又歷湘西縣南分湘南置也衡陽郡治魏甘露二年

官本曰按甘露近刻訛作正元 案朱趙作正元趙釋曰一清按魏正元二年吳五鳳二年也吳書孫亮傳郡以太平二年置則魏甘露二年也吳孫亮分長沙西部立治晉湘南太守何承天官本曰按近刻脱晉字 案朱無趙增於太守上刊誤曰太守上落晉字徙治湘西矣官本曰按治近刻訛作郡 案朱訛趙改刊誤曰郡當作治十三州志曰日華水出桂陽郴縣日華山官本曰按近刻脱日字 案朱脱趙增刊誤曰當作日華山落日字西至湘南縣入湘地理志曰郴縣有耒水出耒山西至湘南西入湘趙無下西字朱箋曰漢地理志郴縣耒山耒水所出西至湘南入湖湘水又北逕麓山東其山東臨湘川西傍原隰息心之士多所萃焉

又東北過陰山縣西洣水從東南來注之又北過醴陵縣西漉水從東南來注之官本曰按近刻脱南來二字 案朱脱趙增刊誤曰從東下落南來二字以漉水篇經文校補

續漢書五行志曰建安八年長沙醴陵縣有大山常鳴如牛呴朱作吼箋曰宋本作如呴聲趙改呴聲積數年後豫章賊攻沒縣亭殺掠吏民因以爲候湘水又北逕建寧縣官本曰按此下原本及近刻有而旁湘水縣北六字係訛舛衍文歸有光本所無今刪去 案朱有趙改西傍湘水縣北六字刊誤曰而當作西方輿紀要云建寧城在湘潭縣西百六十里湘江亦在縣西是也有空泠峽趙釋曰一清按方輿紀要引此文作空靈峽張舜民郴行錄同寰宇記作空舲峽驚浪雷奔濬同三峽湘水又北逕建寧縣故城下晉太始中立

又北過臨湘縣西瀏水從縣西北流注官本曰按注下近刻有之字 案朱趙有

縣南有石潭山湘水逕其西山有石室石牀臨對清流湘水又北逕昭山西官本曰按近刻脱湘字 案朱脱趙增刊誤曰水上落湘字山下有旋泉深不可測故言昭潭無底也亦謂之曰湘州潭湘水又北逕

南津城西西對橘洲趙釋曰全氏曰此卽胡三省所指之橘洲或作吉字官本曰按此四字亦注內之小注 趙釋曰全氏曰四字注中注何氏曰周子充云橘訣律切吉激質切本作兩音北人混而一之故鄺道元水經注云橘洲或作吉字一清按吳音亦呼爲吉子不惟北也爲南津洲尾水西有橘洲子戍趙刊誤曰箋曰孫云疑作橘子洲戍按子戍戍之小者耳猶子城之類故郭尚存湘水又北左會瓦官水口湘浦也又逕船官西湘洲朱趙作州商舟之所次也北對長沙郡郡在水東州城南舊治在城中後乃移此湘水左逕麓山東上有故城山北有白露水口湘浦也又右逕臨湘縣故城西縣治湘水濱臨川側故卽名焉王莽改號撫陸故楚南境之地也官本曰按近刻脱楚字 案朱脱趙增刊誤曰故下落楚字名勝志校增秦滅楚立長沙郡卽青陽之地也秦始皇二十六年令曰官本曰按近刻脱此二字 案朱趙無荆王獻青陽以西趙釋曰全氏曰按此乃二十六年詔書中語其時荆亡已三年矣漢書鄒陽傳曰趙無曰字越水長沙還舟青陽注張晏曰青陽地名也蘇林曰青陽長沙縣也漢高祖五年以封吳芮爲長沙王是城卽芮築也漢景帝二年封唐姬子發爲王都此王莽之鎮蠻郡也于禹貢則荆州之域晉懷帝以永嘉元年分荆州湘中諸郡立湘州治此城之內郡廨西有陶侃廟官本曰按近刻脱有字 案朱脱趙增刊誤曰西下落有字云舊是賈誼宅地中有一井是誼所鑿極小而深上斂下大其狀似壺傍有一腳石牀纔容一人坐形流俗相承云誼宿所坐牀又有大柑樹亦云誼所植也城之西北有故市北對臨湘縣之新治縣治西北有北津城縣北有吳芮冢廣踰六十八丈登臨寫目爲廛郭之佳憩也郭頒世語云魏黃初末吳人發芮冢取木于縣立

孫堅廟見芮尸容貌衣服竝如故吳平後與發冢人朱與作預趙改豫刊誤曰預當作豫于壽春見南蠻校尉吳綱曰君形貌何類長沙王吳芮乎但君微短耳綱瞿然曰是先祖也自芮卒至冢發四百年至見綱又四十餘年矣湘水左合誓口又北得石槨口竝湘浦也右合麻溪水口湘浦也湘水又北逕三石山東山枕側湘川北卽三石水口也湘浦矣官本曰按近刻脱矣字 案朱脱趙增也字水北有三石戍戍城爲二水之會也湘水又逕瀏口戍西北對瀏水

又北潙水從西南來注之

潙水出益陽縣馬頭山東逕新陽縣南晉太康元年改曰新康矣潙水又東入臨湘縣歷潙口戍東南注湘水湘水又北合斷口又北則下營口湘浦也朱也作矣趙改刊誤曰矣準上文當作也湘水之左岸有高口朱之作又趙刪刊誤曰箋曰又宋本作之按又字衍文水出益陽縣西北逕高口戍南又西北上鼻水自鼻洲上口受湘西入焉趙增首字刊誤曰受上落首字謂之上鼻浦高水西北與下鼻浦合官本曰按西近刻訛作南 案朱訛趙改刊誤曰南黃省曾本作西水自鼻洲下口首受湘川西通高水謂之下鼻口高水又西北右屈爲陵子潭東北流注湘爲陵子口湘水自高口戍東又北右會鼻洲左合上鼻口又北右對下鼻口又北得陵子口湘水右岸銅官浦出焉湘水又北逕銅官山西臨湘水山土紫色內含雲母故亦謂之雲母山也

又北過羅縣西溳水從東來流注官本曰按注下近刻有之字 案朱趙有

湘水又北逕錫口戍東又北左派謂之錫水西北流逕錫口

戍北又西北流屈而東北注玉水焉水出西北玉池東南流注于錫浦謂之玉池口錫水又東北東湖水注之水上承玉池之東湖也南注于錫官本曰按注近刻訛作流案朱作流趙下增注字刊誤曰流下落注字謂之三陽涇官本曰按近刻作逕下門涇三津涇荀導涇並同案朱趙作逕趙陽改錫刊誤曰陽當作錫水南有三戍又東北注于湘湘水自錫口北出又得望屯浦湘浦也湘水又北枝津北出官本曰按近刻脫出字案朱作津北趙增枝字出字刊誤曰又北下黃省曾本有枝字于文是枝津北出津北下又落出字謂之門涇朱趙作逕下同也湘水紆流西北東北合門水謂之門涇口又北得三溪水口水東承大湖官本曰按大近刻訛作太下同案朱趙作太西通湘浦三水之會故得三溪之目耳又北東會大對水口西接三津涇朱趙作逕湘水又北逕黃陵亭西右合黃陵水口官本曰按右近刻訛作又案朱訛趙改刊誤曰又黃省曾本作右

其水上承大湖湖水西流逕二妃廟南世謂之黃陵廟也言大舜之陟方也二妃從征溺于湘江神遊洞庭之淵出入瀟湘之浦瀟者水清深也趙釋曰一清按說文瀟水名从水蕭聲相邀切又瀟水清深从水肅聲子叔切則瀟是水名故朱子以當洞庭九江之一今注以瀟爲水清深蓋誤讀說文也又按山海經曰洞庭之山帝之二女居之是常遊于江淵澧沅之風交於瀟湘之浦是在九江之間出入必以飄風暴雨楚地記因之云巴陵瀟湘之淵在九江之間道元既本山海經以立文而刪去在九江之間一語殆不以洞庭爲九江也江水注指東陵在廬江亦同此旨湘中記曰湘川清照五六丈下見底石如樗蒱矢官本曰按近刻訛作如樗蒲矢案朱訛趙改刊誤曰初學記引此文作如樗蒲矢今校正五色鮮明白沙如霜雪赤崖若朝霞是納瀟湘之名矣故民爲立祠于水側焉荊州牧劉表刊石立碑樹之于廟以旌不朽之傳矣黃水又西流入于湘謂之黃陵口昔王子屮有異才官本曰按屮近刻訛作山案朱趙作山

年二十而得惡夢作夢賦二十一溺死于湘浦即斯川矣朱箋曰張華博物志云王子山與父叔師到泰山從鮑子真學算到魯賦靈光殿歸渡湘水溺死王文考名延壽一字子山也南郡宜城人子山夢賦序曰臣弱冠嘗夜寢見鬼物與臣戰遂得東方朔與臣作罵鬼之書臣遂作賦一篇敘夢後人夢者讀誦以卻鬼數數有驗臣不敢蔽其詞具古文苑中湘水又北逕白沙戍西又北右會東町口瀆水也湘水又左合決湖口水出西陂東通湘渚湘水又北汨水注之水東出豫章艾縣桓山西南逕吳昌縣北與純水合水源出其縣東南純山西北流又東逕其縣南又北逕其縣故城下縣是吳主孫權立純水又右會汨水汨水又西逕羅縣北本羅子國也故在襄陽宜城縣西楚文王移之于此秦立長沙郡官本曰按立字近刻訛在長沙下案朱訛趙改刊誤曰立字當移在長沙之上因以爲縣水亦謂之羅水官本曰按縣近刻訛作郡脫水亦二字案朱作郡箋曰疑作縣趙改縣並無水亦二字汨水又西逕玉笥山羅含湘中記云趙作曰屈潭之左有玉笥山道士遺言此福地也一曰地腳山汨水又西爲屈潭即汨羅淵也官本曰按近刻脫汨字案朱脫趙增刊誤曰羅淵上落汨字說文校補屈原懷沙自沈于此故淵潭以屈爲名朱箋曰甄烈湘中記云屈潭之左玉笥山屈平之放棲於此山而作九歌焉趙釋曰一清按說文長沙汨羅淵屈原所沈之水从水冥省聲莫狄切昔賈誼史遷皆嘗逕此弭檝江波投弔于淵淵北有屈原廟廟前有碑又有漢南趙釋曰一清按南下疑落郡字太守程堅碑寄在原廟汨水又西逕汨羅戍南西流注于湘春秋之羅汭矣世謂之汨羅口官本曰按近刻脫之字案朱脫趙增刊誤曰謂下落之字湘水又北枝分北出逕汨羅戍西又北逕扃石山東官本曰按扃近刻作壘下同案朱趙作壘下同又北逕扃石戍西謂之苟導涇朱趙作逕下同矣而北合湘水湘水自汨羅口

官本曰按近刻脫湘水二字及羅字　案朱趙不重二字朱無羅字趙增刊誤曰汨下落羅字顧景范曰汨羅江源出江西寧州之柏山流逕岳州府平江縣至長沙府湘陰縣境分爲二水一南流曰汨水一西逕古羅城曰羅水復折而北出至屈潭復合故曰汨羅又西流注于江謂之汨羅口西北逕磊石山西而北對青草湖亦或謂之爲青草山也西對懸城口湘水又北得九口竝湘浦也湘水又東北爲青草湖口右會朱作合箋曰宋本作會趙改會苟導涇北口官本曰按近刻脫導字　案朱脫趙增與勞口合又北得同拌口皆湘浦右池者也

又北過下雋縣西微水從東來流注官本曰按注下近刻有之字　案朱趙有

湘水左會清水口官本曰按近刻訛作水青口　案朱訛趙改刊誤曰當作清水口長沙府志云清水潭在益陽縣西七里資水也世謂之益陽江湘水之左官本曰按近刻無之字　案朱趙無之字逕鹿角山東右逕謹亭戍西又北合查浦又北得萬石

浦官本曰按近刻脫石字　案朱趙無咸湘浦也側湘浦北有萬石戍湘水左則沅水注之謂之橫房口東對微湖世或謂之麋湖也官本曰按湖下近刻衍口字　案朱衍趙刪刊誤曰口字衍文右屬微水即經所謂微水經趙作逕下雋者也西流注于江謂之麋湖口湘水又北官本曰按湘近刻訛作也　案朱趙作也趙增湘字刊誤曰水上落湘字逕金浦戍北帶金浦水湖溠也湘水左則澧水注之世謂之武陵江凡此四水同注洞庭北會大江官本曰按近刻重一北字　案朱重趙刪刊誤曰北字重文宜衍名之五渚戰國策曰秦與荆戰大破之取洞庭五渚者也官本曰按近刻脫者字　案朱趙無湖水廣圓五百餘里日月若出沒于其中山海經云洞庭之山帝之二女居焉沅澧之風交瀟湘之浦官本曰按近刻脫瀟字　案朱脫趙增出入多飄風暴雨湖中有君山編山君山有石穴潛通吳之包山郭景純所謂巴陵地道者也是山湘君之所遊處故曰君山矣昔秦始皇遭風于此而問其故博士曰湘君出入則多風秦王趙作皇乃赭其山漢武帝亦登之射蛟于是山東北對編山山多篁竹兩山相次去數十里迴峙相望孤影若浮湖之石岸有山世謂之笛烏頭石石北右會翁湖口水上承翁湖左合洞浦所謂三苗之國左洞庭者也

又北至巴丘山入于江

山在湘水右岸趙釋曰一清按巴丘山宋人以爲禹貢之東陵曾彥和曰巴陵與夷陵相爲東西夷陵亦曰西陵則巴陵爲東陵可知又曰沅漸无辰敘酉湘資醴水皆合洞庭中東入于江是爲九江導江云過九江至于東陵今之巴陵巴陵之上卽洞庭也因九水所合遂名九江水經九江在長沙下雋縣西北楚地記云巴陵瀟湘之淵在九江之閒是也晁以道云洞庭九江也胡渭曰以洞庭爲九江始于宋初胡旦而晁曾從之朱子故主其說而力辨尋陽九江

之非然去無澧二水而易以瀟蒸則意有未安澧水實會南江以東注洞庭安得而不數之蓋後人訛无爲元朱子故以爲無是水而爲之更定不若曾旼之說爲得其實全祖望曰顧景范以宋人洞庭九江謂本許叔重語大繆叔重何曾有此說乃曾旼之書曰東陵巴陵也許慎曰迤邪行也今江水過洞庭至巴陵西東北邪行以合彭蠡彥和所引許氏祇邪行一語而顧氏牽連并下文以爲皆叔重語曾氏之書今不傳猶幸其引入夏僎書解中胡氏亦引入通鑑注中不然殆難考矣王厚齋云張守節史記正義以巴陵爲東陵曾旼蓋本於此益可知許慎無此言矣孔穎達正義曰九江禹前先有其處禹導水過之非別有九江之水其言最爲精覈然既名爲九則亦必有其流派故曾晁之說自可從非若尋陽記緣江圖造作烏白嘉靡等名色遂謂之禹迹所可比也胡渭又曰周禮荆州無九江蓋已包在藪澤雲夢之中矣然自是九江之名不著故或稱江南之夢或稱洞庭五渚或又稱巴邱湖後世既不知洞庭爲九江見尋陽江中多沙水相閒處遂指其九派爲九江而導山導江之文義皆不可通矣太史公不敢信山海經然其中有可信者如謂澧沅瀟湘在九江之閒賴此一語猶可推尋其有造於禹貢不小也正義又曰鄭玄以此經言過言會者皆是水名言至於者或山或澤故以澧爲陵名孔以爲水名今按易祓曰澧陵是小山因水而得名者據此適與東陵之文相對鄭義較孔爲長於是始無

凝於澧爲九江之一之說也方輿紀要許慎曰九江沅漸潕辰酉潊澧資湘也漸水在常德府武陵縣合於沅潕水在沅州城西亦入沅江辰水在辰州府辰陵城東入沅西水亦在沅陵城西入沅潊水在辰州府潊浦縣西北流入沅惟澧水出岳州府澧州慈利縣西三十里之歷山東逕華容縣南而入洞庭湖然則所云九江者惟四江達於洞庭耳余于壬寅春夏之交言涉長沙過岳州登樓遠眺惟見湖水渺瀰不知紀極湘水東匯下瀉江流正直下雋之西北禹貢記水不應遺此鉅浸信乎非洞庭不足以當九江之名也然漢時自有九江在尋陽史記龜筴傳云神龜出於江淮之閒嘉林之中酈道元以淮即灌決水注云決水又西北灌水注之其水導源金蘭西北東陵鄉大蘇山即淮水也許慎曰出雩婁縣俗謂之澮水也褚先生去古未遠必有師承而又因禹貢荆州九江納錫大龜之文遂實其說然尋陽地屬揚州何以闌入荆域神龜出江灌乃洞庭不聞有此後人欲據此以釋經恐於經義全不合也故尋陽之九江以之言漢志則可欲以之解禹貢則非矣禹貢導水於導漾下云東匯澤爲彭蠡此湖漢九水漢儒之所謂九江也導江下云又東至於澧過九江至於東陵東迤北會於匯匯即東匯澤爲彭蠡之匯書法互見則九江在其上游是非以洞庭當之不可荆揚二域水道敘次分明彼徒執漢志以疑禹貢紛紛臆說誠何必然 山有巴陵故城本吳之巴丘邸閣城也晉太康元年立巴陵縣于此後置建昌郡宋元嘉十六年立巴陵郡城跨岡嶺濱阻三江巴陵西對長洲其洲南分湘浦官本曰按分近刻作廓　案朱趙作廓 北屆大江官本曰按屆近刻作對　案朱同趙改刊誤曰對黃省曾本作屆 故曰三江也三水所會亦或謂之三江口矣夾山列關謂之射獵又北對養口咸湘浦也水色青異朱作青異趙改青黑 東北入于大江有清濁之別謂之江會也

灕水亦出陽海山

灕水與湘水出一山而分源也湘灕之閒陸地廣百餘步謂之始安嶠嶠即越城嶠也嶠水自嶠之陽南流注灕名曰始安水故庾仲初之賦揚都云判五嶺而分流者也灕水又南與溈水合水出西北邵陵縣界朱無水字趙增刊誤曰出上落水字 而東南流

至零陵縣西南逕越城西建安十六年交州刺史賴恭自廣信合兵小零陵越城迎步隲即是地也溈水又東南流注于灕水漢書所謂出零陵下灕水者也灕水又南合彈丸溪水出于彈丸山山有湧泉奔流衝激山嶕及溪中官本曰按嶕近刻作崖　案朱作崖箋曰舊本作山嶕趙改嶕 有石若丸自然珠圓狀彈丸矣故山水即名焉驗其山有石竇下深數丈洞穴深遠莫究其極官本曰按近刻脫此十八字　案朱脫趙增刊誤出故山水即名焉六字曰此句下御覽引此文有驗其山有石竇下深數丈洞穴深遠莫究其極十八字今校補 溪朱作漢箋曰當作溪水謂彈丸溪水趙改溪 水東流注于灕水灕水又南逕始興縣東魏元帝咸熙二年官本曰按元帝近刻訛作文帝　案朱訛趙改刊誤曰咸熙是曹奐年號裴松之註引魏世譜曰諡曰元皇帝文字誤 吳孫皓分零陵南部立始興縣趙釋曰一清按三國志吳書孫皓傳甘露元年以零陵南部爲始安郡桂陽南部爲始興郡宋書州郡志廣興公相孫皓分桂陽南部都尉立爲始興郡領始興令今注云云蓋誤記也且事在甘露元年十一月是爲晉武帝泰始元年去魏咸熙二年差一歲 灕水又南右會洛溪溪水出永豐縣西北洛溪山東流逕其縣北縣本蒼梧之北鄉孫皓割以爲縣洛溪水又東南逕始安縣而東注灕水灕水又東南流入熙平縣逕羊瀨山山臨灕水官本曰按近刻脫灕字　案朱脫趙增刊誤曰山臨下脫灕字 石閒有色類羊趙刊誤曰箋曰孫云當作有石按色字不誤如作石字則云石閒有石類羊豈可通乎下云石色狀雞可證也 又東南逕雞瀨山山帶灕水石色狀雞官本曰按石上近刻衍山字　案朱衍趙刪刊誤曰山字衍文 故二山以物象受名矣灕水又南得熙平水口水源出縣東龍山西南流逕其縣南又西與北鄉溪水合水出縣東北北鄉山西流逕其縣北又西流南轉逕其縣西縣本始安之扶鄉也孫皓割以爲縣溪水又南注熙平水官本

曰按近刻脫水字　案朱脫趙增刊誤曰熙平下落水字熙平水又西注于灕水縣南有

朝夕塘水出東山西南朱趙無東山二字有水官本曰按有近刻訛作塘　案朱訛趙改刊誤曰塘水黃省曾本作有水從山下注塘一日再增再減盈縮以時未嘗

愆期同于潮水因名此塘官本曰按近刻訛作潭　案朱訛趙改刊誤曰潭黃省曾本作塘

爲朝夕塘矣灕水又西逕平樂縣界左合平樂溪口水出臨

賀郡之謝沐縣南歷山西北流逕謝沐縣西南西南流至平

樂縣東南左會謝沐衆溪派流湊合西逕平樂趙有縣字南孫皓

割蒼梧之境立以爲縣北隸始安溪水又西南流注于灕水

謂之平樂水官本曰按近刻脫樂字　案朱脫趙增刊誤曰平樂水名縣取名焉上云左合平樂谿口是也洛樂字

南過蒼梧荔浦縣

瀨水出縣西北魯山之東逕其縣西與濡水合水出永豐縣

西北濡山朱無水字趙增刊誤曰出上落水字東南逕其縣西又東南流入荔

浦縣官本曰按入下近刻有于字　案朱趙有注于瀨溪又注于灕水灕水之上

官本曰按近刻脫灕水二字　案朱脫趙移增刊誤曰於文當重灕水二字下灕水字當移在又注于之下有關

官本曰按近刻訛作有灕水關　案朱訛趙移改說見上釋日一清按方輿紀要引注云灕水南逕都利山今本無之孫

校曰關卽荔平關灕水又南左合靈溪水口水出臨賀富川縣北符

靈岡朱無水字趙增刊誤曰出上落水字南流逕其縣東又南注于灕水也趙釋

曰全氏曰灕水一名融水乃牂柯江之下流分鬱水豚水諸川入於交州復至中國歷三十六灕而爲灕水本無關於湘

水其引湘水而通之灕者秦史祿運漕之故水經不知以爲湘灕同源此大繆也范成大桂海虞衡志曰湘水源出陽海

山而灕水乃牂柯江下流南下與安地勢高二水遠不相謀史祿始作靈渠派湘之流而注之灕使北水南合然則灕水

不出陽海其自陽海導湘水使合灕水者皆史祿之力也善長於湘灕二篇皆言之不詳亦大疏漏也又曰范云作靈渠

之法於湘流沙磕中壘石作鏵觜銳其前逆分湘流爲兩激

之六十里行渠中以入灕江與俱南渠繞興安界深不數尺

廣丈餘六十里置斗門三十六土人但謂之斗舟入一斗則

復閘斗伺水積漸進故能循崖而上建瓴而下千斛之舟亦

可往來治水巧妙無如此渠零渠通鑑作澪渠卽注所謂靈

溪也又曰按柳開曰湘灕二水之名書記皆無說淳化元年

開自全州移知桂州泝湘水抵分水嶺下復溯灕水知二水

至嶺方分所謂相離者也而乃北水曰湘南水曰灕疑其不

當爲此灕字當以離傍加水作此灕字又字書古無此灕字

酌其理增而今以爲字焉仲塗之言頗爲鶻突蓋不識水道

而妄生異議者也一清按此事見漢書嚴助傳云長老言秦

之時嘗使尉屠睢擊越又使監祿鑿渠通道張晏曰監郡御

史也名祿又嚴安傳云使尉屠睢將樓船之士攻越使監祿

鑿渠運糧渠卽靈渠也寰宇記云秦鑿渠在興安縣南二十

里本灕水自柘山之陰西北流至縣西南合零渠五里始分

爲二水昔秦命御史監祿自零陵鑿至桂林漢故歸義粵侯

二人爲戈船下瀨將軍出零陵下離水卽此郡國志後漢伏

波將軍馬援開湘水爲渠六十里穿度南城今城南流者是

因秦舊瀆耳至唐寶歷初渠道崩壞舟楫不通觀察使李渤

遂壘石造堤如鏵觜劈分二水每水制石斗門一使制之在

人開閉開灕水則全入於桂江擁桂江則盡歸於湘水又於

湘水鑿分水渠三十五步以便行舟據此則秦渠與零渠爲

二石湖云激湘入灕永言云開灕入湘二家言稍有不同

又南至廣信縣入于鬱水

溱水出桂陽臨武縣南繞城西北屈東流

溱水導源縣西南北流逕縣西而北與武溪合山海經曰肄

水出臨武西南官本曰按肄近刻訛作肆下同　案朱訛趙改下同刊誤曰肆當作肄而東南

注于海官本曰按近刻脫而東南三字　案朱趙無入番禺西肄水蓋溱水之別

名也武溪水出臨武縣西北桐柏山東南流右合溱水亂流

東南逕臨武縣西謂之武溪縣側臨溪東因曰臨武縣王莽

更名大武也溪又東南流朱又作之趙改水刊誤曰箋曰之宋本作又按當作水左會

黃岑溪水官本曰按岑近刻訛作涔下同　案朱訛趙改下同刊誤曰兩黃涔俱當作黃岑何孟春郴陽志曰

黃岑山或曰王禽山又曰騎田嶺五嶺之一也宜章一縣之水南出韶之樂昌以入于曲江與耒水注可互證也下谿字

衍文水出郴縣黃岑山朱水上有谿字趙刪說見上西南流右朱作又箋曰宋本作右趙
改右合武溪水朱趙無水字武溪水朱趙無溪字又南入重山官本曰按重近刻訛
作里案朱訛趙改刊誤曰里當作重山名藍豪廣圓五百里悉曲江縣界崖
峻險阻官本曰按近刻訛作崖壁峻阻案朱趙同巖嶺千天交柯雲蔚霾天晦
景謂之瀧中懸湍迴注崩浪震山名之瀧水
東至曲江縣安聶邑東屈西南流
瀧水又南出峽謂之瀧口西岸有任將軍城南海都尉任囂
所築也囂死尉佗自龍川始居之東岸有任將軍廟瀧水又
南合泠水泠趙無泠字水東出泠君山山羣峰之孤秀也晉太元
十八年崩十餘丈官本曰按十近刻訛作千案朱訛趙改刊誤曰千當作十于是懸瀾
瀑挂傾流注壑頹波所入灌于瀧水瀧水又右合林水朱趙無又

字林趙無林字水出縣東北洭山王歆之始興記曰官本曰按近刻脫之字
案朱脫趙增刊誤曰當作王歆之落之字後同林水源裏有石室官本曰按近刻脫石字案朱脫趙
增刊誤曰太平廣記引水經作有石室落石字室前磐石上行羅十瓮官本曰按行近刻訛作列
案朱訛趙改刊誤曰太平廣記引水經列作行中悉是餅銀采伐遇之不得取取
必迷悶晉太元初民封驅之家僕密竊三餅歸發看有大蛇
螫之而死湘州記曰其夜驅之夢神語曰君奴不謹盜銀三
餅即日顯戮以銀相償覺視則奴死銀在矣官本曰按償近刻訛作備脫覺
字案朱訛脫趙改增刊誤曰備太平廣記引水經作償又曰太平廣記引水經視上有覺字林水自源西
注于瀧水官本曰按注近刻訛作流案朱作流趙下增注字又與雲水合水出縣北
湯泉泉源沸湧浩氣雲浮以腥物投之俄頃即熟官本曰按近刻訛作
熟案朱作熱趙改熟刊誤曰熱當作熟其中時有細赤魚游之不爲灼也西北

合瀧水又有藉水上承滄海水有鳥嶼馬其水吐納衆流西
北注于瀧水瀧水又南歷靈鷲山山本名虎郡山朱箋曰疑作虎羣山
趙改羣亦曰虎市山以虎多暴故也晉義熙中沙門釋僧律葺
宇巖阿猛虎遠跡蓋律仁感所致因改曰靈鷲山瀧水又南
逕曲江縣東云縣昔號曲紅官本曰按近刻訛作又言縣皆號曲江案朱同趙改仍又言
二字刊誤曰皆當作昔曲江當作曲紅下曲字下落紅字金石錄跋尾校正隸釋及楊慎水經碑目黃省曾本同名勝志
曰漢志桂陽郡有曲江縣舊圖經漢置曲紅縣以東連曲紅岡也後因其下有江故改名曲江亦非也說詳本卷曲
紅山名也官本曰按近刻脫紅字案朱脫趙增說見上東連岡是矣瀧中有碑文
趙釋曰一淸按瀧中碑是漢桂陽太守周府君功勳銘也曰其文曰桂陽太守周府君者徐州下邳人也諱憬字君光
體性敦仁天姿篤厚行興閨門名缺州里舉孝廉拜尚書侍郎遷汝南固始相遂拜桂陽迺宣魯衛之政敷二南之澤政
从德綏化猶風鷹撫集烝細缺綏有方進則貞亶退則錯枉崇舉濟濟吉士缺充朝招訓缺蒙開誘六蔽君子道長小人

道消信感神祇靈瑞荐缺嘉穀生於壄奇草像蓮莆異梩之樹超然連理於此缺時邦域惟寍郡又典䢀南海接比商旅之
所臻自瀑亭至乎曲紅壹由此水其水源也出於王禽之山山蓋隆缺三乎天泉肇沸踊發射其顛分汖離散爲十二川
彌陵隋阻企阜錯連隅陬壅蕁末由騁駕爾乃貫山鑽石經缺四揚爭怒浮沈潛伏虵龍蛣屈澧隆鬱浥千渠萬澮合聚
谿瀾下迄安聶六瀧作難湍瀨湰滝泫沄潺湲雖詩稱百川沸騰高岸爲谷深谷爲陵蓋莫若斯天軌所經惡得已改其
下注也若奔車失轡狂牛無縻缺勿充忽臚睦不相却及其上也則羣輩相隨檀柁提缺唱號慷慨沈深不前其成敗也
非徒喪寶玩隕珍奇替珠貝沵象犀也往古來今變甚終矣於是府君乃思夏后之遺訓缺應龍之畫傷行旅之悲窮哀
向人困戹感蜀守冰殄絕犁䰠鼎夫味淵示用夷易迺命良吏掾䣊壯夫排礦睧石投之寨缺二高墳下鑿截回曲㴱水
之邪性順導其經脉斷碨磊之電波弱陽侯之洶涌由是小溪乃平直大道允通利抱布貿絲交易而至升涉周旋功萬
於前除昔缺二樹㙞於茲雖非龍門之鴻鵠績亦人君之德宗故胎缺人嘆於水渚行旅語於涂陸孔子曰禹不決江疏
河吾其魚矣於是熹平三季歲在攝提仲冬之月曲紅長零陵重安區祉字景賢遵承典憲宣揚德訓帥禮不越欽仰高
山乃與色子故吏龔臺郭蒼龔雒等命工擊石建碑于瀧上勒銘公功傳之萬世垂示無窮其辭曰乾以剖兮建兩儀剛

栔分兮有險夷咨中嶽兮穆崔嵬嘆衡林兮獨傾虧增陵隋兮甚隘陭鮌莫涉兮禹不覘仰王畬兮又崟巇僻瀧淵兮怛以悲岸參天兮無路溪石縱橫兮深洞洞波隆隆兮聲若雷或抱償兮以從利或追恩兮有赴義汜自榻兮有不避缺躬軀兮於元池委性命兮於芒蠕憯寒慄兮不皇計忽隨汸兮殆忘歸懿賢后兮發亟鞸英閑不通兮治斯谿蹷巨石兮以漽墳開切伲兮導曲機摧六瀧兮弱隸釋刻本缺四字兮散其波威怒定兮混瀾瀾息聊啾兮逝隸釋刻本缺四字兮蛟龍滅睦老唱兮臚人歌名冏卉兮超踰倫今稱缺兮燿泳沙功斐斐兮鏡海裔君兮君壽不訾周府君開瀧有功嶺表善長不應無隻語贊揚之注文瀧中有碑文曰下接按地理志云云似有脫誤今從隸釋采錄此碑而訛缺太甚又據廣東通志略爲補正彼所遺佚不可復考矣此碑名下缺字是高字迺宣魯衛之政迺字是守字屬上讀烝細下缺字是振字招訓缺蒙爲招賢訓蒙缺文在訓字上靈瑞符下缺字是應字於此下缺文是之字山蓋隆下缺字是崇峻極三字泉肇沸踊是涌字經下缺字是營滿眕激四字於文爲經營滿眕激揚爭怒惡得已改其下注也已字下有哉字改字是故字恐非惡得已改言無他道也檀栨提缺是檀挽提擕其成敗也成字是或字應龍之畫畫字作變化二字寥下缺字是壑夷二字於文爲投之寥壑夷高墳下避下缺字是沈字閑不通兮閑或作閔弱下缺字是其勢遏泌汨五字睦老唱兮老或作夫稱下缺字是揚字餘見諸跋語中附載於篇次集古錄曰桂陽周府君碑按韶州圖經云後漢桂陽太守周府君廟在樂昌縣西一百一十八里武溪上武溪驚湍激石流數百里昔馬援南征其門人轅寄生善吹笛援爲作歌和之名曰武溪深其辭曰滔滔武溪一何深鳥飛不渡獸不能臨嗟哉武溪何毒淫周府君開此溪下合湞水桂陽人便之爲立廟刻石武水源出郴州臨武縣鸕鷀石南流三百里入桂陽而桂陽桂水湞水梁溪盧溪曹溪諸水皆與武水合流其俗謂水湍浚爲瀧韓退之詩云南下樂昌瀧即此水也又後本跋尾云國子監直講劉仲章者爲余言前爲樂昌令因道府君事云名憬問何以見之云碑刻雖缺尚可識也乃以此碑竝陰遺余余初以韓集云昌樂瀧疑其誤乃改從樂昌仲章曰不然縣名樂昌而瀧名昌樂其舊俗所傳如是韓集不誤也乃知古人傳疑而愼於更改者如此曾氏鞏南豐集曰熙寧八年余從知韶州王之材求得此本之材又以書來按曲江縣圖經周府君名昕字君光其碑陰曲江字皆作曲紅而蒼江江夏字亦作紅蓋古字通用不可不知劉氏昌詩蘆浦筆記曰漢周府君碑六一先生凡三四百字跋最後方辨其名憬蔣穎叔作武溪深乃謂名煜且押之韻蓋石古剝落以其形似求合於君光之字故云爾曾南豐顧云從知韶州王之材得此碑書來曰按曲江縣圖經名昕則竝其形似而不辨何至遽信而以六一爲未詳攷耶金石錄曰周府君碑陰題名凡卅一人

姓氏具存酈道元水經注瀧水南逕曲江縣東縣昔號曲紅曲紅山名也而東西兩漢史皆作曲江今據此碑自縣長區祉而下凡十七人皆書爲曲紅則是當時縣名曲紅無可疑者不知兩漢皆作曲江何也隸釋曰右神漢桂陽太守周府君功勳之紀銘隸額周府君名憬自固始相爲桂陽守碑云熹平三年歲在攝提仲冬之月曲紅長區祉與邑子故吏建碑於瀧上蓋靈帝甲寅年也茲水發源王禽山于渠萬澮下湊六瀧舟楫過之若奔車失轡狂牛無縻喪寶玩流象犀積有日矣周府君思夏后龍門之績感李冰離堆之事排治湍梗人得利涉紀其功勳銘辭全逼騷雅有瓠子歌遺意韓退之詩云南下昌樂瀧險惡不可狀者即謂此也樂史寰宇記云瀧上有太守周昕廟今碑在韶州張九齡廟中其名尚隱隱可辯蓋憬字也碑以壅藹爲壅遏犂魋爲犂堆小徯路徯皆爲蹊又曰周憬碑陰宰曲紅者一人貫曲紅者十六人熊君碑亦仝兩漢皆作曲江諸家地理書皆云水流屈曲故曰曲江唯水經云縣昔號曲紅山之名也前書工女大功皆只同用紅字未知水經何所據也盤洲之言本於南豐寰宇記梓州射洪縣下引李膺記云婁儻灘東有射江土人語訛以江爲洪則知曲江之爲曲紅亦是音同之故熊君碑是漢綏民校尉熊君也碑云除補桂陽曲紅長故洪氏引以爲證佐爾 按地理志曲江舊縣也王莽以爲除虜始興郡治魏文帝

咸熙二年孫皓分桂陽南部立趙釋曰一清按三國志吳書此事在甘露元年是晉武帝泰始元年去魏咸熙二年差一歲縣東傍瀧溪號曰北瀧水水左即東溪口也水出始興東江州南康縣界石閣山西流而與連趙改漣下同刊誤曰連當從水作漣水合水出南康縣涼熱山連溪山即大庾嶺也五嶺之最東矣故曰東嶠山斯則改裝之次其下船路名漣溪漣水南流注于東溪謂之漣口官本曰案近刻脫口字案朱脫趙增刊誤曰漣下落口字庾仲初謂之大庾嶠水也東溪亦名東江又曰始興水又西邪階水注之水出縣東南邪階山水有別源曰巢頭重嶺衿瀧湍奔相屬祖朱箋曰一作祖源趙改祖源雙注合爲一川水側有鼻天子城鼻天子所未聞也趙釋曰朱氏謀㙔箋曰幽明錄始與有鼻天子冢又有鼻天子城路史謂鼻天子即象也邪階水又西北注于東江江水又西逕始興縣南

又西入曲江縣邸水注之水出浮岳山山蹋一處則百餘步動若在水也因名浮岳山南流注于東江東江又西與利水合水出縣之韶石北山南流逕韶石下其高百仞趙刊誤曰箋曰其一作石按其字不誤廣圓五里兩石對峙相去一里小大略均似雙闕名曰韶石古老言昔有二仙分而憩之自爾年豐彌歷一紀利水又南逕靈石下靈石一名逃石高三十丈廣圓五百丈耆舊傳言石本桂林武城縣官本曰案林近刻訛作陽案朱訛趙改刊誤曰箋曰兩漢地志桂陽郡但有臨武縣而無武城疑字誤也按沈炳巽云晉志桂林郡統武城縣朱氏但見誤本作桂陽疑武城縣之有譌而不知爲孫吳所置陽當作林因夜迅雷之變忽然還此彼人來見歎曰石乃逃來因名逃石以其有靈運徙又曰靈石其傑處臨江壁立霞駮有若繢焉水石驚瀨傳響不絕商舟淹留聆翫不

已利水南注東江東江又西注于北江謂之東江口溱水自此有始興大庾之名官本曰案庾近刻訛作江案朱訛趙改刊誤曰大江當作大庾上云庾仲初謂之大庾嶠水也而南入湞陽縣也

過湞陽縣出洭浦關官本曰案洭原本及近刻竝訛作准今改正漢書中宿縣有洭浦關案朱訛趙改刊誤曰洭浦關見洭水篇准字誤又朱箋曰漢地理志湞陽縣屬桂陽郡與桂水合

溱水南逕湞陽縣西舊漢縣也官本曰案漢近刻訛作益案朱訛趙改刊誤曰益當作漢漢書地理志桂陽郡有湞陽縣王莽之綦武矣官本曰案綦近刻作基案朱趙作基縣東有湞石山廣圓三十里挺嶇大江之北盤址長川之際其陽有石室漁叟所憩昔欲于山北開達郡之路輒有大蛇斷道不果是以今行者趙刊誤曰箋曰宋本舊本俱作今者吳本增一行字按蓋宋本舊本有脫字耳何足據也必于石室前汎舟而濟也溱水又西南歷皐口太尉二山之間是曰湞陽峽兩岸傑秀壁立虧天昔嘗鑿石架閣令兩岸相接以拒徐道覆溱水出峽左則湞水注之水出南海龍川縣西逕湞陽縣南右注溱水故應劭曰湞水西入溱是也趙釋曰一淸按漢志桂陽郡湞陽縣下應劭曰湞水出南海龍川西入秦道元引之分而爲二上句又不云是應說溱水又西南洭水入焉官本曰案洭近刻訛作淮案朱同箋曰淮當作洭漢志南海郡中宿縣有洭浦趙改洭山海經所謂湟水出桂陽西北山東南注肆入敦浦西者也官本曰案湟近刻訛作涯肆訛作肄敦訛作郭又脫山字湟今山海經作潢案朱訛趙改並無山字刊誤曰涯水當作湟水肄當作肆郭浦當作敦浦溱水又西南逕中宿縣會一里水其處隘名之爲觀岐連山交枕絕崖朱趙崖作岸朱箋曰一作崖壁竦下有神廟背阿面流壇宇虛肅趙虛改靈刊誤曰虛當作靈廟渚攢石巉巖亂峙中川時水洊至鼓怒沸騰流木淪沒必無出者世人以爲河

伯下材朱作林箋曰當作材趙改材晉中朝時縣人有使者至洛事訖將還忽有一人寄其書云吾家在觀岐前官本曰案近刻脫岐字案朱脫趙增刊誤曰觀下落岐字石間懸藤即其處也但叩藤自當有人取之使者謹依其言果有二人出外取書竝延入水府衣不霑濡言此似不近情然造化之中無所不有穆滿西游與河宗論寶以此推之亦爲類矣溱水又西南逕中宿縣南吳孫皓分四會之北鄉立焉

南入于海

溱水又南注于鬱而入于海

水經注卷三十八

水經注卷三十九　長沙王氏校本

後魏酈道元撰

洭朱作涯水　深水　鍾水　耒水
洣水　漉水　瀏水　溳水
贑水　廬江水朱無江字

洭水出桂陽縣盧聚官本曰按洭近刻訛作滙下同　案朱訛趙改釋曰一清按今俗本洭俱作滙誤也說文滙器也从匚淮聲尚書禹貢東滙澤爲彭蠡孔傳曰滙迴也釋文曰徐胡罪反韋空爲反别無水出桂陽之說又說文滙水出桂陽縣盧聚出滙浦關爲桂水从水匡聲去王切與水經合予竊疑水經滙水標題與下含洭字義不符觀叔重之書始知後來傳寫之誤班志桂陽縣滙水南至四會入鬱林過郡二行九百里應劭曰桂水所出東北入湘含洭縣應劭曰洭水所出東北入沅今水經不言滙水所入之處溱水篇云過湞陽縣出洭浦關與桂水合南入于海注云溱水又南注于鬱而入于海是桂水與溱水俱注于鬱而入海與班志脗合臨武縣下又云溱水東南至湞陽入滙師古曰滙胡賄反蓋滙與桂音近而與滙形似滙水卽桂水亦卽洭水道元所謂山海經謂之湟水桂水其别名者是也洭集韻曰本作瀷隸省作滙漢書作洭今作洭蓋因避宋太祖諱匡缺筆作匡而誤作洭耳溱水注黃本作洭水亦卽洭字之訛誤故應劭以桂水釋桂陽洭水釋含洭而不别出滙水最爲得解史記南越傳云移檄告橫浦陽山湟溪關裴駰集解云徐廣云在桂陽通四會也索隱曰鄒氏劉氏本湟並作湼音年結反漢書作湟溪音皇又衞青傳云出桂陽下湟水姚察曰史記作滙今本有湟湼及滙不同蓋由隨見輒改故也水經云含滙縣南有滙浦關未知孰是然鄒誕作湼漢書作湟蓋近于古今考水經惟篇首作滙字下含洭縣洭浦關皆作洭小司馬以漢書湟字爲近古得之矣若作滙字去湟音益遠更作湼字尤無所據字經三寫魯變爲魚信矣九域志云開寶四年改含洭縣爲含光避太祖諱也可知至宋猶仍洭水之稱滙字之誤審矣全祖望曰水經作洭與說文合史記作湟與山經合水經又作桂亦與說文合若滙則洭之似而訛猶之湼則湟之似而譌也而又有作潅水者則桂音之近而譌道元特起而糾之今本潅又轉誤作雜益不足辨矣

水出桂陽縣西北上驛山盧溪爲盧溪水東南流逕桂陽縣故城謂之洭水地理志曰洭水出桂陽南至四會是也官本曰按洭今漢書桂陽下訛作滙惟含洭不誤師古曰洭音匡　案朱訛趙改下同洭水又東南流官本曰按此下近刻有出桂陽南至四會是八字卽上文訛衍重出　案朱趙有嶠水注之水出都嶠之溪官本曰按近刻脫嶠水注之水出都七字　案朱趙無溪水下流歷峽南出是峽謂之貞女峽峽西岸高巖名貞女山山下際有石如人形高七尺狀如女子故名貞女峽古來相傳有數女取螺于此遇風雨晝晦忽化爲石斯誠巨異難以聞信但啟生石中摯呱空桑抑斯類矣物之變化寧以理求乎朱箋曰隨巢子淮南子並云禹娶塗山氏治鴻水通轘轅山化爲熊塗山氏見之慙而去至嵩高山下化爲石禹曰歸我子石破北方而生啟呂覽云有侁氏女子採桑得嬰兒於空桑之中命曰伊尹溪水又合洭水洭水又東南入陽山縣右合湟口水源出縣西北朱趙有一字百一趙作二十里石塘村東南流官本曰按東南近刻訛作村之　案朱趙同竝以村之流下屬爲句水側有豫章木本徑可二一丈官本曰按徑近刻訛作逕　案朱訛趙改其株根猶存伐之積載而斧跡若新羽族飛翔不息其旁眾枝飛散遠集鄉亦不測所如惟見一枝獨在含洭水矣官本曰按眾枝飛散已下舛誤未詳湟水東南流注于洭洭水又東南流而右與斟水合官本曰按右近刻訛作又朱訛趙改刊誤曰又當作右　案水導源近出東巖下穴口若井一日之中十溢十竭信若潮流而注洭水洭水又南逕陽山縣故城西官本曰按近刻脫陽山二字　案朱脫趙增刊誤曰箋曰孫案南逕下疑脫含洭二字按全氏云先贈公云見宋本是陽山二字耆舊傳曰往昔縣長臨縣輒遷擢超級太史逕觀言勢使然官本曰案勢近刻訛作摯　案朱作摯箋曰摯字似誤當作城勢趙改城勢掘斷連岡流血成川城因傾阤遂卽傾敗闕下大鼓飛上臨武乃之桂陽追號聖鼓自陽山達乎桂陽之武步驛所至循聖鼓道也其道如塹迄于鼓城矣

洭水又逕陽山縣南縣故含洭縣之桃鄉孫皓分立爲縣也

洭水又東南流也朱作南東趙乙刊誤曰南東二字當倒互

東南過含洭縣

應劭曰洭水東北入沅瓚注漢書沅在武陵去洭遠又隔湘水不得入沅洭水東南左合翁水水出東北利山湖湖水廣圓五里潔踰凡水西南流注于洭謂之翁水口口已下東岸有聖鼓杖官本曰按近刻訛作枝下同案朱訛趙改下同即陽山之鼓杖也橫在川側雖衝波所激未嘗移動百鳥翔鳴莫有萃者船人上下以篙撞者官本曰按篙撞近刻訛作蒿種案朱同箋曰當作以篙撞者趙依改輒有瘧疾洭水又東南左合陶水水東出堯山官本曰按近刻脫水字案朱脫趙增刊誤曰東上落水字山盤紆數百里有赭岊迭起冠以青林與雲霞亂采山上有白石英山下有平陵有大堂基耆舊云堯行宮所陶水西逕縣北右注洭水洭水又逕含洭縣西王歆趙有之字始興記曰縣有白鹿城城南有白鹿岡咸康中郡民張魴爲縣有善政白鹿來游故城及岡並即名焉

南出洭浦關爲桂水官本曰按此與鍾水注內之桂水同名而南北異流

關在中宿縣洭水出關右合溱水謂之洭口山海經謂之湟水徐廣曰湟水一名洭水出桂陽通四會亦曰灌水也漢武帝元鼎元年路博德爲伏波將軍征南越出桂陽下湟水即此水矣桂水其別名也

深水出桂陽盧聚趙釋曰一清按深說文作㴱

呂忱曰深水一名邃水導源盧溪西入營水亂流營波同注

湘津許愼云深水出桂陽南平縣也經書桂陽者縣本隸桂陽郡官本曰按縣下近刻有也字案朱趙有後割屬始興縣有盧溪盧聚山在南平縣之南九疑山東也

西北過零陵營道縣南又西北過營浦縣南又西北過泉陵縣西北七里至燕室邪入于湘

水上有燕室丘亦因爲聚名也其下水深不測號曰龍淵官本曰按淵近刻作泉案朱趙作泉

鍾水出桂陽南平縣都山官本曰按都近刻訛作部下同趙刊誤曰箋曰宋本作部山按非也都山即都龐嶠也東坡有送邵道士彥肅還都嶠詩王梅溪註曰洞天福地記三十六小洞天第二十都嶠山是也未可因注部龍字擅相改易北過其縣東又東北過宋渚亭又北過鍾亭與灌朱訛雞趙改下同水合

都山即都龐之嶠官本曰按都龐近刻訛作部龍又嶠下有也字案朱趙同說見下五嶺之第三嶺也趙釋曰一清按後漢書吳佑傳章懷注引南康記曰五嶺南康大庾一也桂陽甲騎二也九眞都龐三也臨賀萌渚四也始安越嶠五也廣州記則以爲大庾一始安二臨賀三桂陽四而以九眞爲揭陽合爲五嶺是注所言五嶺之次與鄧記合第考班志九眞郡有都龐縣應劭曰龐音龍師古曰音聾而桂陽之部龍乃嶺嶠之名王象之輿地紀勝曰山之絕頂曰都逢土人語訛曰龐也不知都部字相似龐龍音相聯而强以都逢爲土音山之絕頂之說殆因嶺嶠而傳會耶此與九眞之都龐縣無涉鄧記誤也當以南平部龍爲是鍾水即嶠水也庾仲初曰嶠水南入始興溱水朱趙溱作灌趙釋曰一清按耒水篇引庾說作始興溱水蓋溱水出洭浦關與桂水合也官本說見下注于海北趙釋曰一清按耒水篇引庾說北字下多一水字入桂陽湘水注于江是也官本曰按南入溱注海者洭水北入湘注江者鍾水此統稱嶠水近刻溱訛作灌灌水即桂水也官本曰按灌近刻訛作雞下同案朱訛趙改說見下灌桂聲相近趙刊誤曰雞當作灌上云嶠水南入始興灌水此云灌桂聲相近故字隨讀變也經仍其非矣酈蓋以經文灌水爲非也方輿

紀要云桂陽州藺山縣漢南平縣地有巋水源出九疑山合縣諸水入桂陽州界會春陵水又曰春陵水又名春水亦曰鍾水蓋巋灌聲之轉巋水卽灌水亦卽桂水也經注並誤灌爲雞蓋俗本之失故字隨讀變經仍其非矣桂水出桂陽縣北界山山壁高聳三面特峻石泉懸注瀑布而下北逕南平縣而東北流屆鍾亭右會鍾水通爲桂水也故應劭曰桂水出桂陽東北入湘

又北過魏寧縣之東趙釋曰一清按續志桂陽郡漢寧縣永和元年置吳改曰陽安晉改曰晉寧宋以後因之無魏寧也此如廣魏魏興之類道元蓋併經而改之

魏寧故陽安也晉太康元年改曰晉寧縣在桂陽郡東朱趙有一字百二十里縣南西二面阻帶清溪桂水無出縣東理蓋縣邑流移今古不同故也

又北入于湘官本曰按此五字近刻與上經文連接又下有東字案朱同趙改同官本並有東字刊誤曰六字趙琦美本別爲一條在魏寧縣注後

耒水出桂陽郴縣南山

耒水發源出汝城縣東烏龍白騎山西北流逕其縣北西流三十里中有十四瀨各數百步濬流奔急竹節相次亦爲行旅所涉之艱難也又西北逕晉寧縣北又西左合清溪水口水出縣東黃皮山西南流歷縣南又西北注于耒水汝城縣在郡東三百餘里官本曰按近刻脫城字餘里訛作里餘案朱脫趙增仍里餘二字刊誤曰汝下落城字宋志桂陽太守領汝成令江左立卽注汝城縣也今郴州桂陽縣地山又在縣東耒水無出南山理也

又北過其縣之西

縣有淥水出縣東俠公山官本曰按俠近刻訛作侯　案朱訛趙改朱淥作綠趙改刊誤曰厄林云荆州記桂陽郴縣東界俠公山下有淥溪源官常取此水爲酒晉書武帝太康元年簡文帝咸安元年並薦酃淥酒于太廟豈合酃湖淥溪之醖爲祼鬯嘗酎之典與綠水當作淥水侯公山當作俠公山西北流而南屆注于耒謂之程鄉溪郡置酒官醞于山下名曰程酒獻同酃也耒水又西黃水注之水出縣西黃岑山山則騎田之嶠趙釋曰一清按南康記作甲騎五嶺之第二嶺也黃水東北流按盛弘之云眾山水出注于大溪號曰橫流溪溪水甚小冬夏不乾俗亦謂之爲貪泉飲者輒冒于財賄同于廣州石門貪流矣廉介爲二千石則不飲之昔吳隱之挹而不亂官本曰按近刻訛作辭案朱訛趙改刊誤曰辭當作亂晉書校改貪豈謂能渝其貞乎官本曰按近刻渝訛作汙貞訛作眞　案朱訛趙改眞仍汙刊誤曰眞當作貞蓋亦惡其名也劉澄之謂爲一涯溪通四會殊爲孟浪而不悉也庾仲初云嶠水南入始興溱水注海卽黃岑水入武溪者也趙釋曰一清按黃岑曲紅碑作王禽北水入桂陽湘水注于大江卽是水也右則千秋水注之官本曰按右則近刻訛作又側　案朱訛趙改水出西南萬歲山山有石室室中有鍾乳山上悉生靈壽木溪下卽千秋水也水側民居號萬歲村其水下合黃水黃水又東北逕其縣東右合除泉水水出縣南湘陂村村有圓水廣圓可二百步一邊暖一邊冷冷處極清綠淺則見石深則見底暖處水白且濁玄素既殊涼暖亦異厥名除泉其猶江乘之半湯泉也水盛則瀉黃溪水耗則津徑輟流郴舊縣也桂陽郡治也漢高帝二年分長沙置地理志曰桂水所出因以名也趙釋曰一清按漢志桂陽郡無此語此是應註在桂陽縣下殆道元誤記也王莽更名南平縣曰宣風趙有其城二字項羽遷義帝所築也縣南有義帝冢內有

石虎（官本曰按石近刻訛作白案朱訛趙改刊誤曰白黃省本作石）因呼為白虎郡東觀漢記曰茨充字子河（朱趙作何）為桂陽太守民惰懶少麤履（官本曰按麤近刻訛作鹿案朱作鹿箋曰當作䴡趙改麤）足多剖裂茨教作履今江南知織履皆充之教也（朱箋曰齊民要術云茨充為桂陽令俗不種桑無蠶織絲麻之利類皆以麻枲頭貯衣民惰窳少麄履足多剖裂血出盛冬皆然燎炙充教民益種桑柘養蠶織履復令種苧麻數年之間大賴其利）黃溪東有馬嶺山高六百餘丈廣圓四十許里漢末有郡民蘇耽棲遊此山桂陽列仙傳云耽郴縣人少孤養母至孝言語虛無時人謂之癡常與眾兒共牧牛更直為帥錄牛無散每至耽為帥牛輒徘徊左右不逐自還眾兒曰汝直牛何道不走耶耽曰非汝曹所知卽面辭母云受性應仙當違供養涕泗又說（官本曰按近刻作曰案朱同趙改刊誤曰黃省曾本作又說）年將大疫死者略半穿

一井飲水（官本曰按一近刻訛作二案朱訛趙改刊誤曰二孫潛校改一）可得無恙如是有哭聲甚哀後見耽乘白馬還此山中百姓為立壇祠民安歲登民因名為馬嶺山（趙釋曰朱氏謀㙔箋云無恙以下有缺文洞神傳云耽初去時云今年大疫死者略半家中井水飲之無恙果如所言闔門元吉母年百餘歲終鄉人共葬之聞山上有人哭聲服除乃止神仙傳曰耽母既終葬後州東北牛脾山紫雲蓋上有號哭聲知蘇君之神因見白馬常在嶺上遂改牛脾山為白馬嶺）黃水又北流注于耒水謂之郴口耒水又西逕華山之陰亦曰華石山孤峯特聳枕帶雙流東則黃溪耒水之交會也耒水東流沿注不得北過其縣西也兩岸連山石泉懸溜行者輒徘徊留念情不極已也

又北過便縣之西

縣故惠帝封長沙王子吳淺為侯國（趙釋曰全氏曰按漢表以為江夏之編索隱曰縣屬桂陽當從道元為是淺以惠帝元年封）王莽之便屏也縣界有溫泉水在郴縣之西北左右有田數千畮（官本曰按千近刻作十案朱趙作十）資之以溉常以十二月下種明年三月穀熟度此水冷不能生苗溫水所溉年可三登其餘波散流入于耒水也

又西北過耒陽縣之東

耒陽舊縣也蓋因水以制名王莽更名南平亭東傍耒水水東肥南有郡故城縣有溪水（官本曰按溪近刻訛作漢案朱訛趙改刊誤曰漢當作溪）東出侯計山其水清澈冬溫夏冷西流謂之肥川川之北有盧塘（官本曰按有近刻訛作石案朱訛趙改刊誤曰石全氏校改有）塘池八頃其深不測有大魚常至五月輒一奮躍水湧數丈波襄四陸細魚奔迸隨水登岸不可勝計又云大魚將欲鼓作諸魚皆浮聚水側

注（官本曰按此三字有脫誤）西北逕蔡洲洲西卽蔡倫故宅傍有蔡子池倫漢黃門（官本曰按此下近刻衍郎字案朱衍趙刪刊誤曰黃門郎士人之官倫是宦者不當有郎字）順帝之世擣故魚網為紙用代簡素自其始也

又北過酃縣東

縣有酃湖湖中有洲洲上民居彼人資以給釀酒甚醇美謂之酃酒歲常貢之湖邊尚有酃縣故治西北去臨承縣（朱趙有一字）十五里（官本曰按西北上近刻有此字案朱有趙增城存此刊誤曰故下落城字）從省隸（官本曰按宋太元二十年省酃縣入臨承此三字上當有脫文）十三州志曰大別水南出耒陽縣太山北至酃縣入湖也（孫校曰此卽春水矣）

北入于湘

耒水西北至臨承縣而右注湘水謂之耒口也

洣水出荼陵縣上鄉西北過其縣西

水出江州安成郡廣興縣太平山官本曰按成近刻訛作城案朱訛趙改西北流逕荼陵縣之南趙釋曰名勝志衡州府酃縣下云洣水源出洣泉注水經云泉不常見遇邑政清明年穀豐稔其泉漸然如米泔瀑湧耆舊相傳疾者飲此多愈今本無之一清按今酃縣本漢荼陵縣地宋嘉定四年置非漢之酃縣也漢武帝元朔四年封長沙定王子節侯訢之邑也趙釋曰一清按史表作欣此從漢表師古曰訢與欣同王莽更名聲鄉矣洣水又屈而過其縣西北流注也地理志謂之泥水者也

又西北過攸縣南

攸水出東南安成郡安復縣封侯山西北流逕其縣北縣北帶攸溪蓋卽溪以名縣也漢武帝元朔四年封長沙定王子則爲攸輿侯趙釋曰一清按索隱曰按今長沙有攸縣本卽名攸輿乎表在南陽小司馬蓋本之酈注地理志所謂攸縣者也攸水又西南流入荼陵縣入于洣水也

又西北過陰山縣南

縣本陽山縣也縣東北猶有陽山故城卽長沙孝王子宗之邑也趙釋曰一清按漢表宗以元帝永光二年封言其勢王趙言上有形家二字故塹山堙谷改曰陰山縣趙釋曰一清按漢志桂陽郡有陽山縣又有陰山縣皆云侯國至續志有陰山無陽山蓋東京省併之故應劭曰陽山今陰山也而師古以應說爲非殆未詳考也宋志云陰山令漢舊縣屬桂陽吳湘東郡有此疑是吳所立沈約所云亦非孫吳所立是湘東郡而度桂陽之陰山縣隸之故晉志湘東郡有陰山縣陰山縣未嘗廢省何容復立乎縣上有容水自侯曇山下注洣水謂之容口水有大穴容一百石水出于此因以名焉洣水又西北逕其縣東又西逕歷口縣有歷水官本曰按此十八字近刻訛在容口下案朱訛趙改刊誤出下注洣水謂之容口八字曰容口下當接十行水有大穴容一百石出於此水因以名曰十六字出於此水當作水出於此名曰當作名馬又出縣有歷水四字曰歷水下當接十一行下注洣水云云下注洣謂之歷口朱作容水下注水謂之歷口趙刪容水二字注下增洣字刊誤曰箋曰下注下脫洣字按容水二字衍文下注洣水上接前十行縣有歷水洣水又西北與洋湖水會水出縣西北樂藪岡下洋湖湖去岡七里湖水下注洣謂之洋湖口洣水東北有峩山縣東北又有武陽龍尾山竝仙者羽化之處上有仙人及龍馬跡于其處得遺詠雖神栖白雲屬想芳流藉念泉鄉遺詠在茲官本曰按詠近刻訛作味案朱訛趙改刊誤曰味黃省曾本作咏覽其餘誦依然息遠匪直邈想霞蹤愛其文詠可念故端牘抽札以詮其詠其略曰登武陽觀樂藪峩嶺千嶷洋湖口命蜚螭駕白駒臨天水心踟躕千載後不知如蓋勝賞神鄉秀情超拔矣

又西北入于湘

漉水出醴陵縣東漉山西過其縣南

醴陵縣高后四年封長沙相侯越爲國縣南臨淥水水東出安城鄉翁陵山余謂漉淥聲相近官本曰按近刻脫聲字案朱脫趙增刊誤曰漉淥下落聲字後人藉便以淥爲稱雖翁陵名異而卽麓是同

屈從縣西西北流至漉浦注入于湘

瀏水出臨湘縣東南瀏陽縣趙刊誤曰宋志湘州刺史治臨湘領瀏陽侯相吳立縣字誤趙釋曰一清按瀏陽縣本漢臨湘縣地孫吳析置以縣在瀏水之陽故名據此亦經文晚出之一證全祖望曰三國志周瑜傳以下雋漢昌瀏陽州陵爲奉邑則瀏陽自漢末已有其名雖未爲縣而已爲邑若作邑字于經爲合西北過其縣東北與澇水合官本曰按澇水近刻作澇溪水案朱趙同

瀏水出縣東江州豫章縣首禅山趙禅作禪注同趙釋曰全祖望曰按顧祖禹曰今瀏

陽之大圍山卽首禪山其水曰白沙湖分四派一入袁之萬載一入分盆一入岳之中江其一卽瀏水予謂據顧說則經文所言是也善長誤以分盆之水當之不知首禪山不在豫章也導源西北流逕其縣南縣憑溪以卽名也又西北注于臨湘縣也

西入于湘

瀏水出豫章艾縣

春秋左氏傳曰吳公子慶忌諫夫差不納居于艾是也王莽更名治翰

西過長沙羅縣西

羅子自枝江徙此世猶謂之爲羅侯城也官本曰按近刻脫此二字　案朱脫趙增刊誤曰羅侯下落城也二字孫潛校增方輿紀要云羅縣城在湘陰縣東六十里春秋時羅國地秦置縣漢晉皆屬長沙郡瀏水又西流積而爲陂謂之町湖也

又西至累石山入于湘水官本曰按近刻脫至字　案朱脫趙增刊誤曰又西下落至字全氏校增

累石山在北亦謂之五木山山方尖如五木狀故俗人藉以名之朱箋曰五木者樗蒲之戲也李翺五木經云樗蒲五木玄白判厥二作雉背雉作牛注云樗蒲古戲其投有五以木爲之故呼五木山在羅口北瀏水又在羅水南流注于湘謂之東町口者也

贛水出豫章南野縣西北過贛縣東

山海經曰贛水出聶都山東北流注于江入彭澤西也班固稱南野縣彭水所發東入湖漢水庾仲初謂大庾嶠水北入豫章注于江者也地理志曰豫章水出贛縣西南而北入江蓋控引衆流總成一川雖稱謂有殊言歸一水矣故後漢郡國志曰贛有豫章水雷次宗云似因此水爲其地名雖十川均流而此源最遠故獨受名焉朱箋曰十川者贛廬牽淦盱濁餘鄱僚循是爲十此源謂贛水也九水俱入於贛水諸本作北源誤劉澄之曰縣東南有章水西有貢水縣治二水之間二水合贛字因以名縣焉是爲謬也官本曰案此四字近刻訛在西有貢水句之下是字上又衍西字　案朱訛衍趙改刪刊誤曰下西字衍文是爲謬也四字當移在因以名縣焉之下縣治二水之間三語尙是劉澄之之詞是爲謬也下是道元解說如此宋李厚註東坡詩引水經注亦無四字可知世本之誤劉氏專以字說水而不知遠失其實矣官本曰按其下近刻衍水字　案朱衍趙刪刊誤曰水字衍文趙釋曰全氏曰按章貢圖經曰東江發源于汀州界之新樂山逕雩都而會于章水西江導源于大庾縣之聶都山與貢水合二水合而爲贛則激之之言未可非也如善長所引山經及庾說但有貢水而無章水恐未足以釋贛水之義也沈氏曰近世皆以豫章水爲章水湖漢水爲貢水所歷十八灘之險黃公灘爲最卽所謂惶恐灘也豫章水導源東北流逕南一本作東野縣北贛川石阻水急行難傾一本作頃波委注六十餘里又北官本曰按近刻脫此二字　案朱脫趙增

刊誤曰逕上落又北二字胡渭校增逕贛縣東縣卽南康郡治晉太康五年分廬江立豫章水右會湖漢水水出雩都縣導源西北流逕金雞石其石孤竦臨川水官本曰按近刻作臨　案朱趙作水耆老云時見金雞出于石上故石取名焉湖漢水又西北逕贛縣東西入豫章水也

又西北過廬陵縣西

廬陵縣卽王莽之桓亭也十三州志稱廬水西出長沙安成縣官本曰按成近刻訛作復　案朱訛作復朱志下有曰字趙刪刊誤曰箋曰安復當作安成漢地志長沙安成縣莽曰用成按全氏云考晉太康中改安成爲安復宋齊因之闞氏作志時稱安復是也唯是縣改安復時郡亦改稱安成則當云安成安復不當襲舊隸曰長沙也朱氏欲改安復爲安成殆不考晉志故耳曰字衍文武帝元光六年封長沙定王子劉蒼爲侯國卽王莽之用成也官本曰按用漢書作

思案趙改思刊誤曰漢志註作思成今校正趙釋曰一清按漢書地理志長沙國安成縣侯國續漢書郡國志無之蓋省併也吳復置晉太康元年改曰安復王子侯表蒼封是安成非安復也吳寶鼎中立以爲安成郡官本曰按成近刻訛作城案朱訛趙改東至廬陵入湖漢水也

又東北過石陽縣西

漢和帝永平九年分廬陵立漢獻帝初平二年趙初改興刊誤曰箋曰一作興平按吳書孫策以興平二年渡江馬得有初平立郡之事乎此等直當據史改正耳吳長沙桓王立廬陵郡治此豫章水又逕其郡南城中有井其水色半清趙作青半黃黃者如灰汁取作飲粥悉皆金色而甚芬香朱箋曰異物志云廬陵城中有一井中有二色水半青半黃黃者灰汁取作糜粥皆作金色土人名灰汁爲金因名爲金井

又東北過漢平縣南趙釋曰一清按後漢中平中立漢平縣吳改曰吳平此亦經文晚出之證又東北過新淦縣西

牽水西出朱作逕箋曰宋本作出趙改出宜春縣漢武帝元光六年封長沙定王子劉成爲侯國王莽之脩曉也官本曰按脩近刻訛作循案朱訛趙改刊誤曰漢志作脩曉今校正牽水又東逕吳平縣舊漢平也晉太康元年改爲吳平矣趙釋曰一清按宋志吳平侯相吳更名牽水又東逕新淦縣卽王莽之偶亭而注于豫章水湖漢及贛竝通稱也又淦水出其縣下注于贛水

又北過南昌縣西

盱水出南城縣官本曰按城近刻訛作宮案朱作宮箋曰南宮當作南城按漢志南城縣注盱水西北至南昌入湖漢入建成縣注云蜀水東至南昌入湖漢趙改城西北流逕南昌縣南西注贛水又有濁水注之水出康樂縣故陽樂也趙釋曰一清按宋志康樂侯相吳孫權黃武中立曰陽樂晉武帝太康元年更名濁水又東逕望蔡縣縣因汝南上蔡民莽居此土晉太康元年改爲望蔡縣趙釋曰一清按劉昭郡國志補注引豫章記曰上蔡縣中平立此地名上蔡者上蔡民分徙此地立名上蔡然則漢縣本名上蔡也濁水又東逕建成縣漢武帝元光趙釋曰沈氏曰按本表是元朔四年封長沙定王子劉拾爲侯國王莽更名之曰多聚也縣出然石異物志曰石色黃白而理疎以水灌之便熱以鼎著其上炊足以熟置之則冷灌之則熱如此無窮元康中雷孔章入洛賫石以示張公張公曰此謂然石于是乃知其名濁水又東至南昌縣東流入于贛水贛水又歷白社西有徐孺子墓吳嘉禾中太守長沙徐熙于墓隧種松太守南陽謝景于墓側立碑永安中太守梁郡夏侯嵩于碑傍立思賢亭松大合抱亭世脩治至今謂之聘君亭也贛水又北歷南塘塘之東有孺子宅際湖南小

洲上孺子名穉南昌人高尚不仕太尉黃瓊辟不就桓帝問尙書令陳蕃徐穉袁閎誰爲先後蕃答稱袁生公族不鏤自雕至于徐穉傑出薄域故宜爲先桓帝備禮徵之不至太原郭林宗有母憂穉往弔之置生芻于廬前而去衆不知其故林宗曰必孺子也詩云生芻一束其人如玉吾無德以堪之年七十二卒贛水又逕谷鹿洲官本曰按近刻訛作州案朱訛趙改卽蓼子洲也官本曰按近刻脫此五字案朱脫趙增刊誤曰谷鹿洲下落卽蓼子洲也五字名勝志引此文校補舊作大艑處朱箋曰北堂書鈔云豫章城西南有𦨴䑬洲去度支步可二里是呂蒙作句鹿大艑處按此谷鹿洲卽句鹿之譌也廣雅𦨴䑬船也音鉤鹿贛水又北逕南昌縣故城西官本曰按近刻脫故字案朱脫趙增刊誤曰縣下落故字于春秋屬楚卽令尹子蕩師于豫章者也秦以爲廬江南部漢高祖六年始命陳嬰趙釋曰一清按下有脫文以

爲豫章郡治此卽陳嬰所築也官本曰按陳嬰原本及近刻竝訛作灌嬰今改正史記高祖功臣侯年表稱堂邑侯陳嬰定豫章漢書同　案朱訛趙改王莽更名縣曰宜善郡曰九江馬劉歆云湖漢等九水入彭蠡故言九江矣陳蕃爲太守署徐稺爲功曹蕃在郡不接賓客惟稺來特設一榻去則縣之此卽懸榻處也建安中更名西安晉又名爲豫章趙釋曰一清按兩漢及晉豫章郡治南昌晉志豫章郡領豫章縣劉昭郡國志補注引豫章記曰豫章縣建安立三國吳改曰西安故晉志豫章郡有豫章縣蓋復漢之舊也晉志不言豫章宋志不記豫章均爲脫漏且宋志云豫章太守領豫寧侯相漢獻帝建安中立吳曰要安晉武帝太康元年更名要安又是西安之誤吳書太史慈傳數爲寇于艾西安是也城在今武寧縣西二十里前漢爲海昏後漢爲建昌縣地去南昌府城三百二十里非郡治也此注言豫章郡治而釋以西安疑庸妄人所塡改觀下彭澤注郤甚分明城之南門曰松陽門門內有樟樹高七丈五尺大二十五圍枝葉扶疎垂蔭數畝應劭漢官儀曰豫章樟

樹生庭中官本曰按樟近刻訛作郡　案朱訛趙改刊誤曰郡字當作樟河水注引應劭漢官校故以名郡矣此樹嘗中枯逮晉永嘉中一旦更茂豐蔚如初咸以爲中宗之祥也禮斗威儀曰君政訟平豫樟常爲生朱樟作章趙改刊誤曰章當從木作樟太興中元皇果興大業于南故郭景純南郊賦云弊樟擢秀于祖邑是也以宣王祖爲豫章故也贛水北出際西北歷度支步是晉度支校尉立府處步卽水渚也贛水又逕郡北爲津步步有故守賈萌廟萌與安趙有成字侯張普爭地爲普所害卽日靈見津渚故民爲立廟焉朱箋曰太平御覽引安成記云賈萌爲豫章太守與安成侯張普爭境戰于新芡之野爲普所害謝承漢書云賈萌爲豫章太守王莽簒漢舉兵誅莽不克而死趙釋曰全氏曰賈萌事太平御覽引謝承後漢書謂是討莽而死又引安成記謂爭地而死然考之漢書王莽傳則是爲莽九江太守拒漢而死其亦異矣豈同時先後之閒有二賈萌又皆爲南州牧守耶一清按寰宇記洪州南昌縣龍沙廟卽西漢末太守賈萌也萌與安成侯張普共謀誅王莽普反告莽收萌而殺之時人咸嘆故爲立廟祭之事更詳核尤可與班書參異同也水之西岸有盤趙作磐石謂之石頭津步之處也西行二十里曰散朱箋曰二十七卷內有云勢同厭原風雨之池此當作厭趙改厭原山疊嶂四周杳窱有趣晉隆安末沙門竺曇顯建精舍于山南僧徒自遠而至者相繼焉西北五六里有洪井飛流懸注其深無底舊說洪崖先生之井也北五六里有風雨池言山高瀨激激著樹木朱重樹木二字箋曰宋本無此二字趙刪霏散遠灑若雨朱箋曰御覽引豫章記云去洪井六七里有風雨池山橋水出激著樹木星散遠灑如風雨焉西有鸞岡洪崖先生乘鸞所憩泊也岡西有鵠嶺云王子喬控鵠所逕過也官本曰按鵠近刻訛作鶴　案朱訛趙改刊誤曰鶴當作鵠有二崖朱箋曰似當作峯號曰大蕭小蕭言蕭史所遊萃處也雷次宗云此乃繫風捕影之論據實本所

未辨聊記奇聞以廣井魚之聽矣又按謝莊詩莊常趙作嘗遊豫章觀井賦詩言鸞岡四周有水謂之鸞陂似非虛論矣東大湖十里二百二十六步北與城齊趙釋曰周氏必大汎舟遊山錄云徐孺子亭在東湖徐宅名見水經又乾道庚寅奏事錄云東湖徐孺子亭洪芻職乘云湖在郡東南周廣五里酈道元云十里一百二十步寰宇記引雷次宗豫章記曰州城東有大湖北與城齊一清按今文似有脫誤南緣迴折至南塘本通章江官本曰按近刻訛作木通大江　案朱同趙改大仍木刊誤曰寰宇記作章江大字誤增減與江水同漢永元中太守張躬築塘以通南路兼遏此水冬夏不增減水至清深魚甚肥美每于夏月江水溢塘而過民居趙作居民多被水害至宋景平元年太守蔡君西起堤開塘爲水門水盛旱則閉之官本曰按近刻脫旱字　案朱脫趙增刊誤曰水盛下全氏校增旱字內多則洩之自是居民少患矣贛水又東北逕王步步側有城

云是孫奮爲齊王鎮此城之（官本曰按此下近刻衍渚字　案朱趙有）今謂之王步蓋齊王之渚步也郡東南二十餘里又有一城號曰齊王城築道相通蓋其離宮也贛水又北逕南昌左尉廨西漢成帝時九江梅福爲南昌尉居此後福一旦捨妻子去九江傳云得仙（趙釋曰一清按六字注中注）贛水又北逕龍沙西沙甚潔白高峻而阤有龍形連亙五里中舊俗九月九日升高處也昔有人于此沙得故冢刻塼題云西去江七里半筮言其吉卜言其凶而今此冢垂沒于水所謂筮短龜長也贛水又逕椒丘城下建安四年孫策所築也（趙釋曰朱氏謀㙔箋曰雷次宗豫章記云建安四年孫策破劉勳于潯陽欲謀取豫章太守華歆于郡下流一百四十里臨江築椒丘城以備之一清按然則椒丘城非策所築其後策駐軍于此以脅華歆遂以名之）贛水又歷釣圻邸閣下度支校尉治太尉陶侃移置此也舊夏月邸閣前洲沒去浦遠景平元年校尉豫章因運出之力（趙刊誤曰全氏曰校尉失其姓名出字疑作米按校尉豫章疑作豫章校尉倒互耳）于渚次聚石爲洲長六十餘丈洲裏可容數十舫贛水又北逕鄡陽縣王莽之豫章縣也餘水注之水東出餘汗縣王莽名之曰治干也餘水北至鄡陽縣注贛水贛水又與鄱水合水出鄱陽縣東西逕其縣南武陽鄉也地有黃金采（官本曰按金下近刻衍可字　案朱趙有趙釋曰一清按漢志鄱陽縣下云武陽鄉右十餘里有黃金采師古曰采者謂采取金之處可字衍）王莽改曰鄉亭孫權以建安十五年分爲鄱陽郡鄱水又西流注于贛（官本曰按近刻脫鄱字　案朱脫趙增刊誤曰水上孫潛校增鄱字）又有繚水入焉（官本曰按繚近刻訛作僚下同　案朱訛趙改刊誤曰僚水全氏云寰宇記作繚水以范史校之良是）其水導源建昌縣漢元帝永光二年分海昏立繚水東逕新吳縣漢中

平中立繚水又逕海昏縣王莽更名宜生謂之上繚水又謂之海昏江分爲二水縣東津上有亭爲濟渡之要其水東北逕昌邑城（官本曰按近刻脫城字　案朱脫趙增刊誤曰寰宇記云昌邑城在洪州北水路一百三十七里雷次宗豫章記云昌邑王賀既廢之後宣帝封爲海昏侯東就國築城于此注落城字）而東出豫章大江謂之慨口昔漢昌邑王之封海昏也每乘流東望輒憤慨而還世因名焉其一水枝分別注入于循（趙作脩）水也

又北過彭澤縣西

循水出艾縣西（官本曰按循水漢志作脩水近刻西訛作而　案朱訛趙改說見下又朱箋曰漢地理志豫章艾縣有脩水東北入湖此注作循誤也趙改脩下同）東北逕豫甯縣（官本曰按豫下近刻衍章字　案朱衍趙刪刊誤曰而名勝志作西豫章甯縣章字衍文晉書地理志豫章郡統豫章縣無豫甯縣豫章記云豫章縣建安立皆誤也考豫章名縣前乎此王莽改鄡陽曰豫章後乎此隋平陳廢豫章郡爲豫章縣要非所論于漢晉之世也宋書州郡志豫章太守領豫甯侯相漢獻帝建安中立吳曰要安武帝太康元年更名要字亦誤當作西方輿紀要江西南昌府武甯縣下云西安廢縣後漢置晉以後曰豫甯宋王僧綽封豫甯侯是也）故西安也晉太康元年更從今名循水又東北逕永循縣漢靈帝中平二年立循水又東北注贛水其水總納十川同臻一瀆（官本曰按臻近刻訛作湊　案朱趙作溱趙刊誤曰箋曰溱宋本作湊按溱與臻同漢書王襃傳萬祥畢溱是也）俱注于彭蠡也（趙釋曰一清按漢志豫章郡彭蠡縣禹貢彭蠡澤在西廬江郡尋陽縣禹貢九江在南皆東合爲大江九江郡下應劭曰江自廬江尋陽分爲九全祖望曰郡國志云贛有豫章水雷次宗云十川均流此源最遠善長亦云贛水總納十川按漢志豫章郡贛縣下云豫章水出西南北入大江雩都縣下云湖漢水東至彭澤入江行千九百八十里即注所謂豫章水右會湖漢水者也其十川漢志南壄縣下云彭水東入湖漢長沙國安成縣下云廬水東至廬陵入湖漢宜春縣下云南水東至新淦入湖漢新淦縣下應劭曰淦水所出西入湖漢南城縣下云盱水西北至南昌入湖漢建成縣下云蜀水東至南昌入湖漢餘汗縣下云餘水在北至鄡陽入湖漢鄱陽縣下云鄱水西入湖漢艾縣下云脩水東北至彭澤入湖漢行六

百六十里蓋十川者合湖漢水之經流而爲十也湖漢水源流最長次之則脩水今校之水經鄱水下多繚水則除湖漢水得十川一清按此是漢代之九江而非禹貢之九江禹貢之九江自當以洞庭爲據猶之三江班固地理志所云乃漢時現行之水道而于禹貢亦無與也

北入于江

大江南贛水總納洪流東西四十里清潭遠漲官本曰按清潭上近刻有而字案朱趙有綠波凝淨而會注于江川

廬江水出三天子都北過彭澤縣西北入于江

山海經三天子都一曰天子鄣王彪之廬山賦敘曰廬山彭澤之山也雖非五嶽之數穹隆朱趙作窿嵯峨實峻極之名山也孫放廬山一本作江賦曰尋陽郡南有廬山九江之鎮也臨彭蠡之澤接平敞之原官本曰按接近刻訛作按案朱作按箋曰宋本作接趙改接開山圖曰官本曰按近刻脫開字案朱脫趙增刊誤曰山上落開字山四方周四百餘里疊鄣之巖萬仞懷靈抱異苞諸仙迹豫章舊志曰廬俗字君孝本姓匡朱姓作性趙改刊誤曰性當作姓父東野王共鄱陽令吳芮佐漢定天下而亡漢封俗于鄡陽曰越廬君俗兄弟七人皆好道術遂寓精趙有爽字于宮庭之山官本曰按近刻訛作洞庭之山案朱訛趙改故世謂之廬山漢武帝南巡覩山以爲神靈封俗大明公朱箋曰御覽引此注云遂寓精爽於宮庭之山漢武帝南巡此山親覩神靈封俗大明公遠法師廬山記曰殷周之際匡俗先生受道仙人官本曰按受近刻訛作奚案朱訛趙改釋曰一清按慧遠廬山記曰匡俗先生受道于仙人朱箋本作奚道仙人則似道號矣奚乃受之譌當依續漢志注改正共遊此山時人謂其所止爲神仙之廬因以名山矣又按周景式曰廬山匡俗字子孝本東里子出周武王時生而神靈屢逃徵聘廬于此山時

人敬事之俗後仙化空廬猶存弟子覩室悲哀哭之旦暮事同烏號官本曰按近刻脫事字案朱脫趙增刊誤曰同上落事字世稱廬君故山取號馬斯耳傳之談非實證也故豫章記以廬爲姓因廬以氏周氏遠師或託廬慕官本曰按慕近刻訛作墓案朱趙作墓假憑廬以託稱官本曰按廬近刻訛作虛案朱趙作虛二證既違二情互爽官本曰按二情近刻作三情案朱趙作三情按山海經創之大禹官本曰按之近刻訛作志案朱趙作志記錄遠矣故海內東經曰廬江出三天子都入江彭澤西是曰廬江之名山水相依互舉殊稱明不因匡俗始正是好事君子強引此類用成章句耳又按張華博物志曹著傳其神自云姓徐受封廬山後吳猛經過山神迎猛猛語曰君王此山近六百年符命已盡不宜久居非據猛又贈詩云仰矚列仙館俯察王神宅曠載暢幽懷傾蓋付三益此乃神道之事亦有換轉理難詳矣吳猛隱山得道者也尋陽記曰廬山上有三石梁長數十丈廣不盈尺杳然無底吳猛將弟子登山過此梁見一翁坐桂樹下以玉杯承甘露漿與猛又至一處見數人爲猛設玉膏猛弟子竊一寶欲以來示世人梁即化如指猛使送寶還手牽弟子令閉眼相引而過其山川明淨風澤清曠氣爽節和土沃民逸嘉遯之士繼響窟巖龍潛鳳采之賢往者忘歸矣秦始皇漢武帝及太史公司馬遷咸升其巖望九江而眺鍾彭焉趙釋曰一清按鍾彭謂石鍾山及彭蠡澤也今注無石鍾山之文而唐時李渤作記尚引水經并酈注其爲缺失無疑也寰宇記云南康軍都昌縣本漢彭蠡縣也石鍾山在縣北二百一十里西枕彭蠡連峰疊嶂壁立峭峻西南北面皆水四時如一白波撼山其聲若鍾因名之按辨石鍾山記云水經云彭蠡之口有石鍾山酈道元以

爲下臨深潭微風鼓浪水石相搏響若洪鍾因受其稱予幽棲者因尋繹東湖沿瀾窮此遂躡崖穿洞訪其遺蹤次于南隅忽遇雙石欹枕潭際影淪波中詢諸水濱乃曰石鍾也有銅鐵之異焉扣而聆之南音函胡北音清越枹止響騰餘韻徐歇若非澤滋其山山含其英聯氣凝質發爲至靈不然則安能產茲奇石乎乃知山仍石名舊矣如善長之論則瀕流庶峰皆可以斯名貫之聊刊前繆貽遺將來貞元戊寅歲七月八日白鹿先生記白鹿先生姓李名渤字濬之時隱廬山因所居洞爲號後任江州刺史諫議大夫給事中桂管觀察使太和元年八月七日故吏湖口鎮將吳文幹刻石蘇文忠公又反濬之之說而廣善長之意作石鍾山記曰水經云彭蠡之口有石鍾山焉酈道元以爲下臨深潭微風鼓浪水石相搏聲如洪鍾是說也人常疑之今以鍾磬置水中雖大風浪不能鳴也而況石乎至唐李渤始訪其遺蹤得雙石於潭上扣而聆之南聲函胡北音清越枹止響騰餘韻徐歇自以爲得之矣然是說也余尤疑之石之鏗然有聲者所在皆是也而此獨以鍾名何哉元豐七年六月丁丑余自齊安舟行適臨汝而長子邁將赴饒之德興尉送之湖口因得觀所謂石鍾者寺僧使小童持斧于亂石間擇其一二扣之硿硿焉余固笑而不信也至莫夜月明獨與邁乘小舟至絕壁下大石側立千仞如猛獸奇鬼森然欲搏人而山上棲鶻聞人聲亦驚起磔磔雲霄間又有若老人欬且笑于山谷者或曰此

鸛鶴也余方心動欲還而大聲發于水上噌吰如鍾鼓不絕舟人大恐徐而察之則山下皆石穴罅不知其深淺微波入焉涵澹澎湃而爲此也舟迴至兩山間將入港口有大石當中流可坐百人空中而多竅與風水相吞吐有窾坎鏜鞳之聲與向之噌吰者相應如樂作焉因笑謂邁曰汝識之乎噌吰者周景王之無射也窾坎鏜鞳者魏獻子之歌鍾也古之人不余欺也事不目見耳聞而臆斷其有無可乎酈元之所見殆與余同而言之不詳士大夫終不肯以小舟夜泊絕壁之下故莫能知而漁工水師雖知而不能言此世所以不傳也而陋者乃以斧斤考擊而求之自以爲得其實余是以記之蓋歎酈元之簡而笑李渤之陋也劉氏獻廷廣陽雜記曰酈道元所謂石鍾山東坡泊舟于此作記者乃上石鍾也蓋石鍾山有二曰上石鍾下石鍾意善長每遇山水之靈奇可喜者刻畫若圖畫使人恍置身其間迺石鍾之佳趣僅傳數語不得坡公之記世人固無有能言之者矣**廬山之北有石門水水出嶺端有雙石高竦其狀若門因有石門之目焉水導雙石之中懸流飛瀑**朱箋曰御覽引此作澍趙改澍**近三百許步下散漫十許步上望之連天**官本曰按十許近刻訛作千數案朱同趙改數仍千刊誤曰數御覽引此文作許**若曳飛練于霄中**

矣下有磐石可坐數十人冠軍將軍劉敬宣每登陟焉**其水歷澗逕龍泉精舍南**太元中沙門釋慧遠所建也**其水下入江南嶺即彭蠡澤西天子鄣也峰隥險峻人跡罕及**朱箋曰晉廬山諸道人遊石門詩序云石門在精舍南十餘里一名障山基連大嶺體絕眾阜闢三泉之會並立而開流傾岩玄映其上蒙形表於自然故因以爲名此雖廬山之一隅實斯地之奇觀皆傳之於舊俗而未覩者眾將由懸瀨險峻人獸迹絕迴曲阜路阻行艱故罕經焉**嶺南有大道順山而下有若畫焉傳云匡先生所通至江道**官本曰按通近刻訛作遊案朱作遊箋曰舊本作通趙改通**巖上有宮殿故基者三以次而上最上者極于山峰山下又有神廟號曰宮亭廟故彭湖亦有宮亭之稱焉余按爾雅云大山曰宮**趙釋曰何氏焯曰爾雅以大山宮小山爲句道元蓋誤一清按爾雅大山宮小山霍疏云宮猶圍繞也謂小山在中大山在外圍繞之山形若此者名霍非謂大山名宮小山名霍也然卷末禹貢山水澤地所在霍山爲南嶽注引爾雅作大山宮小山曰霍則彼文仍是莫謂善長誤讀經也**宮之爲名蓋起于此不必一由三宮也山廟甚神能分風擘流住舟遣使行旅之人過必敬祀而後得去故曹毗詠云分風爲貳擘流爲兩昔吳郡太守張公直自守徵還**趙釋曰一清按搜神記云張璞字公直不知何許人也爲吳郡太守**道由廬山子女觀祠婢指女戲妃像人其妻夜夢致聘怖而遽發明引中流而船不行合船驚懼曰愛一女而合門受禍也公直不忍遂令妻下女于江其妻布席水上以其亡兄女代之而船得進公直方知兄女怒妻曰吾何面目于當世也**官本曰按近刻脫目字案朱脫趙增刊誤曰廣記引搜神記面下有目字**復下已女于水中將渡**一本作度**遙見二女于岸側**官本曰按遙近刻訛作逕案朱訛趙改刊誤曰逕御覽引此文作遙**傍有一吏立曰吾廬君主簿敬君之義悉還二女故于寶書之于感應**

焉山東有石鏡照水之所出趙刊誤曰箋曰照水未詳按下云又有二泉常懸注若白雲帶山卽石鏡所照之水也有一圓石懸崖明淨照見人形趙作影晨光初散官本曰按近刻訛作曜案朱訛趙改刊誤曰曜名勝志引此文作散則延曜入石豪細必察故名石鏡焉又有二泉常懸注若白雲帶山廬山記曰白水在黃龍南卽瀑布也水出山腹挂流三四百丈飛湍林表望若懸素注處悉成巨井官本曰按近刻脫成字案朱脫趙增刊誤曰悉下落成字孫潛校增其深不測其水下入江淵廬山之南有上霄石高壁緬然與霄漢連接秦始皇三十六年歎斯岳遠遂記爲上霄焉上霄之南大禹刻石誌其丈尺里數今猶得刻石之號焉湖中有落星石周迴百餘步高五丈上生竹木傳曰有星墜此因以名焉又有孤石介立大湖中周迴一里竦立百丈矗然高峻特爲瓌異上生林木而飛禽罕集言其上有玉膏可採所未詳也耆舊云昔禹治洪水至此刻石紀功或言秦始皇所勒然歲月已久莫能合辨之也官本曰按近刻脫合字案朱趙無

水經注卷三十九

水經注卷四十　長沙王氏校本

後魏酈道元撰

漸江水　斤江水

江以南至日南郡二十水朱無此及下條趙此十字作日南水三字水下又有補弱水補黑水二目

禹貢山水澤地所在

漸江水趙釋曰一清按宋祁曰武陵有漸水東入沅疑此無漸水當作浙不知漸江浙江竝見說文武陵有漸水固也而未可以漸江水當之出三天子都趙釋曰全氏曰顧祖禹曰大鄣山在績溪縣東六十里高五百五十仞周一百五十里一名三王山祥符圖經云卽三天子鄣山海經浙江出三天子都水經因之蓋譌鄣爲都秦置鄣郡以此山名也郭璞曰三天子鄣山在新安歙縣東今謂之玉山浙水出其傍寰宇記曰大鄣山吳越于此分界葉夢得避暑錄話曰水經謂漸江出三天子都取山海經爲證三天子都在彭澤西安得至此今錢塘江乃北江下流雖自彭澤來蓋衆江所會不應獨取

此一水予意漸字卽浙字水經誤分爲二名注引漢志浙江者是已今自分水縣出桐廬號歙港者與衢婺之溪合而過富陽以入大江大江自西來此江自東來皆會于錢塘按山海經三天子鄣有三一曰在閩西海北卽浙江之源也郭景純云今在新安歙縣東謂之三王山浙江出其傍者也一曰在衡山卽廬江之源也漢人以霍山爲衡山所謂在彭澤者也一曰在海中則不知其處說者曰匡廬是西鄣徽是東北大鄣婺之永陽亦有三天子鄣是南鄣其說當存而不論若石林謂但在彭澤則謬矣又謂錢塘乃北江下流來自彭澤是仍水經沔水篇以立文者然三天子鄣雖有三而大鄣則推浙江之源秦漢間人以是取郡名爲鄣郡是非彭澤所能爭也

山海經謂之浙江也趙釋曰一清按史記索隱曰韋昭云浙江在今錢唐浙音折晉灼音逝非也蓋其流曲折莊子所謂制河卽其水也制折聲相近地理志云水出丹陽黟縣南蠻趙有夷字中趙釋曰一清按顏師古註漢書引地理志作漸與道元所見之本作浙江者異見高惠高后文功臣表全祖望曰按王應麟云唐盧潘引地理志作浙江出黟縣南率山東今觀是注所引則唐本爲誤也而新安人作志乘以爲山經之文有率山率水之目不知山經無此說山海經曰浙江出三天子都在其東郭景純曰出新安黟縣南蠻中此與漢志

水經合當東漢時新安一帶山越居之班志謂之蠻夷今以蠻爲率則誣甚矣率山率水不見他書太平御覽云率卽歙耳亦混語也寰宇記始收其目而九域志仍不及焉以羅存齋程篁墩職志事尚不能辨正何也北逕其縣南有博山山上有石特起十丈上峯若劒杪時有靈鼓潛發正朱作官箋曰舊本作正長趙改正長臨縣以山鼓爲候一鳴官長一年若長雷發聲則官長不吉官本曰按近刻訛作及案朱作及箋曰當作不反趙改不反浙江又北歷黟山縣居山之陽故縣氏之漢成帝鴻嘉二年以爲廣德國封中山憲王孫雲客王于此官本曰按近刻脫中山憲王四字案朱脫趙增晉太康中以爲廣德縣分隸宣城郡會稽陳業潔身清行遁跡此山朱箋曰孔曄會稽志云陳業上虞人爲會稽太守潔身清行志懷霜雪貞亮之信同操柳下遭漢中微委官棄祿遁跡黟歙以求其志高邈妙蹤天下所聞浙江又北逕歙縣東與一小溪合水出縣東北翁山西逕故城南又西南入浙江又東逕遂

安縣南溪廣二百步上立杭以相通水甚清深潭不掩鱗故名新定官本曰按定近刻訛作安案朱訛趙改刊誤曰吳書賀齊傳是新定安字誤分歙縣立之晉太康中又改從今名浙江又左合絕溪溪水出始新縣西東逕縣故城南爲東西長溪溪有四十七瀨濬流驚急奔波聒天孫權使賀齊討黟歙山賊賊固黟之林歷山山甚峻絕又工禁五兵齊以鐵杙椓山朱杙作栈趙改刊誤曰栈字誤當作杙音弋橜也鐵杙者取寸鐵如木橜所以緣而升山也升出不意又以白棓擊之官本曰按又近刻訛作人案朱趙作人氣禁不行遂用奇功平賊朱箋曰抱朴子云賀將軍討山賊賊中有善禁者每交戰刀劒不得拔弓弩還自向賀曰吾聞金有刃者可禁蟲有毒者可禁不能禁無刃物矣乃多作勁木白棓選有力者五千人先登捉棓擊賊賊不知備所殺萬計于是立始新之府于歙之華鄉官本曰按府近刻訛作尉案朱訛趙改刊誤曰箋曰宋本作都尉按始新無都尉據吳書賀齊傳是立始新府耳尉字誤也令齊守

之後移出新亭晉太康元年改曰新安郡溪水東注浙江浙
江又東北逕建德縣南縣北有烏山山下有廟廟在縣東七
里廟渚有大石高十丈圍五尺官本曰按近刻作五尺圍案朱同趙改刊誤曰箋曰孫
云十丈當作一丈五尺宋本作五十按非也圍字當移在五尺之上本文無誤也水瀨濬激而能致
雲雨浙江又東逕壽昌縣南自建德至此八十里中有十二
瀨瀨皆峻險行旅所難縣南有孝子夏先墓先少喪二親負
土成墓數年不勝哀卒官本曰按近刻脫哀字案朱脫趙增刊誤曰不勝下落哀字浙江
又北逕新城縣桐溪水注之官本曰按近刻脫水字案朱水字在浙江下趙改刊誤曰水
字當移在桐溪下水出吳興郡於潛縣北天目山山極高峻崖嶺竦
壘西臨峻澗官本曰按近刻脫峻字案朱峻作後趙改浚刊誤曰後當作浚山上有霜木
皆是數百年樹謂之翔鳳林東面有瀑布下注數畮深沼名

曰浣龍池官本曰按浣近刻訛作蛟案朱訛趙改刊誤曰蛟御覽引此文作浣池水南流逕
縣西爲縣之西溪溪水又東南與紫溪合水出縣西百丈山
即潛山也山水東南流名爲紫溪中道夾水有紫色磐石官本
曰按夾近刻訛作挾案朱訛趙改刊誤曰挾當作夾下連山挾水之挾同石長百餘丈望之如
朝霞又名此水爲赤瀨蓋以倒影在水故也紫溪又東南流
逕白石山之陰官本曰按近刻脫石字案朱脫趙增刊誤曰方輿紀要廣德州靈山下云又南十里曰
桐山亦曰桐源山一名白石山桐水發源于此又曰桐水源出州南白石山或謂之白石水杜氏曰白石之水衛寔則三
湖皆爲泛濫是也注落石字趙釋曰一清按吳越春秋曰南踰赤岸徐天祐注曰水經曰新安縣南白石山名廣陽山水
曰赤岸水今本無之山甚峻極北臨紫溪又東南連山夾水兩峰交峙
反項對石往往相捍十餘里中積石磊砢相挾而上澗下白
沙細石狀若霜雪水木相映泉石爭暉名曰樓林紫溪趙有又字

東南流逕桐廬縣東爲桐溪孫權藉溪之名以爲縣目割富
春之地立桐廬縣自縣至於潛凡十有六瀨第二是嚴陵瀨
瀨帶山山下有一石室官本曰按近刻脫一字案朱趙無漢光武帝時嚴子
陵之所居也故山及瀨皆即人姓名之山下有磐石周迴十
數丈交枕潭際蓋陵所遊也桐溪又東北官本曰按桐下近刻衍廬字案朱
衍趙刪刊誤曰桐廬縣名桐谿名二名不相及今連稱之非也廬字衍文逕新城縣入浙江縣
故富春地也官本曰按近刻訛作案朱訛趙改孫權置後省幷桐廬官本曰按近刻
脫置字後字案朱脫趙增刊誤曰孫權下落置後二字咸和九年官本曰按近刻訛作元年案朱訛趙改
刊誤曰元當作九以宋志校正復立爲縣浙江又東北入富陽縣故富春也
晉后名春改曰富陽也東分爲湖浦浙江又東北逕富春縣
南縣故王莽之誅歲也江南有山孫武皇之先所葬也漢末

墓上有光如雲氣屬天黃武五年官本曰按近刻訛作四年案朱趙作四孫權
以富春爲東安郡分置諸郡官本曰按近刻訛作縣案朱趙作縣趙釋曰一清按三國志
吳書孫權傳事在黃武五年秋七月以討士宗官本曰按此有脫誤朱謀㙔引吳志云黃武五年秋分三郡惡
地十縣置東安郡治富春以全琮爲太守平討山越又全琮傳云是時丹陽吳會山民復爲寇賊攻沒屬縣權分三郡險
地爲東安郡琮領太守招誘降附案朱宗作琮趙討下改山越命全琮五字刊誤曰箋曰吳志全琮此云以討士琮疑
是字誤按全氏云當作以討山越命全琮于文義方合浙江又東北逕亭山西山上有
孫權父冢趙釋曰一清按吳書孫策傳云堅薨還葬曲阿孫權傳云吳高陵松柏斯拔高陵堅冢名吳地記云
堅墓在盤門內何焯曰參以謝詢請置守冢之文則文臺定葬吳也許彥周詩話云楊舜韶名友夔在姑蘇時盜發孫堅
冢楊作詩云云今注所云得無因孫鍾墓而誤耶鍾因種瓜得墓地事備幽明錄又按劉昭郡國志補註吳本國下引皇
覽曰縣東門外孫武冢蓋春秋時人後人或指此訛爲堅墓則陳壽志還葬曲阿之說未可非也道元指富春所葬爲孫
權父墓尤誤當是孫堅父鍾孫亮立廟稱曰太祖者而幽明錄沈約宋書謂以鍾爲堅之祖恐不如劉敬叔異苑以鍾是

堅父之確當也

北過餘杭東入于海

浙江逕縣左合餘干朱箋曰餘干疑作餘杭趙改杭大溪江北郎臨安縣界水北對郭文宅宅傍山面溪宅東有郭文墓晉建武元年驃騎王導迎文置之西園文逃此而終臨安令改葬之朱箋曰晉書郭文字文舉河內軹人少愛山水尚嘉遯鹿裘葛巾區種菽麥採竹葉木實貿鹽以自供王導聞其名迎置西園七年未嘗出入一旦逃歸臨安遂以病卒建武十六年縣民郎稚作亂官本曰案稚近刻訛作雅脫作字　案朱訛脫趙改增又武改安刊誤曰建武當作建安郎雅當作郎稚吳書賀齊傳校亂上落作字賀齊討之孫權分餘杭立臨水縣晉改曰臨安縣因岡爲城南門尤高謝安莅郡遊縣逕此門以爲難爲亭長浙江又東逕餘杭故縣南新縣北秦始皇南遊會稽途出是地因立爲縣王莽

之淮睦也官本曰按淮近刻訛作進　案朱訛趙改刊誤曰何焯曰進宋本漢書作淮俗本誤全氏曰義門之言是也梁書劉仁茂反侯景拒謝答仁于下淮陳書畱異出下淮抗禦沈恪皆其地漢末陳渾移築南城縣後溪南大塘郎渾立以防水也縣南有三碑是顧颺范甯等碑縣南有大壁山趙刊誤曰箋曰孫云疑作大滌山按非也名勝志云由拳山一名大辟山此山在大滌之左壁郭文自陸渾遷居也浙江又東逕烏傷縣北王莽改曰烏孝郡國志謂之烏傷異苑曰東陽顏烏以淳孝著聞後有羣烏助銜土塊爲墳官本曰按近刻訛作後有羣烏銜鼓集顏烏所居之郵　案朱同趙鼓改土刊誤曰箋曰異苑云羣烏銜鼓集顏所居村按寰宇記義烏縣下引異苑云羣烏助銜土塊爲墳烏口皆傷朱氏所引係誤本烏口皆傷一境以爲顏烏至孝故致慈烏欲令孝聲遠聞又名其縣曰烏傷矣浙江又東北流至錢塘縣穀水入焉朱榖作穀趙改下同刊誤曰漢志作穀水黃省曾本原是穀字水源西出太末縣縣是越

之西鄙官本曰按近刻訛作部　案朱趙作部說見下姑蔑之地也趙釋曰全氏曰漢時方有分部而西部亦不在姑蔑東京分郡西部始在姑蔑耳春秋戰國時不當以西部目之西部或是西鄙之誤秦以爲縣王莽之末理朱趙並作治朱箋曰吳本作理趙釋曰一清按黃本作末理猶仍唐人寫本之舊也吳寶鼎中分會稽立隸東陽郡官本曰按近刻脫隸字　案朱脫趙增刊誤曰東陽郡上落隸字穀水東逕獨松故冢下冢爲水毀其塼文筌言吉龜言凶百年墮水中今則同龜繇矣穀水又東逕長山縣南與永康溪水合官本曰按近刻脫溪字　案朱脫趙增刊誤曰永康下落谿字縣郎朱作西箋曰宋本作郎趙改郎東陽郡治也縣漢獻帝分烏傷立郡吳寶鼎中分會稽置城居山之陽官本曰按居近刻訛作君　案朱訛趙改或謂之長仙縣也言赤松采藥此山因而居之故以爲名後傳呼乖謬字亦因改溪水南出永康縣縣赤烏中分烏傷上浦立劉敬叔異苑曰孫權

時永康縣有人入山遇一大龜郎束之以歸龜便言曰游不量時爲君所得擔者怪之載出欲上吳王夜宿越里纜船于大桑樹宵中樹忽呼龜曰元緒奚事爾也龜曰行不擇日今方見烹雖盡南山之樵不能潰我樹曰諸葛元遜識性淵長必致相困令求如我之徒計將安治官本曰按近刻作泊　案朱趙作泊龜曰子明無多辭既至建業權將煮之燒柴萬車龜猶如故諸葛恪曰燃以老桑乃熟獻人仍說龜言權使伐桑取煮之郎爛故野人呼龜曰元緒其水飛湍北注至縣南門入穀水穀水又東定陽溪水注之水上承信安縣之蘇姥布朱無水字趙增刊誤曰上承上落水字縣本新安縣晉武帝太康三年改曰信安水懸百餘丈瀨勢飛注狀如瀑布瀨邊有石如牀官本曰按近刻訛作有如石牀　案朱訛

趙乙刊誤曰如石二字當倒互牀上有石牒長三尺許有似雜采帖也東陽
記云信安縣有懸室坂晉中朝時有民王質伐木至石室中
見童子四人彈琴而歌質因留倚柯聽之童子以一物如棗
核與質質含之便不復饑俄頃童子曰其歸承聲而去斧柯
漼然爛盡既歸質去家已數十年親情凋落無復向時比矣
其水分納眾流混波東逝逕定陽縣夾岸緣溪悉生支竹及
芳枳木連雜以霜菊金橙白沙細石狀如凝雪石溜湍波浮
響無輟山水之趣尤深人情縣漢獻帝分信安立溪亦取名
馬**溪水又東**官本曰按近刻訛作連案朱訛趙改刊誤曰連當作東**逕長山縣北**北對
高山山下水際是赤松羽化之處也炎帝少女追之亦俱仙
矣後人立廟于山下朱箋曰列仙傳云赤松子神農時雨師也服水玉以教神農能入火自燒常止

西王母石室中隨風雨上下炎帝少女追之亦得仙俱去趙釋曰一清按太平御覽引水經注曰赤松澗在東陽赤松子
遊金華山以火自燒而化故山上有赤松子之祠澗自山出故曰赤松澗今本無之**溪水又東入于穀**
水穀水又東逕烏傷縣之雲黃山山下臨溪水水際石壁傑
立高朱趙有一字百許丈**又與吳寧溪水合水出吳寧縣下逕烏**
傷縣入穀謂之烏傷溪水閩中有徐登者女子化爲丈夫與
東陽趙昞竝善越方朱箋曰越方卽封禪書所謂越巫越祝者也時遭兵亂相遇
于溪各示所能登先禁溪水爲不流昞次禁枯柳柳爲生荑
二人相示趙作視而笑登年長昞師事之後登身故昞東入章
安百姓未知昞乃升茅屋梧鼎而爨朱梧作支趙改刊誤曰箋曰舊本支鼎作梧鼎
按梧鼎出范史徐登傳支鼎義自通主人驚怪昞笑而不應屋亦不損又嘗臨
水求渡船人不許昞乃張蓋坐中長嘯呼風亂流而濟于是

百姓神服從者如歸章安令惡而殺之民立祠于永寧而蚊
蚋不能入昞秉道懷術而不能全身避害事同葛弘宋元之
龜孫校曰見龜策傳厄運之來故難救矣**穀水又東入錢唐縣而左**
入浙江官本曰按近刻作塘下同漢志錢唐無土旁案朱作塘趙改唐下同**故地理志曰穀**
水自太末東北至錢唐入浙江是也浙江又東逕靈隱山山
在四山之中有高崖洞穴左右有石室三所又有孤石壁立
大三十圍其上開散狀如朱趙作似蓮花昔有道士長往不歸或
因以稽留爲山號**山下有錢唐故縣浙江逕其南**王莽更名
之曰泉亭地理志曰會稽西部都尉治錢唐記曰防海大塘
在縣東一里許郡議曹華信家議立此塘以防海水始開募
有能致一斛土者卽與錢一千旬月之間來者雲集塘未成

而不復取于是載土石者皆棄而去塘以之成故改名錢塘
馬趙釋曰一清按武林水因武林山泉瀦而爲湖舊湖水通江後人築塘以隔江湖泉與錢通用王莽改錢唐爲泉亭
闞駰曰山出錢水可證也故湖曰錢湖江曰錢江皆以一塘分限得名華信築塘與錢之事蓋出於傳記之悠謬耳**縣**
南江側有明聖湖父老傳言湖有金牛古見之神化不測湖
取名馬**縣有武林山武林水所出也闞駰云山出錢水東入**
海趙釋曰全氏曰漢志會稽郡錢唐縣武林山武林水所出東入海行八百三十里武林山卽靈隱山在今錢唐縣治
西五里武林水東入海則是截錢唐江而東趣龕赭以達于海不然不得云東入也計其里數不及二百何云八百三十
里耶一清按說文有漸江又有浙江云江水東至山陰爲浙江則黟縣之漸江至錢唐乃有浙名班志有浙江無漸江浙
江下但云東入海不計道里之數至錢唐武林水亦云東入海行八百三十里補此一句以見浙江之卽漸江也武林水
既入于江則是合江流而東入于海推本源流所行恰有此數亦非孟堅誤記也**吳地記言縣惟浙**
江今無此水趙釋曰一清按武林水卽錢水今杭人所謂西湖者是陸氏之記殆不識眉目之言也**縣**

東有定包朱作己箋曰疑作包趙改包諸山皆西臨浙江水流于兩山之間江川急濬兼濤水晝夜再來來應時刻常以月晦及望尤大至二月八月最高峨峨二丈有餘吳越春秋以爲子胥文種之神也昔子胥亮于吳官本曰按亮近刻訛作死案朱訛趙改刊誤曰死當作亮全氏云隋人避諱改忠爲亮今誤作死字非也而浮尸于江吳人憐之立祠于江上名曰胥山吳錄云趙作曰胥山在太湖邊去江不百里故曰江上文種誠于越官本曰按誠近刻訛作城案朱訛趙改刊誤曰何焯云隋人避忠字寫本乃作誠又訛作城而伏劍于山陰越人哀之葬于重山趙重改種刊誤曰重山寰宇記作種山御覽云吳會稽分地曰種山大夫種所葬也在西鄉郭外後潮水穴山漂去其屍俗云伍子胥乘潮水取以去今山脅有缺處文種既葬一年子胥從海上負種俱去游夫江海故潮水之前揚波者伍子胥後重水者大夫種是以枚乘曰濤無記焉

然海水上潮江水逆流似神而非于是處焉秦始皇三十七年將遊會稽至錢唐臨浙江所不能渡故道餘杭之西津也浙江北合詔息湖湖本名阼湖因秦始皇帝巡狩所憩故有詔息之名也浙江又東合臨平湖異苑曰晉武時吳郡臨平岸崩出一石鼓打之無聲以問張華華云朱趙作曰可取蜀中桐材刻作魚形扣之則鳴矣于是如言聲聞數十里劉道民詩曰事有遠而合蜀桐鳴吳石傳言此湖草薉壅塞朱薉作穢趙改刊誤曰穢當從草作薉下同天下亂是湖開天下平孫皓天璽元年吳郡上言臨平湖自漢末穢塞今更開通又于湖邊得石函函中有小石青白色長四寸廣二寸餘刻作皇帝字于是改天冊爲天璽元年孫盛以爲元皇中興之符徵五湖之石瑞也錢唐朱趙作塘記曰桓元之難湖水色赤熒熒如丹湖水上通浦陽江下注浙江趙釋曰全氏曰臨平湖在浙江之西不得越浙江而通浦陽江若云上通南江則善矣一清按此文之誤與沔水篇注正同卽此句乃知南江與浙江合之證一名曰東江行旅所從以出浙江也朱此下接又逕會稽山陰縣云云趙改接浙江又東逕禦兒鄉云云刊誤曰此處有錯簡依全氏本校正浙江也下接十五葉十一行浙江又東逕禦兒鄉至湖水上承妖臯谿而下注浙江二百九十五字于此下接次行又逕會稽山陰縣浙江又逕固陵城北昔范蠡築城于浙江之濱言可以固守謂之固陵今之西陵也浙江又東逕柤塘官本曰按柤近刻訛作祖下同案朱訛趙改刊誤曰三國志吳書孫靜傳作查瀆裴松之註云查音祖加反下祖字皆當作柤謂之柤瀆昔太守王朗拒孫策數戰不利孫靜果說策曰朗負阻城守難可卒拔官本曰按近刻脫城字案朱脫趙增刊誤曰負阻下落城字三國志校補柤瀆去此數十里是要道也若從此出攻其無備破之必矣策從之

破朗于固陵有西陵湖亦謂之西城湖湖西有湖城山東有夏架山趙釋曰毛奇齡蕭山縣志刊誤曰當作東有湖城山西有夏架山夏架山去海祇數里焉得復有湖在西湖水上承妖臯溪而下注浙江官本曰按浙江又逕固陵城北至此原本及近刻並訛在後渡會稽湊山陰是也之下又逕永興縣北之上今據歸有光本改正案朱訛趙改又逕會稽山陰縣朱此上接行旅所從以出浙江也趙改刊誤曰又逕上接十六葉六行湖水上承妖臯谿而又注浙江有苦竹里里有舊城言句踐封范蠡子之邑也浙江又東與蘭溪合湖南有天柱山湖口有亭號曰蘭亭亦曰蘭上里太守王羲之謝安兄弟數往造焉吳郡太守謝勗封蘭亭侯蓋取此亭以爲封號也太守王廙之移亭在水中晉司空何無忌之臨郡也起亭于山椒極高盡眺矣亭宇雖壞基陛尙存浙江又逕越王允常冢北冢在木客村耆彥云句踐使工人伐榮

楯欲以獻吳久不得歸工人憂思作木客吟後人因以名地
句踐都琅邪欲移允常冢冢中生分風飛沙射人人不得近
句踐謂不欲遂止浙江又東北得長湖口湖廣五里東西百
三十里沿湖開水門六十九所下溉田萬頃北瀉長江湖南
有覆㪷山周五百里北連鼓吹山山西枕長溪溪水下注長
湖山之西嶺有賀臺越入吳還而成之故號曰賀臺矣官本曰按近刻訛作吳案朱訛趙改刊誤曰吳當作矣又有秦望山在州城正南爲衆峯之
傑陟境便見史記云秦始皇登之以望南海自平地以取山
頂七里孫校曰御覽以取二字作至懸隥孤危徑路險絕記云扳蘿捫葛
然後能升山上無甚高木官本曰按近刻脫甚字案朱脫趙增刊誤曰無字下落甚字御覽引此文校補當由地迴多風所致山南有嶕峴峴裏有大城越王
無餘之舊都也故吳越春秋云句踐語范蠡曰先君無餘國
在南山之陽社稷宗廟在湖之南又有會稽之山古防山也
亦謂之爲茅山又曰棟山越絕云棟猶鎮也蓋周禮所謂揚
州之鎮矣山形四方上多金玉下多玞石山海經曰夕水出
焉趙夕改勺刊誤曰山海經是勺水郭註勺或作多然則夕字正得多字之半耳南流注于湖趙作溴
吳越春秋稱覆釜山之中有金簡玉字之書黃帝之遺讖也
山下有禹廟廟有聖姑像禮樂緯云禹治水畢官本曰按近刻訛作旱案朱作旱趙改刊誤曰旱日知錄引此文作畢天賜神女聖姑卽其像也山上有禹
冢昔大禹卽位十年東巡狩崩于會稽因而葬之有鳥來爲
之耘春拔草根秋啄其穢是以縣官禁民不得妄害此鳥犯
則刑無赦山東有湮井官本曰按近刻訛作山東有硎案朱訛趙改刊誤曰硎是湮井之誤御

覽校正去廟七里深不見底謂之禹井云東遊者多探其穴也
秦始皇登會稽山朱趙無會字刻石紀功尙存山側孫暢之述書
云官本曰按述下近刻衍征字案朱衍趙刪刊誤曰征字衍文丞相李斯所篆也又有石
匱山石形似匱朱作又有石山石形似七字箋曰御覽引此作石匱山石形似匱云云趙依增上有
金簡玉字之書言夏禹發之趙刊誤曰箋曰言字衍按言字仍存得百川之理
也又有射的山遠望山的狀若射侯故謂射的官本曰按謂近刻訛作爲案朱同趙改刊誤曰爲當作謂射的之西有石室名之爲射堂年登否常
占射的以爲貴賤之準的明則米賤的闇則米貴故諺云射
的白斛米百射的玄斛米千北則石帆山山東北有孤石高
二十餘丈廣八丈望之如帆因以爲名北臨大湖水深不測
傳與海通何次道作郡常于此水中得烏賊魚南對精廬上
蔭修木下瞰寒泉西連會稽山官本曰按近刻脫會字案朱趙無皆一山也
東帶若邪溪吳越春秋所謂歐冶涸而出銅官本曰按近刻涸訛作錮又脫下三字案朱同趙改涸不增三字刊誤曰箋曰孫云錮疑作鑄按當作涸吳越春秋曰赤堇之山已令無雲若耶之谿深而莫測故戰國策曰涸若耶而取銅破堇山而取錫也以成五劍趙釋曰一清按越絕外傳記寶劍曰當此造劍之時赤堇之山破而出錫若邪之溪涸而出銅赤堇山在今寗波府奉化縣東五十里漢取山名以氏縣曰鄞縣漢志會稽郡鄞縣下云有鎮亭有鮚埼亭東南有天門水入海有越天門山鎮亭山名在奉化縣西南百里勢極高天門山在縣南六十里一名蜃樓門濱裏港海兩峯對峙勢若插天天門水卽縣之廣平湖及大溪是也而水經注無聞焉又按天門水在海口有龍居之明都督萬文巡海夜射眇其目今猶謂之鑛門老龍也溪水上承嶕峴麻
溪溪之下孤潭周數畝甚清深有孤石臨潭乘崖俯視官本曰按乘近刻訛作垂案朱趙作垂猨狖驚心寒木被潭森沈駭觀上有一櫟樹
謝靈運與從弟惠連常遊之作連句題刻樹側麻潭下注若

邪溪水至清照衆山倒影窺之如畫漢世劉寵作郡有政績將解任去治此溪父老人持百錢出送 官本曰按近刻脫此溪二字 案朱脫趙增刊誤曰父老上黃省曾本有此谿二字今校補 寵各受一文然山棲遯逸之士谷隱不羈之民有道則見物以感遠爲貴荷錢 朱趙作泉 致意故受者以一錢爲榮豈藉費也義重故耳**溪水下注大湖邪溪之東又有寒溪溪之北有鄭公泉泉方數丈冬溫夏涼**漢太尉鄭弘宿居潭側因以名泉弘少以苦節自居恆躬采伐用貿糧膳每出入溪津常感神風送之雖憑舟自運無杖檝之勞村人貪藉風勢常依隨往還有淹留者徒輩相謂汝不欲及鄭風邪其感致如此**湖水自東亦注江通海**水側有白鹿山山北湖塘上舊有亭吳黃門郎楊哀明 朱楊作吳趙改刊誤曰黃省曾本作楊哀明會稽志引此文亦作楊云亭埭皆以楊爲名是也 下居于弘訓里太守張景數往造焉使開瀆作埭埭之西作亭亭埭皆以楊爲名孫恩作賊從海來楊亭被燒後復脩立厥名猶在東有銅牛山山有銅穴三十許丈穴中有大樹神廟山上有冶官山北湖下有練塘里 趙練改鍊刊誤曰練塘徐天祐吳越春秋註引越舊經作鍊塘下云句踐鍊冶銅錫之處是也 吳越春秋云句踐練 朱趙作鍊 冶銅錫之處采炭于南山故其間有炭瀆句踐臣吳吳王封句踐於越百里之地 官本曰按近刻脫一吳字 案朱脫趙增刊誤曰王上落吳字 東至炭瀆是也縣南九里有侯山山孤立長湖中晉車騎將軍孔敬康少時遯世棲跡此山 朱箋曰孔睦會稽志云孔愉字敬康以論議守正爲王導所銜出爲會稽內史在郡三年乃營山陰湖南侯山下數畝地爲宅草屋數間便棄官居之趙釋曰全氏曰孔愉棄官居山陰不得言是少時 湖北有三小山謂之鹿野山在縣南六里

按吳越春秋越之麋苑也山有石室言越王所遊息處矣縣南湖北 官本曰按近刻脫南字 案朱脫趙增刊誤曰縣下落南字 有陳音山楚之善射者曰陳音越王問以射道又善其說乃使簡士習射北郊之外 朱箋曰吳越春秋范蠡進善射者陳音楚人也王曰善子之道願子悉以教吾國人音曰道出於天事在於人人之所習無有不神乃使音教士習射北郊之外三月軍士皆能用弓弩之巧 按吳越春秋音死葬于國西山上今陳音山乃在國南五里湖北有射堂及諸邸舍連衍相屬又于湖中築塘直指南山北卽大越之國秦改爲山陰縣會稽郡治也太史公曰禹會諸侯計于此命曰會稽會稽者會計也 官本曰按近刻脫會稽二字 案朱趙無 始以山名因爲地號夏后少康封少子杼以奉禹祠爲越 趙釋曰全氏曰按夏人報杼乃夏后之賢者豈以支子分封奉祠哉史記越世家亦不云是后杼也 世歷殷周至于允常列于春秋允常卒句踐稱王都于會稽吳越春秋所謂越王都埤中在諸暨北界山陰康樂里有地名邑中者是越事吳處 趙刪處字刊誤曰處字衍文黃省曾本校 故北其門以東爲右西爲左故雙闕在北門外闕北百步有雷門門樓兩層句踐所造時有越之舊木矣州郡館宇屋之大瓦亦多是越時故物 趙釋曰全氏曰按此卽王十朋賦所云雙杉廳是越故物者也 句踐霸世徙都琅邪後爲楚伐始還浙東城東郭外有靈氾下水甚深舊傳下有地道通于震澤又有句踐所立宗廟在城東明里中甘滂南又有玉笥竹林雲門天柱精舍竝疏山創基架林裁宇割澗延流 官本曰按近刻脫割字 案朱脫箋曰疑脫一字趙增刊誤曰澗上落割字會稽志引此文校補 盡泉石之好水流逕通**浙江又北逕山陰縣西**西門外百餘步有怪山本琅邪郡之東武縣山也飛來

徙此壓殺數百家吳越春秋稱怪山者東武海中山也一名
自來山百姓怪之號曰怪山亦云越王無疆爲楚所伐去琅
邪止東武人隨居山下官本曰按止近刻訛作山　案朱趙作山遠望此山其形
似龜故亦有龜山之稱也越起靈臺于山上又作三層樓以
望雲物朱箋曰一云句踐起怪游臺以灼龜又仰望天氣觀天怪也川土明秀亦爲勝地
故王逸少云從山陰道上猶如鏡中行也浙江之上又有大
吳王小吳王邨竝是闔閭夫差伐越所舍處也今悉民居然
猶存故目昔越王爲吳所敗以五千餘衆棲于稽山卑身待
士施必及下呂氏春秋曰越王之栖于會稽也有酒投江民
飲其流而戰氣自倍所投即浙江也許愼晉灼竝言江水至
山陰爲浙江江之西岸有朱室塢朱作堤箋曰宋本作塢趙改塢句踐百里

之封西至朱室謂此也官本曰按謂近刻訛作爲　案朱訛趙改浙江又東北逕
重趙作種山西大夫文種之所葬也山上有白樓亭亭本在山
下官本曰按近刻脫在字　案朱脫趙增刊誤曰本下落在字孫潛校增縣令殷朗移置今處
沛國桓儼避地會稽聞陳業履行高潔往候不見儼後浮海
南入交州臨去遺書與業不因行李繫白樓亭柱而去升陟
遠望山湖滿目也永建中陽羨周嘉上書以縣遠赴會至難
求得分置遂以浙江西爲吳以東爲會稽漢高帝十二年一
吳也朱一作亦箋曰當作一趙同釋曰全氏曰按高帝六年會稽郡屬荆王賈國中十二年屬吳王濞國中故曰亦
吳也景帝四年始以郡屬天子後分爲三世號三吳吳興吳郡趙作吳郡吳興郡會
稽其一焉朱此下同官本趙移浙江又東逕禦兒鄉於前刊誤曰一焉下接十六葉七行又逕永興縣南浙
江又東逕禦兒鄉萬善歷曰吳黃武六年正月獲彭綺是歲

由拳西鄉有產兒墮地便能語朱作隨便能語箋曰宋本作墮地便能語趙改云天
方明官本曰按近刻脫方字　案朱脫趙增河欲清鼎腳折官本曰案近刻脫鼎字　案朱脫趙
增刊誤曰御覽引萬善歷曰天方明又曰鼎腳折今校補金乃生因是詔爲語兒鄉官本曰按
因是近刻訛作是因　案朱訛趙改刊誤曰是因二字當倒互非也禦兒之名遠矣蓋無智
之徒因藉地名官本曰按近刻訛作民　案朱訛趙改刊誤曰民當作名生情穿鑿耳國
語曰句踐之地北至禦兒是也安得引黃武證地哉韋昭曰
越北鄙在嘉興浙江又東逕柴辟南舊吳楚之戰地矣備候
于此故謂之辟塞是以越絕稱吳故從由拳辟塞渡會稽官本
曰按近刻訛作夷　案朱訛趙改湊山陰是也自浙江又東逕禦兒鄉至此止趙併移前行旅所從以出
浙江以下又逕永興縣北官本曰按近刻訛作南　案朱趙作南縣在會稽東北朱趙
有字一百二十里故餘暨縣也官本曰按近刻脫故餘暨縣四字　案朱趙無應劭曰

闔閭弟夫概之所邑官本曰按近刻脫應劭曰三字所訛作故又此句下衍也字　案朱趙同趙釋
曰一清按此是應劭說而顏師古非之然吳伐越封句踐以百里之地則或取其餘地以封夫概未可知也王莽
之餘衍也漢末童謠云天子當興東南三餘之間趙釋曰一清按永興
故漢之餘暨與餘姚餘杭而爲三故曰三餘也故孫權改曰永興官本曰按永近刻訛作元　案朱訛
趙改刊誤曰當作永興縣濱浙江又東合浦陽江江水導源烏傷縣官本
曰按江水下近刻衍之字又此句之下衍又字　案朱衍之趙改又此句下並有又字刊誤曰之當作又東逕諸
暨縣與洩溪合溪廣數丈中道有兩高山夾溪造雲壁立凡
有五洩官本曰按五近刻訛作三　案朱訛趙改下洩懸三十餘丈官本曰按近刻脫下字
案朱脫趙增廣十丈中三洩不可得至官本曰按三近刻訛作二　案朱訛趙改登趙有
他字山遠望乃得見之官本曰按此下近刻衍下洩二字　案朱衍趙刪懸百餘丈水
勢高急聲震水外上洩懸二百餘丈望若雲垂此是瀑布土

人號爲洩也江水又東逕諸暨縣南縣臨對江流江南有射堂縣北帶烏山故越地也官本曰按此下近刻有夫槩王之故邑六字係重出衍文　案朱趙有趙釋曰一淸按漢志之餘暨吳更名永興應劭云夫暨之所邑即今之蕭山縣也又諸暨莽曰疏虜不云是夫暨邑注上文于永興縣下已引應說此又複出豈誤諸暨爲餘暨乎先名上諸暨亦曰句無矣官本曰按無近刻訛作吳下同　案朱訛趙改刊誤曰句吳國語作句無韋昭曰諸暨有句無亭括地志以爲句乘山也山在縣南五十里又闞駰曰句踐之地南至句無其後并吳因大城之章霸功以示子孫故曰句章故國語曰句踐之地南至句無王莽之疏虜也夾水多浦浦中有大湖春夏多水秋冬涸淺江水又東南逕剡縣與白石山水會山上有瀑布懸水三十丈下注浦陽江浦陽江水又東流南屈又東迴北轉逕剡縣東王莽之盡忠也縣開東門向江江廣二百餘步自昔耆舊傳縣不得開南門開南門則有賊盜江水

翼縣轉注故有東渡西渡焉東南二渡通臨海並汎單船爲浮航西渡通東陽併二十五船爲橋航江邊有査浦浦東行二百餘里與句章接界浦裏有六里有五百家竝夾浦居列門向水甚有良田有靑溪餘洪溪大發溪小發溪江上有趙有六字溪六溪列溉散入江趙列作裂刪散字釋曰一淸按漢志會稽郡句章縣渠水東入海全氏曰即六谿之水也凡言渠水必皆以人力爲之句章之渠水亦是居民若江潮之斥鹵而引山谿之水爲渠以利田溉是即所謂渠水者矣蓋六谿皆簟谿之支流簟谿入浦陽而此六谿者瀦而爲渠遂獨擅句章之望雖于前記無明文然舍此六谿更無水以當之矣夾溪上下崩崖若傾東有簟山朱箋曰會稽志云簟山在嵊縣東三十一里孔曄云山遙望之如鋪簟也南有黃山與白石三山爲縣之秀峰山下衆流泉導官本曰按泉近刻訛作前　案朱趙作前湍石激波浮險四注浦陽江又東逕石橋廣八丈高四丈下有石井口徑七尺橋上有

方石長七尺廣一丈二尺橋頭有磐石可容二十人坐溪水兩旁悉高山山有石壁二十許丈溪中相攻㗊響外發未至橋數里便聞其聲江水北逕嵊山山下有亭亭帶山臨江松嶺森蔚沙渚平靜趙改淨刊誤曰靜御覽引此文作淨浦陽江又東北逕始寍縣嶀山之成功嶠官本曰按功近刻作工　案朱同趙改刊誤曰曹學佺云圖經稱謝元破苻堅歸越人榮之磨石大書成功嶠三字深刻其上則以爲成工嶠者誤也嶠壁立臨江欹路峻狹不得併行行者牽木稍進不敢俯視嶠西有山孤峯特上飛禽罕至嘗有採藥者沿山見通溪尋上于山頂樹下有十二方石地甚光潔朱光作方箋曰會稽志引此注作地甚光潔趙改光還復更尋遂迷前路言諸仙之所憩讌趙諸改都刊誤曰諸仙御覽引此文作都仙都諸音同故以壇讌名山嶠北有嶀浦浦口有廟廟甚靈驗行人及樵伐者皆先敬

焉若相侵竊必爲蛇虎所傷北則嶀山與嵊山接二山雖曰異縣而峯嶺相連其間傾澗懷煙泉溪引霧吹畦孫校曰御覽作水風馨觸岫延賞是以王元琳謂之神明境事備謝康樂山居記浦陽江自嶀山東北逕太康湖車騎將軍謝玄田居所在朱箋曰會稽志引水經注作謝玄舊居右濱長江左傍連山平陵脩通澄湖遠鏡于江曲起樓樓側悉是桐梓森聳可愛居民號爲桐亭樓樓兩面臨江盡升眺之趣蘆人漁子汎濫滿焉湖中築路東出趨山官本曰按趨近刻作趣　案朱趙作趣路甚平直山中有三精舍高甍凌虛垂簷帶空俯眺平林煙杳在下朱箋曰會稽志引此注云俯眺平煙杳然在下水陸寍晏足爲避地之鄉矣江有琵琶圻圻有古冢墮水甓有隱起字云筮吉龜凶八百年落江中謝靈運取甓詣京咸

傳觀焉乃如龜繇故知冢已八百年矣浦陽江又東北逕始
寍縣西本上虞之南鄉也漢順帝永建四年陽羨周嘉上書
詒分之舊治水西常有波潮之患官本曰按潮近刻訛作湖案朱訛趙改刊誤曰湖
當作潮晉中興之初治今處縣下有小江源出嶀山謂之嶀浦
逕縣下西流注于浦陽茠山下注此浦浦西通山陰浦而達
于江江廣百丈狹處二百步高山帶江重蔭被水江閟漁商
川交樵隱故桂棹蘭栧望景爭途江南有故城太尉劉牢之
討孫恩所築也趙釋曰全氏曰按劉牢之終于鎭北將軍其討孫恩時爲會稽五部都督非太尉江
水東逕上虞縣南王莽之會稽也朱王上有至字趙刪刊誤曰至字衍文本司
鹽都尉治朱趙有也字地名虞賓晉太康地記曰舜避丹朱于此
故以名縣百官從之故縣北有百官橋亦云禹與諸侯會事
訖因相虞樂故曰上虞二說不同未詳孰是趙釋曰一清按釋名曰吳虞也
封泰伯于此以虞其志郎虞樂之義古娛虞通用也縣南有蘭風山山少木多石驛路
帶山傍江路邊皆作欄干山有三嶺枕帶長江苕苕孤危望
之若傾緣山之路下臨大川皆作飛閣欄干乘之而渡謂此
三嶺爲三石頭丹陽葛洪遁世居之基井存焉瑯邪王方平
性好山水又爰朱作愛箋曰舊本作爰宅趙改爰宅蘭風垂釣于此以永終
朝朱永作詠趙改刊誤曰詠當作永行者過之不識問曰賣魚師得魚賣否
方平答曰釣亦不得得復不賣亦謂是水爲上虞江縣之東
郭外有漁浦湖中有大獨小獨二山又有覆舟山覆舟山下
有漁浦王廟廟今移入裏山此朱趙作北趙刊誤曰箋曰北一作此按北字不誤三
山孤立水中湖外有青山黃山澤蘭山重岫疊嶺參差入雲

澤蘭山頭有深潭山影臨水水色青綠山中有諸塢有石楗
一所右臨白馬潭潭之深無底傳云創湖之始邊塘屢崩百
姓以白馬祭之因以名水湖之南郎江津也江南有上塘陽
中二里官本曰按二近刻訛作三案朱訛趙改刊誤曰三當作二隔在湖南常有水患
太守孔靈符遏蜂山前湖以爲埭埭下開瀆直指南津又作
水楗二所以舍此江得無淹潰之害縣東有龍頭山山崖之
間有石井冬夏常冽清泉南帶長江東連上陂江之道南有
曹娥碑娥父盱迎濤溺死娥時年十四哀父尸不得朱作瀏箋曰宋
本作不得趙改得乃號踴江介因解衣投水祝曰若值父尸衣當沈
若不值衣當浮裁落便沈娥遂于沈處赴水而死縣令度尚
使外甥邯鄲子禮爲碑文以彰孝烈江濱有馬目山洪濤一
上波隱是山勢淪嵊亭間歷數縣行者難之縣東北上亦有
孝子楊威母墓趙無上字威少失父事母至孝常與母入山採薪
爲虎所逼自計不能禦于是抱母且號且行虎見其情遂弭
朱作佴箋曰舊本作弭耳趙改弭耳而去自趙作是非誠貫精微孰能理感于
英獸矣又有吳瀆破山導源注于胥江上虞江東逕周市而
注永興地理志云趙作曰縣有仇亭柯水東入海仇亭在縣之
東北朱趙有一字十里江北柯水疑郎江也又東北逕永興縣東
官本曰按近刻脫縣字案朱脫趙增刊誤曰永興下落縣字與浙江合謂之浦陽江地理
志又云縣有蕭山潘水所出東入海趙釋曰一清按劉昭郡國志補註引魏都賦注
作潛水劉昺注作瀵水皆潘字之誤又疑是浦陽江之別名也自外無水以應
之趙釋曰全氏曰浦陽江水發源義烏分于諸暨是爲曹娥錢清二口其自義烏山南出者道由蒿壩所謂東小江也

下流斯爲曹娥其自山北出者道由義橋所謂西小江也下流斯爲錢清考浦陽之名漢時所未有故班志不錄然志于浦陽東道之水則曰柯水而係之上虞卽曹娥也西道之水則有潘水而系之餘暨卽錢清也續志有潘水而失柯水至韋昭始以浦陽爲三江之一六朝時合曹娥錢清二江總曰浦陽故謝康樂山居賦所云皆指曹娥而南史爭戰之地則皆在錢清歷唐五代作志乘者尙無曹娥錢清之名故九域志以曹娥鎭屬會稽錢清鎭屬山陰可證也道元注水經以上虞江稱曹娥而錢清則否是知曹娥爲浦陽江經流無疑矣觀南史浦陽江南北各有埭司以稽察行旅胡梅磵曰浦陽江南津埭卽今之梁湖堰北津埭卽今之曹娥堰與西陵埭柳浦埭稱四埭六朝官制班班足與水道相證明葢浦陽之水東行者當隄堰未興之日直自餘姚達于句章之境非猶夫今之曹娥也道元言之不明遂啟後人之疑**浙江**

又東注于海故山海經曰浙江在閩西北入海官本曰按近刻浙江下衍在其東三字案朱趙有**韋昭以松江浙江浦陽江爲三江**

斤江水出交阯龍編縣東北至鬱林領方縣東注于鬱官本曰按漢書作斤員水

地理志云逕臨塵縣至領方縣注于鬱

容容

夜

緰

湛

乘

牛渚

須無

無濡

營進

皇無

地雩

侵離官本曰按近刻作侵黎下同 案朱趙自容容下爲一條離並作黎

侵離水出廣州晉興郡郡以太康中分鬱林置**東至臨塵**官本曰按東近刻訛作得 案朱作得趙改行刊誤曰得當作行**入鬱**趙釋曰一清按漢志鬱林郡臨塵縣下云又有侵離水行七百里亦見溫水注云逕臨塵入領方注鬱

無會

重瀨

夫省

無變趙釋曰一清按無變見溫水注

由蒲

王都

融

勇外朱趙自無會至此爲一條

此皆出日南郡西東入于海官本曰按近刻重一西字又此十一字原本及近刻並訛作經今考經文總上二十水見于後此乃注文體例 案朱重東字趙刪朱趙十一字作經刊誤曰東字重文宜衍又朱箋曰漢地理志日南郡有小水十六並行三千二百八十里屬交州此無會諸水葢十六水之名也**容容水在南垂名之以次轉北也**

右二十水從江已南至日南郡也官本曰按二十近刻訛作三十又此十三字原本及近刻並訛入注內考經文後云右禹貢山水澤地所在凡六十體例與此同今改正 案朱趙二作三此十三字並作注趙釋曰一清按自容容以下文義難曉今以雙字數之得十七水耳而注云三十水豈有脫文耶漢志日南郡下云有小水十六並行三千一百八十里屬交州稍爲近之全氏曰漢志日南郡西捲縣下云水入海則西捲亦水名西捲水見溫水注

趙補**弱水**

禹貢錐指曰弱水經不言所出桑欽以爲出張掖刪丹縣鄭康成曰眾水東流此獨西流而水經注無之其所經入不可得而詳也一清按史記索隱曰水經曰弱水出張掖刪丹縣西北至酒泉會水縣入合黎山腹漢志張掖郡刪丹縣桑欽以爲導弱水自此西至酒泉合黎即是小司馬所引之文是唐時尚有弱水篇今本盡失之耳張守節正義亦云合黎水出臨松縣東而北流逕張掖故城下又北流至縣北二十三里合弱水弱水自合黎山折而北流逕沙磧之西入居延澤行千五百里又漢志金城郡臨羌縣下云有弱水說文曰弱水自張掖刪丹西至酒泉合黎餘波入于流沙觀此則弱水之源委約略可得矣又曰屼山也或曰弱水之所出十六國

春秋乞伏札子擊吐谷渾覓地於弱水西元和志弱水在刪丹縣南山下括地志蘭門山一名窮石在刪丹縣西南七十里離騷夕次於窮石淮南子弱水出窮石山是也隋書地理志刪丹縣有祁山弱水胡渭曰疑即屼字之誤寰宇記曰合黎水一名羌谷鮮水一名覆袁水亦名張掖河南自吐谷渾界流入禹貢導弱水至於合黎孔安國云合黎水名在流沙東即謂此也詳河水篇第二卷注中

趙補黑水

禹貢錐指曰傳云黑水自北而南經三危過梁州入南海正義云地理志益州郡計在蜀郡西南三千餘里故滇王國也武帝元封二年始開爲郡郡內有滇池縣縣有黑水池止言有池不知水之所在鄭云今中國無也傳之此言順經文耳案酈道元水經黑水出張掖雞山南流至燉煌過三危山南流入于南海然張掖燉煌竝在河北所以黑水得越河入南海者自積石以西皆多伏流故黑水得越而南也今案滇池所祠之黑水即金沙江與雍州無涉山海經曰灌湘之山又東五百里曰雞山黑水出焉而南流注于海雞山不知在何郡郭璞無注而孔疏引水經以爲出張掖之雞山檢今本無此文蓋其書有散逸耳太平御覽引張掖記曰黑水出縣界雞山亦名元圃昔有娀氏女簡狄浴於元邱之水即黑水也據此則雞山當在甘州張掖縣界漢爲觻得縣地今陝西甘州衞西有張掖河即古羌谷水出羌中北流至衞西爲張掖

河合弱水東北入居延海俗謂之黑河此水竝不經三危入南海安得以此爲禹貢之黑水耶山海經明言南流注于海必非東北入居延之張掖河其雞山恐亦不在縣界也又曰夏殷之衰雍州西北境皆爲戎翟所據及周室東遷舊都八百里之地悉棄以予秦秦染夷俗諸侯擯之不與中國會盟輶軒之使莫有過而問焉況三危西裔之區乎故屈原天問曰黑水元趾三危安在蓋自戰國時此地之山川已與昆侖弱水同其渺茫僅得之傳聞而無從目驗矣秦火之後載籍淪亡漢興治尚書者不能言黑水三危之所在武帝通西域玉門陽關之外使者往來數十輩不聞涉大川而西可以當古之黑水者故班志張掖酒泉燉煌郡下竝無其文司馬彪

亦無可言至酈道元始云黑水出張掖雞山而其所謂南流至燉煌過三危入南海亦不過順經爲義與他水歷敘所過之郡縣者詳略相去遠矣故杜佑云道元注水經銳意尋討亦不能知黑水所經之處唐初魏王泰括地志云黑水出伊吾縣北此與張掖雞山未知孰是然其所謂南流絕三危者竟亦不可復尋禹治黑水不若治河之詳自屈原已不能知而況伏生輩乎自古文尚書家已不能知而況班固司馬彪酈道元魏王泰諸人乎至若樊綽程大昌金履祥李元陽等紛紛辨論繫風捕影了無所得徒獻笑於後人而已

嵩高爲中嶽在潁川陽城縣西北

春秋說題辭曰陰含陽故石凝爲山國語曰禹封九山山土之聚也爾雅曰山大而高曰崧合而言之爲崧高分而名之爲二室西南有少室東北有太室官本曰按二有字近刻竝作爲　案朱趙作爲嵩高山記曰山下巖中有一石室云有自然經書自然飲食又云山有玉女臺言漢武帝見趙增嘗之二字刊誤曰見字上下有脫文當云言漢武帝嘗見之因以名臺朱箋曰紀異志嵩山有玉女擣帛石立秋前一日中夜常聞杵聲

泰山爲東嶽在泰山博縣西北

岱宗也王者封禪于其山示增高也有金策玉檢之事焉

霍山爲南嶽在廬江灊縣西南

天柱山也爾雅云大山宮小山爲霍官本曰按爲近刻作曰　案朱趙作曰開山圖曰其山上侵神氣下固窮泉趙釋曰全氏曰按禹貢不志霍山葢以五岳而類及之一淸按下又出衡山則禹貢荆州之山爲南嶽也此因漢武帝改祀而特記之

華山爲西嶽在弘農華陰縣西南

古文之惇物山也趙刊誤曰箋曰禹貢云終南惇物至于鳥鼠按禹敘雍州不言華山故以敦物當之然西傾朱圉鳥鼠至于太華已記之矣漢書云惇物山垂山也豈垂華字相亂耶按漢志字不錯此是道元錯引趙釋曰一淸按漢志右扶風武功縣下云垂山古文以爲惇物非華山也道元誤引朱謀㙔曰豈垂華字相亂耶孫校曰此酈君之誤史記索隱引漢書正作華山無垂山

雷首山在河東蒲坂縣東南

砥柱山朱趙無山字在河東大陽縣東河中

王屋山在河東垣縣東北也官本曰按垣下原本及近刻竝衍曲字今刪　案朱衍趙刪刊誤曰兩漢志晉志皆作垣縣曲字衍文又趙自雷首下連爲一條

昔黃帝受丹訣于是山也

太行山在河內野王縣西北

王烈得石髓處也朱箋曰神仙傳王烈字長休邯鄲人嘗之太行山見山破石裂數百丈兩畔皆青石石中一穴有青泥流出如髓烈取泥試丸之須臾成石嚼之氣如粳米飯用攜少許示嵇叔夜

恆山爲北嶽在中山上曲陽縣西北

碣石山在遼西臨渝縣南水中也趙自恆山下連爲一條釋曰禹貢錐指曰漢志右北平驪成縣下云大碣山在縣西南莽曰揭石遼西郡絫縣下云有揭石水南入官不言有山也及文穎注武紀曰碣石在遼西絫縣絫縣今罷入臨渝此石著海旁潁字叔良南陽人爲荆州從事謂此山臨渝之孤石與班固異自潁始水經有魏晉間人所附益故亦云碣石在臨渝後漢志無驪成劉昭補注遂于臨渝言碣石

大禹鑿其石夾右而納河官本曰按夾右近刻訛作右夾　案朱訛趙乙刊誤曰右夾二字當倒互禹貢校秦始皇漢武帝皆嘗登之海水西侵歲月逾甚而苞其山故言水中矣

析城山在河東濩澤縣西南

太嶽山在河東永安縣

壺口山在河東北屈縣東南

龍門山在河東皮氏縣西

梁山在馮翊夏陽縣西北河上

荊山在馮翊懷德縣南

岐山在扶風美陽縣西北

汧山官本曰按近刻訛作關山　案朱作關趙改開刊誤曰箋曰禹貢無關山漢志扶風汧縣有吳山在西古文以爲汧山周禮雍州之鎭曰嶽山鄭云吳嶽也按經典釋文尚書音義曰岍音牽又作汧山馬本作開釋名曰吳山謂之開山蓋劉熙鄭康成弟子而康成馬融弟子也故同馬本關山是開山之訛又脫禹貢北條山也注在扶風汧縣之西也趙自析城下連爲一條又於此下增禹貢北條山也六字注文釋曰一清按道元旣參用馬融王肅之說以西頃爲中條嶓冢爲南條則宜以汧山爲北條地理志右扶風汧縣下云吳山在西古文以爲汧山雍州山又總敘云雍州山曰嶽師古曰卽吳嶽也此本周禮鄭康成說而渭水篇注則又引班志左馮翊懷德禹貢北條荊山之文

隴山趙二字連禹貢北條山也爲注文釋曰全氏曰此篇專釋禹貢而隴山非禹貢所及漢志隴西郡下應劭曰有隴坻在其西也師古曰隴坻謂隴坂卽今之隴山汧隴相接道元或因汧及隴本注中牘字其後脫落繆置誤作經文未可知也今改正

終南山惇物山在扶風武功縣西南也

西頃山官本曰按近刻脫西字頃音傾　案朱趙無朱箋曰頃讀曰傾舊作須據漢志改在隴西臨洮縣西南趙此條連上文釋曰一清按漢志隴西郡臨洮縣禹貢西頃山在縣西南部都尉治縣西句此云西南蓋誤截禹貢中條山也朱箋曰禹貢西頃因桓是來馬融王肅禹貢說云岍爲北條西頃中條嶓冢南條凡三條也

嶓冢山在隴西氐道縣之南

南條山也

鳥鼠同穴山在隴西首陽縣西南孫校曰元和郡縣志渭源縣本漢首陽縣鳥鼠山今名青雀山在縣西七十六里

鄭玄曰鳥鼠之山有鳥焉與鼠飛行而處之又有止而同穴之山焉是二山也鳥名爲鵌似鵽而黃黑色鼠如家鼠而短尾穿地而其處鼠內而鳥外孔安國曰共爲雌雄杜彥達曰同穴止宿養子互相哺食長大乃止張晏言不相爲牝牡故因以名山朱箋曰沈約宋書沙州甘谷嶺北有雀鼠同穴或在山嶺或在平地雀色白鼠色黃地生黃紫花草便有雀鼠穴此雖非本注存之以廣異聞

積石在隴西河關縣西南

山海經云山在鄧林東河所入也官本曰案山海經郭璞注引此爲水經之文其注乃後人所託不足據證

都野澤在武威縣東北

縣在姑臧城北三百里東北卽休屠澤也古文以爲豬野也其水上承姑臧武始澤澤水二源東北流爲一水逕姑臧縣故城西官本曰按近刻脫逕字　案朱脫趙增刊誤曰一水下落逕字東北流水側有靈淵朱作源箋曰宋本作靈淵池趙改淵池王隱晉書曰漢末博士燉煌侯瑾善內學語弟子曰涼州城西泉水當竭有雙闕起其上官本曰按近刻脫起字　案朱脫趙增刊誤曰雙闕下落起字以晉書張軌傳校增至魏嘉平中武威太守條茂起學舍築闕于此泉太守塡水造起門樓與學闕相望泉源徙發趙徙改陡刊誤曰徙當作陡音斗通作斗史記封禪書成山斗入海昌黎答張十一詩斗覺霜毛一半加皆其義也重導于斯故有靈淵之名也澤水又東北流逕馬城東城卽休屠縣之故城也本匈奴休屠王都謂之馬城河又東北與橫水合水出姑臧城下武威郡涼州治地理風俗記曰漢

武帝元朔三年改雍趙有州字曰涼州以其金行土地寒涼故也遷于冀趙釋曰全氏曰按續志涼州刺史治漢陽隴縣其再遷冀則中葉以後事晉徙治此王隱晉書曰涼州有龍形故曰臥龍城南北七里東西三里本匈奴所築也及張氏之世居也官本曰按及近刻訛作乃案朱訛趙改刊誤曰乃黃省曾本作及又增築四城箱各千步東城殖園果命曰講武場北城殖園果命曰玄武圃皆有宮殿中城內作四時宮隨節游幸幷舊城爲五街衢相通二十二門大繕宮殿觀閣采綺妝飾擬中夏也其水側城北流注馬城河河水又東北清澗水入焉俗亦謂之爲五澗水也水出姑臧城東而西北流注馬城河河水又與長泉水合水出姑臧東揟次縣王莽之播德也朱箋曰按漢地理志揟次縣屬武威郡孟康云揟音子如反次音咨舊本作楫誤西北歷黃沙阜而東北流注馬城河又東北逕宣威縣故城南又東北逕平澤晏然二亭東又東北逕武威縣故城東漢武帝太初四年匈奴渾邪王殺休屠王以其衆置武威縣武威郡治官本曰按近刻脫治字案朱脫趙增刊誤曰閻若璩云漢武帝太初四年以休屠王地置武威縣爲武威郡治縣居班志之第二武威郡下落治字趙釋曰齊氏召南曰本紀元狩二年置武威酒泉郡志云武威郡太初四年開則不同時矣疑當以紀爲是一清按功臣表昆邪以元狩二年封則志誤也善長又誤仍之王莽更名張掖地理志曰谷水出姑臧南山北至武威入海屆此水流兩分一水北入休屠澤俗謂之爲西海一水又東逕朱趙有一字百五十里入豬野世謂之趙有爲字東海通謂之都野矣趙釋曰全氏曰漢志武威郡姑臧縣南山谷水所出北至武威入海行七百九十里道元以爲通謂之都野是也考蒼柗縣南山柗陝水所出北至揟次入海休屠縣都尉治熊水鄣谷水柗陝水熊水皆澤之所屬也柗師古曰古松字也陝音下陝反兩山之間也柗陝陝名

合離山在酒泉會水縣東北

合黎山也趙釋曰一清按元和志合黎山俗名要塗山在張掖縣西北二百里括地志云蘭門山一名合黎誤行都司志合黎山在甘州衛北四十里迤邐至鎮夷所出石硤口三百里一作合離禹貢錐指漢會水縣故城在今肅州衛東北十六國春秋呂光遣呂纂討段業戰於合離羌谷水北至張掖縣合黎山下與弱水合故因山爲名曰合黎水是合黎水即弱水也

流沙地在張掖居延縣東北

居延澤在其縣故城東北官本曰按近刻脫北字案朱脫趙增刊誤曰東下落北字以漢志註校補尚書所謂流沙者也形如月生五日也弱水入流沙流沙沙與水流行也官本曰按沙與水近刻脫沙字案朱脫趙增刊誤曰流沙下當重一沙字亦言出鍾山西行極崦嵫之山在西海郡北趙釋曰全氏曰此漢獻帝時曹氏所置之西海郡非新莽置於金城者也山有石赤白色以兩石相打則水潤打之不已潤盡則火出山石皆然炎起數丈逕趙作經日不滅有大黑風自流沙出奄之乃滅其石如初言動火之事發疾經年故不敢輕近耳流沙又逕浮渚歷壑市之國又逕于鳥山之東朝雲國西歷崑山西南出于過瀛之山趙釋曰一清按以上所引本之大荒經而有脫失据本文歷壑市又有國曰汜葉曰鳥山曰淮山曰朝雲之國注中過瀛之山四字不知所出蓋道元旁撮以成文大荒西經云西南海之外流沙出焉逕夏后開之東官本曰按近刻脫此二字案朱趙無開上三嬪于天得九辯與九歌焉趙釋曰一清按郭璞解上三嬪于天謂獻美女于天帝朱子以爲當是啟夢賓天吳任臣曰夏啟三夢上賓于天得傳天帝之樂如秦穆聽鈞天之奏唐王效霓裳之舞也楚辭啟棘賓商九辯九歌正作賓字開卽啟避漢景帝諱然大荒西經之文曰西南海之外赤水之南流沙之西有人珥兩青蛇乘兩龍名夏后開開上三嬪于天得九辯與九歌焉則非夏啟也道元蓋抄變其詞又歷員丘不死山之西官本曰按近刻脫山字案朱脫趙增刊誤曰不死下落山字山海經校

補趙釋曰一淸按此句具上二字出郭璞註非山海經文全氏曰漢志張掖酒泉敦煌多有水道道元不之詳而泛濫于山海經甚矣其敝也入于南海朱箋曰據宋本補六字

三危山在燉煌縣南趙燉改敦下同刊誤曰燉煌之敦不從火

山海經曰三危之山三靑鳥居之是山也廣圓百里在鳥鼠山西卽尙書所謂竄三苗于三危也趙釋曰禹貢錐指曰正義云三危山必是西裔未知山之所在鄭玄引地說曰三危之山在鳥鼠之西南當岷山則在積石之西南地說乃妄書言未必可信要之三危山必在河之南也按水經兩引山海經以證尙書之三危與地說略同鳥鼠之西南當岷山則在今臨洮府南岷州衞北矣又云在積石之西南殊不可曉山南帶黑水蓋以扶州之黑水出素領山入白水者當之也妄言無疑三危山自當以在沙州者爲是肅州舊志云白龍堆沙東倚三危北望蒲昌是爲西極要路推其地望可以得三危之形勢矣地理今釋云梁州黑水卽今雲南之今沙江其源發于西蕃諾莫渾五巴什山分支之東曰阿克達母必拉南至塔城關入雲南麗江府境亦曰麗水東南流至姚安府大姚縣之左郵鄉北打沖河自鹽井衞來會之又東入四川境逕會川衞南又東至

東川府西折而東北流逕烏蒙府西北馬湖府南又東逕敘州府南入岷江雍州黑水出陝西甘肅塞外南流至河州入積石河今俗名大通河是也導川黑水卽今雲南之瀾滄江其源發于西蕃諾莫渾五巴什山分支之西曰阿克必拉南流至你那山入雲南界東岐一支爲漾備江東南流分注大理府之西洱海經流入順寧府境其正支南行絕雲龍江而東南至雲州北之分水嶺仍與漾備合又南流至阿瓦國入南海案金沙瀾滄一爲梁州之黑水一爲導川之黑水然皆非四大水之黑水也昔人謂蕃名山川皆以形色西南夷地水色多黑故悉蒙黑名如打沖金沙瀾滄俱得稱黑水也而眞黑水之源去瀾滄之西三百餘里蕃名哈拉烏蘇色禽經蒙蕃怒彝猓猓界由緬甸入南海卽佛書所謂黑水出阿耨達山東是也禹跡之所不至蓋中國在阿耨達之東故名震旦所入大水唯黃河一支可見黑水出阿耨達之東實在中國之西南未嘗流入內地故從古無人知其源委也又云案黑水之辨諸家紛如今考地圖禹貢之黑水有三正不必强合水經注所謂黑水出張掖雞山至于燉煌此雍州之黑水也漢書地理志犍爲郡南廣縣注云紛關山符黑水所出北至僰道入江唐樊綽亦以麗江爲古黑水云羅些城北有三危山其水從山南行上流出吐蕃界薛季宣謂瀘水爲黑水引酈道元說黑水亦曰瀘水卽若水出姚州徼外吐蕃界中山海經黑水之間有若水是也以麗江之說爲非不知打沖河至大姚縣卽合金沙江會流入岷江薛氏之說原與漢志相合此梁州之黑水也宋程大昌以瀾滄江爲黑水李元陽黑水辨亦云隴蜀無入南海之水唯滇之瀾滄足以當之而元史載勸農官張立道使交趾竝黑水以至其國吳任臣山海經注亦以瀾滄爲古黑水此導川之黑水也蓋雍州之黑水其源在黃河之北梁州及導川之黑水其源皆在黃河之南有截然不相紊者第以張掖燉煌尙在內地可以尋源而求而推其委而不得遂託爲越河伏流之說夫崑崙爲地軸其山根連延起頓包河南接秦隴直達長安爲南山黑水自燉煌而南縱可越大河之伏流其不能越河以南之南山也明矣若狃于雍州三危旣宅之說此是言雍州分域以內今終南鳥鼠皆在河之南而三危更無鳥鼠之南其與雍州之黑水又何涉邪然主瀘水麗江瀾滄之說者亦皆以意度未能確指水之分合不知瀘水麗江源異而流同麗江瀾滄源近而流別分合言之梁州之黑水有兩支而與導川之黑水實出一地也而古未有及之者蓋以二水僻在蕃界隔藏南山阻奥從古未通中國卽魏之法顯唐之元奘元世祖之南征邱處機之西遊皆繞出崑崙以外歷西域諸國至于滇南總未嘗經其地但從入中國之支流以古今分域配之料約爲某水某水而已今海內一統西南徼外咸入版圖爰遣使臣徧歷其地究源討委寫圖以誌支派經絡瞭如指掌諸家浮說有所折衷矣春秋傳曰允姓之姦

居于瓜州瓜州地名也杜林曰燉煌古瓜州也州之貢物地出好瓜民因氏之瓜州之戎并于月氏者也朱氏作氏趙改刊誤曰月氏音支不作氏漢武帝元鼎六年官本曰按此四字近刻訛作後元二字案朱同趙增年字刊誤曰後元下落年字趙釋曰齊氏召南曰本紀分武威酒泉爲張掖敦煌在元鼎六年置郡久矣曰後元年者志之誤也分酒泉置南七里有鳴沙山故亦曰沙州也

朱圄山在天水北冀城南官本曰按城近刻訛作縣案朱訛趙改刊誤曰冀縣當作冀城注故云卽冀縣

卽冀縣山有石鼓開山圖謂之天鼓山九州害起則鳴有常應又云石鼓山有石鼓于星爲河鼓星動則石鼓鳴石鼓鳴則秦土有殃鳴淺殃萬物鳴深則殃君王矣

岷山在蜀郡湔氏道西

漢書以爲濆山者也

熊耳山官本曰按近刻訛作嶓冢山　案朱趙同趙釋曰全氏曰三字誤說見下在弘農盧氏縣東官本曰按近刻訛作南　案朱趙作南

是山也穀水出其北林也趙釋曰全氏曰按嶓冢山當作播冢林見山海經且穀水出弘農黽池與盧氏無涉桑經酈注于穀水篇悉本山經之舊至此盜遂忘之此篇專釋禹貢山水澤地所在播冢林非禹貢之所有篇中獨失去熊耳山則嶓冢二字卽熊耳二字簡策零斷行間失次後人牽意塡寫又假作注文以附會之未可知也漢志弘農郡盧氏縣下云熊耳山在東東近于南不至相懸說地理者當以班志爲據

荊山在南郡臨沮縣東北

東條山也趙釋曰朱氏謀㙔箋曰東條未詳一清按禹貢錐指曰漳水注亦引地理志曰禹貢東條荊山在臨沮縣之東北是六朝漢書誤本道元襲用之耳然既以臨沮之荊山爲東條矣顧于嶓冢下云南條山也曾不思禹貢導嶓冢至于荊山本相連屬乎從導汧至敷淺原舊說有三條之目地理志云禹貢北條荊山在褱德南條荊山在臨沮而臨洮之西頃不云是中條既不襲用馬融王肅之說酈氏前遵馬王又雜采班氏然以荊山爲東條則大謬矣三條鄭玄又分爲四列導汧爲正陰列西頃爲次陰列嶓冢爲次陽列岷山爲正陽列胡渭曰四列長于三條或嫌其陰陽之名近怪曰陰陽只作南北字用朱子據導字分南北實本康成而又參以一行山河兩戒之說然則究無東條也

卞和得玉璞于是山楚王不理懷璧哭于其下王後使玉人理之官本曰按近刻脫王字使字　案朱脫趙增王使二字於後下刊誤曰後下全氏校增王使二字所謂和氏之玉焉

內方山在江夏竟陵縣東北

禹貢注章山也趙釋曰顧氏祖禹曰章山在安陸府東四十里古文以爲內方山左傳定公四年蔡侯吳子唐侯伐楚舍舟于淮汭自豫章與楚夾漢圖經云豫章卽章山也一名障山晉太安二年華宏討義陽賊張昌于江夏敗于障山卽此

大別山在廬江安豐縣西南朱箋曰禹貢內方至于大別孔傳云二山在荊州漢所經也荊州大

別山在江夏郡此廬江大別疑非一山趙釋曰一清按大別是魯山卽古翼際山不在安豐也

外方山崧高是也趙釋曰一清按漢志云古文以崧高爲外方山此條與首條參互

桐柏山在南陽平氏縣東南

陪尾山在江夏安陸縣東北趙釋曰一清按胡渭曰禹導陪尾實爲泗水泗出陪尾見博物志然則不在江夏安陸也

衡山在長沙湘南縣南趙大別下至此連爲一條

禹治洪水血趙作用白二字馬祭衡山于是得金簡玉字之書按省玉字得通水理也

九江地在長沙下巂朱趙作雋縣西北趙釋曰全氏曰據漢志九江在廬江尋陽縣南王伯厚謂以九江爲洞庭本于水經胡朏明因之指此條也予觀經之所據當是楚地記所云巴陵瀟湘之淵在九江之間者善長注曾不及之盜有遺忘其疏九江專主劉歆湖漢九水之說一見于江水篇再見于贛水篇至湘水篇絕不以九江與之將無謂善長于經有異同耶則宜糾正之矣今不論列一言何也夫九江與東陵相首尾以九江爲湖漢則東陵當在廬江以九江爲洞庭則東陵當在巴陵無兩可也今水經云九江在長沙下雋而又云東陵在廬江金蘭自相矛盾有是理乎殆不學之人見行間脫爛從而妄補之而不能掩其敗闕也至于九江之不當爲洞庭則夏柯山已疑之而胡梅磵尤疑之北宋以來大儒數十輩考正審定而終不得其是抑九江固不可以言地若九江地果是經文則如大伾地善長亦必指其失也一清按全氏之說甚辨但此條決非後人添補道元專附班固故不以洞庭爲九江而又不敢顯斥水經存而不論未可知也

雲夢澤在南郡華容縣之東

東陵地在廬江金蘭縣西北朱九江至金蘭縣西北爲一條箋曰前後漢志廬江郡無金蘭縣按漢志廬江郡注云金蘭西北有東陵鄉水經三十二卷注中有金蘭縣趙釋曰一清按漢志廬江郡下云金蘭西北有東陵鄉顧祖禹曰金蘭縣亦見漢志蘇林註檢今本漢書註非蘇林也又曰或以爲三國魏所置縣晉廢蓋在大蘇山東胡渭曰金蘭漢初有是縣中廢故志不書晉宋間復置故酈注據以爲言當在固始西南南直黃梅之北矣今考善長注所說金蘭縣見決水篇而晉宋志則又無之宛溪東樵所言均未的也

敷淺原地在豫章歷陵縣西趙西改南刊誤曰西當作南漢志註校改師古亦云在豫章歷陵南趙釋曰一清按漢志豫章郡歷陵傅昜山傅昜川在南古文以爲傅淺原而水經不載此川

彭蠡澤在豫章彭澤縣西北官本曰按近刻脫西字　案朱脫趙增刊誤曰漢志分註云在西師古曰在西北從之又朱敷淺原至此連爲一條趙九江地至此連爲一條

尚書所謂彭蠡既豬陽鳥攸居也

中江在丹陽蕪湖縣西南官本曰按近刻脫西字　案朱脫趙增刊誤曰漢志註作西南今校增

東至會稽陽羨縣入于海

震澤在吳縣南五十里

北江在毗陵北界東入于海趙釋曰一清按水經此條是本漢志以成書非禹貢之三江也班志會稽郡吳縣下云具區澤在西古文以爲震澤南江在南東入海揚州川以震澤爲南江殆是誤讀班書耳酈道元沔水注亦以具區爲南江且合石城分江水爲一條蓋承其繆孔安國導江傳云有北中有南可知導漾傳云自彭蠡江分爲三入震澤

夫彭蠡未嘗分爲三也且亦未嘗入震澤也夫江流祇一川耳禹貢漾水下之北江卽江水下之中江所謂江漢朝宗于海者也故師古于北江曰自彭蠡江分爲三遂爲北江而入海又于中江下云亦自彭蠡出班志之所謂中江出蕪湖西南至陽羨入海者的是後來人力爲之斷非禹跡也禹貢錐指曰蘇氏曰豫章江入彭蠡而東至海爲南江岷江之經流會彭蠡以入海爲中江漢自北入江會彭蠡爲北江蘇氏之說人或疑之及閱徐堅初學記引鄭康成書注以證三江曰左合漢爲北江右會彭蠡爲南江岷江居其中則爲中江故書稱東爲中江者明岷江至彭蠡與南北合始得稱中也始知蘇氏所說東漢時固已有之又曰越語子胥曰吳之與越也三江環之民無所移韋昭注云三江松江錢塘浦陽江也又范蠡曰與我爭三江五湖之利者非吳邪三江亦當從韋解然此但可以解國語耳水經沔水下篇注引郭景純曰三江者岷江松江浙江也愚謂以此當國語之三江更長于韋何也漢志毗陵縣季札所居北江在北是岷江正環吳之境而韋獨遺之酈元云浙江于餘暨東合浦陽江是浦錢塘渾濤入海而韋强分爲二故以岷易浦陽較長也然終不可以釋禹貢蓋松江乃震澤之下流以松江爲中江浙江爲南江與導水之文相背戾矣又曰職方氏荊州曰其川江漢揚州曰其川三江與禹貢同蓋荊州未會彭蠡故但稱江漢及至揚州則江漢與彭蠡參會故有三江之目二經若合符節又朱趙自中江下至此連爲一條

嶧陽山在下邳縣之西

羽山在東海祝其縣南也趙嶧陽下至此連爲一條縣卽王莽之猶亭也趙釋曰一清按此文與淮水篇複出**尚書殛鯀于羽山謂是山也山西有羽淵禹父之所化其神爲黃熊**朱趙作能**以入淵矣故山海經曰洪水滔天鯀竊帝之息壤以堙水不待帝命帝令祝融殺鯀羽郊者也**

陶丘在濟陰定陶縣之西南

陶丘丘再成也

菏澤在定陶縣東

雷澤在濟陰成陽縣西北

菏水在山陽湖陸縣南趙釋曰全氏曰菏澤在定陶班志語也菏水在湖陸孔傳及許氏說文語也二菏有上下之分故水經兼引之而胡渭曉曉于此抑昧矣

蒙山在太山蒙陰縣西南

大野澤在山陽鉅野縣東北

大邳地在河南成皐縣北朱趙自菏澤下至此連爲一條

爾雅曰山一成謂之邳然則大邳山名非地之名也朱箋曰禹貢東過洛汭至于大伾鄭玄注云大岯在脩武武德之界張揖云成皐縣山也臣瓚漢書注云脩武武德無此山而成皐山又不一成今黎陽縣山臨河是大岯也

明都澤在梁郡睢陽縣東北趙釋曰一清按漢志梁國睢陽縣禹貢盟諸澤在東北

益州沱水在蜀郡汶江縣西南其一在郫縣西南皆還入江

荊州沱水在南郡枝江縣趙釋曰全氏曰汶江縣之沱爲開明所鑿郫縣之沱是湔堋江李冰所堰皆非禹跡也顧祖禹嘗疑之而不能指沱之所在豈益州無沱水乎予謂江水篇都安縣下注云鄀江水出焉武陽縣下注云

鄀江水入焉鄀江出江入江與沱義合禹貢錐指亦曰江原縣鄀江水近世謂之大皁江者岷江之正流而班氏以爲首受江故鄭康成云沱之類以此當禹貢梁州之沱或庶幾焉荆州之沱惟枝江足以當之一清按全氏此言亦未的梁荆二州之沱當主夷水故皆有沱潛既道之文而導江云東別爲沱又東至于澧直以江沱與澧水相接連而導漾下不別出沱水是其明證也詳見夷水篇

三澨地在南郡邔縣北沱官本曰按原本及近刻竝訛作三澨地之南在邛縣之北考邔縣地理志南郡之屬縣孟康曰音忌又注稱經云邔縣北沱可據以訂經之訛舛今改正　案朱趙自明都澤以下至此連爲一條朱沱竝作沲三澨云云訛同官本案語箋曰沲當作沱漢志蜀郡汶江縣注江沱在西南東入江南郡枝江縣注江沱出西東入江邛縣誤漢志南郡有邔縣疑轉寫訛也趙沲改沱三澨云云作三澨池在南郡邔縣之北釋曰禹貢錐指曰水經三澨池今本作地字爲是然自酈道元時已譌觀註云池流可見傅寅集解引此亦作池明地字乃近世所改一清按水經自明正嘉以來屢經各家校刊改池爲地池雖誤文實古本也故不從俗改作地字耳趙刊誤曰當作三澨池在南郡邔縣之北地字是後人所改詳本卷

尚書曰導漢水過三澨地說曰沔水東行過三澨合流觸大別山阪官本曰按近刻訛作陂　案朱訛趙改刊誤曰陂何焯校改阪故馬融鄭玄王肅孔安國等咸以爲三澨水名也許慎言澨者埤增水邊土人所止也按春秋左傳朱趙有曰字文公十有六年楚軍次于句澨以伐諸庸宣公四年楚令尹子越師于漳澨定公四年左司馬戌敗吳師于雍澨昭公二十三年司馬薳越縊于薳澨朱趙薳作蓬趙刊誤曰箋曰左傳作薳澨按胡渭云蓋以上文有薳字而誤宋紹興間括蒼李如篪作東園叢說引左傳正作薳澨可知世本之非當據六朝舊典以正之也服虔或謂之邑又謂之地京相璠朱趙有曰字杜預亦云水際及邊地名也趙釋曰一清按春秋成十五年傳則決睢澨杜預注曰澨水涯今南陽淯陽二縣之間淯水之濱有南澨北澨矣而諸儒之論水陸相半又無山源出處之所津途關路惟鄭玄及劉

澄之言在竟陵縣界經云邔縣北沱然沱流多矣朱趙二沱字竝作池趙刊誤曰箋曰孫云池當作沱按徐鍇說文解字繫傳曰沱沲之沱通用此字今別作池非是觀楚金所釋則古字通作沱故曹粹中詩傳旱麓篇以出旱山之池水爲沱水也此與江沱之沱聲畫竝同而義異論者疑焉朱趙論上有而字而不能辨其所在趙而改亦刊誤曰而孫潛校改亦趙釋曰一清按此篇惟釋禹貢山水澤地所在不及其他而忽出池字所以後人改三澨池爲三澨地也索隱引水經亦云三澨地名今竟陵有三參水俗云是三澨水參音去聲方輿紀要亦曰三汊水在竟陵南三十里汊讀曰叉卽禹貢三澨故地也最爲低窪然道元又明明注爲池字則非傳寫之誤可知而不能正其繆殆强弩之末博學好奇或未致思耳

右禹貢山水澤地所在凡六十趙釋曰全氏曰按六十之目芟去隴山之誤文改正嶓冢山之訛字釐定三澨池之標目斯爲脗合前人讀水經注者至此大氏以將畢業神疲力索不復細討于是隴山竄入熊耳喪職而三澨池且爲寄公矣可發一笑也

水經注卷四十

水經注附錄上　長沙王氏校本

仁和趙一清誠夫錄

水經三卷郭璞注　水經四十卷酈善長注 隋書經籍志

水經三卷郭璞撰　又四十卷酈道元撰 舊唐書經籍志

桑欽水經三卷一作郭璞撰　酈道元注水經四十卷 新唐書藝文志

水經三卷漢桑欽撰郭璞注　水經四十卷酈道元注 通志藝文略

水經四卷右漢桑欽撰成帝時人本經三卷後魏酈道元注 郡齋讀書志

一清按水經郭注三卷酈注四十卷歷考史志無云四卷者

晁氏所題誤矣或是四十卷脫去十字耳

水經四十卷晁氏曰漢桑欽撰陳氏曰欽邯鄲書目以爲漢人晁氏言成帝時人嘗有所據 文獻通考

隋志水經三卷郭璞注唐志桑欽三卷舊志云郭璞撰酈道元注四十卷後魏人字善長博采地志窮述水源隋志不言桑欽晁志云漢桑欽撰成帝時人 玉海

李吉甫刪水經十卷 新唐書藝文志

一清按前人極重水經如陸龜蒙詩云水經山疏不離身是也東坡寄周安孺茶詩云嗟我樂何深水經亦屢讀李宏憲撰元和郡縣志河南府新安縣白超壘知超爲漢末人禦黃巾賊築此壘以自固非秦之白起足正中尉改白超爲白起之繆

漢開四方之境款殊俗之附文約之所沾漸風聲之所周流幾將日所出入處也著自山經水志者亦略及焉 後漢書南蠻西南夷傳論

長安南下杜樊鄉酈元注水經實樊川也延翰外曾祖司徒岐公之別墅在焉 裴延翰樊川文集序

自沈瑩著臨海水土周處撰陽羨土風厥類衆夥諒非一族是以地理爲書陸澄集而難盡水經加注酈元編而不窮蓋方物之事盡在是矣 史通

漢書地理志注文選注史記正義引水經後漢書注引水經注 玉海

一清按史記正義曰酈元注水經云滈水上承滈池北流入滈今按滈水入永通渠蓋酈氏誤矣檢渭水篇注滈水自入渭其流注鄗者滮池水也豈有鄗復入鄗之云張氏所引容有乖爽

桑欽水經所引天下之水百三十七江河在焉酈善長注水經引其枝流一千二百五十二 唐六典注

水經引天下之水百三十七江河在焉酈氏注引枝流一千二百五十二通典謂晉郭璞注三卷後魏酈道元注四十卷皆不詳撰者名氏不知何代之書云濟水過壽張則前漢壽良縣光武更名又東北過臨濟則狄縣安帝更名菏水過湖陸則湖陵縣章帝更名汾水過永安則彘縣順帝更名故知順帝以後纂

序也愚按經云武侯壘又云魏興安陽縣注謂諸葛武侯所居魏分漢中立魏興郡又改信都從長樂則晉太康五年也然則非後漢人所撰隋志云郭璞注而不著撰人舊唐志云郭璞撰愚謂所載及魏晉疑出於璞也新唐志始以爲桑欽而又云一作郭璞蓋疑之也經云河水又北薄骨律鎮城注云赫連果城也乃後魏所置其酈氏附益與按前漢儒林傳古文尙書塗惲授河南桑欽君長晁氏讀書志謂欽成帝時人意者欽爲此書而後人附益如山海經禹益所記有長沙零陵桂陽諸暨之名本草神農所述有豫章朱崖趙國常山奉高眞定臨淄馮翊之稱爾雅作於周公而云張仲孝友倉頡篇造於李斯而云漢兼天下皆非本文顔之推嘗論之矣通典又謂景純注解疏略多迂怪今郭注不傳 困學紀聞

一清按王伯厚所見是元祐以後刊本故多誤文而亦不能正其失也

晉裴秀客京相璠撰春秋土地名其說多見於水經注水經引黄圖今本所無 仝上

水經世以爲桑欽撰予讀易水注云易水逕其東南合滱水故桑欽曰易水出北新城西北東入滱自下滱易互受通稱矣又廣陽縣溪水亦引桑欽說且水經正文皆無此語恐非桑欽撰當別有書也古書散亡良可歎已 西溪叢語

一清按西溪叢語是宋姚寬撰所引酈注廣陽溪水是濡水篇溫溪下非廣陽溪水也姚氏誤記

酈元水經曰魚龍以秋日爲夜按龍秋分而降則蟄寢於淵龍以秋日爲夜豈謂是乎 埤雅

一清按陸農師所引注語未知在何篇也

水經注所載事多他書傳未有者其敘山水奇勝文藻駢麗比之宋人臥遊錄今之玉壺冰豈不天淵予嘗欲抄出其山水佳勝爲一帙以洗宋人臥遊錄之陋未暇也又其中載古歌謠如三峽歌云巴東三峽巫峽長猿啼三聲淚沾裳又云朝見黄牛暮見黄牛三朝三暮黄牛如故又云灘頭白勃堅相持倏忽淪沒別無期記僰道謠云楢溪赤水盤蛇七曲盤羊烏櫳勢與天通皆可以入詩材 丹鉛總錄

水經引南中行紀不出姓氏考嵇含南方草木狀始知陸賈作乃知前人或略後有考焉 升菴全集

桑欽水經祖禹貢而父山海然與圖經等耳其傳以酈注酈蓋借經而見已博該者也然徧該而旨未洽横蒐而詞未修以備稽考則優孟志怪以耀世引遐搜僻以示異將使人應接不暇莫知所以根據雖宏富贍給而靡所取裁以之鑽味弗堪矣 詹氏小辨

一清按詹氏小辨明詹景龍東圖撰其所云大氏本之杜君卿而又甚焉

酈道元博極羣書識周天壤其注水經也於四瀆百川之源委支派出入分合莫不定其方向紀其道里數千年之往蹟故瀆如觀掌紋而數家寶更有餘力鋪寫景物片語隻字妙絶古今

誠宇宙未有之奇書也時經千載讀之者少錯簡脫字往往有之然古玉血斑愈增聲價但其書詳於北而略於南世人以此少之不知水道之宜詳正在北而不在南也余在都門爲崑山定河南一統志稿遇古今之沿革遷徙盤錯處每得善長一語渙然冰釋非此無從問津矣北方爲二帝三王之舊都二千餘年未聞仰給於東南何則溝洫通而水利修也予謂有聖人出經理天下必自西北水利始水利興而後天下可平外患可息而教化可興矣西北水道莫詳備於此書水利之興其粉本也雖時移世易遷徙無常而十猶得其六七不熟此書則胸無成竹雖有其志何從措手有斯民之志者不可不熟讀而亟講也

廣陽雜記

水經注千年以來無人能讀縱有讀之而歎其佳者亦只賞其詞句爲游記詩賦之用耳然亦千萬中之一二也吾友虞山黃子鴻獨能沈酣此書參伍錯綜各得其理好學深思心知其事吾於子鴻見之矣千載之後復有子雲善長抑何幸與更得宋人善本正其錯簡脫誤支分縷晰各作一圖其用心亦云勤矣惜其專於攷訂而不切實用尺有所短無可如何予東歸後思以此本照宋板割裂改正裝裱成書命門人鈔錄其圖幷二十一史輿地志考而顧景范有讀史方輿紀要傳是樓有一統志稿皆亟錄之以爲疏水經注之資云仝上

古書有注復有疏疏以補注之不逮而通其壅滯也酈道元水經注無有疏之者葢亦難言之矣余不自揣蚊思負山欲取酈注從而疏之魏以後沿革事蹟一一補之有關於水利農田攻守者必攷訂其所以而論之以二十一史爲主而附以諸家之說以至於今日後有人興西北水利者使有攷正焉予既得景范子鴻以爲友而天下之山經地志又皆聚於東海此書不成是予之罪也當與宗夏勉之仝上

意將楚水圖記所標古今沿革城池里至隄防等更摘水經注中有合於今日者更錄一通分爲四冊以江漢湘沅爲之經而諸水緯之亦可觀矣仝上

龜山有鍾子期聽琴臺不知在何許古蹟繆妄槪不足訪昔神禹導漢水至於大別會於江俗呼大別爲龜山以形似也隔江有山蜿蜒東去俗曰蛇山遙遙相望半生以來登覽之勝無有

踰於此者葢山雖不高而當江漢之匯四顧空闊潛沱數重環拱於此支交脈會左右盤據目窮於接應矣按尚書禹貢漢水南至大別入江左傳定公四年吳師伐郢楚子常濟漢而陳自小別至於大別京相璠春秋土地名曰大別漢東山名也在安豐縣南杜預釋例曰二別近漢之名無緣乃在安豐也桑欽水經沔水自沌陽縣北又南至江夏沙羡縣北南入於江酈道元曰沌陽處沌水之陽沔水又東逕林嶂故城北晉建興二年太尉陶侃爲荆州都督鎮此庾仲雍曰夏口一名沔口矣按地說漢水東行觸大別之阪南與江合則與尚書杜預相符但今不知所自矣予嘗謂酈善長天人也其注水經妙絕今古北方諸水毫髮不失而江淮漢沔之間便多紕繆酈北人南方之水非

其所目及也小別不知所在俟更考也仝上

水道遷流最難辨晰河渠溝洫班馬僅紀大端而餘史或缺焉其詳爲之辭者惟酈氏水經注而杜佑甚病其荒繆蓋河源紆遠尙依史漢舊文而江漢以南又皆意爲揣測宜其未盡審也若其掇拾遺聞參稽往蹟亦爲考古之助余嘗謂酈氏之病在立意修辭因端起類牽連附合百曲千回文釆有餘本旨轉晦使其據事直書從源竟委恐未可多求也後世河防水利之書作者相繼至於晚近記載尤多浮雜相仍鮮裨實用川瀆一書略仿水經之文仰追禹貢之義務期明確無取辭費讀史方輿紀要

通典以水經所載地名有東漢順帝更名者知出順帝以後纂

序王伯厚又因而廣之下及魏晉地名疑舊唐志作郭璞撰者近是余請一言以折之曰璞注山海經引水經者八此豈經出璞手哉卽酈氏於濟水引郭景純曰又云經言固亦判而二之近黃太沖撰今水經序文竟實以璞著惜不及寄語此尙書古文疏證

一淸按郭璞注山海經引水經者八南山經靑邱之山註云亦有靑邱國在海外水經云卽上林賦云秋田於靑邱西山經積石之山註云水經引山海經云積石山在鄧林山東河所入也北山經碣石之山註云水經曰碣石山今在遼西臨渝縣南水中或曰在右北平驪成縣海邊山中山經末山末水出焉北流注於沒註云水經作沬海內東經漢水出鮒魚之山註云書曰嶓冢導漾東流爲漢按水經漢水出武都沮縣東狼谷經漢中魏興至南鄉東經襄陽至江夏安陸縣入江別爲沔水又東爲滄浪之水又沅水註云水經曰沅水出牂柯且蘭縣又東北至鐔成縣爲沅水又東過臨沅縣南又東至長沙下雋縣又洛水註云書云導洛自熊耳按水經洛水今出上洛冢嶺山東北經宏農至河南鞏縣入河成皋縣亦屬河南也又濟水下註云諸水所出又與水經違錯以爲凡山水或有同名而異實或同實而異名或一實而數名似是而非似非而是且歷代久遠古今變易語有楚夏名號不同未得詳也凡此八條濟水下云云係郭自撰述中惟沅水碣石二條合於水經耳他如靑邱之文今本脫亡疑是注非

經也靑邱在高麗境服虔曰靑邱國在海東三百里晉天文志有靑邱七星在軫東南蠻夷之國也唐討高麗置靑邱道行軍總管此句疑是浿水注之逸文非齊景公畋于靑邱在漢千乘縣北地名靑水泊之靑邱也漢水所引錯舉大略南鄉魏興之名又非桑氏所知蓋後來經注混淆之故洛水下引水經云出上洛冢嶺山今攷水經云出京兆上洛縣讙舉山酈注乃云出冢嶺山耳東北經宏農之文亦不見經至於積石末水一在四十卷禹貢山水澤地所在注中一在二十二卷渠出滎陽北河注中其爲酈注無疑而景純引之景純以晉明帝大寧二年爲王敦所害下迨拓跋孝昌之朝幾二百餘載大氐容有羼入之辭非其舊矣寗可執是以爲左證耶然水經本非璞撰璞但有註三卷且太沖亦不云是璞但引圭齋之語耳潛邱竟未審視也

困學紀聞曰三禮義宗引禹受地記王逸註離騷引禹大傳豈卽太史公所謂禹本紀者與禹本紀見太史大宛傳漢書張騫傳註竝未指爲何書惟杜君卿言天子案古圖書名河所出山曰崑崙疑所謂古圖書卽禹本紀最是而郭璞引禹本紀除見史漢之外多卻去嵩高五萬里蓋天地之中也二語酈注禹本紀與此同則知是漢武以至道元皆曾見此書特唐亡耳璞注引禹本紀又引禹大傳固亦判而二之王伯厚疑爲一書者非

仝上

唐人地理之學的有源委去西漢未遠元和志容有牴牾酈道元則近而加核矣水經注曰漢武帝元朔二年開朔方郡治窳渾縣縣居班志之第六又云元朔二年取河南地爲朔方郡築朔方城王莽曰武符似又以此城爲郡治縣居班志之第二漢高帝元年爲殷國二年爲河內郡治壄王縣縣居班志之第十三唐縣中山郡治漢高祖立縣居班志之第四無終縣秦置右北平郡治田疇傳舊北平郡治在平岡漢李廣爲郡於此縣居班志之第二漢武帝元鼎二年改爲天水郡似指隴西郡言治上邽縣縣居班志之第二上蔡縣漢高祖四年置汝南郡治縣居班志之第二十四其第一縣平輿云東漢汝南郡治睢陽縣漢高祖五年爲梁國治縣居班志之第八其第一縣碭曰秦立碭郡秦始皇卽句踐故都爲瑯琊郡漢因之班志於瑯琊縣下注云句踐嘗治此則瑯琊郡治瑯琊縣縣居班志之第十二秦惠王置漢中郡南鄭縣卽郡治漢因之縣居班志之第三其第一縣西城則

云屬縣也漢武帝蜀郡初治廣漢之雒縣元鼎二年始徙治成都雒縣縣居班志之第四漢高祖六年分巴蜀置廣漢郡治乘鄉王莽曰廣信卽廣漢縣縣居班志之第六漢高祖六年置江夏郡治安陸縣縣居班志之第八漢武帝元鼎六年置合浦郡治合浦縣縣居班志之第三漢武帝元鼎六年開日南郡治西捲縣縣居班志之第四泉陵縣零陵郡治漢武帝元鼎六年分置縣居班志之第八漢武帝太初四年以休屠王地置武威縣爲武威郡治縣居班志之第三而卽治書先第一縣者則隴西郡之狄道縣也金城郡之允吾縣也安定郡之高平縣也五原郡之九原縣也雁門郡之善無縣也上郡之膚施縣也宏農郡之宏農縣也千乘郡之千乘縣也平原郡之平原縣也太原郡之晉陽縣也河東郡之安邑縣也濟陰郡之定陶縣也濟南郡之東平陵縣也山陽郡之昌邑縣也臨淮郡之徐縣也清河郡之清陽縣也魏郡之鄴縣也趙國之邯鄲縣也鉅鹿郡之鉅鹿縣也信都國之信都縣也河閒國之樂成縣也涿郡之涿縣也上谷郡之沮陽縣也廣陽國之薊縣也漁陽郡之漁陽縣也遼東郡之襄平縣也元菟郡之高句驪縣也樂浪郡之朝鮮縣也河南郡之雒陽縣也武都郡之武都縣也潁川郡之陽翟縣也淮陽國之陳縣也楚國之彭城縣也沛郡之相縣也泰山郡之奉高縣也東平國之無鹽縣也魯國之魯縣也東海郡之郯縣也城陽國之莒縣也甾川國之劇縣也齊郡之臨淄縣也高密國之高密縣也九江郡之壽春邑也廣陵國之廣陵縣也南陽

郡之宛縣也六安國之六縣也蜀郡之成都縣也巴郡之江州縣也南郡之江陵縣也越巂郡之邛都縣也益州郡之滇池縣也牂柯郡之故且蘭縣也鬱林郡之布山縣也九眞郡之胥浦縣也交阯郡之羸𨻻縣也蒼梧郡之廣信縣也南海郡之番禺縣也長沙國之臨湘縣也桂陽郡之郴縣也豫章郡之南昌縣也至云舊朔方郡治臨戎舊定襄郡治善無故河內郡治懷舊代郡治高柳故天水郡治冀故琅琊郡治開陽竝指東漢而言驗諸司馬彪志而一一扶同矣（潛邱劄記）

郡國志云凡縣名先書云郡所治也此惟東漢時則然而西漢不爾歷攷志傳以證之爲治者二十有六江陵也平襄也宛也陽翟也薊也邯鄲也臨淄也雒陽也廣陵也昌邑也吳也壽春也郯也相也成都也長子也濮陽也無鹽也魯也江州也涿也僰道也故且蘭也邛都也滇池也不爲治者三梁國先書碭卻不爲治治睢陽王國以內史治其民而梁孝王武傳內史韓安國從王於睢陽也左馮翊先書高陵亦不爲治治長安城中以趙廣漢傳及景帝紀注百官公卿表注知之而韓延壽傳云爲左馮翊出行縣至高陵尤明證也汝南郡先書平輿亦不爲治治上蔡以翟方進傳知之此顧亭林黃子鴻所未分晰節錄以廣異聞又胡身之注通鑑地理號稱佳者然亦不知西漢第一縣非必郡治如云班志襄平縣遼東郡治所猶可而云漢中郡治西城縣豈可乎又云漢五原郡卽秦九原郡治稒陽不知班志明云東部都尉治稒陽太守不與都尉同一治所齊

孝王孫澤謀發兵臨淄殺青州刺史雋不疑此是青州刺史適在臨淄非必治所胡氏乃云臨淄青州刺史治不知西漢刺史稱傳車居無常治不比東漢乎（仝上）

莫詳於酈道元之水經注而文士但以爲薈蕞之書不知其沿波討瀾窮端竟委瑣而不失之雜也（李振裕禹貢錐指序）

地理志引桑欽者七上黨屯留下云桑欽言絳水出西南東入海平原高唐下云桑欽言漯水所出泰山萊蕪下云禹貢汶水出西南入泲桑欽所言丹陽陵陽下云桑欽言淮水出東南北入大江張掖刪丹下云桑欽以爲導弱水自此西至酒泉合黎敦煌效穀下云本魚澤障也桑欽說孝武元封六年濟南崔不意爲魚澤尉教力田以勤效得穀因立爲縣名中山北新城下云桑欽言易水出西北東入滱今按儒林傳言塗惲授河南桑欽君長古文尙書欽成帝時人班氏與劉歆皆崇古學故有取焉隋經籍志有兩水經一三卷郭璞注一四十卷酈善長注皆不著撰人名氏舊唐書始云郭璞作新唐志遂謂漢桑欽作水經一云郭璞作今人云桑欽者本此也先儒以其所稱多東漢三國時地名疑非欽作而愚更有一切證酈注於漯水引桑欽地理志又於易水濁漳水竝引桑欽其說與漢書無異乃知固所引卽地理志初無水經之名水經不知何人所作注中每舉本文必尊之曰經使此經果出於欽無直斥其名之理或曰欽作於前郭酈附益於後或曰漢後地名乃注混於經竝非盡欽所撰名地理志不名水經水經創自東漢而魏晉人續成之非

一時一手作故往往有漢後地名而首尾或不相應不盡由經注混淆也禹貢錐指例略

一清按地理志引桑欽者七說本深寗叟玉海何義門曰地理志引桑欽言者六敦煌郡效穀下乃小顏注也玉海第二十卷竝載之故閻丈亦作七胡東樵曰效穀下今漢書本有師古曰三字蓋後人所妄加此言非師古所能引也竊謂胡說爲長

酈道元博覽奇書掇其菁華以注水經得從來所未有唐初名不甚著逮其中葉杜佑摭河源濟瀆二事以詆之李吉甫則有删水經十卷不知取舍如何是書傳習者少錯簡闕文訛字不可勝計宋初猶未散逸而崇文總目云酈注四十卷亡其五則

仁宗之世已非完書南渡後程大昌撰禹貢論頗舉以相證而終不能得其要領金蔡正甫撰補正水經三卷元歐陽原功爲之序謂可以正蜀板遷就之失今其書亦不傳近世文人則徒獵其雋句僻事以供詞章之用而山川古蹟一概不問孰知爲禹貢之忠臣班志之畏友哉唯子鴻深信而篤好之反覆尋味每水各寫爲一圖兩岸翼帶諸小水無一不具精細絕倫余玩之不忍釋手百詩有同嗜焉昔善長述宜都山水之美沾沾自喜曰山水有靈亦當驚知己於千古至今讀之勃勃有生氣吾三人表章酈注不遺餘力亦自謂作者有靈當驚知己於千古也仝上

一清按述宜都山水記語出袁山松非道元也東樵蓋誤會耳

南人得水皆謂之江北人得水皆謂之河因目岷江曰大江黃河曰大河此後世土俗之稱非古制也富順熊過曰黃帝正名百物未嘗假借後世乃通之耳愚謂禹貢主名山川亦未嘗假借江河自是定名與淮濟等一例非他水所得而冒唯漢水彭蠡水與江水會始稱三江沅湘等水入洞庭與江水會始稱九江蓋皆以岷江爲主而總其來會之數以目之其未合時不得名江也後世漢江章江湘江沅江等稱殊乖經義九河亦然徒駭至鬲津舊有此水道及禹自大伾引河北行過降水至於大陸乃疏爲九道以殺其勢因謂之九河入海處復合爲一與海潮相迎受故謂之逆河河未由此入海亦不名河也水經篇題

概曰某水絕不相假借深得禹貢之意予愛之重之仝上

水經注凡二水合流自下互受通稱其在禹貢則漾與沔合亦稱沔水漳與絳合亦稱絳水是也又有隨地異名非由合他水而然者沇東流爲濟漾東流爲漢又東爲滄浪之水是也有大水分爲支流而異其名者江別爲沱漢別爲潛河別爲漯是也有伏流顯發而異其名者濟溢爲滎是也小水合大水謂之入大水合小水謂之過二水勢均相入謂之會此又正名辨分之義高出地志山經者矣山體不動其盤基廣大者亦不過占數郡縣若水則源遠流長往往灌注於千里之外伏見離合曲直向背變化無方名稱不一故撰山經易撰水經難仝上

一清按經仿禹貢總書爲過注以逕字代之以此例河濟江

淮諸經注混淆百無一失

濟爲河亂久矣至東漢而河南之濟盡亡賴水經悉載其故瀆後世因此略知古濟之所行杜佑軏詆之非篤論也禹貢錐指

曾氏曰爾雅水自河出爲灉許慎曰河灉水在宋又云汳水受陳留浚儀陰溝至蒙爲灉水東入於泗水經汳水出陰溝東至蒙入狙獾水經竝無狙獾葢灉獲二字之誤仝上

一清按曾彥和所引誤本水經宋時已然據之解經寍非大謬故特記之

漳浦何模平子撰禹貢圖一卷上自山海經下逮桑經酈注古今水道條分理解如堂觀庭如掌見指聞之不勝嚮往恨一時無從購耳胡渭禹貢圖說

水經注附錄卷上

水經注附錄下　　長沙王氏校本

仁和趙一清誠夫錄

洪适水經注碑錄跋曰右東漢及魏正始以前碑見于水經者如此周秦先漢刻石皆用篆故不錄有不著歲月疑似難明者亦竝載之道元罔羅四方異聞所涉獵者廣博傳疑書疑宜有譌誤而轉寫歲久後人更失其眞時無善本雌黃不可妄下若袁粱王紛之類則又仍其舊也其碑到今不毀者十財一二凡歐趙錄中所無者世不復有之矣姑聚其說以見思古之意夫物莫壽于金石而大書顯刻光沈迹絕者不可勝計獨傳之竹帛猶可久此君子所以取乎編類之書也水經曰上郡王次仲變倉頡舊文爲隸秦皇三召不至令檻車送之次仲化爲大鳥

落翮于居庸山中又曰篆字文繁無會劇務秦用隸人之省謂之隸書或云卲程邈于雲陽增損者孫暢之嘗見靑州刺史說臨淄人發古冢得桐棺隱起爲字言齊太公六世孫胡公之棺惟三字是古餘同今隸書證知隸自出古非始于秦其說固已二三案齊胡公以周孝王時卒歷數世至宣王時始有大篆又數百年至秦有小篆既云隸出于篆不應篆未萌而隸先作也書傳多以隸爲程邈所造兩漢書亦云然當据正史爲是異端之說非所惑也隸釋

楊愼水經碑目引曰陸士衡曰碑披文以相質持此言也以觀于先秦兩漢之石刻其辭用韻如劉熊碑末之三詩皆四言費鳳別碑石子才所製終篇皆五言尤爲奇儁披文之類也其敘事如邊韶滎口碑劉靖碑可裨史傳廣遺逸相質之類也余嘗錄金石古文起三代訖漢又觀酈道元水經注博收古碑惜其不盡見撮取其目而考評之以詒好古同懷云昧者攬未觸手而輒强言曰歐陽趙明誠所錄已具矣斯非同懷之人知言之選也請賜置之本書

一清按升菴節錄水經注碑目編成一帙其孫宗吾爲之梓行然其書別無發明且于酈注所載尚多遺漏而云撮取其目而考評之殆虛語耳又跋云道元水經注天下之碑皆載焉言夏景驛途疲而莫究則凡所書皆目覩若以屬人豈有同懷知己者噫好古若道元今實鮮矣又云道元收錄古碑巨細不遺至于林邑外夷亦在紀述可謂詳矣其心折如此

王禕水經序曰水經漢桑欽所作藝文志缺弗錄而隋經籍志有兩水經一本三卷郭璞注一本四十卷酈善長注善長道元字也然皆不著撰人氏名舊唐志乃云郭璞作宋崇文總目亦不言撰人爲誰但云酈注四十卷亡其五新唐志始謂爲桑欽作又言一云郭璞作葢疑之也按前漢書儒林傳古文尚書塗惲授河南桑欽君長晁氏讀書志謂欽成帝時人也今以其書考之濟水過壽張卽前漢壽良縣光武所更名又東北過臨濟卽狄縣安帝所更名菏水過湖陸卽湖陵縣章帝所更名汾水過永安卽彘縣順帝所更名則其書非作成帝時若順帝以後人所爲矣又其書言武侯壘又云魏興安陽縣注謂武侯所居魏分漢中立魏興郡又云江水東逕永安宮南則昭烈託孤于

武侯之地也又其言北縣名多曹氏時置南縣名多孫氏時置是又若三國以後人所爲也又云改信都從長樂則晉太康五年也又河水北薄骨律鎮城注云赫連果城則後魏所置也此其書又若晉後魏人所爲也意者欽本成帝時人實爲此書及郭酈二氏爲傳注咸附益之而璞晉人道元後魏人也是故山海經禹益所記也而有長沙零陵桂陽諸暨之名本草神農所述也而有豫章朱厓趙國常山奉高眞定臨淄馮翊之稱爾雅作于周公而云張仲孝友倉頡篇造于李斯而云漢兼天下要皆後人所附益非復其本文然則水經爲欽作無疑蓋久而經傳相淆而欽之本文亡矣本文雖亡可不謂欽作哉通典謂郭注多疎略迂怪而已不傳今酈注四十卷固完而舊本往往失

於遷就間有錯簡金蔡正甫氏嘗作補正三卷而亦不傳今唯酈注舊本猶行而已夫天地之間唯水爲多故水者地之脈絡也大川相間小川相屬而凡郡縣州道瓜列棊布皆因水以別焉地理之書始於禹貢而禹貢之分九州必主山川以定經界誠以山川之形縣亙無易州縣之設更革不常故兗州可移而濟河之兗不能移也梁州可遷而華陽黑水之梁不能遷也此禹貢所以爲萬世不易之書也後世史家主于州縣以爲書州縣更革其書亦遂以廢而不傳以彼之易于不傳則水經之書其果得而廢之與大抵此書所引天下之水百三十有七江河在焉而酈氏注引枝流一千二百五十二其源委之吐納沿路之所經纏絡枝煩條貫系夥搜渠訪瀆靡或漏遺總其槩而覽之天下可運于掌矣故自禹貢以後此書爲近古而不可廢豈亦所謂萬世不易者與顧世之爲地理學者莫不卽邇而昧遠就簡而憚煩而卒亦紛紜而無所據桑氏之學廢不復講久矣不亦惑哉故予因爲序論以致予意抑予之力豈能重其書覽者考其迹求其故而觀其會通必有能識其要者矣　王忠文公集

楊愼水經序曰漢桑欽水經舊錄凡三卷紀天下諸水首河終斤江凡一百十有一曰出曰過曰逕曰合曰分曰屈曰注曰入此其八例也而水道如指掌矣又紀禹貢山水澤地所在凡六十以卷終限華夷判疆域利灌溉通輓運具考是焉蓋不刊之典也故以經名有宋陳振孫者獨評其爲未精審遂啟疑于後

人謂河源一派漢使終不能窮九河故道淤塞無稽欽所記徧域中豈必一一皆信也余竊以其說爲不然昔在陶唐水失其行神禹平之史官紀其濬導之績于是乎禹貢作焉厥後好事者因禹跡之廣旁及異域圻壤悉載俶詭畢陳于是乎山海經作焉原欽此志蓋祖述禹貢而憲章山海者也職方王會之遺圖溝洫河渠之雜志輶車觀風之赴告謠俗聞見之傳信其不爲無稽之籍可知已豈必地至方問而後筆哉以余嘗所經歷驗之自吾西蜀至北都水浮荆楚陸走秦趙且萬餘里名川支津問津者無慮此書之十二徵往所載與今所見無至泰忤用是例其未經者雖天下可知也謂其未精審者無乃厚誣與夫禹貢者聖人作之聖人訂之然其間如東匯澤爲彭蠡東迤北

會爲匯傳者摘其爲記者之誤至于山海經之牴牾多有之而學者猶不廢也則此書顧不足爲禹貢之義疏山海經之補逸乎乃獨久湮于肆篋者亦由知之者鮮爾余近得之惜其紙敝墨矇乃重爲校輯止存欽之本文若酈氏注衍爲四十卷厭其枝蔓太繁頗無關涉首注河水二字況引佛經怪誕之說幾數千言亦贅已今之史傳類文引用例稱爲道元水經遂使欽之用心與其名姓俱泯焉誠可慨夫亦猶習禮者汰儀禮而反任曲禮之傳爲經說春秋者不知據經以按傳而反因傳以疑經皆貴諷說賤本始是末師而非往古可重慨者類此故特去之而詳著其說焉嗚呼得吾說而通之不獨可以讀水經也已升菴文集

一清按楊子可謂失言矣水經一書歷古志記莫能定爲何人所作乃云桑欽姓名由道元而泯亦甚誣矣道元歷覽奇書掇其菁華薈萃此編大半爲末學小生所未見卽其造句驚人遣辭則古六朝文士終當斂手避席自可成一家之言固無專藉于經而猶依據舊典以附麗己說葢不欲徑當作者之稱耳若夫獺祭之徒或喜其文采絢爛取爲詩材賦料之用至比之玉壺冰臥遊錄雕蟲小技烏足數哉不知其有功于神禹之故迹而爲來學之津梁世乏竊比之心窮經博史之彥罕有深味其言者然水經所引天下之水百三十七注引其支流至一千二百五十二較之本經不啻什百譬諸人身官骸雖具而無筋絡血脈以貫通之能全其生者鮮矣誠使讀是書者專壹于經而不釋之以注楊子雖敏能通其義否與楊子且援儀禮之于曲禮春秋之于三傳以爲說吾卽以春秋而論孔子修魯史之舊文筆則筆削則削苟束三傳于高閣憑臆見而逞淫辭乖違聖心不知幾萬里而遥也況水經成非一時一手豈得上與聖經同日而語哉幸有道元爲之詮次缺者補之謬者正之杜佑通典訾毀百端識者已極辨其非矣彼陳振孫者于書錄解題中徒拾君卿之唾餘而楊子又逐陳氏之後塵何哉今本水經注目起河水迄斤江水百十有六較唐六典注所稱亡二十一篇楊子云凡一百十有一是于書錄之明白易曉者舛戾若是悠悠之口烏足信乎厥孫宗吾又爲之梓行吾是以歎明人刻書而書

亡而正楊之作不可以已也

盛夔題水經後曰右水經三卷撰于漢桑欽氏而校輯于升菴楊先生溯源達支縷析無遺一展卷間不必跡禹之跡而天下了然在目余嘗因是考之柳子云歸墟之泄非出天地之外也水入東而復繞西又滲縮上升而下流于東耳其說亦近似然以理驗之則天地之化往者消而來者息非以往者之消復爲來者之息也水流東極氣盡而散如沃焦釜非若未盡之水山澤通氣而流注不窮也古之聖賢有見于斯川上之歎觀瀾之喩源頭活水之咏獨亹亹焉欽之見未必識此乃能幽探廣采會博歸約窮千古於管端移萬里於几席其用心亦密矣視彼胸吞雲夢袖藏東海有不足言者雖然有先生爲之表章而欽

之著述始顯否則湮沒弗傳與物澌盡矣寥寥百世其心孰從而白耶噫浦珠煥劍失而復全鬼神尙呵護之而況斯帙有裨治理者焉造物不終棄之而待於今謂非有數存乎哉先生涵泳聖涯此特緒餘耳顧余何能測其浩瀚縱覽之餘繕本而梓之亦得以竊一勺之潤本書

一清按盛夔無錫人號筠谷道人

楊愼跋新刻水經注曰吳中新刻酈道元水經規制裝潢甚精但誤字苦多矣誤而相似魯魚帝虎猶可改也所恨爲淺陋妄庸者以意匠擅加筆削如立碑樹桓本桓楹之桓今乃妄改爲松柏之柏杠人本山名杠人已見哀江南賦今乃改杠爲柱弱年崽子崽子改切楚人謂子曰崽今不知崽字妄改爲弱年女子熒山刊石妙在熒字今乃改爲焚何異小兒語耶升菴文集

黃省曾刻水經注序曰水之爲德大矣哉道生天一職統材五發始西極產毋隅也折赴東墟趨子方也濊涌昭化妙之初質流瀾符於穆之神用厚氣肇之升盛露雨由之感澤象曜資之光朗元黃本之浮載穹灝倚之配密雲漢會之紀戒圖書託之興瑞祇軸寄之融絡是以寓目者歎其渾逝臨淵者頌其靈長且兆類非此無以脈阜萬里非此無以準平醴饔非此無以烹膳而育年壤墟非此無以灌溉而興穀法其形勢而樹都廟因其限隔而分州域舳艫興而窮遐互通堤鑿成而塉瘠咸利鍾匯之區則珠玉以登枯絕之野則林壑不毛函夏泰和則皇波達貫坦乎國紀封原劃畫則百川斷裂洋然險防況其精通天步體轄人事海安而知內盜河淸而期聖出徙焉卜廢竭以表亡則代運之隆衰而姓庶之災吉亦可觀也但卑赴其常決疏爲順平成之績粲在夏書其宣導也必探夫源首其排入也必極夫歸納以奠以敷號名俱炳厥後九邱不傳四岳雍縕周官存藪浸之略爾雅開崑崙之端若司馬遷之載河渠庾仲雍之筆江記偏係一方匪兼八表況王澤寖消地象俱廢樂廣闢者湮其溝洫便私謀者壅其湍泉公家釃激巨右攻張是以啟塞靡恆陵谷皆變洪鉅者失其包帶微纖者亂其營緯紜紜沌沌莫之質竟也已故漢之桑欽特創此作追法貢體錄爲新經羅幷四際總勒一典凡所引天下之水百三十有七苟非經流不在記注之限錯陳舊纂以備參鉤派畫條科以罄脈衍務討異

奇同蔚宗之旨趣嚴標郡縣肖班固之鋪設是乃壙絕之觚翰也然規綱則舉節解未彰迨于後魏酈道元因景純之濫觴足君長之簡逸以博洽之宏襟擅圖輿之顓學隨經抒述掇藉宏鋪剖說十倍于前文揮述半陟其躬履或眾援以明譌或極辨而較是或衰遡以昭逦或廓無而續有故凡過歷之皐維夾竝之坻岸環間之亭郵跨俯之城陸鎭被之巖嶺迴注之谿谷瀕枕之鄉聚晻映之臺館建樹之碑碣沈淪之基落靡不旁萃曲收左摭右采豈曰桑欽之詁釋實所以粉飾漏闕銓炙軀隅乃相濟而爲編者也省曾又覽古山海經十八卷亦字中之通撰也一則主于敘山而水歸詳綴一則專于紀水而山頗寓列蓋山者水之根柢水者山之委枝故談伊洛者必連熊外語漆沮

者遂及荆岐亦自然之偶屬而不可判離者也故并合以傳庶好古之賢無猝輯之煩勤爾客謂二經所記于今矛盾矣其將舍旃可乎予解之曰子何榆枋之安而蟪蛄之拘也其伯益之覽疏猶之炎農之辨味也桑酈之括纂猶之如禹之告成也今卉藥非簠簋之稽案成賦豈驕華之志掌亦將擯本草以詭誕斥禹貢之遠闊可乎況山殊稱目而盤峙之形不眩焉水異分合而就下之情不惑焉粵溯往牒則遠方圖物夏鼎之鑄象也聶耳雕題湯令之備獻也白民黑齒成王之作會也出受八千管仲之蒐揚也殘遺秦柱蕭何之顯布也獵廣窮長王充之嗜信也以至孔疏據之以釋經漢志錄之而麗史齊澂演之而聚書唐典繫之而建部守節屢登于正義應麟富哉于地鈔江淹

補之而不能吉甫刪之而頓躓古人崇好文獻足徵苟欲指核希怪狀寫物靈暢探荒極理驗遷圮裁量利害差剖離翕鑒度率畛宅定中外作起民緒咨諏帝采則二經者亦寰内不刊之珍典也五嶽山人集

王世懋水經注序曰蓋水經一書黃先生省曾序之詳矣其言閎肆麗裔大都侈其功用與兩家之宜傳云爾第校讎未精亥豕時混人非邢邵疇能取適新安太學吳君紹愛此書志存嘉惠乃延江都陸君至白下假以歲月窮其搜剔於是梓匠殫技觀者厭心書成陸君以屬世懋爲之序曰物于天地間最鉅而最夥者莫如水其於經紀法界浸漑萬靈功至矣譬之人身津液精血流貫注伏皆是物也治身者不循其血脈意醫無所藉手治水者不辨其條紀意匠無所施功詎可無傳述於世今荒度者受成乎予長號爲良史書止河渠蠡測一勺耳後之作者竟無述焉世所憑依見天地之血脈者桑欽氏一書而已欽書雖多註漏體嚴詞雅故是作經法也後魏道元疏之旁引百家時發雋語流溢之外贅行紀異博雅之士倚以爲談然經言不典者已經道元多所刪定今去道元不能千載而余所覩記源流或盭何也蓋其說有三焉首楞嚴義云見水身中與浮幢王刹諸香水海等無差別是知人之一身從少至老其間枯溢流壅種種不一行天地間而欲令千載一轍乎自魏迄今詎能無變此其解一也時代陵谷聚落耗登或名在而邑徙或地是而名非道元所以著新莽之稱良有意矣今之郡邑豈盡元氏舊

疆即波流不改而名號已殊安所定爲故都繩其繆指此其解二也河出崑崙傳之載籍尋源勝國星宿始聞故知身所未經終爲貴耳道元雖稱多歷未便偏行魏疆況澤國在南天塹見限安能取信行人之口悉諳未見之都此其解三也然則言在先民鑒惟來哲好古者尙其奧博經世者貴其變通若謂書不足憑則負械之尸彭侯之怪何以見驗于文人若謂書可盡信則禹貢之山川毛詩之鳥獸草木何以頓殊于今日學者會而通之足明是書之足傳矣若乃桑欽立言良史不著其名道元多奇穢史貶過其實譚藝之士以爲遺恨而諸君子能爲表章羽翼傳之通邑大都足使千載而上靈鬼骨香千載而下文人氣吐詎非方輿之珍覽寰宇之一快乎吳君名琯陸君名弼皆

一時媢于文詞人也 王奉常集

朱謀㙔水經注箋序曰在昔志地者禹貢而下代有撰述迄于齊梁至二百四十四家陸常侍澄任太常昉先後集爲一部名地理書極稱該博隋唐之際圖史散失陸任所纂已不可得而別集自行者猶五十餘家乃今所傳僅山海佛國十洲神異數種而已然而奇編奧記往往散見水經注中造語命詞殊爲彪炳則知水經一注擷彼二百四十四家菁英居多豈不誠爲六朝異書哉顧傳寫既久錯簡譌字交棘口脗至不可讀余甚病焉閒嘗紬繹劃正十之六七已與友人綏安謝耳伯婺源孫無撓商榷校讎十得八九則懼古今聞見互有異同未敢輕致雌黃也乃援引載籍以爲左劵名曰水經注箋篋而藏之萬歷甲寅齊安李公分陝江右既及奏最政教恢卓風化穆淸甘棠之頌洋溢郡國閒於退食之暇延見紳帶表章幽微一日詢古先逸典於太學生李嗣宗嗣宗偶以不佞水經注箋對公遽索觀之慨然歎曰是書脫誤可憾幾致淪廢乃今箋校精詳殆還酈氏舊物可無與當世好古之士共覩乎遂捐鍰梓之仍屬嗣宗董校其事極深研幾閱五月而告成嗟乎水經一書原本山川而作非有道業名理可味也又非當世博士家言所急也李公一見輒命梓之豈無槩于中哉夫水在天地閒猶乎世之貨財也發源名山流成江河趨爲四海蘊爲雲氣還雨天下以浸潤萬物未嘗少壅也一有少壅卽至泛溢昏墊患被四方猶之高府之財瓊林大盈之藏蓄而不散納而不出理極勢窮潰決雷駭此則不覩川壅而潰之歐也有國有家者能使因是水經之理引申觸類以施于政何患不地平而天成乎然則公之刻此用意葢深遠矣非規規小識所能測度矣 本書

李長庚水經注箋序曰水經在楊用修時以爲久湮搜刻方始而去其注近方有吳歙二刻竝注盛行于世惜其中尙不無譌謬嘗謂古書一有譌謬便成廢書然在他書譌者猶可以理測可以意更且一字之譌未必能累篇一篇之譌未必能累卷惟水經有譌非足跡所履非圖籍所載不敢擅定且出過注入之異勢也江淮河漢之異名也一字之譌逕派稍異分合頓殊此無以通彼無以受譬之人身脈絡之閒一節有礙卽爲痿廢故是書校刻之難尤倍他書南州鬱儀氏專攻此書有年而架帙甚富腹笥更廣又與四方博雅之士所得於遐搜遐覽者互相參糾蘄歸於是遂成此書忠臣李生克家佐有勞勩一日持以相過余往讀是書每遇疑處不能自通輒爲寘卷今得聞所未闓喜而刊之于署因歎古人著書立言皆于古無所沿於人無所倚或窮天文陰陽之變或索輿地廣闊之形或藉之名山大川或馮之耳目手足或闢千古特立之見或創從來未有之書故終其身著一家言以成名而今人載籍滿目勘訂甚易乃不能爲古人保已成之緒則何古今人之不相及也世界有四大水居其一然古今至變者亦莫如水乃有疑是書與今水不無相迕者不知此適以明其變耳又有疑桑欽於史缺其名者夫司馬遷之傳以史記也至於漢書一傳不過寫其自序文耳何

足重遷班固之傳以漢書也亦不以范史之一傳重也欽以水經傳奚必以史重於經邪又有謂酈注太贅者經固宜簡注固宜煩經宜據實以書注宜旁引以證彼疑其任傳而疑經者不曰郭之注劉之注裴之注非注也各自爲一書以行也何獨疑於酈乎況其鉤采羣書宏鋪抒述新益見聞尙慮是書之易竟矣今注箋一出而變者可定缺者可信博者可該疑者可證是經之功不在禹下而箋校之功亦不在欽下矣李生謂是書成當一序之余笑曰水經無容序也水經而贅之以序猶序書經而贊其政事之嘉序詩經而稱其風雅之致也不幾于爝火而助日月之光乎古今序水經者皆複語也可無序也惟序其所以箋校水經者如此其諸君子姓名則俱載編首之下本書

一清按中尉爲明寧獻王權之諸孫曰石城王奠堵奠堵之諸孫曰石城鎮國將軍宸浮中尉宸浮之曾孫也名謀㙔字鬱儀其父奉國將軍多煃端謹好經術親課中尉經史遂貫串羣籍通朝家典故諸王孫好學敦行自周藩中尉陸㮮而外莫能及也萬歷二十二年廷議增設石城宜春管理命中尉理石城王府事典藩政三十年宗人咸就約束暇則墐戶讀書著述凡百十有二部皆手自繕寫病革猶與諸子說易至夜分有星光大如斗墜里中棲鳥皆悲鳴越二日而逝明史有傳水經注箋乃其生平力學之驗後之論者如顧亭林以爲三百年來一部書見尙書古文疏證而馮定遠云朱鬱儀號爲多學者也校水經精審之極然直以俗本爲據意有不安惟小註云宋板作某字耳何尤乎不學之小生見鈍吟雜藁黃太沖云鬱儀毛舉一二傳寫之誤無所發明見今水經序可謂切中其弊然較之黃氏吳中之刻吳氏白下之編大不侔矣謝耳伯名兆申孫無撓名汝澄李嗣宗名克家三子與有功焉同時鍾伯敬譚友夏亦開梓是書兼爲評點不過標取字句之藻飾供儉腹者之謏聞膚受耳近年眞州重又鏤板頗稱工緻然竊朱箋以爲己有中多刪節尤乖旨趣俗學疑焉故表出之

譚元春刻水經批點敘曰自水經有注而桑氏書眞爲經矣注行而孤吟遙想之夫開物寄道之士若有所恃以自證其山水之好端坐深讀若奇石佳木舟馬相瀹若森森礚礚麗我瞻矚

又若塔廟碑版光我目蒼我思有高人眞僧迢迢待我可舉足提杖而一往也予少時卽知好之間一名家前輩歲輒一閱深歎其勤求得其書觀之筆如槁木無復冥奧似爲考核醜記而已私語亡友鍾子曰如是則是書亦可不著也頗與鍾子空濛蕭瑟于其中庶幾想酈子當日作注之意而蜀朱無易先生者淵人也來官我楚揖我而坐臥于桑酈之間當是時師友淵源通理輔性外慕等夷內懷悱發眞有如雷次宗所云者于是有鍾朱二家之選而予評遂逸去不復能自愛惜矣予友嚴忍公家武林不妄交一人獨好余輩所閱書而與聞予將諸同志合刻全注以爲雅人資糧夫予之所得于酈注者自空濛蕭瑟之外眞無一物而獨喜善長讀萬卷書行盡天下山水因捉幽異

掬弄光彩歸于一緒以力致其空濛蕭瑟之情于世而胸中獨抱是癖且獨著一書而死而世人猶執考核䰟記以求之不幸而與類書同功嗚呼則是書亦可不著也

錢曾鄺道元注水經四十卷跋曰昔者陸孟鳧先生有影鈔宋刻水經注與吾家藏本相同後多宋板題跋一葉不著名氏余因錄之其跋云水經舊有三十卷刊於成都府學宮元祐二年春運判孫公始得善本於何聖從家以舊編校之纔載三分之一耳乃與運使晏公委官校正募工鏤板完缺補漏比舊本凡益編一十有三共成四十卷其篇帙小失次序先後咸以何本爲正元祐二年八月初一日記詳觀跋語是本在當時蓋稱完善惜後人無翻雕之者余故備錄此跋以告世之藏書家讀書敏求記

一清按錢曾字遵王有述古堂藏書觀所載無名氏跋語則知水經注宋刻所行都非足本故歐公集古錄跋成陽靈臺碑以水經注無堯母葬處也而樂永言寰宇記所引每多逸篇係奉敕纂修是惟閣本有全書耳然崇文總目已亡其五朝家所藏如是草澤之士烏從得覩足本邪元祐二年之刻大氏與今書相仿而經注淆混又必始於蜀版遷就之失非遵王此記何從悉其源委耶何聖從名郯見宋史列傳八十一卷本陵州人徙成都歷官侍從提舉玉局觀以尚書右丞致仕王荆公有呈聖從侍制詩卽其人也

歐陽元補正水經序曰金禮部郎中蔡正甫作補正水經三卷翰林應奉蘇君伯修購得其書將版行之屬余序其篇端案隋經籍志有兩水經一本三卷郭璞注一本四十卷鄺善長注善長卽道元也然皆不著撰人姓名唐杜佑作通典時尙見兩書言郭璞疎略於鄺注無所言撰人則槩未之考也舊唐志始云郭璞作宋崇文總目亦不言撰人爲誰但云鄺注四十卷亡其五然未知兩水經之一在一亡已見于斯時否也新唐志乃謂漢桑欽作水經一云郭璞作今人言桑欽者本此也崇文總目作于宋景祐與新唐書同時又未知新志何所據以爲說也余嘗參訂之說者疑欽爲東漢順帝以後人以毚一縣疑之也今經言江水東逕永安宮南永安宮昭烈託孤于孔明之地也今特著於斯又若因其人而重者得非蜀漢間人所爲也不寗惟

是其言北縣名多曹氏置南縣名多孫氏置余又未暇一二數也斯則近代宇文氏（全祖望曰宇文氏殆是大學士宇文虛中）以爲經傳相淆者此說近之也然必作經作傳之人定而後可分也或者又曰豈非欽作於前二氏附益於其後他書或然也而此未必也西漢儒林傳言塗惲授河南桑欽君長尙書晁氏言欽成帝時人使古有兩桑欽則可審爲成帝時欽則是書不當見遺于漢藝文志也抑余又有疑于斯水經述作往往見于南北分裂之時借曰舊唐志可據則作者南人注者北人在當時皆有此疆彼界之殊又焉知其詳略異同不限於一時聞見之所逮也嗟夫古今有志之士思皇極之不作傷同風之無時又焉知其不寓深意於是書也然則景純也道元也正甫也是或一道也然以余觀

正甫之博洽多識其見于他著作者蓋有劉原父鄭漁仲之風中州士之巨擘也是書雖因宇文氏之感發而有以正蜀版遷就之失其詳於趙代閒水此固景純之所難若江自潯陽以北吳淞以東則又能使道元之無遺恨者也伯修生車書混一之代身爲史官年學俱富於今人放失舊文多所收攬而是書又有關于職方之大者故余亦願附著其說焉而不自知其妄也元文類

蘇天爵題補正水經後曰補正水經者金禮部郎中蔡公珪所述也蔡氏世家眞定父祖皆仕於金公生長富貴雅好著述予自蚤歲訪公遺書得其文集五十五卷晉陽志十二卷燕王墓辨一卷補正水經三卷其他補南北史志六十卷古器類編三

十卷續歐陽公金石遺文六十卷並跋尾十卷皆已不存而文集乃高丞相汝礪模本晉陽志墓辨水經皆寫本也至順三年春予爲江南行臺御史稾水經將板行之適奉詔錄囚湖北七月歸至岳陽與郡教授于欽止覽觀山川欽止言洞庭西北爲華容而縣尹楊舟方校水經念其文多訛闕予因以補正示之今所刻者是也夫以蔡公問學之博考索之精著述文字之富兵難以來散失無幾余酷好訪求前代古文遺事而僅得此則知世之君子善言懿行泯沒而無聞者多矣可勝惜哉予與公同居鄉郡潭西故宅已爲釋氏所廬邱壟在滹沱之西太保莊者翁仲石獸猶存昔嘗過之有懷賢不勝之感公之行事則具祕書少監郭長倩所述墓誌銘滋溪文集

一清按蔡正甫金史有傳附其父松年後云有補正水經五篇考元遺山中州集是水經補亡四十篇也圭齋序云三卷蓋補酈注之亡卷每一篇至蘇滋溪刊行釐爲三卷史云五篇誤矣

黃宗羲今水經序曰古者儒墨諸家其所著書大者以治天下小者以爲民用蓋未有空言無事實者也後世流爲詞章之學始修飾字句流連光景高文巨冊徒充汙惑之聲而已由是而讀古人之書亦不究其原委割裂以爲詞章之用作者之意如彼讀者之意如是其傳者非其所以傳者也先王體國經野凡封內之山川其離合向背延袤道里莫不講求水經之作亦禹貢之遺意也酈善長注之補其所未備可謂有功於是書矣然

開章河水二字注以數千言援引釋氏無稽於事實何當已失作者之意余越人也以越水證之以曹娥江爲浦陽江以姚江爲大江之奇分苕水出山陰縣具區在餘姚縣沔水至餘姚入海皆錯誤之大者以是而槩百三十有七水能必其不訓此與歐陽原功謂郭璞作經酈善長作注璞南人善長北人當時南北分裂故聞見有所不逮余以爲不然璞既南人而習南水矣其南水又不應錯誤至此後之爲水經之學者蔡正甫補正水經惜　朱鬱儀水經注箋毛舉一二傳寫之誤無所發明馮開之以經傳相淆閒用朱墨分勾乙未曾卒業若鍾伯敬水經注鈔所謂割裂以爲詞章之用者也余讀水經注參考之以諸圖志多不相合是書不異汲冢斷簡空言而無事實其所以

作者之意豈如是哉乃不襲前作條貫諸水名之曰今水經窮源按脈庶免空言然今世讀是書者大抵鍾伯敬其人則簡樸之誚有所不辭爾本書

水經注附錄卷下